成都考古发现

（2020）

成都文物考古研究院　编著

科学出版社

北京

内 容 简 介

本书是成都文物考古研究院2020年度考古报告集。收录考古调查、发掘简报及鉴定分析报告23篇，新石器时期遗存有茂县沙乌都遗址；商周时期遗存包括成都市金牛区天回镇街道白塔社区及万圣社区遗址、温江区前进村遗址、温江区燃灯寺遗址；汉晋时期遗存包括彭州市濛阳镇天星埝土坑墓、高新区古井坎崖墓群、高新区蛮洞山墓地；唐宋时期遗存包括成都市高新区王家山Ⅰ号点墓地、新川创新科技园屈家山墓地、城市音乐厅配套幼儿园项目墓地、青羊区君平街遗址、高新区"康和西五街农贸市场"项目墓地、新都区礼拜村遗址、新都区桥楼村墓地、新津区将军坟宋墓、彭州市致和镇青石村宋墓、竹瓦街遗址蚂蟥堆地点宋墓；明清时期遗存包括成都市天府新区煎茶街道桤木塘墓地、天府新区煎茶街道梅家坡墓地、青白江区三星村明墓，都江堰市户外旅居电子产品制造项目明墓；科技考古类报告有双元村墓地M154出土葬具的木材鉴定。

本书可供从事中国考古学、历史学、文化遗产保护研究的学者参考。

图书在版编目（CIP）数据

成都考古发现. 2020 / 成都文物考古研究院编著. —北京：科学出版社，2022.12

ISBN 978-7-03-074090-8

Ⅰ.①成…　Ⅱ.①成…　Ⅲ.①考古发现–成都–2020　Ⅳ.①K872.711

中国版本图书馆CIP数据核字（2022）第231385号

责任编辑：柴丽丽 / 责任校对：张亚丹
责任印制：肖　兴 / 封面设计：陈　敬

科 学 出 版 社 出版
北京东黄城根北街 16 号
邮政编码：100717
http://www.sciencep.com

中国科学院印刷厂 印刷
科学出版社发行　各地新华书店经销
*

2022年12月第 一 版　开本：787×1092　1/16
2022年12月第一次印刷　印张：37 1/4　插页：6
字数：750 000

定价：328.00元
（如有印装质量问题，我社负责调换）

目　　录

图 版 目 录

四川茂县沙乌都遗址2017、2018年度调查简报

成 都 文 物 考 古 研 究 院
茂 县 羌 族 博 物 馆
阿坝藏族羌族自治州文物考古研究所

　　沙乌都遗址位于四川省阿坝藏族羌族自治州茂县凤仪镇水西村，地理坐标为东经103°49′5″、北纬31°40′10″，海拔约1800米（图一）。遗址位于岷江北岸的三级、四级阶地上，营盘山遗址之北，隔岷江与营盘山遗址相望。以往沙乌都遗址的发现者曾将遗址分为南、北两区，两区中间有大沟相隔。2017、2018两个年度的调查都在遗址南区进行。遗址南区目前能发现的原生堆积都分布于一条东西向山脊的北侧，自最高处一直向下延伸约60米。由于当地人在山地上大面积种植果树，将山坡改造为梯田，遗址已经遭到较大程度破坏，文化堆积保留较少。

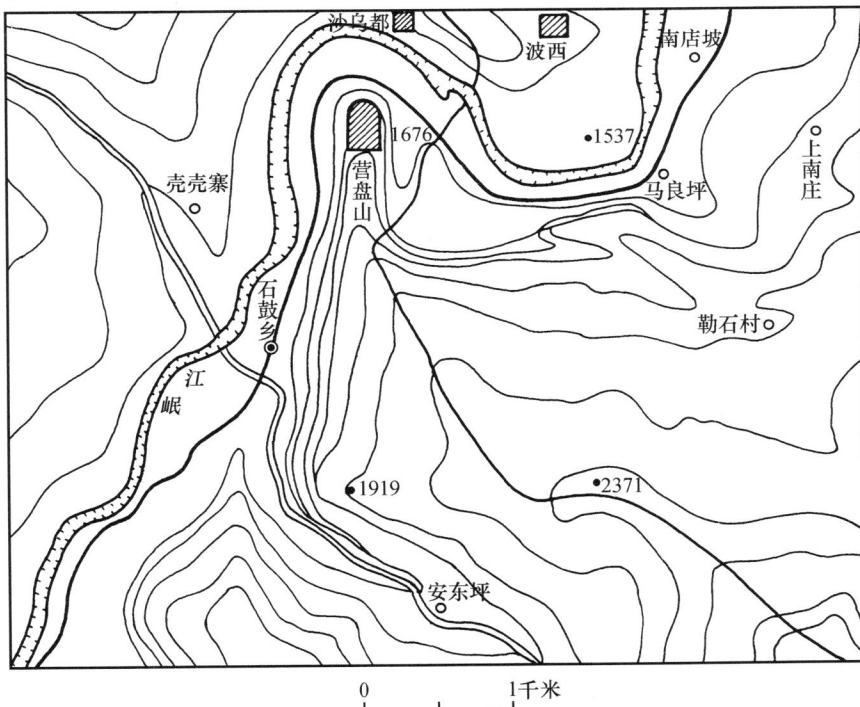

图一　遗址位置及地形图

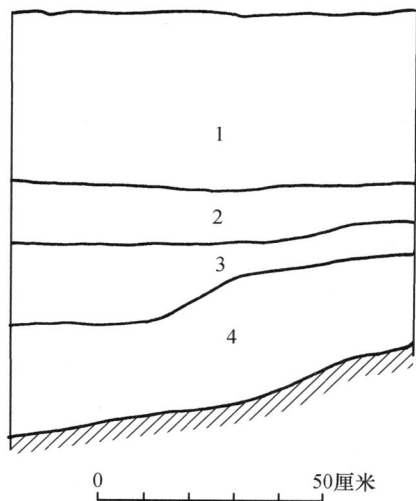

图二　P1剖面图

一、地 层 堆 积

我们在山脊南坡发现两处剖面，编号为P1、P2，其中P1位于南坡中部靠近山脊最高处，P2位于P1下方偏东处，与P1间隔两层或三层梯田。

P1地层堆积情况如下（图二）。

第1层：黄色土，土质松软。厚35~40厘米。夹杂较多植物根茎、石块、现代垃圾等，为现代梯田改造堆土。

第2层：黄褐色土，土质较硬。厚9~14厘米。夹杂少量黑灰、石子、夹砂红褐色陶片等，为新石器时代地层。

第3层：灰黄色土，土质较硬。厚6~20厘米。夹杂少量石块、夹砂和泥质陶片等，为新石器时代地层。

第4层：棕黑色土，土质松软。厚20~30厘米。夹杂大量炭灰、石块和陶片等，为新石器时代地层。

第4层以下为生土。

P2地层堆积情况如下（图三）。

第1层：黄色土，土质松软。厚50~57厘米。夹杂较多植物根茎、石块、现代垃圾等，为现代梯田改造堆土。

第2层：黄褐色土，土质较硬。厚18~28厘米。夹杂少量石块、木炭、陶片等，为新石器时代地层。

第3层：红棕色土，土质坚硬。厚25~40厘米。包含大量大块红烧土、炭灰、石

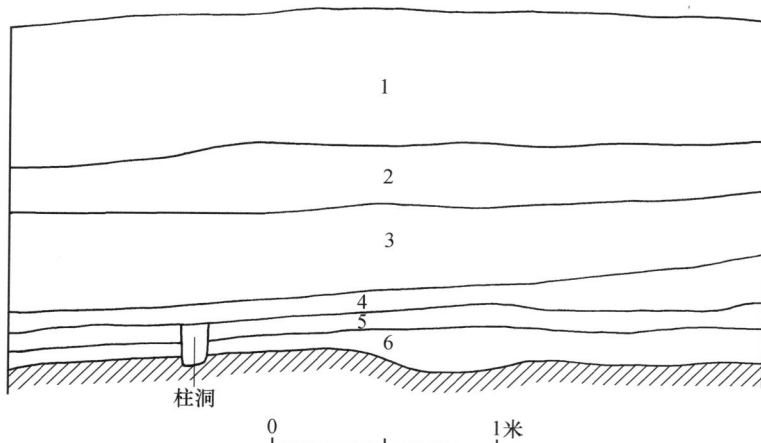

图三　P2剖面图

块、陶片等，为新石器时代地层。其中部分红烧土块两面规整，可能为倒塌的墙体。

第4层：黑褐色土，土质极为松软。厚6～20厘米。这一层土大部分为黑褐色炭灰，另包含少量陶片、红烧土颗粒等，为新石器时代地层。有一柱洞开口于此层下。

第5层：黄褐色土，土质略硬。厚7～9厘米。夹杂较多木炭、红烧土颗粒及少量小石子、陶片等，为新石器时代地层。

第6层：红褐色土，土质较硬。厚5～18厘米。夹杂少量木炭、红烧土颗粒、小石子、陶片、兽骨等，为新石器时代地层。

第6层以下为黄色生土，生土中有很多白色大石块。

二、遗　物

调查发现的新石器时代遗物仅有陶器一种。其中夹砂陶略多于泥质陶，以夹砂红陶、夹砂红褐陶、泥质红陶、泥质灰陶较多见。纹饰常见附加堆纹、刻划纹、凹弦纹、戳印纹、瓦棱纹等，很多器物表面均有刮抹痕（图四）。器形有卷沿锯齿花边口罐、喇叭口罐、盆、纺轮等。

卷沿锯齿花边口罐　11件。根据有无明显颈部，分为二型。

A型　4件。有明显颈部，较完整者均为鼓肩。P1④：1，夹砂红陶。卷沿，沿面向下翻，圆唇，束颈，鼓肩，肩部以下残。唇部作锯齿花边状，器内壁上部及外壁布满刮抹痕。口径21、残高9.5厘米（图五，1；图版一，1）。P2④：1，夹砂红陶。卷沿，沿面向下翻，尖圆唇，束颈，颈部以下残。唇部作锯齿花边状，器外壁有轻微刮抹痕。残高3.3厘米（图五，4）。18C：8，夹砂红陶。卷沿，沿面向下翻，尖圆唇，束颈，颈部以下残。素面。残高3.5厘米（图五，7）。17C：1，夹砂红陶。卷沿，沿面向下翻，尖圆唇，束颈，鼓肩，肩部以下残。唇部作锯齿花边状，沿内壁上部及器表外侧布满刮抹痕。残高5.3厘米（图五，8）。

B型　7件。无明显颈部，较完整者均为溜肩。根据沿部形态的不同，分为二亚型。

Ba型　6件。沿斜向上，与外壁夹角呈较大钝角。17C：2，夹砂灰褐陶。卷沿，圆方唇，沿部以下残。唇部作锯齿花边状，口下侧有一周附加堆纹。残高3.3厘米（图五，2）。18C：1，夹砂红褐陶。卷沿，圆方唇，溜肩，弧腹，腹中部以下残。唇部作锯齿花边状，口下方有两周很细的附加堆纹，器内壁沿部及外壁腹部布满刮抹痕。口径20、残高11厘米（图五，3；图版一，2）。18C：4，夹砂红陶。卷沿，圆方唇，沿部以下残。唇部作锯齿花边状，沿下有一周附加堆纹。残高3厘米（图五，5）。17C：3，夹砂红陶。卷沿，圆方唇，沿部以下残。唇部斜向压印锯齿花边。残高3.5厘米（图五，6）。18C：2，夹砂红褐陶。敞口，卷沿，方唇，口部以下残。唇部作锯齿花边状，口下侧有两周附加堆纹，器外壁沿部及器内壁布满刮抹痕。口径31、残高6.8厘米（图六，1；图版一，3）。18C：11，夹砂红褐陶。敞口，卷沿，圆唇，口部以下

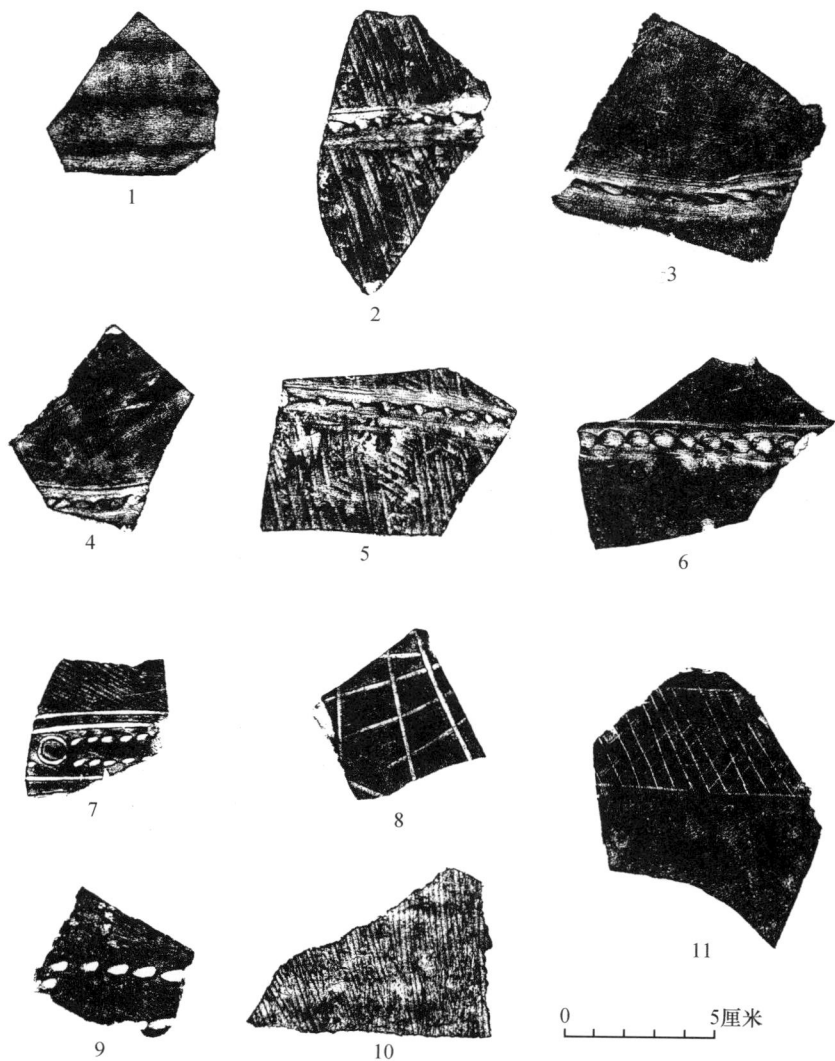

图四　陶器纹饰拓片

1. 瓦棱纹（18C：17）　　2、5. 附加堆纹+刮抹痕（18C：7、P2③：21）　　3、4、6. 附加堆纹（18C：15、18C：10、
18C：9）　7. 凹弦纹+戳印纹（18C：6）　8、11. 刻划纹（P2④：2、18C：5）　9. 戳印纹（18C：16）
10. 刮抹痕（P2③：3）

残。唇部作锯齿花边状，口下侧有两周附加堆纹，沿部内外均布满刮抹痕。残高5.4厘
米（图六，2）。

Bb型　1件。沿末端微平，沿与器外壁夹角整体略呈直角。P1④：2，夹砂红褐
陶。敞口，卷沿，方唇，溜肩，肩部以下残。唇部斜向压印锯齿花边，口下侧有一段附
加堆纹，器外壁及内壁沿部布满刮抹痕。残高6.7厘米（图六，3；图版一，4）。

喇叭口罐　2件。根据唇部形态的不同，分为二型。

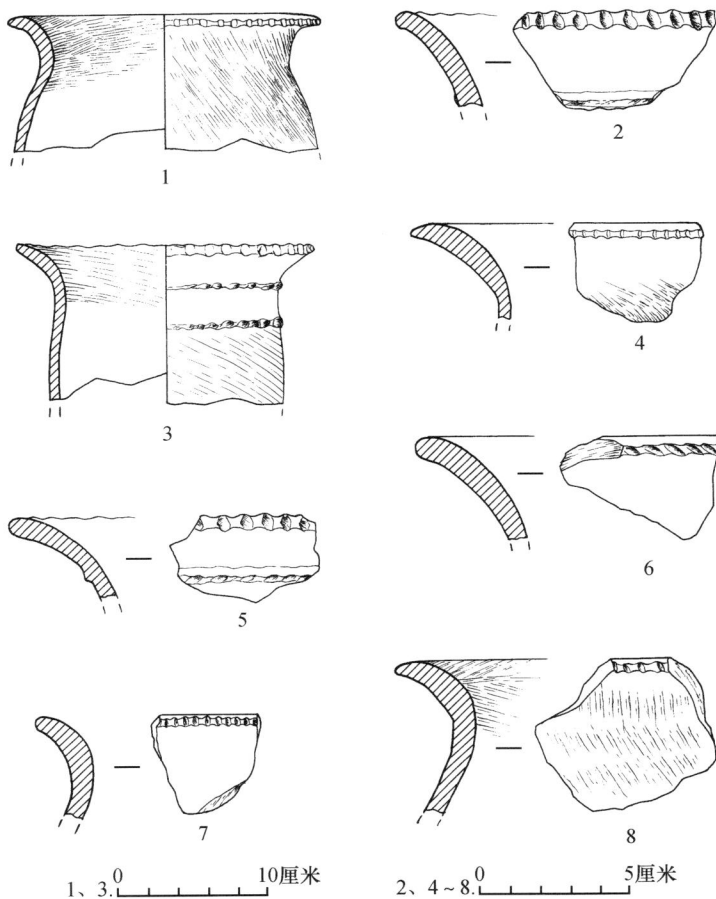

1、3. └0　　　　　10厘米
2、4~8. └0　　　5厘米

图五　陶卷沿锯齿花边口罐

1、4、7、8.A型（P1④：1、P2④：1、18C：8、17C：1）　2、3、5、6.Ba型（17C：2、18C：1、18C：4、17C：3）

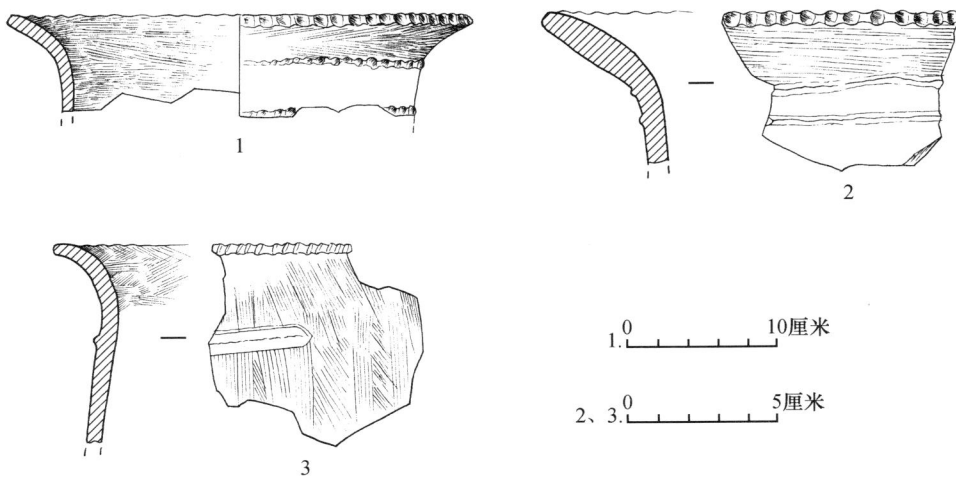

1. └0　　　　　10厘米
2、3. └0　　　5厘米

图六　陶卷沿锯齿花边口罐

1、2.Ba型（18C：2、18C：11）　3.Bb型（P1④：2）

A型　1件。叠唇。18C：12，泥质红陶。喇叭口，卷沿，圆唇，唇外侧微下凸，口部以下残。沿内壁磨光，外壁上部有轻微刮抹痕。口径19、残高4厘米（图七，3；图版一，5）。

B型　1件。尖圆唇。18C：14，泥质灰陶。喇叭口，口部以下残。内外壁均磨光。残高1.8厘米（图七，2）。

盆　3件。P2⑥：1，泥质红陶。侈口，圆唇，口部以下残。口下侧有一周附加堆纹。口径44、残高8厘米（图七，1）。P2⑥：2，泥质红陶。侈口，圆唇，口部以下残。口外侧下部有一周很浅的凹弦纹，同时有轻微刮抹痕迹。残高5厘米（图七，4）。18C：3，泥质灰陶。侈口，圆唇，口部以下残。口下侧有两周凹弦纹。残高4.5厘米（图七，6）。

纺轮　1件。P2③：1，泥质红陶。一面微鼓，一面下凹。直径7.9、孔径0.9、厚1.2厘米（图七，5；图版一，6）。

圈足　1件。P1④：3，泥质红陶。圈足下缘为圆唇，整体呈喇叭状。上部残。外壁有细密的刮抹痕。足径13.5、残高5厘米（图八，3）。

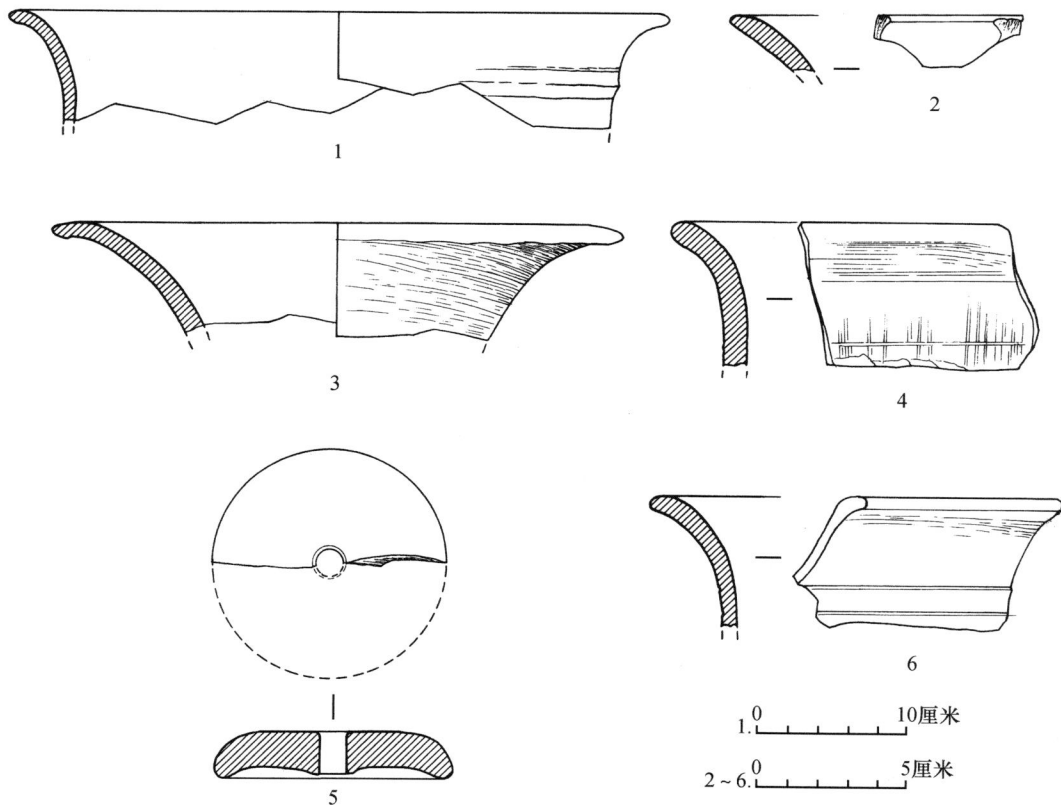

图七　陶盆、喇叭口罐、纺轮

1、4、6.盆（P2⑥：1、P2⑥：2、18C：3）　2.B型喇叭口罐（18C：14）　3.A型喇叭口罐（18C：12）
5.纺轮（P2③：1）

器底　5件。均为平底。P2⑥：3，夹砂红陶。素面。底径11、残高5.7厘米（图八，1）。P2⑤：1，夹砂红陶。素面。底径10、残高2.5厘米（图八，2）。P2④：1，夹砂红陶。器壁厚，腹下部与底相交处转折圆润。素面。底径9.5、残高5.2厘米（图八，4）。18C：13，泥质灰陶。器壁较斜。素面。底径13、残高4厘米（图八，5）。P2⑤：2，夹砂红陶。器壁薄。素面。残高4厘米（图八，6）。

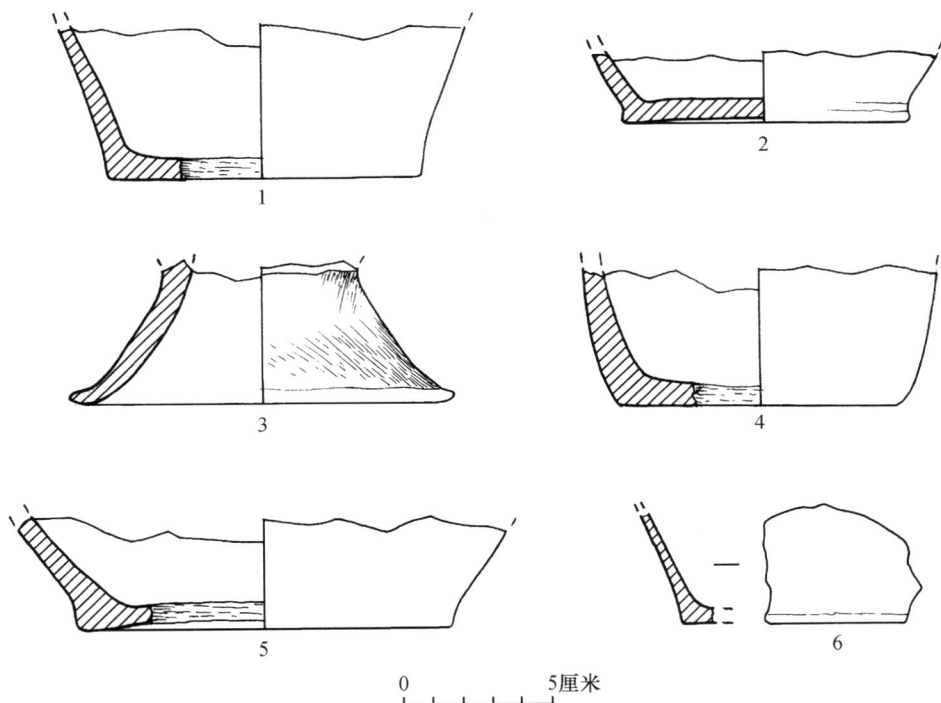

图八　陶器底、圈足

1、2、4～6.器底（P2⑥：3、P2⑤：1、P2④：1、18C：13、P2⑤：2）　3.圈足（P1④：3）

三、结　语

沙乌都遗址是岷江上游地区一处重要的新石器时代遗址，其陶器特征鲜明，夹砂陶罐口部多作锯齿花边状，大量陶器器表或内壁有刮抹痕。这些特点与以往在沙乌都遗址南区调查和试掘所获陶器一致[1]。目前我们有一个^{14}C数据，由P1第4层出土粟测出，数据为2206～2032BC（94.8%）、2226～2261BC（0.6%）[2]。从陶器面貌看，沙乌都遗址的新石器时代遗存较为单纯；从时代上看，它又可代表龙山晚期岷江上游地区的考古学文化面貌。罐口沿作锯齿花边状，与成都平原的宝墩文化一些夹砂陶罐有接近之处；A型喇叭口罐的叠唇风格，也与在宝墩文化一期晚段开始出现、流行于宝墩文化二期和三期的叠唇喇叭口高领罐风格较为接近。另外，多见两条平行的刻划纹内填充交错呈菱格状的刻划纹，这种纹饰风格也见于宝墩文化一期陶器。沙乌都遗址为我们认识岷江上游地区新石器时代考古学文化序列的发展演变及其与地理环境变迁的互动关系提供了新的材料。

调查：蔡　清　蔡雨茂　郭　亮　郭　锋
　　　刘永文　李勤学　刘祥宇　向　导
　　　陈　剑
拓片：严　彬　代福尧
绘图：李福秀
摄影：刘祥宇
执笔：刘祥宇　蔡雨茂　郭　亮　向　导
　　　郭　锋　李勤学

注　释

[1]　成都文物考古研究所、阿坝藏族羌族自治州文物保管所、茂县羌族博物馆：《四川茂县沙乌都遗址调查简报》，《成都考古发现》（2004），科学出版社，2006年；成都文物考古研究所、阿坝藏族羌族自治州文物管理所、茂县羌族博物馆：《四川茂县白水寨和沙乌都遗址2006年调查简报》，《四川文物》2007年第6期；成都文物考古研究所、阿坝藏族羌族自治州文物管理所、茂县羌族博物馆：《四川茂县白水寨和沙乌都遗址2006年调查简报》，《成都考古发现》（2006），科学出版社，2008年。

[2]　数据由Beta实验室提供。

2020年成都市金牛区天回镇街道万圣社区九组商周遗址发掘简报

成都文物考古研究院
金牛区文物保护管理所

为配合金牛区天回镇街道石门二组、万圣九组绿地项目建设，2020年3月，成都文物考古研究院、金牛区文物保护管理所对项目进行文物勘探时发现商周时期文化堆积。遗址位于成都市金牛区天回镇街道万圣九组，金凤凰大道以西190米，天泽路北侧，天龙北三路以东100米（图一）。遗址在该项目区域内分布面积约2000平方米，向南延伸至区域外（由于南侧天泽路已经通车使用，无法调查，因而遗址具体分布范围不得而知）。遗址中心位置地理坐标为东经104°1′48″、北纬30°42′56″，海拔460米。2020年4～6月，成都文物考古研究院、金牛区文物保护管理所联合对该遗址进行详细钻探，根据钻探结果对项目红线范围内商周遗址进行考古发掘工作。

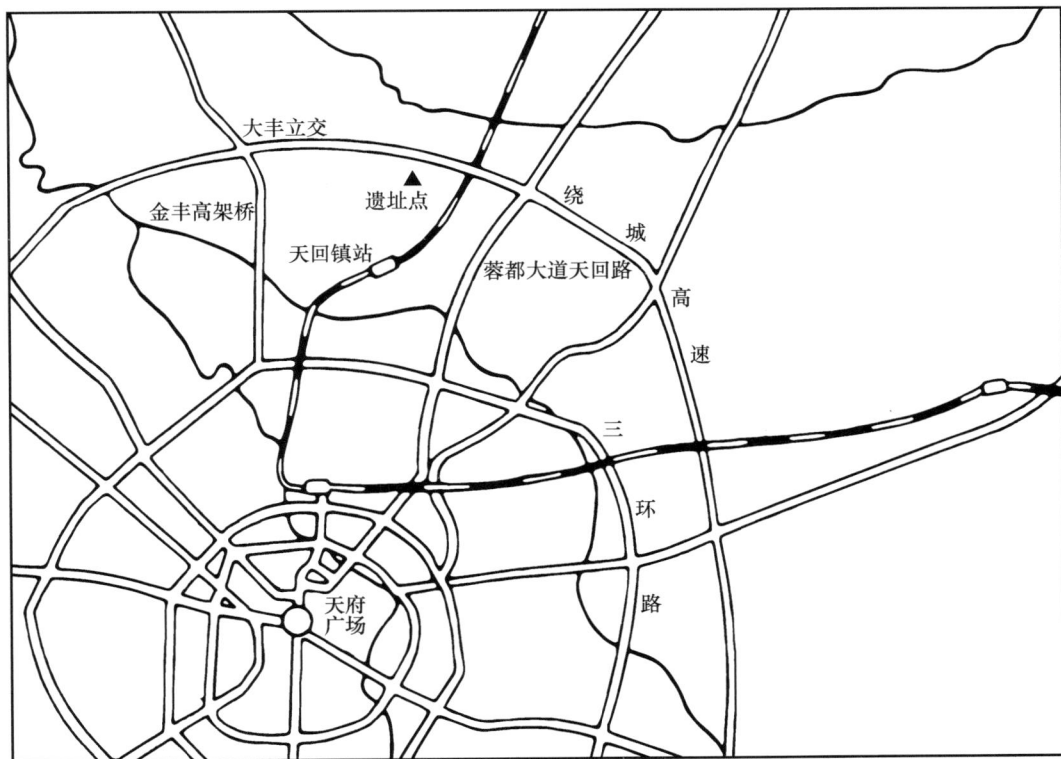

图一　遗址位置示意图

以正南北方向布10米×10米探方4个，编号2020CJWT1～2020CJWT4（以下省略"2020CJW"），实际发掘面积342平方米。清理唐宋时期灰沟1条、商周时期灰坑5个（图二），现将此次发掘的商周遗存主要收获简报如下。

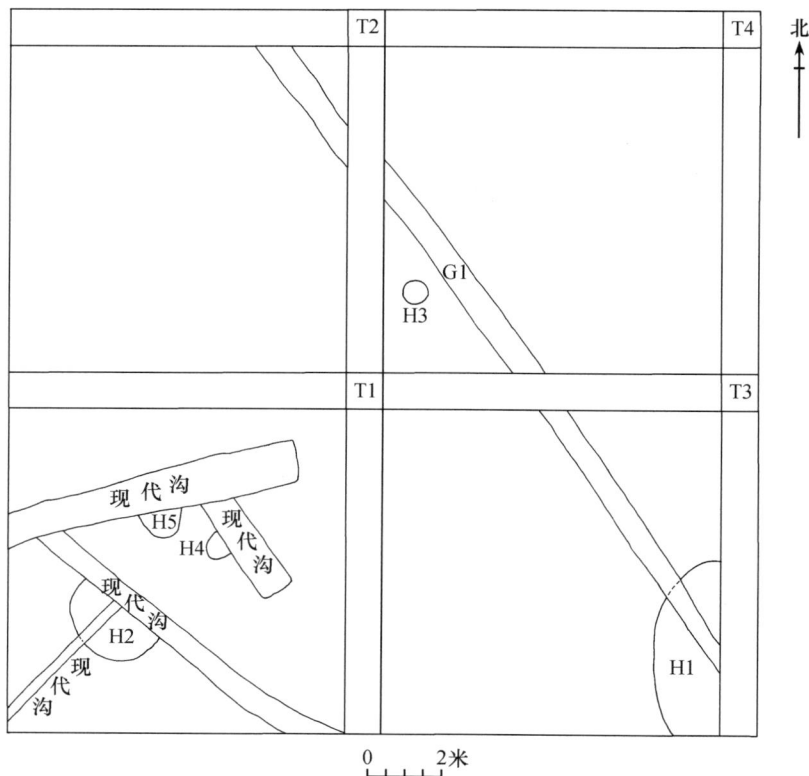

图二　遗迹总平面图

一、地 层 堆 积

根据土质土色及包含物的差异，将遗址地层堆积分为4层，以T3东壁为例介绍如下（图三）。

第1层：青灰色淤土层，结构紧密。厚0.15～0.2米。富含现代瓷片以及草木根系。

第2层：灰黄色黏土层，结构紧密。厚0.15～0.2米。包含少许明清时期瓷片以及砖块，系明清时期文化堆积层。

第3层：灰褐色黏土层，结构紧密。厚0.2～0.25米。包含少量陶片和零星瓷片，系唐宋时期文化堆积层。开口于本层下的遗迹有G1、H1，其中G1为唐宋时期灰沟。

第4层：浅黄褐色黏土层，结构紧密。厚0.18～0.25米。包含少许商周时期陶片，可辨器形有高领罐、圈足罐、器盖等，系商周时期文化堆积层。开口于本层下的遗迹有H2～H5。

第4层以下为浅灰色砂土，为生土。

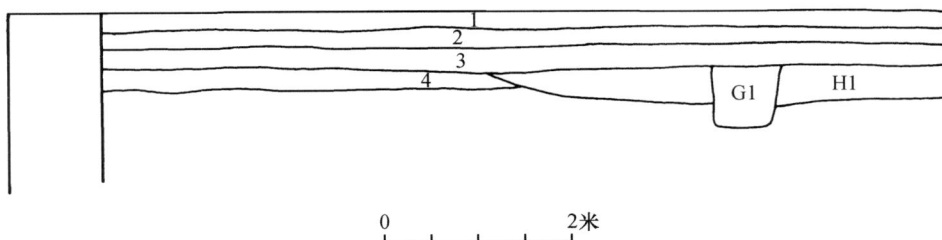

图三　T3东壁地层剖面图

二、遗迹与遗物

本次出土商周遗物均为陶器，陶片数量为1130片，保存一般，可修复器物较少。陶质有夹砂和泥质两种，夹砂陶占绝对多数，为96.2%；泥质陶仅占3.8%。夹砂陶以灰黑色为主，占55.3%；其次为灰褐陶，占23.7%。夹砂陶纹饰以素面为主，占81.15%；其次为粗绳纹，占16.5%。泥质陶以素面灰黑色陶占绝对多数，为94.6%，其余为灰陶。泥质陶均为素面。可辨器形有绳纹敛口罐、小平底罐、束颈罐、高领罐、矮领罐、盆、豆、长颈瓶、筒形器、圈足器等。本文根据层位关系，按单位发表遗迹和遗物。

1. 第4层下遗迹及出土陶器

H2　位于T1中部偏西南。开口于第4层下，被现代沟打破。开口平面呈半圆形，弧壁，近平底。坑口直径约2.6、深0.4米（图四）。坑内填土为黑褐色粉砂土，土质较为疏松，出土大量陶片，可辨器形有长颈瓶、绳纹敛口罐、高领罐、小平底罐、圈足器、器盖、器底等。

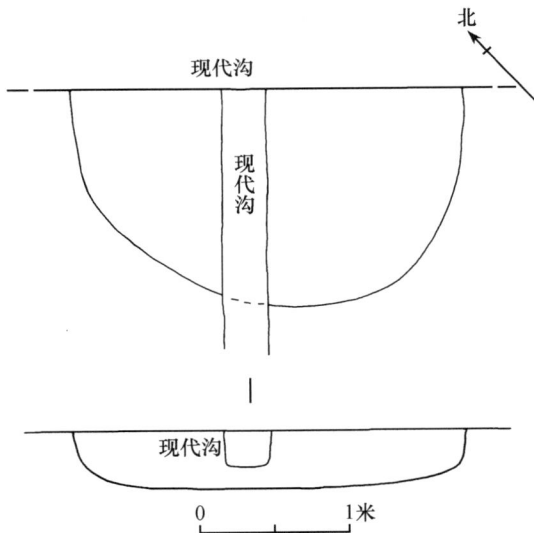

图四　H2平、剖面图

长颈瓶　1件。H2：1，泥质灰陶。喇叭口，卷沿，圆唇。素面。残高1厘米（图五，1）。

高领罐　2件。H2：6，夹砂灰黄陶。侈口，圆唇外翻，高领。领部饰一周凹弦纹。口径16、残高12.6厘米（图五，2）。H2：7，夹砂灰黄陶。侈口，尖圆唇，高领。素面。残高4.2厘米（图五，3）。

绳纹敛口罐　4件。H2：5，夹砂灰黄陶。敛口，圆唇，唇下有一周凹槽，鼓肩，弧腹。唇部、肩部饰斜向绳纹，腹部饰横向绳纹。口径30、残高6.2厘米（图五，4）。H2：8，夹砂灰陶。敛口，方圆唇，广肩。表面饰斜向绳纹。残高2厘米（图五，5）。

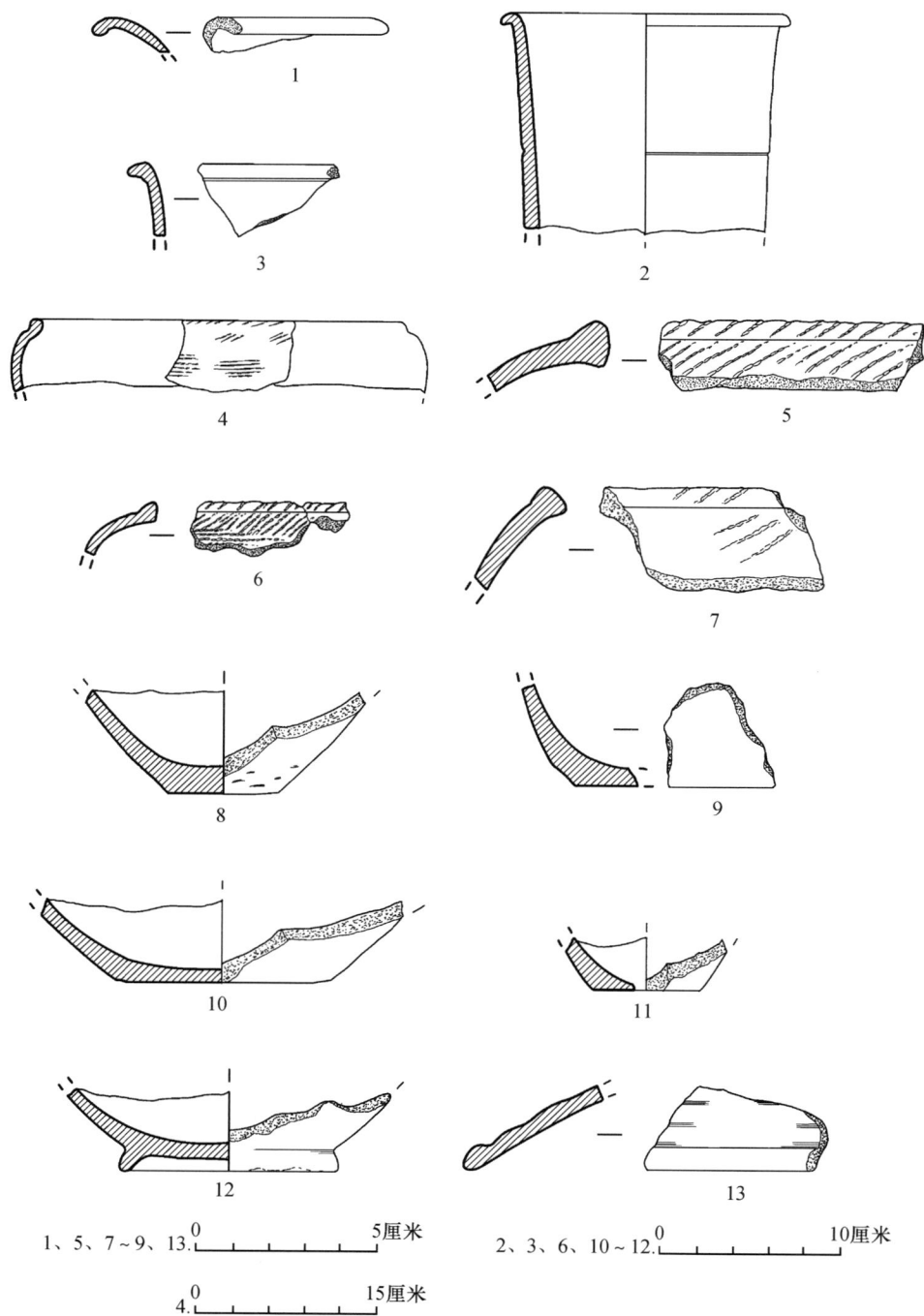

图五　H2出土陶器

1.长颈瓶（H2∶1）　　2、3.高领罐（H2∶6、H2∶7）　　4～7.绳纹敛口罐（H2∶5、H2∶8、H2∶9、H2∶11）

8.小平底罐（H2∶13）　　9～11.器底（H2∶2、H2∶4、H2∶12）　　12.圈足器（H2∶3）　　13.器盖（H2∶10）

H2：9，夹砂灰陶。敛口，方圆唇，广肩。唇部及肩部上部饰斜向绳纹，肩下部饰横向绳纹。残高3.1厘米（图五，6）。H2：11，夹砂灰黄陶。方圆唇，弧肩。唇下有一周凹弦纹，表面磨损严重，依稀可见唇部及肩部饰斜向绳纹。残高3厘米（图五，7）。

小平底罐　1件。H2：13，泥质灰陶。斜弧腹，小平底。素面。底径3.1、残高3厘米（图五，8）。

器底　3件。H2：2，夹砂灰黑陶。斜腹，平底，腹底交接处微外凸。素面。残高3厘米（图五，9）。H2：4，夹砂灰黄陶。斜弧腹，平底。素面。底径12、残高4.8厘米（图五，10）。H2：12，夹砂黄褐陶。斜腹，平底。素面。底径6、残高3厘米（图五，11）。

圈足器　1件。H2：3，夹砂灰陶。斜弧腹，覆盆状矮圈足，足跟外侈。素面。足径12.2、残高4.6厘米（图五，12）。

器盖　1件。H2：10，夹砂灰黑陶。喇叭状。器表饰三周凹弦纹。残高2.4厘米（图五，13）。

H3　位于T4西南部。开口于第4层下。开口平面呈近圆形，弧壁，近平底。坑口直径0.64、深0.2米（图六）。坑内填土为灰黑色粉砂土，土质较为疏松，出土少量陶片，可辨器形有绳纹敛口罐、筒形器、束颈罐等。

束颈罐　1件。H3：1，夹砂灰黑陶。侈口，方唇，束颈，弧肩。肩部饰横向绳纹。口径30、残高4.8厘米（图七，1）。

绳纹敛口罐　1件。H3：2，夹砂灰黑陶。敛口，圆唇，广肩。唇部及肩上部饰斜向绳纹，肩部饰横向绳纹。残高2.6厘米（图七，2）。

筒形器　1件。H3：3，夹砂灰黑陶。敛口，圆唇，深弧腹。素面。口径16、残高7.2厘米（图七，3）。

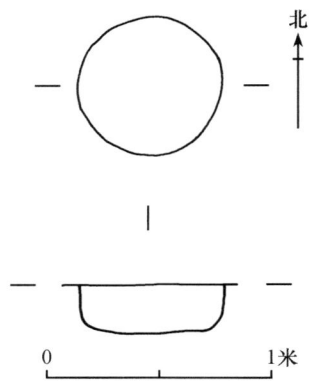

图六　H3平、剖面图

H4　位于T1中部偏东。开口于第4层下。开口平面呈近半椭圆形，弧壁，近平底。坑口直径约0.76、深0.22米（图八）。坑内填土为灰褐色粉砂土，土质较为疏松，出土少量陶片，可辨器形有盆、筒形器、长颈瓶、小平底罐、束颈罐、器底等。

盆　1件。H4：1，夹砂灰黑陶。口微敛，平沿，尖圆唇，弧腹。表面饰交错绳纹。残高8.8厘米（图七，4）。

筒形器　1件。H4：2，夹砂黄陶。直口，方圆唇。素面。残高5.1厘米（图七，5）。

长颈瓶　1件。H4：3，泥质灰陶。敞口，平沿，圆唇。素面。残高3.2厘米（图七，6）。

小平底罐　1件。H4：5，夹砂灰黑陶。侈口，圆唇，弧肩。素面。残高4.2厘米（图七，8）。

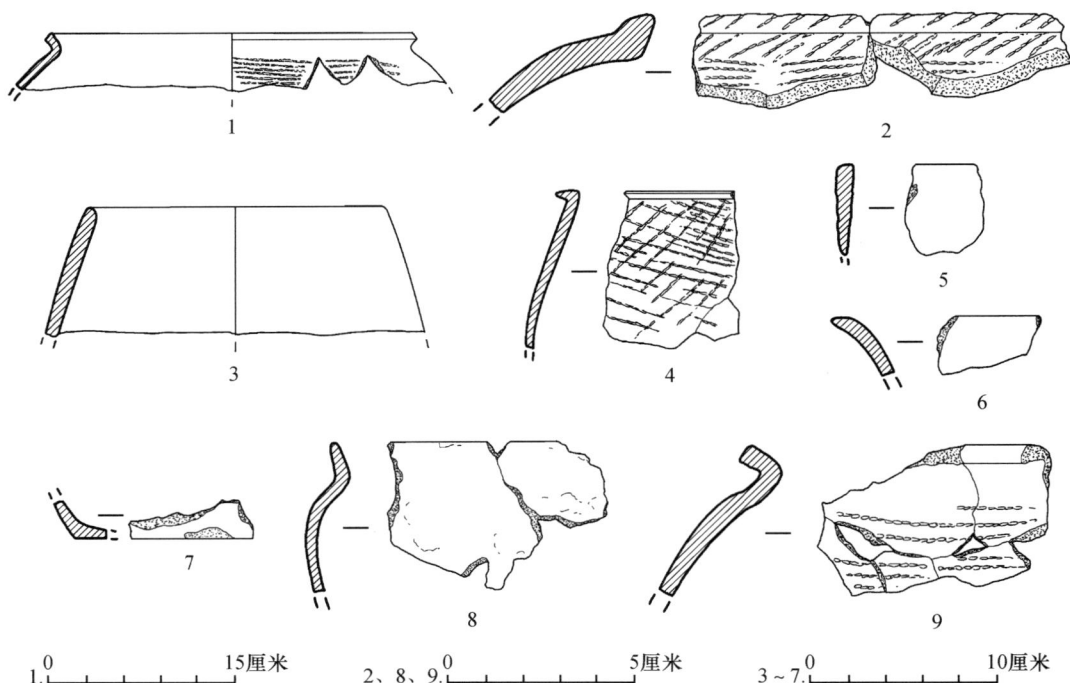

图七　H3、H4出土陶器

1、9. 束颈罐（H3：1、H4：6）　2. 绳纹敛口罐（H3：2）　3、5. 筒形器（H3：3、H4：2）
4. 盆（H4：1）　6. 长颈瓶（H4：3）　7. 器底（H4：4）　8. 小平底罐（H4：5）

束颈罐　1件。H4：6，夹砂灰陶。侈口，方唇，束颈，弧肩。肩部饰横向绳纹。残高4.2厘米（图七，9）。

器底　1件。H4：4，泥质褐陶。斜腹，平底。素面。残高2.2厘米（图七，7）。

H5　位于T1中部。开口于第4层下。开口平面呈半椭圆形，弧壁，近平底。坑口长1.2、宽0.76、深0.3米（图九）。坑内填土为黑褐色粉砂土，土质较为疏松，出土大量陶片，可辨器形有绳纹敛口罐、小平底罐、高领罐、束颈罐、圈足、器底等。

绳纹敛口罐　1件。H5：10，夹砂灰陶。敛口，圆唇。唇部以下表面饰斜向绳纹。残高4厘米（图一〇，8）。

小平底罐　1件。H5：16，泥质灰陶。斜弧腹，小平底。腹部有轮制痕迹。底径2.8、残高4.5厘米（图一〇，7）。

束颈罐　6件。H5：1，夹砂黄陶。侈口，平沿，尖圆唇，束颈。表面饰交错绳纹。残高4.8厘米（图一〇，1）。H5：5，夹砂灰褐陶。口微侈，平沿，圆唇，束颈。表面饰斜向绳纹。残高4.8厘米（图一〇，2）。H5：6，夹砂灰褐陶。侈口，圆唇，束颈，溜肩。表面饰交错绳纹。口径26、残高4.2厘米（图一〇，3）。H5：11，夹砂灰褐陶。侈口，平沿，圆唇。表面饰斜向绳纹。残高4.9厘米（图一〇，4）。H5：12，夹砂灰褐陶。侈口，尖圆唇。表面饰斜向绳纹。残高3厘米（图一〇，5）。H5：15，夹砂

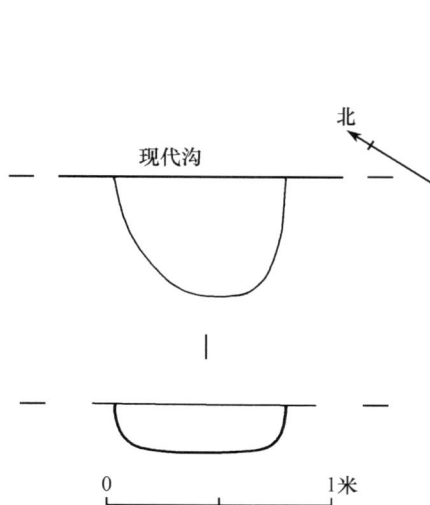

图八　H4平、剖面图

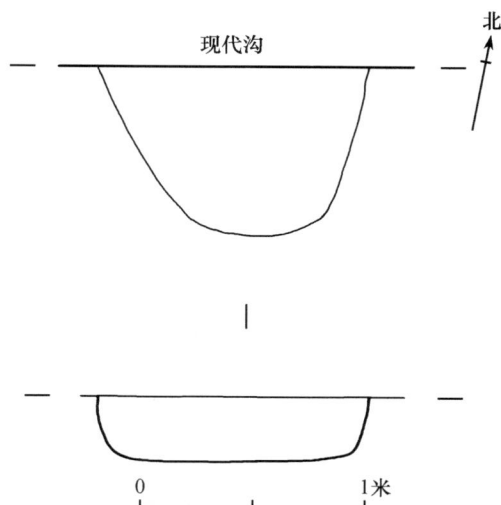

图九　H5平、剖面图

灰陶。侈口，尖方唇，束颈，弧肩。肩部饰交错绳纹。残高6.5厘米（图一〇，6）。

　　高领罐　2件。H5：13，夹砂灰褐陶。侈口，尖圆唇，高领。领部饰两组两周凹弦纹。口径20、残高14.2厘米（图一〇，15）。H5：14，夹砂灰黑陶。侈口，尖圆唇，高领，弧肩。领部饰一周凹弦纹。口径13.2、残高10厘米（图一〇，16）。

　　圈足　1件。H5：2，夹砂灰陶。矮圈足呈覆盆状，足跟内敛，足部有圆形穿孔。足径13.8、残高4.5厘米（图一〇，9）。

　　器底　5件。H5：3，夹砂灰褐陶。斜腹，平底。底腹交接处有一周凹槽。残高4.3厘米（图一〇，10）。H5：4，夹砂灰陶。斜腹，平底。素面。残高4.2厘米（图一〇，11）。H5：7，夹砂黄陶。斜腹，平底。底腹交接处有两周凹槽。残高4.5厘米（图一〇，12）。H5：8，夹砂灰陶。斜腹，平底。素面。底径5.4、残高3厘米（图一〇，13）。H5：9，夹砂灰黄陶。斜腹，平底。素面。残高2.8厘米（图一〇，14）。

2. 第4层出土陶器

　　束颈罐　3件。T1④：4，夹砂灰褐陶。侈口，折沿，方圆唇，束颈，弧肩。肩部饰交错绳纹，肩下部有一周凹弦纹。残高5.8厘米（图一一，1）。T1④：5，夹砂灰黑陶。侈口，方圆唇，弧肩。肩部饰斜向绳纹。口径18、残高5.1厘米（图一一，2）。T1④：6，夹砂灰黑陶。侈口，平沿，圆唇，束颈，弧肩。肩部饰斜向绳纹。残高3厘米（图一一，3）。

　　小平底罐　3件。根据口部的不同，分为二型。

　　A型　2件。侈口。T1④：1，夹砂褐陶。斜方唇，束颈，鼓肩。肩部饰横向绳纹。残高2.3厘米（图一一，4）。T1④：2，夹砂灰褐陶。斜方唇，束颈，鼓肩。素面。残高2厘米（图一一，5）。

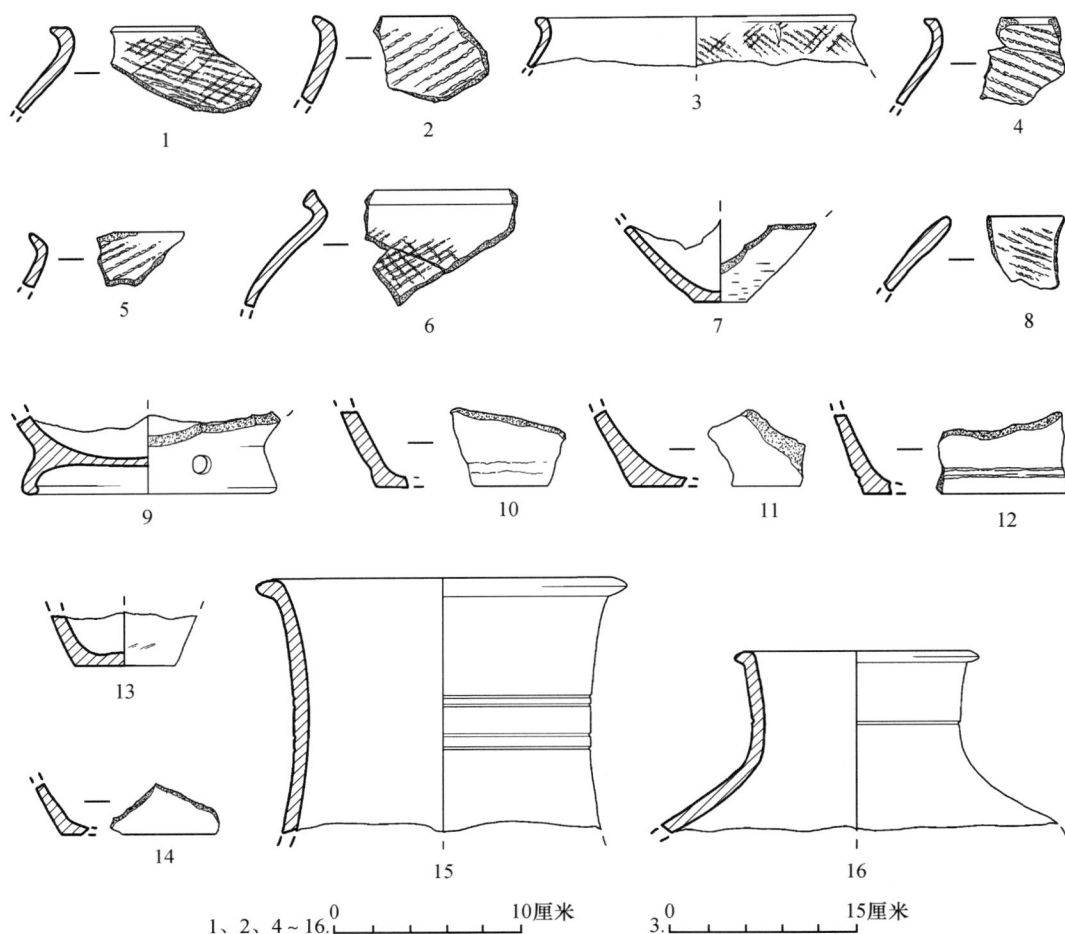

图一〇　H5出土陶器

1~6.束颈罐（H5：1、H5：5、H5：6、H5：11、H5：12、H5：15）　7.小平底罐（H5：16）　8.绳纹敛口罐
（H5：10）　9.圈足（H5：2）　10~14.器底（H5：3、H5：4、H5：7、H5：8、H5：9）　15、16.高领罐
（H5：13、H5：14）

B型　1件。口微侈近直。T1④：3，夹砂灰褐陶。圆唇，束颈，弧肩。素面。残高2.2厘米（图一一，6）。

盆　2件。根据唇部的不同，分为二型。

A型　1件。圆唇。T1④：9，夹砂灰陶。敛口，平沿。素面。残高3.2厘米（图一一，7）。

B型　1件。尖圆唇外勾。T1④：8，夹砂黄陶。敛口，素面。残高5厘米（图一一，8）。

器底　1件。T1④：7，夹砂灰黑陶。斜腹，平底。素面。残高3.8厘米（图一一，9）。

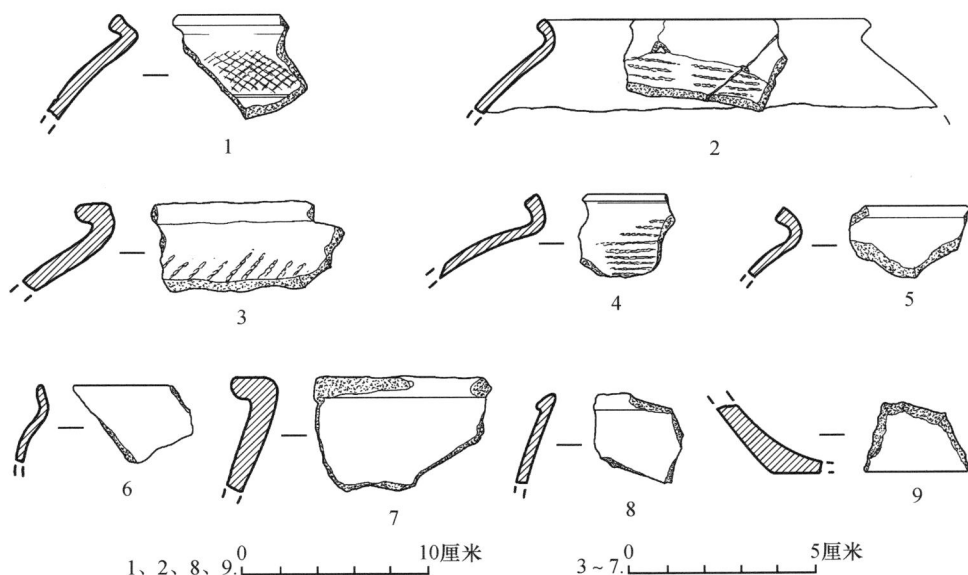

图一一　T1第4层出土陶器

1~3. 束颈罐（T1④：4、T1④：5、T1④：6）　4、5. A型小平底罐（T1④：1、T1④：2）　6. B型小平底罐（T1④：3）　7. A型盆（T1④：9）　8. B型盆（T1④：8）　9. 器底（T1④：7）

3. 第3层下遗迹及出土陶器

H1　位于T3东南角。开口于第3层下，被G1打破。开口平面呈不规则形，弧壁，近平底。坑口长约4.84、宽约1.75、深约0.5米（图一二）。坑内填土为黑褐色粉砂土，土质较为疏松，出土大量陶片，可辨器形有绳纹敛口罐、高领罐、小平底罐、豆、器底等。

绳纹敛口罐　1件。H1：3，夹砂灰陶。敛口，圆唇，弧肩，鼓腹。唇面饰斜向绳纹，唇下饰一周凹弦纹，肩部及腹部饰横向绳纹。残高8.4厘米（图一三，1）。

高领罐　1件。H1：5，夹砂褐陶。侈口，圆唇，高领。素面。残高5厘米（图一三，5）。

小平底罐　1件。H1：7，夹砂灰陶。侈口，方唇，束颈，弧肩。素面。残高3厘米（图一三，6）。

器底　3件。H1：1，夹砂灰陶。斜腹，平底。素面。残高1.7厘米（图一三，2）。H1：2，夹砂灰陶。斜弧腹，平底。素面。底径12、残高3.8厘米（图一三，3）。H1：6，夹砂灰陶。斜腹，平底。素面。残高2厘米（图一三，4）。

豆　3件。根据柄部粗细的不同，分为二型。

A型　2件。细柄。H1：8，泥质灰黑陶。杯形豆盘，圆柱形豆柄中空。素面。残高7.9厘米（图一三，7）。H1：9，泥质灰黑陶。圆柱形豆柄中空。表面磨损严重，依稀可见瓦棱。残高8厘米（图一三，8）。

B型　1件。粗柄。H1：4，夹砂灰陶。素面。残高2.7厘米（图一三，9）。

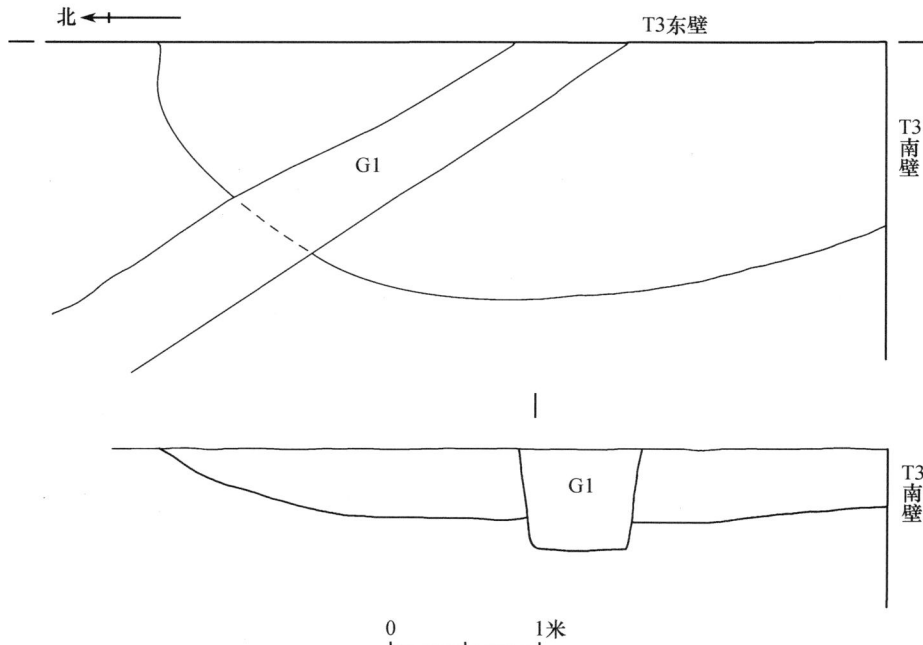

图一二　H1平、剖面图

4. 第3层出土陶器

长颈瓶　1件。T4③：1，泥质灰黑陶。敞口，尖圆唇。素面。口径14、残高4厘米（图一三，10）。

矮领罐　1件。T4③：2，夹砂灰黑陶。侈口，方圆唇，短束颈，弧肩。唇部饰斜向绳纹。残高5.5厘米（图一三，11）。

盆　1件。T4③：3，夹砂灰黑陶。敛口，方圆唇，广肩。素面。残高2.7厘米（图一三，12）。

三、结　　语

该遗址出土的遗物仅见陶器，数量不多，陶片较碎，能修复器物较少。以夹砂陶为主，少量泥质陶。夹砂陶器以灰黑陶为主，灰褐陶次之；泥质陶器以灰黑陶为主。纹饰以绳纹、凹弦纹为主。绳纹一般饰于陶器口沿及肩部，有凹弦纹饰于绳纹下的现象。无颈敛口罐、束颈罐均饰绳纹。小平底罐多数为夹砂陶，口小于肩部。A型小平底罐（T1④：2）与波罗村Aa型小平底罐类似，B型小平底罐（T1④：3）与波罗村Ca型类似[1]。陶盆（T4③：3）与朱王村遗址B型盆[2]类似。根据各单位出土的陶器形态、器物组合及纹饰特征，基本可以认定该遗址属于十二桥文化遗存，与《金沙遗址的初步分析》[3]一文中一期相当，处于十二桥文化早期，年代大约在商代晚期。

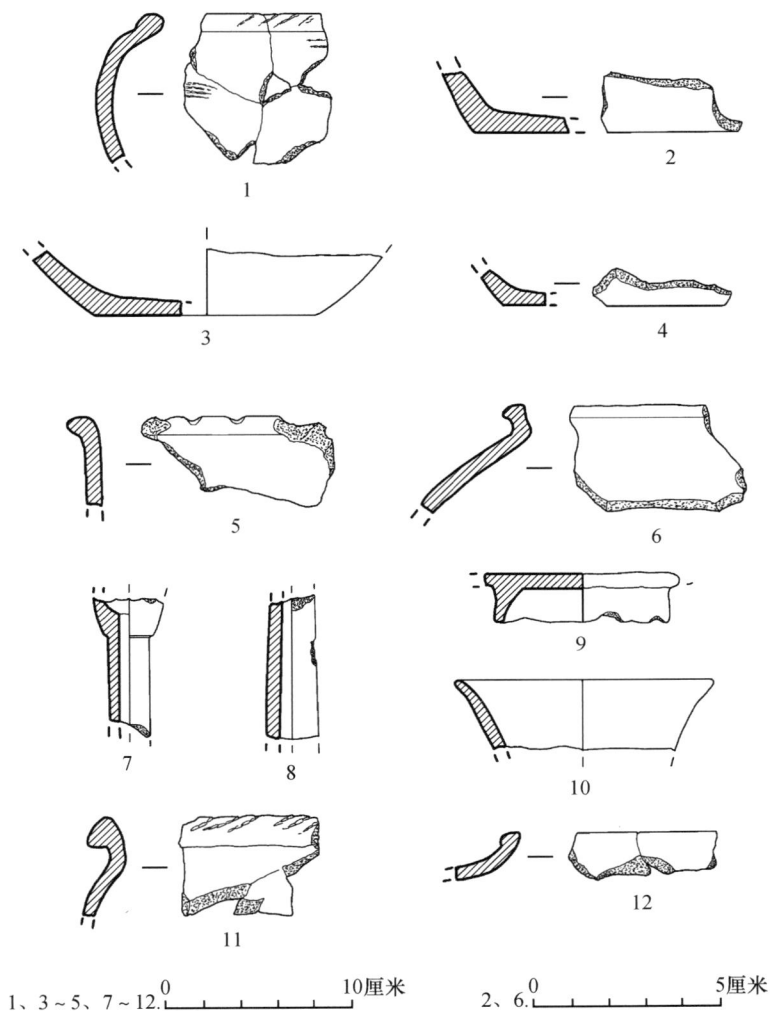

图一三　H1、T4第3层出土陶器

1. 绳纹敛口罐（H1：3）　2~4. 器底（H1：1、H1：2、H1：6）　5. 高领罐（H1：5）　6. 小平底罐（H1：7）
7、8. A型豆（H1：8、H1：9）　9. B型豆（H1：4）　10. 长颈瓶（T4③：1）　11. 矮领罐（T4③：2）
12. 盆（T4③：3）

近年来在成都市金牛区毗河流域发现十余处先秦遗址点，年代从宝墩文化至十二桥文化均有，这一个区域可能是由多个聚落组成的聚落群，距离同年发掘的十二桥文化西周中期的白塔七组[4]遗址仅约500米。加强这一区域先秦考古学文化的调查和研究，对于研究成都平原先秦时期聚落及聚落之间的关系具有重要意义。

附记：本次发掘领队为谢涛，参与发掘工作的有成都文物考古研究院向导、杨永鹏、孙川雄等，金牛区文物保护管理所秦鹏、宋述章等。

绘图：张立超

执笔：向　导　赵腾飞　陈棋峰　谢　涛

注　释

［1］　成都文物考古研究院、四川大学历史文化学院：《郫县波罗村遗址》，科学出版社，2019年，第11、440～444页。

［2］　成都文物考古研究所、新都区文物管理所：《成都市新都区朱王村遗址发掘报告》，《成都考古发现》（2011），科学出版社，2013年，第129页。

［3］　江章华：《金沙遗址的初步分析》，《文物》2010年第2期，第45页。

［4］　见本书《2020年成都市金牛区天回镇街道白塔社区七组商周遗址发掘简报》。

2020年成都市金牛区天回镇街道白塔社区七组商周遗址发掘简报

成都文物考古研究院
成都市金牛区文物保护管理所

为配合金牛区天回镇街道白塔社区七、九、十组公园绿地项目建设，成都文物考古研究院、金牛区文物保护管理所于2020年6月中旬对该基建项目进行文物勘探时发现商周时期文化堆积。遗址位于成都市金牛区天回镇街道白塔社区七组，天龙北三路以东200米，天高路以北，金华寺西路以南100米（图一）。遗址中心位置地理坐标为东经104°5′54″、北纬30°46′47″，海拔501米。遗址在该项目内分布范围约2000平方米，向南延伸至项目区域外（由于东侧金凤凰大道已经通车使用，无法调查，因而遗址具体分布范围不得而知）。为进一步了解该遗址的文化面貌，2020年8～11月，成都文物考古研

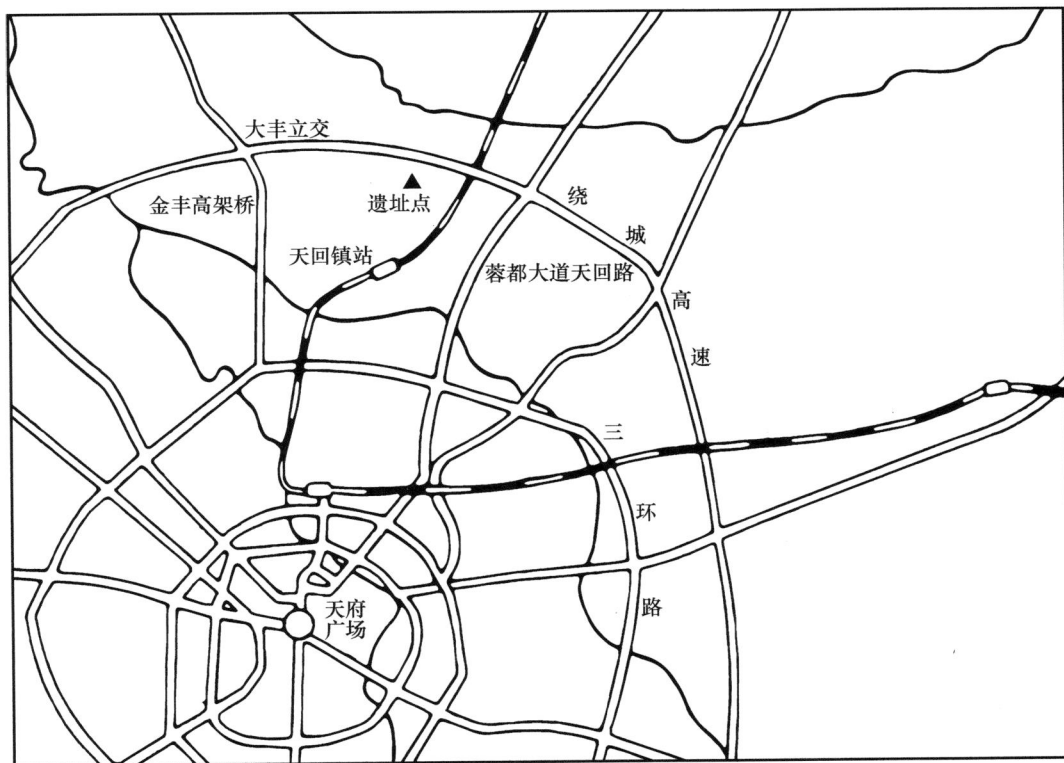

图一 遗址位置示意图

究院、金牛区文物保护管理所联合对该遗址进行了详细钻探，根据钻探结果对项目红线范围内商周遗址进行考古发掘工作。

发掘区选择在堆积较好的区域，以正南北方向布10米×10米探方4个，编号2020CJBTN01E01~2020CJBTN02E02（以下省略"2020CJB"），实际发掘面积328平方米。清理唐宋时期灰坑1个、灰沟1条，汉代灰沟1条，商周时期灰坑15个、灰沟9条（图二）。现将此次发掘的商周遗存主要收获简报如下。

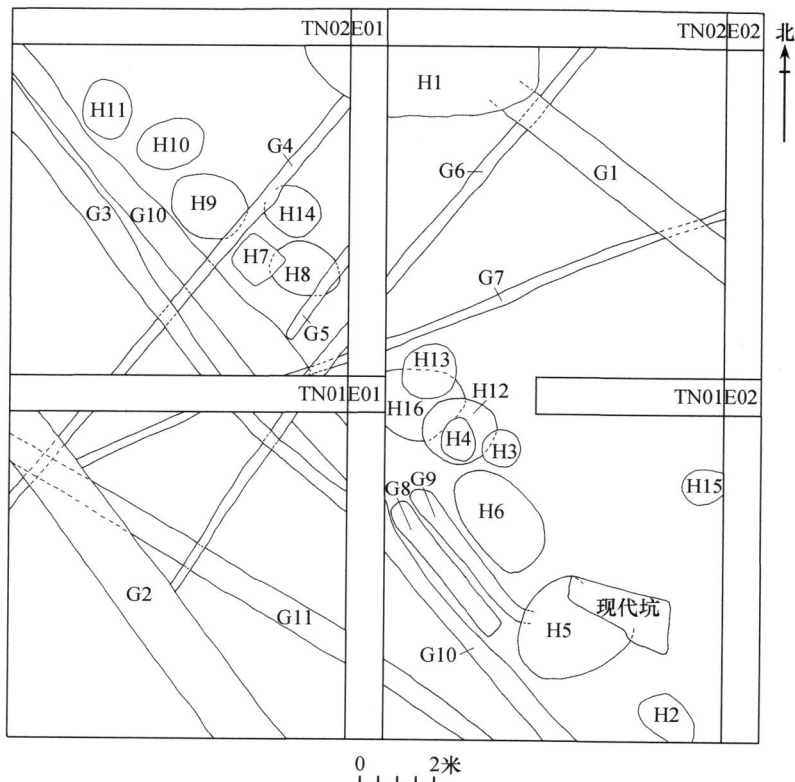

图二　遗迹总平面图

一、地层堆积

由于发掘区面积较小，地层堆积较为简单，根据土质土色及包含物的差异，将发掘区地层统一划分为5层，以TN02E01东壁为例介绍如下（图三）。

第1层：青灰色淤土层，土质致密。厚0.15~0.25米。富含现代瓷片以及草木根系。

第2层：灰黄色黏土层，土质较致密。厚0~0.15米。含有少许唐宋时期瓷片以及砖块，系唐宋时期文化堆积层。开口于该层下遗迹有H1、G1，为唐宋时期遗迹。

第3层：灰褐色黏土层，土质较致密。厚0.05~0.15米。包含较多商周时期陶片和零星汉代瓦片，系汉代文化层。开口于该层下的遗迹有G2~G9，其中G2为汉代灰沟，其

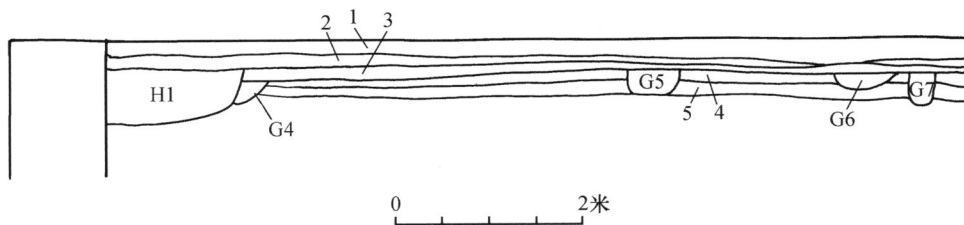

图三 TN02E01东壁剖面图

余为商周时期灰沟。

第4层：浅黄褐色粉砂层，土质较致密。厚0.05～0.12米。包含少许商周时期陶片，系商周时期文化堆积层。开口于该层下的遗迹有H2～H16、G10。

第5层：浅褐色粉砂土，土质较致密。厚0.09～0.16米。包含较多商周时期陶片，系商周时期文化堆积层。开口于该层下的遗迹有G11。

二、遗迹与遗物

出土商周遗物均为陶器，陶片数量为6429片，保存一般，可修复器物较少。陶质有夹砂和泥质两种，夹砂陶占绝对多数，仅有零星泥质陶。夹砂陶以灰黄色为主，其次为灰黑陶。夹砂陶纹饰以素面为主，其次为凹弦纹。泥质陶以素面灰黑色陶占绝对多数，其余为灰陶。泥质陶均为素面。可辨器形有篦形器、敛口罐、束颈罐、高领罐、矮领罐、豆、筒形器、圈足、长颈瓶、尖底杯等。

对陶器进行统一的类型划分，各类陶器的总体特征及分型情况如下。

篦形器 28件。唇部内勾，深腹。根据口部的不同，分为二型。

A型 12件。敛口。标本G10：12（图二七，2）。

B型 16件。敞口。标本TN02E01⑤：11（图五，6）。

束颈罐 33件。根据口部形态的不同，分为三型。

A型 5件。直口。标本H6：1（图一三，7）。

B型 17件。侈口。标本TN01E02⑤：10（图六，6）。

C型 11件。敛口。标本H8：1（图一七，1）。

敛口罐 12件。根据腹部的不同，分为二型。

A型 9件。斜深腹。标本H8：3（图一七，3）。

B型 3件。弧腹急收。标本TN02E01④：4（图二八，6）。

高领罐 2件。高领。标本TN02E02⑤：4（图八，2）。

矮领罐 16件。矮领。标本H12：1（图一七，4）。

筒形器 3件。整体形制呈桶形，深腹。标本TN02E01⑤：5（图七，4）。

长颈瓶 5件。颈部较长，器形较小。标本TN02E02⑤：2（图八，4）。

圈足　8件。根据足壁形态的不同，分为二型。

A型　1件。喇叭状。标本TN02E02⑤：5（图七，1）。

B型　7件。足跟内折，折棱凸出。根据内折幅度的不同，分为二亚型。

Ba型　4件。内折明显。标本TN01E02⑤：13（图七，2）。

Bb型　3件。内折不明显。标本G4：2（图二九，12）。

尖底杯　1件。标本TN02E01⑤：12（图七，5）。

器底　15件。平底。标本TN02E01⑤：2（图七，6）。

豆柄　4件。高柄。标本TN02E01⑤：14（图八，1）。

以下根据层位顺序，按单位发表遗迹和遗物。

1. 第5层下遗迹

G11　位于TN01E01、TN01E02内。开口于第5层下，西段被G2、G4打破，中段被G6打破，打破生土。平面呈长条状，弧壁，弧底。残长约15.25、宽约0.75、深约0.1米（图四）。填土为灰褐色黏土，土质致密。出土少量夹砂灰陶，陶片较破碎，无可辨器形。

2. 第5层出土陶器

篦形器　10件。

A型　4件。TN02E01⑤：8，夹砂灰黄陶。方圆唇。素面。残高5.8厘米（图五，1）。TN02E01⑤：16，夹砂黄陶。方圆唇。素面。残高5厘米（图五，2）。TN02E01⑤：10，夹砂灰黄陶。沿面内倾，尖圆唇。素面。残高7.5厘米（图五，3）。TN02E01⑤：17，夹砂灰黄陶。沿面有凹槽，圆唇。素面。残高4.5厘米（图五，4）。

B型　6件。TN02E01⑤：1，夹砂灰陶。沿面内倾，尖圆唇。素面。残高6.5厘米（图五，5）。TN02E01⑤：11，夹砂灰陶。沿面内倾，尖方唇。素面。残高7厘米（图五，6）。TN02E01⑤：15，夹砂黄陶。沿面内倾，尖圆唇。素面。残高5.4厘米（图五，7）。TN01E02⑤：2，夹砂灰褐陶。沿面微凹，尖唇。素面。残高5.6厘米（图五，8）。TN01E02⑤：6，夹砂褐陶。沿面微凹，尖方唇。素面。残高3.6厘米（图五，9）。TN02E01⑤：13，夹砂灰黄陶。沿面内倾，尖圆唇。素面。残高7.4厘米（图五，10）。

敛口罐　A型　3件。TN02E01⑤：4，夹砂灰黑陶。敛口，沿面内凹，圆唇，唇下有一周凹槽。素面。残高4.4厘米（图六，1）。TN01E02⑤：12，夹砂褐陶。敛口，沿面内凹，方圆唇，唇下有一周凹槽。素面。残高6.6厘米（图六，2）。TN02E02⑤：1，夹砂灰陶。敛口，沿面内凹，方圆唇，唇下有一周凹槽，弧肩。素面。残高9.2厘米（图六，3）。

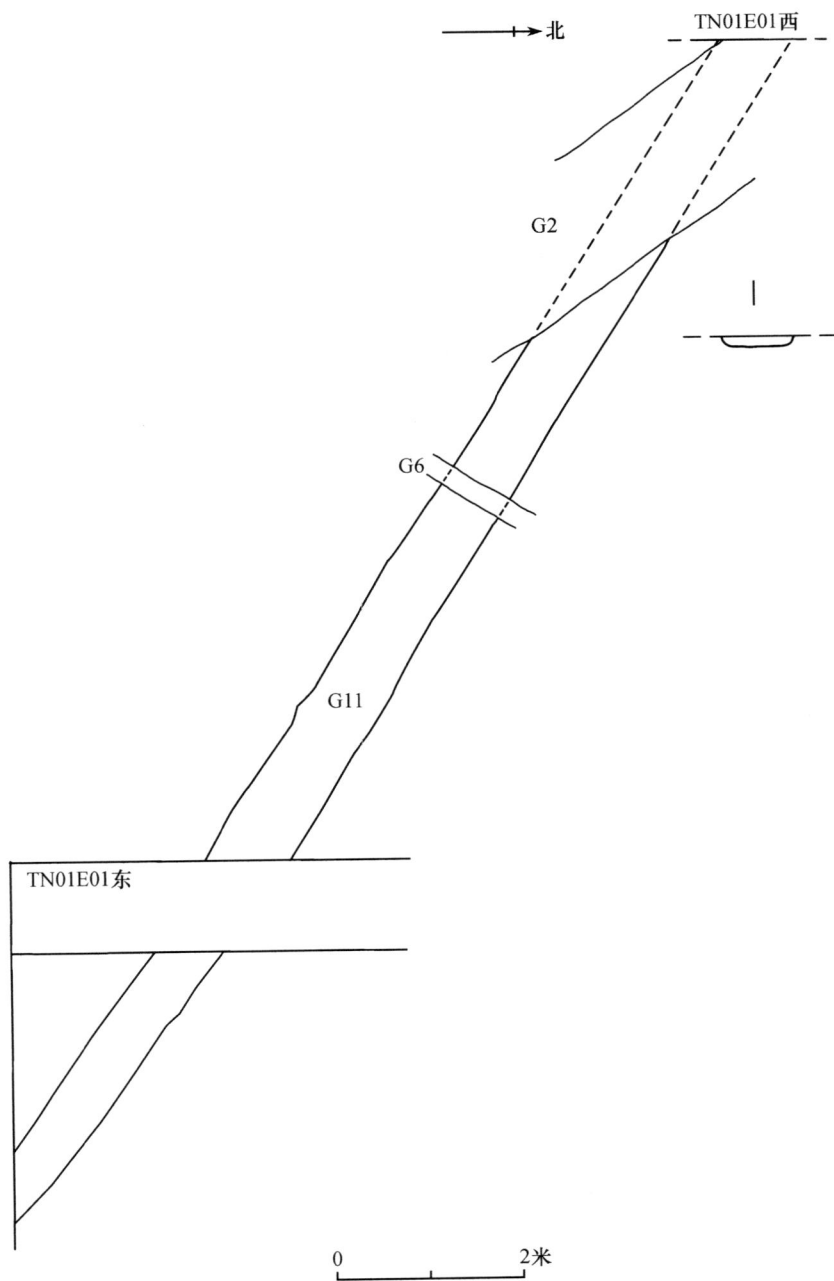

图四 G11平、剖面图

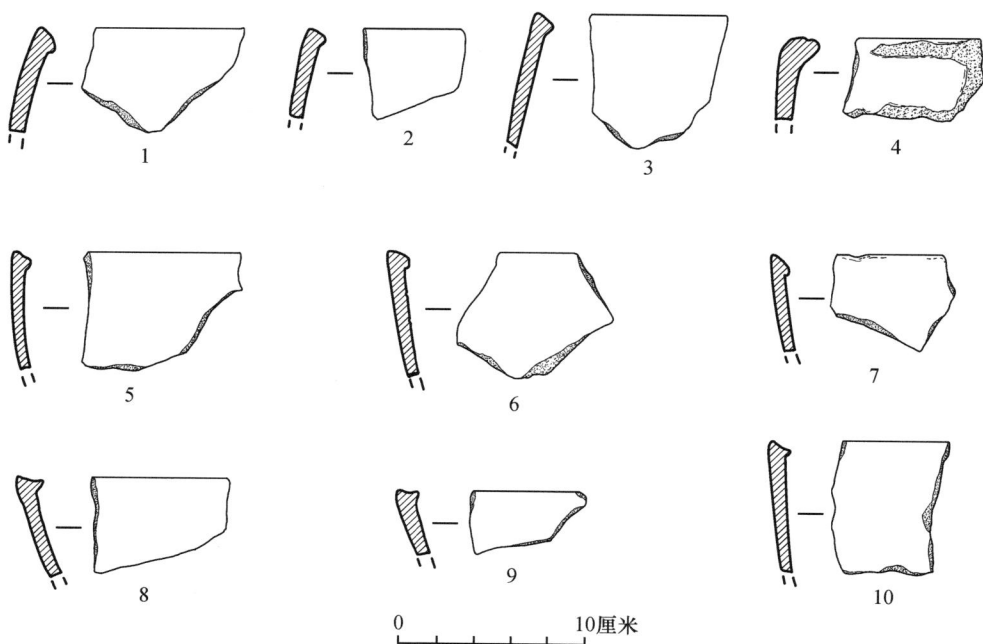

图五　第5层出土陶簋形器

1～4. A型（TN02E01⑤：8、TN02E01⑤：16、TN02E01⑤：10、TN02E01⑤：17）　5～10. B型
（TN02E01⑤：1、TN02E01⑤：11、TN02E01⑤：15、TN01E02⑤：2、TN01E02⑤：6、TN02E01⑤：13）

束颈罐　8件。

A型　2件。TN01E02⑤：1，夹砂灰黄陶。圆唇外翻，束颈。素面。残高4.4厘米（图六，4）。TN01E02⑤：7，夹砂灰黄陶。圆唇外翻，束颈。颈部有轮制痕迹，素面。残高4.6厘米（图六，5）。

B型　5件。TN01E02⑤：10，夹砂灰黄陶。口微侈，圆唇，束颈，广肩。素面。残高4厘米（图六，6）。TN01E02⑤：8，泥质灰黄陶。圆唇外翻，束颈，广肩。素面。残高3.6厘米（图六，7）。TN01E02⑤：9，夹砂灰陶。口微侈，圆唇，束颈，广肩。素面。口径34.4、残高6.4厘米（图六，8）。TN01E02⑤：3，方圆唇，束颈。素面。残高4.7厘米（图六，9）。TN02E01⑤：3，夹砂灰陶。近侈口，方圆唇，束颈。素面。残高4.6厘米（图六，10）。

C型　1件。TN02E01⑤：7，夹砂灰黄陶。圆唇，束颈。素面。残高3.6厘米（图六，11）。

圈足　3件。

A型　1件。TN02E02⑤：5，夹砂灰褐陶。喇叭状圈足。足壁上有近三角形镂孔。残高5.4厘米（图七，1）。

Ba型　2件。TN01E02⑤：13，夹砂灰褐陶。足跟内折，折棱凸出。素面。残高6.5厘米（图七，2）。TN01E02⑤：4，夹砂灰黄陶。足跟内折，折棱凸出。素面。残高

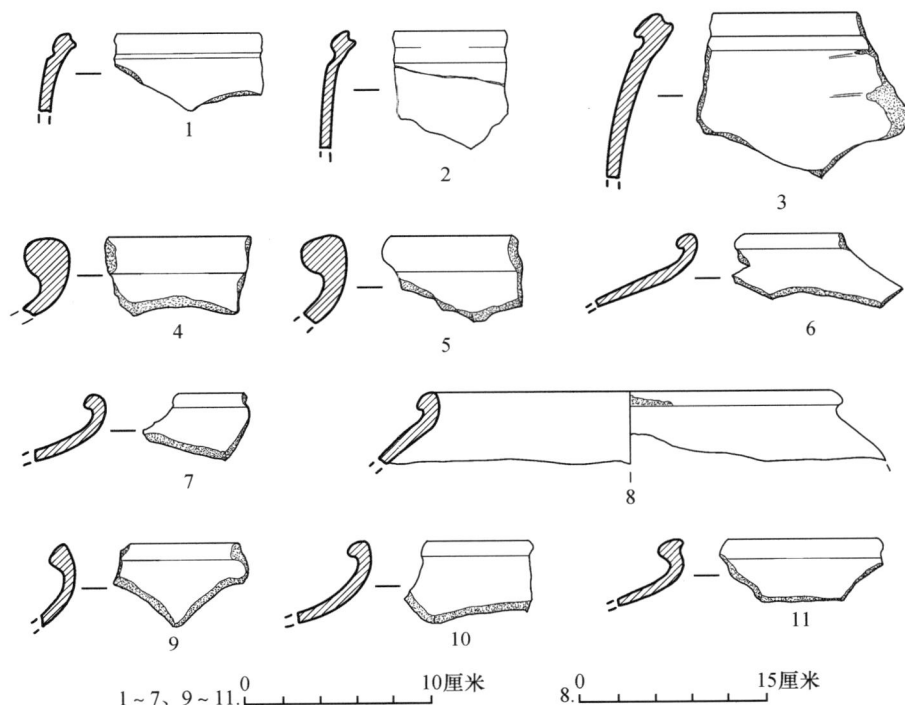

图六　第5层出土陶罐

1~3. A型敛口罐（TN02E01⑤：4、TN01E02⑤：12、TN02E02⑤：1）　4、5. A型束颈罐（TN01E02⑤：1、
TN01E02⑤：7）　6~10. B型束颈罐（TN01E02⑤：10、TN01E02⑤：8、TN01E02⑤：9、TN01E02⑤：3、
TN02E01⑤：3）　11. C型束颈罐（TN02E01⑤：7）

4.3厘米（图七，3）。

　　筒形器　1件。TN02E01⑤：5，夹砂灰黑陶。直口，圆唇。腹部饰一周凹弦纹。残高6.8厘米（图七，4）。

　　尖底杯　1件。ＴＮ02Ｅ01⑤：12，泥质灰黑陶。尖底。素面。残高2.8厘米（图七，5）。

　　器底　5件。TN02E01⑤：2，夹砂灰黄陶。斜弧腹，平底。素面。残高4.8厘米（图七，6）。ＴＮ02Ｅ01⑤：6，夹砂灰黄陶。弧腹，平底。素面。残高4.8厘米（图七，7）。ＴＮ02Ｅ01⑤：9，夹砂灰黄陶。斜弧腹，平底。素面。残高4厘米（图七，8）。ＴＮ01Ｅ02⑤：5，夹砂褐陶。斜弧腹，平底。素面。残高3.1厘米（图七，9）。ＴＮ02Ｅ01⑤：18，夹砂灰陶。斜弧腹，平底。素面。残高5厘米（图七，10）。

　　豆柄　1件。TN01E02⑤：14，夹砂灰黑陶。圆柱形。素面。柄径3.4、残高13.8厘米（图八，1）。

　　高领罐　1件。TN02E02⑤：4，夹砂黄褐陶。侈口，圆唇，高领。素面。残高4.5厘米（图八，2）。

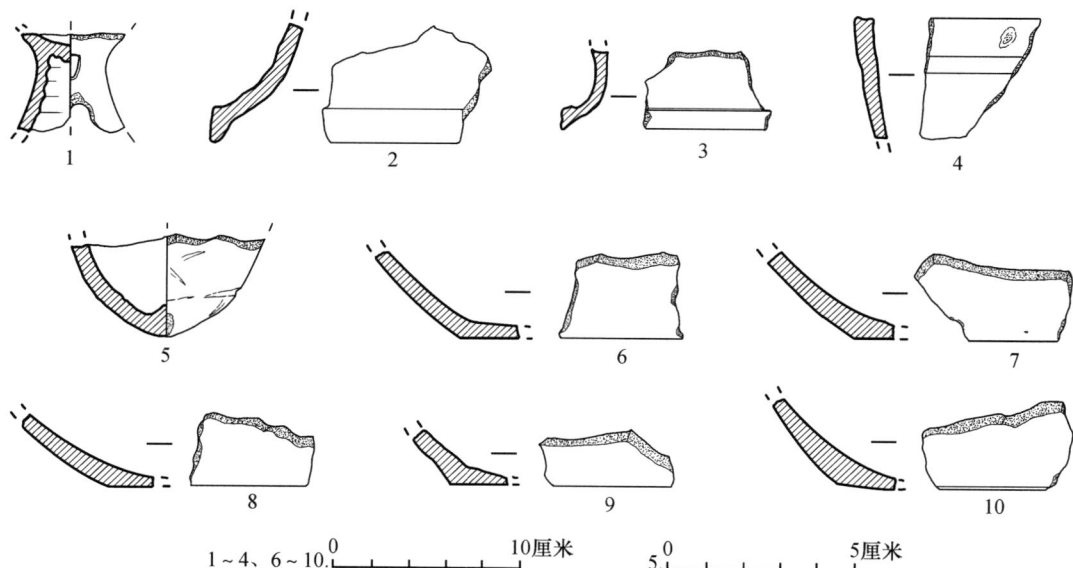

图七　第5层出土陶器

1. A型圈足（TN02E02⑤∶5）　2、3. Ba型圈足（TN01E02⑤∶13、TN01E02⑤∶4）　4. 筒形器（TN02E01⑤∶5）
5. 尖底杯（TN02E01⑤∶12）　6～10. 器底（TN02E01⑤∶2、TN02E01⑤∶6、TN02E01⑤∶9、TN01E02⑤∶5、
TN02E01⑤∶18）

　　长颈瓶　3件。TN02E02⑤∶3，夹砂灰黄陶。敞口，圆唇外翻。素面。残高5厘米（图八，3）。TN02E02⑤∶2，夹砂灰黄陶。侈口，卷沿，圆唇。素面。口径21.6、残高5厘米（图八，4）。TN02E01⑤∶14，夹砂灰陶。卷沿，圆唇，素面。残高6.8厘米（图八，5）。

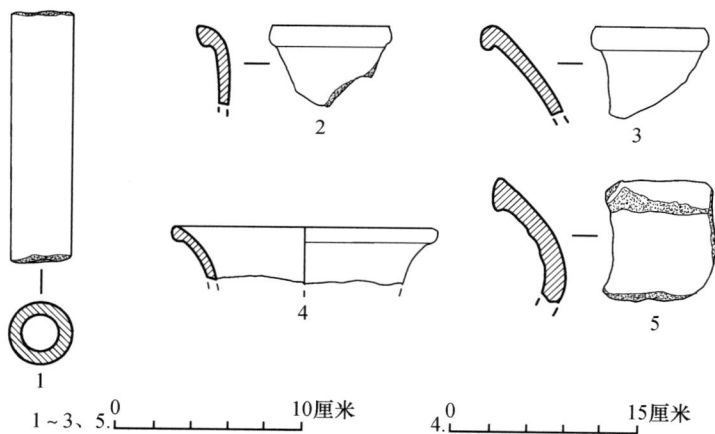

图八　第5层出土陶器

1. 豆柄（TN01E02⑤∶14）　2. 高领罐（TN02E02⑤∶4）　3～5. 长颈瓶（TN02E02⑤∶3、TN02E02⑤∶2、
TN02E01⑤∶14）

3. 第4层下遗迹及陶器

H2　位于TN01E02东南部。开口于第4层下。平面呈近椭圆形，弧壁，平底。坑口长约1.58、宽约1.32、深约0.24米（图九）。填土为黄灰色黏土，土质较致密。出土少量夹砂灰黄陶，陶片较破碎，无可辨器形。

H3　位于TN01E02西北部。开口于第4层下，打破H12。平面呈椭圆形，弧壁，平底。坑口长约1.03、宽约1、深约0.16米（图一〇）。填土为灰黄色黏土，土质致密。出土少量夹砂灰黄陶，陶片较破碎，无可辨器形。

H4　位于TN01E02西北部。开口于第4层下，打破H12。平面呈椭圆形，弧壁，平底。坑口长约1.38、宽约1.02、深约0.16米（图一一）。填土为灰黄色黏土，土质致密。出土少量夹砂陶，陶片较破碎，无可辨器形。

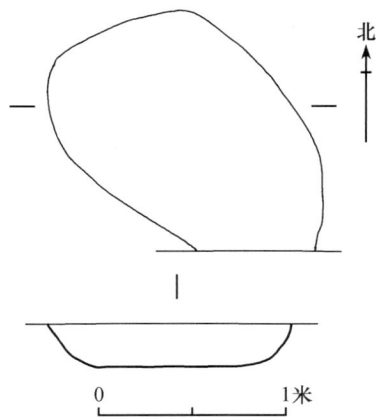

图九　H2平、剖面图

H5　位于TN01E02中部。开口于第4层下，打破G9，东北部被现代坑打破。平面呈椭圆形，弧壁，平底。坑口长约3.05、宽约2.92、深约0.24米（图一二）。填土为灰黄色，土质较致密。出土较多夹砂陶，陶片较破碎，可辨器形有敛口罐、束颈罐、簋形器、矮领罐、豆柄等。

敛口罐　B型　1件。H5：1，夹砂灰黄陶。沿面内凹，圆唇，唇下有一周凹槽。素面。残高6厘米（图一三，1）。

簋形器　B型　1件。H5：5，夹砂灰黄陶。平沿，方圆唇。素面。残高3.7厘米（图一三，2）。

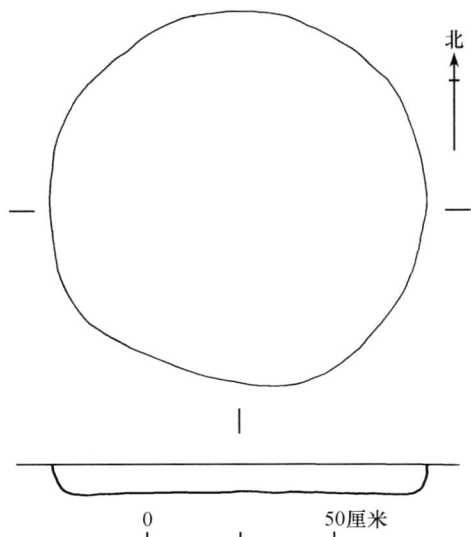

图一〇　H3平、剖面图

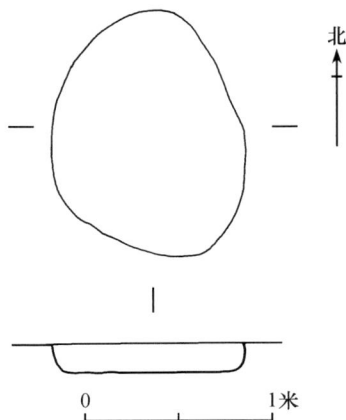

图一一　H4平、剖面图

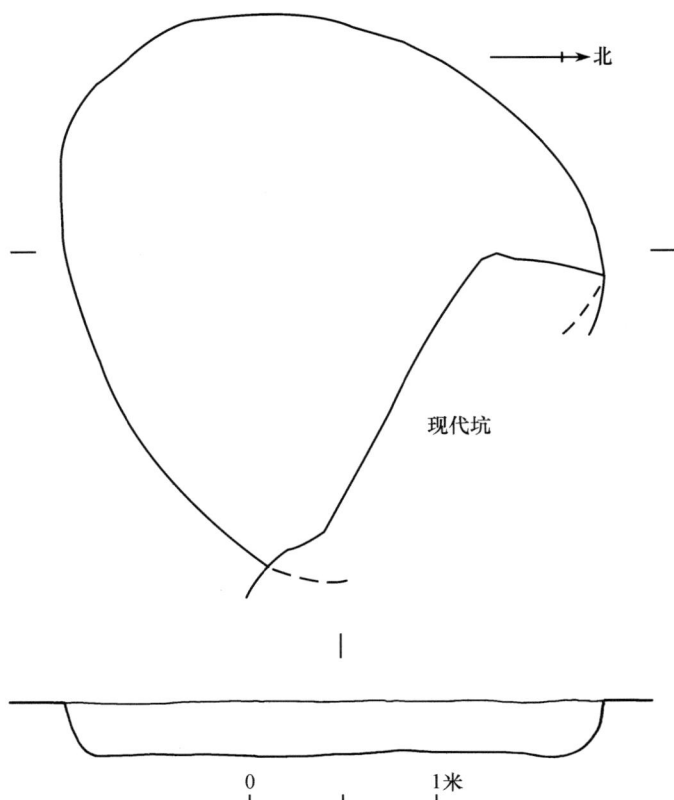

图一二　H5平、剖面图

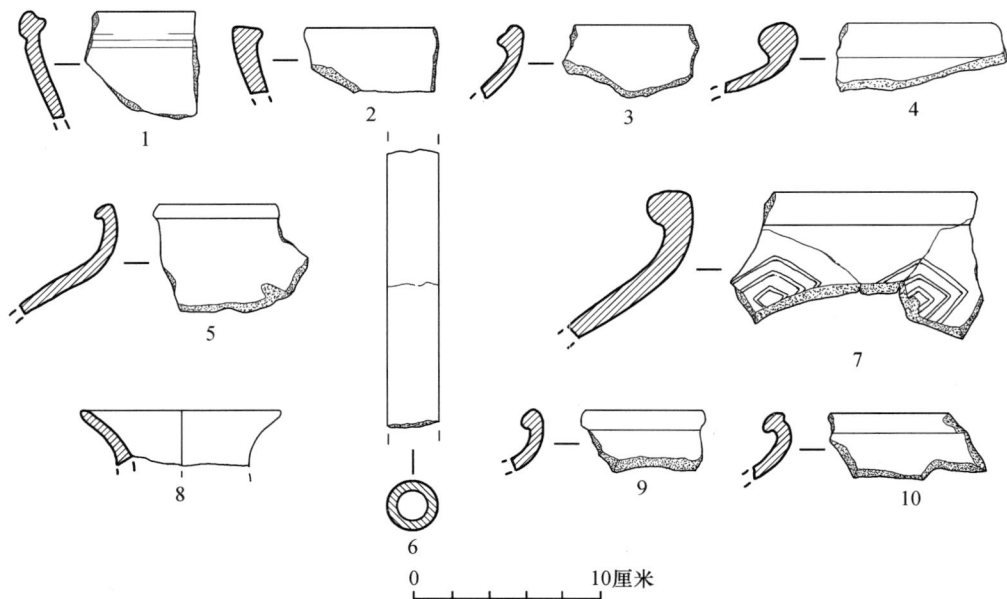

图一三　第4层下遗迹出土陶器

1. B型敛口罐（H5：1）　2. B型簋形器（H5：5）　3、4. C型束颈罐（H5：3、H5：4）　5. 矮领罐（H5：2）
6. 豆柄（H5：6）　7、9. A型束颈罐（H6：1、H7：2）　8. 长颈瓶（H6：2）　10. B型束颈罐（H7：1）

束颈罐　C型　2件。H5：3，夹砂灰陶。圆唇，唇面内凹。残高4.2厘米（图一三，3）。H5：4，夹砂灰褐陶。圆唇。残高3.8厘米（图一三，4）。

矮领罐　1件。H5：2，夹砂灰黄陶。侈口，尖圆唇外翻，矮领，广肩。素面。残高6厘米（图一三，5）。

豆柄　1件。H5：6，夹砂灰黄陶。圆柱中空。直径2.8、残高15.2厘米（图一三，6）。

H6　位于TN01E02西北部。开口于第4层下。平面呈椭圆形，弧壁，平底。坑口长约3、宽约1.8、深约0.16米（图一四）。填土为灰黄色黏土，土质较致密。出土少量夹砂陶，陶片较破碎，可辨器形有束颈罐、长颈瓶等。

束颈罐　A型　1件。H6：1，夹砂灰陶。圆唇，束颈。表面饰重菱纹。残高8.2厘米（图一三，7）。

长颈瓶　1件。H6：2，夹砂灰陶。敞口，圆唇。素面。口径10.8、残高3厘米（图一三，8）。

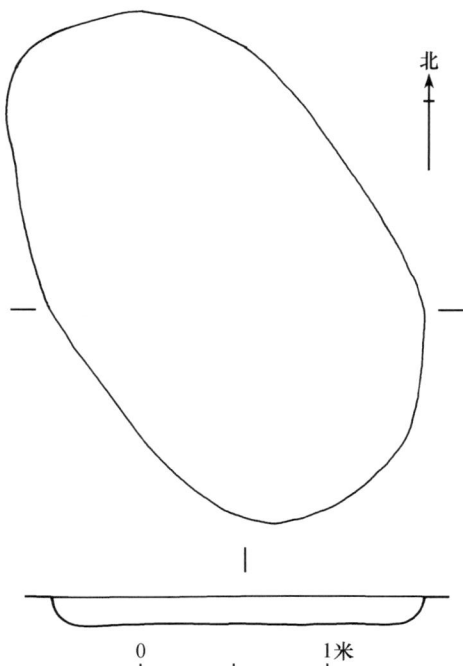

图一四　H6平、剖面图

H7　位于TN02E01东南部。开口于第4层下，打破生土，打破H8。平面呈不规则长方形，直壁，平底。坑口长约1.42、宽约1.2、深约0.16米（图一五）。填土为灰黄色黏土，土质较致密。出土少量夹砂陶，陶片较破碎，可辨器形有束颈罐等。

束颈罐　2件。

A型　1件。H7：2，夹砂灰陶。圆唇，束颈。素面。残高3.4厘米（图一三，9）。

B型　1件。H7：1，夹砂灰黄陶。沿面内凹，圆唇，束颈。素面。残高3.7厘米（图一三，10）。

H8　位于TN02E01东南部。开口于第4层下，西部被H7打破，东部被G5打破。平面呈椭圆形，弧壁，平底。坑口长约1.72、宽约1.5、深约0.18米（图一六）。填土为黄褐色黏土，土质致密。出土少量夹砂陶和泥质陶，陶片较破碎，可辨器形有束颈罐、矮领罐、敛口罐等。

束颈罐　C型　1件。H8：1，夹砂灰褐陶。圆唇，弧肩。素面。口径18.2、残高4.5厘米（图一七，1）。

矮领罐　1件。H8：2，夹砂灰褐陶。直口，尖圆唇，矮领，弧肩。素面。残高5厘米（图一七，2）。

敛口罐　A型　1件。H8：3，夹砂褐陶。敛口，沿面内凹，方圆唇，唇下有一周凹

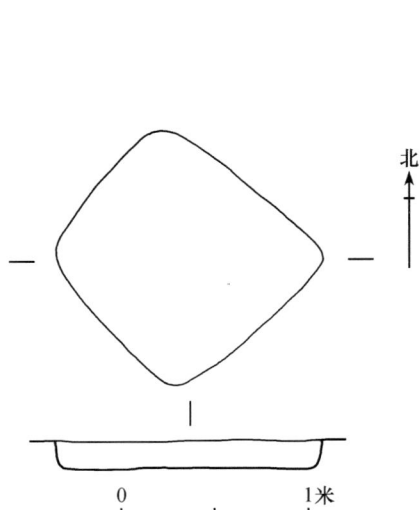

图一五　H7平、剖面图

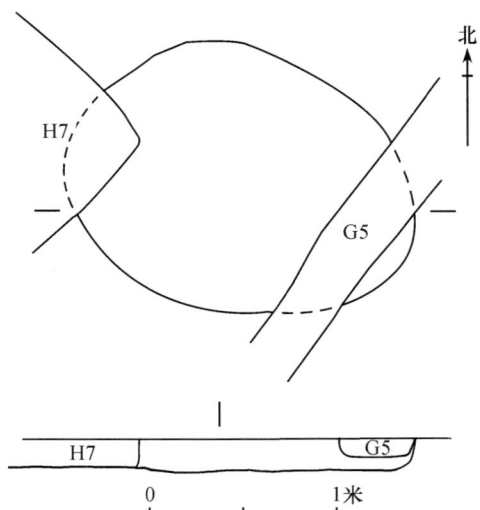

图一六　H8平、剖面图

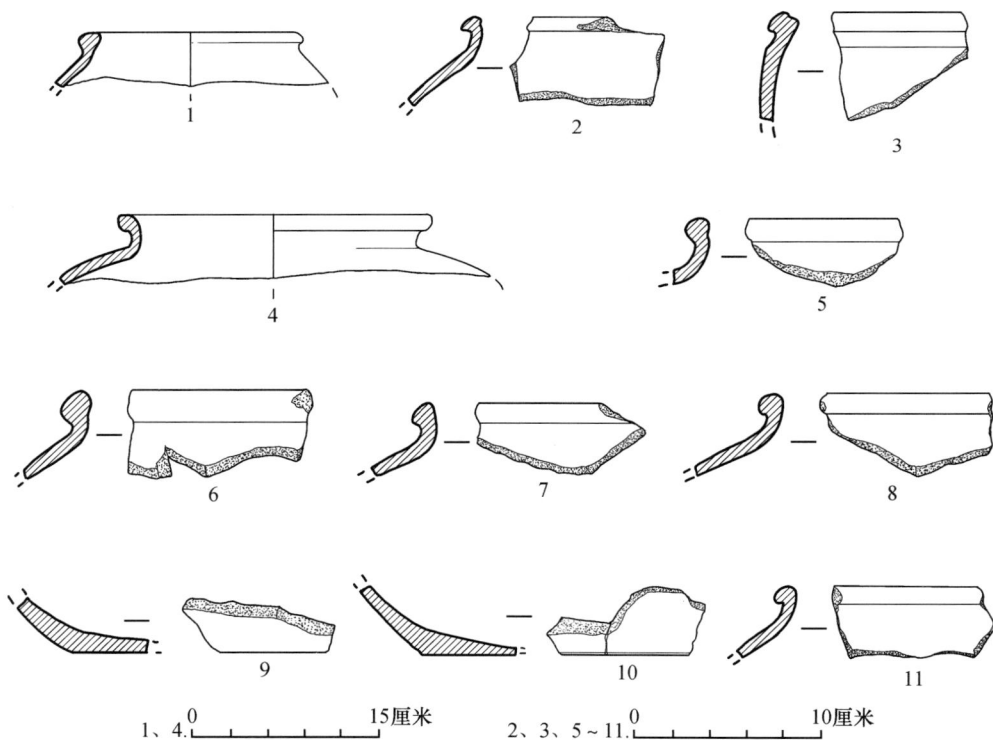

图一七　第4层下遗迹出土陶器

1、8.C型束颈罐（H8：1、H12：2）　2、4、5、11.矮领罐（H8：2、H12：1、H12：5、H13：1）　3.A型敛口罐
（H8：3）　6.A型束颈罐（H12：4）　7.B型束颈罐（H12：6）　9、10.器底（H12：3、H13：2）

槽。素面。残高6厘米（图一七，3）。

H9　位于TN02E01中部。开口于第4层下，东南部被G4打破。平面呈椭圆形，直壁，平底。坑口长约1.92、宽约1.74、深约0.18米（图一八）。填土为灰褐色黏土，土质致密。出土少量夹砂陶片，陶片较破碎，无可辨器形。

H10　位于TN02E01北部。开口于第4层下。平面呈椭圆形，弧壁，平底。坑口长约1.72、宽约1.3、深约0.18米（图一九）。填土为灰褐色黏土，土质致密。出土少量夹砂陶片，陶片较破碎，无可辨器形。

H11　位于TN02E01西北部。开口于第4层下。平面呈椭圆形，斜弧壁，平底。坑口长约1.6、宽约1.3、深约0.2米（图二〇）。填土为灰褐色黏土，土质致密。出土少量夹砂陶片和零星泥质灰陶，陶片较破碎，无可辨器形。

H12　部分位于TN01E02北部隔梁下。开口于第4层下，东南部被H3打破。平面呈圆形，弧壁，平底。坑口长约2、宽约1.64、深约0.12米（图二一）。填土为褐色粉砂土，土质较疏松。出土较多夹砂陶，可辨器形有矮领罐、束颈罐、器底等。

矮领罐　2件。H12：1，夹砂黄陶。侈口，方圆唇外翻，矮颈，弧肩。素面。口径26、残高5.6厘米（图一七，4）。H12：5，夹砂黄陶。直口，圆唇，矮颈。素面。残高3.9厘米（图一七，5）。

束颈罐　3件。

A型　1件。H12：4，夹砂灰黑陶。圆唇。素面。残高5厘米（图一七，6）。

B型　1件。H12：6，夹砂灰黄陶。圆唇，矮颈。素面。残高4厘米（图一七，7）。

C型　1件。H12：2，夹砂灰黄陶。圆唇，弧肩。素面。残高4.6厘米（图一七，8）。

器底　1件。H12：3，夹砂灰黑陶。斜弧腹，平底。素面。残高3.1厘米（图一七，9）。

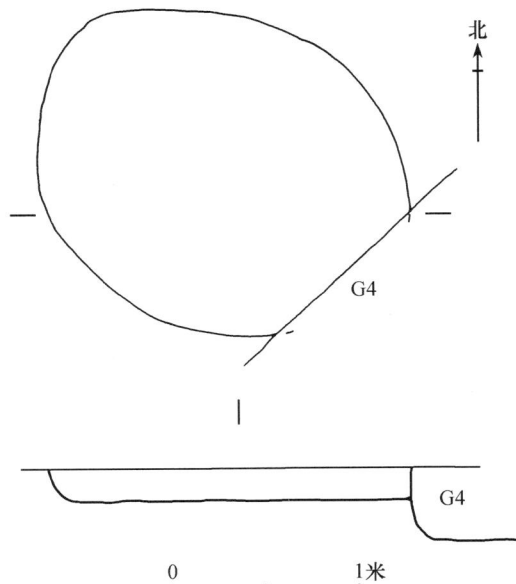

图一八　H9平、剖面图　　　　图一九　H10平、剖面图

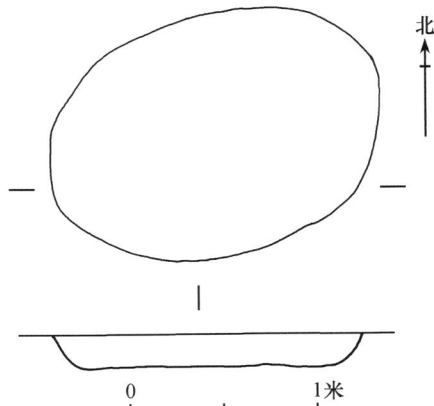

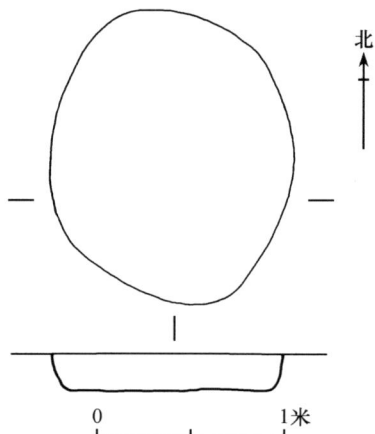

图二〇　H11平、剖面图

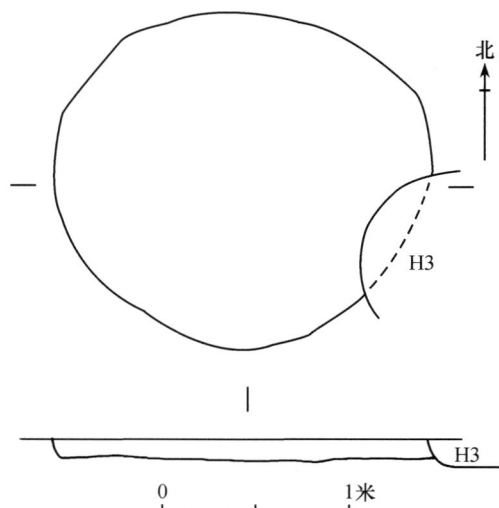

图二一　H12平、剖面图

H13　位于TN02E02南部，部分伸入TN01E02北隔梁下。开口于第4层下，打破H16。平面呈近圆形，弧壁，平底。坑口长约1.6、宽约1.44、深约0.12米（图二二）。填土为黄褐色粉砂土，夹杂少量红烧土颗粒，土质较疏松。出土少量夹砂陶片，可辨器形有矮领罐、器底等。

矮领罐　1件。H13：1，夹砂灰褐陶。敛口，圆唇外翻，矮领。素面。残高4厘米（图一七，11）。

器底　1件。H13：2，夹砂灰陶。斜腹，平底。素面。残高3.9厘米（图一七，10）。

H14　位于TN02E01东部。开口于第4层下，西北部被G4打破。平面呈近椭圆形，弧壁，平底。坑口长约1.32、宽约1.3、深约0.12米（图二三）。填土为黄褐色粉砂土，土质较疏松。出土少量夹砂灰黄陶，陶片较破碎，无可辨器形。

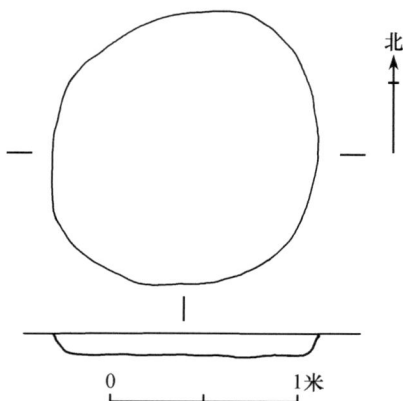

图二二　H13平、剖面图

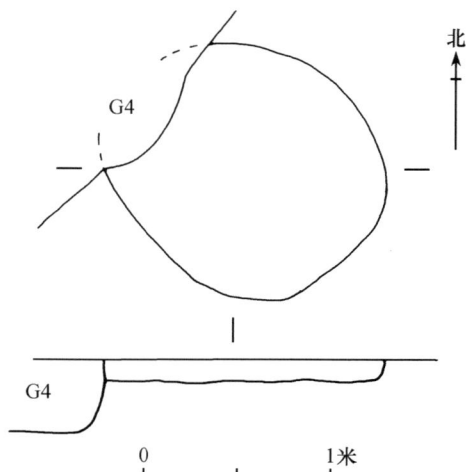

图二三　H14平、剖面图

H15　位于TN01E02东部，部分伸入隔梁下未清理。开口于第4层下。平面近椭圆形，斜壁，平底。坑口长约1.1、宽约1、深约0.14米（图二四）。填土为浅黄色黏土，土质致密。出土少量夹砂灰黄陶和夹砂灰陶，陶片较破碎，无可辨器形。

H16　主体位于TN01E02北部，部分伸入TN02E01、TN01E01东隔梁下，未清理。开口于第4层下，东南部被H12打破，北部被H13打破。平面近椭圆形，斜壁，平底。坑口长约2.08、宽约1.9、深约0.12米（图二五）。填土为黄褐色粉砂土，夹杂大量红烧土块，土质疏松。出土少量夹砂灰黄陶和夹砂灰陶，陶片较破碎，无可辨器形。

G10　位于TN01E01、TN01E02、TN02E01内。开口于第4层下，中部被G4、G6、G7打破，打破生土。平面呈长条状，斜壁，平底。残长约24.25、宽约0.7、深约0.1米（图二六）。填土为褐色粉砂土，土质较为致密。出土较多夹砂陶和零星泥质灰陶，可辨器形有束颈罐、矮领罐、簋形器、器底等。

束颈罐　3件。

B型　2件。G10：3，夹砂灰褐陶。圆唇外翻，束颈。素面。口径34、残高5.6厘米（图二七，6）。G10：7，夹砂灰陶。平沿，尖圆唇，束颈，广肩。素面。口径24、残高9.2厘米（图二七，7）。

C型　1件。G10：6，夹砂灰褐陶。方圆唇，束颈，广肩。素面。口径42、残高8.6厘米（图二七，9）。

矮领罐　2件。G10：2，夹砂灰黄陶。敛口，圆唇，矮领。素面。残高3.6厘米（图二七，11）。G10：10，夹砂灰黄陶。侈口，圆唇，矮领，弧肩。素面。口径15.6、残高6厘米（图二七，12）。

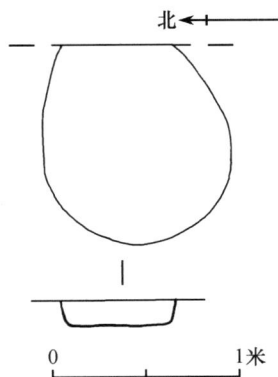

图二四　H15平、剖面图

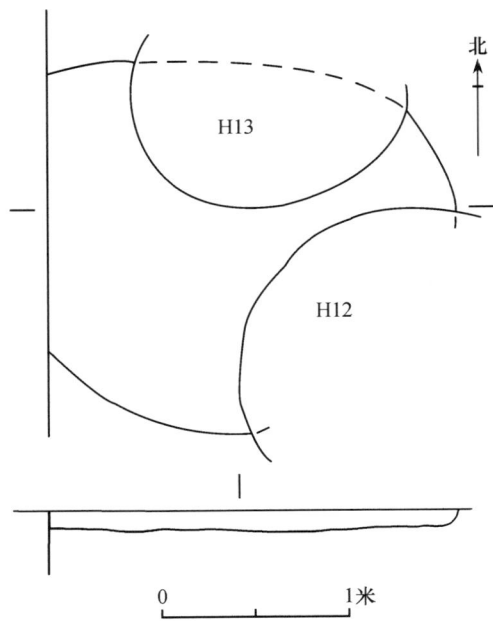

图二五　H16平、剖面图

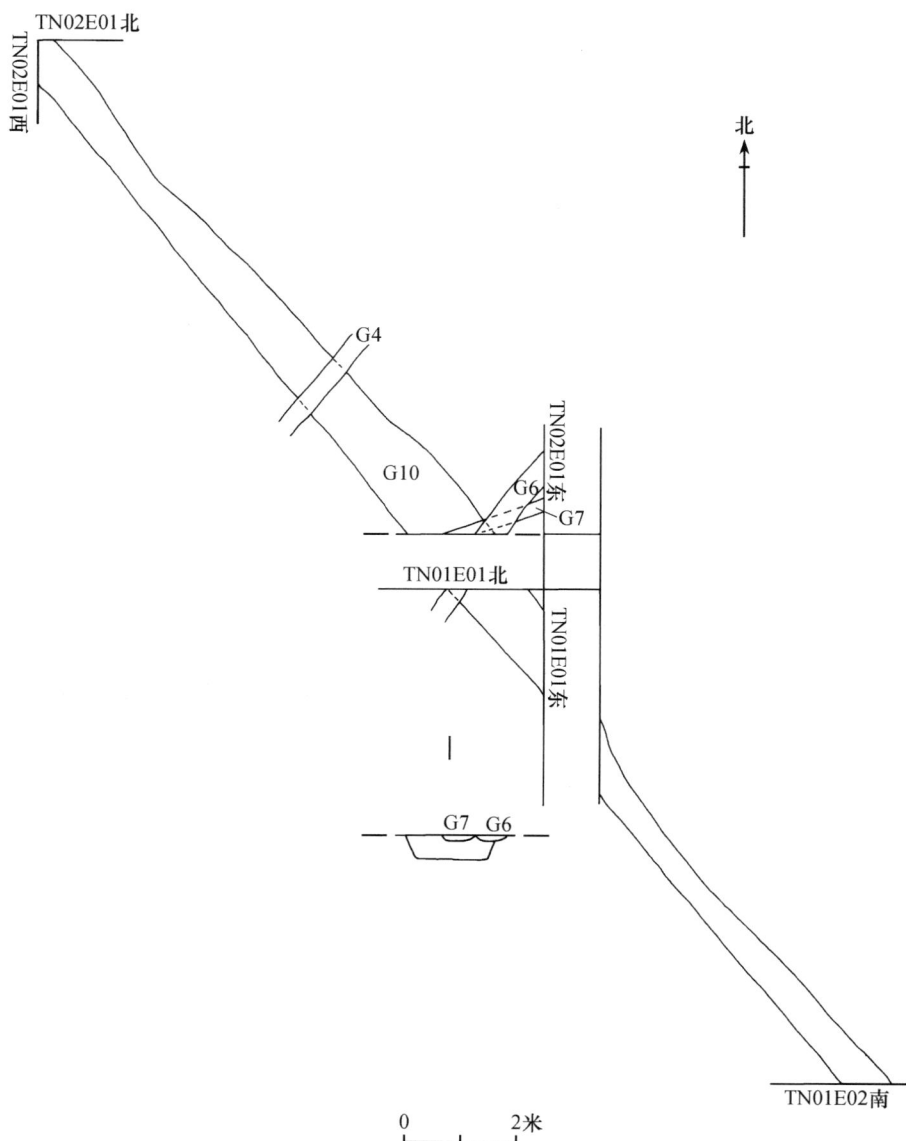

图二六　G10平、剖面图

篦形器　5件。

A型　3件。G10：11，夹砂灰黄陶。圆唇。素面。残高4.4厘米（图二七，1）。G10：12，夹砂灰陶。沿面内凹，尖圆唇，深腹。素面。口径30、残高11.2厘米（图二七，2）。G10：13，夹砂灰褐陶。尖圆唇。素面。残高7厘米（图二七，3）。

B型　2件。G10：4，夹砂灰褐陶。尖圆唇。素面。残高4.6厘米（图二七，4）。G10：5，夹砂灰褐陶。尖圆唇。素面。残高4.6厘米（图二七，5）。

器底　2件。G10：8，夹砂褐陶。弧斜腹，平底。素面。残高3.5厘米（图二七，8）。G10：9，夹砂灰黑陶。斜腹，平底。素面。残高3.6厘米（图二七，10）。

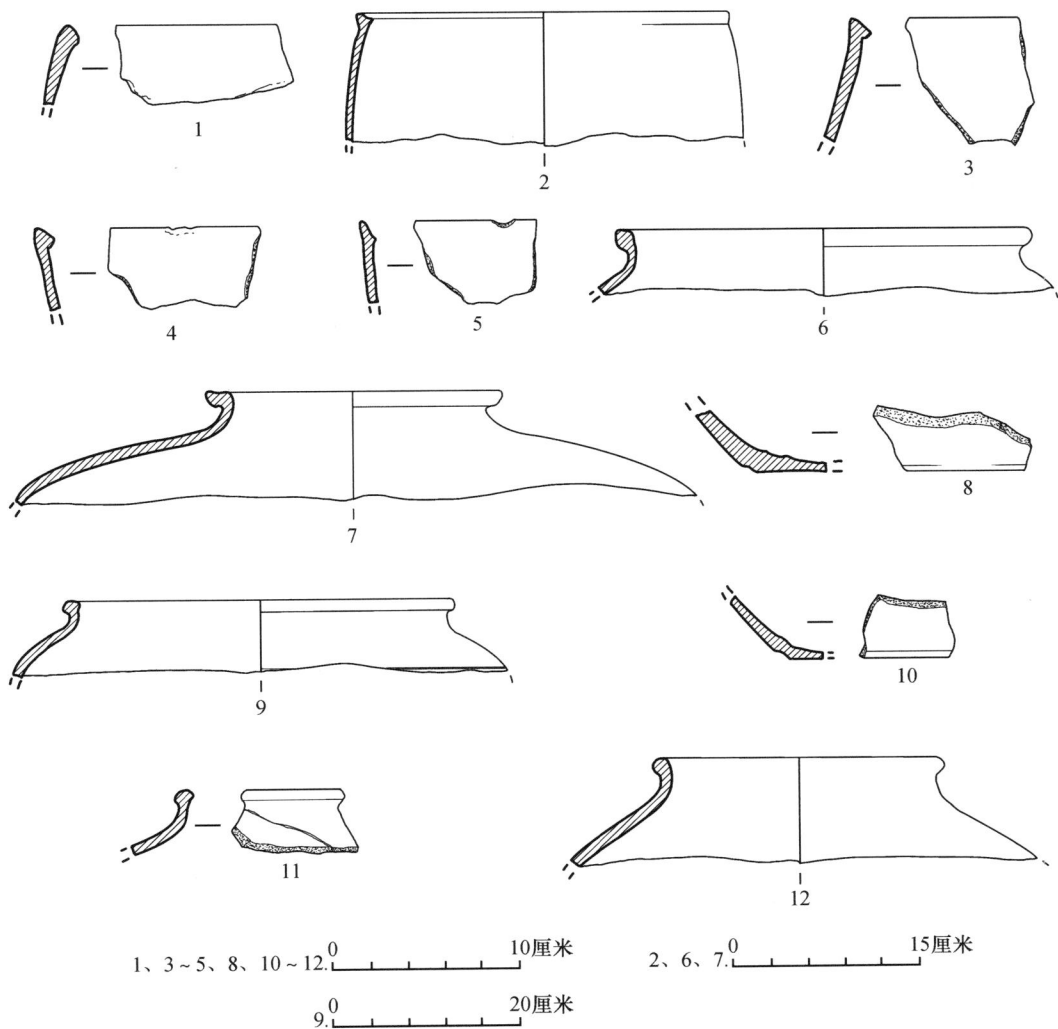

图二七　第4层下遗迹出土陶器

1～3. A型簋形器（G10：11、G10：12、G10：13）　4、5. B型簋形器（G10：4、G10：5）　6、7. B型束颈罐
（G10：3、G10：7）　8、10. 器底（G10：8、G10：9）　9. C型束颈罐（G10：6）　11、12. 矮领罐（G10：2、
G10：10）

4. 第4层出土陶器

簋形器　4件。

A型　2件。TN01E02④：5，夹砂灰陶。方圆唇。素面。残高5厘米（图二八，1）。TN02E02④：6，夹砂灰陶。方圆唇。素面。残高8厘米（图二八，2）。

B型　2件。TN02E02④：8，夹砂褐陶。沿面内凹，尖方唇。素面。残高5厘米（图二八，3）。TN01E02④：11，夹砂灰陶。圆唇，唇面内凹。素面。残高4.4厘米（图二八，4）。

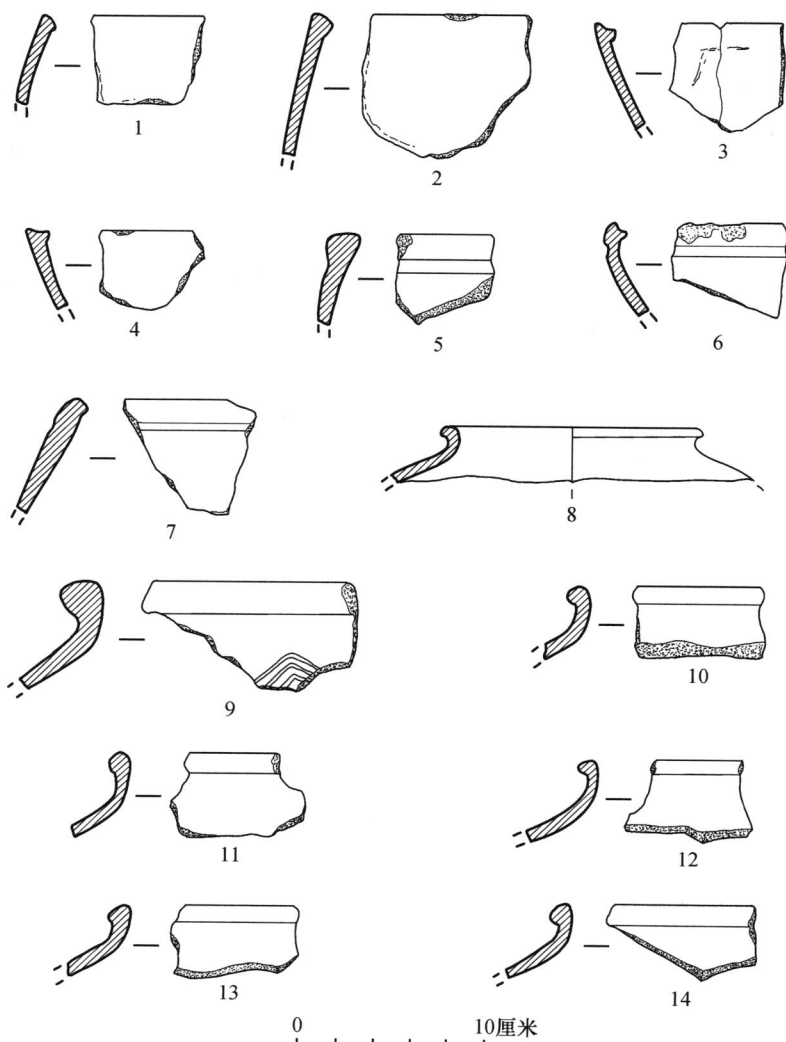

图二八　第4层出土陶器

1、2.A型簋形器（TN01E02④：5、TN02E02④：6）　3、4.B型簋形器（TN02E02④：8、TN01E02④：11）
5.A型敛口罐（TN01E02④：10）　6.B型敛口罐（TN02E01④：4）　7.筒形器（TN02E02④：7）　8.B型束颈罐
（TN02E02④：3）　9.C型束颈罐（TN02E02④：1）　10～14.矮领罐（TN01E02④：2、TN01E02④：3、
TN01E02④：12、TN02E02④：4、TN02E02④：5）

敛口罐　2件。

A型　1件。TN01E02④：10，夹砂灰黄陶。圆唇。唇下饰一周凹弦纹。残高5厘米
（图二八，5）。

B型　1件。TN02E01④：4，夹砂黑灰陶。沿面内凹，方圆唇。唇下饰一周凹弦
纹。残高5.2厘米（图二八，6）。

筒形器　1件。TN02E02④：7，夹砂灰褐陶。圆唇。唇下饰一周凹弦纹。残高6.4

厘米（图二八，7）。

束颈罐　2件。

B型　1件。TN02E02④：3，泥质褐陶。圆唇，束颈，广肩。素面。口径14、残高3厘米（图二八，8）。

C型　1件。TN02E02④：1，夹砂灰陶。圆唇外翻，束颈。器表饰重菱纹。残高6厘米（图二八，9）。

矮领罐　5件。TN01E02④：2，夹砂灰陶。口微侈，圆唇。素面。残高4厘米（图二八，10）。TN01E02④：3，夹砂褐陶。口微敛，圆唇。素面。残高4.8厘米（图二八，11）。TN01E02④：12，夹砂灰陶。直口，圆唇外翻。素面。残高4.5厘米（图二八，12）。TN02E02④：4，夹砂灰陶。口微敛，圆唇。素面。残高4厘米（图二八，13）。TN02E02④：5，夹砂褐陶。敛口，圆唇外翻。素面。残高4.2厘米（图二八，14）。

圈足　Ba型　2件。TN02E01④：1，夹砂灰褐陶。高圈足。素面。残高7厘米（图二九，1）。TN01E02④：6，夹砂灰黑陶。高圈足。素面。残高4.8厘米（图二九，2）。

器底　5件。TN01E02④：7，夹砂灰黑陶。斜腹，平底。素面。残高2.8厘米（图二九，3）。TN01E02④：8，夹砂灰陶。斜腹，平底。素面。残高2.3厘米（图二九，4）。TN01E02④：9，夹砂灰陶。斜腹，平底。素面。残高2.7厘米（图二九，5）。TN01E02④：4，夹砂褐陶。斜弧腹，平底。素面。残高3厘米（图二九，6）。TN02E01④：3，夹砂黑灰陶。斜弧腹，平底。素面。残高2.5厘米（图二九，7）。

豆柄　1件。TN01E02④：1，夹砂灰褐陶。锥形圆柱中空。素面。残高15.6厘米（图二九，8）。

高领罐　1件。TN02E01④：2，夹砂灰黄陶。敞口，凸唇。素面。残高8.6厘米（图二九，9）。

长颈瓶　1件。TN02E02④：2，夹砂褐陶。敞口，圆唇外翻。素面。残高5厘米（图二九，10）。

5. 第3层下遗迹及陶器

G3　位于TN01E01、TN02E01内。开口于第3层下，打破G4、G6、G7以及生土。平面呈长条状，弧壁，平底。残长约14.5、宽约1.5、深约0.75米（图三〇）。填土为灰褐色黏土，土质致密，有零星夹砂灰黄陶片，无可辨器形。

G4　位于TN01E01、TN02E01内。开口于第3层下，北段被H1打破，中段被G3打破，南段被G2打破，打破H9、H14、G10、G11以及生土。平面呈长条状，弧壁，弧底。残长约14.45、宽约0.35、深约0.4米（图三一）。填土为青灰色黏土，土质较致密。出土有少量夹砂陶，可辨器形有束颈罐、圈足等。

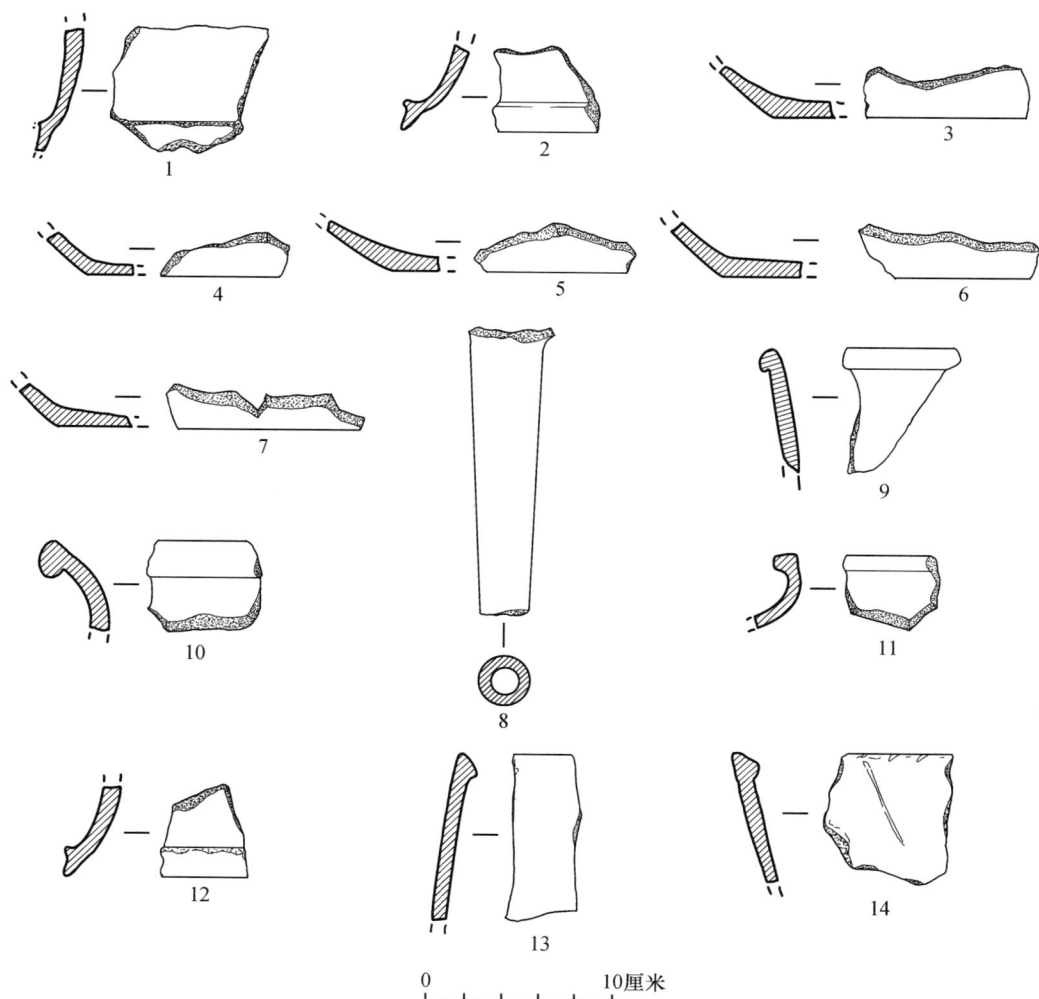

图二九　第4层及第3层下遗迹出土陶器

1、2. Ba型圈足器（TN02E01④：1、TN01E02④：6）　3~7. 器底（TN01E02④：7、TN01E02④：8、
TN01E02④：9、TN01E02④：4、TN02E01④：3）　8. 豆柄（TN01E02④：1）　9. 高领罐（TN02E01④：2）
10. 长颈瓶（TN02E02④：2）　11. B型束颈罐（G4：1）　12. Bb型圈足（G4：2）　13. A型簋形器（G8：2）
14. B型簋形器（G8：1）

　　束颈罐　B型　1件。G4：1，夹砂灰黄陶。平沿，方唇，束颈。素面。残高4.2厘米（图二九，11）。

　　圈足　Bb型　1件。G4：2，夹砂灰黄陶。高圈足。素面。残高5厘米（图二九，12）。

　　G5　位于TN02E01东南。开口于第3层下，打破H8以及第5层。平面呈长条状，弧壁，弧底。残长约3、宽约0.3、深约0.1米（图三二）。填土为灰黄色黏土，土质致密，有零星夹砂黄陶片，无可辨器形。

　　G6　位于TN01E01、TN02E01、TN02E02内。开口于第3层下，北段被G1打破，中

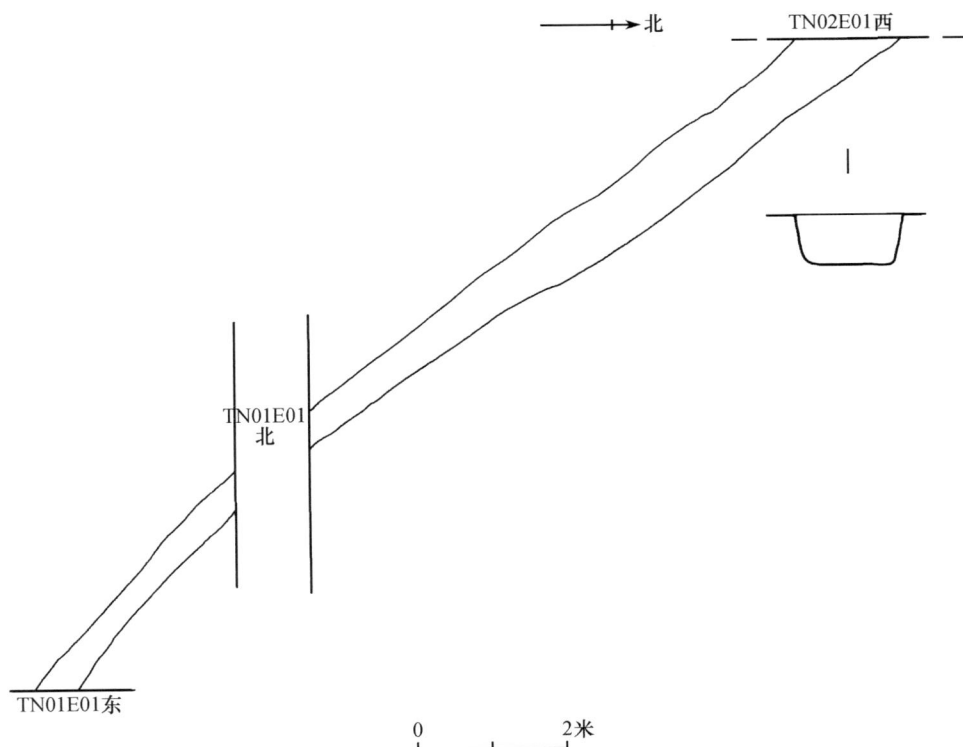

图三○　G3平、剖面图

段被G3打破，南段被G2打破，打破G7、G10、G11以及第4层。平面呈长条状，弧壁，弧底。残长约18.5、宽约0.45、深约0.1米（图三三）。填土为黄褐色黏土，土质致密，有零星夹砂陶片，无可辨器形。

G7　位于TN01E01、TN02E01、TN02E02内。开口于第3层下，东段被G1打破，中段被G6打破，西段被G2打破，打破G10以及生土。平面呈长条状，弧壁，弧底。残长约18.5、宽约0.25、深约0.1米（图三四）。填土为褐色黏土，土质致密，有零星夹砂灰陶，无可辨器形。

G8　位于TN01E02西部。开口于第3层下。平面呈长条状，弧壁，平底。残长约4.35、宽约0.55、深约0.1米（图三五）。填土为褐色粉砂土，土质较疏松，底部有少许卵石，有少量夹砂陶片和泥质陶片，可辨器形有簋形器等。

簋形器　2件。

A型　1件。G8∶2，夹砂灰陶。尖圆唇。素面。残高9.3厘米（图二九，13）。

B型　1件。G8∶1，夹砂灰黄陶。尖圆唇。素面。残高7.4厘米（图二九，14）。

G9　位于TN01E02西部。开口于第3层下，南段被H5打破。平面呈长条状，弧壁，弧底。残长约4.6、宽约0.55、深约0.1米（图三六）。填土为褐色黏土，土质较为致密，底部有少许卵石，有少量夹砂陶片和泥质陶片，无可辨器形。

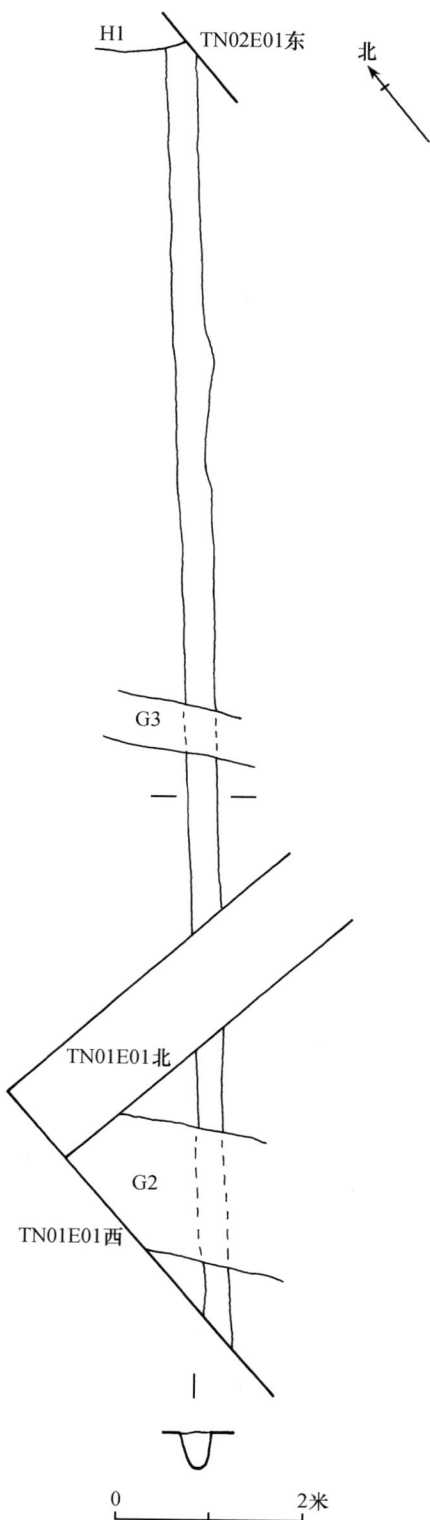

图三一　G4平、剖面图

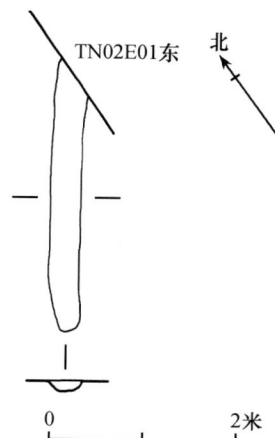

图三二　G5平、剖面图

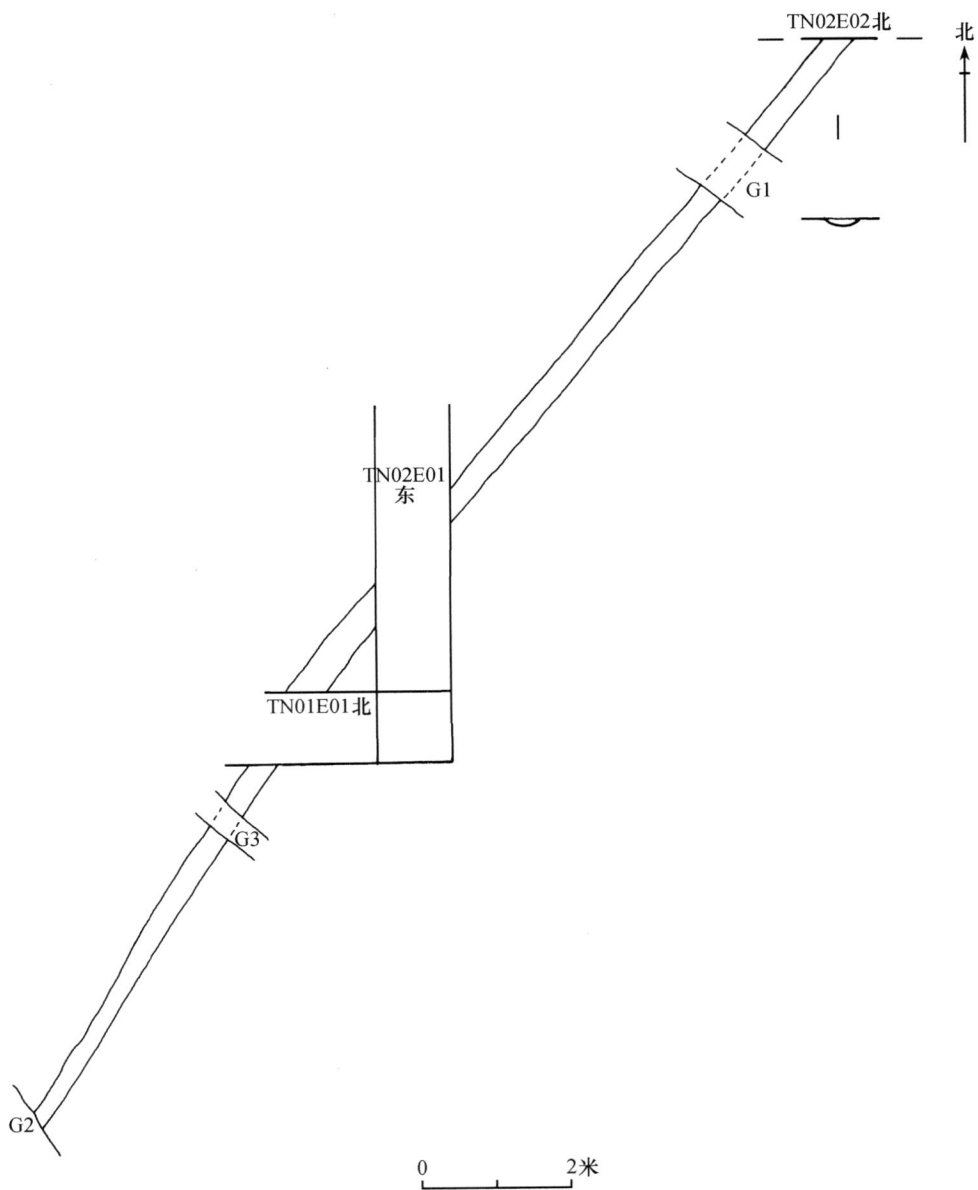

图三三 G6平、剖面图

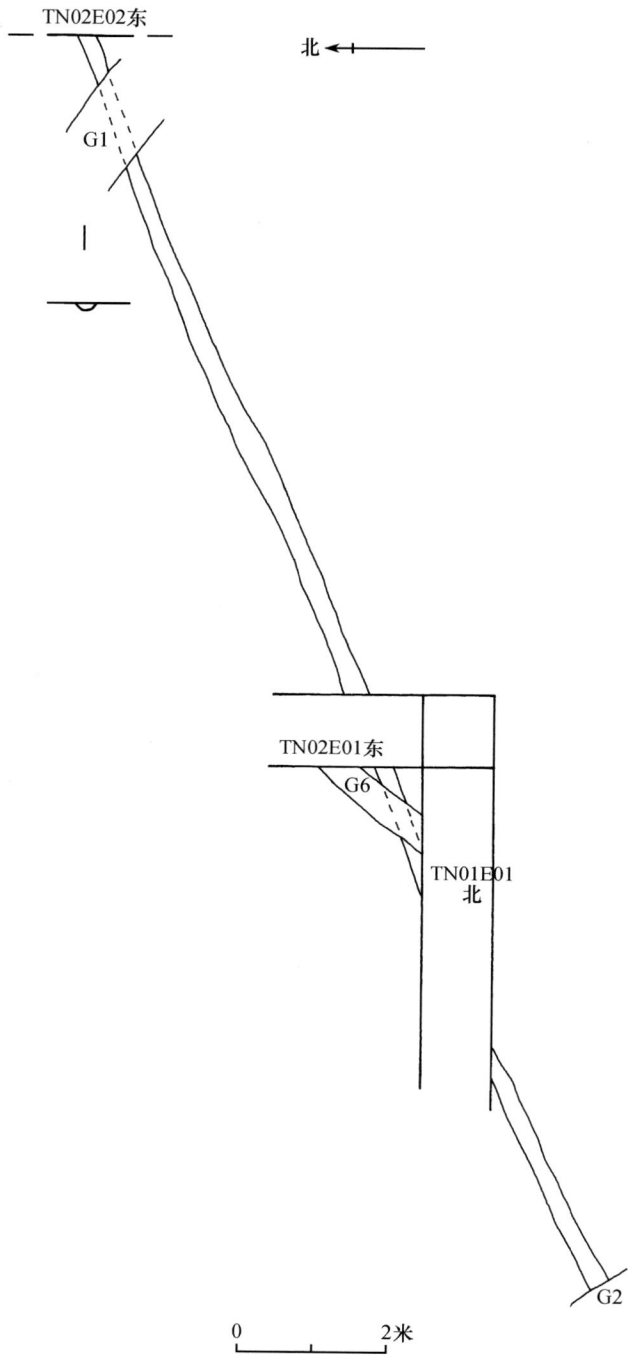

图三四　G7平、剖面图

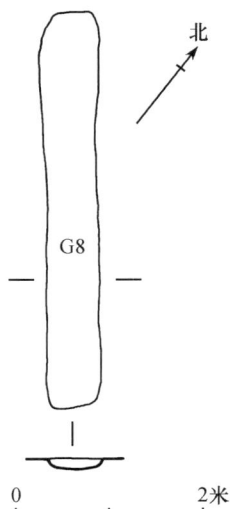

图三五　G8平、剖面图

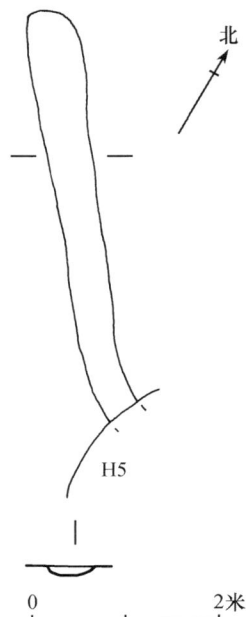

图三六　G9平、剖面图

6. 第3层出土陶器

篮形器　6件。

A型　2件。TN01E02③：9，夹砂灰褐陶。圆唇。素面。口径36、残高6.6厘米（图三七，1）。TN02E01③：4，夹砂灰黄陶。方圆唇。素面。残高5.6厘米（图三七，2）。

B型　4件。TN01E02③：21，夹砂灰黄陶。圆方唇。素面。残高7厘米（图三七，3）。TN02E01③：6，夹砂灰陶。平沿，方唇。素面。残高5.6厘米（图三七，4）。TN02E01③：7，夹砂灰黄陶。方唇。素面。残高4.2厘米（图三七，5）。TN01E02③：14，夹砂灰黑陶。沿面内凹，尖圆唇。素面。残高5.7厘米（图三七，6）。

敛口罐　5件。

A型　4件。TN01E02③：6，夹砂灰陶。沿面内凹，方圆唇，唇下有一周凹槽，溜肩。素面。残高8.4厘米（图三七，7）。TN01E02③：11，夹砂黄陶。沿面内凹，方圆唇，溜肩。唇下饰一周凹弦纹。残高5厘米（图三七，8）。TN01E02③：22，夹砂灰褐陶。圆唇。唇下饰一周凹弦纹。残高7厘米（图三七，9）。TN01E02③：18，夹砂灰黑陶。方圆唇。唇下饰一周凹弦纹。残高5.4厘米（图三七，10）。

B型　1件。TN01E02③：3，夹砂灰黑陶。沿面内凹，方圆唇，弧腹急收。唇下饰一周凹弦纹。残高5.8厘米（图三七，11）。

筒形器　1件。TN01E02③：13，夹砂灰黑陶。敛口，圆方唇，唇下有一周凹槽。素面。残高6.6厘米（图三七，12）。

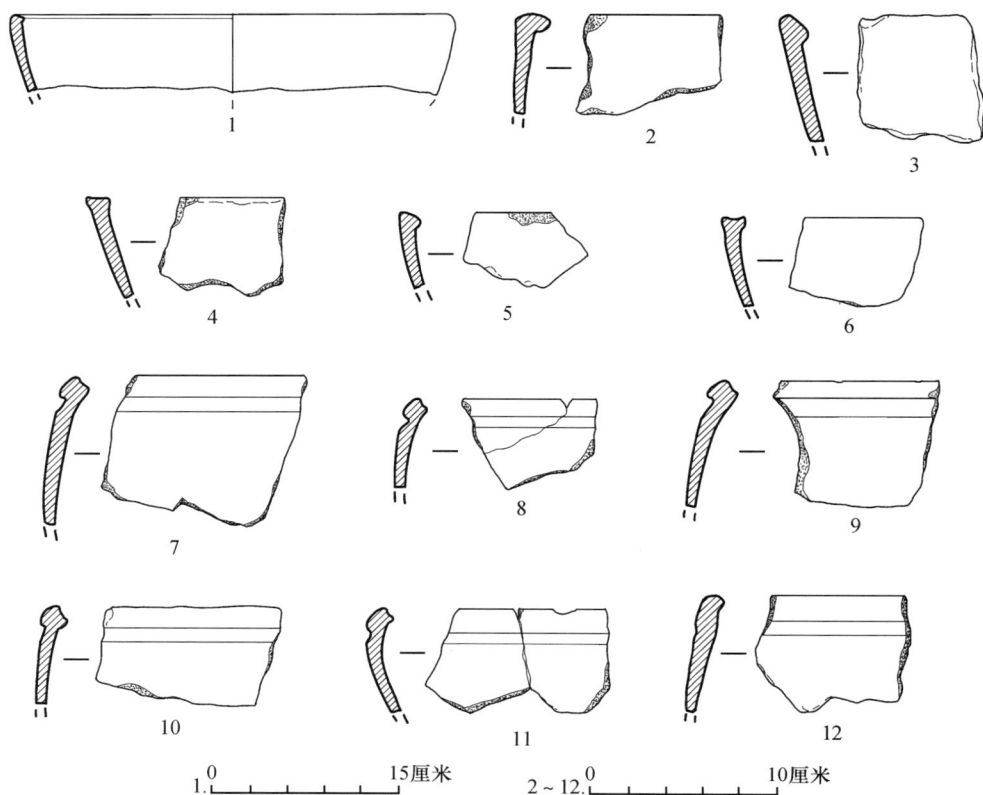

图三七 第3层出土陶器

1、2. A型簋形器（TN01E02③：9、TN02E01③：4） 3～6. B型簋形器（TN01E02③：21、TN02E01③：6、
TN02E01③：7、TN01E02③：14） 7～10. A型敛口罐（TN01E02③：6、TN01E02③：11、TN01E02③：22、
TN01E02③：18） 11. B型敛口罐（TN01E02③：3） 12. 筒形器（TN01E02③：13）

束颈罐 10件。

B型 6件。TN01E02③：1，夹砂灰褐陶。卷沿，圆唇加厚。素面。残高6厘米（图三八，1）。TN01E02③：7，夹砂黄陶。卷沿外翻，圆唇加厚。素面。残高4.7厘米（图三八，2）。TN01E02③：12，夹砂灰黄陶。口微侈，圆唇。素面。残高5厘米（图三八，3）。TN01E02③：20，夹砂灰褐陶。圆唇。素面。口径24、残高4.2厘米（图三八，4）。TN02E01③：1，夹砂灰褐陶。圆唇，广肩。素面。口径21、残高5.4厘米（图三八，5）。TN02E01③：2，夹砂灰陶。圆唇。素面。残高5.6厘米（图三八，6）。

C型 4件。TN01E02③：23，夹砂灰黄陶。口微敛，圆唇。素面。残高5.6厘米（图三八，7）。TN01E02③：10，夹砂灰黄陶。卷沿，圆唇。素面。口径30、残高3.8厘米（图三八，8）。TN01E02③：5，夹砂灰陶。口微敛，圆唇。素面。残高4厘米（图三八，9）。TN01E02③：16，夹砂灰陶。圆唇外翻，广肩。素面。残高5.6厘米（图三八，10）。

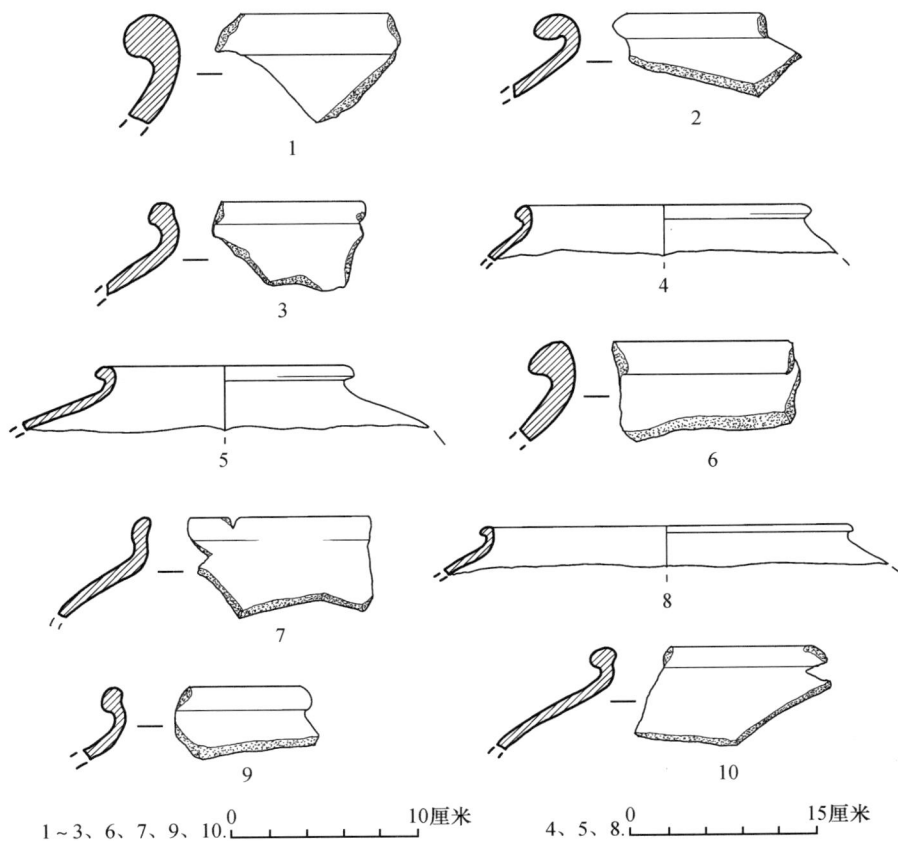

图三八　第3层出土陶器

1～6. B型束颈罐（TN01E02③：1、TN01E02③：7、TN01E02③：12、TN01E02③：20、TN02E01③：1、
TN02E01③：2）　7～10. C型束颈罐（TN01E02③：23、TN01E02③：10、TN01E02③：5、TN01E02③：16）

矮领罐　4件。TN01E02③：2，口微侈，尖圆唇，弧肩。素面。残高6.6厘米（图三九，1）。TN01E02③：17，夹砂灰黄陶。侈口，圆唇外翻，弧肩。素面。口径24、残高5.5厘米（图三九，2）。TN02E01③：3，夹砂灰黄陶。口微侈，尖圆唇，弧肩。素面。残高5.6厘米（图三九，3）。TN01E02③：15，夹砂黄陶。唇部微残，弧肩。表面饰重菱纹。残高9厘米（图三九，4）。

圈足　Bb型　2件。TN02E01③：5，夹砂褐陶。高圈足。素面。残高4.4厘米（图三九，5）。TN01E02③：19，夹砂灰黄陶。高圈足。素面。残高4厘米（图三九，6）。

器底　2件。TN01E02③：4，夹砂灰黄陶。斜腹，平底。素面。残高6.4厘米（图三九，7）。TN01E02③：24，夹砂灰黄陶。斜腹，平底。素面。残高2.5厘米（图三九，8）。

豆柄　1件。TN01E02③：8，夹砂灰陶。圆柱形，中空。素面。残高9.4厘米（图三九，9）。

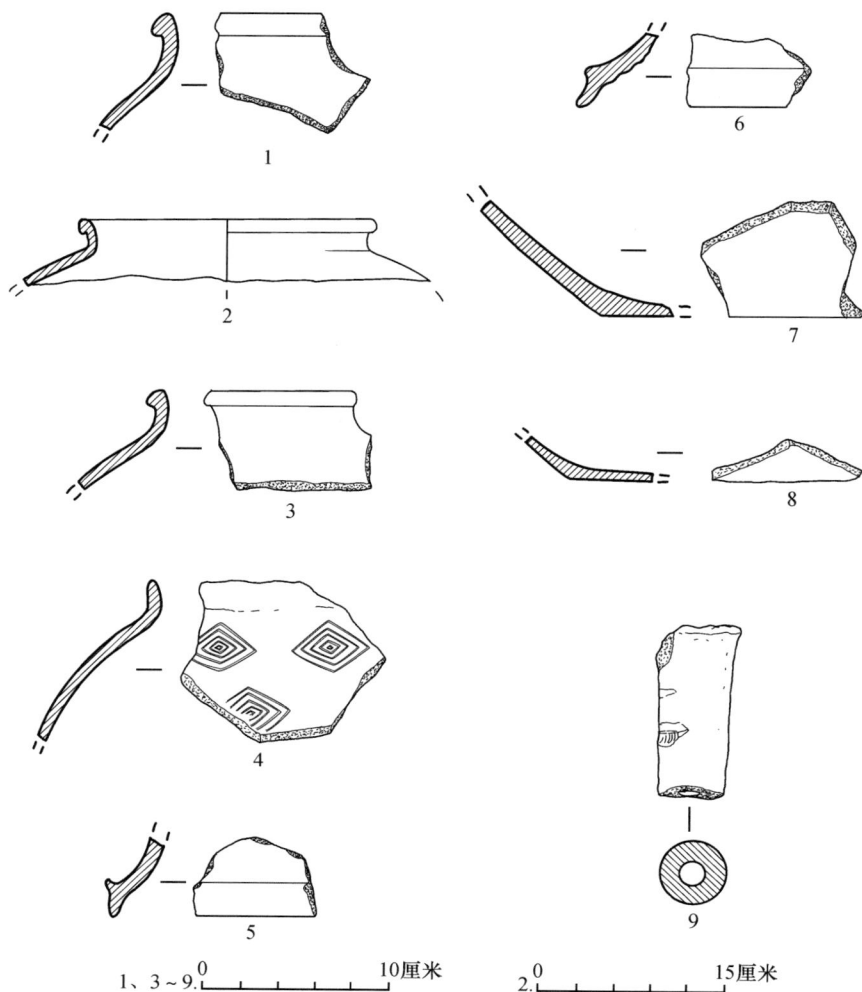

图三九　第3层出土陶器

1~4.矮领罐（TN01E02③：2、TN01E02③：17、TN02E01③：3、TN01E02③：15）　5、6.Bb型圈足器
（TN02E01③：5、TN01E02③：19）　7、8.器底（TN01E02③：4、TN01E02③：24）　9.豆柄（TN01E02③：8）

三、结　语

通过本次发掘基本弄清了成都市金牛区天回镇街道白塔社区七、九、十组公园绿地遗址主体遗存的文化特征及年代，遗址保存较差，分布范围较小，遗迹现象较为单一，仅发现灰坑和灰沟，其中未发现有特殊用处者。

出土陶器面貌相近，出土遗物较少，均为陶片，陶片较碎，能修复器物较少。以夹砂陶为主，零星泥质陶；以素面为主，纹饰极少，以凹弦纹为主。篮形器发达，篮形器、B型圈足与金沙遗址"阳光地带二期"地点第二期早段A型篮形器和Gb型圈足相近[1]，"阳光地带二期"地点第二期早段的年代推测为距今3100～3000年，新一村出现此类器物测年最早的数据为西周中晚期[2]，同时出现了唇部下有一周凹槽的敛口罐等西周中晚期常见的典型器物，而该段尚未出现新一村遗址常见的盘口罐、釜、圜底罐、浅折腹尖底盏等器形，发掘者认为新一村第8层的时代西周晚期后[3]。孙华认为新一村文化的时代推测为西周晚期[4]。《成都平原先秦文化初论》则将以新一村第8层为代表的十二桥二期早段年代推断在西周后期[5]。故推测遗存的时代为西周中期。

近年来在成都市金牛区毗河流域发现十余处先秦遗址点，这一区域可能是由多个聚落组成的聚落群，距离同年发掘的十二桥文化商代晚期的万圣社区九组遗址[6]仅约500米，加强这一区域的先秦考古学文化的调查、发掘和研究，对于成都平原先秦时期聚落及聚落之间的关系研究具有重要意义。

附记：本次发掘领队为谢涛，参与发掘工作的有成都文物考古研究院向导、杨永鹏、陈钧洋、陈棋峰等，金牛区文物保护管理所秦鹏、宋述章等。

绘图：张立超

执笔：向　导　宋述章　龙　隆　谢　涛

注　释

[1]　成都文物考古研究院、成都金沙遗址博物馆：《金沙遗址：阳光地带二期地点发掘报告》，文物出版社，2017年，第33、47、415页。

[2]　杨颖东、何秋菊、周志清等：《成都十二桥遗址新一村一期出土漆彩绘陶的分析研究》，《文物保护与考古科学》2014年第2期，第11页。

[3]　成都市文物考古研究所：《成都十二桥遗址新一村发掘简报》，《成都考古发现》（2002），科学出版社，2004年，第208页。

[4]　孙华：《四川盆地的青铜时代》，科学出版社，2000年，第111页。

[5]　江章华、王毅、张擎：《成都平原先秦文化初论》，《考古学报》2002年第1期，第16页。

[6]　见本书《2020年成都市金牛区天回镇街道万圣社区九组商周遗址发掘简报》。

成都市温江区前进村商周遗址发掘简报

成都文物考古研究院

前进村遗址位于成都市温江区天府街道游家渡社区（原前进社区九、十组），东接前进路，北邻科林路，东距温江区人民政府约3000米，西距金马河约4000米。地理坐标为东经103°49′29.5174″、北纬30°40′31.8844″，海拔542.86米（图一）。2020年10月，为配合成都市温江区土地储备中心的大学城住宅地块项目建设，成都文物考古研究院对该遗址进行了考古勘探，在项目用地东南角发现商周时期遗址，现存面积约5000平方米（图二），被晚期活动严重破坏，保存状况不甚理想。为了了解该遗址的堆积状况和文化面貌，成都文物考古研究院于2020年11~12月对该遗址进行了抢救性考古发掘，按正南北方向布10米×10米的探方2个，实际发掘面积162平方米，遗址代码为"2020CWQ"，探方编号为T1、T2（图三）。现将此次发掘的商周遗址基本情况简报如下。

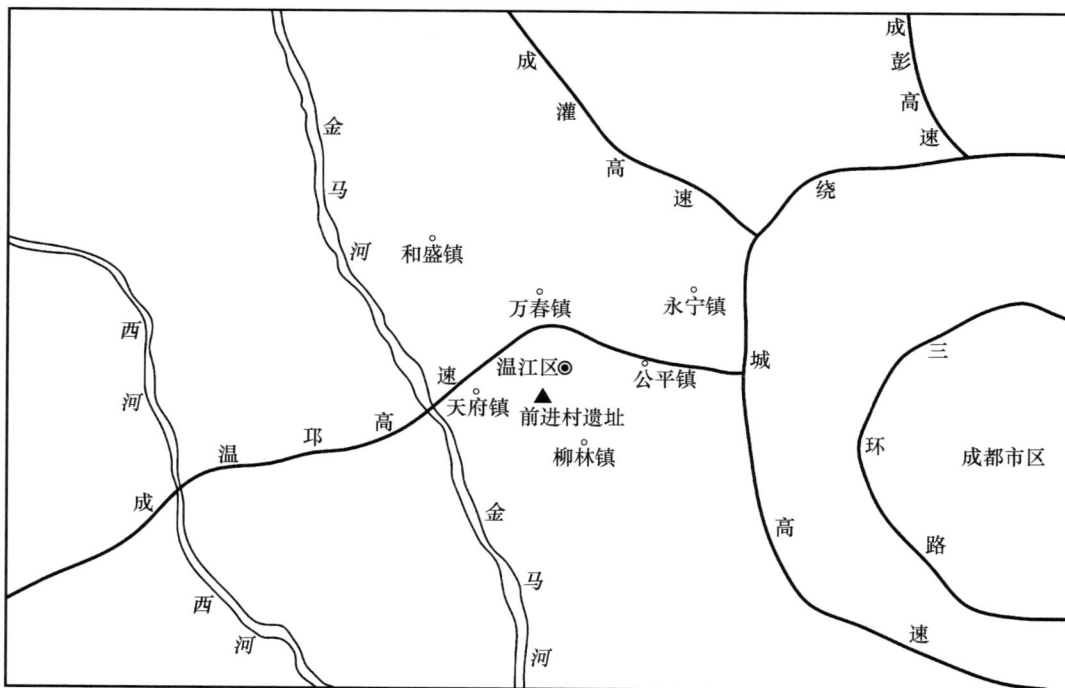

图一　遗址位置示意图

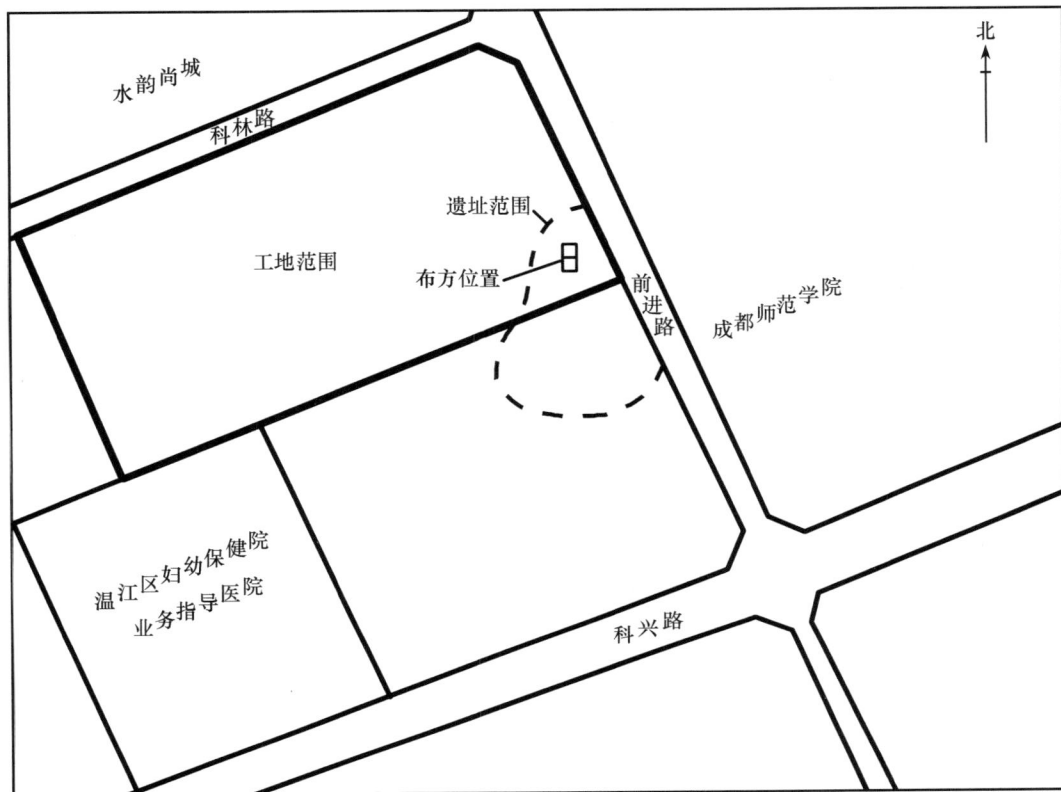

图二　遗址范围与布方位置示意图

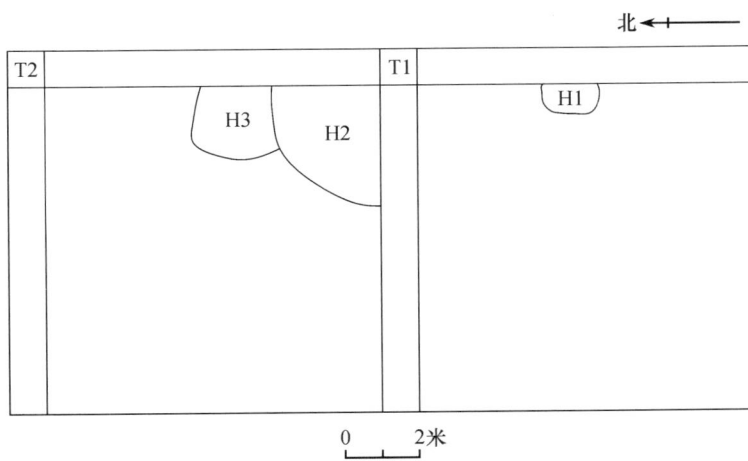

图三　发掘遗迹总平面图

一、地层堆积

前进村遗址地表平坦，原为厂房，地层较为水平，经过统一划分，根据土质土色及包含物可以分为9层。地层堆积的情况以T2东壁为例介绍如下（图四）。

第1层：耕土层，黑色腐殖土，结构疏松。厚0.05~0.1米。整个发掘区内均有分布。包含物有大量的现代垃圾和植物根茎及近现代瓷片。

第2层：浅黄色黏土，结构疏松。距地表0.05~0.1米，厚0.1~0.15米。整个发掘区内均有分布。包含物有青花瓷片和青砖，推测为明清时期堆积。

第3层：黄褐色黏土，结构疏松。距地表0.15~0.25米，厚0.15~0.2米。整个发掘区内均有分布。包含物有瓷片和青砖，推测为唐宋时期的堆积。

第4层：灰黄色黏土，结构较疏松。距地表0.4~0.5米，厚0.2~0.25米。整个发掘区内均有分布。包含物有零星瓷片，推测为唐宋时期的堆积。该层下开口有1条汉代沟。

第5层：青灰色黏土，结构较疏松。距地表0.6~0.7米，厚0.05~0.15米。整个发掘区内均有分布。包含物有零星灰陶片，推测为汉代的堆积。该层下开口有1条汉代沟。

第6层：浅黄色砂土，结构疏松。距地表0.7~0.8米，厚0.3~0.4米。整个发掘区内均有分布。无包含物，推测为间歇层。

第7层：浅灰色黏土，结构疏松。距地表1~1.1米，厚0.1~0.15米。整个发掘区内均有分布。包含少量夹砂褐陶，推测为淤积层。

第8层：深褐色黏土，结构致密。距地表1.1~1.2米，厚0.15~0.2米。整个发掘区内均有分布。包含大量夹砂褐陶片，可辨器形有敛口广肩罐、敛口鼓肩罐、束颈罐、瓮形器、簋形器、盆等，为商周时期堆积。该层下开口的遗迹有H1~H3。

第9层：浅褐色黏土，结构较致密。距地表1.3~1.4米，厚0.05~0.1米。整个发掘区内均有分布。包含较多夹砂褐陶片，可辨器形有敛口广肩罐、敛口鼓肩罐、束颈罐、瓮形器、簋形器、尖底杯、盆等，为商周时期堆积。

第9层下为结构紧密的黄褐色生土。

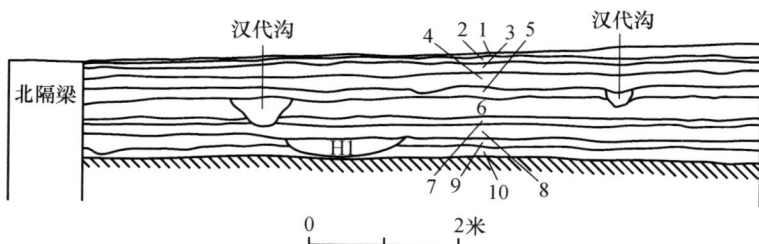

图四　T2东壁剖面图

二、遗　迹

前进村遗址发现的遗迹很少，类型单一，仅有3个灰坑，未发现特殊遗迹。

H1　位于T1东壁居中区域，部分伸入东壁内，未扩方清理。开口于第8层下，打破第9层。平面近椭圆形，弧壁，圜底。开口距地表约1.1米，南北最长约1.44、东西最宽约0.82、深约0.3米（图五）。坑内填土为灰褐色黏土，结构疏松，包含少量陶片和炭屑。出土陶片以夹砂褐陶居多，另有少量夹砂红陶，均为素面，可辨器形有敛口鼓肩罐、敛口广肩罐、篦形器、器底等。

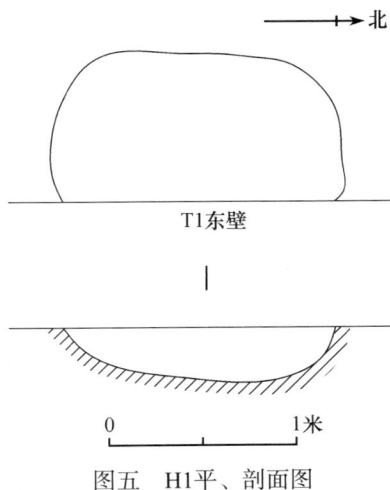

图五　H1平、剖面图

三、遗　物

前进村遗址出土遗物仅有陶器，未见石器和铜器。陶片数量较多，但大都比较破碎，未有可修复器物。主要为夹砂褐陶片，次为灰褐陶，另有少量红褐陶、黄褐陶。陶片上较少发现纹饰，仅见个别绳纹、弦纹等，多为素面陶。可辨器形较少，主要有敛口广肩罐、敛口鼓肩罐、束颈罐、篦形器、瓮形器、敛口盆、圈足、器底等（附表）。陶器内壁多明显保留有泥条盘筑的痕迹，多轮修。

敛口广肩罐　82件。根据唇部及领部形态的不同，分为二型。

A型　79件。圆唇，矮领。根据肩部形态的不同，分为二亚型。

Aa型　38件。圆肩。H1∶3，夹砂红褐陶。口径15.6、残高7.2厘米（图六，8）。T2⑧∶8，夹砂灰褐陶。口径22、残高4.4厘米（图六，9）。T2⑧∶101，夹砂褐陶。口径17.6、残高4厘米（图六，10）。T2⑧∶1，夹砂褐陶。卷沿。口径20、残高4厘米（图六，11）。T1⑨∶11，夹砂褐陶。口沿内侧有一周凹槽。口径21.6、残高2.8厘米（图六，12）。

Ab型　41件。平肩。T1⑧∶3，夹砂褐陶。口径38、残高7.3厘米（图六，1）。H1∶4，夹砂褐陶。口沿内侧微凹。口径32、残高4.3厘米（图六，2）。T1⑧∶10，夹砂褐陶。口沿内侧有一周凹槽。口径30、残高4.4厘米（图六，3）。T2⑧∶6，夹砂褐陶。口沿内侧有一周凹槽。口径29.6、残高4厘米（图六，4）。T2⑧∶38，夹砂褐陶。口沿内侧有一周凹槽。口径26、残高4.4厘米（图六，5）。T2⑧∶15，夹砂黄褐陶。口沿内侧有一周凹槽。口径29.2、残高4.4厘米（图六，6）。T2⑧∶7，夹砂褐陶。口沿内侧有一周凹槽。口径24、残高3.2厘米（图六，7）。

B型　3件。方唇，无领。T1⑧∶32，夹砂褐陶。折沿，口沿内侧微凸。口径28.5、

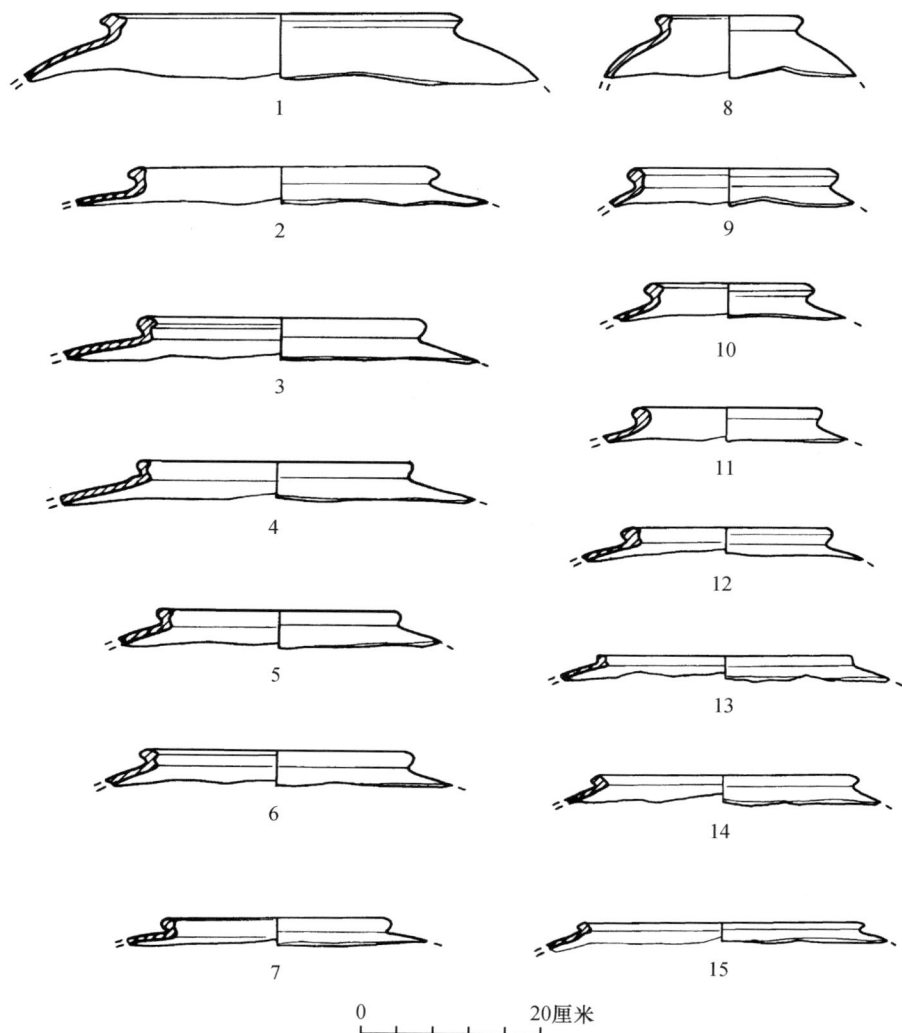

图六　陶敛口广肩罐

1～7. Ab型（T1⑧：3、H1：4、T1⑧：10、T2⑧：6、T2⑧：38、T2⑧：15、T2⑧：7）　8～12. Aa型（H1：3、T2⑧：8、T2⑧：101、T2⑧：1、T1⑨：11）　13～15. B型（T1⑧：32、T1⑧：12、T1⑧：14）

残高2.4厘米（图六，13）。T1⑧：12，夹砂红褐陶。折沿。口径28、残高2.8厘米（图六，14）。T1⑧：14，夹砂褐陶。折沿。口径30.4、残高2厘米（图六，15）。

敛口鼓肩罐　22件。T1⑨：15，夹砂灰褐陶。方唇。口径28、残高3.6厘米（图七，1）。T2⑦：1，夹砂灰褐陶。口径21、残高4.2厘米（图七，2）。T2⑧：90，夹砂灰黑陶。凸沿，沿下有一周凹槽，方唇。口径25、残高3.8厘米（图七，3）。T1⑧：16，夹砂褐陶。沿面微凹，方唇。口径21、残高3.9厘米（图七，4）。H1：10，夹砂灰褐陶。圆唇，口沿内外均有一周凹槽。口径20、残高3.9厘米（图七，5）。T1⑨：12，夹砂褐陶。方唇。口径17、残高3.6厘米（图七，6）。

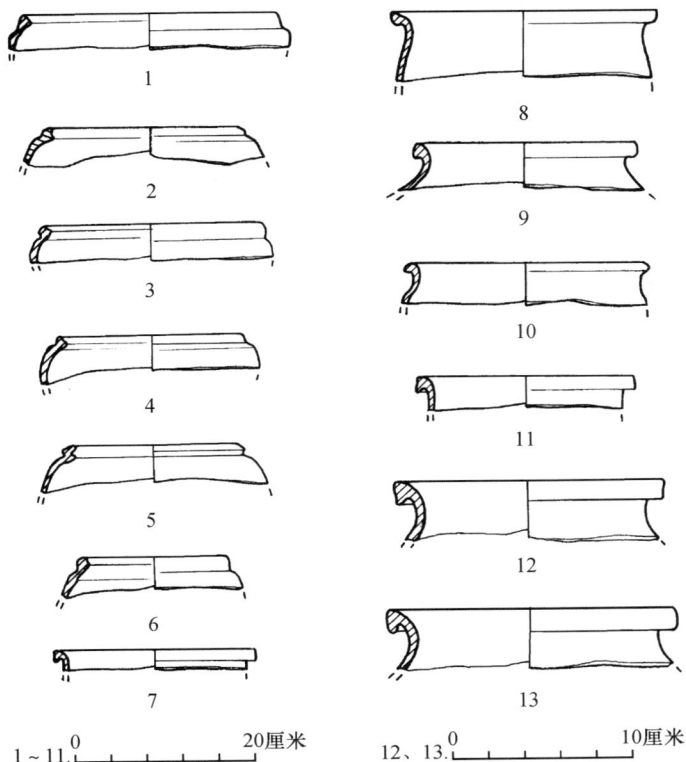

图七　陶敛口鼓肩罐、束颈罐

1～6.敛口鼓肩罐（T1⑨：15、T2⑦：1、T2⑧：90、T1⑧：16、H1：10、T1⑨：12）　　7～13.束颈罐
（T2⑧：99、H2：1、T2⑧：9、T2⑧：60、T2⑧：101、T1⑧：34、T1⑧：22）

　　束颈罐　9件。T2⑧：99，夹砂褐陶。垂沿，尖唇。口径22.4、残高2.4厘米（图七，7）。H2：1，夹砂红褐陶。卷沿，尖圆唇，束颈，溜肩。口径30、残高7.6厘米（图七，8）。T2⑧：9，夹砂褐陶。卷沿，尖圆唇，束颈。口径24、残高5.2厘米（图七，9）。T2⑧：60，夹砂褐陶。圆唇，束颈。口径25.6、残高4.8厘米（图七，10）。T2⑧：101，夹砂褐陶。垂沿，尖唇。口径24、残高3.6厘米（图七，11）。T1⑧：34，夹砂红褐陶。垂沿，尖唇。口径14.8、残高3.5厘米（图七，12）。T1⑧：22，夹砂红褐陶。垂沿，尖唇。口径16、残高3.5厘米（图七，13）。

　　簋形器　167件。根据口沿形态的不同，分为二型。

　　A型　90件。直口，口沿内折，截面略呈方形。T1⑨：7，夹砂红褐陶。口径42、残高8厘米（图八，1）。T1⑨：13，夹砂黄褐陶。口径40.4、残高6厘米（图八，2）。H2：3，夹砂灰褐陶。口径34.5、残高8.5厘米（图八，3）。T1⑧：69，夹砂褐陶。口径34、残高8.5厘米（图八，4）。T1⑨：8，夹砂褐陶。口径32.4、残高7.6厘米（图八，5）。T1⑨：12，夹砂红褐陶。口径28.8、残高8厘米（图八，6）。

　　B型　77件。侈口，口沿向内倾斜，截面略呈三角形。T1⑧：4，夹砂黄陶。口径

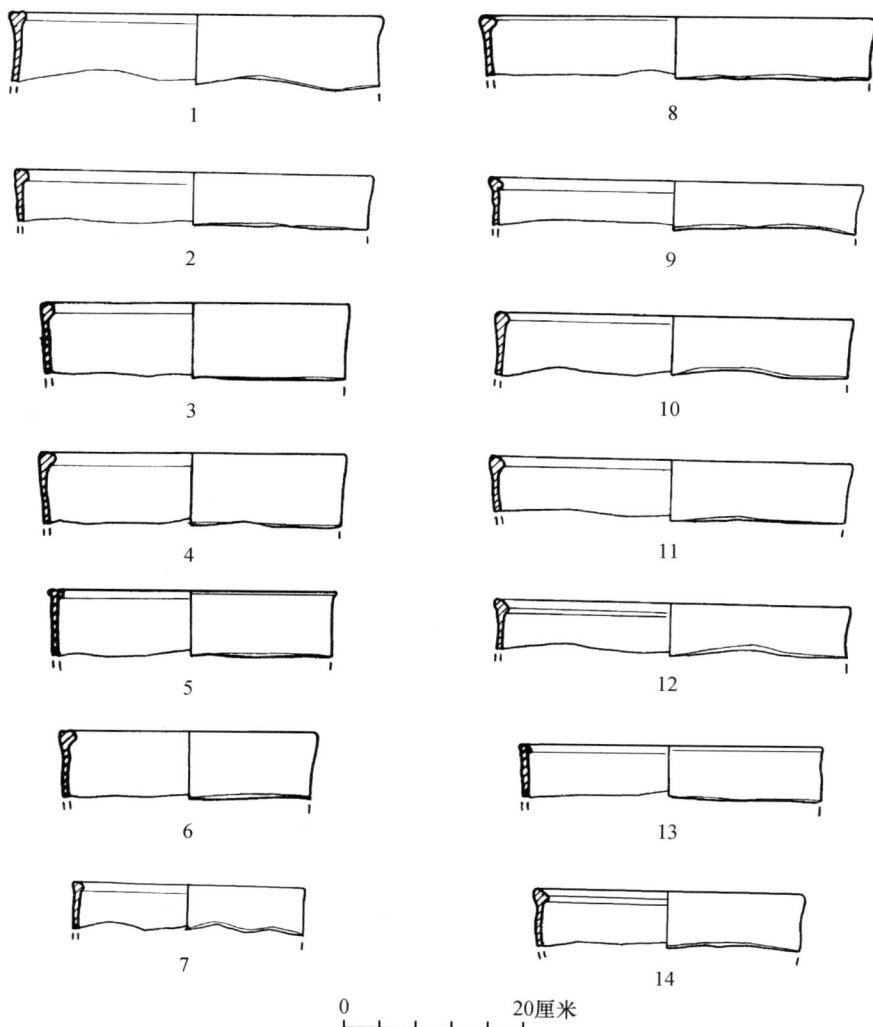

图八　陶簋形器

1～6. A型（T1⑨：7、T1⑨：13、H2：3、T1⑧：69、T1⑨：8、T1⑨：12）　7～14. B型（T1⑧：4、
T1⑧：2、T2⑧：29、T1⑧：1、T2⑧：17、T2⑧：39、T2⑧：24、T1⑧：3）

26、残高5.6厘米（图八，7）。T1⑧：2，夹砂褐陶。口径44、残高7.2厘米（图八，8）。T2⑧：29，夹砂红褐陶。口径42、残高5.6厘米（图八，9）。T1⑧：1，夹砂红陶。口径40、残高7.2厘米（图八，10）。T2⑧：17，夹砂黄褐陶。口径40、残高7.3厘米（图八，11）。T2⑧：39，夹砂红褐陶。口径40、残高6厘米（图八，12）。T2⑧：24，夹砂褐陶。口径34.2、残高6厘米（图八，13）。T1⑧：3，夹砂红褐陶。口径29.6、残高6.8厘米（图八，14）。

　　瓮形器　7件。陶器的器形较大，胎壁普遍较厚，但多残碎，无可修复之器物，仅存口部。敛口，垂沿，尖唇。T2⑧：7，夹砂灰褐陶。口径36、残高3.6厘米（图九，

1）。T2⑧：14，夹砂红褐陶。口径36、残高4.2厘米（图九，2）。T2⑧：12，夹砂灰褐陶。口径38、残高6厘米（图九，3）。T2⑧：100，夹砂红褐陶。口径46、残高3.6厘米（图九，4）。T2⑧：116，夹砂红褐陶。口径46、残高3.1厘米（图九，5）。

敛口盆　31件。敛口，凸沿，方唇，折肩，腹较深。T2⑧：16，夹砂褐陶。口径46、残高6厘米（图一〇，1）。T2⑧：57，夹砂褐陶。口径42、残高5.6厘米（图一〇，2）。T1⑧：56，夹砂褐陶。口径39.6、残高5.2厘米（图一〇，3）。T2⑧：32，夹砂褐陶。口径41、残高4.4厘米（图一〇，4）。T2⑧：34，夹砂褐陶。口径30、残高4.8厘米（图一〇，5）。T2⑧：23，夹砂褐陶。口径30.8、残高5.3厘米（图一〇，6）。T2⑧：46，夹砂褐陶。口径32、残高4厘米（图一〇，7）。T2⑧：93，夹砂褐陶。口径28.4、残高3.6厘米（图一〇，8）。

圈足　12件。根据足部形态的不同，分为二型。

A型　6件。足壁斜直，足跟外撇。T1⑨：5，夹砂红褐陶。足径16、残高4.4厘米（图一一，1）。T1⑨：6，夹砂褐陶。足径24、残高6厘米（图一一，2）。T1⑧：7，夹砂灰褐陶。足径24、残高5.2厘米（图一一，3）。T1⑨：14，夹砂褐陶。足径10、残高4.8厘米（图一一，4）。

B型　6件。足壁倾斜角度大，足跟加厚。T1⑧：92，夹砂红褐陶。足径14.2、残高1.4厘米（图一一，5）。T1⑨：69，夹砂灰褐陶。足径15、残高2.4厘米（图一一，6）。

器底　57件。根据底部形态的不同，分为二型。

A型　54件。平底。T1⑧：14，夹砂灰褐陶。底径19.6、残高1.6厘米（图一一，7）。H1：10，夹砂灰褐陶。底径20、残高2.4厘米（图一一，8）。T1⑧：62，夹砂褐陶。底径8.8、残高2.4厘米（图一一，9）。

B型　3件。尖底。T2⑨：9，夹砂灰褐陶。陶胎较薄。残高3.7厘米（图一一，10）。T1⑨：10，夹砂灰陶。陶胎较厚。近底处有一周折痕。残高4.4厘米（图一一，11）。H1：7，夹砂黑皮红陶。陶胎较薄。残高2.5厘米（图一一，12）。

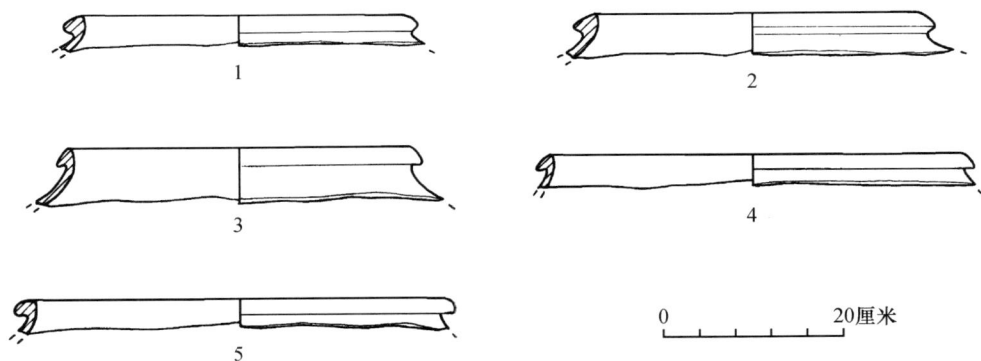

图九　陶瓷形器

1. T2⑧：7　2. T2⑧：14　3. T2⑧：12　4. T2⑧：100　5. T2⑧：116

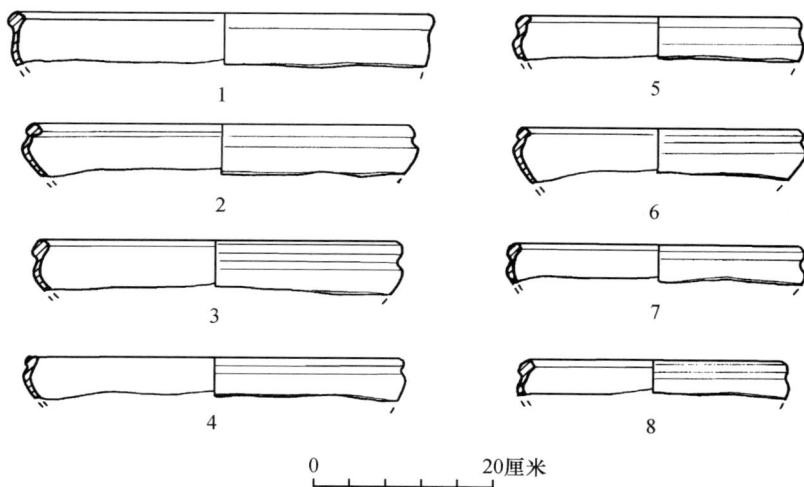

图一〇　陶敛口盆

1. T2⑧：16　2. T2⑧：57　3. T1⑧：56　4. T2⑧：32　5. T2⑧：34　6. T2⑧：23　7. T2⑧：46　8. T2⑧：93

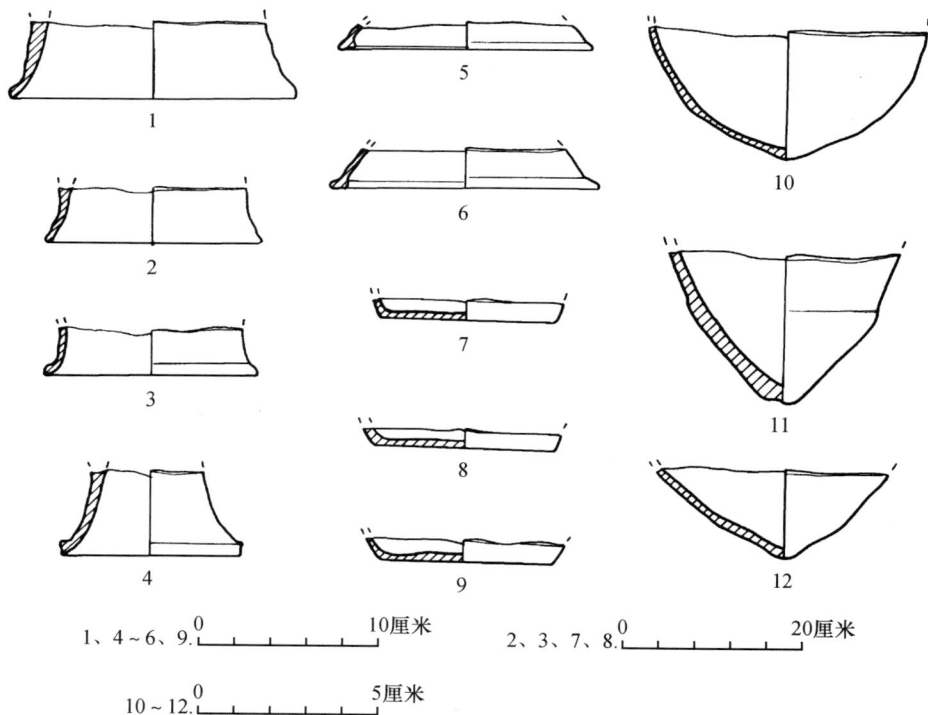

图一一　陶圈足、器底

1~4. A型圈足（T1⑨：5、T1⑨：6、T1⑧：7、T1⑨：14）　5、6. B型圈足（T1⑧：92、T1⑨：69）

7~9. A型器底（T1⑧：14、H1：10、T1⑧：62）　10~12. B型器底（T2⑨：9、T1⑨：10、H1：7）

四、结　语

此次发掘基本揭示了温江前进村遗址的文化内涵。从出土器物来看，该遗址第8层和第9层的陶片无论是陶质陶色还是器形风格都几乎一致，其时代应该差别不大。只是第9层还能见到零星的尖底杯残片，而第8层几乎不见。该遗址出土的敛口广肩罐、敛口鼓肩罐、敛口盆、簋形器、瓮形器等陶器与新一村遗址第6~8层[1]、成都电子科技大学清水河校区行政大楼地点[2]以及温江范家碾遗址[3]发掘出土的同类器物器形相近。新一村第6~8层的时代在西周晚期至春秋中期，成都电子科技大学清水河校区行政大楼地点的时代在西周末期至春秋中晚期，温江范家碾遗址的时代在西周末至春秋早期。综合考虑，笔者倾向认为该遗址属于十二桥文化晚期遗存，年代大约在西周晚期至春秋早期。

温江前进村遗址的发掘虽然出土了大量的夹砂陶片，但总体而言，陶片较为破碎，器形相对单一，敛口罐、敛口盆、簋形器就占据了出土陶片的一大半。同时，遗迹现象少见，种类单一。这种情况可能有两方面原因：一方面该聚落本身规模小、等级低，遗存相对简单；另一方面也与发掘面积较小、发掘地点处在遗址边缘有关。总之，此次发掘为十二桥文化晚期遗存的研究提供了新的材料。

附记：参加此次发掘整理的人员有杨占风、熊谯乔、宋世友、王博。

领队：杨占风

绘图：寇智龙　熊谯乔

执笔：熊谯乔

注　释

[1]　成都市文物考古研究所：《成都十二桥遗址新一村发掘简报》，《成都考古发现》（2002），科学出版社，2004年。

[2]　成都文物考古研究所：《成都电子科技大学清水河校区行政大楼地点商周遗址发掘简报》，《成都考古发现》（2006），科学出版社，2008年。

[3]　成都文物考古研究所、温江区文物保护管理所：《温江范家碾遗址先秦文化遗存试掘简报》，《成都考古发现》（2010），科学出版社，2012年。

附表 器形统计表

器类\单位	敛口广肩罐/件			敛口鼓肩罐/件	束颈罐/件	篦形器/件		瓮形器/件	敛口盆/件	圈足/件		器底/件	
	Aa型	Ab型	B型			A型	B型			A型	B型	A型	B型
⑦	0	1	0	1	0	4	7	0	3	0	0	3	0
⑧	12	24	3	15	8	50	63	7	14	1	3	50	0
⑨	20	12	0	2	0	28	5	0	8	5	3	0	2
H1	2	3	0	1	0	5	1	0	1	0	0	1	1
H2	0	1	0	1	1	2	1	0	4	0	0	0	0
H3	4	0	0	2	0	1	0	0	1	0	0	0	0
合计	38	41	3	22	9	90	77	7	31	6	6	54	3
	82					167				12		57	

成都市温江区燃灯寺遗址发掘简报

成都市文物考古工作队

南 京 师 范 大 学

燃灯寺遗址位于成都市温江区公平街道红桥社区九、十、十一、十二组，北邻花都大道，东南距金沙遗址约10.5千米。中心地理坐标为东经103°54′25″、北纬30°41′46″，海拔约532米。整个遗址呈西北—东南向带状分布，核心区域长约330、宽约110米，总面积约3.6万平方米。地表原为农田与村落，地势较为平坦，保存状况较好。遗址南面为江安河，蜿蜒流向东南（图一）。

2020年成都市文物考古工作队在进行地下文物勘探时发现该遗址，2021年3～6月成都市文物考古工作队联合南京师范大学对该遗址进行了发掘，编号为"2021CWR"。

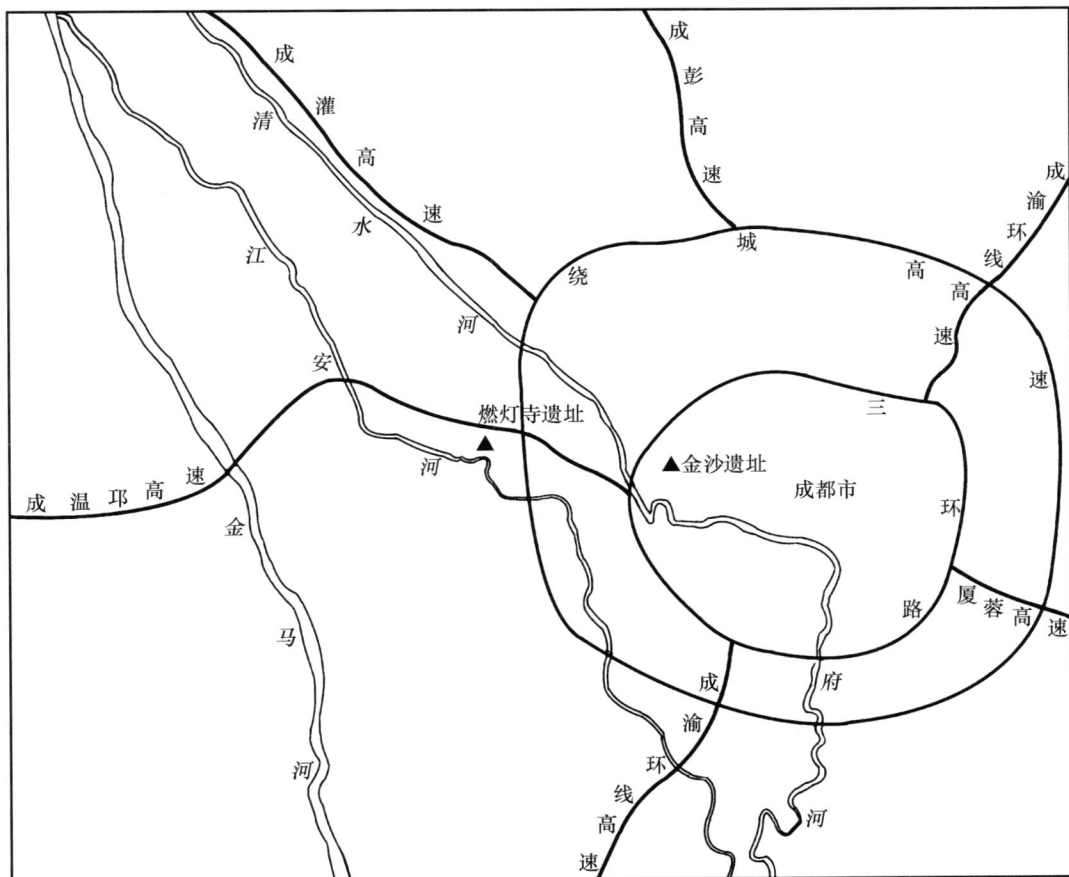

图一　遗址位置示意图

本次发掘在遗址西南部建立坐标基点，统一探方编号。根据前期的考古勘探情况，我们在遗址区选取了三处商周时期遗存堆积较厚的地方布设探方。在遗址西北布正南北向10米×10米探方2个，编号为T0321、T0421；在遗址中部布正南北向10米×10米探方2个，编号为T1315、T1415，10米×7米探方1个，编号为T1316；在遗址东南布正南北向10米×10米探方2个，编号为T1813、T1814（图二、图三）。加上扩方，实际总发掘面积552.5平方米。

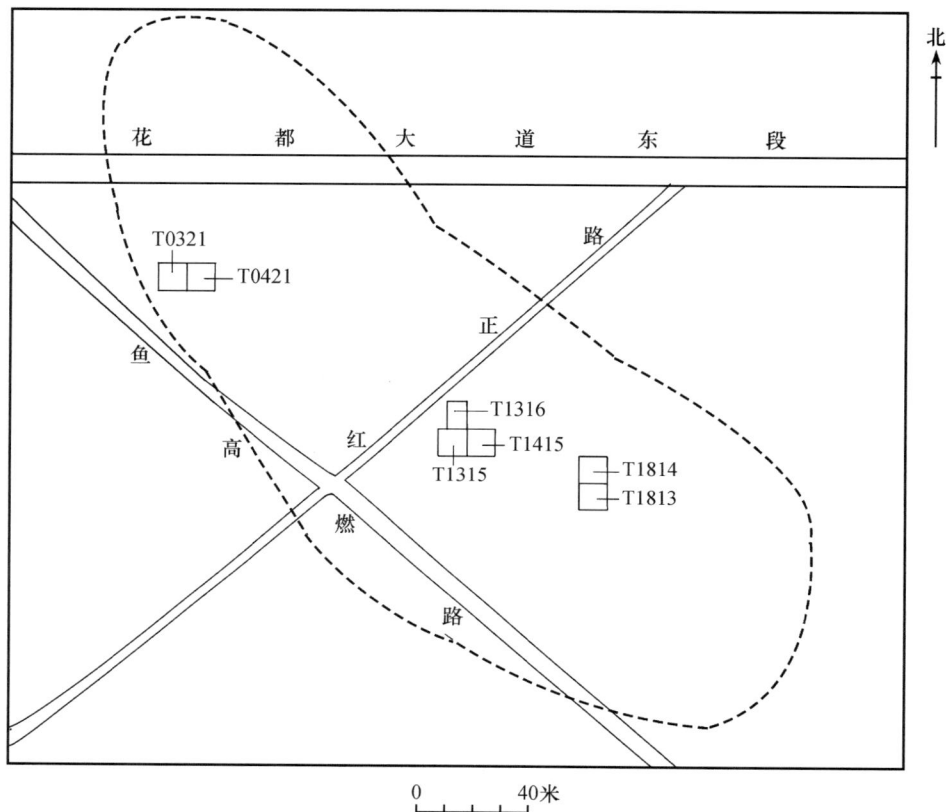

图二　遗址范围及探方位置图

一、地层堆积

燃灯寺遗址三处发掘点地层堆积情况相似，因此统一了地层，采取同层位同步发掘的方法。根据土质土色及包含物的不同，自上而下分为4层。在发掘区的中部及东南部，4层地层均全方分布，大致呈水平状。西北部的地层堆积情况也相似，只是后期扰动较大，第1层堆积较厚。现以T1315南壁剖面为例介绍如下（图四）。

第1层：灰黑色土，土质疏松。厚0.18～0.31米。包含较多植物根茎及现代生活垃圾，为近现代耕土层。

第2层：黄褐色土，土质较为致密，夹杂黄色锈斑。厚0.12～0.2米。包含少量植物

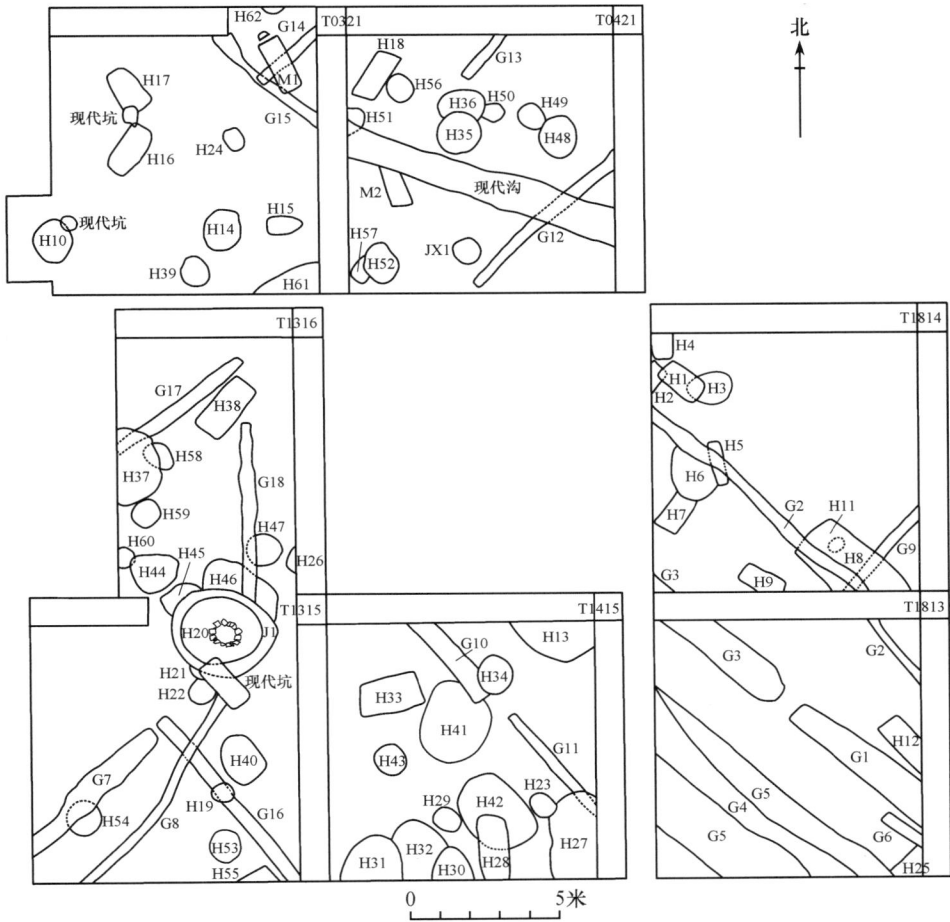

图三　遗址发掘区总平面图

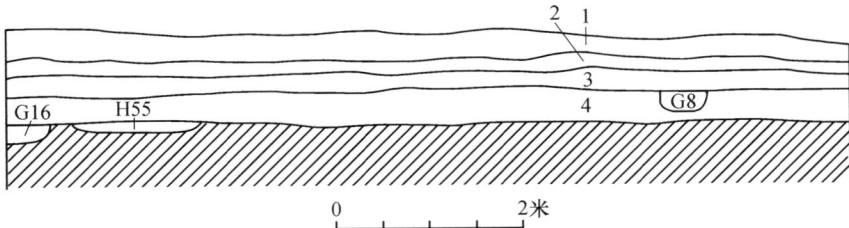

图四　T1315南壁剖面图

根茎及部分青花瓷片，为明清时期地层堆积。开口于该层下的遗迹有M1、M2。

第3层：灰黄色土，土质致密。厚0.16～0.22米。包含少量唐宋瓷片及早期陶片，为唐宋时期地层堆积。开口于该层下的遗迹有灰坑46个，编号为H1～H41、H44～H47、H61；灰沟9条，编号为G2～G9、G18；井1座，编号为J1；窖穴1座，编号为JX1。

第4层：红褐色土，土质致密，包含红烧土颗粒、炭粒等。厚0.25～0.38米。出土较多夹砂黄褐、红褐陶及泥质灰陶等，可辨器形有尖底杯、罐、豆、纺轮等，为商周时期地层堆积。开口于该层下的遗迹有灰坑16个，编号为H42、H43、H48～H60、H62；灰沟8条，编号为G10～G17。

第4层以下为青灰色生土，夹杂较多黄褐色锈斑。

二、商周时期文化遗存

（一）文化遗迹

燃灯寺遗址第4层为商周时期文化堆积，本次发掘共发现商周时期灰坑27个，其中开口于第3层下的灰坑11个，编号为H3、H10、H11、H30～H32、H40、H41、H45、H46、H61；开口于第4层下的灰坑16个，编号为H42、H43、H48～H60、H62；商周时期灰沟共9条，编号为G9～G17，其中G9开口于第3层下，其余均开口于第4层下（图五）。

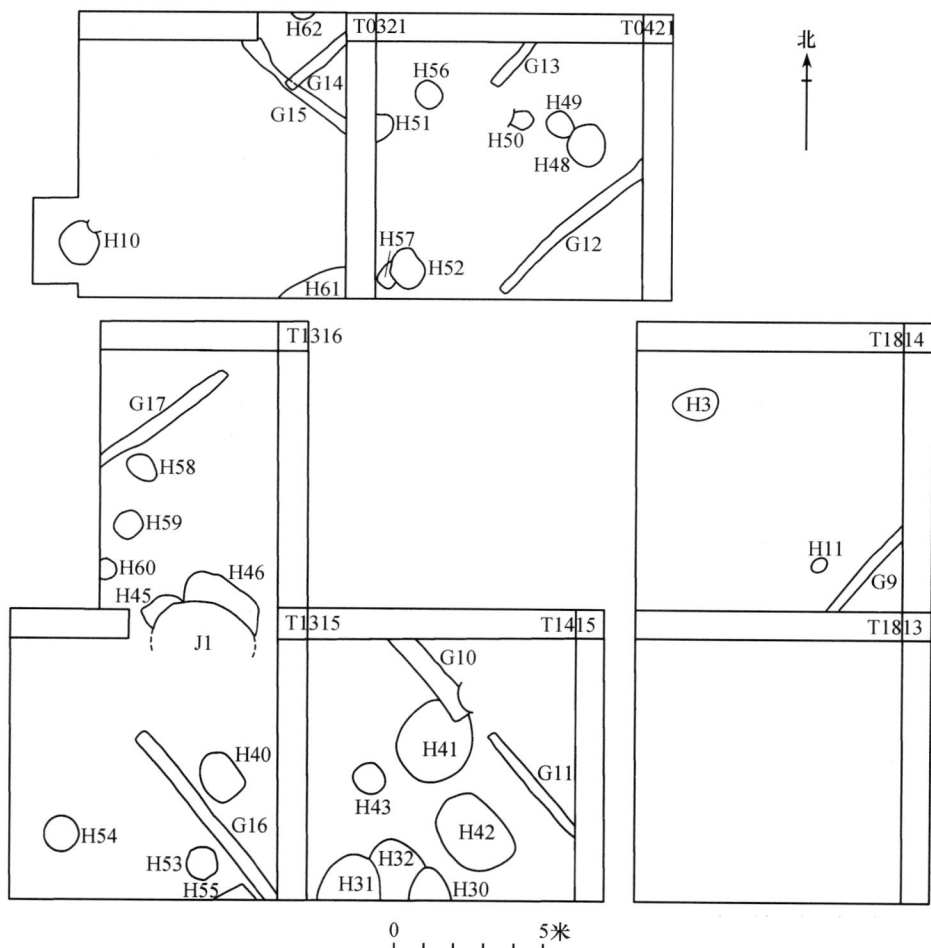

图五　商周时期遗迹平面图

（二）灰　　坑

商周时期灰坑共27个，其中中部发掘区15个，西北部发掘区10个，东南部发掘区2个。少数灰坑被压在隔梁下或延伸出探方，未扩方清理。灰坑平面形状有不规则形、近椭圆形、近圆形三种，其中以近椭圆形和近圆形居多。现分类介绍如下。

1. 不规则形

5个。编号为H32、H45、H46、H55、H61。现以H45、H46为例介绍如下。

H45　位于T1316西南部，局部位置延伸至相邻的T1315北隔梁。开口于第3层下，打破第4层，并被J1打破。坑口距地表0.82米。直壁微斜，底近平。已清理部分长1.25、宽0.56、深0.32米。灰褐色填土，土质较疏松，包含少量红烧土颗粒及炭屑。出土陶片较多，以夹砂陶为主，另有少量泥质陶。可辨器形有罐、尖底杯、圈足、器盖等（图六）。

H46　位于T1316东南部，局部位置延伸至相邻的T1315北隔梁。开口于第3层下，打破第4层，被J1及G18打破。坑口距地表0.8米。直壁微斜，底近平。已清理部分最长2.85、最宽0.9、深0.16～0.18米。灰褐色填土，土质较疏松，包含少量红烧土颗粒及炭屑。出土陶片较多，以夹砂陶为主，另有少量泥质陶。可辨器形有罐、尖底杯等（图七）。

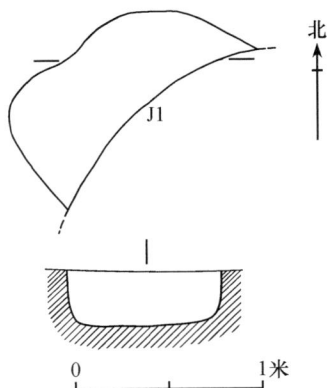

图六　H45平、剖面图

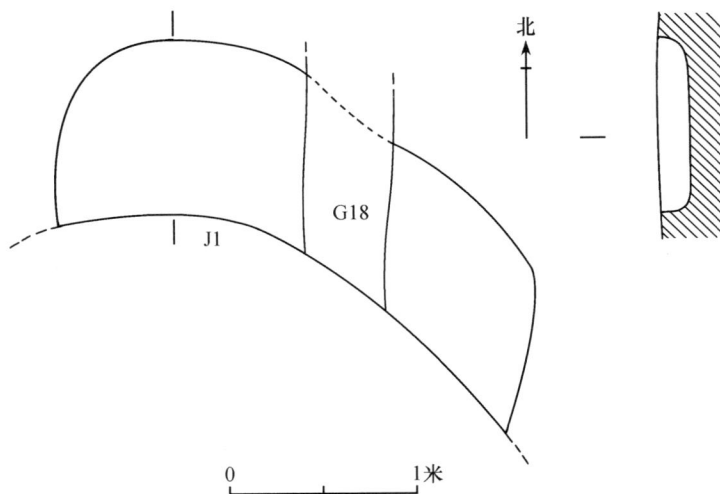

图七　H46平、剖面图

2. 近椭圆形

14个，编号为H3、H11、H30、H31、H40～H42、H49～H52、H57、H58、H60。现以H3、H31、H40～H42为例介绍如下。

H3　位于T1814西北部。开口于第3层下，打破第4层及生土，西部被H1打破。坑口距地表0.55米。斜壁，弧底。长径1.38、短径1、最深0.48米。红褐色填土，土质疏松，填土中含有木炭颗粒。出土陶片较多，有夹砂陶也有泥质陶。可辨器形有罐、瓮、圈足等（图八；图版二，1）。

H31　位于T1415西南部，局部延伸至南壁，未扩方清理。开口于第3层下，打破第4层，并打破H32。坑口距地表0.6米。直壁，弧底。已清理部分最长2.14、最宽1.52、最深0.46米。灰黑色填土，土质疏松，填土中含有木炭颗粒。出土陶片以夹砂陶为主，少量泥质陶。可辨器形有罐、尖底杯、豆等（图九）。

H40　位于T1315东部。开口于第3层下，打破第4层。坑口距地表0.55米。直壁，近弧底。长径1.6、短径1.4、最深0.32米。红褐色填土，土质较疏松，填土中含有木炭颗粒。出土陶片较多，主要为夹砂红陶与夹砂灰陶。可辨器形有罐、尖底杯、豆柄、圈足等（图一〇）。

H41　位于T1415中部。开口于第3层下，打破第4层，北部被G10打破。坑口距地表0.55米。斜壁，弧底。长径2.9、短径2.4、最深0.46米。灰黑色填土，土质较疏松，填土中含有木炭颗粒。出土陶片较多，以夹砂陶为主，少量泥质陶。可辨器形有罐、尖底

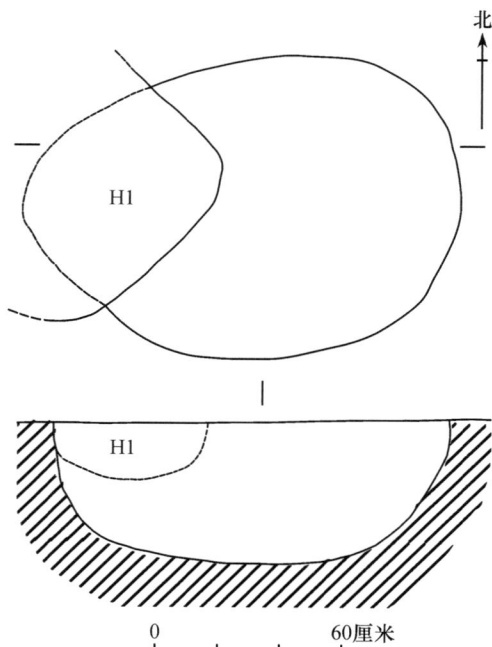

图八　H3平、剖面图

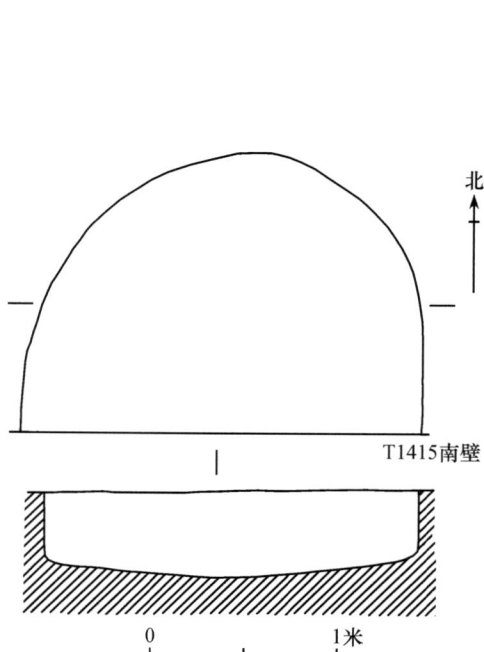

图九　H31平、剖面图

杯、豆、圈足等（图一一；图版三，1）。

H42　位于T1415南部。开口于第4层下，打破生土。坑口距地表1米。斜壁，近弧底。长径2.65、短径2.21、最深0.23米。灰黑色填土，土质较疏松，填土中含有木炭颗粒。出土陶片较多，以夹砂陶为主，少量泥质陶。可辨器形有罐、尖底杯、盆等（图一二）。

3. 近圆形

8个，编号为H10、H43、H48、H53、H54、H56、H59、H62。现以H10、H48、H53、H54、H59为例介绍如下。

H10　位于T0321西南部，局部延伸至西壁，由于出土陶片较多，扩方后完整清理。开口于第3层下，打破第4层。坑口距地表0.85米。直壁，平底。直径1.45～1.7、深0.12～0.16米。红褐色填土，土质较疏松，填土中含有木炭颗粒。出土陶片较多，以夹砂陶为主，少量泥质陶。可辨器形有罐、尖底杯、圈足、盆等（图一三；图版二，2）。

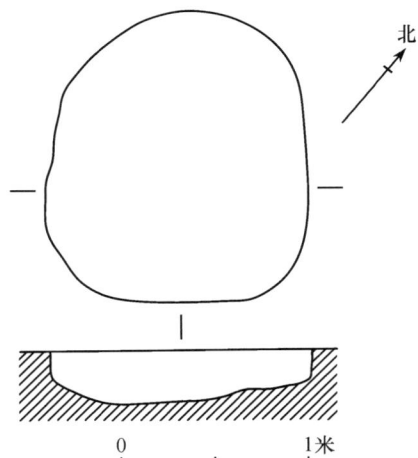

图一〇　H40平、剖面图

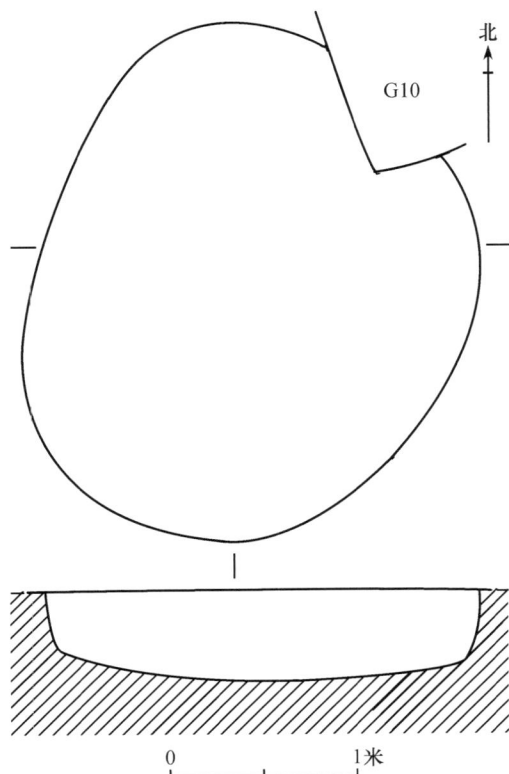

图一一　H41平、剖面图

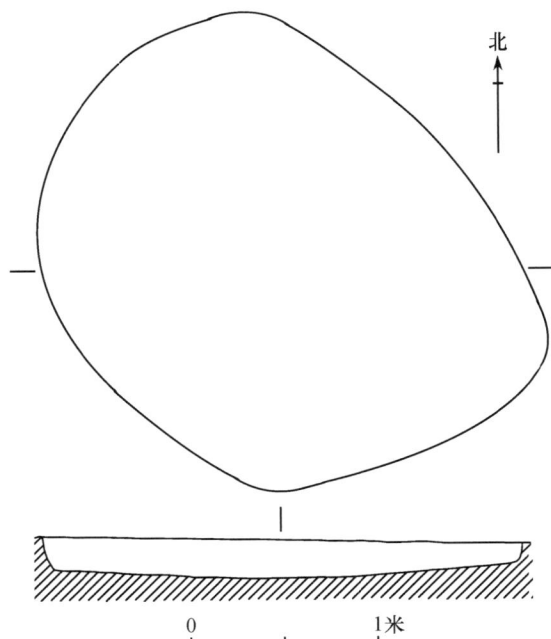

图一二　H42平、剖面图

H48 位于T0421东部。开口于第4层下，打破生土及H49的东南部。坑口距地表1.2米。斜直壁，底部不平，北高南低。直径1.44～1.58、最深0.22米。深灰褐色填土，土质较疏松，填土中含有红烧土颗粒及炭屑。出土少量夹砂陶和泥质陶。可辨器形有罐、豆、缸、尖底杯、豆柄等（图一四；图版三，2）。

H53 位于T1315东南部。开口于第4层下，打破生土。坑口距地表1.1米。斜弧壁，弧底。直径1.06～1.2、深0.18米。红褐色填土，土质较疏松，填土中含有木炭颗粒。出土陶片较少，以夹砂陶为主，少量泥质陶。可辨器形有罐、尖底杯等（图一五；图版四，1）。

H54 位于T1315西南部。开口于第4层下，打破生土。坑口距地表0.95米。直壁，平底。直径1.15、深0.32米。中间部分为红褐色填土，土质较疏松；边缘为黄褐色填土，土质较硬。填土中含有木炭颗粒。出土陶片较多，以夹砂陶为主，也有一定数量的泥质陶。可辨器形有罐、瓮、尖底杯等。其中1件尖底杯下腹部至器底较为完整（图一六；图版四，2）。

H59 位于T1316西南部。开口于第4层下，打破生土。直壁，近平底。直径0.95～1、深0.16米。灰黑色填土，土质较疏松，填土中含有木炭颗粒。出土少量夹砂陶。可辨器形有罐、纺轮等（图一七；图版五，1）。

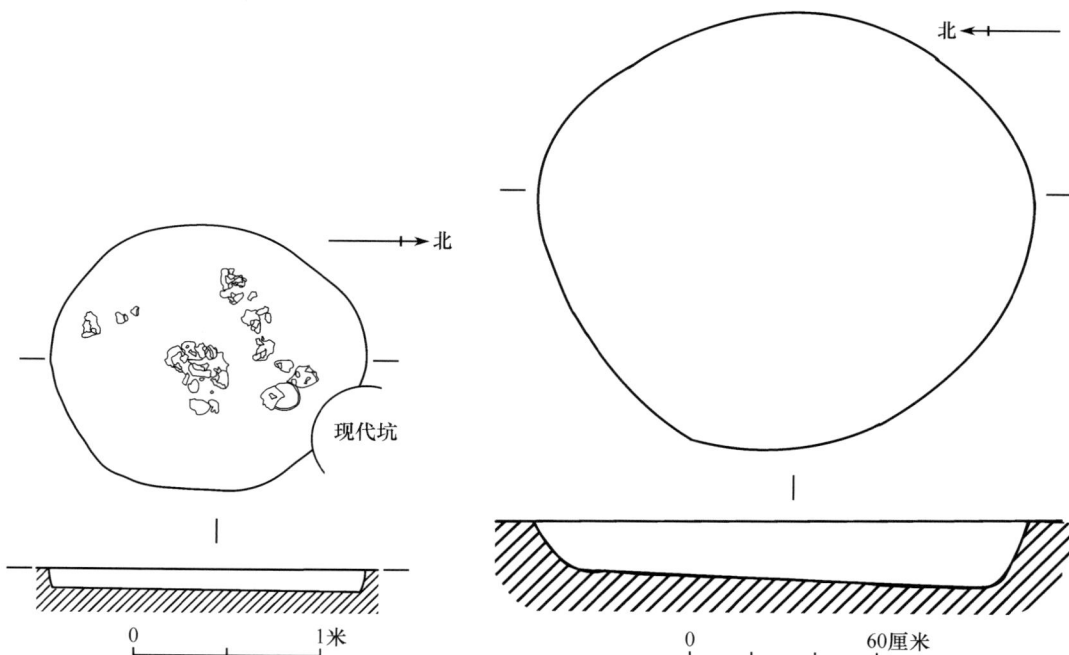

图一三 H10平、剖面图

图一四 H48平、剖面图

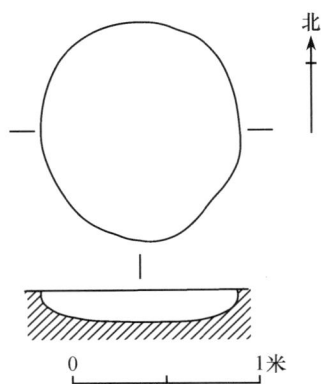

图一五　H53平、剖面图　　　　图一六　H54平、剖面图　　　　图一七　H59平、剖面图

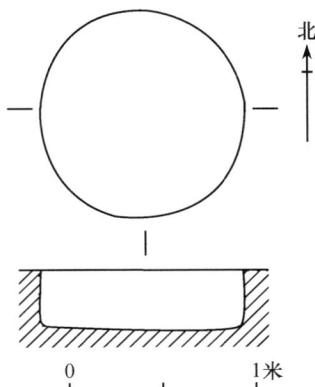

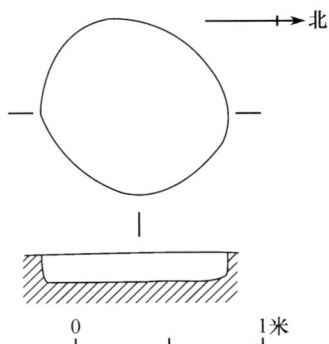

（三）灰　　沟

灰沟共9条，编号为G9～G17。平面均为长条形。从灰沟的特点来看，形状较直，深度较浅，沟内出土遗物较少或不出遗物，其性质也有可能为基槽。现以G11、G12、G14为例介绍如下。

G11　位于T1415东南部，东南延伸至东隔梁。开口于第4层下，打破生土。开口距地表0.95米。平面形状呈长条形，西北—东南向，直壁，沟底略弧。已清理部分长4.3、宽0.4、最深0.21米。红褐色填土，土质较疏松。出土少量夹砂红褐陶，可辨器形有罐、豆等（图一八）。

G12　位于T0421东南部，东北延伸至东隔梁。开口于第4层下，打破生土。开口距地表1.2米。形状呈长条形，东北—西南向，斜直壁内收，近平底。已清理部分长8.3、宽0.72、深0.32米。灰褐色填土，土质较疏松，含少量木炭颗粒。出土少量夹砂红褐

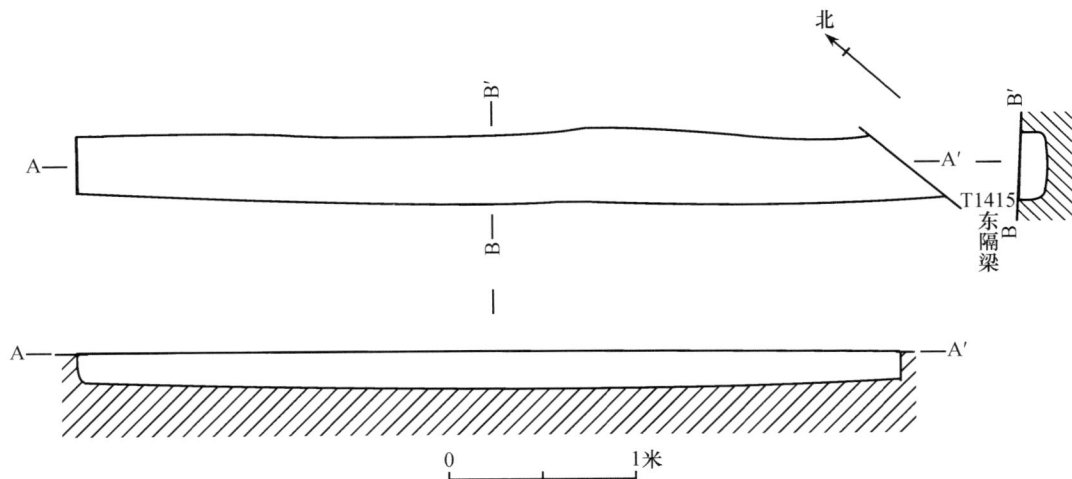

图一八　G11平、剖面图

陶。可辨器形有罐口沿、罐底（图一九）。

G14　位于T0321东北部，东北延伸至东隔梁。开口于第4层下，打破G15及生土。开口距地表1.15米。形状呈长条形，东北—西南向，直壁，西南端稍浅，东北端略深。已清理部分长2.6、宽0.4、深0.18～0.23米。灰褐色填土，土质稍软，有少量木炭颗粒，无出土遗物（图二〇）。

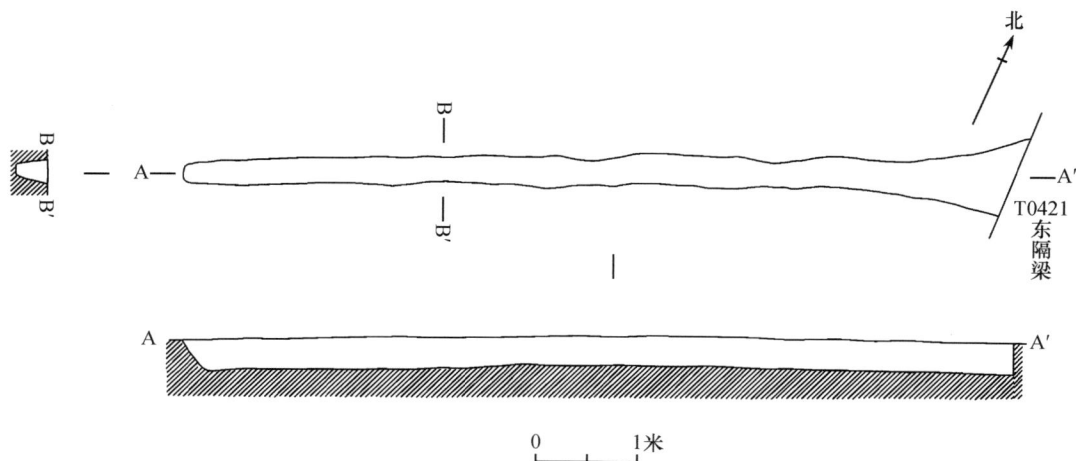

图一九　G12平、剖面图

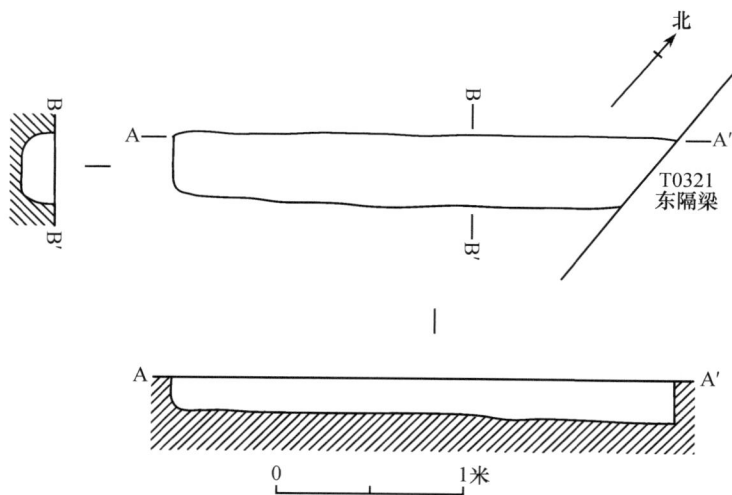

图二〇　G14平、剖面图

（四）文 化 遗 物

出土遗物主要为陶器，另有少量石器。

1. 陶器

陶器质地有夹砂和泥质两种，夹砂陶较多，泥质陶较少。陶色以灰陶和灰褐陶为主，其次有少量红褐陶和黄褐陶。陶器表面以素面为主，纹饰较少，常见纹饰有粗绳纹（图二一，1~4、9）、刻划纹（图二一，6）、凹弦纹（图二一，5、10）、凸弦纹（图二一，7）、戳印纹（图二一，8）（附表一~附表一二）。

陶器可辨器形主要有尖底杯、敛口罐、侈口罐、高领罐、曲腹罐、壶、尊、瓮、缸、豆、器盖、圈足、纺轮、平底、支座、支柱、尖底盂等。

尖底杯 27件。无完整器，仅存底部、下腹及少量上腹，均为泥质陶。根据腹部特征的不同，分为二型。

图二一 陶片纹饰拓片

1~4、9. 粗绳纹（H49：1、T0321④：8、H49：2、T1315④：19、T1814④：3） 5、10. 凹弦纹（T1315④：21、H54：5） 6. 刻划纹（T1315④：20） 7. 凸弦纹（H40：3） 8. 戳印纹（T0421④：3）

A型　16件。上下腹分界明显。根据底部形制的不同，分为四亚型。

Aa型　1件。小平底，底径较大。H42：3，泥质灰陶。底微凹，小平底中部有乳突状凸起。下腹有轮制痕迹。底径1.8、残高4.6厘米（图二二，1）。

Ab型　7件。小平底，底径较小。H54：1，泥质灰黄陶。底径1.1、残高7.6厘米（图二二，2；图版七，1）。

Ac型　4件。圜底稍平或微凸，器形较小。H42：2，泥质灰黑陶。底稍平，下腹壁凹凸不平。有人工捏塑痕迹，同时有轮制痕迹。底径1.1、残高3.4厘米（图二二，3）。H10：2，泥质灰陶。底微凸。外壁有轮制痕迹。残高4厘米（图二二，4）。

Ad型　4件。圜底。H42：4，泥质灰褐陶。仅存底部、下腹及少量上腹，器形较大，圜底，上腹壁较直。上下腹间有一周较宽凹弦纹，下腹有轮制痕迹。残高7.8厘米（图二二，5；图版七，2）。

B型　11件。上下腹分界不明显，尖圜底。H31：5，泥质黑陶。仅存底部、下腹及少量上腹，器形较小，尖圜底，底部人为捏出乳突状尖底，上下腹分界处不明显。下腹有轮制痕迹。残高3.7厘米（图二二，6）。

尖底　6件。大部分仅残存底及部分下腹，器形大多不可辨。根据底部形制的不同，分为三型。

A型　1件。尖圜底。H41：1，泥质灰褐陶。底部有放射线状刻划纹。残高4厘米（图二三，1）。

B型　1件。圜底。H27：1，夹砂灰陶。残高2.2厘米（图二三，2）。

C型　4件。尖底。H31：6，夹砂灰陶。底部有捏制的乳突状凸起。残高1.1厘米（图二三，3）。

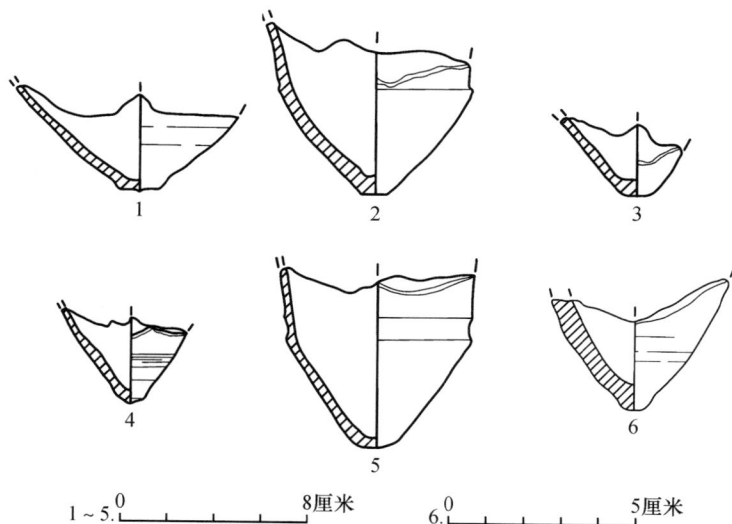

图二二　陶尖底杯

1. Aa型（H42：3）　2. Ab型（H54：1）　3、4. Ac型（H42：2、H10：2）　5. Ad型（H42：4）

6. B型（H31：5）

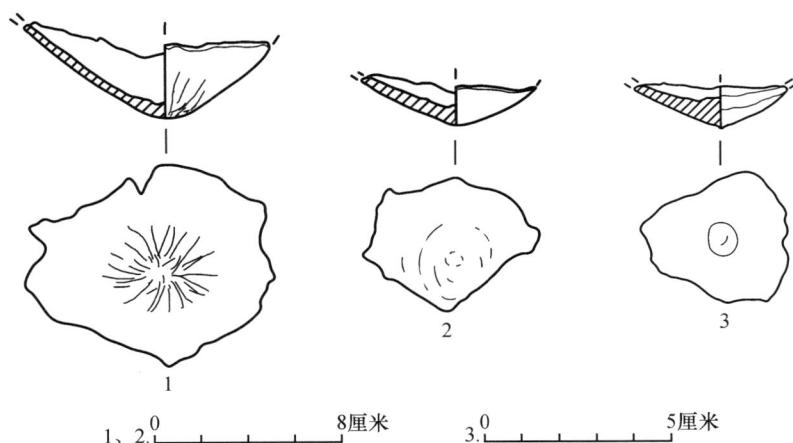

图二三　陶尖底

1.A型（H41∶1）　2.B型（H27∶1）　3.C型（H31∶6）

敛口罐　70件。均为夹砂陶。口沿内敛，仅保留口沿或至上腹部，最大径位于肩部。根据口沿及肩部形制的不同，分为四型。

A型　2件。大口，微鼓肩。H32∶1，夹砂灰陶。尖圆唇。外壁有轮制痕迹。残高8.4厘米（图二四，1）。

B型　3件。平肩。H30∶2，夹砂黄褐陶。沿面微凸，尖圆唇。口沿与肩部压印竖向绳纹，口沿与肩部似用一道凹槽隔开。残高1.4厘米（图二四，2）。

C型　58件。鼓肩。根据口沿沿面及唇口形制的不同，分为四亚型。

Ca型　6件。沿面凹槽较深，圆唇较窄，口沿与肩部由一道浅宽凹槽分开。T1315④∶15，夹砂灰褐陶。残高4厘米（图二四，3）。

Cb型　32件。宽圆唇。T1315④∶16，夹砂灰陶。沿面微凹。残高2.6厘米（图二四，4）。

Cc型　5件。方唇。H31∶4，夹砂灰陶。沿面微凹。口沿与肩部的宽凹槽内有一周凸弦纹。残高2厘米（图二四，5）。

Cd型　15件。圆唇。T1316④∶6，夹砂灰陶。平沿。口沿与肩部的宽凹槽内有一周凸弦纹。口径26、残高3.6厘米（图二四，6）。

D型　7件。圆鼓肩。根据唇部和颈部形制的不同，分为三亚型。

Da型　2件。圆唇。T1314④∶10，夹砂黄褐陶。平沿微凹。内壁饰平行刻划纹。口径18.8、残高3厘米（图二四，7）。

Db型　3件。尖圆唇，短颈。H37∶1，夹砂黑皮黄褐陶。平沿微凹，唇外侈，颈部极短。残高2.2厘米（图二四，8）。

Dc型　2件。圆唇，短颈。T1316④∶7，夹砂灰褐陶。平沿微凹，唇稍外侈。口径23.6、残高3.4厘米（图二四，9）。

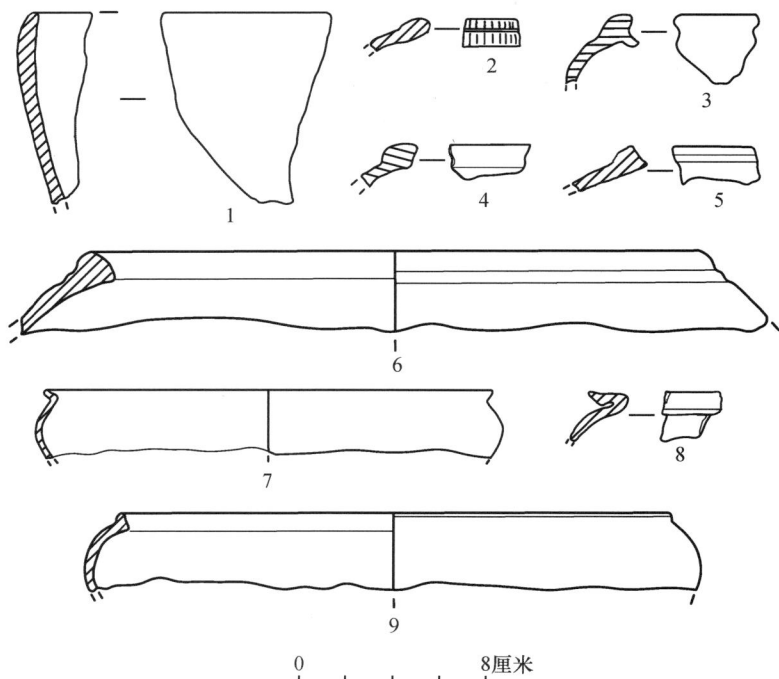

图二四　陶敛口罐

1. A型（H32：1）　　2. B型（H30：2）　　3. Ca型（T1315④：15）　　4. Cb型（T1315④：16）　　5. Cc型（H31：4）
6. Cd型（T1316④：6）　　7. Da型（T1314④：10）　　8. Db型（H37：1）　　9. Dc型（T1316④：7）

敛口罐　50件。大多数仅保留口沿或至上腹部。均为夹砂陶，胎壁较薄。根据口沿形制的不同，分为三型。

A型　8件。尖唇。T1315④：4，夹砂灰褐陶。平折沿较短，颈部内壁与口沿相交处有一道凸棱，矮领。残高1.4厘米（图二五，1）。

B型　27件。敛口，方唇稍内敛。参考成都市郫县波罗村遗址Ⅱ区出土敛口罐的分类，将其归为敛口罐[1]。H41：9，夹砂灰陶。残高2.6厘米（图二五，2）。H47：4，夹砂灰陶。口径10.6、残高8.4厘米（图二五，3；图版七，3）。

C型　15件。圆唇或尖圆唇。根据唇部形制的不同，分为二亚型。

Ca型　4件。圆唇。H41：10，夹砂黄褐陶。口沿外撇。残高3.6厘米（图二五，4）。

Cb型　11件。尖圆唇。H49：4，夹砂灰陶。口沿外撇，平沿微弧。残高7.6厘米（图二五，5）。

高领罐　29件。均为夹砂陶，仅保留口沿或保留至肩部。根据领部高矮的不同，分为二型。

A型　18件。领部较高。根据口沿形制的不同，分为五亚型。

Aa型　2件。窄沿。T1315④：8，夹砂黄褐陶。敛口，平沿，尖圆唇，弧领。口径16.4、残高6厘米（图二六，1；图版七，4）。

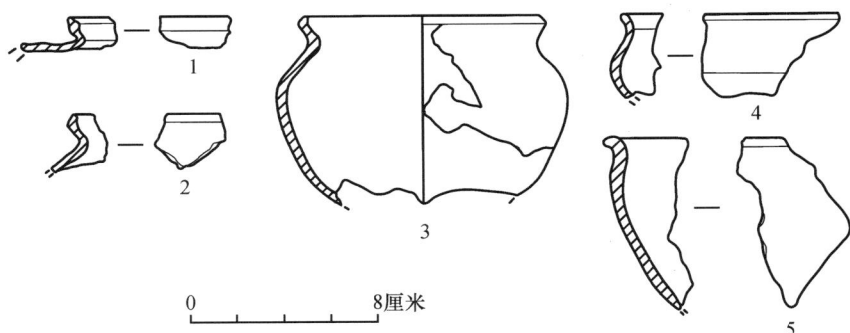

图二五　陶侈口罐

1. A型（T1315④：4）　2、3. B型（H41：9、H47：4）　4. Ca型（H41：10）　5. Cb型（H49：4）

Ab型　1件。宽沿。H36：1，夹砂灰褐陶。侈口，平沿，尖圆唇，弧领。口径21、残高7.2厘米（图二六，2）。

Ac型　2件。平沿微凹。T1315④：7，夹砂灰褐陶。直口，尖圆唇，斜领。口径17.2、残高8.4厘米（图二六，3）。

Ad型　8件。弧沿。T1415④：2，夹砂灰褐陶。直口，尖圆唇，斜领。领上部饰一周凹弦纹。残高7.3厘米（图二六，4）。

Ae型　5件。卷沿。T1315④：13，夹砂灰褐陶。侈口，尖圆唇，弧领。领上部饰一周凹弦纹。残高8.9厘米（图二六，5）。

B型　11件。领部较矮。H31：3，夹砂灰褐陶。侈口，弧沿，尖圆唇，斜领。口径9.4、残高3.6厘米（图二六，6）。

曲腹罐　3件。均为夹砂陶，腹部有凹槽，呈曲腹状。根据唇部形制的不同，分为三型。

A型　1件。尖唇。T1316④：4，夹砂灰陶。尖圆唇，溜肩。肩部有弦纹。残高4.2厘米（图二七，1）。

B型　1件。方唇。T1316④：5，夹砂灰褐陶。溜肩。肩部有弦纹。残高5.4厘米（图二七，2）。

C型　1件。圆唇。H41：5，夹砂灰褐陶。平沿，溜肩。口径28、残高9.6厘米（图二七，3；图版七，5）。

壶　2件。仅残存口沿及部分领部。根据口沿形制的不同，分为二型。

A型　1件。口沿微侈。T1315④：17，夹砂灰褐陶。圆唇，弧颈。残高4.4厘米（图二八，1）。

B型　1件。敛口。T0321④：9，夹砂灰褐陶。尖唇，颈微弧。残高4.1厘米（图二八，2）。

尊　1件。T1415③：5，夹砂灰褐陶。喇叭口，宽平沿外撇。残高5.4厘米（图

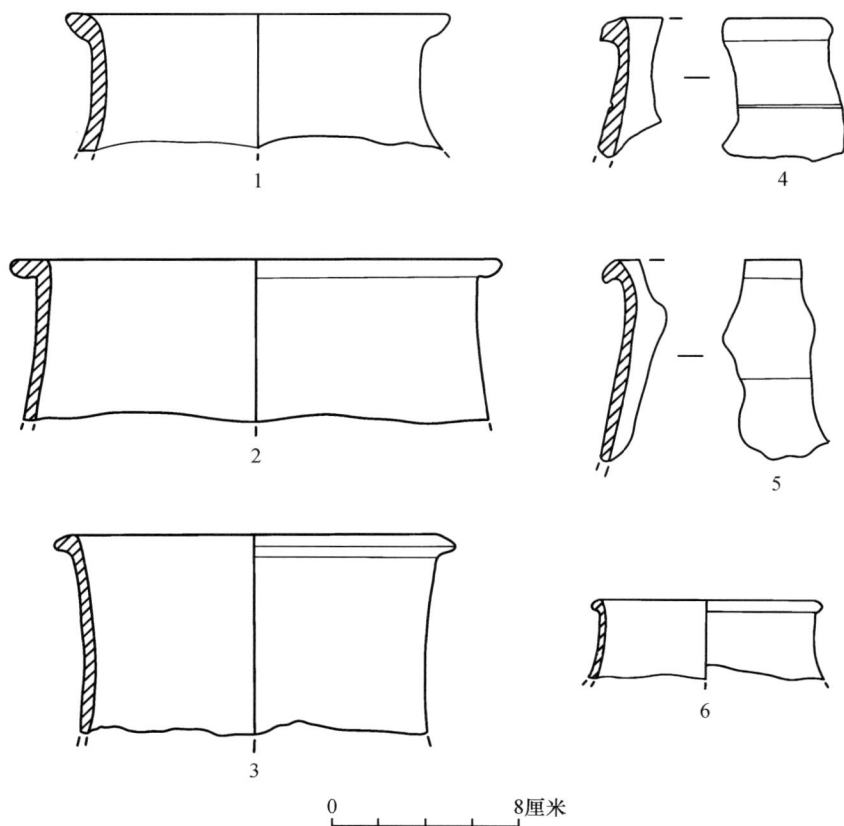

图二六　陶高领罐

1. Aa型（T1315④：8）　　2. Ab型（H36：1）　　3. Ac型（T1315④：7）　　4. Ad型（T1415④：2）
5. Ae型（T1315④：13）　　6. B型（H31：3）

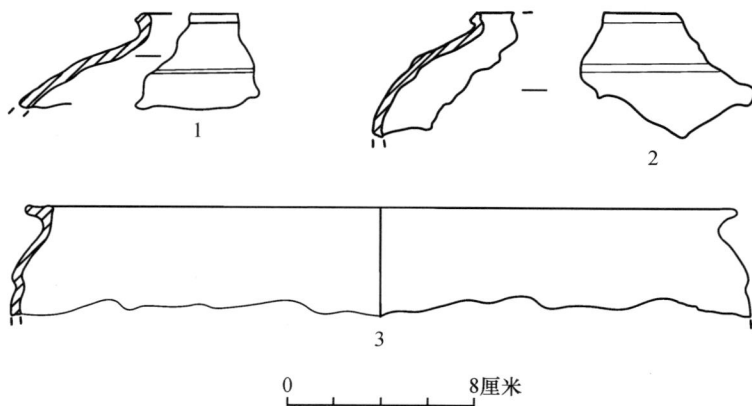

图二七　陶曲腹罐

1. A型（T1316④：4）　　2. B型（T1316④：5）　　3. C型（H41：5）

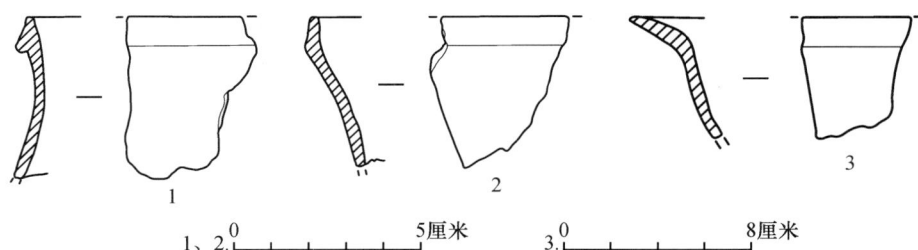

图二八 陶壶、尊

1. A型壶（T1315④∶17） 2. B型壶（T0321④∶9） 3. 尊（T1415③∶5）

二八，3）。

瓮 5件。均为夹砂陶，只保留口沿及领部，唇沿加厚，器壁较厚，器形较大。根据口沿形制的不同，分为四型。

A型 2件。凹沿，方唇。H54∶3，夹粗砂黄褐陶。侈口，平沿微凹，方唇加厚。口径25、残高7.6厘米（图二九，1）。

B型 1件。弧沿，圆唇。T1315④∶18，夹粗砂黄褐陶。侈口，圆唇加厚。残高5厘米（图二九，2）。

C型 1件。平沿，圆唇。H54∶2，夹粗砂黄褐陶。侈口，平沿微弧，圆唇加厚。口径42、残高12厘米（图二九，3；图版八，1）。

D型 1件。平沿，方唇。H3∶1，夹粗砂灰褐陶。侈口，方唇加厚。口径36、残高25.5厘米（图二九，4；图版八，2）。

缸 5件。均为夹砂陶，器形较大。根据唇部形制的不同，分为三型。

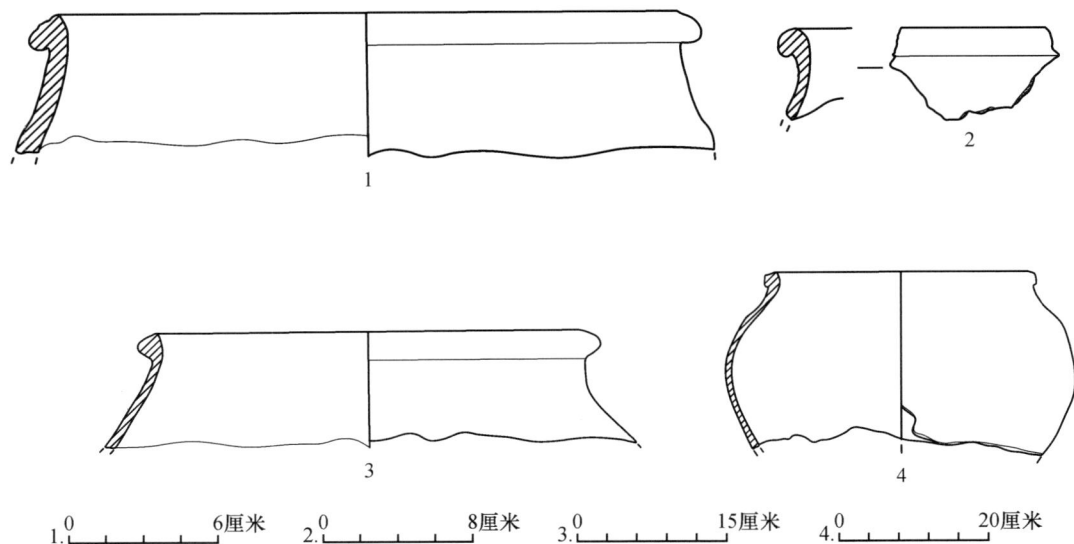

图二九 陶瓮

1. A型（H54∶3） 2. B型（T1315④∶18） 3. C型（H54∶2） 4. D型（H3∶1）

A型　2件。圆唇。根据口沿宽窄的不同，分为二亚型。

Aa型　1件。宽沿。T0321④：2，夹细砂灰陶。平沿微凹。残高4厘米（图三〇，1）。

Ab型　1件。窄沿。H47：1，夹砂红褐陶。平沿。腹壁饰两周凹弦纹。残高3.9厘米（图三〇，2）。

B型　2件。尖圆唇。T0321④：1，夹砂灰陶。平沿微凹外侈。沿下饰三角形錾耳。残高5.3厘米（图三〇，3）。

C型　1件。方唇。H48：1，夹砂灰陶。平沿。口径54、残高8.7厘米（图三〇，4）。

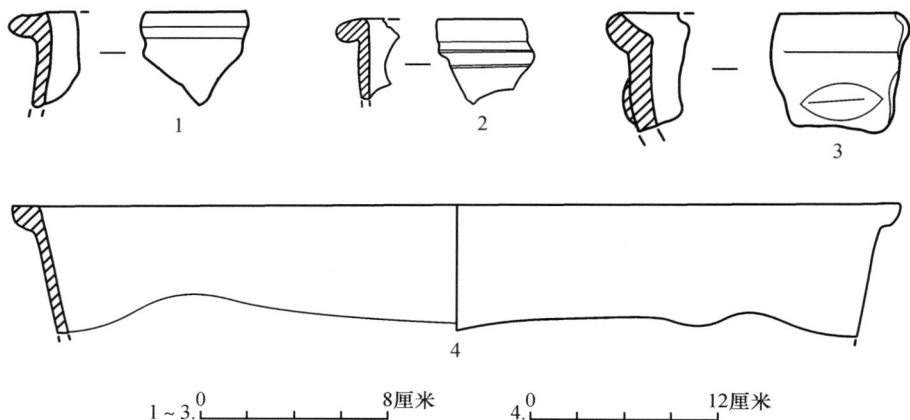

图三〇　陶缸

1. Aa型（T0321④：2）　2. Ab型（H47：1）　3. B型（T0321④：1）　4. C型（H48：1）

平底　25件。根据腹部和底部形态的不同，分为四型。

A型　2件。斜弧腹，小平底。H54：4，泥质灰陶。底径1.7、残高2.6厘米（图三一，1）。

B型　5件。弧腹，小平底。T1415④：6，夹砂灰褐陶。底径1.8、残高1.4厘米（图三一，2）。

C型　6件。斜腹，平底。T0321④：5，夹砂灰褐陶。底径5.5、残高2.6厘米（图三一，3）。

D型　12件。斜弧腹，平底。H42：1，夹砂灰陶。底径10.8、残高7.5厘米（图三一，4）。

圈足　34件。夹砂灰陶。根据足沿形制的不同，分为三型。

A型　2件。足沿外折。H47：2，足沿向外翻折，平沿微凹。残高3.3厘米（图三二，1）。

B型　10件。足沿外撇。T1315④：4，足沿略外撇，平沿微凹。足径11.4、残高3厘米（图三二，2）。

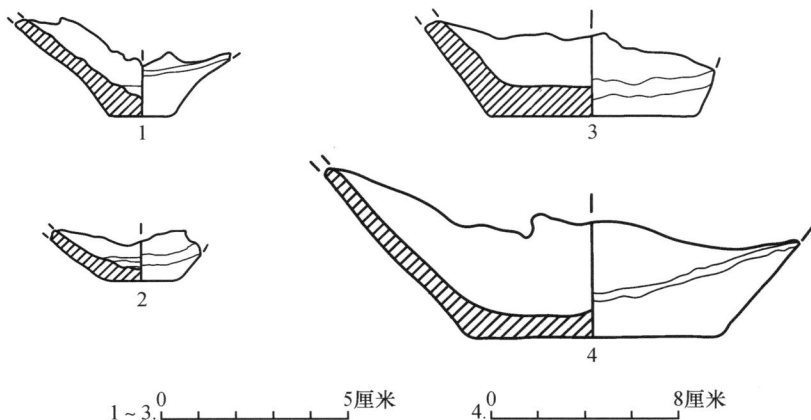

1 ~ 3. 0 ┃━━━━━━━━┃ 5厘米　　　4. 0 ┃━━━━━━━━┃ 8厘米

图三一　陶平底

1. A型（H54：4）　　2. B型（T1415④：6）　　3. C型（T0321④：5）　　4. D型（H42：1）

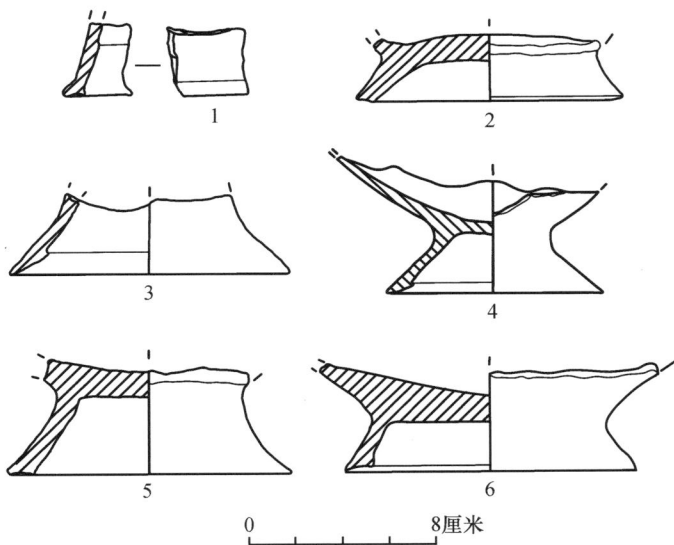

0 ┃━━━━━━━━┃ 8厘米

图三二　陶圈足

1. A型（H47：2）　　2. B型（T1315④：4）　　3、4. Ca型（H40：4、H10：4）　　5. Cb型（H45：2）

6. Cc型（H41：2）

C型　22件。足沿外斜，折棱明显。根据足沿底部形制的不同，分为三亚型。

Ca型　5件。足沿外斜，底部尖。H40：4，折棱明显为一周凸起状弦纹。足径12、残高3.5厘米（图三二，3）。H10：4，折棱明显为一周凸起状弦纹。足径9.4、残高6.2厘米（图三二，4；图版八，3）。

Cb型　8件。足沿外斜，底部平，稍内凹。H45：2，足沿折棱明显。足径12.4、残高5厘米（图三二，5）。

　　Cc型　9件。圈足较矮，斜足沿微凹。H41：2，足沿折棱明显。足径12.4、残高4.7厘米（图三二，6；图版八，4）。

　　器盖　64件。由于盖身大部分残碎不可区分。根据盖纽形制的不同，分为五型。

　　A型　8件。纽径较大，外沿有一周凸棱。H41：4，夹砂灰褐陶。喇叭口。盖径15.2、纽径6.2、高8.4厘米（图三三，1；图版七，6）。

　　B型　49件。直口，纽沿外侈。H32：2，夹砂灰褐陶。纽径4.2、残高2.8厘米（图三三，4）。

　　C型　1件。首部呈横"8"字形。H45：1，夹砂灰黑陶。仅存首部。纽口宽5.1、残高3.5厘米（图三三，2）。

　　D型　1件。H40：2，夹砂黄褐陶。上大下小，底部为圈足状，盖沿斜向上方微微翘出，顶部为泥条贴塑"S"形捏手。底径5.7、盖沿残径7.6、残高3.6厘米（图三三，3）。

　　E型　5件。纽盖腹壁斜直，盖腹较浅。T1415④：1，夹砂黑褐陶。纽稍残。盖壁有轮修痕迹。纽径1.4、残高2.3厘米（图三三，5）。

　　豆柄　4件。根据柄的粗细，分为二型。

　　A型　2件。细柄。H48：2，泥质黑皮红褐陶。底足呈喇叭形。底径2.6、孔径0.6、残高6.6厘米（图三四，1；图版八，5）。

　　B型　2件。粗柄。T0421④：2，夹砂黄褐陶。仅剩豆柄上部和部分豆盘。残高5.6厘米（图三四，2）。

　　支座　1件。T1315④：5，夹砂黄褐陶。喇叭形，中间有孔贯通，底足内折，折棱不明显。底径7.4、残高6.2厘米（图三四，4；图版八，6）。

　　支柱　1件。H47：3，夹砂黄褐陶。筒形，直壁，饰有圆形穿孔。残高14.7厘米（图三四，5；图版九，1）。

　　尖底盂　1件。T1315③：1，夹砂灰陶。器形较小，侈口，卷沿外翻，厚唇，弧腹，尖底。手制。口径4.7、高2.2厘米（图三四，3；图版九，3）。

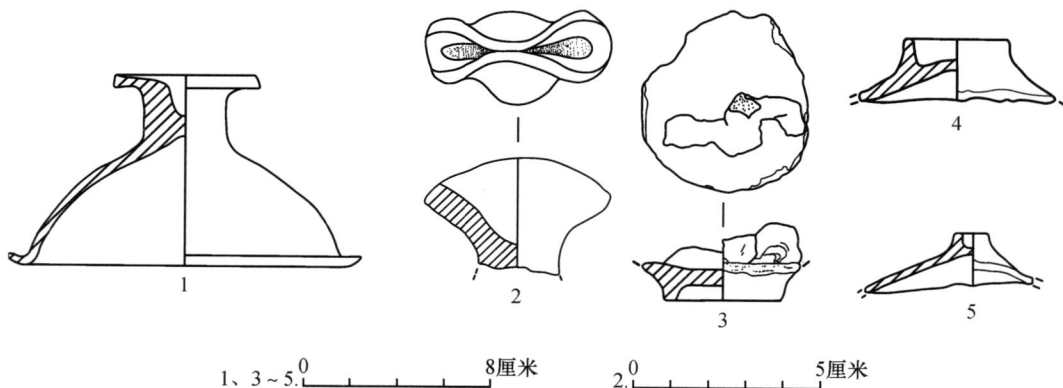

1、3～5. 0 _____ 8厘米　2. 0 _____ 5厘米

图三三　陶器盖

1.A型（H41：4）　2.C型（H45：1）　3.D型（H40：2）　4.B型（H32：2）　5.E型（T1415④：1）

纺轮 4件。根据外部形制的不同，分为四型。

A型 1件。圆丘形，上小下大，上部较窄。H59：1，泥质黑陶。残，顶部呈隆起之帽状，中有穿孔。上端饰两周凸棱。上径1.5、下径3.6、孔径0.4、高1.1厘米（图三五，1）。

B型 1件。圆丘形，上小下大，上部较宽。H35：1，泥质褐陶。基本完整，顶部呈隆起帽状，中有穿孔。上径2、下径4.2、孔径0.6、高1.2厘米（图三五，2）。

C型 1件。帽形。H40：1，泥质黑陶。残，上小下大，中有穿孔。腰部饰四周凸棱。上径1.3、下径3.2、孔径0.4、高2厘米（图三五，3；图版九，2）。

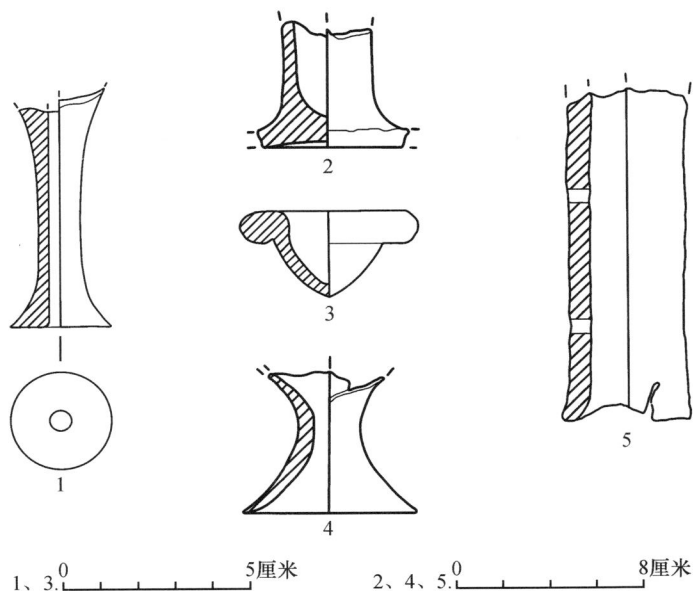

图三四 陶豆柄、尖底盉、支座、支柱

1.A型豆柄（H48：2） 2.B型豆柄（T0421④：2） 3.尖底盉（T1315③：1） 4.支座（T1315④：5）
5.支柱（H47：3）

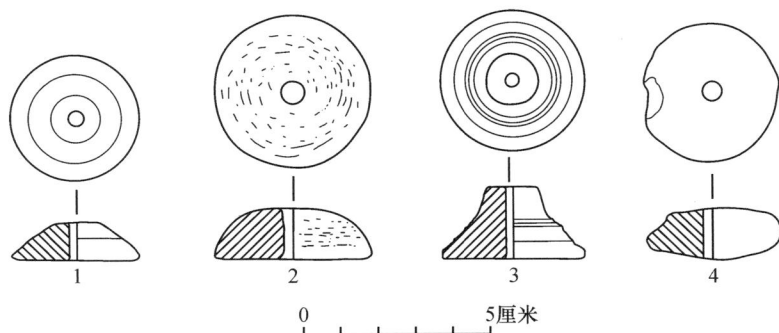

图三五 陶纺轮

1.A型（H59：1） 2.B型（H35：1） 3.C型（H40：1） 4.D型（T1316④：1）

D型　1件。圆饼形。T1316④：1，泥质褐陶。基本完整，中有穿孔。最大直径3.8、高1.3厘米（图三五，4）。

2. 石器

石器出土较少，有2件石斧与1件石锛。刃口磨制较为锋利，有使用后留下的疤痕。

斧　2件。根据刃部形制的不同，分为二型。

A型　1件。中锋，双面刃。T1315④：1，残，仅存一小半。磨制。残长6.9、顶残宽0.8、刃残宽3.5、厚0.9厘米（图三六，1；图版九，4）。

B型　1件。单面弧刃。T1315④：2，基本完整，平面形状呈近长方形，表面有磨光痕迹，略有崩疤，顶部不平。长8.5、顶宽4.8、刃宽4.8、厚2.1厘米（图三六，2；图版九，5）。

锛　1件。T1813④：1，完整，平面形状呈梯形，表面磨光，略有崩疤，弧形顶，偏刃。长7.2、刃宽3.6、厚2厘米（图三六，3；图版九，6）。

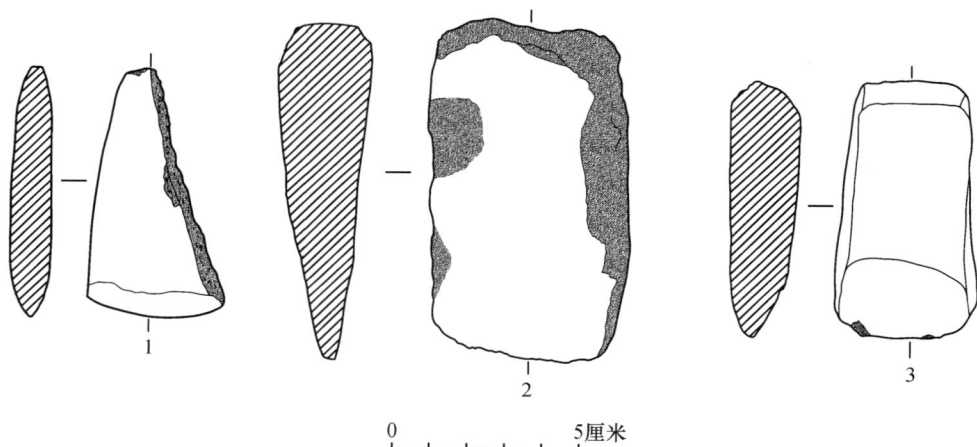

图三六　石斧、锛

1. A型斧（T1315④：1）　2. B型斧（T1315④：2）　3. 锛（T1813④：1）

三、唐宋时期文化遗存

（一）文化遗迹

燃灯寺遗址唐宋时期的文化遗迹较多，全部开口于第3层下。其中灰坑35个、灰沟8条、井1座、窖穴1座。

（二）灰　　坑

35个，编号为H1、H2、H4～H9、H12～H29、H33～H39、H44、H47。除H20外，出土遗物较少。现以H20、H34为例加以介绍。

H20　位于T1315东北部，延伸至北隔梁。为了完整地揭示H20及J1，将探方东侧北隔梁打掉，面积为5平方米。开口于第3层下，打破J1及H21。坑口距地表0.5米。平面近椭圆形，坑壁斜弧内收，平底，将J1上部井圈完全破坏，并在东南角往下掏了约0.9米，破坏了部分井圈，但未到底。开口长径2.8、短径2.4、最深2.24米。黄褐色填土，土质较硬，夹杂大量用来垒砌井圈的花纹砖。花纹砖以灰色为主，少量呈红褐色，多为残砖，大小、规格不一。此外填土中还出土了较多大小不等的卵石及部分陶、瓷片，可辨器形有罐、碗等（图三七）。

H34　位于T1415中北部。开口于第3层下，打破第4层和G10。坑口距地表0.55米。平面近圆形，直壁，平底。直径1.22～1.38、深0.4米。红褐色夹杂少量灰黄色填土，土质疏松，含有木炭颗粒。出土少量瓷片及早期陶片。可辨器形有罐、盆等（图三八）。

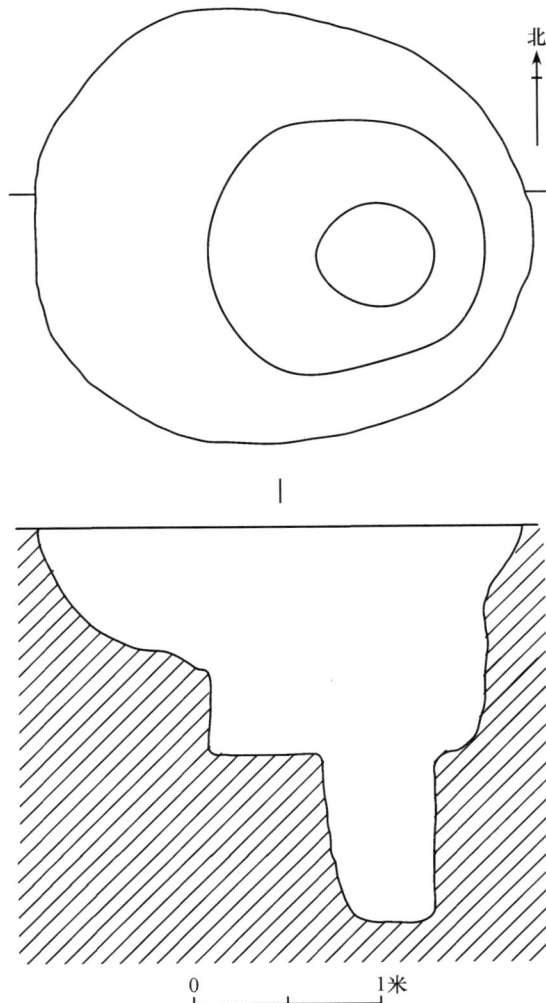

图三七　H20平、剖面图

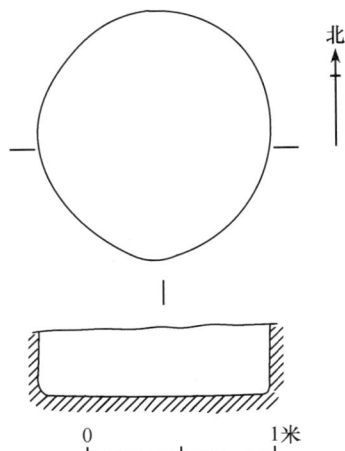

图三八　H34平、剖面图

（三）灰　　沟

8条，编号为G2～G8、G18。平面均为长条形，除G5外，出土遗物较少或不出遗物。以下以G5为例加以介绍。

G5　位于T1813西南部，西北延伸至西壁，东南延伸至南壁。开口于第3层下，打破第4层及生土，打破H25，被G4打破。开口距地表0.5米。平面为长条形，西北—东南走向，斜壁，平底。长6.7、宽4.8、深0.65米。青褐色填土，土质较为疏松。出土瓷片及陶片较多，可辨器形有罐、碗、壶、纺轮等（图三九）。

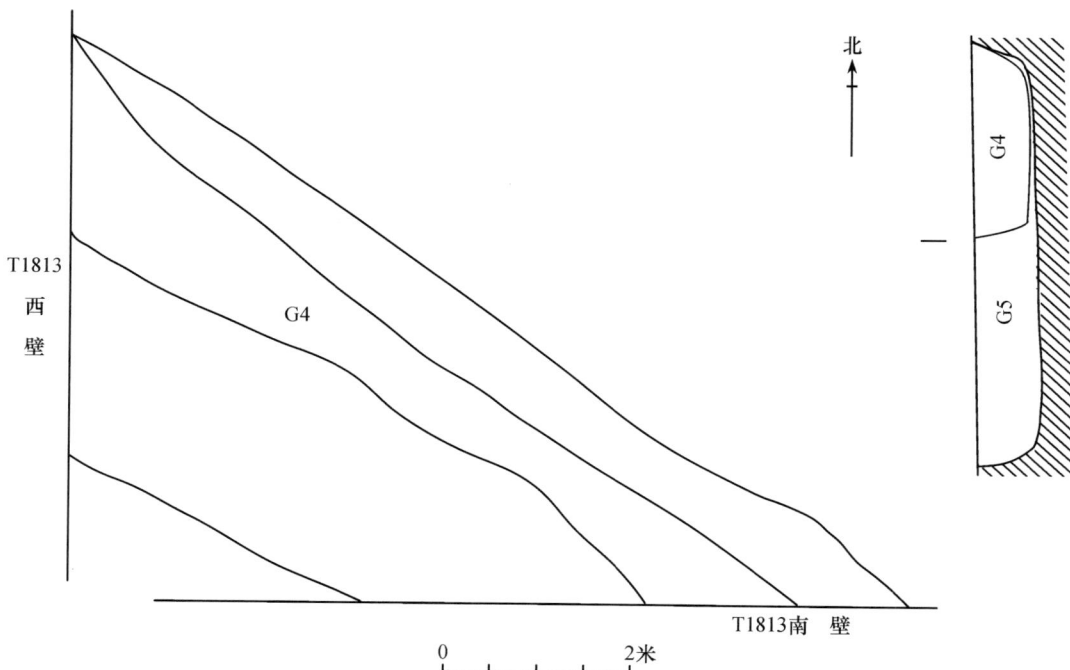

图三九　G5平、剖面图

（四）水　　井

J1　位于T1315北部，延伸入北隔梁。开口于第3层下，打破第4层及生土，中部被H20打破，南端被现代坑打破。开口距地表0.5米。平面近椭圆形，直径3.1～3.5、深3.15米。由于中间被H20打破，井圈上层及下层的东南角被破坏，其余部分保存较好。J1的建造方法为：先往下挖一个直径约3.5米的椭圆形坑，挖到约0.8米深后开始往内收，形成一个小平台，再往下挖约0.5米后再内收，形成一个稍宽敞的平台，然后在平台中间往下挖一个大致呈圆形的坑，直达生土，深约1.85米，并以此为基础用砖往上垒砌井圈。垒砌时较为随意，大体按五顺一丁的结构垒砌而成。砖的大小色泽不一，其中含有较多花纹砖。花纹砖不见完整者，多为东汉及南朝时期的残墓砖。现存井圈呈椭圆形，外径0.8～1、内径0.6～0.8米。井圈与井壁间填土为黄褐色花土，并包含较多卵石。井底部出土1件瓷四系盘口壶，盘口残缺较多，其余部位基本完整（图四〇；图版六，1）。

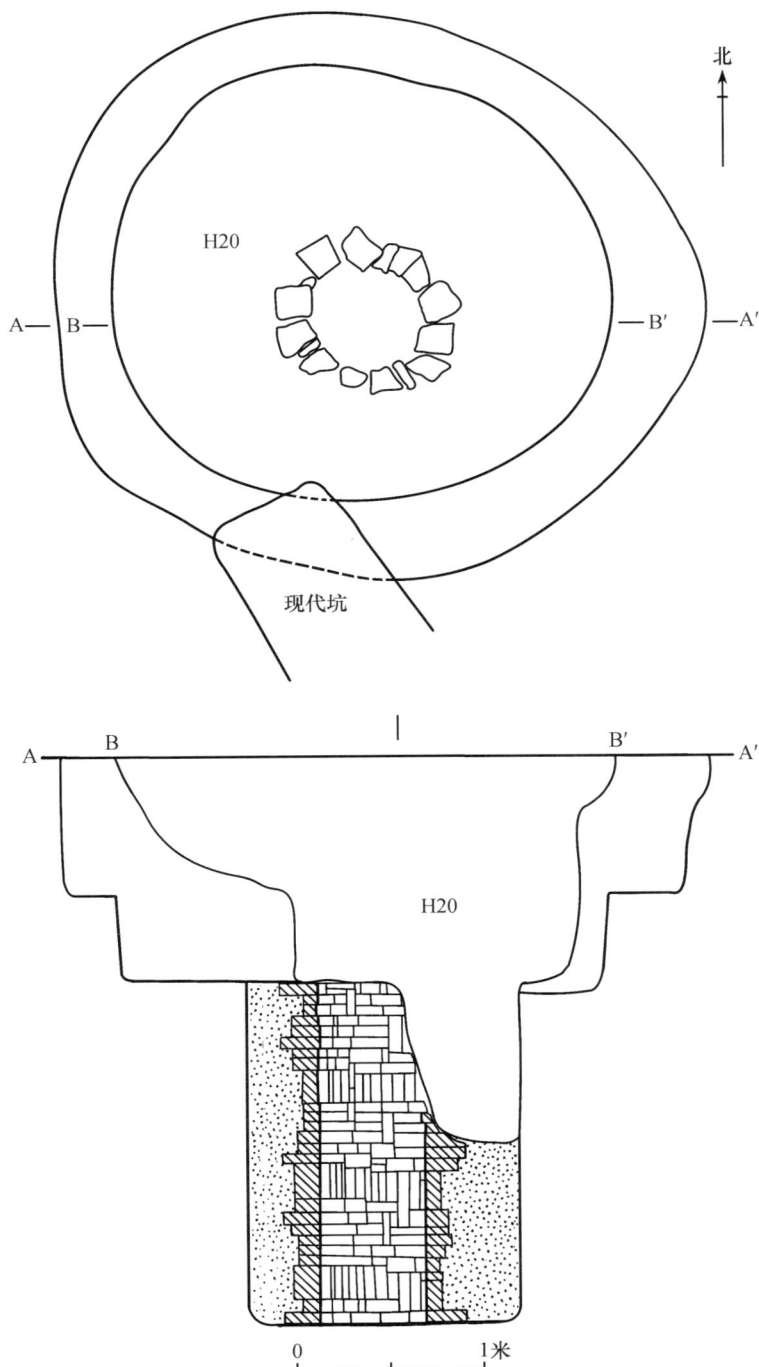

图四〇　J1平、剖面图

（五）窖　　穴

　　JX1　位于T0421南部。开口于第3层下，打破第4层及生土。平面近圆形，口小底大，底部平面亦近圆形，整体呈袋状，壁面较为光滑，底部较平。上口直径0.9～1、下底直径1.62、最深2.04米。坑内填土呈灰黄色，质地较软。填土中仅出土零星夹砂褐陶片，基本不见其他包含物。窖穴底部稀疏地铺有一层砾石，大小不一，排列散乱。砾石表面光滑，但未发现人为加工痕迹（图四一；图版六，2）。

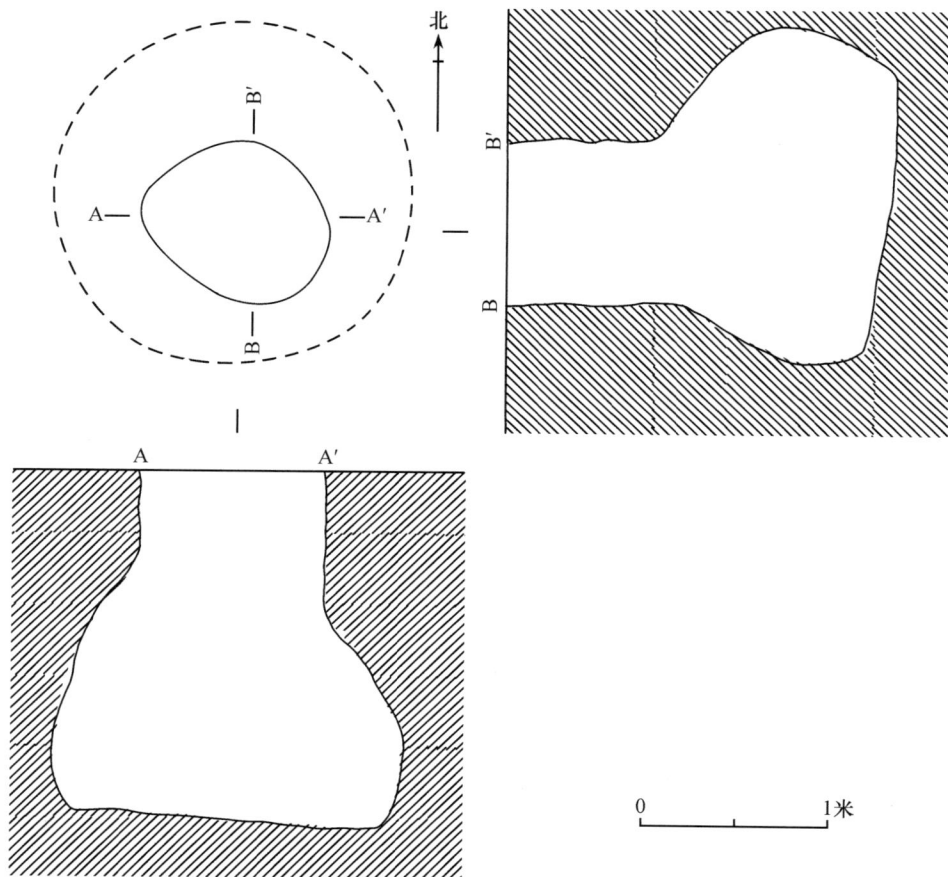

图四一　JX1平、剖面图

（六）文化遗物

　　唐宋时期的文化遗物发现不多，主要是陶瓷器及1枚开元通宝，保存较好或可修复的主要有水盂、四系盘口壶、四系罐、碗、盏、纺轮等。

1. 陶器

2件。均为泥质灰陶。1件为水盂，出土于T1315第3层。另1件为纺轮，出土于G5。

水盂　1件。T1315③：2，泥质灰陶。口沿残，溜肩，鼓腹，平底。腹径7.2、底径4.2、残高5.4厘米（图四二，6）。

纺轮　1件。G5：1，泥质灰陶。似两无耳锅对扣状，中腹部有棱，中间有一圆形对穿。上下两面各饰五周凸弦纹。直径3.4、穿径0.6、高2.5厘米（图四二，4）。

2. 瓷器

四系盘口壶　1件。J1：1，砖红胎，上腹部施黄褐釉，下腹不施釉。口沿残缺大半，浅盘口，颈部较长，丰肩，肩部横置对称四系，斜弧腹，平底。颈部饰数周弦纹。口径11.8、腹径17.4、底径8、高28厘米（图四二，1；图版一〇，1）。

四系罐　1件。T1813③：4，灰胎，上腹施釉，釉面钙化严重。残存口沿及上腹部。直口，方唇，短直颈，溜肩，肩部残存三横系。口径9.4、残高9厘米（图四二，7）。

刻花莲瓣纹碗　1件。T1813③：1，灰白胎，青釉，圈足及下腹部未施釉，釉面开片较多残。敞口，弧腹，圈足。外壁刻划莲瓣纹。口径17、足径7.2、高7厘米（图四二，5；图版一〇，2）。

盏　2件。大小相近，造型略有差异。根据口沿及底部形态的不同，分为二型。

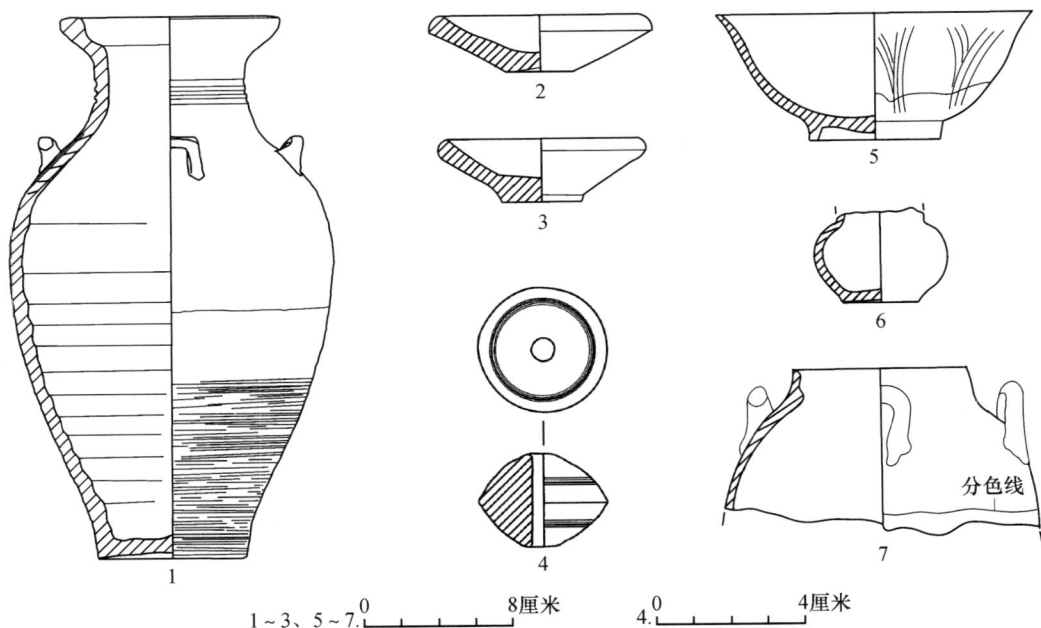

图四二　出土陶瓷器

1. 瓷四系盘口壶（J1：1）　2. B型瓷盏（T1813③：3）　3. A型瓷盏（T1813③：2）　4. 陶纺轮（G5：1）

5. 刻花莲瓣纹瓷碗（T1813③：1）　6. 陶水盂（T1315③：2）　7. 瓷四系罐（T1813③：4）

A型　1件。敞口，圆唇，斜直腹，胎壁较厚，饼底较平。T1813③：2，砖红色胎，施黄色化妆土，釉面已剥落。残。口径11.2、底径4、高3.6厘米（图四二，3）。

B型　1件。敞口，厚圆唇，斜直腹，胎壁较厚，饼底，底中部稍内凹。T1813③：3，砖红色胎，施黄色化妆土，釉面已剥落。残。口径12、底径3.6、高3.3厘米（图四二，2）。

3. 花纹砖

J1用来垒砌井圈的砖中有不少是花纹砖，这些砖取自东汉六朝时期的墓砖，且全部是残砖。砖的形制不一，厚薄不等，纹饰各异，大体以各种菱形纹饰居多。J1：2，残长11.5、残宽5、厚5.4厘米（图四三，1）。J1：3，残长14.2、残宽13.75、厚4.4厘米（图四三，2）。J1：4，残长12.1、宽18.5、厚5.7厘米（图四三，3）。J1：5，残长18.6、宽13.1、厚3.7厘米（图四三，4）。J1：6，残长15.3、宽16.7、厚5.8厘米（图四三，5）。J1：7，残长15.9、宽14.2、厚5.1厘米（图四三，6）。J1：8，残长18.1、宽20.1、厚7.8厘米（图四三，7）。

图四三　J1花纹砖纹饰拓片

1. J1：2　2. J1：3　3. J1：4　4. J1：5　5. J1：6　6. J1：7　7. J1：8

4. 钱币

出土遗物中还有2枚唐宋时期的钱币，1枚唐代的开元通宝，1枚北宋的咸平元宝。其中咸平元宝出土于明代墓葬M2中，因此放在后面介绍。

开元通宝　1枚。T1316②：1，锈蚀较为严重。直径2.5、穿宽0.7、厚0.1厘米，重2.7克（图四四，1）。

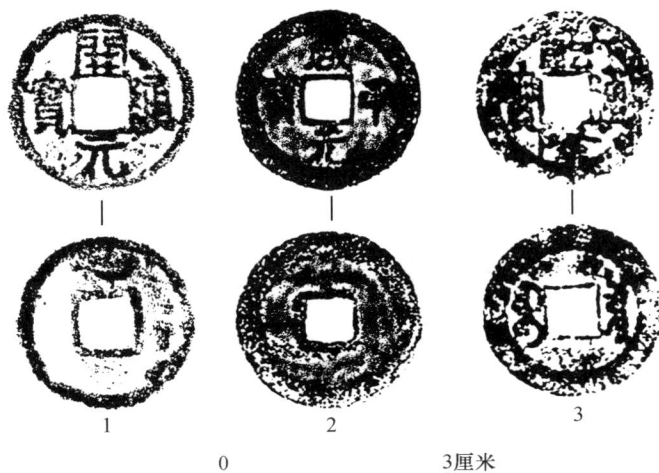

图四四　出土钱币拓片
1. 开元通宝（T1316②：1）　2. 咸平元宝（M2：1）　3. 乾隆通宝（T1813①：1）

四、明清时期文化遗存

（一）文化遗迹

明清时期遗迹发现不多，主要有2座墓葬，编号为M1、M2。其中M1为石灰椁墓，保存较好；M2仅存墓底一部分。

M1　位于T0321东北部。开口于第2层下，打破第3层。开口距地表深0.45米，墓向328°。平面呈长方形，头部略宽。长2.2、宽0.8～0.86、深0.1～0.26米。墓葬现开口地面北高南低，向南部倾斜。从残存深度看，现开口已不是原始墓口，而是接近墓底。墓坑内为石灰椁，形状呈梯形，头宽脚窄，长1.94、宽0.4～0.6米，椁壁厚3～8厘米。椁内木棺已朽，东北角、东南角、西南角各发现1枚棺钉。人骨保存较为完好，为成年男性，仰身直肢，头枕板瓦，板瓦已碎裂。墓室外北部有头坑，头坑内随葬瓷龙纹谷仓罐2件，保存基本完好（图四五；图版五，2）。

M2　位于T0421西部。墓葬绝大部分已被后期破坏，仅残存部分墓底。墓向335°。墓葬形制应为长方形竖穴土坑墓，西北部被现代沟打破。残存长1.2、宽0.7米。人骨仅残存一些下肢骨，推测葬式应为仰身直肢，头向西北。肢骨东南方随葬1枚咸平元宝铜钱，锈蚀较为严重（图四六）。

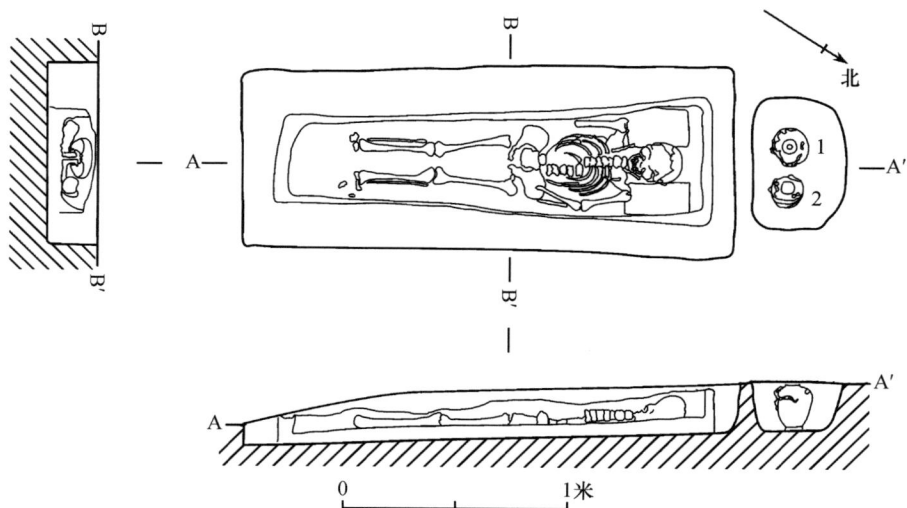

图四五　M1平、剖面图
1、2.瓷龙纹谷仓罐

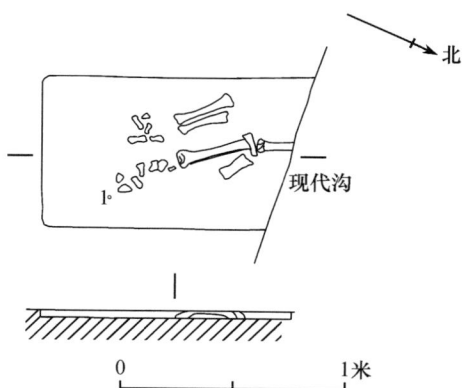

图四六　M2平、剖面图
1.咸平元宝

（二）文化遗物

　　M1出土2件较为完整的瓷龙纹谷仓罐，M2出土1枚咸平元宝，此外T1813第1层出土1枚乾隆通宝。

　　龙纹谷仓罐　2件。保存基本完好。根据造型及纹饰的不同，分为二型。

　　A型　1件。敛口，方唇，圆肩，肩至上腹部不分棱。M1∶1，灰胎，器表除足部外皆施酱釉。腹部呈微鼓筒状，下腹微内收，矮圈足。肩部堆塑单龙戏珠纹饰。口径

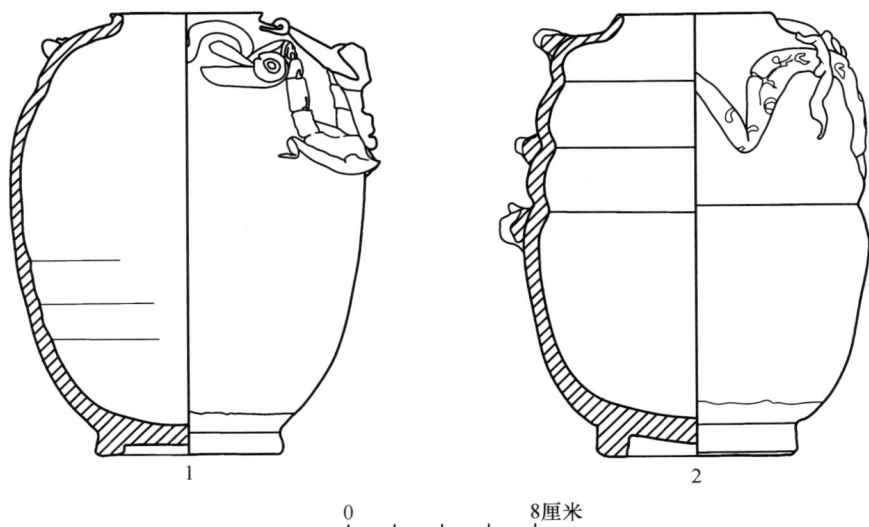

图四七　瓷龙纹谷仓罐
1. A型（M1：1）　2. B型（M1：2）

6.4、腹径15.2、足径8、高19.4厘米（图四七，1；图版一〇，3）。

B型　1件。敛口，方唇，肩至上腹部内束分棱。M1：2，灰胎，器表除足部外皆施酱釉。肩至上腹部内束三周，并饰凹弦纹，表面堆塑单龙戏珠纹饰。口径6.6、腹径14.8、足径8.6、高19.4厘米（图四七，2；图版一〇，4）。

咸平元宝　1枚。M2：1，锈蚀较为严重。直径2.5、穿宽0.5、厚0.1厘米，重2.9克（图四四，2）。

乾隆通宝　1枚。T1813①：1，锈蚀较为严重，黄铜。正面为"乾隆通宝"四字，背面满文"宝泉"，文字字口平浅，阔缘。直径2.4、穿宽0.5、厚0.1厘米，重2.5克（图四四，3）。

五、结　　语

（一）年　　代

燃灯寺遗址出土的A型尖底杯与金沙遗址阳光地带二期地点第6层所出的Bb型Ⅰ式尖底杯[2]（T4903⑥：1）相近，B型尖底杯与金沙遗址阳光地带二期地点第5层所出Bb型Ⅱ式尖底杯[3]（T4805⑤：9）相近。年代相当于金沙遗址阳光地带二期地点的第一期晚段至第二期早段，对应十二桥文化的中晚期。同时，A型尖底杯与成都十二桥遗址第13层出土的Ab型Ⅰ式尖底杯[4]（T1⑬：69）形制相似，B型尖底杯与成都十二桥遗址Ab型Ⅱ式尖底杯[5]（ⅠT7⑬：24）相近，年代亦大致对应十二桥文化的中晚期。

Aa型高领罐与金沙遗址阳光地带二期地点第6层出土的Ac型高领罐[6]（T4806⑥：2）相近。Ab型高领罐与金沙遗址阳光地带二期地点第6层出土的Bf型高领罐[7]（T4915⑥：7）相近。Ac型高领罐与金沙遗址阳光地带二期地点第5层出土Ab型高领罐[8]（T3623⑤：1）相近。Ae型高领罐与金沙遗址阳光地带二期地点第5层出土Bd型高领罐（TT4801⑤：15）相近。年代相当于金沙遗址阳光地带二期地点的第一期晚段至第二期早段，对应十二桥文化的中晚期。同时，Ac型高领罐与成都十二桥遗址第11层出土的Ⅳ式高领罐（ⅡT50⑪：79）相近，其年代相当于成都十二桥遗址晚期，对应十二桥文化中晚期[9]。

A型纺轮与金沙遗址阳光地带二期地点第5层出土的D型纺轮[10]（T3629⑤：1）相近，C型纺轮与金沙遗址阳光地带二期地点第5层出土的B型纺轮（T2814⑤：34）相近。不见金沙遗址阳光地带二期地点第6层出土的纺轮类型。此外，年代相对较早的金沙遗址阳光地带二期地点中出土的A型尖底杯[11]、郫县波罗村出土的小平底罐[12]、成都十二桥遗址出土的花边口沿罐[13]在本次发掘中几乎没有出土。

唐宋时期的遗存中，T1813第3层出土修复的1件青瓷刻花莲瓣纹碗较有代表性。与成都十二桥遗址唐宋遗存相比，这种碗的造型类似十二桥遗址中的C型Ⅳ式碗，具有唐代器物的风格与特征[14]。残存上半部分的瓷四系罐则与十二桥遗址中的A型Ⅰ式罐相近，年代最早可早到隋代[15]。G5出土的陶纺轮与十二桥遗址中的Ⅰ式纺轮非常接近，参考年代为唐代[16]。第3层出土的2件瓷盏与成都市青龙乡海滨村年家院子墓地出土的Cb型盏较为接近，参考年代为五代时期[17]。

关于J1的年代，除了看开口层位，主要还要依据井内的出土遗物。由于垒砌井圈所用的残花纹砖是利用早期的墓砖，因此对水井本身的年代判断没有太多参考价值。J1出土遗物不多，主要是1件瓷四系盘口壶。从这件壶的整体特征看，盘口较浅，颈部较长且有数周凸棱，肩部四系横置等与成都市武侯区群众路唐宋墓地M3出土的盘口壶[18]相近，同时也与成都西郊化成村唐初墓葬SM16及SM17出土的盘口壶[19]相近，其年代大约在隋至唐代早期，这一年代可为水井的年代判断提供参考。

关于墓葬的年代，由于M1属于石灰椁墓，又出土了2件较为完整的瓷龙纹谷仓罐，因此年代较为确定。先从墓葬形制看，以瓦作枕、流行石灰埋葬的石灰椁，常见于长江中下游明清时期墓葬中。从已发表的资料看，四川地区明代墓葬主要以石室墓、砖室墓为主，石灰椁墓的数量较少，成都市温江区中粮包装厂共清理了18座[20]、羊安工业区墓群1座[21]、成都市十一街遗址3座[22]等。相比其他类型的墓葬，石灰椁墓的年代稍稍偏晚，大约在明代中晚期。再从M1出土的2件瓷龙纹谷仓罐看，川渝地区明墓中发现的谷仓罐主要集中在明代中期，少量可以晚至明代晚期偏早阶段。器身上部贴塑龙纹的谷仓罐从型式上来说属于C型，其中M1：1对应川渝地区的Cb型Ⅱ式，M1：2则对应Ca型Ⅱ式，时间上属于第二期，本期谷仓罐年代大致在正德至万历年间[23]。综合墓葬形制与谷仓罐的特征，可以大致判定M1的年代为明代中晚期。M2虽然仅存部分墓底，但与M1相邻且开口层位及墓向大体一致，也应属于同一时期。

（二）意　义

燃灯寺遗址在今天江安河的西北面，遗址的面积不大，现存核心区域的总面积在3.6万平方米左右。从考古钻探情况看，商周时期的古河道在遗址南端，因此在十二桥文化时期，这是一个南面临河的小聚落。成都平原地区目前发现的十二桥文化时期的聚落遗址已有多个，像金沙遗址、十二桥遗址等属于大中型遗址，文化内涵较为丰富。而从聚落群的角度看，中心遗址外围必然有数量更多的中小型遗址作为支撑。燃灯寺遗址就是这样一个典型的小遗址，在十二桥文化时期，这里的先民滨河而居，地理环境较为优越。村落不大，等级不高，发现的遗迹种类单一，遗物不多，文化面貌比较单纯，延续的时间也不太长。然而正是这种典型的小聚落，构成了十二桥文化时期社会的基础。遗址出土的以尖底杯、各式罐等为代表的一批遗物，为十二桥文化的研究提供了一批新的材料。此外就温江区而言，十二桥文化时期的遗址已发现多个，如鱼凫村遗址[24]、柳岸村遗址[25]等。温江区位于成都市西部，地处成都平原的腹心地带。这里地势平坦，水网密布，自然条件非常优越。温江区的这些遗址，将有助于十二桥文化聚落形态的深入研究。

燃灯寺遗址唐宋时期遗存中出土的四系盘口壶、刻花莲瓣纹碗等瓷器保存较好，这些瓷器与都江堰玉堂窑的产品风格较为一致，具有一定的历史价值。此外，唐代水井的发现引人关注。成都平原地区唐代水井已发现多座，如成都金牛区城乡一体化拆迁安置房5号A地点曾发现唐五代时期水井7座。报告作者认为，该区域发现众多的水井不仅仅是用于生活取水，应该与农田灌溉、发展生产有关[26]。燃灯寺遗址发现的水井可能也具备这一功能。水井垒砌的材料较为特殊，用了大量残破的花纹砖。这些花纹砖取自东汉南朝墓葬，说明在遗址附近当有这一时期的砖室墓存在。

燃灯寺遗址M1保存较好，属于石灰椁墓，出土了2件较为完整的瓷龙纹谷仓罐。目前四川地区所公布的明代墓葬资料，墓葬形制主要有石室、砖室混筑、砖室、瓦室及石灰椁墓等，其中石灰椁墓的数量很少。因此，M1为明代成都平原石灰椁墓的研究提供了新的资料。此外，2件瓷龙纹谷仓罐保存基本完好，造型优美，具有较高的历史与艺术价值。罐身贴塑龙纹形象在南宋时期已经出现在两湖地区，有学者认为，谷仓罐在川渝地区的出现应是葬俗传播的结果，或许与移民迁入路线有关。明代川渝地区出现的谷仓罐应是明代"湖广填四川"移民活动的产物[27]。M1出土的2件瓷龙纹谷仓罐，成为这一历史的见证。

附记：本次发掘的项目负责人为刘祥宇，现场负责人为陈声波、李智文，发掘人员有陈声波、李智文、朱春雨、刘树合、曹昕睿、朱力、张静、祁正、井甜甜、张蕊、张佳佳。

绘图：杨妍丽

摄影：丁璐怡

执笔：陈声波　刘祥宇　李智文　曹昕睿

注　释

［ 1 ］　成都文物考古研究所、四川大学历史文化学院：《成都市郫县波罗村遗址Ⅱ区发掘简报》，《江汉考古》2014年第3期。

［ 2 ］　成都文物考古研究院、成都金沙遗址博物馆：《金沙遗址：阳光地带二期地点发掘报告》，文物出版社，2017年，第55页。

［ 3 ］　成都文物考古研究院、成都金沙遗址博物馆：《金沙遗址：阳光地带二期地点发掘报告》，文物出版社，2017年，第98页。

［ 4 ］　四川省文物考古研究院、成都文物考古研究所：《成都十二桥》，文物出版社，2009年，第74页。

［ 5 ］　四川省文物考古研究院、成都文物考古研究所：《成都十二桥》，文物出版社，2009年，第74页。

［ 6 ］　成都文物考古研究院、成都金沙遗址博物馆：《金沙遗址：阳光地带二期地点发掘报告》，文物出版社，2017年，第57页。

［ 7 ］　成都文物考古研究院、成都金沙遗址博物馆：《金沙遗址：阳光地带二期地点发掘报告》，文物出版社，2017年，第60页。

［ 8 ］　成都文物考古研究院、成都金沙遗址博物馆：《金沙遗址：阳光地带二期地点发掘报告》，文物出版社，2017年，第102页。

［ 9 ］　四川省文物考古研究院、成都文物考古研究所：《成都十二桥》，文物出版社，2009年，第44页。

［10］　成都文物考古研究院、成都金沙遗址博物馆：《金沙遗址：阳光地带二期地点发掘报告》，文物出版社，2017年，第147页。

［11］　成都文物考古研究院、成都金沙遗址博物馆：《金沙遗址：阳光地带二期地点发掘报告》，文物出版社，2017年，第98页。

［12］　成都文物考古研究院、四川大学历史文化学院：《郫县波罗村遗址》，科学出版社，2019年，第68～87页。

［13］　四川省文物考古研究院、成都文物考古研究所：《成都十二桥》，文物出版社，2009年，第47页。

［14］　四川省文物考古研究院、成都文物考古研究所：《成都十二桥》，文物出版社，2009年，第172页。

［15］　四川省文物考古研究院、成都文物考古研究所：《成都十二桥》，文物出版社，2009年，第180页。

［16］　四川省文物考古研究院、成都文物考古研究所：《成都十二桥》，文物出版社，2009年，第194页。

［17］　成都文物考古研究院：《成都市青龙乡海滨村年家院子墓地发掘简报》，《成都考古发现》（2016），科学出版社，2018年。

［18］　成都文物考古研究院：《成都市武侯区群众路唐宋墓地发掘简报》，《成都考古发现》（2016），科学出版社，2018年。

［19］　成都市文物考古研究所、成都市文物考古工作队：《四川成都市西郊化成村唐墓的清理》，《考古》2000年第3期。

［20］ 成都文物考古研究所、温江区文物保护管理所：《成都市温江区中粮包装厂明墓发掘简报》，《成都考古发现》（2005），科学出版社，2007年。

［21］ 成都文物考古研究所、邛崃市文物局：《邛崃市羊安工业区墓群明墓发掘简报》，《成都考古发现》（2011），科学出版社，2013年。

［22］ 成都文物考古研究院：《成都市十一街遗址墓葬清理简报》，《成都考古发现》（2016），科学出版社，2018年。

［23］ 周静：《川渝地区明墓出土谷仓罐研究》，《考古》2019年第12期。

［24］ 成都市文物考古工作队、四川联合大学历史系考古教研室、温江县文管所：《四川省温江县鱼凫村遗址调查与试掘》，《文物》1998年第12期。

［25］ 山东大学宗教科学与社会问题研究所、成都文物考古研究所：《成都市温江区柳岸村遗址商周时期遗存试掘简报》，《考古》2012年第4期。

［26］ 成都文物考古研究所：《成都金牛区城乡一体化拆迁安置房5号A地点唐—五代墓葬、水井发掘简报》，《成都考古发现》（2007），科学出版社，2009年。

［27］ 周静：《川渝地区明墓出土谷仓罐研究》，《考古》2019年第12期。

附表一　　T1315第4层出土陶片统计表

纹饰	陶质陶色 夹砂陶					泥质陶				
	灰	红褐	黄褐	小计	占比/%	灰	灰黄	黄褐	小计	占比/%
素面	290	99	412	801	99.01	15	15	8	38	100
绳纹	2			2	0.25					
弦纹	2		4	6	0.74					
网格纹										
附加堆纹										
小计	294	99	416	809		15	15	8	38	
占比/%	36.4	12.2	51.4		100	39.5	39.5	21		100

附表二　　T1415第4层出土陶片统计表

纹饰	陶质陶色 夹砂陶					泥质陶				
	灰	红褐	黄褐	小计	占比/%	灰	灰黄	黄褐	小计	占比/%
素面	115	31	194	340	99.7	8	8		16	100
绳纹										
弦纹	1			1	0.3					
网格纹										
附加堆纹										
小计	116	31	194	341		8	8		16	
占比/%	34	9.1	56.9		100	50	50			100

附表三　　T1316第4层出土陶片统计表

纹饰	陶质陶色 夹砂陶					泥质陶				
	灰	红褐	黄褐	小计	占比/%	灰	灰黄	黄褐	小计	占比/%
素面	56	16	94	166	98.8					
绳纹	1		1	2	1.2					
弦纹										
网格纹										
附加堆纹										
小计	57	16	95	168						
占比/%	33.9	9.5	56.6		100					

附表四　T0321第4层出土陶片统计表

纹饰＼陶质陶色	夹砂陶					泥质陶				
	灰	红褐	黄褐	小计	占比/%	灰	灰黄	黄褐	小计	占比/%
素面	144	35	128	307	100	1			1	100
绳纹										
弦纹										
网格纹										
附加堆纹										
小计	144	35	128	307		1			1	
占比/%	46.9	11.4	41.7		100	100				100

附表五　T0421第4层出土陶片统计表

纹饰＼陶质陶色	夹砂陶					泥质陶				
	灰	红褐	黄褐	小计	占比/%	灰	灰黄	黄褐	小计	占比/%
素面	56	36	77	169	99.4	1			1	100
绳纹			1	1	0.6					
弦纹										
网格纹										
附加堆纹										
小计	56	36	78	170		1			1	
占比/%	32.9	21.2	45.9		100	100				100

附表六　H3出土陶片统计表

纹饰＼陶质陶色	夹砂陶					泥质陶				
	灰	红褐	黄褐	小计	占比/%	灰	灰黄	黄褐	小计	占比/%
素面	32	1	23	56	100					
绳纹										
弦纹										
网格纹										
附加堆纹										
小计	32	1	23	56						
占比/%	57.1	1.8	41.1		100					

附表七　H10出土陶片统计表

纹饰 \ 陶质陶色	夹砂陶					泥质陶				
	灰	红褐	黄褐	小计	占比/%	灰	黄褐	灰黄	小计	占比/%
素面	18	8	11	37	100	17	7	27	51	100
绳纹										
弦纹										
网格纹										
附加堆纹										
小计	18	8	11	37		17	7	27	51	
占比/%	48.7	21.6	29.7		100	33.3	13.7	53		100

附表八　H30出土陶片统计表

纹饰 \ 陶质陶色	夹砂陶					泥质陶				
	灰	红褐	黄褐	小计	占比/%	灰	黄褐	灰黄	小计	占比/%
素面	15		40	55	98.2	10	8	10	28	100
绳纹			1	1	1.8					
弦纹										
网格纹										
附加堆纹										
小计	15		41	56		10	8	10	28	
占比/%	26.8		73.2		100	35.7	28.6	35.7		100

附表九　H31出土陶片统计表

纹饰 \ 陶质陶色	夹砂陶					泥质陶				
	灰	红褐	黄褐	小计	占比/%	灰	灰黄	黄褐	小计	占比/%
素面	103	22	175	300	98.7	34	34	17	85	100
绳纹										
弦纹			4	4	1.3					
网格纹										
附加堆纹										
小计	103	22	179	304		34	34	17	85	
占比/%	33.9	7.2	58.9		100	40	40	20		100

附表一〇 H41出土陶片统计表

纹饰 \ 陶质陶色	夹砂陶					泥质陶				
	灰	红褐	黄褐	小计	占比/%	灰	灰黄	黄褐	小计	占比/%
素面	251	65	273	589	99.3	25	33	2	60	100
绳纹										
弦纹	2	1	1	4	0.7					
网格纹										
附加堆纹										
小计	253	66	274	593		25	33	2	60	
占比/%	42.7	11.1	46.2		100	41.7	55	3.3		100

附表一一 H48出土陶片统计表

纹饰 \ 陶质陶色	夹砂陶					泥质陶				
	灰	红褐	黄褐	小计	占比/%	灰	灰黄	黄褐	小计	占比/%
素面	29	35	60	124	99.2	16	18	2	36	100
绳纹										
弦纹	1			1	0.8					
网格纹										
附加堆纹										
小计	30	35	60	125		16	18	2	36	
占比/%	24	28	48		100	44.4	50	5.6		100

附表一二 H53出土陶片统计表

纹饰 \ 陶质陶色	夹砂陶					泥质陶				
	灰	红褐	黄褐	小计	占比/%	灰	灰黄	黄褐	小计	占比/%
素面	9	5	7	21	91.3					
绳纹										
弦纹	2			2	8.7					
网格纹										
附加堆纹										
小计	11	5	7	23						
占比/%	47.8	21.7	30.5		100					

彭州市濛阳镇天星埝土坑墓发掘简报

成都文物考古研究院
彭州市文物保护管理所

天星埝M1位于彭州市濛阳镇白土河村十五组，南距成都市30千米，西距彭州市12千米。地理坐标为东经104°3′38.6″、北纬30°57′22.9″，海拔484米（图一）。该区域在20世纪70年代以来进行过大面积取土，仅桂九路上未取土，路与周边地表相对高差近2米。2021年8月，在重修桂九路时，发现路面下有汉代土坑墓1座。随后成都市文物考古工作队和彭州市文物保护管理所对墓葬进行了抢救性发掘，墓葬编号为天星埝M1。现将墓葬发掘情况简报如下。

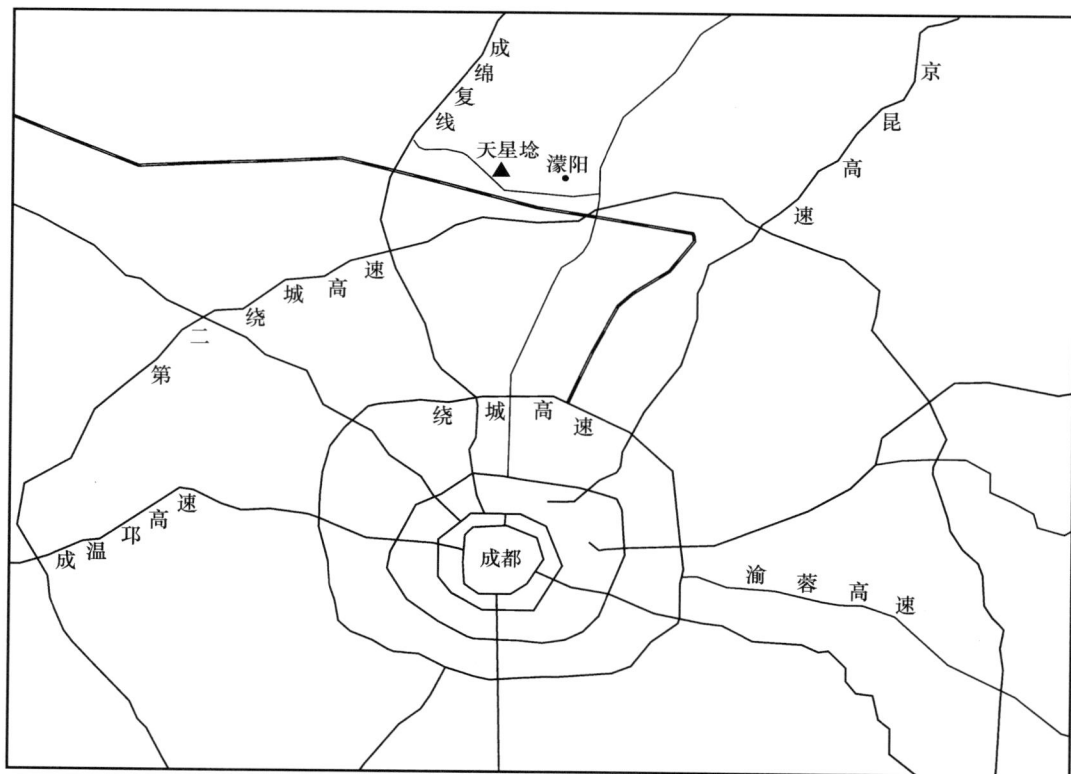

图一　墓葬位置示意图

一、墓葬形制

M1位于桂九路路肩大树之下，由于早年间大面积取土墓葬南部已被破坏，这次重修桂九路又对墓葬北部造成破坏。墓坑南北两端被破坏，仅存东西壁。墓葬开口于表土层下，距地表深0.2米，直接打破生土。墓坑残存部分长2.9、宽1.7、深0.4米。墓葬填土大部分为灰褐色土，土质紧密；部分填土为灰色土，土质疏松。墓中不见人骨及葬具痕迹。随葬器物有陶罐、釜、井、灶，铜器、铁器以及五铢铜钱等（图二）。

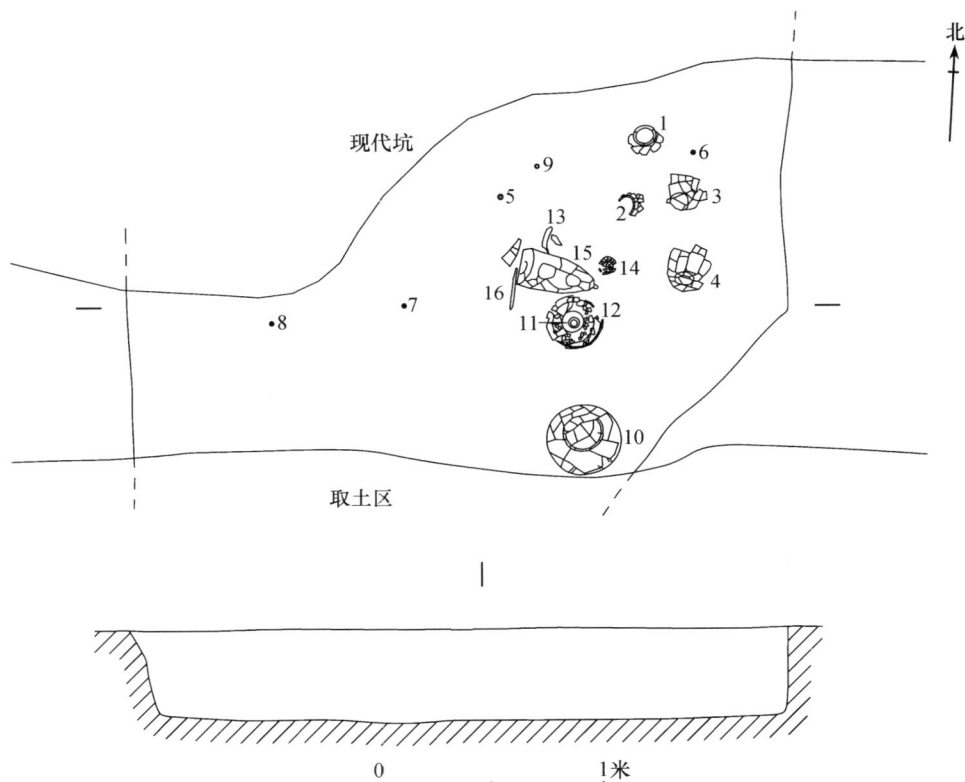

图二　M1平、剖面图

1、2.陶罐口沿　3、4.陶器底　5.五铢钱　6～8.铜泡钉　9.铜环　10、11、14.陶罐　12.陶井　13.陶釜
15.陶灶　16.铁器

二、出土器物

墓中出土了丰富的随葬器物，包括陶器、铜器、铁器及钱币等共17件（枚）。其中陶器有10件；铜器6件（枚）；铁器1件，已朽残，不辨器形。

1. 陶器

10件。器形有罐、釜、灶、井等。

罐　5件。M1：10，泥质灰陶，含细砂。轮制。直口，立领，溜肩，弧腹，下腹部斜内收，最大径位于上腹部，平底略外凸。上腹部饰五周凹弦纹间抹断斜线绳纹。口径18.2、最大腹径32、底径20.4、高26厘米（图三，5；图版一一，1）。M1：11，井内小罐。泥质红胎黑皮陶。侈口，尖唇，束颈，鼓腹，最大径在下腹部，平底微内凹。腹部饰凸弦纹。口径5、最大腹径9.7、底径5、高7.5厘米（图三，7）。M1：14，泥质红胎黑皮陶，含少量细砂。侈口，尖唇，鼓腹，最大径在腹部，平底。素面。口径3.7、最大腹径8.1、底径4.6、高5.2厘米（图三，8）。M1：1，泥质灰陶，略含砂。侈口，卷

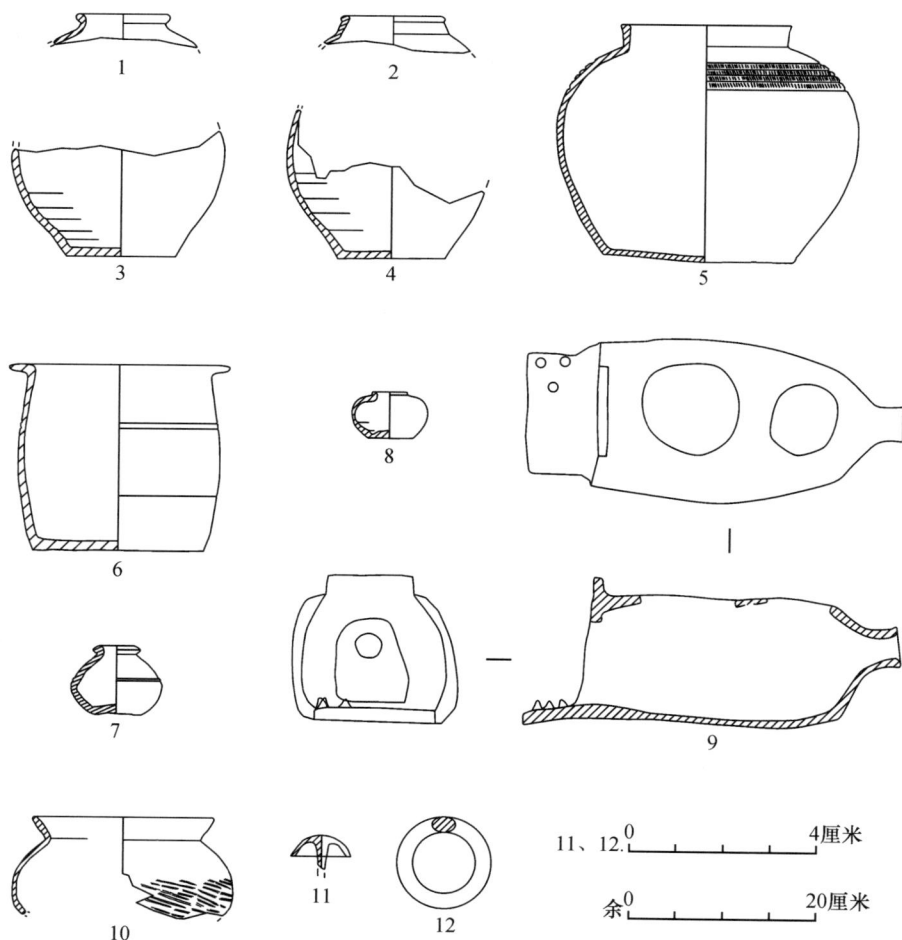

图三　M1出土器物

1、2. 陶罐口沿（M1：1、M1：2）　3、4. 陶器底（M1：3、M1：4）　5、7、8. 陶罐（M1：10、M1：11、M1：14）　6. 陶井（M1：12）　9. 陶灶（M1：15）　10. 陶釜（M1：13）　11. 铜泡钉（M1：7）　12. 铜环（M1：9）

沿，圆唇，下部残。素面。口径10、残高3.8厘米（图三，1）。M1：2，泥质灰陶，略含砂。敛口，尖唇，有领，下部残。素面。口径11、残高4厘米（图三，2）。

器底　2件。均为夹砂陶，器形难辨。圆腹斜收，平底。素面。内壁有轮制痕迹。M1：3，夹砂灰陶。底径11.6、残高13.9厘米（图三，3）。M1：4，夹砂灰红陶。底径11.4、残高16.3厘米（图三，4）。

釜　1件。M1：13，泥质灰陶，含少量细砂。敞口，折沿，尖唇，矮领，鼓腹，最大径在腹部。腹部饰篮纹。口径19.2、最大腹径23.4、残高10.6厘米（图三，10）。

灶　1件。M1：15，夹砂红胎黑皮陶。平面略呈长马蹄形，灶面上存一大一小两个圆形灶眼，灶后壁中部水平伸出圆柱状烟囱，圆拱形火门，有伸出地台，挡火墙下部呈圆形，高出灶面部分近长方形。素面。通长40、宽18、高16厘米（图三，9；图版一一，3）。

井　1件。M1：12，泥质红胎黑皮陶，含少量细砂。平面呈圆形，微敛口，平折沿，方唇，腹部微外弧，平底。上腹部饰两周凹弦纹，下腹部饰一周凹弦纹。井内有一小罐。口径23.4、底径18.2、高20.5厘米（图三，6；图版一一，2）。

2. 铜器

6件。器类有泡钉、环、钱币。

泡钉　3件。均已残。M1：7，器表鎏金，形状与图钉相似，小钉呈扁形。直径1.3、残高0.7厘米，厚约0.1厘米（图三，11）。

环　1件。M1：9，截面呈扁圆形。内径1.33、外径2、厚0.44厘米（图三，12）。

3. 铁器

1件。M1：16，已朽残，不辨器形。

4. 钱币

2枚。均为五铢钱。1枚残损。M1：5，正背皆有周郭，正穿上有星纹，背穿带郭。"五"字交笔屈曲；"铢"字"朱"旁上下方折，上部短，下部长，"金"旁宽于"朱"旁，"金"旁上部呈三角形。钱径2.55、穿宽1、周郭0.1、穿郭0.1厘米，重1.97克（图四；图版一一，4）。

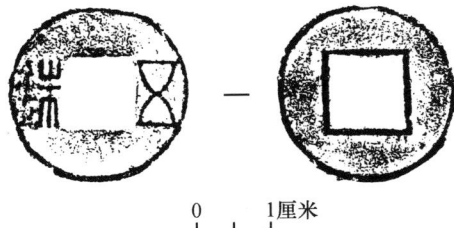

图四　五铢钱
（M1：5）

三、采 集 遗 物

本次抢救性发掘，除墓葬出土的器物外，还有部分遗物出土于M1周边散土中，这些遗物原始埋藏单位不明，现将这部分器物分述如下。

陶罐　1件。采集：1，夹砂灰陶。侈口，卷沿，圆唇，短束颈，溜肩略鼓，鼓腹，最大径在上腹部，平底。领与肩部的交接处有一周凹槽，肩部饰一周凹弦纹。口径11.7、最大腹径24.5、底径18.5、高18.9厘米（图五，1；图版一一，5）。

陶瓮　1件。采集：2，夹砂灰陶。直口，立领，弧肩，下部残。肩部下方有一周凹弦纹和柿蒂纹。复原口径28.3、残高10.7厘米（图五，2）。

陶壶　2件。采集：3，夹砂灰陶。盘口，方唇，微束颈，下部残。复原口径20.8、残高7.5厘米（图五，3）。采集：4，泥质灰陶，略含砂。盘口，方唇，束颈，下部残。复原口径20、残高12.1厘米（图五，4）。

陶圈足　1件。采集：5，夹砂灰陶。敞口，斜腹，上部残。饰两周凹弦纹。复原足径32、残高11厘米（图五，5）。

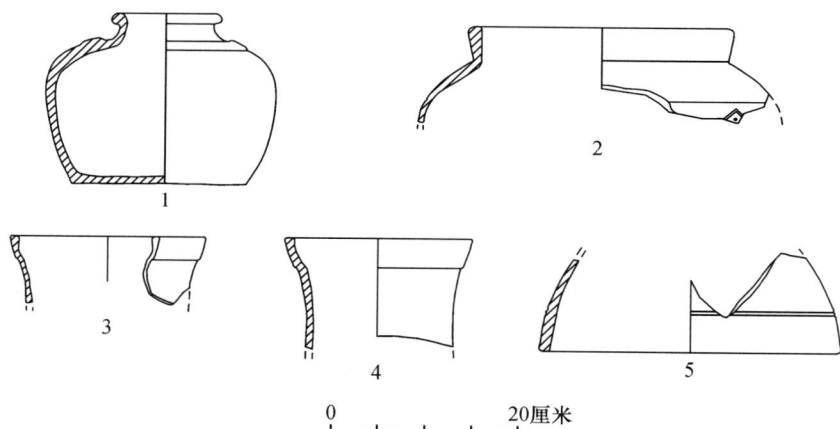

0　　　　　　　20厘米

图五　采集器物

1.陶罐（采集：1）　2.陶瓮（采集：2）　3、4.陶壶（采集：3、采集：4）　5.陶圈足（采集：5）

四、结　　语

M1出土的陶罐（M1：10）与古城乡B型罐（M14：14、M18：3）[1]、青白江大同磷肥厂B型罐（M5：1）[2]形制接近。陶釜（M1：13）与什邡城关D型Ⅱ式釜（M53：1）[3]基本相同。陶罐（M1：2）与郫县风情园及花园别墅A型Ⅳ式罐（FM12：7）[4]、成都博瑞"都市花园"B型Ⅰ式罐（M16：5）[5]类似。陶井（M1：12）与郫县古城乡井（M21：10）[6]、彭州红豆树井（M12：2）[7]相近。

古城乡M14、M18、M21时代为西汉中期偏早；青白江大同磷肥厂M5时代为西汉中期偏晚；什邡城关M53时代为西汉中期偏晚；郫县风情园及花园别墅FM12时代为西汉中期；成都博瑞"都市花园"M16时代为西汉中晚期；彭州红豆树M12时代为西汉中期或稍晚。

M1出土的五铢钱与洛阳烧沟第二型五铢钱特征相近，时代上限为宣帝、元帝时，下限至西汉末[8]；与江苏小杨庄五铢钱（M28：1）[9]、青白江大同磷肥厂Ⅲ型五铢钱（M6：3-5）[10]相似。江苏小杨庄M28和青白江大同磷肥厂M6时代为西汉晚期。

综合以上材料，推测M1的年代约为西汉晚期。目前彭州地区关于西汉墓葬的材料见诸报道的还很少，濛阳镇天星埝M1为我们了解该区域的墓葬埋葬习俗等情况增加了新材料。

附记：此次绘图工作使用数字相机和手机对墓葬和出土器物进行拍照，利用多视角三维重建技术建立墓葬和出土器物的三维模型，通过绘图软件准确绘制出所需的平、剖面图和器物图。

发掘：刘祥宇　白铁勇　牛安寅　黄　伟
　　　万宝春　杨素荣
绘图：白铁勇　钱素芳
摄影：向　川
拓片：戴福尧
执笔：白铁勇　刘祥宇　牛安寅　黄　伟
　　　万宝春　杨素荣

注　释

［1］　成都市文物考古研究所、郫县博物馆：《四川郫县古城乡汉墓》，《考古》2004年第1期。

［2］　成都文物考古研究所、青白江区文物保护管理所：《成都市青白江区大同磷肥厂工地汉墓发掘报告》，《成都考古发现》（2008），科学出版社，2010年。

［3］　四川省文物考古研究院、德阳市文物考古研究所、什邡市博物馆：《什邡城关战国秦汉墓地》，文物出版社，2006年。

［4］　成都文物考古研究所、郫县博物馆：《郫县风情园及花园别墅战国至西汉墓群发掘报告》，《成都考古发现》（2002），科学出版社，2004年。

［5］　成都市文物考古工作队：《成都博瑞"都市花园"汉、宋墓葬发掘报告》，《成都考古发现》（2001），科学出版社，2003年。

［6］　成都市文物考古研究所、郫县博物馆：《四川郫县古城乡汉墓》，《考古》2004年第1期。

［7］　成都文物考古研究所、彭州市文物保护管理所：《四川彭州市红豆树墓群发掘简报》，《成都考古发现》（2010），科学出版社，2012年。

［8］　洛阳区考古发掘队：《洛阳烧沟汉墓》，科学出版社，1959年。

［9］　扬州市文物考古研究所：《江苏扬州市小杨庄西汉墓葬M28的发掘》，《考古》2021年第4期。

［10］　成都文物考古研究所、青白江区文物保护管理所：《成都市青白江区大同磷肥厂工地汉墓发掘报告》，《成都考古发现》（2008），科学出版社，2010年。

成都市高新区古井坎崖墓群发掘简报

成都市文物考古研究院
金牛区文物保护管理所
青羊区文物管理所

为配合成都市高新区和惠三街农贸市场和中和南一幼建设，2019年12月至2020年1月，成都市文物考古工作队对项目红线范围内进行了详细的考古勘探，发现有汉代墓葬。2020年3月18日至7月10日对该崖墓群进行了抢救性考古发掘。该崖墓群位于高新区中和街道蒲草塘社区10组，中心点地理坐标为东经104°5′16″、北纬30°29′50″，海拔495米（图一）。本次共清理墓葬37座，其中崖墓26座、宋代墓葬10座、明代墓葬1座。现将崖墓具体情况介绍如下。

一、墓 葬 形 制

本次发掘的26座崖墓，除M16、M25被破坏形制不完全外，其余24座根据墓室的多寡，分为二型。

A型　21座。单主室，墓道多为梯形，前窄后宽。根据墓室平面形状及附属设施的不同，分为三亚型。

Aa型　11座。单室，墓室平面多呈长方形或梯形，无附属设施和侧室。包括M3、M5、M7、M9、M10、M11、M12、M14、M15、M18、M26。以M14为例介绍如下。

M14　由墓道、墓门、甬道、主室组成。墓向166°。墓道平面大致呈梯形，总长4.74、宽0.7～1.52、高1.9米。两壁起伏不平整，底部比较平坦。墓门立面呈长方形，墓门上部被破坏，宽0.84、残高1.2米，向内倾斜。墓门外有单层门框，宽1.04、深0.04米。甬道顶部被破坏，平面呈梯形，进深1.05、宽0.72～1.04、残高1.2米。底部比较平坦。墓道、甬道的底部凿有排水沟，从甬道西壁下延伸至墓道中间，长5.04、宽0.2、深0.04米，内铺绳纹瓦碎片。主室顶部被破坏，平面呈梯形，进深3.1、宽2.16～2.4、高1.2～1.28米。主室的东西两侧及北侧各有一个棺台，东侧棺台平面呈梯形，长2.38、宽0.72～0.86、高出地表0.18米。西侧棺台平面呈长方形，长2.4、宽0.7、高出地表0.18米。北侧棺台平面呈梯形，长0.7、宽2.1～2.4米（图二）。

Ab型　5座。单室，墓室平面多呈长方形或梯形，墓室两壁或后壁凿有棺龛或灶，无侧室。包括M6、M8、M13、M19、M23。以M6介绍如下。

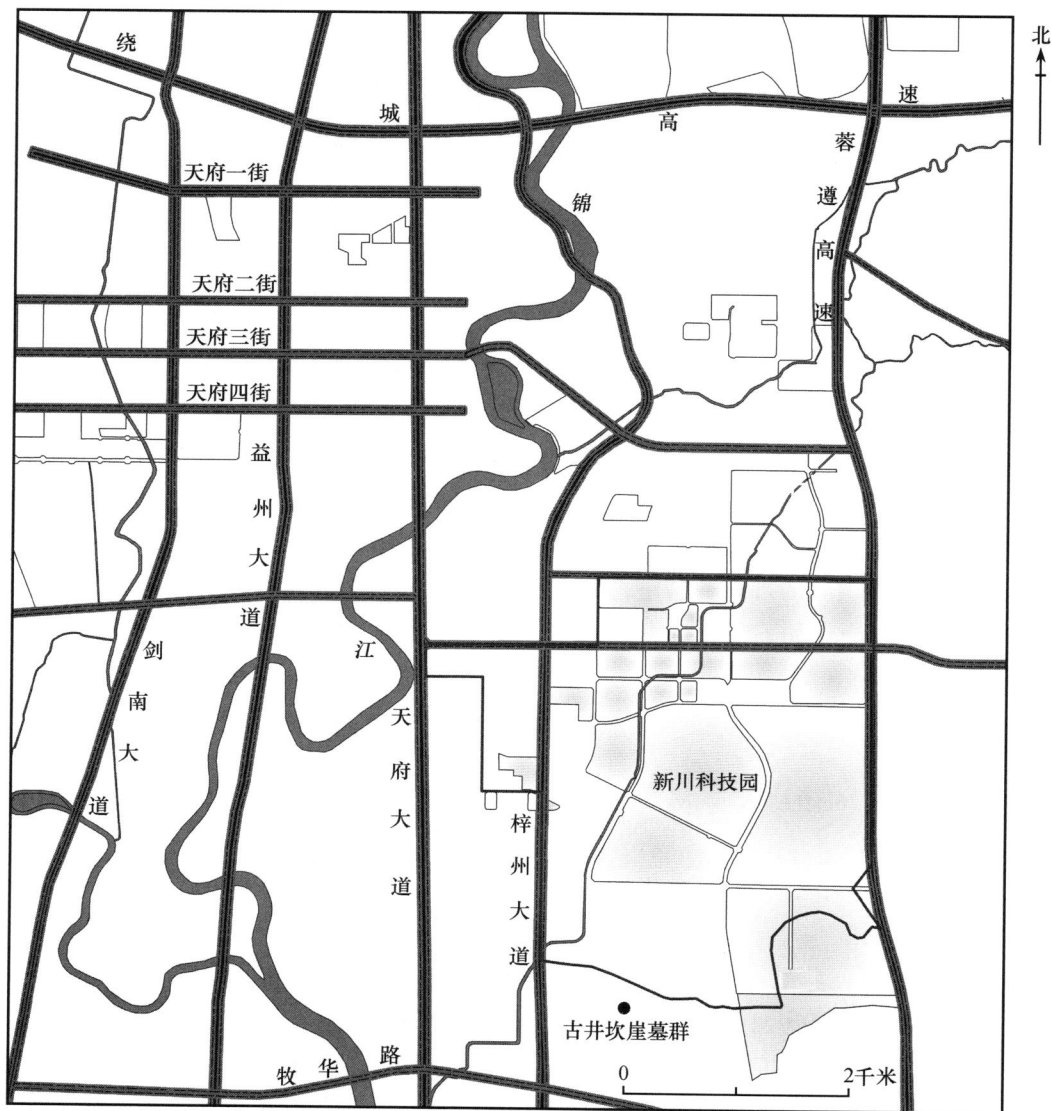

图一　墓群位置示意图

M6　由墓道、墓门、甬道、主室、棺龛组成。墓向160°。墓道平面大致呈梯形，前段被毁，残长3.46、宽0.7～1.3、高1.76米。墓道两壁向内倾斜，底部比较平整。墓门上部被破坏，门洞宽1.3、长2.16米，向内倾斜。甬道平面呈梯形，进深0.84～0.88、宽0.8、高1.74米，底部比较平整。墓道、甬道、主室前段的底部中间凿有排水沟，残长5、宽0.18、深0.04米，内铺绳纹瓦碎片。主室平面近梯形，进深2.8、宽0.8～1.08、高1.1～1.94米，底部平坦。顶部遭到严重破坏。主室东壁有一个棺龛，平面近梯形，进深0.74～0.9、宽2.1～2.54、高1.74～1.84米（图三）。

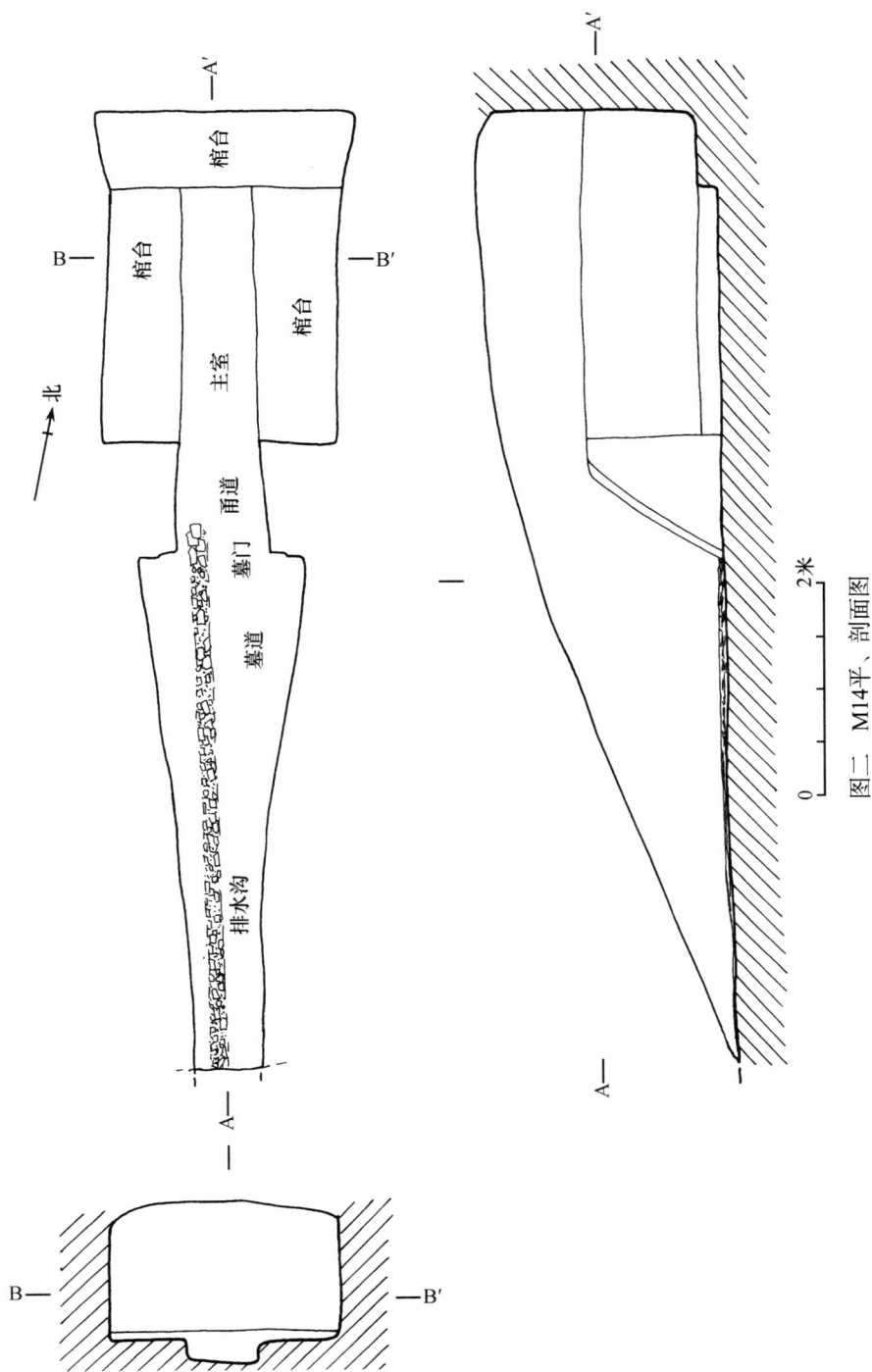

图二　M14平、剖面图

北

A'

B——　主室　棺龕　——B'

甬道

墓道　　墓门

排水沟

A——

A'

A——

2米

0

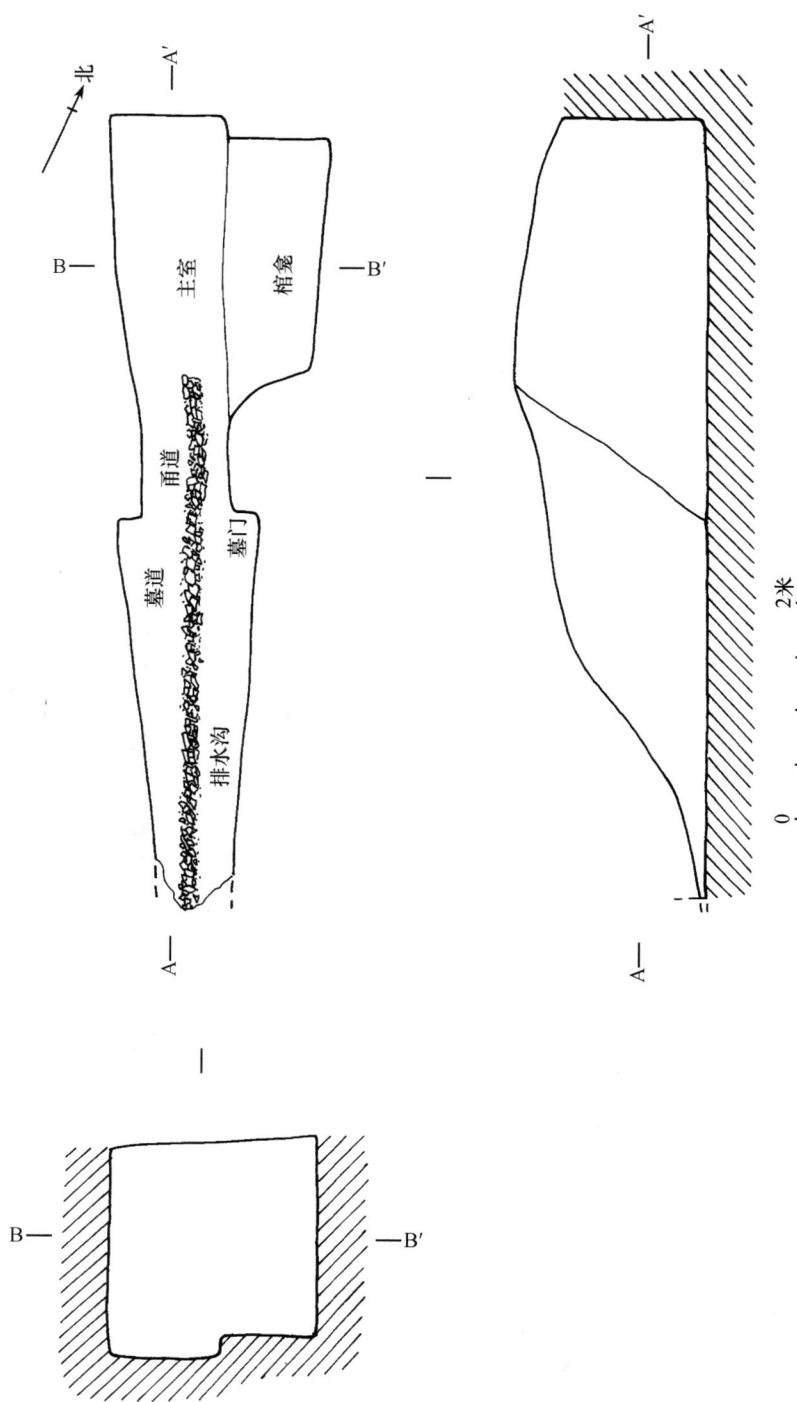

图三　M6平、剖面图

B——　　——B'

Ac型　5座。单室，墓室平面多呈长方形或梯形，有侧室和耳室。包括M4、M17、M21、M22、M28。以M17、M28为例介绍如下。

M17　由墓道、墓门、甬道、主室、侧室组成。墓向177°。墓道平面大致呈梯形，长12.6、宽1.22~1.84、高3.32米，墓道前段两壁起伏不平整，后段比较平直，底部比较平坦。墓门立面呈长方形，墓门直立，宽1.22、高1.7米。甬道平面呈梯形，进深0.8、宽1.22、高1.7~1.76米，底部比较平坦，顶部呈外高内低状，略有倾斜。主室平面近长方形，进深3.8、宽1.6、高1.7~1.74米，底部平坦。主室的东西两侧各有一个侧室。西侧室平面呈长方形，进深3.44、宽2、高1.74米，底部平坦。东侧室甬道平面呈梯形，进深0.6、宽1.74~1.84、高1.74米，底部平坦。东侧室平面呈梯形，进深3.14、宽2.88~3.28、高1.74米，底部平坦。东侧室的南壁上有一个棺龛，平面呈平行四边形，进深0.84、宽3.1、高1.2米（图四）。

M28　由墓道、墓门、耳室、甬道、主室、侧室组成。墓向217°。墓道形制不规则，左右不对称，平面呈长条形，前部北侧被毁，残长12.8、宽1.08~1.84、高2.94米。墓道两壁面较笔直，略向内倾斜。墓道底部后端比前端略低。墓道的南侧底部凿有排水沟，残长12.8、宽0.24~0.3、深0.16米，墓门处的排水沟有一处拐弯。排水沟内铺筑有前后连缀的子母口筒瓦，筒瓦的断面呈炮弹形，表面为素面。墓道后端北侧有一耳室，高出墓道地面0.14~0.2米，平面呈长方形，进深2、宽1.44、高1.5米。以两块石板封门，石板高1.6、宽0.6、厚0.3米，材质为青石，封门墙顶部有一处盗洞。墓门立面呈长方形，门洞宽2.06、高2.04、进深0.5米。墓门外有单层门框，立面亦呈长方形，宽1.36、高1.7、进深0.1~0.12米。甬道平面、立面均呈长方形，进深0.62、宽1.06、高1.6米。底部平坦，南侧底部凿有排水沟。主室左右不对称，平面略呈平行四边形，进深6.8、宽2、高1.94米，底部、顶部均较为平坦。墓室的北侧有三个侧室，平面均呈长方形，第一侧室高出墓室地面0.06、进深2.04~2.08、宽1.82、高1.86米，第二侧室高出主室地面0.06、进深2.2、宽1.64~1.7、高1.86米，第三侧室高出墓室地面0.14、进深2~2.16、宽1.78~1.8、高1.78米。墓室南壁中部有一处浮雕和灶，高1.32、宽1.4米，两壁各雕栌斗，向中间出一跳弯形拱，拱头施小斗，上承方斗（图五）。

B型　3座。有前后两个主室。包括M1、M2、M20。以M1、M20为例介绍如下。

M1　由墓道、墓门、甬道、前室、后室、侧室组成。墓向240°。墓道平面大致呈梯形，前部被破坏，残长约9.68、宽1.5~1.92、高2.92米。墓道两壁平整，底部平坦。墓道的北侧底部凿有排水沟，残长9.68、宽0.2、深0.2米。排水沟内铺筑有前后连缀的子母口筒瓦，筒瓦的断面呈梯形，表面饰绳纹。墓门立面呈长方形，门洞宽1.92、高1.86、进深0.12米。前室甬道平面呈平行四边形，进深0.7、宽1.36、高1.64米。底部平坦，北侧底部凿有排水沟。前室平面呈梯形，进深6.2、宽1.84~2.1、高1.82米，底部平坦。前室北侧有一个侧室。侧室与前室之间有甬道相连，平面呈长方形，进深0.98、宽1.7、高1.68米，底部平坦。侧室平面呈梯形，进深3~3.3、宽3.32、高1.6~1.76米，顶

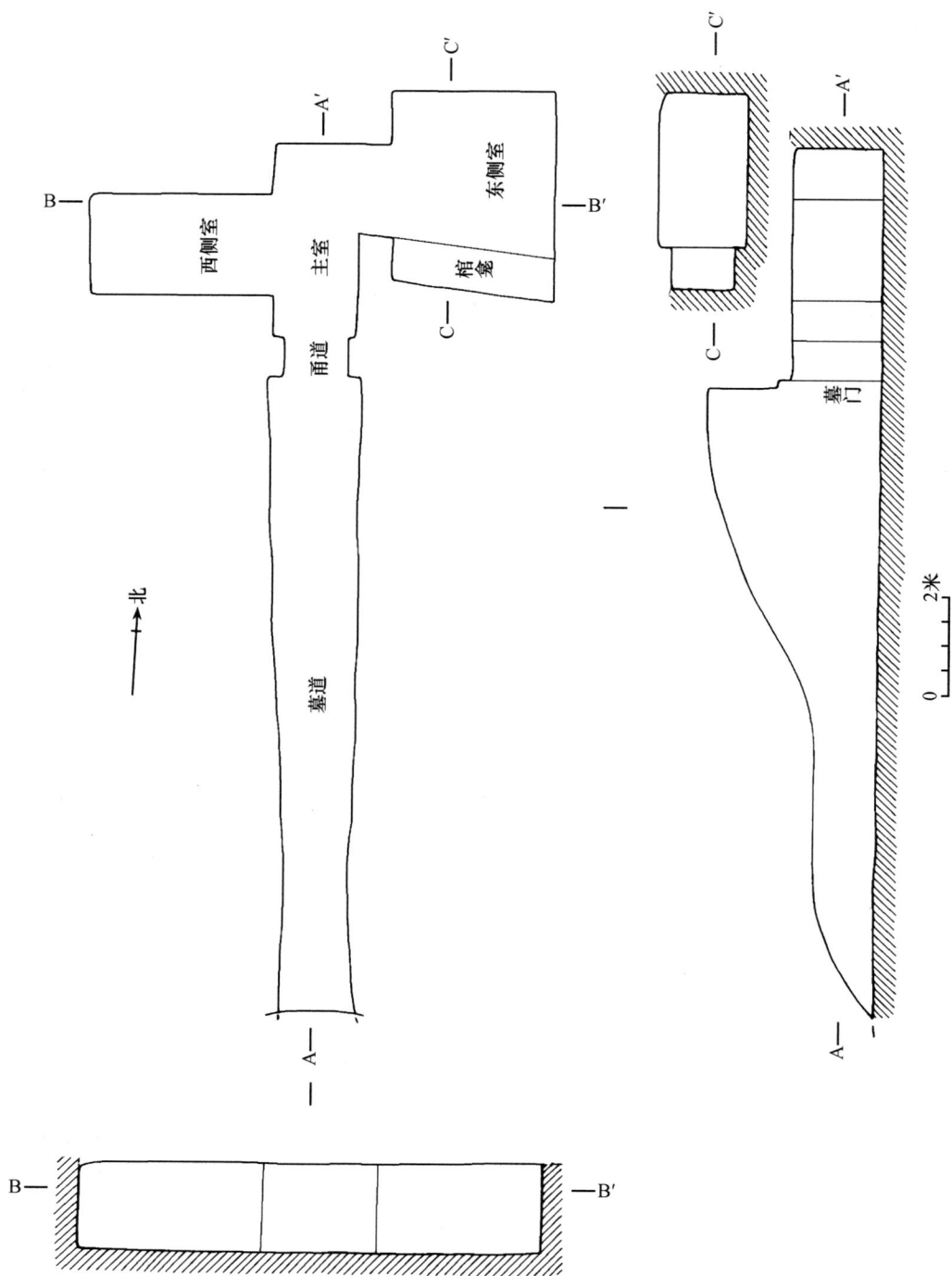

图四 M17平、剖面图

0 1 2米

第三侧室

第二侧室

主室

仿木雕刻、灶

B'

第一侧室

甬道

耳室

墓道

A

A'

B

C

C'

北

墓门

A'

A

A'

A

B

B'

C

C'

0　　　2米

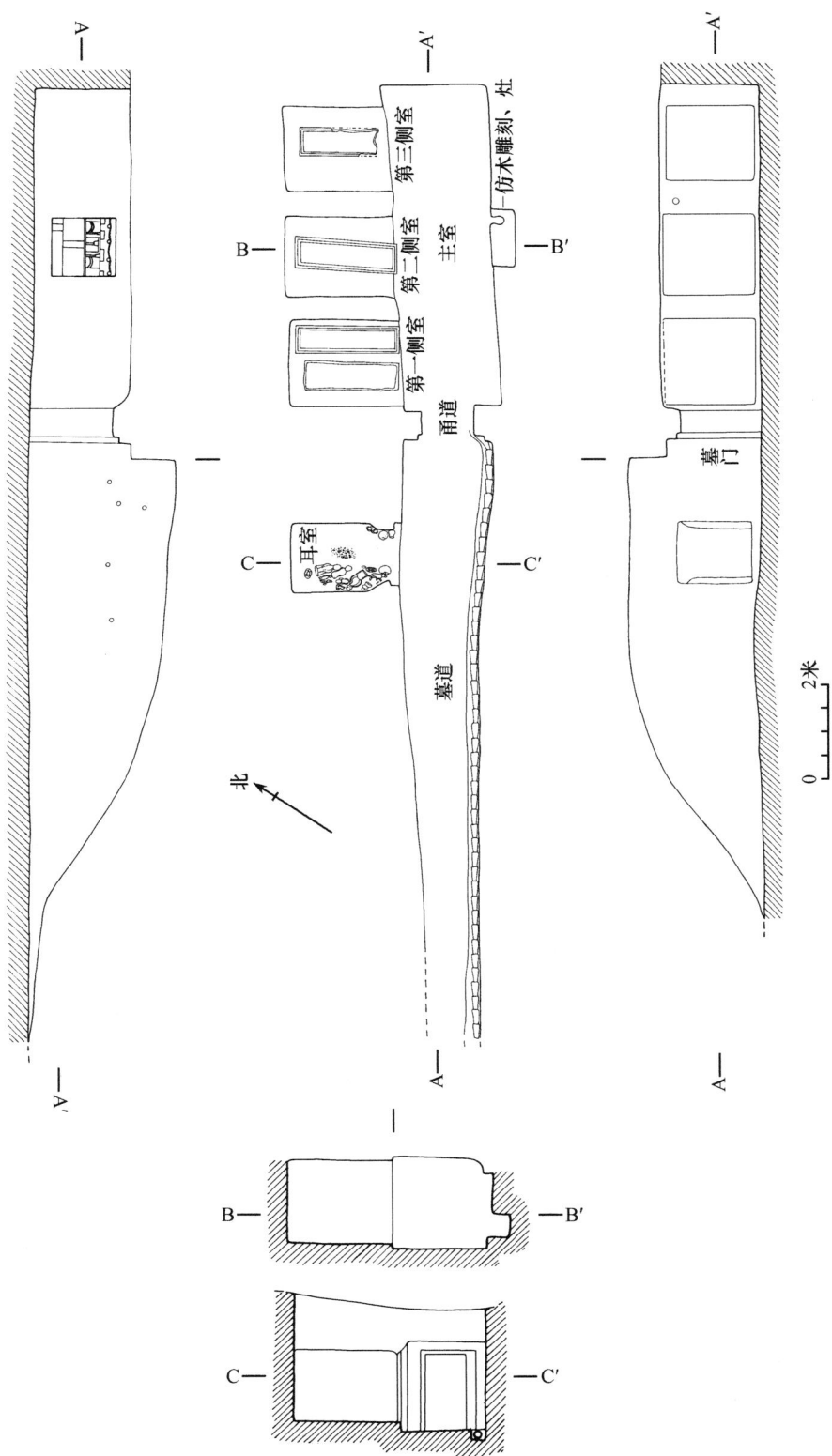

图五　M28平、剖面图

部由外向内倾斜，呈外高内低状，底部平坦。北壁上凿有一个棺龛，平面呈长方形，进深0.64、宽1.8、高0.68米。侧室中部摆放有一具陶棺。后室甬道平面呈平行四边形，进深0.94、宽1.5、高1.7米，底部平坦。后室平面呈梯形，进深3.64、宽3.68～3.8、高1.72米，底部平坦。侧室南壁上凿有一个棺龛，平面呈长方形，进深0.48、宽1.64、高0.38米（图六）。

M20　由墓道、墓门、甬道、前室、后室、侧室组成。墓向333°。墓道平面大致呈梯形，前部在项目地块红线范围外，只发掘了红线内部分，通过钻探探明其总长度约32、宽1.02～2.2、高4.42米。墓道两壁平整。墓道底部平坦。墓道的南侧底部凿有排水沟，残长21、宽0.2、深0.11米。排水沟内铺筑有前后连缀的子母口筒瓦，筒瓦的断面呈梯形，表面饰绳纹。墓门立面呈长方形，门洞宽1.56、高2.2、进深0.36米。墓门外有单层门框，立面亦呈长方形，宽1.58、高1.82、深0.14～0.18米。前室甬道平面呈长方形，进深0.74、宽1.22、高1.66米。底部由内向外倾斜，南侧底部凿有排水沟。前室平面呈长方形，进深6.4、宽1.96、高2米。前段底部由内向外倾斜，后段底部平坦。后室甬道平面呈长方形，进深0.7、宽1.48、高2米，底部平坦。后室甬道位置向南侧偏斜，未正对中轴线。后室平面呈长方形，进深3.9、宽1.9、高2米，底部平坦。墓室的南部有三个侧室，北部有一个侧室。南1侧室高出前室地面0.1米，平面呈长方形，进深2.8、宽1.96、高1.7米。底部平坦。南1侧室中摆放有一具陶棺。南2侧室高出前室地面0.1米，平面呈长方形，进深2.8、宽1.96、高1.7米。底部平坦。南2侧室中摆放有一具陶棺。南3侧室与后室之间有甬道相连，甬道高出后室地面0.2米，平面呈长方形，进深0.56、宽1.9、高1.68米。南3侧室高出前室地面0.1米，平面呈长方形，进深3.34、宽1.92、高1.88米。底部平坦。西壁有一个棺龛，平面呈长方形，进深0.38、宽1.42、高0.38米。东壁有一个棺龛，进深0.9、宽2.72、高1.02米。北侧室甬道高出前室地面0.1米，平面呈长方形，进深0.4、宽1.32、高1.68米。北侧室平面呈长方形，进深3.8、宽1.6、高1.68米。北侧室的东壁上雕刻有一座仿木结构斗拱和立柱，下面开凿有一座灶（图七）。

二、随葬器物

26座墓葬均遭受严重的盗扰，随葬器物多被移动破坏，大部分随葬器物是从淤土中清理出来的，大部分器物是经修复、整理后才编号的。出土器物种类有陶器、瓷器、铜器、钱币等。以下以墓葬为单位对各墓的随葬器物进行描述，再对典型器物进行类型学分析。

M1　随葬器物有陶罐、陶钵、陶灯、小陶罐、钱币等。

陶罐　2件。M1：3，夹砂灰陶。直口，圆唇，鼓肩，鼓腹，下腹斜收，平底。腹上部近肩处饰一周凹弦纹。口径13、最大腹径19、底径10.8、高13.7厘米（图八，3）。M1：5，夹砂灰陶。侈口，厚圆唇，束颈，圆肩，弧腹略鼓，下腹斜收，平底略上凹。

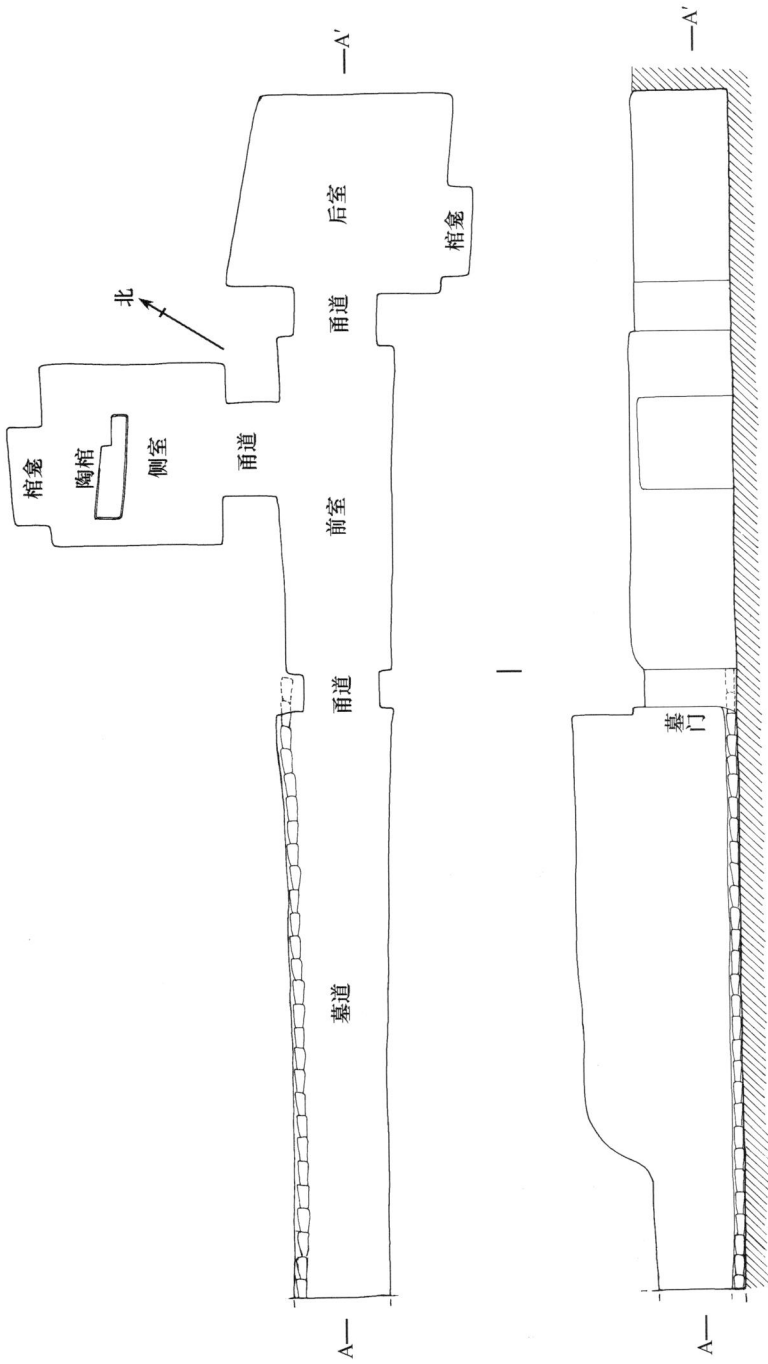

图六 M1平、剖面图

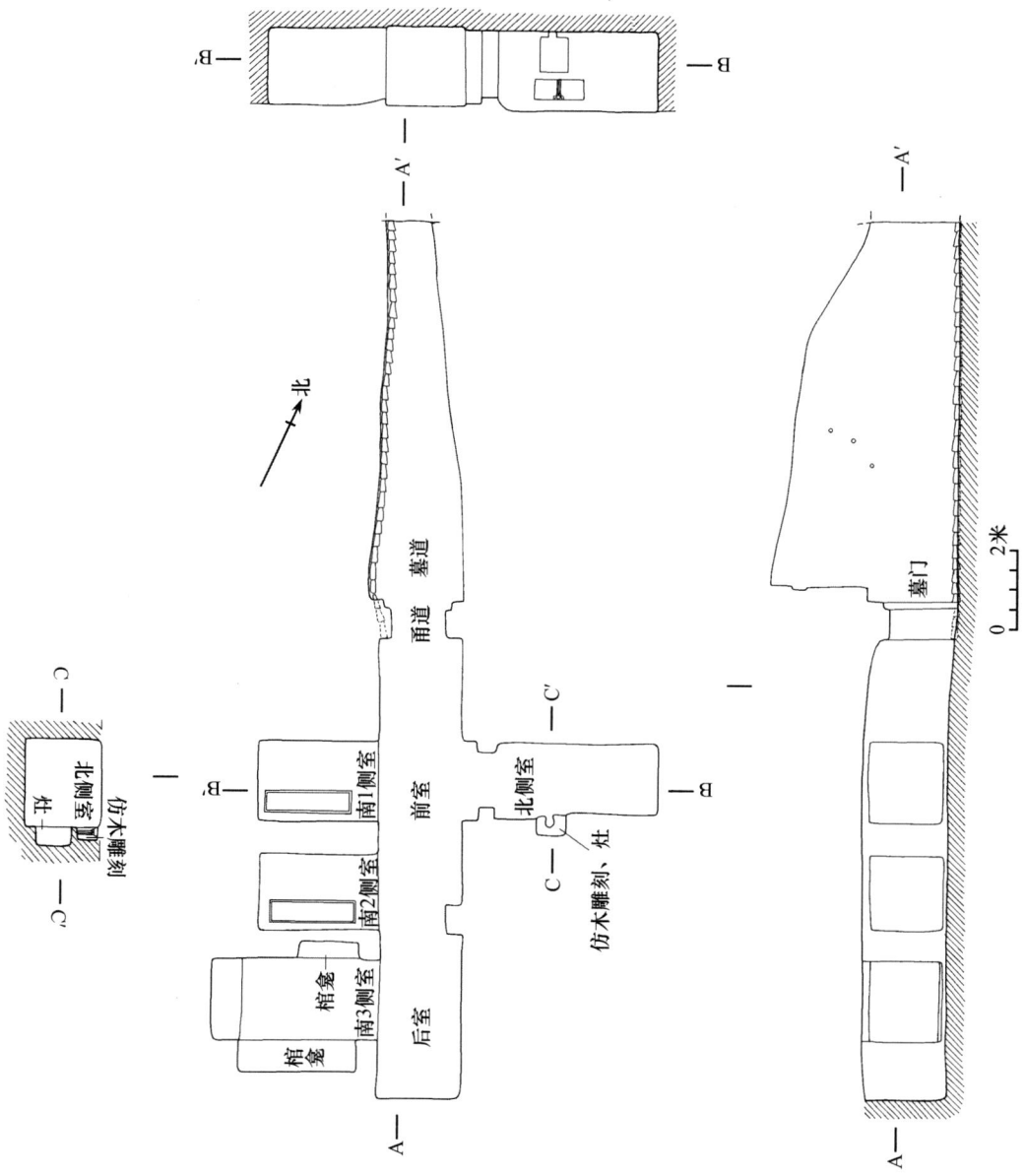

图七　M20平、剖面图

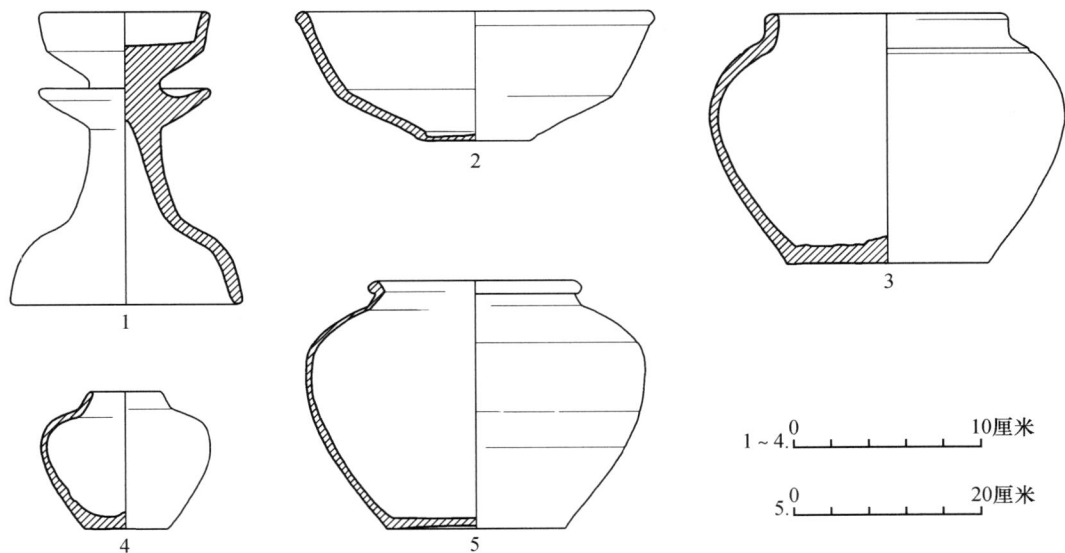

图八 M1出土陶器

1. 灯（M1：1） 2. 钵（M1：2） 3、5. 罐（M1：3、M1：5） 4. 小罐（M1：4）

肩上及上腹各饰一周弦纹，下腹饰两周弦纹。口径22.8、最大腹径36.2、底径19.2、高27.2厘米（图八，5）。

小陶罐 1件。M1：4，夹砂灰陶。敛口，尖圆唇，矮领，鼓肩，圆腹，下腹斜收，平底，内底上凸。口径3.8、最大腹径9.1、底径4.5、高7.5厘米（图八，4）。

陶钵 1件。M1：2，夹砂灰陶。敞口，圆唇，上腹内收，下腹斜收，饼足，平底。口径19.2、底径6.6、高6.1厘米（图八，2）。

陶灯 1件。M1：1，夹砂灰褐陶。灯盘敞口，圆唇，圆柱形矮柄，中间有一层圆盘。灯座为圈足，中空。足径12.4厘米（图八，1）。

大泉五十 3枚。M1：6、M1：7、M1：8，钱币制作规则，有郭，正面篆书"大泉五十"四字。直径2.6、穿宽1.1厘米（图四一，1～3）。

M2 随葬器物有陶罐、陶钵、陶俑、陶盆、陶甑、陶井、陶仓、陶房、铜铃等。

陶罐 1件。M2：2，夹砂灰陶。直口，厚圆唇，矮领，鼓肩，鼓腹，下腹斜收，平底略上凹。口部饰两周凹弦纹，肩部饰一周凹弦纹。口径11、底径9.8、高11.8厘米（图九，2）。

陶钵 4件。M2：1，夹砂灰陶。敞口，尖圆唇，折腹，饼足，内底略上凸。口径20、底径6.8、高8厘米（图九，1）。M2：3，泥质灰陶。敞口，尖圆唇，折腹，饼足，平底。口径20.2、底径7、高8.1厘米（图九，3）。M2：4，泥质灰陶。敞口，尖圆唇，折腹，饼足，平底。口径20.7、底径7.4、高7.4厘米（图九，4）。M2：15，夹砂灰陶。敞口，圆唇，折腹，饼足，平底。口径12.8、底径4.2、高5厘米（图一〇，5）。

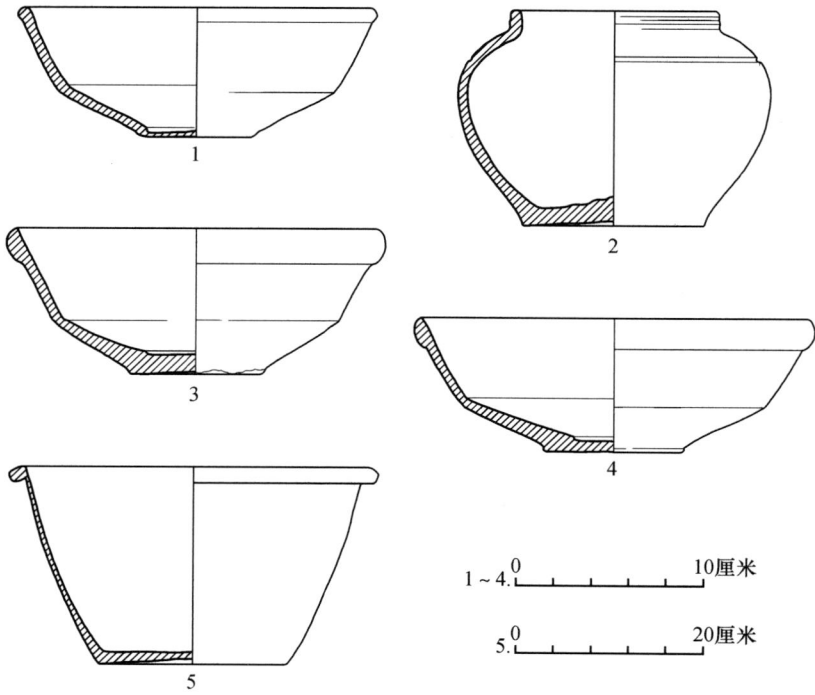

图九　M2出土陶器

1、3、4.钵（M2∶1、M2∶3、M2∶4）　2.罐（M2∶2）　5.盆（M2∶5）

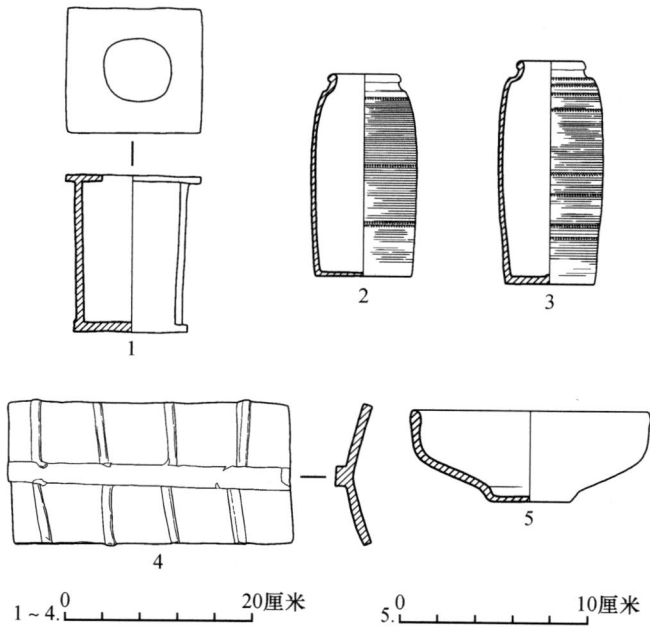

图一〇　M2出土陶器

1.井（M2∶9）　2、3.仓（M2∶11、M2∶12）　4.房（M2∶14）　5.钵（M2∶15）

　　陶盆　1件。M2：5，夹砂灰褐陶。敞口，宽沿，厚圆唇，斜直腹，平底略上凹。口径39.6、底径20、高21.8厘米（图九，5）。

　　陶甑　1件。M2：6，夹砂灰黑陶。敞口，宽沿，圆唇，曲腹，平底略上凹。口径32.9、底径14.2、高19.8厘米（图一一）。

　　陶抚琴俑　1件。M2：7，夹砂灰陶。高鼻，小嘴，长耳。坐姿，后露双脚。膝上置琴，右臂微微抬起，双手置于琴上作弹奏状，十指纤长。头戴平巾帻，内穿圆领衫，外穿右衽衣，宽袖，衣身平整，腰束带，仅后面可见，身后衣有背缝。高24.5、宽25.3厘米（图一二）。

　　陶抚耳俑　1件。M2：13，夹砂红陶。面仰，五官模糊不清。坐姿，左手上举扶耳作聆听状，右手置于右腿上。头饰模糊不清，身着右衽长袍，腰束带。高19、宽13厘米（图一三）。

　　陶拱手立俑　2件。M2：8，夹砂灰褐陶。站立，五官模糊不清。头戴巾帻，脑后束发凸起，衣着模糊不清，双手笼袖中置于腹前。高23.5、宽7.2厘米（图一四）。M2：16，夹砂灰褐陶。五官模糊不清。站立，双手笼袖中置于腹前。头戴平巾帻，脑后束发凸起，身着两层衣，正面模糊不清，宽袖，腰束带，身后衣有背缝。高22.8、宽8厘米（图一五）。

　　陶执飐扇俑　1件。M2：10，夹砂红陶。站立，五官和衣着均模糊不清。双手执飐扇于身左侧。高16、宽6.8厘米（图一六）。

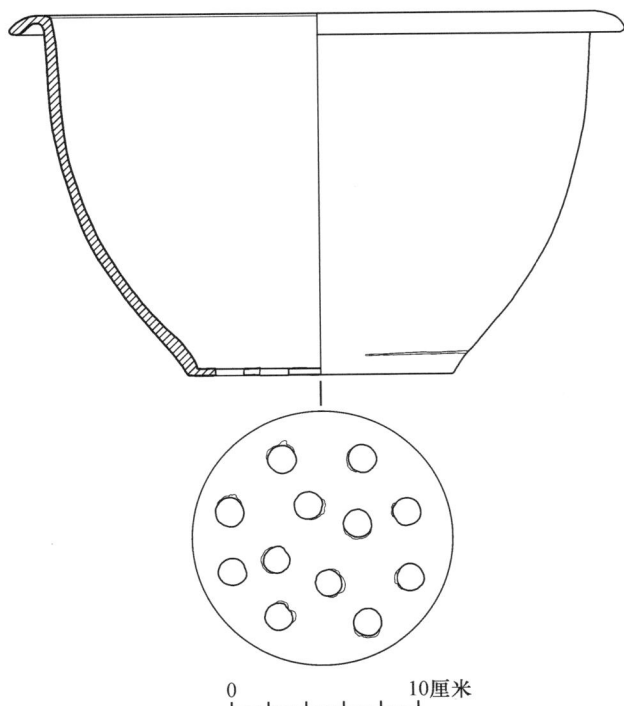

图一一　M2出土陶甑

（M2：6）

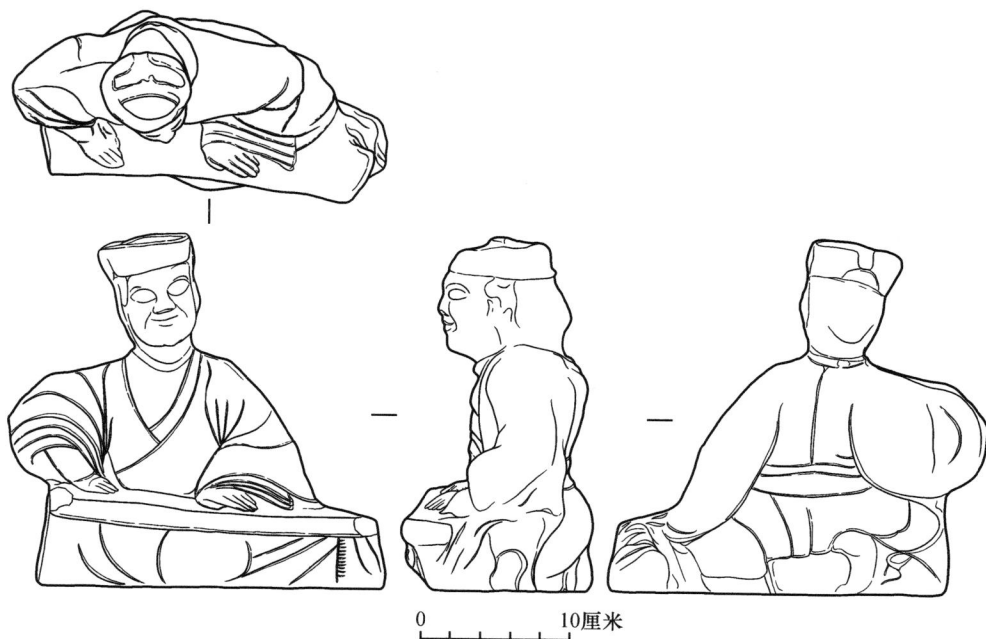

图一二　M2出土陶抚琴俑

（M2：7）

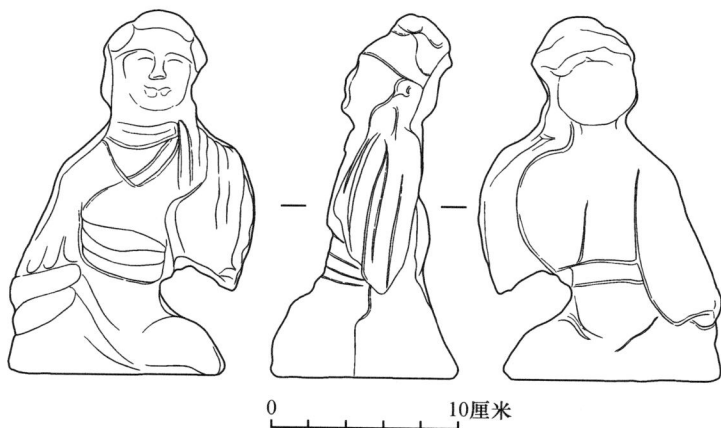

图一三　M2出土陶抚耳俑

（M2：13）

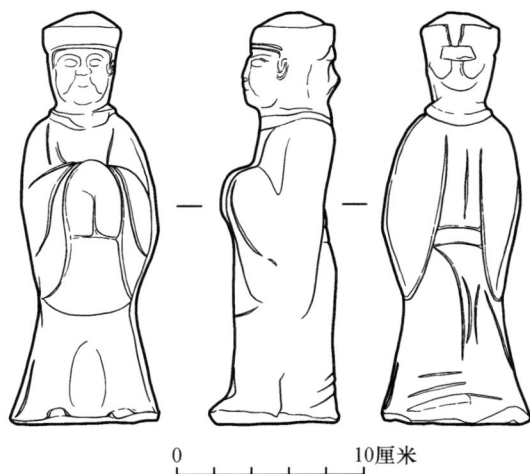

图一四　M2出土陶拱手立俑

（M2：8）

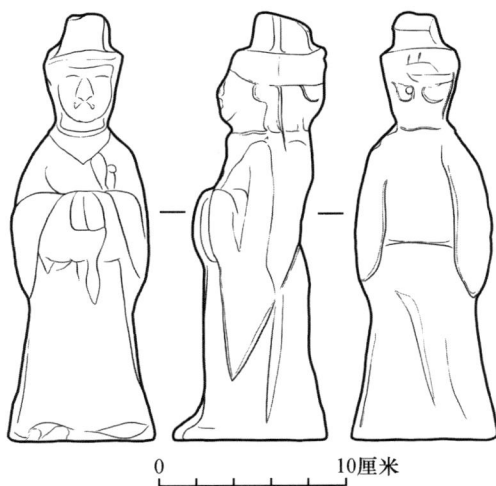

图一五　M2出土陶拱手立俑

（M2：16）

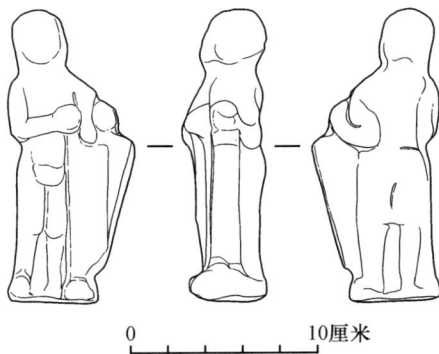

图一六　M2出土陶执飐扇俑

（M2：10）

陶井　1件。M2：9，夹砂灰陶。井身为长方形。长15.5、宽16、高19厘米（图一〇，1）。

陶仓　2件。器身整体接近桶状。M2：11，夹砂灰褐陶。敛口，卷沿，圆唇，束颈，折肩，弧腹，平底。腹部近肩处和腹中部各饰一周戳印纹，腹下部饰两周戳印纹。口径8.6、底径11.4、高24.5厘米（图一〇，2）。M2：12，夹砂灰陶。敛口，卷沿，圆唇，束颈，折肩，弧腹，平底。腹部近肩处饰四周戳印纹，腹中部饰两周戳印纹，腹下部饰两周戳印纹。口径8.2、底径10.6、高27厘米（图一〇，3）。

陶房　1件。M2：14，夹砂灰陶。残存房顶。平面呈长方形。两面坡顶，顶中有脊，施四道瓦垄。长33.6、宽17.7厘米（图一〇，4）。

管形耳铜铃　1件。M2：17，器身呈扁圆柱体，平口，上端两角各突出一个圆管形耳。高12.5、宽9厘米（图一七）。

五铢钱　1枚。M2：18，"朱"字上部呈圆弧形弯折。直径2.5、穿宽1厘米（图四三，1）。

M4　随葬器物包括陶罐、陶钵。

陶罐　2件。M4：1，夹砂灰陶。侈口，厚圆唇，束颈，溜肩，鼓腹，下腹斜收，平底，内底上凸。肩部饰一周凹弦纹。口径9.6、最大腹径18.2、底径8.5、高12.8厘米（图一八，1）。M4：2，夹砂灰陶。侈口，厚圆唇，束颈，圆肩，鼓腹，下腹斜收，平底上凹，内底上凸。肩部饰一周凹弦纹。口径8.8、最大腹径17.6、底径10、高13.6厘米（图一八，2）。

陶钵　1件。M4：3，夹砂灰陶。近直口，圆唇，弧腹，圈足。口沿处饰一周弦纹。口径17.4、足径6.4、高8.2厘米（图一八，3）。

M7　随葬器物包括陶罐、陶钵。

陶罐　1件。M7：2，夹砂灰陶。侈口，方唇，矮领，溜肩，鼓腹，下腹斜收，平底略上凹。领部饰一周凸弦纹，肩部饰一周凹弦纹。口径14.6、最大腹径15.4、底径11.6、高11.5厘米（图一九，2）。

陶钵　1件。M7：1，夹砂灰褐陶。侈口，圆唇，弧腹，平底，内底略上凸。口沿下饰一周凹弦纹。口径14.2、底径9.4、高4.8厘米（图一九，1）。

M8　随葬器物包括陶罐、陶钵、陶盆、陶灯等。

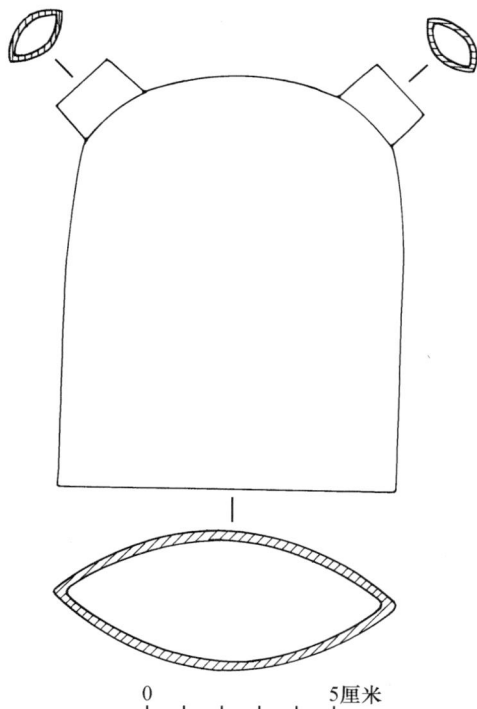

图一七　M2出土管形耳铜铃
（M2：17）

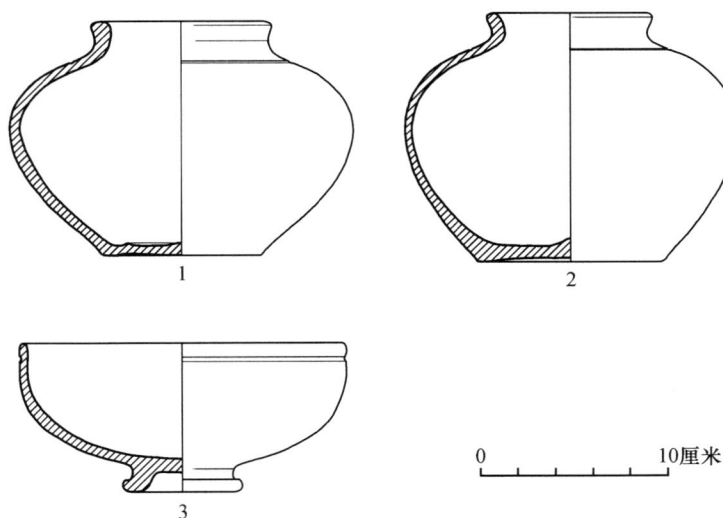

图一八　M4出土陶器

1、2.罐（M4：1、M4：2）　3.钵（M4：3）

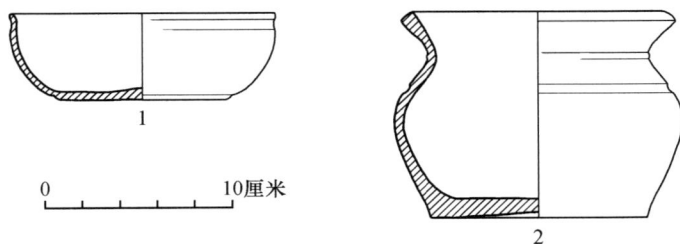

图一九　M7出土陶器

1.钵（M7：1）　2.罐（M7：2）

　　陶罐　2件。M8：4，夹砂灰陶。侈口，圆唇，矮领，溜肩，鼓腹，下腹斜收，平底略上凹，内底凹凸不平。肩部饰一周凹弦纹。口径14.4、最大腹径15.3、底径10.8、高11.1厘米（图二〇，4）。M8：5，夹砂灰褐陶。侈口，方唇，矮领，斜肩，圆腹，下腹斜收，平底略上凹，内底凹凸不平。口径14.5、最大腹径15.4、底径10.9、高11厘米（图二〇，5）。

　　陶钵　2件。M8：1，夹砂灰陶。微敛口，圆唇，折腹内收，下腹斜收，饼足内凹。唇下饰一周凹弦纹。口径19.6、底径9.2、高7.2厘米（图二〇，1）。M8：2，夹砂灰陶。敛口，尖圆唇，折腹内收，下腹斜收，饼足内凹。唇下饰一周凹弦纹，内底印有四叶花瓣纹。口径17、最大腹径19.2、底径9.2、高7.6厘米（图二〇，2）。

　　陶盆　1件。M8：3，夹砂灰陶。敞口，方唇，束领，弧腹，下腹斜收，平底略上凹，内底中心凸起。口径19、底径8、高11.1厘米（图二〇，3）。

　　陶灯　1件。M8：6，夹砂灰陶。分上下两层灯盘。上层灯盘较深，直口，方唇，

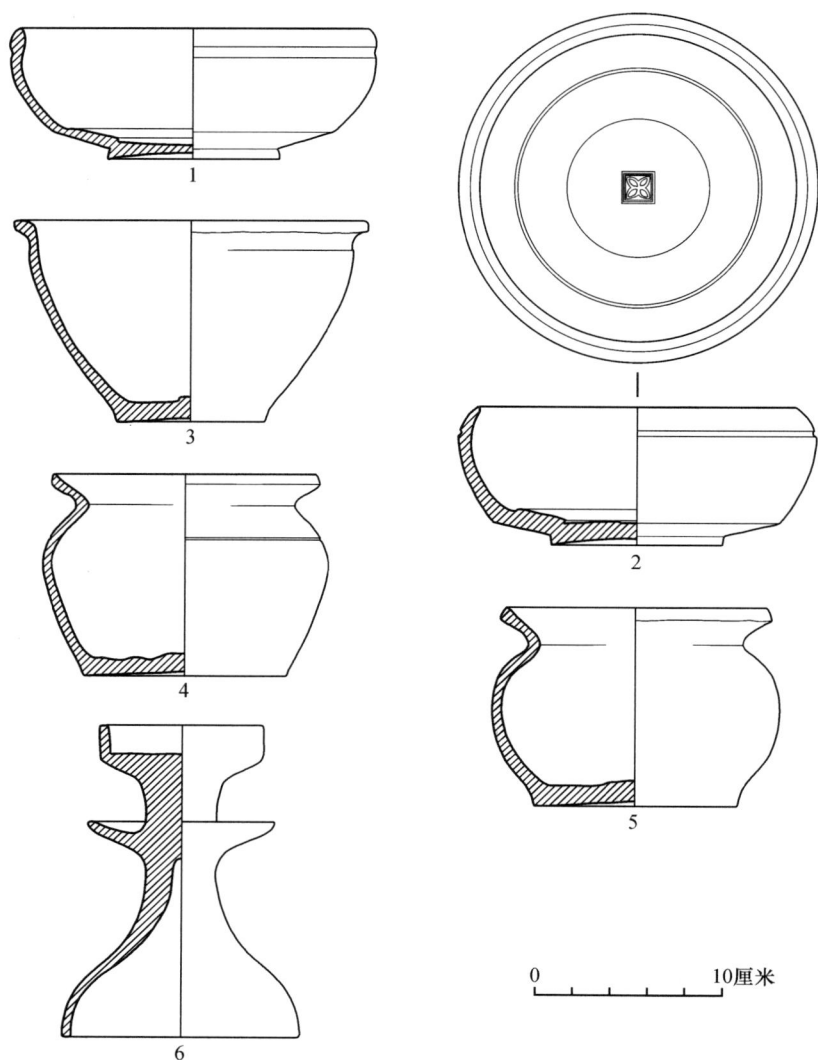

图二〇　M8出土陶器

1、2.钵（M8：1、M8：2）　3.盆（M8：3）　4、5.罐（M8：4、M8：5）　6.灯（M8：6）

直腹，平底。下接灯柄。灯柄连接下层浅灯盘。下层灯盘敞口，尖唇，斜直腹。下接喇叭状灯座，柄中空。口径8.8、足径12.7、高17.4厘米（图二〇，6）。

M9　随葬器物包括陶灯、陶盆。

陶盆　1件。M9：2，夹砂灰陶。敞口，厚方唇，曲腹，平底，内底中间凸起。口径21、底径10、高12.6厘米（图二一，2）。

陶灯　1件。M9：1，夹砂灰陶。分上下两层灯盘。上层灯盘较深，近直口，方唇，斜直腹，平底略下凹。下接灯柄。灯柄连接下层浅灯盘。下层灯盘敞口，圆尖唇，斜直腹。下接喇叭状灯座，柄中空。口径9、足径12.1、高16.1厘米（图二一，1）。

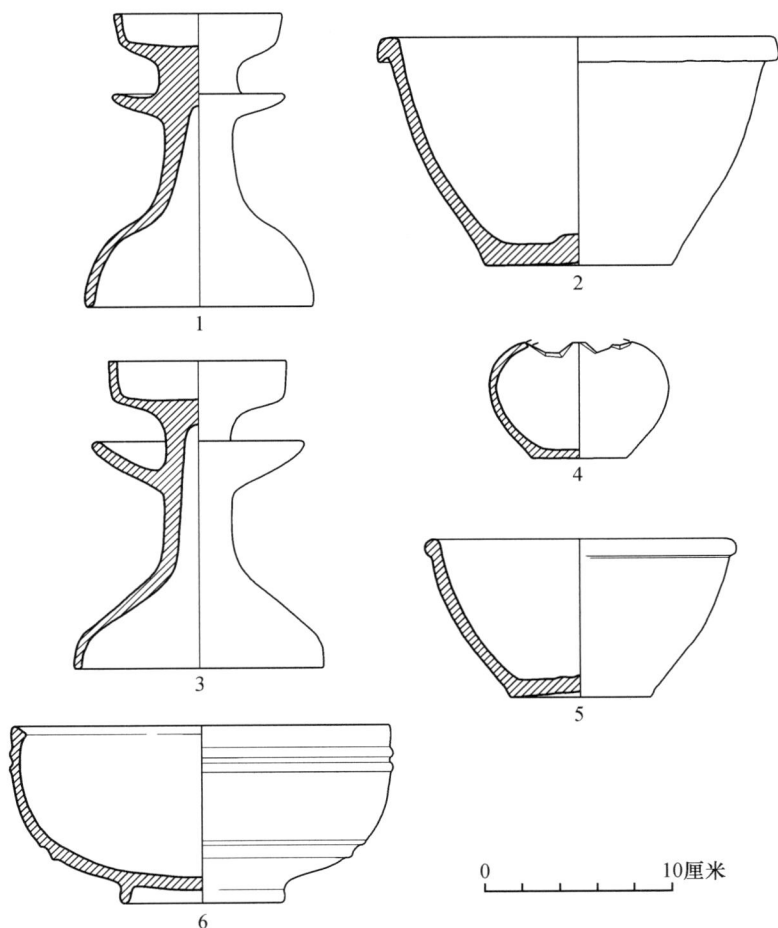

图二一　M9～M12出土陶器

1、3.灯（M9：1、M10：1）　2.盆（M9：2）　4.罐（M11：1）　5、6.钵（M11：2、M12：1）

　　M10　随葬器物有陶灯。

　　陶灯　1件。M10：1，夹砂灰陶。分上下两层灯盘。直口，方唇，直腹，平底。下接灯柄。灯柄连接下层灯盘。下层灯盘敞口，圆唇，斜直腹。下接喇叭状灯座，柄中空。口径9.5、足径13.3、高17厘米（图二一，3）。

　　M11　随葬器物有陶罐、陶钵。

　　陶罐　1件。M11：1，夹砂灰陶。口部和颈部残，圆肩，鼓腹，下腹斜收，平底。最大腹径9.6、底径5、残高6.4厘米（图二一，4）。

　　陶钵　1件。M11：2，夹砂灰陶。敞口，厚圆唇，曲腹，平底略上凹，内底略上凸且不平整。口径16.6、底径7.6、高8.8厘米（图二一，5）。

　　M12　随葬器物有陶钵。

　　陶钵　1件。M12：1，夹砂红陶。敛口，方唇，圆腹，矮圈足。口沿下饰两周凸棱，下腹饰两周凸棱。口径20.4、足径9.8、高9.8厘米（图二一，6）。

M13 随葬器物有瓷壶、陶罐、陶甑、钱币。

青瓷盘口壶 1件。M13：1，灰白胎，青釉，器内及器表皆施满釉。小盘口，尖唇，束颈，圆肩，圆鼓腹内收，平底略上凹，肩部附双系。盘口饰两周凹弦纹，肩部饰两周凹弦纹。口径12.4、最大腹径28、底径13.4、高25厘米（图二二，1）。

陶罐 2件。M13：2，夹砂灰黑陶。直口，圆唇，矮领，鼓肩，弧腹，下腹斜收，平底略上凹，内底中间凸起。肩部饰一周弦纹。口径13、最大腹径16.6、底径10.4、高11.8厘米（图二二，2）。M13：3，夹砂灰陶。直口，圆唇，短颈微束，鼓肩，鼓腹，下腹斜收，平底略上凹，内底凹凸不平。颈部与肩部之间饰两周凹弦纹，近底处饰八周凹弦纹。口径13.4、最大腹径18.2、底径11.4、高12.6厘米（图二二，3）。

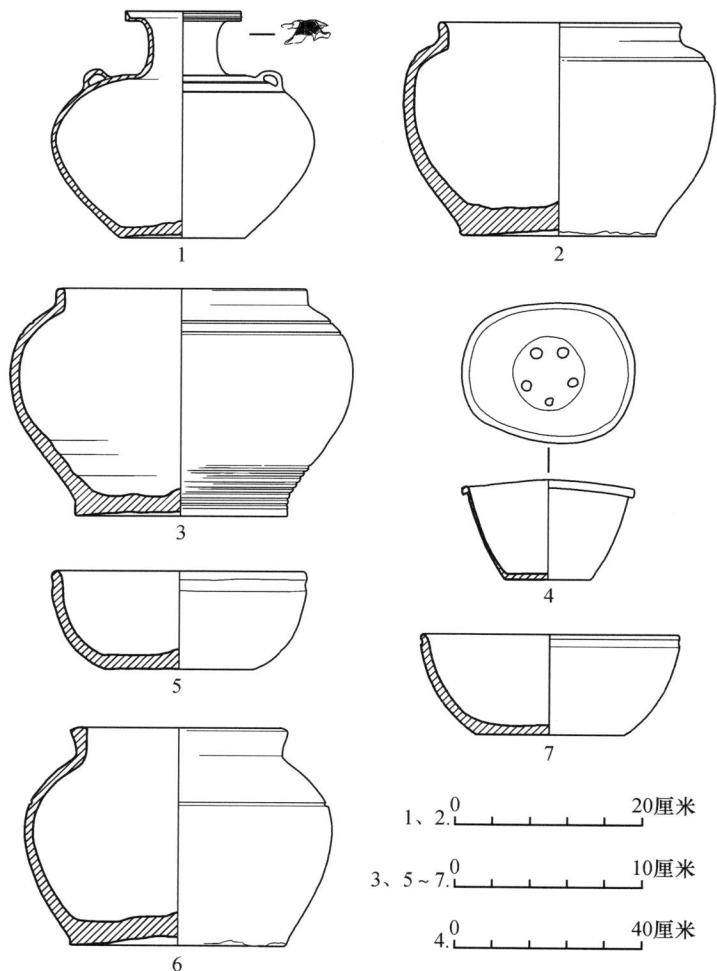

图二二 M13～M15出土器物

1. 青瓷盘口壶（M13：1） 2、3、6. 陶罐（M13：2、M13：3、M15：1） 4. 陶甑（M13：4）

5、7. 陶钵（M14：1、M15：2）

陶甗　1件。M13：4，夹砂灰陶。口部形制不规则，敞口，卷沿，方唇，曲腹，平底，底部有5个孔。最大口径36.4、底径18.4、高22.3厘米（图二二，4）。

货泉　1枚。M13：5，有郭，正面篆书"货泉"二字。直径2.3、穿宽0.9厘米（图四一，9）。

五铢钱　3枚。M13：6、M13：7、M13：8，直径2.1～2.2、穿宽0.9厘米（图四二）。

M14　随葬器物陶钵。

陶钵　1件。M14：1，夹砂灰陶。敞口，圆唇，弧腹，平底，内底上凸。唇下饰一周凹弦纹。口径13.6、底径8、高5.4厘米（图二二，5）。

M15　随葬器物有陶罐、陶钵。

陶罐　1件。M15：1，夹砂灰陶。直口，厚方唇，短束颈，圆肩，圆腹，下腹内收，平底上凹，内底中间上凸。肩下部饰一周凹弦纹。口径11.6、最大腹径16.3、底径11.6、高11.8厘米（图二二，6）。

陶钵　1件。M15：2，夹砂灰陶。敞口，圆唇，弧腹，平底。唇下饰一周凹弦纹。口径13.8、底径8、高5.5厘米（图二二，7）。

M17　随葬器物有陶釜、陶罐、陶钵。

陶釜　2件。M17：1，夹砂黑褐陶。敛口，方唇，曲腹，平底，内底上凹。下腹饰一周戳印纹。口径29.6、最大腹径30.4、底径20、高17.6厘米（图二三，1）。M17：2，夹砂灰陶。直口，方唇，曲腹，平底略上凹。素面。口径25.5、底径11.2、高11.2厘米（图二三，2）。

陶罐　1件。M17：3，夹砂灰陶。侈口，厚圆唇，束颈，圆肩，鼓腹，下腹斜收，平底。肩部饰两周凹弦纹。口径10.6、最大腹径18.8、底径10、高12.9厘米（图二三，3）。

陶钵　2件。M17：4，夹砂灰陶。敛口，方唇，折腹，圜底。口径19.6、高5.2厘米（图二三，4）。M17：5，夹砂灰陶。敞口，圆唇，折腹，下腹斜收，平底略上凹。口径19.5、底径7、高7.6厘米（图二三，5）。

M18　随葬器物有陶钵。

陶钵　1件。M18：1，夹砂灰陶。敛口，圆尖唇，弧腹，平底。口径20、底径12.6、高9厘米（图二三，6）。

M20　随葬器物有陶灯、陶釜、陶鸡、陶鱼、钱币。

陶釜　1件。M20：2，夹砂灰褐陶。敛口，方唇，曲腹，平底。下腹饰一周戳印纹。口径27.6、最大腹径28.7、底径17.8、高13.5厘米（图二四，2）。

陶灯　1件。M20：1，夹砂灰黑陶。分上下两层灯盘。上层灯盘较深，近直口，圆尖唇，直腹，平底。下接灯柄。灯柄连接下层浅灯盘。下层灯盘敞口，圆尖唇，斜直腹。下接喇叭状灯座，柄中空。上层灯盘口沿下饰一周凹弦纹。口径8.4、足径12.4、高

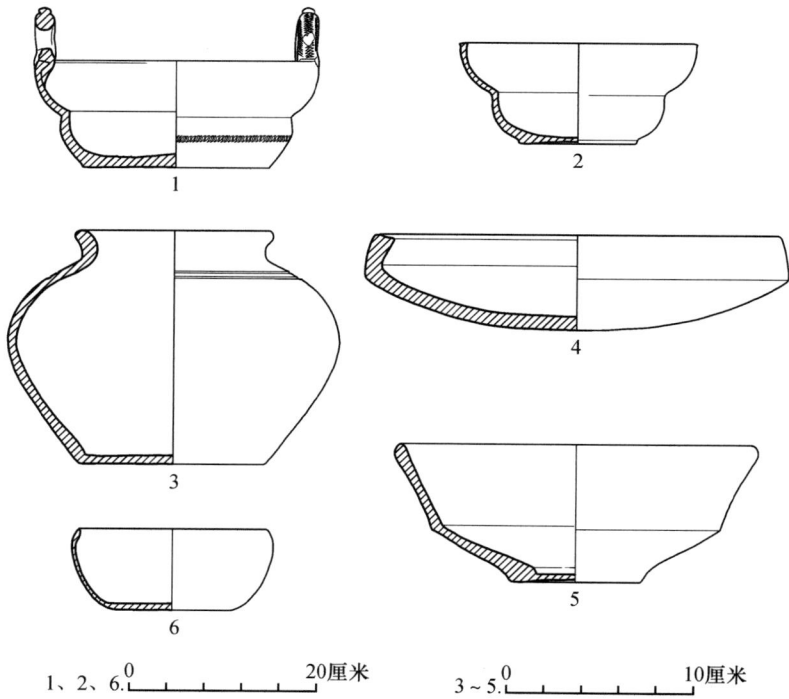

1、2、6. 0 ———————— 20厘米   3~5. 0 ———————— 10厘米

图二三　M17、M18出土陶器

1、2.釜（M17：1、M17：2）　3.罐（M17：3）　4~6.钵（M17：4、M17：5、M18：1）

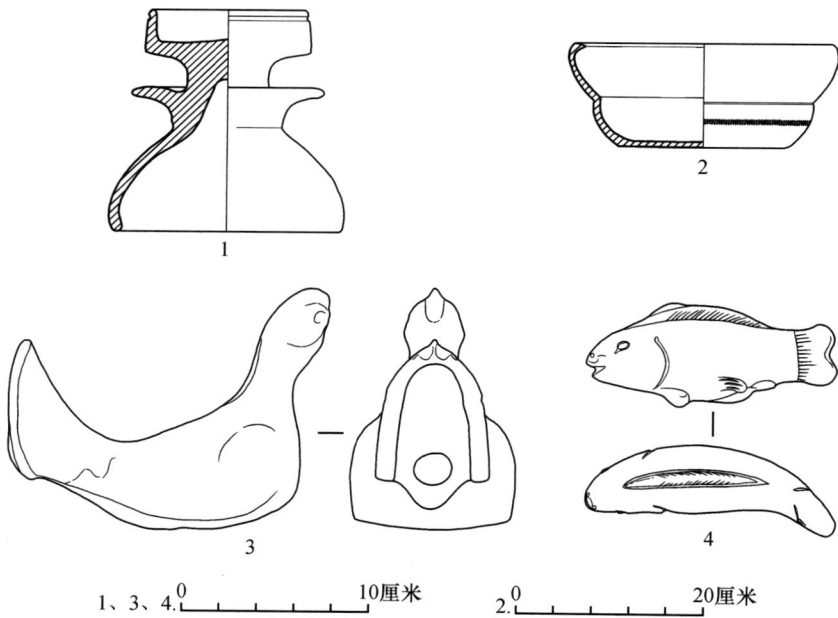

1、3、4. 0 ———————— 10厘米   2. 0 ———————— 20厘米

图二四　M20出土陶器

1.灯（M20：1）　2.釜（M20：2）　3.鸡（M20：3）　4.鱼（M20：4）

12.3厘米（图二四，1）。

陶鸡　1件。M20：3，夹砂灰陶。昂首，尖喙，圆眼，长颈，敛翼，扬尾，双足残。长17、宽8.8、残高13.1厘米（图二四，3）。

陶鱼　1件。M20：4，夹砂灰陶。张嘴，椭圆眼，背鳍和腹鳍凸出，摆尾，细节刻画清晰。长13.3、宽3.7、高5.6厘米（图二四，4）。

剪轮五铢　2枚。M20：5、M20：6，无郭，"五铢"二字模糊不清。直径1.9～2.1、穿宽1.1厘米（图四一，10、11）。

五铢　4枚。M20：7、M20：8、M20：9、M20：10，直径2.6、穿宽1.1厘米（图四三，2～5）。M20：7、M20：8、M20：10，"朱"字的上部呈圆弧形弯折。M20：9，"朱"字的上部呈直弯折。

M26　随葬器物有陶钵、陶罐、铜灯。

陶罐　1件。M26：2，泥质红褐陶。直口，方唇，束颈，溜肩，弧腹，下腹斜收，平底略上凹。口部饰一周凹弦纹，肩部饰两周凹弦纹。口径9.2、最大腹径18.2、底径11.2、高24.8厘米（图二五，2）。

陶钵　2件。M26：1，夹砂灰陶。敛口，尖唇，弧腹，矮圈足。口沿下饰两周凹弦纹和一周凸棱。口径18、足径10.4、高9.2厘米（图二五，1）。M26：3，夹砂灰陶。侈口，尖唇，弧腹，矮圈足。口沿下饰一周凹弦纹。口径14.8、足径8.2、高6.8厘米（图二五，3）。

铜灯　1件。M26：4，器身呈盏状。敞口，厚方唇，斜直腹，平底，底部中间附加一圆柱。下有三个对称的桶状足。器身一侧附加条状把手，横截面呈椭圆形。把手上饰有纹饰，因锈蚀变模糊。口径8.4、底径7.4、通高9.2厘米（图二六）。

M28　随葬器物有陶罐、陶钵、陶俑、铜手镯、铜戒指、钱币等。

陶罐　5件。M28：17，夹砂灰陶。侈口，方唇，束颈，肩部略折，弧腹，下腹斜收，平底。肩上饰两周凹弦纹和一周凸棱纹，腹部饰一周凹弦纹和一周戳印纹。口径12.4、最大腹径23.6、底径12.2、高23厘米（图二七，2）。M28：18，泥质灰陶。侈口，卷沿，圆唇，束颈，圆肩，圆鼓腹斜收，平底略上凹，内底略上凸。肩部饰一周凹弦纹。口径10.4、最大腹径16.7、底径8.6、高16.7厘米（图二七，3）。M28：20，泥质灰陶。侈口，卷沿，圆唇，束颈，圆肩，圆鼓腹斜收，平底略上凹，内底略上凸。肩部饰一周凹弦纹。口径9.5、最大腹径16、底径9.4、高15厘米（图二八，1）。M28：21，泥质灰陶。侈口，卷沿，圆唇，束颈，圆肩，圆鼓腹斜收，平底，内底凹凸不平。肩部饰一周凹弦纹。口径9.6、最大腹径15.8、底径9.2、高15.8厘米（图二八，2）。M28：19，泥质灰陶。侈口，方唇，束颈，溜肩，鼓腹，下腹内收，平底略上凹，内底略上凸。肩部饰一周凹弦纹。口径15.1、最大腹径18.5、底径11.2、高12.2厘米（图二七，4）。

陶钵　4件。M28：1，夹砂褐陶。敛口，圆尖唇，折腹，上弧腹，下腹微束，平底略上凹。上腹饰一周凹弦纹，内底印有四叶花瓣纹。口径19.6、底径9.2、高7.2

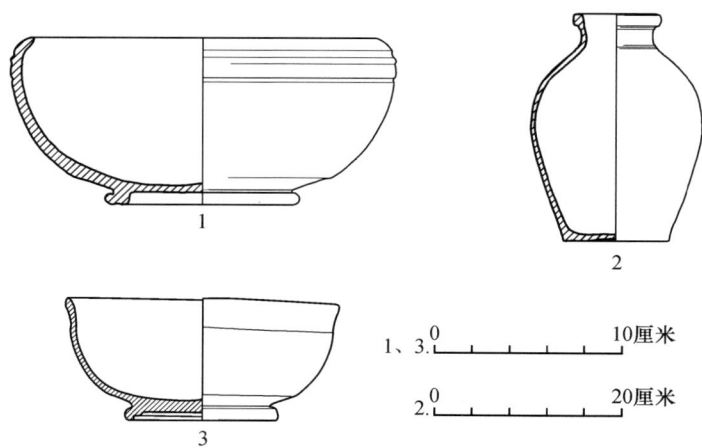

图二五　M26出土陶器

1、3.钵（M26∶1、M26∶3）　2.罐（M26∶2）

图二六　M26出土铜灯

（M26∶4）

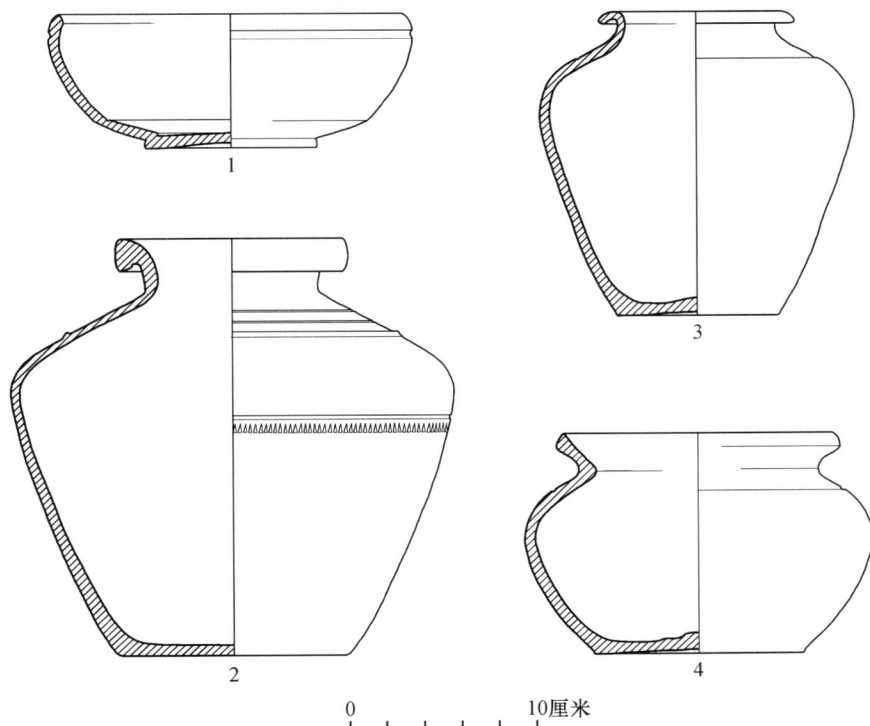

图二七　M28出土陶器

1. 钵（M28：16）　2~4. 罐（M28：17、M28：18、M28：19）

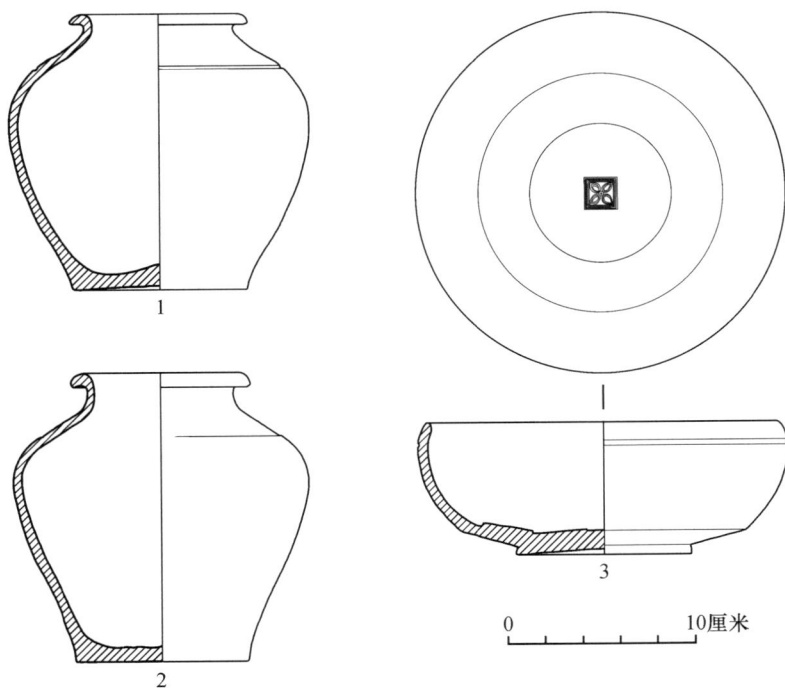

图二八　M28出土陶器

1、2. 罐（M28：20、M28：21）　3. 钵（M28：22）

厘米（图二九）。M28：14，泥质灰陶。敛口，圆尖唇，折腹，上弧腹，下腹微束，平底。上腹饰一周凹弦纹，内底印有四叶花瓣纹。口径20.4、底径11.4、高7.6厘米（图三〇）。M28：16，夹砂灰陶。敛口，圆尖唇，折腹，上弧腹，下腹微束，平底略上凹。上腹饰一周凹弦纹。口径18.2、最大腹径19.4、底径9.2、高7.4厘米（图二七，1）。M28：22，夹砂灰陶。敛口，圆尖唇，折腹，上弧腹，下腹微束，平底略上凹。上腹饰一周凹弦纹，内底印有四叶花瓣纹。口径18.8、最大腹径19.8、底径9.4、高7.3厘米（图二八，3）。

陶吹笛俑　1件。M28：2，夹砂褐陶。面带微笑，额头高耸，高鼻阔嘴，眼部模糊。坐姿，双手持笛，手指按笛孔作直吹笛状。头戴平上帻，服饰模糊不清。高25.6厘米（图三一）。

陶舞蹈俑　1件。M28：4，夹砂褐陶。头后仰，脸向右侧偏，额头高耸，高鼻，阔嘴，细眉，圆眼，面带微笑。站立起舞状，右臂弯曲上举作抛袖状，左手提裙于左侧，双脚分立，左腿微曲。身着右衽长袍，束腰。高36厘米（图三二）。

陶俳优俑　1件。M28：5，夹砂褐陶。男性，眉骨突出，圆眼，面部表情夸张，咧嘴笑，上身袒露，双乳下垂，腹部圆鼓，上身长，下身短。蹲坐，头向左歪，左手执鼓于腰部，右手执鼓槌。头戴平上帻，下身模糊不清。高18.3厘米（图三三）。

陶执团扇俑　1件。M28：8，夹砂褐陶。面带微笑，高鼻，厚唇，圆眼。坐姿，左手执团扇于胸前。头戴巾帻。身着右衽长袍，束腰。高26.8厘米（图三四）。

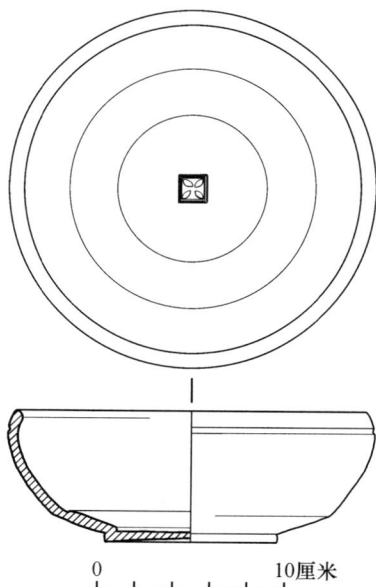

图二九　M28出土陶钵
（M28：1）

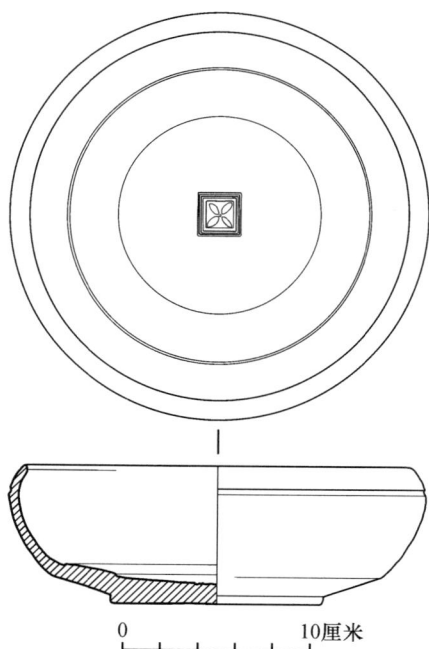

图三〇　M28出土陶钵
（M28：14）

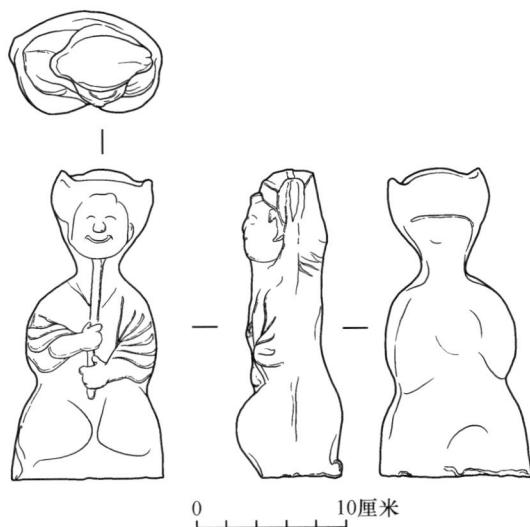

图三一　M28出土陶吹笛俑
（M28：2）

图三二　M28出土陶舞蹈俑
（M28：4）

图三三　　M28出土陶俳优俑
（M28：5）

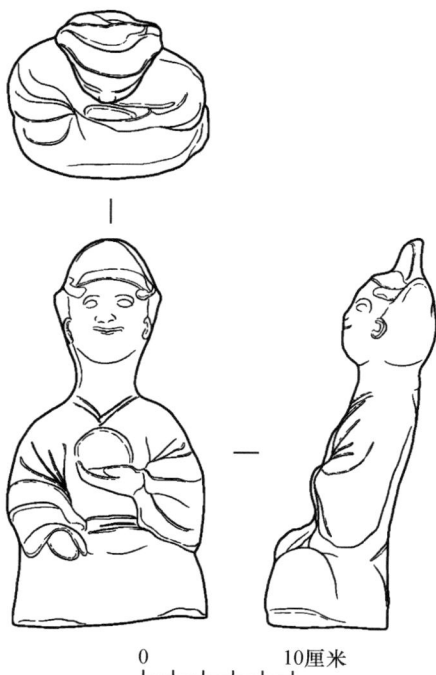

图三四　　M28出土陶执团扇俑
（M28：8）

　　陶执绳提桶俑　1件。M28：11，夹砂褐陶。面带微笑，高鼻，厚唇，双眼模糊。站立，右手执绳于胸前，左手提水桶。头戴巾帻，正面衣着模糊不清，束腰。高31厘米（图三五）。

　　陶庖厨俑　1件。M28：12，夹砂褐陶。面带微笑，高鼻，厚唇，双眼模糊。坐姿，身前置一食物。头戴巾帻，身着右衽长袍，束腰。高28.4厘米（图三六）。

　　陶执锸握刀俑　1件。M28：15，夹砂褐陶，保存状况较差，出土时俑头已从俑身上掉落。圆眼，粗眉，大鼻，厚唇，站立，右手执锸于胸前，左手握环首刀于身体左侧，双腿分立。头戴平帻，身着右衽长袍，束腰。高55厘米（因破损严重，修复后又破损，无法绘图）。

　　陶狗　1件。M28：3，泥质褐陶。头朝正前方，双耳竖立，鼻凸大，面颊皱起，颈部粗短，躯体粗壮。呈蹲坐状，身体微向左倾。高26.7厘米（图三七）。

　　陶马　1件。M28：6，夹砂灰陶。由马头和马身两部分扣合而成，昂首，直耳呈三角形，张嘴露牙，鼻孔凸露，突眼注视前方，五官轮廓清晰。马身膘壮，直颈，颈微向左斜，臀部微上翘，马腿粗壮，呈行走状。高35.5厘米（图三八）。

　　陶鸡　3件。M28：7，夹砂灰褐陶。平头，尖喙，圆眼，长颈，敛翼，垂尾，站立状。长21、高18.5厘米（图三九，1）。M28：9，夹砂灰陶。低头，尖喙，圆眼，长颈，敛翼，翘尾，站立状。长19.8、高20厘米（图三九，2）。M28：10，夹砂灰陶。低

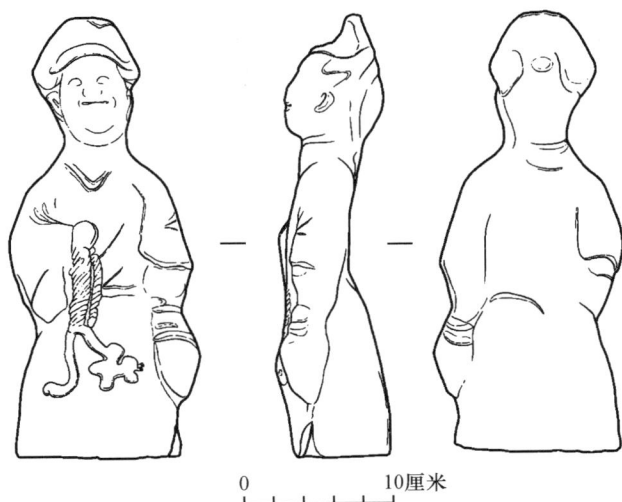

图三五　M28出土陶执绳提桶俑
（M28：11）

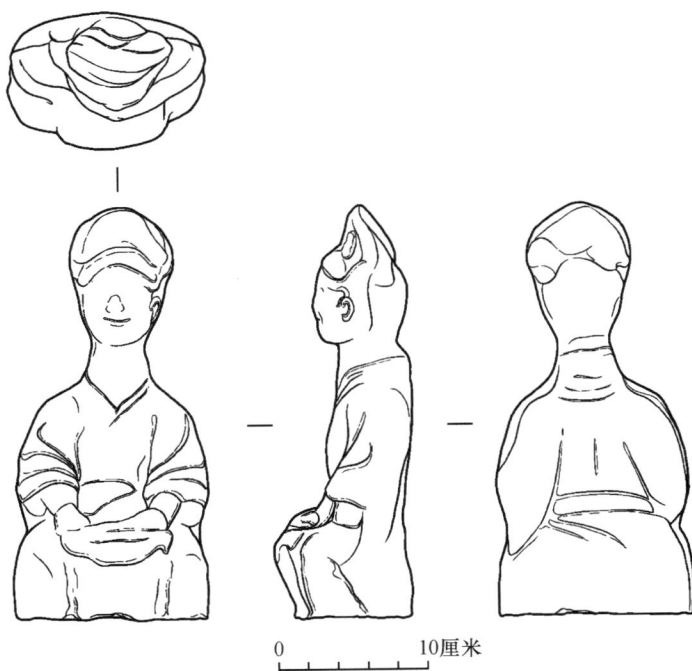

图三六　M28出土陶庖厨俑
（M28：12）

图三七　M28出土陶狗

（M28：3）

图三八　M28出土陶马

（M28：6）

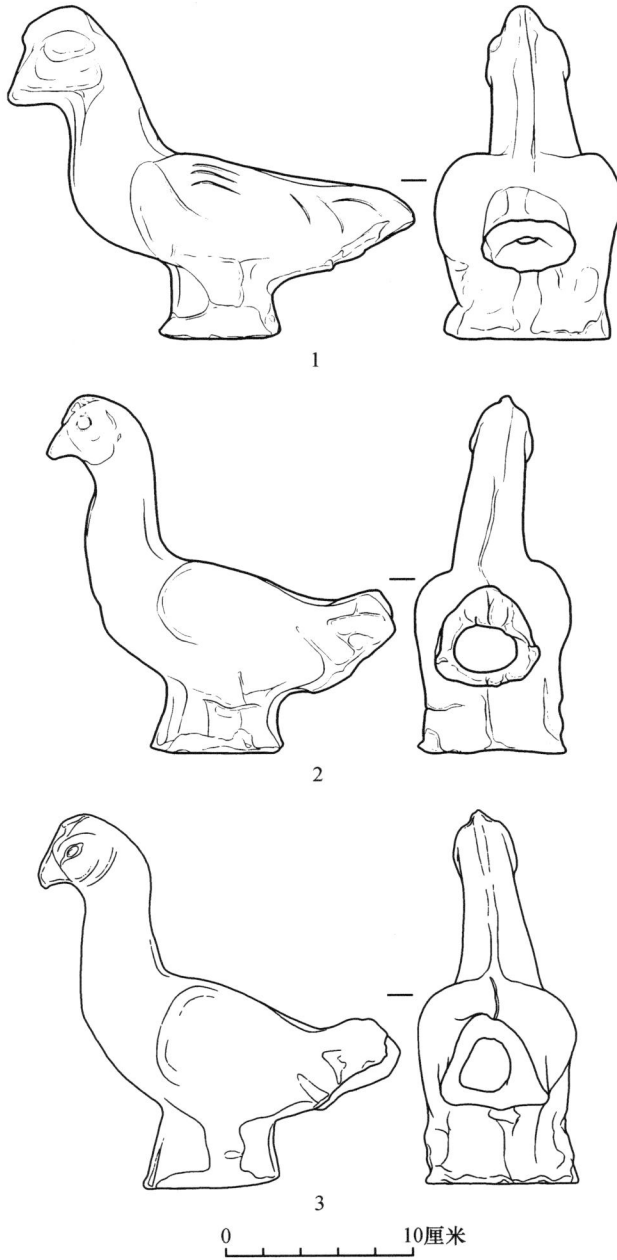

图三九　M28出土陶鸡

1. M28：7　2. M28：9　3. M28：10

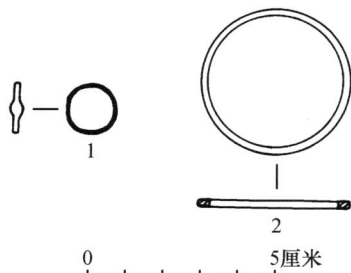

图四〇　M28出土铜器

1. 戒指（M28：24）　2. 手镯（M28：23）

头，尖喙，椭圆眼，长颈，敛翼，翘尾，站立状。长19.3、高20.5厘米（图三九，3）。

铜手镯　1件。M28：23，平面呈圆形。直径3.9厘米（图四〇，2）。

铜戒指　1件。M28：24，平面呈圆形。直径1.4厘米（图四〇，1）。

五铢钱　7枚。M28：31～M28：37，直径2.5～2.6、穿宽1.1厘米（图四三，6～12）。M28：32、M28：34、M28：35、M28：36，"朱"字的上部呈圆弧弯折。M28：31、M28：33、M28：37，"朱"字的上部呈直角弯折。

货泉　3枚。M28：26、M28：28、M28：29，有郭，正面篆书"货泉"二字。直径2～2.1、穿宽0.8厘米（图四一，5、7、8）。

大泉五十　1枚。M28：25，有郭，正面篆书"大泉五十"四字。直径2.3、穿宽1厘米（图四一，4）。

布泉　1枚。M28：27，有郭，正面篆书"布泉"二字。直径2.5、穿宽1厘米（图四一，6）。

"工"字纹五铢　1枚。M28：30，有郭，正面下部有一个"工"字。直径2.4、穿宽1厘米（图四一，12）。

三、典型器物的类型学分析

随葬器物中，以陶罐、陶钵、五铢钱的形制变化最为显著，可以进行类型学分析。

陶罐　18件。根据口、领、腹形态的不同，分成二型。

A型　6件。直口，鼓腹。根据肩部的不同，分为三亚型。

Aa型　4件。鼓肩。M1：3、M2：2、M13：2、M13：3。

Ab型　1件。圆肩。M15：1。

Ac型　1件。溜肩。M26：2。

B型　12件。侈口。根据腹部的不同，分为三亚型。

Ba型　5件。圆腹、弧腹。M1：5、M7：2、M8：4、M8：5、M28：19。

Bb型　3件。鼓腹。M4：1、M4：2、M17：3。

Bc型　4件。斜直腹。M28：17、M28：18、M28：20、M28：21。

陶钵　22件。根据腹部形态的不同，分为四型。

A型　8件。弧腹。根据有无足，分为二亚型。

Aa型　4件。平底。M7：1、M14：1、M15：2、M18：1。

Ab型　4件。圈足。M4：3、M12：1、M26：1、M26：3。

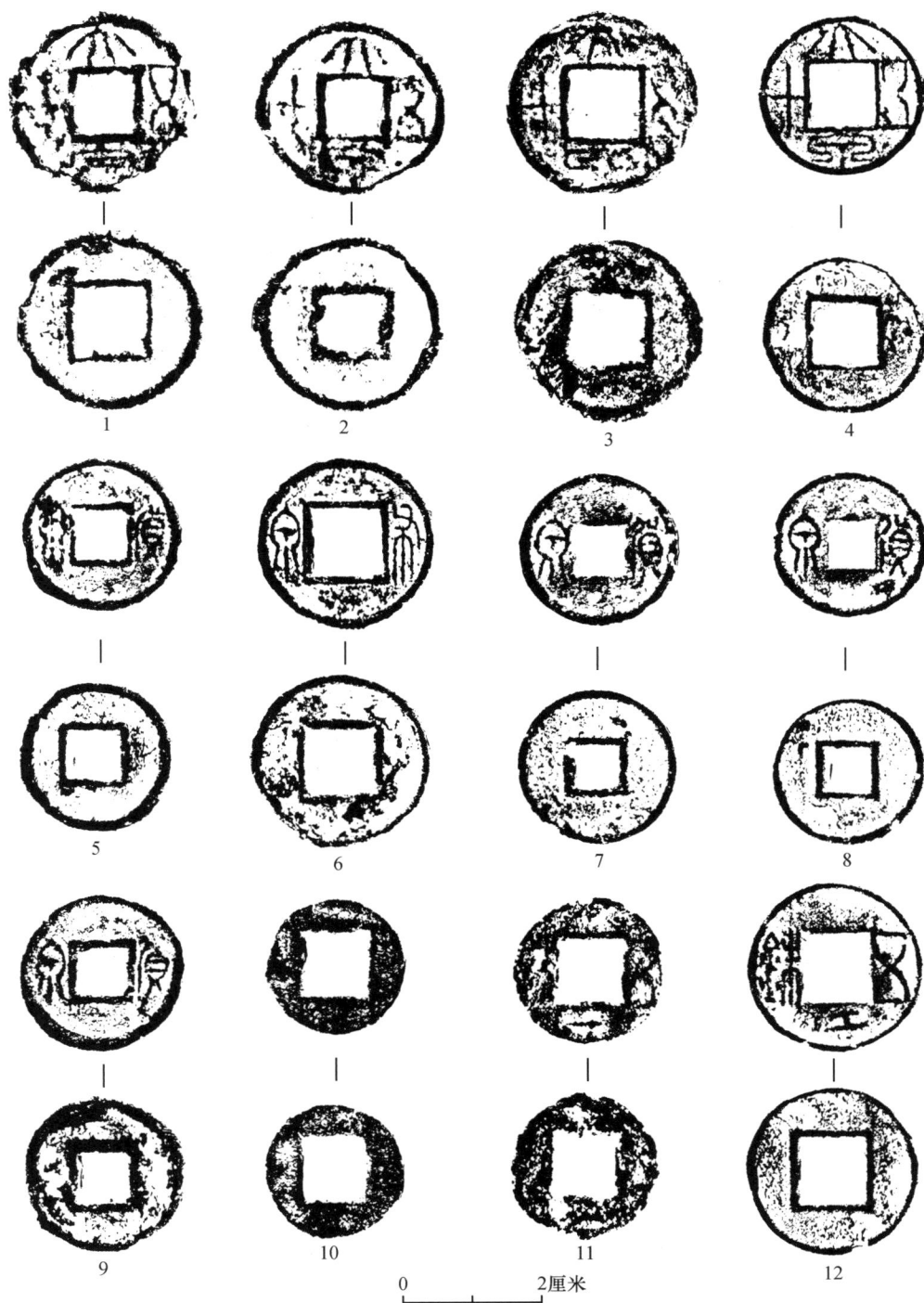

图四一 钱币拓片

1~4. 大泉五十（M1：6、M1：7、M1：8、M28：25） 5、7~9. 货泉（M28：26、M28：29、M28：28、
M13：5） 6. 布泉（M28：27） 10、11. 剪轮五铢（M20：5、M20：6） 12. "工"字纹五铢（M28：30）

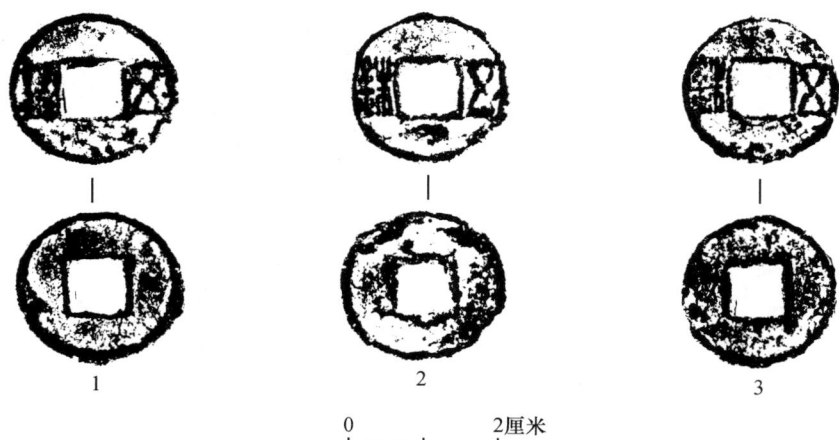

图四二　五铢钱拓片
1. M13∶6　2. M13∶7　3. M13∶8

B型　12件。折腹。根据有无足，分为二亚型。

Ba型　6件。平底。M1∶2、M2∶1、M2∶3、M2∶4、M2∶15、M17∶5。

Bb型　6件。饼足。M8∶1、M8∶2、M28∶1、M28∶14、M28∶16、M28∶22。

C型　1件。浅折腹。M17∶4。

D型　1件。曲腹。M11∶2。

五铢钱　17枚。根据有无郭，分为二型。

A型　15枚。有郭五铢。依据尺寸和钱纹的不同，分为三亚型。

Aa型　3枚。直径2.1～2.2厘米，明显小于其他墓葬出土的五铢。M13∶6、M13∶7、M13∶8。

Ab型　8枚。"朱"字的上部呈圆弧形弯折。M2∶18、M20∶7、M20∶8、M20∶10、M28∶32、M28∶34、M28∶35、M28∶36。

Ac型　4枚。"朱"字的上部呈直角弯折。M20∶9、M28∶31、M28∶33、M28∶37。

B型　2枚。剪轮五铢。M20∶5、M20∶6。

四、结　语

墓葬后期盗扰十分严重，出土器物数量较少，我们根据墓葬及随葬器物的形制对年代做出初步判断。根据墓葬及随葬器物的形制，大致分为三组。

第一组：墓葬形制有B型。墓葬有M1、M2、M20。出土器物主要陶灯、陶罐、陶钵等。

第二组：墓葬形制有Ac型。墓葬有M4、M17、M21、M22、M28。出土器物主要

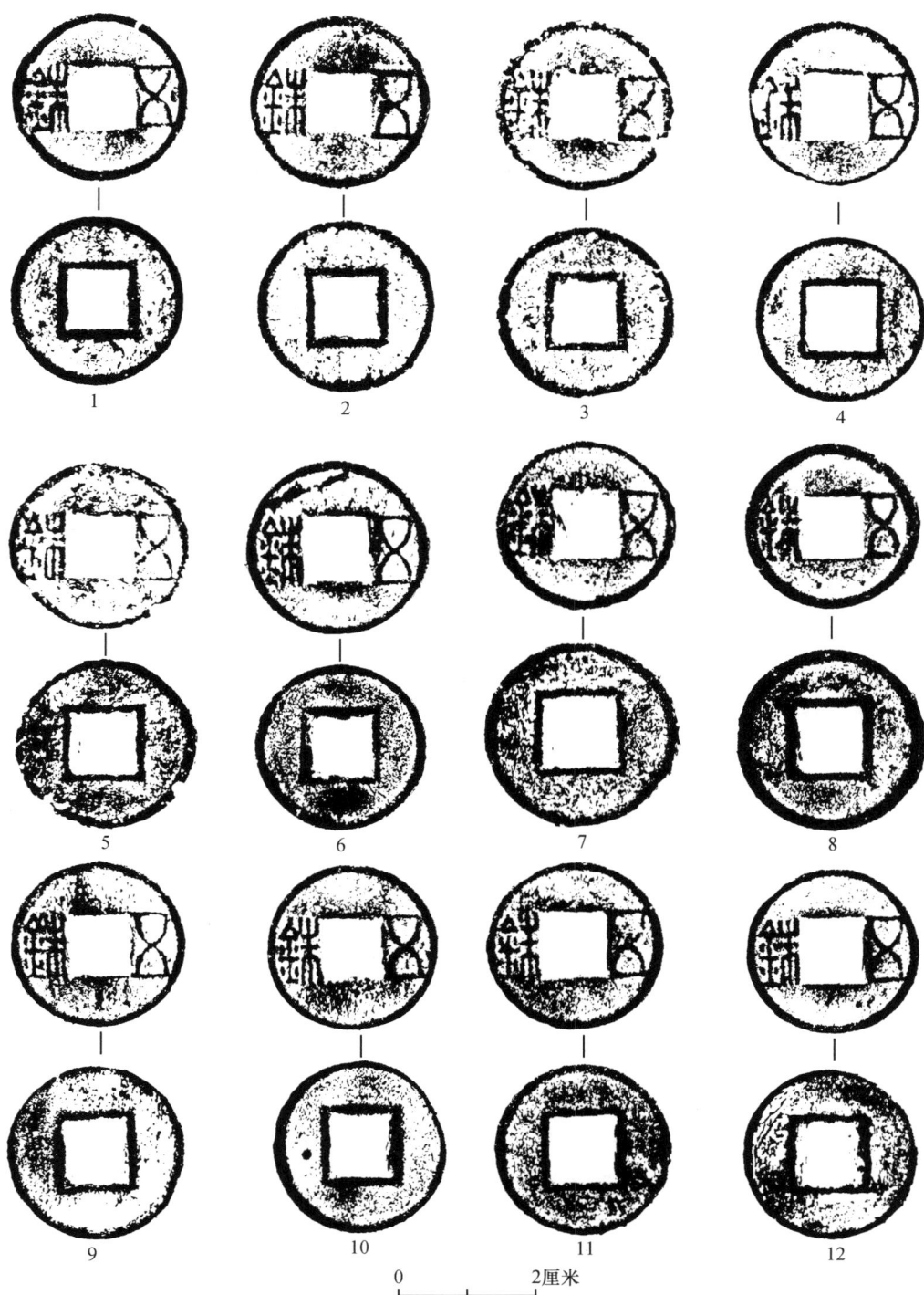

图四三 五铢钱拓片

1. M2：18　2. M20：7　3. M20：8　4. M20：9　5. M20：10　6. M28：31　7. M28：32　8. M28：33
9. M28：34　10. M28：35　11. M28：36　12. M28：37

是陶钵、陶罐等。

第三组：墓葬形制Aa型和Ab型。墓葬有M3、M5～M7、M9～M15、M18、M19、M23、M26。出土器物有陶罐、陶钵、青瓷盘口罐等。

古井坎地点发现的26座崖墓可大致分为三类，第一类形制较为复杂，规模较大，为多墓室，附带雕刻、灶台、棺龛、侧室等附属设施；第二类形制比较简单，规模较小，为单室墓，带有壁龛、雕刻、棺龛、侧室等附属设施；第三类形制特别简单，规模则特别小，为单室墓，无附属设施。根据四川地区崖墓发展演变的规律[1]，可以大致推断出古井坎崖墓群兴建于东汉晚期。

随葬器物中M1、M2、M17中出土的Ba型陶钵与华阳田家寺墓地M17中出土的Aa型陶钵[2]形制十分接近，M17、M20中出土的陶釜与华阳田家寺墓地M33出土的陶釜[3]形制十分接近，M8、M28中出土的Bb型陶钵与华阳田家寺墓地M33中出土的Bb型陶钵形制十分接近。华阳田家寺墓地M17、M33的时代为东汉晚期。根据对绵阳崖墓中出土青瓷器的研究，M13出土青瓷盘口壶，推测M13的年代大致在两晋之交时期。

从出土钱币来看，Ab型和Ac型五铢钱沿用时间较长，贯穿整个东汉时期，Aa型五铢钱与绵阳双碑白虎嘴崖墓M38中出土的刘焉五铢[4]形制接近，B型五铢的年代则比较明确，主要流行于东汉晚期。

综合墓葬形制、出土器物等因素，我们认为古井坎崖墓群的时代上限为东汉晚期，下限为两晋时期。

领队：谢　涛

发掘：程立文　谢　涛　倪林忠

绘图：孙志辉　倪林忠

拓片：戴福尧　严　斌

执笔：程立文　谢　涛　陆韵羽　仰飞龙
　　　郑伟杰

注　释

［1］　罗二虎：《四川崖墓的初步研究》，《考古学报》1988年第2期。

［2］　成都文物考古研究院、双流区文物保护管理所：《成都华阳田家寺墓地》，文物出版社，2021年，第36页。

［3］　成都文物考古研究院、双流区文物保护管理所：《成都华阳田家寺墓地》，文物出版社，2021年，第85页。

［4］　成都文物考古研究所、绵阳博物馆：《绵阳崖墓》，文物出版社，2015年，第167页。

成都市高新区蛮洞山墓地2020年发掘简报

成都文物考古研究院

为配合新川创新科技园项目Ⅵ-15号地块基本建设，2020年9月上旬成都文物考古研究院对该地块范围进行了文物勘探，发现古代墓群，墓群分布区所在小地名为蛮洞山。蛮洞山为成都平原向龙泉山脉过渡的第一道垄岗，呈东北—西南走向。为配合新程大道、人才公寓项目建设，于2015年、2018年对蛮洞山地点进行了两次发掘[1]。此次发掘区西邻锦翰路、南邻新程大道，东、北与2018年度发掘区相接，中心位置地理坐标为东经104°5′5.3″、北纬30°30′24.3″，海拔479.2～486.5米（图一）。

本次遗迹编号延续2018年度发掘遗迹，2020年9～10月共清理13座墓葬（图二），其中汉代崖墓6座、宋明时期砖石室墓7座，出土较多陶、瓷、铁等各类材质的随葬品。现将蛮洞山墓地2020年发掘情况简报如下。

一、汉代墓葬

汉代墓葬均为崖墓，敞开式墓道均直接开口于近代层下。本次共发掘6座（M15、M39、M43～M46），其中M15、M39于2018年进行了局部清理，此次主要清理墓道。依据崖墓开凿位置可分为上下三层，从上至下，第1层墓葬为M43，第2层墓葬为M15、M39，第3层为M44～M46，其中M43打破M15、M44打破M45。M43仅存墓道及排水设施，其余崖墓均为单室崖墓。下文依次介绍各墓葬，墓葬形制描述方向均为客位表达。

（一）墓葬形制

墓葬形制依据正室平面的不同，分为二型。

A型　2座。长直形正室。包括M15、M39。

M15　近墓门处方向为245°。墓葬由墓道、墓门、甬道、墓室四部分组成（图三）。墓道为敞口式墓道，平面呈梯形，自墓门向外逐渐收窄，两壁竖直，底部大体呈前低后高状，排水沟位于墓道底部左侧，内填充卵石。残长23.45、前宽0.35、后宽1.97、墓表至底深0～3.76米。墓门以砖封门，上部遭破坏，用砖规格不一，有长方形菱形花纹砖、扇形榫卯砖、楔形砖等，错缝横铺15层。墓门门洞宽1.15、高1.95米。施单层半幅门框，宽0.1～0.2、高0.76、厚0.1米。甬道宽1.15、进深0.95、高1.53米。墓室由正室、左侧室组成。正室平面呈长方形，顶部横向平直，纵向前低后高，宽1.85、残进

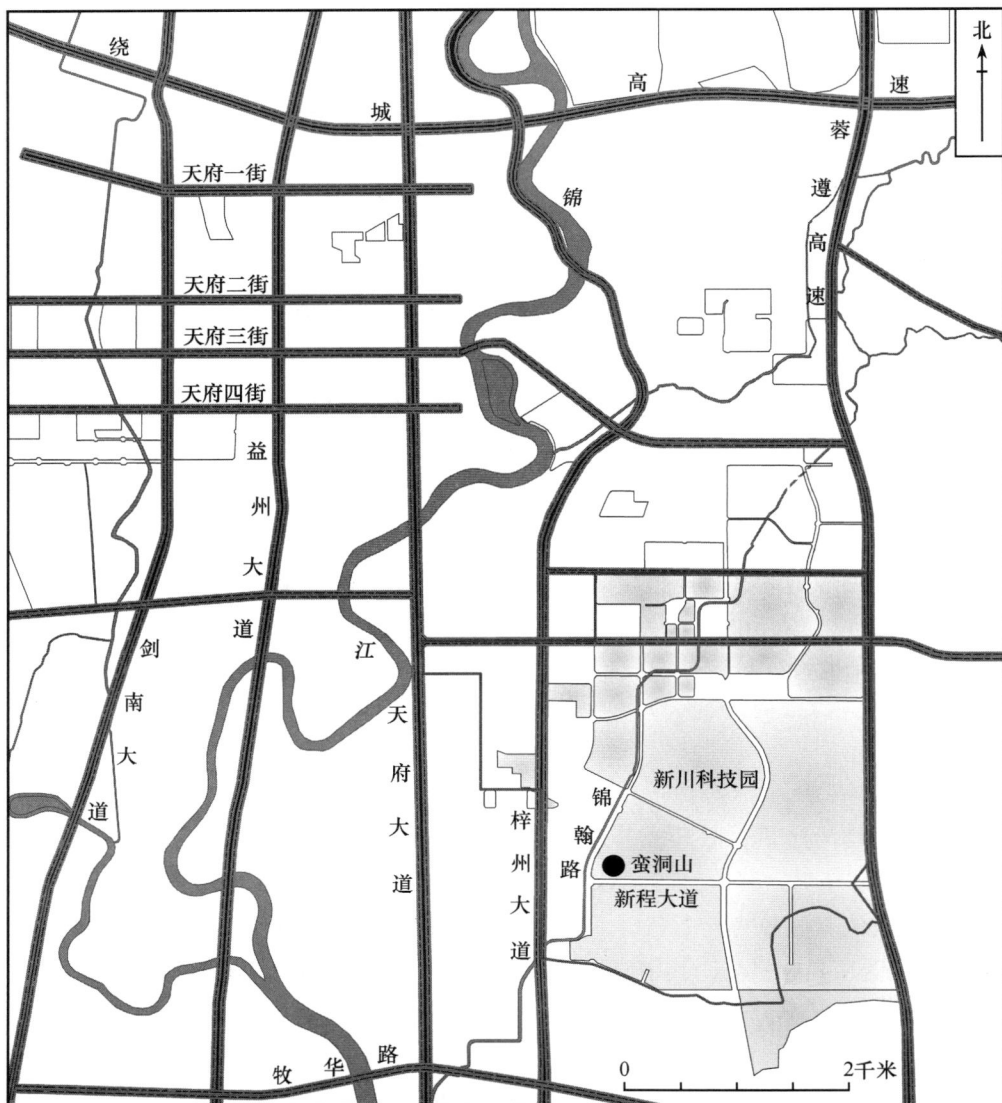

图一　墓地位置示意图

深6.1、高1.53～1.8米。左侧室平面呈长方形，平顶，底部比正室高0.25米，宽2.75、进深3.35、高1.72米。在正室前部发现6具陶棺。

M39　形制同M15，因大部分为2018年发掘，侧室壁面发现"东方""南方"等墨书重要信息，且时代特征突出，该墓材料另文发表。

B型　3座。曲尺形正室。包括M44、M45、M46。

M44　近墓门处方向为230°。墓葬由墓道、墓门、甬道、墓室四部分组成，墓室结构遭破坏（图四）。墓道为敞口式墓道，总体前窄后宽，中间略弯曲，自墓门向外逐渐收窄，两壁竖直，残长22.78、宽0.5～2、墓表至底深0～3.16米，底部前低后高。

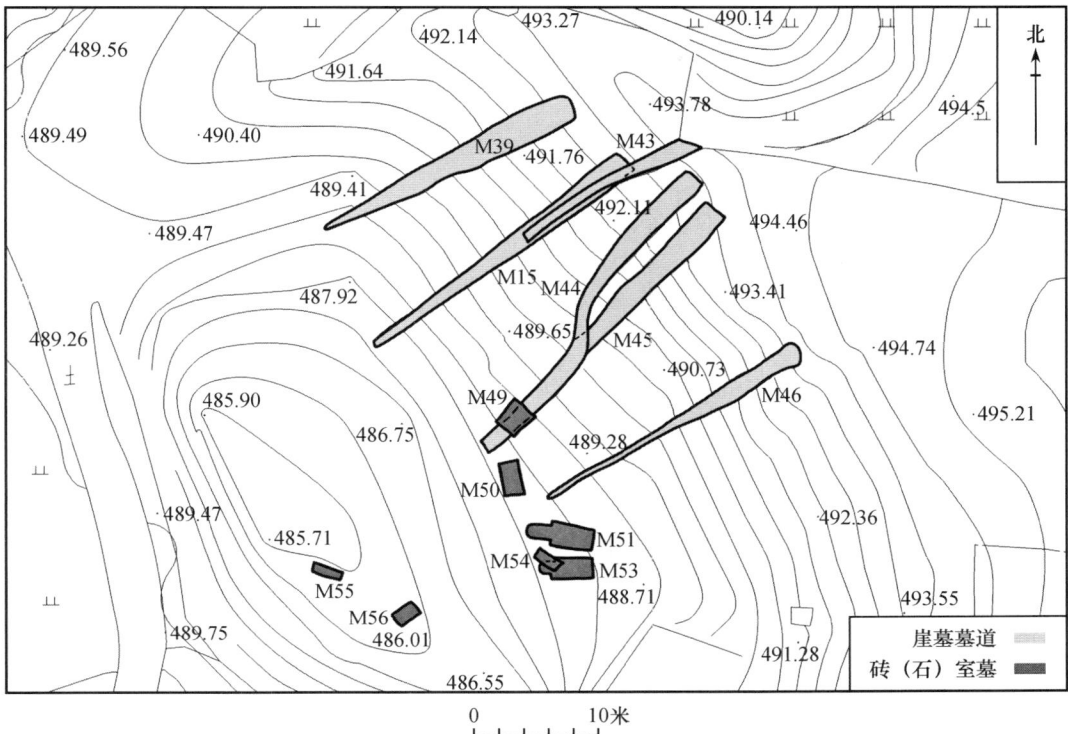

图二　墓葬平面分布示意图

（汉代崖墓仅标出墓道示意）

排水沟位于墓道底部右侧，沟内设施为绳纹陶排水管前后套接。墓门以泥、石封门，上部遭破坏。墓门门洞宽1.16、残高1.45米。无门框。甬道平面呈梯形，前窄后宽，宽1.16～1.3、进深0.62、高1.45～1.52米。墓室正室纵直部分宽1.84、残进深2.7～3.58、高1.8～2.34米，横直部分底部高于纵直墓室0.22米，平面似刀把形，"刀把"区域宽0.7、进深0.76、高1.3米，"刀身"残宽1.08～1.66、进深1.84、高1.94米。

　　M45　近墓门处方向为230°。墓葬由墓道、墓门、甬道、墓室四部分组成（图五）。墓道为敞口式墓道，平面呈梯形，自墓门向外逐渐收窄，两壁竖直，底部依据深度不同分为三段，后段位于近墓门处，为一长方形浅坑，坑底呈台阶式，与墓道同宽，坑长3.14、较中段深0.44、0.34米，中段较平，前段低于中段0.2米，开凿不规则。根据墓道两壁凿痕方向及底部形态，推测墓道首先从后段竖穴开凿，与带天井崖墓天井开凿方式相同，然后从前段向后开凿，前、后两段同时对开，造成中段开凿形态及凿痕方向前后有偏差。排水沟位于墓道底部右侧，沟内设施为绳纹陶排水管前后套接。残长15.7、前宽1.66、后宽0.8米。墓表至底深0～4.62米。墓门以泥、石封门，上部遭破坏。墓门门洞宽0.96、高1.64米。无门框。甬道平面呈梯形，前窄后宽，前宽0.96、进深0.88、高1.64米。墓室包括正室、侧龛、壁龛。正室纵直部分进深2.5米，左壁下部有一壁龛，

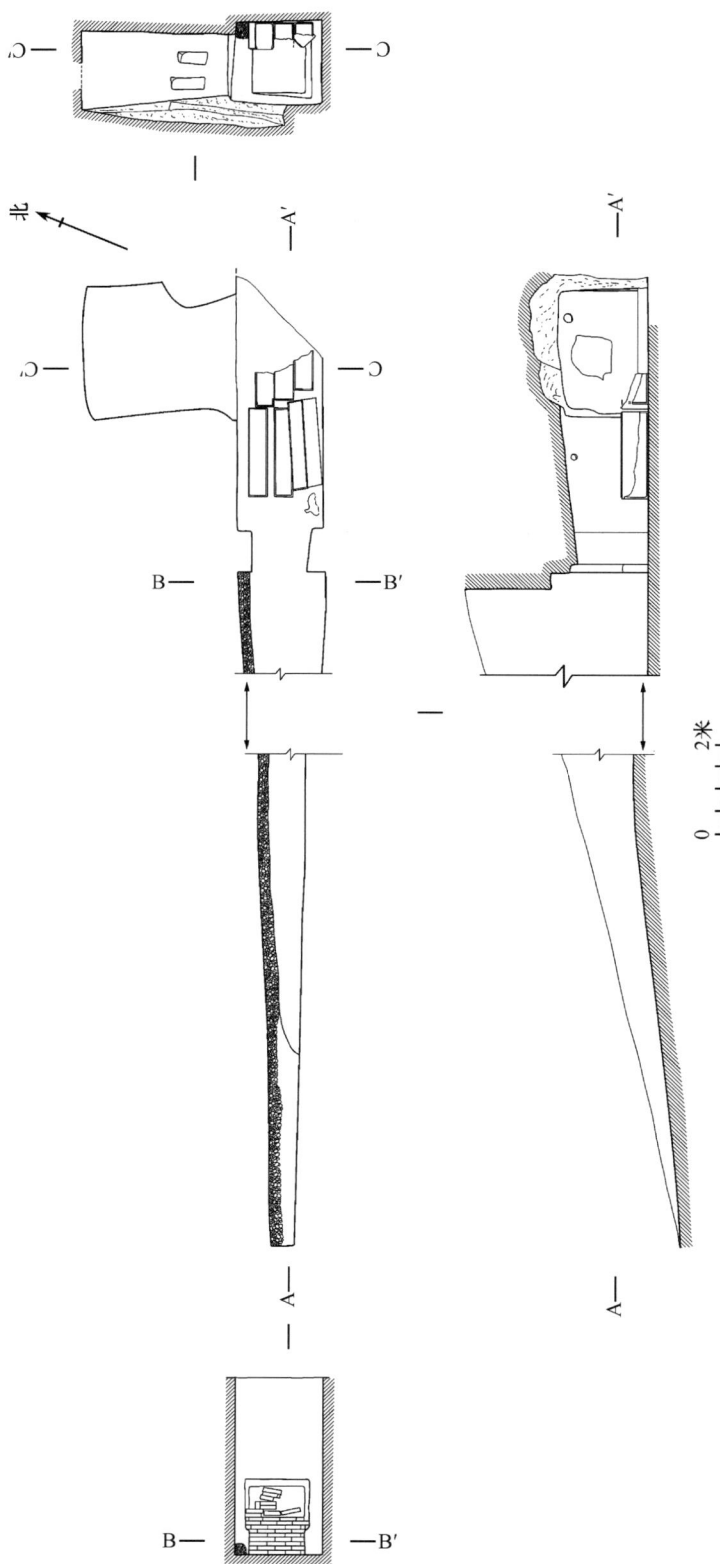

图三 M15平、剖面图

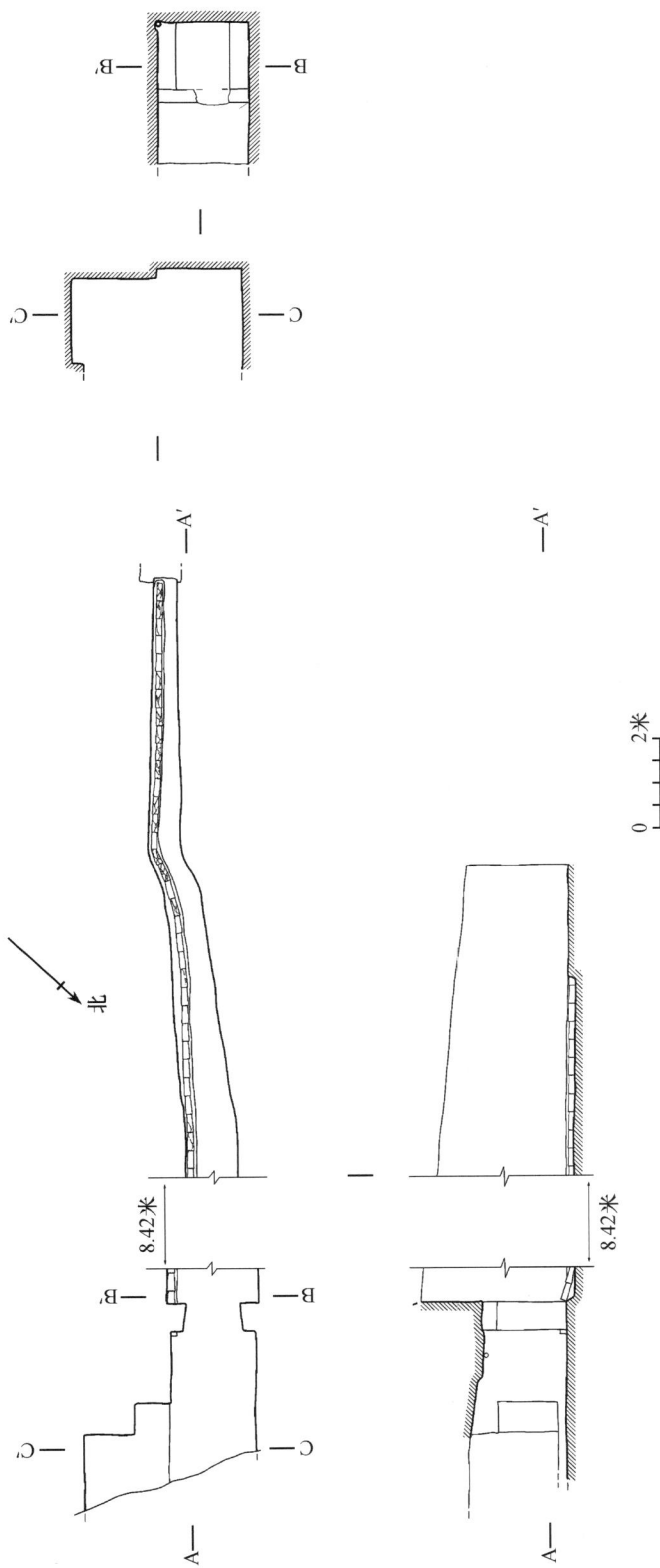

图四 M44平、剖面图

壁龛高于墓底0.3米，宽0.74、进深0.3、高0.38米，横直部分进深3.7、宽1.76～1.8、高1.74～1.78米，后壁有一壁龛，壁龛高于墓底0.78、宽0.66、进深0.3、高0.32米。左侧有一侧龛，高于墓底0.14～0.3、宽2.84～3、进深0.8米。

M46　近墓门处方向为245°。墓葬由墓道、墓门、甬道、墓室四部分组成（图六）。墓道为敞开式墓道，平面呈梯形，自墓门向外逐渐收窄，两壁竖直，残长19.48、前宽0.18、后宽1.72、墓表至底深0～3.08米，底部呈两级台阶式，前低后高。排水沟位于墓道底部右侧，沟内设施为绳纹陶排水管前后套接。墓门以泥、石封门，上部遭破坏。墓门门洞宽1.18、残高1.6米。无门框。甬道平面呈梯形，前窄后宽，宽1.18～1.22、进深0.78、高1.6～1.62米。墓室包括正室、侧龛、壁龛。正室纵直部分宽1.54～1.7、进深3.56～3.6、高1.6～1.7米，横直部分宽1.5、进深3.28、高1.68～1.8米。左侧有一侧龛，高于墓底0.36米，宽1.94、进深1.04、高0.62米。

形制不明墓葬　1座。M43仅存墓道及排水设施，墓室等结构被现代采石坑打破（图七）。墓道近墓口处方向为249°，前部打破M15墓道，为敞开式墓道，前窄后宽，自墓门向外逐渐收窄，略有弯曲，两侧竖直，底部近平，残长15.46、前宽0.46、后宽1.24、墓表至底深0～2.28米。排水沟位于墓道底部左侧，沟内设施为陶排水管前后套接。排水管均为素面炮弹状，剖面呈梯形，前端小口内敛，后端大口略外撇，大多通长34、小口直径8.5、大口直径13.5、壁厚0.64厘米。

（二）出土器物

墓葬已被多次扰乱，出土器物均为残片，在正室前部分布较为集中。出土陶器可辨器形有罐、釜、盆（甑）、钵、耳杯、壶、瓮、房屋模型、水井模型、水管、瓦当等。

1. 陶器

罐　9件。根据口部形态的不同，分为三型。

A型　7件。侈口。M45：1，夹砂灰黑陶。卷沿，尖圆唇，束颈，鼓肩，弧腹斜收，平底略内凹。肩部饰一周凹弦纹。口径12.4、最大腹径20.1、底径10.1、高17.6厘米（图八，1）。M45：16，夹砂灰黑陶。卷沿，圆唇，束颈，鼓肩。肩部饰一周凹弦纹。口径12、残高7.2厘米（图八，4）。M45：17，夹砂灰陶。卷沿，圆唇。口径12、残高2.8厘米（图八，5）。M45：15，夹砂灰陶。卷沿，圆唇，束颈，鼓肩。肩部饰一周凹弦纹。口径12、残高3.4厘米（图八，8）。M46：3，夹砂灰黑陶。卷沿，圆唇。残高1.6厘米（图八，9）。

B型　1件。敛口。M15：1，夹砂灰陶。平唇，圆肩，平底略内凹。肩、腹各饰一周戳点纹。口径10、腹径16.6、底径9.2、高15.3厘米（图八，2）。

C型　1件。直口。M46：2，夹砂灰黑陶。圆唇。口径10、残高2.3厘米（图八，3）。

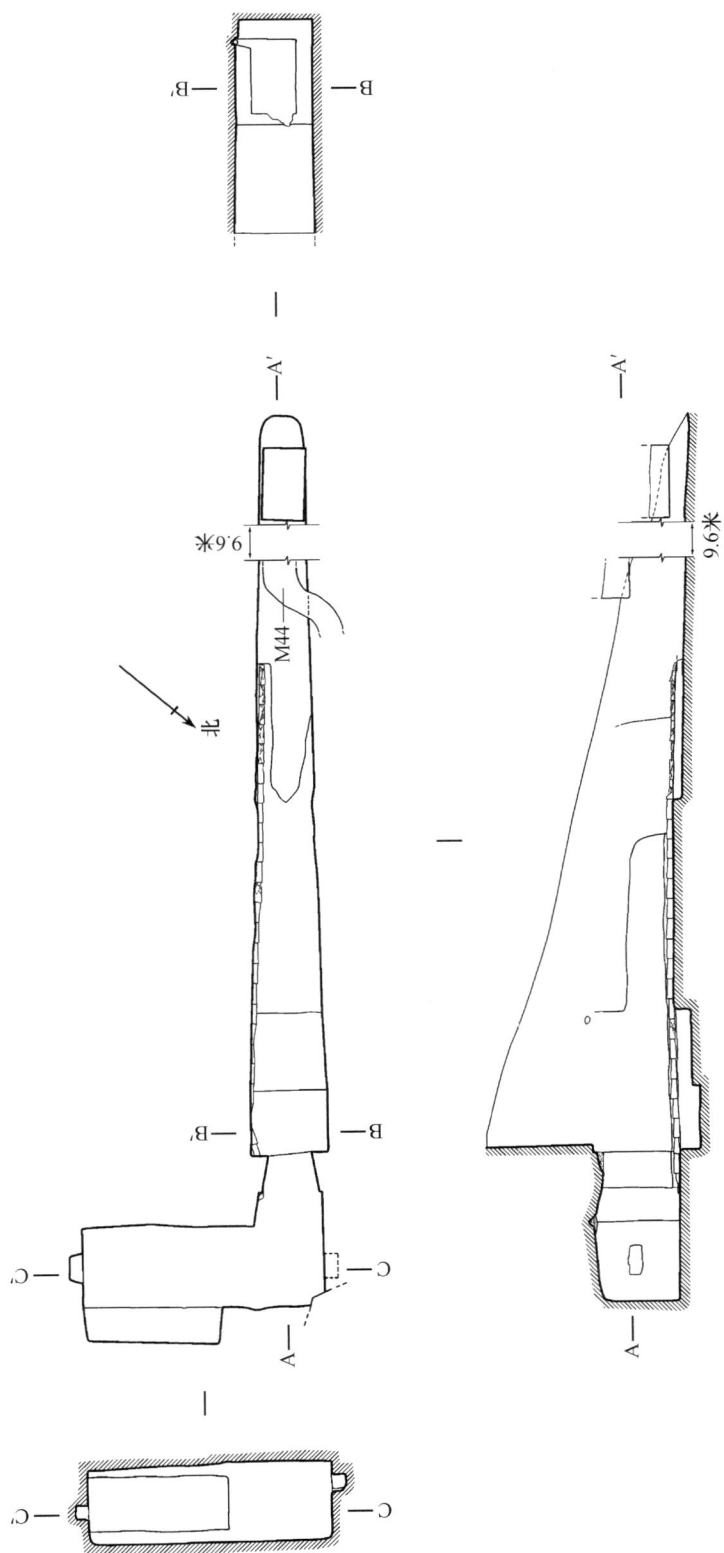

图五　M45平、剖面图

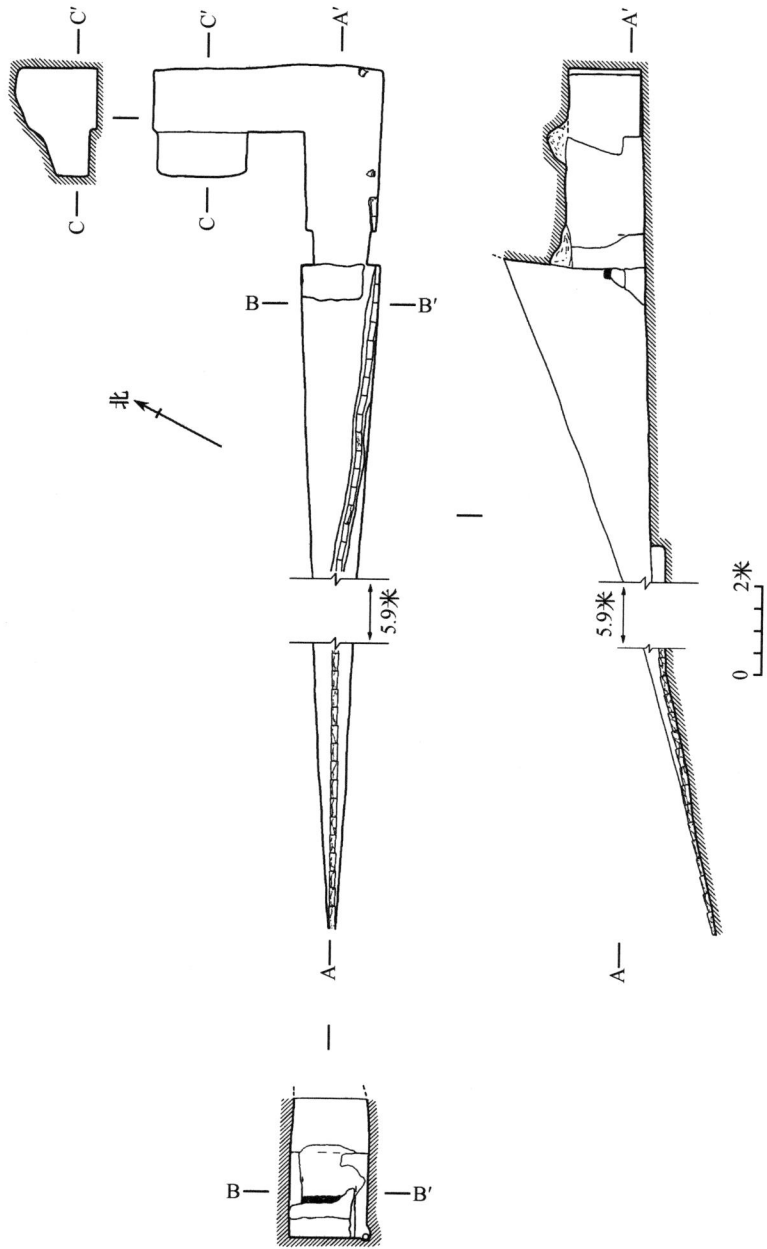

图六　M46平、剖面图

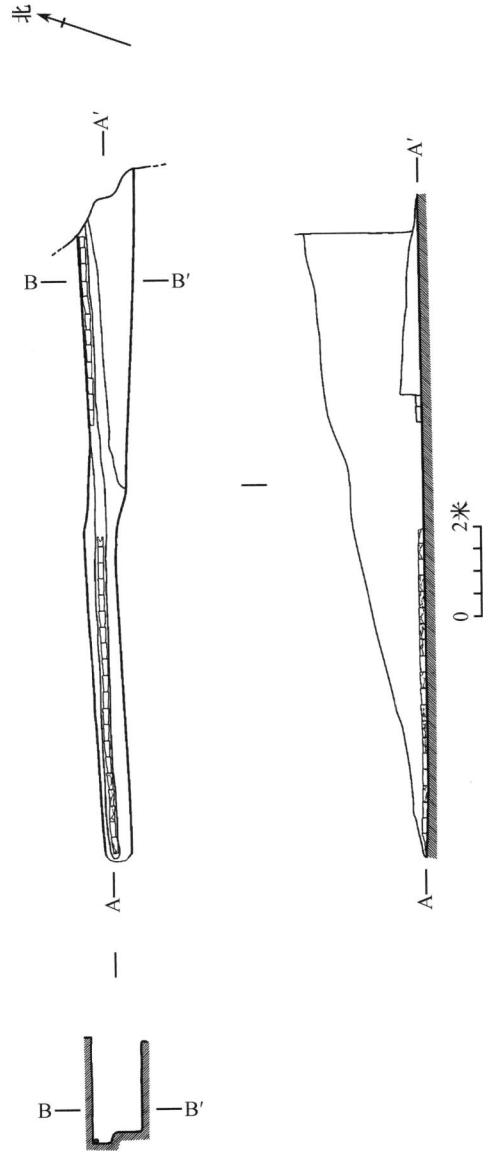

图七 M43平、剖面图

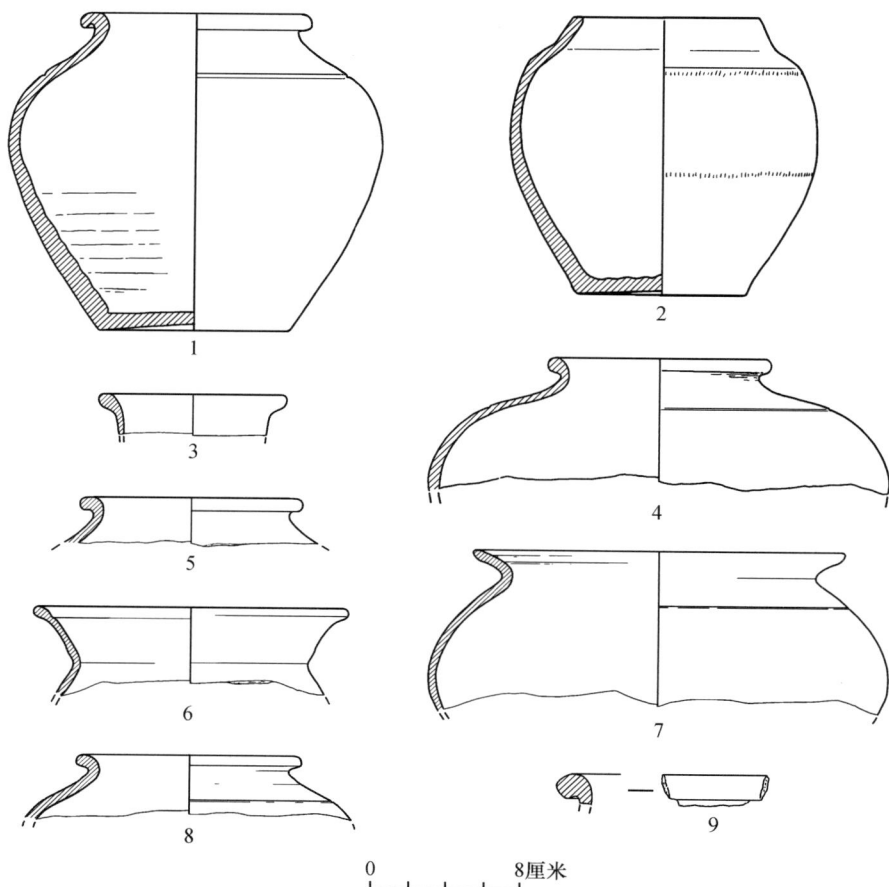

图八　汉代墓葬出土陶罐、釜

1、4、5、8、9.A型罐（M45：1、M45：16、M45：17、M45：15、M46：3）　2.B型罐（M15：1）

3.C型罐（M46：2）　6、7.釜（M46：1、M45：5）

釜　2件。M46：1，夹砂灰陶。侈口，束颈，沿面较宽且有一周凹槽。口径16.8、残高5厘米（图八，6）。M45：5，夹砂灰黄陶。侈口，卷沿，沿面较窄，沿面有两周浅凹槽，尖圆唇，束颈，鼓肩。颈下饰一周凹弦纹。口径20、残高10厘米（图八，7）。

盆（甑）　3件。根据口沿形态的不同，分为二型。

A型　2件。扁折沿。M46：5，夹砂灰陶。沿面略下奓，方圆唇。口径18、残高2厘米（图九，4）。M46：7，夹砂灰陶。沿面略下奓，方唇。颈部有一周凸棱。口径26、残高3.4厘米（图九，6）。

B型　1件。厚折沿。M15：2，夹砂灰陶。方圆唇。残高3.6厘米（图九，5）。

钵　2件。折腹。M45：6，夹砂灰陶。敞口，鼓棱圆唇，折棱居中，上、下腹内收，平底。口径18.4、底径6.6、高7厘米（图九，1）。M46：4，夹砂灰黑陶。敞口，鼓棱圆唇。残高2厘米（图九，2）。

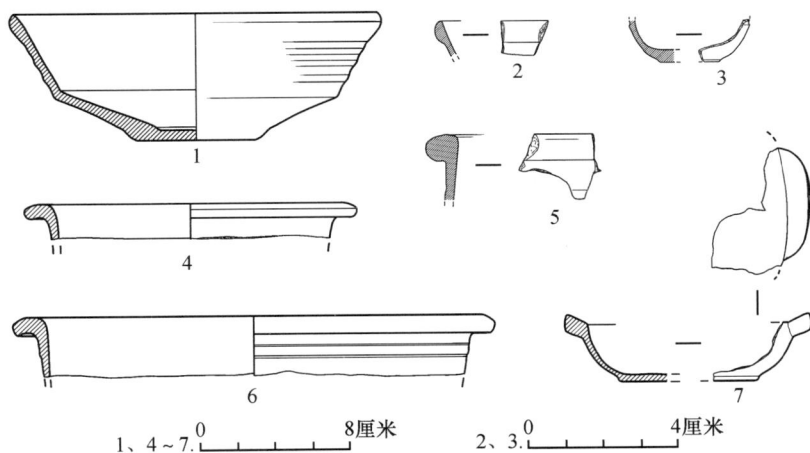

图九　汉代墓葬出土陶钵、耳杯、盆（瓿）

1、2.钵（M45∶6、M46∶4）　　3、7.耳杯（M45∶7、M46∶6）　　4、6.A型盆（瓿）（M46∶5、M46∶7）

5.B型盆（瓿）（M15∶2）

耳杯　2件。均为残片，无复原完整器。M45∶7，泥质磨光黑陶。斜弧腹，底为极矮饼足。残高2.3厘米（图九，3）。M46∶6，泥质磨光黑陶。椭圆口，两耳上翘，斜弧腹，底为极矮饼足。残高3.8厘米（图九，7）。

壶　1件。M45∶9，泥质灰陶，器表可见黑色陶衣。残存颈、肩部。肩部饰兽面铺首，上下饰凸棱。残高14厘米（图一〇，2）。

瓮　2件。M45∶11，夹砂灰黑陶。残见上腹。器表饰方格纹。残高9.2厘米（图一〇，4）。M46∶13，夹砂灰黑陶。残见肩、上腹，折肩。器表饰方格纹。残高7.4厘米（图一〇，5）。

水井模型　1件。M45∶14，夹砂灰陶。残见腹片，直腹。饰一道附加堆纹。残高8.8厘米（图一〇，3）。

房屋模型　2件。均为房屋构件。M45∶12，夹砂灰红陶。扁平状。宽3、残高11、厚1.1厘米（图一〇，6）。M15∶4，夹砂灰陶。中空柱状。残高9、直径4.3厘米（图一〇，7）。

水管　4件。均为夹砂灰陶。根据瓦舌的有无，分为二型。

A型　2件。有瓦舌。瓦身粗细较均匀。M44∶1，夹砂灰陶。子母口瓦舌。器表饰绳纹，内为素面。通长37.3、瓦舌长3.2、直径6.9厘米（图一一，1）。M46∶8，夹砂灰陶。子母口瓦舌。器表饰绳纹，内为素面。残长25、瓦舌长2.2、直径11.5厘米（图一一，4）。

B型　2件。无瓦舌。瓦身截面均为梯形。根据器表有无纹饰，分为二式。

Ⅰ式：1件。饰绳纹。M45∶8，夹砂灰陶。长40.5、直径8～12.8厘米（图一一，2）。

Ⅱ式：1件。素面。M15∶3，夹砂灰褐陶。长33、直径7.5～10.6厘米（图一一，3）。

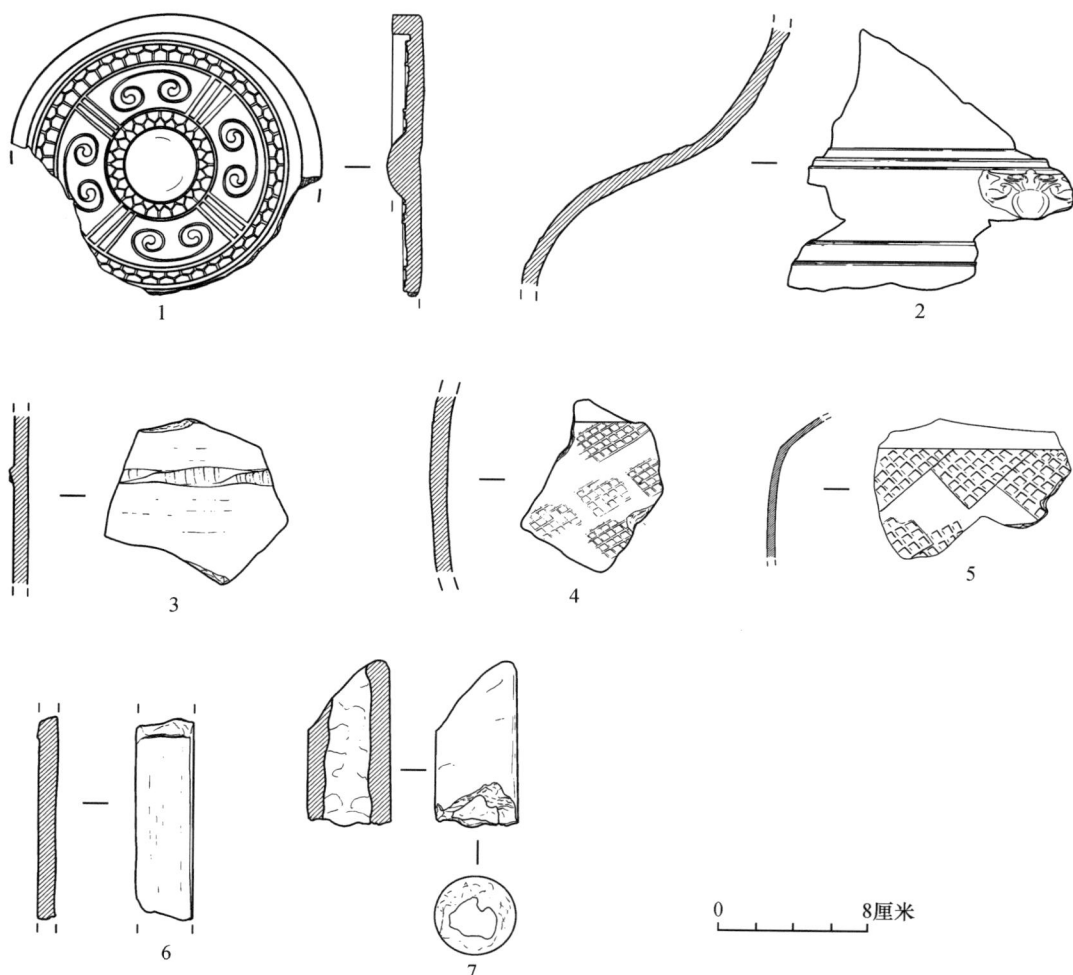

图一〇　汉代墓葬出土陶壶、瓮、瓦当、水井模型、房屋模型

1. 瓦当（M45∶10）　2. 壶（M45∶9）　3. 水井模型（M45∶14）　4、5. 瓮（M45∶11、M45∶13）

6、7. 房屋模型（M45∶12、M15∶4）

瓦当　1件。M45∶10，夹砂灰黄陶。当心为凸起圆乳钉，其外为一周网格纹，再外为四组单线云纹，云纹之间各以三条直线凸棱界隔，云纹与边轮之间饰一周网格纹，边轮较窄，凸于当面。直径16、边轮宽0.9、厚1.8厘米（图一〇，1）。

2. 钱币

五铢钱　13枚。保存较完整者8枚。依据"朱"字头的不同，分为二型。

A型　3枚。"朱"字头方折。钱文清晰。M45∶3，边轮较宽。"五"字交笔似沙漏，字体不甚规整，两横不出头。"金"字头略低于"朱"字。直径2.5、穿宽1.1厘米（图一二，1）。M45∶4，边轮极窄。"五"字交笔似沙漏，两横不出头。"金"字头略

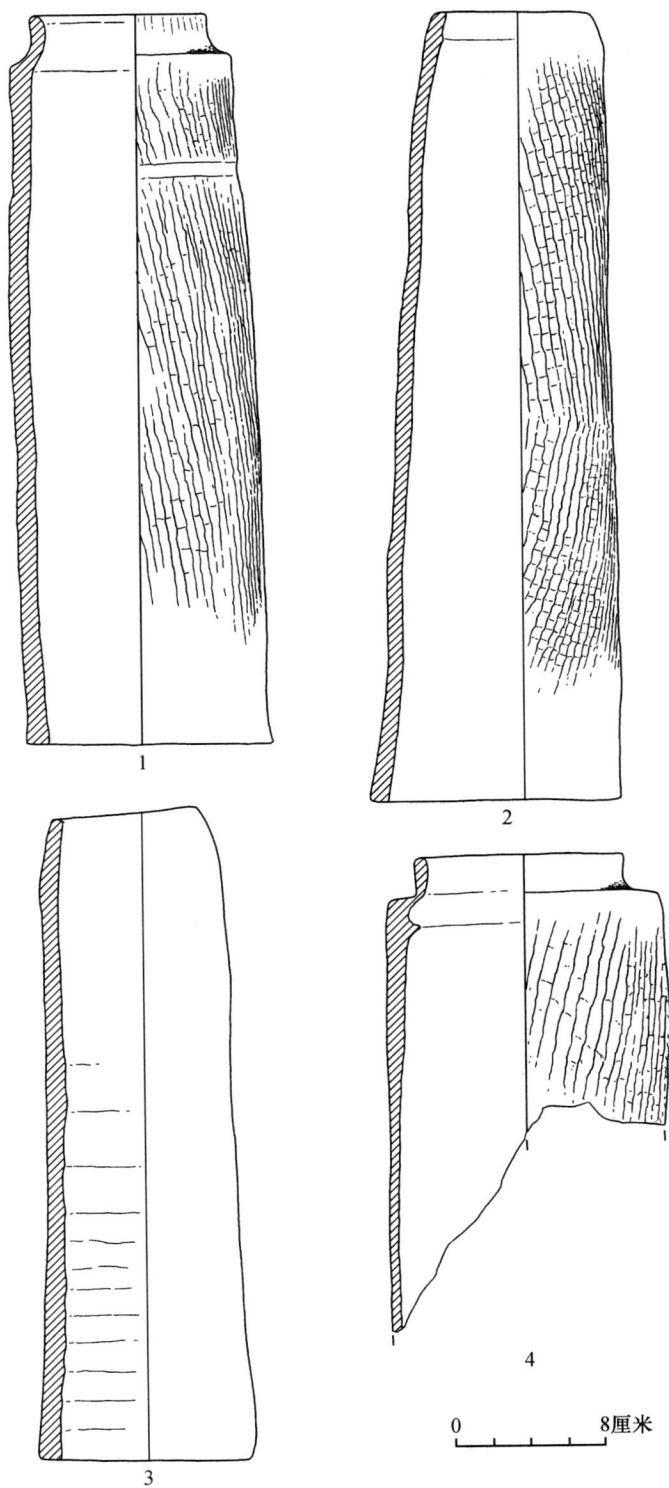

图一一　汉代墓葬出土陶水管

1、4. A型（M44：1、M46：8）　2. B型Ⅰ式（M45：8）　3. B型Ⅱ式（M15：3）

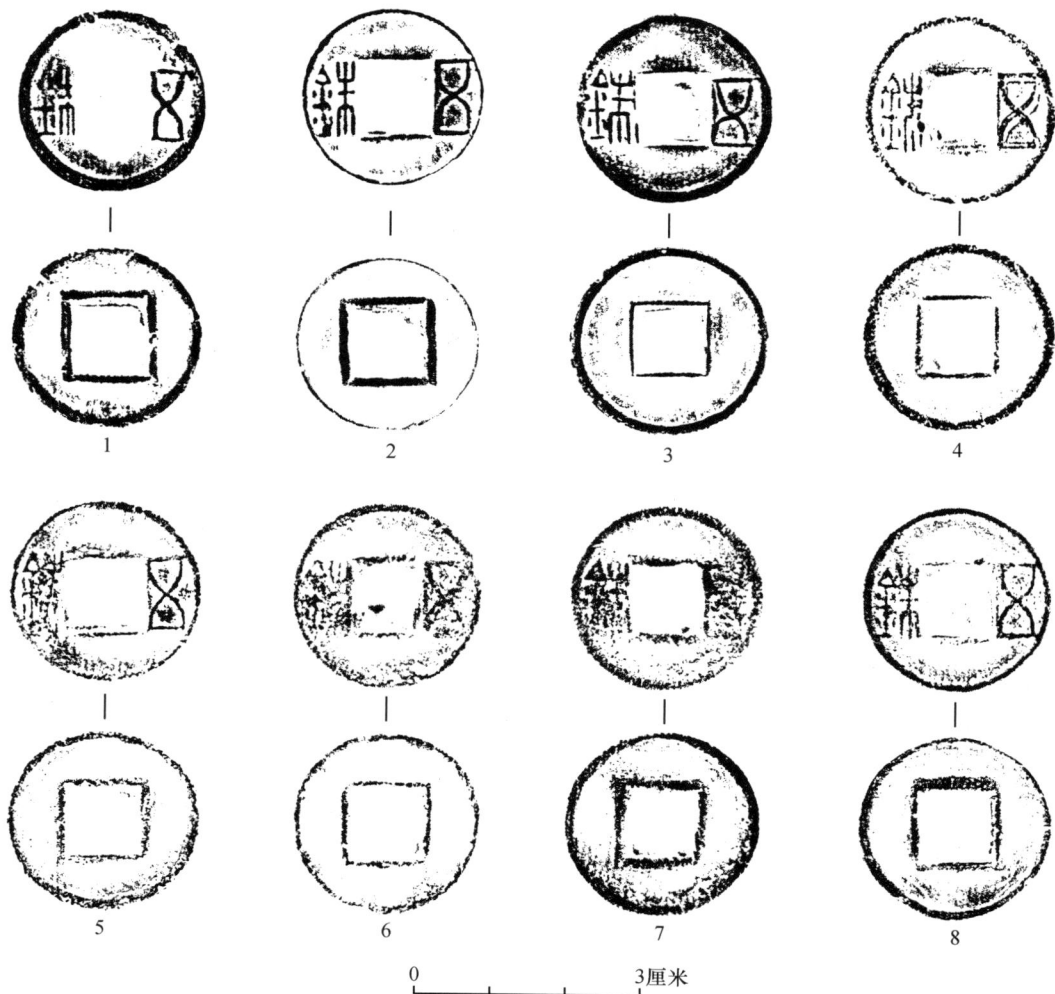

图一二　汉代墓葬出土五铢钱

1~3.A型（M45∶3、M45∶4、M45∶2）　4~8.B型（M44∶6、M44∶4、M44∶5、M44∶3、M44∶2）

低于"朱"字。直径2.4、穿宽1.1厘米（图一二，2）。M45∶2，"五"字交笔弯曲，两横略出头，低于穿，"铢"字较宽疏。直径2.6、穿宽1厘米（图一二，3）。

　　B型　10枚。"朱"字头圆折。钱文模糊。"朱"字上部左右两竖外张，似抛物线。M44∶6，"五"字交笔外放，且似有重影，两横不出头，"金"较"朱"宽。直径2.55、穿宽1厘米（图一二，4）。M44∶4，"五"字两横不出头，交笔似对称沙漏。直径2.55、穿宽1.05厘米（图一二，5）。M44∶5，"五"字两横不出头，交笔似对称沙漏。直径2.55、穿宽1厘米（图一二，6）。M44∶3，"五"字两横不出头，交笔似对称沙漏。直径2.55、穿宽1厘米（图一二，7）。M44∶2，"五"字两横不出头，交笔似对称沙漏。直径2.55、穿宽1厘米（图一二，8）。

（三）分期与年代判定

汉代墓葬皆为崖墓，尽管出土器物不多，但墓葬形制特征突出。依据墓葬形制及出土器物，可以将蛮洞山汉代墓葬分为两群：甲群以A型墓葬为代表，出土陶器包括B型罐、B型盆（瓿）等；乙群以B型墓为代表，出土陶器包括A型罐、C型罐、A型盆（瓿）、折腹钵等。

甲群墓葬形制为A型，正室为长直形，带一个侧室，墓门斜立近直，施半幅门框。墓门作半幅门框现象见于建安十七年（212年）王晖石棺前端"仙人半开门图"[2]，以及德阳黄许镇"门墙"画像砖[3]。A型墓墓葬形制与始凿于东汉中期的新都互助村M3、新津大云山M1有着较大差别，差别原因可能在于随着时代变迁成都地区汉代袝葬观念与习俗发生了较大变化。A型墓墓葬形制与墓门形态特征同样见于新川创新科技园王家山Ⅰ号点M5、五根松地点M191、杨家山地点M54、大山坡地点M63[4]，上述四座墓葬均伴出"太平百钱"及特征突出、组合完整的器物组合。出土器物B型罐、B型盆（瓿）特征也常见于东汉末期。因此，A型墓年代大体为汉末三国时期。另外，M43虽仅存部分墓道，但排水设施为炮弹形素面水管，该墓打破A型墓M15，所以M43年代应晚于A型墓。从已发现的两晋时期崖墓看，两晋时期崖墓排水设施多为沟内填充残砖、碎瓦。综合来看，M43年代应介于A型墓与两晋时期崖墓之间，推测其开凿及使用年代为三国后期。

乙群墓葬形制为B型墓葬，正室平面作曲尺形，墓门直立，这类形制崖墓在新川创新科技园的发现较多，形制特征较为突出。B型墓葬见于双流牧马山灌溉渠M17[5]，M17出土有小口束颈罐、双耳平底釜、盒、瓮及水井等模型，时代大体为东汉早期。出土器物A型罐、A型盆（瓿）为汉代常见器物，A型盆（瓿）少见于东汉晚期。C型罐、折腹钵时代特征相对突出。C型罐特征见于西汉晚期至东汉早期同类器，折腹钵形态较蒲江金马村M1同类器要斜坦，且上腹略内收，金马村M1出土有"永元十三年"纪年砖[6]。结合墓葬形制与器物特征，乙群墓的年代范围大体为东汉早期，上限或早至新莽时期。

综上所述，蛮洞山汉代墓葬可以分为两期。早期墓葬为乙群墓葬，包括M44～M46，年代为东汉早期，上限或早至新莽时期；晚期墓葬为甲群墓葬，包括M15、M39、M43，年代为汉末三国时期，M43要略晚于M15、M39。

二、宋 明 墓 葬

宋明时期墓葬共发现7座，包括4座砖室墓、2座石室墓、1座土坑灰椁墓。下面按墓葬形制、出土器物分别介绍。

（一）墓 葬 形 制

1. 砖室墓

M49　打破M44墓道尾端，方向235°或55°。火葬墓。墓葬大部分被后期破坏，保存较差。墓圹平面呈长方形，长1.6、宽0.89、残深0.52米。墓室呈凸字形，长0.94、宽0.28～0.4、高0.47米，墓室两壁直墙从下至上采用两横一丁相间砌筑，墓底错缝斜铺。墓室北部见火化骨殖。用砖规格为32厘米×16厘米—3厘米。出土器物有陶俑、陶鸡、瓷碟、铁钱等，位置被扰乱，还出土买地券1方（图一三）。

M50　方向170°。土葬墓。墓圹平面大体呈长方形，长2.9、宽1.78、深0.32米，填土为灰黄色黏土。无墓道。墓圹内砌筑一砖室，由甬道、墓室构成。甬道位于墓室南侧，平面呈长方形，长0.76、宽0.3、低于墓室0.12米，底部由平砖顺铺。墓室呈近长方形，长2、宽1～1.08、高0.3米，底部破坏严重，仅北部残见零星平砖，为错缝横铺。无棺台。残存墓壁在铺地砖上以三平一丁砌筑，两壁有两道对称肋柱，平砖叠砌。用砖规格为32厘米×16厘米—4厘米。出土有瓷罐、瓷碟各1件，位于甬道，瓷罐无法修复（图一四）。

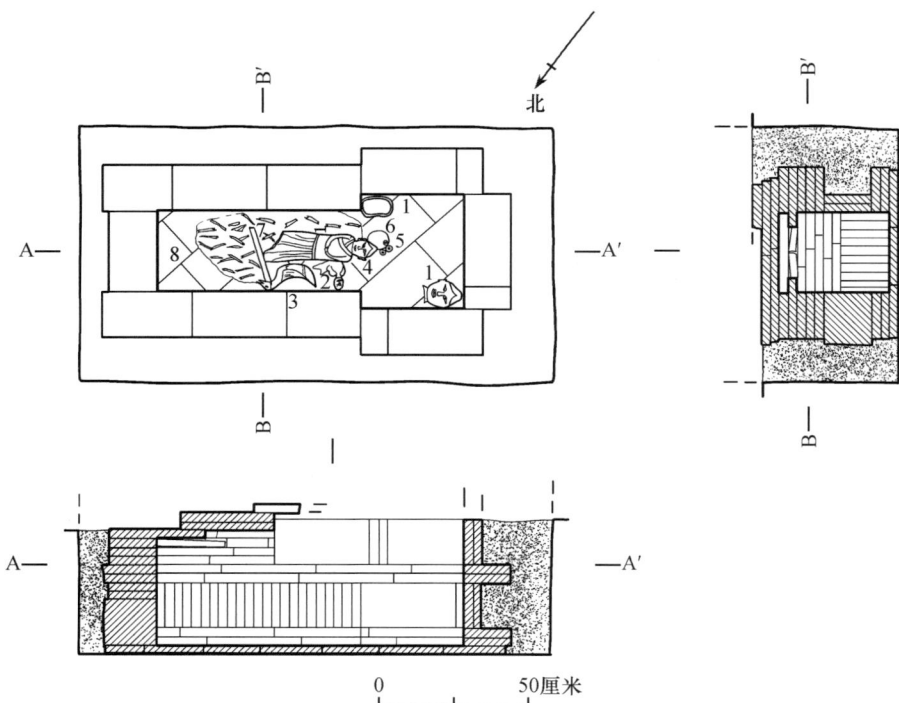

图一三　M49平、剖面图

1、4.陶武士俑　2.陶匍匐俑　3.陶鸡（未修复）　5、8.铁钱　6.瓷碟　7.买地券

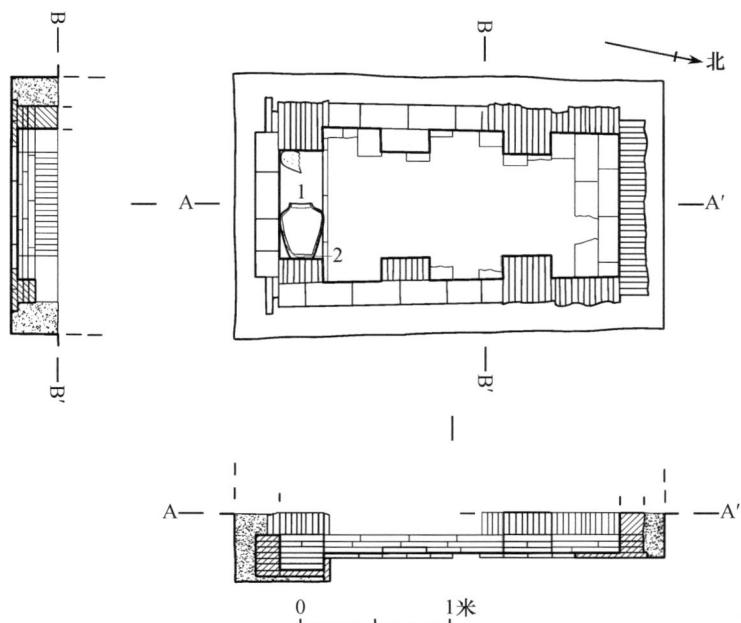

图一四 M50平、剖面图
1. 瓷罐 2. 瓷碟（瓷碟位于瓷罐下面）

M51、M53 两座土葬墓大致平行并列，形制、砌筑方法均一致，推测为异穴合葬墓。以M53为例介绍墓葬。M53方向为275°，被M54打破墓道及墓室上部。墓葬由墓道、墓圹、墓室组成。墓道为斜坡，平面大体呈梯形，长0.86、前端宽0.88、后端宽1.12、深0～0.5米，墓道底部高于墓圹底部0.28米。墓圹平面近长方形，长3.4、宽2.06、深1.24米。墓圹底部以一层平砖错缝横铺筑底，其上构筑墓室。墓室由前室、后室、棺台组成，前室平面呈梯形，长2.36、宽0.84～0.96、高0.84～1.32米，后室平面呈梯形，长0.38、宽0.48～0.52、高0.96米。前、后室底部分别以四块、一块红砂石作棺台，两直壁以两平一丁交替向上砌筑。前室有四道对称肋柱，于距墓底1.02米高起券。用砖规格为32厘米×16厘米—3厘米。M51空无一物，M53前室填土出土瓷碗1件，后室底部出土2枚铁钱（图一五）。

2. 石室墓

M55 方向113°。火葬墓。墓圹平面大致呈长方形，长2.8、宽1.16～1.2、残深0.36～0.68米。墓圹正中起建墓室，墓室四壁直接立于墓圹底部，两直壁各立两块石板，两端各以一块石板围砌，墓室底部东部为两块红砂石直铺，西部为三块红砂石横铺，两直壁与底部红砂石之间各以三块红砂石加固。该墓被盗，未出土器物（图一六）。

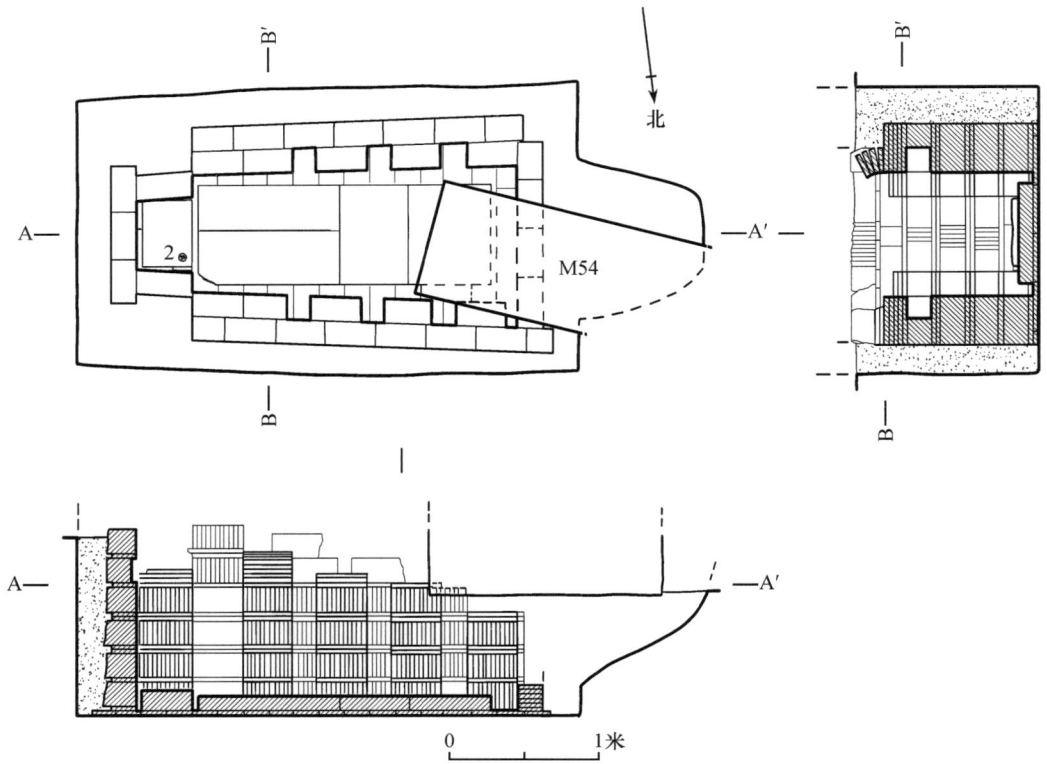

图一五　M53平、剖面图

2. 铁钱

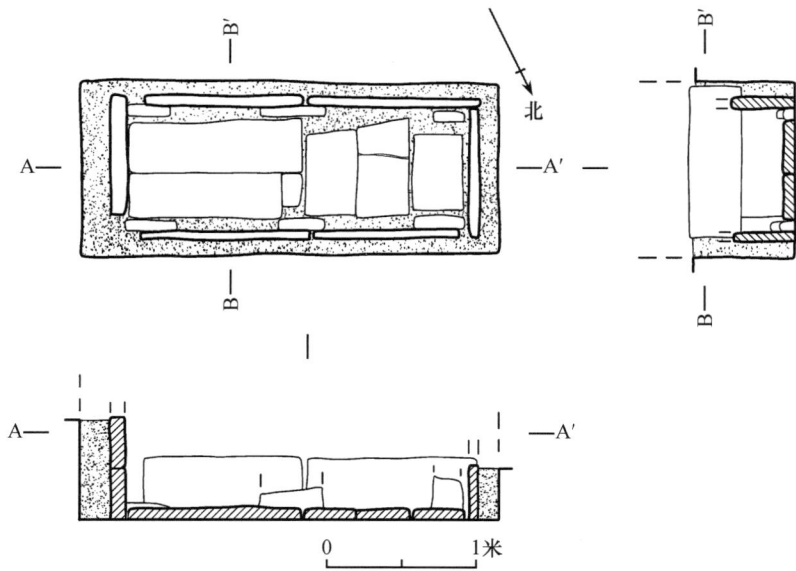

图一六　M55平、剖面图

M56　方向56°。火葬墓。墓圹平面呈长方形，长1.6、宽1.1～1.13、深0.55米。墓圹正中底部以两块大小不等的红砂石作底，四壁各用一块红砂石围砌墓室，墓顶以四块条石跨两直壁横铺，砌筑未见榫卯结构。墓室长1、宽0.44～0.5、高0.47米。墓室中部可见火化骨殖，南部正置1件瓷碗（图一七）。

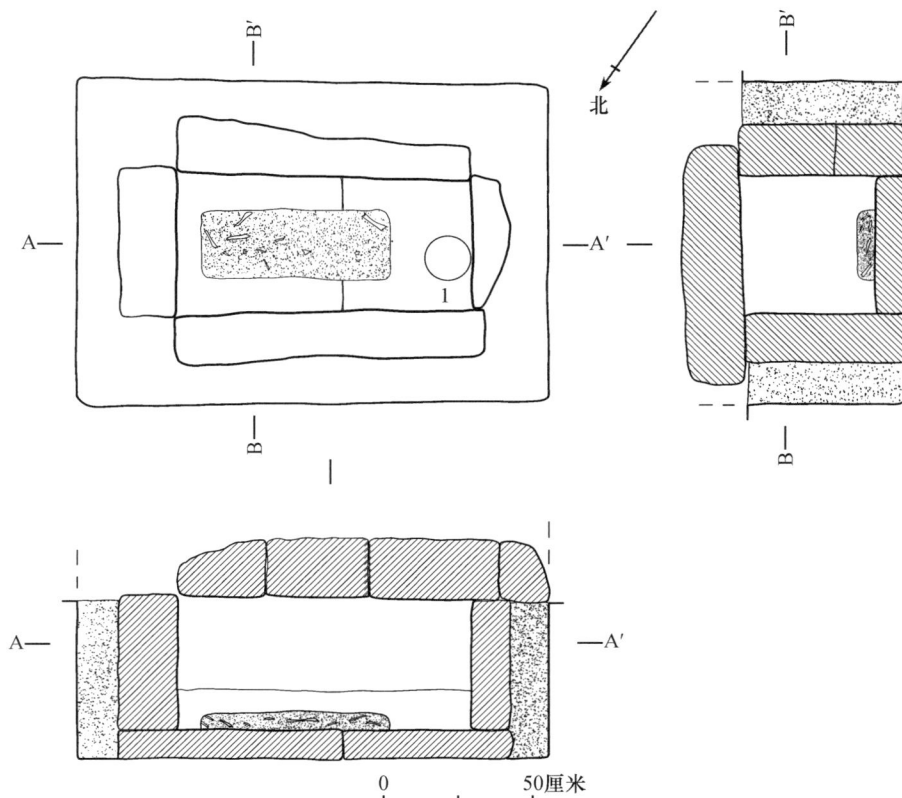

图一七　M56平、剖面图
1.瓷碗

3. 土坑灰椁墓

M54　方向296°。土葬墓。墓圹长2.4、宽0.8、深0.5米。仰身直肢葬，残见下颌、四肢骨骼，头部、足部枕瓦，头部以东置2件瓷罐（图一八）。

（二）出土器物

上述7座墓葬均遭到不同程度的破坏，出土器物较少，以瓷器为主，少量陶器以及零星铁钱、石质文物。石质文物主要买地券，朽甚，文字残泐不清。铁钱锈蚀严重，不见钱文，不予介绍。

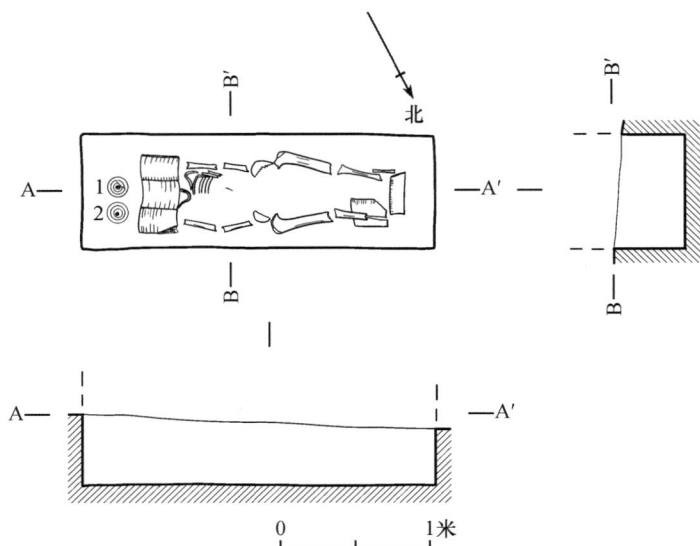

图一八　M54平、剖面图

1、2.瓷龙纹罐

1. 陶器

主要为低温釉陶，釉色为白、绿、褐釉，大多剥落。器类主要为人物俑。

武士俑　2件。形体较小。头戴兜鍪顶，顶有圆孔，侧面有护耳。怒目圆睁，无须。身穿鳞状甲袍，束腰革带，甲内衬为圆领长袍，腿着鳞状短甲袍。双手合抱于胸前，中间有孔，似手中持有一物。双脚分立于圆筒形座上，座后部有一圆孔。M49：1，通高38.8厘米（图一九，1）。M49：4，通高38.7厘米（图一九，2）。

匍匐俑　1件。M49：2，泥质红陶。头顶盘髻，髻式为小盘髻。面部丰满，神态安然，略侧视座下方。体作匍匐状，肘、手部位残，双腿屈跪。身穿交领窄袖短襦，下身着裙。长12.1、高11厘米（图二〇，5）。

2. 瓷器

碗　2件。敞口，斜弧腹，圈足。M56：1，红胎，口沿挂一周粉黄色化妆土。口不平，圆唇。内壁化妆土绘制草叶纹，内底残留5枚支钉垫烧痕。口径15.6、足径5、高5厘米（图二〇，1）。M53：1，青灰胎，内施青釉。尖圆唇。内底见支钉痕。口径16.1、足径6、高6.1厘米（图二〇，4）。

碟　2件。斜弧腹。M50：2，灰胎，胎体较厚，未挂化妆土。厚圆唇，平底内凹。口径9.2、底径4.3、高2.6厘米（图二〇，3）。M49：6，红胎，胎体较薄。尖圆唇，平底。口径10、底径3.9、高2.9厘米（图二〇，2）。

具盖龙纹罐　2件。灰褐胎，酱褐釉，釉不及底。敛口，腹部微鼓，上腹作曲腹

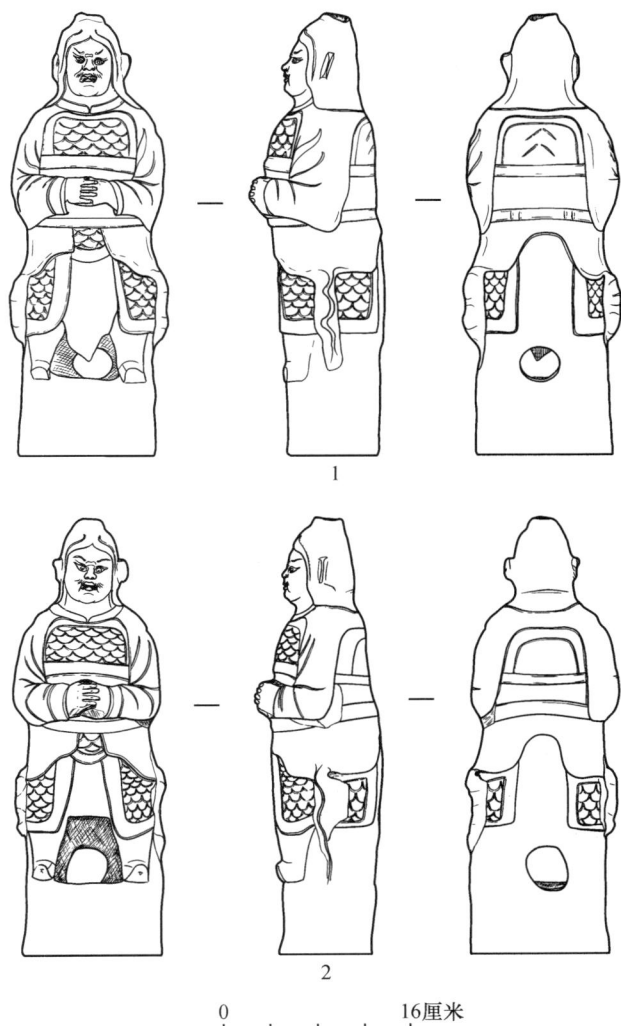

图一九 宋明墓葬出土陶武士俑

1. M49：1　2. M49：4

状，肩腹部位贴塑有单体龙纹、祥云、乳钉及山形纹，龙纹不见眼、须、爪等具体特征，矮圈足。M54：1，菌头纽提盖。口径6.5、最大腹径13.1、足径7.2、罐身高16.8、通高18.4厘米（图二一，1）。M54：2，仿盏式盖。口径6.5、最大腹径13.1、足径7.2、罐身高16.8、通高17.6厘米（图二一，2）。

图二〇　宋明墓葬出土器物

1、4.瓷碗（M56：1、M53：1）　　2、3.瓷碟（M49：6、M50：2）　　5.陶俑（M49：2）

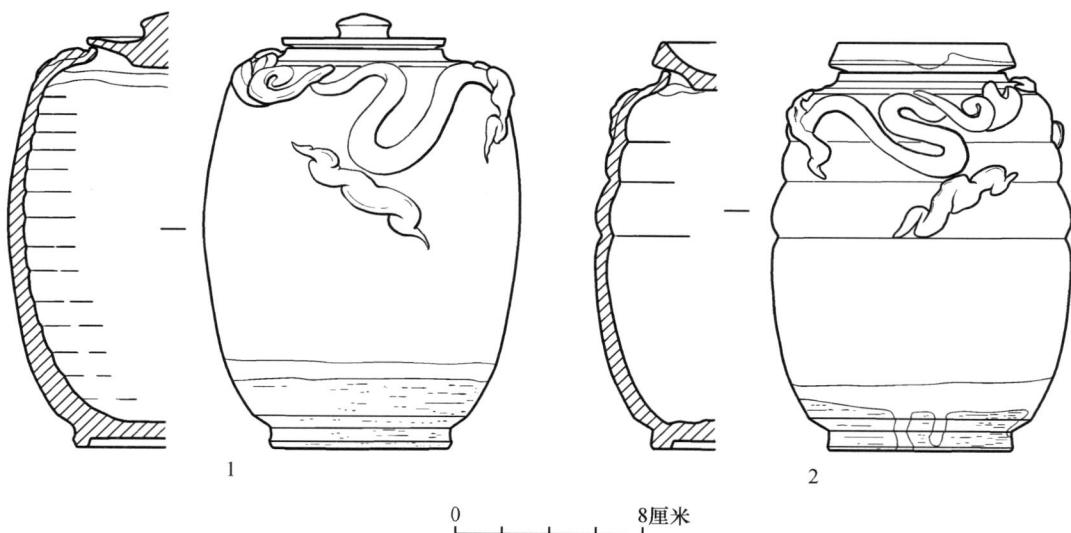

图二一　宋明墓葬出土具盖瓷龙纹罐

1. M54：1　2. M54：2

（三）年 代 判 定

M49为小型砖石火葬墓，墓圹长约1.6、宽不足1米，叠涩顶，墓葬形制与《四川地区宋代墓葬研究》一文中的乙Ⅱ类B型Ⅱ式墓相近，为成都地区常见的南宋时期墓葬形制，具体而言与新川创新科技园红松村M19、M24颇为接近，红松村M24出土"庆元元年"（1195年）买地券[7]。瓷碟（M49：6）尖圆唇、斜弧腹、平底，形制与三圣乡花果村M7：17[8]、崇州同心村M1：15[9]相近，后两墓下葬纪年分别为庆元七年（1201年）、嘉定元年（1208年），也与琉璃厂窑址酱釉碟Db型一致，流行年代范围为北宋中晚期至南宋中期[10]。武士俑通高近40厘米，体形较小，与三圣乡花果村M7同类俑相近。由此推断，M49下葬年代当在南宋中期。

M50墓葬平面近长方形，形制与成都西窑村M21相近，后者出土买地券纪年为"广政"年间[11]。瓷碟（M50：2）为厚圆唇，胎体较厚，这类碟常见于晚唐五代时期墓葬中，与琉璃厂窑址酱釉碟Ba型相近，发掘者判定后者时代为五代时期[12]。综合来看，M50下葬年代大体为前后蜀时期。

M51、M53均为前后室墓，双墓并列。墓葬形制与广汉雒城宋墓M1[13]、华阳欧香小镇M34[14]相近，前者纪年为元祐年间，后者为崇宁三年（1104年），与《四川地区宋代墓葬研究》一文中的甲Ⅲ类Ⅱ式墓相近。瓷碗（M53：1）敞口微侈、尖圆唇、弧腹、圈足高窄，与琉璃厂窑址青釉圈足碗D型形制一致。M51、M53年代大体为北宋晚期。

M54为土坑灰椁墓，头、足枕瓦，该丧葬风俗常见于川渝地区中小型明墓，出土龙纹谷仓罐与新津老虎山明墓M123等所出Ac型瓷谷仓罐[15]、青白江区包家梁子瓷龙纹罐（M12：2）[16]相近，发掘者皆认为后二者年代在明代中期前后。《川渝地区明墓出土谷仓罐研究》一文认为此类罐年代为明代正德至万历年间[17]。

M55为小型石室火葬墓，遭严重盗扰，下葬时代可笼统判定为宋明时期。

M56为小型石室火葬墓，出土瓷碗（M56：1）敞口、斜弧腹、圈足，口沿挂一周粉黄色化妆土，内壁以化妆土绘制草叶纹，与琉璃厂窑址酱釉碗Bb型、Bc型形制、特征颇为相近，也与二仙桥南宋墓瓷碗（M1：28）风格一致，都具有典型琉璃厂窑产品特征，二仙桥M1下葬年代为绍兴二十二年（1152年）[18]。推测M56时代大体为南宋早中期。

三、结　　语

蛮洞山墓地2020年考古发掘面积小，出土墓葬及器物数量少，但汉代、宋明时期墓葬形制特征突出，仍具有较好的学术研究价值。崖墓是成都乃至西南地区汉晋时期盛行的墓葬形制，蛮洞山崖墓是成都地区汉代崖墓较为典型的墓例。

以蛮洞山崖墓为例，首先，成都地区崖墓开凿预处理有别于宜宾、乐山、仪陇等地，后者通常来说一组崖墓外部大多具有"斩山削壁"处理，致使墓道极短甚至省略墓道，成都地区则不见，墓道大多绵长；其次，成都地区崖墓少见叙事画像，少量雕刻也大多为建筑形象，这与三台郪江、宜宾、乐山、仪陇等地崖墓有较大差别。蛮洞山M45所见凿痕、碓窝等痕迹为探讨成都地区汉代单座崖墓开凿技艺及变迁提供了典型材料。

另外，此次考古发掘甄别出汉末三国时期崖墓，墓门特征、正室形制、排水设施特征突出，为将来继续完善汉代崖墓的编年序列及开展更深层次研究提供了科学材料。

发掘及整理：左志强　马驰浩　何　强　周久堡
　　　　　　　王　琳
测　　　绘：尚春杰
绘　　　图：王　凯　徐　豪
拓　　　片：徐　豪
修　　　复：张志平　冯春兰　郑　田
执　　　笔：左志强　马驰浩　李　康

注　释

［1］　发掘资料存成都文物考古研究院。

［2］　任乃强：《芦山新出汉石图考》，《康导月刊》第四卷六、七七，1942年，第13页。

［3］　西南博物院筹备处：《宝成铁路修筑工程中发现的文物简介》，《文物参考资料》1954年第3期。

［4］　发掘资料存成都文物考古研究院。

［5］　四川省博物馆：《四川牧马山灌溉渠古墓清理简报》，《考古》1959年第8期。

［6］　成都文物考古研究所、蒲江县文物管理所：《蒲江县金马村汉墓调查及发掘简报》，《成都考古发现》（2014），科学出版社，2016年。

［7］　成都文物考古研究院、双流县文物管理所：《成都市高新南区中和街道红松村宋墓群发掘简报》，《成都考古发现》（2017），科学出版社，2019年。

［8］　成都市文物考古工作队：《成都市成华区三圣乡花果村宋墓发掘简报》，《成都考古发现》（2001），科学出版社，2003年。

［9］　成都市文物考古工作队、崇州市文物保护管理所：《崇州市同心村宋墓发掘简报》，《成都考古发现》（2017），科学出版社，2019年。

［10］　成都文物考古研究院：《成都琉璃厂窑址：2018～2019年考古发掘报告》，文物出版社，2021年，第126～130页。

［11］　成都市文物考古研究所：《成都市西郊土坑墓、砖室墓发掘简报》，《成都考古发现》（2001），科学出版社，2003年。

［12］　成都文物考古研究院：《成都琉璃厂窑址：2018～2019年考古发掘报告》，文物出版社，2021年，第

115~119页。

[13] 四川省文物考古研究所、广汉县文物管理所：《四川广汉县雒城镇宋墓清理简报》，《考古》1990年第2期。

[14] 成都文物考古研究所、双流县文物管理所：《双流县华阳镇骑龙村"欧香小镇"唐宋墓葬发掘简报》，《成都考古发现》（2011），科学出版社，2013年。

[15] 成都文物考古研究所、新津县文物管理所：《新津县老虎山宋明墓葬发掘简报》，《成都考古发现》（2013），科学出版社，2015年。

[16] 成都文物考古研究所、青白江区文物保护管理所：《成都市青白江包家梁子宋明墓葬发掘简报》，《成都考古发现》（2010），科学出版社，2012年。

[17] 周静：《川渝地区明墓出土谷仓罐研究》，《考古》2019年第12期。

[18] 成都市文物考古研究所、成都市文物考古工作队：《成都市二仙桥南宋墓发掘简报》，《考古》2004年第5期。

成都市高新区王家山Ⅰ号点唐宋墓葬发掘简报

成都文物考古研究院

为配合新川创新科技园项目基本建设，2019年5月，成都文物考古研究院对园区Ⅵ-30号地块范围进行了文物勘探，发现古代墓群。墓群分布区所在地为王家山。王家山包括两个相邻浅丘，被分别命名为王家山Ⅰ号点、Ⅱ号点，两个点均发现了古代墓群，此次清理发掘的为王家山Ⅰ号点。王家山Ⅰ号点墓群位于成都市高新区中和街道蒲草社区，北为蒲东路，西临梓州大道，东临蓉遵高速，中心位置地理坐标为东经104°5′34.5″、北纬30°29′48.5″，海拔489～504米（图一）。

2019年6～11月，成都市文物考古工作队对王家山Ⅰ号点古代墓群进行了抢救性考古发掘，共清理41座古代墓葬（图二），包括汉六朝、唐宋、明代等各时期墓葬。唐宋墓葬共发现20座，包括M10、M12～M15、M23～M27、M31～M40，墓葬均开口于现代层之下，出土较多陶、瓷、铁等各类材质的随葬品。现将唐宋墓葬发掘情况简报如下。

一、墓葬形制

20座墓葬均遭受不同程度破坏，M23仅存少量铺地砖，形制不辨，其余19座墓葬保存相对较好。根据葬俗的差异，可将这批墓葬分为土葬墓和火葬墓两大类。

（一）土葬墓

14座。根据砌筑材料的不同，可分为砖室墓和石室墓两类。

甲类　6座。砖室墓。根据墓室平面形状的不同，分为二型。

A型　4座。墓室平面呈梯形。根据墓室的差异，分为二亚型。

Aa型　3座。墓壁不在同一直线上，可分为前后两室，前室宽大，后室略窄。

M14　墓葬被破坏，顶部不存。墓向260°。墓葬由墓圹和墓室两部分组成。墓圹平面呈梯形，西宽东窄，长3.38、宽1.6～1.88、残深0.46米，填土为黄色黏土，较致密，包含少量植物根茎。墓室平面呈梯形，西宽东窄，前室西部遭破坏，残长0.44、宽1.14～1.16、残高0.34米；后室长1.78、宽0.68～1.14、残高0.44米。墓葬四壁和底部均由青砖砌筑而成。墓底由一层横向青砖错缝平铺而成，四壁均在铺地砖上砌筑砖墙。后室南北两壁砌筑方式相同，先砌一平一竖再砌二平一竖，现残存五层青砖。平砖皆错缝

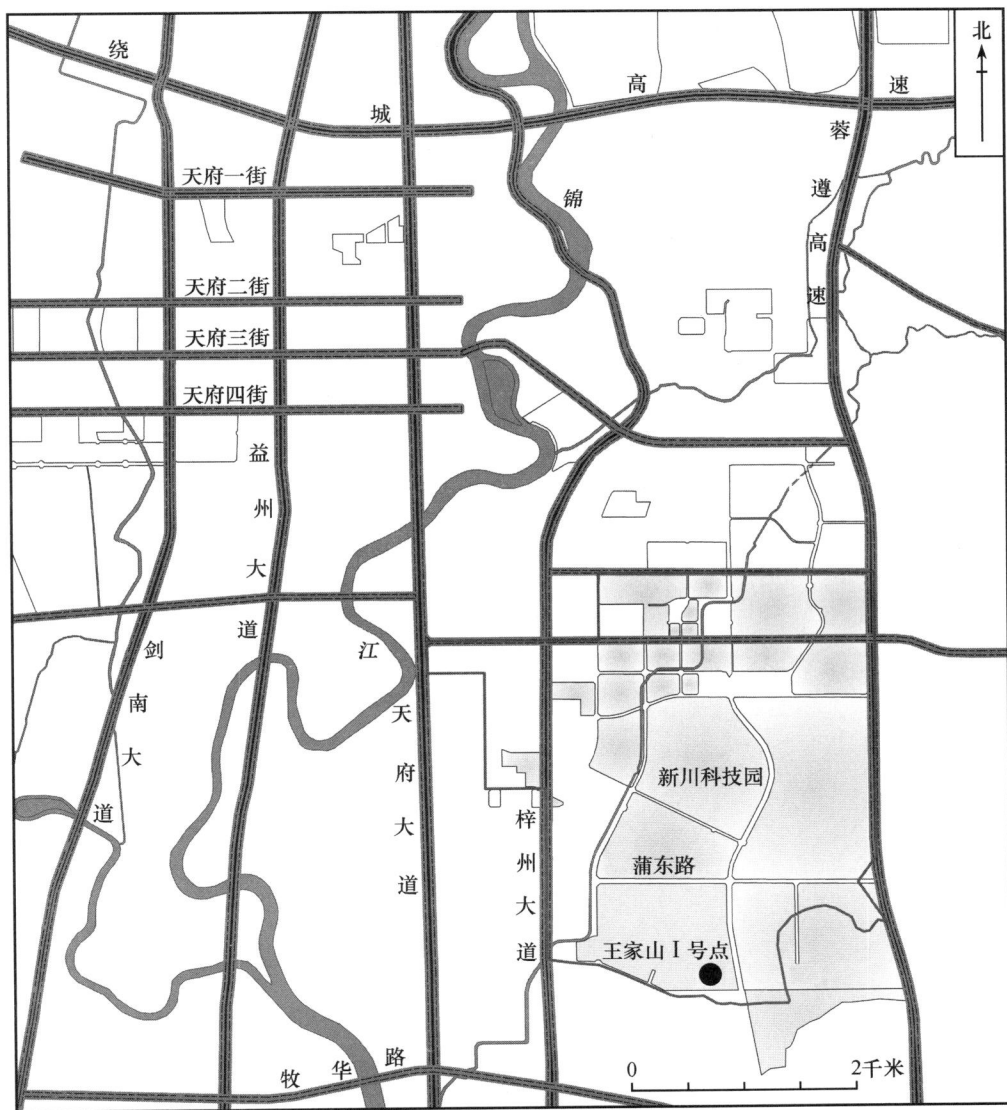

图一 墓地位置示意图

横砌，竖砖横向与纵向相间砌筑，纵向砌筑的竖砖向墓壁外侧伸出，与墓圹内填土相互咬合。后室东壁先横砌一层平砖，其上残存一竖二平一竖共四层横砌青砖。所用青砖皆素面，平面呈长方形，长34、宽16、厚3厘米。未见人骨及葬具。该墓扰动严重，仅在后室西侧中部出土铁钱1枚，锈蚀严重，钱文不辨。墓室扰土内出土碎瓷片若干，后拼对为1件瓷四系罐（图三）。

　　M40　墓葬被破坏，顶部不存。墓向260°。墓葬由墓圹和墓室两部分组成。墓圹平面呈梯形，西宽东窄，长3.4、宽1.44~1.86、残深0.36米，填土为黄褐色黏土，土质致密，夹杂大量灰褐色小石块。墓室平面呈梯形，西宽东窄，前室长1.34、宽0.56~0.8、

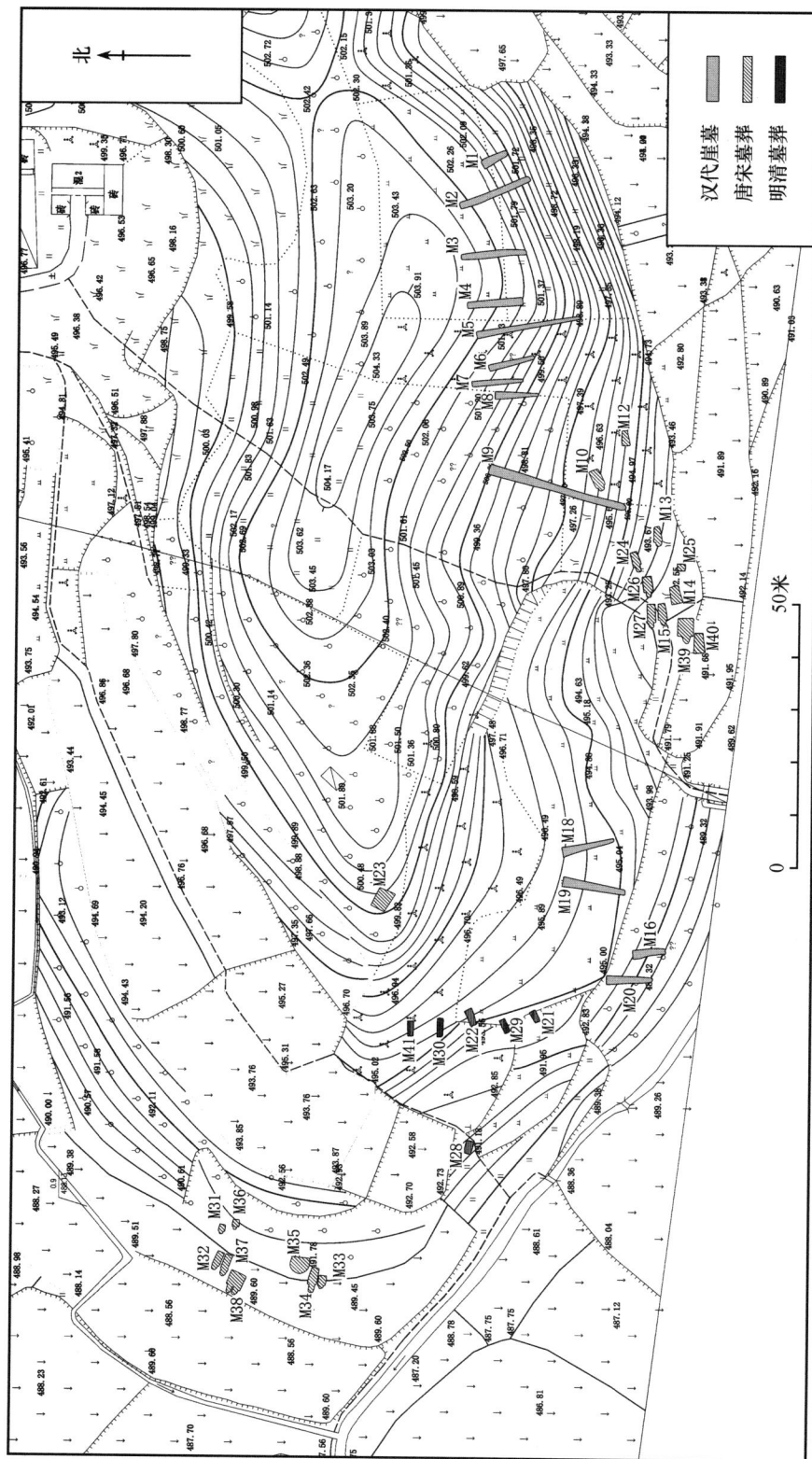

图二　墓地平面分布图

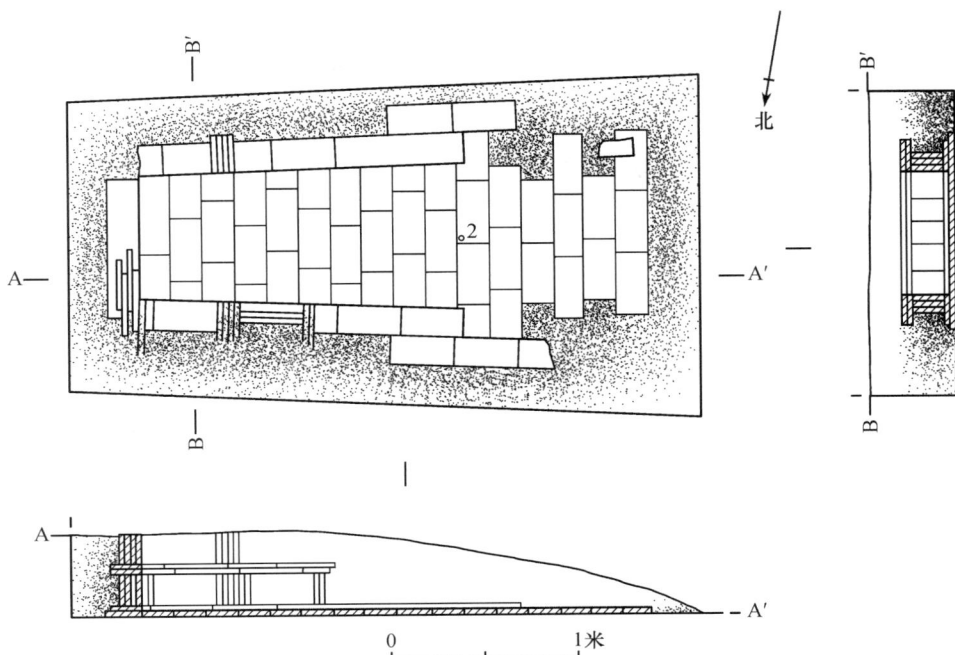

图三　M14平、剖面图
2. 铁钱

残高0.3米；后室长1.18、宽0.48～0.56、残高0.3米。前后室墓壁砌筑方式相同，墓室四壁和底部均由青砖砌筑而成。墓底由一层横向青砖错缝平铺而成，四壁均在铺地砖上砌筑墙砖。南北两侧壁砌筑方式相同，先砌一平一竖再砌二平一竖，现残存五层青砖。平砖皆错缝横砌，竖砖横向与纵向相间砌筑，纵向砌筑的竖砖向墓壁外侧伸出，与墓圹内填土相互咬合。东西两侧壁砌筑方式相同，现残存一平一竖二平共四层横砌青砖。所用青砖皆素面，平面呈长方形，长32、宽16、厚3厘米。未见人骨与葬具。该墓经扰动，随葬品均位于前室西南角，包括瓷四系罐2件、瓷注壶和瓷碟各1件（图四）。

　　M39　南北并列的合葬墓。墓葬被破坏，顶部及南侧墓室大部不存。墓向270°。墓葬由墓道、墓圹、墓室和腰坑四部分组成。墓圹平面呈梯形，西宽东窄，长3.38、宽2.74～3.12、残深0.9米，填土为黄褐色黏土，土质致密，夹杂大量灰褐色小石块。南北墓室共用一条墓道，墓道开于墓圹西端，口部西侧呈圆弧形，底部呈缓坡状，其内填土与墓圹填土相同。墓室平面呈梯形，西宽东窄，北墓室长2.7、残高0.88米；南墓室残高0.4米。南北墓室四壁及墓底均由青砖砌筑而成。墓底由一层横向青砖错缝平铺而成，墓室四壁均在该层铺地砖上砌筑。北墓室北壁保存稍好，前室先于铺地砖上横铺一层平砖，其上砌三组一竖二平共九层青砖，其上再砌二平一竖，平砖皆横砌，竖砖纵砌，最顶部竖砖之上已遭破坏，结构不明。后室先于铺地砖上横铺一层平砖，其上砌三组一竖二平共九层青砖，其上再砌竖砖一层，平砖皆横砌，竖砖纵向和横向相间砌筑，最顶部

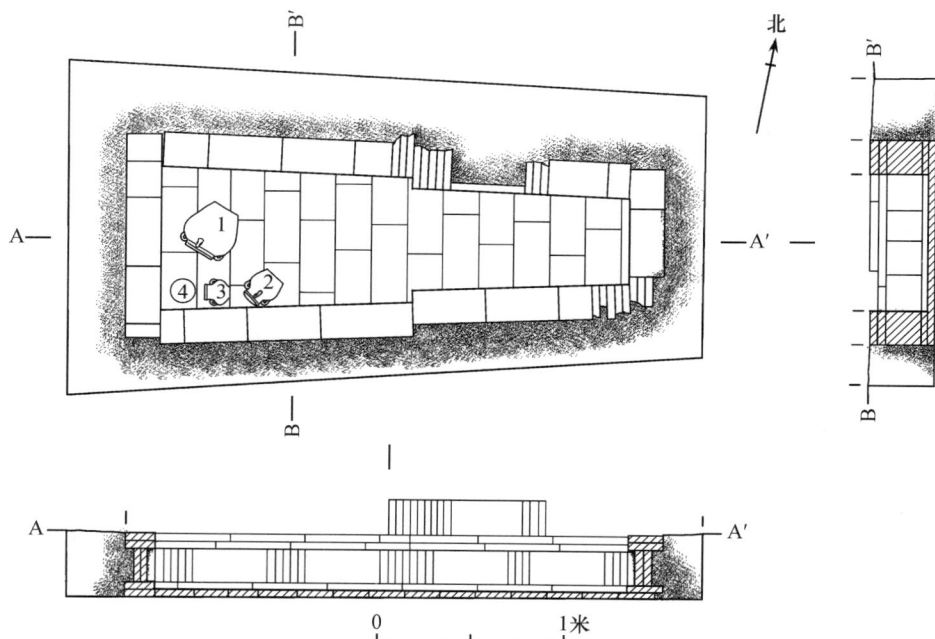

图四　M40平、剖面图

1、2.瓷四系罐　3.瓷注壶　4.瓷碟

竖砖之上已遭破坏，结构不明。封门于铺地砖上横砌两组一竖一平共四层青砖，其上再横砌一层竖砖。后壁于铺底砖上先横砌一层平砖，其上再砌三组一竖二平共九层青砖，平砖皆横砌，竖砖横向和纵向相间砌筑，最顶部残存一层竖砖。北壁前后室内侧砌有间距相等的三肋拱，肋拱紧贴墓壁砌筑，先于铺地砖上横铺一层平砖，其上砌两组一竖二平共六层青砖，平砖横砌，竖砖纵砌。肋拱高0.48、相距0.32米。肋拱之上起券，逐层纵砌平砖，每层向内微收形成纵连式拱券，券顶已遭破坏，结构不完整，现仅存六层青砖，残高0.22米。腰坑位于北墓室前室铺地砖下靠近北壁处，平面呈椭圆形，长径40、短径35、深18厘米。所用青砖皆素面，平面呈长方形，长32、宽16、厚3厘米。未见人骨与葬具。该墓经扰动，随葬品均位于北墓室西北角，包括石质买地券及底座各1件、瓷四系罐1件。另有1件瓷四系罐出土于腰坑内（图五）。

　　Ab型　1座。墓壁在同一直线上，不分室。

　　M10　墓室被破坏，顶部不存。墓向231°。墓葬由墓道、墓圹和墓室三部分组成。墓圹平面呈梯形，西宽东窄，长3.18、宽1.64～1.88、残深约0.8米，其内填土为黄色黏土，较致密。墓道开于墓圹西端，墓道口部西端呈圆弧形，底部呈缓坡状，长0.89、宽1.07、残深0.79米，其内填土与墓圹填土相同。墓室平面呈梯形，西宽东窄，墓室残长2.9、残宽1.28～1.6、残深0.8米。墓室四壁及墓底均由青砖砌筑。铺地砖共两层，下层铺地砖为横向和纵向交错平铺的青砖，上层铺地砖南、北两侧为两排横向平铺的青砖，东、西两侧横向平铺一排青砖，其内为横向和纵向交错平铺的青砖。封门于下层铺地

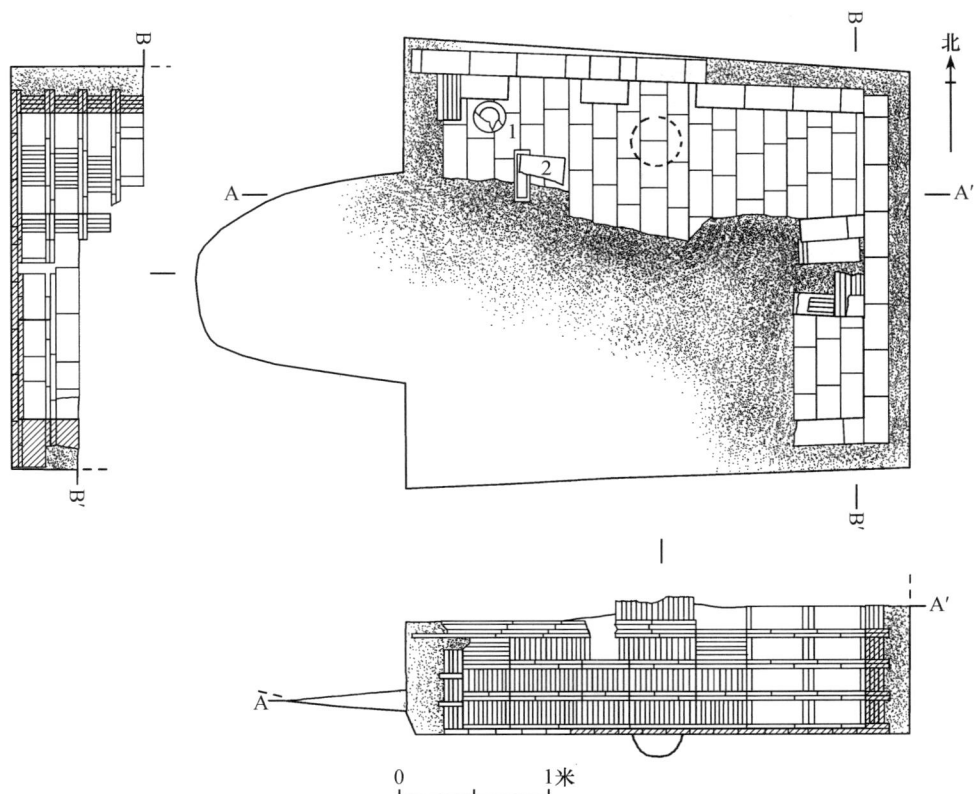

图五 M39平、剖面图
1. 瓷四系罐 2. 石买地券（附底座）

砖上开始砌筑，大部遭破坏，仅南、北侧各残存三组共九层青砖，每组均由二平一竖三层青砖组成。此外，封门南侧还残存拱券，计八层青砖，逐层向内微收，残高0.24米。东、西墓壁墙砖砌筑于上层铺地砖外侧横向平铺的青砖上。东、西两侧墓壁墙砖结构保存不完整，现仅存两组横砌平砖，每组二层共四层。每组横砌平砖之间原有横砌竖砖，现已不存。东、西墓壁内侧中部各残存一道肋拱，肋拱仅存一层横纵交错砌筑的竖砖，残高0.18米。北侧肋拱东侧开一小龛，立面呈方形，宽0.19、进深0.15米。墓室后壁完全破坏，结构不明。未见人骨与葬具。该墓被严重扰动，不见随葬品（图六）。

B型 2座。墓室平面呈长方形。

M34 墓葬保存较完整，仅墓室西侧顶部遭破坏。墓向275°。墓葬由墓道、墓圹、挡墙和墓室四部分组成。墓圹平面呈长方形，长约3、宽约1.7、深约1.16米，填土为黄色黏土，土质致密，夹杂少量植物根茎和碎砖块。墓圹东北部残存一端圆弧形挡墙，由红砂岩石块和青砖垒砌，挡墙共三层，最外层为青砖砌筑，内两层为红砂石条垒砌，保存较差。墓道开于墓圹西侧，平面略呈方形，南、北侧壁斜直，底部呈缓坡状，长0.9、宽0.81～0.96、残深0.82米。墓室东西长约2.9、南北宽约1.12、高约1.22米。砌筑

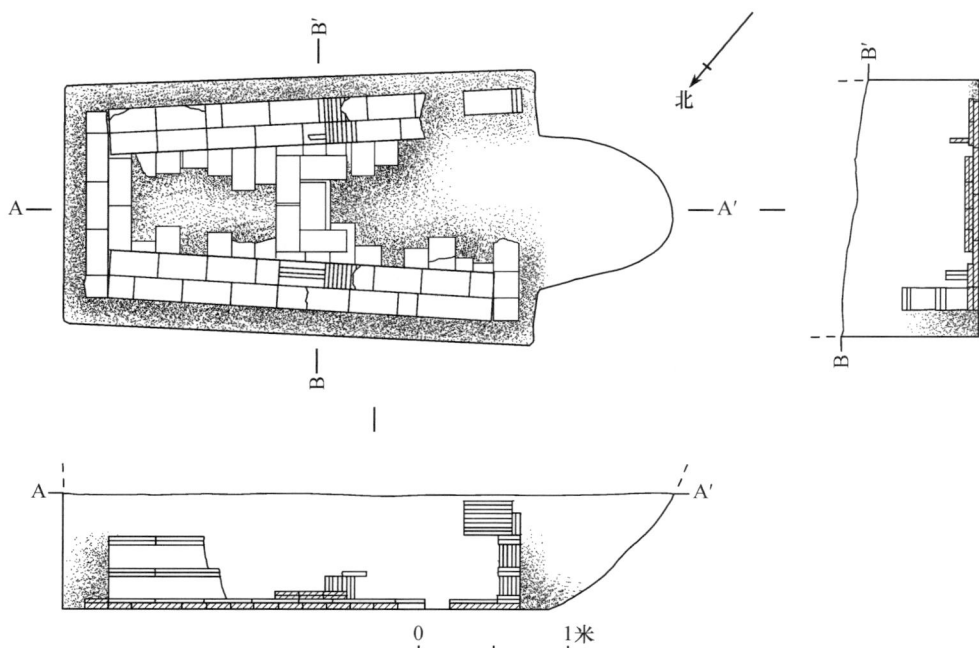

图六　M10平、剖面图

墓室时，先于墓圹底部四面下挖凹槽，墓室四壁即自凹槽中开始砌筑。西侧凹槽与墓道底部相接，平面呈长方形，凹槽长与墓圹底部宽一致，宽0.54、深0.12米。封门先于凹槽底部横向平铺一层青砖，再自下而上砌四组一竖一平共八层青砖，其上再砌两层平砖，平砖皆横砌，竖砖纵向和横向相间砌筑。封门墙内的砖砌凹槽即为甬道，平面呈长方形，长0.17、宽0.8、深0.14米。墓圹底部南、北两侧的凹槽长2.3、宽0.3、深约0.04米，于凹槽底部向上砌筑南、北侧墓壁墙砖，两侧砖墙形制一致，均自下而上砌两组二平一竖共六层青砖，其上再横砌三层平砖后开始起券，平砖皆横砌，竖砖纵向和横向相间砌筑。券拱共六道，其中墓室五道，甬道一道，等距分布。各券拱均逐层纵砌平砖，每层向内微收形成纵连式拱券。相邻券拱以及券拱与后壁之间以两层重叠的纵向青砖覆盖，位于券顶的青砖堆叠放置，形成简单的叠涩顶。墓室底部平铺两层青砖，下层铺地砖纵向平铺，叠压于墓室南北直墙下，上层铺地砖两两相对，南北对称，与墓室南北壁相距0.08～0.1米，直接叠压于墓圹底部的原生土面之上。所用青砖皆素面，长32、宽16、厚3厘米。墓葬被扰动，随葬品散乱分布。墓室底部西侧近甬道处出土瓷盏1件、陶匍匐俑2件，其中1件陶匍匐俑保存完好，1件残破，头部缺失。墓室底部东南角出土铁钱10余枚，锈蚀严重，钱文不辨（图七）。

M38　南北并列的双室墓，墓葬保存较好。墓向299°。墓葬由墓道、墓圹和墓室三部分组成。墓圹平面呈长方形，南北长约3.2、东西宽约3.1、残深1.1米。墓道开于墓圹西侧，平面呈梯形，由入口向封门方向逐渐变宽，侧壁斜直，底部呈缓坡状，

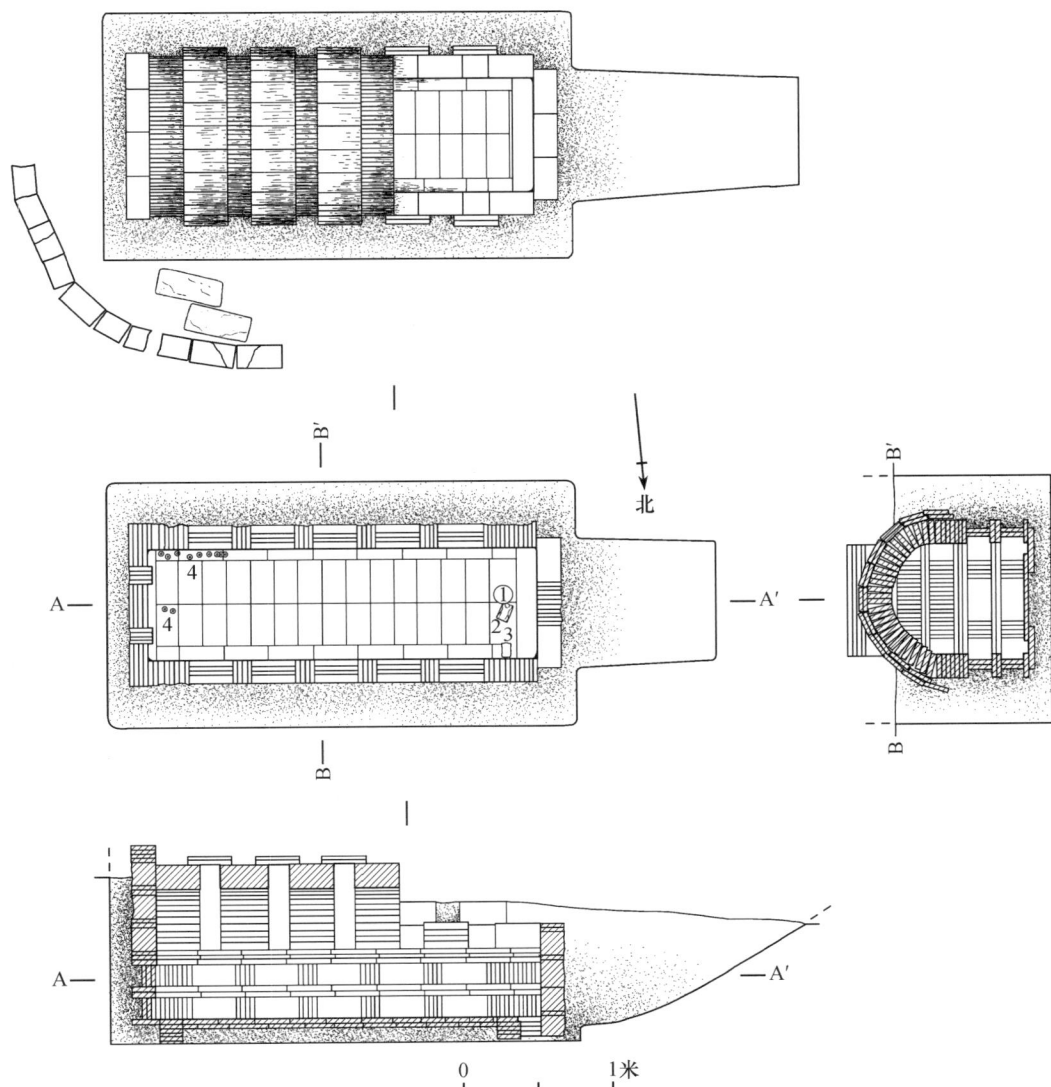

图七　M34平、剖面图

1.瓷盏　2.陶匍匐俑　3.陶匍匐俑（残）　4.铁钱

长约0.48、宽0.92～1.04、深1.08米，墓道最深处距墓圹底部约0.03米。南、北墓室结构基本相同，南墓室长约2.76、宽约1、高约1.1米，北墓室长约2.74、宽约1、高约1.2米。现以南墓室为例介绍如下。墓葬砌筑时先于墓圹底部四周砌筑封门及墓室各侧壁墙砖，铺地砖一层，为青砖横纵交错分布，紧贴墙砖平铺。封门西接墓道，自下而上依次砌一平一竖三平，其上再砌一竖二平一竖，之上再砌七层平砖。南、北侧壁砌筑方式相同，自下而上先横铺一层平砖，其上砌一竖二平，平砖横砌，竖砖纵砌。其上层砌有平砖和纵砖，近封门一侧先横铺四层平砖，后改用竖向纵砖向后壁方向砌筑。该层往上开始起券，逐层纵砌平砖，每层向内微收形成纵连式拱券。券顶共两层，外层券拱紧贴内层，起券位置位于墓圹内生土二层台上，二层台距现墓圹开口约0.5米。后壁自下而上先横铺一层平砖，其上再砌一层竖砖，竖砖横向和纵向相间分布，之上横砌两层平砖，平砖之上开始砌筑壁龛，宽约0.5、高约0.48、进深约0.11米。壁龛分两部分砌成，下层立面呈横长方形，由一层立砖横砌而成。壁龛上部立面呈三角形，由多层错缝平铺的青砖砌筑，各层青砖长度不一，逐层递增。墓室铺地砖上设棺床，由一层平砖铺成，青砖两两一组，横向和纵向交替平铺，与墓室南北壁相距0.04～0.06米。所用青砖皆素面，长32、宽16、厚3厘米。该墓未被扰动，南侧墓室出土9件随葬品，放置于墓室底部南北两侧靠近墓壁处，其中南侧中部放置釉陶立俑、狗和瓷碟各1件；北侧中部偏东处放置釉陶立俑、釉陶匍匐俑、釉陶鸡、釉陶香炉、瓷双耳罐、瓷碟各1件。北侧墓室出土9件随葬品，墓室扰土内出土碎瓷片若干，后拼对为一瓷盏，另8件随葬品放置于墓室底部南北两侧靠近墓壁处。其中南侧中部放置釉陶立俑、匍匐俑和香炉各1件；北侧中部偏东处放置釉陶立俑、鸡、狗和瓷双耳罐、瓷碟各1件（图八）。

乙类　8座。石室墓。根据墓室平面形状的不同，分为二型。

A型　6座。墓室平面呈梯形。

M12　墓葬遭破坏，顶部不存。墓向273°。墓葬由墓圹和墓室两部分组成。墓圹平面呈梯形，西宽东窄，东西长2.9、南北宽1.14～1.52、残深0.76米，其内填土为黄色黏土，较致密。墓室由素面红砂岩石板砌筑而成，部分石板表面可见修整痕迹。墓室长2.26、宽0.5～0.72、残高约0.7米。墓底自西向东依次横铺六块大小依次递减的梯形石板，石板长0.12～0.52、宽0.5～0.72、厚0.12米。墓室四壁石板均紧贴铺底石板侧壁砌立，南、北两壁各立砌一短五长共六块石板，短石板外侧又立一长石板，二者之间形成宽约0.21、进深约0.13米龛状空间，北壁东侧和南壁西侧第一块石板外侧各立一窄石板。东壁及封门均横向砌筑二层石板，封门石板长0.5～0.56、宽0.18～0.32、厚约0.13米；东壁石板长约0.56、宽0.3～0.42、厚约0.12米。该墓被严重扰动，未见人骨和葬具。仅在墓室底部东北角出土铁钱1枚，钱文不辨（图九）。

M13　墓葬遭破坏，墓顶不存。墓向260°。由墓道、墓圹和墓室三部分组成。墓道开于墓圹西壁，长0.7、宽0.4～1.18、残深0.9米，开口呈圆弧状，侧壁斜直，底部为斜坡，底部高于墓圹底部约0.26米，其内填土为黄色黏土，较致密。墓圹平面呈梯形，西宽东窄，东西长3.16、南北宽1.28～1.9、残深1.02米，其内填土与墓道填土相同。墓室由素面红砂岩石板砌筑而成，部分石板表面可见修整痕迹。砌筑墓室时，先于墓圹底部横铺三块红砂岩石板，石板长0.46～1.3、宽0.5～0.86、厚0.12米。甬道底部平铺一块石板，石板略短小，两端未及墓室侧壁，石板低于墓室铺底石约0.06米，甬道南北长0.88、东西宽0.24、深0.06米。封门墙、后壁及南、北侧壁均自墓圹底部立砌石板，石板紧贴铺底石板侧面。北侧壁立砌二短五长共七块石板，较长的石板长0.72、宽0.26～0.46、厚0.12～0.14米；较短的石板长0.27～0.32、宽约0.2、厚0.12米。两块短石

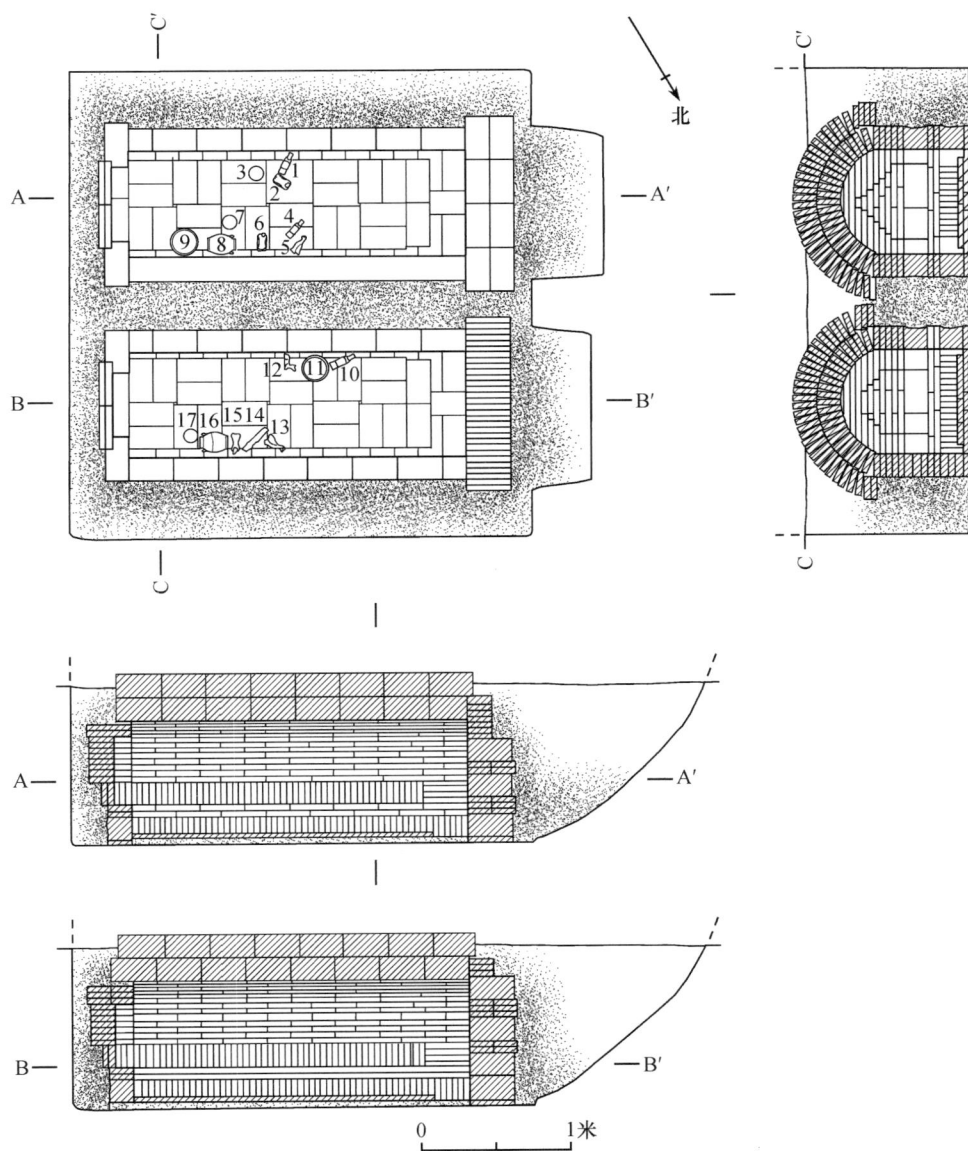

图八　M38平、剖面图

1、4、10、14.釉陶立俑　2、15.釉陶狗　3、7、17.瓷碟　5、13.釉陶鸡　6、12.釉陶匍匐俑　8、16.瓷双耳罐
9、11.釉陶香炉

板外侧又各立一长石板，二者之间形成宽约0.32、进深约0.12米的龛状空间。南侧壁结构与北侧相似，但在近封门处多一块长条窄石板。墓室封门与后壁均由横向砌筑二石板组成，石板长0.3～1.3、宽0.3～0.52、厚0.14米。该墓经扰动，未见人骨和葬具。墓室底部西侧居中放置一方青砂石质买地券，券文漫漶不清。其余3件随葬品散乱分布于买地券周围，包括瓷罐2件、瓷碗1件（图一〇）。

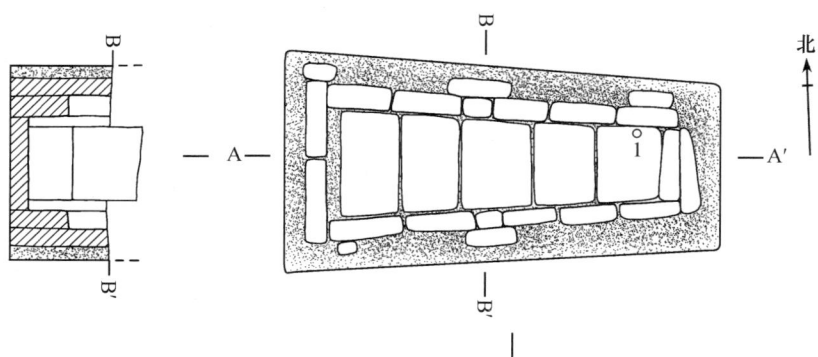

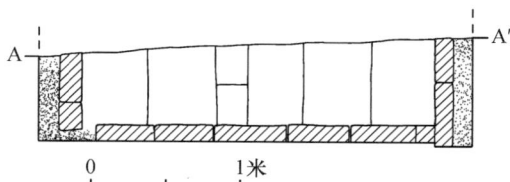

图九　M12平、剖面图

1. 铁钱

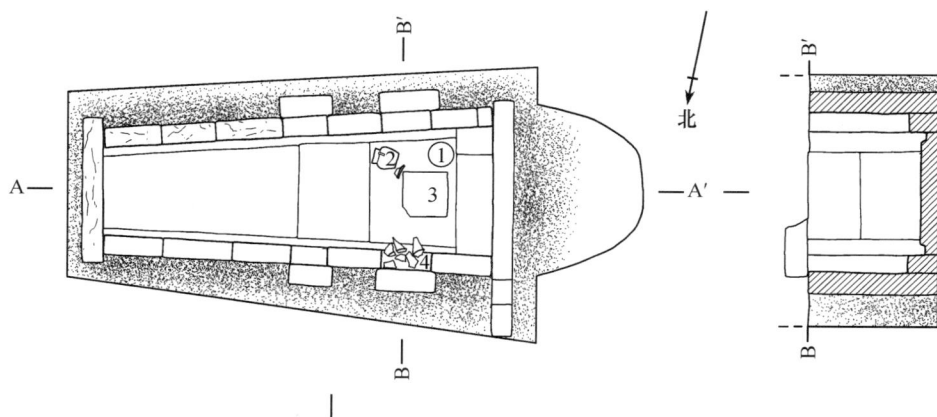

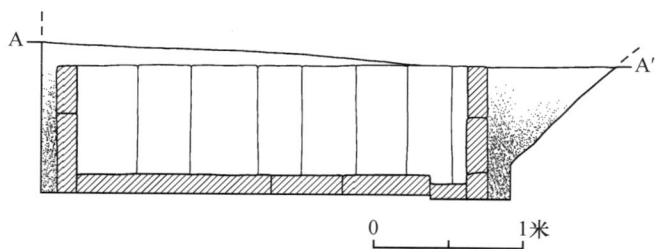

图一〇　M13平、剖面图

1. 瓷碗　2、4. 瓷罐（残）　3. 石买地券

M15　墓室顶部遭破坏。墓向265°。由墓道、墓圹和墓室三部分组成。墓道开于墓圹西壁，长1.26、宽0.2～1.14、残深0.8米，西端呈圆弧状，侧壁斜直，底部为斜坡，墓道底部高于墓圹底部约0.2米，其内填土为黄色黏土，较致密。墓圹平面呈梯形，西宽东窄，东西长3.4、南北宽1.58～1.8、残深1.12米，其内填土与墓道填土相同。墓圹底部西侧下凹，墓室四壁及铺底石均由素面红砂岩石板砌筑而成，部分石板表面可见修整痕迹。砌筑墓室时，先于墓圹底部自西向东横铺四块红砂岩石板，铺底石板长约0.85～0.97、宽0.22～0.42、厚0.08米，再纵铺两块石板，长约1.25、宽0.3～0.38、厚约0.09米。封门内第一块石板低于其他铺底石约0.06米，形成甬道，甬道南北长约1.01、东西宽0.22、深0.06米。铺底石板紧邻南、北两壁处各凿一条细长的浅槽通向甬道，应为墓室排水之用，浅槽长1.9、宽0.12、深0.03米。封门墙、后壁及南、北侧壁均自墓圹底部立砌石板，石板紧贴铺底石板侧面，先砌筑南、北侧壁，后砌筑后壁。南、北侧壁各立砌二短六长共八块石板，较长的石板长0.73～0.94、宽0.3～0.44、厚0.1～0.11米，较短的石板长0.25～0.27、宽约0.15、厚约0.1米。两块短石板外侧又各立一长石板，二者之间形成宽0.25～0.27、进深约0.1米的龛状空间。墓室封门与后壁均由横向石板逐层砌成。后壁自下而上砌筑三层石板，每层石板两端各侈出南北两侧壁约0.06米，石板长约1.03、宽0.19～0.38、厚0.11米。封门残存四块石板，长约1.35、宽0.17～0.41、厚0.15米，封门石板与侧壁等宽。墓顶结构不完整，仅墓室后部残存一块盖顶石，平面呈长方形，长约0.96、宽约0.29、厚约0.13米。未见葬具，墓室中部残存少量人骨残骸。该墓被扰动，墓室扰土内出土碎瓷片若干，后拼对为1件瓷四系罐，口部残缺，其余随葬品位于墓室甬道西南角，包括瓷四系罐和瓷碗各1件（图一一）。

M24　墓葬遭破坏，墓顶不存。墓向253°。由墓道、墓圹和墓室三部分组成。墓道开于墓圹西壁，长约0.8、宽0.2～1、残深约1.06米，西端呈圆弧状，侧壁斜直，底部呈缓坡状，墓道底部高于墓圹最深处约0.46米，其内填土为黄色黏土，较致密。墓圹平面呈梯形，西宽东窄，东西长2.8、南北宽1.2～1.6、残深1.16～1.38米，其内填土与墓道填土相同。墓室四壁及铺底石均由素面红砂岩石板砌筑而成，部分石板表面可见修整痕迹。砌筑墓室时，先于墓圹底部平铺红砂岩石板，封门墙、后壁及南、北侧壁均自墓圹底部立砌石板，石板紧贴铺底石板侧面。甬道位于墓室西侧，平面呈长方形，南北长约0.98、东西宽约0.39、深约0.31米，底部平铺一石板，东壁竖砌一石板与墓圹底部齐平。墓室底部甬道以东部分横铺两块铺底石板，石板一大一小，平面均呈梯形，厚0.14米，大者长约1.6、宽0.42～0.64米，小者长0.64～0.68、宽0.32，小石板叠压于甬道东壁石板之上。铺底石板紧邻南、北两壁处各凿一条细长的浅槽通向甬道，应为墓室排水之用，排水槽长1.9、宽0.05～0.1、深0.06米。墓室南、北侧壁均由长短交替分布的石板竖砌而成，短石板外侧又立砌长石板，二者之间形成宽0.19、进深0.1米的龛状空间。侧壁长石板残长0.87～1.18、宽0.28～0.4、厚0.08～0.1米。封门和后壁由横向石板逐层砌成，封门石板和后壁石板均三层，石板长约1.18、残宽0.15～0.78、厚0.08～0.11米。

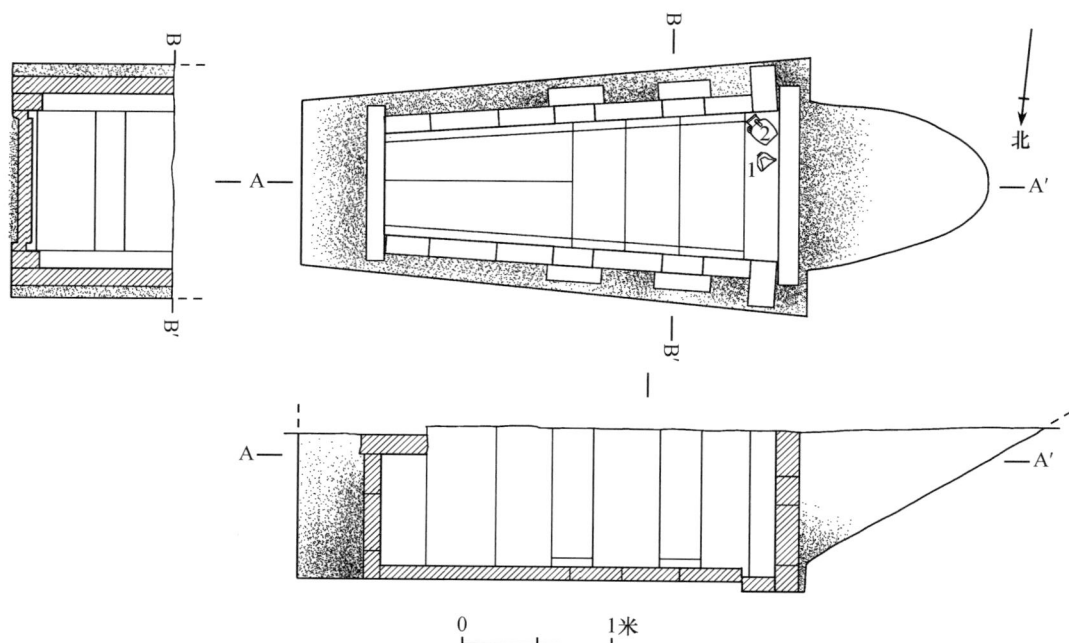

图一一　M15平、剖面图

1. 瓷碗　2. 瓷四系罐

墓室被严重扰动，未见人骨和葬具。随葬品位于甬道南侧，包括瓷碗和瓷四系罐各1件（图一二）。

M26　墓葬遭破坏，墓顶不存。墓向272°。由墓道、墓圹、墓室和腰坑四部分组成。墓道开于墓圹西壁，长约0.7、最宽约0.85、残深约0.8米，西端呈圆弧状，侧壁斜直，底部呈缓坡状，墓道底部高于墓圹底约0.1米，其内填土为黄褐色黏土，致密。墓圹平面呈梯形，西宽东窄，东西长3、南北宽1.25～1.96、残深0.98米，其内填土与墓道填土相同。砌筑墓室时，先于墓圹底部居中处设腰坑，平面呈圆形，长约0.26、深0.15米，其内放置1件瓷四系罐。再在墓圹底部平铺石板。封门墙、后壁及南、北侧壁均自墓圹底部立砌石板，石板紧贴铺底石板侧面。墓室四壁及铺底石板均为红砂岩材质，素面，部分石板表面可见修整痕迹。甬道位于墓室西侧，平面呈长方形，南北长约0.83、东西宽约0.18米，底部平铺一石板，石板略低于墓室西侧约0.04米。墓室底部甬道以东依次横铺三块石板，平面呈梯形，长0.54～0.66、宽0.39～0.5、厚0.1米，再纵铺两块南北并列的石板，长约0.9、宽0.25～0.29、厚0.1米。铺底石板紧邻南、北侧壁和后壁处各凿一条细长的浅槽通向甬道，应为墓室排水之用，排水槽长约2.32、宽0.06～0.08、深0.04～0.12米。墓室南、北侧壁均由二短六长共八块石板竖砌而成，短石板外侧又立砌长石板，二者之间形成宽0.3～0.36、进深0.11～0.14米的龛状空间。侧壁石板残长0.55～0.81、宽0.27～0.43、厚0.11～0.13米。封门和后壁由横向石板逐层砌成，封门石板三块，石板长0.43～0.44、残宽0.13～0.55、厚0.13～0.6米；后壁石板两块，长

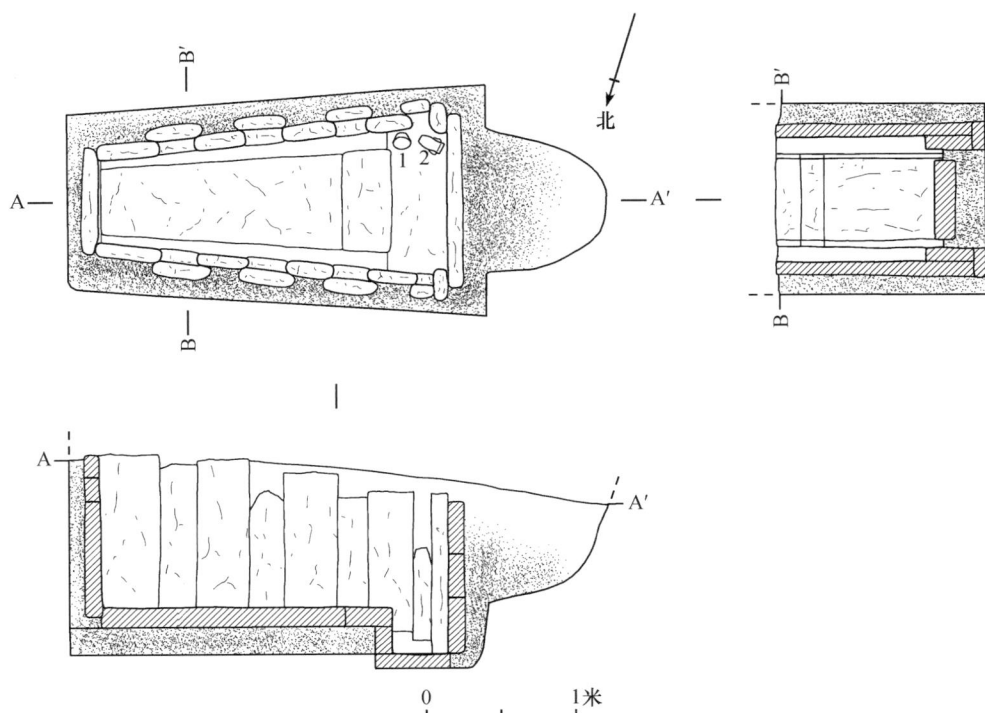

图一二　M24平、剖面图
1. 瓷碗　2. 瓷四系罐

0.43～0.48、宽约0.85、厚0.12～0.17米。墓室底部残存木棺底板朽痕，平面呈长方形，残长约1.67、残宽约0.37米，其上可见部分肢骨和头骨遗骸，葬式为仰身直肢葬。墓主人头端放置一方青砂石质买地券，平面呈方形，券文漫漶不清。该墓经扰动，随葬品散乱分布，均置于棺外，墓室底部南侧壁下排水槽内出土瓷碗1件，东北角处出土铁钱2枚，锈蚀严重，钱文不辨（图一三）。

　　M27　墓葬遭破坏，墓顶不存。墓向265°。由墓道、墓圹和墓室三部分组成。墓道开于墓圹西壁，长约1.08、宽0.3～0.9、残深约0.8米，西端呈圆弧状，侧壁斜直，底部呈斜坡状，墓道底部高于墓圹底约0.1米，其内填土为黄褐色黏土，致密。墓道中斜置一红砂岩石板，石板一端顶靠封门。墓圹平面呈梯形，西宽东窄，东西长3.2、南北宽1.2～1.64、残深1.06米，其内填土与墓道填土相同。墓室四壁及铺底石板均为红砂岩材质，素面，部分石板表面可见修整痕迹。砌筑墓室时，先于墓圹底部垫土，厚约0.05米，再于垫土层上平铺石板。封门墙、后壁及南、北侧壁均自墓圹底部立砌石板，石板紧贴铺底石板侧面。甬道位于墓室西侧，平面呈长方形，南北长约0.87、东西宽约0.27米，底部平铺一石板，石板略短小，两端未及墓室侧壁，略低于墓室西侧约0.04米。墓室底部甬道以东依次横铺三块石板，平面呈梯形，长0.63～0.76、宽0.25～0.46、厚0.09米。再纵铺两块南北并列的石板，长1.08、宽0.2～0.36、厚0.1米，石板与墓室后壁间

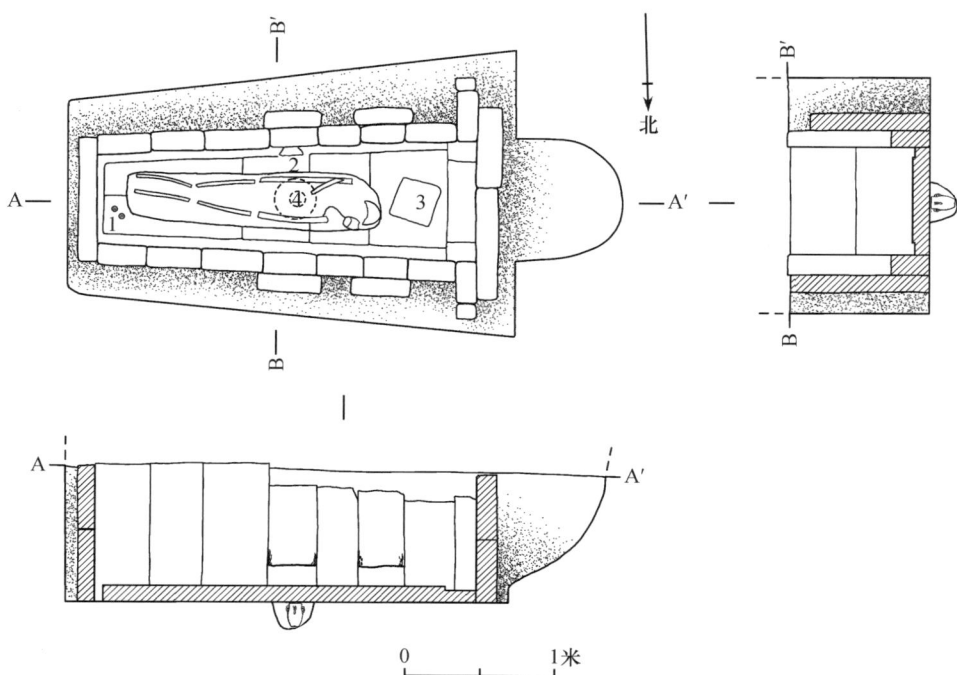

图一三　M26平、剖面图

1. 铁钱　2. 瓷碗　3. 石买地券　4. 瓷四系罐

有宽0.02 ~ 0.06米的间隙。铺底石板紧邻南、北侧壁处各凿一条细长的浅槽通向甬道，应为墓室排水之用，排水槽长约2.55、宽0.04 ~ 0.06、深0.04米。墓室南、北侧壁均由三短六长共九块石板竖砌而成，短石板外侧又立砌长石板，二者之间形成宽0.12 ~ 0.21、进深约0.11米的龛状空间。侧壁石板长0.34 ~ 0.87、宽约0.35、厚约0.11米。封门和后壁由横向石板逐层砌成，封门石板三层，后壁石板残存一层，石板长0.98 ~ 1.12、残宽0.11 ~ 0.43、厚约0.12米。该墓扰动严重，未见人骨、葬具及随葬品（图一四）。

B型　2座。墓室平面呈长方形。

M32　墓葬遭破坏，墓顶不存。墓向294°。由墓道、墓圹和墓室三部分组成。墓道开于墓圹西壁，长约0.86、宽0.1 ~ 1、残深约0.9米，西端呈圆弧状，侧壁斜直，底部呈斜坡状，墓道底部高于墓圹底约0.1米，其内填土为黄褐色黏土，致密。墓圹平面呈长方形，东西长2.82、南北宽1.38、残深1.02米，其内填土与墓道填土相同。墓室四壁及铺底石板均为红砂岩材质，素面，部分石板表面可见修整痕迹。砌筑墓室时，先于墓圹底部平铺石板。后壁及南、北侧壁均自墓圹底部立砌石板，石板紧贴铺底石板侧面。甬道位于墓室西侧，平面呈长方形，南北长约0.74、东西宽约0.14米，底部平铺一石板，石板略低于墓室西侧约0.06米。封门墙砌筑于甬道铺底石上，自下而上横砌三层石板，石板长约1.07、残宽0.18 ~ 0.44、厚约0.13米。墓室底部甬道以东依次横铺四块石板，平面呈长方形，长0.71、宽0.15 ~ 0.74、厚约0.1米。靠近甬道的铺底石板紧邻南、北

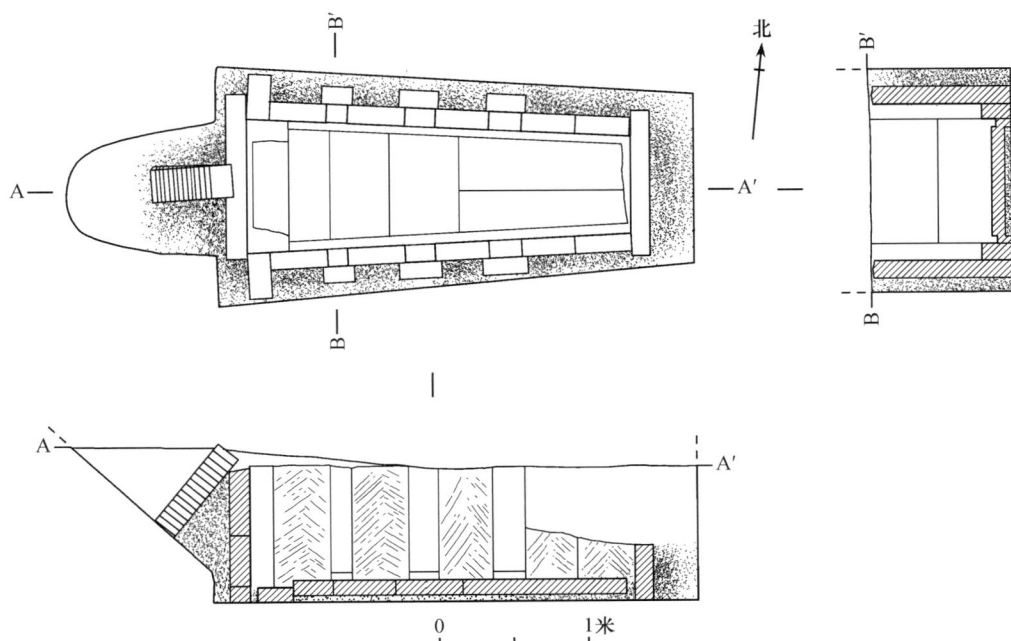

图一四　M27平、剖面图

侧壁处各凿一条浅槽通向甬道，应为墓室排水之用，排水槽长0.74、宽0.1、深0.02米。墓室南、北侧壁均由六块石板砌筑而成，居中位置的石板为上下两层，其外侧又立砌一石板作支撑。后壁由两层横向石板砌筑而成，石板长约0.82、残宽0.34～0.59、厚约0.11米。未见人骨及葬具。墓室西端甬道处放置一方青砂石质买地券，平面呈方形，券文漫漶不清。该墓经扰动，随葬品散乱分布，墓室底部四周可见零散铁钱分布，东侧中部约5枚铁钱排成一线；墓室西北角出土瓷碗1件，西部出土釉陶匍匐俑1件（图一五）。

　　M37　墓葬被破坏，墓顶不存。墓向280°。由墓道、墓圹和墓室三部分组成。墓道开于墓圹西壁，长约1.14、最宽处约1.2、残深约0.72米，西端呈圆弧状，侧壁斜直，底部呈斜坡状，墓道底部与甬道齐平，其内填土为黄褐色黏土，较致密，夹杂少量石块。墓圹平面呈长方形，东西长2.75、南北宽1.4、残深1.18米，其内填土与墓道填土相同。墓室四壁及铺底石板均为红砂岩材质，素面，部分石板表面可见修整痕迹。砌筑墓室时，先于墓圹底部平铺石板，再砌筑封门、后壁及南、北侧壁，均直接自墓圹底部四周立砌石板。甬道位于墓室西侧，平面呈长方形，南北长约0.72、东西宽约0.21米，底部平铺一石板，石板略低于墓室西侧约0.1米。墓室底部甬道以东依次横铺四块石板，平面呈长方形，长约0.72、宽0.45～0.66、厚约0.12米。墓室南、北侧壁均由石板砌筑而成，近封门处的石板竖砌，其余皆横砌。北壁五块石板，南壁六块石板，石板残长0.44～1.03、宽0.12～0.81、厚约0.12米。封门及后壁现均仅存一块横砌的石板，残长0.71～0.88、宽0.95～0.97、厚约0.12米。未见葬具及人骨。墓室西端甬道处放置一方青砂石质买地券，平面呈方形，券文漫漶不清。该墓被扰动，随葬品散乱分布，墓室西侧出土瓷双耳罐、瓷碟、釉陶匍匐俑各1件，东侧出土瓷双耳罐1件（图一六）。

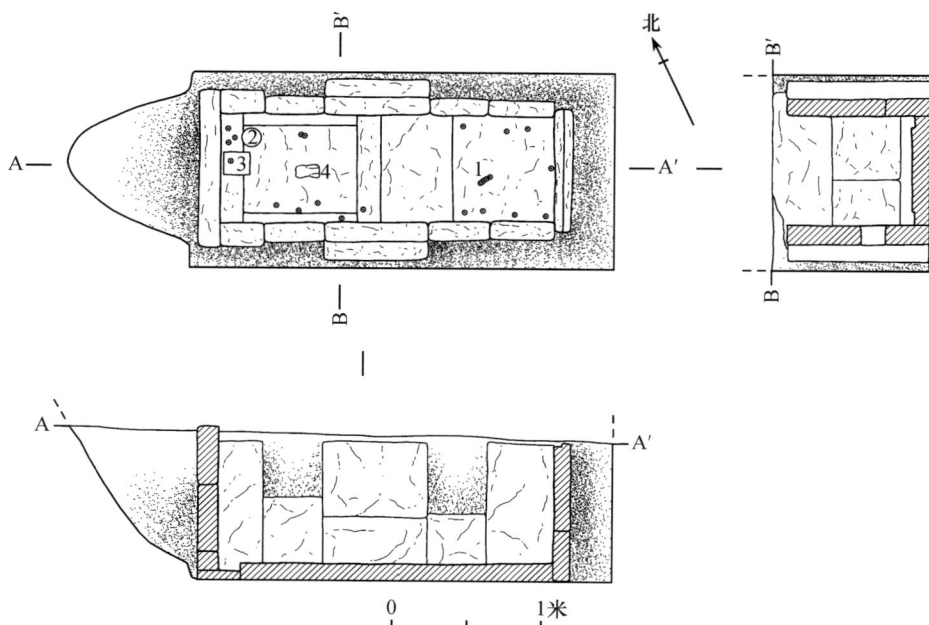

图一五　M32平、剖面图

1.铁钱　2.瓷碗　3.石买地券　4.釉陶匍匐俑

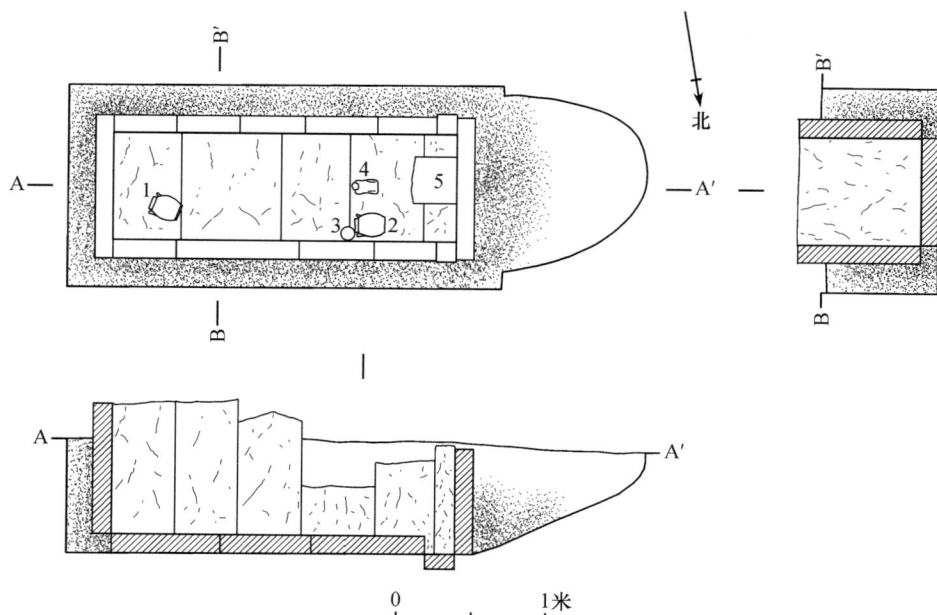

图一六　M37平、剖面图

1、2.瓷双耳罐　3.瓷碟　4.釉陶匍匐俑　5.石买地券

（二）火　葬　墓

5座。均为砖室墓。

M25　墓葬被破坏，仅存墓底铺地砖和少量壁砖。墓向173°。由墓圹和墓室两部组成。墓圹平面呈长方形，南北长1.28、东西宽1.14米。墓室平面呈长方形，长约1.06、宽约0.74、残高约0.23米。墓葬四壁和底部均由青砖砌筑而成。墓底由一层横向青砖错缝平铺而成，四壁均在铺地砖上砌筑砖墙。北壁中部仅存两块横铺纵砖，左右各残存两层青砖，下层为一层横铺青砖，上层为纵向竖砖。东壁残存两层，下层为横铺青砖，上层为纵铺竖砖；西壁和南壁仅存一两层横铺平砖。所用墙砖皆素面，长32、宽18、厚3厘米。墓室中部为骨灰残渣。该墓被扰动，未发现随葬品（图一七）。

M31　墓葬保存完好。墓向285°。由墓道、墓圹和墓室三部分组成。墓道开于墓圹西壁，长约0.45、最宽处约0.55、残深约0.2米，西端呈圆弧状，侧壁斜直，底部呈斜坡状，墓道底部高于墓圹底约0.06米，其内填土为黄褐色黏土，较致密。墓圹平面呈长方形，东西长1.22、南北宽0.86、残深0.46米，其内填土与墓道填土相同。墓室平面呈长方形，东西长约1、南北宽约0.77、高约0.6米。墓葬四壁和底部均由青砖砌筑而成。墓底由一层青砖平铺而成，四壁均在铺地砖上砌筑砖墙。四壁自下而上先横砌一层平砖，再砌一层纵横交错分布的竖砖。南北两壁于竖砖上开始砌筑墓顶，近封门处逐层纵砌平砖，每层向内微收形成纵连式拱券。封门于竖砖上横砌平砖至与券顶齐平的位置，外侧再砌一圈拱券。所用青砖皆素面，长32、宽16、厚3厘米。墓室中部为骨灰残渣。墓室

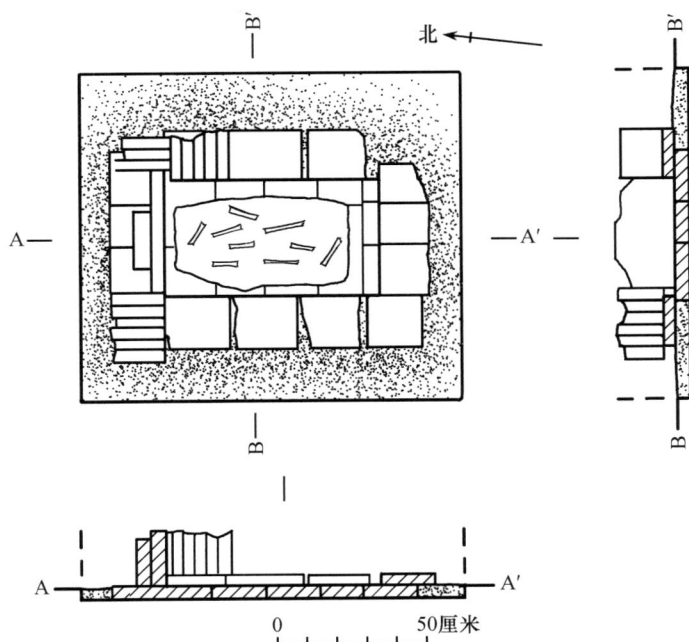

图一七　M25平、剖面图

底部西侧放置一方石质买地券，券文漫漶不清。随葬品仅见陶匍匐俑1件，置于买地券后部（图一八）。

　　M33　墓葬被破坏，墓顶不存。墓向265°。由墓道、墓圹和墓室三部分组成。墓道开于墓圹西壁，长约0.6、最宽处约0.8、残深约0.4米，西端呈圆弧状，侧壁斜直，底部呈斜坡状，墓道底部高于墓圹底约0.06米，其内填土为黄褐色黏土，较致密，夹杂少量植物根茎。墓圹平面呈长方形，东西长2.24、南北宽1.9、残深0.54米，其内填土与墓道填土相同。墓葬四壁和底部均由青砖砌筑而成。墓底由一层纵向和横向相间分布的青砖平铺而成，四壁均在铺地砖上砌筑砖墙。甬道位于墓室西端，平面呈长方形，长约0.63、宽约0.12米，较墓室后部低约0.14米。南北侧壁及后壁先于铺地砖上横铺五层平砖，其上再砌一层竖砖，竖砖横向和纵向相间分布，南、北壁自该层以上开始砌筑券拱，残存两道拱券。后壁于竖砖之上残存三平一竖共四层横向青砖。封门自铺地砖向上残存两组一竖一平共四层横铺青砖。所用青砖皆素面，长32、宽16、厚3厘米。未见人骨及葬具，根据墓葬规模及砌筑方式判断应为火葬墓。墓室底部东侧散乱分布较多铁钱，锈蚀严重，钱文不辨。西侧出土陶匍匐俑1件、陶立俑3件、陶香炉1件、瓷双耳罐与瓷盏各1件（图一九）。

　　M35　南北双室并列，墓葬保存完整。墓向276°。墓葬由挡墙、墓道、墓圹和墓室四部分组成。挡墙位于墓圹外侧，平面呈圆弧形，围墙部分叠压于墓道之上，由红砂岩石块和青砖垒砌而成，下层长条状红砂岩石块首尾相连成半圆，其上横砌青砖，现存

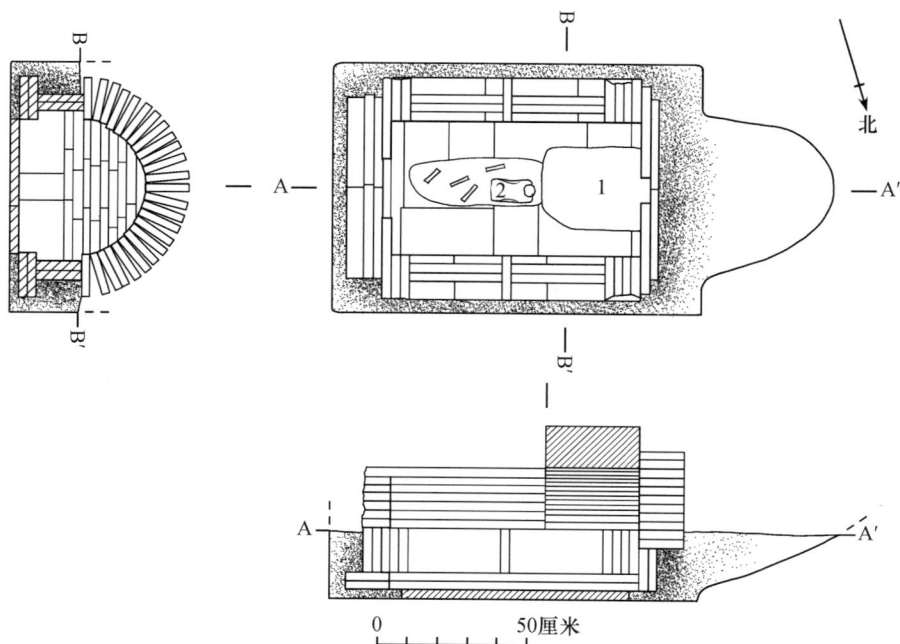

图一八　M31平、剖面图

1.石买地券　2.陶匍匐俑（残）

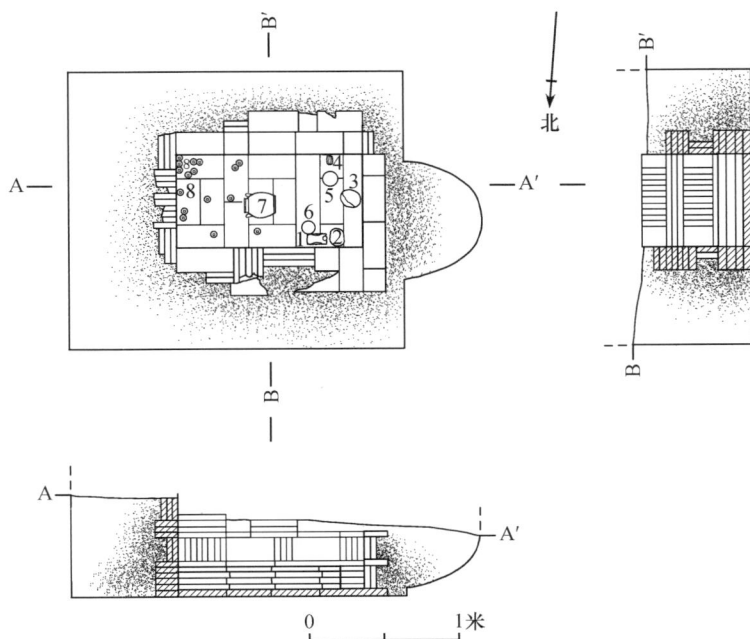

图一九　M33平、剖面图

1.陶匍匐俑　2~4.陶立俑（残）　5.陶香炉　6.瓷盏　7.瓷双耳罐　8.铁钱

五层。南、北二墓室各有一条墓道，开于墓圹西壁，平面呈长方形，长约1、最宽处约0.6、残深约1米，侧壁斜直，底部呈斜坡状，墓道底部高于墓圹底约0.04米，其内填土为黄褐色夹杂红褐色五花土，土质疏松，夹杂少量植物根茎。南、北二墓室共处于同一墓圹中，墓圹平面呈长方形，南北长2.5、东西宽1.9、残深1.04米，其内填土为黄褐色夹杂红褐色五花土，土质致密。南、北二墓室形制相同，墓葬四壁和底部均由青砖砌筑而成。墓底由一层纵向和横向相间分布的青砖平铺而成，四壁均在铺地砖上砌筑砖墙。南、北侧壁先自铺地砖上砌筑一竖二平三层青砖，竖砖横向和纵向相间分布，平砖皆横砌。在向上即开始砌筑券拱，券拱有两道，逐层纵砌平砖，每层向内微收形成纵连式拱券。两道券拱之间以横向青砖覆盖。封门处自铺地砖起自下而上交替砌筑竖砖和平砖，直至与券拱相交。后壁的砌法与封门墙相同，后壁上部砌筑五层横向青砖用以封堵后壁与券拱之间的空隙。所用青砖皆素面，长32、宽16、厚4厘米。南、北墓室中部为骨灰残渣，北墓室内葬有二人。南墓室底部散布零星铁钉，推测原使用木棺，现已腐朽不存。该墓未被扰动，北墓室底部西侧封门内放置一方石质买地券，券文漫漶不清；东侧和西北角零星分布数枚铁钱，锈蚀严重，钱文不辨；西侧随葬品包括陶立俑2件、陶匍匐俑1件、瓷盏1件。南墓室底部西侧封门内放置一方石质买地券，券文漫漶不清；南侧零星分布数枚铁钱，锈蚀严重，钱文不辨；买地券周围的随葬品包括陶立俑2件、陶匍匐俑1件、瓷盏1件（图二〇）。

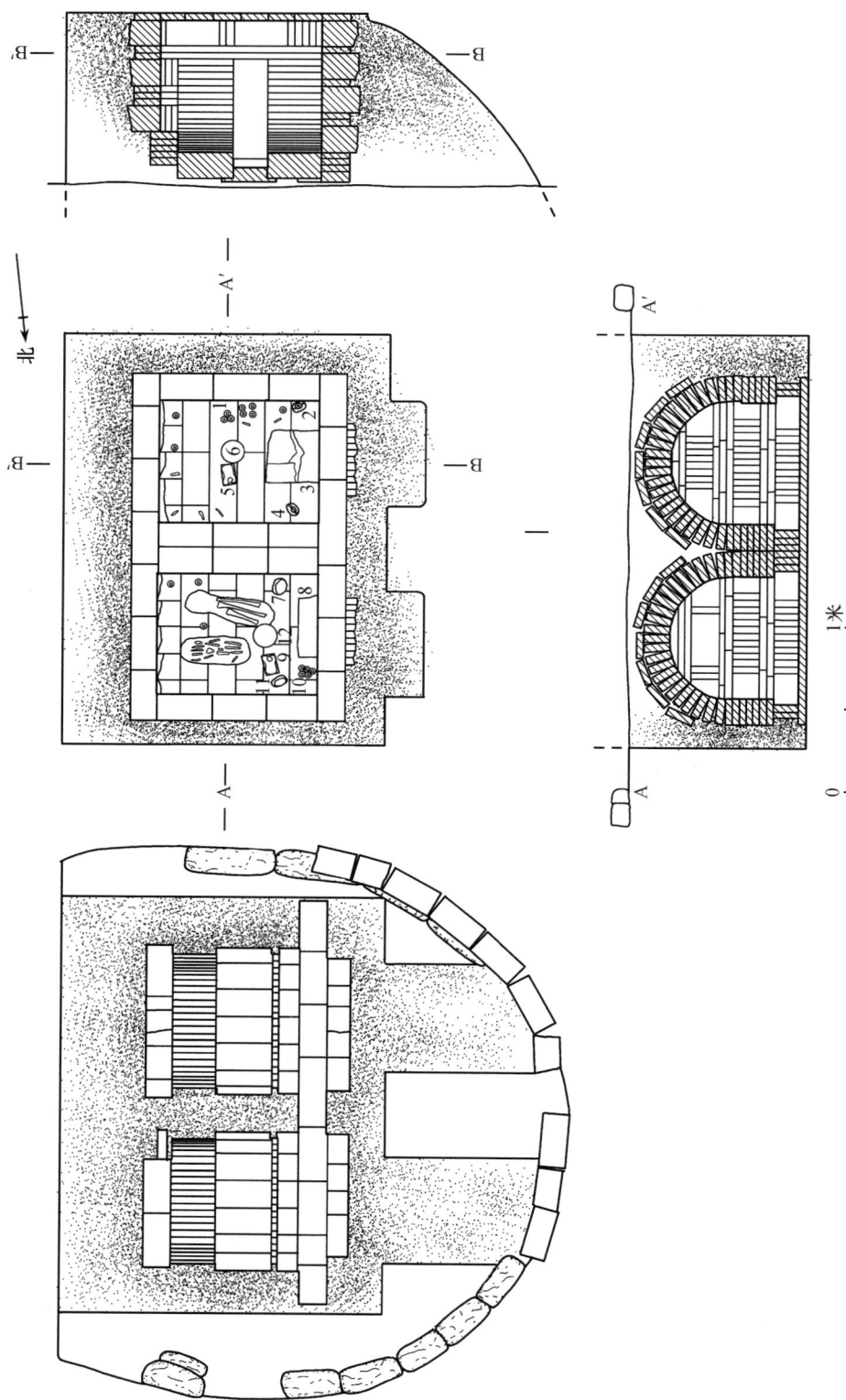

图二〇　M35平、剖面图

1、10. 铁钱　2、4、7、11. 陶立俑　3、8. 石买地券　5、9. 陶蜀葡俑　6、12. 瓷盖

M36 墓葬保存完好。墓向285°。由墓道、墓圹和墓室三部分组成。墓道开于墓圹东壁，长约0.58、最宽处约0.53、残深约0.46米，东端略呈圆弧状，侧壁斜直，底部呈斜坡状，墓道底部高于墓圹底约0.2米，其内填土为黄褐色黏土，土质致密，夹杂少量残碎砖块。墓圹平面呈长方形，南北长约1.18、东西宽约1.22、残深0.96米，其内填土与墓道填土相同。墓葬四壁和底部均由青砖砌筑而成。墓底由一层纵向和横向相间分布的青砖平铺而成，四壁均在铺地砖上砌筑砖墙。南、北侧壁先于铺底砖上砌筑一竖一平一竖三层青砖，平砖皆横砌，竖砖横向和纵向相间分布，之后于其上开始砌筑墓顶，东侧紧贴封门的位置砌筑一道券拱，券拱西侧先砌筑一层竖砖，再于其上逐层纵砌平砖，每层向内微收形成券顶。后壁自铺地砖起，自下而上交替砌筑平砖与竖砖至与券顶齐平，平砖皆横砌，每层竖砖横向和纵向交错分布，纵向砌筑的竖砖向墓壁外侧伸出，与墓圹内填土相互咬合。封门自铺地砖起，先横砌一层竖砖，中部开一小龛，立面呈凸字形，宽约0.1、高约0.15、进深0.03米，其上为逐层错缝平铺的多层平砖，封门墙外侧亦砌筑有一道券拱。所用青砖皆素面，长31、宽15、厚3厘米。墓室中部残存骨灰残渣和木棺朽痕。墓室底部东侧封门内放置一方石质买地券，券文漫漶不清。墓室西北角出土瓷盏1件，东南角出土陶匍匐俑1件（图二一）。

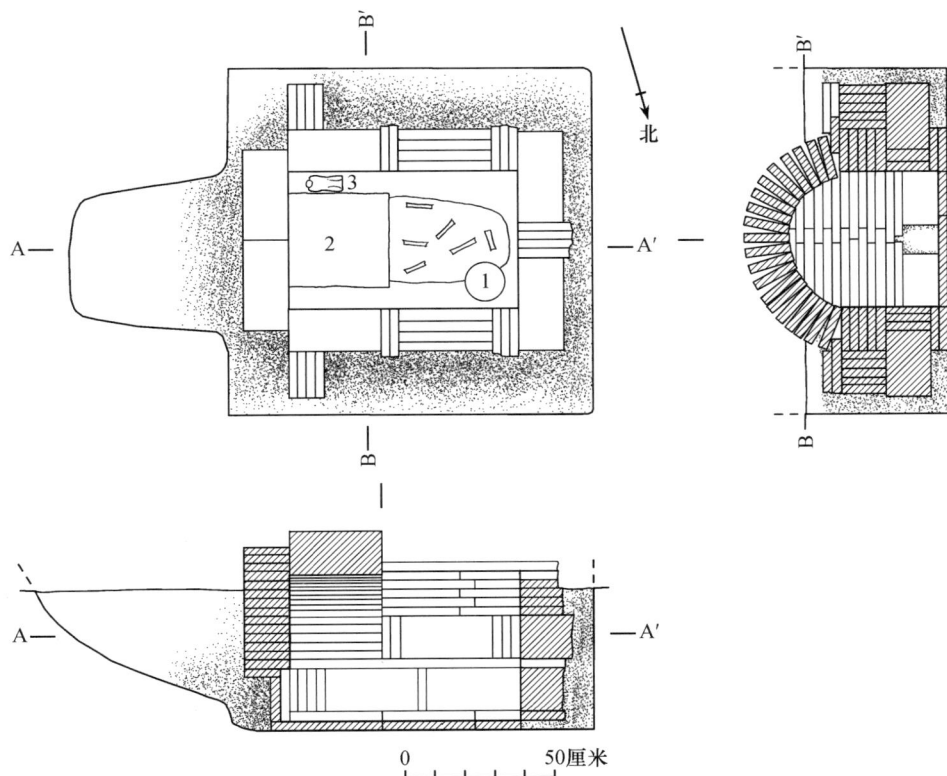

图二一 M36平、剖面图
1.瓷盏 2.石买地券 3.陶匍匐俑

二、随葬器物

上述20座墓葬均遭到不同程度的破坏，出土器物较少，主要以瓷器为主，少量陶器，零星石质文物、铜器等。现按材质分别介绍如下。

1. 瓷器

32件。器形包括双耳罐、四系罐、碗、盏、碟、注壶等，以罐类为主。

双耳罐　6件。均为横系双耳。根据腹部形态的不同，分为二型。

A型　1件。球形腹。M13：2，褐胎，腹部胎面挂化妆土。上部残，平底内凹。底径13、残高14厘米（图二二，6）。

B型　5件。椭圆形腹。大多数口、肩露胎，肩以下挂白色化妆土。直口略敛，尖圆唇，溜肩，饼足内凹，外缘斜削。M37：1，红胎。口径7.6、最大腹径13.8、底径8.5、高16.8厘米（图二二，3）。M37：2，红褐胎，器表残留酱釉。口径7.4、最大腹径12.7、底径7.9、高17厘米（图二二，5）。M38：8，褐胎。口径7.8、最大腹径14、底径8.5、高19厘米（图二二，4）。M38：16，红胎。口径7.6、最大腹径14.4、底径8.7、高18.6厘米（图二二，2）。M33：7，褐胎，口部至下腹施酱釉，釉胎结合较好。口径7.8、最大腹径13.2、底径8.6、高15.8厘米（图二二，1）。

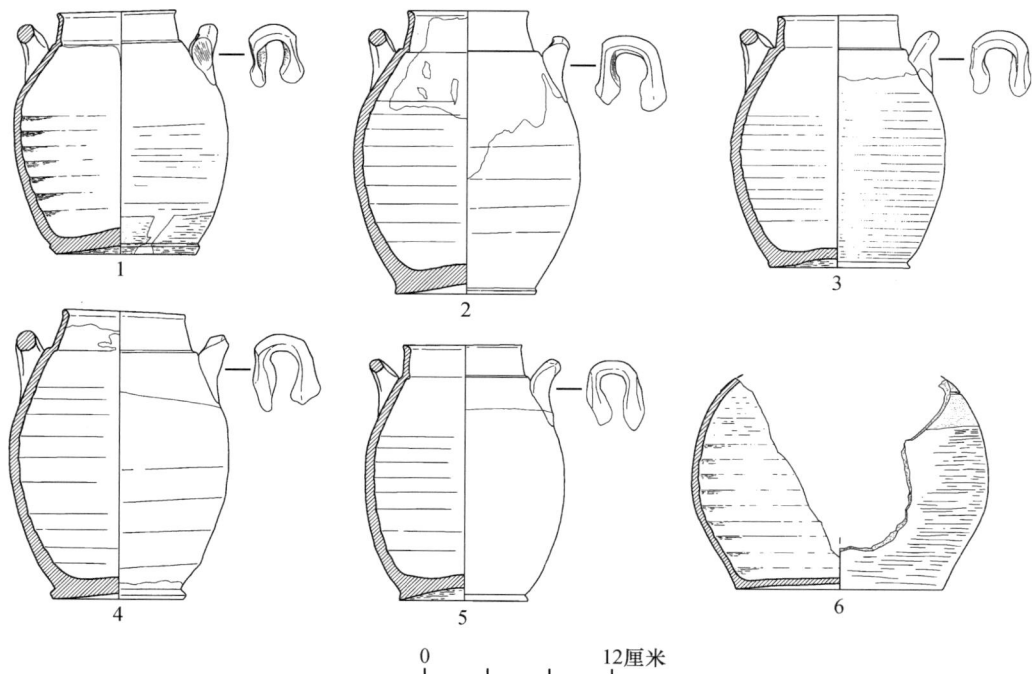

0　　　　　　12厘米

图二二　瓷双耳罐

1～5. B型（M33：7、M38：16、M37：1、M38：8、M37：2）　6. A型（M13：2）

四系罐 9件。均为竖系。根据肩部形态的不同，分为三型。

A型 1件。鼓肩。M40：1，褐胎，胎质较粗，口部里外至上腹器表挂粉黄色化妆土，残留有酱釉，下腹露褐胎。矮直口微敛，尖唇，竖系贴塑按捺痕迹明显，下腹斜收，平底。口径14、最大腹径25、底径13、高25厘米（图二三，1）。

B型 1件。圆肩。M40：2，褐胎，口里外至上腹残留化妆土与酱釉，釉面脱落殆尽。直口，圆唇，竖系连接领与肩，平底。口径7.3、最大腹径13.7、底径8.2、高14厘米（图二三，2）。

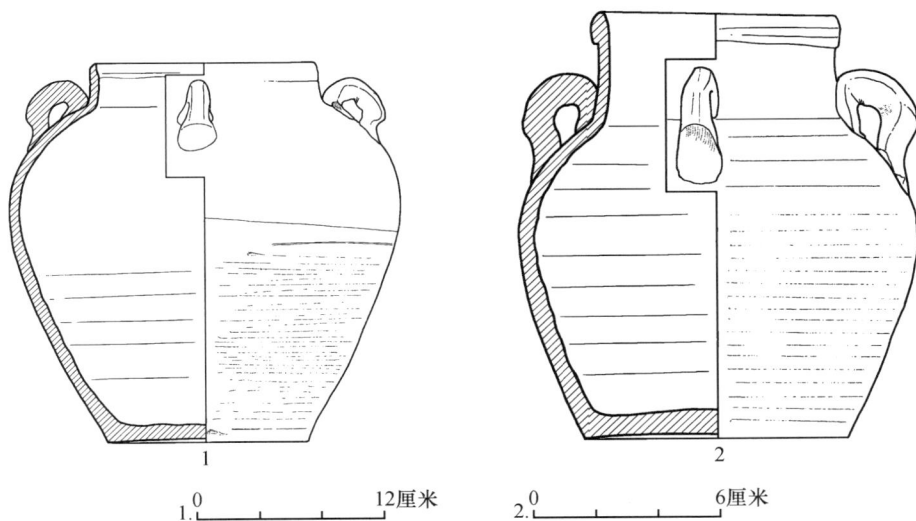

图二三 瓷四系罐

1. A型（M40：1） 2. B型（M40：2）

C型 7件。溜肩。根据领部的不同，分为二亚型。

Ca型 2件。领部较长。褐胎，口、颈挂粉黄色化妆土，施酱釉，腹部露胎。器形瘦长，口微敞，贴唇，竖系连接颈与肩，微鼓腹，平底。M15：3，口径7.7、最大腹径12.8、底径8.9、高20.8厘米（图二四，5）。M15：2，口径7.2、最大腹径12、底径9.4、高20厘米（图二四，6）。

Cb型 5件。领部较短。褐胎，口、颈挂粉黄色化妆土，施酱釉，腹部露胎。器形较矮小，贴唇，竖系位于肩部，微鼓腹，平底。M24：2，口径8.6、最大腹径10、底径5.2、高16厘米（图二四，4）。M14：1，口径8.6、最大腹径10、底径6.5、高14.4厘米（图二四，7）。M26：4，口径8.8、最大腹径10、底径6、高15.4厘米（图二四，1）。M39：1，口径9、最大腹径9.4、底径6、高14.2厘米（图二四，3）。M39：3，口径8.4、最大腹径9.6、底径6、高14.8厘米（图二四，2）。

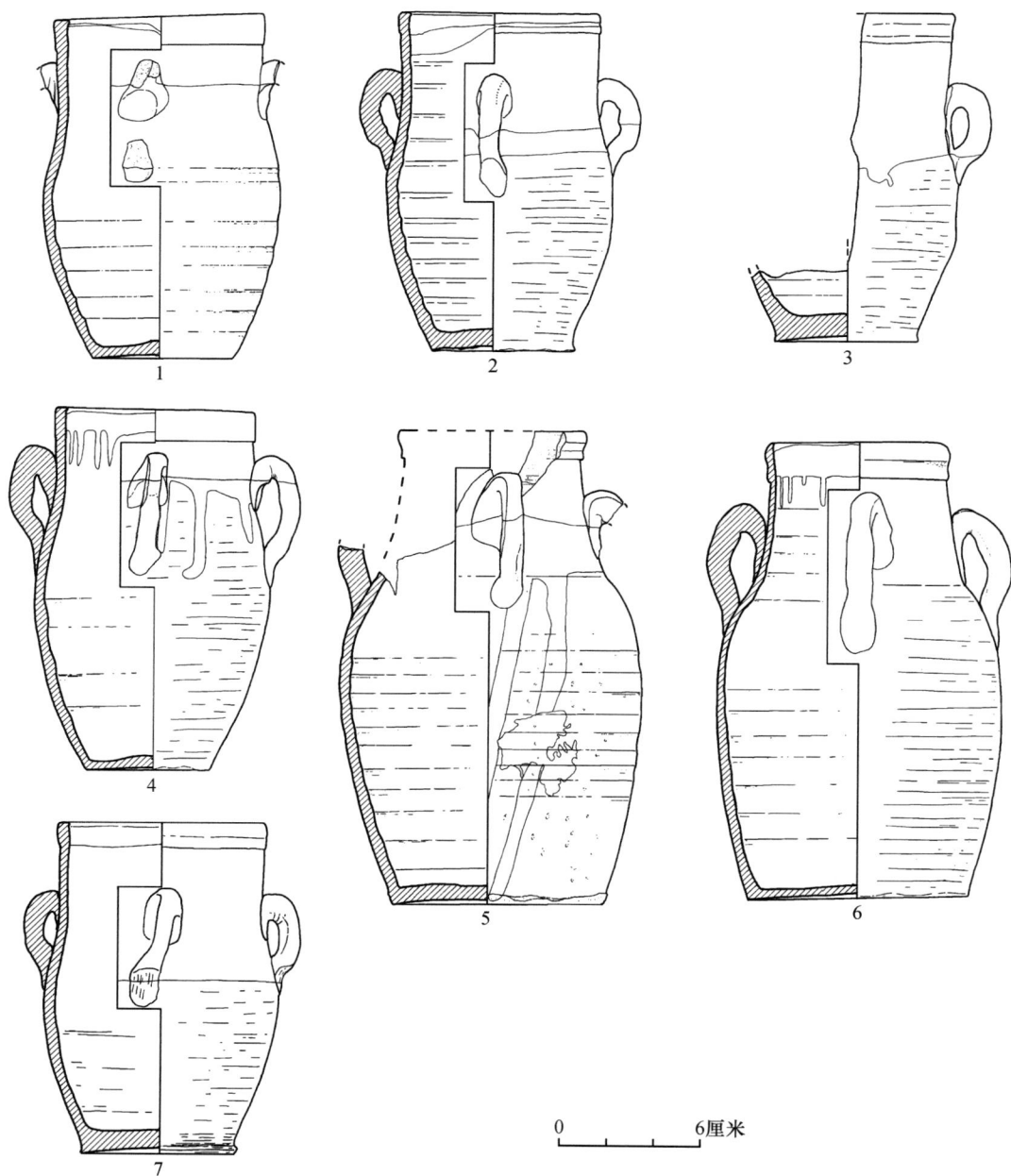

图二四　瓷四系罐

1～4、7. Cb型（M26：4、M39：3、M39：1、M24：2、M14：1）　5、6. Ca型（M15：3、M15：2）

碗　5件。根据腹部形态的不同，分为二型。

A型　4件。斜弧腹。红褐胎，青釉，内施满釉，外施半釉，下腹、足露胎。敞口，尖唇，饼足。内底饰一周凹弦纹，弦纹内可见五个支钉痕。M26：2，口径17.6、底径6.8、高5.9厘米（图二五，3）。M24：1，口径17.2、底径5.8、高5.8厘米（图二五，2）。M13：1，口径17.1、底径6.3、高5.1厘米（图二五，1）。M15：1，口径17、底径6.2、高6.4厘米（图二五，5）。

B型　1件。斜直腹。M32：2，褐胎，内挂粉黄色化妆土，施白釉，口外略施釉，器表大部分露胎。敞口，尖唇，折壁，折棱近底，矮圈足。口径15.2、足径5.1、高4厘米（图二五，4）。

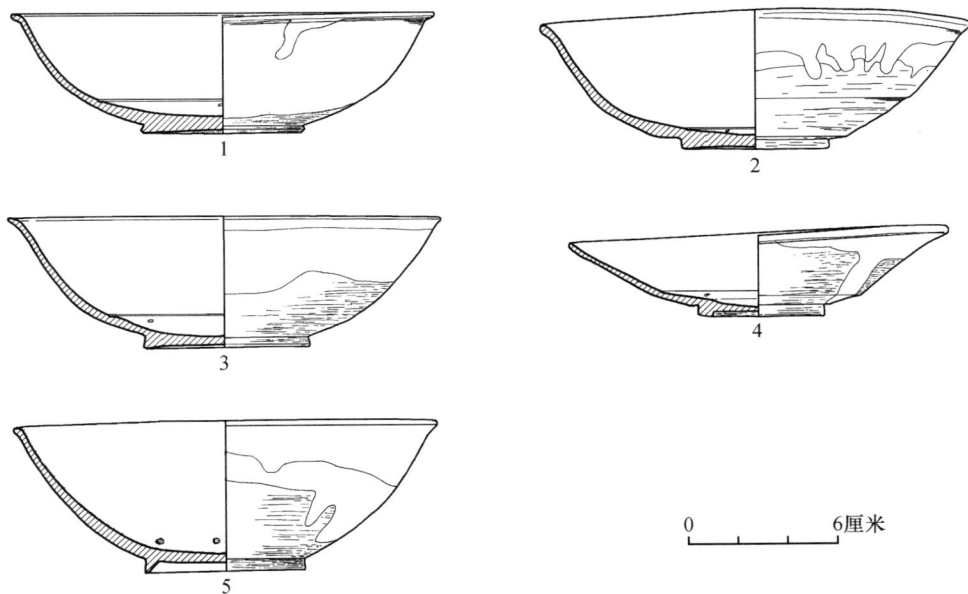

图二五　瓷碗

1~3、5.A型（M13：1、M24：1、M26：2、M15：1）　4.B型（M32：2）

盏　6件。器形一致。红褐胎，青釉，盏内施满釉，外施半釉，下腹至足露胎。敞口，尖唇，斜弧腹，极矮圈足，削制规整。上绘草叶纹。M36：1，口径13.2、足径4.8、高4厘米（图二六，1）。M34：1，口径13、足径5、高4厘米（图二六，3）。M38：18，内底见五个支钉痕。口径13.2、足径4.3、高4厘米（图二六，5）。M35：12，口径13、足径4.6、高3.8厘米（图二六，4）。M33：6，口径13、足径4.4、高4厘米（图二六，2）。M35：6，口径13.2、足径4.5、高3.8厘米（图二六，6）。

碟　5件。根据胎体厚薄的不同，分为二型。

A型　1件。厚胎。M40：4，施酱釉。圆唇，斜直腹较坦，底部略呈饼足内凹。口径9.4、底径3.8、高2.6厘米（图二七，5）。

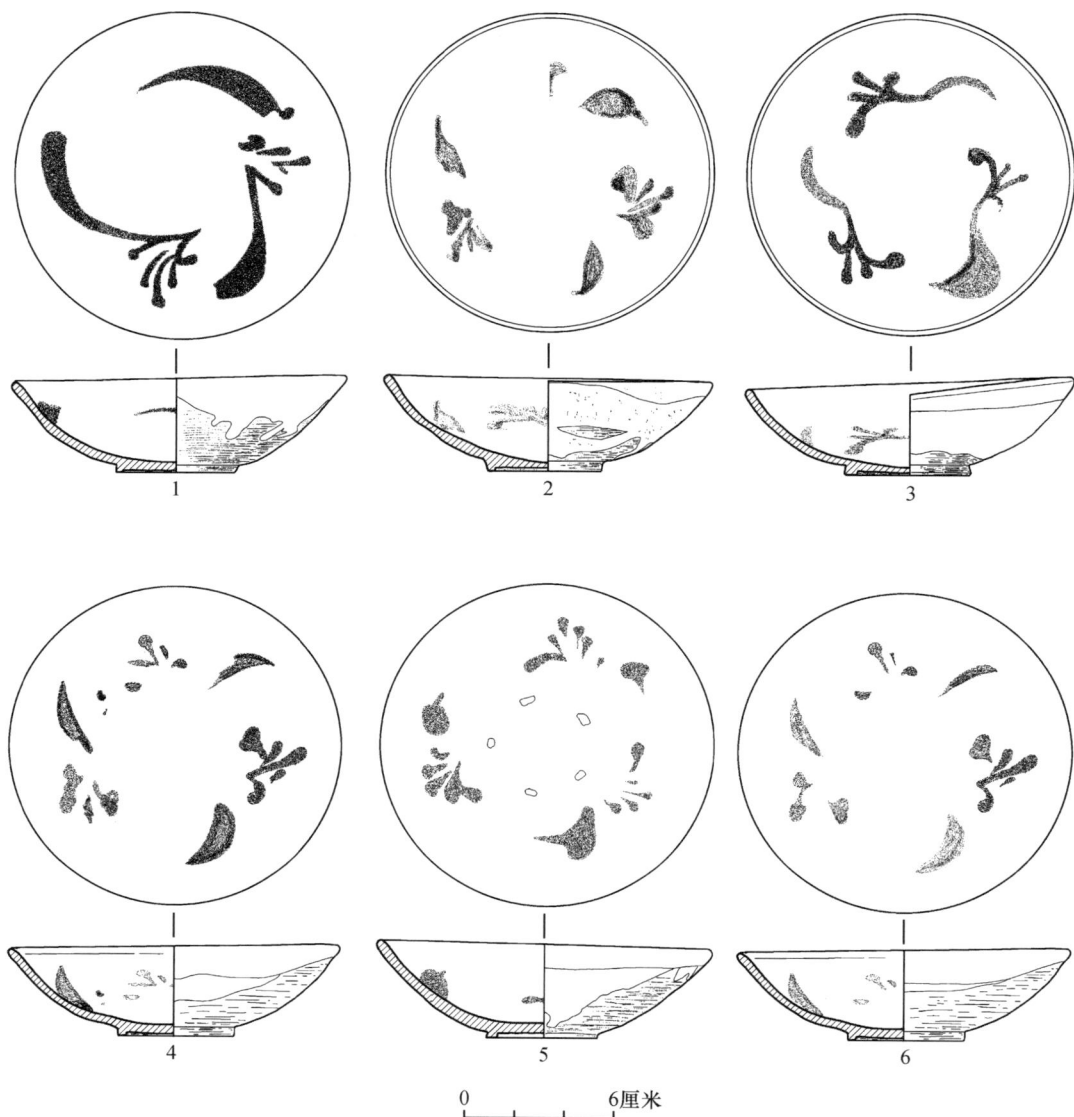

图二六　瓷盏

1. M36：1　2. M33：6　3. M34：1　4. M35：12　5. M38：18　6. M35：6

　　B型　4件。薄胎。内壁及口外挂白色化妆土，器表大部露胎。尖圆唇，斜直腹，平底内凹。M37：3，口径10.6、底径4.2、高3厘米（图二七，4）。M38：7，口径9.2、底径3.6、高2.6厘米（图二七，3）。M38：17，口径9.4、底径3.8、高2.84厘米（图二七，1）。M38：3，口径9.2、底径3.7、高2.66厘米（图二七，2）。

　　注壶　1件。M40：3，红胎，口、上腹施酱釉，下腹露胎。矮直领，贴唇，溜肩，施对称双竖系，扁鼓腹，腹上斜出短直管状流，下腹斜收，平底内凹。口径5.8、最大腹径10、底径4.6、高9.5厘米（图二八）。

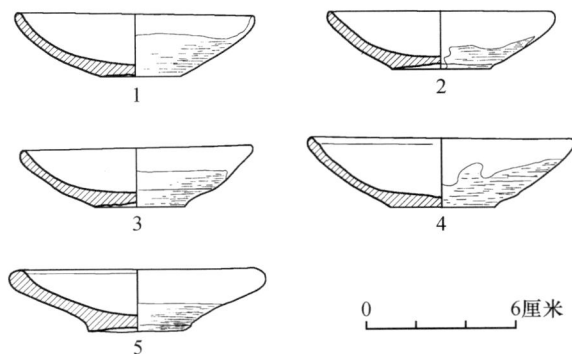

图二七　瓷碟

1~4. B型（M38：17、M38：3、M38：7、M37：3）　5. A型（M40：4）

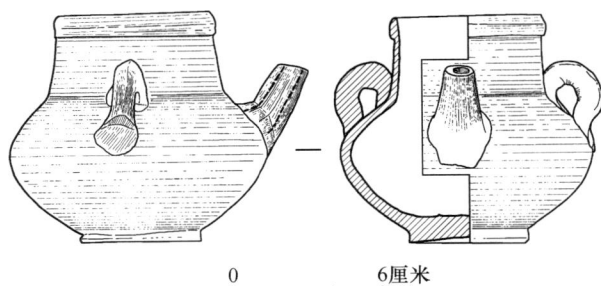

图二八　瓷注壶

（M40：3）

2. 陶器

29件。器类包括俑、炉。

俑类包括立俑、匍匐俑、鸡、狗。

立俑　11件。其中M33：2、M33：3、M33：4、M35：7、M35：11均残损严重，形制不辨。其余6件器形完整者。依据器形大小、施釉有无，分为二型。

A型　2件。器形较大，素陶。夹细砂灰陶。头戴幞头，身穿广袖长袍，双手笼袖合于腹前，腰束革带。M35：2，交领右衽。高32.8、宽9.4厘米（图二九，1）。M35：4，圆领。高33、宽9.4厘米（图二九，2）。

B型　4件。施釉。夹细砂红陶，器身施一层黄绿色低温釉，面部为黄色，身体为黄、绿色相间。头戴风帽，穿广袖长袍，双手笼袖合于腹前，腰束革带。M38：1，高22.5、宽7.2厘米（图三〇，1）。M38：4，高23、宽7厘米（图三〇，2）。M38：14，高25、宽8厘米（图三一，1）。M38：10，残高18厘米（图三一，2）。

匍匐俑　11件。其中M31：2、M34：3、M35：5、M36：3残损严重，器形不辨。其余7件器形完整者依据施釉有无，分为二型。

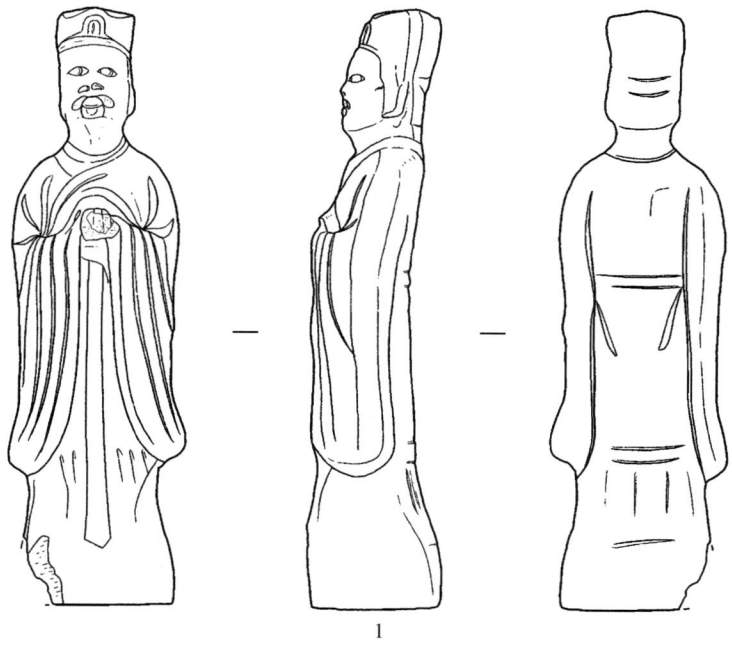

1

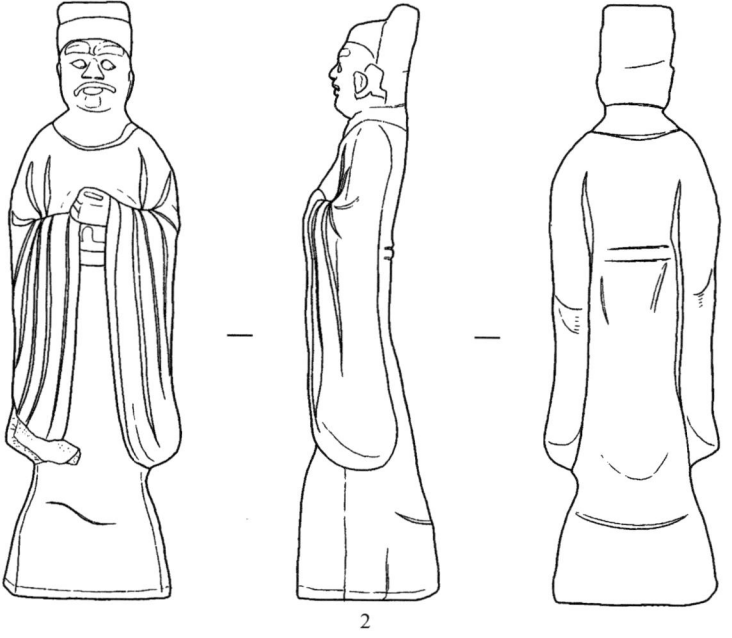

2

0   12厘米

图二九　A型陶立俑
1. M35：2　2. M35：4

1

2

0　　　　　　6厘米

图三〇　B型陶立俑
1. M38：1　2. M38：4

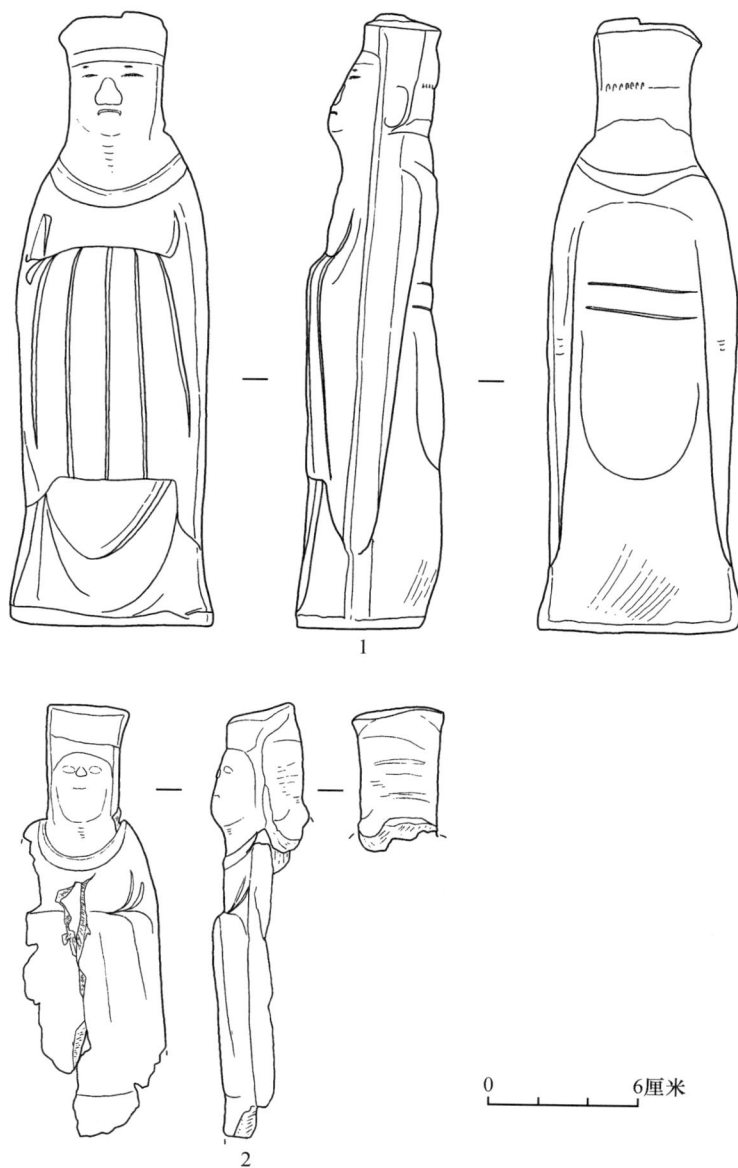

图三一　B型陶立俑
1. M38：14　2. M38：10

　　A型　3件。素陶。夹细砂灰陶。俑身着交领右衽广袖长袍，匍匐于地，双肘支地，昂首前视，头裹巾，双目圆睁。M33：1，长13.3、宽8.1、高13.2厘米（图三二，1）。M35：9，长12.5、宽7.8、高12厘米（图三二，2）。M34：2，长13.9、宽8.3、高13厘米（图三二，3）。

　　B型　4件。器形较小，施釉。夹细砂红陶，器身施一层黄绿色低温釉，面部为黄色，身体为黄、绿色相间。俑身着交领右衽广袖长袍，匍匐于地，双肘支地，双臂交叉横置于胸前，昂首前视，头顶盘髻，前额中分，双鬓后梳，双目圆睁，口微张。M38：12，长14.2、宽7、高11厘米（图三三，1）。M38：6，长13.8、宽6、高10.9厘米（图三三，2）。M32：4，长12.4、宽6、高9.8厘米（图三三，3）。M37：4，长12、宽7.3、高10.7厘米（图三三，4）。

　　鸡　2件。夹细砂红陶，器身施一层黄绿色低温釉。昂首，高冠，圆眼，尖喙，敛

图三二　A型陶俑蜀俑

1. M33：1　2. M35：9　3. M34：2

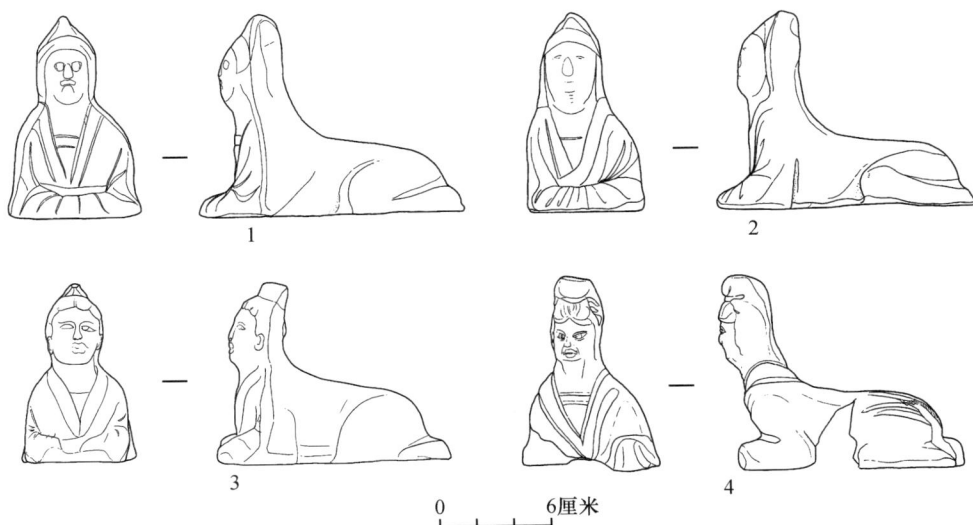

图三三　B型陶俑蜀俑

1. M38：12　2. M38：6　3. M32：4　4. M37：4

翼。M38：5，高15.7、宽9.8厘米（图三四，1）。M38：13，高15.7、宽9.8厘米（图三四，2）。

狗　2件。夹细砂红陶，器身施一层黄绿色低温釉。俯卧状，头略上扬。M38：2，高7.9厘米（图三五，1）。M38：15，高8厘米（图三五，2）。

香炉　3件。根据施釉有无，分为二型。

A型　1件。素陶。M33：5，夹细砂灰陶。口微敛，炉壁微弧，平底，下接三短足。炉身外壁近口部饰一周凹弦纹，其下为一周单体雷纹，最下为一周弧形戳点纹。口径11.8、高6厘米（图三六，2）。

B型　2件。施釉。夹细砂红陶，外壁施一层低温黄绿釉，器底及内壁露胎。敛口，方唇，炉壁微弧，平底，下接三短足。炉壁口部和底部各有一周乳钉，其间夹两周凹弦纹。M38：11，口径16.6、高4.8厘米（图三六，1）。M38：9，口径17.6、高5.3厘米（图三六，3）。

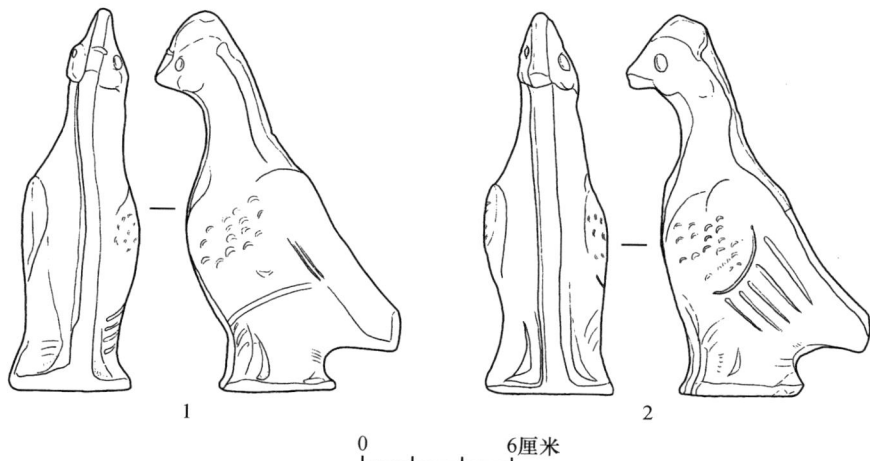

图三四　陶鸡

1. M38：5　2. M38：13

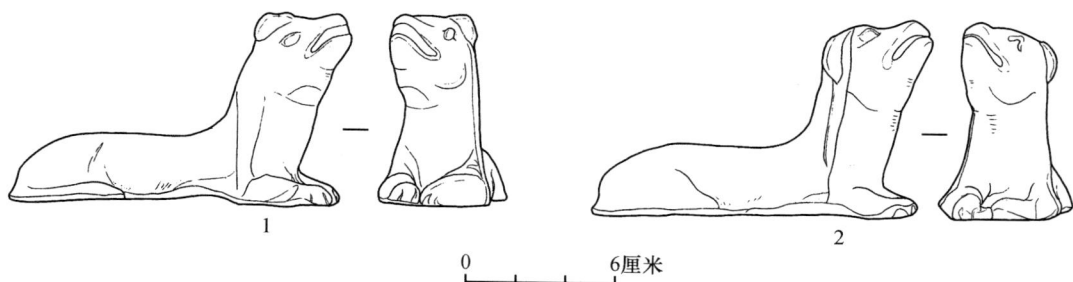

图三五　陶狗

1. M38：2　2. M38：15

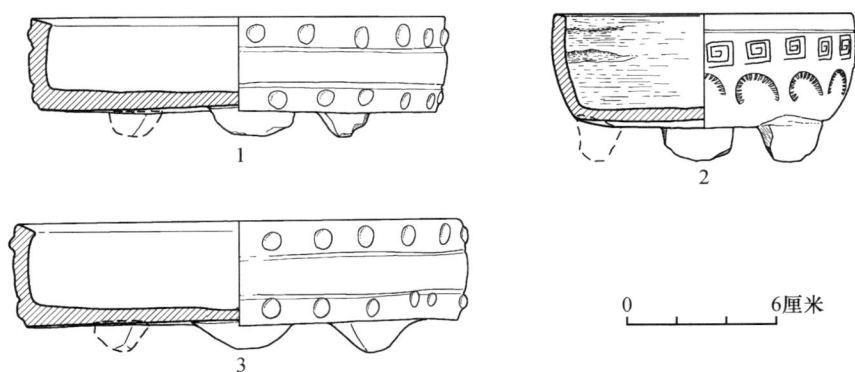

图三六　陶香炉

1、3. B型（M38：11、M38：9）　2. A型（M33：5）

3. 石质文物

10件。包括买地券、买地券底座。

买地券　9件。包括M13：3、M26：3、M31：1、M32：3、M35：3、M35：8、M36：2、M37：5、M39：2-1，红色或青色砂岩材质，残损严重，形制不辨，均未发现券文。

底座　1件。M39：2-2，青砂石雕成。平面呈长方形，顶部开长方形凹槽，凹槽内有凿点痕，座身正面刻连弧纹。从出土情境上看，该器座应为买地券底座。长38.4、宽9.4～11、高8.4厘米（图三七）。

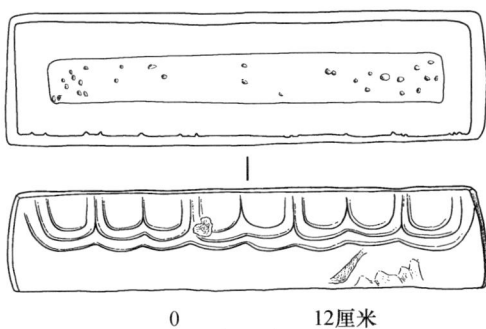

图三七　石底座
（M39：2-2）

三、结　语

20座墓葬中，M10、M23、M25、M27四座墓葬未见随葬品，M12、M14两墓只出铁钱，其余墓葬随葬品多寡不一。随葬品中铁钱锈蚀严重，钱文不辨，买地券保存较差，券文漫漶不清，均无法提供有效的纪年信息。这批墓葬的年代需综合考虑墓葬形制及随葬品类型特征，通过类型学的排比及与周邻地区已发掘、有研究成果的墓葬比对来推定。

M40形制与成都市西窑村M9[1]及清江东路张家墩M6、M8等A型墓[2]相似，墓室可分为前后两段，墓壁不在同一条直线上，这种墓葬形制与《四川地区唐代砖室墓分期研究初论》所分的C型墓相同，主要流行于唐代中晚期[3]。瓷四系罐（M40：2）与清江东路张家墩瓷四系罐（M101：2）[4]以及成都永陵公园后蜀广政二十六年（963年）

雷氏墓出土瓷四系罐[5]形制相同；瓷碟（M40：4）与成都西郊清江路瓷碟（M4：1）[6]和清江东路张家墩瓷盏（M6：1）[7]形制相同。以上墓葬除张家墩M6的年代在唐代中晚期外，余皆为五代时期。综合来看，M40的年代可推定为晚唐五代。

M14、M39均为Aa型砖室墓，墓室的砌筑方式与成都高新西区中和街道红松村M15[8]相似，墓室平面呈梯形，墓壁均不在一条直线上，无甬道。M39所出的Cb型瓷四系罐（M39：3）与红松村Bc型Ⅰ式瓷四系罐（M13：2、M15：1）[9]形制相同，红松村M13和M15的年代为北宋晚期。

M10为Ab型砖室墓，该墓虽未出土随葬品，但其墓葬形制与红松村M18[10]基本相同，平面呈梯形，且二墓均位于成都华阳境内，距离相差不远，应属同一时期的墓葬。红松村M18的年代在北宋晚期。

M12、M13、M15、M24、M26、M27六座墓葬均为A型石室墓，墓葬形制与成都天府新区永兴镇干塘村M2[11]形制相似，干塘村M2的年代为北宋晚期。M15、M24和M26三墓器物组合相同，均为瓷碗和四系罐，其中M24与M26出土Cb型瓷四系罐，M15出Ca型瓷四系罐，瓷碗均为A型，M13也见A型瓷碗。以上四墓墓葬形制和器物组合多有相似之处，年代也相差不大。A型瓷碗与红松村A型瓷碗（M15：2）[12]形制相同；Ca型瓷四系罐与红松村Bb型Ⅰ式瓷四系罐（M29：1、M29：3）[13]形制相同，红松村M29的年代在北宋晚期。

M34、M38为B型砖室墓，墓葬形制与成都西郊外化成小区M5[14]相似，墓室平面呈长方形。化成小区M5出土南宋端平二年（1235年）买地券[15]，墓葬年代在南宋中期。M38所出的B型瓷双耳罐与化成小区瓷双耳罐（M5：3）[16]形制相同；M38所出的3件B型瓷碟与张家墩瓷碟（M68南：6）形制相同，张家墩M68出土南宋庆元三年（1197年）和南宋嘉定十年（1217年）买地券，年代在南宋中期[17]。

M32和M37为B型石室墓，M37所出两件B型瓷双耳罐与B型瓷碟（M37：3）分别与张家墩M68所出瓷双耳罐和瓷碟（M68南：6）[18]形制相同。张家墩M68年代在南宋中晚期。

M25、M31、M33、M35、M36五座墓葬均为小型火葬墓，墓葬形制接近，年代相差不大，其中M35与成都清江东路张家墩M10形制相同，张家墩M10出土南宋绍熙元年（1190年）买地券[19]。瓷盏（M35：12）与张家墩瓷碗（M9：1）形制相同，张家墩M9出土南宋乾道二年（1166年）买地券[20]，张家墩M9和M10年代在南宋中晚期。

M23墓葬破坏严重，形制特征不明确，仅可据墓葬用砖的风格大致推断其年代在唐宋时期。

综上所述，可将上述墓葬分为三期：第一期为晚唐五代，包括M40；第二期为北宋晚期，包括M10、M12~M15、M24、M26、M27、M39；第三期为南宋中晚期，包括M25、M31~M38。

发掘及整理：马驰浩　左志强　何洪强　罗庆庆

刘　利　蓝桂英　陈　林　秦　畅

确吉措毛　郑　田　王　蓬

测　　　绘：尚春杰

绘　　　图：王　凯　徐　豪

修　　　复：张志平　冯春兰　郑　田

执　　　笔：马驰浩　左志强　李　康

注　释

［1］　成都市文物考古研究所：《成都西郊西窑村唐宋墓葬发掘简报》，《东南文化》2003年第7期。

［2］　四川大学考古系、成都文物考古研究院：《成都市清江东路张家墩隋唐至南宋砖室墓》，《考古》2018年第12期。

［3］　刘雨茂、朱章义：《四川地区唐代砖室墓分期研究初论》，《四川文物》1999年第3期。

［4］　四川大学考古系、成都文物考古研究院：《成都市清江东路张家墩隋唐至南宋砖室墓》，《考古》2018年第12期。

［5］　成都文物考古研究所：《2008年度永陵公园古遗址发掘简报》，《成都考古发现》（2008），科学出版社，2010年。

［6］　成都市文物考古工作队：《成都西郊清江路唐宋墓葬发掘简报》，《成都考古发现》（2000），科学出版社，2002年。

［7］　四川大学考古系、成都文物考古研究院：《成都市清江东路张家墩隋唐至南宋砖室墓》，《考古》2018年第12期。

［8］　成都文物考古研究院、双流县文物管理所：《成都市高新南区中和街道红松村宋墓群发掘简报》，《成都考古发现》（2017），科学出版社，2019年。

［9］　成都文物考古研究院、双流县文物管理所：《成都市高新南区中和街道红松村宋墓群发掘简报》，《成都考古发现》（2017），科学出版社，2019年。

［10］　成都文物考古研究院、双流县文物管理所：《成都市高新南区中和街道红松村宋墓群发掘简报》，《成都考古发现》（2017），科学出版社，2019年。

［11］　成都文物考古研究所、双流县文物管理所：《成都市天府新区永兴镇干塘村宋墓发掘简报》，《成都考古发现》（2014），科学出版社，2016年。

［12］　成都文物考古研究院、双流县文物管理所：《成都市高新南区中和街道红松村宋墓群发掘简报》，《成都考古发现》（2017），科学出版社，2019年。

［13］　成都文物考古研究院、双流县文物管理所：《成都市高新南区中和街道红松村宋墓群发掘简报》，《成都考古发现》（2017），科学出版社，2019年。

［14］　成都市文物考古研究所：《成都市西郊外化成小区唐宋墓葬的清理》，《考古》2005年第10期。

［15］　成都市文物考古研究所：《成都市西郊外化成小区唐宋墓葬的清理》，《考古》2005年第10期。

［16］ 成都市文物考古研究所：《成都市西郊外化成小区唐宋墓葬的清理》，《考古》2005年第10期。

［17］ 四川大学考古系、成都文物考古研究院：《成都市清江东路张家墩隋唐至南宋砖室墓》，《考古》2018年第12期。

［18］ 四川大学考古系、成都文物考古研究院：《成都市清江东路张家墩隋唐至南宋砖室墓》，《考古》2018年第12期。

［19］ 四川大学考古系、成都文物考古研究院：《成都市清江东路张家墩隋唐至南宋砖室墓》，《考古》2018年第12期。

［20］ 四川大学考古系、成都文物考古研究院：《成都市清江东路张家墩隋唐至南宋砖室墓》，《考古》2018年第12期。

成都市新川创新科技园屈家山唐宋、明清墓葬发掘简报

贵州大学历史与民族文化学院

成 都 文 物 考 古 研 究 院

新川创新科技园Ⅵ-5地块（屈家山Ⅱ地点）位于成都市高新区中和街道蒲草社区，北邻新裕路，南至和乐一街，东接锦翰路，西到新程北三路。地理坐标为东经104°5′29″、北纬30°30′41″，海拔455.1米（图一）。为配合新川创新科技园的基本建设，成都文物考古研究院联合贵州大学于2021年1~8月对屈家山Ⅱ地点进行了考古勘探与发掘，遗址发掘编号为"2021GZPQⅡ"。本次发掘共清理墓葬49座、灰坑4个、房址1处、灰沟1条。其中，唐宋至明清时期墓葬共25座。现将唐宋、明清墓葬的发掘情况简报如下，其他时期遗迹的发掘情况将另文报告。

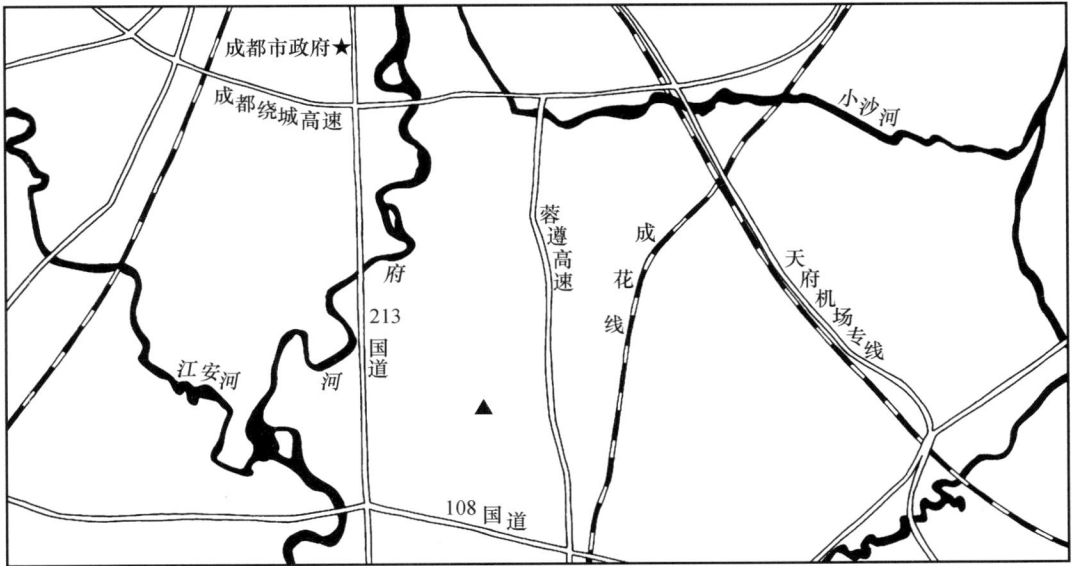

图一　墓地位置示意图

一、墓 葬 形 制

　　屈家山是一处落差十余米的小山丘，山顶中部有一油库，建于20世纪六七十年代，油库四周有院墙，院墙范围内未进行发掘。本次发掘主要集中在油库南、东、北三面，发掘区原地表低矮灌木与杂草丛生，间有少量乔木、毛竹。发掘清理的8座唐宋时期砖室墓、石室墓多位于屈家山南坡和北部山腰，17座明清时期岩坑墓、土坑墓则多分布于山体东南高坡、东北部山坳一线。这批墓葬多数在施工清表中受到不同程度破坏，封土情况已不详（图二）。根据墓葬营造方式的不同，可将这批墓葬分为三类。

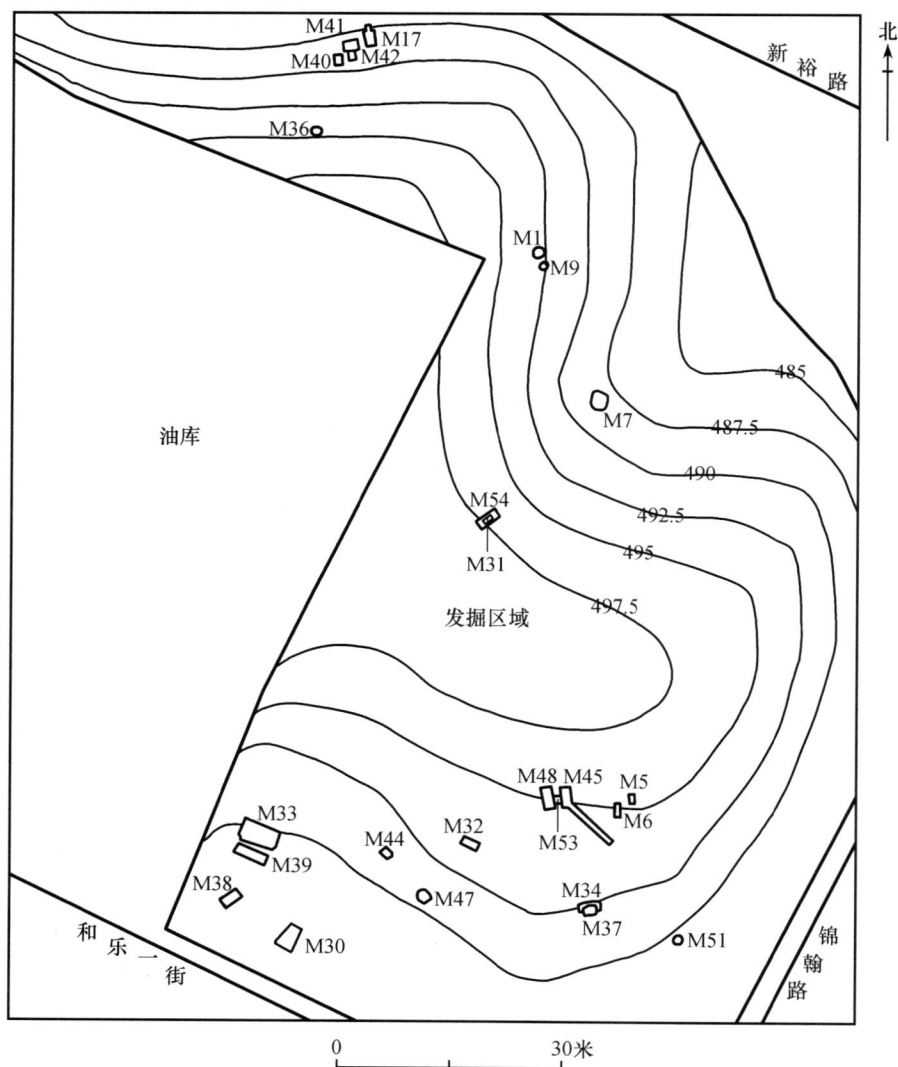

图二　墓葬分布示意图

（一）砖 室 墓

屈家山Ⅱ地点共发掘砖室墓6座，分布于山体南坡和北坡山腰位置，墓葬大多遭到不同程度的破坏，封土情况不详。墓葬编号为M17、M30、M33、M38~M40。根据墓室数量的不同，分为二型。

A型 4座。单室墓。包括M17、M30、M38、M40。根据墓室平面形状的不同，分为二亚型。

Aa型 2座。墓室平面呈梯形。包括M30、M38。

M30 位于屈家山Ⅱ地点南坡，西邻M38。墓葬被破坏严重，墓顶、墓道不存，墓壁亦遭受较大程度的破坏。墓向227°。由墓圹和墓室组成。墓圹平面呈梯形，长3.22、宽1.36~1.67、残深0.27米。墓室平面呈梯形，长2.42、宽0.51~0.71、残高0.51米。墓室东西壁采取二顺一丁法砌筑，顺砖平砌，丁砖侧砌。北壁中部有一壁龛，宽0.14、高0.18、进深0.03米，距墓室底一层砖0.03米。墓底顺砖错缝平铺。墓砖为长方形素面青灰砖，长34、宽18、厚3厘米。未见人骨，葬式、葬具不详。出土随葬品共3件，均为瓷器，完整。紧靠墓室南壁中部出土瓷四系罐1件，器身微斜，其腹下有1件瓷盏，墓室南部靠近东壁有瓷四系罐1件（图三）。

Ab型 2座。墓室平面呈长方形。包括M17、M40。

M17 位于屈家山Ⅱ地点北坡，西南邻M41。墓葬被破坏严重，墓顶已不存，墓壁亦遭受不同程度的破坏。墓向350°。由墓道、墓圹和墓室组成。墓道位于墓室北侧，前端被破坏，平面呈长方形，直壁，底部呈斜坡状。墓道残长0.8、残宽0.68~0.72、近封门处残深0.16米。墓圹平面呈长方形，长1.9、宽1.2、残深0.16~0.39米。墓室平面呈长方形，长1.35、宽0.38、残高0.12~0.34米。墓壁均采用顺砖平砌法砌筑，墓顶不存。铺地砖排列方式为横向对缝平铺。墓砖为长方形素面青灰砖，长30、宽15、厚3.5厘米。未见人骨，葬式、葬具不详。随葬品极少，仅在墓室北端出土陶匍匐俑1件，头朝向墓道（图四）。

B型 2座。双室墓。包括M33、M39。根据墓室有无后龛，分为二亚型。

Ba型 1座。墓室有后龛。

M33 位于屈家山Ⅱ地点南坡。墓葬被破坏严重，墓顶、墓道不存，墓圹、墓室亦遭受较大程度破坏。墓向195°。由墓圹和墓室组成。墓圹平面近长方形，南侧遭到破坏，残长1.82~2.3、宽4.7、残深0.55~0.88米。墓室分为东、西二室，二墓室南部均受破坏严重。东室残长0.56~0.67、宽0.9、残高0.75米，西室残长0.8~0.98、残宽1.04、残高0.68米。两墓室后壁各有一个壁龛。东室后龛宽0.82、进深0.84、残高0.58米。西室后龛宽0.84、进深0.72、残高0.56米。东室墓壁采用二顺一丁法砌筑，西室墓壁自底层先采用一顺一丁砌筑二层，其上又平铺六层顺砖，再于其上采用一顺一丁法砌筑一层，

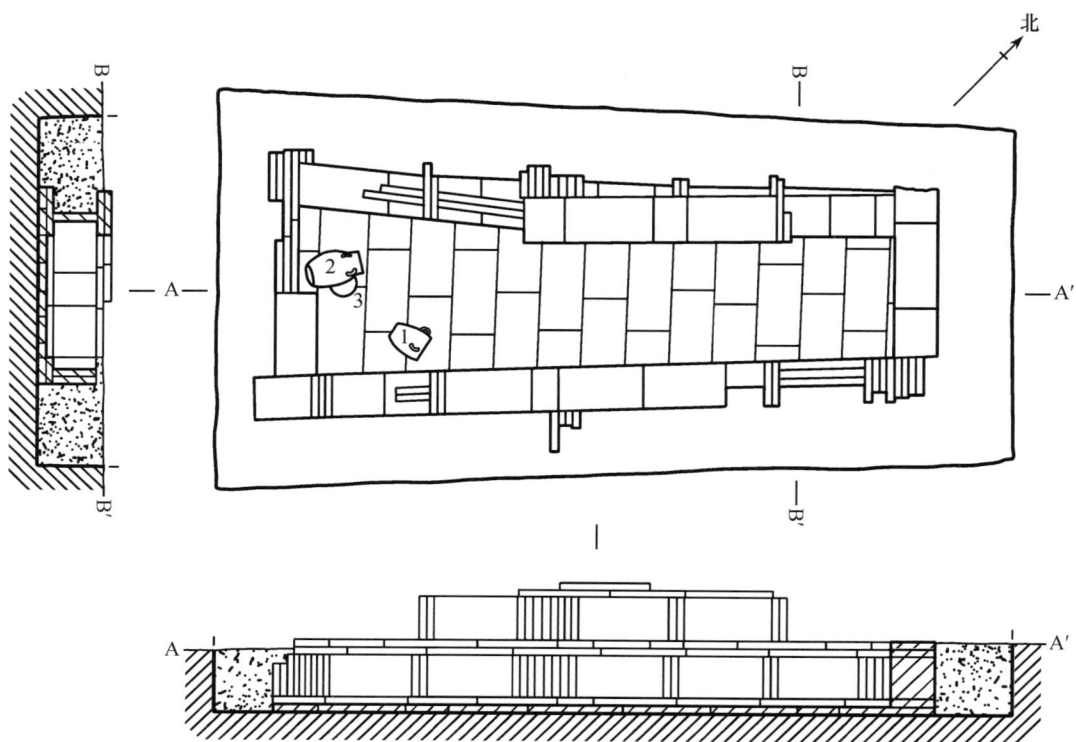

图三　M30平、剖面图

1、2. 瓷四系罐　3. 瓷盏

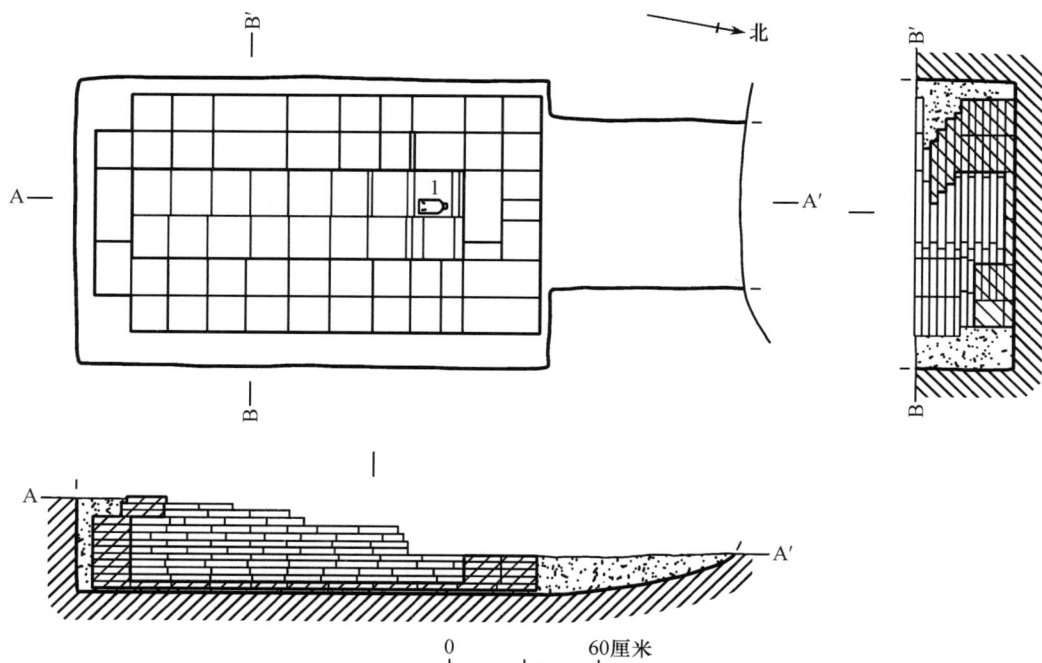

图四　M17平、剖面图

1. 陶匍匋俑

顺砖平砌，丁砖侧砌（其间有部分顺砖侧砌），最上层砖铺设随意，多为残砖。墓砖为长方形素面青灰砖，长34、宽18、厚4厘米。未见人骨，葬式、葬具不详。随葬器物仅有出土于西墓室西北角的残瓷碗1件，可修复（图五）。

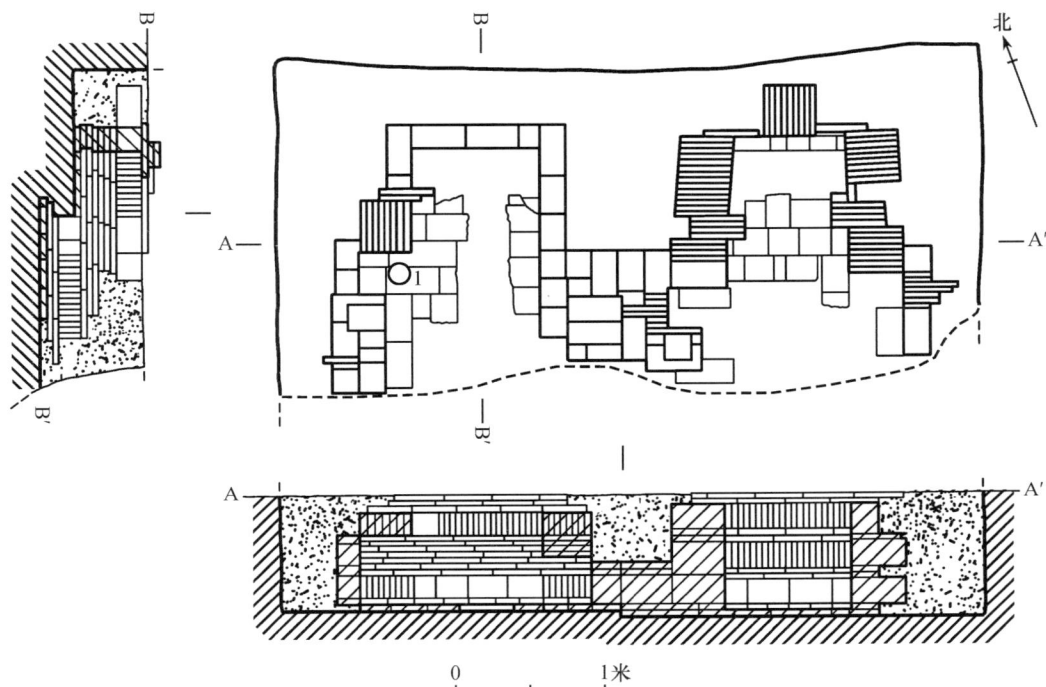

图五　M33平、剖面图

1. 瓷碗（残）

Bb型　1座。墓室无后龛。

M39　位于屈家山Ⅱ地点南坡。墓葬被破坏严重，墓顶、墓道不存，墓壁仅剩数层砖。墓向100°。由墓圹和墓室组成。墓圹平面呈长方形，南部破坏严重，墓圹边缘模糊，残长1.4~1.62、宽4.86、残深0.2米。墓室分东、西二室，东、西墓室相对独立，平面均呈长方形。东室长1.42、宽0.52米，西室长1.3、宽0.52米。东、西墓室砌筑方式一致，采用顺砖错缝平砌。铺地砖受破坏严重，大部分铺地砖已不存，从残存的铺地砖推测其排列方式为顺砖斜铺。墓砖为长方形素面青灰砖，长36、宽18、厚4厘米。未见人骨，葬式、葬具不详。无随葬品出土（图六）。

（二）石　室　墓

屈家山Ⅱ地点共清理石室墓2座。分别为M41、M42。分布于屈家山北坡近山脚位置。根据墓室数量的不同，分为二型。

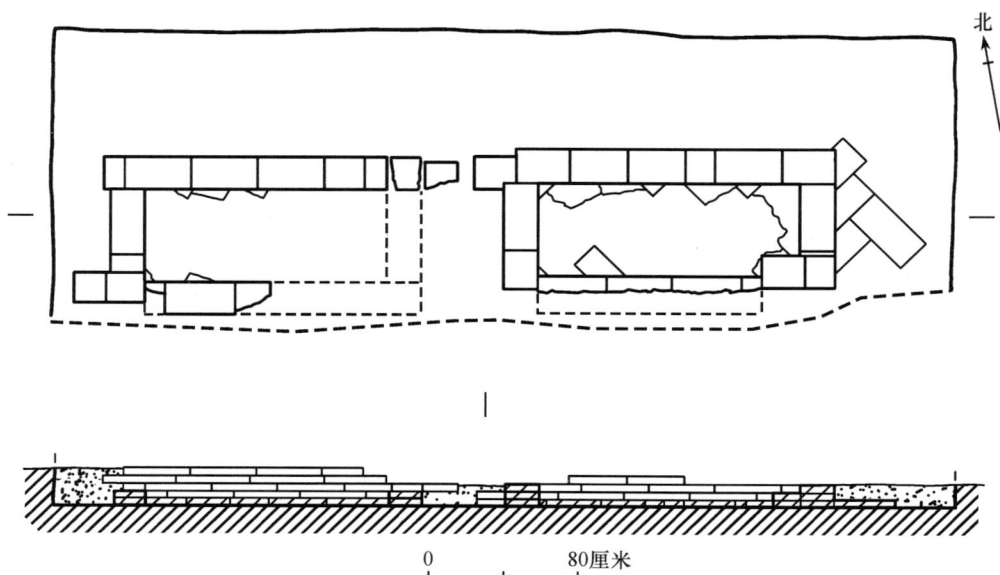

图六　M39平、剖面图

　　A型　1座。单室墓。

　　M42　西临M40，北临M41。墓向350°。由墓圹和墓室组成。墓圹平面呈长方形，长1.32、宽0.8、残深0.52米。墓室平面呈长方形，长1.06、宽0.46、高0.46米。墓壁由规整石板砌筑而成，北壁石板长0.7、厚0.09米；东壁石板长1.08、厚0.04～0.1米；西壁石板长1.08、厚0.1米。因石质不佳，南壁石板未能保存。墓底铺石板，长1.14、宽0.66、厚0.05米。墓室内有人骨残骸及骨灰，人骨发黑疑似火化骨。未见明显葬具，有棺钉，应为木质葬具遗留。出土随葬品共12件，以陶俑为主，其次为瓷器。陶武士俑2件，相对分立于墓室北端两侧，其间斜躺1件瓷双耳罐，口朝西；紧挨陶武士俑南侧东西各分立1件陶文吏俑，面朝北；墓室南端紧靠东西两壁另各有1件陶文吏俑，东侧陶文吏俑面朝北，西侧陶文吏俑面朝东，两件陶文吏俑之间平放1件瓷盏；墓室中部自南向北顺次侧躺陶鸡1件，头朝东；陶狗、匍匐俑各1件，头向均朝西，紧贴陶匍匐俑北侧平置陶三足炉1件（图七）。

　　B型　1座。双室墓。

　　M41　南临M42。墓葬被部分破坏，墓顶已不存。墓向355°。由墓圹和墓室组成。墓圹平面呈长方形，长1.52、宽2.39、残深0.28～0.55米。东、西墓室之间不相通，共用隔墙，两室形制大体相同，为同穴异室合葬墓。二墓室平面均呈长方形，东室长1.02、宽0.8、高0.5米，西室长1、宽0.8、残高0.2～0.45米。东室墓底由三块石板平置而成，西室墓底平置一块厚0.1米的长方形石板，长1.2、宽1.05米。墓壁由经加工规整的石板砌筑而成，东西两室间壁共用1块石板，其他各壁均为单块石板，7块石板均竖置，接缝紧致。东室出土残蚀棺钉14枚，西室出土残蚀棺钉34枚，推测应以木棺为葬具入葬，棺

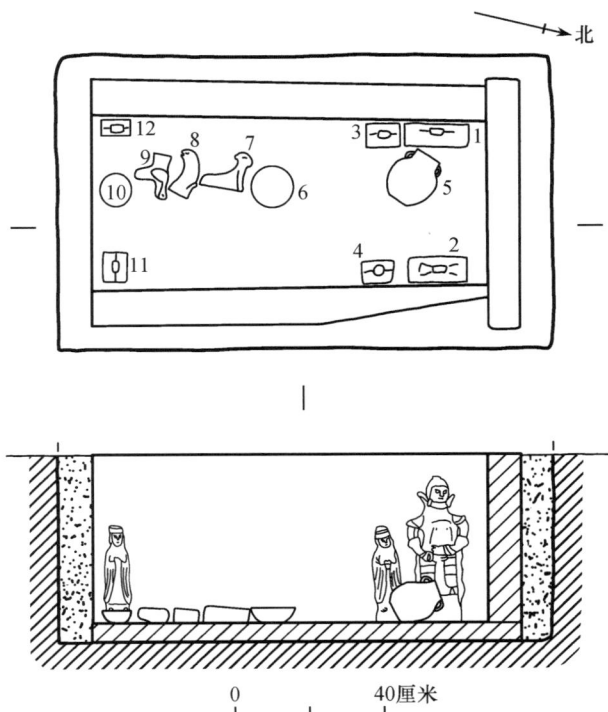

图七　M42平、剖面图

1、2.陶武士俑　3、4、11、12.陶文吏俑　5.瓷双耳罐　6.陶三足炉　7.陶葡匐俑　8.陶狗　9.陶鸡　10.瓷盏

钉为木质葬具遗留。二墓室均有人骨残骸和骨灰，为火化骨。墓葬受盗扰，出土随葬品共5件，以瓷器为主。东室西北角出土1件瓷双耳罐，口部朝向北壁；靠近东壁出土瓷盏1件；西室西北角平躺1件瓷双耳罐，口部朝西，残；紧贴双耳罐南侧另有1件瓷盏。另有铜钱2枚，残损不可辨识（图八）。

（三）岩坑墓、土坑墓

屈家山Ⅱ地点发掘清理岩坑墓与土坑墓共17座。岩坑墓包含M1、M5、M6、M9、M31、M32、M34、M36、M37、M44、M45、M47、M48、M51、M53、M54；土坑墓包括M7。根据墓葬平面形状的不同，分为二型。

A型　13座。墓葬平面呈方形。根据有无头龛，分为二亚型。

Aa型　3座。有头龛。包括M45、M48、M54，以M48为例。

M48　长方形竖穴岩坑墓。位于屈家山Ⅱ地点南侧山腰，东临M45。墓向355°。墓顶已被破坏，封土情况不详。墓口长3.03、宽1.18、距地表0.2米；墓底长3、宽1.18、距地表0.44～1.08米。墓壁为直壁。墓内有一二层台，二层台上未见随葬品。中部有一小坑，坑内有棺木残片及人骨1具，周壁有白灰痕迹，人骨摆放位置清晰，为仰身直肢

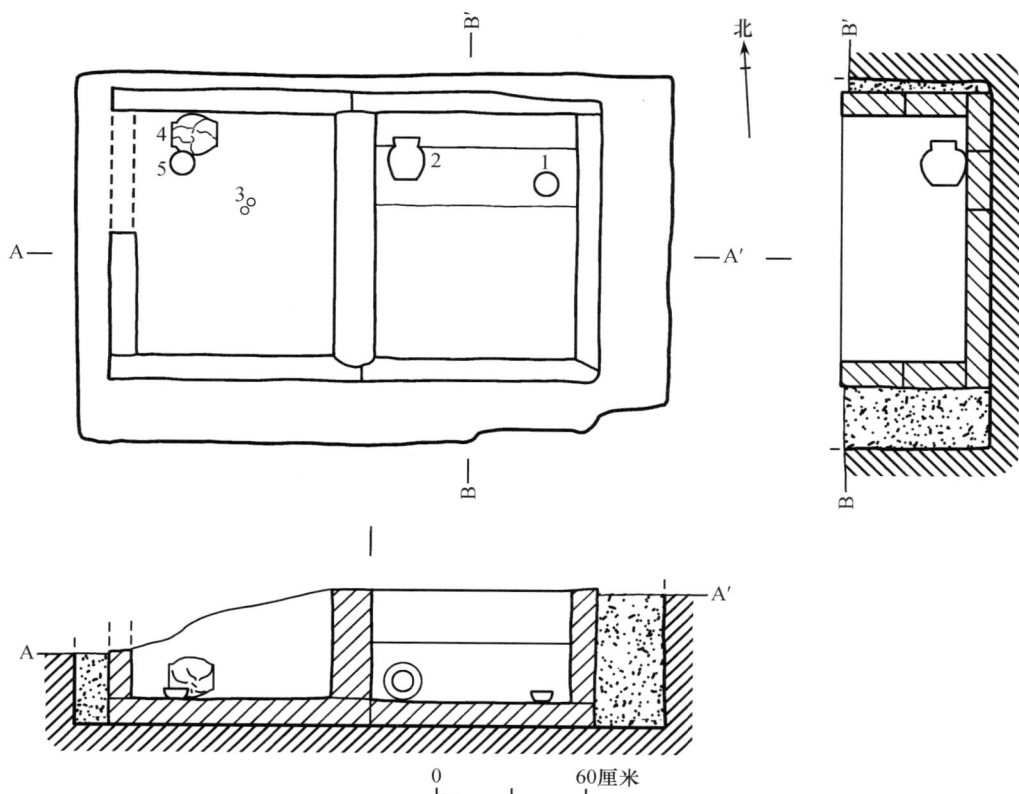

图八　M41平、剖面图

1、5. 瓷盏　2、4. 瓷双耳罐　3. 铜钱（残）

葬，头向北，面向西。小坑长1.82、宽约0.4、深0.2米。壁龛位于北壁中部，其顶部距墓口0.5米。壁龛宽0.35、进深0.12、高0.31米。壁龛内出土2件瓷龙纹谷仓罐，另出有铜耳饰1件，出土于填土中（图九）。

Ab型　10座。无头龛，出土器物极少。包括M5、M6、M31、M32、M34、M36、M37、M44、M47、M53。以M31为例。

M31　长方形竖穴岩坑墓。位于屈家山Ⅱ地点中部山腰处，打破M54。墓向218°。墓葬被破坏较为严重，顶部不存，直壁，墓底较平。墓口长2.34、宽0.88～1、距地表0.05～0.1米；墓底长2.32、宽1、距地表0.15～0.68米。墓内有木棺1具，棺木腐烂严重，仅南部和西部残余少许棺木，残高约0.1米。墓室内有人骨1具，摆放位置清晰，上颌右侧第一颗臼齿尚在，牙齿较好，下颌发育较弱。左侧手臂缺失，盆骨小，臀部较宽，骨架有空腔。仰身直肢葬，头向南，面向西，头下枕有板瓦。头骨耳旁出土铜耳饰1件，第二块板瓦上出土银簪1件。根据骨架及出土随葬品判断墓主人为女性（图一○）。

B型　4座。墓葬平面呈圆形或椭圆形，葬具多使用瓮棺。M1、M7、M9、M51，

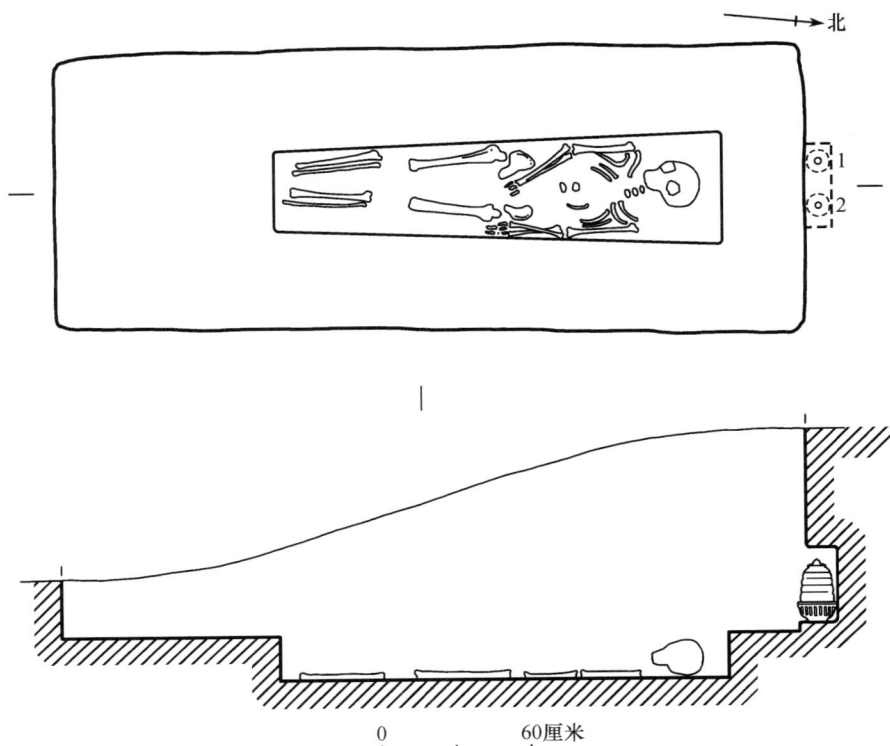

图九　M48平、剖面图

1、2. 瓷龙纹谷仓罐

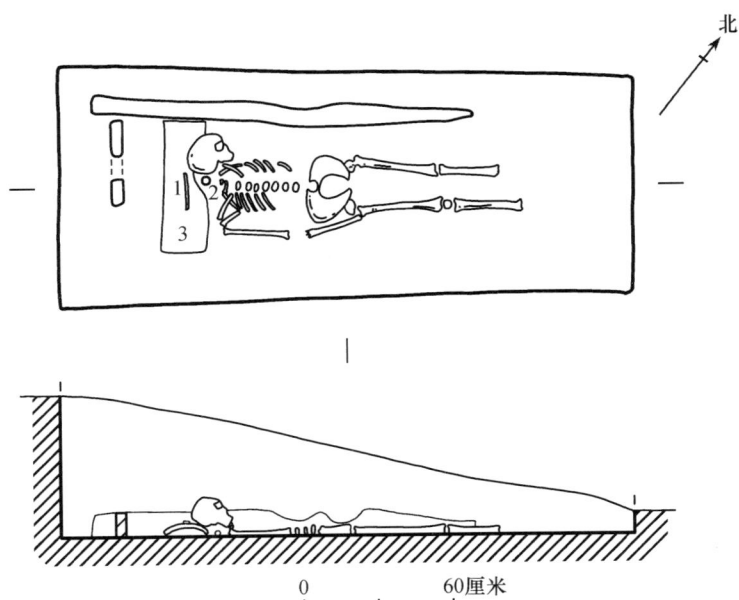

图一〇　M31平、剖面图

1. 银簪　2. 铜耳饰　3. 板瓦

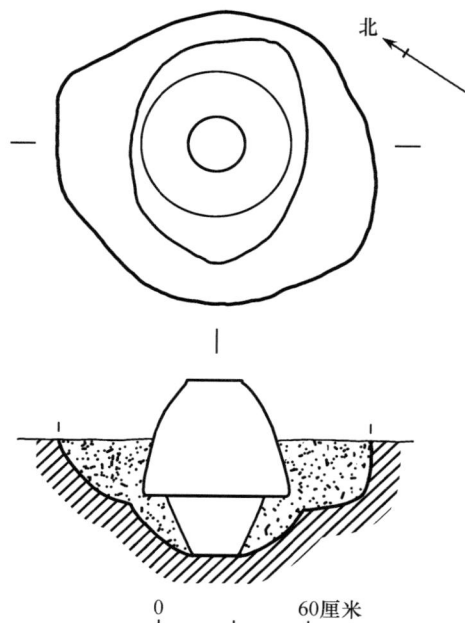

图一一　M7平、剖面图

其中M7保存稍好。

M7　椭圆形竖穴土坑墓。位于屈家山Ⅱ地点东北侧山谷近山脚处。封土情况不详。墓口长径1.25、短径1.23、距地表0.2米；墓底直径0.18、距地表0.45米。距墓室底部0.21米处有一生土二层台，平面呈椭圆形，长径0.91、短径0.7米（图一一）。墓内置一套瓮棺，由外罩、双层内盖及罐体构成。罐体泥质红陶，侈口，圆唇，弧腹，平底，罐外刻画龙纹，外施酱黄釉。口径28、腹径46、底径20、高62厘米，罐底覆扣一陶盆。双层内盖倒扣于罐口之上，第一层内盖带纽，口径32、底径17、高14厘米；第二层内盖尺寸较第一层小，内书朱笔文字一周："屈尚宴，辛亥年三月廿六日辰时生，庚辰年腊月廿二日葬。"口径30、底径16厘米。最外层覆扣一陶质瓮形保护外罩，棺罩口径62、底径24、高49厘米。瓮棺内有人骨遗存，保存状况较好，应为敛骨葬（图一二）。

二、随葬器物

这批墓葬均存在不同程度的破坏，出土器物较少。出土随葬器物共35件，以瓷器为主，按材质可分为陶器、瓷器、铜器、银器。另出土铜钱2枚以及多枚铁钱，均锈蚀严重。

1. 陶器

三足炉　1件。M42：6，泥质灰陶。直口，折沿，方唇略外撇，筒形腹，直壁，平底，底部立三足。口径14、底径12.6、通高4.6厘米（图一三）。

武士俑　2件。夹砂红陶，合模制作，中空。形制相同。头戴兜鍪，两侧有护耳。双目圆睁，神态威严。身穿圆领长襦，两肩、手臂、前胸均有护甲。下身着铠甲，双脚微露，站立于方形座上。M42：1，双手立于腹前，左手在上，右手在下。宽16.2、高40.8厘米（图一四，2）。M42：2，双手立于腹前，右手在上，左手在下，手指刻画清晰。宽16.2、高41.2厘米（图一四，1）。

文吏俑　4件。夹砂红陶，合模制作，中空。形制相近。头戴幞头，双耳肥大。面部表情丰满，双目有神，鼻梁高挺。双手抱握于胸前，左手在上，右手在下。身着圆领

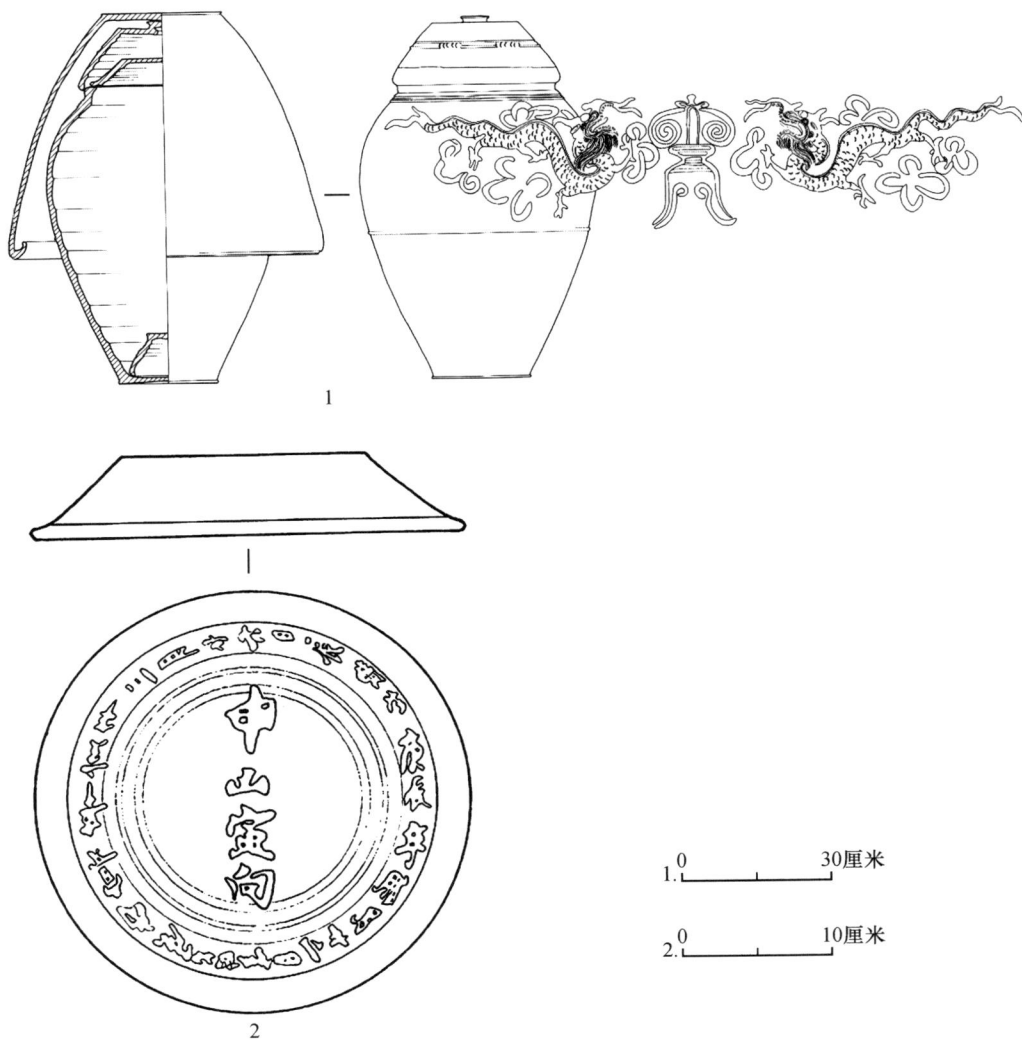

图一二　M7瓮棺葬具

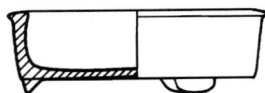

图一三　陶三足炉
（M42∶6）

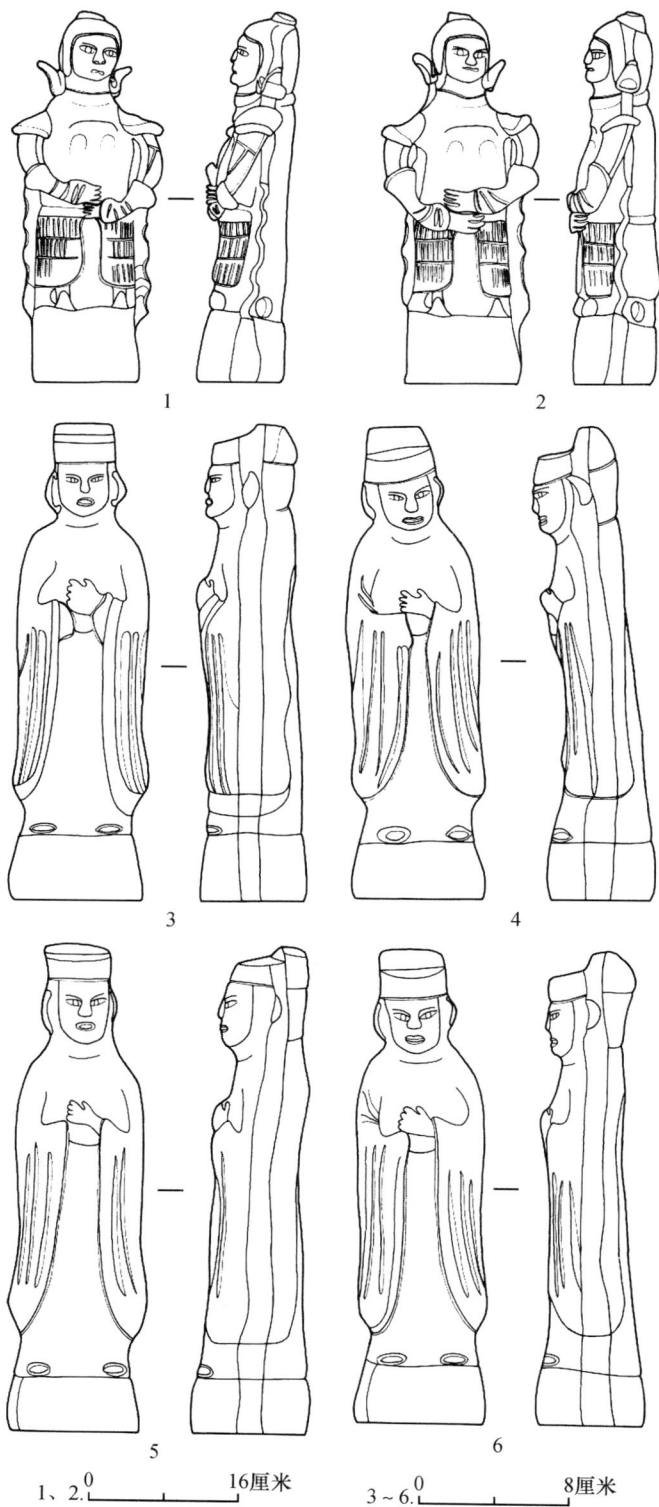

1

2

3

4

5

6

1、2._____0_____16厘米

3～6._____0_____8厘米

图一四　陶武士俑、文吏俑

1、2.武士俑（M42∶2、M42∶1）　　3～6.文吏俑（M42∶4、M42∶3、M42∶12、M42∶11）

广袖长袍，衣襟坠地，双脚微露，站立于方形座上。M42：3，宽7.2、高26.1厘米（图一四，4）。M42：4，宽7.2、高26.3厘米（图一四，3）。M42：11，宽6.8、高25.8厘米（图一四，6）。M42：12，宽6.8、高26.6厘米（图一四，5）。

匍匐俑　2件。M17：1，泥质红陶，中空。头顶盘髻，面容丰满，双目平视前方，鼻梁突出，眼、鼻、嘴部刻画清晰，双唇较厚，左耳下方有一缺口。匍匐状，双手伏地，双膝跪地。身着广袖交领落地长袍，双手隐于袖中。长12.7、宽6.4、高11.4厘米（图一五，1）。M42：7，夹砂红陶，中空。头顶盘髻，面容丰满，双目平视前方，鼻梁高挺，面部柔和，神态安详。匍匐状，肘及手掌着地，双膝屈跪于长方形座之上。身着长袍，左手隐于袖中，右手微露。长12.6、宽6.8、高10.4厘米（图一五，2）。

狗　1件。M42：8，夹砂红陶，中空。头部微向前倾，双耳残缺，面部刻画清晰，双目突出，正视前方，可见鼻孔，口部微张，尾巴翘起。前肢撑立，后肢弯曲，蹲坐于筒形座上。宽9.2、高14.7厘米（图一五，3）。

鸡　1件。M42：9，夹砂红陶。中空，立姿，昂首，身体前倾。双目突出，目视前方。双翅合拢贴于身体两侧，尾部上翘，双爪微露。长11.1、宽8.2、高13.2厘米（图一五，4）。

板瓦　1件。M31：3，泥质灰陶。均残，中弧。长24.6、宽18.6～21.2、残高4.6厘米（图一六）。

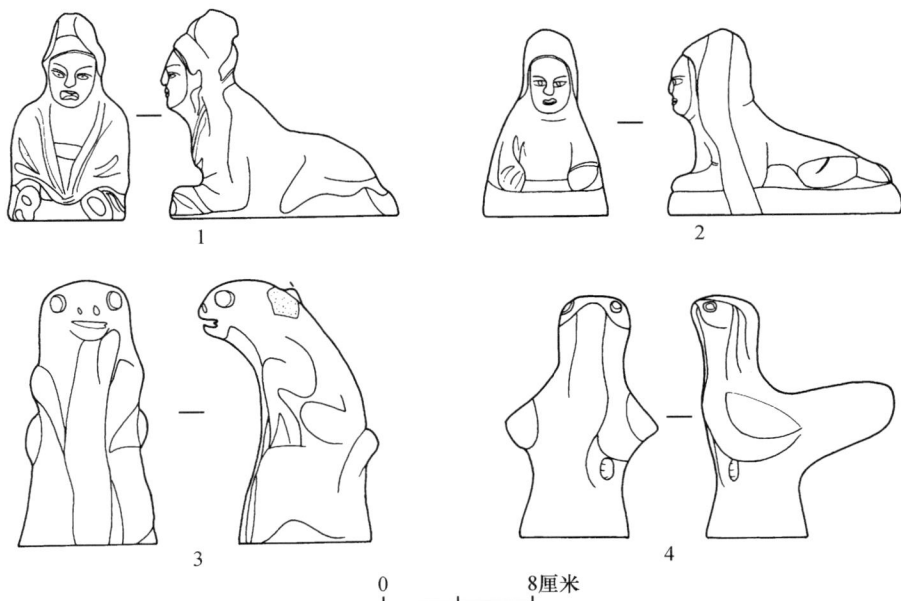

图一五　陶匍匐俑、狗、鸡

1、2.匍匐俑（M17：1、M42：7）　3.狗（M42：8）　4.鸡（M42：9）

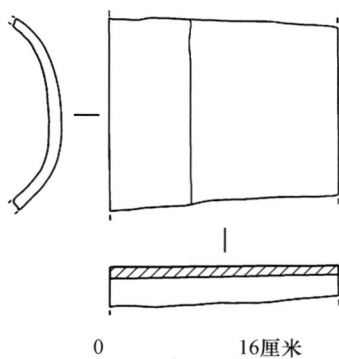

图一六　陶板瓦

（M31：3）

2. 瓷器

四系罐　3件。溜肩，弧腹。肩上四竖系。根据口部及唇部特征的不同，分为二型。

A型　1件。直口，方唇。M30：1，紫红胎，耳部以上施白色化妆土，颈部以下外施酱黄釉，脱釉较严重，仅腹上端残留少许。器身较矮，直领，平底。口径9、最大腹径11、底径7.6、高14.8厘米（图一七，3）。

B型　2件。侈口，圆唇。红胎。口部及领部微变形扭曲，长直领，平底。M30：2，肩部以上施白色化妆土，四耳上部亦施白色化妆土，未见施釉痕迹。口径8、最大腹径13、底径9、高20.8厘米（图一七，2）。M38：1，肩部及以上施青黄釉，有流釉现象，耳部以下施青灰色化妆土。口径7.5、最大腹径13.4、底径8.8、高22.1厘米（图一七，1）。

双耳罐　3件。红胎，底部施化妆土，其余外施酱黄釉。形制相同。侈口，口部微变形，尖唇，直领，溜肩，弧腹，饼足略内凹。肩部二横耳。M41：2，口径8、最大腹径14、底径8.6、高16.7厘米（图一七，6）。M42：5，口径7.6、最大腹径13.9、底径8.6、高16.7厘米（图一七，4）。M41：4，口径7.6、最大腹径13.8、底径8.6、高16.6厘米（图一七，5）。

碗　3件。根据胎质的不同，分为三型。

A型　1件。红胎。M33：1，近口处施白色化妆土，内壁施白色化妆土。器身已残二分之一。敞口，圆唇，弧腹略鼓，饼足略内凹。口径17.5、底径7.3、高5.3厘米（图一八，1）。

B型　1件。青花瓷质，灰胎。M51：1，胎质细腻，器表施白底青花釉，釉面光滑。残，敞口，圆唇，弧腹，圈足。内壁饰一龙纹，形象生动，细颈粗身差别明显，毛发迎风向后，足具四爪，尖锐如钩，龙身延伸环绕于碗外壁。口径7、足径3.1、高3.9厘米（图一九）。

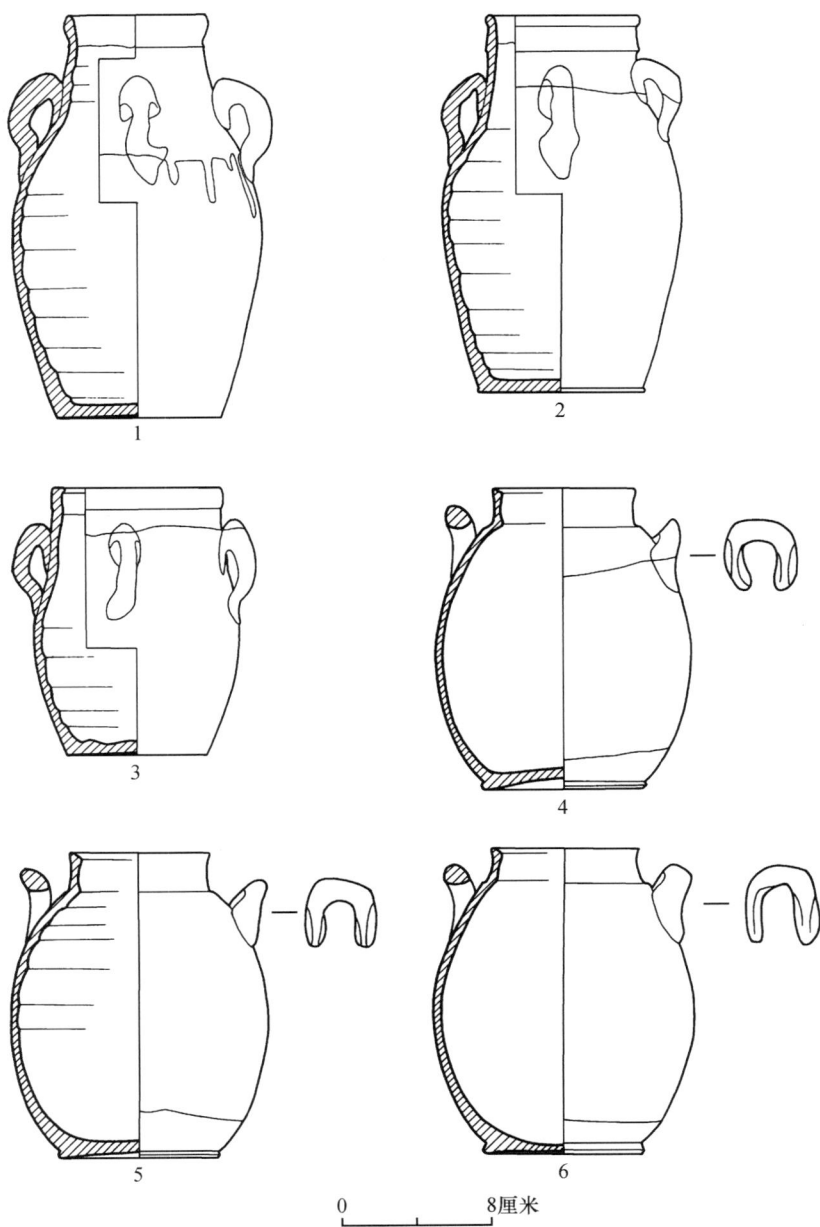

0　　　　8厘米

图一七　瓷四系罐、双耳罐

1、2. B型四系罐（M38：1、M30：2）　3. A型四系罐（M30：1）　4~6. 双耳罐（M42：5、M41：4、M41：2）

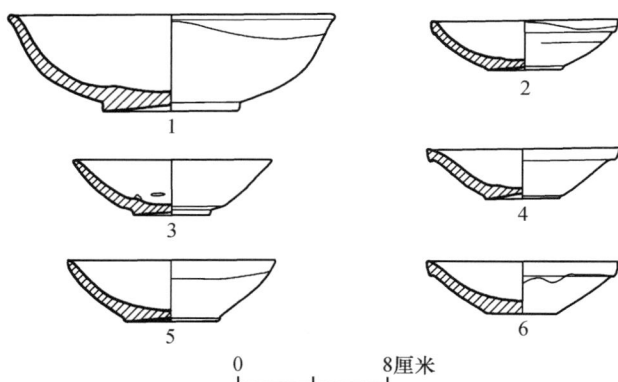

图一八　瓷碗、盏

1. A型瓷碗（M33∶1）　　2. Bb型盏（M41∶5）　　3、5. A型盏（M30∶3、M38∶2）　　4、6. Ba型盏（M42∶10、
　　　　M41∶1）

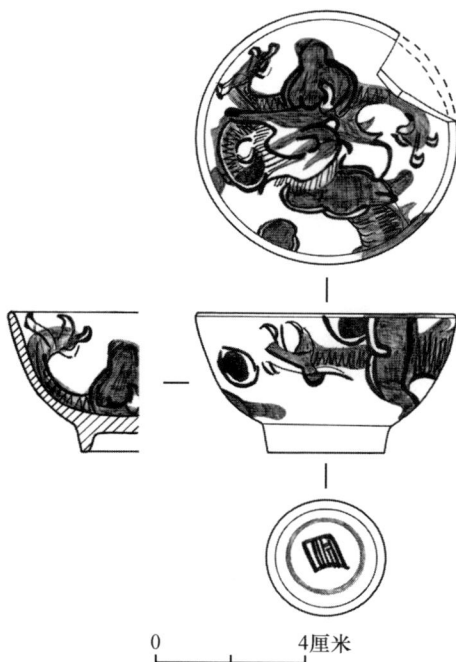

图一九　B型瓷碗
（M51∶1）

C型　1件。紫红胎。M54：2，内外均施一层黑褐釉，胎质较差，制作粗糙。敞口，圆唇，弧腹略鼓，圈足。口径17.2、足径5.8、高5.6厘米（图二〇，2）。

盏　6件。敞口，尖圆唇。根据沿部的不同，分为二型。

A型　2件。无折沿。红胎，施白色化妆土至口部，内壁施浅青黄釉。弧腹，饼足略内凹。M30：3，口径10.6、底径4.1、高3厘米（图一八，3）。M38：2，口径11.2、底径5、高3.4厘米（图一八，5）。

B型　4件。折沿。红胎。根据腹部的不同，分为二亚型。

Ba型　3件。斜直腹。M42：10，施白色化妆土至口部，外施一层酱黄釉。饼足略内凹。口径10.3、底径4、高2.8厘米（图一八，4）。M41：1，口及内底施白色化妆土，外施一层酱黄釉。平底。口径10.2、底径3.8、高2.8厘米（图一八，6）。M32：1，口及内底施白色化妆土，未发现施釉迹象。平底。口径9.7、底径4、高2.6厘米（图二〇，3）。

Bb型　1件。弧腹。M41：5，平底略内凹。口及内底施白色化妆土，外施一层酱黄釉，有流釉现象。口径10.2、底径4、高2.7厘米（图一八，2）。

执壶　1件。M54：1，紫红胎，唇下及壶把周围外施乳白釉。侈口，方唇略外翻，有嘴，嘴系捏制，溜肩，肩上设一壶把，壶把呈耳状，鼓腹，平底。壶身系轮制，内有拉坯留下的涡状痕迹。口径8.6、最大腹径13.2、底径7.3、高15.4厘米（图二〇，1）。

龙纹谷仓罐　4件。皆在上腹部堆塑龙戏珠纹饰。根据腹部的不同，分为二型。

A型　1件。上腹部纵剖面为弧形。M45：1，灰胎，器表除底部外均施黑釉。敛

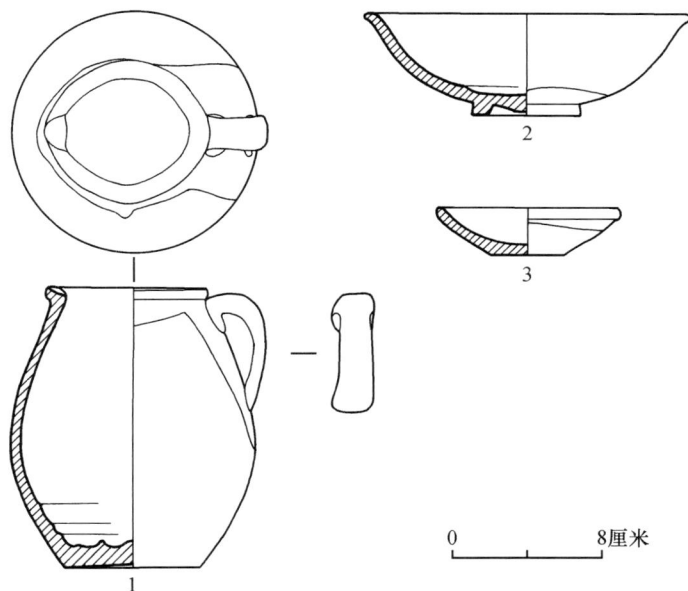

图二〇　瓷执壶、碗、盏
1.执壶（M54：1）　2.C型碗（M54：2）　3.Ba型盏（M32：1）

口，圆唇，矮领，圆肩，圈足，最大径在上腹部。肩部均匀饰三个三角形纽。口径
4.8、最大腹径13.6、足径8.4、高18.4厘米。带器盖，灰胎，除盖底外施酱釉。平顶，上
有一圆纽。盖径3.4、最大径7.6、高3厘米（图二一，1）。

B型　3件。上腹部纵剖面为波浪形。器表除底部外均施黑釉。敛口，圆唇，圈
足，最大径在下腹部。M45：2，灰胎。折肩，肩部和腹中部均匀饰三组三个三角形
纽。口径5.6、最大腹径13.8、足径8.2、高18.8厘米。带盏形器盖，红胎，除盖底外施
酱釉。盖径8、高2.3厘米（图二一，2）。M48：1，灰胎。矮领，溜肩。肩部及腹中部
均匀饰四组三个三角形纽。口径6.8、最大腹径14.2、足径8、高20.4厘米。带器盖，灰
胎，除盖底外均施酱釉。平顶，上有一兽形纽。盖径7.2、高6.8厘米。带托盘，灰胎，
除底部外均施酱釉。敞口，口部有一折棱，尖唇，斜直腹，腹部镂空，圈足，底部有一
圆孔。口径16.8、足径7.6、高7.6厘米（图二一，3）。M48：2，灰胎。矮领，折肩。

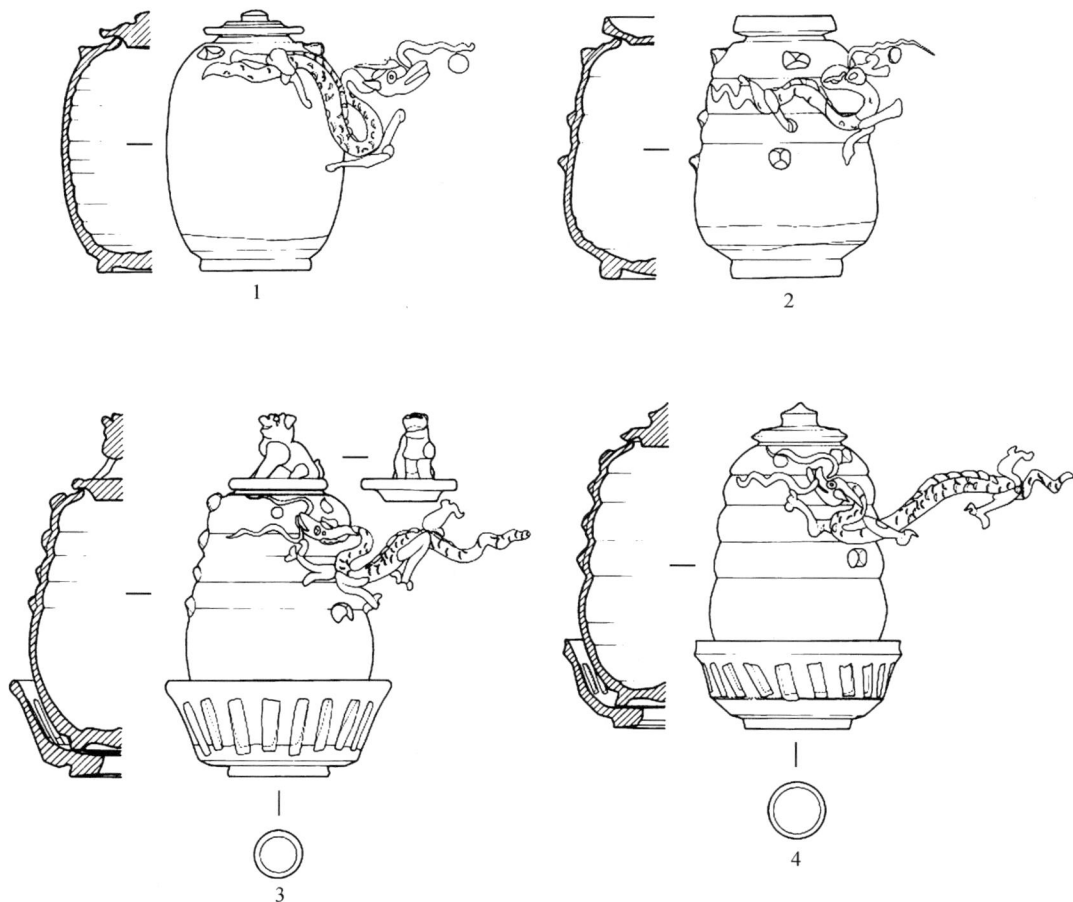

图二一　瓷龙纹谷仓罐
1. A型（M45：1）　2~4. B型（M45：2、M48：1、M48：2）

肩部及腹中部均匀饰四组三个三角形纽。口径6.2、最大腹径13.6、足径7.8、高20.4厘米。带器盖，灰胎，除盖底外均施酱釉。平顶，上有一圆纽。盖径7.4、高3.6厘米。带托盘，灰胎，除底部外均施酱釉。敞口，口部有一折棱，尖唇，斜直腹，腹部镂空，圈足，底部有一圆孔。口径15.4、足径8、高6.8厘米（图二一，4）。

3. 铜器

耳饰　2件。M48：3，圆形。直径1.41、厚0.21厘米（图二二，3）。M31：2，器表呈蓝绿色。铃铛状。直径0.9厘米（图二二，2）。

4. 银器

簪　1件。M31：1，出土时器表呈墨绿色，清理后呈银白色。簪首卷曲，前端平直。上有纹饰。长14.1、宽0.72～1、厚0.1厘米（图二二，1）。

5. 铜钱

2枚。M41：3，残。破损严重，无法拓片。

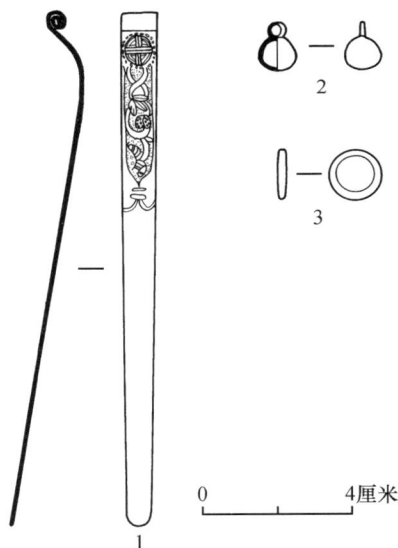

图二二　铜器、银器
1. 银簪（M31：1）　2、3. 铜耳饰（M31：2、M48：3）

三、结　语

本次发掘的唐宋、明清墓葬未出土有明确纪年信息的随葬品，根据墓葬形制、出土器物组合及其形制差异，对这批墓葬的年代做出以下简要分析与初步判断。

砖室墓可分为早、晚二期。第一期，墓室平面呈梯形。包括Aa型的M30、M38，以及Ba型的M33。M33保留部分墓室，墓壁不在一条直线上，属于五代到北宋早期的形制特征。墓内出土瓷碗（M33：1）形制与前蜀王宗侃夫妇墓出土的Bb型瓷碗（西：12）相近[1]。M30墓壁在一条直线上，其墓葬形制与《四川地区宋代墓葬研究》一文中的砖室墓甲类B型Ⅰ式相近，是北宋早期常见形制[2]。墓内出土的瓷盏（M30：3）与温江区"学府尚郡"A型盏（M5：15）形制相近，后者的年代推断为五代至北宋时期[3]；A型四系罐（M30：1）与成都"博瑞花园"B型Ⅰ式罐（M28：3）相近，属北宋早期[4]；B型四系罐（M30：2）与"博瑞花园"B型Ⅰ式罐（M28：3）相似，但最大腹径靠上，故时代可能更早一些。M38墓室平面形制及大小等与M30相似，墓内出土瓷盏和四系罐与M30所出瓷盏、四系罐形制相近，但M38所出四系罐最大径稍下移，时代应较M30晚。综上，我们推测第一期墓葬年代相当于五代至北宋早期。第二期，墓葬平面呈长方形。包括Ab型M17、M40，Bb型M39。M17出土陶匍匐俑（M17：1）形制与成都市二仙桥宋墓出土的Ⅱ式陶匍匐俑（M1：25）相近，后者墓葬年代为南宋时期[5]，吴敬以二仙桥所出陶匍匐俑（M1：25）为代表，认为这一时期匍匐俑抬头趋势明显[6]。M39、M40墓葬破坏严重，无出土器物，但两座墓平面均呈长方形，墓葬规模小，分别与成都市西郊发现的D型（M3）和Ca型Ⅲ式（M1）墓相当，但无壁龛；两座墓用砖轻薄，M40的用砖规格与成都市西郊M1的极为接近，成都西郊Ca型Ⅲ式和D型墓葬年代为南宋时期[7]。故推测这一期墓葬年代大约为南宋时期。

A型石室墓的墓葬形制与陈云洪所划分的甲Ⅱ类Bd型石室墓相近，后者多见于南宋中晚期[8]。墓内所出瓷双耳罐（M42：5）与高新南区红松村Ac型瓷罐形制相近[9]，出土的陶文吏俑与锦江区沙河堡M1出土的Ba型陶俑形制接近[10]，后者有"绍兴五年"下葬的明确纪年。B型石室墓虽为双室墓，但其形制极为简陋，仅使用红砂石板砌筑而成，出土的瓷双耳罐也与M42中出土的瓷双耳罐形制一致，因此我们推测其年代和M42相去不远，同属于南宋时期。

岩坑墓、土坑墓中，Aa型M45、M48分别出土2件瓷龙纹谷仓罐，为成对出现，均放置于壁龛中。M31墓主头端下枕有板瓦。A型瓷龙纹谷仓罐（M45：1）与新津老虎山明墓出土的Ac型瓷谷仓罐（M184：2）形制相近[11]，B型瓷龙纹谷仓罐（M48：5）与老虎山明墓出土Ab型瓷谷仓罐（M160：1）形制相近[12]，周静将这一形制的流行年代判定为明正德到万历年间。M54有头龛，出土的瓷碗（M54：2）与邛崃羊安墓群出土的瓷碗（M17：2）的形制及施釉手法都十分相似[13]，邛崃羊安M17年代为明代早中期，M54出土瓷执壶（M54：1）的形制与新津老虎山出土的瓷执壶（M123：3）相近[14]。Ab型M31无头龛，墓主头枕板瓦，M54开凿于M31墓底正中，当为刻意安排，故年代接近。有研究者认为，头龛放置瓷谷仓罐和墓主头枕板瓦具有典型年代特征，是成都平原明代平民墓葬的典型特征[15]。B型M7出土瓷棺的器形、纹饰、施釉方式及使用功能与仪陇县文物管理所藏"座型棺材"相似，"座型棺材"是十分流行于清末下层百姓的丧葬用具，甚至民国时仍有售卖[16]。另外，据《皇清例赠修职佐郎屈公辅薧讳光相老大人墓志铭》[17]中屈光相祖孙四代人"光—仁—义—尚"的世系排列，并结合M7墓主屈尚宴之"尚"字辈，我们初步认为屈尚宴应与屈光相曾孙辈所处的年代较近。屈光相为道光癸未年（1823年）九月并葬至华阳县东五十里蒲草塘老宅后丙山壬向；屈尚宴生年为辛亥年，距道光年间最近的两个辛亥年分别是乾隆五十六年（1791年）和咸丰元年（1851年），考虑到屈光相去世时曾孙辈应还处于孩童时期，以及屈氏家族的移民史，我们认为M7的墓主屈尚宴的生年为咸丰元年的可能性更大，卒年则为光绪六年（1880年），终年29岁。故M7的年代应为清代晚期。同一形制的M1、M51等应与M7年代相当。

总之，本次发掘清理的砖室墓数量较少，且大多遭受到了较为严重的破坏，但出土的器物组合仍可为成都地区五代与宋代砖室墓研究补充新的材料；石室墓中，M42保存较完整，随葬品较为丰富，对分析南宋火葬墓随葬品摆放位置及出土情境具有参考价值。明清岩坑墓和土坑墓墓葬设施简陋，葬式有仰身直肢葬、火葬、瓮棺葬等，随葬品极少且单一，属典型的平民墓葬，反映出明清时期成都地区平民阶层的生活、丧葬等方面的情况。

附记：贵州大学历史与民族文化学院硕士研究生陈亮吉（现为中山大学人类学系博士研究生）、何欢、刘钻兰、张自然、吴功翔、余周剑、李晨，毕业硕士曾小芳，本科生谭煌、张俊峰，贵州民族大学民族学与历史学学院硕士研究生李凌波、杨敏，成都工贸职业技术学院刘海军等参加了本次发掘和整理工作。

领　　队：左志强
执行领队：夏保国
修　　复：黄春雷
绘　　图：党春倩　余周剑　许红利
整　　理：陈亮吉　吴功翔　杨　敏　李　晨
执　　笔：吴功翔　夏保国　余周剑　杨　敏
　　　　　张自然　左志强
审　　核：左志强

注　释

［1］ 成都文物考古研究所、龙泉驿区文物保护管理所：《成都市龙泉驿五代前蜀王宗侃夫妇墓》，《考古》2011年第6期。

［2］ 陈云洪：《四川地区宋代墓葬研究》，《南方民族考古》（第七辑），科学出版社，2011年。

［3］ 成都文物考古研究所、温江区文物保护管理所：《成都温江区"学府尚郡"工地五代及宋代墓葬发掘简报》，《成都考古发现》（2006），科学出版社，2008年。

［4］ 成都市文物考古工作队：《成都博瑞"都市花园"汉、宋墓葬发掘报告》，《成都考古发现》（2001），科学出版社，2003年。

［5］ 成都市文物考古研究所、成都市文物考古工作队：《成都市二仙桥南宋墓发掘简报》，《考古》2004年第5期。

［6］ 吴敬：《成都地区宋代砖室墓的分期研究》，《四川文物》2009年第4期。

［7］ 成都市文物考古研究所：《成都市西郊土坑墓、砖室墓发掘简报》，《成都考古发现》（2001），科学出版社，2003年。

［8］ 陈云洪：《四川地区宋代墓葬研究》，《南方民族考古》（第七辑），科学出版社，2011年。

［9］ 成都文物考古研究院、双流县文物管理所：《成都市高新南区中和街道红松村宋墓群发掘简报》，《成都考古发现》（2017），科学出版社，2019年。

［10］ 成都文物考古研究院：《成都市锦江区沙河堡宋墓发掘简报》，《成都考古发现》（2017），科学出版社，2019年。

［11］ 成都文物考古研究所、新津县文物管理所：《新津县老虎山宋明墓葬发掘简报》，《成都考古发现》（2013），科学出版社，2015年。

［12］ 成都文物考古研究所、新津县文物管理所：《新津县老虎山宋明墓葬发掘简报》，《成都考古发现》（2013），科学出版社，2015年。

［13］ 成都文物考古研究所、邛崃市文物局：《四川邛崃羊安墓群24号点宋明墓发掘简报》，《成都考古发现》（2010），科学出版社，2012年。

［14］ 成都文物考古研究所、新津县文物管理所：《新津县老虎山宋明墓墓葬发掘简报》，《成都考古发现》（2013），科学出版社，2015年。

［15］ 周静：《川渝地区明墓出土谷仓罐研究》，《考古》2019年第12期。

［16］ 王永平：《仪陇馆藏瓮棺葬具浅析》，《四川文物》1996年第4期。

［17］ 资料来源于成都文物考古研究院提供的墓志拓片。《皇清例赠修职佐郎屈公辅菴讳光相老大人墓志铭》简要记载了屈光相的生平，主要内容有"其先世居楚衡阳西乡，至祖子明公挈父珍一公于乾隆时始入蜀"的家族移民史记载；有"生子六人，长仁富，即景升，次仁贵、仁厚……孙十七人，义方、义洲……曾孙十一人，尚文、尚彬、尚明……"的家族谱系结构；有"公生于乾隆辛未年正月十二日子时，寿七十有三，道光癸未年九月二十八日子时卒"的生卒年月记述，这些内容为我们判定M7的年代具有重要参考价值。原件藏于成都文物考古研究院。

成都市城市音乐厅配套幼儿园项目唐宋墓地发掘简报

成都文物考古研究院

　　城市音乐厅配套幼儿园项目唐宋墓地位于成都市武侯区群众路南侧，西邻四川音乐学院，南与一环路南一段相望，中心地理坐标为东经104°4′49″、北纬30°38′17″（图一）。2020年3～5月，为配合成都市规划建设用地的需要，成都文物考古研究院对该项目工地开展了勘探发掘工作，发现一处唐宋时期墓地，共清理墓葬37座（图二），出土陶器、瓷器、铜器、钱币、玉器、墓券等一批重要文物。工地代码为"2020CWYY"。现就此次工作的基本情况简报如下。

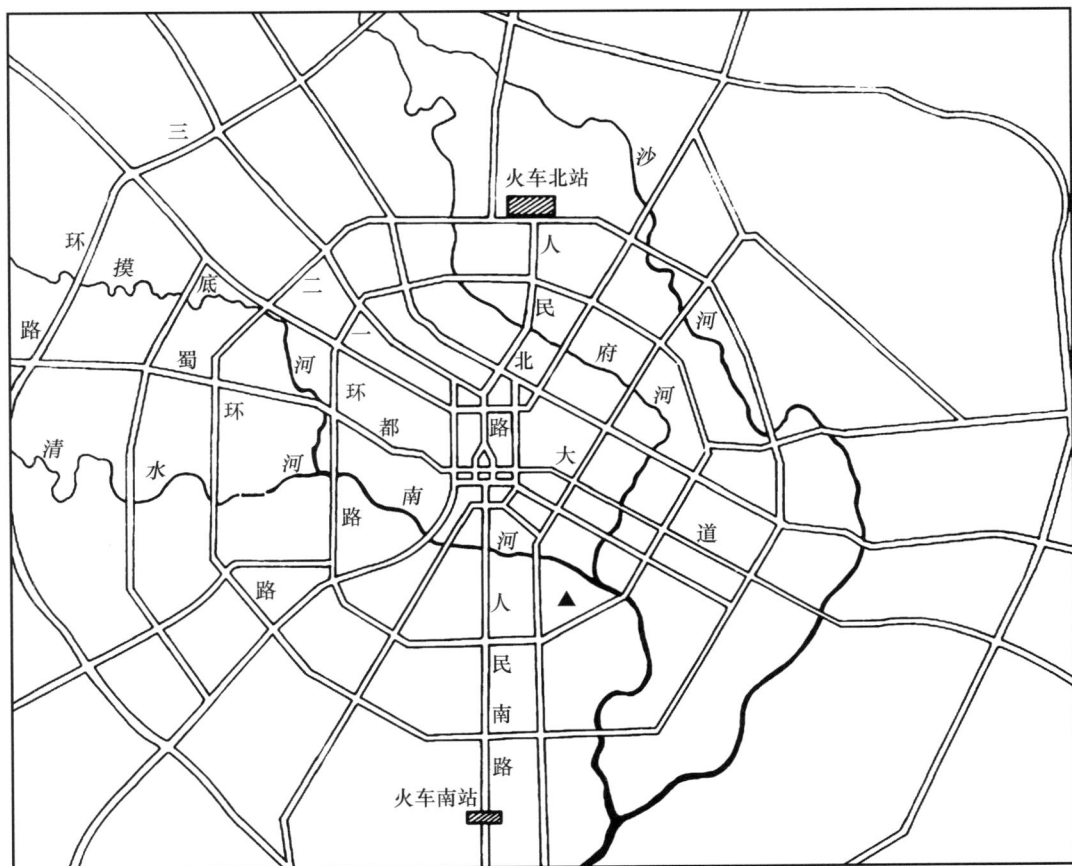

图一　墓地位置示意图

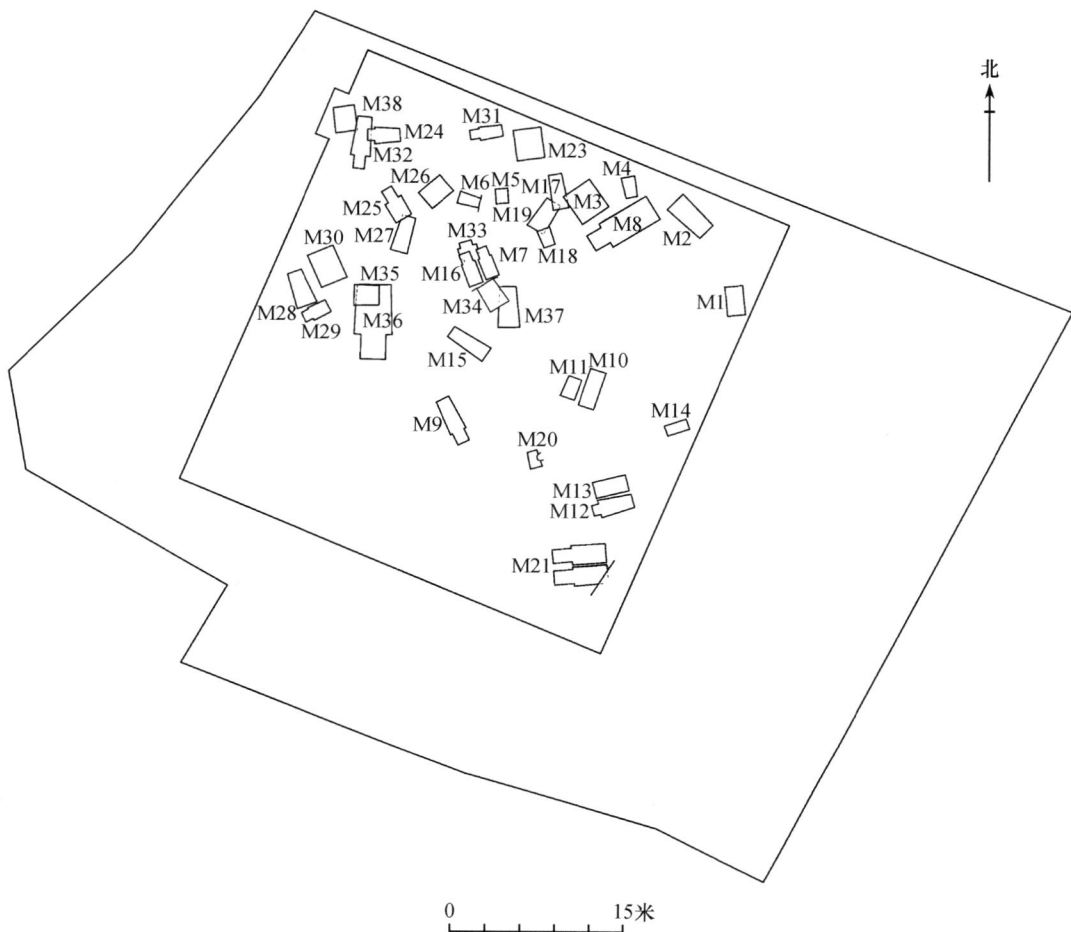

图二　墓葬平面分布图

一、墓葬结构

　　这批墓葬均叠压于明代地层（第2层）下，打破生土，保存情况较差，墓顶与墓壁被晚期堆积不同程度打破。共清理发掘37座，皆为砖室墓。其中M1、M4、M10、M13、M18因保存情况极差，不参与分型及介绍。其余墓葬根据墓室数量的差异分为两类：甲类为双室墓，乙类为单室墓。

　　甲类　6座。为同一墓圹内砌两个独立的砖室。根据墓葬规模大小的不同，分为二型。

　　A型　3座。墓葬规模较大，墓室平面较长，在2.2米以上。根据有无甬道，分为二亚型。

　　Aa型　1座。无甬道。包括M23。

　　Ab型　2座。有甬道。包括M3、M21。

B型　3座。墓葬规模较小，墓室平面较短，在1.4米以下。包括M26、M30、M38。

乙类　26座。是在一个墓圹内砌筑一个砖室。根据墓室形制的不同，分为三型。

A型　10座。墓室平面分为前、后两段，前宽后窄。根据壶门设置情况的不同，分为二亚型。

Aa型　6座。甬道与墓室的立面处设有壶门。包括M9、M19、M28、M32、M36、M37。

Ab型　4座。甬道与墓室的立面处未设壶门。包括M15、M17、M31、M34。

B型　8座。墓室平面呈长方形。根据墓葬规模大小的不同，分为二亚型。

Ba型　1座。墓葬规模较大，墓室平面较长，长3.3米。包括M8。

Bb型　7座。墓葬规模较小，墓室平面较短，在1.6米以下。包括M5、M7、M14、M16、M25、M29、M33。

C型　8座。墓室平面呈梯形。根据墓葬规模大小的不同，分为二亚型。

Ca型　4座。墓葬规模较大，墓室平面较长，在2米以上。包括M2、M6、M12、M27。

Cb型　4座。墓葬规模较小，墓室平面较短，在1.4米以下。包括M11、M20、M24、M35。

二、出土器物类型

1. 陶器

11件。泥质灰陶或灰褐陶。可辨者有武俑、文俑、侍俑、人首蛇身俑、猪首人身俑等。

武俑　2件。腹部以下残。腰腹间围有抱肚，腰间绦带在前面系成蝴蝶结下垂至膝前，身体两侧各有一垂至膝盖处的长带。下着腿裙，外罩铠甲。足尖微露，双脚分立于圆角方筒形器座上，座两侧各有一圆孔（图三）。

文俑　3件。皆残。根据保存情况，分为二型。

A型　2件。颈部以上残，身着圆领广袖长袍，双手抱握。长袖下垂至膝，衣有褶皱。足尖微露，双脚分立于圆角方筒形器座上（图四，1）。

B型　1件。残存头部。头戴进贤冠，双眼目视前方，宽鼻，阔嘴，长耳（图四，2）。

侍俑　2件。颈部以上残，身穿圆领紧袖长袍，腰束革带，双手交握于胸前，双脚立于长方形座上（图四，3）。

人首蛇身俑　1件。二蛇身交缠伏于地，两端各接一人首（图四，4）。

猪首人身俑　1件。猪首人身，腹部以下残。头戴幞头，圆眼，阔嘴，长耳至肩。身着圆领宽袖长袍，双手合抱于胸前，左手在上，右手在下（图四，5）。

底座　2件。皆俑底座（图四，6）。

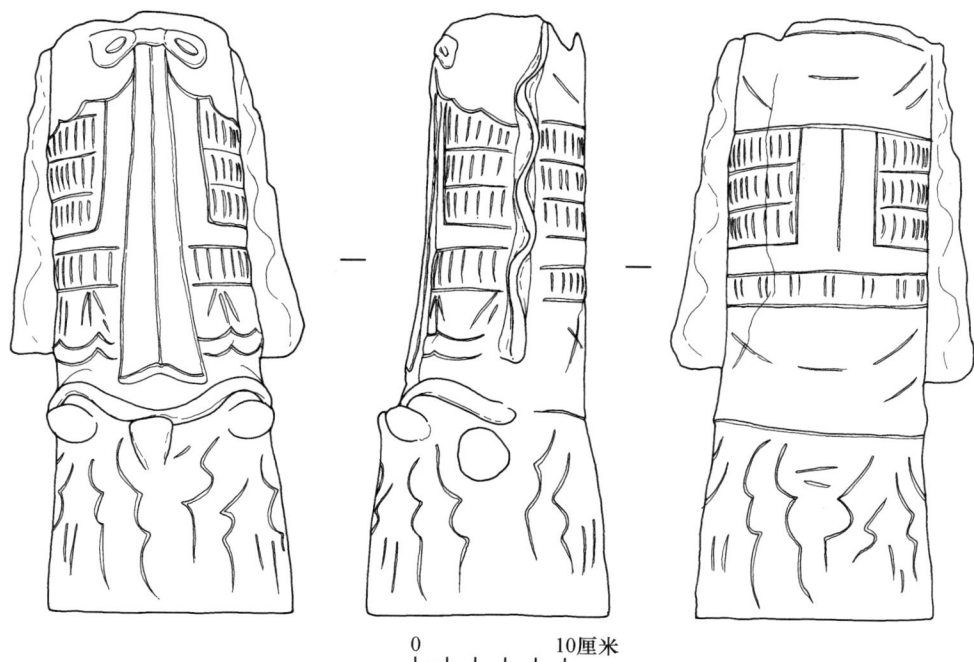

0   10厘米

图三　陶武俑

（M16：1）

2. 瓷器

101件。均为本地窑口瓷器，以琉璃厂窑瓷器为主，有少量青羊宫窑和邛窑瓷器。

（1）琉璃厂窑

97件。以棕红色胎为主，釉色有酱釉、青釉，可辨器形有罐、盏、碟、盘、炉、蛙形灯、注壶、碗。

罐　24件。根据系部形态的差异，分为两小类。

Ⅰ类　15件。横系罐。根据器物形态的不同，分为五型。

A型　4件。斜直口，斜方唇，颈部斜直，溜肩，肩部置四横系，弧腹，饼足。根据腹部长短的不同，分为二亚型。

Aa型　3件。腹部较长（图五，1）。

Ab型　1件。腹部较短（图五，2）。

B型　6件。直口，双唇，短直颈，溜肩，肩部置二横系，弧腹，平底。根据腹径与底径的大小比例，分为二亚型。

Ba型　2件。腹径与底径的比大于或约等于2∶1（图五，3）。

Bb型　4件。腹径与底径的比小于2∶1（图五，4）。

C型　2件。直口，双唇，短直颈，溜肩，肩部置四横系，斜弧腹，平底（图五，5）。

D型　1件。盘口，方唇，溜肩，肩部置二横系，弧腹，平底（图五，6）。

0　　　　　　　10厘米

图四　陶俑

1.A型文俑（M16：4）　2.B型文俑（M16：9）　3.侍俑（M16：11）　4.人首蛇身俑（M16：3）

5.猪首人身俑（M16：10）　6.底座（M16：7）

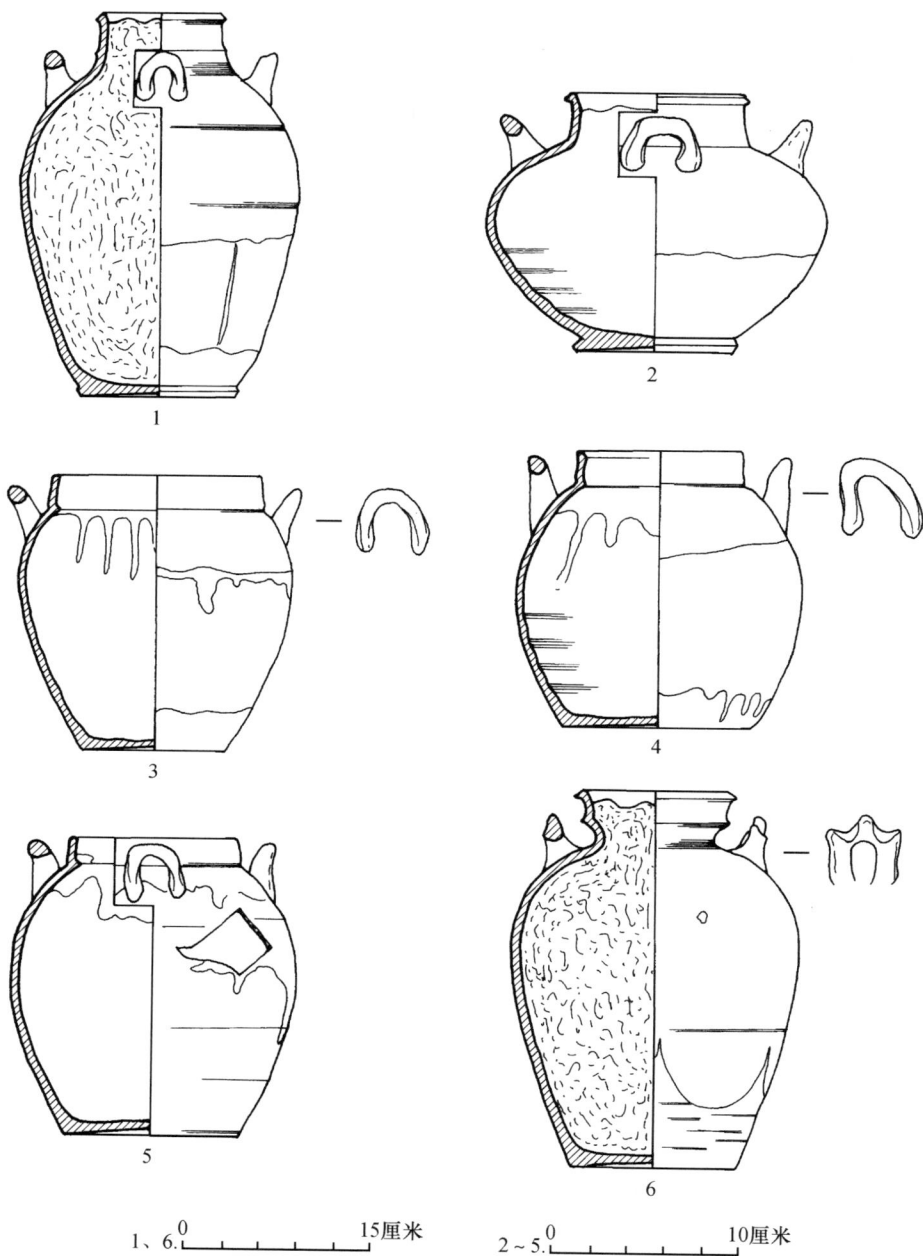

图五　琉璃厂窑 I 类瓷罐

1. Aa型罐（M9：2）　　2. Ab型罐（M6：1）　　3. Ba型罐（M24：1）　　4. Bb型罐（M25：2）

5. C型罐（M31：1）　　6. D型罐（M9：1）

E型 2件。略带盘口，宽方唇，长颈，溜肩，椭圆形长弧腹，腹部置四横系，平底（图六，1）。

Ⅱ类 9件。竖系罐。根据腹部及口径大小的不同，分为三型。

A型 4件。斜直口，溜肩，肩部置四竖系，长弧腹，口径明显小于腹径。根据唇部及底部形态的不同，分为三亚型。

Aa型 2件。宽方唇，平底（图六，2）。

Ab型 1件。圆唇，折沿，饼足（图六，3）。

Ac型 1件。斜方唇，平底（图六，4）。

B型 4件。直口，宽方唇，椭圆形腹，腹部置四竖系，平底，口径略小于腹径。根据腹部长短的不同，分为二亚型。

Ba型 2件。腹部较长（图六，5）。

Bb型 2件。腹部较短（图六，6）。

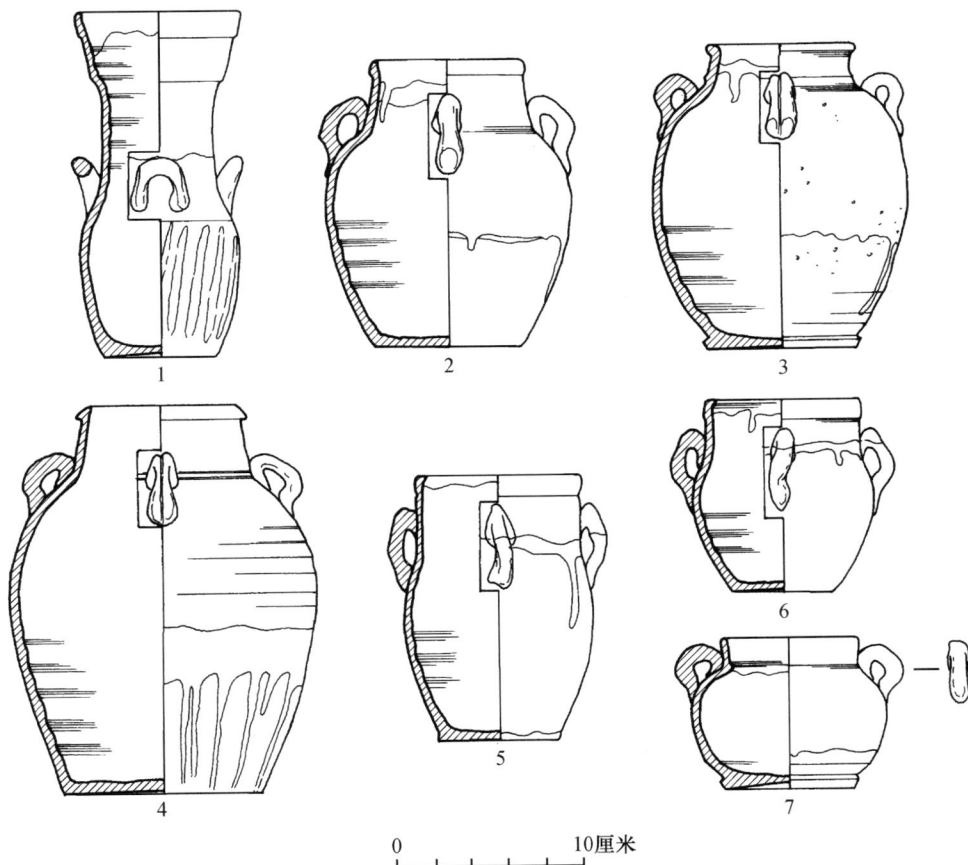

图六 琉璃厂窑瓷罐

1. Ⅰ类E型罐（M25：3） 2. Ⅱ类Aa型罐（M8：1） 3. Ⅱ类Ab型罐（M19：8） 4. Ⅱ类Ac型罐（M15：1）
5. Ⅱ类Ba型罐（M33：5） 6. Ⅱ类Bb型罐（M33：4） 7. Ⅱ类C型罐（M33：7）

C型　1件。直口，双唇，肩部置二竖系，球形腹，口径明显小于腹径，饼足（图六，7）。

盏　26件。敞口微侈，尖圆唇或圆唇，斜弧腹。根据足部形态的不同，分为三型。

A型　11件。足部制作不规整，略带饼足（图七，1）。

B型　10件。足部制作规整，饼足明显（图七，2）。

C型　5件。圈足（图七，3）。

碟　6件。根据唇部形态的不同，分为二型。

A型　5件。花瓣唇，敞口，斜直腹，饼足（图七，4）。

B型　1件。厚圆唇，敞口，斜直腹，足部制作不规整，略带饼足（图七，5）。

盘　6件。敞口，尖圆唇或圆唇，饼足。根据腹部形态的不同，分为二型。

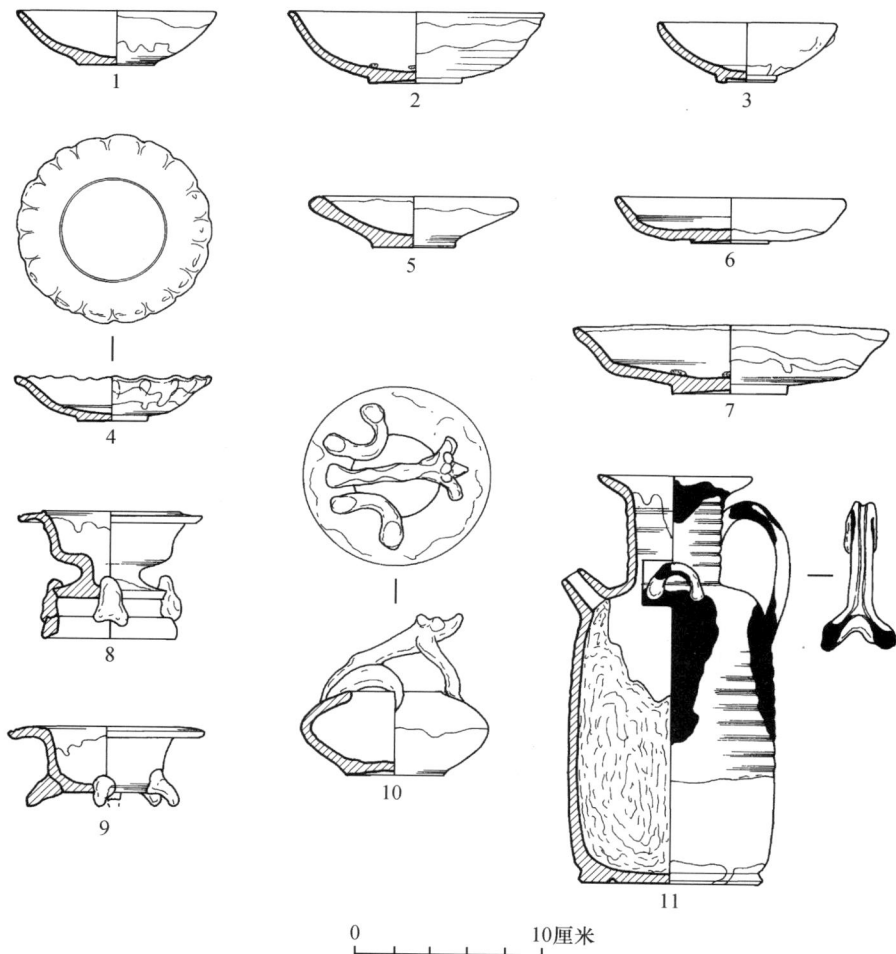

图七　琉璃厂窑瓷器

1. A型盏（M14：2）　2. B型盏（M7：1）　3. C型盏（M30南：18）　4. A型碟（M30南：1）　5. B型碟（M34：2）　6. A型盘（M14：3）　7. B型盘（M32：1）　8. A型炉（M30南：6）　9. B型炉（M26南：2）　10. 蛙形灯（M14：11）　11. 注壶（M9：3）

A型　5件。斜弧腹，器形较小（图七，6）。

B型　1件。折腹，器形较大（图七，7）。

炉　15件。口微敞，平折沿，圆唇或尖圆唇。根据腹部和足部形态的不同，分为二型。

A型　11件。腹部内凹，喇叭状柄形足，足底附捏制的环形器座（图七，8）。

B型　4件。筒形腹，腹下接五只锥形足（图七，9）。

蛙形灯　14件。敛口，圆唇，近口沿处带一蛙形提梁，足部制作不规整，平底或略带饼足（图七，10）。

注壶　1件。侈口，圆唇，直颈，长弧腹，肩部置横系及流，颈肩部置执柄，饼足。器身局部施绿釉点缀（图七，11）。

碗　5件。敞口，圆唇。根据足部形态的不同，分为二型。

A型　3件。饼足。根据腹部形态的不同，分为二亚型。

Aa型　2件。斜弧腹（图八，1）。

Ab型　1件。口部出沿，斜腹近直（图八，2）。

B型　2件。斜弧腹，圈足（图八，3）。

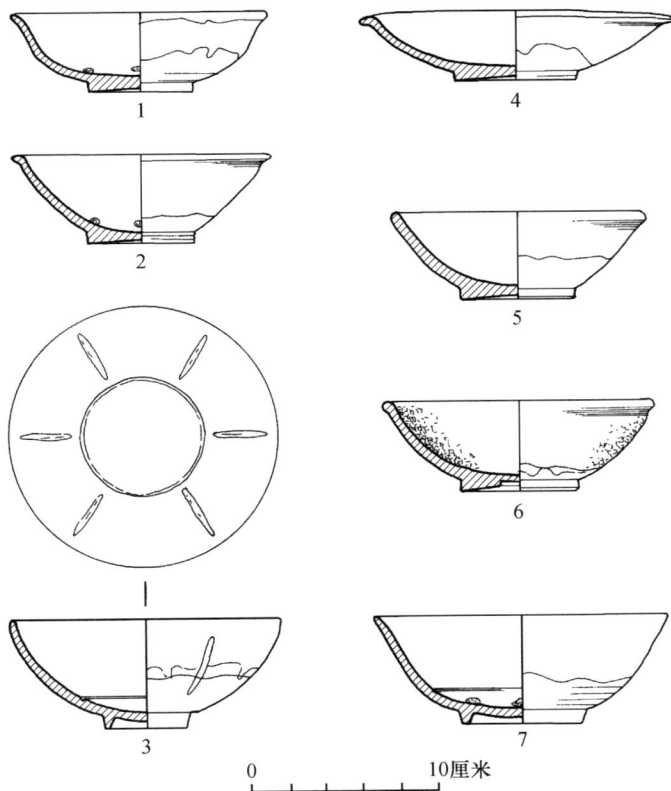

图八　出土瓷器

1. 琉璃厂窑Aa型碗（M34：1）　2. 琉璃厂窑Ab型碗（M28：5）　3. 琉璃厂窑B型碗（M21南：1）
4. 青羊宫窑盘（M19：6）　5. 青羊宫窑碗（M36：2）　6. 邛窑A型碗（M19：7）　7. 邛窑B型碗（M24：3）

（2）青羊宫窑

2件。灰胎、砖红色胎，釉面脱落，可辨器形有盘、碗。

盘　1件。侈口，尖唇，斜直腹，饼足（图八，4）。

碗　1件。敞口，斜方唇，斜直腹，饼足（图八，5）。

（3）邛窑

2件。灰白胎，青釉，可辨器形有碗。

碗　2件。敞口，斜弧腹。根据足部形态的不同，分为二型。

A型　1件。圆唇，玉璧足（图八，6）。

B型　1件。尖唇，圈足（图八，7）。

3. 铜器

4件。有镜、臂钏、饰件、构件。

镜　1枚。镜身略残。边缘为八瓣葵花状，背面有乳钉状圆纽，穿孔。以一周凸弦纹将镜背分为二区，内区左右为二鸟相对，上下为卷草。外区为四组云纹与草纹相间排布（图九，8）。

臂钏　1件。环形，实心，接口不相连（图一〇，1）。

饰件　1件。半球形，中空（图一〇，2）。

构件　1件（图一〇，3）。

4. 铁器

1件。仅铁盒残件。

盒残片　1件（图一〇，4）。

5. 玉器

1枚。仅玉珠一类。

玉珠　1枚。白色，圆形，有穿孔（图一〇，5）。

6. 钱币

钱币　可分为铜钱和铁钱两类。

铜钱　39枚。皆方孔圆钱。可辨者有开元通宝、乾元重宝、治平元宝、熙宁元宝四类。

开元通宝　35枚。根据钱币形制的不同，分为三型。

A型　18枚。周郭、轮廓规整，钱文清晰规范，"元"字首画为短横，"通"字走部前三笔各不相连，略呈三撇状，"宝"字贝部内为两短横，不与左右两竖笔相连。无背文（图九，1）。

B型　4枚。周郭、轮廓规整，钱文笔画纤细清秀，"元"字首横加长，"通"字

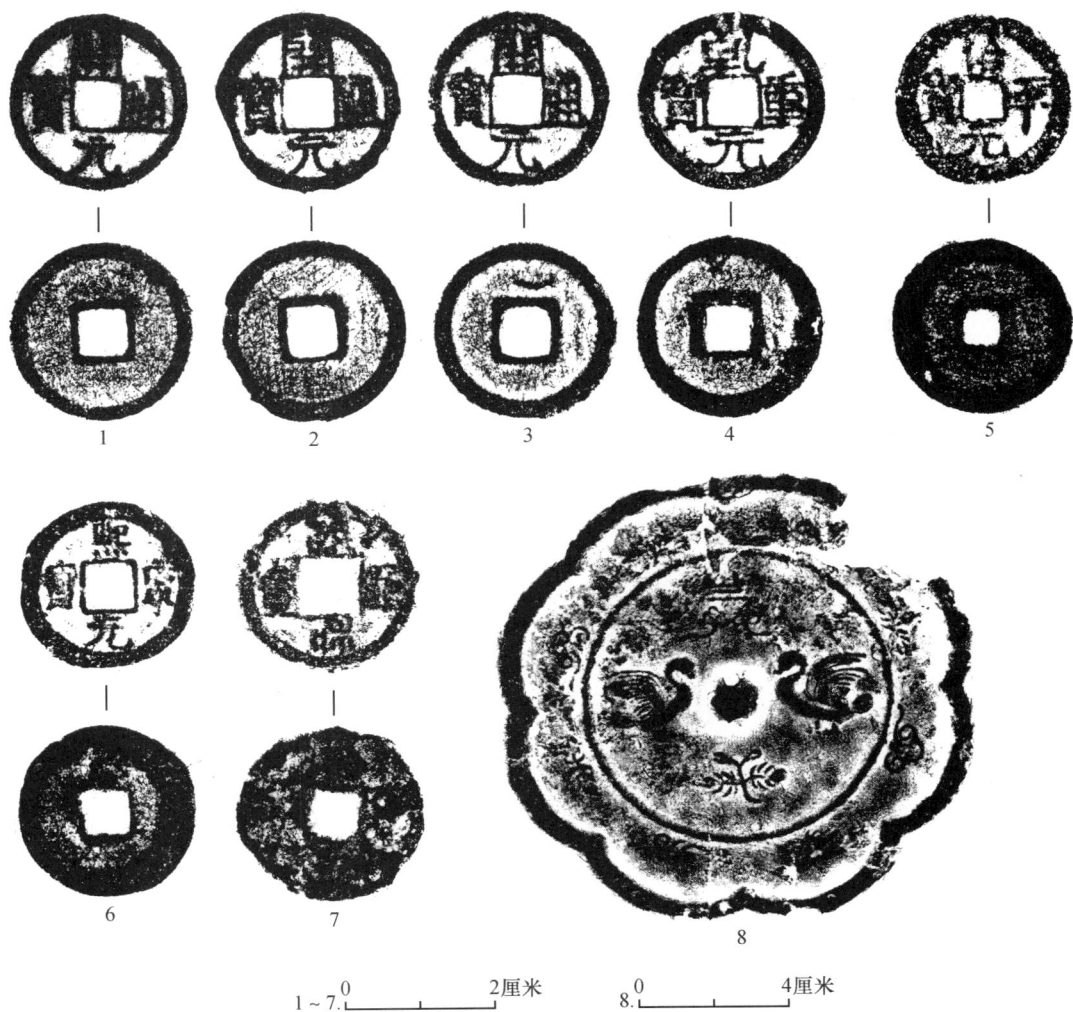

图九　出土钱币、铜镜拓片

1. A型开元通宝（M19：3）　2. B型开元通宝（M19：25）　3. C型开元通宝（M19：4）　4. 乾元重宝（M6：6）
5. 治平元宝（M3西：1）　6. 熙宁元宝（M3西：2）　7. 政和通宝（M38南：3）　8. 铜镜（M19：1）

走部前三笔呈似连非连的顿折状，"宝"字贝部中间双横加长，与左右两竖笔相衔接。无背文（图九，2）。

C型　13枚。周郭、轮廓规整，钱文字体及制作工艺与B型接近，有背文，背文呈月牙形（图九，3）。

乾元重宝　1枚。钱文隶书，顺读，光背。面、背有内、外郭（图九，4）。

治平元宝　1枚。钱文楷书，旋读，光背。面、背有内、外郭（图九，5）。

熙宁元宝　1枚。钱文楷书，旋读，光背。面、背有内、外郭（图九，6）。

铁钱　若干。仅1枚钱文可辨，其余粘连成块，无法剥离。

政和通宝　1枚。钱文隶书，顺读，光背。面、背有内、外郭（图九，7）。

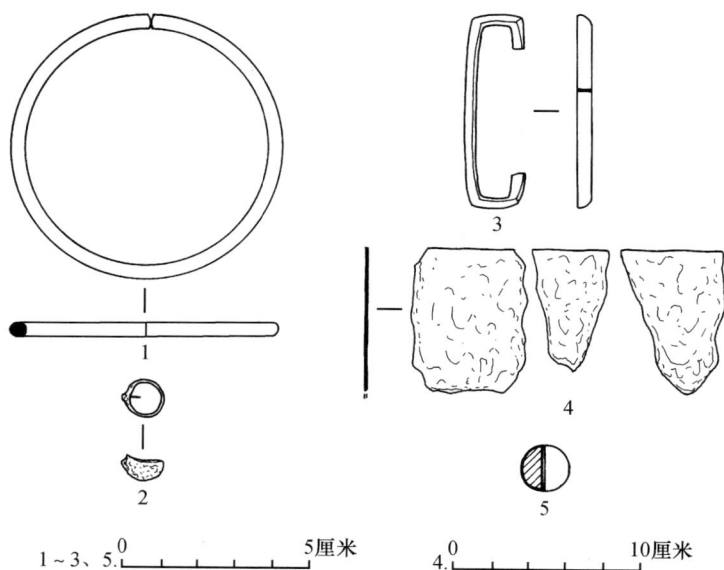

图一〇　出土器物

1. 铜臂钏（M28填：1）　2. 铜饰件（M28：4）　3. 铜构件（M7：2）　4. 铁盒残片（M19：2）
5. 玉珠（M28：3）

7. 墓券

25方。皆红砂石质。其中有22方可提取和识别文字。根据墓券内容可分为买地券、敕告文券、华盖宫文券、真文券四类。

三、墓葬分述

（一）甲类墓

1. Aa型

M23　位于发掘区北偏西。墓向172°。墓圹平面呈长方形，长2.82、宽2.48、残深0.74米，填土为灰黄色砂土。墓圹内并排砖砌东、西两室，皆残存封门和墓室，两室大小、形制基本一致，现以东室为例作介绍。东室封门残存一层丁砖，平面砌筑成凸字形，残宽0.94、残高0.16米。墓室平面呈长方形，长2.28、宽0.72、残高0.4米。其底砖为一层顺铺的平砖，其上再砌棺台。棺台为一层横、顺混铺的平砖，残长0.76、残宽0.42、残高0.04米，距东西两壁宽0.16米。东西两壁及后壁砌法相同，均先铺二平一丁、一平一丁墓砖，再铺两层平砖。墓砖均为长方形青灰色砖，规格为33厘米×17厘米—4厘米（图一一）。两室皆不见随葬品。

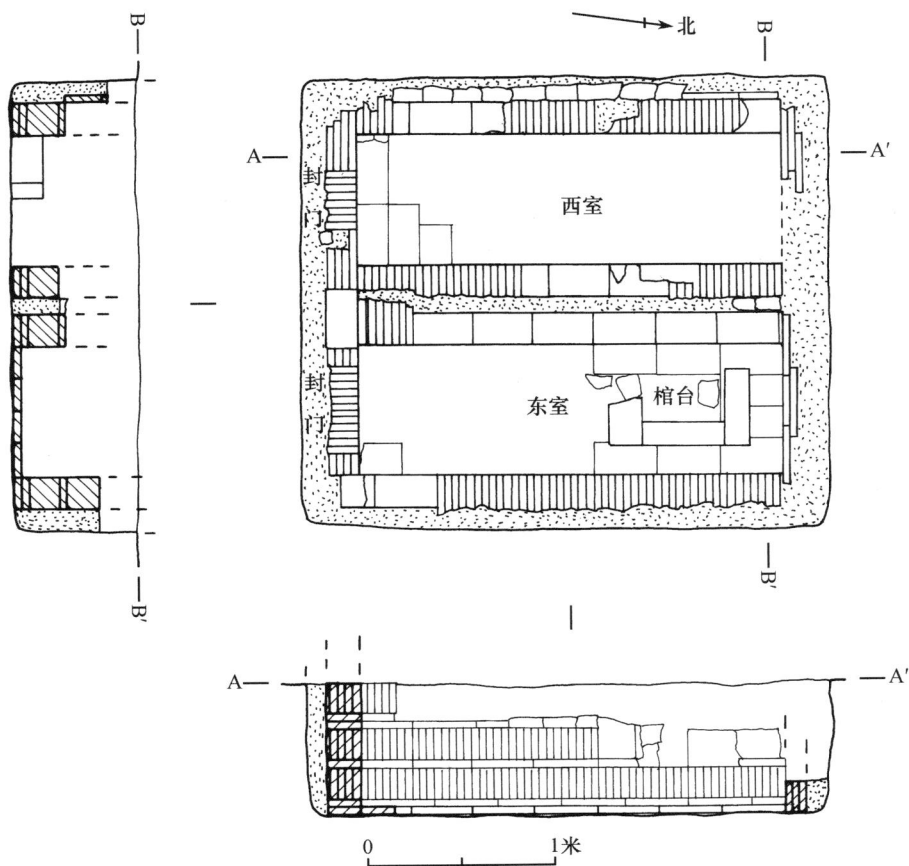

图一一　M23平、剖面图

2. Ab型

M3　位于发掘区正北。墓向342°。墓圹平面呈长方形，长3.1、宽2.8、残深0.4米，填土为黄褐色花土。墓圹内并排砖砌东、西两室，皆由封门、甬道和墓室构成。两室大小、形制基本一致，现以西室为例作介绍。封门铺于底砖之上，残存两丁一平，宽1.26、残高0.38米。甬道平面呈长方形，底部横铺一层平砖，宽0.86、进深0.16米，低于墓室0.18米。墓室平面呈长方形，底部横、顺混铺两层平砖，长2.34、宽0.86、残高0.27米。墓壁残高0.27～0.45米，甬道部分于底砖之上砌四层平砖，其上与墓室壁统一，以一平一丁交替砌筑后再铺一层砖。墓砖均为长方形青灰色砖，规格为34厘米×17厘米—3.5厘米和34厘米×16.5厘米—3厘米两种（图一二）。东室未见随葬品，西室出土钱币若干，其中铜钱2枚、铁钱若干，因无法剥离，具体数量不清。

治平元宝　1枚。M3西：1，钱径2.3、穿宽0.5厘米，重3.59克（图一三，1）。

熙宁元宝　1枚。M3西：2，钱径2.3、穿宽0.7厘米，重4.54克（图一三，2）。

M21　位于发掘区东南角。墓圹平面呈东窄西宽的梯形，其西侧带墓道，长2.99、

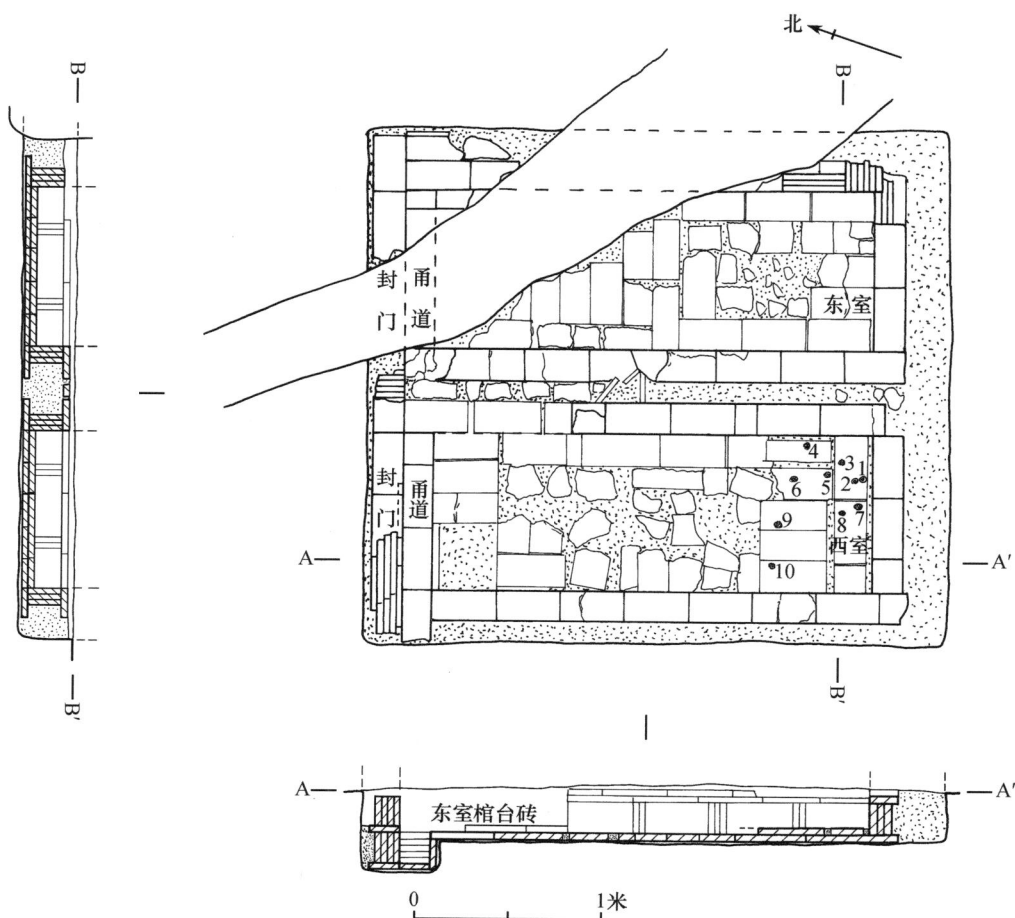

图一二　M3平、剖面图
西室：1、2.铜钱　3~10.铁钱

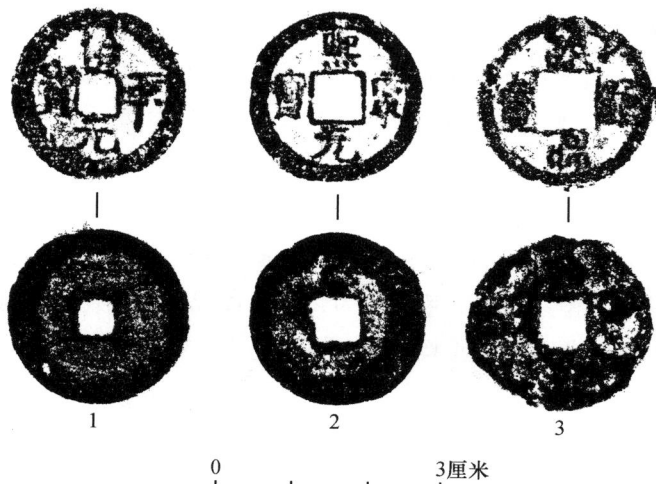

图一三　M3、M38出土钱币拓片
1.治平元宝（M3西：1）　2.熙宁元宝（M3西：2）　3.政和通宝（M38南：3）

残宽1.96~3.65、残深1.04米，填土为灰褐色含砂黏土。墓圹内并排砖砌南、北两室，北室墓向276°，南室墓向270°，皆由墓道、封门、甬道和墓室构成。两室大小、形制基本一致。北室墓道底部呈斜坡状，长1.66、宽1.15~1.25米。封门残，先砌一平一丁后再在其上砌两丁夹一平，上部丁砖平面砌筑成凸字形，宽1.08、残高0.52米。甬道平面呈长方形，其底部由一层平砖顺铺而成，宽0.9、进深0.22、低于墓室0.2米。墓室长2.4、宽0.9、残高0.62米，平面呈长方形，底部由三层墓砖平铺而成，最上面一层墓砖在近甬道处顺铺，其后横、顺混铺。墓壁为双层，残高0.62~0.82米，砌于底砖之上，甬道部分先顺铺五层平砖，与墓室齐平后再铺一丁二平，后以一丁一平交替砌筑。两壁设有壁龛，平面呈凸字形。残存部分宽0.36~0.43、进深0.34、残高0.37米。后壁残存两平夹一丁。南室墓道底部斜坡状，长1.8、宽1.05~1.23米。封门砌一平两丁后，再铺一丁一平三组，宽0.98、残高1米。甬道平面呈长方形，其底部由一层平砖顺铺而成，宽0.9、进深0.22、低于墓室0.2米。墓室平面呈长方形，长2.4、宽0.9、残高0.84米。底部铺一层平砖，其上再砌棺台。棺台为两层横、顺混铺的平砖，长2.4、宽0.83、高0.08米，距南北两壁0.035米。墓壁残高0.84~1.04米，砌于底砖之上，甬道部分顺铺五层平砖，与墓室齐平后再砌一组一丁二平、两组一丁一平，其上再铺数层平砖。两壁设有壁龛，平面呈凸字形。残存部分宽0.33~0.4、进深0.34、残高0.49米。墓砖为长方形青灰色砖，规格为34厘米×17厘米—4厘米（图一四）。两室各出土1具人骨，保存较完整，皆为仰身直肢，头向西。北室出土琉璃厂窑瓷罐2件、瓷盏1件及墓券残块。南室出土琉璃厂窑瓷罐1件、瓷碗1件、墓券1方。

Ⅰ类Bb型瓷罐[1]　2件。棕红色胎，挂粉黄色化妆土，酱釉。M21北：1，口径10、腹径14.5、底径10.5、高15.6厘米（图一五，1）。M21南：2，釉面大部分脱落。口径9.4、腹径14.5、底径10.3、高14.6厘米（图一五，2）。

Ⅱ类Ba型瓷罐　1件。M21北：2，棕红色胎，挂粉白色化妆土，釉面脱落。口部严重变形。口径9、腹径10.2、底径5.5、高15厘米（图一五，3）。

A型瓷盏　1件。M21北：3，棕红色胎，挂粉黄色化妆土，青釉。内底残留支钉痕。口径10.6、底径4.5、高2.6厘米（图一五，4）。

B型瓷碗　1件。M21南：1，棕红色胎，挂粉黄色化妆土，酱釉。内、外壁用出筋制法将其划分为六瓣。口径14.5、足径4.6、高6厘米（图一五，5）。

墓券　M21南：3，根据券文内容判断为敕告文券。券石较完整，近方形。长40.5、宽39.8、厚2.2厘米。字迹清晰，书写工整。券面上下阴刻单线框栏，左右阴刻双线框栏，框栏间阴刻长线纹，券文从左至右内容如下（图一六）：

天帝　敕告土下王气诸神/赵公明字子都今有成都县锦城坊居住男弟/子范文[香]行年七十三岁九月卅日生值清真之/气造立神宫土下诸神不得妄为言祸将冀/玉皇纪笔金简题年寿禄延长合家安/泰一如土下九天　女青律令

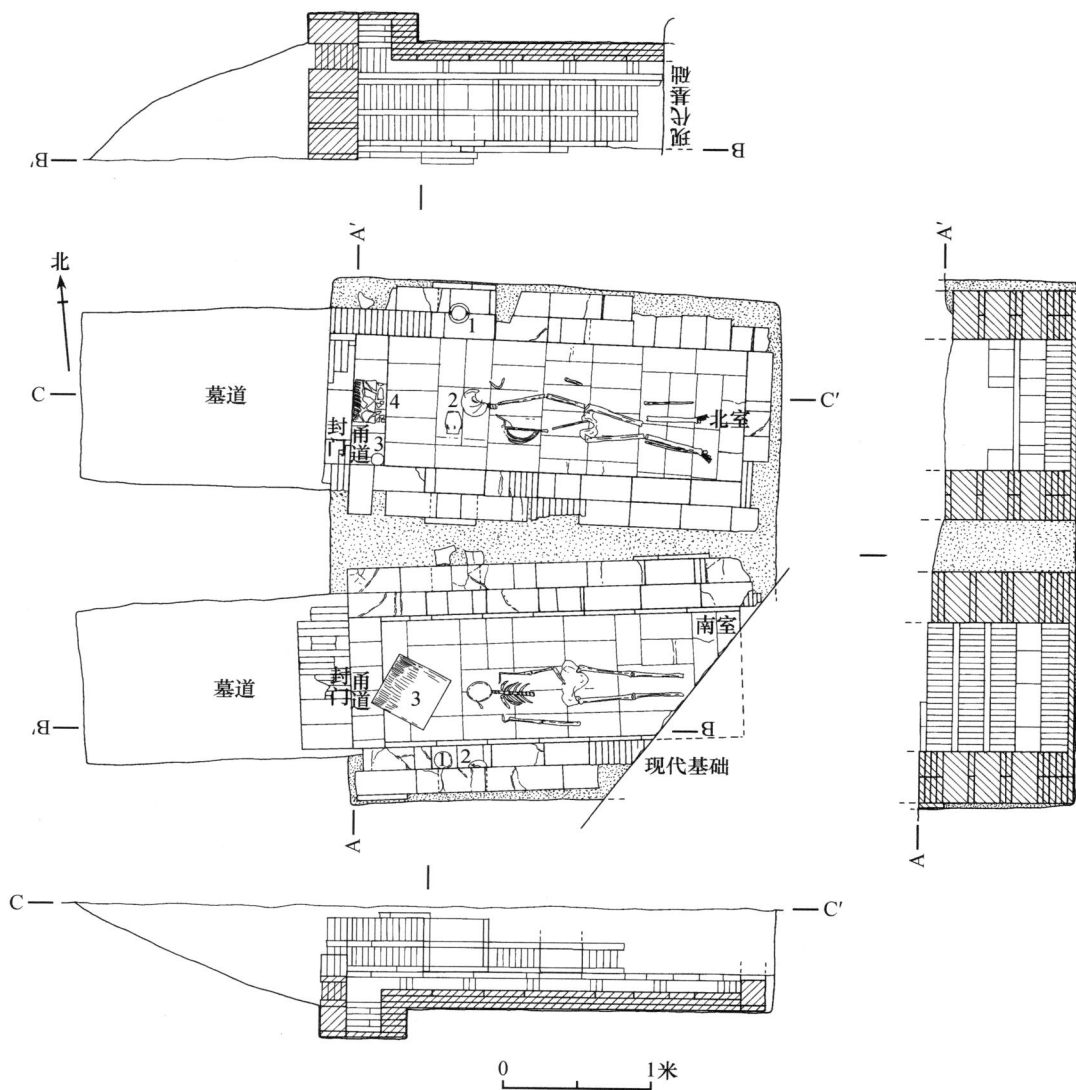

图一四　M21平、剖面图

北室：1、2.瓷罐　3.瓷盏　4.墓券（未修复）

南室：1.瓷碗　2.瓷罐　3.墓券

3. B型

M26　位于发掘区西北。墓向320°。墓圹平面呈长方形，长2.06、宽2.4、残深0.7米，填土为黄褐色含砂黏土。墓圹内并排砖砌南、北两室，皆由封门、甬道和墓室构成。两室大小、形制基本一致，现以北室为例作介绍。封门先铺两层丁砖，再铺两平夹一丁，宽1、残高0.64米。甬道平面呈长方形，底部横铺一层平砖，宽0.72、进深0.18米，低于墓室0.17米。墓室平面呈长方形，长1.3、宽0.72、残高0.6米，底部铺一层平

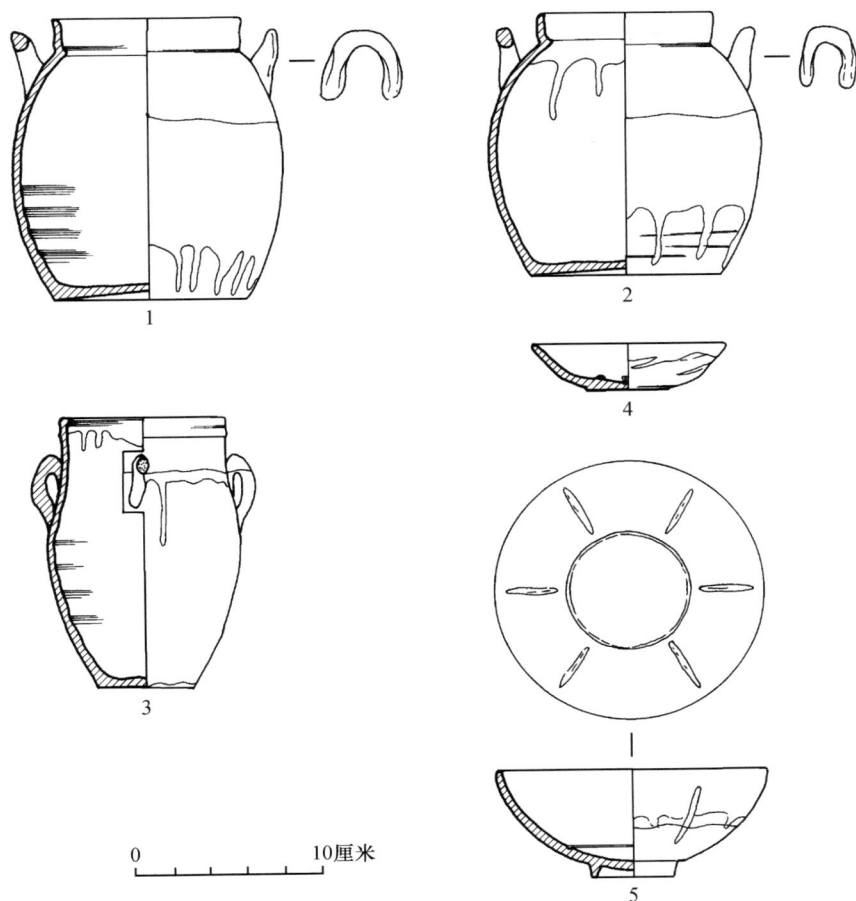

图一五 M21出土瓷器

1、2. Ⅰ类Bb型罐（M21北：1、M21南：2） 3. Ⅱ类Ba型罐（M21北：2） 4. A型盏（M21北：3）

5. B型碗（M21南：1）

砖。其上有棺台，为一层横、顺混铺的平砖，长1.26、宽0.49、高0.03米，距离两壁0.1米。墓壁残高0.6～0.77米，砌于底砖之上，甬道部分先顺铺五层平砖，与墓室齐平后铺两组一丁一平墓砖，其上再起肋柱，由数层平砖叠砌而成。肋柱间形成宽0.24、进深0.16、残高0.18米的壁龛。后壁残存两丁夹一平墓砖。墓砖为长方形青灰色砖和红色砖，规格为33厘米×17厘米—3厘米（图一七）。北室出土琉璃厂窑瓷罐1件、瓷碗1件、墓券1方。南室出土琉璃厂窑瓷盏10件、瓷炉5件、瓷蛙形灯5件、墓券1方。北室有约长0.34、宽0.07～0.18、厚0.02米的骨灰堆积。南室有约长0.29、宽0.14～0.19、厚0.04米的骨灰堆积。

Ⅰ类Bb型瓷罐 1件。M26北：2，灰色胎，挂粉黄色化妆土，酱釉。口径8.8、腹径16.6、底径10.4、高17.8厘米（图一八，1）。

A型瓷盏 5件。挂粉黄色化妆土，青釉。M26南：3，棕红色胎。唇部露胎一周。

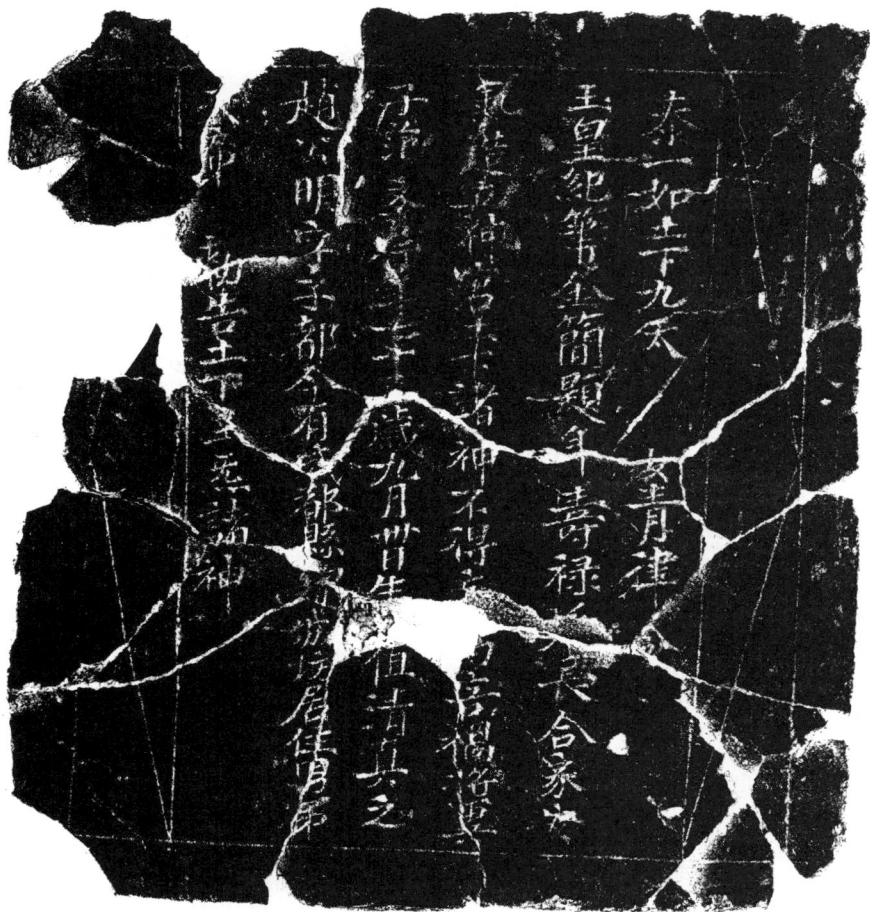

0   5厘米

图一六　M21出土墓券拓片

（M21南：3）

口径10.5、底径3.8、高2.4厘米（图一八，3）。M26南：5，棕红色胎。唇部露胎一周。口径10.5、底径4、高2.6厘米（图一八，4）。M26南：8，棕红色胎。口径10.4、底径3.8、高2.6厘米（图一八，5）。M26南：9，灰色胎。唇部露胎一周。口径10.4、底径4、高2.2厘米（图一八，6）。M26南：17，棕红色胎。口径10.4、底径3.7、高2.4厘米（图一八，7）。

　　B型瓷盏　4件。棕红色胎，酱釉。M26南：10，唇部残留一周对口烧痕。口径10.6、底径3.8、高3.5厘米（图一八，9）。M26南：12，器身挤压变形较甚。外壁近底处斜削一周。口径10.6、底径3.8、高3.7厘米（图一八，11）。M26南：15，唇部露胎一周，外壁近底处斜削一周。口径10.4、底径3.6、高3.4厘米（图一八，10）。M26南：18，唇部残留一周对口烧痕。口径10.6、底径3、高3.8厘米（图一八，8）。

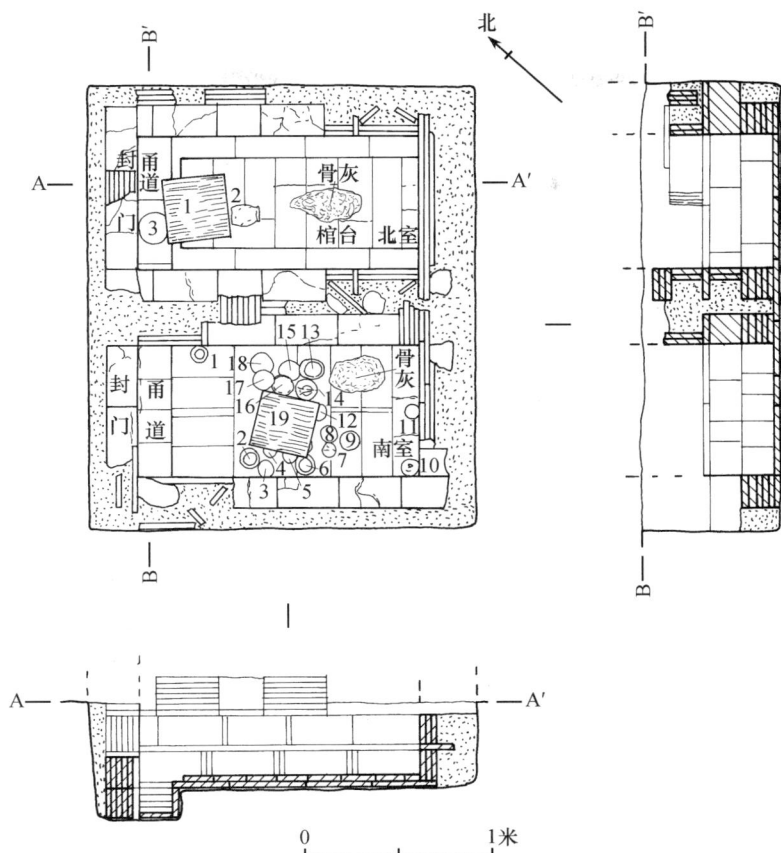

图一七　M26平、剖面图

北室：1.墓券　2.瓷罐　3.瓷碗

南室：1、2、6、13、16.瓷炉　3、5、8~12、15、17、18.瓷盏　4、7、14、20、21.瓷蛙形灯　19.墓券

　　C型瓷盏　1件。M26南：11，灰色胎，挂粉黄色化妆土，釉面脱落。口径10.2、足径3.4、高3.5厘米（图一八，12）。

　　B型瓷碗　1件。M26北：3，棕红色胎，挂粉黄色化妆土，青釉。唇部施酱釉一周，内底残留支钉痕。口径18、足径6.2、高4厘米（图一八，2）。

　　A型瓷炉　1件。M26南：1，砖红色胎，挂粉黄色化妆土，釉面脱落。器座脱落，沿面近口部与近唇部各饰一周凹弦纹。口径7、腹径5.5、高5厘米（图一九，1）。

　　B型瓷炉　4件。M26南：2，棕红色胎，挂粉黄色化妆土，釉面脱落。沿面近唇部饰一周凹弦纹。口径6.8、腹径6、高4.4厘米（图一九，2）。M26南：6，棕红色胎，挂粉黄色化妆土，釉面脱落。沿面近口部与近唇部各饰一周凹弦纹。口径6.2、腹径5.8、高3.5厘米（图一九，3）。M26南：13，砖红色胎，挂粉黄色化妆土，釉面脱落。沿面近口部与近唇部各饰一周凹弦纹。口径7.2、腹径6、高3.9厘米（图一九，4）。M26南：16，砖红色胎，挂粉黄色化妆土，酱釉，釉面大部分脱落。沿面近口部与近唇部各

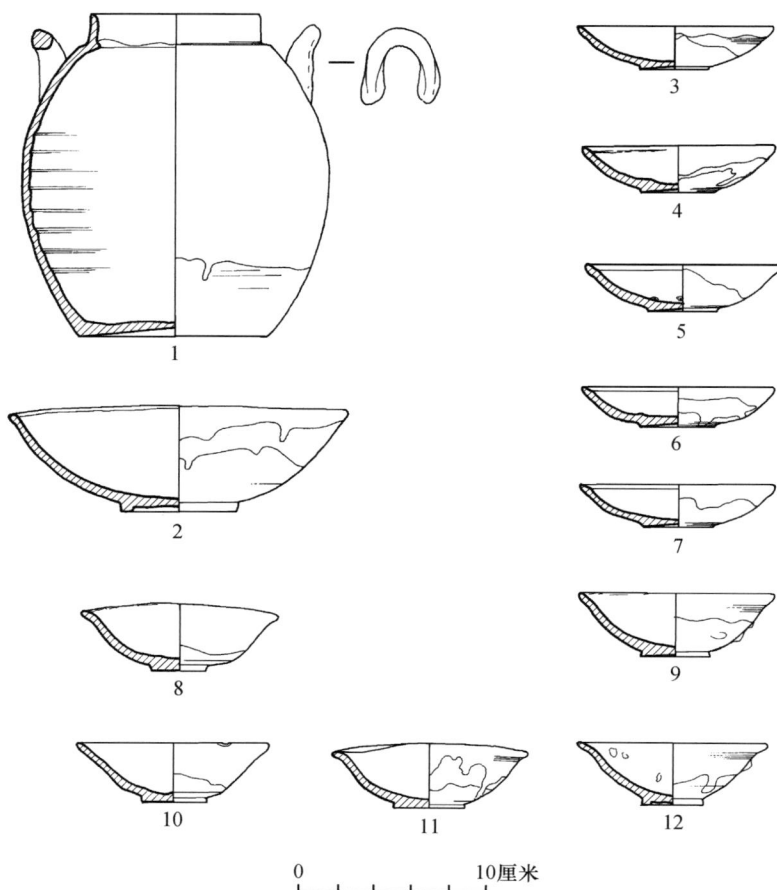

图一八　M26出土瓷器

1. I 类 Bb 型罐（M26北：2）　2. B 型碗（M26北：3）　3 ~ 7. A 型盏（M26南：3、M26南：5、M26南：8、
M26南：9、M26南：17）　8 ~ 11. B 型盏（M26南：18、M26南：10、M26南：15、M26南：12）
12. C 型盏（M26南：11）

饰一周凹弦纹。口径6.4、腹径6、高3.7厘米（图一九，5）。

瓷蛙形灯　5件。釉面脱落。M26南：4，棕红色胎。口径4.6、底径5.2、高7.3厘米
（图一九，7）。M26南：7，砖红色胎。口径4.6、底径5、高6.3厘米（图一九，8）。
M26南：14，棕红色胎。口径4.6、底径5、高6.2厘米（图一九，9）。M26南：20，砖
红色胎。口径4.7、底径5.2、高6.5厘米（图一九，6）。M26南：21，砖红色胎。口径
4.2、底径5、高4.2厘米（图一九，10）。

墓券　2方。根据券文内容判断皆为买地券。

M26北：1，券石完整，近方形。长34.6、宽34.2、厚2.2厘米。字迹清晰，书写工
整。券面四边阴刻双线框栏，券文从右至左内容如下（图二〇）：

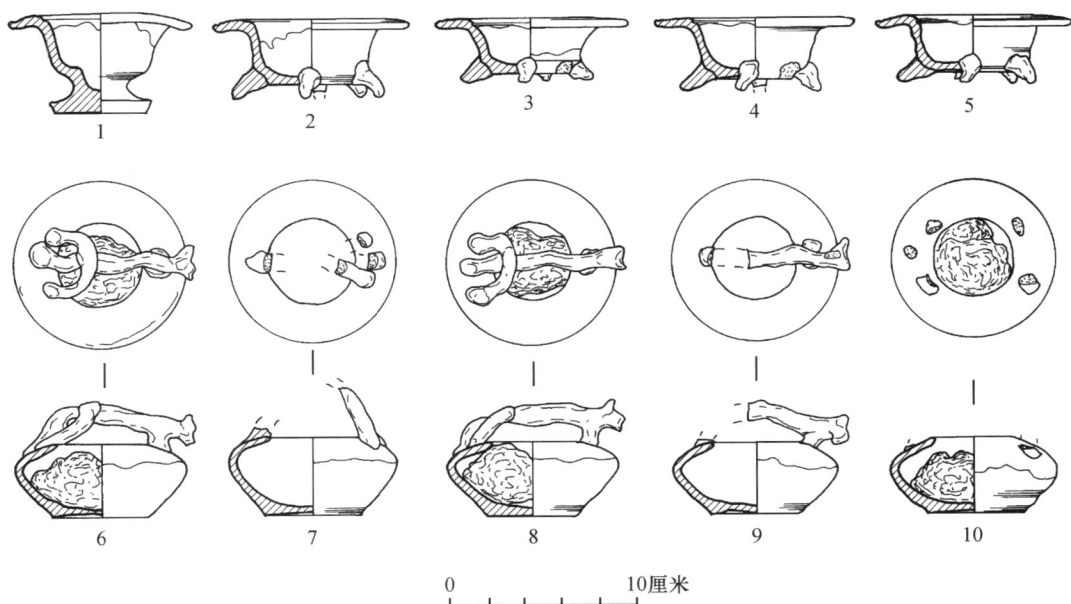

0   10厘米

图一九　M26出土瓷器

1. A型炉（M26南：1）　2~5. B型炉（M26南：2、M26南：6、M26南：13、M26南：16）　6~10. 蛙形灯

（M26南：20、M26南：4、M26南：7、M26南：14、M26南：21）

0   5厘米

图二〇　M26出土墓券拓片

（M26北：1）

维绍兴十三年太岁癸亥十二月癸/未朔三十日壬子故高鹏地/券生居城邑死安宅地卜筮叶/从相地大吉宜于此华阳县江/安东福地之原安葬其界东至/骐麟西至章光南至凤凰北至/王堂内方腾蛇九星真君分掌/四域封步界畔道路将军齐整/阡陌千秋万载永保休吉分付/地府主使自当其祸律令

M26南：19，券石完整，近方形。长32、宽31、厚1.8厘米。字迹清晰，书写工整。券面四边阴刻单线框栏，券文从右至左内容如下（图二一）：

维绍兴六年太岁丙辰二月己亥朔/二十八日丙寅今有女弟子丁氏五娘/年六十岁正月初三日生仰白皇天/后土百灵但氏生住浮世往复不怕/卜此华阳县江安东之原慎建千/年吉宅百载寿堂以此今日良/辰备兹奄门内有五龙镇堂石/人代命急急一如律令

M30　位于发掘区西部正中。墓向254°。墓圹平面呈西宽东窄的梯形，长2.18、宽2.54～2.86、残深0.36米，填土为黄褐色含砂黏土。墓圹内并排砖砌南、北两室，皆残存封门、甬道和墓室，两室大小、形制基本一致，现以北室为例作介绍。北室封门

0 ├────┤ 5厘米

图二一　M26出土墓券拓片

（M26南：19）

先铺五层平砖，再铺一层丁砖，宽1、残高0.32米。甬道平面呈长方形，底部顺铺一层平砖，宽0.82、进深0.22米，低于墓室0.2米。墓室平面呈梯形，底部铺一层平砖，长1.26、宽0.76~0.82、残高0.04米。其上有棺台，棺台残长约1.21、残宽约0.62、高0.04米，距离两壁0.08米。墓壁残高0.04~0.24米，甬道部分铺一层丁砖，与墓室齐平后铺一层平砖。墓砖为长方形青灰色砖和红色砖，规格为32厘米×16厘米—4厘米（图二二）。北室未见随葬品。南室出土琉璃厂窑瓷碟5件、瓷盏4件、瓷炉5件、瓷蛙形灯4件。北室见约宽0.3米的骨灰堆积。

A型瓷碟　5件。棕红色胎，挂粉黄色化妆土，酱釉。唇部残留一周对口烧痕，近底部削一周。M30南：1，口径10.4、底径3.9、高2.6厘米（图二三，1）。M30南：3，口径10.4、底径3.8、高2.5厘米（图二三，2）。M30南：5，口径10.3、底径3.7、高2.8厘米（图二三，3）。M30南：10，口径10.4、底径3.8、高2.9厘米（图二三，4）。M30南：16，口径10.2、底径3.6、高2.7厘米（图二三，5）。

C型瓷盏　4件。挂粉黄色化妆土，酱釉。M30南：4，棕红色胎。口径9.8、足径3.5、高3.3厘米（图二三，6）。M30南：9，灰色胎。口径9.5、足径3.4、高3.3厘米

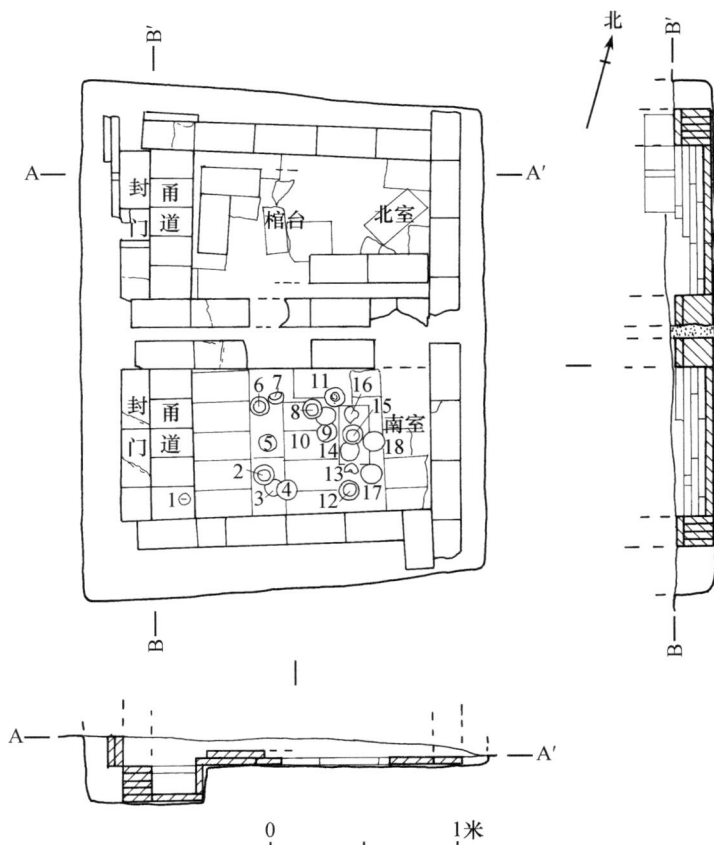

图二二　M30平、剖面图

南室：1、3、5、10、16.瓷碟　2、6、8、12、15.瓷炉　4、9、14、18.瓷盏　7、11、13、17.瓷蛙形灯

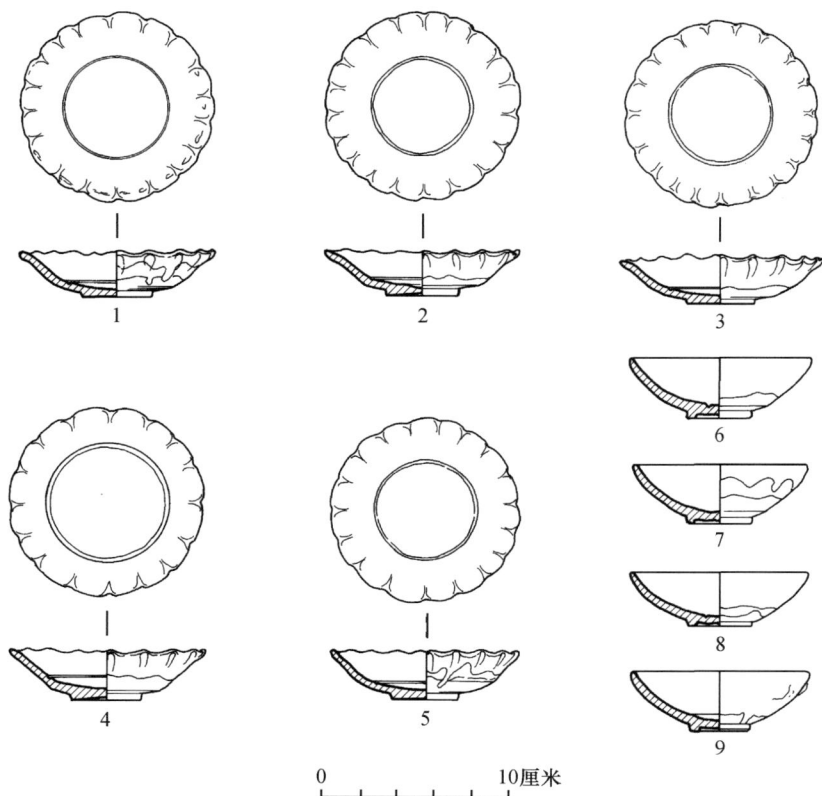

图二三　M30出土瓷碟、盏

1～5. A型碟（M30南：1、M30南：3、M30南：5、M30南：10、M30南：16）　6～9. C型盏（M30南：4、
M30南：9、M30南：14、M30南：18）

（图二三，7）。M30南：14，棕红色胎。口径9.6、足径3.4、高3厘米（图二三，8）。
M30南：18，棕红色胎。口径9.4、足径3.2、高3.3厘米（图二三，9）。

A型瓷炉　5件。棕红色胎，挂粉黄色化妆土，酱釉。M30南：2，沿面近口部与近
唇部各饰一周凹弦纹。口径5.2、腹径4、高5.6厘米（图二四，1）。M30南：6，沿面饰
三周凹弦纹。口径7.4、腹径6、高7厘米（图二四，2）。M30南：8，沿面饰三周凹弦
纹。口径7、腹径6、高7.4厘米（图二四，5）。M30南：12，沿面饰三周凹弦纹。口径
7、腹径5.5、高7.3厘米（图二四，3）。M30南：15，沿面饰三周凹弦纹。口径7.4、腹
径6、高7.4厘米（图二四，4）。

瓷蛙形灯　4件。棕红色胎，酱釉。M30南：7，口径4.5、底径5、高6.2厘米（图
二四，9）。M30南：11，口径4.7、底径5、高5.4厘米（图二四，6）。M30南：13，口
径4.3、底径4.5、高6.6厘米（图二四，7）。M30南：17，口径4.5、底径5、高6.4厘米
（图二四，8）。

M38　位于发掘区西北角。墓向270°。墓圹平面呈长方形，长1.96、宽2.43、残深

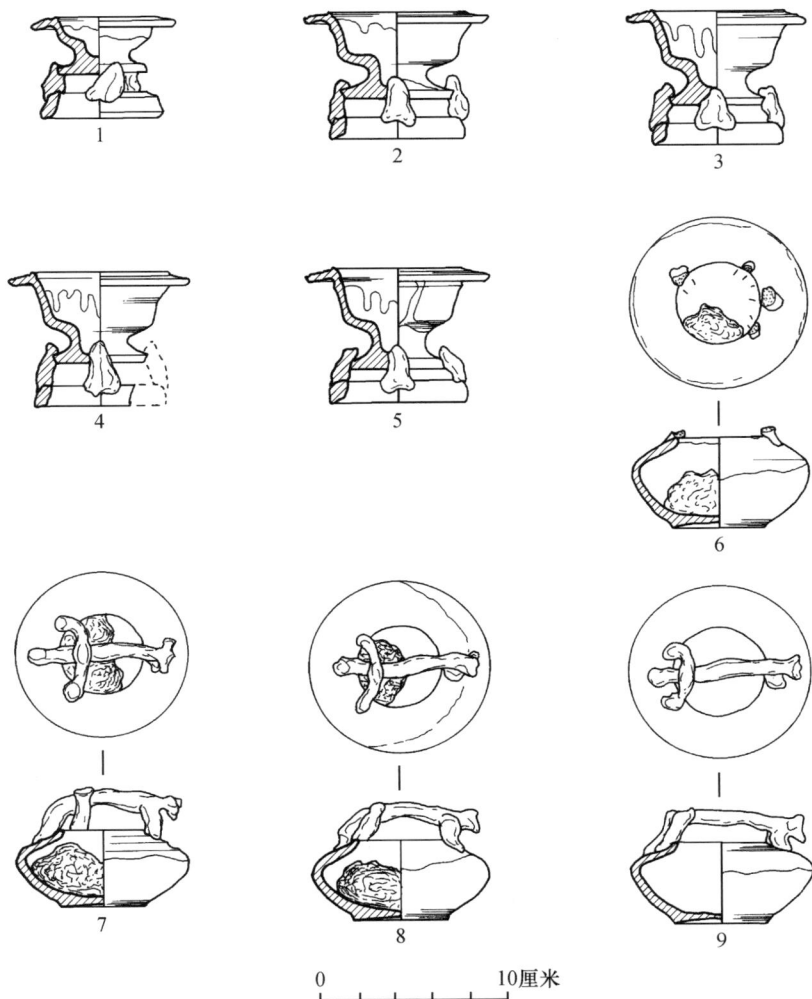

图二四　M30出土瓷炉、蛙形灯

1～5.A型炉（M30南：2、M30南：6、M30南：12、M30南：15、M30南：8）　6～9.蛙形灯（M30南：11、
M30南：13、M30南：17、M30南：7）

0.63米，填土为灰黄色含砂黏土。墓圹内并排砖砌南、北两室，皆由封门、甬道和墓室构成。两室大小、形制基本一致，现以北室为例作介绍。封门残存两组一平一丁，宽0.69、残高0.37米。甬道平面呈长方形，底部横铺一层平砖，宽0.67、进深0.17米，低于墓室0.17米。墓室平面呈长方形，底部为一层平砖，长1.37、宽0.67、残高0.23米。其上有棺台，棺台为三层横、顺混铺的平砖，长1.2、宽0.5、高0.09米，距离两壁0.08米。墓壁残高0.23～0.4米，甬道部分铺五层平砖，与墓室齐平后再铺两层平砖，其上以一丁一平交替砌筑。后壁以一平一丁交替砌筑。墓砖为长方形青灰色和红色砖，规格为32厘米×17厘米—3厘米（图二五）。北室出土墓券3方。南室出土铁钱若干、墓券2方。

铁钱　若干，仅1枚可辨。M38南：3，钱文为"政和通宝"。钱径2.4、穿宽0.8厘

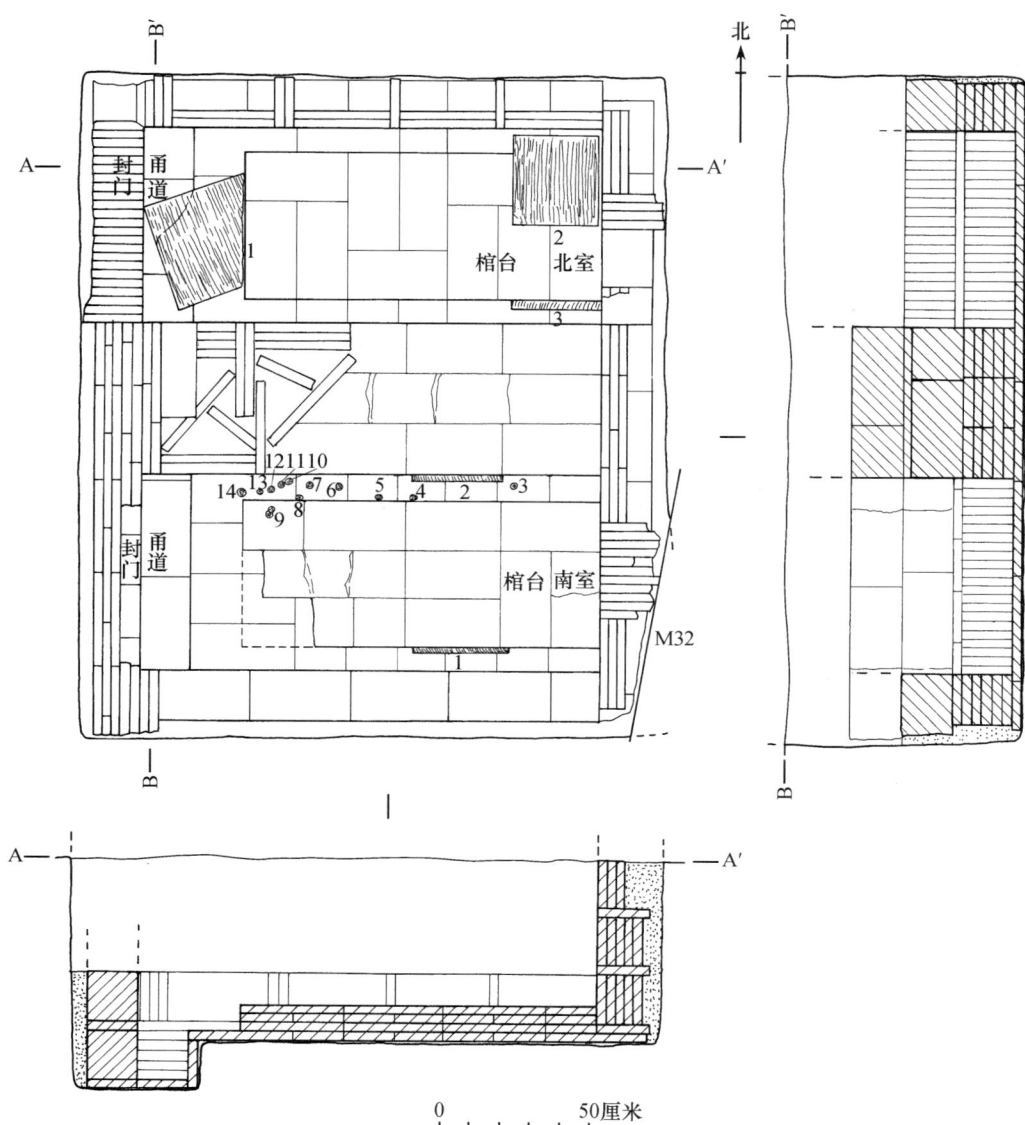

图二五　M38平、剖面图
北室：1～3.墓券
南室：1、2.墓券　3～14.铁钱

米，重7.44克（图一三，3）。

墓券　5方。按券文内容可分为买地券、华盖宫文券及敕告文券三类。

买地券　1方。M38北：1，券石略残，大致呈方形。边长37、厚2厘米。券面阴刻单线框栏，券文从右至左内容如下（图二六）：

（上缺）岁次辛丑二月丙寅朔初八日癸/（上缺）政　……城邑死/（上

缺）相地咸吉宜□□华阳县/（上缺）……左至青龙右/（上缺）前至朱……/……四域丘成墓伯道……封步界畔整/齐阡陌……见人……/者保人今日时直符……/先有居者远避万里若违□约□付……/吏自当其祸然后内外存亡……/急急一如律令

0 ⊢———⊣ 5厘米

图二六　M38出土墓券拓片
（M38北：1）

华盖宫文券　2方。M38北：2，券石略残，大致呈方形。长34、宽30、厚1.8厘米。券面四边阴刻内外两组方框栏，内方框栏四角外分别再刻一道细线与外方框栏相接。方框间与四角抹角框栏内阴刻一周八卦。字迹因磨损而模糊难辨。券文从右至左内容如下（图二七）：

华盖宫王气诸/赵公明字子都……/……政　生值□真之气/终存不死之灵既……宫/宜令善护远离……/阴诸禁功神宾□卫/□一如律令

M38南：2，券石残存小半。残长12.3、残宽30.8、厚1.5厘米。残存券面阴刻内外两组方框栏，方框间阴刻八卦。残剩券文从右至左内容如下（图二八）：

……/（上缺）诸忌/（上缺）曾氏二/（上缺）后男则/（上缺）咏九功/（上缺）休

图二七　M38出土墓券拓片

（M38北：2）

图二八　M38出土墓券拓片

（M38南：2）

敕告文券　2方。M38北：3，券石残存小半。残长11、宽31.5、厚2.2厘米。券面四边阴刻内外两组方框栏，外方框栏四角内分别再刻一道细线与内方框栏相接。下方栏内镌刻四字，其文为"北武延躯"，残剩券文从右至左内容如下（图二九）：

……/（上缺）不得/（上缺）祸为/（上缺）魂受/（上缺）女子孙/（上缺）咸急/……

M38南：1，券石残存小半。残长10、宽28、厚1厘米。券面四边阴刻内外两组方框栏，外方框栏四角内分别再刻一道细线与内方框栏相接。下方方框间刻"朱雀向前"，残剩券文从右至左内容如下（图三〇）：

……/（上缺）故/（上缺）真之/（上缺）子/（上缺）休

图二九　M38出土墓券拓片
（M38北：3）

图三〇　M38出土墓券拓片
（M38南：1）

（二）乙 类 墓

1. Aa型

M9　位于发掘区南部正中。墓向154°。墓圹平面呈南宽北窄的梯形，其南侧带墓道，长3.33、宽1.32～1.57、残深0.44米，填土为灰黄色含砂黏土。墓道底部呈斜坡状，长1.1、宽1.3米。墓圹内砌一砖室，由封门、甬道和墓室构成。封门在底砖之上铺一丁三平和一丁一平墓砖，宽1.3、残高0.5米。甬道平面呈凸字形，底部铺一层平砖，宽0.91～1.04、进深0.5米，低于墓室0.32米。甬道与墓室之间有一级台阶，台阶立面处有壶门三个。壶门宽0.02～0.18、高0.2米。墓室平面分为前、后两段，前宽后窄，底部铺一层平砖。前段长0.98、宽1.02～1.04米，后段长1.4、宽0.74～0.84米，残高0.16米。墓壁残高0.16～0.48米，甬道部分于墓底之上铺一丁三平，与墓室齐平后再铺数层平砖。墓砖为长方形青灰色砖，规格为36.5厘米×18厘米—4厘米和37厘米×18厘米—4厘米两种（图三一）。出土琉璃厂窑瓷罐2件、注壶1件、铜钱7枚。墓室东西两侧各有人骨1具，东侧人骨为男性，30岁左右，仰身直肢；西侧人骨为女性，30岁左右，上体左侧身，髋部及以下全俯，仰面朝顶部，皆保存较差。葬具不存，仅在墓室后部发现棺钉1枚。

Ⅰ类Aa型瓷罐　1件。M9：2，棕红色胎，酱釉。口径10.5、腹径22.6、底径13、高32厘米（图三二，1）。

Ⅰ类D型瓷罐　1件。M9：1，棕红色胎，挂粉黄色化妆土，青釉。口径13、腹径23.3、底径13.5、高31.2厘米（图三二，2）。

瓷注壶　1件。M9：3，砖红色胎，挂粉黄色化妆土，青釉。外底部刮削一周。口径8.3、腹径11.1、底径9.7、高22.4厘米（图三二，3）。

A型开元通宝　3枚。M9：6，钱径2.5、穿宽0.7厘米，重1.94克（图三三，1）。M9：7，钱径2.4、穿宽0.7厘米，重2.63克（图三三，2）。M9：9，钱径2.5、穿宽0.7厘米，重3.71克（图三三，3）。

B型开元通宝　1枚。M9：8，钱径2.4、穿宽0.7厘米，重3.58克（图三三，4）。

C型开元通宝　3枚。M9：4，钱径2.4、穿宽0.7厘米，重3.73克（图三三，5）。M9：5，钱径2.5、穿宽0.7厘米，重3.28克（图三三，6）。M9：10，钱径2.4、穿宽0.7厘米，重3.81克（图三三，7）。

M19　位于发掘区北偏东。被M17打破。墓向220°。墓门及后室被不同程度打破，其中墓门下部犹存。墓圹平面呈南宽北窄的梯形，长3.08、残宽0.5～1.6、残深0.4米，填土为灰黄色含砂黏土。墓圹内砌一砖室，由封门、甬道和墓室构成。封门横铺数层平砖，宽1.16、残高0.41米。甬道平面呈凸字形，底部铺一层平砖，近封门处顺铺，其后横铺，宽0.91～1.12、进深0.4米，低于墓室0.2米。甬道与墓室之间有一级台阶，台阶立

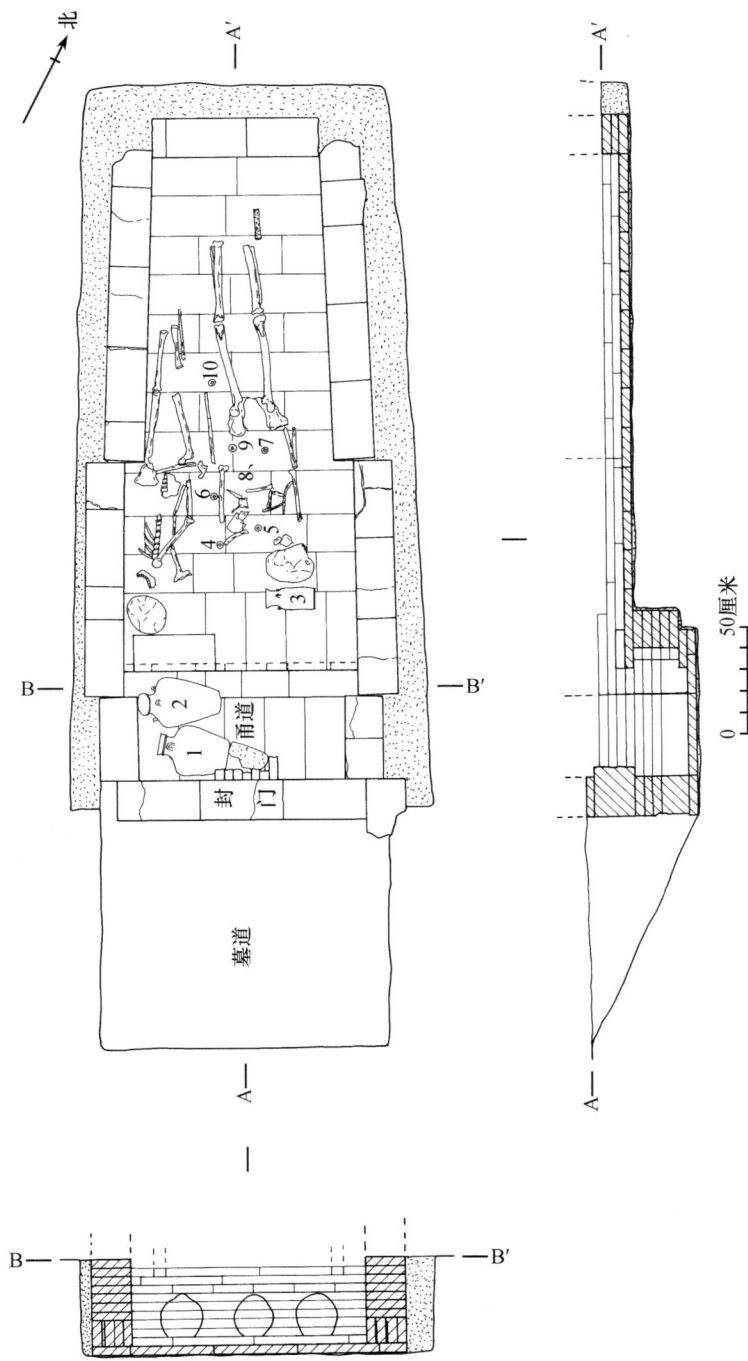

图三一 M9平、剖面图
1、2. 瓷罐 3. 瓷注壶 4～10. 铜钱

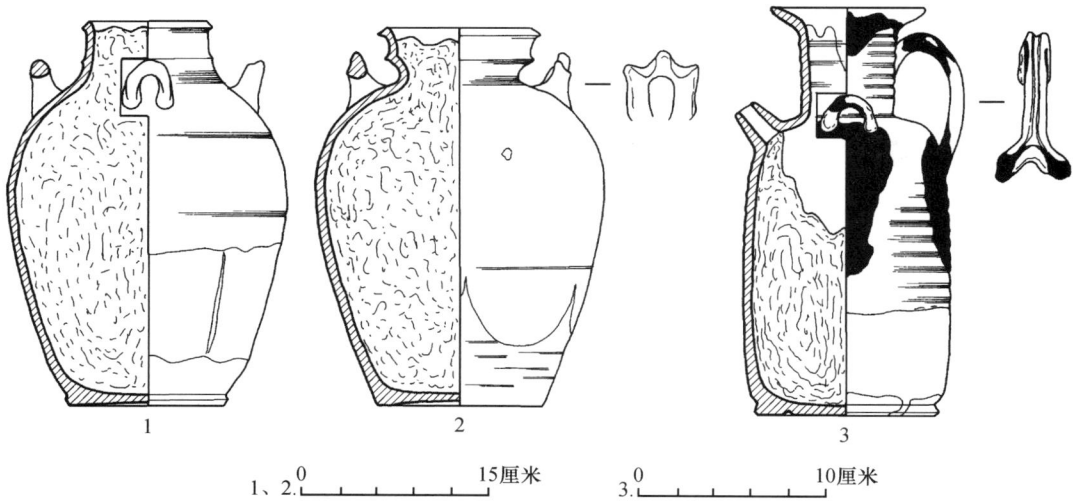

图三二 M9出土瓷器

1. Ⅰ类Aa型罐（M9：2） 2. Ⅰ类D型罐（M9：1） 3. 注壶（M9：3）

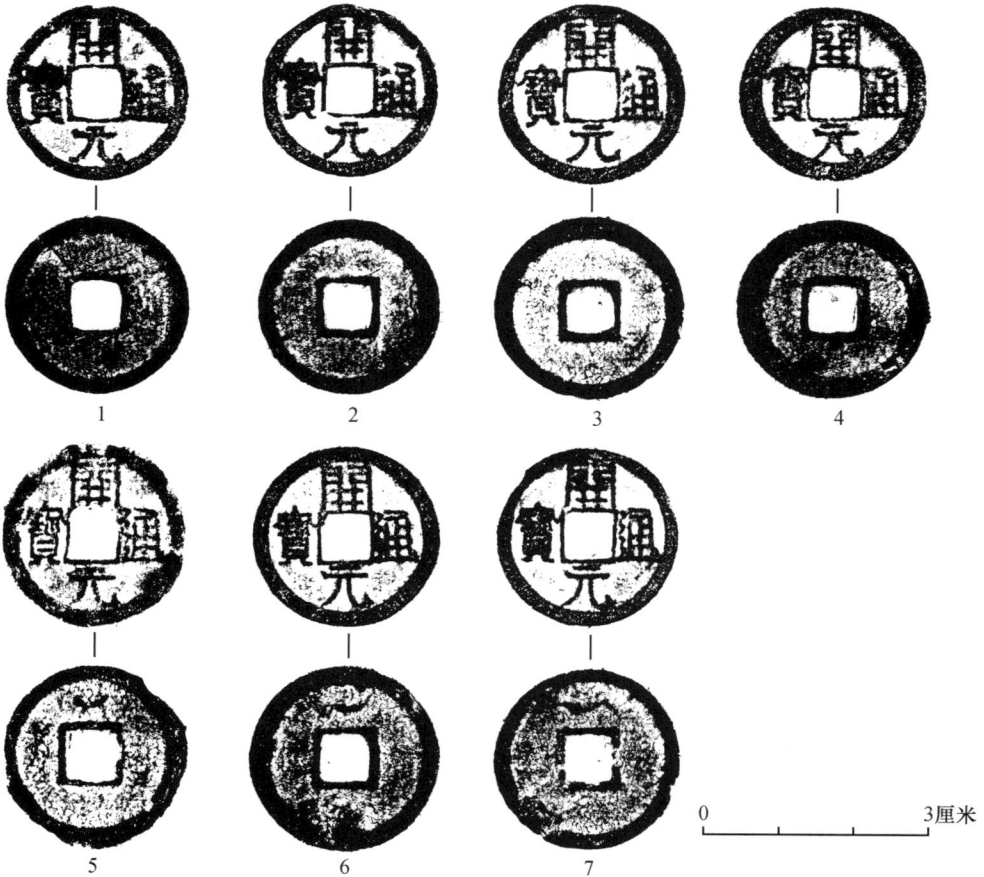

图三三 M9出土铜钱拓片

1~3. A型开元通宝（M9：6、M9：7、M9：9） 4. B型开元通宝（M9：8） 5~7. C型开元通宝（M9：4、M9：5、M9：10）

面有壶门三个。壶门宽0.2、高0.16米。墓室平面分为前、后两段，前宽后窄，底部铺一层平砖，前段长0.84、宽1.08~1.12米，后段长1.42、残宽0.8~0.92米，残高0.36米。甬道部分先于墓底砌一丁一平，与墓室齐平后再砌五层平砖，其上再铺一层丁砖。后壁残存三层平砖。墓砖为长方形青灰色砖，规格为30.5厘米×15.5厘米—4厘米（图三四）。出土琉璃厂窑瓷罐2件、青羊宫窑瓷盘1件、邛窑瓷碗1件、铜钱21枚、铜镜1面、铁盒残片1件。

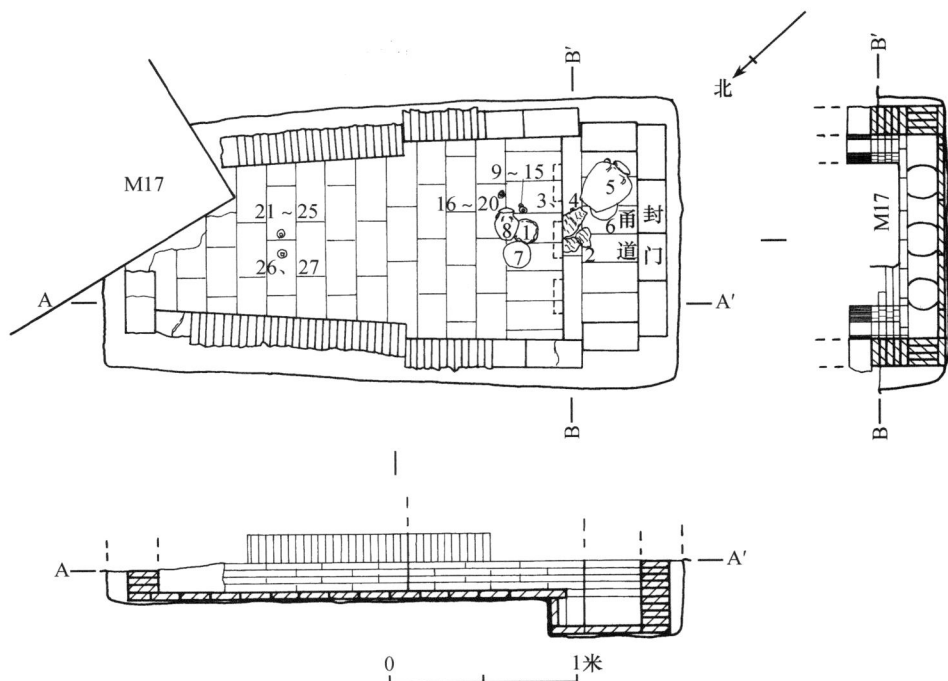

图三四　M19平、剖面图

1.铜镜　2.铁盒残片　3、4、9~27.铜钱　5、8.瓷罐　6.瓷盘　7.瓷碗

Ⅰ类Aa型瓷罐　1件。M19：5，棕红色胎，釉面脱落。口径12、腹径26.4、底径12、高31厘米（图三五，1）。

Ⅱ类Ab型瓷罐　1件。M19：8，灰色胎，挂粉黄色化妆土，青釉。唇部残留一周对口烧痕。口径8.8、腹径13.8、底径8.2、高17厘米（图三五，2）。

青羊宫窑盘　1件。M19：6，灰色胎，挂粉黄色化妆土，釉面脱落。口径16.8、底径6.5、高4厘米（图三五，3）。

邛窑A型瓷碗　1件。M19：7，灰白色胎，挂粉黄色化妆土，青釉。口径14.6、底径6.2、高5厘米（图三五，4）。

A型开元通宝　10枚。M19：3，钱径2.4、穿宽0.7厘米，重3.35克（图三六，1）。M19：10，钱径2.4、穿宽0.7厘米，重3.72克（图三六，2）。M19：11，钱径2.4、穿宽0.7厘米，重4.06克（图三六，3）。M19：12，钱径2.3、穿宽0.7厘米，重3.66克（图

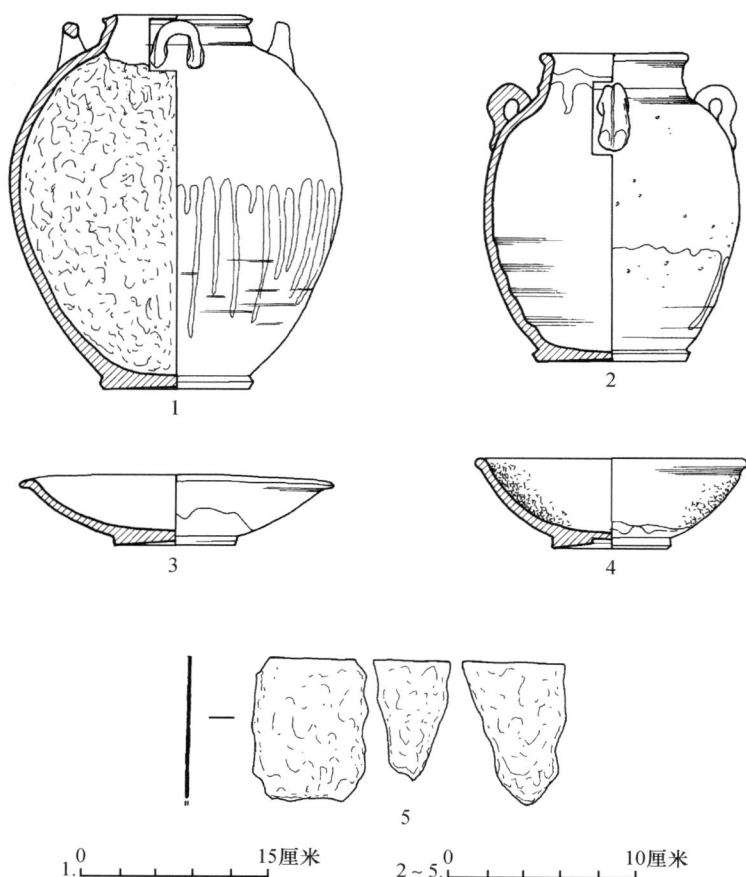

图三五　M19出土器物

1. Ⅰ类Aa型瓷罐（M19：5）　　2. Ⅱ类Ab型瓷罐（M19：8）　　3. 青羊宫窑瓷盘（M19：6）
4. 邛窑A型瓷碗（M19：7）　　5. 铁盒残片（M19：2）

三六，4）。M19：14，钱径2.4、穿宽0.7厘米，重3.13克（图三六，5）。M19：15，钱径2.4、穿宽0.7厘米，重3.76克（图三六，6）。M19：18，钱径2.4、穿宽0.7厘米，重3.46克（图三六，7）。M19：19，钱径2.4、穿宽0.7厘米，重3.25克（图三六，8）。M19：21，钱径2.4、穿宽0.7厘米，重3.44克（图三六，9）。M19：26，钱径2.4、穿宽0.7厘米，重2.89克（图三六，10）。

B型开元通宝　3枚。M19：9，钱径2.4、穿宽0.7厘米，重3.86克（图三六，11）。M19：17，钱径2.4、穿宽0.7厘米，重3.66克（图三六，12）。M19：25，钱径2.4、穿宽0.7厘米，重4.21克（图三六，13）。

C型开元通宝　8枚。M19：4，钱径2.4、穿宽0.7厘米，重2.36克（图三六，14）。M19：13，钱径2.4、穿宽0.7厘米，重3.5克（图三六，15）。M19：16，钱径2.4、穿宽0.7厘米，重3.63克（图三六，16）。M19：20，钱径2.4、穿宽0.7厘米，重3.03克（图三六，17）。M19：22，钱径2.4、穿宽0.7厘米，重3.78克（图三六，18）。

M19：23，钱径2.5、穿宽0.7厘米，重3.7克（图三六，19）。M19：24，钱径2.4、穿宽0.7厘米，重2.67克（图三六，20）。M19：27，钱径2.4、穿宽0.7厘米，重3.74克（图三六，21）。

铜镜　1面。M19：1，直径12.7厘米，重220.37克（图三七）。

铁盒残片　1件。M19：2，残长8厘米（图三五，5）。

M28　位于发掘区西南角。墓向167°。墓圹平面呈南宽北窄的梯形，长3.22、宽1.06～1.6、残深0.64米，填土为灰黄色含砂黏土。墓圹内砌一砖室，由封门、甬道和墓室构成。封门变形较甚，残存两组一丁一平墓砖，宽1.12、残高0.44米。甬道平面呈梯形，底部顺铺一层平砖，宽1～1.04、进深0.33、低于墓室0.22米。甬道和墓室之间有一级台阶，台阶立面处有壶门两个。壶门宽0.16～0.2、高0.18米。墓室平面分为前、后两段，前宽后窄，底部为一层平砖，前段长1.08、宽0.88～1米，后段长1.28、残宽0.72米，残高0.34米。墓壁甬道部分于墓底顺铺一丁一平，与墓室齐平后再铺四平一丁。墓砖为长方形青灰色砖，规格为37厘米×18—3.5厘米（图三八）。出土琉璃厂窑瓷碗1件、铜钱2枚、铜饰件1件、玉珠1件。填土出土铜臂钏1件。墓室中可见少量人骨痕迹。

Ab型瓷碗　1件。M28：5，棕红色胎，挂粉黄色化妆土，青釉。内底残留支钉痕。口径13.8、底径5.8、高4.4厘米（图三九，1）。

铜钱　2枚，其中1枚锈蚀较甚，无法提取。另1枚钱文为开元通宝。

C型开元通宝　1枚。M28：1，钱径2.4、穿宽0.7厘米，重3.17克（图三九，5）。

铜饰件　1件。M28：4，直径约1厘米，重0.71克（图三九，3）。

玉珠　1件。M28：3，直径1.3厘米，重3.04克（图三九，2）。

铜臂钏　1件。M28填：1，内径7.3、宽0.4厘米，重26.39克（图三九，4）。

M32　位于发掘区西北角。墓向183°。墓室被M24局部打破。墓圹呈南宽北窄的梯形，其南侧带墓道，长3.44、宽1.22～1.78、残深0.86米，填土为灰黄色含砂黏土。墓道底部呈斜坡状，长1.22、宽1.14米。墓圹内砌一砖室，由封门、甬道和墓室构成。封门变形较甚，先在底砖之上铺一层丁砖后，再铺三平一丁、两平一丁墓砖，宽1.2、残高0.75米。甬道平面呈梯形，其底部为一层斜铺的平砖，宽1～1.04、进深0.4米，低于墓室0.36米。甬道和墓室之间有一级台阶，台阶立面有壶门三个。壶门宽0.06～0.2、高0.2米。墓室平面分为前、后两段，前宽后窄，底砖为两层平砖，前段长1.02、宽0.9～1米，后段长1.74、宽0.56～0.76米，残高0.62米。墓壁残高0.62～0.98米，砌于底砖之上，甬道部分铺一丁一平，与墓室齐平后先铺两层平砖，再交替铺两组两平一丁，后壁残存数层平砖。墓砖为长方形青灰色砖，规格为36厘米×18厘米—4厘米（图四〇）。出土琉璃厂窑瓷盏1件、瓷盘1件。

B型瓷盏　1件。M32：2，棕红色胎，挂粉黄色化妆土，青釉。釉面大部分脱落。口径12、底径5、高4厘米（图四一，1）。

B型瓷盘　1件。M32：1，棕红色胎，挂粉黄色化妆土，青釉，唇部施一周酱釉。

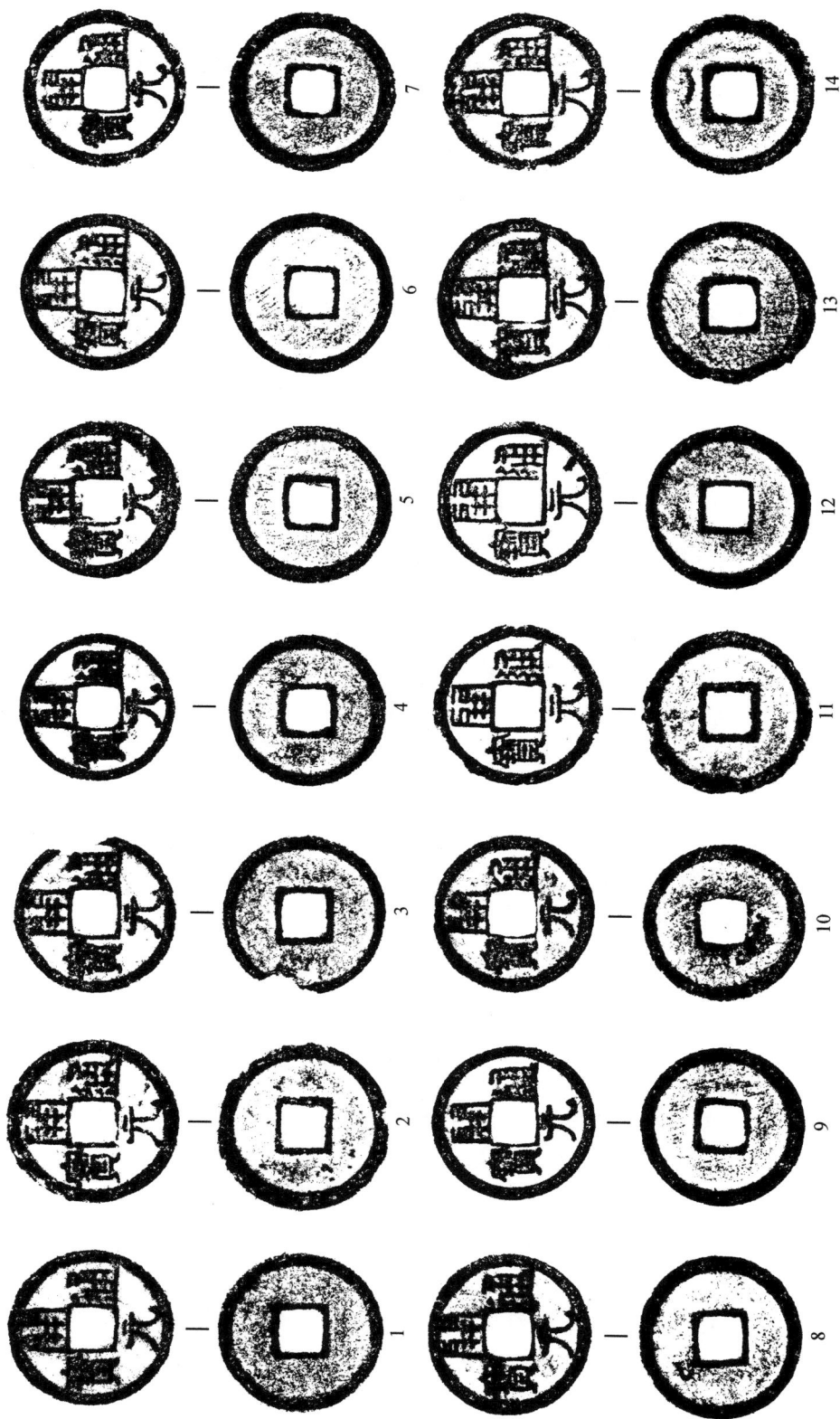

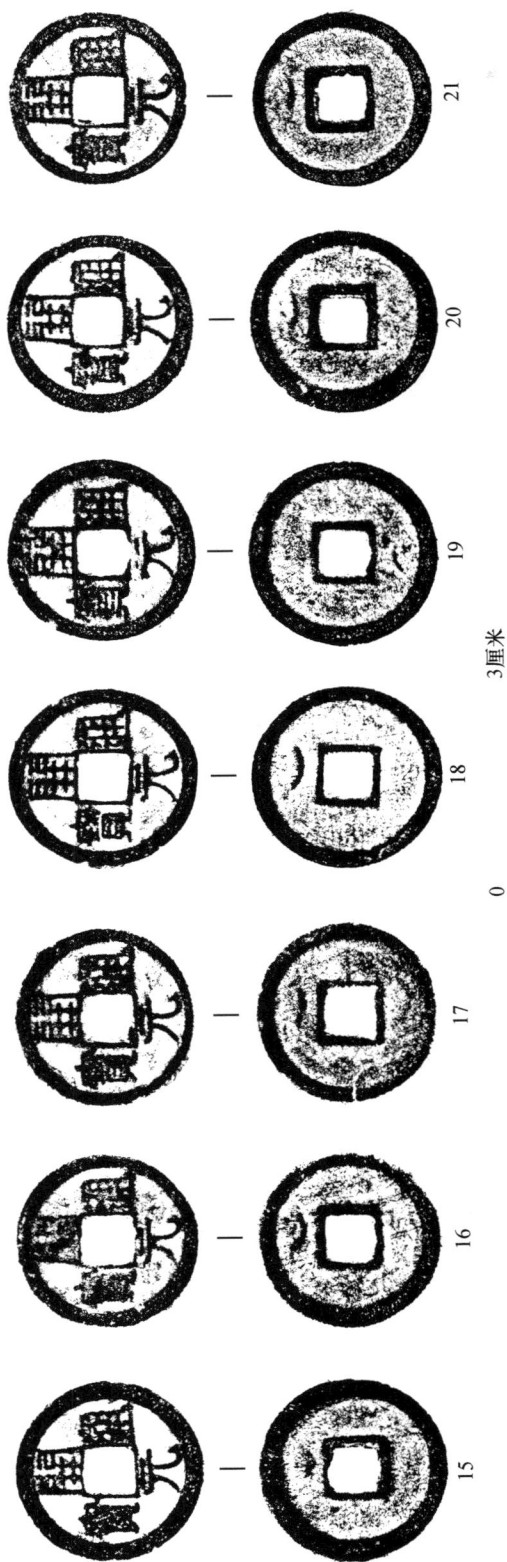

图三六　M19出土铜钱

1～10. A型开元通宝（M19：3、M19：10、M19：11、M19：12、M19：14、M19：15、M19：18、M19：19、M19：21、M19：26）　11～13. B型开元通宝（M19：9、M19：13、M19：16、M19：20、M19：22、M19：23、M19：24、M19：27）
14～21. C型开元通宝（M19：4、M19：13、M19：16、M19：20、M19：22、M19：23、M19：24、M19：27）
M19：17、M19：25）

图三七　M19出土铜镜拓片

（M19 : 1）

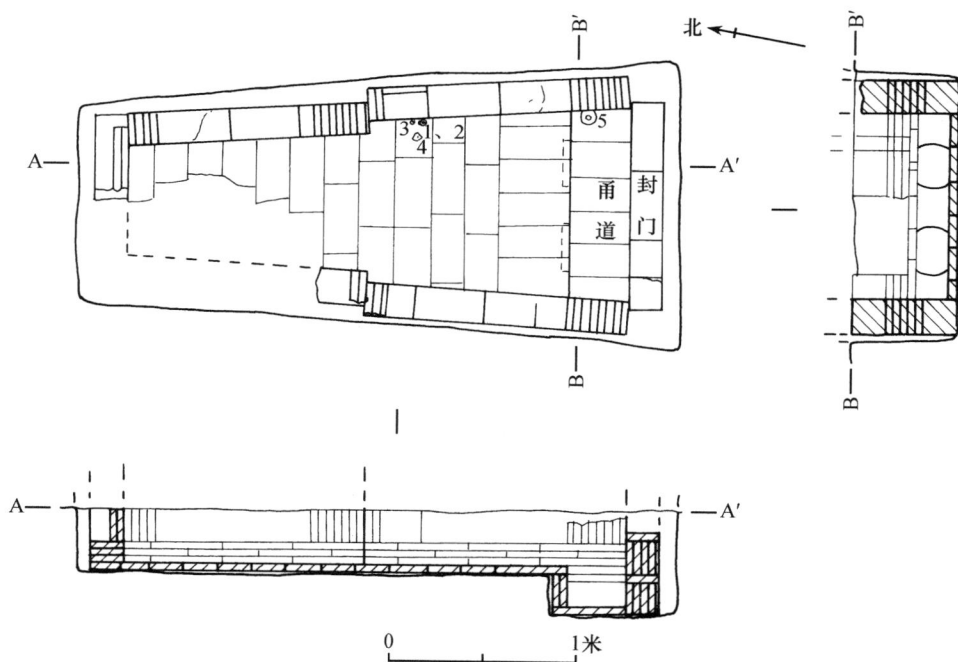

图三八　M28平、剖面图

1、2.铜钱　3.玉珠　4.铜饰件　5.瓷碗

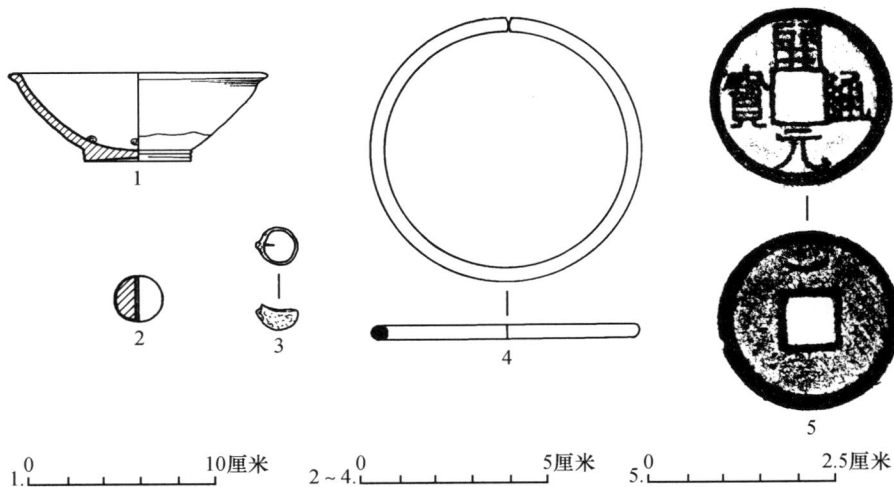

图三九　M28出土器物

1. Ab型碗（M28：5）　2. 玉珠（M28：3）　3. 铜饰件（M28：4）　4. 铜臂钏（M28填：1）

5. C型开元通宝（M28：1）

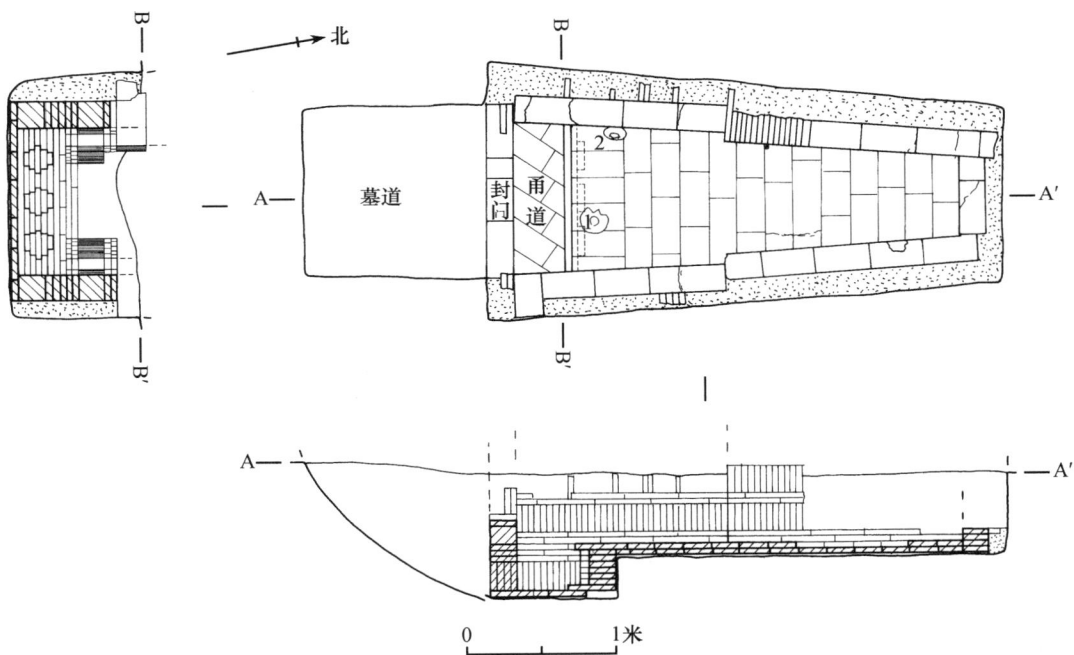

图四〇　M32平、剖面图

1. 瓷盘　2. 瓷盏

图四一　M32出土瓷器

1. B型盏（M32：2）　2. B型盘（M32：1）

内底残留支钉痕。口径16.6、底径6.2、高3.8厘米（图四一，2）。

M36　位于发掘区西。被M35打破。墓向189°。墓圹平面大致呈长方形，其南侧带墓道，长4.48、宽2.32、残深1.44米，填土为灰黑色含砂黏土。墓道底部呈斜坡状，长2.02、宽1.42米。墓圹内砌一砖室，由封门、甬道和墓室构成。封门仅两侧残存少量墓砖，在底砖之上铺一丁三平，宽1.28、残高0.22米。甬道平面呈凸字形，底部为一层斜铺的平砖，宽1.28、进深0.56米，低于墓室0.44米。甬道与墓室之间有三级台阶，最上层台阶立面处有壸门四个，壸门宽0.1～0.14、高0.16米。墓室几乎不存，长2.96、宽约1.64米。墓壁甬道部分砌于底砖之上，先铺一丁四平，与墓室齐平后再铺五平一丁。后壁残存部分先铺数层平砖，再铺一丁一平。墓砖为长方形青灰色砖，规格为38厘米×18厘米—4厘米和38厘米×18厘米—4.5厘米两种（图四二）。出土琉璃厂窑瓷罐1件、青羊宫窑瓷碗1件、铜钱1枚。

Ⅰ类Aa型瓷罐　1件。M36：1，棕红色胎，挂粉黄色化妆土，酱釉。口径10.5、腹径28.5、底径12.4、高37.5厘米（图四三，1）。

青羊宫窑瓷碗　1件。M36：2，砖红色胎，挂粉黄色化妆土，釉面脱落。口径13.8、底径6、高4.8厘米（图四三，2）。

A型开元通宝　1枚。M36：3，钱径2.5、穿宽0.7厘米，重2.49克（图四三，3）。

M37　位于发掘区中部。被M34打破。墓向169°。墓圹平面呈长方形，长约3.8、宽1.88、残深0.7米，填土为灰黄色含砂黏土。墓圹内砌一砖室，由封门、甬道和墓室构成。封门先铺一层丁砖后，再铺数层平砖，宽1.25、残高0.62米。甬道平面呈凸字形，底部仅四周铺一层平砖。宽0.98～1.32、进深0.82米，低于墓室0.36米。甬道与墓室立面处有两级台阶，上层台阶立面处残存壸门，壸门宽0.21、高0.16米。墓室几乎不存。墓壁为内外双层，残存部分铺一层丁砖后，再铺数层平砖。墓砖为长方形青灰色砖，规格为33厘米×16.5厘米—3.5厘米（图四四）。

2. Ab型

M15　位于发掘区中部。墓向130°。墓圹平面呈东南宽西北窄的梯形，长3.72、宽1.1～1.5、残深0.36米，填土为灰黄色花土。墓圹内砌一砖室，由封门、甬道和墓室构成。封门残存两丁夹一平，其中丁砖平面砌筑成凸字形，宽1.36、残高0.36米。甬道平面呈梯形，底部顺铺一层平砖，宽0.88～0.92、进深0.36米，低于墓室0.22米。墓室平

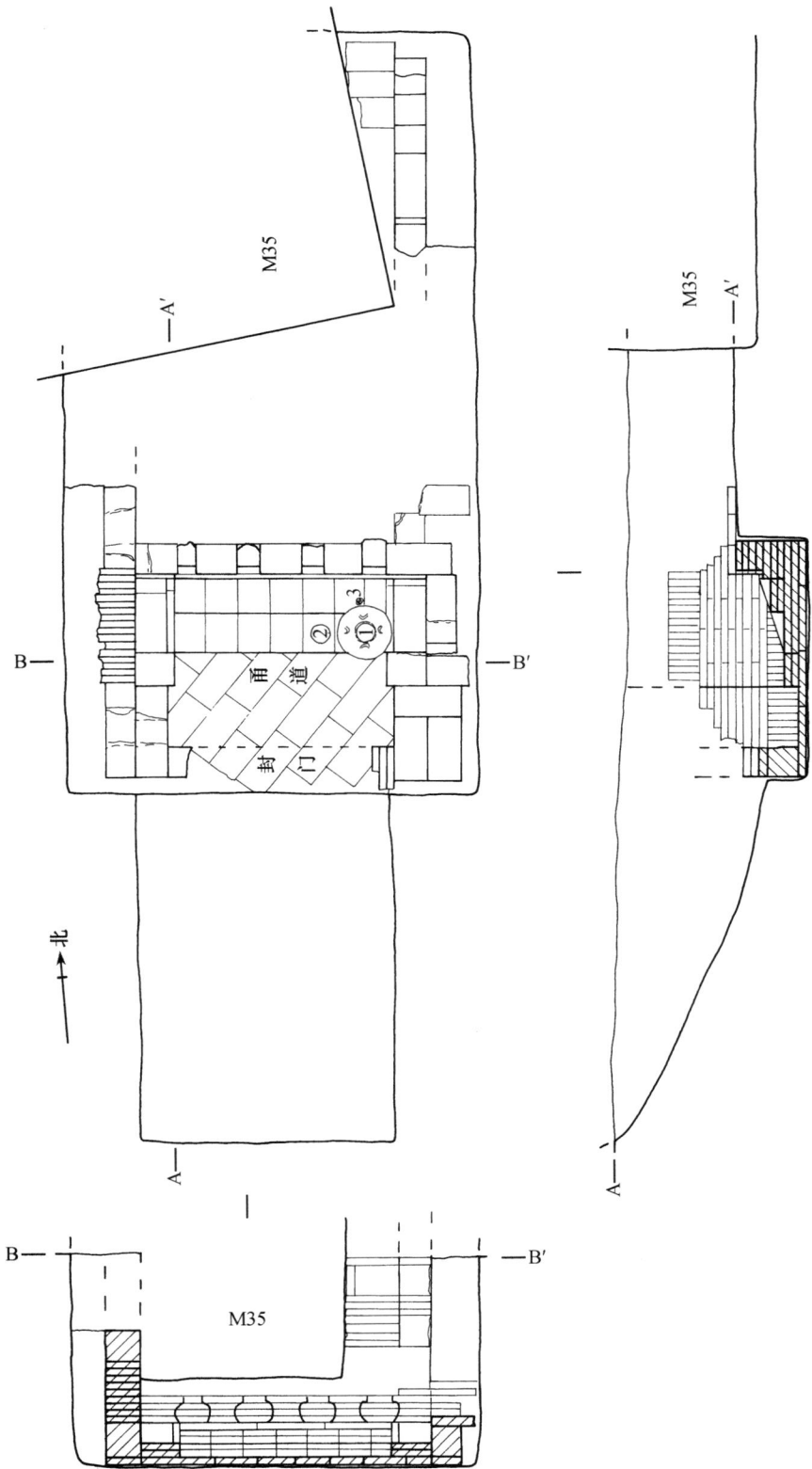

图四二　M36平、剖面图

1. 瓷罐　2. 瓷碗　3. 铜线

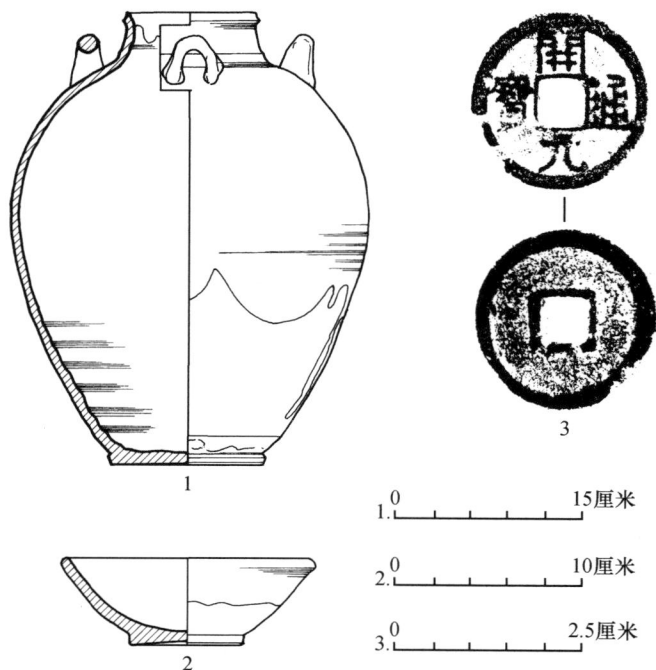

图四三　M36出土遗物

1. Ⅰ类Aa型瓷罐（M36：1）　2. 青羊宫窑瓷碗（M36：2）　3. A型开元通宝（M36：3）

面分为前、后两段，前宽后窄，底部铺两层平砖，前段长0.86、残宽0.86米，后段残长0.89、残宽0.7米，残高0.06米。墓壁残高0.06米，东西两壁砌于墓底之上，甬道部分先铺一层丁砖，其上与墓室统一铺数层平砖。墓砖均为长方形青灰色砖，规格为36~37厘米×18厘米—3厘米（图四五）。出土琉璃厂窑瓷罐1件。

Ⅱ类Ac型瓷罐　1件。M15：1，灰色胎，挂粉黄色化妆土，釉面脱落。口径9.5、腹径16.4、底径10.8、高21.4厘米（图四六）。

M17　位于发掘区北偏西。被M3打破。墓向175°。墓圹平面呈南宽北窄的梯形，长3.14、残宽1.12~1.56、残深0.32米，填土为灰黄色土。墓圹内砌一砖室，残存封门、甬道和墓室。封门残存一丁一平，宽1.16、残高0.22米。甬道平面呈梯形，底部顺铺一层平砖，残宽0.88~1.06、进深0.38米，低于墓室0.18米。墓室平面分为前、后两段，前宽后窄，底砖残存几块平砖，前段长1.12、残宽0.84~0.88米，后段残长1、残宽0.64~0.76米，残高0.03米。墓壁残高0.03~0.21米，甬道部分砌于底砖之上，先铺一层丁砖，其上与墓室壁统一铺数层平砖后再铺一层丁砖。墓砖为长方形青灰色砖，规格为38厘米×19厘米—3.5厘米（图四七）。

M31　位于发掘区北偏西。墓向263°。墓圹平面呈西宽东窄的梯形，其西侧带墓道，长2、宽1~1.25、残深0.6米，填土为灰黄色含砂黏土。墓道底部呈斜坡状，长0.88、宽0.76~0.81米。墓圹内砌一砖室，由封门、甬道和墓室构成。封门残存两丁三

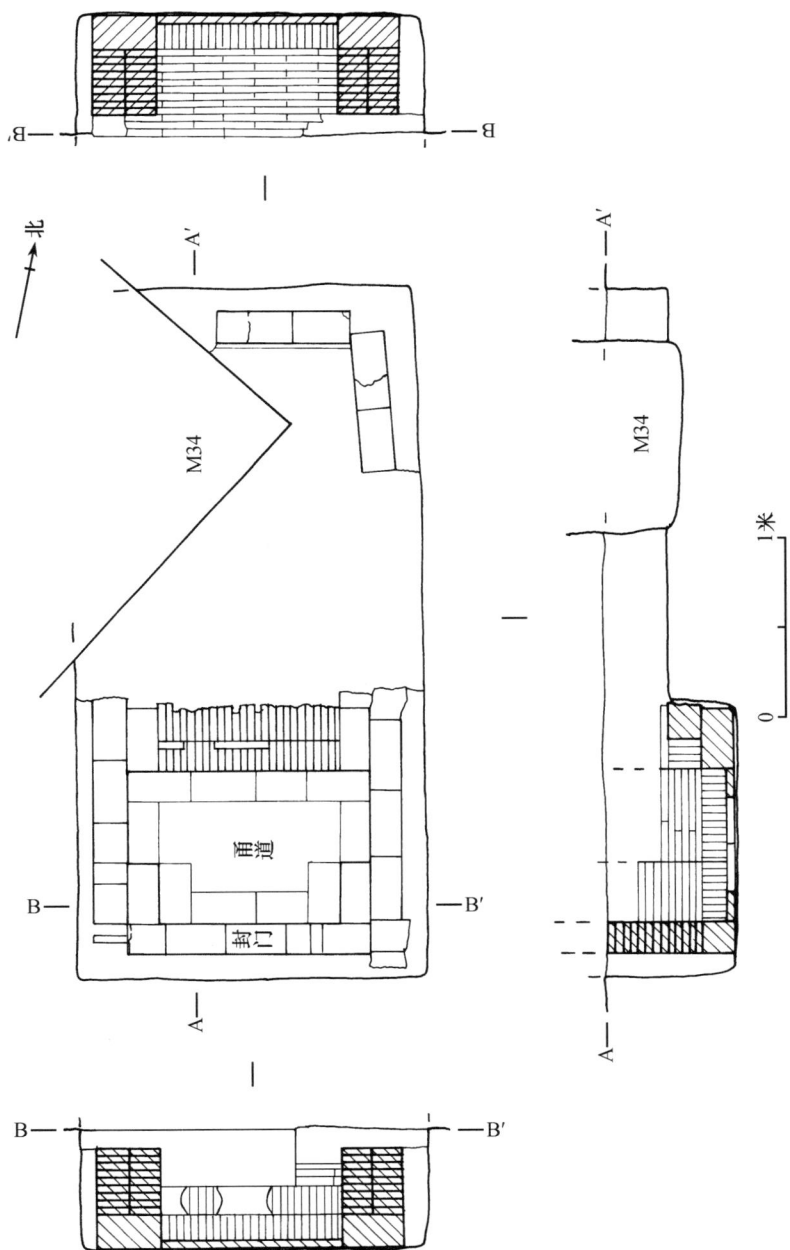

图四四 M37平、剖面图

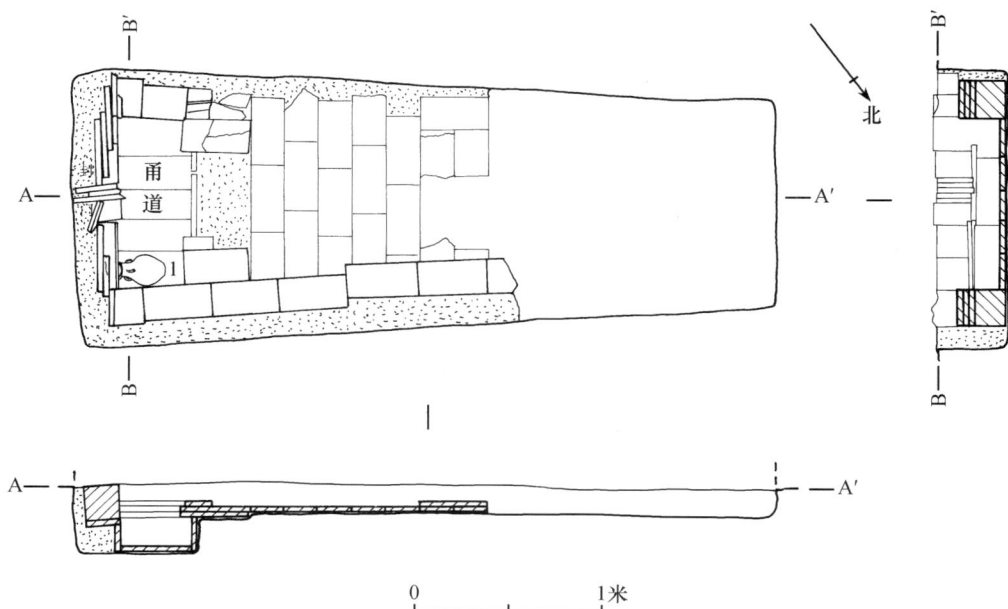

图四五　M15平、剖面图
1. 瓷罐

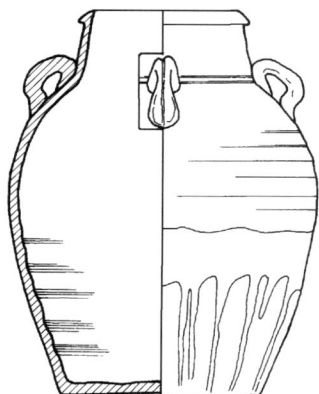

图四六　M15出土Ⅱ类Ac型瓷罐
（M15：1）

平，宽0.97、残高0.44米。甬道平面呈长方形，其底部横铺一层平砖，宽0.8、进深0.18米，低于墓室0.16米。墓室平面分为前、后两段，前宽后窄，底砖为一层平砖顺、横交替铺设而成，前段长0.67、宽0.78～0.8米，后段长0.64、宽0.52～0.58米，残高0.29米。墓壁残高0.29～0.45米，甬道部分于墓底之上砌一层丁砖，其上与墓室壁统一铺两层平砖后，再铺一丁一平。墓砖为长方形青灰色砖，规格为32.5厘米×16厘米—4厘米（图四八）。出土琉璃厂窑瓷罐1件。

Ⅰ类C型瓷罐　1件。M31：1，砖红色胎，挂粉黄色化妆土，青釉。口径8、腹径15、底径8.5、高16.4厘米（图四九）。

M34　位于发掘区中部。被晚期墓打破。墓向140°。墓圹平面呈南宽北窄的梯形，残长2.3、残宽1.54～1.76、残深0.3米。墓圹内砌一砖室，残存封门、甬道和墓室。封门残存一丁一平，宽0.94、残高0.2米。甬道平面呈长方形，底部由一层平砖顺铺而成，宽0.94、进深0.4米。墓室平面分为前、后两段，前宽后窄，前段长1.06、宽1.08～1.2米，后段残长0.38、残宽0.74～0.8米，残高0.04米，底砖为一层人字形斜铺的平砖。墓壁残高0.04米，甬道部分于墓底砖之上砌一层丁砖，其上与

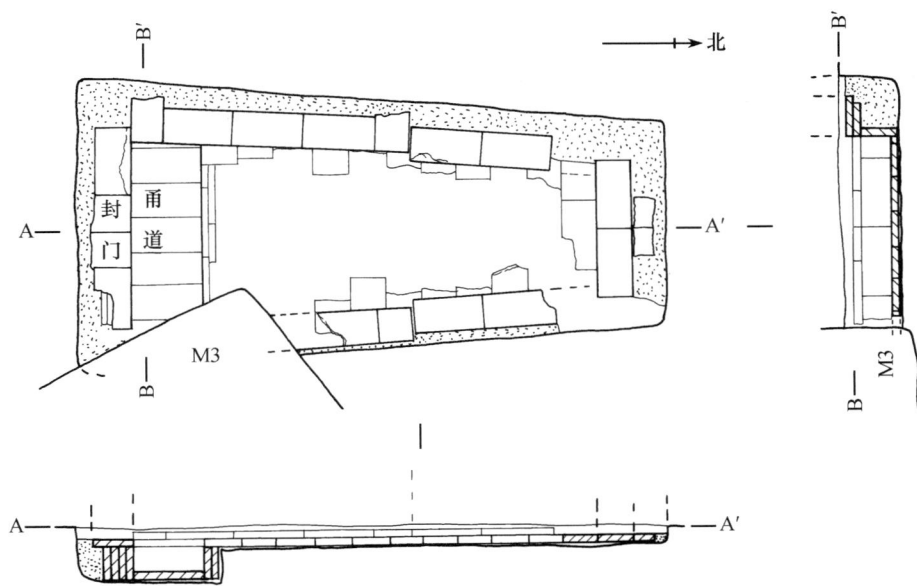

图四七　M17平、剖面图

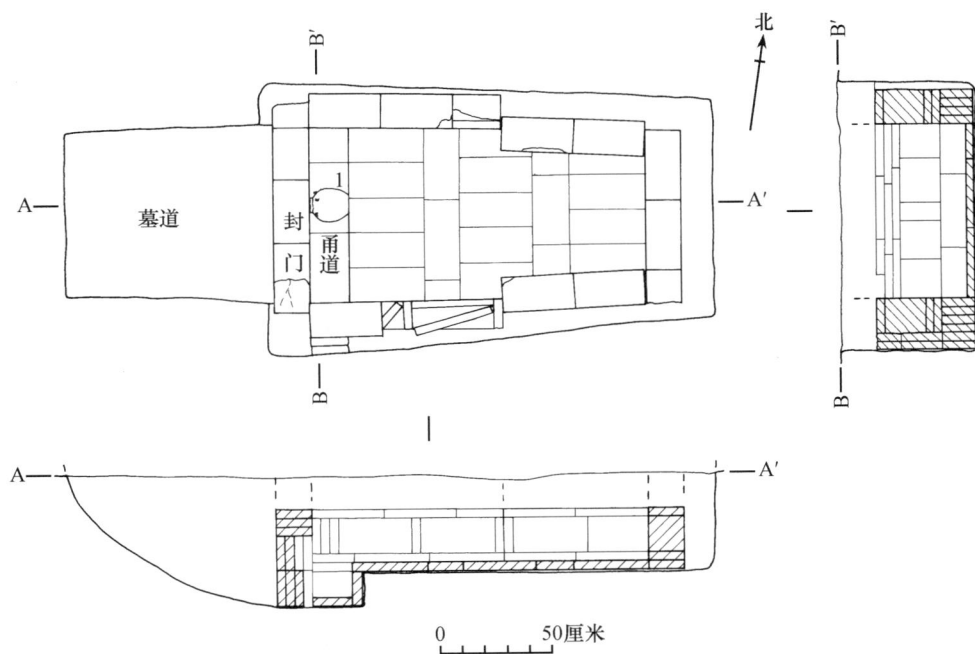

图四八　M31平、剖面图

1.瓷罐

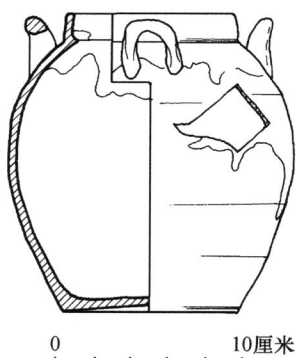

图四九　M31出土Ⅰ类C型瓷罐
（M31：1）

墓室壁统一砌三层平砖，后壁不存。墓砖为长方形青灰色砖和红色砖，规格为39.5厘米×19厘米—4厘米和40厘米×19.5厘米—4厘米（图五○）。出土琉璃厂窑瓷碟1件、瓷碗1件。

B型瓷碟　1件。M34：2，棕红色胎，挂粉黄色化妆土，酱釉。口径11.2、底径4.4、高2.8厘米（图五一，2）。

Aa型瓷碗　1件。M34：1，砖红色胎，挂粉黄色化妆土，釉面脱落。内底残留支钉痕。口径13.6、底径5.6、高4.4厘米（图五一，1）。

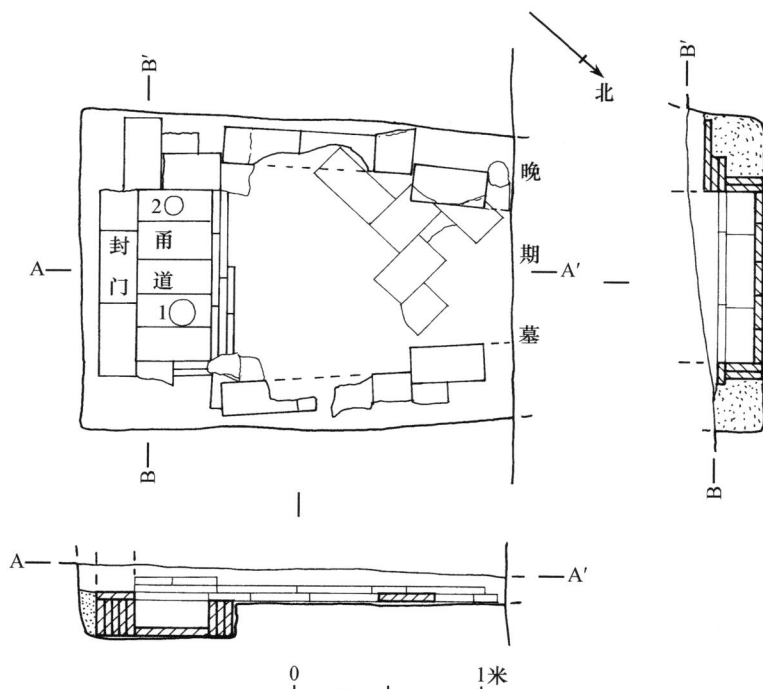

图五○　M34平、剖面图
1. 瓷碗　2. 瓷碟

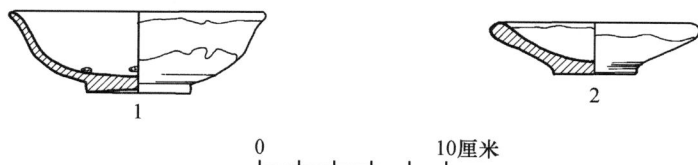

图五一　M34出土瓷器
1. Aa型碗（M34：1）　2. B型碟（M34：2）

3. Ba型

M8 位于发掘区正北。墓向248°。墓圹平面呈长方形，其西侧带墓道，长4.76、宽2.48、残深0.7米，填土为灰黄色含砂黏土。墓道底部呈斜坡状，长1.32、宽1.38米。墓圹内砌一砖室，由封门、甬道和墓室构成。封门残存三层平砖，宽1.36、残高0.2米。甬道平面呈凸字形，底部为斜铺的平砖，宽1.36~1.56、进深0.86米，低于墓室0.28米。墓室平面呈长方形，长3.3、宽1.52、残高0.32米，底部仅四周围铺一层平砖。其上有棺台，棺台由两层平砖构成，长1.7、宽1.31、高0.07米，距离两壁0.12米。墓壁为双层，残高0.32~0.6米，甬道部分于底砖之上交替砌筑两组一平一丁后再砌两层平砖。墓砖为长方形青灰色砖，规格为40厘米×19.5厘米—3.5厘米和41厘米×20厘米—3.5厘米两种（图五二）。出土琉璃厂窑瓷罐2件、墓券1方。填土出土琉璃厂窑瓷碗1件。

Ⅱ类Aa型瓷罐 2件。棕红色胎，挂粉黄色化妆土，酱釉。M8：1，口径8、腹径13.2、底径8.6、高16厘米（图五三，1）。M8：2，口径6.6、腹径11.2、底径7、高14.5厘米（图五三，2）。

Aa型瓷碗 1件。M8填：1，棕红色胎，挂粉黄色化妆土，青釉。内底残留支钉痕。口径17、底径7、高5.6厘米（图五三，3）。

墓券 1方。根据券文内容判断为真文券。M8：3，券石残存多半，呈六边形。残长26、宽41、厚2.5厘米。券面六边阴刻单线框栏，框栏外阴刻短线纹，券文从右至左内容如下（图五四）：

（上缺）下冢中王气五方诸/（上缺）今有故左都押衙银/（上缺）检校太子宾客兼殿/（上缺）骑尉靳元吉行年六/（上缺）三日生值清真之气死/（上缺）翳身冥乡潜宁冲虚/（上缺）忌不得妄为害气当/（上缺）灵神弭谐受度南宫/（上缺）子孙昌盛文咏九功/（上缺）贵王与天地无穷

4. Bb型

M5 位于发掘区北偏西。墓向0°。墓圹平面呈长方形，长1.4、宽1.01、深0.21米，填土为灰褐色花土。墓圹内砌一砖室，残存墓室。墓室平面呈长方形，底部横、顺混铺一层平砖，长1.07、宽0.6、高0.21米。墓壁残高0.21米。四壁砌法相同，均残存一平一丁墓砖。墓砖为长方形青灰色砖，规格为35厘米×18厘米—3厘米（图五五）。出土陶侍俑1件、墓券2方，其中1方甚残，无法提取。

陶侍俑 1件。M5：1，泥质灰褐陶。残高22厘米（图五六）。

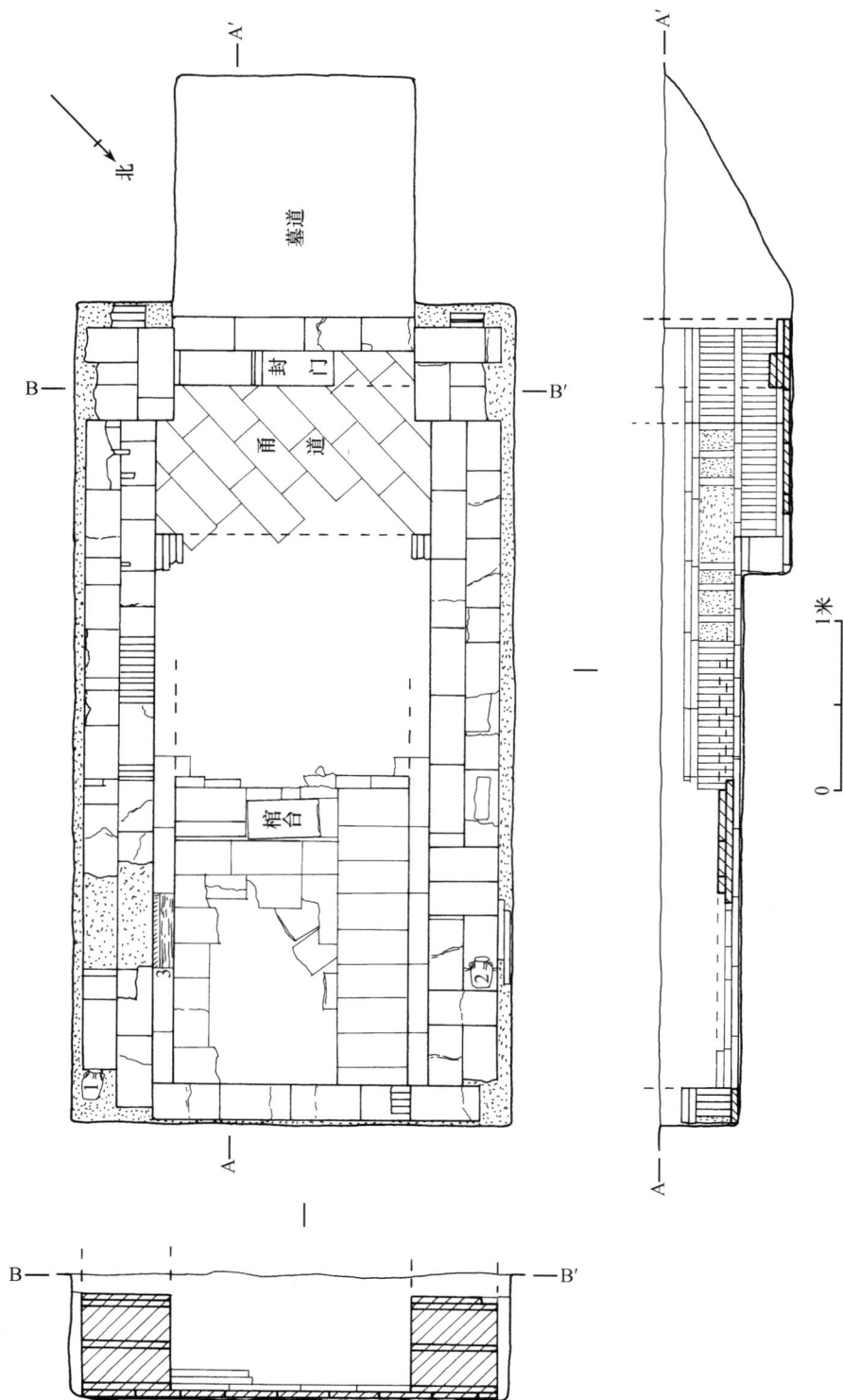

图五二 M8 平、剖面图
1、2. 瓷罐 3. 墓券

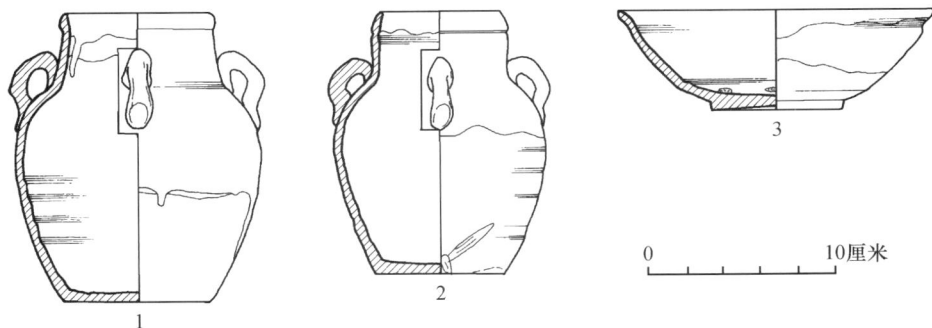

图五三　M8出土瓷器

1、2. Ⅱ类Aa型罐（M8：1、M8：2）　3. Aa型碗（M8填：1）

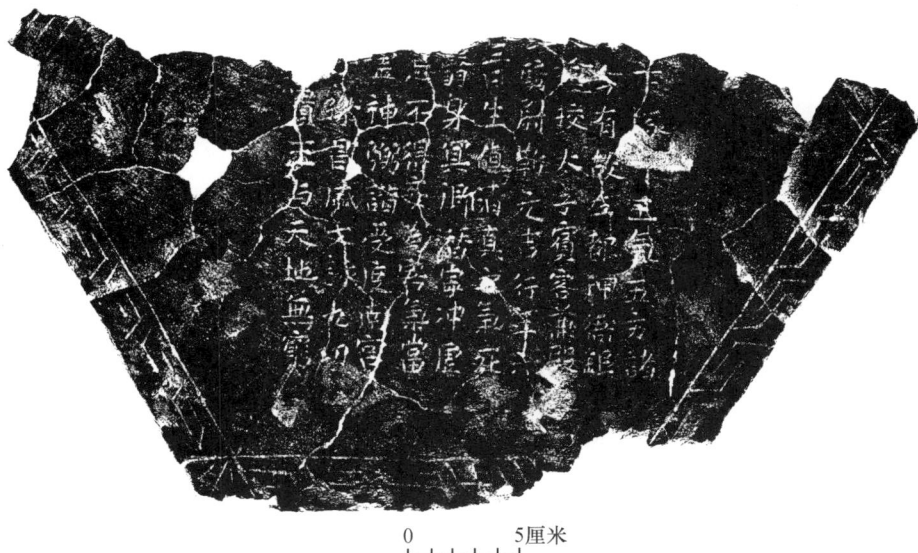

图五四　M8出土墓券拓片

（M8：3）

墓券　2方。M5：3，券石残存小半。残长6、宽28、厚2厘米。券面四边阴刻双线方框栏，残剩券文从右至左内容如下（图五七）：

……/……/（上缺）卜筮/（上缺）东之/（上缺）真/（上缺）寿/（上缺）

亡/……/（上缺）律令

M7　位于发掘区中部。墓向340°。墓圹平面呈长方形，其北侧带墓道，长1.93、宽1.2、残深0.66米，填土为灰褐色砂黏土。墓道底部呈斜坡状，长0.69、宽1.07米。墓圹内砌一砖室，由封门、甬道和墓室构成。封门砌筑于底砖之上，残存两组一丁一平墓

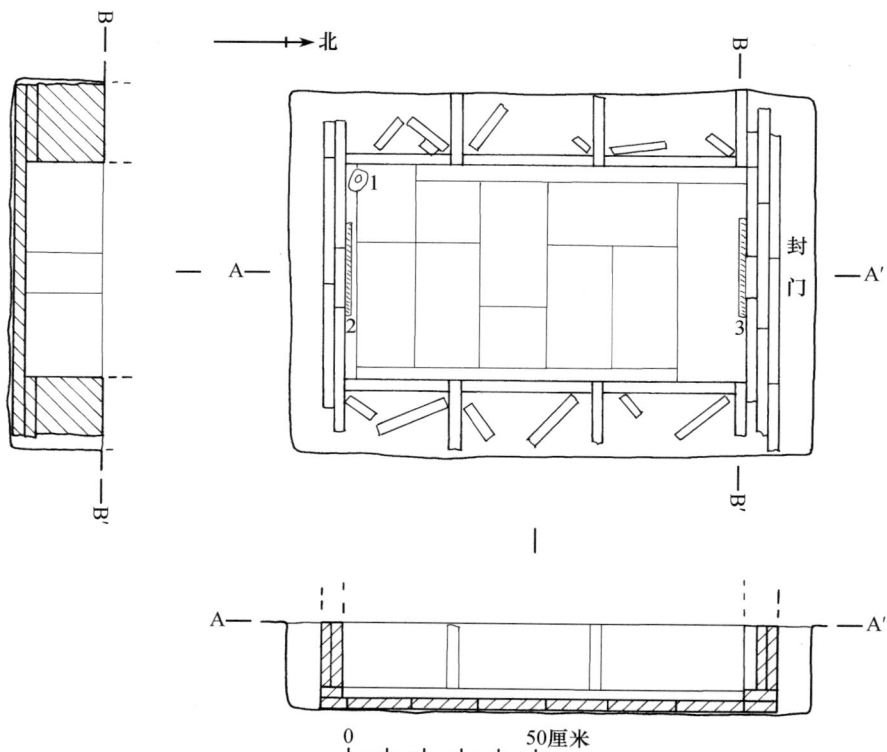

图五五　M5平、剖面图

1.陶侍俑　2.墓券（未修复）　3.墓券

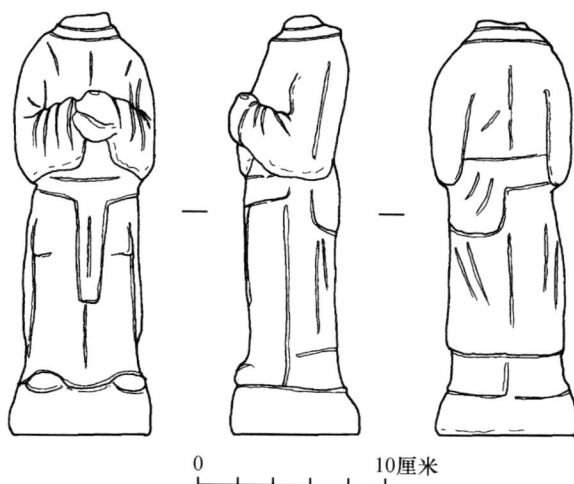

图五六　M5出土陶侍俑

（M5：1）

图五七　M5出土墓券拓片
（M5：3）

砖，宽0.92、残高0.4米。甬道平面呈长方形，其底部顺铺一层平砖，宽0.7、进深0.18
米，低于墓室0.09米。墓室平面呈长方形，底部横铺一层平砖，长1.36、宽0.7、残高
0.57米。其上有棺台，由两层平砖横、顺混铺而成，长1.23、宽0.5、高0.06米，距离两
壁0.1米，距离封门0.32米。墓壁残高0.57~0.66米，甬道部分于底砖之上铺三层平砖，
其上再与墓室壁统一以一丁一平交替砌筑。后壁为一平一丁交替砌筑，其中丁砖平面砌
筑成凸字形。墓砖为长方形青灰色砖，规格为33厘米×17厘米—3厘米（图五八）。出
土琉璃厂窑瓷盏1件、铜构件1件、墓券1方。棺台中部残存骨灰堆积。

B型瓷盏　1件。M7：1，棕红色胎，挂粉黄色化妆土，青釉。内底残留支钉痕。口
径13.6、底径5、高4厘米（图五九，1）。

铜构件　1件。M7：2，长5.3、宽1.6厘米，重3.87克（图五九，2）。

墓券　1方。根据券文内容判断为买地券。M7：3，券石完整，方形。长37.2、宽
37、厚2.5厘米。券面四边阴刻单线框栏，券文从右至左内容如下（图六〇）：

维宣和四年岁次壬寅十月丙戌朔二十四日/己酉故赵宗政　地券生居城邑/
死安宅兆卜筮叶从宜于此华阳县江安东/之原安厝其界左至青龙右至白虎前至/
朱雀后至玄武中方勾陈分掌四域丘丞墓/伯封步界畔道路将军整齐阡陌千秋万/
载永无咎殃知见人岁月主者保人今日时直/符故炁邪精不得忓咎先有居者永避
万里/若违此约分付地府主吏自当其祸然后内/外存亡皆安吉一如律令

M14　位于发掘区东。被现代基础和晚期墓打破。墓向262°。墓圹平面呈长方形，
长2.06、宽1.35、残深0.61米，填土为灰黄色花土。墓圹内砌一砖室，由封门、甬道和
墓室构成。封门残存部分先铺三层丁砖，再铺两层平砖，宽0.83、残高0.6米。甬道平
面呈长方形，底部横铺一层平砖，宽0.83、进深0.19米，低于墓室0.16米。墓室平面呈
长方形，底部为一层平砖，长1.24、宽0.8、残高0.56米。其上有棺台，棺台为两层平
砖顺、横交替铺设而成，长1.24、宽0.68、高0.07米，距离南北两壁0.07米。墓壁残高
0.56~0.72米，甬道部分于底砖之上砌一层丁砖，其上与墓室壁统一，以一平一丁交替
砌筑，后壁砌筑于底砖之上，残存一丁一平墓砖。墓砖为长方形青灰色砖，规格为33
厘米×16.5厘米—3.5厘米（图六一）。出土琉璃厂窑瓷盏、瓷盘、瓷炉、瓷蛙形灯各

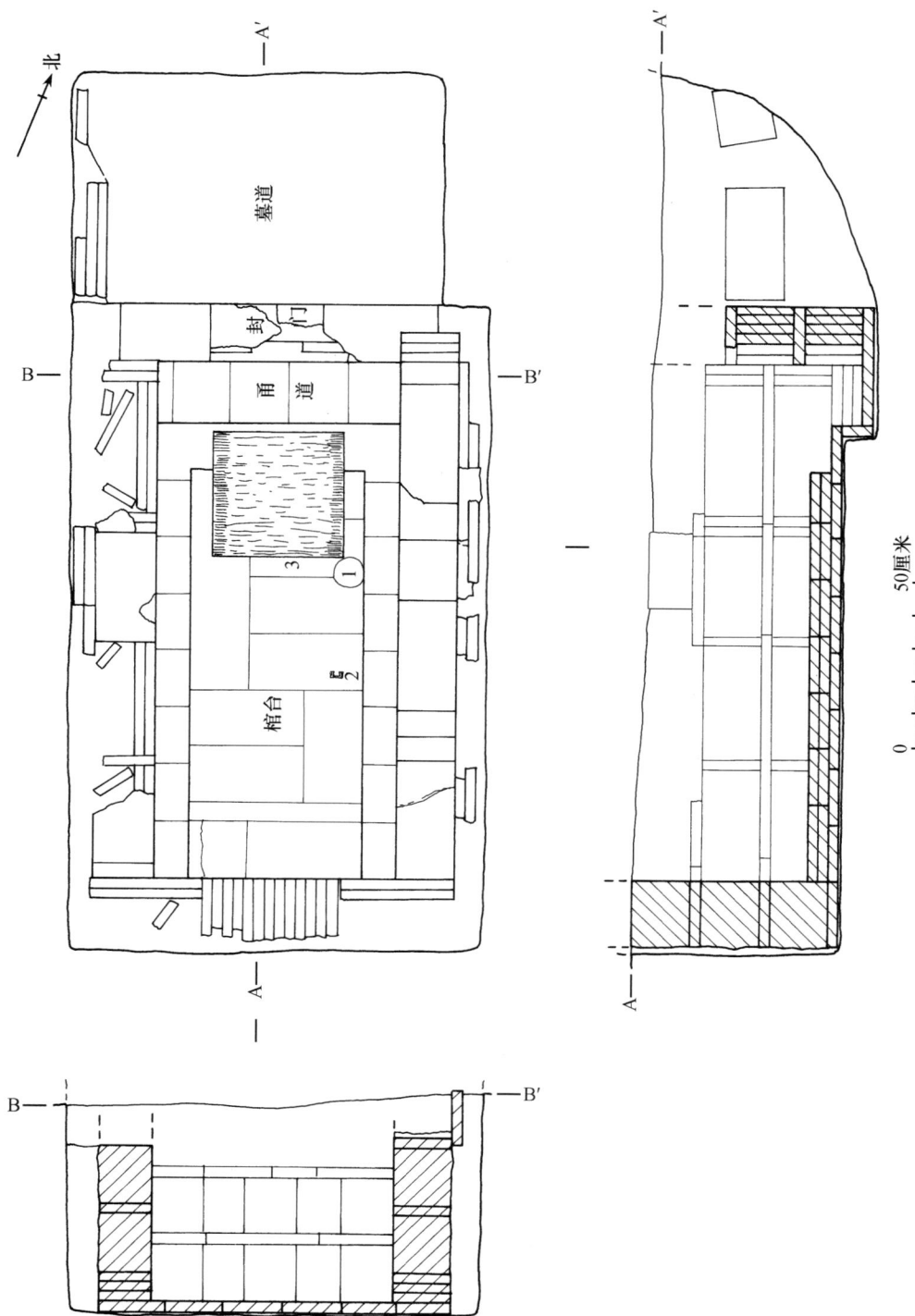

图五八 M7平、剖面图
1. 瓷盏 2. 铜构件 3. 墓券

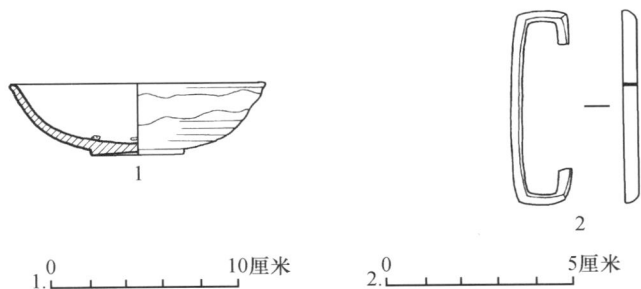

图五九　M7出土器物

1. B型瓷盏（M7：1）　2. 铜构件（M7：2）

图六〇　M7出土墓券拓片

（M7：3）

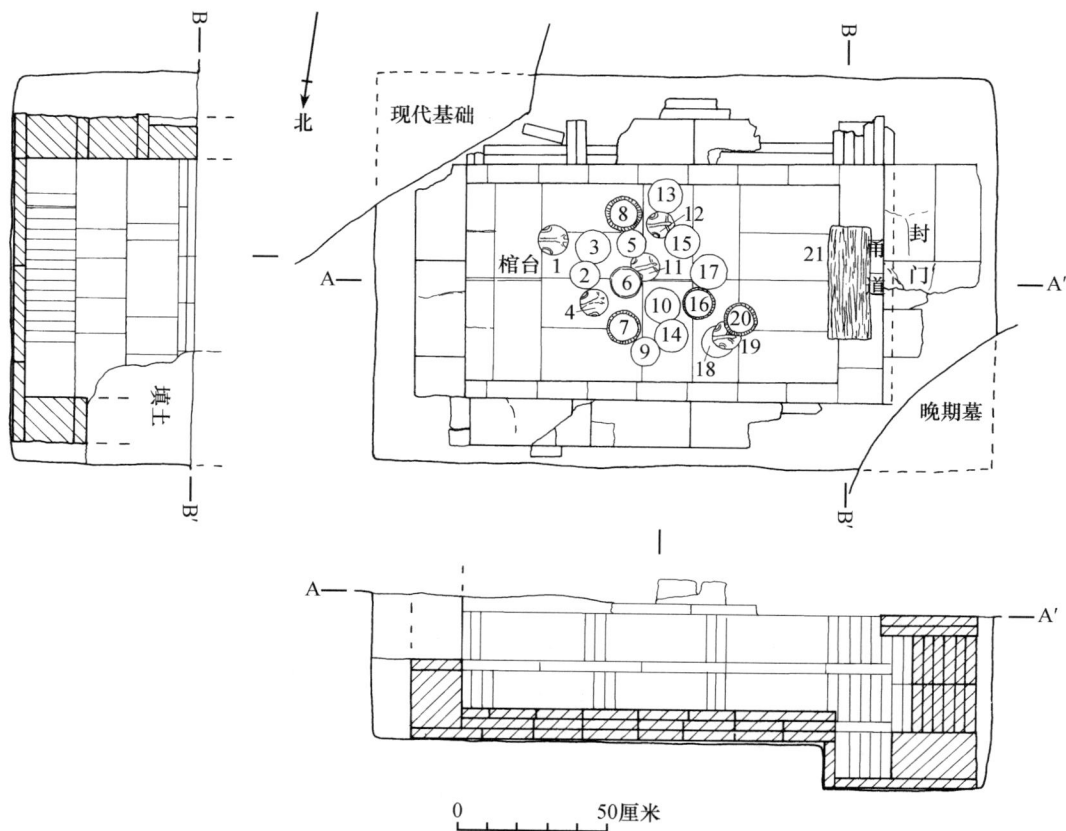

图六一 M14平、剖面图

1、4、11、12、19.瓷蛙形灯 2、5、9、10、18.瓷盏 3、13~15、17.瓷盘 6~8、16、20.瓷炉 21.墓券

5件、墓券1方。

A型瓷盏 5件。棕红色胎，挂粉黄色化妆土。M14：2，釉面脱落。外壁残留一周叠烧痕。口径10.8、底径4.2、高3厘米（图六二，1）。M14：5，青釉。口径10.9、底径4.3、高3厘米（图六二，2）。M14：9，青釉。唇部露胎一周。口径10.9、底径4.2、高3厘米（图六二，3）。M14：10，釉面脱落。唇部露胎一周。口径11、底径3.4、高3厘米（图六二，4）。M14：18，青釉。口径10.8、底径4.3、高3.2厘米（图六二，5）。

A型瓷盘 5件。唇部露胎一周。M14：3，灰色胎，釉面脱落。器身挤压变形较甚。口径12.5、底径4.2、高2.5厘米（图六二，6）。M14：13，棕红色胎，釉面脱落。口径12.4、底径4.6、高3.4厘米（图六二，7）。M14：14，棕红色胎，釉面脱落。外壁残留一周叠烧痕。口径12.5、底径4.5、高2.8厘米（图六二，8）。M14：15，棕红色胎，釉面脱落。口径12.4、底径4.2、高3.1厘米（图六二，9）。M14：17，棕红色胎，釉面脱落。足底饰一周凹弦纹。口径12.5、底径4.4、高3厘米（图六二，10）。

A型瓷炉 5件。棕红色胎，挂粉黄色化妆土，青釉。M14：6，沿面饰两周凹弦

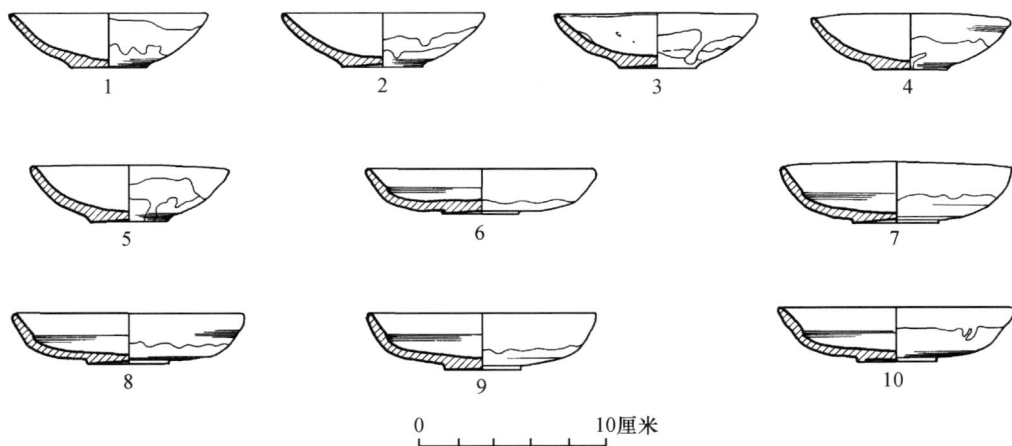

图六二　M14出土瓷器

1～5. A型盏（M14：2、M14：5、M14：9、M14：10、M14：18）　6～10. A型盘（M14：3、M14：13、M14：14、M14：15、M14：17）

纹。内底残留支钉痕。口径7、腹径6、高7厘米（图六三，1）。M14：7，沿面饰两周凹弦纹。口径7、腹径6、高7.2厘米（图六三，2）。M14：8，沿面饰两周凹弦纹。口径6.6、腹径6、高6.9厘米（图六三，3）。M14：16，沿面饰两周凹弦纹。口径7.2、腹径6、高6.8厘米（图六三，4）。M14：20，沿面饰三周凹弦纹。口径6、腹径5.5、高6.7厘米（图六三，5）。

瓷蛙形灯　5件。棕红色胎，釉面脱落。M14：1，口径4.8、底径5.8、高9厘米（图六三，6）。M14：4，口径4.5、底径5.2、高9.7厘米（图六三，7）。M14：11，口径5、底径5.4、高8.8厘米（图六三，8）。M14：12，口径4.4、底径5、高10厘米（图六三，9）。M14：19，口径4.8、底径5.4、高9.2厘米（图六三，10）。

墓券　1方。M14：21，券石残存多半。残长29、残宽29、厚3厘米。字迹因磨损而模糊难辨，券文从右至左内容如下（图六四）：

……／……大……／……白……／……此华阳县……／……寿堂……／……天……／……／……永……／……

M16　位于发掘区中部偏北。墓向339°。打破M33及M34。墓圹平面呈长方形，其北侧带墓道，长2.1、宽1.26、残深0.52米，填土为灰褐色花土。墓道底部呈斜坡状，长0.9、宽0.9米。墓圹内砌一砖室，由封门和墓室构成。封门砌筑于底砖之上，残存两组一丁一平墓砖，宽0.96、残高0.4米。墓室平面呈长方形，底部为一层平砖，长1.58、宽0.7、残高0.57米。其上有棺台，棺台为三层横、顺混铺的平砖，残长0.45、宽0.53、高0.09米，距离两壁0.08米。西壁与后壁为双层，残高0.57米。东、西两壁残存部分皆为

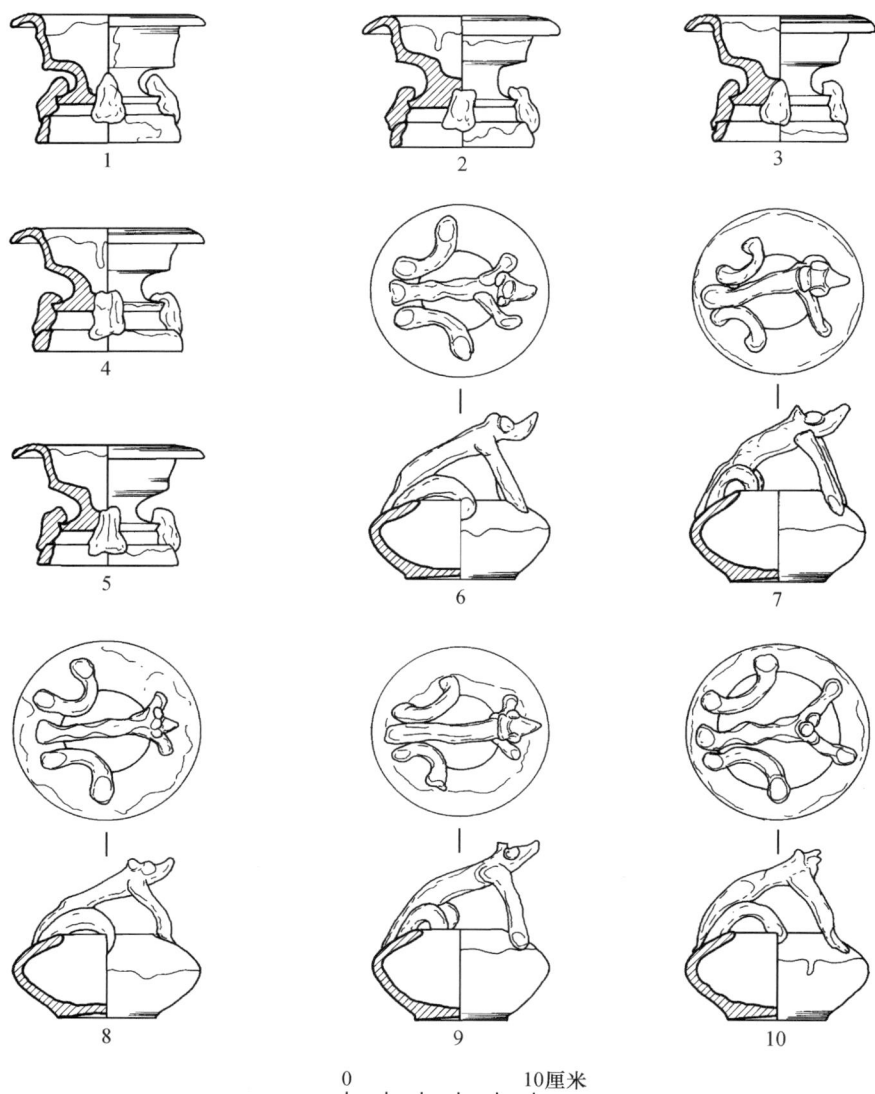

图六三　M14出土瓷器

1～5. A型炉（M14：6、M14：7、M14：8、M14：16、M14：20）　6～10. 蛙形灯（M14：1、M14：4、M14：11、M14：12、M14：19）

一丁一平交替砌筑，后壁砌筑于底砖之上，残存一丁一平、一丁两平墓砖。墓砖为长方形青灰色砖，规格为33厘米×17厘米—3厘米（图六五）。出土琉璃厂窑瓷盏1件、陶俑9件、墓券3方。

B型瓷盏　1件。M16：6，棕红色胎，挂粉黄色化妆土，釉面脱落。唇部露胎一周。口径12.8、底径5、高3.8厘米（图六六，6）。

陶武俑　2件。M16：1，泥质灰褐陶。残高42厘米（图六七）。M16：2，泥质灰褐陶。残高31.5厘米（图六八）。

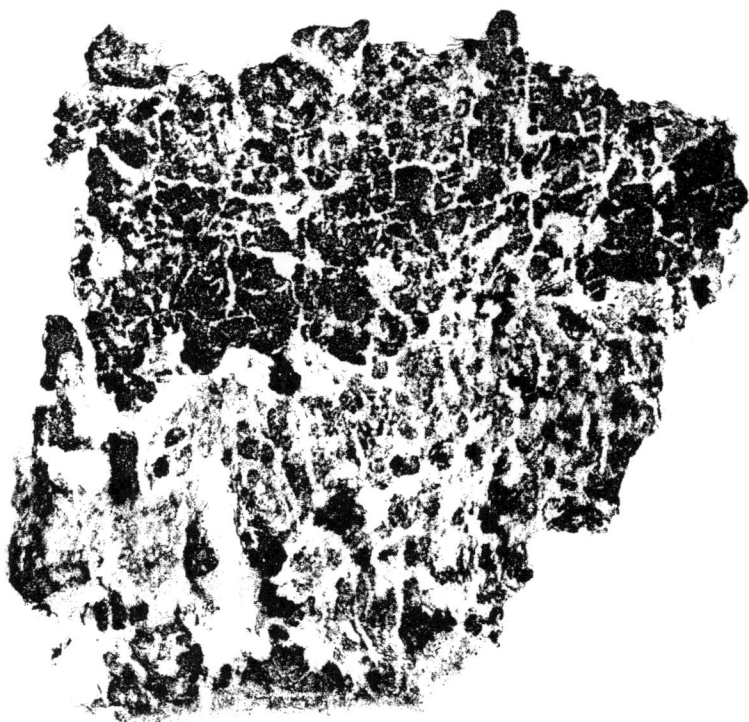

0　　　5厘米

图六四　M14出土墓券拓片

（M14∶21）

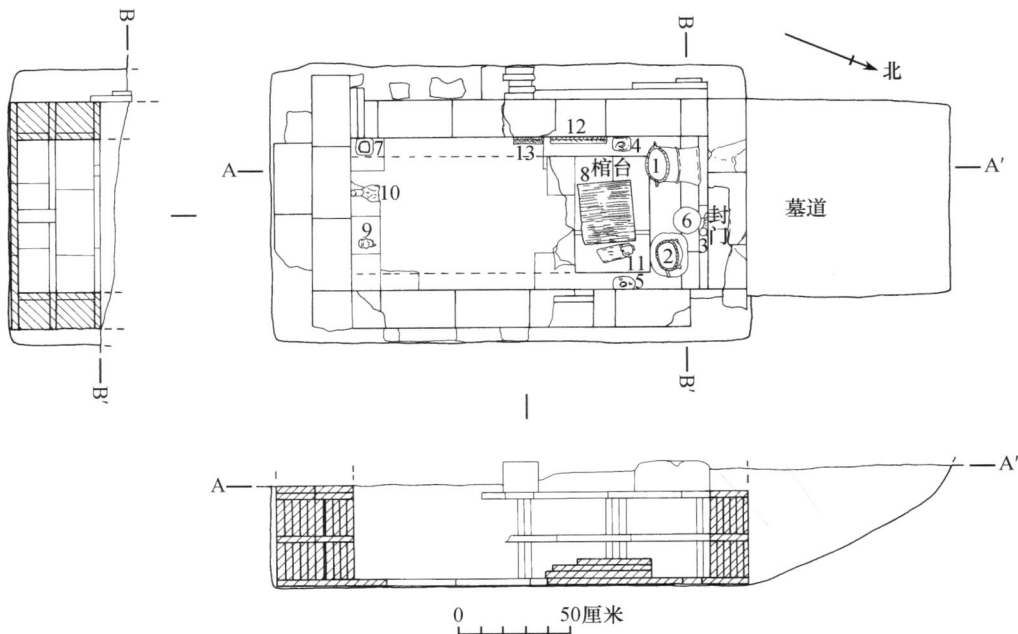

北

0　　　50厘米

图六五　M16平、剖面图

1、2.陶武俑　3.陶人首蛇身俑　4、5、9.陶文俑　6.瓷盏　7.陶底座　8、12、13.墓券　10.陶猪首人身俑

11.陶侍俑

　　A型陶文俑　2件。M16：4，泥质灰褐陶。残高26厘米（图六九，1）。M16：5，泥质灰陶。残高26厘米（图六九，2）。

　　B型陶文俑　1件。M16：9，泥质灰陶。残高9.3厘米（图六六，4）。

　　陶侍俑　1件。M16：11，泥质灰陶。残高22厘米（图六六，1）。

　　陶人首蛇身俑　1件。M16：3，泥质灰陶。通高11.4厘米（图六六，2）。

　　陶猪首人身俑　1件。M16：10，泥质灰陶。残高22.8厘米（图六六，3）。

　　陶底座　1件。M16：7，泥质灰陶。残高8.2厘米（图六六，5）。

　　墓券　3方。根据券文内容分为买地券、敕告文券、真文券三类。

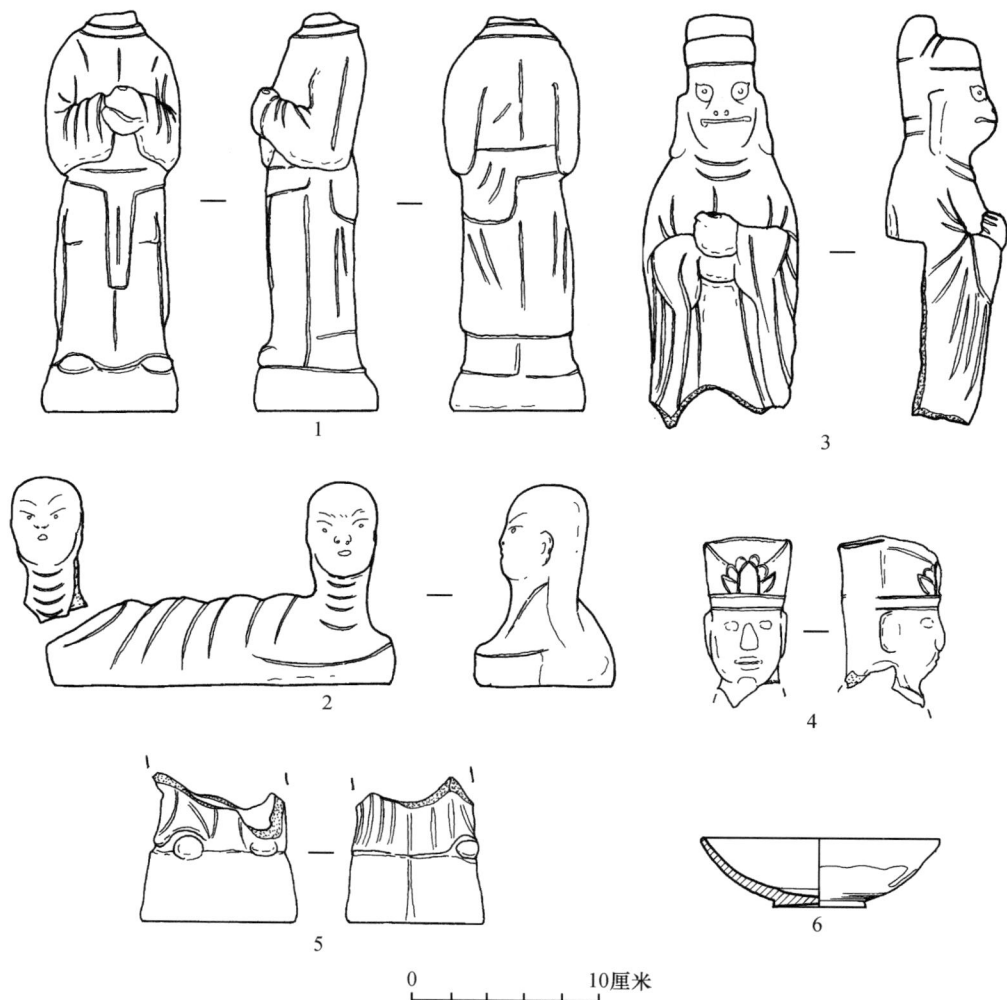

图六六　M16出土器物

1. 陶侍俑（M16：11）　　2. 陶人首蛇身俑（M16：3）　　3. 陶猪首人身俑（M16：10）　　4. B型陶文俑（M16：9）

5. 陶底座（M16：7）　　6. B型瓷盏（M16：6）

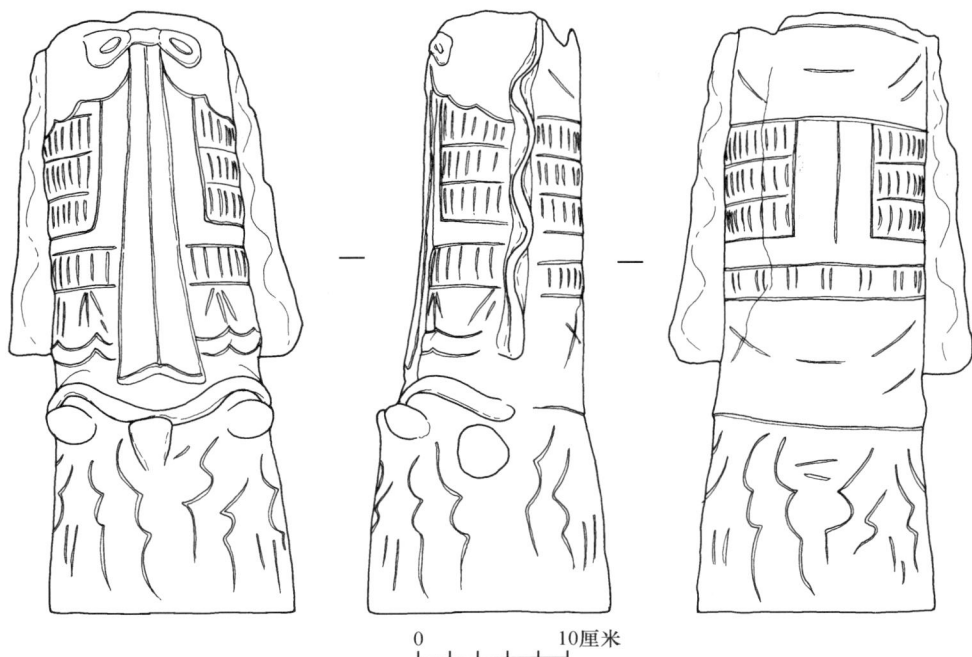

0　　　　　　10厘米

图六七　M16出土陶武俑

（M16：1）

0　　　　　　10厘米

图六八　M16出土陶武俑

（M16：2）

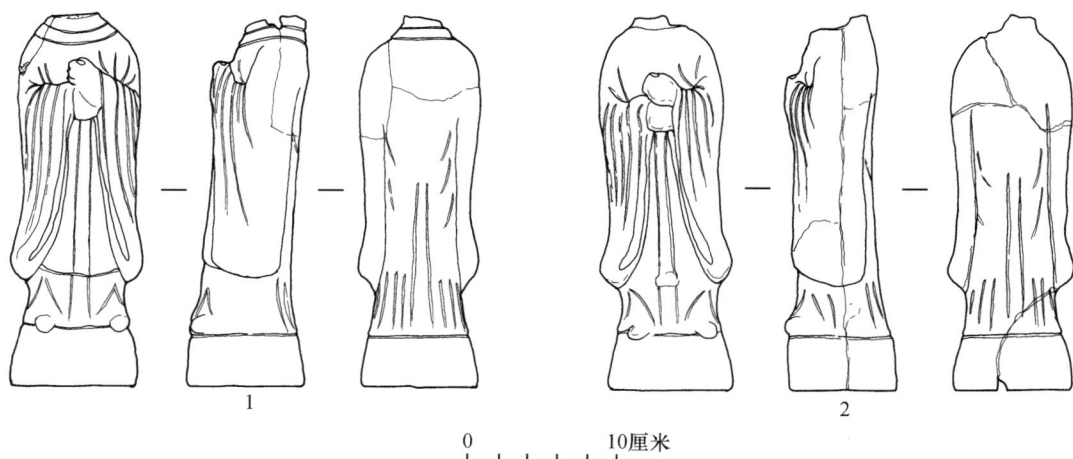

图六九　M16出土A型陶文俑
1. M16：4　2. M16：5

买地券　1方。M16：8，券石完整，近方形。长27、宽26、厚2厘米。券面四边阴刻双线框栏，券文从右至左内容如下（图七〇）：

维绍兴十五年岁次乙丑二月丁丑/朔初八日甲申故潘氏八娘子地券/生居城邑死安宅地卜筮叶从/相地于此华阳县江安东之原安/厝其界左至青龙右至白虎前/至朱雀后至玄武中方勾陈/分掌四域丘丞墓伯封步界/畔道路将军整齐阡陌千秋/万载永保元吉一如律令

敕告文券　1方。M16：13，券石残存少半，长28、残宽10、厚3厘米。券面四边阴刻内外两组方框栏，外方框栏四角内分别再刻一道细线。右边栏内镌刻四字"青龙居左"，残剩券文从右至左为"天帝牒告下土五方/"（图七一）。

真文券　1方。M16：12，券石完整，方形。长27、宽27.6、厚2厘米。券面阴刻双线框栏，券文内容为八列云篆道家符书（图七二）。

M25　位于发掘区西。墓向353°。打破M27。墓圹平面呈长方形，其北侧带墓道，长1.63、宽1.37、残深0.62米，填土为黄褐色砂土。墓道底部呈斜坡状，长1.18、宽0.85米。墓圹内砌一砖室，由封门、甬道和墓室构成。封门砌筑于底砖之上，残存一丁一平二丁墓砖，宽0.84、残高0.51米。甬道平面呈长方形，其底部顺铺一层平砖，宽0.78、进深0.16米，低于墓室0.16米。墓室平面呈长方形，长1.16、宽0.78、残高0.56米。其底部由一层平砖横、顺混铺而成，其上再砌棺台。棺台由三层平砖横、顺混铺而成，长1.01、宽0.5、高0.09米，距离东、西壁0.14米，距封门0.3米。墓壁残高0.56～0.72米，甬道部分于墓底之上砌五层平砖，其上与墓室部分统一，以一平一丁交替砌筑后再铺数层平砖。墓砖为长方形青灰色砖，规格为33厘米×16厘米—3厘米（图七三）。出土琉

图七〇　M16出土墓券拓片
（M16：8）

图七一　M16出土墓券拓片
（M16：13）

图七二　M16出土墓券拓片
（M16：12）

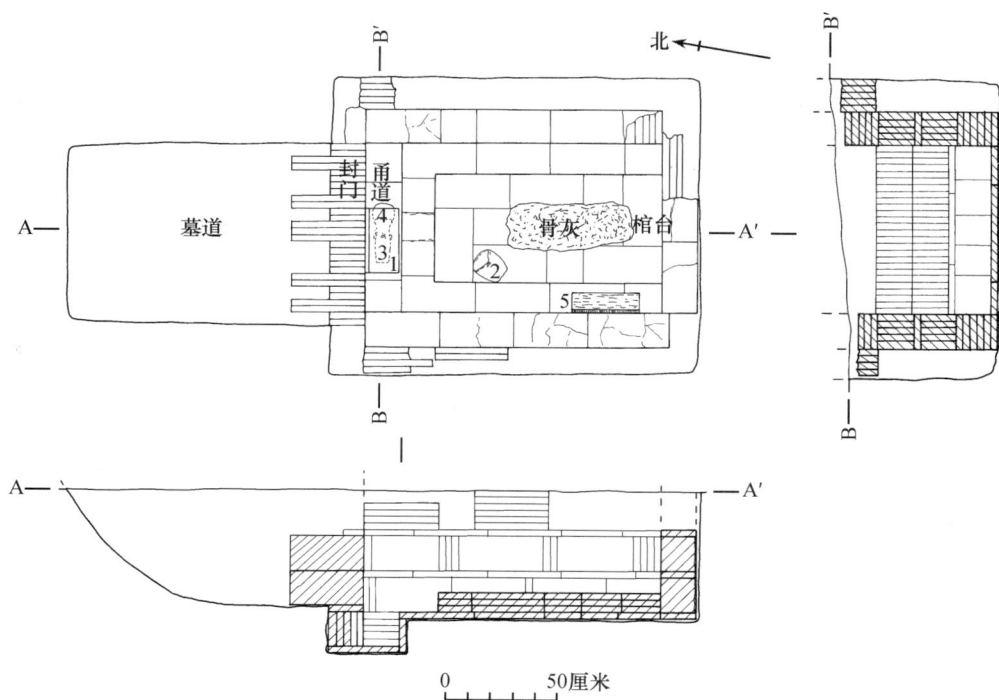

图七三　M25平、剖面图
1、5.墓券　2、3.瓷罐　4.瓷盏

璃厂窑瓷罐2件、瓷盏1件、墓券2方。棺台中部有约长0.65、宽0.22~0.28、厚0.07米的骨灰堆积。

Ⅰ类Bb型瓷罐　1件。M25：2，灰色胎，挂粉黄色化妆土，酱釉。口径8.8、腹径15.2、底径10.2、高15.3厘米（图七四，1）。

Ⅰ类E型瓷罐　1件。M25：3，棕红色胎，釉面脱落。口径9、腹径8.4、底径6.2、高19.2厘米（图七四，2）。

B型瓷盏　1件。M25：4，砖红色胎，挂粉黄色化妆土，釉面脱落。内底残留支钉痕。口径12.8、底径4.6、高3.7厘米（图七四，3）。

墓券　2方。根据墓券内容分为买地券和敕告文券两类。

买地券　1方。M25：1，券石较完整，方形。边长33、厚1.8厘米。券面四边阴刻双线框栏，券文从右至左内容如下（图七五）：

绍兴六……/……高祐/……城邑……/……东……/……安厝……/……至朱
崔后至玄武中……/勾陈……掌四……墓伯封步……

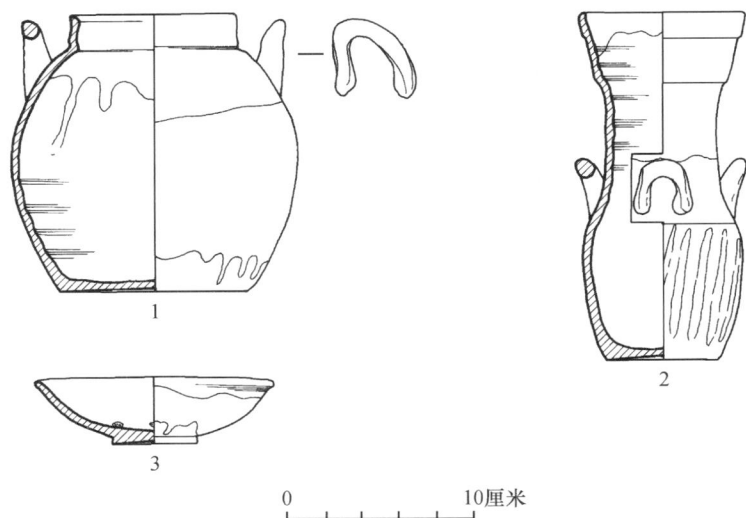

图七四　M25出土瓷器

1. Ⅰ类Bb型罐（M25：2）　2. Ⅰ类E型罐（M25：3）　3. B型盏（M25：4）

图七五　M25出土墓券拓片

（M25：1）

敕告文券　1方。M25：5，券石完整，方形。边长31、厚1.8厘米。券面四边阴刻内外两组方框栏，栏内四个方位分别镌刻四字，其文分别为"青龙居左、朱雀向前、白虎守右、玄武逐后"，券文从右至左内容如下（图七六）：

天帝牒告下土五方/王气神赵公明今有/小兆臣生值清真之/气终存不死之灵然/后入□女乃文咏九/功急急一如律令

图七六　M25出土墓券拓片

（M25：5）

M29　位于发掘区西南。墓向235°。墓圹平面呈长方形，其西侧带墓道，长1.63、宽1.13、残深0.38米，填土为灰黄色砂黏土。墓道底部呈斜坡状，长0.66、宽0.8米。墓圹内砌一砖室，由封门、甬道和墓室构成。封门残存两层丁砖，平面砌筑成凸字形，宽0.87、残高0.32米。墓室平面呈长方形，长1.3、宽0.7、残高0.5米。底部由一层平砖横、顺混铺而成，其上再砌棺台。棺台由三层平砖横、顺混铺而成，长1.13、宽0.52、高0.09米，距离南北两壁0.09米，距离封门0.17米。墓壁残高0.5米。南北两壁砌法相同，先铺两丁夹一平，其上再铺数层平砖。后壁残存部分以一平一丁的方式交替砌筑。墓砖为长方形青灰色砖，规格为31厘米×16厘米—3厘米（图七七）。出土陶底座1件、墓券2方。

陶底座　1件。M29：3，泥质红陶。残高12.4厘米（图七八）。

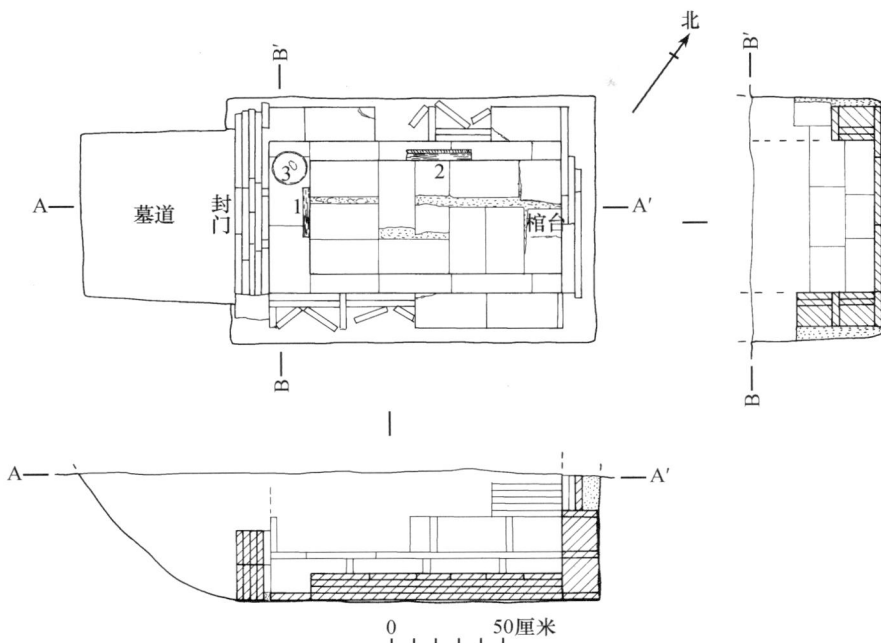

图七七 M29平、剖面图

1、2.墓券 3.陶底座

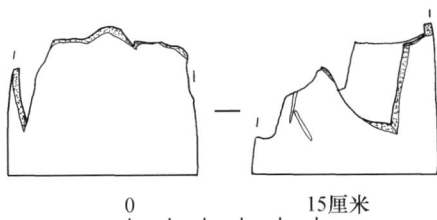

图七八 M29出土陶底座

（M29：3）

墓券 2方。M29：1，根据墓券形制判断为华盖宫文券。券石残存小半。残长10、宽28、厚3厘米。券面四边阴刻三组单线方框栏，外方框栏与中间框栏在四角以短线相连，中方框栏与内方框栏间阴刻八卦，券文从右至左内容如下（图七九）：

……/……/……/（上缺）武/（上缺）功/……

M29：2，券石残存小半。残长5、残宽14、厚3厘米。残存券面阴刻双线框栏，残剩券文从右至左内容如下（图八○）：

……/（上缺）相/（上缺）之/（上缺）光

0　　　　　5厘米

图七九　M29出土墓券拓片
（M29∶1）

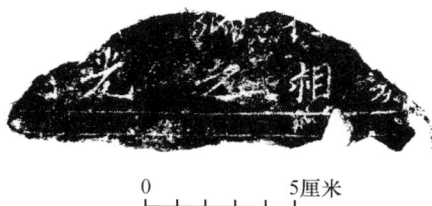

0　　　　　5厘米

图八〇　M29出土墓券拓片
（M29∶2）

M33　位于发掘区中部。墓向342°。被M7、M16打破。墓圹平面呈中字形，其北侧带墓道，长0.8~1.23、宽1.46~1.73、残深0.56米，填土为灰褐色花土。墓道底部呈斜坡状，长0.52、宽0.82~0.96米。墓圹内砌一砖室，由封门、甬道和墓室构成。封门三层丁砖，平面砌筑成凸字形，宽1.07、残高0.49米。甬道平面呈长方形，底部横铺一层平砖，宽0.81、进深0.18米，低于墓室0.15米。墓室平面呈长方形，底部横铺一层平砖，残长0.95、宽0.81、残高0.35米。其上有棺台，棺台为一层横铺平砖，残长0.95、宽0.66、高0.03米，距离东西两壁0.08米。墓壁残高0.35~0.5米。甬道部分于底砖之上先铺一层丁砖，其上与墓室部分统一砌两平一丁后再铺数层平砖。两壁设有壁龛，宽0.33、进深0.37、残高0.1米。后壁形制不明。墓砖为长方形青灰色砖，规格为33厘米×16厘米—3厘米和33厘米×16厘米—3.5厘米两种（图八一）。出土琉璃厂窑瓷罐5件、瓷盏1件、墓券1方。

Ⅰ类C型瓷罐　1件。M33∶2，砖红色胎，釉面脱落。口径9、腹径18.5、底径9.4、高16.5厘米（图八二，1）。

Ⅱ类Ba型瓷罐　1件。M33∶5，棕红色胎，挂粉黄色化妆土，青釉。口径9、腹径10、底径6.5、高14.9厘米（图八二，2）。

Ⅱ类Bb型瓷罐　2件。M33∶4，砖红色胎，挂粉黄色化妆土，釉面脱落。唇部残留一周对口烧痕。口径8.4、腹径9.5、底径5.8、高10.6厘米（图八二，3）。M33∶6，棕红色胎，挂粉黄色化妆土，青釉。外壁残留一周叠烧痕。口径8.4、腹径9.4、底径6、高

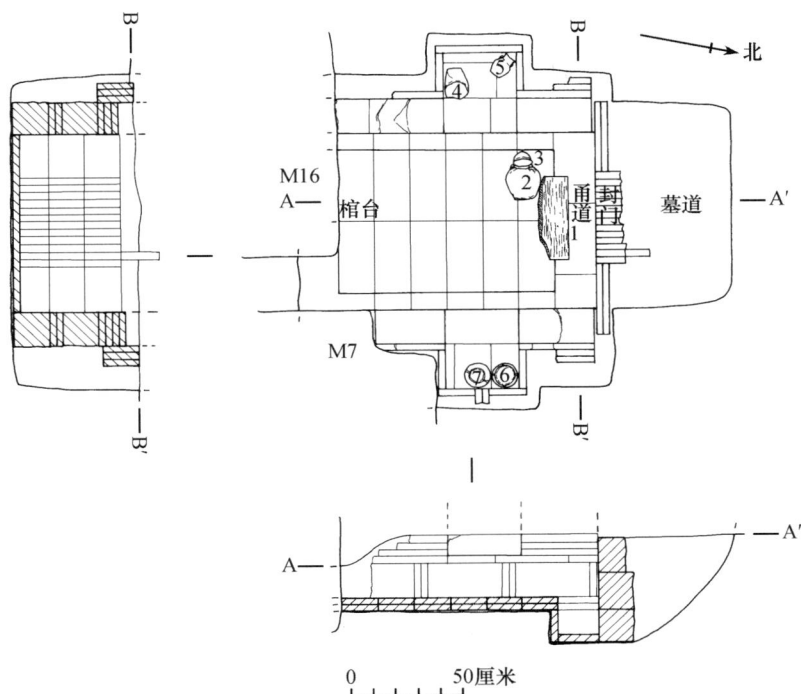

图八一　M33平、剖面图
1.墓券　2、4～7.瓷罐　3.瓷盏

10.1厘米（图八二，4）。

Ⅱ类C型瓷罐　1件。M33：7，棕红色胎，酱釉。口径7.2、腹径10.4、底径7、高8.8厘米（图八二，5）。

B型瓷盏　1件。M33：3，棕红色胎，挂粉黄色化妆土，青釉。内底残留支钉痕。口径11、底径4.5、高3.1厘米（图八二，6）。

墓券　1方。根据券文内容判断为买地券。M33：1，券石完整，近方形。长41、宽39.6、厚2厘米。券面四边阴刻单线框栏，券文从左至右内容如下（图八三）：

维嘉祐三年岁次戊戌二月壬寅朔七日/戊申故刘府君陈氏夫妇合葬地券生/
居城邑死安宅兆卜筮叶从相地咸吉宜/于此华阳县江安东之原安厝谨使信/
介买地其界东至青龙西至白虎南至朱/崔北至神武中方勾陈分掌四域丘丞墓/
陌封步界畔道路将军整齐阡陌千秋/万岁永无殃咎安厝已后长亨元吉知见/
人岁月主者保人日时直符故无邪精不/得忓咎先有居者永避万里若违此约分付/
地府主吏自当其祸主人内外存亡安吉急急如/律令

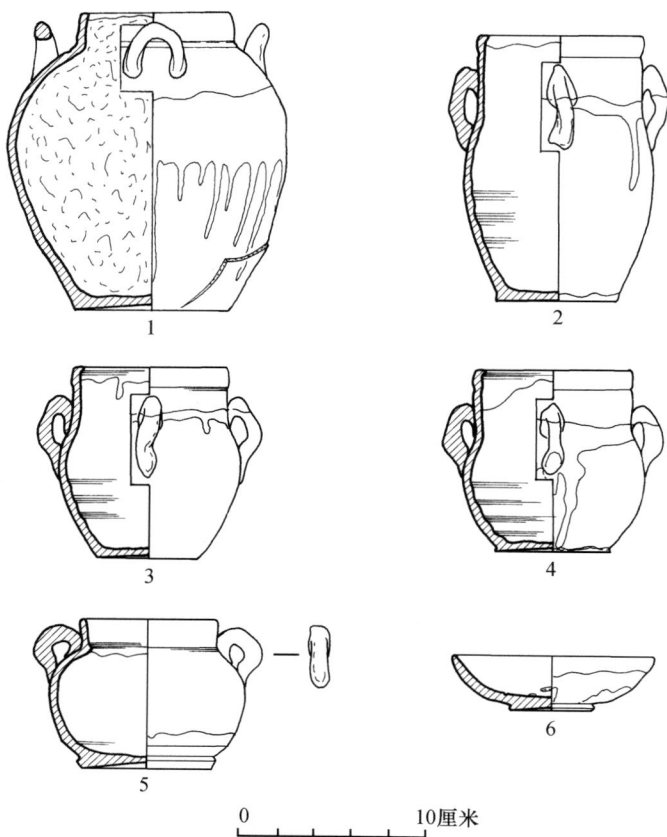

图八二　M33出土瓷器

1. Ⅰ类C型罐（M33：2）　2. Ⅱ类Ba型罐（M33：5）　3、4. Ⅱ类Bb型罐（M33：4、M33：6）
5. Ⅱ类C型罐（M33：7）　6. B型盏（M33：3）

5. Ca型

M2　位于发掘区北偏东。墓向325°。墓圹平面呈北宽南窄的梯形，长3.72、宽1.84～2、残深0.28米，填土为黄褐色花土。墓圹内砌一砖室，残存部分甬道和墓室。甬道残存两块平砖，残宽0.17、残进深0.3～0.34、残高0.04米。墓室平面大致呈梯形，底部错缝横铺一层平砖，残长2.18、残宽0.86～1、残高0.08米。其上有棺台，棺台残存部分为错缝横铺的平砖，残长2.08、宽0.84、高0.04米，距离两壁0.04～0.1米。墓壁为双层，残高0.08米，皆砌筑于底砖之上，残存两层平砖。墓砖为长方形青灰色砖，规格为34厘米×17厘米—4厘米（图八四）。

M6　位于发掘区北偏西。被晚期堆积打破。墓向296°。墓圹平面呈西宽东窄的梯形，残长2.05、残宽0.95～1.1、残深0.19米，填土为黄褐色花土。墓圹内砌一砖室，由封门、甬道和墓室构成。封门残存一丁二平墓砖，宽0.89、残高0.17米。甬道平面呈梯形，底部顺铺一层平砖，宽0.64～0.67、进深0.32米，低于墓室0.1米。墓室平面呈梯

0   5厘米

图八三 M33出土墓券拓片

（M33：1）

形，底部为一层平砖，残长1.43、残宽0.55～0.64、残高0.18米。墓壁残高0.18～0.28米。南北两壁砌法相同，甬道部分砌一层丁砖，其上与墓室统一，砌数层平砖。后壁形制不明。墓砖为长方形青灰色砖，规格为32厘米×16厘米—4厘米（图八五）。出土琉璃厂窑瓷罐1件、铜钱9枚，其中4枚锈蚀残破。

Ⅰ类Ab型瓷罐 1件。M6：1，砖红色胎，挂粉黄色化妆土，釉面脱落。口径9.9、腹径18、底径8.7、高14.4厘米（图八六，1）。

乾元重宝 1枚。M6：6，钱径2.5、穿宽0.7厘米，重2.88克（图八六，2）。

A型开元通宝 3枚。M6：2，钱径2.4、穿宽0.7厘米，重3.46克（图八六，3）。M6：3，钱径2.4、穿宽0.7厘米，重2.94克（图八六，4）。M6：5，钱径2.3、穿宽0.7厘米，重3.24克（图八六，5）。

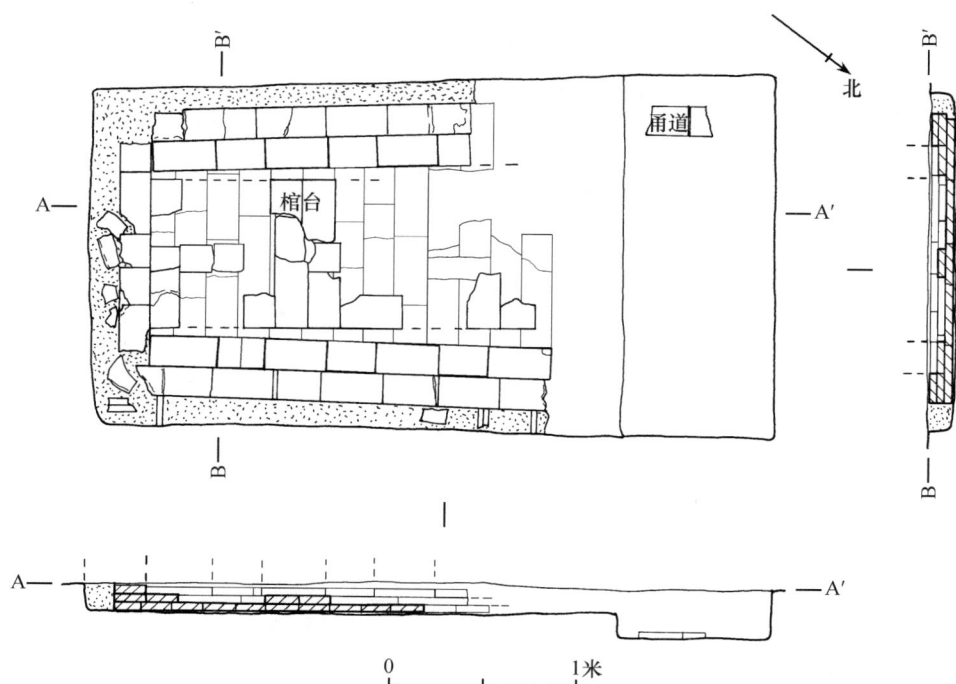

图八四　M2平、剖面图

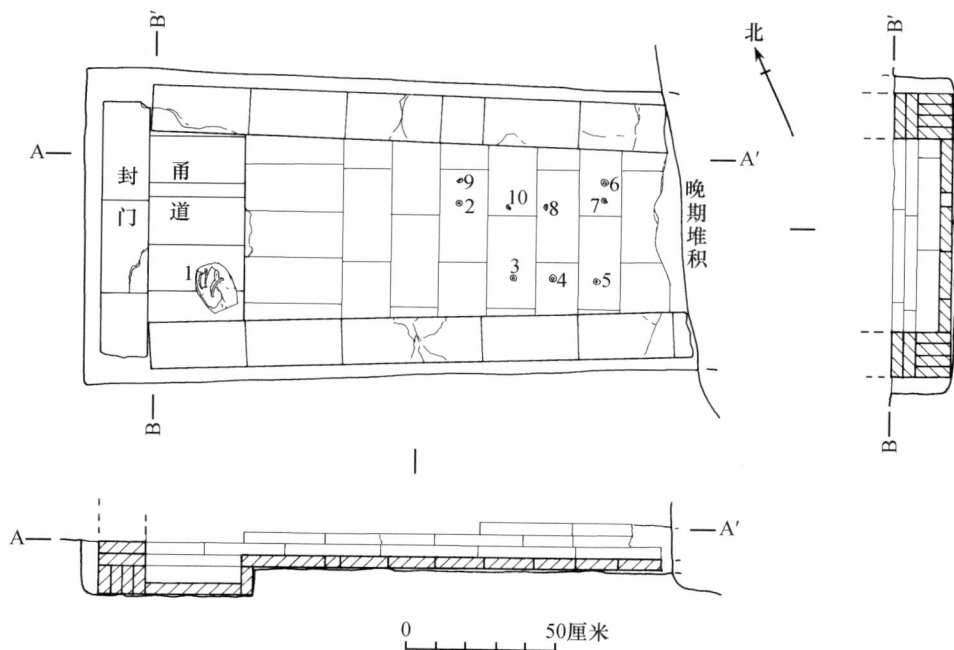

图八五　M6平、剖面图

1. 瓷罐　2～10. 铜钱

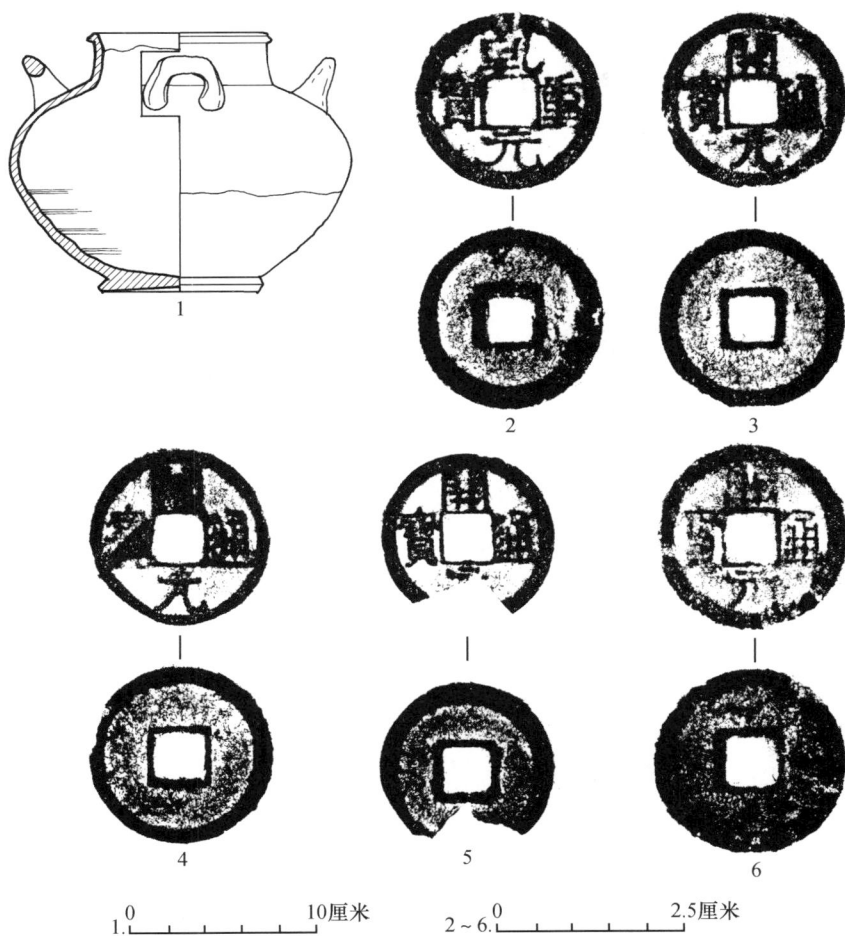

图八六　M6出土瓷器及铜钱拓片

1. Ⅰ类Ab型瓷罐（M6：1）　2. 乾元重宝（M6：6）　3～5. A型开元通宝（M6：2、M6：3、M6：5）

6. C型开元通宝（M6：4）

C型开元通宝　1枚。M6：4，钱径2.4、穿宽0.7厘米，重3.11克（图八六，6）。

M12　位于发掘区东。墓向257°。墓圹平面呈西宽东窄的梯形，其西侧带墓道，长2.8～2.86、宽1.28～1.54、残深0.6米，填土为灰褐色砂土。墓道底部呈斜坡状，长0.62～0.72、宽0.96～1.08米。墓圹内砌一砖室，由封门、甬道和墓室构成。封门残存部分于底砖之上先铺两层平砖，再铺两丁夹一平，其中丁砖平面砌筑成凸字形，宽1.2、残高0.48米。甬道平面呈长方形，其底部顺铺一层平砖，宽0.92、进深0.26米，低于墓室0.14米。墓室平面呈梯形，底砖残存部分为一层平砖，长2.08、宽0.8～0.9、残高0.44米，其上有棺台，棺台残，为两层横、顺混铺的平砖，残长0.65、残宽0.68、高0.07米，距离东西两壁0.08米。墓壁残高0.44米，甬道部分是在底砖之上平铺三层，与墓室齐平后再铺两组一平一丁，东西两壁残存两丁夹一平，后壁残存一平一丁。墓砖为长方形青灰色砖，规格有33厘米×16.5厘米—3.5厘米和41厘米×21厘米—5厘米两种（图八七）。出土墓券1方，风蚀破损较甚，无法提取。

M27 位于发掘区西北。墓向210°。墓圹平面呈南宽北窄的梯形，长3.4、宽1.14～1.44、残深0.74米，填土为灰褐色含砂黏土。墓圹内砌一砖室，残存封门、甬道和部分墓室。封门残仅存一丁一平，宽0.94、残高0.22米。甬道平面呈长方形，其底部顺铺一层平砖，宽0.94、进深0.36、低于墓圹0.18米。墓室平面呈梯形，底部残存一层平砖，长2.42、残宽0.64～0.7、残高0.25米。墓壁残高0.25～0.43米，甬道部分残存一层丁砖，墓室部分在底砖之上以一平一丁交替砌筑。墓砖为长方形青灰色砖，规格为38厘米×18厘米—3.5厘米（图八八）。

6. Cb型

M11 位于发掘区中部偏东，M10西侧。墓向206°。墓圹平面呈南宽北窄的梯形，长2.12、宽1.16～1.26、残深0.36米。墓圹内砌一砖室，残存部分封门、甬道和墓室。封门残存一丁一平，宽0.84、残高0.18米。甬道平面呈长方形，底部横铺一层平砖，宽0.76、进深0.14米，低于墓室0.16米。墓室平面略呈梯形，底部横、顺混铺一层平砖，长1.32、残宽0.72～0.76、残高0.22米。其上残存两层横顺混铺的平砖，残长0.34～0.56、残宽0.16～0.32、高0.07米。墓壁残高0.22～0.38米，甬道部分在底砖之上铺一丁一平，西壁与后壁残存部分均为一层丁砖。墓砖为长方形青灰色砖，规格为34厘米×17厘米—3.5厘米（图八九）。

M20 位于发掘区东南。被晚期坑打破。墓向165°。墓圹平面呈南宽北窄的梯形，长1.85、宽0.96～1.14、残深0.34米，填土为灰黄色含砂黏土。墓圹内砌一砖室，残存封门、甬道和墓室。封门残存两层丁砖，宽1.05、残高0.31米。甬道平面呈长方形，底部铺一层平砖，宽0.65、进深0.17米，低于墓室0.17米。墓室平面呈梯形，底部残存近后壁处底砖，长1.08、宽0.58～0.65、残高0.22米。其上有棺台，棺台残存部分长0.42、宽0.41、高0.04米，距离东、西壁0.09米。墓壁残高0.22～0.39米，甬道部分在底砖之上铺五层平砖，其上与墓室壁统一，砌一平一丁。墓砖为长方形青灰色砖，规格为33厘米×17厘米—3厘米和41厘米×27厘米—4厘米（图九〇）。随葬琉璃厂窑瓷盏、墓券等，墓券残损。

B型瓷盏 1件。M20：1，棕红色胎，挂粉黄色化妆土，釉面脱落。内底残留支钉痕。口径13.3、底径4.9、高4厘米（图九一）。

M24 位于发掘区西北角。墓向280°。墓圹平面呈东窄西宽的梯形，其西侧带墓道，长2.08、宽1.16～1.47、残深0.9米，填土为灰黄色砂土。墓道底部呈斜坡状，长0.8、宽0.86～0.91米。墓圹内砌一砖室，由封门、甬道和墓室构成。封门残存一层丁砖，平面砌筑成凸字形，宽0.9、残高0.15米。甬道平面呈梯形，其底部由一层平砖顺铺而成，宽0.92～0.96、进深0.3米，低于墓室0.16米。墓室平面呈梯形，底部由一层平

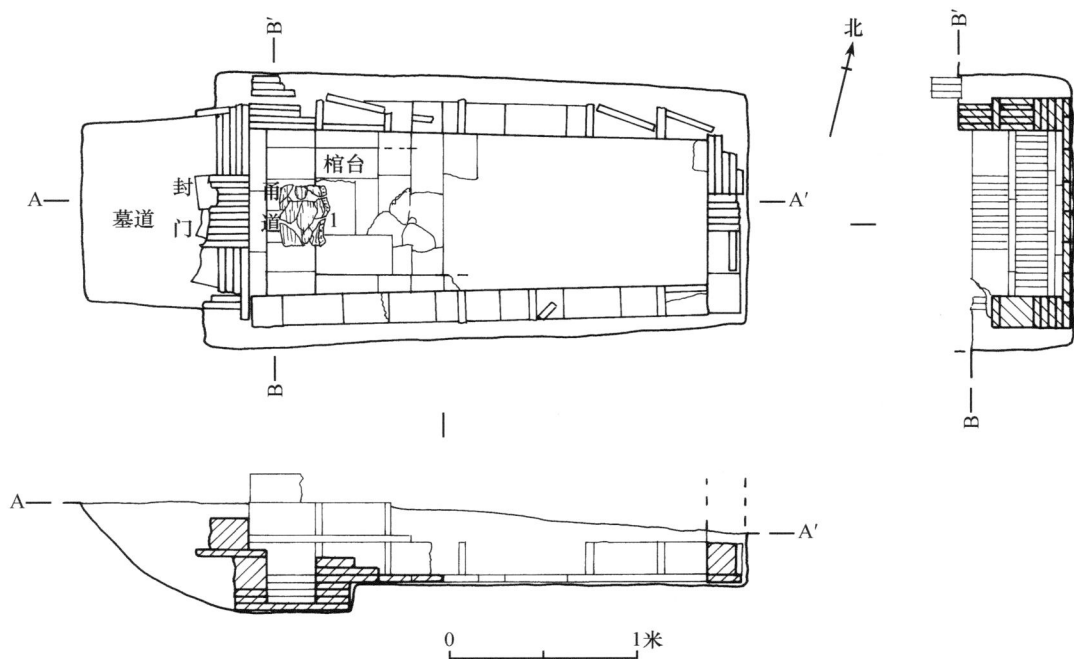

图八七　M12平、剖面图

1. 墓券（未修复）

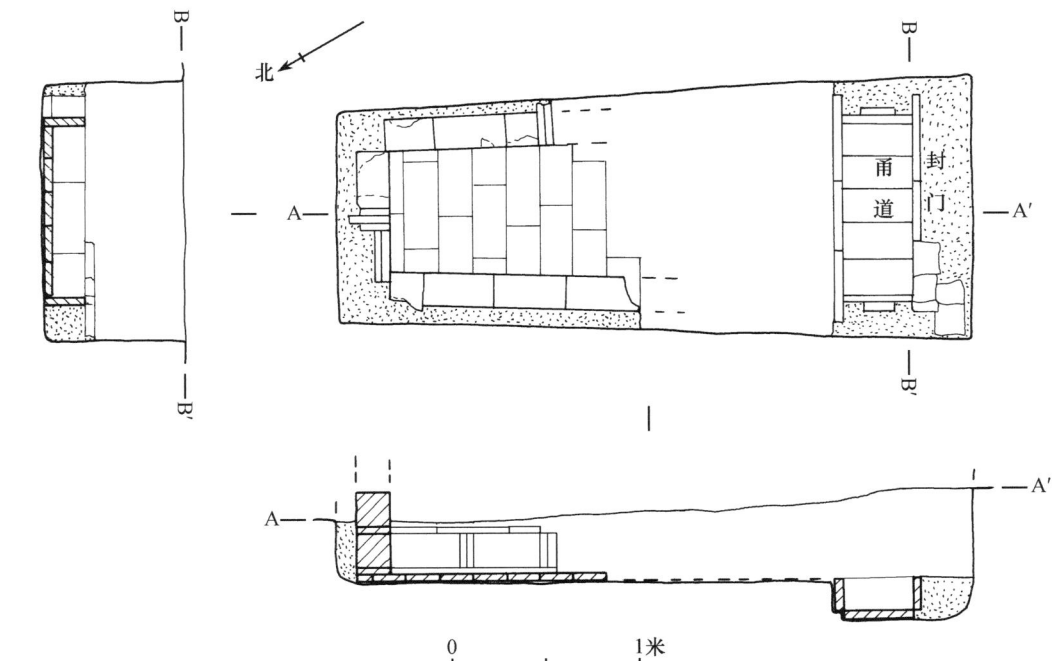

图八八　M27平、剖面图

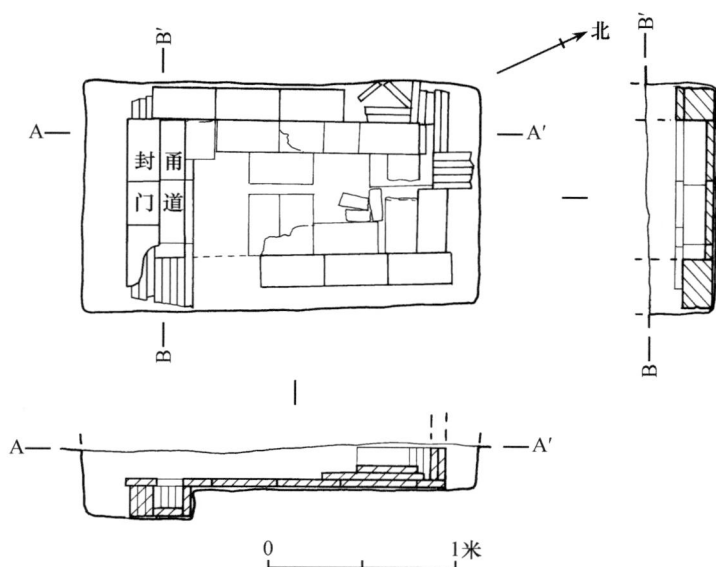

图八九　M11平、剖面图

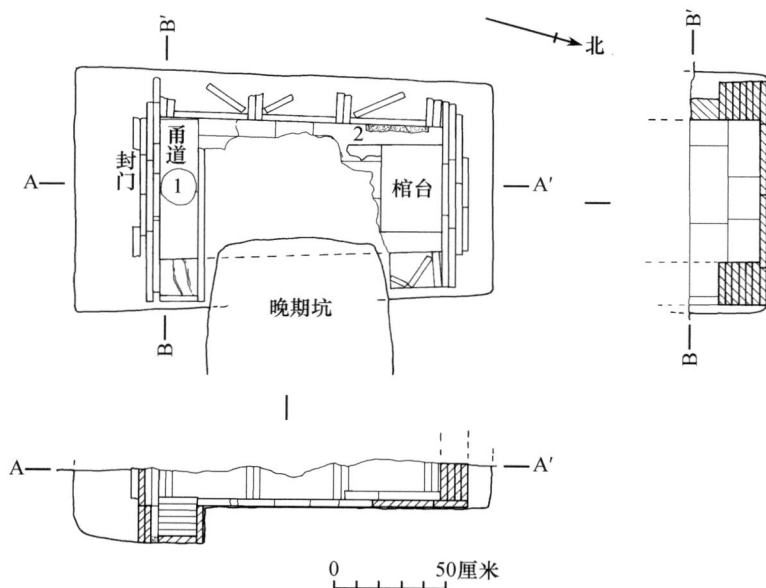

图九〇　M20平、剖面图

1. 瓷盏　2. 墓券（未修复）

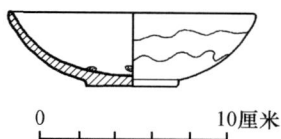

图九一　M20出土B型瓷盏

（M20∶1）

砖横、顺混铺而成，长1.3、宽0.76～0.91、残高0.75米。其上有棺台，由两层平砖横、顺混铺而成，长1.15、宽0.56～0.69、高0.07米，距离南、北壁0.08～0.12米。墓壁残高0.75～0.91米，甬道部分在底砖之上铺三层平砖，其上与墓室壁统一，以一平一丁交替砌筑，墓室壁第三层平砖之上起三个肋柱，由数层平砖叠砌而成。肋柱间形成宽0.27、进深0.1、残高0.17～0.22米的壁龛。后壁与南北两壁砌法相同，设有后龛，平面呈长方形，宽0.55、进深0.23、残高0.2米。墓砖为长方形青灰色砖，规格为32厘米×16厘米—3.5厘米（图九二）。出土琉璃厂窑瓷罐2件、邛窑瓷碗1件、墓券1方。棺台中部残存骨灰堆积。

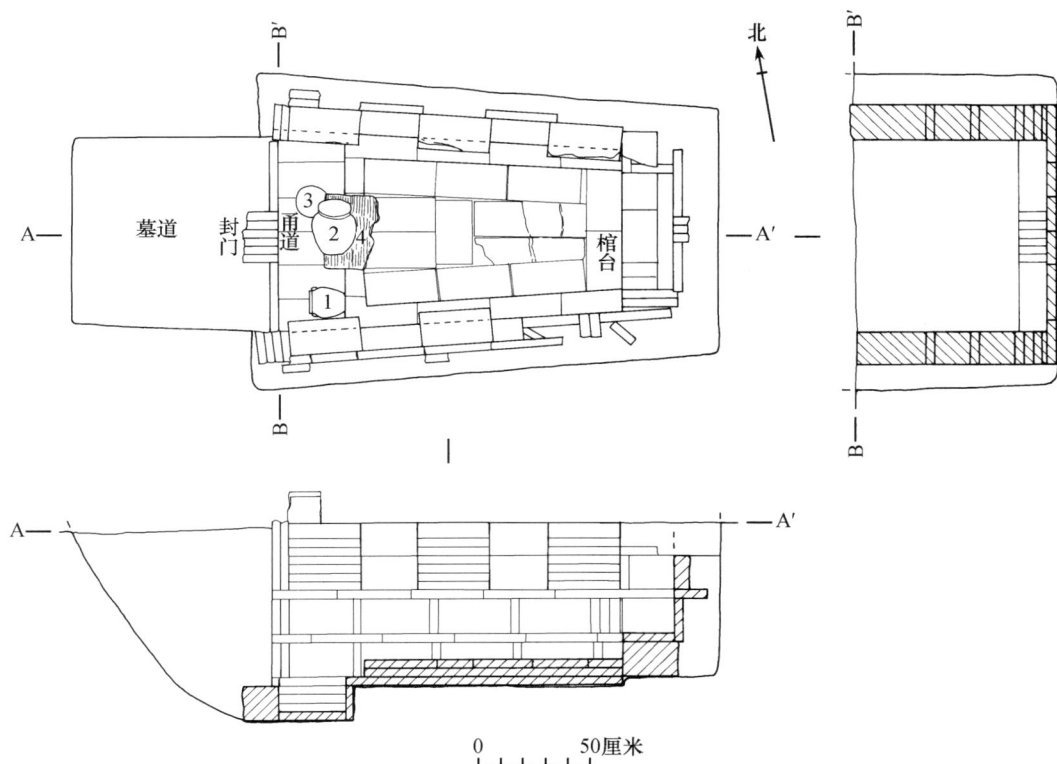

图九二　M24平、剖面图
1、2. 瓷罐　3. 瓷碗　4. 墓券

Ⅰ类Ba型瓷罐　2件。砖红色胎，挂粉黄色化妆土。M24：1，釉面脱落。口径11.3、腹径14.6、底径7.8、高15.2厘米（图九三，1）。M24：2，酱釉。口径16、腹径21.6、底径10.6、高21.7厘米（图九三，2）。

邛窑B型瓷碗　1件。M24：3，灰白色胎，挂粉黄色化妆土，青釉。内底残留支钉痕。口径15.6、足径6.6、高6厘米（图九三，3）。

墓券　1方。M24：4，根据墓券内容判断为买地券。券石略残，呈长方形。长

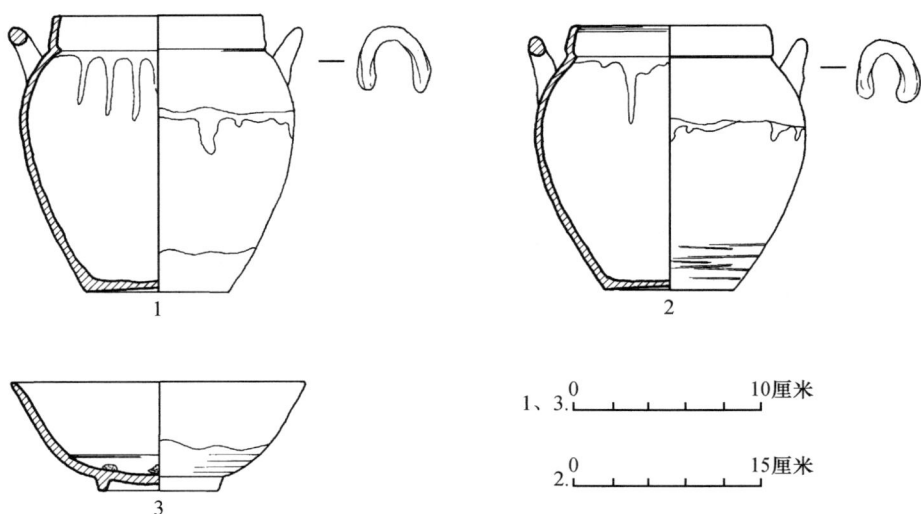

图九三　M24 出土瓷器

1、2. Ⅰ类Ba型罐（M24∶1、M24∶2）　3. 邛窑B型碗（M24∶3）

39.5、宽35、厚2.5厘米。字迹因磨损而模糊难辨。券面四边阴刻单线框栏，券文从左至右内容如下（图九四）：

（上缺）岁□□亥……/（上缺）故任府□地券生居城邑死安宅地卜/筮叶从相地咸吉□于此华阳县之/原……青龙……白虎南/至朱……中方勾陈分掌四域丘/……齐阡陌/……安厝已……/（上缺）见人岁月主……故气/（上缺）不得忏咎……若/……其祸□□内外/……如律令

　　M35　位于发掘区西。墓向270°。打破M36。墓圹平面呈西宽东窄的梯形，长2.2、宽1.5～1.6、残深0.35米，填土为灰黑色含砂黏土。墓圹内砌一砖室，由封门、甬道和墓室构成。封门砌于底砖之上，残存两层丁砖，宽1、残高0.32米。甬道平面近梯形，其底部由一层平砖顺铺而成，宽1、进深0.2米，低于墓室0.15米。墓室平面呈梯形，长1.32、宽0.9～0.94、残高0.22米，底部横、顺混铺一层平砖，其上再砌棺台。棺台后部残损，为两层横、顺混铺的平砖，残长1.15、宽0.64～0.66、高0.06米，距离南北两壁0.14米，距离封门0.27米。墓壁为双层，残高0.22～0.37米，甬道部分于底砖之上砌四层平砖，其上与墓室壁统一，以一平一丁交替砌筑，后壁残存一层平砖。墓砖为长方形青灰色砖，规格为31.5厘米×16厘米—3厘米（图九五）。出土琉璃厂窑瓷罐1件、墓券1方。填土出土铜钱1枚。

　　Ⅰ类E型瓷罐　1件。M35∶2，棕红色胎，釉面脱落。口径7.2、腹径9、底径6.6、高19.3厘米（图九六，1）。

图九四　M24出土墓券拓片

（M24：4）

A型开元通宝　1枚。M35填：1，钱径2.4、穿宽0.7厘米，重3.09克（图九六，2）。

墓券　1方。根据墓券内容判断为买地券。M35：1，券石完整，方形。边长36、厚1.8厘米。字迹清晰，书写工整。券面四边阴刻单线框栏，券文从右至左内容如下（图九七）：

维绍兴二年岁次壬子六月庚寅朔二十日/己酉故谭居信杨氏十娘地券生居城/邑死安宅兆卜筮叶从相地大吉宜于此/华阳县江安东福地之原安厝其界东/至青龙南至朱雀西至白虎北至玄武/内方勾陈分掌四域丘丞墓伯封步界/畔道路将军整齐阡陌千秋百载永/保元吉知见人岁月主者保人今日/时直回避万里一如律令

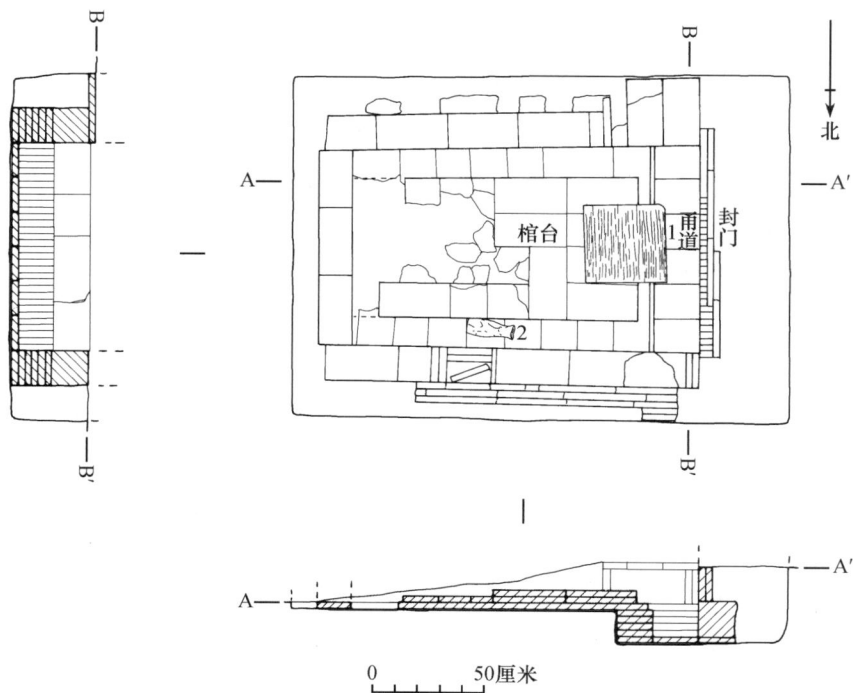

图九五　M35平、剖面图

1. 墓券　2. 瓷罐

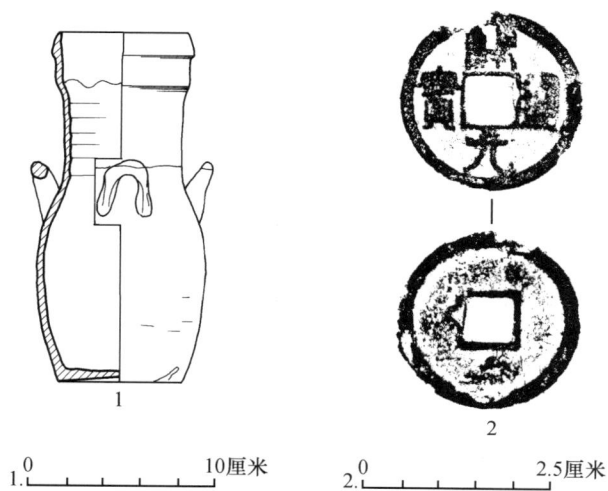

图九六　M35出土瓷罐及铜钱拓片

1. Ⅰ类E型瓷罐（M35：2）　2. A型开元通宝（M35填：1）

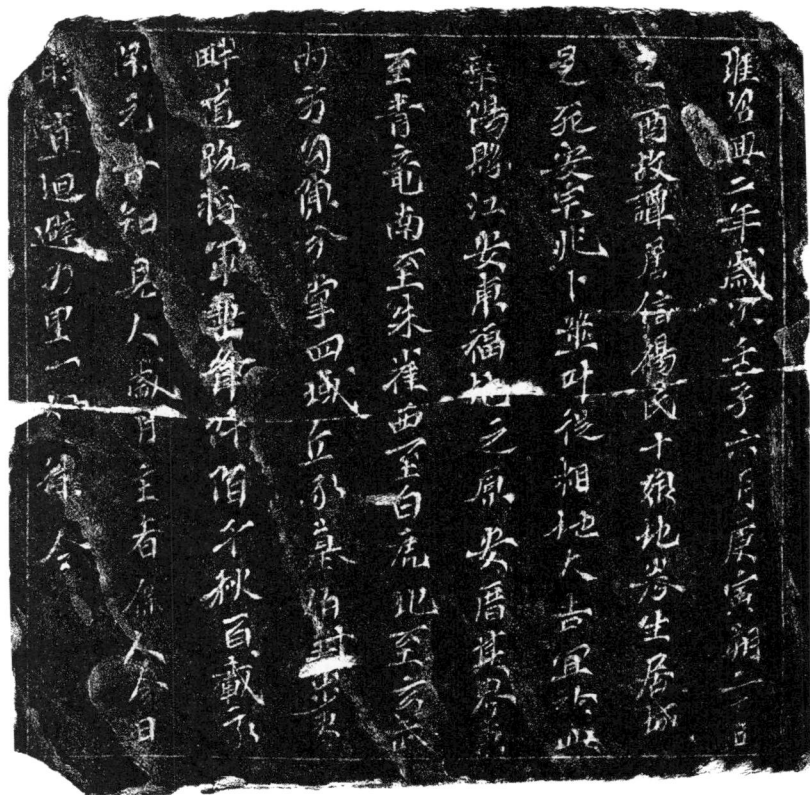

图九七　M35出土墓券拓片

（M35∶1）

四、年代判断及分期

本次发掘的M1、M4、M10、M13、M18因保存情况差，也未见任何出土物，不参与年代判断。除此之外的32座墓葬中，有7座墓出土了刻有纪年文字的墓券，另有7座墓出土了钱币，包括开元通宝、乾元重宝、治平元宝、熙宁元宝和政和通宝五类。其余13座墓多出土年代特征明显的陶、瓷器。这些材料为我们判断墓葬的年代提供了可信的证据。根据这些时代特征可将32座墓葬分为三期。

第一期，属于本期的有乙类A型墓（M9、M15、M17、M19、M28、M31、M32、M34、M36、M37）、乙类Ba型墓（M8）、乙类Ca型墓（M6）。本期墓葬墓室平面均较长，有墓室分为前后两段、前宽后窄的单室墓，另有少量长方形或梯形单室墓。多随葬琉璃厂窑Ⅰ类A型罐、A型瓷碗、B型瓷盘、B型瓷碟、瓷注壶，青羊宫窑瓷碗、瓷盘，开元通宝及乾元重宝铜钱等器物。乙类A型墓墓壁不在一条直线上，墓室分为前、后两段，对应《四川地区唐代砖室墓分期研究初论》一文的C型Ⅲ式墓，年代在唐代中晚期[2]。M8出土墓券指出墓主为"太子宾客"，可知该墓年代在前后蜀时期。乙类Ca型墓M6流行年代较长，从唐末至北宋早中期皆有发现[3]。从出土器物来看，本期流行器形丰满的四系罐，如M6、M9、M19、M36出土斜方唇四系罐与贞元二年（786年）爨公墓同类器M1：15[4]、金沙村大中四年（850年）墓M1：6[5]、西郊西窑村广政年（938～965年）墓M21：4相同[6]，除此之外还见于永陵公园M8、M12等五代墓[7]。M31出土的四系罐与龙泉驿乾德五年（923年）王宗侃夫妇墓出土的Aa型罐相同[8]，M28出土的Ab型饼足碗，口部出沿，同类器还见于元和十年（815年）王怀珍墓[9]、四川大学唐墓[10]、群众路M1[11]等唐代晚期墓葬。综上，该期墓葬的主要年代在唐代晚期至五代。

第二期，属于本期的有甲类A型墓（M3、M21、M23）、甲类B型墓（M38）、乙类Bb型墓（M7、M33）、乙类Ca型墓（M2、M12、M27）、乙类Cb型墓（M24）。本期流行墓葬规模较大的梯形或长方形单、双室墓。同时墓葬规模较小、墓室较短的梯形或长方形单双室墓开始出现，但还不太流行。随葬品以琉璃厂窑B型碗、盏、Ⅰ类Ba型罐、Ⅱ类Ba型罐、熙宁元宝铜钱为主，并且开始出现铁钱以及敕告文券、真文券等墓券。M7出土宣和四年（1122年）买地券、M33出土嘉祐三年（1058年）买地券、M38出土买地券券文残存"岁次辛丑二月丙寅"，据此推断该墓为宣和三年（1121年）墓葬[12]。另外，乙类Ca型墓多流行于北宋早、中期[13]。甲类A型墓为墓室较长的双室墓，多流行于北宋中晚期至南宋早期[14]。就随葬品而言，M3出土治平元宝、熙宁元宝，故其年代上限当不早于北宋熙宁年间。M21出土的Ⅰ类Bb型瓷罐与欧香小镇元祐二年（1087年）墓M31：6相同[15]。M24出土的Ⅰ类Ba型瓷罐以及邛窑B型瓷碗分别与欧香小镇M31出土的BⅠ式双系罐以及BⅠ式碗相同[16]。综上，该期墓葬年代集中在北宋中晚期。

第三期，属于本期的墓葬有甲类B型墓（M26、M30）、乙类Bb型墓（M5、M14、M16、M25、M29）、乙类Cb型墓（M11、M20、M35）。本期皆为规模较小、墓室较短的墓葬。这类墓葬是成都地区南宋时期流行的火葬墓。随葬品多以琉璃厂窑瓷盏、Ⅰ类Bb型瓷罐、Ⅰ类E型瓷罐、瓷蛙形灯、瓷炉、陶俑相组合。其中M16出土绍兴十五年（1145年）买地券、M25出土绍兴六年（1136年）买地券、M26出土绍兴六年（1136年）买地券和绍兴十三年（1143年）买地券、M35出土绍兴二年（1132年）买地券。其余墓葬，M5、M29与M25形制相同，M11、M20与M35形制相同，M14、M30的器物组合与M26南室十分相似。综上，该期墓葬的年代应在南宋早期。

五、结　语

M28出土1件铜臂钏，类似的铜臂钏还出土于群众路唐墓M1[17]以及四川大学唐墓[18]，后二者与M28分别相距900、450米。有所不同的是群众路M1及四川大学唐墓随葬的铜臂钏为空心环形，内附一张纸本真言，《成都市群众路唐墓出土佛教纸本真言及相关问题》一文提出这类臂钏由装饰性臂钏演变而来，同时具备了装饰与宗教的双重功能[19]。M28出土的铜臂钏为实心环形、接口不相连，也无外接装置器，是仅用于佩戴的装饰臂钏。三座墓葬的形制相同，皆为墓壁不在一条直线上，墓室可分2～4段，随葬品组合较为相似，年代都在唐代晚期。由此推测佩戴臂钏的习俗在唐代晚期颇为流行。

　　附记：该考古发掘项目资料整理及简报编写工作由成都武侯祠博物馆鲁云霞及成都文物考古研究院王瑾完成。

发掘与整理：王　瑾　高　潘　何枫杨　鲁云霞

绘　　　图：张立超　高　潘

拓　　　片：严　彬

执　　　笔：鲁云霞　王　瑾

注　　释

［1］　以下未注明窑口的瓷器均为琉璃厂窑。

［2］　刘雨茂、朱章义：《四川地区唐代砖室墓分期研究初论》，《四川文物》1999年第3期。

［3］　刘雨茂、朱章义：《四川地区唐代砖室墓分期研究初论》，《四川文物》1999年第3期；陈云洪：《四川地区宋代墓葬研究》，《南方民族考古》（第七辑），科学出版社，2011年。

［4］　成都市文物考古工作队：《成都市南郊桐梓林村唐代爨公墓发掘》，《成都考古发现》（1999），科学出版社，2001年，第205页。

［5］　成都市文物考古研究所：《成都市金沙村唐墓发掘简报》，《考古》2008年第3期。

［6］　成都文物考古研究所：《成都西郊西窑村唐宋墓葬发掘简报》，《东南文化》2003年第7期。

［7］　成都文物考古研究所：《2008年度永陵公园古遗址发掘简报》，《成都考古发现》（2008），科学出版社，2010年，第394～398页。

［8］　成都文物考古研究所、龙泉驿区文物保护管理所：《成都市龙泉驿五代前蜀王宗侃夫妇墓》，《考古》2011年第6期。

［9］　成都文物考古研究所：《成都市西郊红色村唐代王怀珍墓》，《成都考古发现》（2005），科学出版社，2007年，第304页。

［10］　冯汉骥：《记唐印本陀罗尼经咒的发现》，《文物参考资料》1957年第5期。

［11］　成都文物考古研究院：《成都市武侯区群众路唐宋墓地发掘简报》，《成都考古发现》（2016），科学出版社，2018年，第322页。

［12］　陈垣：《二十史朔闰表》，中华书局，1962年，第134页。

［13］ 陈云洪：《四川地区宋代墓葬研究》，《南方民族考古》（第七辑），科学出版社，2011年。

［14］ 陈云洪：《四川地区宋代墓葬研究》，《南方民族考古》（第七辑），科学出版社，2011年。

［15］ 成都文物考古研究所、双流县文物管理所：《双流县华阳镇骑龙村"欧香小镇"唐宋墓葬发掘简报》，《成都考古发现》（2011），科学出版社，2013年，第450页。

［16］ 成都文物考古研究所、双流县文物管理所：《双流县华阳镇骑龙村"欧香小镇"唐宋墓葬发掘简报》，《成都考古发现》（2011），科学出版社，2013年，第446～450页。

［17］ 成都文物考古研究院：《成都市武侯区群众路唐宋墓地发掘简报》，《成都考古发现》（2016），科学出版社，2018年，第321～344页。

［18］ 冯汉骥：《记唐印本陀罗尼经咒的发现》，《文物参考资料》1957年第5期。

［19］ 王瑾：《成都市群众路唐墓出土佛教纸本真言及相关问题》，《考古》2020年第9期。

成都市青羊区君平街遗址发掘简报

成都文物考古研究院

　　君平街遗址位于成都市青羊区君平街与横陕西街交叉路口西侧，工地平面呈不规则四边形，地理坐标为东经104°3′29″、北纬30°39′15″，海拔503米（图一）。2018年3月，为配合成都市兴蓉集团有限公司成都市君平街农贸市场、社区服务中心、公厕及附属设施项目建设，成都文物考古研究院对该遗址开展了考古发掘工作，共布10米×10米探方3个，实际发掘面积243平方米。获得了一批六朝至明清时期城市考古的新材料，现将此次工作的基本情况简报如下。

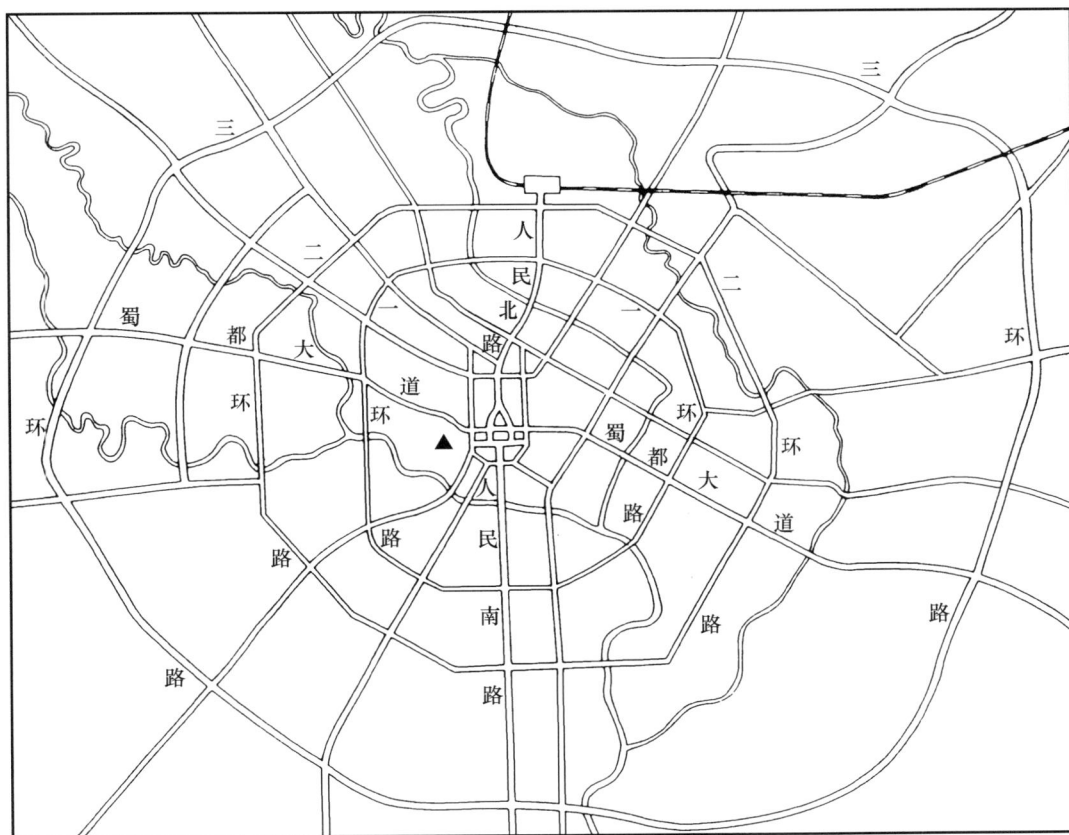

图一　遗址位置示意图

一、地 层 堆 积

遗址地层堆积分为5层，以T2东壁为例介绍如下（图二）。

第1层：厚约1.5米。近现代地层，包含大量混凝土块、卵石、垃圾等。

第2层：灰黑色土，土质较疏松。厚约0.35米。包含大量青花瓷器、陶器、建筑构件等。时代为明清时期。

第3层：灰褐色土，土质较紧密。厚约0.4米。包含有陶瓷器，器形有碗、盏、盆、罐、壶等。时代为南宋。该层下叠压H2。

第4层：红褐色土，土质较紧密。厚约0.4米。包含大量瓷器，器形有碗、盘、罐、盏等。时代为晚唐五代时期，下限应在北宋早期。

第5层：青灰色土，含砂较重。厚约0.5米。出土遗物仅1件青瓷碗。根据遗物判断，时代为东晋前期。

第5层以下为生土。

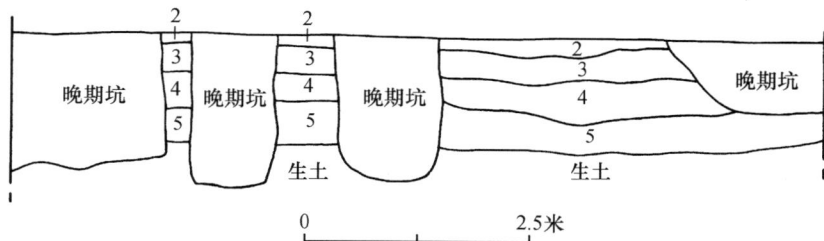

图二　T2东壁剖面图

二、遗　　　迹

遗迹类型单一，均为灰坑（编号H1～H4）。

H2　开口于第3层下。平面呈不规则椭圆形。填土为灰褐色土。出土景德镇窑、龙泉窑、琉璃厂窑等窑口瓷器（图三）。

三、出 土 遗 物

出土遗物以瓷器所占比重最大、类型较为丰富，主要为生活日用具，陶器所占比例很小。除瓷器和陶器外，还发现一定数量的建筑构件等。

（一）瓷　　器

数量较多，器形最丰富，可辨碗、罐、盏、盘等，有色品种以青釉所占比重最大，其次为酱釉、青花、白釉、绿釉等，所属窑口包括邛窑、琉璃厂窑、磁峰窑、龙泉窑、景德镇窑、长沙窑、长江中游窑口（洪州窑或湘阴窑）等。

1. 邛窑

数量较少，器形可辨碗、盏等，釉色主要为乳浊蓝釉、浅绿釉。

碗　4件。根据腹、足部特征的不同，分为二型。

A型　1件。折腹，饼足。T1②：1，浅灰红胎，浅绿釉。敞口。口径15.8、底径6.4、高5.8厘米（图四，1）。

B型　3件。圆弧腹，圈足。敞口。H2：18，灰胎，乳浊蓝釉。口径17.2、足径5.6、高4.8厘米（图四，2）。T3③：11，灰胎，乳浊绿釉。口径20.8、足径6、高6.8厘米（图四，3）。H1：7，红褐胎，挂粉黄色化妆土，乳浊蓝釉。口径16.8、足径6.2、高5.2厘米（图四，4）。

盏　2件。根据口、腹部特征的不同，分为二型。

A型　1件。敞口，厚圆唇，斜直腹。T1③：4，灰胎，乳浊浅绿釉。饼足。口径12.6、底径6.4、高3.2厘米（图四，5）。

B型　1件。敞口，束颈，弧腹。T3③：8，浅红胎，乳浊蓝釉。口径10.8、残高5厘米（图四，6）。

2. 琉璃厂窑

数量较多，器形有碗、盘、罐、盆、盏等，釉色有青釉、绿釉、白釉等。

碗　21件。根据足部特征的不同，分为二型。

A型　15件。饼足。根据口、腹部特征的不同，分为三亚型。

Aa型　7件。敞口，厚圆唇，斜直腹。T1④：1，深红褐胎，挂灰白色化妆土，青釉，内底残留支钉痕。口径15.2、底径6.7、高5.1厘米（图五，1）。T1④：10，砖红胎，挂灰白色化妆土，青釉，内底残留支钉痕。口径18.4、底径8、高6.4厘米（图五，2）。T1④：16，砖红胎，挂粉黄色化妆土，青釉，内底有五个支钉痕。口径19、底径8.2、高6.3厘米（图五，3）。T1④：19，红褐胎，挂粉黄色化妆土，青釉，内底残留

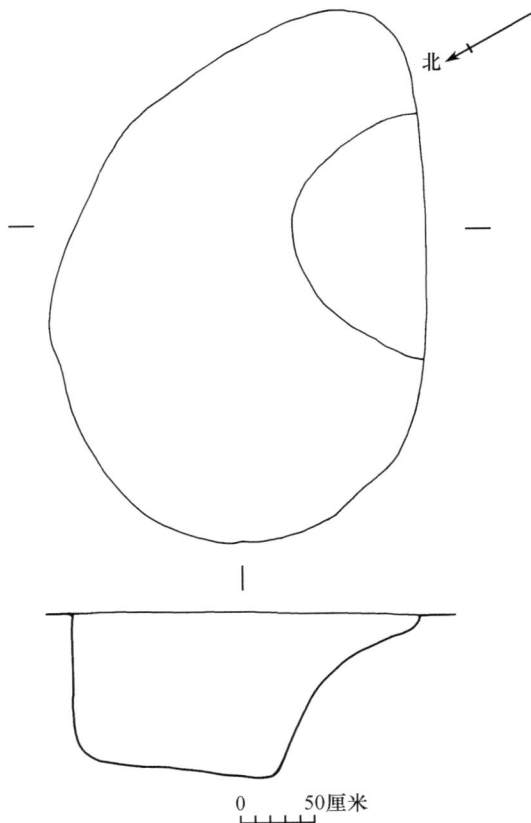

图三　H2平、剖面图

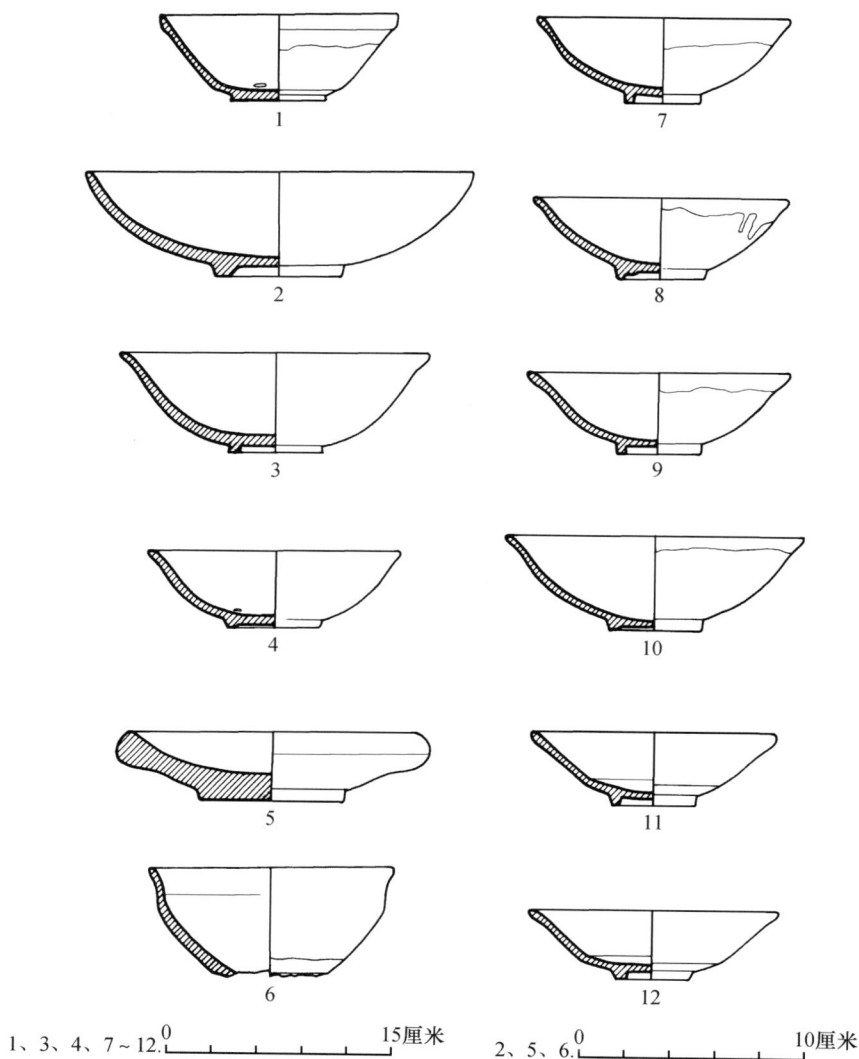

图四　邛窑、琉璃厂窑瓷碗

1. 邛窑A型碗（T2②：1）　　2~4. 邛窑B型碗（H2：18、T3③：11、H1：7）　　5. 邛窑A型盏（T1③：4）

6. 邛窑B型盏（T3③：8）　　7~10. 琉璃厂窑Ba型碗（T1③：12、T3③：12、H1：27、H2：17）

11、12. 琉璃厂窑Bb型碗（T1③：7、H2：30）

支钉痕。口径18.8、底径8.8、高6厘米（图五，4）。T1④：26，砖红胎，挂粉黄色化妆土，青釉。口径14.4、底径6.8、高6厘米（图五，5）。T2④：1，红褐胎，挂灰白色化妆土，青釉，内底有六个支钉痕。口径18.4、底径8.5、高6.1厘米（图五，6）。T2④：6，红褐胎，挂灰白色化妆土，青釉，内底残留支钉痕。口径18.2、底径8.4、高6.2厘米（图五，7）。

　　Ab型　7件。敞口，口沿微折，斜直腹。T1②：14，深褐胎，挂灰白色化妆土，青釉，内底有五个支钉痕。口径20.2、底径9.1、高6.6厘米（图五，8）。T1④：5，

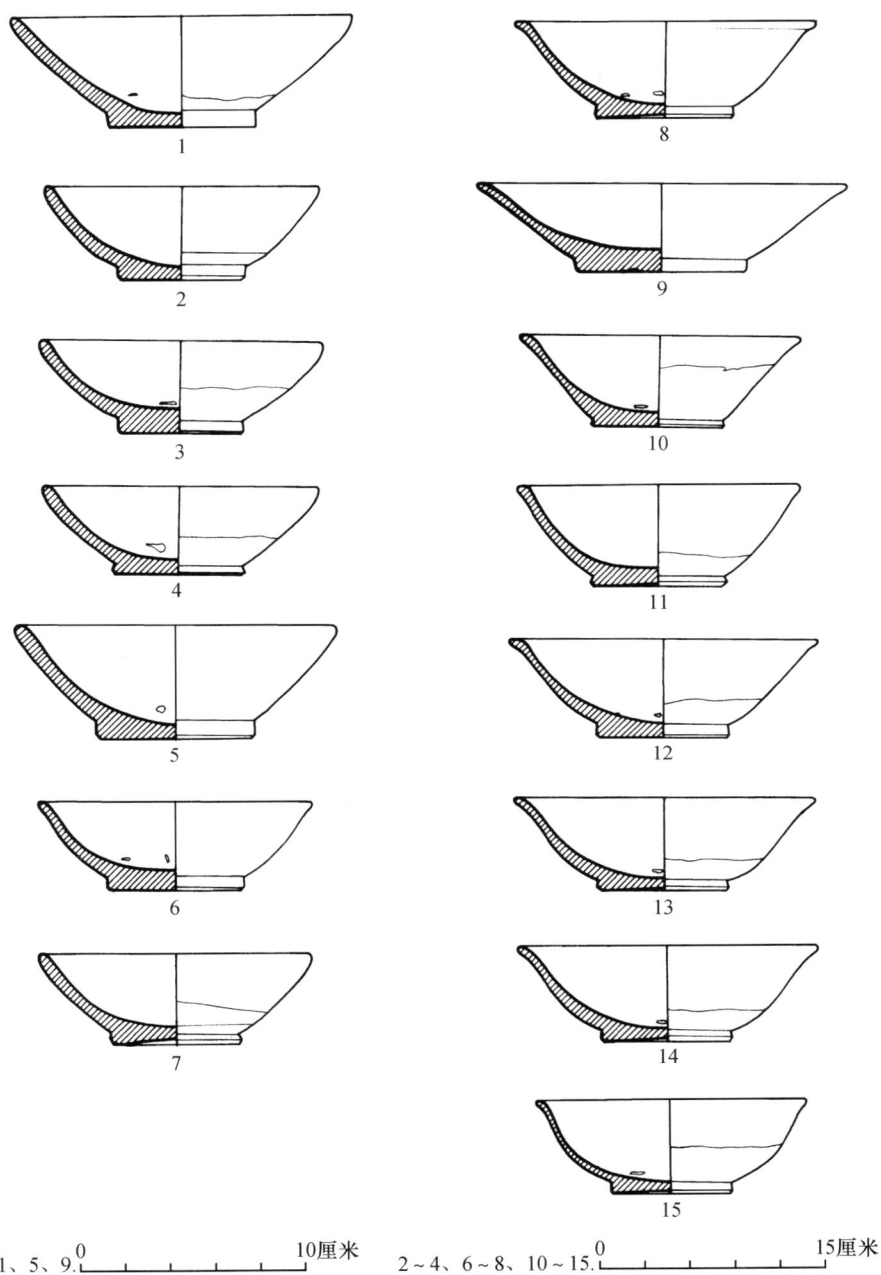

1、5、9. 0 ⎯⎯⎯ 10厘米　　2~4、6~8、10~15. 0 ⎯⎯⎯ 15厘米

图五　琉璃厂窑瓷碗

1~7. Aa型（T1④：1、T1④：10、T1④：16、T1④：19、T1④：26、T2④：1、T2④：6）　8~14. Ab型
（T1②：14、T1④：5、T1④：23、T2③：4、T2④：3、T2④：4、H2：10）　15. Ac型（T1②：6）

砖红胎，挂灰白色化妆土，青釉，内底残留支钉痕。玉璧足。口径16.5、底径7.5、高4厘米（图五，9）。T1④：23，深褐胎，挂灰白色化妆土，青釉，内底残留支钉痕。口径19、底径8.7、高6.2厘米（图五，10）。T2③：4，红褐胎，挂灰白色化妆土，青釉，釉层脱落。内底残留五个支钉痕。口径19、底径8.8、高6.9厘米（图五，11）。T2④：3，黄褐胎，挂粉黄色化妆土，青釉，内底残留支钉痕。口径20.8、底径8.8、高6.7厘米（图五，12）。T2④：4，砖红胎，挂灰白色化妆土，青釉，内底残留支钉痕。口径21、底径9.1、高6.3厘米（图五，13）。H2：10，红褐胎，挂灰白色化妆土，青釉，内底残留支钉痕。口径20.2、底径8.5、高6.4厘米（图五，14）。

Ac型　1件。侈口，弧腹。T1②：6，红褐胎，挂灰白色化妆土，青釉。内底残留支钉痕。口径18、底径7.8、高6.5厘米（图五，15）。

B型　6件。侈口，折沿，圈足。根据腹部特征的不同，分为二亚型。

Ba型　4件。弧腹。T1③：12，深褐胎，挂白色化妆土，白釉，内底残留砂堆。口径17.2、足径5、高5.8厘米（图四，7）。T3③：12，红褐胎，挂白色化妆土，浅绿釉，内底残留砂堆。圈足内底有布纹。口径17.2、足径5.6、高5.9厘米（图四，8）。H1：27，暗红胎，挂白色化妆土，白釉，口沿一周饰绿釉边，内底残留砂堆。圈足内底有卍字符号。口径17.6、足径5.8、高5.6厘米（图四，9）。H2：17，暗红胎，挂白色化妆土，白釉，口沿一周黄褐釉边，内底残留砂堆。口径20、足径6.2、高6.5厘米（图四，10）。

Bb型　2件。折腹。T1③：7，深褐胎，挂白色化妆土，白釉，口沿一周饰绿釉边。内底残留砂堆。口径16.6、足径5.6、高6.5厘米（图四，11）。H2：30，红褐胎，挂白色化妆土，白釉，口沿一周饰绿釉边，内底残留砂堆。口径16.8、足径4.8、高4.8厘米（图四，12）。

罐　17件。根据肩部有无耳及数量的不同，分为三型。

A型　9件。四耳罐。根据口部特征的不同，分为二亚型。

Aa型　7件。直口。T2③：5，深红褐胎，挂灰白色化妆土，青釉，釉层脱落。饼足，最大径在肩部偏下。口径10、底径9.4、高23厘米（图六，1）。T1④：3，红褐胎，挂灰白色化妆土，青釉。口部有凸棱。口径11.4、残高10厘米（图六，2）。T1④：12，红褐胎，挂灰白色化妆土，青釉。口径12.6、残高6厘米（图六，3）。T1④：17，砖红胎，挂灰白色化妆土，青釉。口部微折。口径10、残高6.8厘米（图六，4）。H2：28，深褐胎，挂粉黄色化妆土，青釉。口径10.1、残高8.7厘米（图六，5）。H4：4，深褐色胎，挂灰白色化妆土，青釉。略变形，口部有凸棱。口径12、残高5厘米（图六，6）。T2④：8，红褐胎，挂粉黄色化妆土，青釉。口径14.6、残高4.7厘米（图六，7）。

Ab型　2件。敛口。H4：6，红褐胎，挂灰白色化妆土，青釉。口径9.6、残高4.3厘米（图六，8）。H1：5，褐胎，挂灰白色化妆土，白釉。瓜棱形腹。口径9.6、残高6.6

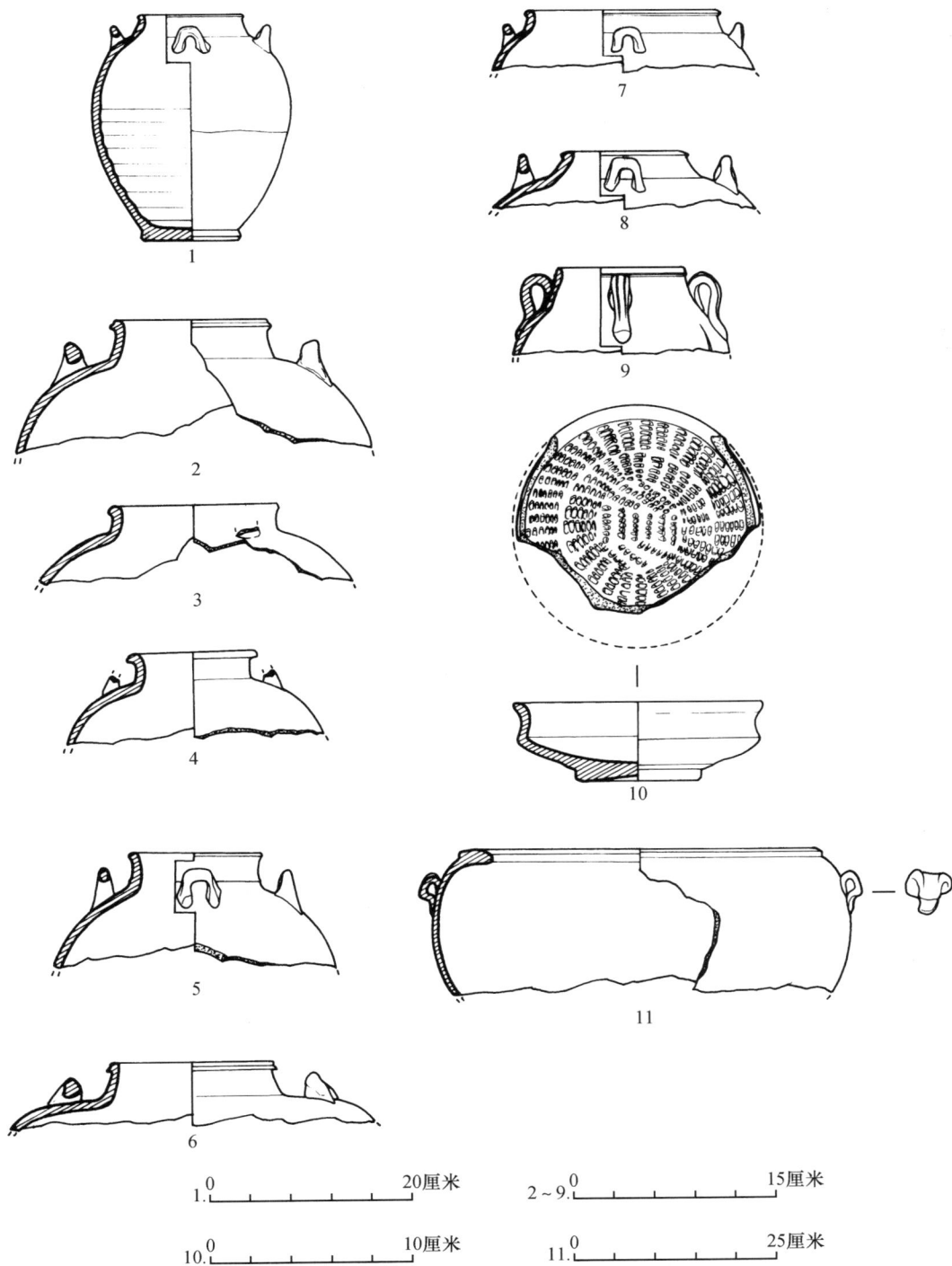

图六　琉璃厂窑瓷罐

1~7. Aa型罐（T2③：5、T1④：3、T1④：12、T1④：17、H2：28、H4：4、T2④：8）　　8、9. Ab型罐（H4：6、
H1：5）　　10. 研磨器（T1③：5）　　11. 缸（H4：5）

厘米（图六，9）。

B型　6件。双耳罐。直口，弧腹，最大径在中部。根据耳部特征的不同，分为二亚型。

Ba型　4件。横桥形耳。H1：11，红褐胎，挂粉黄色化妆土，酱黄釉。口径8.4、底径8.6、高16厘米（图七，1）。H1：12，深褐胎，挂灰白色化妆土，酱黄釉。口径7.8、底径8.9、高16.5厘米（图七，2）。H2：36，深褐胎，酱黑釉。口径4.2、底径4.8、高7.1厘米（图七，3）。T3③：1，深褐胎，酱黑釉。口径6、底径6.7、高11.6厘米（图七，4）。

Bb型　2件。竖桥形耳。T3③：6，酱釉。肩部有三周弦纹。口径9.2、残高7.1厘米（图七，5）。H2：20，红褐胎，挂灰白色化妆土，酱黄釉有流釉。口径5.3、底径9.2、高17厘米（图七，6）。

C型　2件。肩部无耳。根据口部特征的不同，分为二亚型。

Ca型　1件。直口。H2：24，砖红胎，挂灰白色化妆土，青釉。弧腹，最大径在中部。口径3.1、底径3.7、高7.1厘米（图七，7）。

Cb型　1件。敛口。H1：23，砖红胎，挂灰白色化妆土，酱黄釉。圆弧腹，最大径在器身中部。口径19.2、底径10.5、高14.8厘米（图七，8）。

盆　10件。根据口部特征的不同，分为三型。

A型　5件。敞口，尖圆唇，外壁口沿下有一道凹槽。H1：7，砖红胎，挂粉黄色化妆土，青釉，内壁布满砂粒。口径46.8、底径16.5、高17.8厘米（图八，1）。H1：30，红褐胎，挂粉黄色化妆土，青釉。口径30.4、残高12厘米（图八，2）。H2：8，红褐胎，挂粉黄色化妆土，青釉。口径45、残高11.2厘米（图八，3）。H2：11，红褐胎，挂粉黄色化妆土，青釉。口径37.4、残高10.6厘米（图八，4）。H2：13，红褐胎，挂粉黄色化妆土，青釉。口径43、残高12.6厘米（图八，5）。

B型　3件。折沿。H4：3，砖红胎，挂粉黄色化妆土，青釉。卷沿。口径50.6、残高8.8厘米（图八，6）。T1④：6，红褐胎，挂灰白色化妆土，青釉，釉层脱落。宽折沿，方唇，斜直腹，饼足略内凹。口径24.3、底径10.4、高7.9厘米（图八，9）。T2④：2，砖红胎，挂粉黄色化妆土，青釉。口径26.4、残高10厘米（图八，10）。

C型　2件。敞口，圆唇。H1：2，红褐胎，酱黑釉，内壁布满砂粒。弧腹，平底。口径20.6、底径10、高6.3厘米（图八，7）。T2②：17，砖红胎，酱黑釉，内壁布满砂粒。弧腹，圈足。口径23、足径8、高6.9厘米（图八，8）。

瓶　2件。H2：23，砖红胎，挂粉黄色化妆土，青釉，器身竖行褐彩书写四字："□□大王"。残高17.7厘米（图九，1）。H2：60，灰红胎，挂白色化妆土，白釉。直口，圆唇，垂腹，圈足。腹部以黑彩绘花卉纹。口径5.6、足径8.6、高27.3厘米（图九，2）。

盘　4件。根据口、足部特征的不同，分为二型。

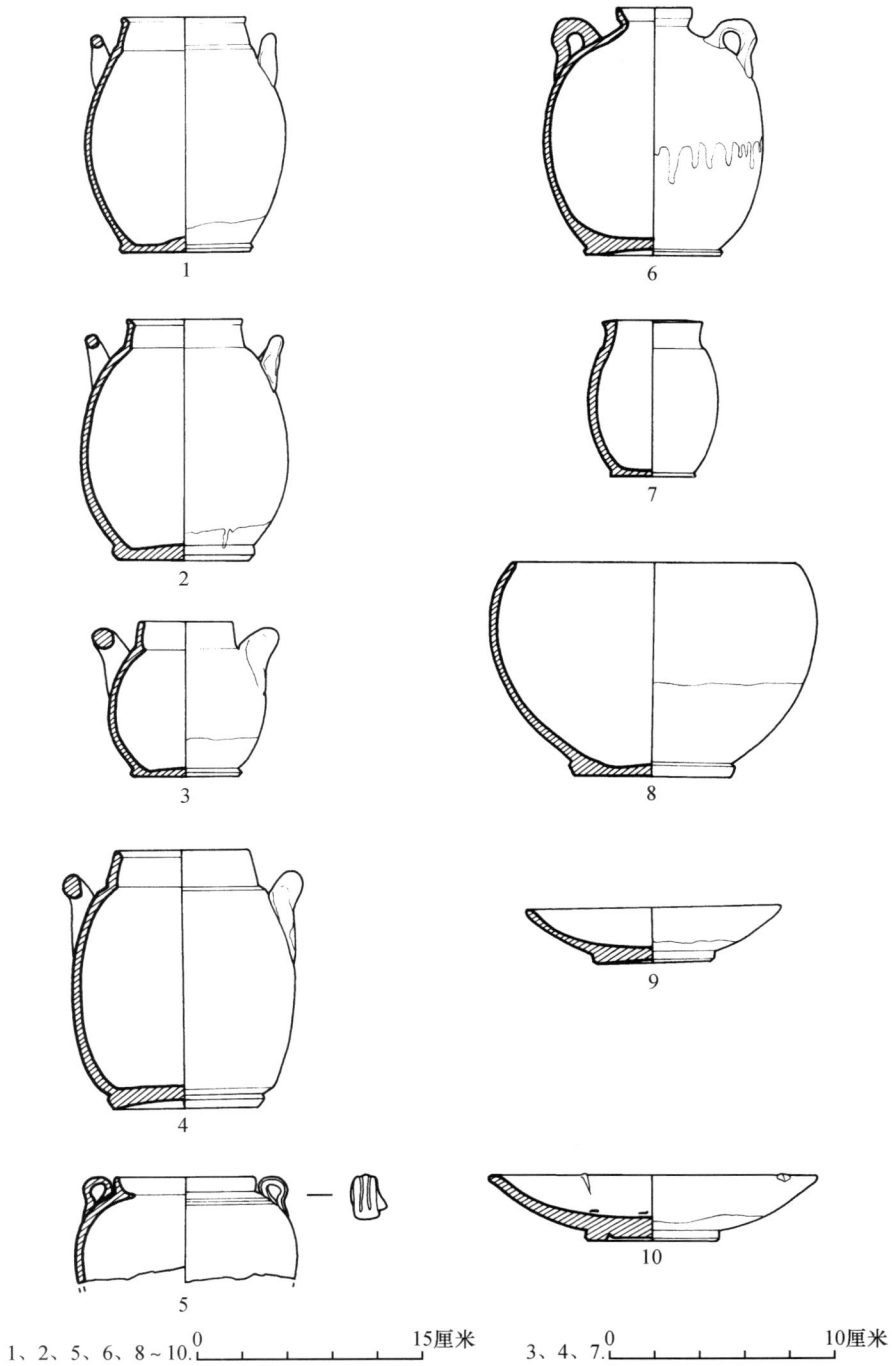

图七 琉璃厂窑瓷罐、盘

1~4. Ba型罐（H1：11、H1：12、H2：36、T3③：1） 5、6. Bb型罐（T3③：6、H2：20）

7. Ca型罐（H2：24） 8. Cb型罐（H1：23） 9、10. B型盘（T1④：22、H2：31）

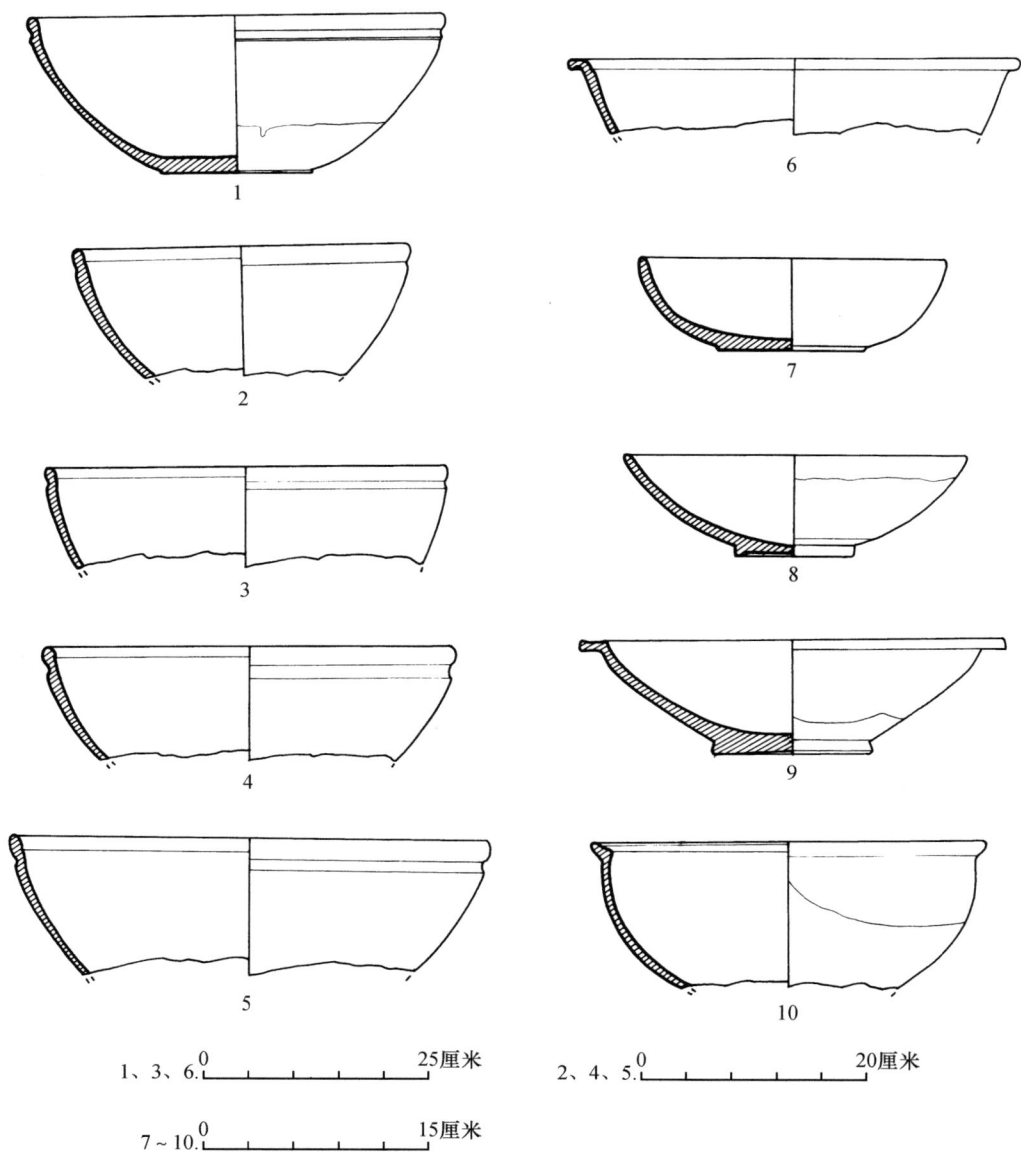

图八　琉璃厂窑瓷盆

1 ~ 5. A型（H1：7、H1：30、H2：8、H2：11、H2：13）　6、9、10. B型（H4：3、T1④：6、T2④：2）

7、8. C型（H1：2、T2②：17）

A型　1件。敞口，平底。H2：14，深褐胎，挂灰白色化妆土，青釉。口径22.9、底径13.9、高3.8厘米（图九，3）。

B型　3件。敞口微侈，饼足。T2④：7，砖红胎，挂粉黄色化妆土，青釉。口径17.8、底径6.4、高4厘米（图九，4）。T1④：22，红褐胎，挂灰白色化妆土，青釉，内底残留支钉痕。厚圆唇，斜直腹，饼足略内凹。口径17.1、底径7.7、高3.8厘米（图

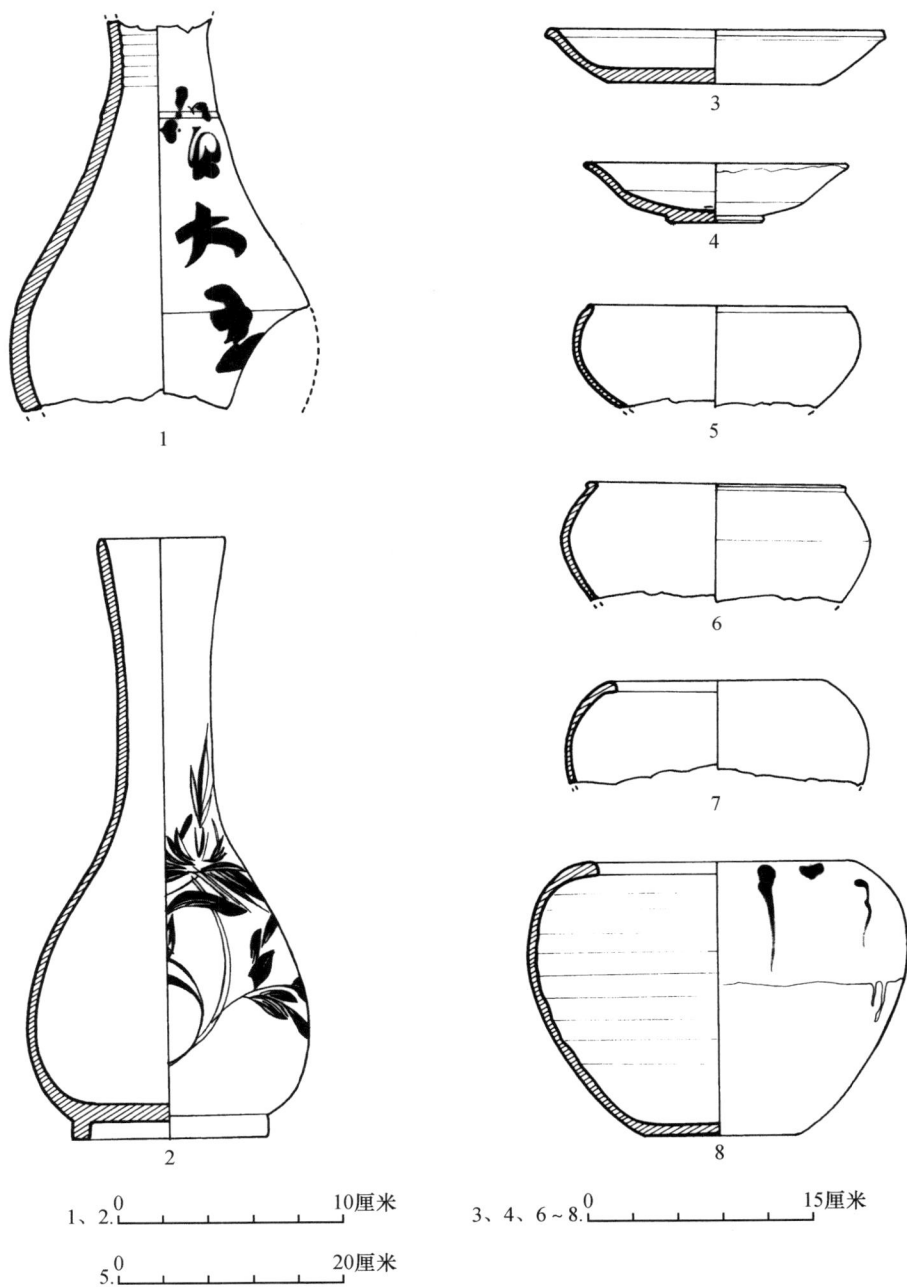

图九　琉璃厂窑瓷器

1、2. 瓶（H2：23、H2：60）　3. A型盘（H2：14）　4. B型盘（T2④：7）　5、7、8. A型钵（T1③：6、
T1④：4、H4：1）　6. B型钵（T3③：16）

七，9）。H2∶31，砖红胎，挂灰白色化妆土，青釉，内底残留支钉痕。盘口呈花瓣状，口沿微折，圆唇，盘内侧有凸棱。口径20、底径8.8、高4.5厘米（图七，10）。

钵　4件。根据口、腹部特征的不同，分为二型。

A型　3件。敛口，圆唇，鼓腹。T1③∶6，深褐胎，挂粉黄色化妆土，青釉。口径23、残高9.2厘米（图九，5）。T1④∶4，红褐胎，挂灰白色化妆土，青釉。口径13.6、残高7.1厘米（图九，7）。H4∶1，红褐胎，挂灰白色化妆土，青釉。肩部有绿、褐彩绘装饰。口径16.8、底径10.3、高18.6厘米（图九，8）。

B型　1件。敛口，尖唇，折腹。T3③∶16，红褐胎，挂灰白色化妆土，酱黄釉。口径17.4、残高8.1厘米（图九，6）。

研磨器　1件。T1③∶5，挂粉黄色化妆土，青釉，内壁遍布齿钉。侈口，圆唇，折腹，饼足内凹。口径12.4、底径5.9、高4.1厘米（图六，10）。

缸　1件。H4∶5，红褐胎，青釉。敛口，圆唇，鼓肩，肩部有耳。口径45、残高18.1厘米（图六，11）。

盏　26件。根据口、腹部特征的不同，分为六型。

A型　2件。敞口，厚圆唇，斜直腹。内壁、底有支钉痕。T1④∶2，挂灰白色化妆土，酱黄釉。平底。口径11、底径4.5、高3.3厘米（图一〇，1）。T1④∶28，酱釉。饼足。口径11.4、底径4.4、高3.3厘米（图一〇，2）。

B型　11件。敞口，圆唇，弧腹。内壁、底有支钉痕。根据足部特征的不同，分为三亚型。

Ba型　2件。矮饼足。H1∶19，红褐胎，挂粉黄色化妆土，青釉。口径12.9、底径4.2、高3.5厘米（图一〇，3）。H2∶2，红褐胎，挂粉黄色化妆土，青釉。口径12.7、底径4.2、高3.5厘米（图一〇，4）。

Bb型　4件。平底。T2②∶8，深褐胎，挂粉黄色化妆土，青釉。口径11.2、底径3.7、高3.1厘米（图一〇，5）。H1∶4，深褐胎，挂粉黄色化妆土，青釉。口径9.4、底径3.7、高2.7厘米（图一〇，6）。H1∶21，深褐胎，挂粉黄色化妆土，青釉。口径10.5、底径3.4、高2.9厘米（图一〇，7）。H2∶33，深褐胎，挂粉黄色化妆土，青釉。口径11.1、底径3.8、高3.2厘米（图一〇，8）。

Bc型　5件。矮圈足。挂粉黄色化妆土，青釉，内壁酱黄釉绘草叶纹。T3③∶10，红褐胎。口径12.6、足径4.2、高3.6厘米（图一〇，9）。H1∶25，红褐胎。口径13、足径4.6、高3.5厘米（图一〇，10）。H1∶29，红褐胎。口径13.7、足径4.6、高3.8厘米（图一〇，11）。H2∶22，红褐胎。口径12.4、足径4.4、高3.3厘米（图一〇，12）。H2∶34，红褐胎。口径12.6、足径4.4、高3.4厘米（图一〇，13）。

C型　3件。束口，斜直腹，矮圈足。T2②∶9，暗红胎，挂粉黄色化妆土，酱釉。口径11.2、足径3.9、高3.7厘米（图一一，1）。T3③∶15，红褐胎，酱釉。口径11、足径4、高3.7厘米（图一一，2）。H2∶25，砖红胎，酱釉。口径11.4、足径4.4、高3.7厘

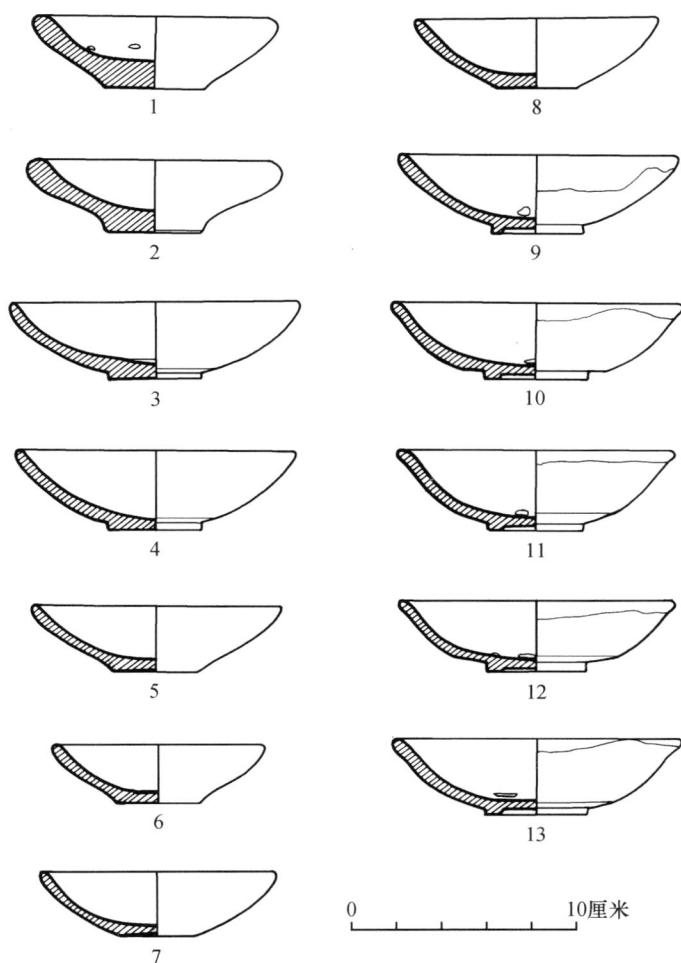

图一〇　琉璃厂窑瓷盏

1、2. A型（T1④：2、T1④：28）　3、4. Ba型（H1：19、H2：2）　5～8. Bb型（T2②：8、H1：4、H1：21、
H2：33）　9～13. Bc型（T3③：10、H1：25、H1：29、H2：22、H2：34）

米（图一一，3）。

D型　4件。方唇，斜直腹，平底。H1：20，暗红胎，挂粉黄色化妆土，酱釉。口径9.8、底径3.8、高2.6厘米（图一一，4）。H2：1，砖红胎，挂灰白色化妆土。口径10.2、底径4.1、高2.9厘米（图一一，5）。H2：4，深红胎，挂粉黄色化妆土，酱黄釉。口径10.2、底径4、高2.9厘米（图一一，6）。H2：5，砖红胎，挂粉黄色化妆土，酱黄釉。口径10.6、底径4.3、高2.9厘米（图一一，7）。

E型　2件。敞口微敛，斜腹，矮饼足。砖红胎，酱黑釉。T1③：10，口径6.4、底径2.7、高1.5厘米（图一一，8）。H2：27，口径6.5、底径2.4、高1.8厘米（图一一，9）。

F型　4件。侈口，斜直腹，圈足。T3③：5，红褐胎，挂白色化妆土，白釉，内底残留砂堆。口径13、足径4.5、高4.4厘米（图一一，10）。H1：1，砖红胎，挂白色化

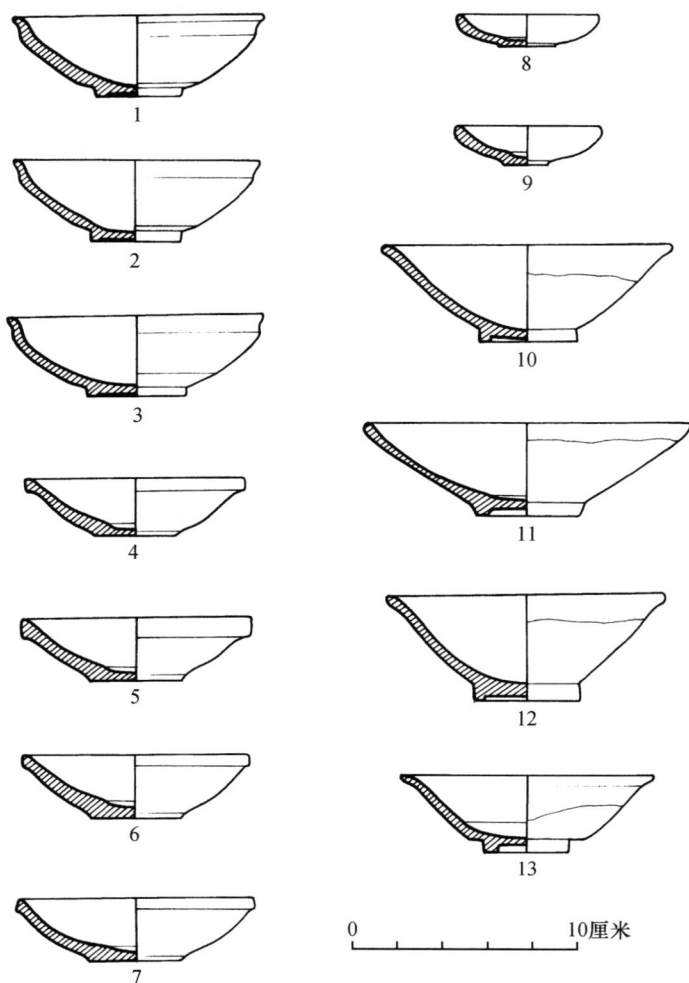

图一一　琉璃厂窑瓷盏

1~3. C型（T2②：9、T3③：15、H2：25）　4~7. D型（H1：20、H2：1、H2：4、H2：5）
8、9. E型（T1③：10、H2：27）　10~13. F型（T3③：5、H1：1、H1：3、H1：22）

妆土，白釉，内底残留砂堆。口径14.6、足径4.6、高4.2厘米（图一一，11）。H1：3，暗红胎，挂白色化妆土，白釉，内底残留砂堆。口沿一周饰绿釉边。口径12.4、足径4.8、高4.9厘米（图一一，12）。H1：22，砖红色胎，挂白色化妆土，青釉，内底残留砂堆。口径11.3、足径3.9、高3.5厘米（图一一，13）。

3. 磁峰窑

器物较少，均为白瓷，瓷胎细腻，釉面光洁。器形有碗等。

碗　5件。根据口、腹部特征的不同，分为二型。

A型　3件。直口，筒形深腹。H2：39，白胎，白釉。圈足。口下饰一周凹弦纹，另刻划莲瓣纹。口径14、足径7.6、高9.2厘米（图一二，1）。H2：43，白胎，白釉泛灰。器外壁口部及下腹部饰一周凹弦纹，中间刻划缠枝花卉纹。口径14.2、残高7.2厘米（图一二，2）。H2：44，白胎，白釉。器外壁刻划莲瓣纹。口径14.2、残高8厘米（图一二，3）。

B型　2件。敞口，口沿为花瓣状，斜直腹。H2：37，白胎，白釉。圈足。口径15.6、足径5.7、高4.6厘米（图一二，4）。H2：41，白胎，白釉泛灰。口径11.2、残高4.6厘米（图一二，5）。

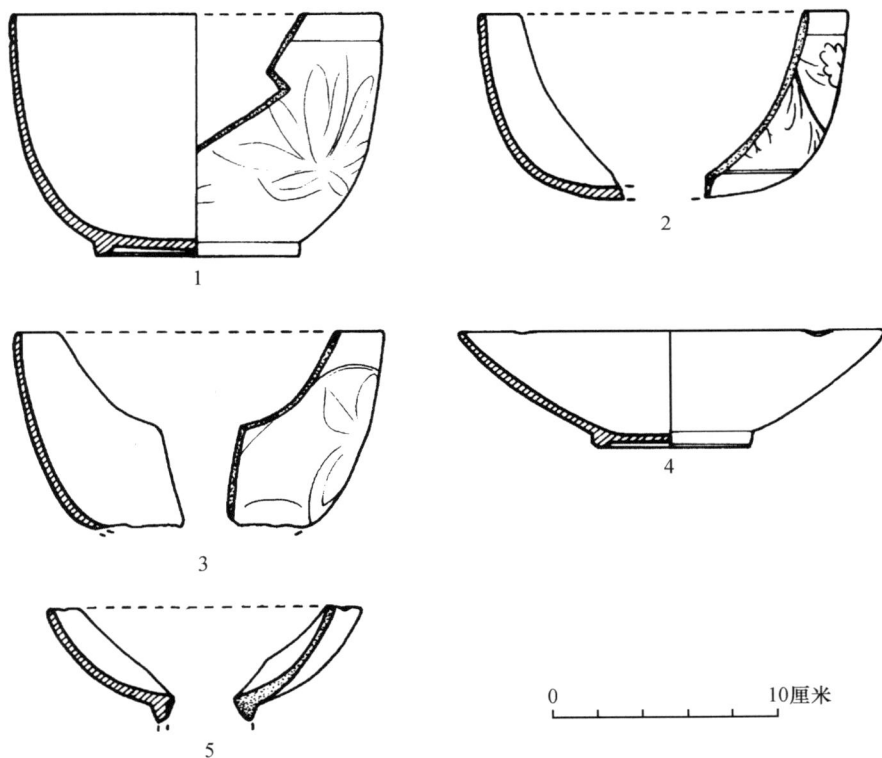

图一二　磁峰窑瓷碗
1~3.A型（H2：39、H2：43、H2：44）　4、5.B型（H2：37、H2：41）

4. 龙泉窑

数量较少，均为青釉，器形可辨有碗、盘、盏、高足杯等。

碗　5件。敞口，凸圆唇，圆弧腹。T1②：4，灰白胎，青釉，内、外底露胎为暗红色。口径15.5、足径6.1、高7.3厘米（图一三，1）。T2②：2，灰白胎，青釉微泛蓝，外底露胎为暗红色。口径16、足径5.3、高7.3厘米（图一三，2）。T2②：16，灰白胎，青釉，内、外底露胎为暗红色。口径16.2、足径6、高7.3厘米（图一三，3）。H3：2，灰白胎，青釉，内、外底露胎为暗红色。口径16.8、足径5.8、高7.9厘米（图一三，4）。H3：5，灰白胎，青釉泛灰，内、外底露胎为暗红色。口径17、足径6.2、高7.7厘米（图一三，5）。

盘 6件。根据口部特征的不同，分为二型。

A型 5件。敞口，唇部外凸，斜弧腹，圈足。T1②：3，灰胎，青釉，内、外底露胎为暗红色。口径14.8、足径8.6、高4.4厘米（图一三，6）。T2②：7，灰胎，青釉，外底露胎为灰色。口径14.2、足径8、高3.8厘米（图一三，7）。T2②：13，灰胎，青釉，外底露胎为暗红色。口径12.8、足径7、高3.5厘米（图一三，8）。T2②：15，灰胎，青釉，内、外底露胎为浅红色。口径14.7、足径8.4、高4.1厘米（图一三，9）。H3：1，灰胎，青釉，外底露胎为暗红色。口径15.4、足径8.5、高3.8厘米

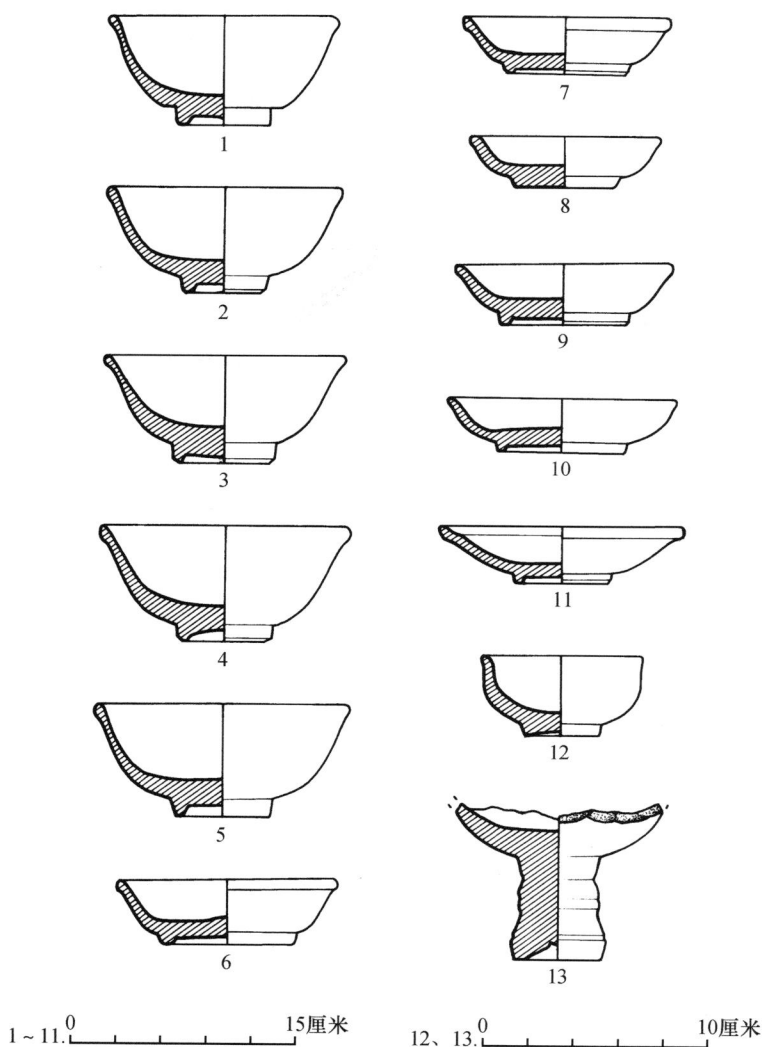

1~11. 0 _____ 15厘米 12、13. 0 _____ 10厘米

图一三 龙泉窑瓷器

1~5. 碗（T1②：4、T2②：2、T2②：16、H3：2、H3：5） 6~10. A型盘（T1②：3、T2②：7、T2②：13、T2②：15、H3：1） 11. B型盘（H3：6） 12. 盏（T1②：2） 13. 高足杯（H3：3）

（图一三，10）。

B型　1件。敞口，折沿，圆唇，斜弧腹，圈足。H3：6，灰胎，青釉，内、外底露胎为暗红色。口径16.6、足径6.2、高3.9厘米（图一三，11）。

盏　1件。T1②：2，灰胎，青釉泛黄。直口，凸唇，饼足内凹。口径7.2、底径3.4、高3.7厘米（图一三，12）。

高足杯　1件。H3：3，灰胎，青釉。足柄带凸弦纹。足径4、残高7厘米（图一三，13）。

5. 景德镇窑

器物较少，均为青花瓷器。器形有碗、盘。

碗　3件。侈口，尖圆唇，圆弧腹，圈足。根据足部形态的变化，分为三式。

Ⅰ式：1件。圈足较高，足墙较厚，向内倾斜明显。T2②：4，白胎，口沿一周黄釉。外壁下部绘莲瓣纹，内底双圈内绘月下梅。口径14.6、足径5.5、高7.1厘米（图一四，1）。

Ⅱ式：1件。圈足变矮，足墙减薄，墙体近垂直。T2②：3，白胎。外壁绘花草纹，内壁口沿绘连续十字菱格纹，内底外围绘一周莲瓣纹，中心双圈内为旋转莲瓣纹。口径13.4、足径5.6、高5.5厘米（图一四，2）。

Ⅲ式：1件。圈足进一步变矮，足墙减薄。T2②：5，白胎。内底双圈内绘瑞兽纹，外壁绘花卉纹。口径12.4、足径4.3、高4.9厘米（图一四，3）。

盘　3件。侈口，尖圆唇，圈足。T1②：7，白胎。内底双圈内蝙蝠纹，内壁绘花叶纹，外壁绘蝙蝠纹。口径16.2、足径9.8、高3.7厘米（图一四，4）。T2②：6，白胎。内底双圈内寿字纹，口沿绘一周花叶纹。口径11.8、足径7、高2.3厘米（图一四，5）。T2②：12，白胎。内底双圈内饰花叶纹。口径11.7、足径6.4、高2.6厘米（图一四，6）。

6. 长沙窑

碗　1件。侈口，凸圆唇，弧腹，玉璧足。T1④：11，灰胎，黄釉。口径15、足径5.2、高4.9厘米（图一五，1）。

7. 长江中游窑口（洪州窑或湘阴窑）

碗　2件。根据口部特征的不同，分为二型。

A型　1件。敞口。T2⑤：1，灰胎，青釉，外底未施釉，内底残留支钉痕。饼足。口沿饰一周弦纹。口径18.2、底径10.6、高6.3厘米（图一五，2）。

B型　1件。直口。T1④：7，灰胎，青釉，内底、足部未施釉。尖唇，圆弧腹，饼足。口径13.2、底径6.6、高7.9厘米（图一五，3）。

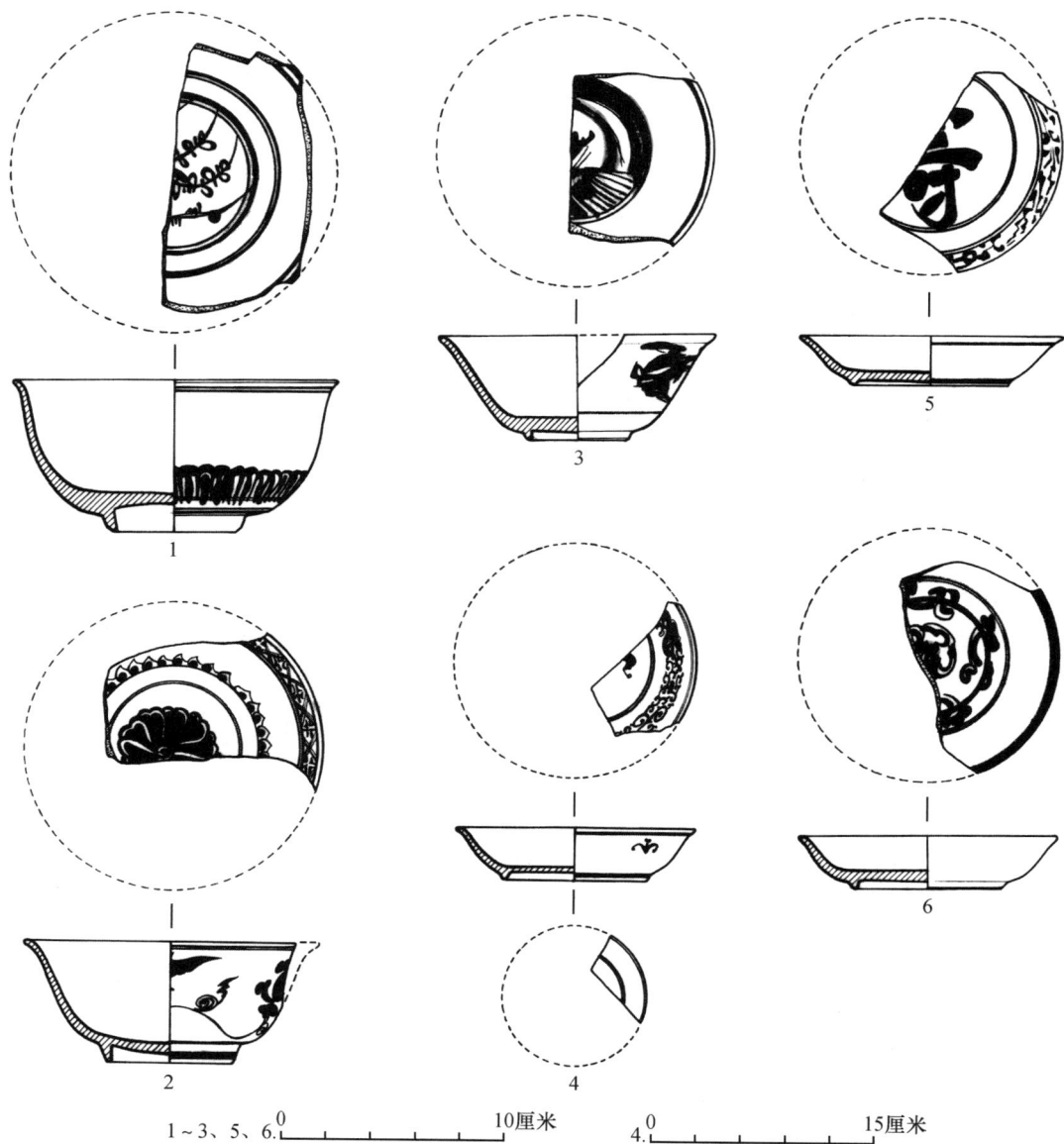

图一四　景德镇窑瓷器

1. Ⅰ式碗（T2②：4）　2. Ⅱ式碗（T2②：3）　3. Ⅲ式碗（T2②：5）　4～6. 盘（T1②：7、T2②：6、
T2②：12）

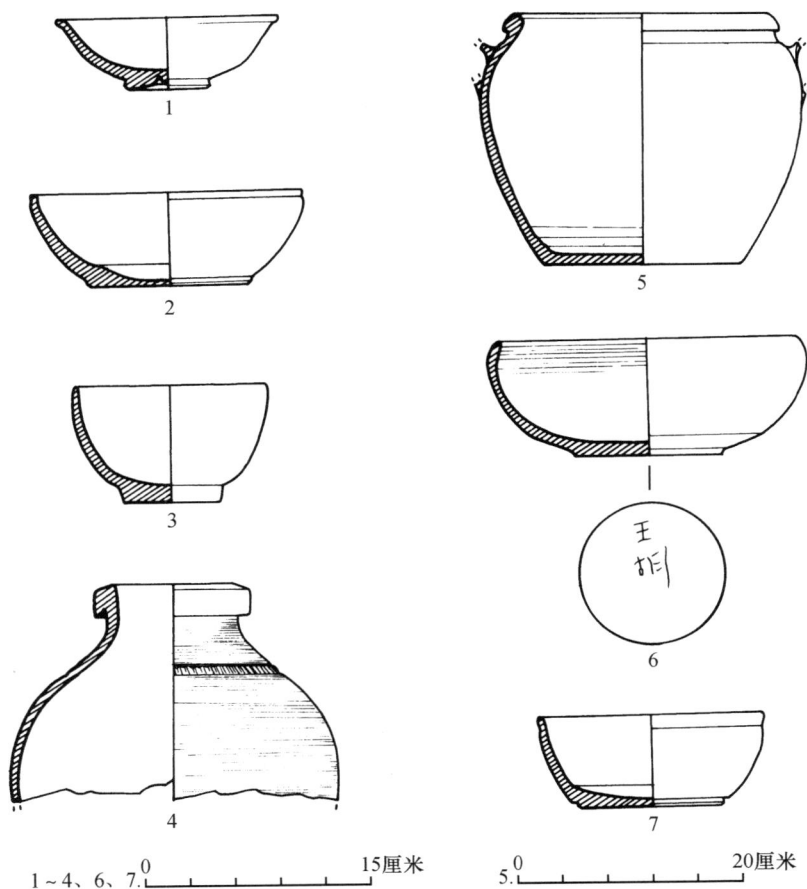

图一五　长沙窑、长江中游窑口（洪州窑或湘阴窑）瓷器、陶器

1. 长沙窑瓷碗（T1④：11）　2. A型长江中游瓷碗（T2⑤：1）　3. B型长江中游瓷碗（T1④：7）　4. A型陶罐（T1④：20）　5. B型陶罐（T2③：1）　6. A型陶钵（T1④：4）　7. B型陶钵（T1④：8）

（二）陶　　器

数量较少，以灰陶为主，器形有罐、鼎、钵、盆等。

罐　2件。根据口部特征的不同，分为二型。

A型　1件。口沿斜直，方唇。T1④：20，泥质灰陶。束颈。肩部饰一周戳印纹。口径8.2、残高15厘米（图一五，4）。

B型　1件。敛口，凸圆唇。T2③：1，泥质灰陶。丰肩，肩部有耳，斜直腹，平底。口径22.4、底径17.6、高23.2厘米（图一五，5）。

钵　2件。根据口部的不同，分为二型。

A型　1件。敛口。T1④：4，泥质灰陶。尖圆唇，弧腹，近底处有一周折棱，饼足。口部内侧饰七周平行凹弦纹，饼足上刻"王胡"二字。口径20.1、底径9.7、高7.9厘米（图一五，6）。

B型　1件。直口。T1④：8，泥质黑陶。圆唇，饼足。口下饰一周凹弦纹。口径15、底径9、高6.5厘米（图一五，7）。

鼎　4件。根据口部特征的不同，分为三型。

A型　1件。敛口，圆唇。H2：3，泥质灰陶。鼓肩，有耳。口沿下饰一周雷纹；肩部饰泥条贴塑的纹饰带，从上到下依次为蟠螭纹、乳钉纹、菱格纹、乳钉纹，间以凸弦纹隔开。口径17.4、残高11.7厘米（图一六，1）。

B型　1件。直口，折沿，方唇。H2：26，泥质红褐陶，施黑色陶衣。高领。口沿及领部饰一周雷纹。口径20、残高7.4厘米（图一六，2）。

C型　2件。敛口，折沿。H1：29，泥质红褐陶，施黑色陶衣。直腹。腹、底部饰粗绳纹。残高8.2厘米（图一六，5）。H1：31，泥质红褐陶，施灰黑色陶衣。腹、底部饰粗绳纹。口径16.4、残高9.2厘米（图一六，4）。

盆　3件。根据口部特征的不同，分为三型。

A型　1件。侈口，折沿，圆唇。T2③：2，泥质灰陶。直腹，平底。口径47.4、底径39.2、高11.9厘米（图一七，1）。

B型　1件。敛口，折沿，圆唇。T1④：24，泥质灰陶。口径36、残高7.5厘米（图一七，2）。

C型　1件。敞口，方唇，口沿下有一周凸棱。H2：48，泥质红陶，口沿及内壁施绿釉。口径41.4、底径34.2、高6厘米（图一七，3）。

瓮　1件。T2⑤：2，泥质灰陶，施黑色陶衣。敛口，凸圆唇，矮领。口径21.3、残高3.3厘米（图一六，3）。

盘　1件。H2：46，泥质红陶，口沿及内壁施绿釉。敞口，折沿，圆唇，平底。口径16、底径10、高2.7厘米（图一七，4）。

瓶　1件。H2：47，泥质红陶，施绿釉。圆弧腹，口、底皆残。残高8.8厘米（图一七，5）。

器盖　1件。H2：21，泥质灰陶。直口。顶部弧形镂空，饰一周雷纹。直径19.8、残高3.6厘米（图一六，6）。

狮子　1件。T2②：20，泥质红褐陶。尾部上翘，中有小孔。残高8.6厘米（图一八，1）。

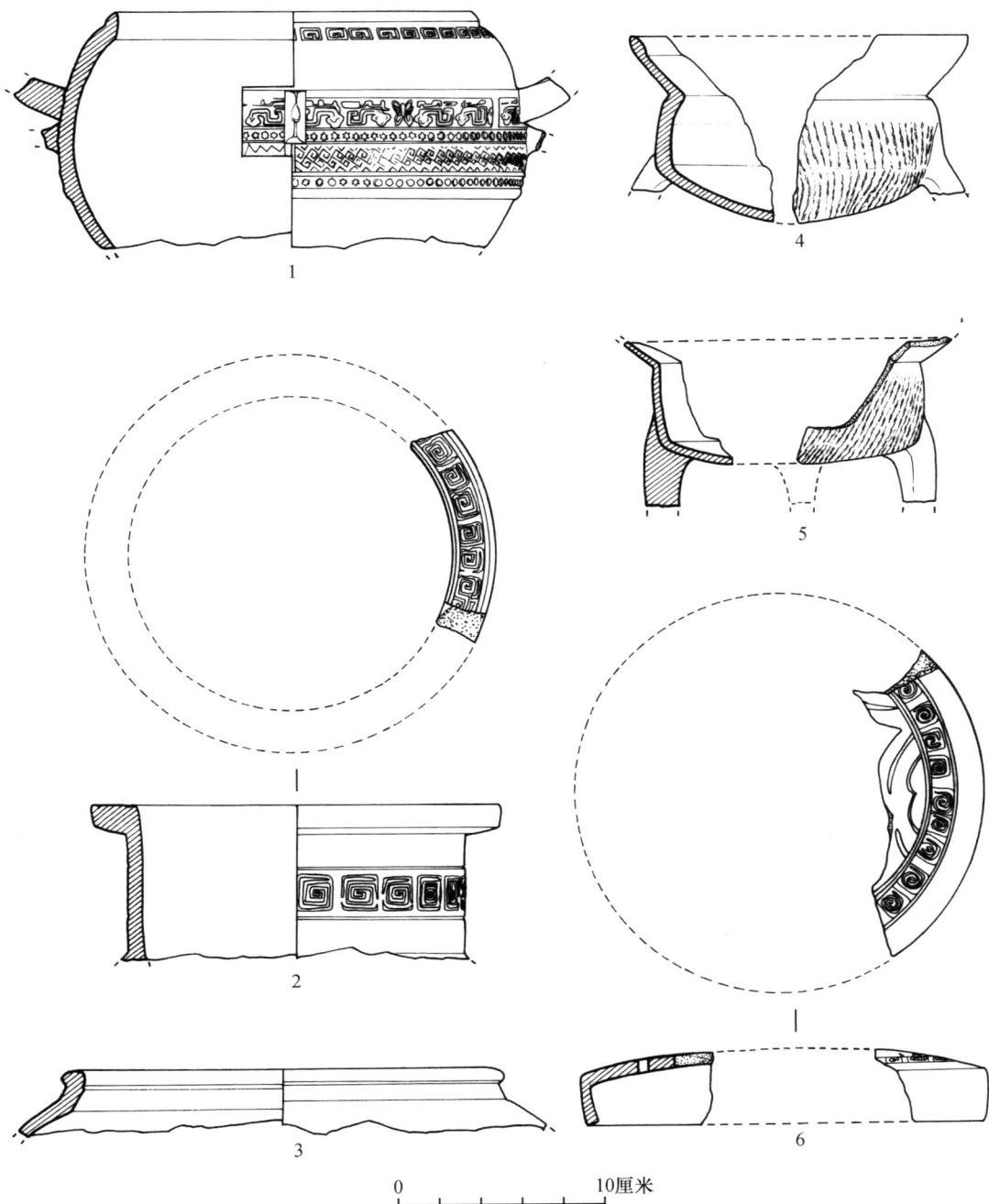

图一六　陶鼎、陶瓮、器盖

1. A型鼎（H2：3）　2. B型鼎（H2：26）　3. 瓮（T2⑤：2）　4、5. C型鼎（H1：31、H1：29）

6. 器盖（H2：21）

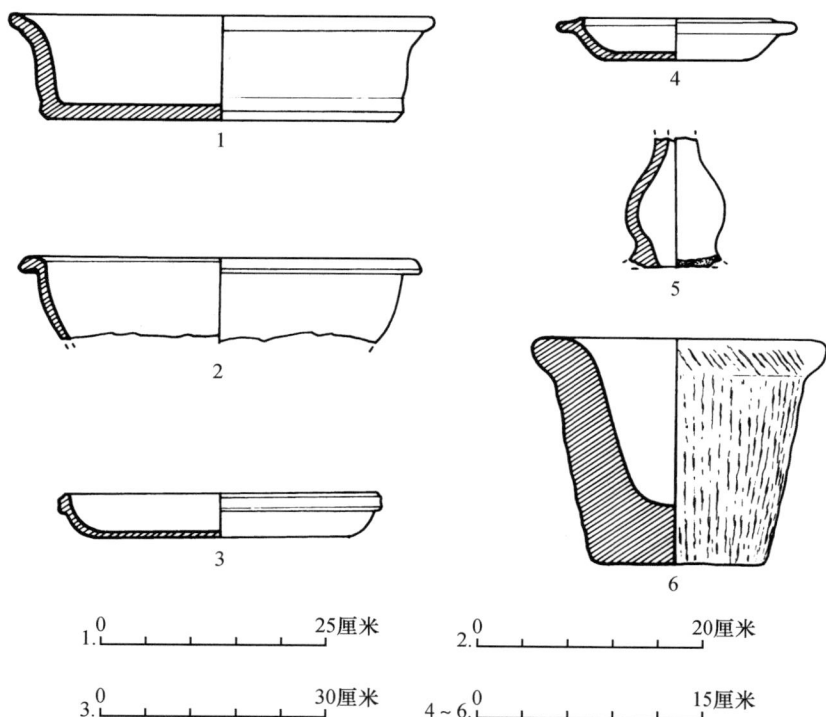

图一七　陶器、石器

1. A型陶盆（T2③∶2）　2. B型陶盆（T1④∶24）　3. C型陶盆（H2∶48）　4. 陶盘（H2∶46）

5. 陶瓶（H2∶47）　6. 石臼（T2②∶21）

（三）建 筑 构 件

数量较少，有泥质灰陶和红陶两类，器形有滴水、瓦当、板瓦、筒瓦、花纹砖、残构件等。

砖　3件。T2②∶11，泥质灰陶。长30.2、宽9.5、高3厘米（图一九，12）。H1∶15，泥质灰陶。竖行阴线刻字三行，依次为："辛亥年时□穷□/地饮水在左手金/□子一□不□□□"。残宽11、厚4.5厘米（图二○，1）。H2∶45，泥质灰陶。竖行刻字一行："郎□□户袁府保□"。残宽13、厚4.7厘米（图二○，2）。

瓦当　8件。根据当面纹饰的不同，分为二型。

A型　3件。当面饰花卉纹。T1②∶13，泥质灰陶。直径13.5、厚2.2厘米（图一九，1）。T2②∶24，泥质灰陶。直径12、厚2厘米（图一九，2）。H2∶57，泥质红陶，施绿釉。厚2厘米（图一九，11）。

B型　5件。当面饰兽面纹。T1②∶11，泥质灰陶。厚2厘米（图一九，4）。H1∶14，泥质灰陶。厚1.5厘米（图一九，5）。H1∶16，泥质灰陶。直径13、厚1.6厘米（图一九，3）。H2∶56，泥质红陶，施绿釉。厚2厘米（图一八，3）。H2∶59，泥

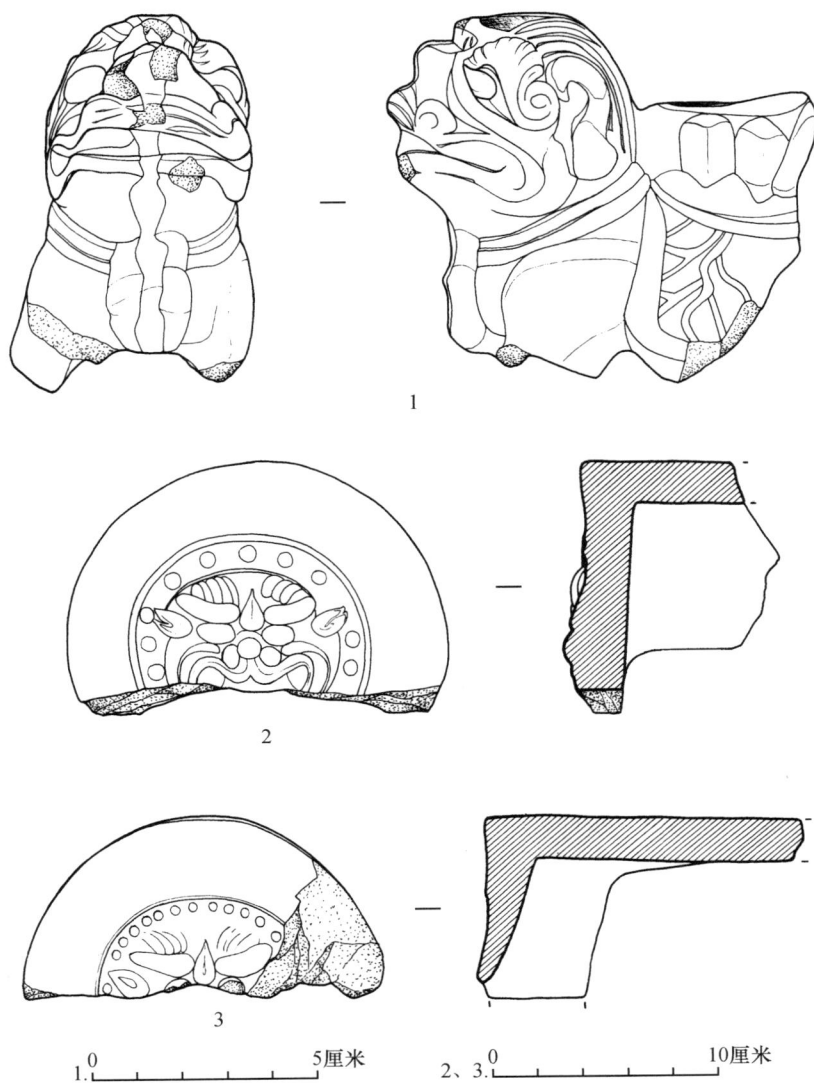

图一八　陶狮子、瓦当

1. 狮子（T2②：20）　　2、3. B型瓦当（H2：59、H2：56）

质红陶，施绿釉。直径16.8、厚2厘米（图一八，2）。

滴水　5件。一端带有下垂如意形舌片，舌面模印番莲花卷草纹等。T2②：10，泥质灰陶。残高13.6厘米（图一九，9）。T2②：22，泥质灰陶。高8.6厘米（图一九，7）。T2②：23，泥质灰陶。残高9.8厘米（图一九，6）。H2：9，泥质红陶，施绿釉。残高9厘米（图一九，10）。H3：4，泥质灰陶。残高12厘米（图一九，8）。

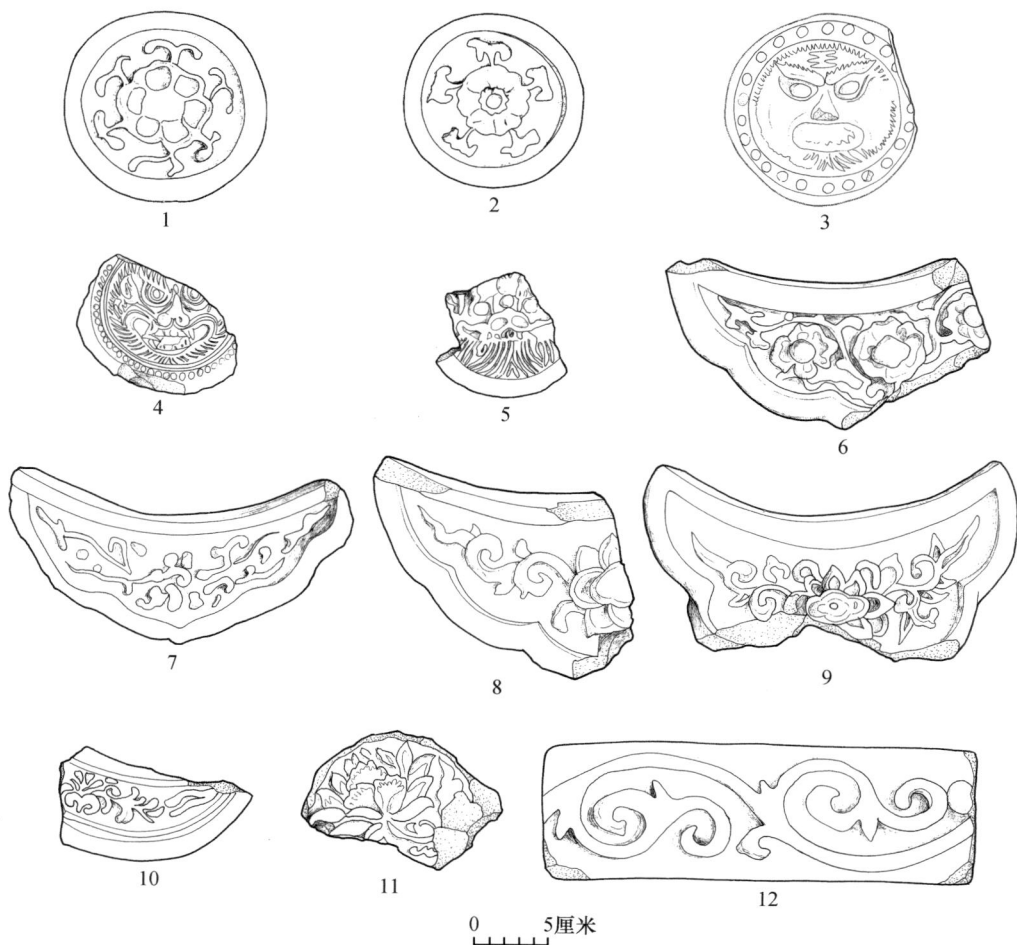

图一九　瓦当、滴水、花纹砖

1、2、11. A型瓦当（T1②：13、T2②：24、H2：57）　3~5. B型瓦当（H1：16、T1②：11、H1：14）

6~10. 滴水（T2②：23、T2②：22、H3：4、T2②：10、H2：9）　12. 花纹砖（T2②：11）

（四）石　　器

石臼　1件。T2②：21，肩部有耳，内壁磨光，口有斜向凿痕，外壁有竖向凿痕，平底。口径19.5、底径11.4、高15.4厘米（图一七，6）。

四、分期与断代

根据地层与遗迹之间的层位关系和出土遗物的类型、组合等因素，我们将遗址的遗存分为三期。在T2内第5层发现一件长江中游窑口（洪州窑或湘阴窑）青瓷碗，口沿处有点彩，形制与江西龙凤乌龟山窑址出土Aa型Ⅰ式碗[1]、鄂城六朝墓Ⅰ型3式碗[2]

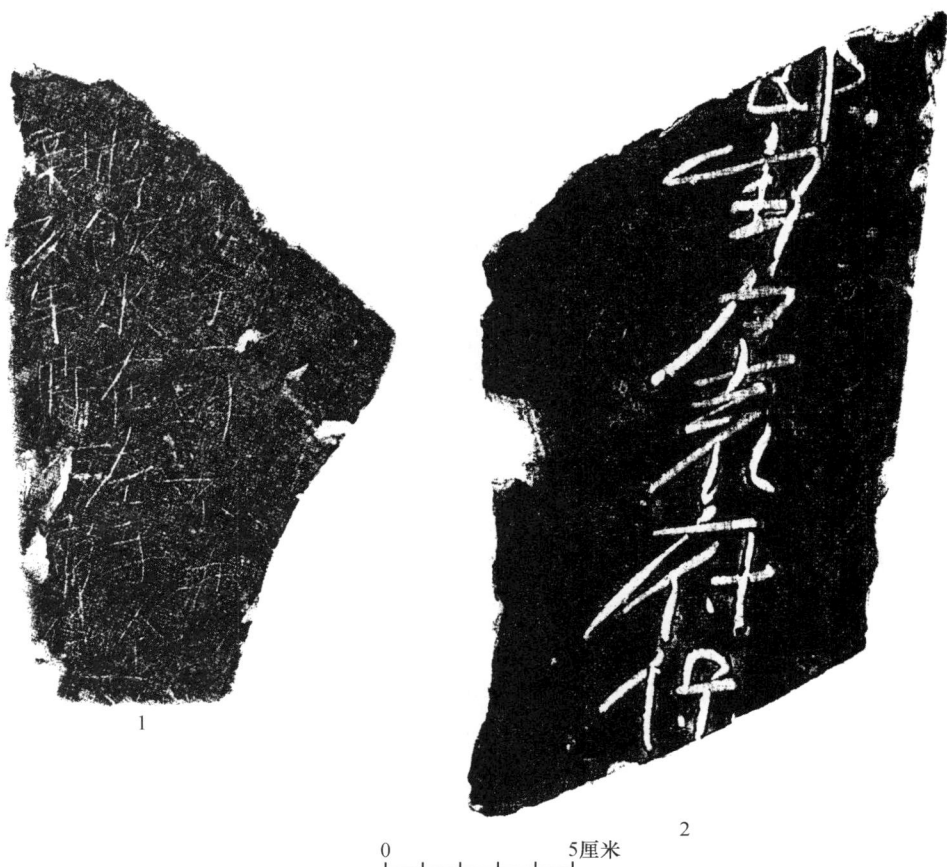

图二〇　铭文砖
1. H1：15　2. H2：45

相似，年代为东晋前期。由于该地层土质纯净，含砂较重，可能与河流冲积活动有关，且仅有此一件遗物，故不纳入分期。

第一期：地层为第4层，遗迹单位有H4。出土物数量较多，除见于上述地层和灰坑外，还出土于其他形成年代较晚的地层和遗迹内，以瓷器为主。瓷器的釉色有青釉、酱釉等，器表纹饰不流行，有少量碗、盘呈花口形状。器形丰富，可辨有碗、盘、罐、盏、盆、钵等。从瓷器的窑口组合来看，主要为本地琉璃厂窑产品，数量上占绝对优势，有少量邛窑产品。除本地产品外，还有少量长沙窑瓷器。器物类型有邛窑A型碗、B型碗、A型盏、B型盏；琉璃厂窑A型碗、A型罐。琉璃厂窑Aa型碗形制为敞口，斜直腹，饼足，这种性质的碗主要流行于晚唐至五代，如成都西郊红色村唐元和十年（815年）王怀珍墓[3]、金沙村唐大中四年（850年）鲜腾墓[4]、十陵镇青龙村前蜀乾德五年（923年）王宗侃墓[5]相同，琉璃厂窑Ab型碗和前蜀王建墓[6]出土的青瓷碗等相同。琉璃厂窑Aa型罐与五代至北宋初永陵公园M8[7]、后蜀广政二十六年（963年）

M12[8]相同。年代主体当在晚唐五代时期，下限可达北宋初年。

第二期：地层为第3层，遗迹单位有H1、H2。釉色显著增多，有青釉、酱釉、白釉、黑釉等。器形有碗、盘、罐、盏、瓶、研磨器等。瓷器的具体类型有邛窑B型碗，琉璃厂窑Ba型碗、Bb型碗、B型罐、C型罐、瓶、Ba型盏、Bb型盏、Bc型盏、D型盏、E型盏、F型盏、磁峰窑A型碗、B型碗等。琉璃厂窑Ba型碗与琉璃厂窑址出土白釉碗相同，釉色偏灰白，口沿一周青黄釉或酱釉边，应是模仿金银釦瓷器的做法，与青龙村北宋崇宁五年（1106年）M3出土Ⅲ式碗[9]、三圣乡花果村南宋庆元六年（1200年）M7出土A型Ⅱ式碗[10]相同。Ba型罐与二仙桥绍兴二十二年（1152年）M1[11]出土瓷罐、外化成小区端平二年（1235年）M5[12]出土双耳罐相同，这种样式的缸釉双耳罐有些还在外壁用化妆土描画斜线纹。磁峰窑A型深腹碗与磁峰窑址发现的BⅠ型[13]深腹碗相似，B型六出葵口碗与磁峰窑址出土CⅡ型[14]相同，具有明显的北宋早中期的特征。据以上分析推测，第二期的时代在北宋晚期至南宋早期。

第三期：地层为第2层，遗迹单位有H3，器物中除早期遗物扰动至该地层及灰坑中外，其余器物所属窑口以景德镇窑和龙泉窑为组合，基本为外地窑口。龙泉窑碗胎体较厚，圈足较大，釉层薄，其形制与胎釉特征属于《四川地区出土龙泉窑青瓷的类型与分期》[15]一文划分的第三期，相当于明代。龙泉窑A型盘与成都市下东大街遗址第5层出土B型Ⅱ式盘、Bb型盘相同，后者第5层年代报告定为明代早期；景德镇窑盘有2件采用先勾勒青花线条再填彩的方法，这种做法流行于明代中晚期。青花盘内底双圈内的草书变体"寿"字，与绵阳红星街[16]、彭州南街酱园厂[17]等明代晚期窖藏出土的青花瓷器上的"寿"字相同。综上所述，该期的年代应在明代晚期，下限可能到清初。

五、初 步 认 识

君平街遗址西南侧为1991年发掘的上汪家拐遗址，两个地点在地理上接近，但有明显的时代差距。该遗址遗迹现象以灰坑为主，均为不规则形状，可能为当时民众倾倒垃圾的场所，遗址中也并未发现与社会生活相关的建筑、水井等生活遗迹。在宋代H2中出土了大量绿釉瓦当、筒瓦等残件，表明附近可能有较高等级建筑存在。君平街是为纪念汉代思想家严君平而命名的，但据袁庭栋推测，原本的严真观应在支矶石街，清代将此街道命名为君平街，后人把梓潼宫改建为严遵观。因此，H2中的绿釉瓦及瓦当应考虑为其他建筑的遗存。

遗址的第5层以下地层均含砂较重，与上汪家拐遗址一样，均处于古代河道之上。结合近年来对成都市区所做的勘探、发掘工作情况，陕西街和红照壁一带均发现了古代河流的故道，且河道相对宽阔，君平街至红照壁一线呈西北—东南走向。蒙文通曾考证："二江北为郫江，南为流江，唐以前均流经成都以南。"[18]由于目前在其他区域尚未发现，具体属于哪一条河流需要更多的考古材料来证明。

　　H2中出土了4件仿铜陶礼器，器形有鼎、器盖等。宋元时期的仿古陶瓷器，常见的为施釉的瓷器，陶器占比很少。仿铜陶器在杭州城遗址中发现较多，其他地区多出自墓葬。浙江省博物馆收藏了各类陶质礼器残件，年代从南宋早期到南宋晚期，部分陶器被印证为南宋凤凰山官窑和郊坛下官窑烧制，器形丰富，有贯耳壶、方壶、圆壶、簋、梅瓶、觚、尊、鼎等。沈一东对各类陶器进行了详细论述，包括其出土地点、器物属性等[19]。北宋以来的礼制改革，对于礼器的改良主要体现在外观形制上，其原因是古器物学的兴盛使得学者认识到旧礼器与三代实物礼器不符，因而以官方名义与力量搜寻古物，以实物为标准对礼器进行改造；而宋室南渡以来的礼器制造活动，则是战乱使得徽宗朝新礼器尽皆散佚，且由于铜荒，不得不对原有的礼器进行简化，并以其他材质替代，因此，文献中保留了大量南宋以来朝廷下令制造陶瓷质礼器的记录[20]。据文献记载，除复古活动的政治目的与追求以外，收藏、研究古物仍然是士大夫最初的出发点，其内容更加丰富，不限于三代青铜礼器，而广泛包括三代铜器、秦汉铜器、玉器等种类，如吕大临《考古图》的编撰体例即是将当时的士大夫所收藏的古物进行汇总著录，记载每一件古物的尺寸、重量、形制、纹饰、出土地点、收藏者等信息。绍兴以后，宋金关系趋于缓和，长江上游、下游地区安定富庶，大量北方南迁的皇亲士民及后代在两地定居，在朝廷提倡复古的带动下，士大夫和民间再次掀起收藏、制作、使用复古器物的风潮，窖藏、墓葬、窑址也出土许多带有复古因素的生活用器[21]。复古器物的功能已经不仅仅局限于皇家、上层士大夫的祭祀和文化研究，也逐渐地深入士大夫和平民的日常生活，呈现出生活化和趣味化的特点。

发掘、整理：易　立　江　滔　李　平　胡登彬

绘　　　图：谭　成

拓　　　片：严　彬

执　　　笔：江　滔

注　释

［１］　北京大学中国考古学研究中心、江西省文物考古研究院、江西省丰城市博物馆：《丰城洪州窑址》，文物出版社，2018年，第25、26页。

［２］　南京大学历史系考古专业、湖北省文物考古研究所、鄂州市博物馆：《鄂城六朝墓》，科学出版社，2007年。

［３］　成都文物考古研究所：《成都市西郊红色村唐代王怀珍墓》，《成都考古发现》（2005），科学出版社，2007年，第301～307页。

［４］　成都文物考古研究所：《成都市金沙村唐墓发掘简报》，《成都考古发现》（2004），科学出版社，2006年，第311～322页。

［5］ 成都文物考古研究所、龙泉驿区文物保护管理所：《成都市龙泉驿五代前蜀王宗侃夫妇墓》，《考古》2011年第6期。

［6］ 冯汉骥：《前蜀王建墓发掘报告》，文物出版社，2002年，第64页。

［7］ 成都文物考古研究所：《2008年度永陵公园古遗址发掘简报》，《成都考古发现》（2008），科学出版社，2010年，第368～410页。

［8］ 成都文物考古研究所：《2008年度永陵公园古遗址发掘简报》，《成都考古发现》（2008），科学出版社，2010年，第368～410页。

［9］ 成都市文物考古研究所：《成都市龙泉驿区青龙村宋墓发掘简报》，《成都考古发现》（1999），科学出版社，2001年，第278～293页。

［10］ 成都市文物考古工作队：《成都市成华区三圣乡花果村宋墓发掘简报》，《成都考古发现》（2001），科学出版社，2003年，第200～235页。

［11］ 成都市文物考古研究所：《成都市二仙桥南宋墓发掘简报》，《成都考古发现》（1999），科学出版社，2001年，第211～224页。

［12］ 成都市文物考古研究所：《成都市外化成小区南宋墓发掘简报》，《成都考古发现》（1999），科学出版社，2001年，第242～251页。

［13］ 成都市文物考古研究所、彭州市博物馆：《2000年磁峰窑发掘报告》，《成都考古发现》（2000），科学出版社，2002年，第167～221页。

［14］ 成都市文物考古研究所、彭州市博物馆：《2000年磁峰窑发掘报告》，《成都考古发现》（2000），科学出版社，2002年，第167～221页。

［15］ 易立：《四川地区出土龙泉窑青瓷的类型与分期》，《四川文物》2013年第5期。

［16］ 何志国、许蓉、胥泽蓉：《绵阳市红星街出土明代窖藏》，《四川文物》1990年第2期。

［17］ 彭县文化馆：《四川省彭县南街酱园厂出土窖藏青花瓷器》，《文物》1978年第3期。

［18］ 蒙文通：《巴蜀古史论述》，四川人民出版社，1981年，第185～223页。

［19］ 沈一东：《南宋官窑陶质祭器器物属性探析》，《东方博物》2010年第1期。

［20］ 郑汉卿：《宋元仿古陶瓷研究》，复旦大学硕士学位论文，2014年。

［21］ 葛林杰：《复古维新——宋代复古器物的考古学观察》，四川大学博士学位论文，2017年。

成都市高新区"康和西五街农贸市场"项目五代至北宋时期砖室墓发掘报告

成都文物考古研究院

"康和西五街农贸市场"项目位于成都市高新区中和街道康和西五街北侧,西临中柏大道,东临蓉遵高速,北距成都市区约18千米(图一),中心地理坐标为东经104°3′59″、北纬30°32′28.7″。2020年1~4月,成都市文物考古工作队为配合成都高投建设开发有限公司的"康和西五街农贸市场"项目建设,对该项目范围内的墓葬进行了考古发掘,布10米×12米探方1个,编号T3,10米×10米探方2个,编号T1和T2,发掘面积约220平方米。共清理了9座墓葬,包括8座五代至北宋时期砖室墓和1座明清时期土坑墓。现将这批砖室墓的发掘情况报告如下[1]。

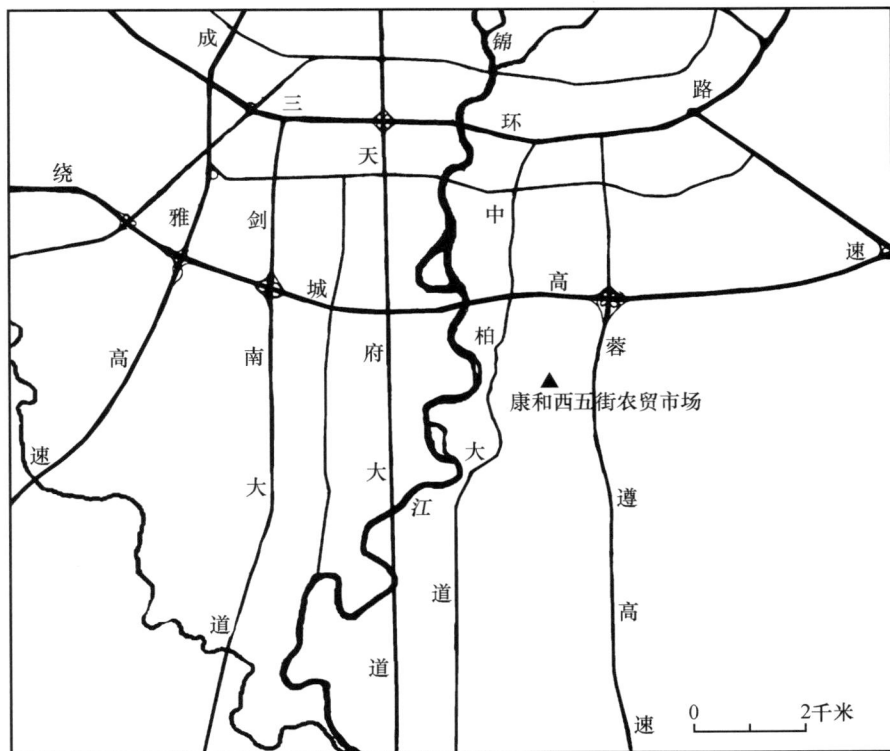

图一　遗址位置示意图

一、墓葬概况

高新区"康和西五街农贸市场"项目清理的墓葬编号为2020CGZM1~2020CGZM9
（以下简称M1~M9），其中M4为明清时期的土坑墓。这批砖室墓均开口于第1层下，
打破生土，墓葬之间除M4同时打破M1、M7，M7同时打破M5、M9外，其他墓葬之间
无叠压和打破关系（图二）。这8座墓葬均为墓室平面呈梯形的单室券顶砖墓，墓圹略
宽于墓室，都采用土葬的形式下葬。

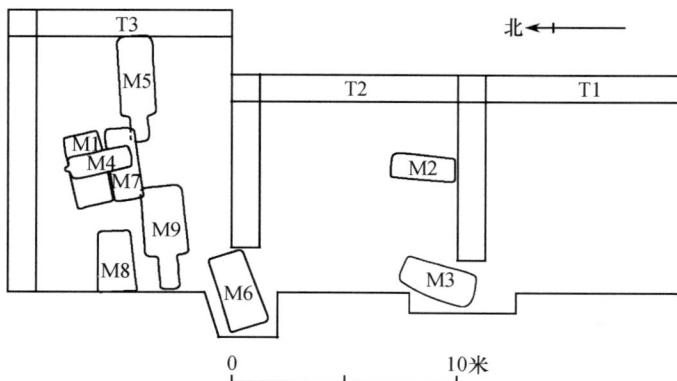

图二　墓葬分布图

M1　位于发掘区北部，被M4打破，南邻M7，西邻M8。墓葬保存较差，上部大部
分不存。墓向254°。墓圹平面略呈梯形，长3.35、宽1.5~1.73、残深0.9米。墓室由封门
和棺台组成。封门宽1.7、残高1.25米。砌法为一顺一丁。墓室平面呈梯形，长2.94、宽
0.8~0.84、残高1.25米。墓壁系先砌三组一顺一丁，再顺砖平砌数层起券。两侧墓壁各
有四个侧龛，规格分别是：三个宽0.2、进深0.1米，一个宽0.55、进深0.1米。墓室底部
采用顺砖错缝平铺。墓砖为长方形素面砖，规格为长36、宽18、厚4厘米。墓室中部设
一腰坑，平面形状为方形，边长0.25、深0.2米，内部放置1件瓷四系罐，残砖封口。墓
室中部残存部分人骨，四肢扰动严重，头骨下移，仰身直肢。人骨周围有少量锈蚀棺钉
和木屑，推测有棺木作为葬具。墓室西南部随葬有2件瓷四系罐和1件瓷碗（图三）。

瓷四系罐　3件。M1:1，红褐胎，腹部施化妆土，肩部以上施青黄釉，部分有流
釉现象。近直口，方唇略凸，溜肩，弧腹，肩、腹相交处有两组对称立耳，平底。口径
9.2、最大腹径10.2、底径6.7、高14.4厘米（图四，3）。M1:2，红褐胎，腹部施化妆
土，腹部及以上施青黄釉，有流釉现象。带器盖。直口略外敞，方唇，高领，圆肩，
鼓腹，肩、领相交处有两组对称横耳，平底微内凹。口径14.6、最大腹径26.8、底径
14.8、高27厘米（图四，1）。M1:4，红褐胎，腹部施化妆土，肩部以上施青黄釉，
部分有流釉现象。近直口，方唇略凸，溜肩，弧腹，肩、腹相交处有两组对称立耳，平

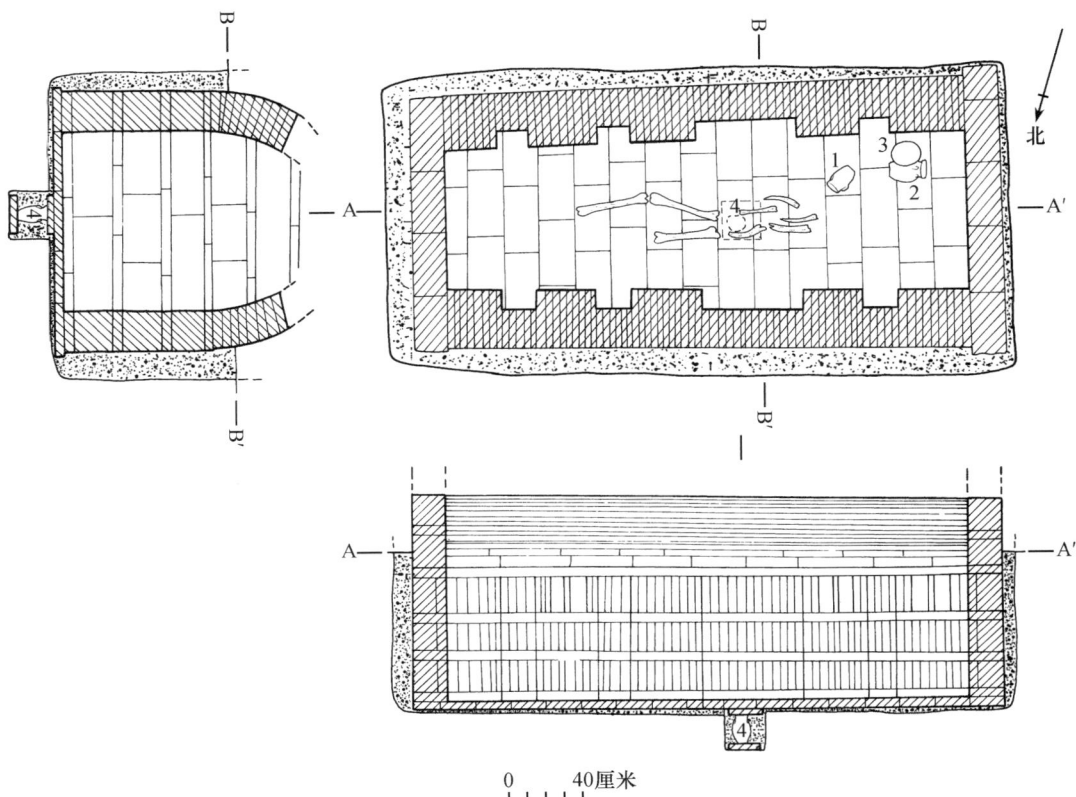

图三 M1平、剖面图
1、2、4.瓷四系罐 3.瓷碗

底。口径9、最大腹径10、底径6.5、高14.2～14.8厘米（图四，2）。

瓷碗 1件。M1:3，红褐胎，口及内底施青黄釉，有流釉现象。敞口，尖圆唇，折腹，饼足略内凹。口径13.8、底径5.8、高5.1厘米（图四，4）。

M2 位于发掘区中部，西邻M3。墓葬保存极差，上部不存。墓向356°。墓圹平面为长方形，长2.6、宽1.2、残深0.46米。墓室平面形状为梯形，长1.96、宽0.48～0.52、残高0.46米。墓壁残存两组一顺一丁。墓室底部顺砖错缝平铺一层。墓砖为长方形素面青砖，规格为长34～36、宽18、厚4厘米。墓室中部残存部分人骨，仰身直肢。墓室南部发现1件瓷双耳带流壶、1件瓷盏和1枚铜钱（图五）。

瓷盏 1件。M2:3，灰胎，口部及内部施酱黄釉，有流釉现象。敞口，尖圆唇，斜弧腹，饼足。口径11.1、底径3.5、高3.4厘米（图六，3）。

瓷双耳带流壶 1件。M2:2，红褐胎，腹部施化妆土，施青黄釉。矮直口，圆唇，矮直领，溜肩，鼓腹，平底，肩部有一组对称横耳和一流。口径8、最大腹径12.3、底径5.5、高9.3厘米（图六，2）。

铜钱 1枚。M2:1，锈蚀严重，面、背均有内外郭，轮廓规整，钱文部分清

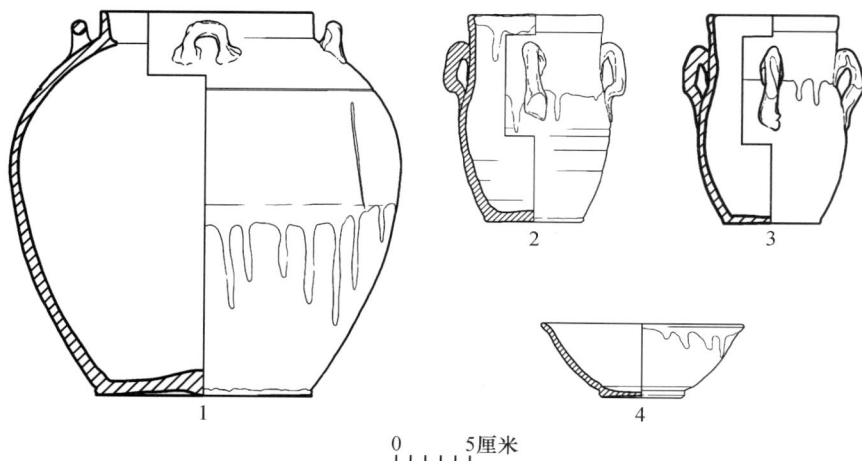

图四　M1出土瓷器

1~3.四系罐（M1:2、M1:4、M1:1）　4.碗（M1:3）

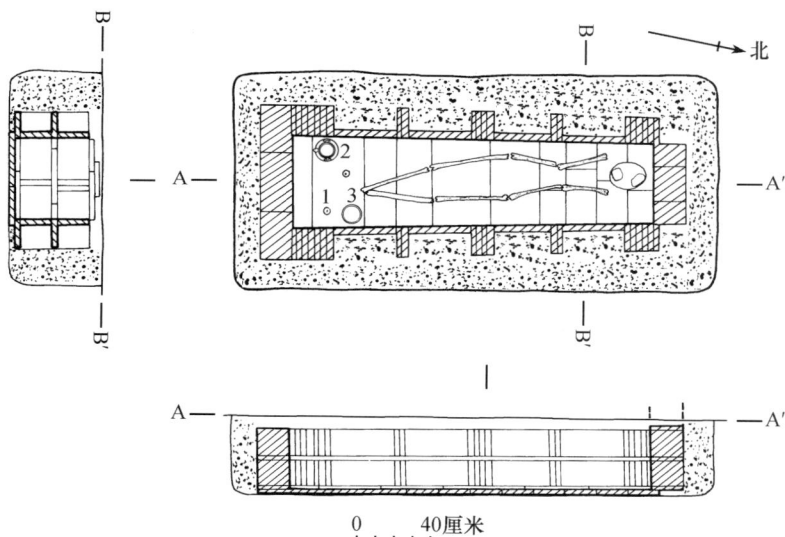

图五　M2平、剖面图

1.铜钱　2.瓷双耳带流壶　3.瓷盏

晰。"元"字首横较短，次横长且左端上挑，背部素面。钱径2.45、穿宽0.65厘米
（图六，1）。

　　M3　位于发掘区西南部，北邻M6，东邻M2。墓葬保存较差，上部不存。墓向
199°。墓圹平面形状为梯形，长3.3、宽1.13~2.01、残深0.84米。墓室分为前、中、后
三段。前段平面为横长方形，长0.36、宽0.65、残高0.55米；中段平面为梯形，长0.85、
宽0.75~0.9、残高0.65米；后段长1.2、宽0.45~0.75、残高0.45米。墓壁砌法为两顺一
丁，残存三组。墓底以顺砖错缝斜铺。墓砖为长方形素面青砖，长36、宽18、厚4厘

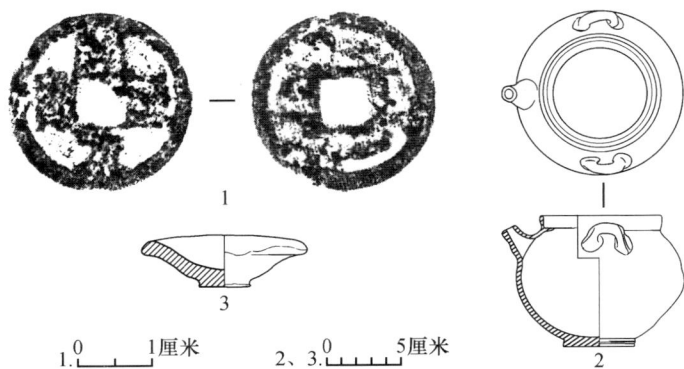

图六　M2出土器物

1. 开元通宝（M2：1）　2. 瓷双耳带流壶（M2：2）　3. 瓷盏（M2：3）

米。墓室中部随葬有人骨，头向朝南，仰身直肢。墓室前段随葬1件瓷碗，墓主人头部随葬1件瓷四系罐，脚部随葬1件瓷四系罐和1件瓷器盖（图七）。

瓷四系罐　2件。M3：1，红褐胎，腹部施化妆土，腹部及以上施青黄釉，有流釉现象。直口略内敛，方唇，高领，圆肩，鼓腹，肩、领相交处有两组对称横耳，平底微内凹。口径14.6、最大腹径26.8、底径14.8、高27厘米（图八，1）。M3：2，灰胎，腹部施化妆土，腹部及以上施酱黄釉，有流釉现象。近直口，方唇略凸，溜肩，弧

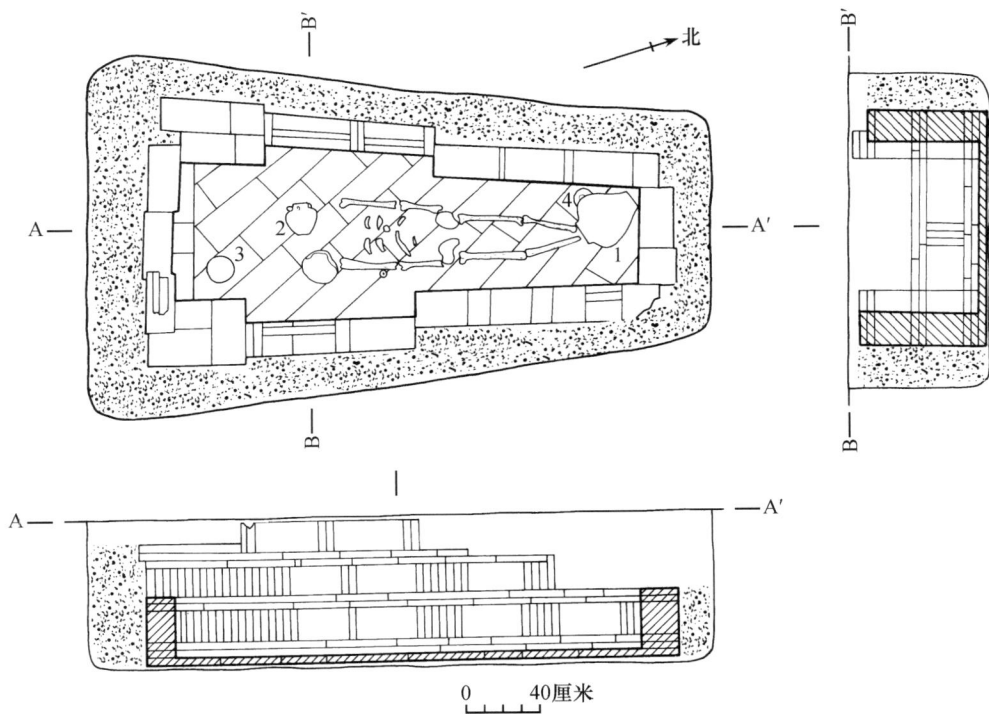

图七　M3平、剖面图

1、2. 瓷四系罐　3. 瓷碗　4. 瓷器盖

腹，肩、腹相交处有两组对称立耳，平底。口径8.6、最大腹径10.2、底径6、高16厘米（图八，2）。

瓷碗　1件。M3：3，红褐胎，口部及内部施青釉。敞口，圆唇，折弧腹，饼足。口径16.6、底径6、高5.2厘米（图八，3）。

瓷器盖　1件。M3：4，红褐胎，外部施青黄釉，有流釉现象。敞口，尖圆唇，折弧腹，带纽。口径7.7、顶径3.8、高2厘米（图八，4）。

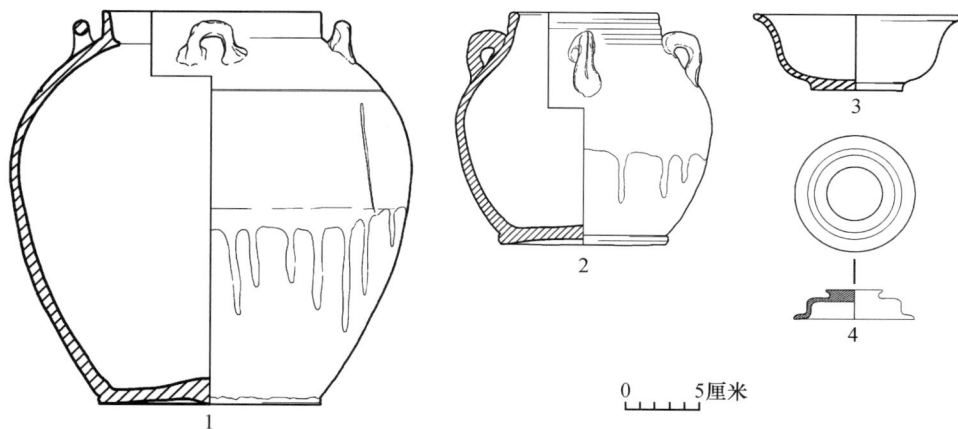

图八　M3出土瓷器
1、2.四系罐（M3：1、M3：2）　3.碗（M3：3）　4.器盖（M3：4）

M5　位于发掘区东北部，被M7打破，西北邻M1。墓葬保存较差，东部墓壁破坏严重。墓向264°。墓圹平面为长方形，长4.25、宽1.81、残深0.8米。墓葬由墓道、封门、甬道和棺室组成。墓道北部被打破，残存平面为长方形，长1.1、宽0.75、残深0.85米。封门由下至上先丁砌一组，接着顺砌两组，再一丁一顺砌筑三组，最后顺砖平砌至顶，宽1.4、厚0.32、残高0.8米。甬道位于棺室西部，平面为横长方形，长0.32、宽0.65、低于棺室0.2米。棺室分为前后两段，前段长2.1、宽0.65～0.8、残高0.6米；后段长0.32、宽0.25、残高0.25米。棺室墓壁砌法为先顺砖平砌一层，接着两顺一丁砌筑两组，再开始起券封顶。甬道底部用顺砖错缝斜铺，棺室先顺砖竖铺一排，再顺砖错缝平铺至后壁。墓砖为长方形素面青砖，长32～36、宽16～18、厚4厘米。棺室中部有一具保存较差的人骨，头向朝西，面向朝上，上肢垂放于身体两侧，葬式为仰身直肢。甬道内随葬有1件瓷碗和1件瓷盏，墓室西南角有1枚严重锈蚀的钱币残片，钱文不详，头骨处有1件瓷四系罐，墓主人腰部有1对铜带扣，近后壁随葬1件瓷四系罐（图九）。

瓷四系罐　2件。M5：1，红褐胎，腹部施化妆土，腹部及以上施青黄釉。敞口，尖圆唇，高领，束颈，溜肩，肩、领相交处有两组对称立耳，鼓腹，平底。口径13.6、最大腹径25.8、底径13.6、高25.5厘米（图一〇，1）。M5：2，保存较好。红褐胎，腹部施化妆土，腹部及以上施青黄釉，有流釉现象。敞口，尖圆唇，矮领，束颈，溜肩，

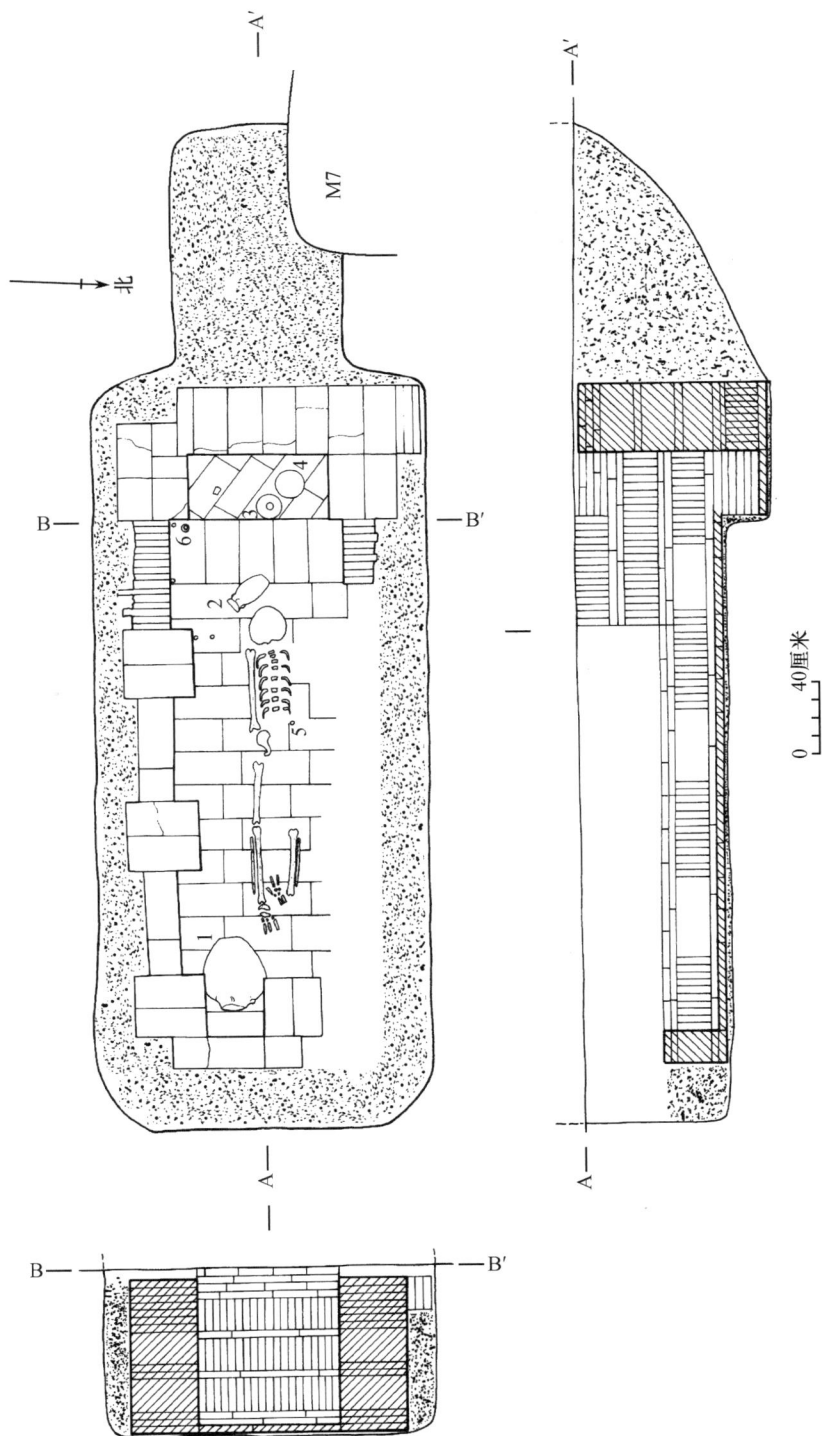

图九 M5平、剖面图

1、2.瓷四系罐 3.瓷盏 4.瓷碗 5.铜带扣 6.铜钱

0   40厘米

肩部有两组对称立耳，鼓腹，平底略内凹。口径7、最大腹径12.5、底径8.2、高15.2厘米（图一○，2）。

瓷碗　1件。M5：4，灰胎，口部及内部施青黄釉，有流釉现象。敞口，圆唇，斜弧腹，饼足略内凹，内部微折且有明显的五处支钉烧痕。口径14、底径6、高4.6厘米（图一○，4）。

瓷盏　1件。M5：3，红褐胎，口部及内部施青黄釉，有流釉现象。敞口，尖圆唇，斜弧腹，饼足。口径13.2、底径5.2、高3.1厘米（图一○，3）。

铜带扣　一对。M5：5，由扣环和转轴组成。扣环略呈扁椭圆形，扣舌位于转轴中部，活舌。扣环长4、宽2.3、厚0.3～0.8厘米，扣舌长2、宽0.4、厚0.4厘米（图一○，5）。

开元通宝　1枚。M5：6，面、背均有内外郭，轮廓较规整，钱文多被锈蚀，依稀可辨。钱径2.5、穿宽0.6厘米（图一○，6）。

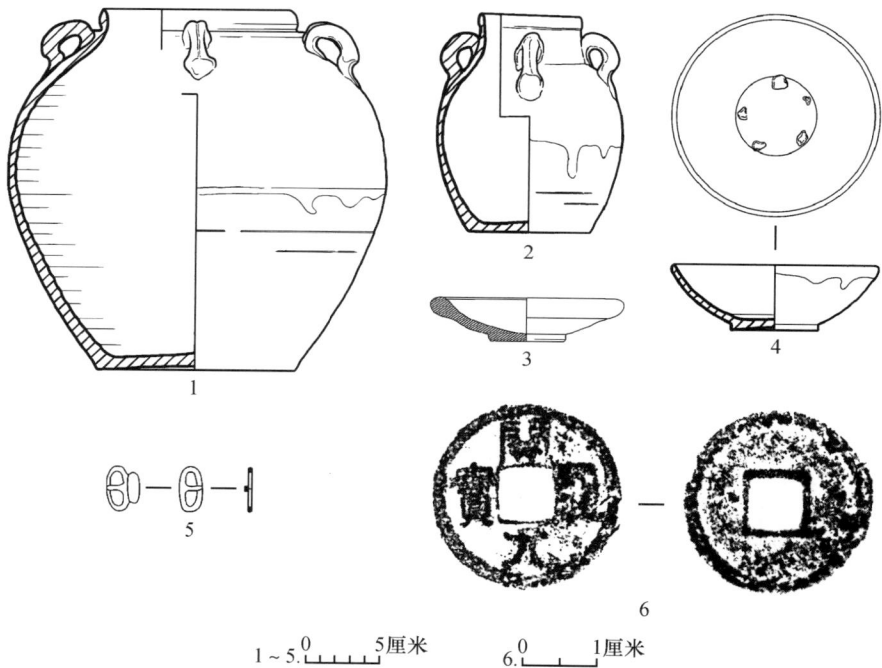

图一○　M5出土器物

1、2.瓷四系罐（M5：1、M5：2）　3.瓷盏（M5：3）　4.瓷碗（M5：4）　5.铜带扣（M5：5）
6.开元通宝（M5：6）

M6　位于发掘区西部，南邻M3，北与M8和M9相邻。墓葬保存较差。墓向262°。墓圹平面为梯形，长3.7、宽1.8～2.04、残深0.95米。墓葬由封门、甬道、棺室和壁龛组成。封门由下至上一顺一丁砌筑两组，宽1.4、厚0.36、残高0.5米。甬道位于棺室西南部，平面为横长方形，长0.37、宽0.95、低于墓室0.15米。棺室平面分为三段，前段为长方形，长0.55、宽0.95、残高0.77米；中段和后段为梯形，中段长0.7、宽1.1～1.2、残高0.77米;后段长1.1、宽0.8~0.85、残高0.77米。壁龛位于南北两侧墓壁肋拱之间,立面为长方形,宽0.18、进深0.18米。墓壁砌法为先一顺一丁砌筑一组,接着两顺一丁砌筑一组,再顺砖平砌数层起券封顶。后壁砌法为一顺一丁砌筑一组,接着两顺一丁砌筑一组,再顺砌八组、丁砌一组,上部被破坏,最后顺砖平铺至顶,中部设置有仿亭台结构。甬道底部用顺砖斜向错缝平铺,棺室与甬道相交处用顺砖竖铺、横铺各一排,其余用顺砖斜向错缝平铺。墓砖为长方形素面青砖,长33~36、宽16~19、厚3~4厘米。墓室中部有保存极差的人骨,疑为仰身直肢葬,人骨周围有部分锈蚀严重的棺钉,推测有棺木作为葬具。甬道随葬1件瓷长颈壶和1件瓷碗,墓主人骨附近随葬有瓷四系罐2件,均保存相对完整(图一一)。

瓷长颈瓶 1件。M6:1,红褐胎,紫红胎,肩部及以上施红釉,肩部及口部内侧有流釉现象。敞口,方圆唇,长颈,鼓肩,斜直腹,平底,底部内凹。口径5.8~6、底径6.9、高16.5厘米(图一二,4)。

瓷碗 1件。M6:2,灰胎,口沿及内壁施酱黄釉,部分有流釉现象。敞口,尖圆唇,弧腹,饼足。口径12.5、底径6、高5.2厘米(图一二,3)。

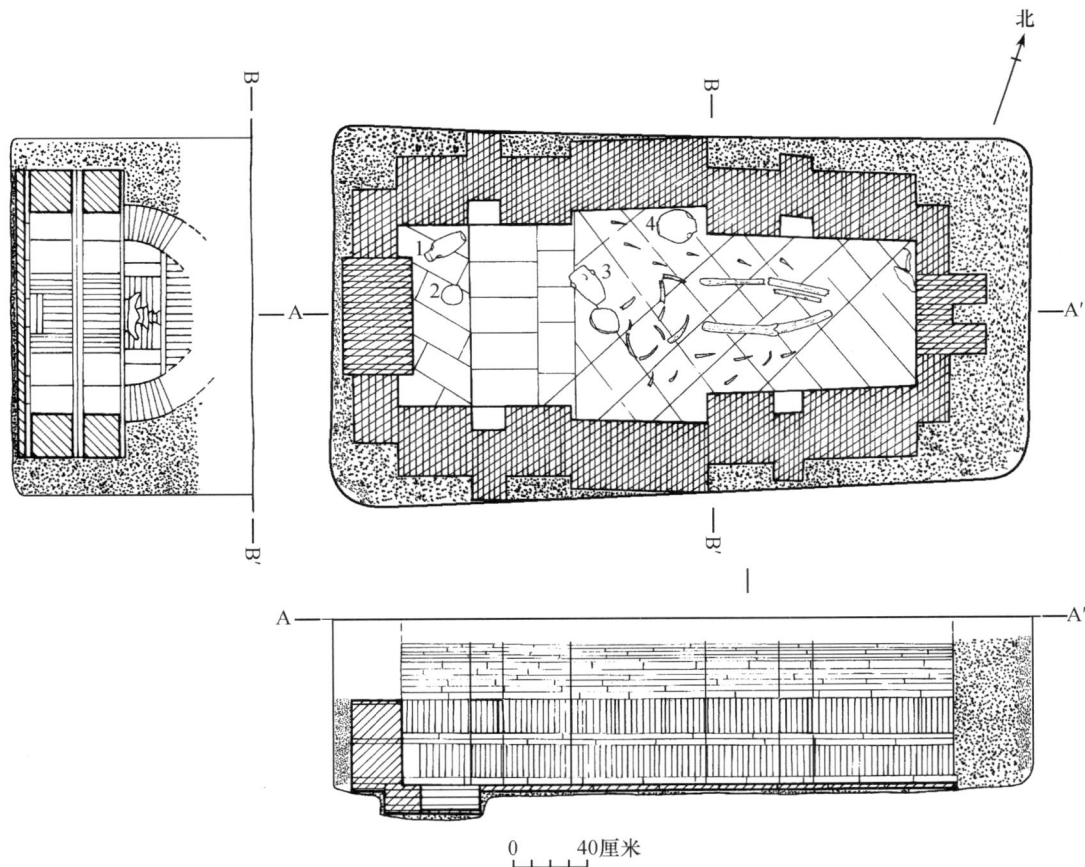

图一一 M6平、剖面图

1. 瓷长颈瓶 2. 瓷碗 3、4. 瓷四系罐

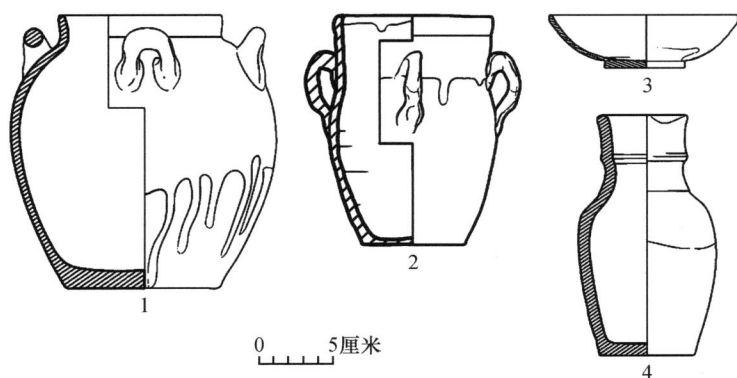

图一二　M6出土瓷器

1、2.四系罐（M6：4、M6：3）　3.碗（M6：2）　4.长颈瓶（M6：1）

瓷四系罐　2件。M6：3，红褐胎，腹部部分施化妆土，肩部及以上施酱黄釉，肩部有流釉现象。近直口，方唇略凸，溜肩，肩部有两组对称立耳，弧腹，平底。口径10.3、最大腹径11.1、底径6.8、高15.7厘米（图一二，2）。M6：4，红褐胎，腹部部分施化妆土，肩部及以上施酱黄釉，腹部部分有流釉现象。近直口，方唇，溜肩，肩部有两组对称横耳，斜弧腹，平底。口径10.7、最大腹径17.5、底径10.2、高18.7厘米（图一二，1）。

M7　位于发掘区北部，被M4打破，北邻M1，东边打破M5，西侧打破M9。墓葬保存较差，上部不存。墓向257°。墓圹平面为长方形，长3.28、宽1.58、残深0.6米。墓葬由封门、墓室、壁龛和腰坑组成。封门砌法为一顺一丁，宽1.4、残高0.45米。墓室平面为梯形，长2.5、宽0.65～0.8、残高0.45米。壁龛位于南北两侧墓壁，各分布四个，宽0.15～0.17、进深0.06～0.075米。墓壁砌法为一顺一丁，残存两组。铺地砖以顺砖错缝平铺一层。墓砖为长方形素面青砖，长34、宽18、厚3厘米。腰坑位于墓葬中部下，平面为方形，边长0.18、深0.24米。墓室中部葬一具人骨，头向朝西南，腿骨微内曲，疑似扰动导致，原为仰身直肢葬。人骨周围有部分锈蚀严重的棺钉，疑似有棺木作为葬具随葬。近封门处随葬有1件瓷四系罐和1件瓷碗，墓主人头骨处随葬1件瓷四系罐，腰坑内随葬1件瓷四系罐（图一三）。

瓷四系罐　3件。M7：1，灰胎，腹部施化妆土，腹部及以上施酱黄釉，有流釉现象。敛口，方唇，高领，圆肩，鼓腹，肩部有两组对称横耳（耳部缺失三处），平底微内凹。口径9.7、最大腹径17、底径10、高19.4厘米（图一四，1）。M7：3，红胎，肩部以上施化妆土，有流釉现象。敛口，方唇略凸，溜肩，斜弧腹，肩、腹相交处有两组对称立耳，平底。口径8.6、最大腹径10.2、底径6、高16厘米（图一四，2）。M7：4，红胎，肩部以上施化妆土，有流釉现象。近直口，方唇略凸，溜肩，弧腹，肩、腹相交处有两组对称立耳，平底。口径8.9、最大腹径10、底径6.6、高14.5厘米（图一四，3）。

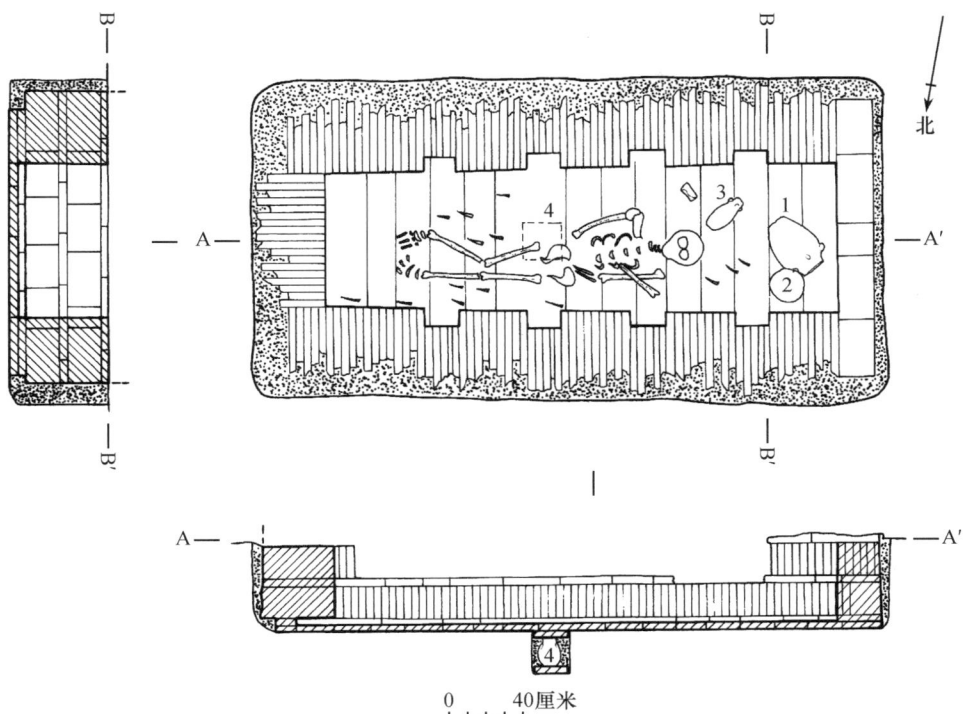

图一三　M7平、剖面图

1、3、4.瓷四系罐　2.瓷碗

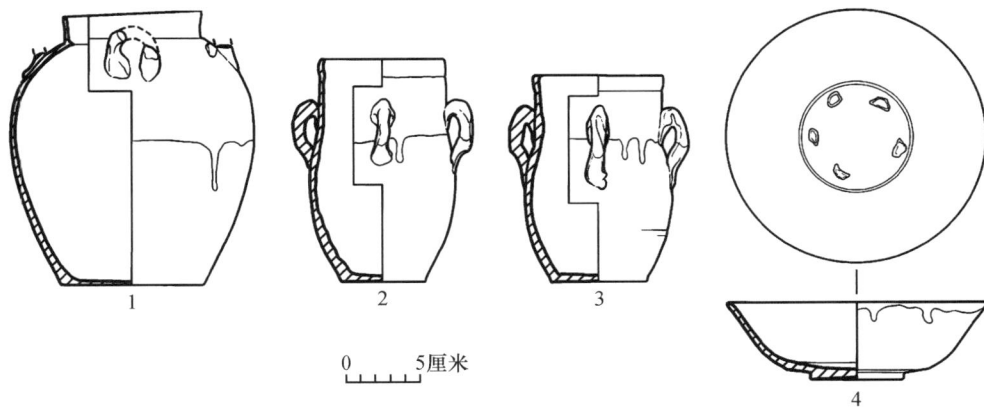

图一四　M7出土瓷器

1~3.四系罐（M7∶1、M7∶3、M7∶4）　4.碗（M7∶2）

瓷碗　1件。M7：2，灰胎，口部及内部施酱黄釉，有流釉现象。敞口，圆唇，斜弧腹，饼足略内凹，内部微折且有五齿支钉垫烧的痕迹。口径17.7、底径6.4、高5.4厘米（图一四，4）。

M8　位于发掘区西北部，东邻M1和M7，南邻M9。墓葬保存极差，仅存部分底砖。墓向270°。墓圹平面为梯形，长2.65、宽1.35～1.65、残深0.3米。墓室残存平面为梯形，残长1.65、残宽0.55～0.9、残高0.08米。墓壁砌法为顺砖错缝平砌，残存两层。铺地砖以顺砖错缝平铺一层。墓室北部残存部分人骨，腐朽严重，无法判断部位（图一五）。

M9　位于发掘区西北部，被M7打破。墓葬保存较差，仅存底部和后壁大部，墓向264°。墓圹平面为梯形，长3.3、宽1.7～2、残深0.8米。墓葬由墓道、棺室、壁龛和后龛组成。墓道平面为长方形斜坡状，长1.55、宽0.9、残深0.8米。棺室分为前、中、后三段。前段平面为横长方形，长0.35、宽0.9、残高0.04米；中段平面为梯形，长1.5、宽0.95～1.2、残高0.04米；后段长1.02、宽0.8～0.85、残高0.74米。后龛立面为凸字形，宽0.48、进深0.15、高0.32米。墓壁砌法为一顺一丁砌筑三组。后壁砌法为一顺一丁砌筑一组，接着顺砖平砌至顶。铺地砖以顺砖错缝平铺一层。墓砖为长方形素面青砖，长32～36、宽17～18、厚3～4厘米。墓室中部有一具保存较差的人骨，头向朝西，仰身屈肢葬。人骨周围发现少量的锈蚀棺钉，推测有棺木作为葬具（图一六）。

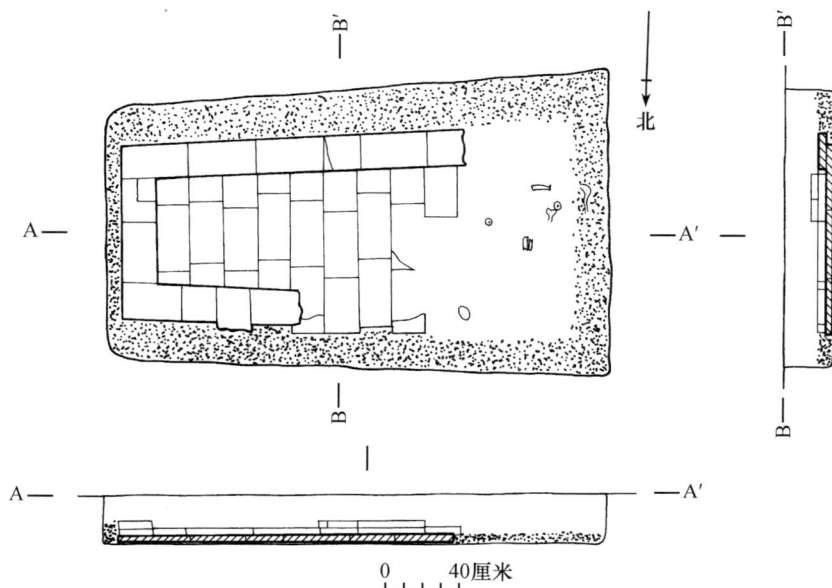

图一五　M8平、剖面图

北

M7

A′

A′

北

B —— —— B′

A

A

—— A

B —— —— B′

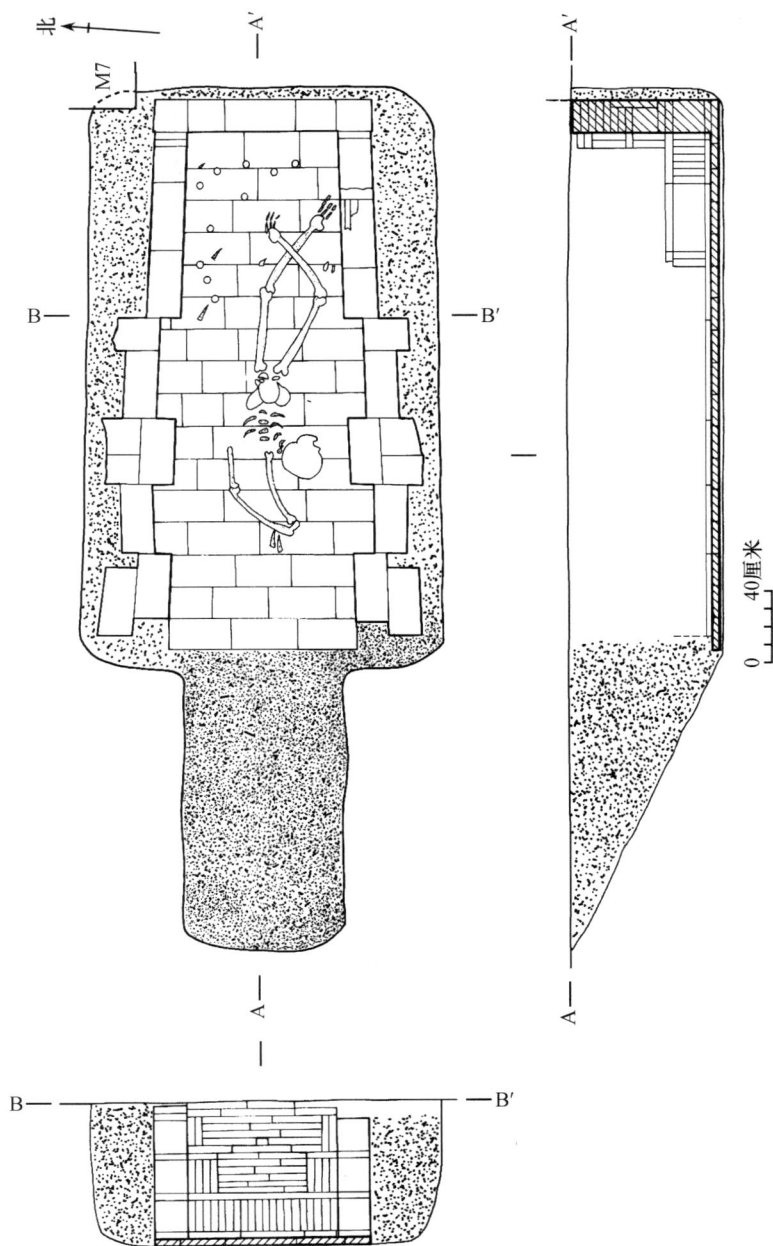

图一六 M9平、剖面图

0 40厘米

二、结　语

成都市高新区"康和西五街农贸市场"项目清理的8座砖室墓被扰动严重，保存较差，部分墓葬甚至不见随葬器物。由于这批墓葬没有发现纪年材料，所以只能根据墓葬形制及随葬器物来推断年代。M7和M1并排紧邻，两座墓葬的形制和结构一样，M1出土的两类瓷四系罐与瓷碗也见于M7中，所以这两座墓葬的年代接近。且M7同时打破M9和M5，所以M5和M9略早于M7。M6与M9、M8、M1、M7以及M5墓向相近且位置相邻。M6出土的两类瓷四系罐与M1和M7出土的瓷四系罐相似。综上所述，M1、M5、M6、M7、M8和M9排列有序，墓葬聚集而葬，墓向基本相同，墓葬形制和器物也相差不大，所以应该是同一家族墓葬，而且下葬时间相距不远。

M1和M7的形制与《四川地区唐代砖室墓分期研究初论》[2]划分的A型Ⅲ式墓葬相同，主要流行于晚唐五代时期，这类墓葬形制也见于双流九龙湖社区的M7，双流九龙湖社区M7年代为北宋宝元二年（1039年）[3]。从出土随葬品来看，M7出土的两类瓷四系罐和碗的组合见于龙泉青龙村M2，且M7出土的瓷四系罐和瓷碗与龙泉青龙村M2出土的瓷四系罐和瓷碗形制接近[4]。龙泉青龙村M2年代为北宋嘉祐七年（1062年），所以据此推测M7的年代大致为北宋早期。M5出土的瓷四系罐（M5：1）与清江东路张家墩M101：2基本相同[5]，瓷四系罐（M5：2）与永陵公园的M12：1相同[6]。永陵公园M12下葬时间为后蜀广政二十六年（963年）[7]，成都清江东路张家墩M101的年代为五代时期。M5的墓葬形制与五代时期的墓葬形制也较为接近，再结合前文所述，M5略早于M7，所以M5的年代可以大致推测在五代时期。M6出土的瓷长颈瓶与华阳欧香小镇M31出土的相似，欧香小镇M31年代为绍圣四年（1097年）[8]。又M6出土的瓷四系罐与瓷碗与M1和M7出土的瓷四系罐和瓷碗形制相近，所以M6年代大致为北宋早期。M1、M8和M9墓葬形制与M5、M6、M7接近，且M7打破M9，再结合出土器物推测，M1、M8、M9的年代与M5、M6和M7相差不远，大致为五代至北宋早期。

M3的墓室壁分段不在一条直线上，与《四川地区唐代砖室墓分期研究初论》划分的C型Ⅲ型墓葬相同，主要流行于唐末五代时期。再从出土的随葬器物看，M3两类瓷四系罐（M3：1、M3：2）共出的情况也见于成都市清江东路张家墩M103以及永陵公园M12，并且四系罐形制也与这两座墓葬所出相同，同时M3的墓葬形制也与这两座墓葬相近。所以结合墓葬形制与出土器物可以大致推断M3的年代为五代时期。

M2的墓室壁在同一直线上，与《四川地区唐代砖室墓分期研究初论》划分的Bb型墓葬相同，主要流行于唐末五代时期。从M2出土的随葬器物来看，M2出土的瓷盏与瓷双耳带流壶与成都琉璃厂窑址第一期出土的酱釉Ba型碟以及C型注壶相似，而成都琉璃厂窑址第一期的年代定为五代至北宋早期[9]。根据墓葬形制，再结合随葬器物，可以将M2的大致年代定在五代至北宋早期。

综上所述,成都市高新区"康和西五街农贸市场"项目发掘的这批砖室墓年代主要集中在五代至北宋早期。

成都市高新区"康和西五街农贸市场"项目发掘的这批砖室墓年代集中,时代特征较为鲜明,是研究四川地区唐代墓葬向宋代墓葬过渡阶段的重要材料,有利于进一步细化唐宋墓葬阶段,为进一步研究唐宋之际丧葬习俗的变化提供了重要考古材料。

附记:本次发掘和整理人员有杨波、倪林忠、赵牧晨、王雷雨和蒋艳。线图由张培、蒋艳和杨波绘制。

执笔:杨 波 蒋 艳 王雷雨

注 释

[1] 晚期墓葬另文介绍。

[2] 刘雨茂、朱章义:《四川地区唐代砖室墓分期研究初论》,《四川文物》1999年第3期。

[3] 成都文物考古研究所、双流县文物保护管理所:《双流县九龙湖社区宋墓发掘简报》,《成都考古发现》(2014),科学出版社,2016年。

[4] 成都市文物考古研究所:《成都市龙泉驿区青龙村宋墓发掘简报》,《成都考古发现》(1999),科学出版社,2001年。

[5] 四川大学考古系、成都文物考古研究院:《成都市清江东路张家墩隋唐至南宋砖室墓》,《考古》2018年第12期。

[6] 成都文物考古研究所:《2008年度永陵公园古遗址发掘简报》,《成都考古发现》(2008),科学出版社,2010年。

[7] 原报告将永陵公园M12年代定为南宋时期,但根据买地券内容,该墓应该是下葬于后蜀广政二十六年,出土器物也属于成都五代时期的典型器物。

[8] 成都文物考古研究所、双流县文物管理所:《双流县华阳镇骑龙村"欧香小镇"唐宋墓葬发掘简报》,《成都考古发现》(2011),科学出版社,2013年。

[9] 成都文物考古研究院:《成都琉璃厂窑址:2018~2019年考古发掘报告》,文物出版社,2021年。

成都市新都区礼拜村遗址唐宋时期遗存发掘报告

成都文物考古研究院

礼拜村遗址位于成都市新都区新都街道龙虎镇礼拜村，西距成渝环线高速公路1.3千米，南距货运大道350米（图一）。地处岷江冲积扇与沱江冲积扇交汇地带，地理坐标为东经104°13′34.2048″、北纬30°51′25.848″。

2017年10月，为配合"地铁盾构管片生产基地项目工业东区"项目进行文物勘探时发现该遗址。2018年10月至2019年7月，成都文物考古研究院对遗址进行了发掘，除大量新石器时代、夏商周时期遗存外，还发现有唐宋时期墓葬、窑址、水井。本文仅报告唐宋时期遗存。

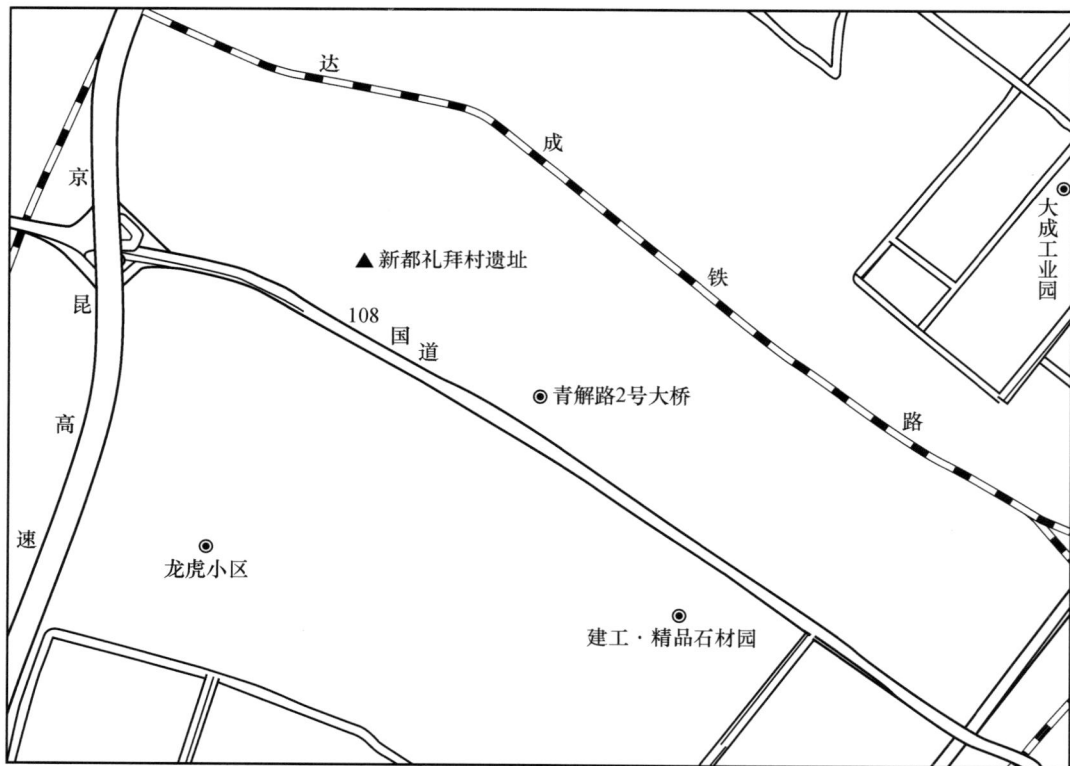

图一　遗址位置示意图

一、地层堆积概况及唐宋时期遗迹的层位关系

礼拜村遗址的地层堆积统一划分为6层。

第1层：灰黑色耕土。厚0.1~0.2米。为近现代层。

第2层：灰色黏土。厚0.1米。出土有少量青花瓷片，为明清时期地层。

第3层：唐代地层，分3A和3B两个亚层。

第3A层：灰白色土。厚0.05~0.15米。出有少量黄釉瓷片和灰白瓷片。

第3B层：灰黄色土。厚0.1~0.15米。出土少量黄釉瓷片和青砖。

第4层：青灰色土。厚0.05~0.1米。出土少量筒瓦、钵、盆残片，为汉代地层。

第5层：浅黄色土。厚0.1米。出土少量罐、豆等陶片，为夏商时期地层。

第6层：浅黄褐色土。厚0.4~0.5米。出土少量夹砂陶片，为新石器时代地层。

第6层以下为生土。

唐宋时期遗迹之间无叠压打破关系，均开口于第2层下，打破第3层。遗迹所在区域原为农田，地势较为平坦。

二、唐宋时期遗迹及遗物

发掘唐宋时期墓葬15座（编号依次为SM1~SM15，简写为M1~M15），窑址2座（编号分别为Y5、Y6），井1座（编号为J1）（图二）。出土瓷器28件、陶器7件、玉器1件、铜器66件。瓷器有碗6件、盏1件、盘1件、碟1件、盒1件、杯1件、双耳罐5件、四系罐9件、盘口壶3件、文官俑2件；陶器有双耳杯5件；玉器为钗1件；铜器有镜2面、钗1件、夹1件；铜钱63枚，其中开元通宝62枚、货泉1枚。

（一）墓葬及遗物

墓葬均为砖室墓，分为单室墓、双室墓两种。单室墓平面多呈梯形，个别为长方形，墓向近南。双室墓平面均近凸字形，墓向近西。

1. 单室墓

13座。根据墓葬形制的不同，分为三型。

A型　3座。平面均呈梯形，墓室分前、后两段。根据有无甬道，分为二亚型。

Aa型　2座。无甬道。分别为M6、M7。

M6　墓向205°。墓葬破坏严重，墓顶和直墙上部不存。墓圹长2.97、宽1.4~1.16、残深0.45米。墓室分前后两段，前段长1.38、宽0.75~0.78、残高0.26米，后段长1.17、宽0.58~0.65、残高0.17米。封门残存部分砌筑方式为一斗一眠，斗砖斜砌，眠砖顺

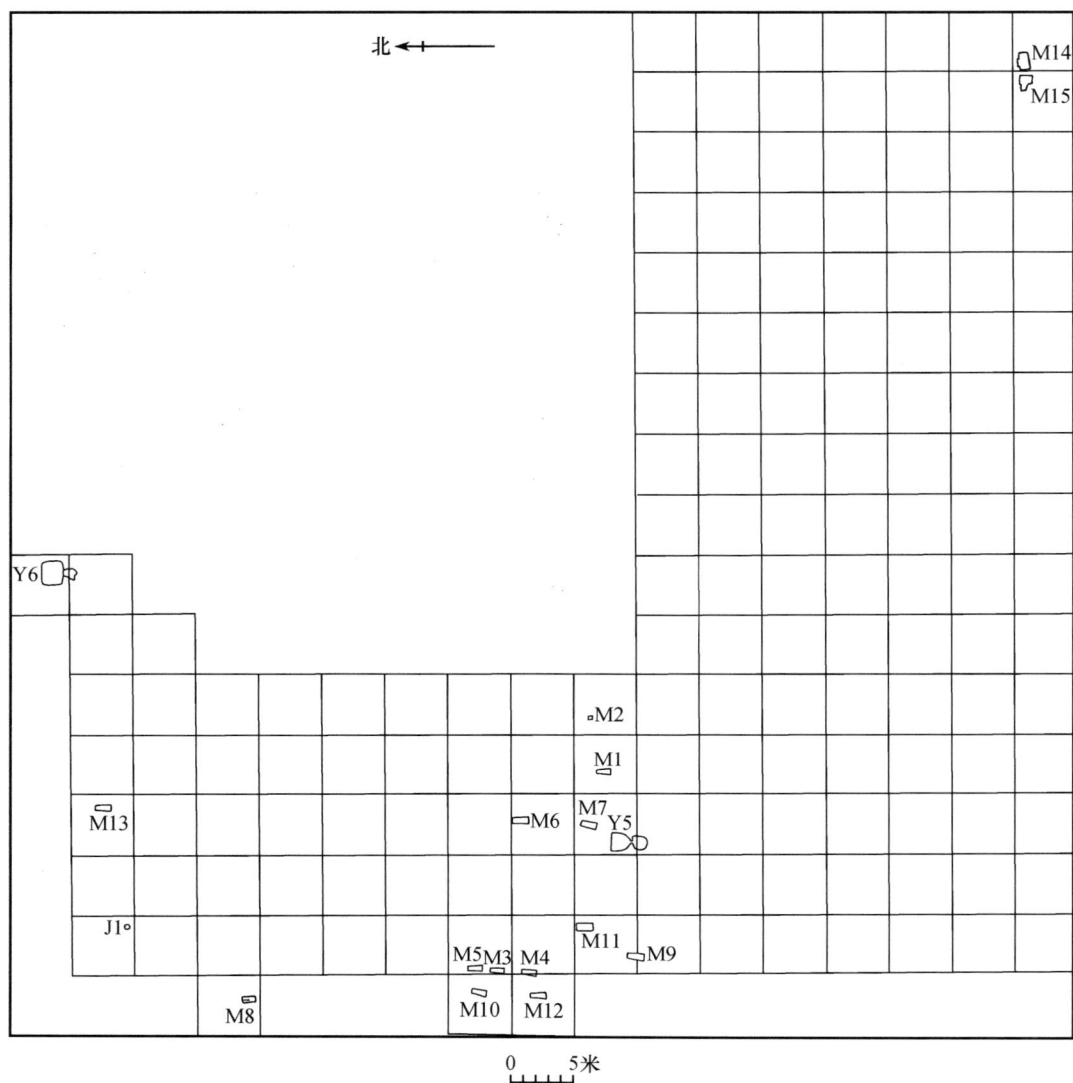

图二　唐宋时期遗存分布图

砌。封门墙宽1.14、残高0.26、厚0.19米。后壁残存部分砌筑方式为斗砖顺砌。墓室侧壁残存两层眠砖，顺砌。铺地砖皆眠砖错缝顺砌。墓砖为长方形素面砖，长34、宽17、厚4厘米。人骨不存。墓室东南角出土瓷盘口壶和瓷盘各1件，墓底散落53枚开元通宝（图三）。

瓷盘口壶　1件。M6：1，紫红胎，外壁施酱釉。盘口微侈，盘口外壁下部有一周凸棱，高束颈，颈部有数道细密旋痕，鼓肩，肩部带四个对称的拱形横系，斜直腹，平底。口径20.7、底径10.8、高41.1厘米（图四，1）。

瓷盘　1件。M6：2，紫红胎，挂米黄色化妆土，施青釉。敞口，圆唇，折腹，饼足，平底。内底有支钉痕。口径16.5、底径6.8、高3.1厘米（图四，2）。

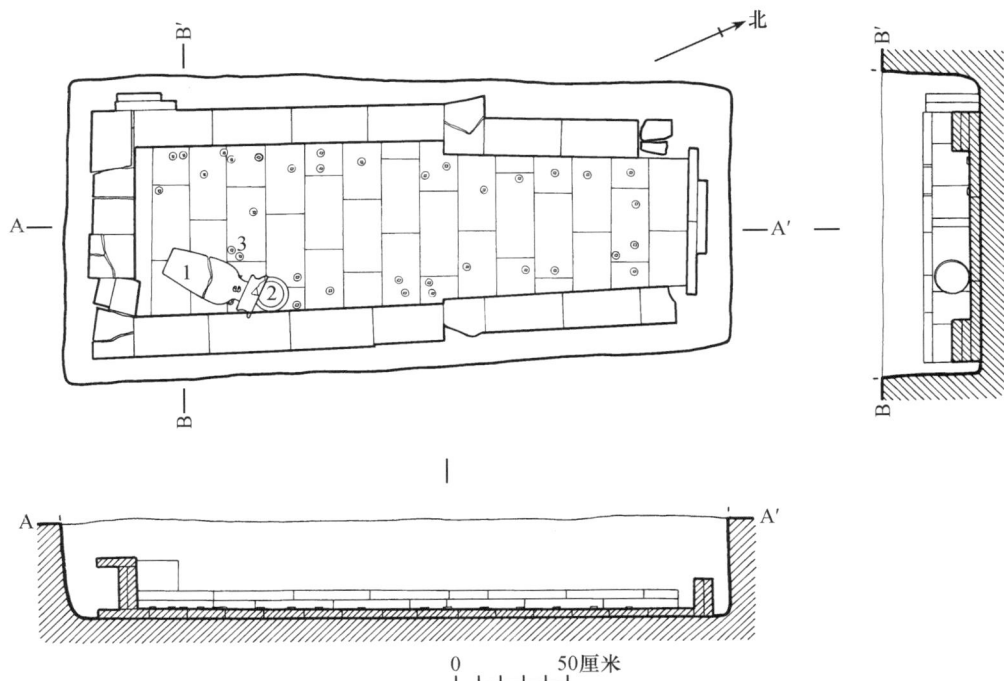

0 ⎯⎯ 50厘米

图三　M6平、剖面图

1.瓷盘口壶　2.瓷盘　3.铜钱

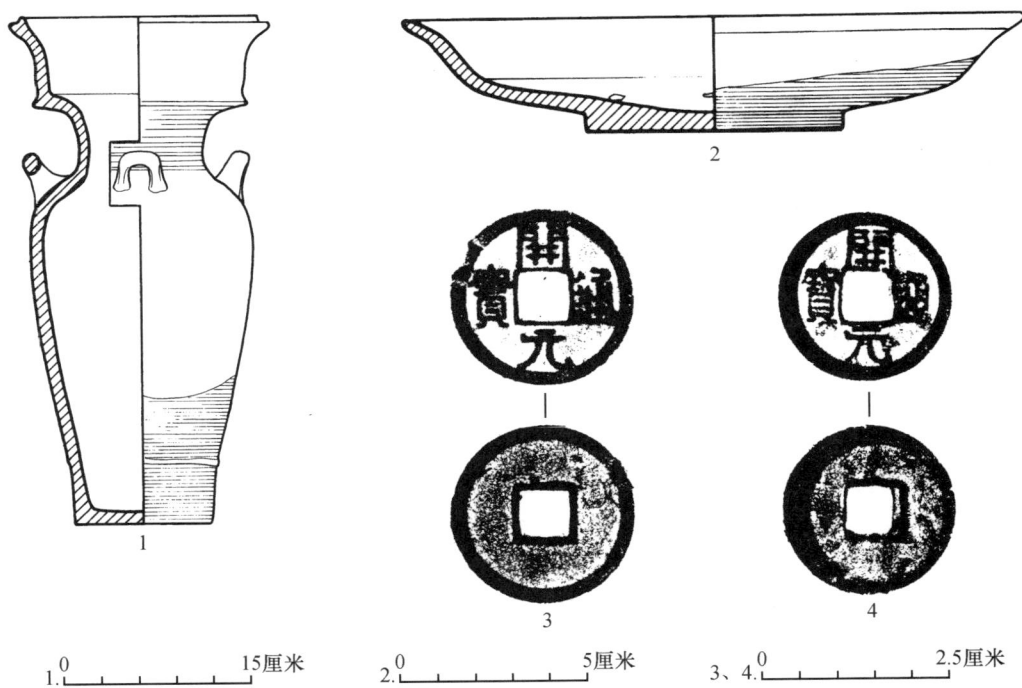

1. 0 ⎯⎯ 15厘米　　2. 0 ⎯⎯ 5厘米　　3、4. 0 ⎯⎯ 2.5厘米

图四　M6出土瓷器、铜钱

1.瓷盘口壶（M6：1）　2.瓷盘（M6：2）　3、4.开元通宝（M6：3-1、M6：3-2）

开元通宝　53枚。M6∶3-1，钱文规整，笔画粗壮且清晰，光背。"元"字首横较短，"通"字"之"部呈点状不相连，"宝"字"贝"部中间两横较短。钱径2.4、穿宽0.7厘米（图四，3）。M6∶3-2，钱文纤细清秀，光背，外郭宽窄不一，背部外郭较浅。"元"字首横较长，"通"字"之"部呈顿折状，"宝"字"贝"部中间两横稍长。钱径2.4、穿宽0.7厘米（图四，4）。

M7　墓向203°。墓室顶部不存。墓圹长2.87、宽1.15~1.58、残深0.53米。墓室分前后两段，前段长1.1、宽0.7~0.75、残高0.45米，后段长1.24、宽0.46~0.62、残高0.45米。封门砌筑方式一斗一眠，均顺砌。封门墙宽1.05、残高0.45、厚0.17米。后壁砌筑方式为一眠一立[1]，皆顺砌。墓室侧壁为下眠上立，立砖一顺一丁相间，上部眠砖顺砌。铺地砖皆眠砖错缝顺砌。墓砖皆为长方形素面砖，长34、宽16、厚3厘米。人骨一具，骨骼散布于墓室各部。除颅骨、右侧肱骨和尺骨外，其余骨骼均有移位或扭转。骨骼保存情况整体较差。颅骨右面部残缺，下颌骨缺失。颅下骨骼仅残存左右髋骨和部分肢骨，其中手足骨缺失。根据目前的人骨保存状态，仅能判断人骨为成年个体，具体的死亡年龄和性别不详。墓室东南角出土瓷碗1件，头骨顶端出土瓷四系罐1件（图五）。

瓷碗　1件。M7∶1，棕红胎，挂米黄色化妆土，施青釉，内壁满釉，外壁半釉，釉面有开片。敞口，平沿，尖唇，斜弧腹，饼足，平底。内底有支钉痕。口径13.6、底

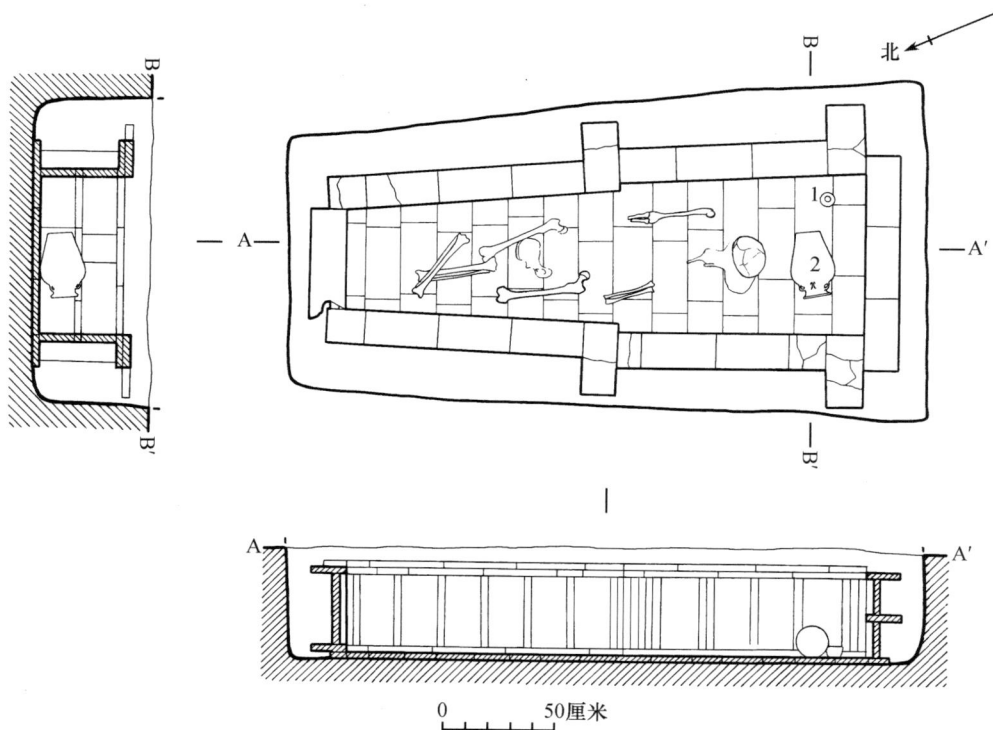

图五　M7平、剖面图
1. 瓷碗　2. 瓷四系罐

径5.4、高4.7厘米（图六，1）。

瓷四系罐　1件。M7：2，砖红胎，施酱釉。直口，斜沿，尖唇，高直颈，颈下部一周弦纹，鼓肩，肩部带四个对称的拱形双股竖系，斜直腹，平底。口径9.3、底径12.3、高32.7厘米（图六，2）。

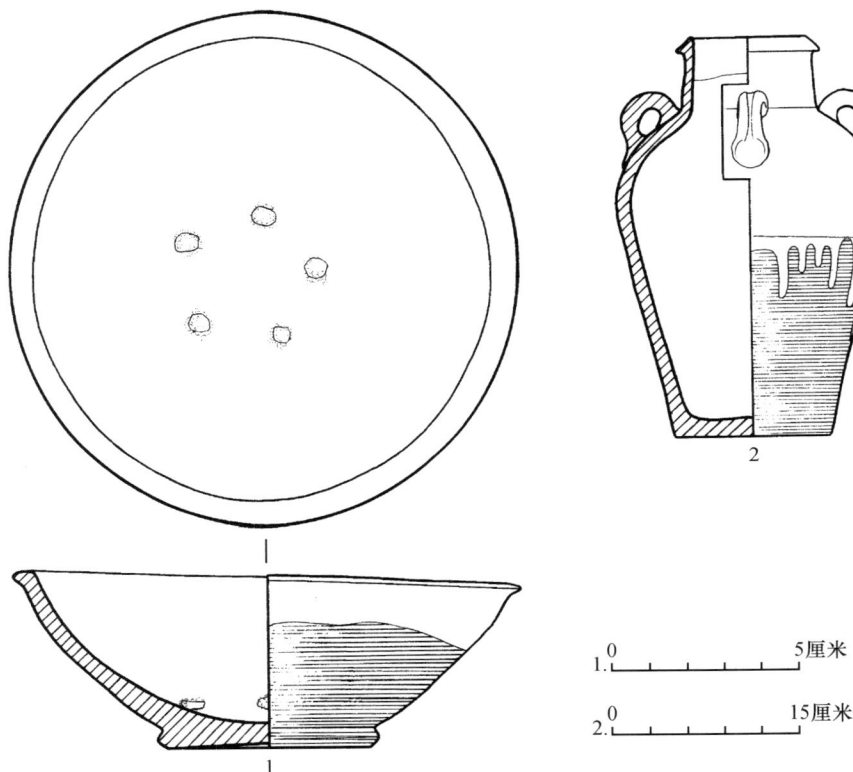

图六　M7出土瓷器
1. 碗（M7：1）　2. 四系罐（M7：2）

Ab型　1座。有甬道。

M9　墓向195°。墓葬破坏严重，墓顶不存，直墙残存一部分。墓圹长2.95、宽1.3～1.5、残深0.5米。甬道宽0.64、进深0.34、残高0.17米。墓室前段长0.75、宽0.88、残高0.4米，后段长1.5、宽0.77、残高0.4米。封门砌筑方式为一斗一眠，均顺砌。封门墙宽1.02、残高0.38、厚0.21米。后壁残存一层眠砖，顺砌。墓室侧壁砌筑方式为一平一斗，斗砖顺砌与丁砌相间。铺地砖皆为眠砖错缝顺砌。墓砖为长方形素面砖，长34、宽18、厚3厘米。人骨两具，东侧个体人骨保存情况较差，骨骼凌乱，上下肢骨交叠无序，疑为二次迁葬所致。目前可观察识别的骨骼部位包括颅骨、下颌骨、肋骨、髋骨以及部分肢骨，肢骨左右侧别难以判断。根据目前的人骨保存状态，仅能判断人骨为成年个体，具体的死亡年龄和性别不详。西侧个体人骨保存情况较差，骨骼略微凌乱，但基本保持正常仰身直肢状态。可观察识别的骨骼部位包括颅骨、下颌骨、左侧肱骨、左侧尺桡骨以及双侧股骨和胫骨。根据目前的人骨保存状态，仅能判断人骨为成年个体，具体的死亡年龄和性别不详。墓底西侧随葬开元通宝1枚（图七）。

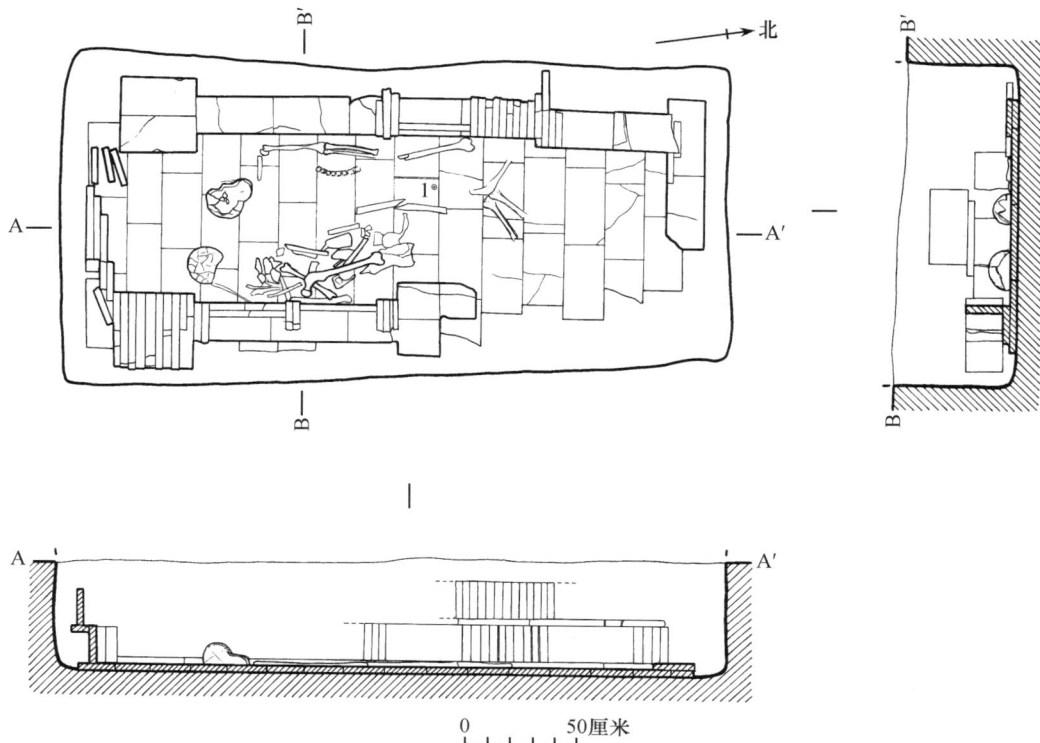

图七　M9平、剖面图
1. 铜钱

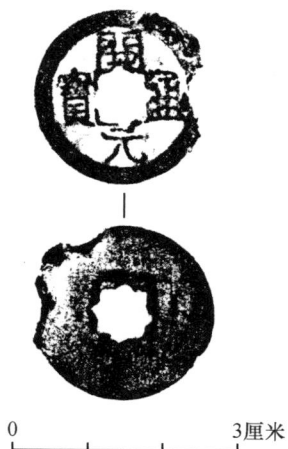

图八　M9出土铜钱
（M9：1）

开元通宝　1枚。M9：1，钱文纤细，光背。"元"字首横稍长，"通"模糊不清，"宝"字"贝"部中间两横稍长。钱径2.4、穿宽0.7厘米（图八）。

B型　8座。平面呈梯形，墓室不分段，墓壁在一条直线上。分别为M1、M3～M5、M8、M10、M12、M13。

M1　墓向185°。墓葬破坏严重，墓顶及直墙上部不存。墓圹长2.54、宽0.9～1.4、残深0.46米。墓室长1.97、残宽0.35～0.72、残高0.23米。封门及东壁各残存一层眠砖，皆为顺砌。后壁和西壁残存部分砌筑方式为一眠一斗，眠砖皆顺砌，斗砖皆丁砌，西壁斗砖有进有出形成4个壁龛。铺地砖为一层眠砖错缝顺砌。墓砖为长方形素面砖，长33、宽15、厚3厘米。人骨仅存头骨和部分肢骨，葬式仰身直肢。头骨顶端出土瓷碗1件（图九）。

　　瓷碗　1件。M1：1，红胎，施白色化妆土。敞口，圆唇，斜弧腹，饼足微内凹。口径14、底径5.8、高4.4厘米（图一〇）。

　　M3　墓向190°。墓圹长2.6、宽1.35～1.4、残深0.64米。墓室长2.08、宽0.43～0.57、残高0.5米。墓顶不存。封门和后壁砌筑方式为一眠两斗，斗砖顺砌，斗砖上再眠砖顺砌三层。封门墙宽1.09、残高0.53、厚0.16米。墓室侧壁砌筑方式为一眠一立，立砖一顺一丁交错，立砖之上为三层眠砖，三层眠砖上下层为顺砌，中间层为斜砌。铺地砖皆为眠砖错缝顺砌。墓砖为长方形素面砖，长35、宽18、厚3厘米。人骨一具，位于墓室正中。仰身直肢，骨骼较为凌乱。左右锁骨移至左右两膝之间，右侧肩胛骨和部分肋骨、椎骨移至右股骨外侧，右侧桡骨移至右膝外侧。骨骼保存情况整体较差。颅骨残缺，枕骨、顶骨破损，面部不可观察。左右侧肩胛骨、左右侧肱骨近端及右侧桡骨远端残破。绝大

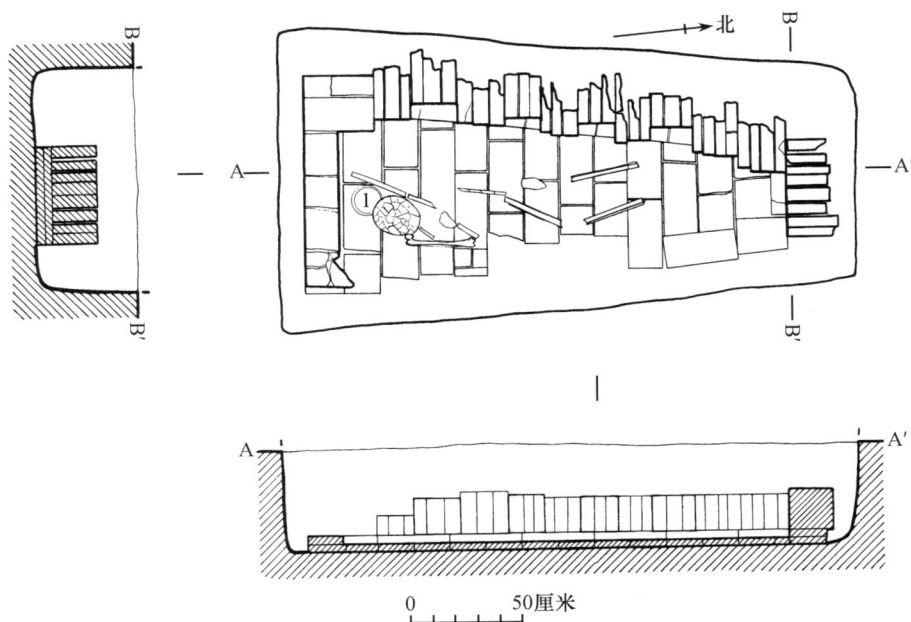

0　　　　50厘米

图九　M1平、剖面图

1. 瓷碗

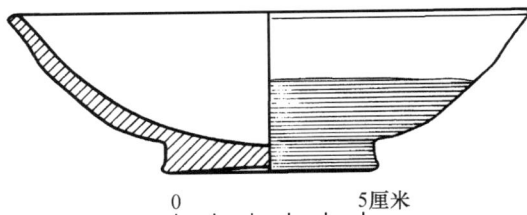

0　　　5厘米

图一〇　M1出土瓷碗

（M1：1）

部分椎骨和肋骨未保存下来，胸骨缺失。左右侧髋骨残破但可观察坐骨大切迹处。上肢骨近远端均残损，下肢骨保存相对较好。髌骨缺失，手足骨大部分缺失。该例个体坐骨大切迹窄而深，乳突较大，肱骨粗壮且三角肌粗隆较为明显，故推断可能为男性。具体死亡年龄不详，为成年个体。头骨西侧出土1件瓷四系罐（图一一）。

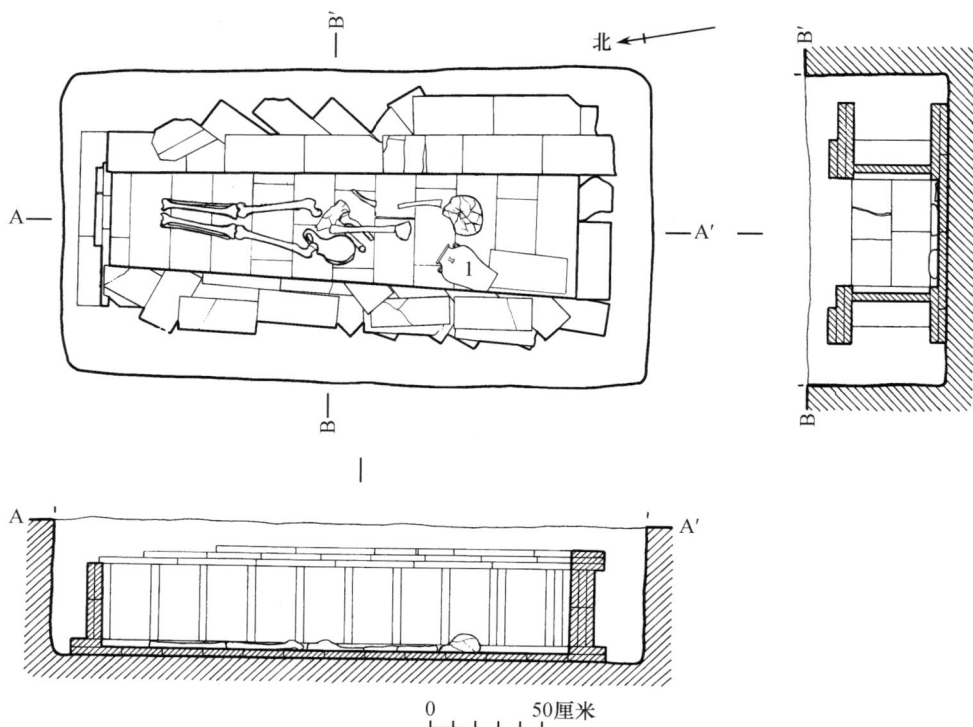

图一一　M3平、剖面图
1. 瓷四系罐

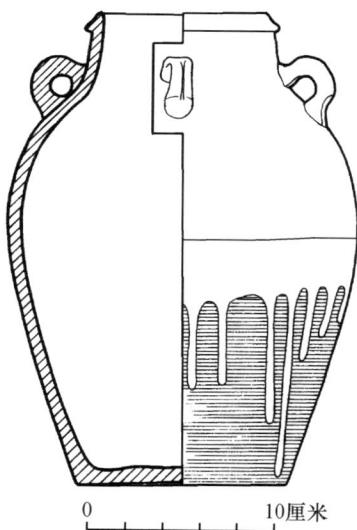

图一二　M3出土瓷四系罐
（M3：1）

瓷四系罐　1件。M3：1，紫红胎，挂白色化妆土，施青釉。敛口，斜沿，尖唇，短颈，溜肩，肩部带四个对称的拱形双股竖系，斜直腹，平底。口径8.8、底径11.2、高25.6厘米（图一二）。

M4　墓向190°。墓葬被破坏，墓顶不存。墓圹长2.98、宽1~1.25、残深0.57米。墓室长2.34、宽0.43~0.64、残高0.5米。封门砌筑方式为两斗夹一眠顺砌。封门墙宽0.77、残高0.42、厚0.17米。后壁为一眠两斗顺砌。墓室侧壁下部为一眠一立，眠砖均顺砌，立砖一顺一丁交错；上部眠砖顺砌两层。铺地砖皆为眠砖错缝顺砌。墓砖为长方形素面砖，长35、宽19、厚3.5厘米。人骨一具，位于墓室正中。仰身直

肢，骨骼较为凌乱。颅骨移至右膝处，下颌骨移至右腹部，左侧肱骨横置于腹部，左侧
尺骨和桡骨移至足部，两侧腓骨下移。骨骼保存情况整体较差。颅骨仅残余部分颅顶部
位，下颌骨下颌支部位残损。锁骨、胸骨、椎骨、肋骨缺失。肩胛骨仅残余右侧腋缘部
位。骨盆部位残损，但可观察形态。除左侧肱骨外，其余肢骨均至少一端残损。髌骨缺
失，手足骨大部分缺失。该例个体坐骨大切迹宽而浅，推断可能为成年女性。具体死亡
年龄不详。可能存在停丧暂厝丧俗。墓室东南角出土瓷碗1件，下肢骨处出土瓷四系罐
1件（图一三）。

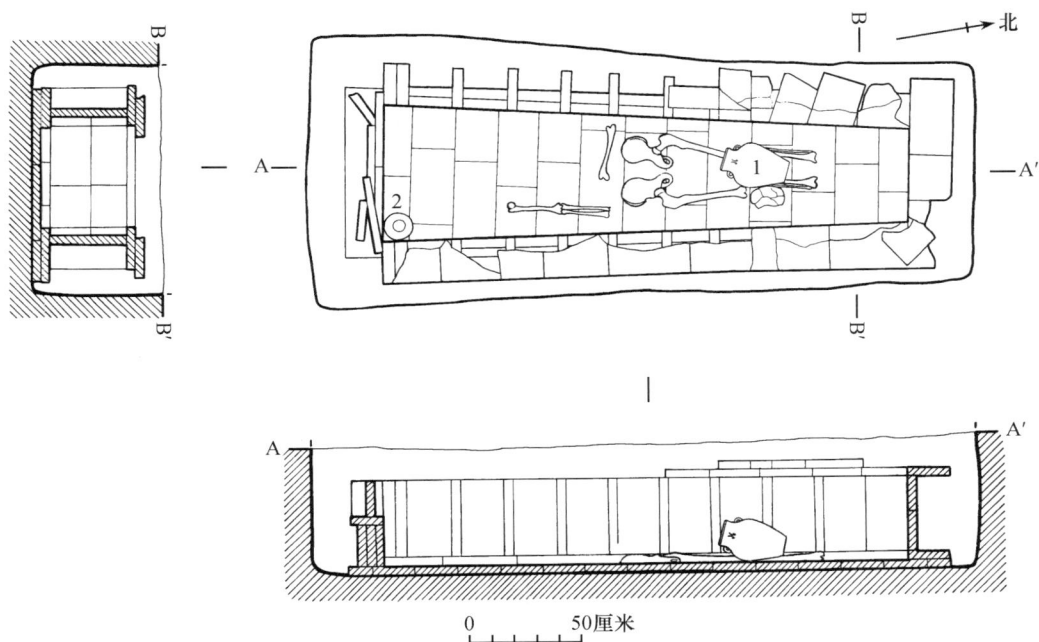

图一三　M4平、剖面图
1. 瓷四系罐　2. 瓷碗

瓷碗　1件。M4：2，紫红胎，挂米黄色化妆土，施青釉。侈口，圆唇，曲腹，饼
足内凹。内底有支钉痕。口径13.2、底径5.8、高4厘米（图一四，1）。

瓷四系罐　1件。M4：1，紫红胎，施酱釉。敛口，外斜沿，尖唇，短颈，溜肩，
肩部带四个对称的拱形双股竖系，斜直腹，平底微内凹。口径9.2、底径10.6、高27.5厘
米（图一四，2）。

M5　墓向190°。墓圹长2.57、宽1.05～1.2、残深0.72米。墓室长2.27、宽
0.42～0.7、残高0.58米。墓顶为叠涩平顶。封门砌筑方式为两斗夹一眠，皆顺砌。封门
墙宽0.9、残高0.48、厚0.15米。后壁两斗砖顺砌。侧壁下部有一层眠砖和一层立砖，立
砖顺砌和丁砌相间，上部眠砖顺砌。铺地砖皆为眠砖错缝顺砌。墓砖为长方形素面砖，
长35、宽18、厚3厘米。人骨仅存头骨和部分下肢骨，葬式不明。成年个体。墓室东南
角出土瓷四系罐1件和开元通宝5枚，西壁偏南出土瓷双耳罐1件（图一五）。

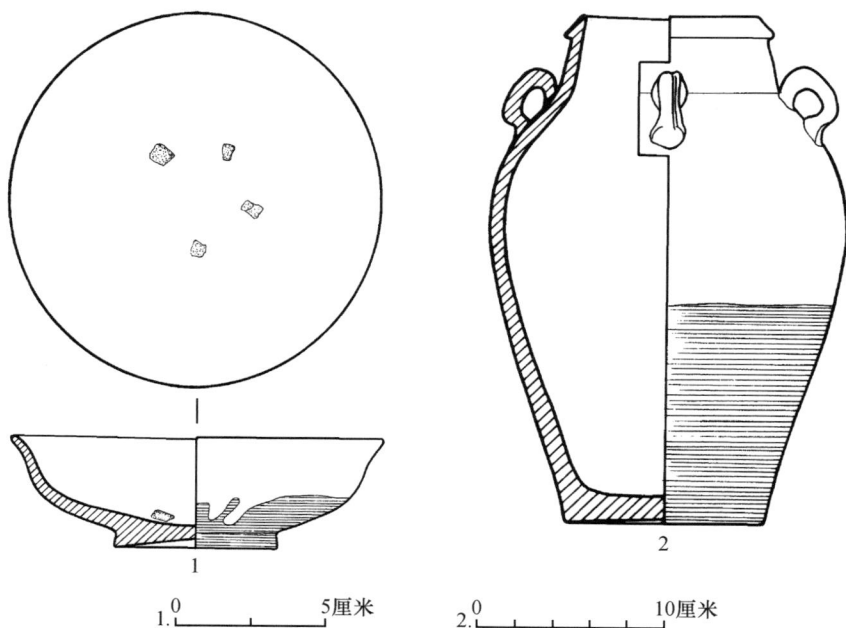

图一四　M4出土瓷器

1. 碗（M4：2）　2. 四系罐（M4：1）

瓷四系罐　1件。M5：1，紫红胎，施青釉。直口，尖唇，唇部微外凸，短颈，颈部有两周凸棱，肩部带四个对称的拱形双股竖系，鼓肩，最大径在肩部，斜弧腹，饼足，平底。口径11.4、底径11.2、高20.2厘米（图一六，1）。

瓷双耳罐　1件。M5：2，紫红胎，挂白色化妆土。直口，圆唇，短颈，圆肩，肩颈部带两个对称的拱形竖系，弧腹内收，最大径在肩部，平底内凹。口径5.6、底径4.1、高7.9厘米（图一六，2）。

开元通宝　5枚。M5：3-1，外郭较浅，"开"字背面有新月纹。钱径2.3、穿宽0.7厘米（图一六，3）。M5：3-2，"开"字背面有新月纹。钱径2.4、穿宽0.7厘米（图一六，4）。M5：4，"开"字背面有新月纹。钱径2.5、穿宽0.7厘米（图一六，5）。

M8　墓向180°。墓葬破坏严重，墓顶和直墙上部不存。墓圹长2.27、宽0.9～1.1、残深0.5米。墓室长1.95、宽0.4～0.6、残高0.38米。封门和后壁皆残存一层顺砌斗砖。封门墙宽0.95、残高0.18、厚0.07米。墓室侧壁以一层立砖砌成，立砖顺、丁相间。铺地砖为眠砖错缝顺砌。墓砖为长方形素面砖，长35、宽16、厚4厘米。人骨只残存部分肋骨和肢骨，葬式仰身直肢。成年个体。墓室东侧出土货泉1枚，钱币损毁严重，钱文模糊不清（图一七）。

M10　墓向190°。墓圹长2.48、宽0.87～1.09、残深0.54米。墓室长2.1、宽0.43～0.63、残高0.44米。墓顶为叠涩平顶。封门和后壁砌筑方式为一眠两斗，眠砖顺砌，斗砖顺砌与丁砌相间。封门墙宽0.95、残高0.41、厚0.06米。墓室侧壁为一层眠砖

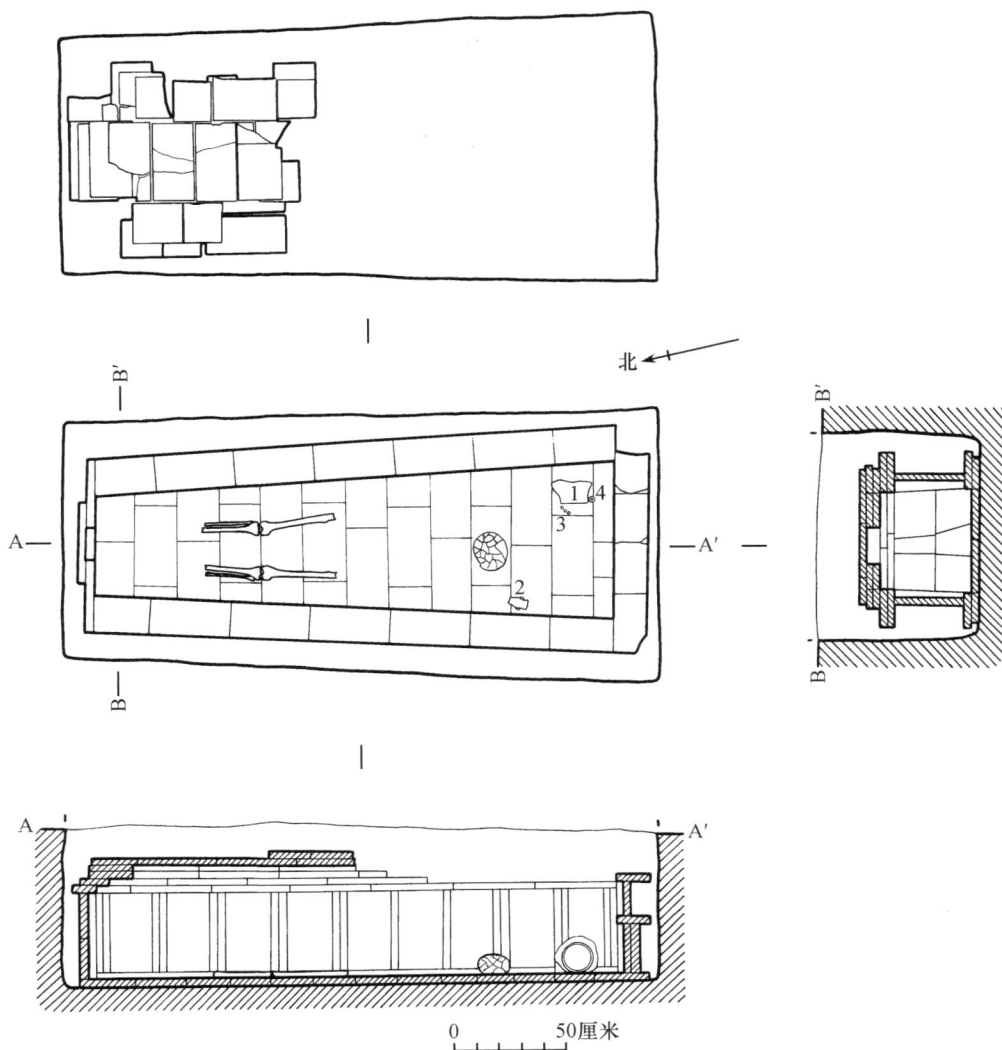

图一五　M5平、剖面图
1. 瓷四系罐　2. 瓷双耳罐　3、4. 铜钱

和一层立砖砌成，眠砖顺砌，立砖顺砌与丁砌相间。铺地砖皆眠砖错缝顺砌。墓砖为长方形素面砖，长35、宽18、厚3厘米。人骨位于墓室正中，仰身直肢，双手置于下腹部，其余肢体各部位处于解剖学位置。骨骼保存情况整体较差，各部位糟朽严重。颅骨较为完整，上颌骨齿槽部位缺损；躯干骨各部位保存，但均残损严重；四肢骨保存相对较好。根据目前的人骨保存状态，仅能判断人骨为成年个体，具体的死亡年龄和性别不详。头骨顶端出土瓷双耳罐1件（图一八）。

瓷双耳罐　1件。M10∶1，棕红胎，外壁施酱釉。直口微敞，圆唇，短颈，溜肩，肩部带两个对称的拱形横系，鼓腹，饼足内凹。口径10、底径11.4、高19.6厘米

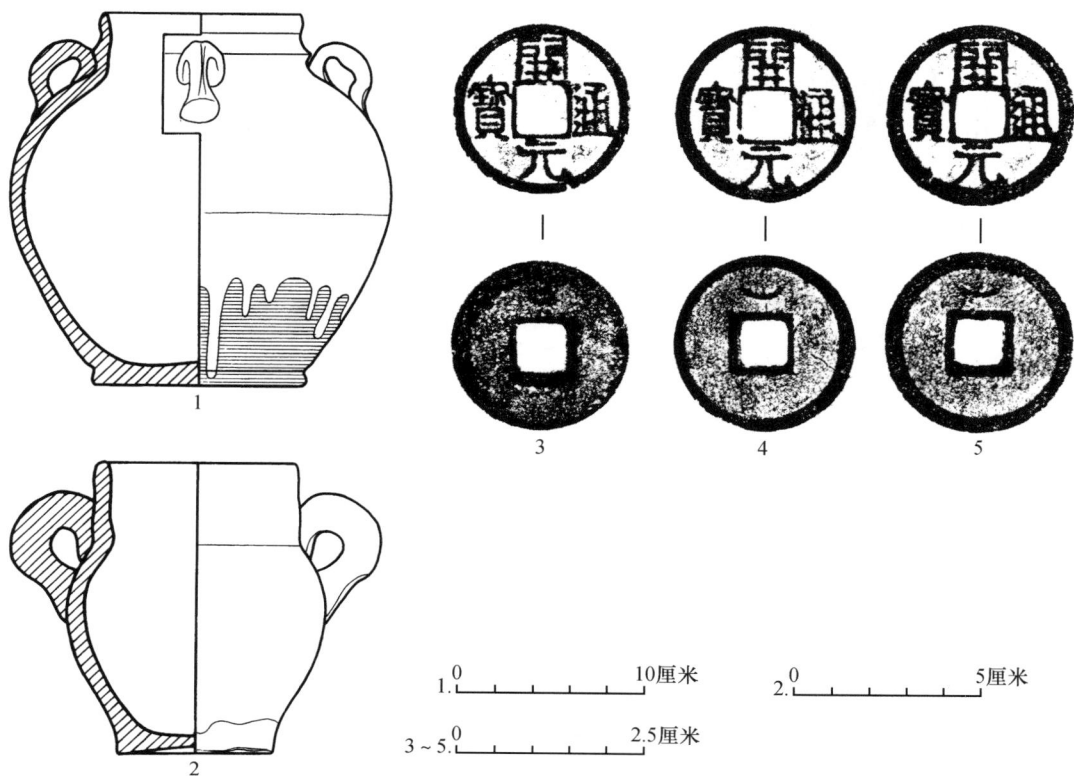

图一六　M5出土瓷器、铜钱

1. 瓷四系罐（M5∶1）　2. 瓷双耳罐（M5∶2）　3～5. 开元通宝（M5∶3-1、M5∶3-2、M5∶4）

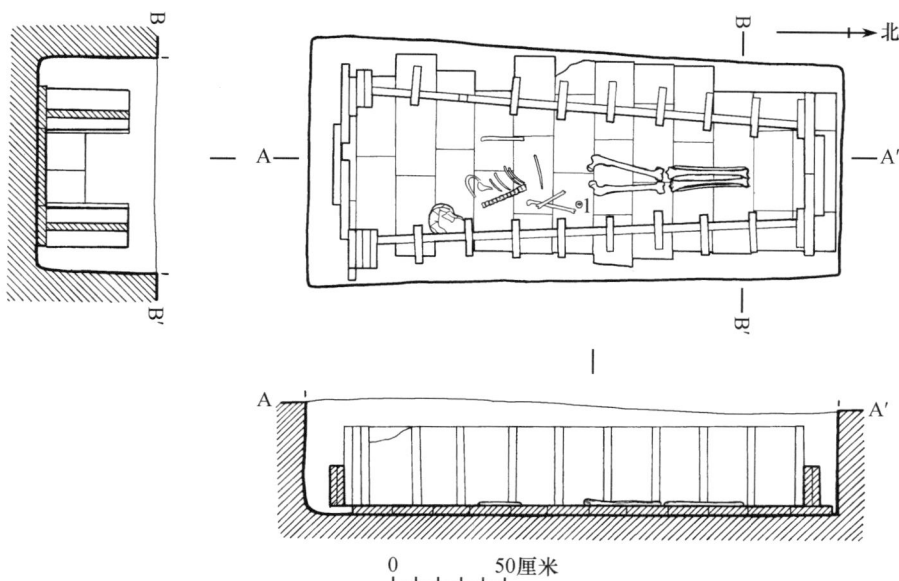

图一七　M8平、剖面图

1. 铜钱

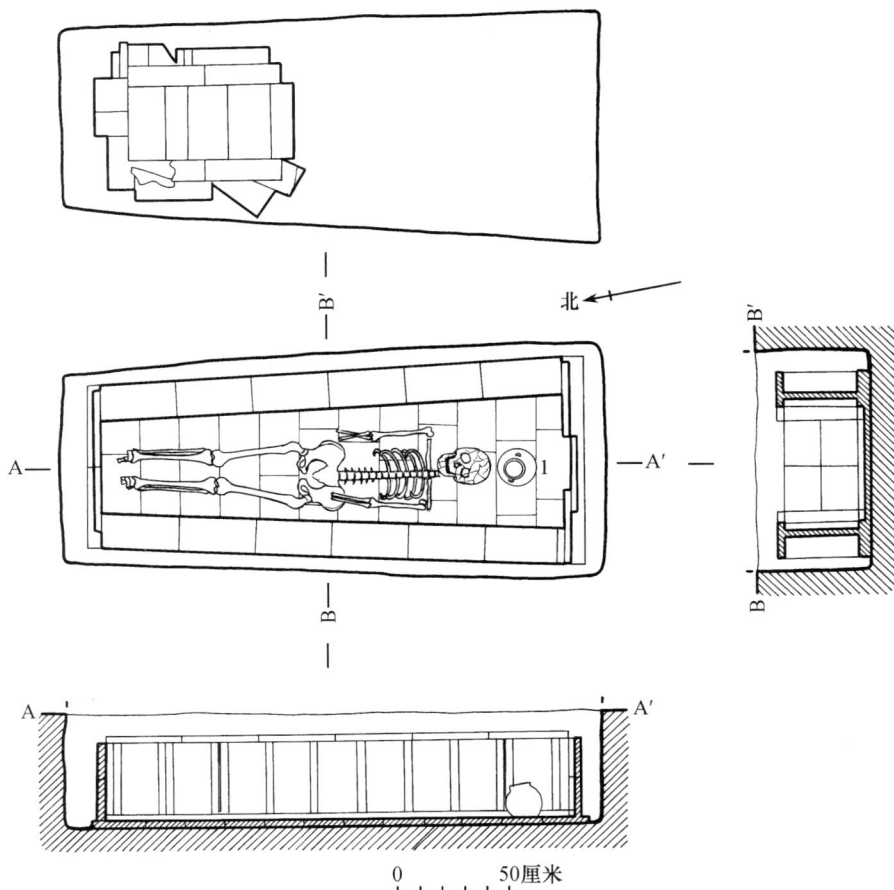

图一八　M10平、剖面图
1. 瓷双耳罐

（图一九）。

M12　墓向180°。墓顶及直墙上部不存。墓圹长2.8、宽1.1～1.34、残深0.66米。墓室长2.27、宽0.5～0.67、残高0.52米。封门砌筑方式为两斗夹一眠，斗砖斜砌，眠砖顺砌。封门墙宽1.03、残高0.49、厚0.19米。后壁由两层斗砖顺砌而成。墓室侧壁由一层眠砖和立砖砌成，眠砖顺砌，斗砖顺砌与丁砌相间。铺地砖皆为眠砖错缝顺砌。墓砖为长方形素面砖，长36、宽19、厚3厘米。人骨位于墓室正中，仰身直肢，右手置于下腹部，其余肢体各部位处于解剖学位置。骨骼保存情况整体较差，各部位糟朽严重。颅骨破损，右侧大面积骨骼残缺；颅下骨骼缺失左侧锁骨、椎骨、肋骨、骶骨、左侧尺骨、左侧桡

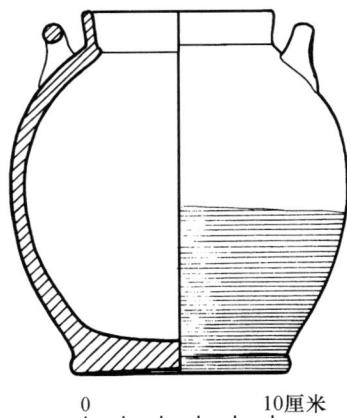

图一九　M10出土瓷双耳罐
（M10∶1）

骨、左右手骨、左右髋骨、左右足骨。髋骨坐骨大切迹部位保存完好，但在判断性别指向上处于居中状态；颅骨顶结节明显、枕外隆突不显，指示性别特征为女性，但该个体枕部扁平，应为类似"睡扁头"的后天行为所致，故并不能指示其为女性。根据目前的人骨保存状态，仅能判断人骨为成年个体，具体的死亡年龄和性别不详。封门处出土瓷四系罐和瓷碗各1件，后壁出土瓷四系罐1件，罐底还出土开元通宝2枚（图二○）。

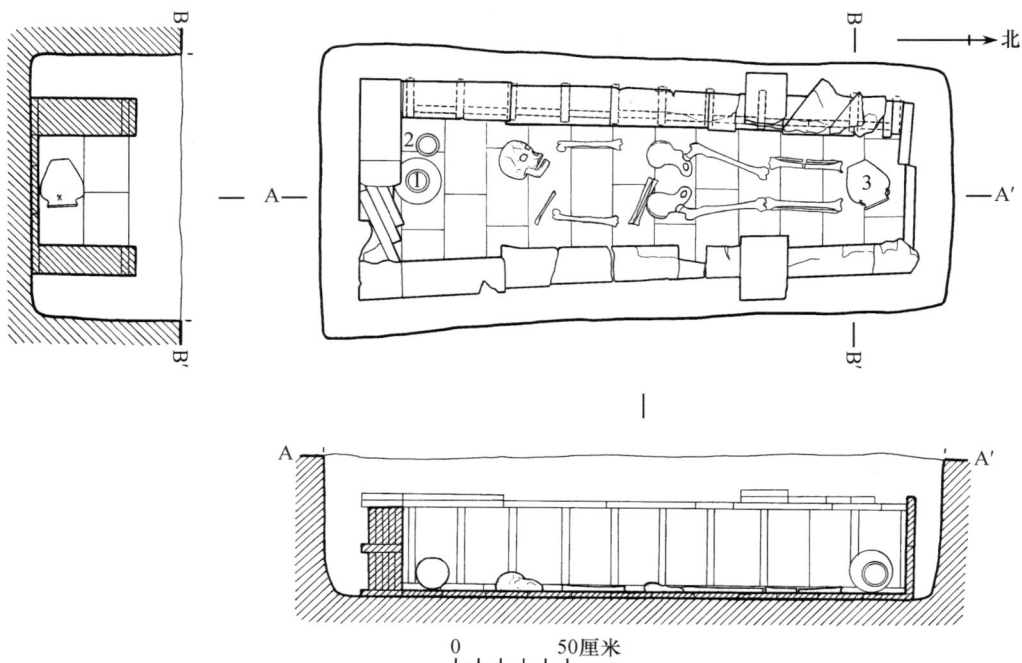

图二○　M12平、剖面图
1、3.瓷四系罐　2.瓷碗

瓷碗　1件。M12∶2，棕红胎，施青釉，内壁满釉，外壁半釉，釉面有开片。敞口，平折沿，尖唇，弧折腹，饼足。内底有支钉痕。口径12.2、底径5.7、高4.4厘米（图二一，2）。

瓷四系罐　2件。M12∶1，紫红胎，挂白色化妆土，釉面已脱落。敛口，斜沿，尖唇，短颈，弧肩，肩部带四个对称的拱形双股竖系，斜直腹，平底。口径11.4、底径11.2、高27厘米（图二一，1）。M12∶3，砖红胎，外壁施酱釉。敛口，圆唇外侧加厚，短颈，肩部带四个对称的拱形双股竖系，鼓腹，饼足微内凹。口径8.6、底径7.8、高15厘米（图二一，3）。

开元通宝　2枚。M12∶4-1，钱文规整，笔画粗壮且清晰。"开"字背面为新月纹。"元"字首横较长，"通"字"之"部呈顿折状，"宝"字"贝"部中间两横稍长。钱径2.5、穿宽0.7厘米（图二一，4）。

M13　墓向180°。墓葬破坏严重，仅存墓底。墓圹长2.75、宽0.95～1.2、残深0.43

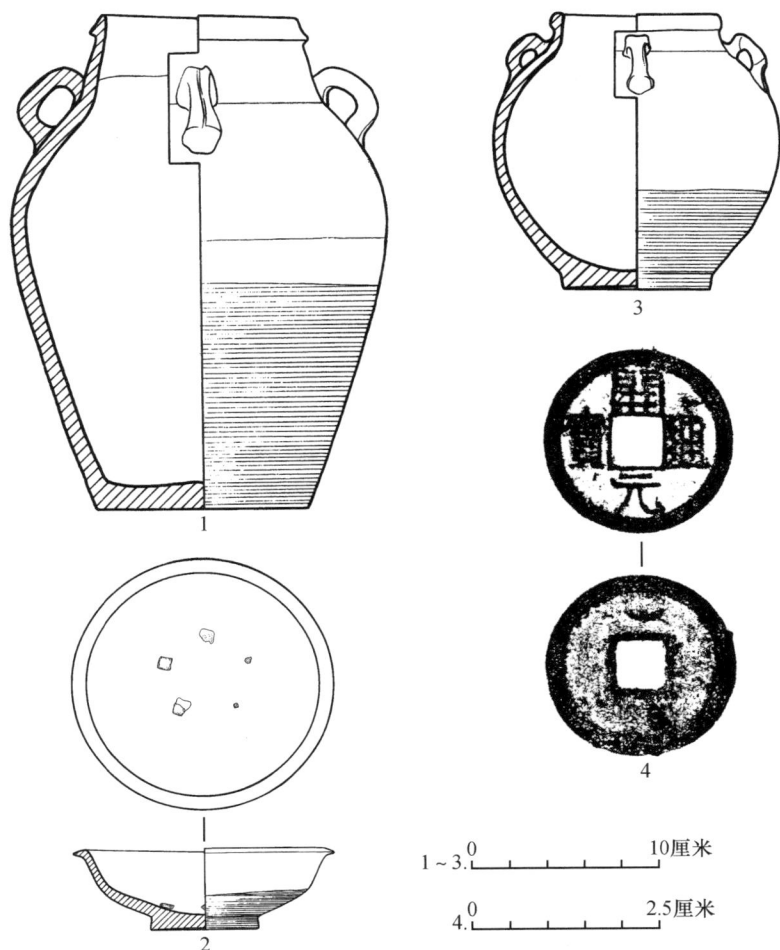

图二一　M12出土瓷器、铜钱

1、3.瓷四系罐（M12：1、M12：3）　2.瓷碗（M12：2）　4.开元通宝（M12：4-1）

米。墓室长2.35、残宽0.47～0.7、残高0.26米。墓室后壁残存一层斗砖，顺砌。墓室侧壁残存一层眠砖，顺砌。铺地砖为眠砖错缝顺砌。墓砖为长方形素面砖，长35、宽18、厚4厘米。人骨位于墓室正中，仰身直肢，肢体各部位处于解剖学位置。骨骼保存情况相对较好，各部位骨骼均有存留。颅骨左侧上面部破损；颅下骨骼仅缺失部分手足骨。该例个体坐骨大切迹较为宽浅，眉弓发育较弱，鼻根点凹陷不明显，故推断可能为女性。具体死亡年龄不详，为成年个体。头骨东侧出土铜夹1件，头骨西侧出土开元通宝1枚，钱文模糊不清（图二二）。

铜夹　1件。M13：1，平面呈Y字形。残长10.5厘米（图二三）。

C型　2座。火葬墓。分别为M2和M11。

M2　墓向190°。墓圹和墓室平面近长方形，墓圹长0.93、宽0.66、残深0.55米。墓室长0.65、宽0.32、高0.43米。墓顶为一层眠砖顺砌。墓门由斗砖顺砌。两侧壁为斗砖

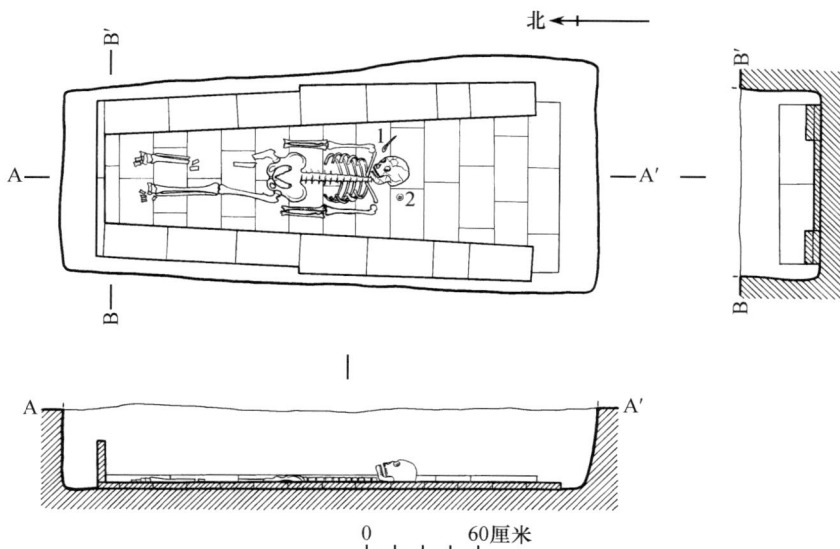

图二二　M13平、剖面图

1. 铜夹　2. 铜钱

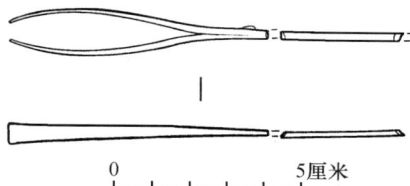

图二三　M13出土铜夹

（M13∶1）

一顺一丁交替砌成，丁砖凸出。铺地砖为眠砖顺砌。墓砖为长方形素面砖，长35、宽18、厚4厘米。出土瓷双耳罐1件、瓷四系罐2件、瓷盘口壶1件（图二四）。

瓷双耳罐　1件。M2∶1，紫红胎，挂白色化妆土。敛口，方唇，短颈，溜肩，肩部带两个对称的桥形横系，斜弧腹，平底。颈部饰一周凹弦纹。口径14.1、底径9、高25.8厘米（图二五，1）。

瓷四系罐　2件。M2∶2，紫红胎，挂白色化妆土，肩部以上施酱绿釉。敛口，圆唇，溜肩，肩部带四个对称的桥形横系，斜弧腹，平底。肩部饰一组对称的绿釉草叶纹。口径19.2、底径12.4、高28厘米（图二五，2）。M2∶4，红胎，挂米黄色化妆土，施酱釉。侈口，尖唇，唇部微外凸，长颈，溜肩，肩部带四个对称的拱形竖系，弧腹，平底。口径7.6、底径8.2、高19.2厘米（图二五，4）。

瓷盘口壶　1件。M2∶3，紫红胎，肩部以上施酱釉。盘口，尖唇，唇部微外凸，唇下有一周凸棱，长束颈，溜肩，肩部带四个对称的拱形横系，弧腹斜收，平底微内

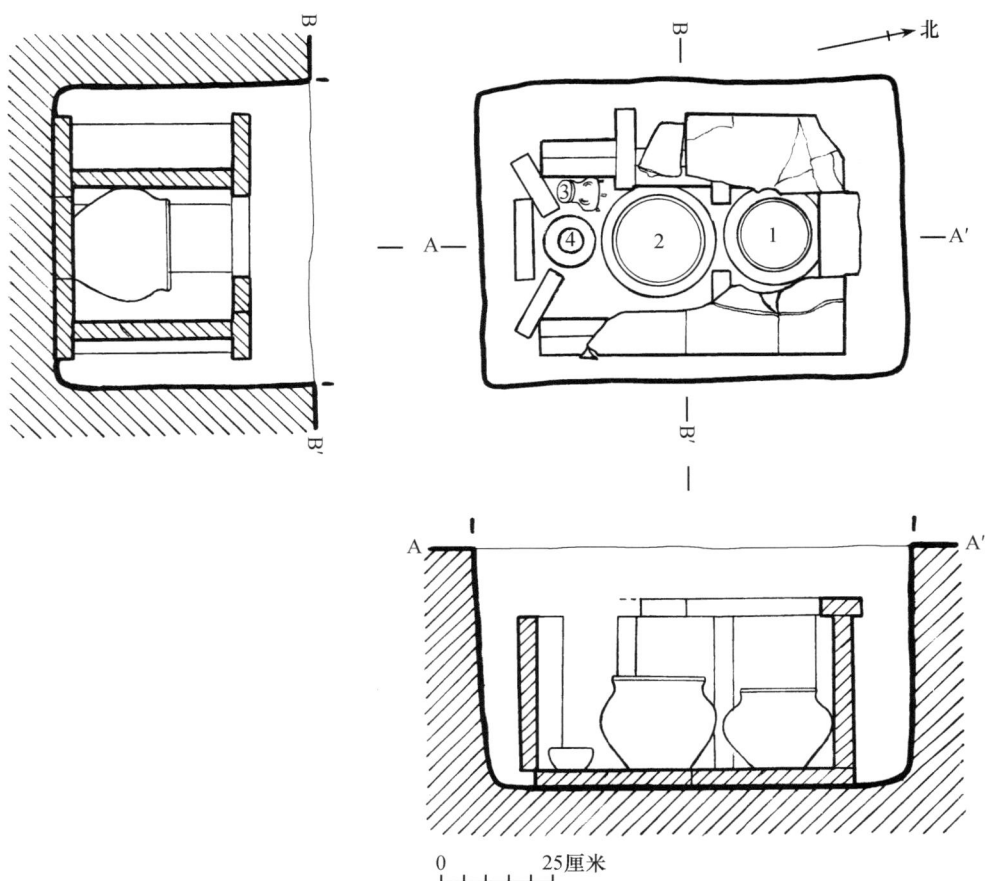

图二四　M2平、剖面图

1. 瓷双耳罐　2、4. 瓷四系罐　3. 瓷盘口壶

凹。口径11.2、底径8、高29厘米（图二五，3）。

M11　墓向180°。墓葬保存较完整。墓圹和墓室平面呈梯形，墓圹长2.07、宽1～1.3、残深0.95米，墓室长1.12、宽0.22～0.3、高0.84米。墓顶为叠涩平顶。封门、后壁皆由两层斗砖顺砌而成。封门墙宽0.87、高0.85、厚0.2米。墓室侧壁下部为一层立砖顺、丁相间砌筑，上部眠砖顺砌。铺地砖皆为眠砖错缝顺砌。墓砖为长方形素面砖，长37、宽18、厚4厘米。未见人骨。墓室出土瓷四系罐和瓷双耳罐各1件（图二六）。

瓷双耳罐　1件。M11：2，棕红胎，施酱釉。侈口，圆唇，颈部微折，颈中部一周凸棱，溜肩，肩颈部带两个对称的拱形竖系，最大径在肩部，斜直腹，平底。口径6.4、底径7.8、高26.8厘米（图二七，2）。

瓷四系罐　1件。M11：1，紫红胎，施酱釉。直口，平唇，肩部带四个对称的拱形竖系，溜肩，弧腹，平底。口径8.3、底径4.6、高15.5厘米（图二七，1）。

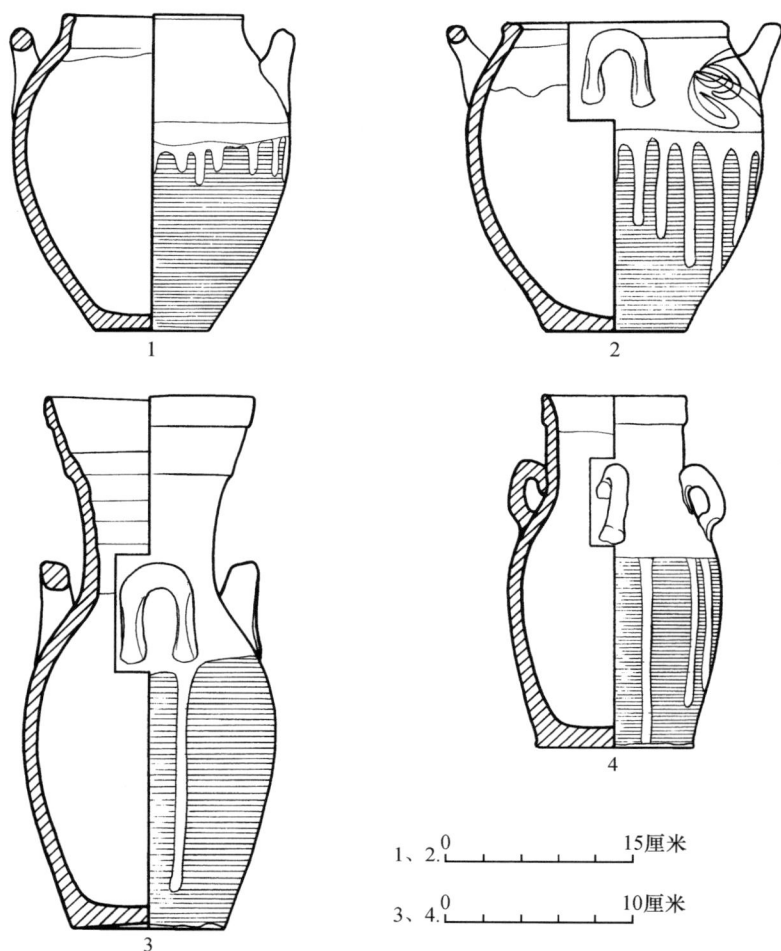

图二五　M2出土瓷器
1. 双耳罐（M2：1）　2、4. 四系罐（M2：2、M2：4）　3. 盘口壶（M2：3）

2. 双室墓

2座。分别M14和M15。

M14　墓向275°。二室共用一个墓圹，墓圹呈凸字形。墓圹长3.06、最宽2.23、残深0.87米。墓室分为南、北两室。南室平面呈梯形，墓室长2.36、宽0.56～0.65、高0.58米。墓顶为叠涩平顶。封门墙宽1.12、高0.73、厚0.24米。墓室四壁砌法一致，最下面眠砖顺砌，中间为斗砖顺砌与丁砌相间，上面眠砖顺砌。铺地砖两侧为眠砖丁砌，中间为眠砖顺砌。人骨仅存下肢。墓室封门、后壁、北壁正中各有一方墓券，墓券见有朱书和刻画痕迹，但模糊不清。出土瓷碗2件，瓷碟、瓷盒、瓷盘口壶、瓷杯、铜镜各1件。北室平面呈长方形，长1.13、宽0.44、残高0.46米。墓顶不存。封门下部残存一层眠砖。后壁下部为一层顺砌眠砖，中间为一层顺砌斗砖，上部为顺砌眠砖。后壁有一方形

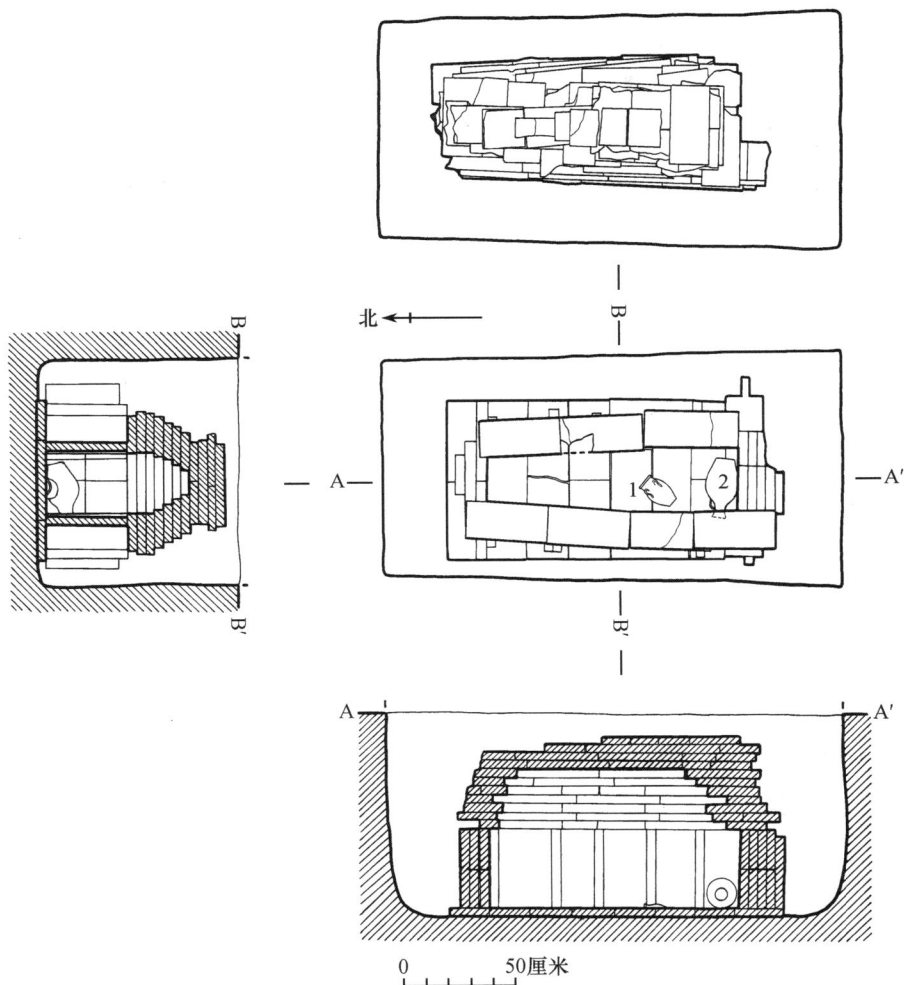

图二六　M11平、剖面图
1. 瓷四系罐　2. 瓷双耳罐

壁龛，宽0.2、残进深0.06、高0.22米。墓室侧壁下部一层顺砌眠砖，中间为一层顺砌与丁砌相间斗砖，上部为顺砌眠砖。铺地砖皆为眠砖错缝平铺。未见人骨。出土玉钗、铜钗和铜镜各1件。推测北墓室为二次葬。两墓室墓砖皆为长方形素面砖，长33、宽16、厚4厘米（图二八）。

瓷碗　2件。M14南：5，白胎，通体施白釉。敞口，尖唇，斜弧腹，圈足。内底饰一周凹弦纹，并残留石英垫砂痕。口径18、足径6、高6厘米（图二九，5）。M14南：6，灰胎，通体挂白色化妆土，施白釉，内壁满釉，外壁施釉不及底，釉面有开片。侈口，尖唇，弧腹，圈足。内底有支钉痕。口径16.6、足径6.6、高4厘米（图二九，6）。

瓷碟　1件。M14南：2，白胎，口沿一周无釉，其余部位施浅青釉。敞口，尖唇，

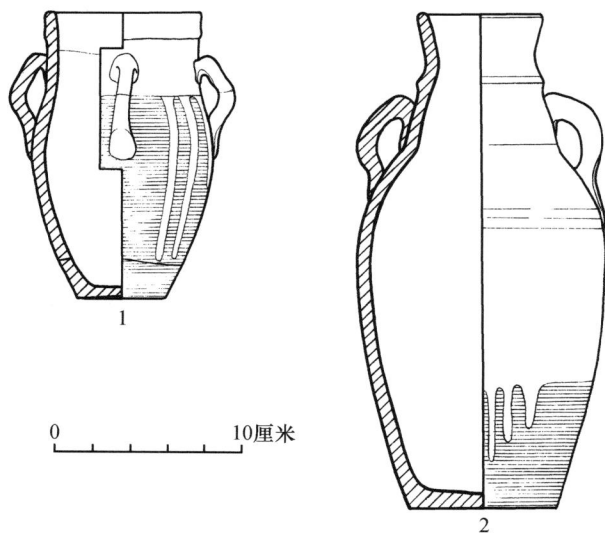

图二七　M11出土瓷器

1. 四系罐（M11 : 1）　2. 双耳罐（M11 : 2）

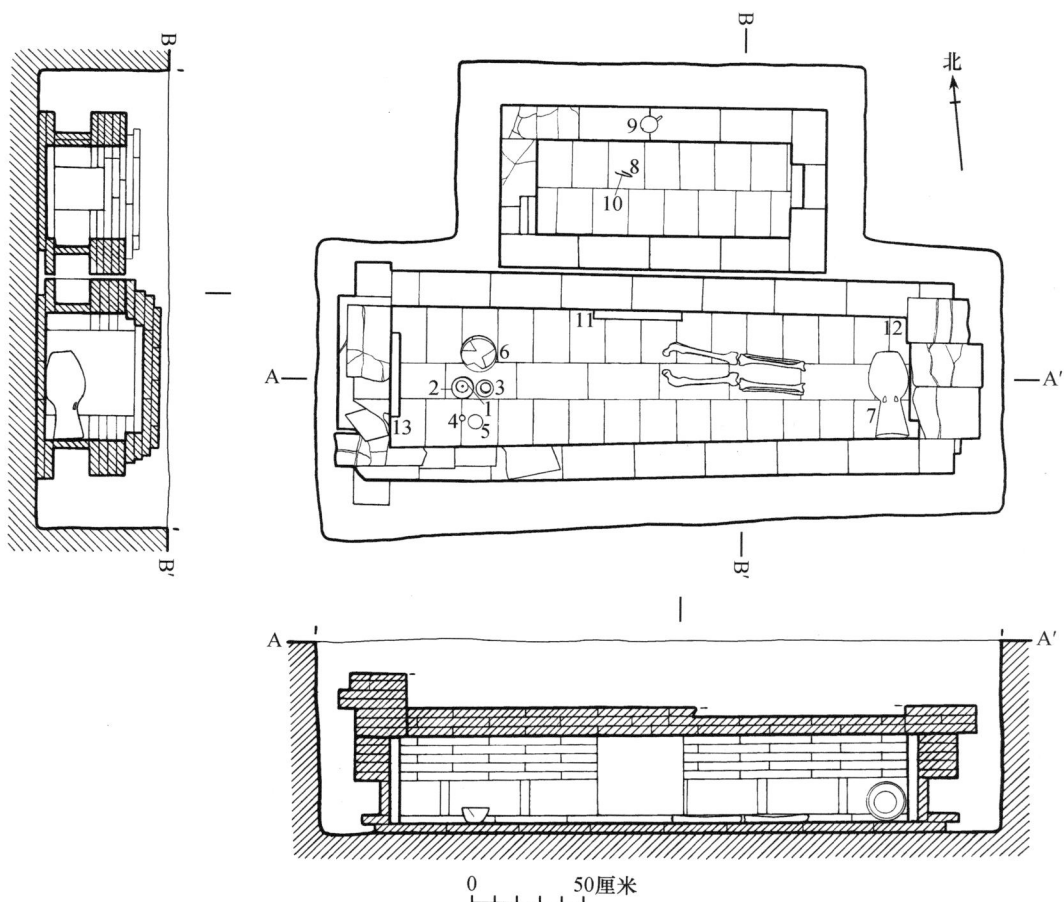

图二八　M14平、剖面图

1、9.铜镜　2.瓷碟　3.瓷盒　4.瓷杯　5、6.瓷碗　7.瓷盘口壶　8.玉钗　10.铜钗　11～13.墓券

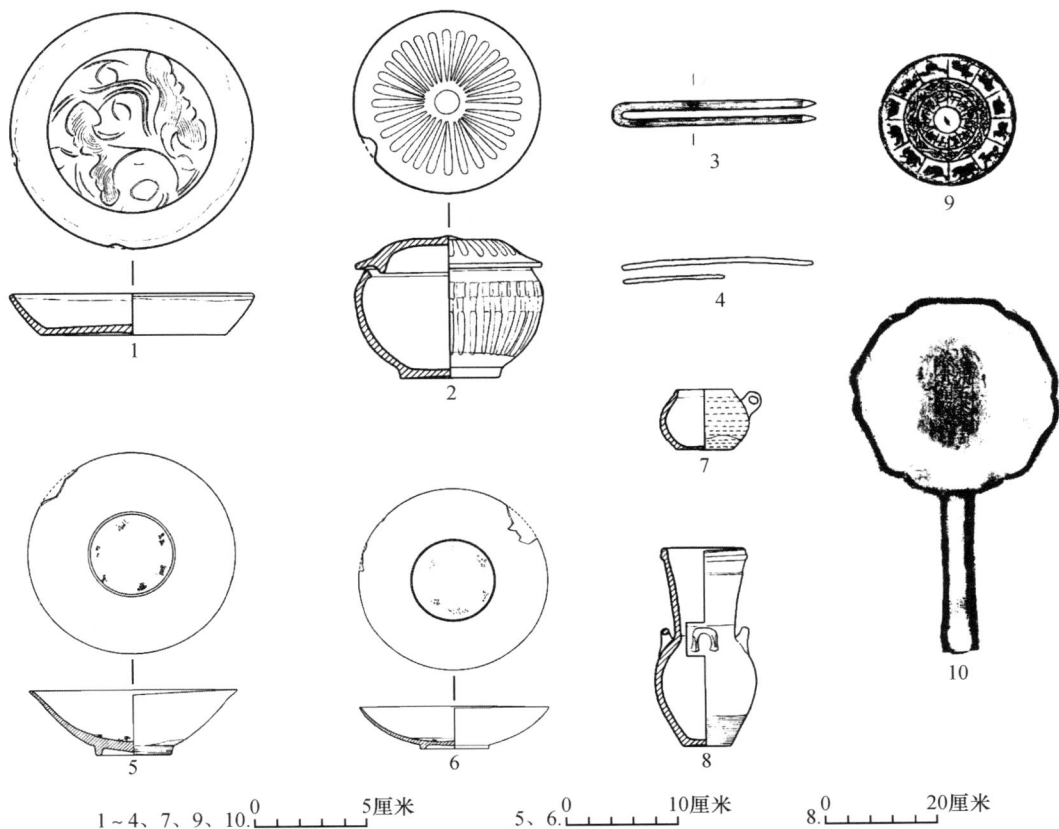

图二九　M14出土瓷器、铜器、玉器

1. 瓷碟（M14南：2）　2. 瓷盒（M14南：3）　3. 玉钗（M14北：8）　4. 铜钗（M14北：10）
5、6. 瓷碗（M14南：5、M14南：6）　7. 瓷杯（M14南：4）　8. 瓷盘口壶（M14南：7）
9、10. 铜镜（M14南：1、M14北：9）

斜直腹，平底微内凹。内底模印花纹。口径10.2、底径8、高1.9厘米（图二九，1）。

瓷盒　1件。M14南：3，白胎，盒身口沿一周及器底不施釉，其余部分施浅青釉，釉面有开片。圆形器盖，子母口，与盒口相扣，盖顶中间一圆形凸纽。四周饰一周瓜棱纹。盒身敛口，尖唇，圆腹，饼足。外壁饰一周瓜棱纹。盖径8.3、口径7.3、底径4.4、通高6.5厘米（图二九，2）。

瓷杯　1件。M14南：4，白胎，器身施浅青釉，器底不施釉。敛口，圆唇，鼓腹，腹上部带一把手，平底。器身饰凸棱纹。口径2.4、底径2.4、高2.75厘米（图二九，7）。

瓷盘口壶　1件。M14南：7，紫红胎，施酱釉。敞口，方唇，唇部外凸，颈部斜直，溜肩，肩部带四个对称的拱形横系，鼓腹，平底。口径14、底径8.4、高36.4厘米（图二九，8）。

铜镜　2面。M14南：1，圆形，镜缘微凸，半圆形纽。背刻十二生肖图案及文字。直径6.1、缘厚0.2厘米（图二九，9）。M14北：9，带柄湖州镜，六瓣葵花形镜面，镜缘微凸，直条形柄。铭文牌记"□州石家□青铜照□"。镜面直径9.4、柄长8.4、缘厚0.2厘米（图二九，10）。

铜钗　1件。M14北：10，断裂为两段。残长8.5、截面直径0.2厘米（图二九，4）。

玉钗　1件。M14北：8，平面呈U字形，器身截面呈圆形。长9.1、截面直径0.4厘米（图二九，3）。

M15　墓向278°。二室共用一个墓圹，墓圹平面近凸字形，墓圹长3.13、宽2.76、残深0.49米。墓室分为南、北两室。北室墓顶和直墙上部不存。北室平面呈梯形，长2.13、宽0.65~0.72、残高0.49米。封门墙宽1.05、高0.4、厚0.17米。墓室四壁砌筑方式皆眠砖顺砌。四壁各有一个长方形壁龛，形制一致，壁龛宽0.32、进深0.16、高0.33米。墓室底部有一梯形棺台，长1.97、宽0.55~0.62米、高0.16米，由长方形素面砖横向平铺而成，棺台与墓室四壁之间形成沟槽，推测为排水沟。棺台底部中间有一方形砖砌腰坑，腰坑边长0.2、深0.08米，腰坑四壁由长方形素面眠砖顺砌而成，腰坑顶部叠砌三块方形素面砖，底部平铺一块方形素面砖。北室墓砖有两种规格，第一种为长方形素面砖，长31、宽16、厚3厘米。第二种为正方形素面砖，边长32、厚3厘米。未见人骨。出土器物有瓷盏1件、陶文官俑2件，腰坑内出土陶双耳杯5件、瓷双耳罐1件。南室破坏严重，仅存墓底。平面呈梯形，长1、残宽0.95、残高0.18米。封门和后壁各残存一眠一斗砖，皆顺砌。墓室侧壁残存一层顺砌眠砖。铺地砖残存部分为眠砖丁砌。墓砖皆为长方形素面砖，长32、宽15、厚3厘米。墓内未见人骨。未见随葬器物（图三〇）。

瓷盏　1件。M15北：1，白胎，除外底施白釉，底部露胎。敞口，尖圆唇，斜直腹，近底处有一周凸棱，平底微内凹。内底残留石英砂。口径14.2、底径2.2、高5.2厘米（图三一，1）。

瓷双耳罐　1件。M15北腰：4，紫红胎，肩颈部施酱釉。口微侈，方唇，短束颈，肩颈之间有一周折棱，肩颈部带两个对称的拱形竖系，垂腹，饼足内凹。口径5.1、底径5.4、高9.6厘米（图三一，2）。

陶双耳杯　5件。M15北腰：5，泥质红陶。敞口，尖唇，弧腹，腹部带两个对称的拱形竖耳，饼足，平底。素面。口径2.85、底径1.6、高1.95厘米（图三一，5）。M15北腰：6，泥质红陶。敞口，尖唇，弧腹，腹部带两个对称的拱形竖耳，一耳残，饼足，平底。素面。口径3、底径1.6、高2.4厘米（图三一，6）。M15北腰：7，泥质红陶。敞口，尖唇，弧腹，腹部带两个对称的拱形竖耳，饼足，平底。素面。口径2.7、底径1.4、高2厘米（图三一，7）。M15北腰：8，泥质红陶。敞口，尖唇，弧腹，腹部带两个对称的拱形竖耳，饼足，平底。素面。口径2.7、底径1.5、高2.25厘米（图三一，8）。M15北腰：9，泥质红陶。敞口，尖唇，弧腹，腹部带两个对称的拱形竖耳，饼足，平底。素面。口径2.8、底径1.5、高2.1厘米（图三一，9）。

陶文官俑　2件。M15北：2，红胎，头部及腹部衣袖处施绿釉，面部及颈部施黄

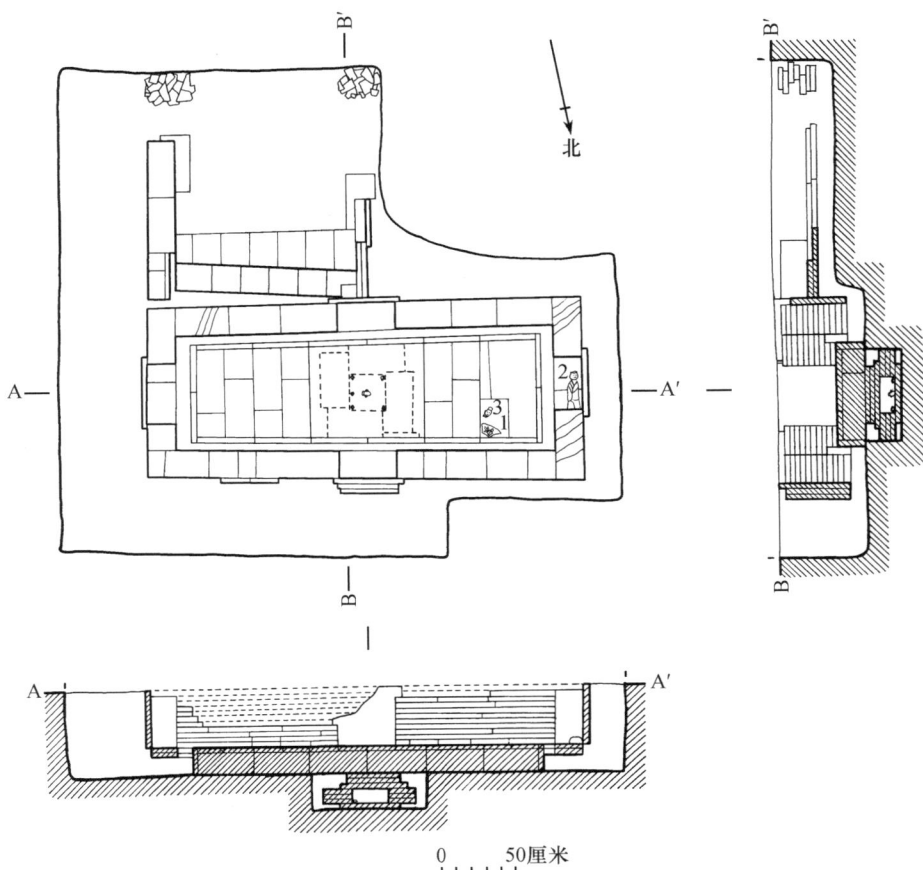

图三〇 M15平、剖面图

1. 瓷盏 2. 陶俑 3. 陶俑头

釉，肩部及胸部两侧施酱釉，釉面有开片。头戴进贤冠，面部丰满，双手笼袖合于胸前，身着右衽交领宽袖长袍，袍长及地，腰束带。宽6、高20.5厘米（图三一，4）。M15北：3，红胎，面部施黄釉，釉面有开片。头戴幞头，面部丰满。残高7.3厘米（图三一，3）。

（二）窑　　址

2座。

Y5　由操作坑、窑门、火膛、窑室、烟道组成。顶部被破坏不存，南北长5.66米。操作坑平面呈不规则形，长2.26、宽2.1、残高0.48米。操作坑底部存黑色灰烬，厚1.2～10厘米。窑门平面呈方形，宽0.44、进深0.3、残高0.5米。火膛位于窑门和窑室之间，底部平面近半圆形，火膛底部低于窑室底部0.04米，东西长2.2、南北宽0.88、残高0.5米。火膛底部及两壁有一层青灰色烧结层。窑室平面呈弧边梯形，长2.2、宽2.86、

图三一　M15出土瓷器、陶器

1. 瓷盏（M15北∶1）　　2. 瓷双耳罐（M15北腰∶4）　　3、4. 陶文官俑（M15北∶3、M15北∶2）　　5～9. 陶双耳杯
　　（M15北腰∶5、M15北腰∶6、M15北腰∶7、M15北腰∶8、M15北腰∶9）

残高1米，窑壁基本平直。窑床表层烧结面厚7～8厘米。烧结面上有红烧土，红烧土
范围距窑室北壁0.3米，厚10～15厘米。窑室西壁和东壁各有两条烟道，平面略呈半圆
形。西壁由南至北第一个烟道底部口宽0.06、进深0.02米，第二个烟道底部口宽0.04、
进深0.02米。东壁由南至北第一个烟道底部口宽0.06、进深0.02米，第二个烟道底部口
宽0.06、进深0.02米（图三二）。

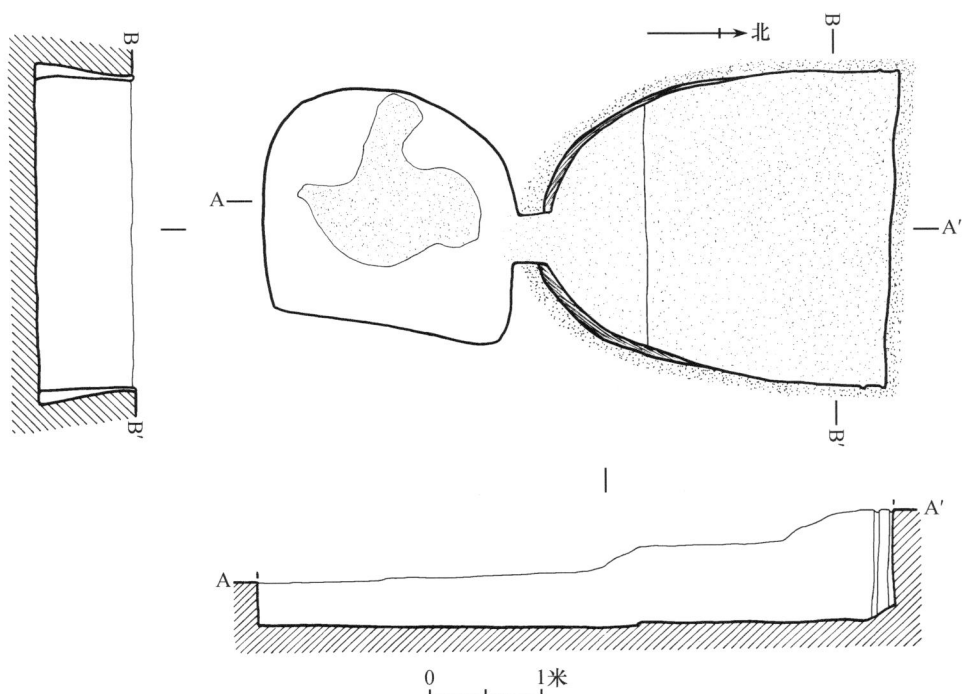

图三二　Y5平、剖面图

Y6　保存较完好，南北长6.52米。由操作坑、窑门、火膛、窑室、排烟孔、烟道组成。操作坑平面呈不规则长条形，长3.2、宽1～1.96、残深1.28～1.44米，底部由南向北逐渐走低至窑门外部下，底部铺鹅卵石，操作坑靠近窑门处的两侧壁面用眠砖顺砌，最高残存9层，残长0.4、残高0.4米，推测其应为挡火墙。窑门位于操作坑北壁，平面呈长方形，宽0.8、进深0.42、高0.96米，顶部呈拱形，由眠砖顺砌封门，底部中间留有进燃料口。进燃料口立面呈梯形，上窄下宽，外侧被两层斗砖顺砌封住。火膛位于窑门与窑室之间，平面呈长方形，口大底小，开口长0.8、宽0.76米，底部长0.6、宽0.46米，残高0.6米。火膛周壁由十一层眠砖顺砌而成，火膛东西壁和北壁由窑室底部至火膛底部斜直内收呈斜坡形，火膛底部由鹅卵石铺成，低于窑室底部0.66米。窑室位于火膛北部，顶部已被破坏，平面呈长方形，长3.44、宽3、残高0.72米。窑室底部由长方形残砖铺成，西壁和北壁由眠砖顺砌而成，最高残存16层。窑室壁面皆有红烧土层，厚5～38厘米。窑室北壁底部用砖留出11个长方形排烟孔，宽0.14、进深0.16、高0.24米，与北壁后部的烟道相通（图三三）。

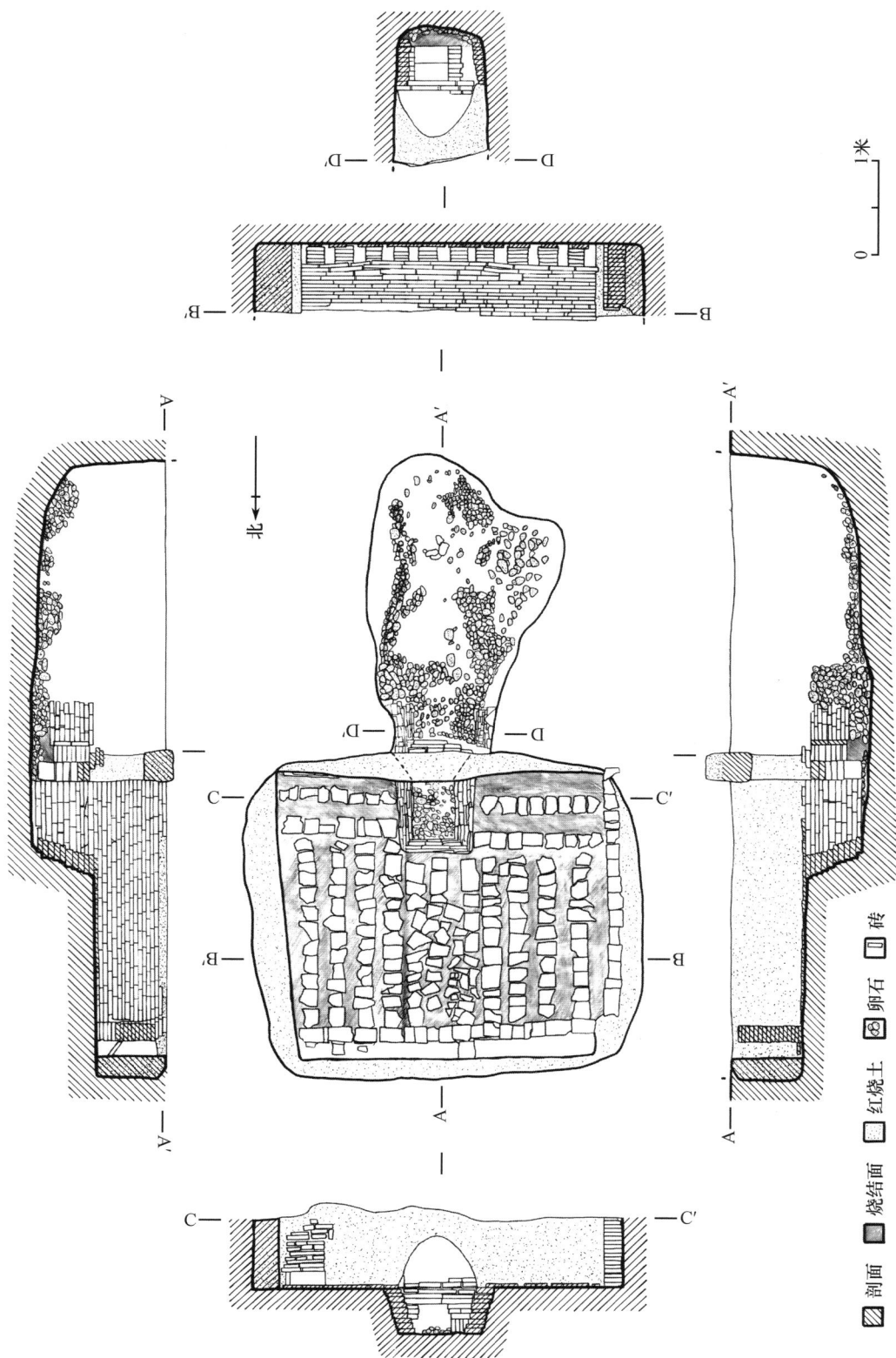

图三三　Y6平、剖面图

（三）水　　井

1口。

J1　井穴平面形状呈圆形，竖井。内径0.76、外径1.1、壁厚0.21、残深2.1米。井壁最下两层由斗砖圈砌，其余部分采用眠斗相间圈砌。井壁及井穴之间的填土为黄褐色砂土。井砖规格有两种，第一种长34、宽18、厚4厘米，第二种长29、宽18、厚4厘米（图三四）。

三、结　　语

A型单室墓M6、M7、M9平面呈梯形，墓室分为前、后两段，墓壁不在一条直线上，这种形制墓葬年代在唐中晚期[2]。M7出土的瓷四系罐（M7∶2）与金沙村唐墓M2∶6[3]形制相似，年代在唐中期偏晚。M6出土的瓷盘口壶（M6∶1）与中华名城M6出土瓷盘口壶（M6西∶2）形制一致，中华名城M6年代在唐末五代[4]，综合推断M6年代亦在唐末五代时期。M9未见随葬品，只能根据墓葬形制大致推断墓葬年代为唐中晚期或可晚至五代。

B型单室墓M1出土的瓷碗（M1∶1）与金沙村唐墓瓷碗（M2∶1、M2∶4）[5]形制相似，年代在唐中期偏晚。M3～M5、M12的墓葬形制相似，墓室在同一直线上，无甬道，与《四川地区唐代砖室墓分期研究初论》[6]划分的Bb型墓形制相同，主要流行于唐中晚期至五代。瓷四系罐（M3∶1、M4∶1、M12∶1）与成都西郊西窑村M21出土瓷四系罐（M21∶4）[7]形制一致，西窑村M21出土1枚乾德元宝和1块买地券，地券记载"广政"二字，墓葬年代应在五代时期，此形制瓷四系罐也见于成都永陵公园后蜀广政二十六年（963年）雷氏墓[8]和清江东路张家墩M103[9]，主要流行于唐末五代。瓷四系罐（M12∶3、M5∶1）与成都西郊西窑村A型Ⅱ式瓷四系罐形制一致，年代在唐中晚期至五代[10]。瓷碗（M4∶2）与清江东路M103出土瓷碗（M103∶6）形制一致[11]，清江东路M103年代在五代时期。结合墓葬形制与随葬品特征，综合推测M3～M5、M12年代应该在唐末五代。M8出土货泉，M10出土瓷双耳罐，M13出有铜夹和开元通宝，这三座墓葬的形制与M3～M5、M12形制相近，又属同一墓地，推断其与之时代相同，处于唐末五代。

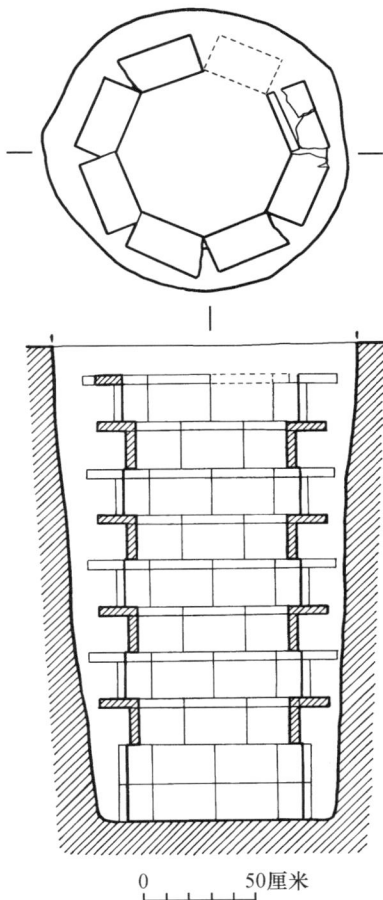

0　　　　50厘米

图三四　J1平、剖面图

C型单室墓M2出土的瓷盘口壶（M2：3）与青白江和平村墓群A型Ⅳ式瓷盘口壶[12]形制相近，报告推测其时代在北宋晚期至南宋早期。瓷双耳罐（M2：1）与花果村A型Ⅰ式瓷双耳罐（M1左：33）形制相似，根据花果村M1左室出土买地券纪年可知M1下葬年代为北宋靖康元年[13]，推测M2的年代为北宋晚期。M11墓葬形制及瓷四系罐（M11：1）均与青龙乡海滨村绍圣元年（1094年）刘起墓M5及瓷四系罐（M5：36）[14]接近。M11墓葬形制与陈云洪《四川地区宋代墓葬研究》[15]一文划分的B型Ⅱ式砖室墓一致，主要流行于南宋早期。综合推测M11年代在北宋晚期至南宋早期。

双室墓M14出土的瓷碗（M14南：5）与磁峰窑A型Ⅲ式瓷碗（H6：38）形制相似，其年代在北宋晚期至南宋早期[16]。瓷盒（M14南：3）与江西德兴宋乾道徐衍墓青白瓷盒[17]相似。综合判断M14的年代为南宋早期。M15出土釉陶文官俑（M15北：2）与清江东路出土陶文官俑（M68北：4）形制一致，简报据M68北室出土买地券推测该墓下葬年代在南宋庆元三年（1197年）[18]。M15出土瓷盏与磁峰窑D型碗（AT33③：95）形制相似，后者年代在北宋晚期至南宋早期[19]。M15出土陶双耳杯与新津方兴宋墓B型Ⅰ式陶耳杯形制一致，报告判定后者年代在北宋晚期至南宋早期[20]。综合考虑，推断M15年代在北宋晚期至南宋早期。

Y6由于窑床未发现残存器物，具体烧造何种器物尚不清楚。窑室形状呈长方形，排烟结构为烟室型，即在窑室后侧另建一烟室，两者之间以砖墙相隔，底部有11个排烟孔与之相通。形制结构与洛阳纱厂路北宋砖瓦窑[21]、洛阳人民路北宋砖瓦窑[22]、洛阳瀍河西岸唐宋砖瓦窑[23]相似，初步推测该窑年代在北宋时期。

J1内未出土器物。J1形制与砌法与金牛区城乡一体化拆迁安置房J1相似，简报推测其年代在唐晚期至五代[24]，故推测J1年代也在唐晚期至五代。

宋代官私铭文镜的商品化发达，但是平民化程度有限，其产品仍具有较高的经济价值，非一般百姓所能日常使用[25]，表明M14墓主人并非一般百姓，应为具有一定经济基础的官绅。

附记：参加该遗址发掘的人员有成都文物考古研究院杨占风、熊谯乔、陈贵元、宋世有、程远福、蒋志军，西南民族大学旅游与历史文化学院张嘉桐、赵宋园、肖顺萍、蔺辉、文洋、田庆文、李雨璐，重庆师范大学历史与社会学院刘旺、娄文台、易彬清、徐冉。河南大学历史文化学院韩涛对人骨进行了鉴定。四川大学徐佳甜参与了整理。在此一并致谢！

领队：杨占风

绘图：寇智龙

拓片：严　彬

执笔：白铁勇　杨占风　徐佳甜

注　释

［ 1 ］　立砖指砖的长边立砌。

［ 2 ］　刘雨茂、朱章义：《四川地区唐代砖室墓分期研究初论》，《四川文物》1999年第3期。

［ 3 ］　成都文物考古研究所：《成都市金沙村唐墓发掘简报》，《成都考古发现》（2004），科学出版社，2006年。

［ 4 ］　成都文物考古研究所、青白江区文物保护管理所：《成都市青白江北部新区武海·中华名城唐五代墓葬发掘简报》，《成都考古发现》（2010），科学出版社，2012年。

［ 5 ］　成都文物考古研究所：《成都市金沙村唐墓发掘简报》，《考古》2008年第3期。

［ 6 ］　刘雨茂、朱章义：《四川地区唐代砖室墓分期研究初论》，《四川文物》1999年第3期。

［ 7 ］　成都市文物考古研究所：《成都西郊西窑村唐宋墓葬发掘简报》，《东南文化》2003年第7期。

［ 8 ］　成都文物考古研究所：《2008年度永陵公园古遗址发掘简报》，《成都考古发现》（2008），科学出版社，2010年。

［ 9 ］　四川大学考古系、成都文物考古研究院：《成都市清江东路张家墩隋唐至南宋砖室墓》，《考古》2018年第12期。

［ 10 ］　成都市文物考古研究所：《成都西郊西窑村唐宋墓葬发掘简报》，《东南文化》2003年第7期。

［ 11 ］　四川大学考古系、成都文物考古研究院：《成都市清江东路张家墩隋唐至南宋砖室墓》，《考古》2018年第12期。

［ 12 ］　成都文物考古研究所、青白江区文物保护管理所：《成都市青白江和平村墓群发掘简报》，《成都考古发现》（2011），科学出版社，2013年。

［ 13 ］　成都市文物考古工作队：《成都市成华区三圣乡花果村宋墓发掘简报》，《成都考古发现》（2001），科学出版社，2003年。

［ 14 ］　成都市文物考古工作队：《成都市青龙乡海滨村墓葬发掘简报》，《成都考古发现》（2003），科学出版社，2005年。

［ 15 ］　陈云洪：《四川地区宋代墓葬研究》，《南方民族考古》（第七辑），科学出版社，2011年。

［ 16 ］　成都市文物考古研究所、彭州市博物馆：《2000年磁峰窑发掘报告》，《成都考古发现》（2000），科学出版社，2002年。

［ 17 ］　孙以刚：《江西德兴市宋乾道徐衎墓》，《考古》1995年第2期。

［ 18 ］　四川大学考古系、成都市文物考古研究院：《成都市清江东路张家墩隋唐至南宋砖室墓》，《考古》2018年第12期。

［ 19 ］　成都市文物考古研究所、彭州市博物馆：《2000年磁峰窑发掘报告》，《成都考古发现》（2000），科学出版社，2002年。

［ 20 ］　成都文物考古研究所、新津县文管所：《成都市新津县方兴唐宋墓群发掘报告》，《成都考古发现》（2009），科学出版社，2011年。

［ 21 ］　洛阳市文物工作队：《洛阳纱厂路北宋砖瓦窑场遗址发掘简报》，《中原文物》1984年第3期。

［22］　洛阳市文物工作队：《洛阳人民路北宋砖瓦窑址》，《文物》2007年第4期。

［23］　洛阳市文物考古研究院：《河南洛阳市瀍河西岸唐宋砖瓦窑址发掘简报》，《洛阳考古》2016年第3期。

［24］　成都文物考古研究所：《成都金牛区城乡一体化拆迁安置房5号A地点唐—五代墓葬、水井发掘简报》，《成都考古发现》（2007），科学出版社，2009年。

［25］　岳亚莉：《略论四川出土的宋代湖州镜》，《四川文物》2016年第3期。

成都市新都区桥楼村遗址唐、宋、明墓葬发掘简报

成都文物考古研究院
新都区文物保护所

桥楼村遗址位于成都市新都区新都街道桥楼村1、2组，北邻虎桥路，西接拓源路，西南距离新都区政府约7000米，西距京昆高速约1000米，北柳河在其南面约300米处蜿蜒而过。地理坐标为东经104°13′25.428″、北纬30°51′2.7504″，海拔542.86米（图一）。2019年12月，为配合成都市新都区土地储备中心的招拍挂土地出让项目，成都文物考古研究院对项目用地进行勘探发现该遗址，确认遗址面积约2.7万平方米。在国家文物局的批准下，由成都文物考古研究院和新都区文物保护所组成的联合考古队于2020年3月19日～7月15日对该遗址进行了抢救性考古发掘，发掘面积约800平方米，初步厘清了该遗址主体遗存为商周时期，另发现少量新石器时代晚期和唐、宋、明时期的遗存。此次发掘共清理唐、宋、明时期墓葬14座（图二），编号为2020CXQM1～2020CXQM14（以下简称M1～M14）。以下仅介绍本次发掘的唐宋时期墓葬的基本情况。

一、地层堆积

该遗址现地表平坦，原为农田。历年来，当地的生产生活对墓地封土及下面的墓葬多有毁坏，故该墓地原生的地势、地貌已不完整。其现存地层堆积的情况以TN23E10南壁剖面为例说明如下（图三）。

第1层：现代农耕土层，部分农耕土上覆盖有房屋建筑残渣的堆积，其中夹杂大量废弃的砖、瓦和其他生活遗物。厚0.1～0.2米。

第2层：明清时期文化层，浅灰色土，土质有黏性、较纯净。厚0.1～0.15米。该层下开口有1座砖室墓（M3）。

第3层：宋代文化层，浅黄色土夹少量褐色斑点，土质有黏性、较纯净。厚0.05～0.1米。该层下开口有13座砖室墓（M1、M2、M4～M14）。

第4层：商周文化层，浅褐色土，质地较紧密，含砂，出土少量夹砂红褐、灰褐等陶器残片。厚0.1～0.15米。

第5层：商周文化层，深褐色土，质地较紧密、带黏性，出土大量夹砂红褐陶片。厚0.2～0.3米。该层下开口有较多灰坑、陶窑、竖穴土坑墓等。

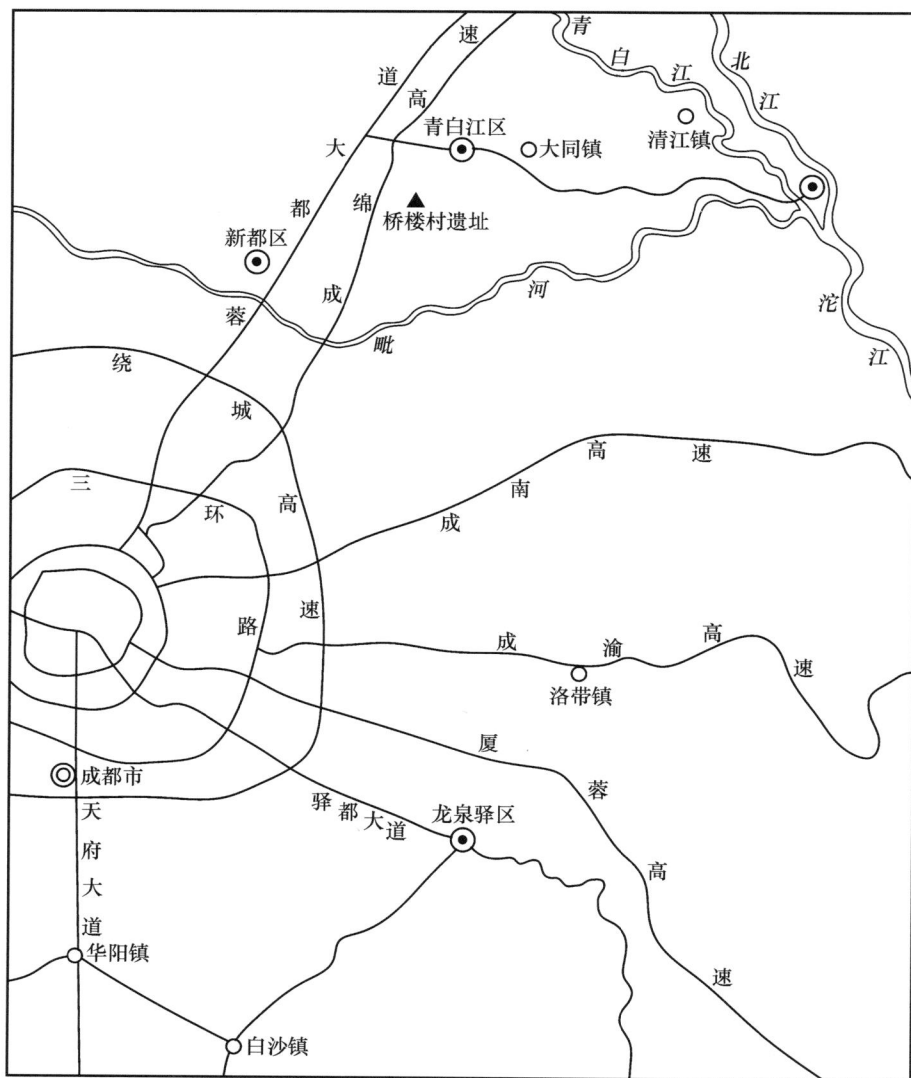

图一　遗址位置示意图

　　第6层：商周文化层，灰褐色土，质地较紧密、带黏性，出土大量夹砂灰陶片、泥质灰陶片等。厚0.15～0.25米。该层下开口有大量商周时期灰坑。

　　第7层：新石器晚期文化层，深黄褐色土，质地紧密、带黏性，出土少量泥质灰陶、夹砂褐陶等。厚0.25～0.3米。该层下开口有少量新石器时代灰坑。

　　第7层以下为浅黄褐色生土，无文化遗物。

北

TN23E17

□M12

TN25E15
M13

TN24E15
M14

TG7
M11

TN24E13
M5

TN22E13
现代坑
M10　M9

TN21E12
M4

TG5
M8

TG4
M7

TN23E10
M1
M2
M3

TN23E09
M6

0　　　　　　10米

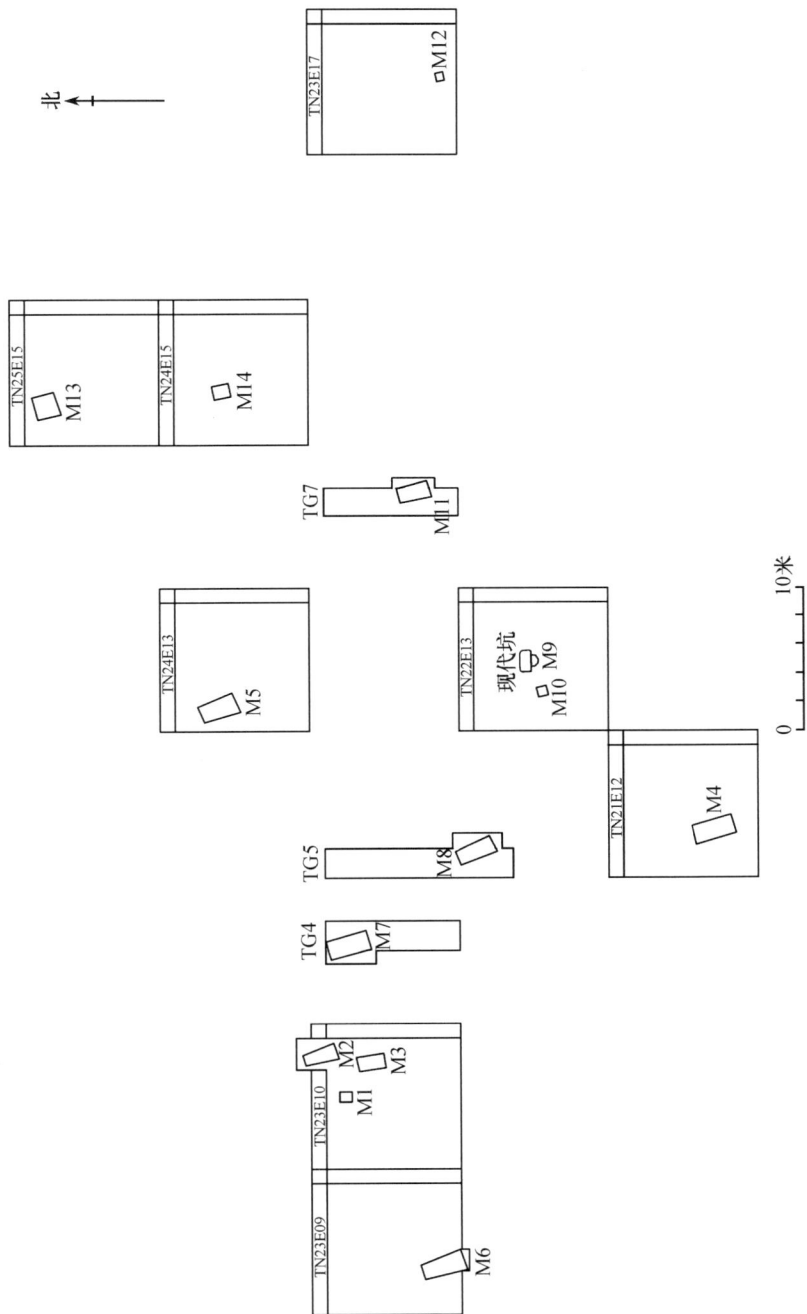

图二　唐、宋、明墓葬分布平面图

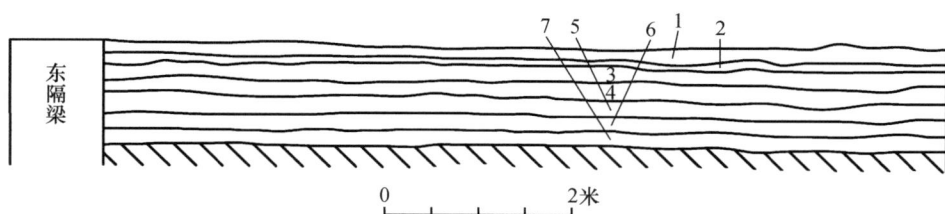

图三　TN23E10南壁剖面图

二、墓　葬　概　况

M1　位于TN23E10北部居中区域。开口于第3层下，打破第4、5层。墓向0°。砖室墓。由墓圹、墓室构成。墓圹平面呈长方形，直壁，平底，长0.8、宽0.55、深0.21米。填土为五花土，土质疏松，夹杂有碎砖。墓室平面呈梯形，用墓砖围成一梯形，墓顶被破坏，长0.68、宽0.24～0.47、高0.21米。墓砖为长方形素面青灰砖，长36、宽16、厚4厘米。未见人骨，为火葬墓，骨灰位于墓室内中部。墓室内南侧出土有瓷四系罐1件（图四）。

瓷四系罐　1件。M1：1，紫红胎，腹部及底部施化妆土，肩部及以上施酱黄釉。侈口，斜方唇，鼓肩，弧腹，平底。肩与颈交接处有四立耳。口径7、底径8.7、高18.4厘米（图五）。

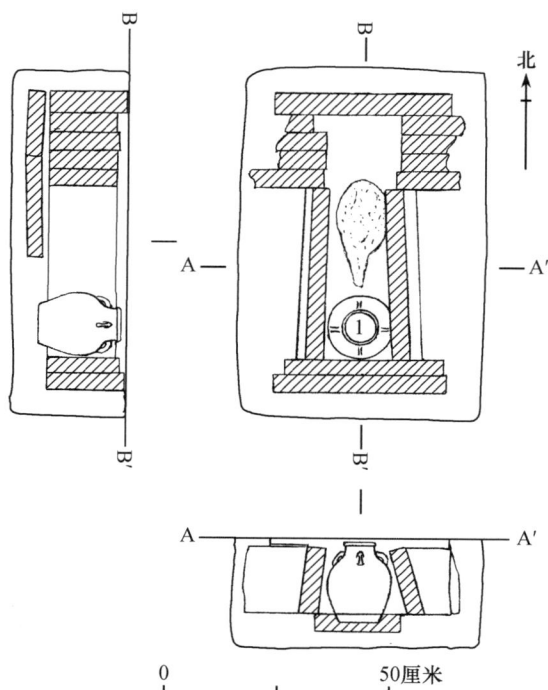

图四　M1平、剖面图

1.瓷四系罐

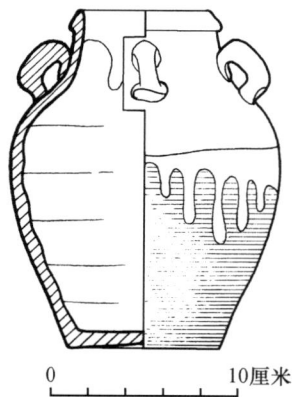

图五　M1出土瓷四系罐

（M1：1）

M2　位于TN23E10东北角，向北伸入北隔梁下。开口于第3层下，打破第4~6层。墓向160°。砖室墓，由墓圹、墓室构成，墓顶及部分直墙被破坏。墓圹平面略呈梯形，长3、宽1.1~1.23、深0.76米。填土为五花土。墓室平面大致呈凸字形，长2.37、宽0.57~0.68米，可分为前、后两段。墓底铺砖一层，为长方形砖横向错缝平铺。墓壁直墙直接建于铺底砖之上，先平铺一层，再横纵交错丁砌一层，其上再错缝平铺两层，残高0.52米。墓砖为长36、宽18、厚4厘米的青灰色砖。人骨保存情况较差，仅余胸部及以下部位，残损严重。躯干骨部位已不可辨识。左肱骨原位，右肱骨前后反转；左右前臂似抱于腹前，较为零乱。左右股骨前后反转；左右胫骨近端交叉。足骨无存。四肢骨较为纤细，肱骨尤甚，疑似为女性个体。死亡年龄仅可判断为成年。墓室中出土有铜钱42枚、铜簪2件（图六）。

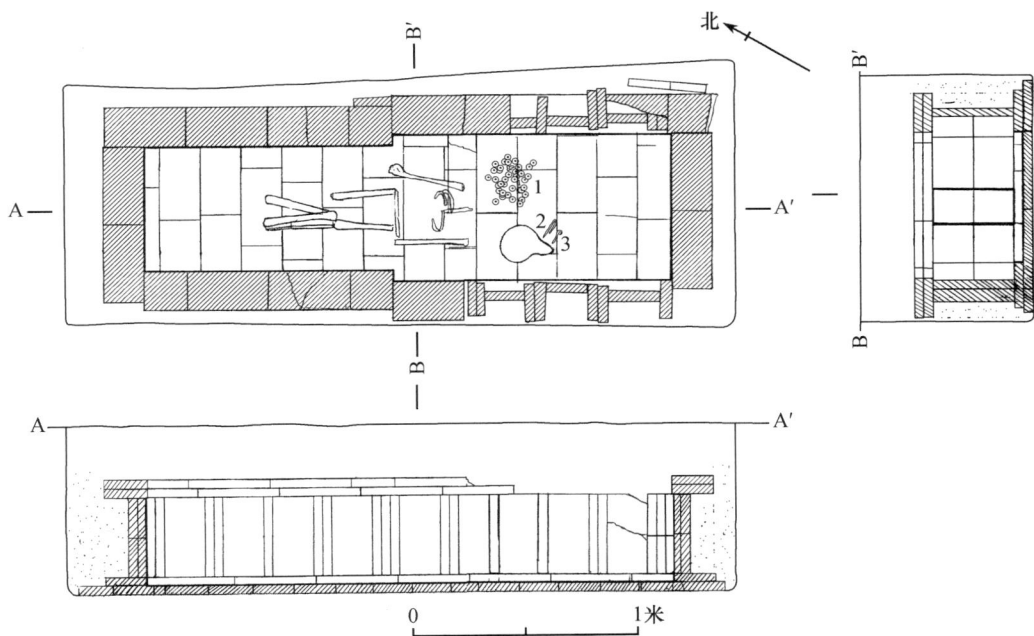

图六　M2平、剖面图
1. 铜钱　2、3. 铜簪

铜簪　锈蚀较严重，根据簪头可判断为2件。M2：2，为直径约0.15厘米的粗铜丝对折而成，头部较粗，较圆润。残长12厘米（图七，1）。M2：3，头部弯曲，尾端微翘。残长8.1厘米（图七，2）。

铜钱　42枚。可辨字迹者34枚，其余8枚或锈蚀严重，或为残片，不辨钱文。皆圆形方穿，外郭较宽，内郭较窄，肉较薄。根据

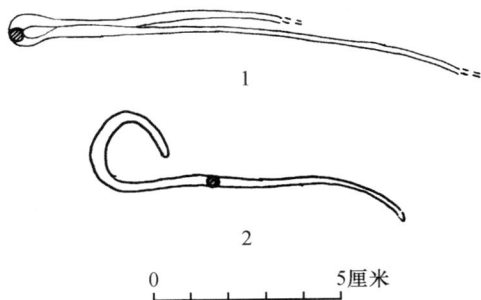

图七　M2出土铜簪
1. M2：2　2. M2：3

字迹可分为"开元通宝"和"乾元重宝"两种。

开元通宝　32枚。圆形方穿，内外郭均规整。钱文楷书，对读。M2：1-17，光背。钱径2.5、穿宽0.6、郭厚0.1厘米，重约3.1克（图八，1）。M2：1-19，背月纹。钱径2.6、穿宽0.6、郭厚0.1厘米，重约3.2克（图八，2）。M2：1-23，光背。钱径2.4、穿宽0.5、郭厚0.1厘米，重约2.9克（图八，3）。M2：1-25，光背。钱径2.5、穿宽0.5、郭厚0.1厘米，重约3克（图八，4）。M2：1-27，光背。钱径2.4、穿宽0.5、郭厚0.1厘米，重约2.9克（图八，5）。M2：1-31，光背。钱径2.5、穿宽0.5、郭厚0.1厘米，重约3.1克（图八，6）。M2：1-32，背月纹。钱径2.5、穿宽0.6、郭厚0.1厘米，重约3克（图八，7）。M2：1-33，背月纹。钱径2.5、穿宽0.6、郭厚0.1厘米，重约3.2克（图八，8）。M2：1-34，背月纹。钱径2.5、穿宽0.6、郭厚0.1厘米，重约3.1克（图八，9）。M2：1-35，背部有"洪"字。钱径2.4、穿宽0.5、郭厚0.1厘米，重约3.1克（图八，10）。

乾元重宝　2枚。圆形方穿，内外郭较规整。钱文楷书，对读。M2：1-36，背月纹。钱径2.3、穿宽0.7、郭厚0.1厘米，重约2.5克（图八，11）。M2：1-37，光背。钱径2.4、穿宽0.6、郭厚0.1厘米，重约2.7克（图八，12）。

M3　位于TN23E10东部居中区域。开口于第2层下，打破第3、4层。墓向190°。砖室墓，破坏严重，仅余部分底砖。墓葬由墓圹、墓室构成。墓圹平面呈长方形。长2.76、宽1.2、残深0.3米。填土为五花土，土质疏松，夹杂有碎砖。墓室平面呈长方形，残长2.75、残宽1.17米，墓底以长35、宽17、厚3厘米的青砖横向错缝平铺。墓壁直墙直接建于铺底砖之上，先平铺一层，再横纵交错丁砌一层，残高0.23米。仅在近墓底中部填土中出土有5枚"弘治通宝"钱币（图九）。

铜钱　5枚。均为"弘治通宝"，皆圆形方穿，内外郭均规整，外郭较宽，内郭较窄，肉较薄，光背。钱文楷书，对读。M3：1，钱径2.5、穿宽0.5、郭厚0.2厘米，重约3.7克（图一〇，1）。M3：2，钱径2.5、穿宽0.5、郭厚0.2厘米，重约4克（图一〇，2）。M3：3，钱径2.5、穿宽0.5、郭厚0.2厘米，重约4克（图一〇，3）。M3：4，钱径2.5、穿宽0.5、郭厚0.15厘米，重约3.8克（图一〇，4）。M3：5，钱径2.5、穿宽0.5、郭厚0.2厘米，重约3.9克（图一〇，5）。

M4　位于TN21E12西南部。开口于第3层下，打破至生土。墓向160°。砖室墓，破坏严重，仅余墓室底部。墓葬由墓圹、墓室构成。墓圹平面呈梯形。残长2.7、残宽1.08～1.3、残深0.35米。填土为五花土，土质疏松，夹杂有碎砖。墓室平面呈梯形，残长2.41、残宽0.64～0.97、残高0.13米。墓底以长方形青砖斜向错缝平铺，墓底中部有一腰坑。墓砖尺寸为长36、宽18、厚4厘米。人骨保存较差，仅剩股骨，年龄、性别不详，推断为仰身直肢葬。墓室中部出土有陶双耳杯1件，腰坑内出土瓷四系罐1件（图一一）。

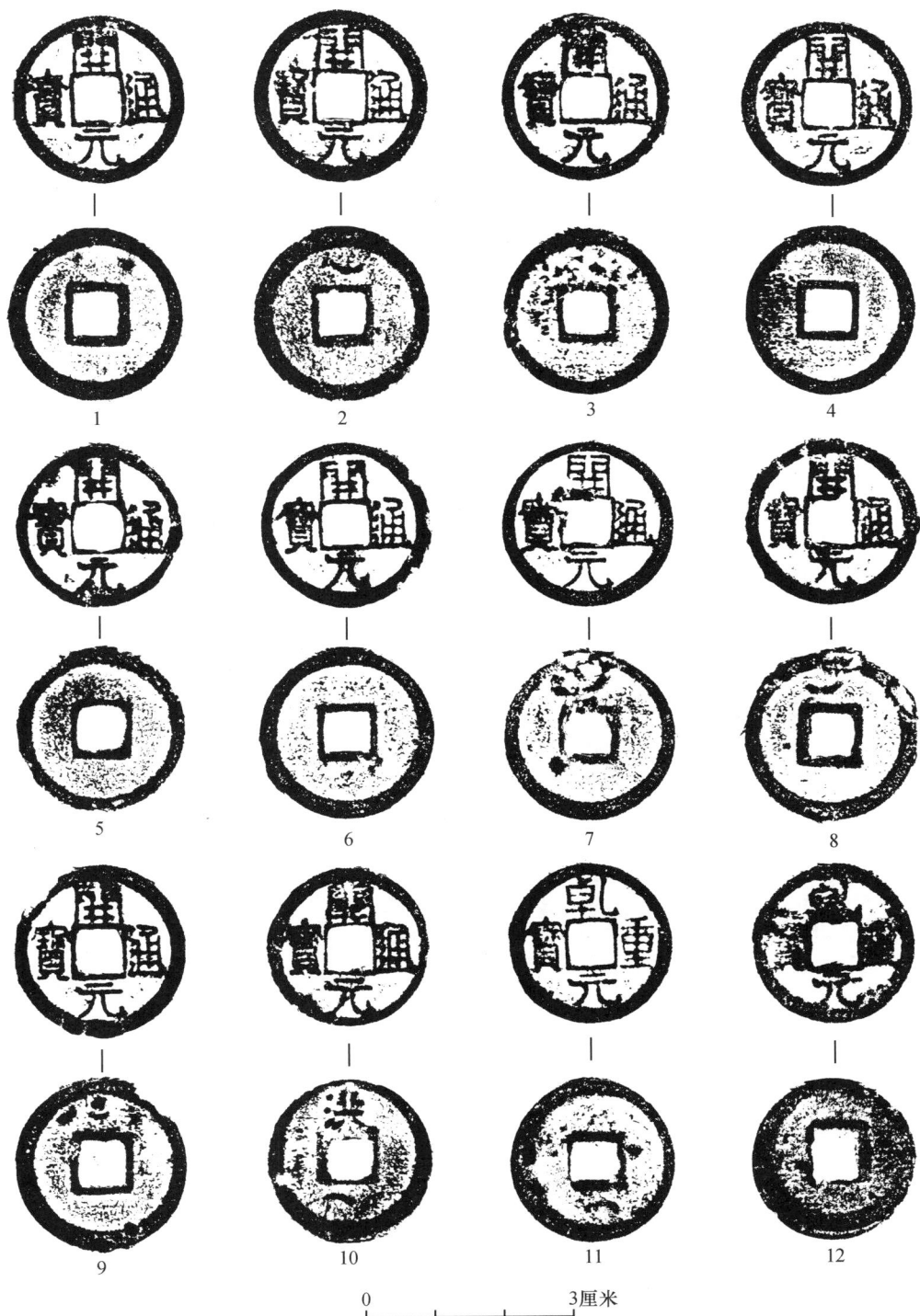

图八 M2出土钱币

1~10. 开元通宝（M2：1-17、M2：1-19、M2：1-23、M2：1-25、M2：1-27、M2：1-31、M2：1-32、M2：1-33、
M2：1-34、M2：1-35） 11、12. 乾元重宝（M2：1-36、M2：1-37）

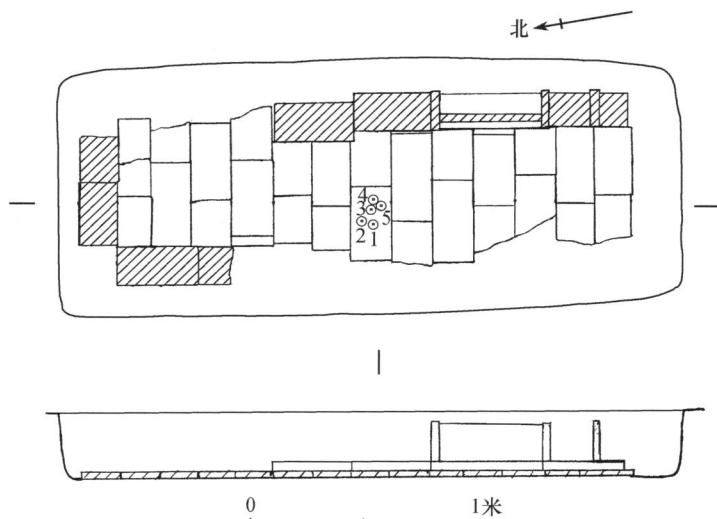

图九　M3平、剖面图

1~5.铜钱

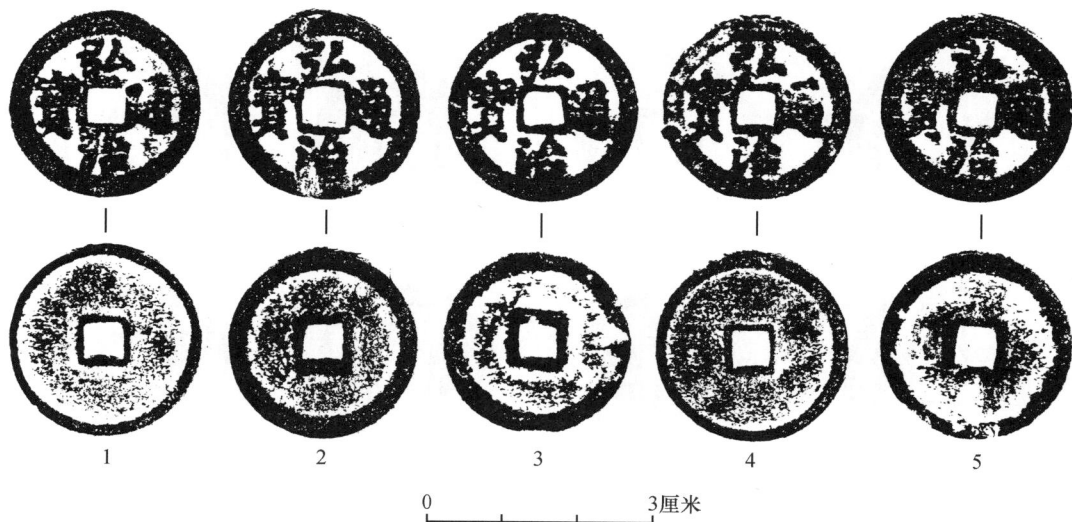

图一〇　M3出土弘治通宝

1.M3：1　2.M3：2　3.M3：3　4.M3：4　5.M3：5

陶双耳杯　1件。M4：2，紫红陶。直口，直腹微束，饼足，平底。腹部装饰对称双耳。口径4.1、底径2.3、高3.7厘米（图一二，1）。

瓷四系罐　1件。M4：1，紫红胎，腹部及底部施化妆土，肩部及以上施酱黄釉，有流釉。微敛口，方唇，溜肩，弧腹，平底。肩与颈交接处有四立耳。口径6.8、底径5.1、高15.5厘米（图一二，2）。

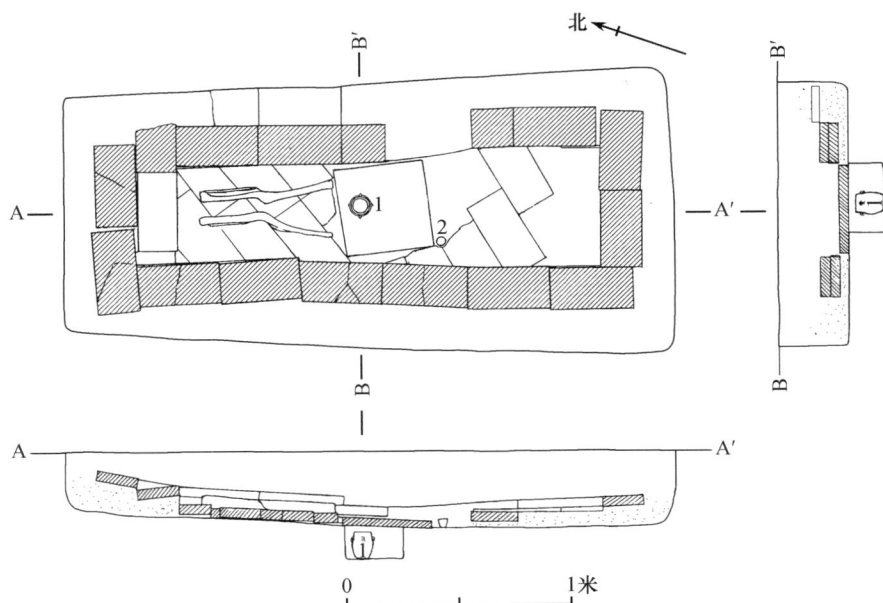

图一一 M4平、剖面图

1. 瓷四系罐 2. 陶双耳杯

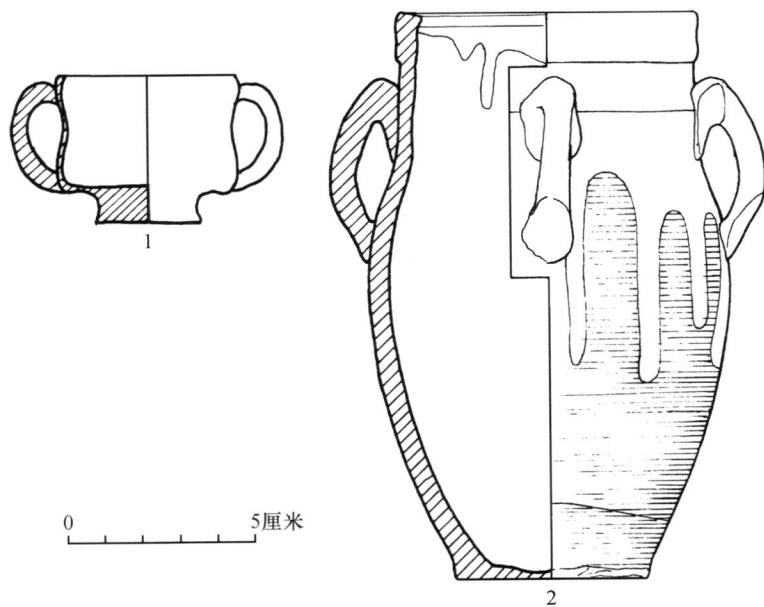

图一二 M4出土器物

1. 陶双耳杯（M4：2） 2. 瓷四系罐（M4：1）

M5　位于TN24E13西北部。开口于第3层下，打破至生土。墓向154°。砖室墓，由墓圹、墓室构成，设有壁龛。墓圹平面呈梯形，直壁，平底，长2.82、宽1.22～1.35、深0.7米。填土为五花土，土质疏松。墓室平面呈梯形，长2.12、宽0.58～0.9、高0.37米。墓底有铺砖一层，为长方形青砖横向错缝平铺。墓壁直墙直接建于铺底砖之上，先平铺一层，再横纵交错丁砌一层，其上再错缝平铺三层，残高0.33米。墓砖为长36、宽18、厚4厘米的青灰色砖。墓中人骨保存状况较差，仅剩头骨、盆骨、腿骨。墓中仅出土瓷四系罐1件（图一三）。

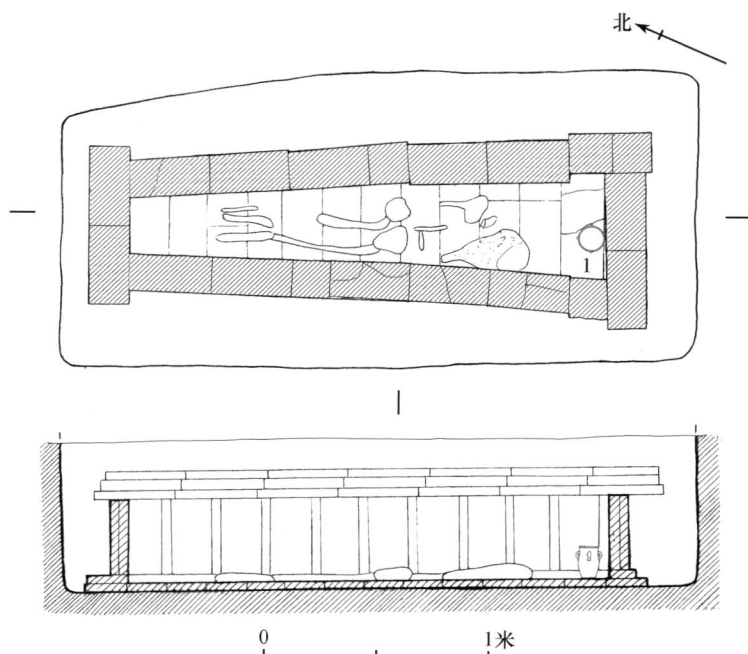

图一三　M5平、剖面图
1.瓷四系罐

瓷四系罐　1件。M5：1，紫红胎，腹部及底部施化妆土，肩部及以上施酱黄釉。侈口，方唇，溜肩，弧腹，平底。肩与颈交接处有四立耳。口径7.8、底径6、高14.6厘米（图一四）。

M6　位于TN23E09西侧。开口于第3层下，打破至生土。墓向156°。砖室墓，由墓圹、墓室构成。墓圹平面呈梯形，长2.75、宽1.07～1.19、深0.62米。填土为五花土，土质疏松。墓室平面呈梯形，长2.35、宽0.32～0.86、残高0.6米。墓底铺砖一层，为长方形青砖横向错缝平铺。墓壁直墙直接建于铺底砖之上，先横砖平铺二层，再二丁一纵顺向交错立砌，其上再错缝平铺六层，残高0.6米。墓砖为长36、宽18、厚4厘米的青灰色砖。人骨保存状况较差，仅剩部分头骨、肱骨。颅骨残损，颅面部形态不可辨；下颌骨位于颅骨下侧，可见数颗牙齿。右肱骨近远端倒置，近原位。颅骨形体较小，下颌骨和肱骨纤细，疑似为女性个体。下颌左右侧第一臼齿齿质点暴露，尚未连成片，推测其死亡年龄在30岁左右。仅在墓室前端出土瓷四系罐1件（图一五）。

瓷四系罐　1件。M6：1，紫红胎，腹部及底部施化妆土，肩部及以上施酱黄釉，有流釉。直口微敛，斜方唇，鼓肩，弧腹，平底。肩与颈交接处有四立耳。口径8.5、底径10.5、高24.5厘米（图一六）。

M7　位于TG4西北部，部分延伸入西壁内，扩方清理。开口于第3层下，打破至生土。墓向155°。砖室墓，破坏严重，仅存底部。由墓圹、墓室构成。墓圹平面呈长方形，残长2.7、残宽1.4、残深0.36米。填土为深灰色黏土，质地较紧密，夹杂少量卵石。墓室平面呈梯形，残长2.2、残宽0.54～0.76、残高0.24米。墓底以长36、宽

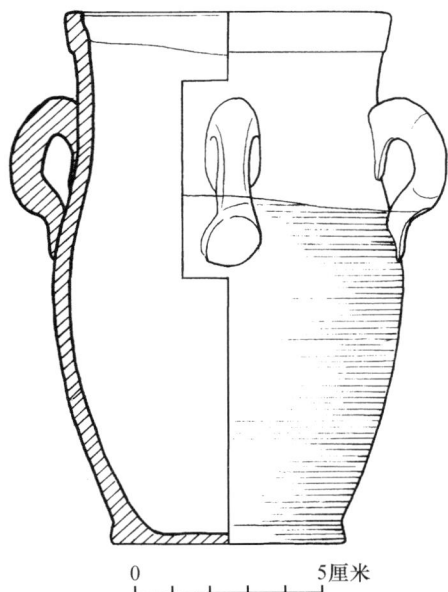

图一四　M5出土瓷四系罐
（M5：1）

18、厚4厘米的青灰色砖错缝平铺而成。墓内发现人骨一具，仰身直肢，头部及右肩部不存，人骨保存情况较差，粉化严重，仅可见部分椎骨、肋骨痕迹，四肢骨位于原位，无异常。坐骨大切迹宽浅，肱骨纤细，推测为女性个体，死亡年龄仅可判断为成年。墓室前端出土有瓷双耳罐1件（图一七）。

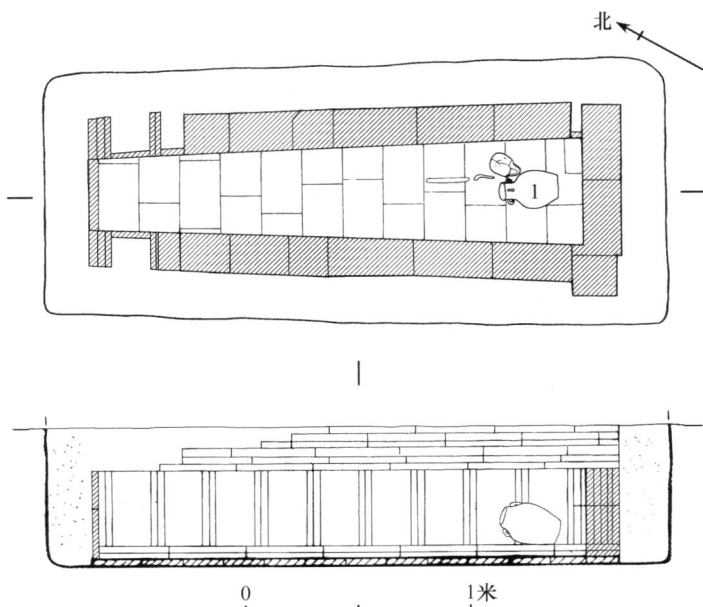

图一五　M6平、剖面图
1.瓷四系罐

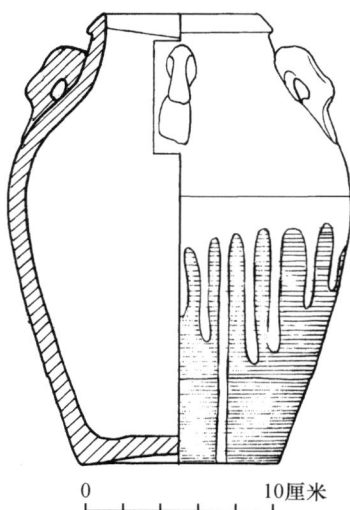

图一六　M6出土瓷四系罐

（M6∶1）

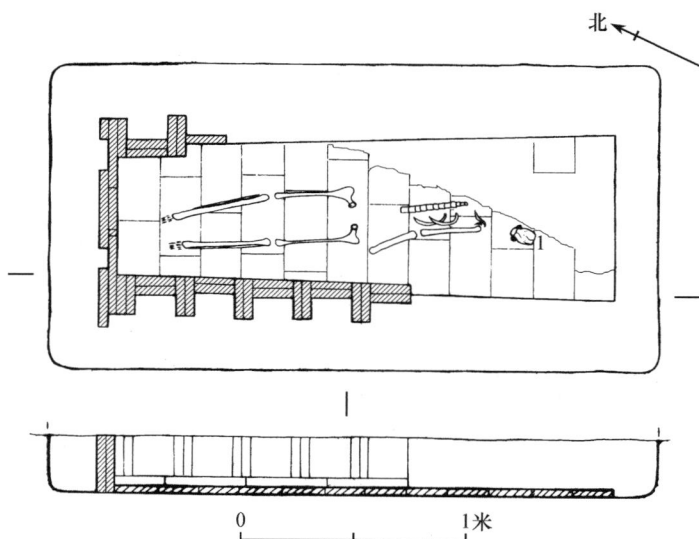

图一七　M7平、剖面图

1. 瓷双耳罐

瓷双耳罐　1件。M7∶1，紫红胎，腹部及底部施化妆土，肩部及以上施酱黄釉。侈口，圆唇，鼓肩，弧腹，平底。肩与颈交接处有两立耳。口径5.2、底径4.1、高9.4厘米（图一八）。

M8　位于TG5东南部，部分延伸入东壁内，扩方清理。开口于第3层下，打破至生土。墓向165°。砖室墓，由墓圹、墓室构成。破坏严重，仅存部分铺底砖。墓圹平面呈长方形，残长2.7、宽1.4、深0.1米。填土为五花土，土质较疏松、干燥，包含少量砖块。墓室平面呈长方形，残长2.32、残宽0.79、残高0.05米。墓底以长35、宽17.5、厚3厘米的青灰色砖错缝平铺而成。人骨残缺严重，仅发现一小截小腿胫骨。性别不详，年龄仅可判断为成年。在墓室前端出土有瓷碗1件、铜钱4枚（图一九）。

瓷碗　1件。M8∶1，红胎，含较粗细砂，内外皆施白釉。侈口，圆唇，弧腹，饼状足。口径12.6、底径5.5、高4厘米（图二〇，1）。

铜钱　4枚。2枚钱文清晰，为"开元通宝"；另2枚锈蚀严重，不辨字迹。

开元通宝　2枚。圆形方穿，内外郭均规整。钱文楷书，对读。M8∶2-1，光背。钱径2.5、穿宽0.6、郭厚0.2厘米，重约3.3克（图二〇，2）。M8∶2-2，光背。钱径2.5、穿宽0.6、郭厚0.2厘米，重约3.2克（图二〇，3）。

M9　位于TN22E13中部。开口于第3层下，打破第4、5层。距地表0.42米。墓向不详。破坏严重，保存极差，仅余腰坑。腰坑残长0.76、宽0.66、深0.1米。填土为五花土，土质较紧密、干燥，包含红色、褐色斑点黏土。腰坑中部放置有陶提梁壶1件，周围环绕有陶双耳杯5件（图二一）。

陶提梁壶　1件。M9∶1，泥质红陶。口内敛，鼓肩，弧腹，平底内凹，口上部用泥条筑成"龙"形提梁。口径5.4、底径5、高7.1厘米（图二二，1）。

陶双耳杯　5件。形制相同，均为直口，直腹，平底。腹部贴塑有对称双耳。

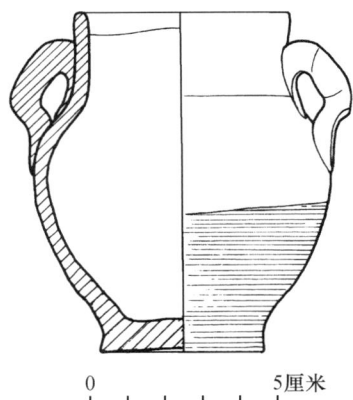

图一八　M7出土瓷双耳罐
（M7∶1）

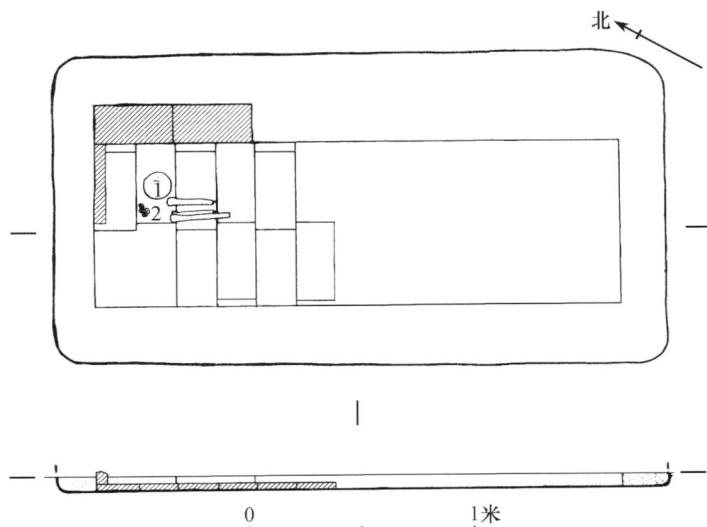

图一九　M8平、剖面图
1.瓷碗　2.铜钱

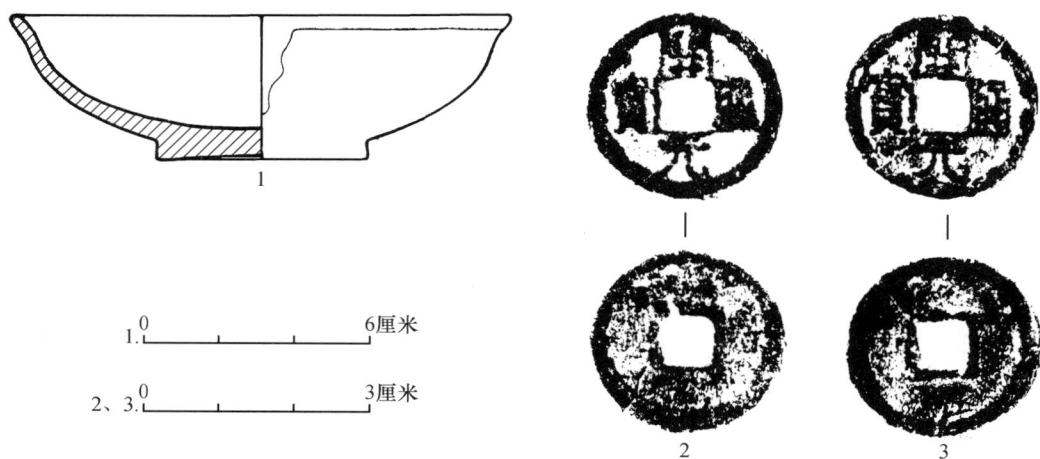

图二〇　M8出土器物

1. 瓷碗（M8：1）　2、3. 开元通宝（M8：2-1、M8：2-2）

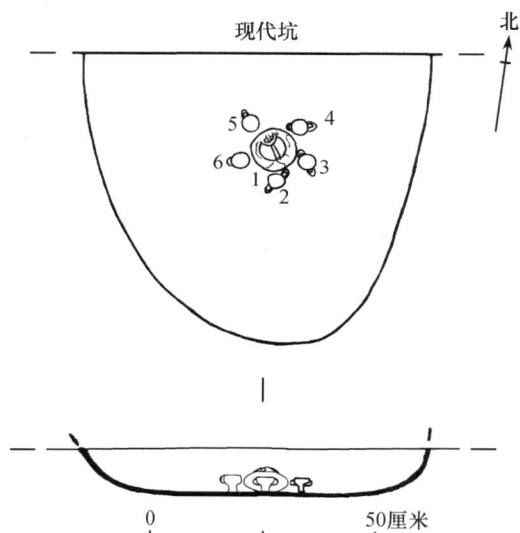

图二一　M9平、剖面图

1. 陶提梁壶　2～6. 陶双耳杯

M9：2，泥质红陶。一耳残缺。口径4、底径2、高3厘米（图二二，6）。M9：3，泥质红陶。口径4、底径2.5、高3.5厘米（图二二，2）。M9：4，泥质红陶。口部略残。口径4.5、底径2、高3.5厘米（图二二，4）。M9：5，泥质红陶。口径4、底径1.8、高3厘米（图二二，3）。M9：6，泥质红陶。口部略残。口径4、底径2、高3.5厘米（图二二，5）。

M10　位于TN22E13西部。开口于第3层下，打破至生土。距地表约0.33米。墓向不明。墓葬损毁严重，保存极差，仅余腰坑。未见人骨，葬式及葬具不明。腰坑平面

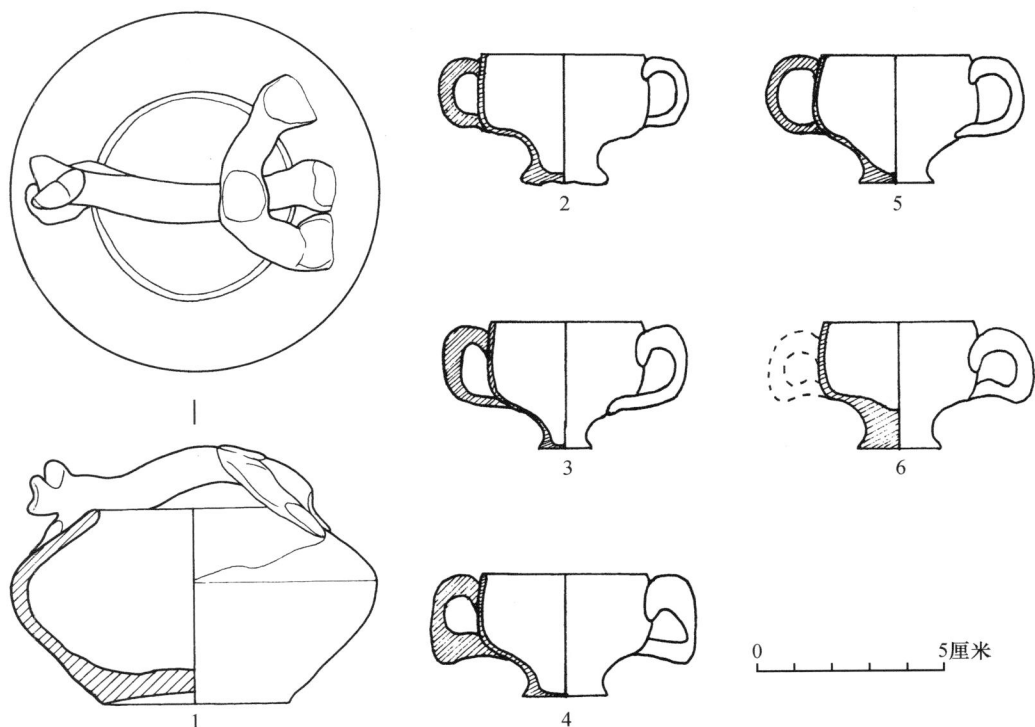

图二二　M9出土陶器

1. 提梁壶（M9∶1）　2~6. 双耳杯（M9∶3、M9∶5、M9∶4、M9∶6、M9∶2）

呈长方形，直壁，平底，残长0.76、残宽0.67、残深0.1米。填土呈黄褐色，土质较紧密、干燥，夹杂大量红褐色斑点黏土和草木灰颗粒。腰坑底部正中放置有一块青砖，青砖上摆放有瓷双耳罐1件，四周环绕有陶双耳杯5件（图二三）。

瓷双耳罐　1件。M10∶1，紫红胎，腹部及底部施化妆土，下腹部部分装饰刻划纹。口部残缺，敛口，尖圆唇，溜肩，鼓腹，平底略内凹。肩与腹交接处有一周带状凸起，肩部贴塑两个拱形横系。口径5.3、底径6.1、高9.5厘米（图二四，1）。

陶双耳杯　5件。烧制不匀，呈现黑红夹杂的陶色。直口，直腹，饼足。腹部贴塑有对称双耳。M10∶2，泥质红陶。口径4、底径2、

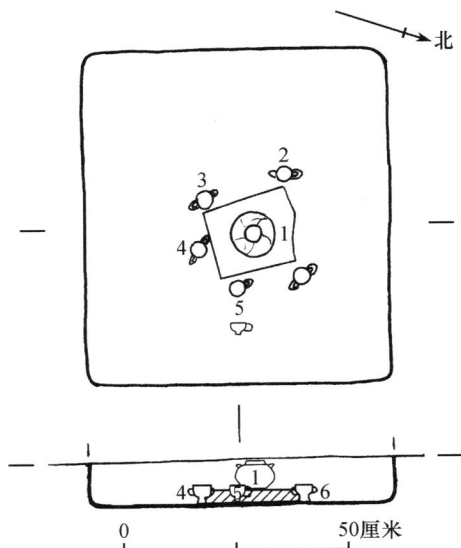

图二三　M10平、剖面图

1. 瓷双耳罐　2~6. 陶双耳杯

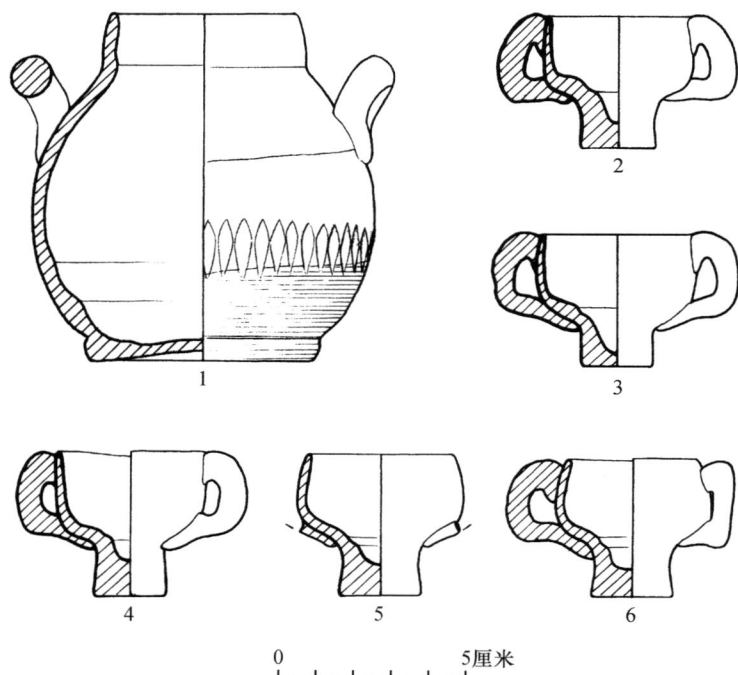

图二四　M10出土器物

1.瓷双耳罐（M10：1）　　2～6.陶双耳杯（M10：2、M10：3、M10：4、M10：5、M10：6）

高4厘米（图二四，2）。M10：3，泥质红陶。口径3.5、底径2、高3.5厘米（图二四，3）。M10：4，泥质红陶。口径3、底径2、高4厘米（图二四，4）。M10：5，泥质红陶。破损较严重，双耳缺失。口径4、底径2、高4厘米（图二四，5）。M10：6，泥质红陶。口径4、底径2、高3.5厘米（图二四，6）。

M11　位于TG7东壁靠南处，部分伸入东壁内，扩方清理。开口于第3层下，打破第4～6层。墓向170°。砖室墓，平面呈长方形，破坏严重，仅在墓底残留数块青砖。填土为五花土，土质较紧密。墓圹残长2.52、残宽1.33、残深0.23米。墓中残存人骨，保存较差，仅保留大腿骨、小腿骨。根据残存人骨判断，葬式应为仰身直肢葬，性别不明，年龄为成年。墓葬南端出土瓷四系罐1件、瓷碗1件（图二五）。

瓷四系罐　1件。M11：1，紫红胎，腹部及底部施化妆土，肩部及以上施酱黄釉。口至腹部残缺较严重，敛口，方唇，溜肩，鼓腹，平底。肩与颈交接处有四立耳。口径17、底径13、高28厘米（图二六，1）。

瓷碗　1件。M11：2，黄白胎，质地较细，腹部及底部施化妆土，口部及内壁施酱黄釉。口部部分残缺，敞口，圆唇，弧腹，矮圈足。口径15.8、足径5.8、高5.1厘米（图二六，2）。

M12　位于TN23E17东南部。开口于第3层下，打破第4～6层。口距地表约0.36米。墓向不明。墓葬损毁严重，保存极差，仅余腰坑。未见人骨，葬式及葬具不明。

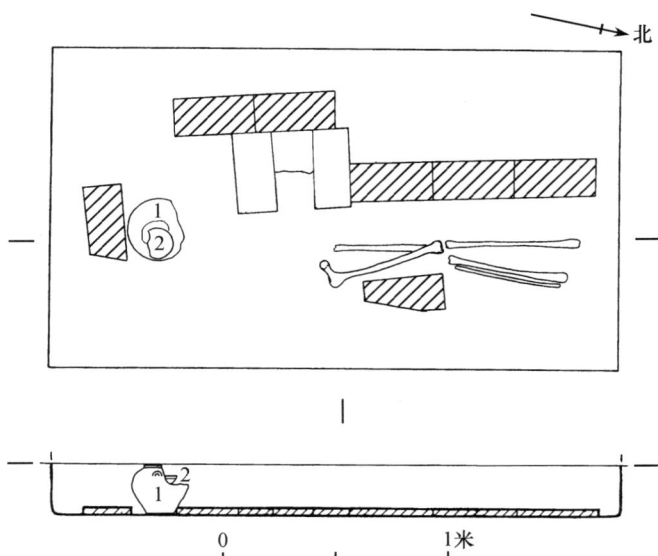

图二五　M11平、剖面图
1.瓷四系罐　2.瓷碗

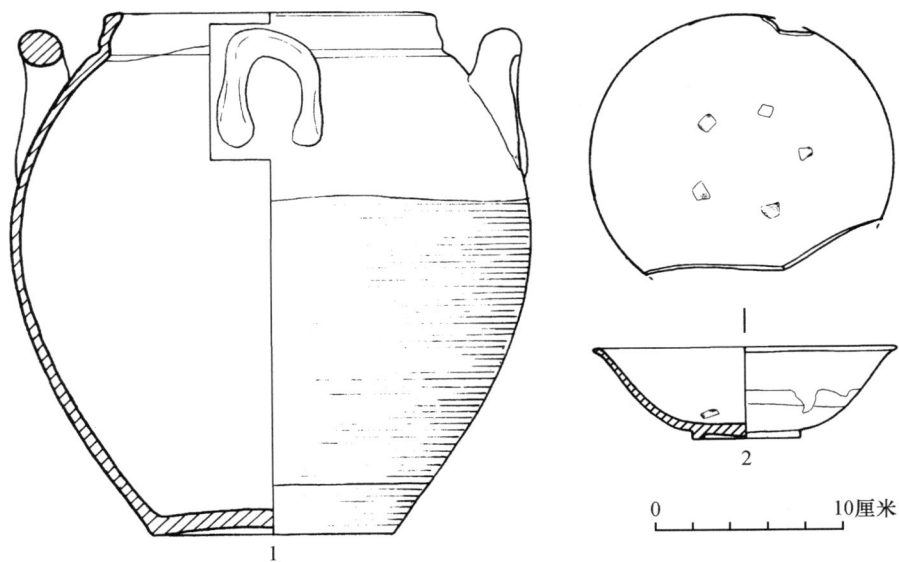

图二六　M11出土瓷器
1.四系罐（M11：1）　2.碗（M11：2）

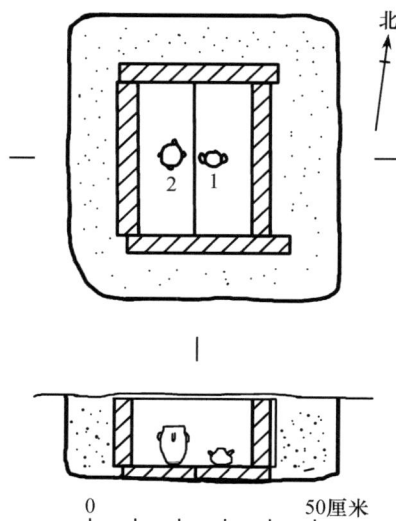

图二七　M12平、剖面图
1. 瓷双耳罐　2. 瓷四系罐

腰坑平面略呈方形，直壁，平底，残长0.67、残宽0.61、残深0.2米。腰坑内以墓砖砌筑方坑，长约0.44、宽约0.36、深约0.2米。砖为长方形素面青灰砖，长36、宽16、厚4厘米。砖室外为黄褐色填土，土质较紧密。腰坑内放置有瓷双耳罐和瓷四系罐各1件（图二七）。

瓷双耳罐　1件。M12：1，紫红胎，腹部及底部施化妆土。口微敛，斜方唇，鼓肩，弧腹，平底微内凹。肩与腹交接处有一周带状凸起，肩部贴塑两个拱形横系。口径3.4、底径4.3、高5.9厘米（图二八，2）。

瓷四系罐　1件。M12：2，紫红胎，腹部及底部施化妆土。直口，斜方唇，溜肩，弧腹，平底。口沿下端有两重凸棱，肩与颈交接处有四立耳。口径4.4、底径4.4、高11.5厘米（图二八，1）。

M13　位于TN25E15西北部。开口于第3层下，打破第4、5层。口距地表0.36米。墓向不明。破坏严重，保存极差，仅余腰坑。腰坑残长1.28、宽1.22、深0.2米。填土为五花土，土质较紧密、干燥，包含红色、褐色斑点黏土。腰坑中部放置有瓷盘口壶1件，周围环绕有陶双耳杯3件（图二九）。

瓷盘口壶　1件。M13：1，紫红色胎，腹部及底部施化妆土，肩部及以上施黄褐釉。口部略微变形，深盘口，直口，圆唇，长颈微束，颈较粗，溜肩，鼓腹，最大径在中部偏下，平底。肩与颈交接处有四立耳，两耳已缺。口径7.4、底径5.6、高20.4厘米（图三〇，1）。

陶双耳杯　3件。陶胎较薄，烧制不匀，呈现红、黑交杂的陶色。直口，直腹，

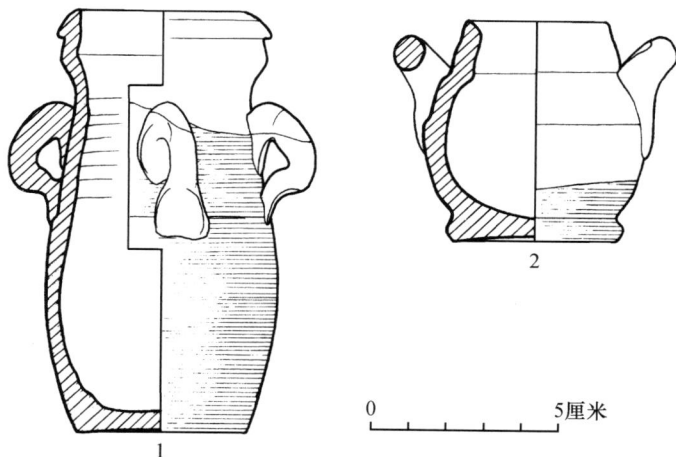

图二八　M12出土瓷器
1. 四系罐（M12：2）　2. 双耳罐（M12：1）

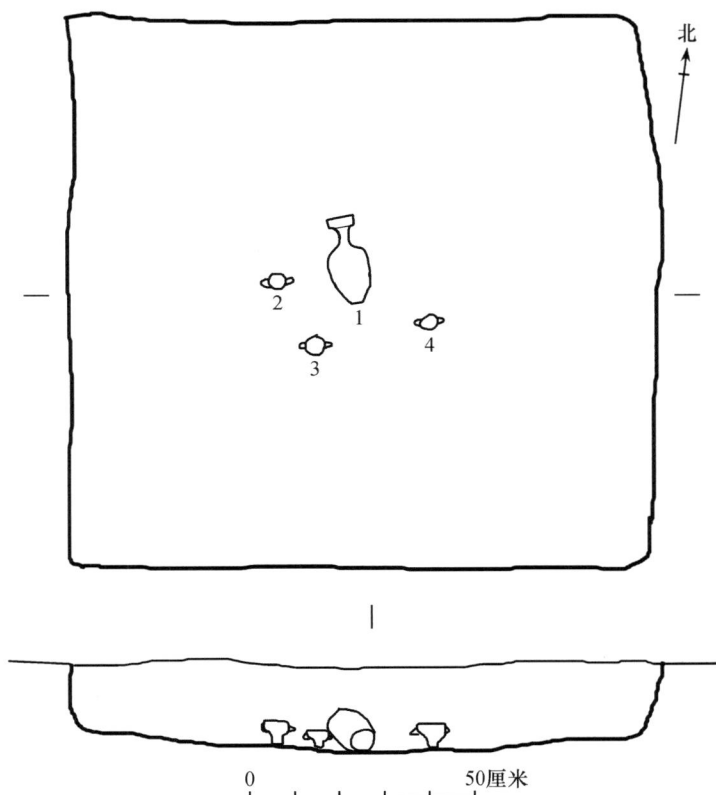

图二九　M13平、剖面图
1. 瓷盘口壶　2～4. 陶双耳杯

喇叭状足。腹部装饰对称双耳。M13：2，口径4、底径2.7、高4厘米（图三〇，2）。M13：3，口径4.1、底径2.4、高4厘米（图三〇，4）。M13：4，一耳残缺。口径4.5、底径2.5、高3.5厘米（图三〇，3）。

　　M14　位于TN24E15中部偏西处。开口于第3层下，打破第4、5层。口距地表0.36米。墓向不明。破坏严重，保存极差，仅余腰坑。腰坑残长0.77、宽0.75、深0.16米。填土为五花土，土质较紧密干燥，包含红色、褐色斑点黏土。腰坑中部放置有陶提梁壶1件，周围环绕有陶双耳杯5件（图三一）。

　　陶提梁壶　1件。M14：1，红胎，烧制不匀，呈现红、黑夹杂的陶色。提梁残缺。口内敛，尖唇，鼓肩，斜腹内收，平底。口径5、底径4、高5厘米（图三二，1）。

　　陶双耳杯　5件。烧制不匀，呈现红、黑夹杂的陶色。直口，直腹，饼足。腹部装饰对称双耳。M14：2，泥质红陶。口径4、底径2、高3.5厘米（图三二，2）。M14：3，泥质红陶。口径4、底径2、高3厘米（图三二，3）。M14：4，泥质红陶。口径3.5、底径2、高3厘米（图三二，4）。M14：5，泥质红陶。口部部分残缺。口径3.5、底径2、高3.5厘米（图三二，5）。M14：6，泥质红陶。口径4、底径2、高3厘米（图三二，6）。

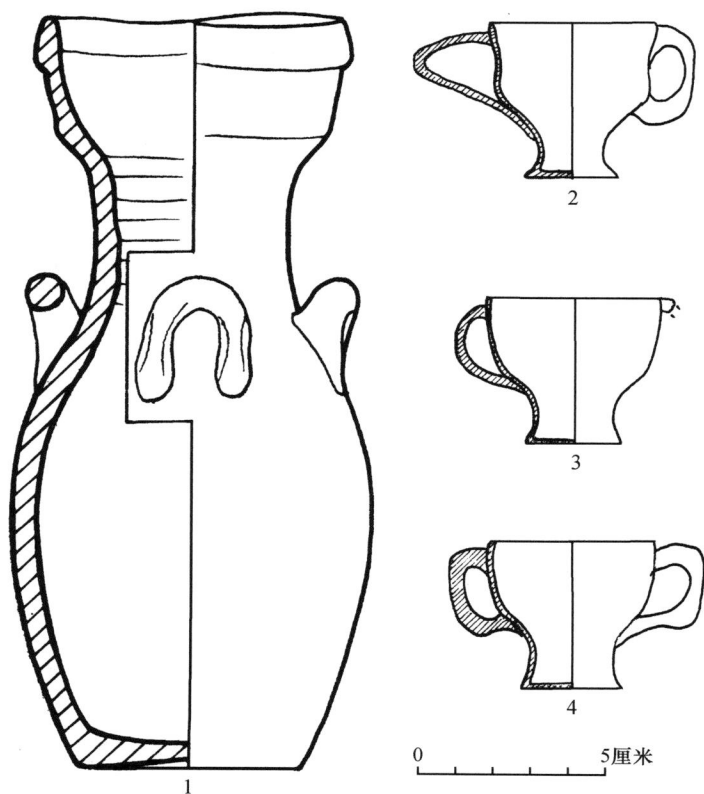

图三〇　M13出土器物

1.瓷盘口壶（M13：1）　2～4.陶双耳杯（M13：2、M13：4、M13：3）

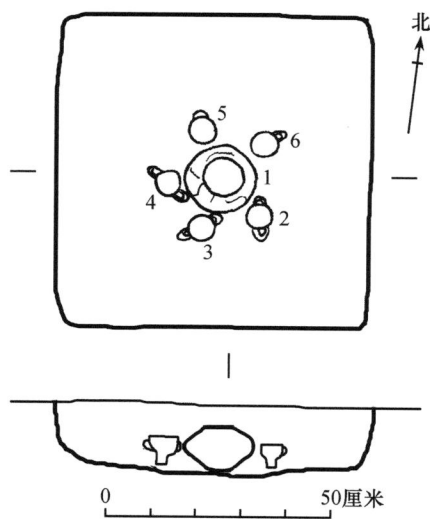

图三一　M14平、剖面图

1.陶提梁壶　2～6.陶双耳杯

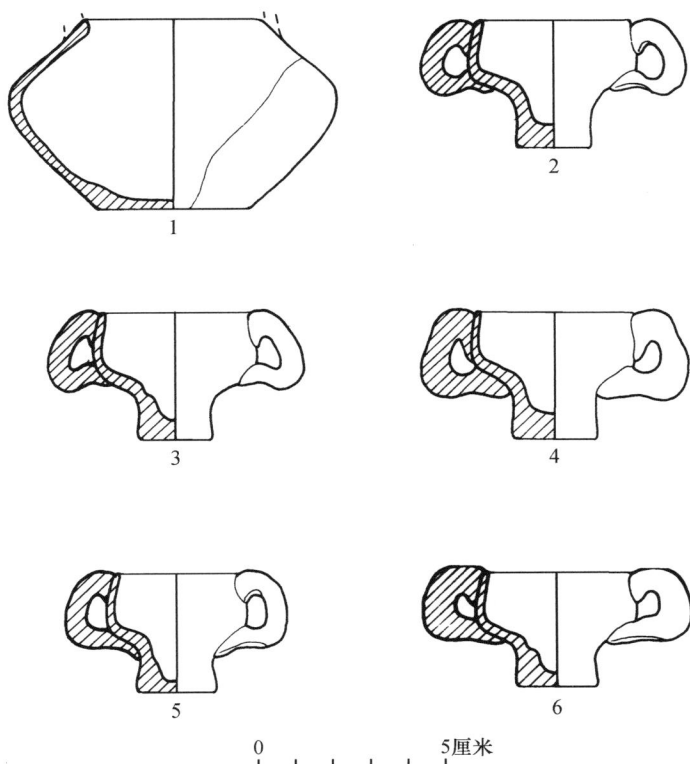

图三二　M14出土器物

1. 陶提梁壶（M14∶1）　2~6. 陶双耳杯（M14∶2、M14∶3、M14∶4、M14∶5、M14∶6）

三、墓葬年代

新都桥楼村这批唐宋时期砖室墓，虽然规模小，破坏严重，出土器物也不甚丰富，但根据墓葬形制和出土器物的特征以及部分墓葬出土的年号钱币，也可大致分期断代。

M1墓室很小，结构简陋，墓室中有骨渣，是四川地区宋代较为流行的火葬墓；出土的瓷四系罐与龙泉驿区洪河大道南B型Ⅱ式瓷四系罐（M4∶3）[1]相近，年代大致在北宋晚期。

M2墓室可分为两段，均呈梯形，其墓葬结构与成都干道M3相近，属于《四川地区唐代砖室墓分期研究初论》一文中所划分的C型Ⅲ式[2]，同时出土有32枚"开元通宝"和2枚"乾元重宝"，故其年代当在唐代晚期。

M3损毁严重，墓葬形制无法推测，墓室中出土有5枚"弘治通宝"，为明孝宗时期发行，故判断该墓年代上限当不早于明朝弘治年间。

M4平面形状与艾切斯工地M11相近[3]，出土瓷四系罐与青龙乡海滨村M5∶36[4]形制相同，判断该墓年代当在北宋晚期。

M5平面形状呈梯形，墓壁无肋柱和壁龛，墓葬形制与龙泉驿区十陵镇大梁村M1[5]

相近，墓内出土瓷四系罐与双流区华阳镇骑龙村M31出土B型瓷四系罐相近[6]，此二墓年代相当于北宋晚期。因此，M5的年代约在北宋晚期。

M6平面形状呈梯形，墓壁无肋柱和壁龛，墓葬形制与M5相同，墓内出土瓷四系罐亦见于M1，故两墓的年代应该相近。

M7的墓室平面呈前宽后窄的梯形，无甬道，墓壁无肋柱和侧龛，墓葬形制与双流区华阳镇骑龙村M6相近[7]，墓内出土的瓷双耳罐与彭山观音乡后蜀广政八年（945年）宋琳墓出土的瓷双耳小罐接近[8]，故M7年代约在五代时期。

M8破坏严重，墓葬形制不明，出土的瓷碗坦腹、饼足具有唐代风格，与成都金沙村M1出土瓷碗相近，金沙村M1根据墓志可知墓主下葬于唐宣宗大中四年（850年）[9]。故M8年代约在唐代晚期。

M11破坏严重，墓葬形制未知，出土的瓷四系罐与龙泉驿区青龙村M2出土AⅡ式瓷四系罐相近，瓷碗与龙泉驿区青龙村M3出土的Ⅲ式瓷碗相近。龙泉驿区青龙村M2、M3均出土了买地券，M2下葬于北宋嘉祐七年（1062年）八月，M3下葬于崇宁五年（1106年）[10]。因此，M11年代约在北宋晚期。

M9、M10、M12～M14均破坏严重，墓室已不存，仅余腰坑，故仅能根据随葬器物判断年代。M9、M14均为陶提梁壶加陶双耳杯的组合，M10、M13也出土有相同形制的陶双耳杯，而M12出土的瓷双耳罐又与M10出土的瓷双耳罐接近，故M9、M10、M12～M14五座墓葬的年代应接近。M10出土瓷双耳罐与成都金沙遗址红色村小学地点M3[11]出土的B型双耳瓷罐相似，M12出土的瓷四系罐与三圣乡花果村M5[12]出土的B型瓷四系罐相近，M13出土的瓷盘口壶与艾切斯工地M11[13]出土的Ⅲ式瓷盘口壶相近，这批墓葬年代集中在北宋晚期至南宋初期。此外，手工捏制的陶双耳杯是四川地区南宋火葬墓常见之物。综合考虑，M9、M10、M12～M14五座墓葬的年代应在北宋晚期至南宋初期。

综上所述，新都桥楼村所发现的14座砖室墓大致可分为三期，第一期为唐代晚期至五代，包括M2、M7、M8；第二期为北宋晚期至南宋初期，包括M1、M4～M6、M9～M14；第三期为明代中晚期，仅有M3。这14座墓葬虽然年代跨度较大，但仍显示出一定的排列规律，墓向多朝南，推测此地可能为当时的小型平民墓地。这批墓葬虽然在墓葬形成之后的漫长时间当中受到了不同程度的破坏，但是仍然保留了不少有效的信息，可以为研究这一时期的丧葬习俗提供新的实物资料。

附记：参与此次发掘和整理的人员有成都文物考古研究院杨占风、熊谯乔、宋世有、寇志龙，新都区文物保护所黎桥。

领队：杨占凤

发掘：熊谯乔　宋世有

绘图：寇志龙　熊谯乔

拓片：严　彬

执笔：熊谯乔　黎　桥

注　释

［1］　成都市文物考古研究所、龙泉驿区文物保管所：《成都市龙泉驿区洪河大道南延线唐宋墓葬发掘简报》，《成都考古发现》（2001），科学出版社，2003年。

［2］　刘雨茂、朱章义：《四川地区唐代砖室墓分期研究初论》，《四川文物》1999年第3期。

［3］　成都文物考古研究所、青白江区文物保护管理所：《成都青白江区艾切斯工地唐、宋墓葬发掘简报》，《成都考古发现》（2006），科学出版社，2008年。

［4］　成都市文物考古研究所：《成都市青龙乡海滨村墓葬发掘简报》，《成都考古发现》（2003），科学出版社，2005年。

［5］　成都文物考古研究所、龙泉驿区文物管理所：《成都市龙泉驿区十陵镇大梁村宋墓发掘简报》，《成都考古发现》（2008），科学出版社，2010年。

［6］　成都文物考古研究所、双流县文物管理所：《双流县华阳镇骑龙村"欧香小镇"唐宋墓葬发掘简报》，《成都考古发现》（2011），科学出版社，2013年。

［7］　成都文物考古研究所、双流县文物管理所：《双流县华阳镇骑龙村"欧香小镇"唐宋墓葬发掘简报》，《成都考古发现》（2011），科学出版社，2013年。

［8］　四川省博物馆文物工作队：《四川彭山后蜀宋琳墓清理简报》，《考古通讯》1958年第5期。

［9］　成都市文物考古研究所：《成都市金沙村唐墓发掘简报》，《考古》2008年第3期。

［10］　成都市文物考古研究所：《成都市龙泉驿区青龙村宋墓发掘简报》，《成都考古发现》（1999），科学出版社，2001年。

［11］　成都文物考古研究所：《成都金沙遗址红色村小学地点唐宋砖室墓发掘简报》，《成都考古发现》（2009），科学出版社，2011年。

［12］　成都市文物考古工作队：《成都市成华区三圣乡花果村宋墓发掘简报》，《成都考古发现》（2001），科学出版社，2003年。

［13］　成都文物考古研究所、青白江区文物保护管理所：《成都青白江区艾切斯工地唐、宋墓葬发掘简报》，《成都考古发现》（2006），科学出版社，2008年。

附表 墓葬登记表

编号	位置	层位关系	形制结构	墓向	长	宽	深	葬式	性别	年龄	随葬品/件	备注
M1	TN23E10	③→M1→④⑤	长方形砖室墓	0°	0.8	0.55	0.21	火葬	不明	不明	瓷四系罐1	
M2	TN23E10	③→M2→④⑤⑥	梯形砖室墓	160°	3	1.1～1.23	0.76	仰身直肢	女	成年	铜簪2、铜钱42	
M3	TN23E10	②→M3→③④	长方形砖室墓	190°	2.76	1.2	0.3	不明	不明	不明	铜钱5	
M4	TN21E12	③→M4→生土	梯形砖室墓	160°	2.7	1.08～1.3	0.35	仰身直肢	不明	不明	瓷四系罐1、陶双耳杯1	
M5	TN24E13	③→M5→生土	梯形砖室墓	154°	2.82	1.22～1.35	0.7	不明	不明	不明	瓷四系罐1	
M6	TN23E09	③→M6→生土	梯形砖室墓	156°	2.75	1.07～1.19	0.62	不明	女	30岁左右	瓷四系罐1	
M7	TG4	③→M7→生土	长方形砖室墓	155°	2.7	1.4	0.36	仰身直肢	女	成年	瓷双耳罐1	
M8	TG5	③→M8→生土	长方形砖室墓	165°	2.7	1.4	0.1	不明	不明	成年	瓷碗1、铜钱4	
M9	TN22E13	③→M9→④⑤	不明	不明	0.76	0.66	0.1	不明	不明	不明	陶提梁壶1、陶双耳杯5	仅余腰坑
M10	TN22E13	③→M10→生土	不明	不明	0.76	0.67	0.1	不明	不明	不明	瓷双耳罐1、陶双耳杯5	仅余腰坑
M11	TG7	③→M11→④⑤⑥	长方形砖室墓	170°	2.52	1.33	0.23	仰身直肢	不明	成年	瓷四系罐1、瓷碗1	
M12	TN23E17	③→M12→④⑤⑥	不明	不明	0.67	0.61	0.2	不明	不明	不明	瓷双耳罐1、瓷四系罐1	仅余腰坑
M13	TN25E15	③→M13→④⑤	不明	不明	1.28	1.22	0.2	不明	不明	不明	瓷盘口壶1、陶双耳杯3	仅余腰坑
M14	TN24E15	③→M14→④⑤	不明	不明	0.77	0.75	0.16	不明	不明	不明	陶提梁壶1、陶双耳杯5	仅余腰坑

成都市新津区将军坟宋代墓地发掘报告

成都文物考古研究院

新津区文保中心

为配合成都市新津区安置房建设项目三期——金华镇岳店社区地块项目施工建设，新津区文保中心对该项目红线内范围进行了文物勘探工作，发现有宋代墓葬分布，初步判断该区域可能存在一处宋代墓地。成都文物考古研究院闻讯后，立即入场开展下一步的考古发掘工作。

该墓地位于成都市新津区金华镇岳店社区（图一），小地名为将军坟。2020年1~6月，成都文物考古研究院对该墓地进行了考古发掘，共发掘宋代墓葬32座（图二），其中有29座石室墓、3座砖室墓，时代大致从北宋中期延续至南宋中晚期。现将此次发掘情况报告如下。

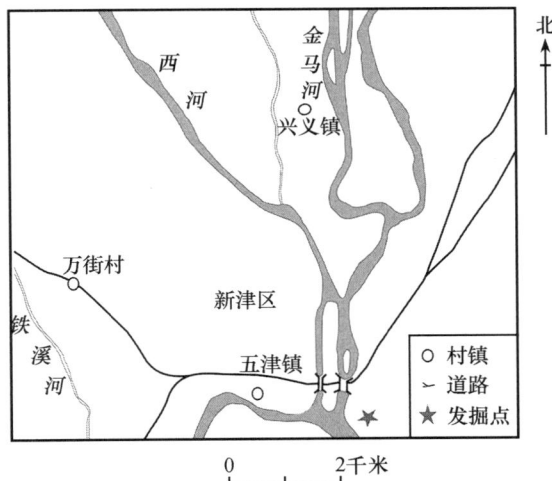

图一 墓地位置示意图

一、墓葬形制与随葬器物

（一）石 室 墓

29座石室墓，除M11一座为双室墓外，其余皆为单室墓，所用石材均为红砂岩。由于墓葬处于砂土环境中，因遭受挤压变形，多数墓葬墓圹已难以辨明。这批石室墓，

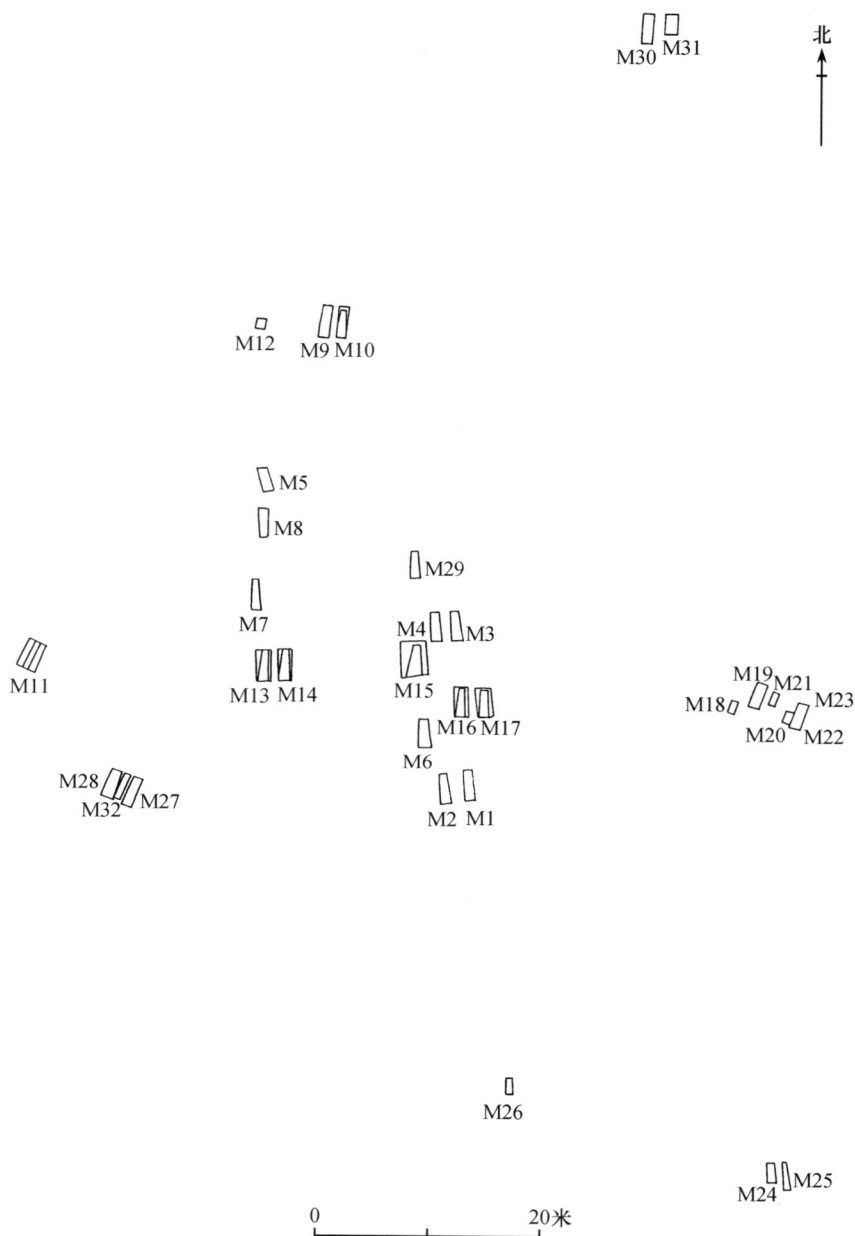

图二　墓地平面分布示意图

基本由封门和墓室组成，部分设有甬道。平面形状有长方形和梯形两种，多长2~3、宽0.5~0.7米，墓顶为红砂岩条石砌筑的券顶，基本已不存。墓壁多用单层石板或双层石板顺向立砌而成，内层石板往往留出较宽缝隙构成壁龛，墓壁所用石板或直接砌入墓底，或于其底部先垫一长石条，其上再立石板构成墓壁。墓底或为石板直接平铺而成，或先垫一层土再以石板平铺，或于两侧各设一石条，中间垫一层土，其上再平铺石板，石板两侧压在石条之上。墓底石板之下或有坑，坑的位置多在墓底中部，还有少量在墓底两端，坑口或置有一小石板，坑内置有瓷双耳罐、双耳杯或四系罐等器物。现将29座石室墓的情况详细介绍如下。

M1　墓向175°。单室结构，不见墓圹，由封门、墓室组成（图三）。封门用一块石板顺向侧砌而成，封门宽0.94、高0.96、厚0.08米。墓室平面呈梯形，长2.54、宽0.46～0.7、残高0.7米。墓顶为券顶，用红砂岩石条券筑而成，仅余墓尾处，其他部位已不存。东西两侧墓壁分别用两层石板顺向错缝立砌。后壁用一块石板顺向侧砌而成，长0.7、残宽0.3、厚0.08米。壁龛为内层石板留出的较宽缝隙，共有5组，东西对称分布，壁龛宽约0.18、进深0.06米。墓底先垫一层土，之上以石板平铺，墓底比墓壁底高出0.06米，置有仰身直肢葬人骨一具。墓底近封门处两块石板上下相叠，其上置有1件瓷碟，石板西侧有1件瓷盘口壶，人骨头部置有1件瓷碗、1件瓷四系罐。墓室封门外侧有2件瓷碟，上下叠扣。

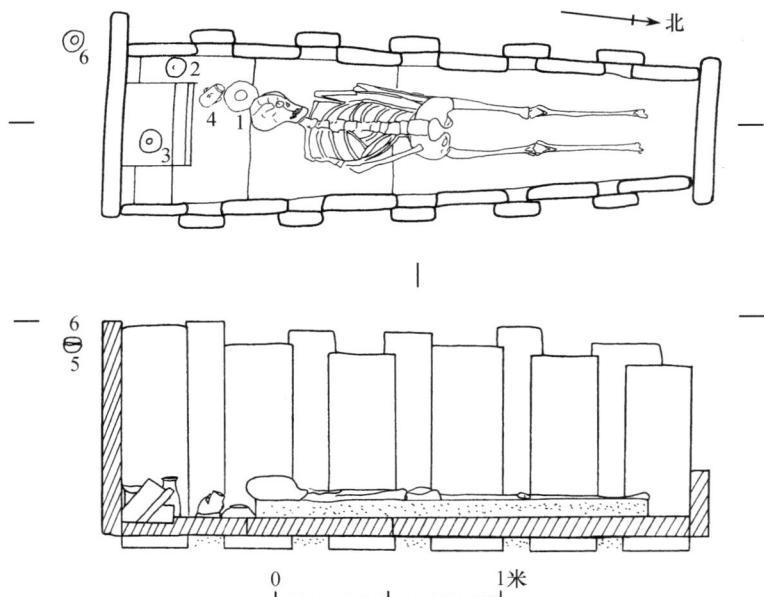

图三　M1平、剖面图
1.瓷碗　2.瓷盘口壶　3、5、6.瓷碟　4.瓷四系罐

瓷碗　1件。M1：1，紫红胎，黄釉，内壁满釉，外壁施釉不及底，有流釉现象，内底有五个支钉痕。敞口，圆唇，斜弧腹，饼足。口径17、底径6.7、高4.6厘米（图四，1）。

瓷盘口壶　1件。M1：2，紫红胎，酱釉，内壁口沿处施釉，外壁施釉不及底，有流釉现象。盘口微敞、较深，尖唇，长束颈，鼓肩，肩部有四个对称半圆形横耳，弧腹，平底。口径9.4、底径8、高28厘米（图四，3）。

瓷碟　3件。M1:3，紫红胎，青釉，内壁釉已基本脱落，外壁施釉不及底，有流釉现象。敞口，圆唇，弧腹，饼足。口径11.3、底径5、高3.1厘米（图四，2）。M1:5，紫红胎，青釉，釉已基本脱落。敞口，圆唇，斜弧腹，饼足。口径10.9、底径4.7、高3.5厘米（图四，4）。M1:6，紫红胎，黄釉，内壁满釉，外壁施釉不及底，有流釉现象。敞口，圆唇，斜弧腹，饼足。口径11、底径4.6、高3.7厘米（图四，5）。

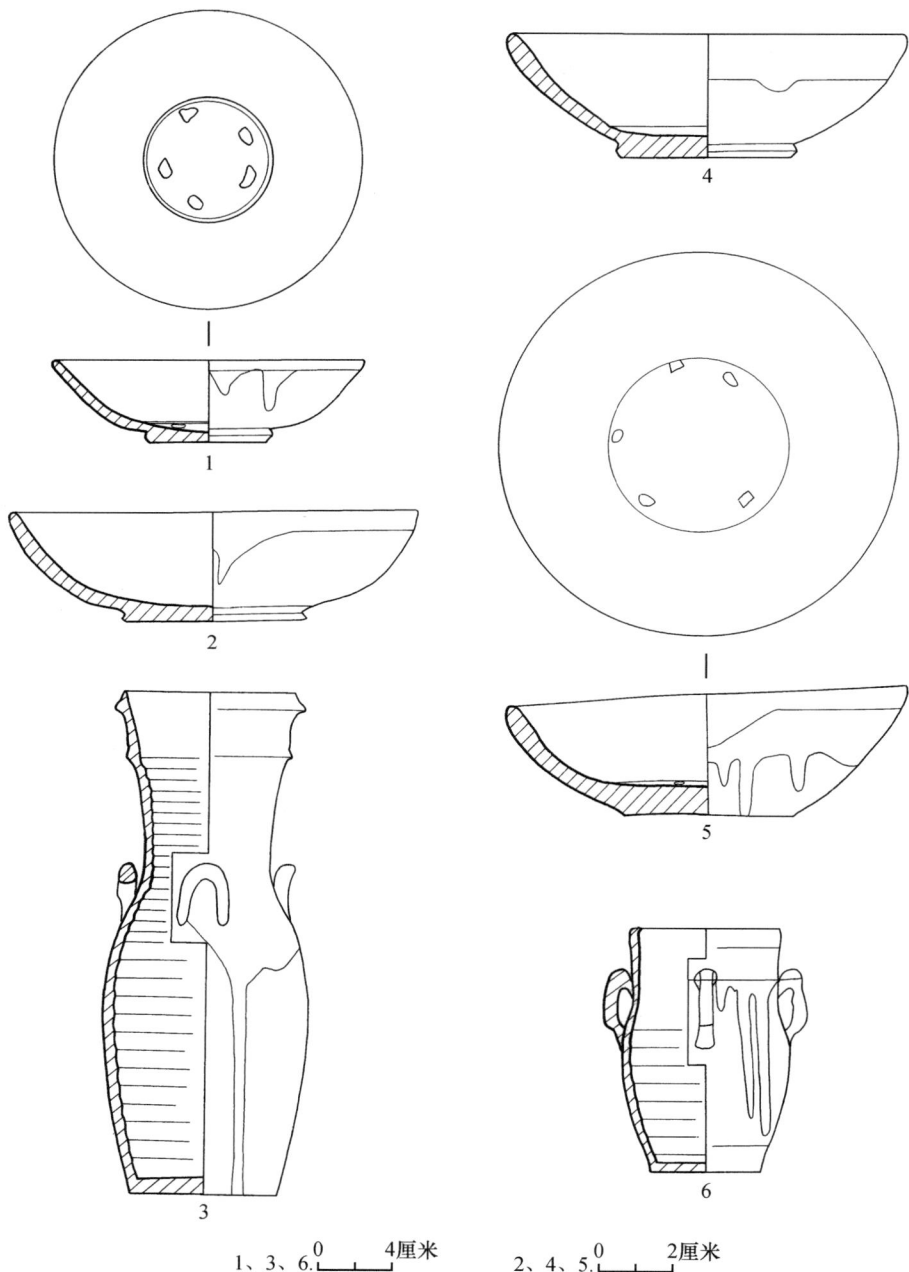

图四　M1出土瓷器

1.碗（M1:1）　2、4、5.碟（M1:3、M1:5、M1:6）　3.盘口壶（M1:2）　6.四系罐（M1:4）

瓷四系罐 1件。M1：4，紫红胎，酱釉，内壁未施釉，外壁上部施釉，有流釉现象。口沿部位较厚，直口，方唇，直领微束，溜肩，肩部有四个对称竖系，弧腹，平底。口径8.4、底径6.2、高13.7厘米（图四，6）。

M2 墓向174°。单室结构，不见墓圹，由封门、墓室组成（图五）。封门用三块石板顺向侧砌而成，封门宽1.04、高0.96、厚0.08米。墓室平面呈梯形，长2.54、宽0.46~0.68、残高0.94米。墓顶为券顶，用红砂岩石条券筑而成，仅余墓尾处，其他部位已不存。东西两侧墓壁分别用两层石板顺向错缝立砌。后壁用两块石板顺向竖砌而成。壁龛为内层石板留出的较宽缝隙，共有5组，东西对称分布，壁龛宽约0.16、进深0.08米。墓底先垫一层土，之上再以石板平铺构成墓底，墓底比墓壁底高出0.06米，置有人骨一具。值得注意的是，这具人骨左右胫骨相反，非一次葬，应为捡骨二次葬。墓底近封门侧石板下有一坑，坑长0.14、宽0.12、深0.2米，其内置有1件瓷四系罐。西壁近封门处有1件瓷盘口壶、1件瓷碟，人骨头部有1件瓷四系罐。

瓷盘口壶 1件。M2：1，紫红胎，酱釉，内壁口沿处施釉，外壁施釉不及底，有流釉现象。盘口微敞、较深，尖唇，长束颈，鼓肩，肩部有四个对称半圆形横耳，弧腹，平底微内凹。口径8.8、底径6.7、高27.5厘米（图六，1）。

瓷碟 1件。M2：2，紫红胎，酱釉，内、外壁釉已基本脱落，有流釉现象。侈口，圆唇，斜弧腹，饼足。口径10.6、底径4.4、高3.1厘米（图六，2）。

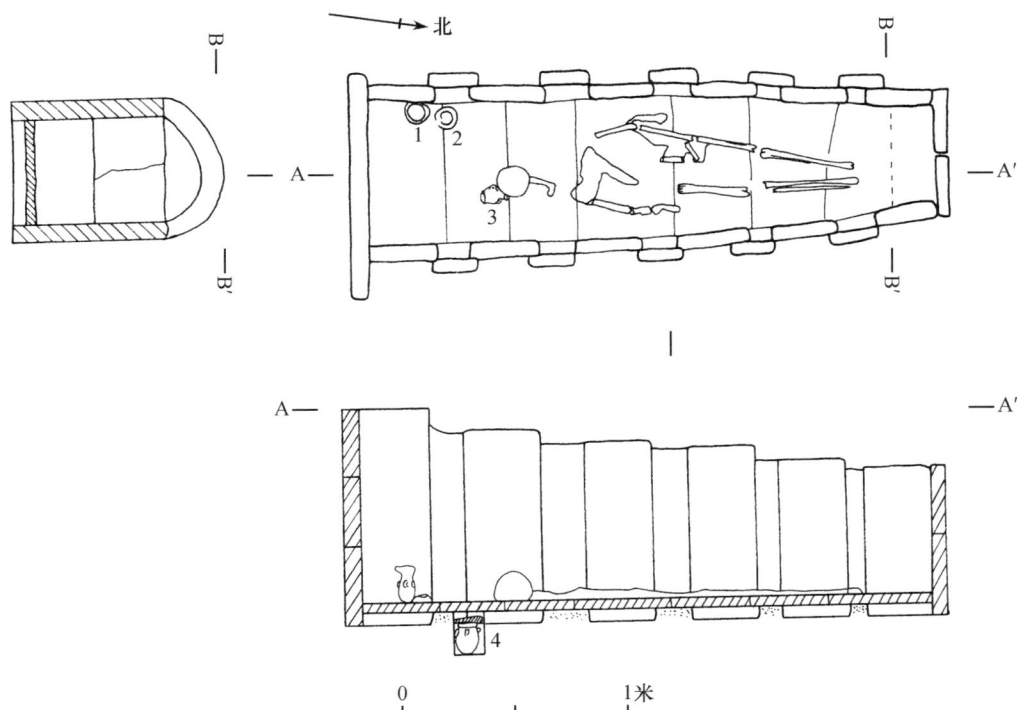

图五 M2平、剖面图

1.瓷盘口壶 2.瓷碟 3、4.瓷四系罐

瓷四系罐　2件。M2：3，紫红胎，酱釉，基本已脱落。直口，口沿处有一凹棱，方唇，直领，鼓肩，肩部有四个对称竖系，弧腹，平底。口径8.4、底径6、高10.2厘米（图六，3）。M2：4，紫红胎，酱釉，基本已脱落。直口，口沿部位较厚，方唇，直领，鼓肩，肩部有四个对称竖系，弧腹，平底。口径8.2、底径6.2、高13.6厘米（图六，4）。

M3　墓向170°。单室结构，不见墓圹，由封门、墓室组成（图七）。封门用两块石板顺向侧砌而成，封门宽0.98、高0.76、厚0.08米。墓室平面呈梯形，残长2.32、宽0.7～1.1、残高0.8米。墓顶与后壁均已不存。东西两侧墓壁分别用两层石板顺向错缝立砌，内层石板底部置有一长石条，石条残长2.24、宽0.1、厚0.14米。壁龛为内层石板留出的较宽缝隙，共有4组，东西对称分布，壁龛宽约0.06、进深0.1米。墓底先于两侧各设一石条，中间垫一层土，其上再平铺石板构成墓底，置有仰身直肢葬人骨一具，头向东南。墓底近封门侧有一块横放石板，长0.3、宽0.32、厚0.04米。墓底中部石板下有一坑，坑口有一石板，坑边长0.16、深0.14米，石板边长0.14、厚0.04米，其内置有1件瓷四系罐。封门处有1件瓷碟、1件瓷盘口壶，石板旁有1件瓷罐。

瓷碟　1件。M3：1，紫红胎，酱釉，内壁满釉，外壁施釉不及底，有流釉现象。敞口，尖圆唇，斜弧腹，饼足微内凹。口径11、底径3.8、高3.1厘米（图八，2）。

瓷盘口壶　1件。M3：2，紫红胎，酱釉，内、外壁均上部施釉，有流釉现象。口沿部位较厚，盘口微敞、较深，尖圆唇，长束颈，鼓肩，肩部有四个对称半圆形横耳，弧腹，平底。口径8.8、底径6.6、高23.2厘米（图八，1）。

瓷罐　1件。M3：3，紫红胎，酱釉。残，仅存底部，弧腹，平底微内凹。底径

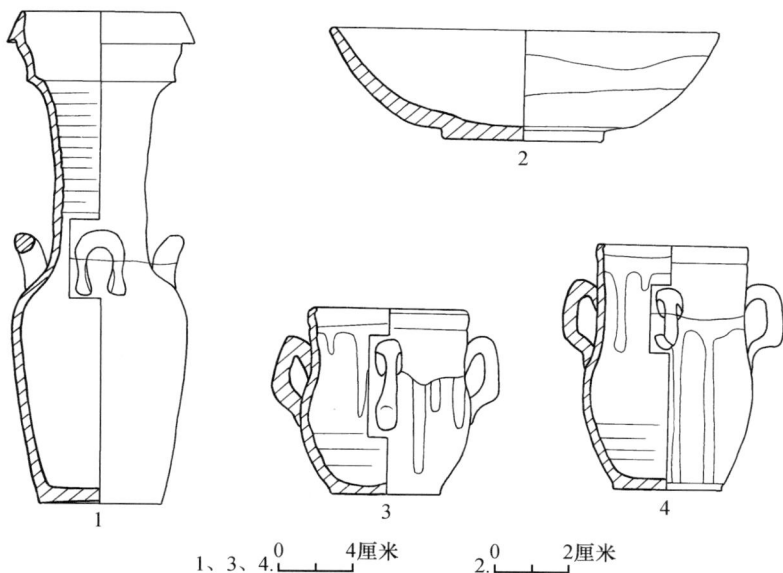

1、3、4．|__0__4厘米__|　　2．|__0__2厘米__|

图六　M2出土瓷器

1. 盘口壶（M2：1）　2. 碟（M2：2）　3、4. 四系罐（M2：3、M2：4）

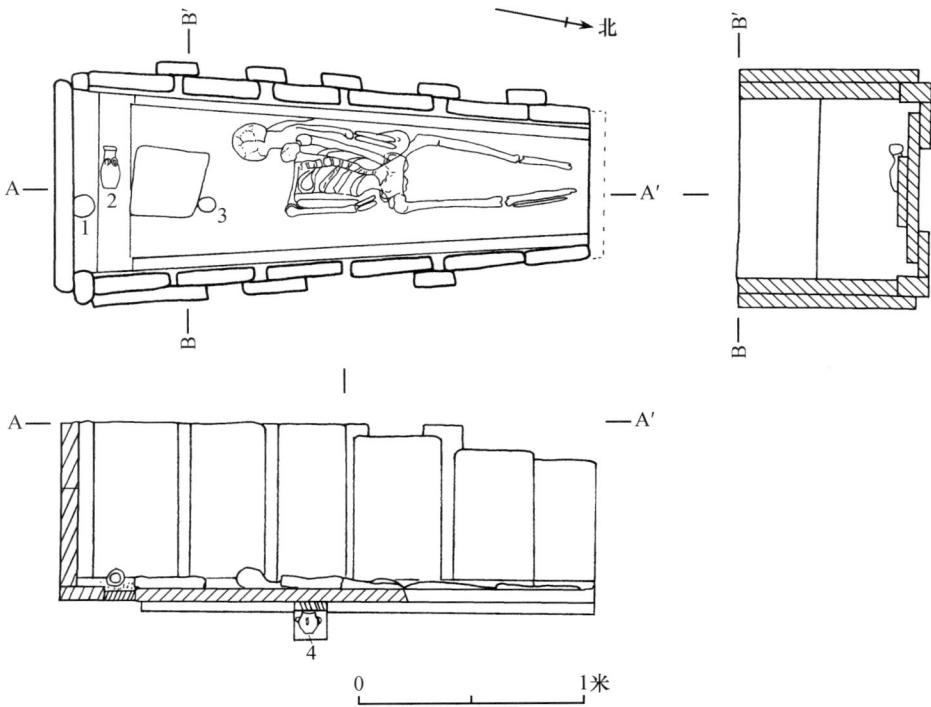

图七 M3平、剖面图
1. 瓷碟 2. 瓷盘口壶 3. 瓷罐 4. 瓷四系罐

5.2、残高7.4厘米（图八，3）。

瓷四系罐 1件。M3:4，紫红胎，酱釉，内壁未施釉，外壁上部施釉，有流釉现象。直口，方唇，口沿处有一凸棱，直领，鼓肩，肩部有四个对称竖系，弧腹，平底。口径7.8、底径5.4、高10.6厘米（图八，4）。

M4 墓向172°。单室结构，不见墓圹，由封门、甬道、墓室组成（图九）。封门用一块石板顺向侧砌而成，封门宽0.82、残高0.78、厚0.14米。甬道平面近梯形，宽0.66、进深0.1、距墓顶0.84米，低于墓底0.06米。墓室平面呈梯形，残长2.18、宽0.48~0.66、残高0.84米。墓顶为券顶，用红砂岩石条券筑而成，仅余墓尾处，其他部位已不存。东西两侧墓壁分别用两层石板顺向错缝立砌，内层石板底部置有一长石条，石条残长1.3、宽0.14、厚0.1米。壁龛为内层石板留出的较宽缝隙，共有2组，东西对称分布，壁龛宽约0.1、进深0.08米。墓室后壁已不存。墓底石板皆平铺，置有仰身直肢葬人骨一具，头向东南。墓底中部石板下有一坑，坑口有一块小石板，坑边长0.16、深0.12米，石板边长0.16、厚0.04米，坑内有1件瓷四系罐。墓底近甬道处有一平铺方形石板，石板宽约0.46、厚0.04米，石板东侧有1件瓷碟。甬道处有1件瓷盘口壶，人骨头部两侧有1件瓷碗、1件瓷四系罐。

瓷碟 1件。M4:1，紫红胎，酱釉，内壁满釉，外壁施釉不及底，有流釉现象。

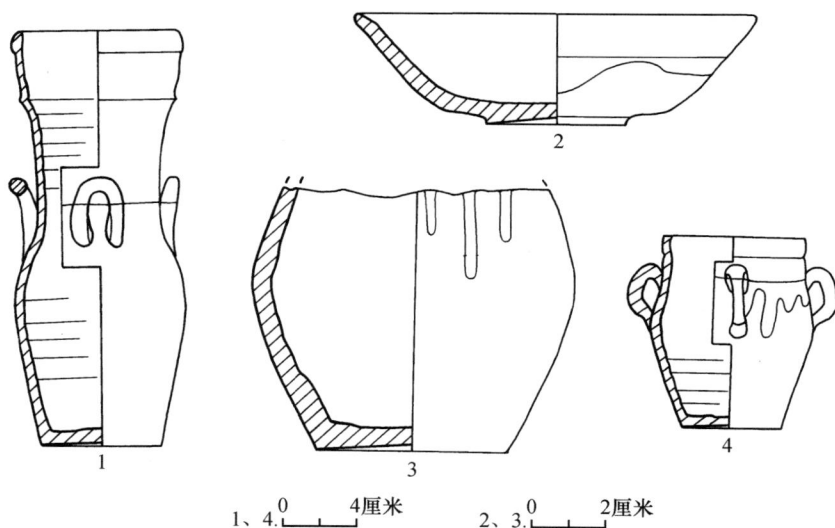

1、4. 0———4厘米　　2、3. 0———2厘米

图八　M3出土瓷器

1.盘口壶（M3：2）　2.碟（M3：1）　3.罐（M3：3）　4.四系罐（M3：4）

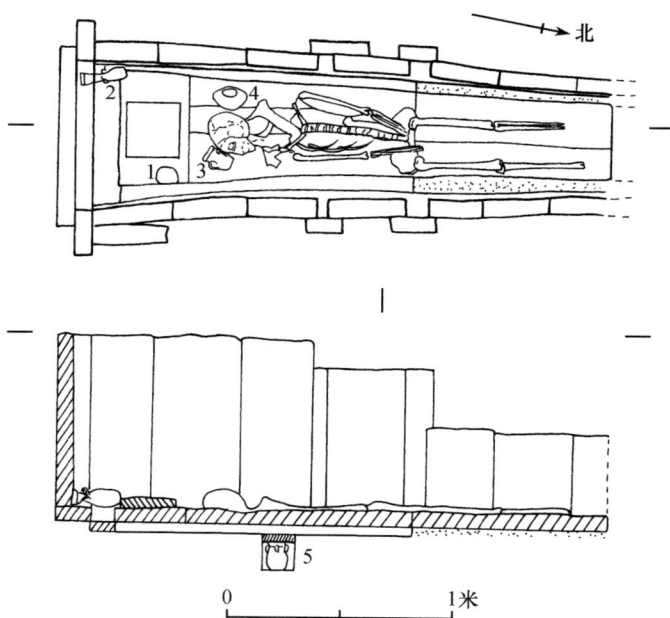

0———1米

图九　M4平、剖面图

1.瓷碟　2.瓷盘口壶　3、5.瓷四系罐　4.瓷碗

敞口，尖圆唇，斜弧腹，饼足。口径11、底径4.6、高2.9厘米（图一〇，1）。

瓷盘口壶　1件。M4：2，紫红胎，酱釉，内、外壁均上部施釉，有流釉现象。口沿部位较厚，盘口微敞、较深，圆唇，长束颈，鼓肩，肩部有四个对称半圆形横耳，一耳残，弧腹，平底微内凹。口径8.3、底径6.7、高23.7厘米（图一〇，2）。

瓷四系罐　2件。M4：3，紫红胎，酱釉，内壁未施釉，外壁上部施釉，大部已脱落，有流釉现象。直口，方唇，口沿处有一凸棱，直领，鼓肩，肩部有四个对称竖系，弧腹，平底。口径8、底径5.8、高10.5厘米（图一〇，3）。M4：5，紫红胎，酱釉，内壁未施釉，外壁上部施釉，有流釉现象。敛口，方唇，领部微曲，鼓肩，肩部有四个对称竖系，弧腹，平底。口径7.6、底径5.6、高10.5厘米（图一〇，4）。

瓷碗　1件。M4：4，红胎，青釉，内壁满釉，外壁施釉不及底，有流釉现象。敞口，尖圆唇，口沿处有一明显折棱，斜弧腹，饼足。口径15.2、底径6.4、高5.5厘米（图一〇，5）。

M7　墓向182°。单室结构，不见墓圹，由封门、墓室组成（图一一）。封门用

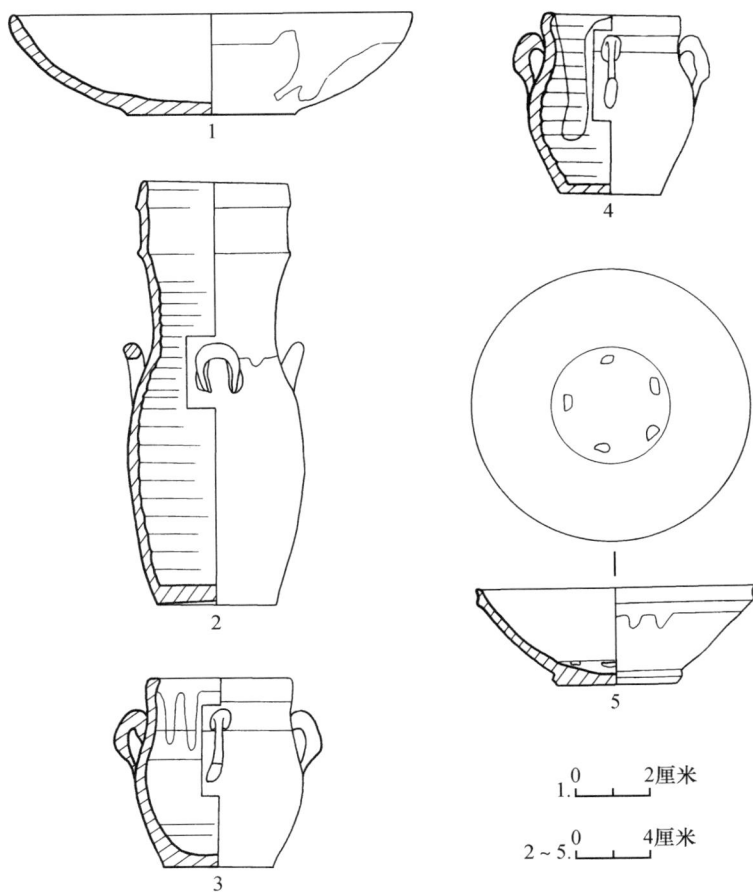

图一〇　M4出土瓷器

1.碟（M4：1）　2.盘口壶（M4：2）　3、4.四系罐（M4：3、M4：5）　5.碗（M4：4）

一块石板顺向侧砌而成，封门宽1、高0.8、厚0.1米。墓室平面呈梯形，长2.48、宽0.5～0.74、残高0.72米。墓顶已不存。东西两侧墓壁分别用两层石板顺向错缝立砌。壁龛为内层石板留出的较宽缝隙，共有4组，东西对称分布，壁龛宽约0.16、进深0.08米。后壁用一块石板顺向竖砌而成，石板长0.6、宽0.54、厚0.08米。墓底先垫一层土，之上再以石板平铺构成墓底，墓底比墓壁底高出0.1米，置有仰身直肢葬人骨一具，头向东南。墓底前部石板下有一坑，坑边长0.12、深0.14米，其内置有1件瓷四系罐。近封门处发现1件瓷碗、1件瓷碟、1件瓷四系罐、1件瓷盘口壶。

瓷碗　1件。M7：1，红胎，青釉，内壁满釉，外壁施釉不及底，有流釉现象。敞口，圆唇，斜弧腹，饼足。口径16、底径6.3、高6厘米（图一二，1）。

瓷碟　1件。M7：2，紫红胎，酱釉，内壁满釉，外壁施釉不及底，有流釉现象。敞口，尖圆唇，斜弧腹，饼足。口径10.3、底径4.5、高3.3厘米（图一二，2）。

瓷四系罐　2件。M7：3，紫红胎，酱釉，内壁未施釉，外壁上部施釉，大部已脱落，有流釉现象。直口，方圆唇，口沿处有一凹棱，直领，鼓肩，肩部有四个对称竖系，弧腹，平底。口径8.5、底径6.2、高10厘米（图一二，3）。M7：5，紫红胎，酱釉，内壁未施釉，外壁上部施釉，大部已脱落，有流釉现象。直口，方圆唇，口沿处有一凹棱，直领，鼓肩，肩部有四个对称竖系，弧腹，平底微内凹。口径9、底径6.6、高9.9厘米（图一二，4）。

瓷盘口壶　1件。M7：4，紫红胎，酱釉，已基本脱落。盘口微敞、较深，尖唇，

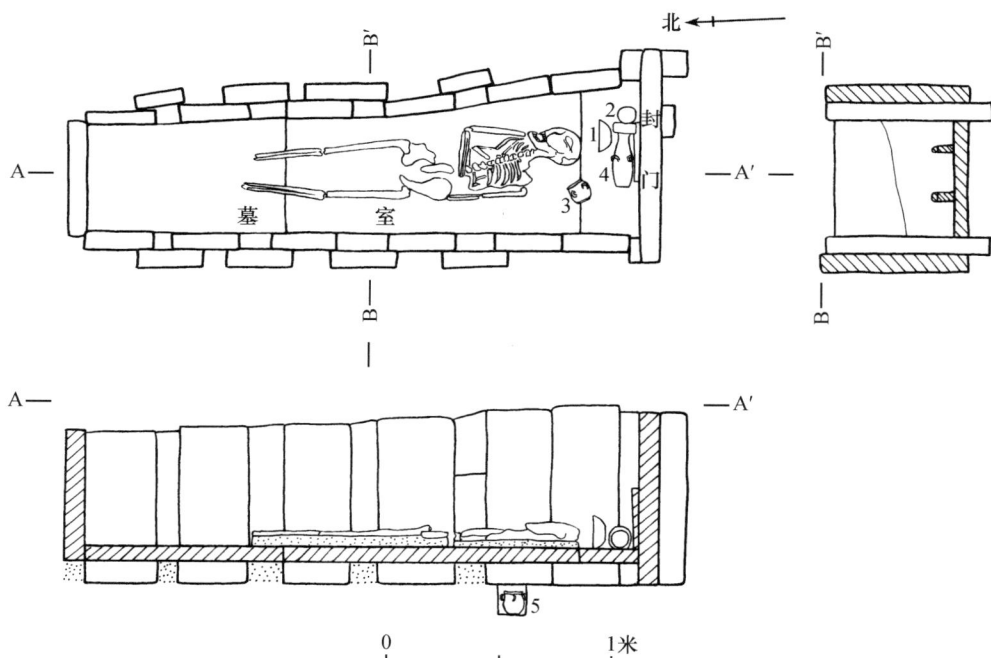

图一一　M7平、剖面图

1. 瓷碗　2. 瓷碟　3、5. 瓷四系罐　4. 瓷盘口壶

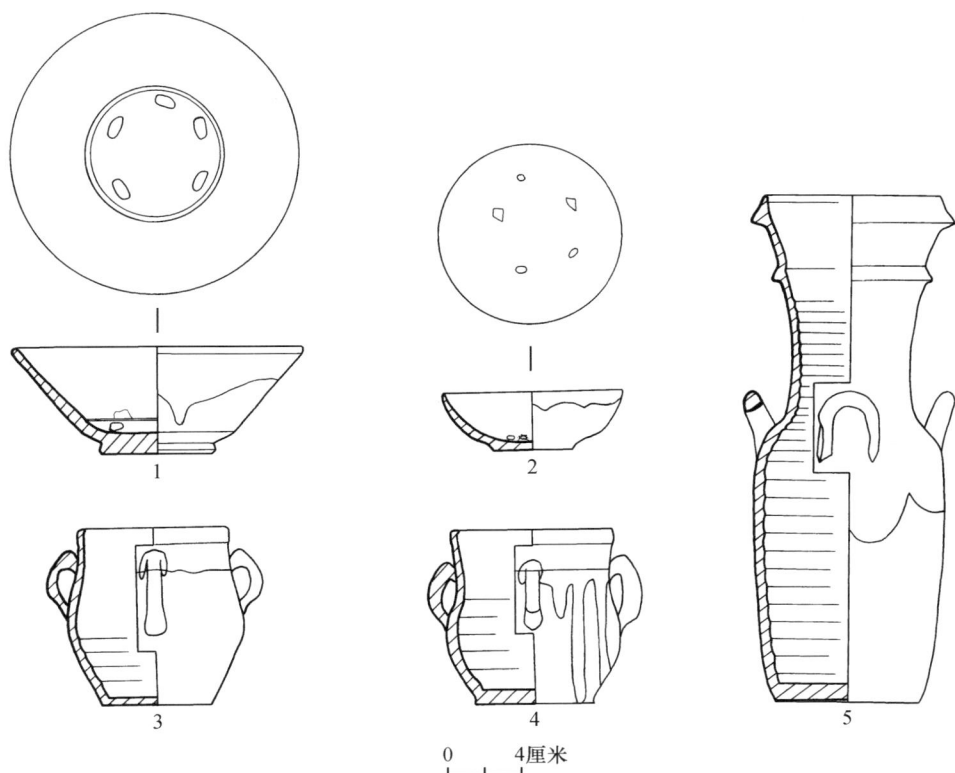

图一二 M7出土瓷器

1. 碗（M7：1） 2. 碟（M7：2） 3、4. 四系罐（M7：3、M7：5） 5. 盘口壶（M7：4）

长束颈，鼓肩，肩部有四个对称半圆形横耳，弧腹，平底。口径9.7、底径7.5、高28.5厘米（图一二，5）。

M8 墓向356°。单室结构，不见墓圹，由封门、墓室组成（图一三）。封门用一块石板顺向侧砌而成，封门宽0.96、高0.94、厚0.1米。墓室平面呈梯形，长2.5、宽0.5～0.8、残高0.64米。墓顶为券顶，用红砂岩石条券筑而成，仅余墓尾处，其他部位已不存。东西两侧墓壁分别用两层石板顺向错缝立砌。壁龛为内层石板留出的较宽缝隙，共有4组，东西对称分布，壁龛宽约0.1、进深0.08米。后壁用两块石板顺向竖砌而成。墓底石板皆平铺，置有仰身直肢葬人骨一具，头向西北。近封门处发现1件瓷盘口壶，近后壁处墓底石板下部两侧有二对称分布的坑，坑边长0.1、深0.06米，其内各置有1件瓷双耳杯。

瓷盘口壶 1件。M8：1，紫红胎，酱釉，内壁口沿处施釉，外壁施釉不及底，有流釉现象。盘口微敞，盘口较深，尖唇，长束颈，鼓肩，肩部有四个对称半圆形横耳，弧腹，平底。口径9.9、底径7、高26.5厘米（图一四，1）。

瓷双耳杯 2件。M8：2，紫胎，釉基本已脱落，口部施黄色施化妆土。敞口，圆唇，曲腹，平底，底部以下为圆柱形饼足，足底微内凹，腹部有两个对称竖耳，杯内含

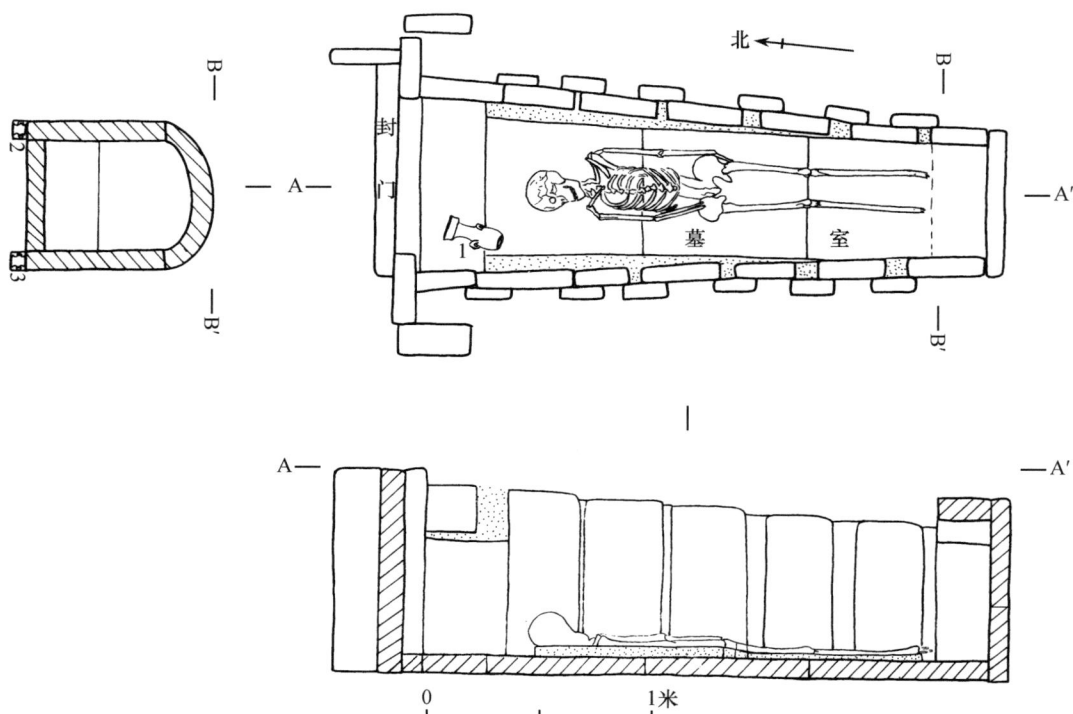

图一三　M8平、剖面图

1. 瓷盘口壶　2、3. 瓷双耳杯

有扣状物。口径5.2、底径2.7、高5厘米（图一四，2）。M8：3，紫红胎，釉基本已脱落，口部施灰黄色化妆土。敞口，圆唇，曲腹，平底，底部以下为圆柱形饼足，足底微内凹，腹部有两个对称竖耳，一耳已残，杯内含有扣状物。口径5.4、底径2.8、高5厘米（图一四，3）。

M9　墓向186°。单室结构，不见墓圹，由封门、甬道、墓室组成（图一五）。封门用五块石板顺向侧砌而成，封门宽1.02、高0.96、厚0.18米，石板较大者长1.02、宽0.44、厚0.06米，较小者长1.02、宽0.16、厚0.06米。甬道平面呈长方形，宽0.46、进深0.18、距墓顶残高0.76、低于墓底0.06米。墓室平面呈梯形，长2.22、宽0.46~0.68、残高0.64米。墓顶已不存。墓壁用长方形石板顺向竖砌而成，石板底部置有一长石条，石条长2.48、宽0.06、厚0.18米，石板较完整者残长0.5、宽0.4、厚0.06米。后壁用两块石板顺向侧砌而成。墓底先于两侧各设一石条，中间垫一层土，其上再平铺石板构成墓底，石板压在石条之上，石条长2.4、宽0.1、厚0.08米，置有仰身直肢葬人骨一具，头向西南。墓底石板中部下有一坑，坑口置有一石板，坑边长0.1、深0.12米，石板边长0.1、厚0.04米，坑内置有1件瓷四系罐。甬道处发现1件瓷碟，墓底近甬道处有1件瓷四系罐、1件瓷碗。

瓷碗　1件。M9：1，紫红胎，青釉，内、外壁釉已基本脱落，内底有五个支钉

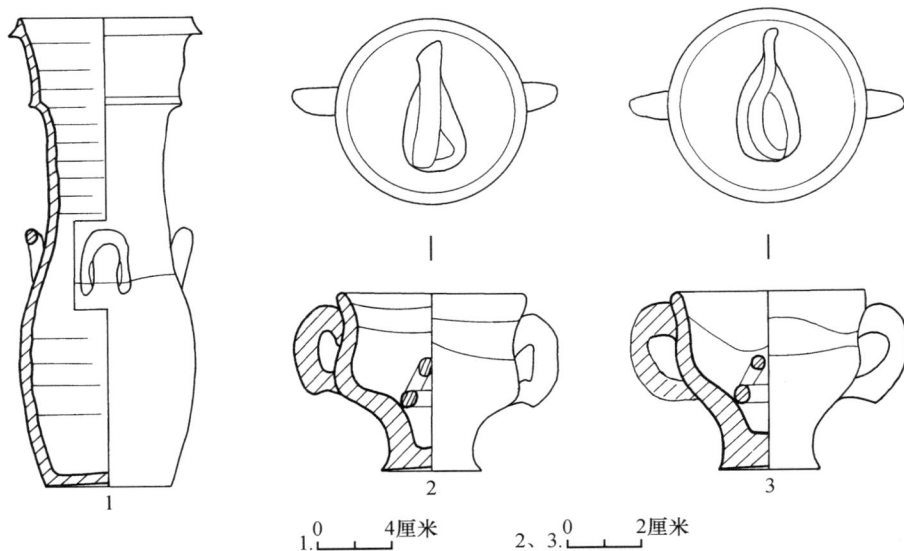

图一四 M8出土瓷器

1. 盘口壶（M8：1） 2、3. 双耳杯（M8：2、M8：3）

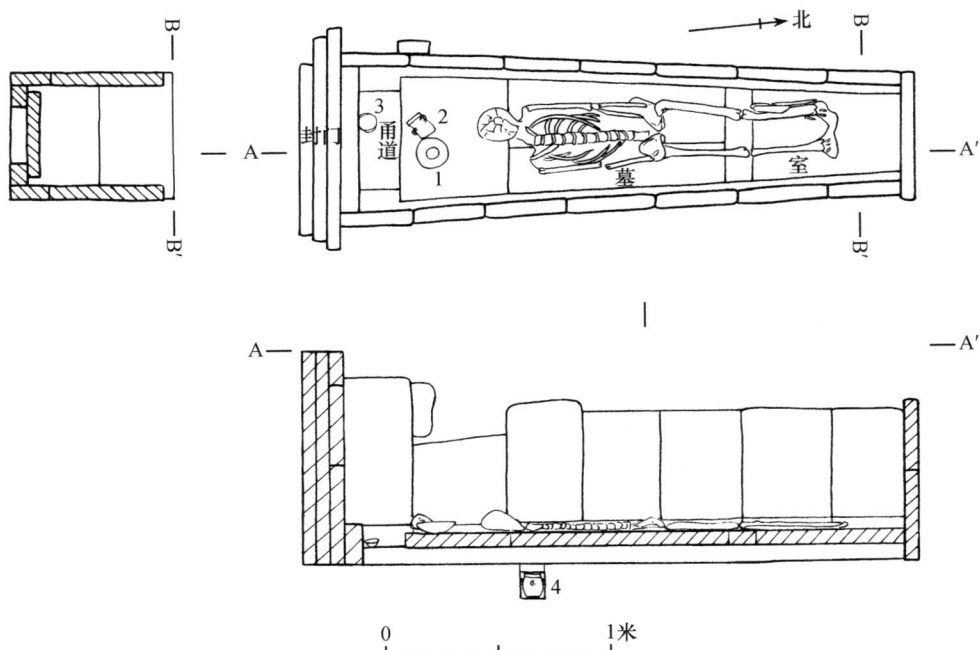

图一五 M9平、剖面图

1. 瓷碗 2、4. 瓷四系罐 3. 瓷碟

痕。敞口，尖圆唇，斜弧腹，矮圈足。口径16、足径6.2、高4.8厘米（图一六，1）。

瓷碟　1件。M9：3，紫红胎，酱釉，内壁满釉，外壁施釉不及底，有流釉现象。敞口，尖唇，斜弧腹，饼足。口径10.8、底径4.5、高2.5厘米（图一六，2）。

瓷四系罐　2件。M9：2，紫红胎，青釉，外壁施釉不及底，有流釉现象。直口，方唇，直领，鼓肩，肩部有四个对称竖系，弧腹，平底。轮制痕迹明显。口径7.8、底径4.4、高10.6厘米（图一六，3）。M9：4，红胎，釉已脱落。直口，方唇，直领，鼓肩，肩部有四个对称竖系，弧腹，平底。轮制痕迹明显。口径7.4、底径4.6、高10.3厘米（图一六，4）。

M10　墓向186°。单室结构，不见墓圹，由封门、甬道、墓室组成（图一七）。封门由四块石板顺向侧砌而成，封门宽0.9、高0.86、厚0.16米，石板较大者长0.9、宽0.36、厚0.08米，较小者长0.9、宽0.18、厚0.08米。甬道平面呈长方形，宽0.62、进深0.18、距墓顶残高0.78、低于墓底0.08米。墓室平面呈梯形，长2、宽0.5～0.62、残高0.58米。墓顶为券顶，用红砂岩石条券筑而成，仅余墓尾处，其他部位已不存。东西

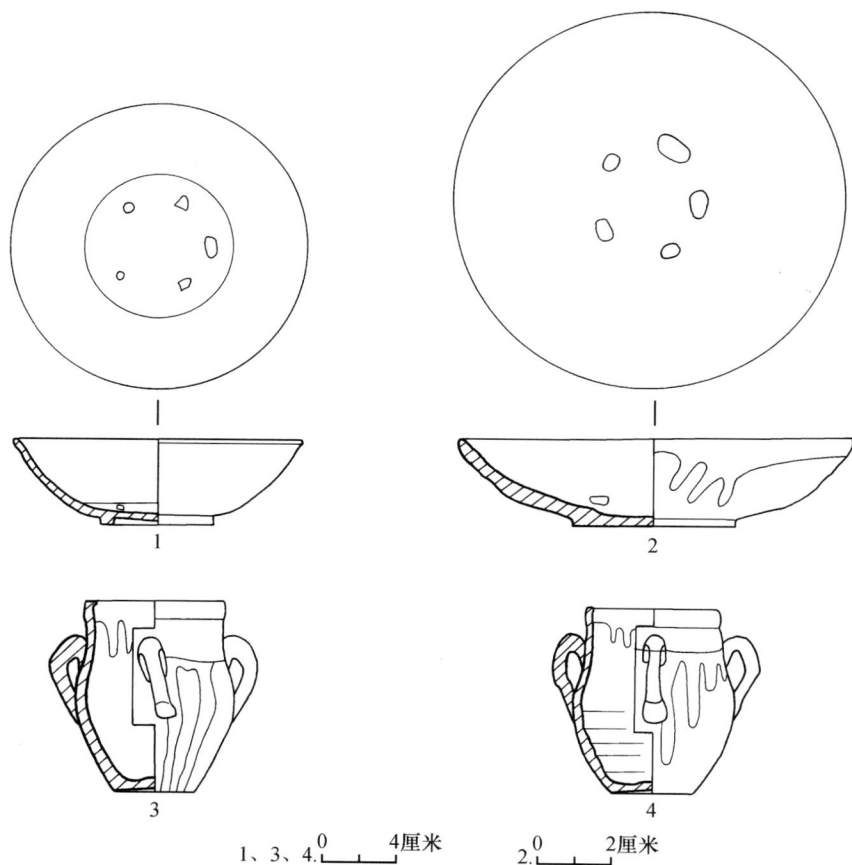

1、3、4　0 —— 4厘米　　2　0 —— 2厘米

图一六　M9出土瓷器

1. 碗（M9：1）　2. 碟（M9：3）　3、4. 四系罐（M9：2、M9：4）

两侧墓壁分别用两层石板顺向错缝立砌，内层石板底部置有一长石条，石条长2.18、宽0.06、厚0.16米。壁龛为内层石板留出的较宽缝隙，现残存1组，东西对称分布，壁龛宽约0.04、进深0.06米。后壁用两块石板顺向竖砌而成。墓底先于两侧各设一石条，中间垫一层土，其上再平铺石板构成墓底，石板压在石条之上，石条长2.18、宽0.1、厚0.04米，置有仰身直肢葬人骨一具，头向西南。墓底石板靠封门处下有一坑，坑边长0.12、深0.12米，坑内置有1件瓷四系罐。甬道处有1件瓷盘口壶、1件瓷碟，人骨头部有1件瓷碗、1件瓷四系罐。

瓷碗　1件。M10：1，灰胎，青釉，内壁满釉，外壁施釉不及底，有流釉现象。敞口，圆唇，弧腹，矮圈足。口径13.7、足径5.2、高3.5厘米（图一八，1）。

瓷碟　1件。M10：4，紫红胎，酱釉，内壁满釉，外壁施釉不及底，有流釉现象。敞口，圆唇，弧腹，饼足微内凹。口径10.9、底径4.9、高2.8厘米（图一八，2）。

瓷盘口壶　1件。M10：2，紫红胎，酱釉，内、外壁均上部施釉，有流釉现象。口沿部位较厚，盘口微敞，盘口较深，尖圆唇，长束颈，鼓肩，肩部有四个对称半圆形横耳，弧腹，平底。口径7.5、底径6.7、高21厘米（图一八，5）。

瓷四系罐　2件。M10：3，紫红胎，酱釉，内壁未施釉，外壁上部施釉，有流釉现象。直口，方唇，口沿处有一凸棱，直领，鼓肩，肩部有四个对称竖系，弧腹，平底。口径7.4、底径4.2、高11厘米（图一八，3）。M10：5，紫红胎，酱釉，内壁未施釉，外壁上部施釉，大部已脱落，有流釉现象。直口，方唇，口沿处有一凹棱，直领，鼓肩，肩部有四个对称竖系，弧腹，平底。口径7.7、底径5.1、高10.5厘米（图一八，4）。

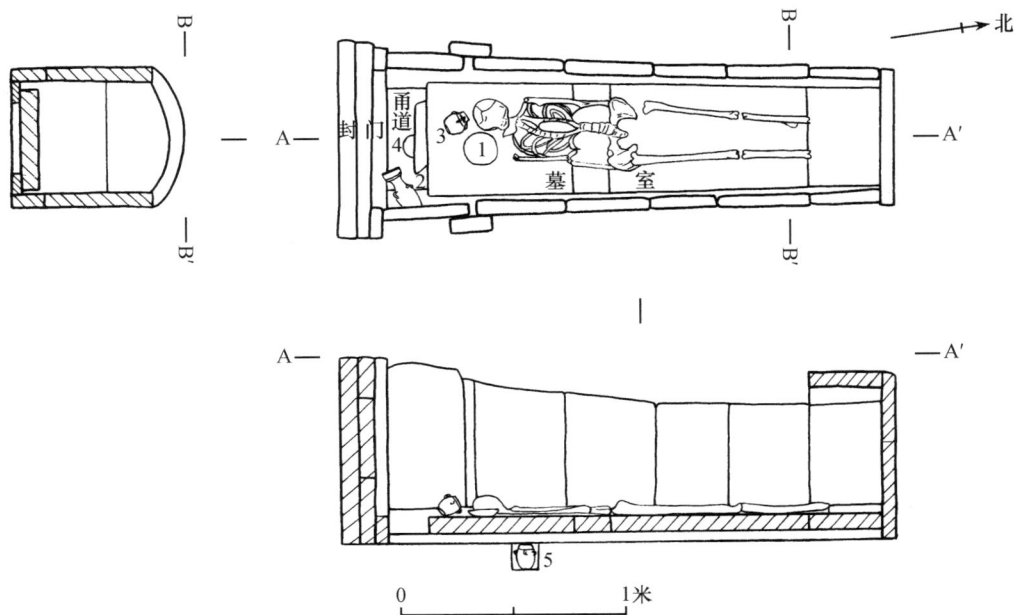

图一七　M10平、剖面图

1. 瓷碗　2. 瓷盘口壶　3、5. 瓷四系罐　4. 瓷碟

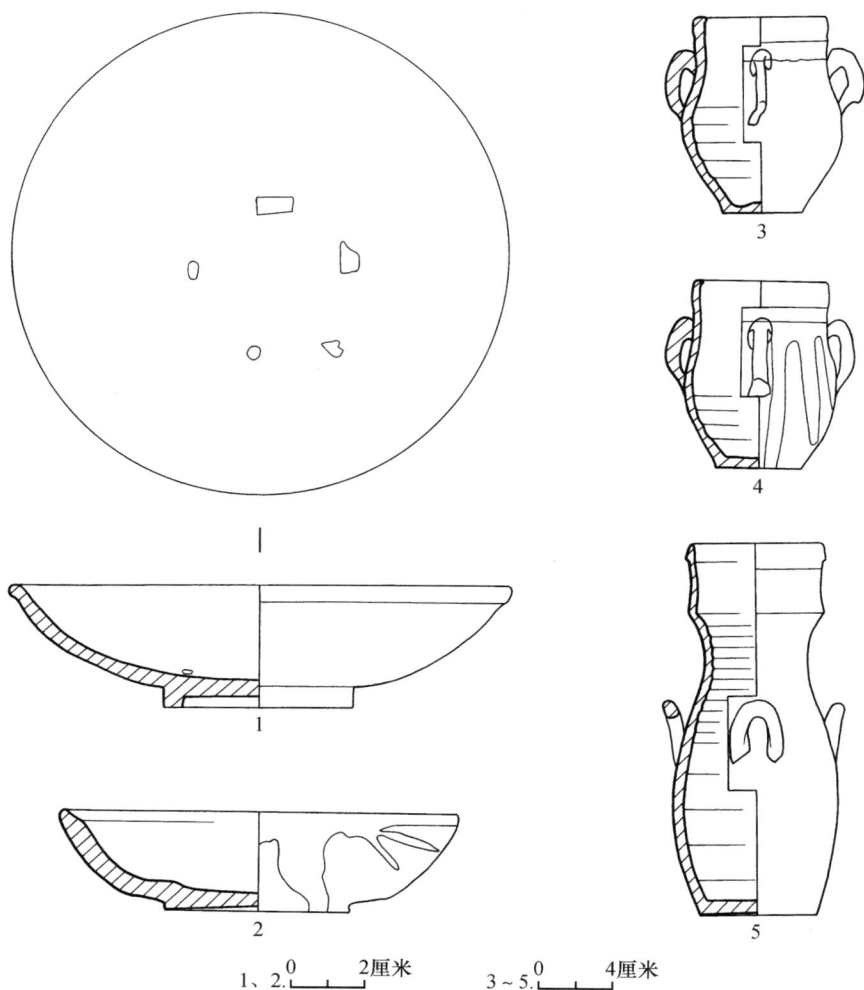

图一八　M10出土瓷器

1. 碗（M10∶1）　2. 碟（M10∶4）　3、4. 四系罐（M10∶3、M10∶5）　5. 盘口壶（M10∶2）

　　M11　墓向27°。双室结构，不见墓圹，由封门、甬道、墓室组成（图一九）。封门由石板顺向侧砌而成，封门宽2.2、高1.18、厚0.06米。甬道平面呈长方形，宽0.9、进深0.22、距墓顶残高0.84、低于墓底0.06米。墓室平面呈长方形，东西两座墓室形制、规格基本相同。以东室为例，墓室长2.1、宽0.86、残高0.96米。墓顶为券顶，用红砂岩石条券筑而成，仅余墓尾处，其他部位已不存。墓壁用长方形石板顺向竖砌而成，石板上有若干圆形小孔，东室西壁与西室东壁相邻，墓壁底部有一长石条，石条长2.32、宽0.18、厚0.22米，东室东壁与西室西壁底部也各有一长石条，石条长2.32、宽0.08、厚0.22米。墓壁上平铺有三块石条用以起券，石条较大者长1.12、宽0.18、厚0.08米，其上立石用于起券。东室后壁用三块长方形石板顺向侧砌而成，西室后壁用一块长方形石板顺向竖砌而成。墓底石板皆平铺，东室内人骨保存较好，为仰身直肢葬，头向东北，西

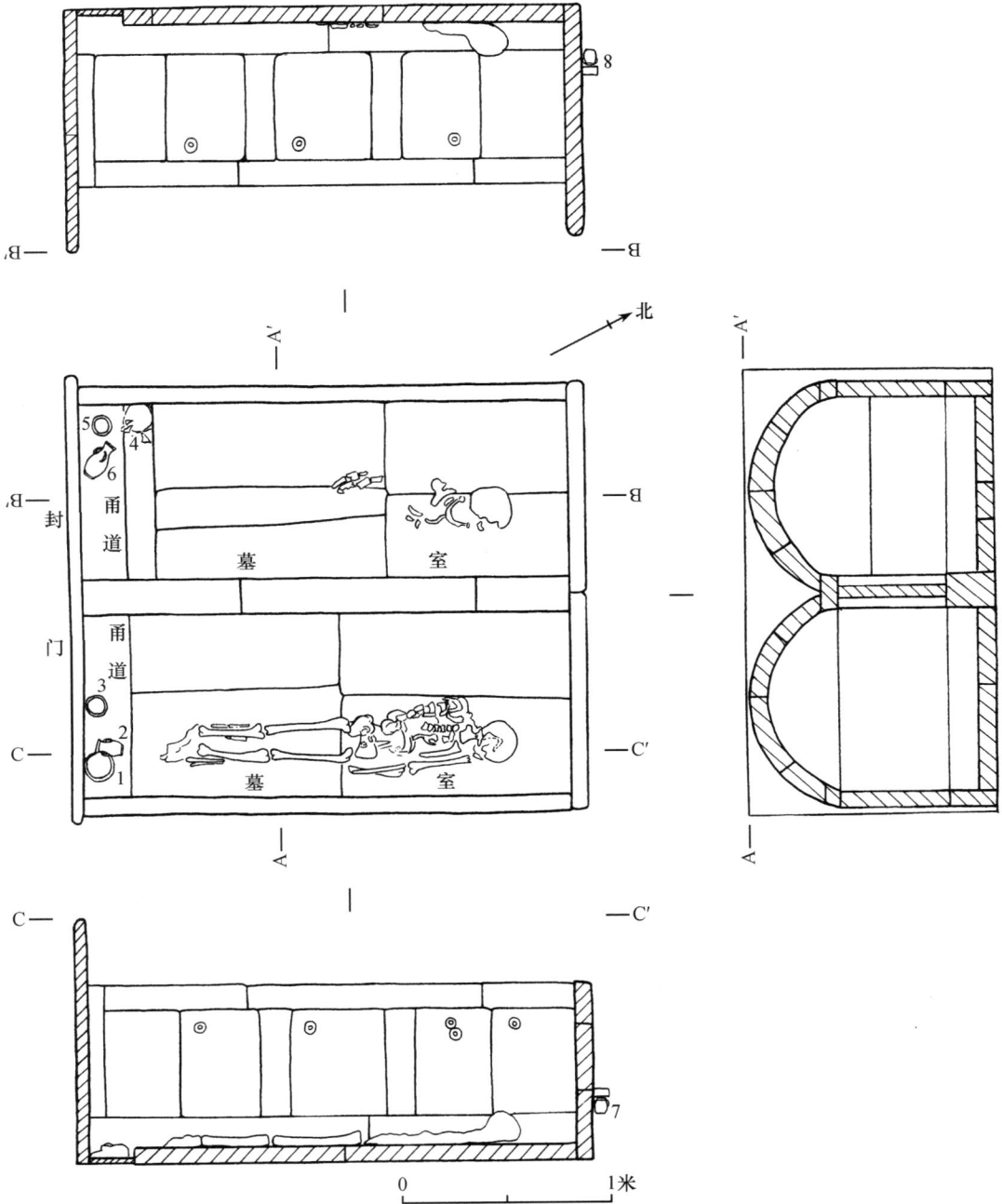

图一九　M11平、剖面图

1、4.瓷香炉　2、6.瓷四系罐　3、5.瓷碟　7、8.瓷双耳罐

室人骨保存较差，仅余头骨及数根肢骨，头向东北。东室内随葬品多置于甬道处，甬道处有1件瓷香炉、1件瓷四系罐、1件瓷碟，后壁外有1件瓷双耳罐；西室内随葬品也多置于甬道处，有1件瓷香炉、1件瓷碟、1件瓷四系罐，后壁外有1件瓷双耳罐。

瓷香炉　2件。M11：1，红胎，绿釉，外壁施釉不及底。直口，窄平沿，尖唇，外壁斜直内收，圜底，底部下接三锥状小足。口径13.6、高4.5厘米（图二〇，1）。M11：4，红胎，绿釉，外壁施釉不及底。直口，窄平沿，尖唇，外壁斜直内收，圜底，底部下接三锥状小足。口径14.8、高4.8厘米（图二〇，2）。

瓷四系罐　2件。M11：2，紫红胎，酱釉，大部已脱落，有流釉现象。口沿部位较厚，盘口微敞，圆唇，长束颈，鼓肩，肩部有四个对称竖系，弧腹，平底。口径7.8、底径5.8、高14.5厘米（图二〇，3）。M11：6，紫红胎，酱釉，大部已脱落，有流釉现象。口沿部位较厚，盘口微敞，圆唇，长束颈，鼓肩，肩部有四个对称竖系，弧腹，平底。口径7.8、底径6.4、高17.8厘米（图二〇，4）。

瓷碟　2件。M11：3，紫红胎，酱釉，内壁满釉，外壁釉已基本脱落，有流釉现象。敞口，圆唇，斜弧腹，平底。口径10.4、底径4.4、高3厘米（图二〇，5）。M11：5，紫红胎，釉已脱落。敞口，圆唇，弧腹，平底。口径9.8、底径4、高2.8厘米（图二〇，6）。

瓷双耳罐　2件。M11：7，紫红胎，釉已脱落。敛口，尖圆唇，直领微束，鼓肩，肩部有两个对称半圆形横耳，弧腹，饼足微内凹。轮制痕迹明显。口径4.2、底径4.5、高6.8厘米（图二〇，7）。M11：8，紫红胎，黑釉，外壁施釉及底。直口，尖圆唇，直领微束，鼓肩，肩部有两个对称半圆形横耳，弧腹，饼足微内凹。轮制痕迹明显。口径4.2、底径4.5、高6.5厘米（图二〇，8）。

M12　墓向12°。单室结构，不见墓圹，只余墓室（图二一）。墓葬全长0.98、宽0.82、残高0.24米。墓室四壁石板顺向侧砌。顶部已不存，底部由石板平铺而成，墓内人骨散乱，有明显火烧痕迹，应是一座火葬墓。出土1件瓷盏、1件瓷双耳罐、1件瓷葫芦瓶、2件瓷碟。

瓷碟　2件。M12：1，紫红胎，酱釉，内、外壁釉已基本脱落，有流釉现象。敞口，尖圆唇，口沿处有一明显折棱，斜弧腹，饼足微内凹。口径9、底径4、高2.5厘米（图二二，1）。M12：2，紫红胎，酱釉，内、外壁釉已基本脱落。敞口，尖圆唇，口沿处有一明显折棱，斜弧腹，饼足微内凹。口径8.9、底径3.9、高2.3厘米（图二二，2）。

瓷盏　1件。M12：5，灰胎，黑釉，内壁满釉，外壁施釉不及底。敞口，圆唇，斜弧腹，饼足。口径9.9、底径3.6、高5.5厘米（图二二，3）。

瓷双耳罐　1件。M12：3，灰胎，有流釉现象。敛口，尖圆唇，直领微束，鼓肩，肩部有两个对称半圆形横耳，弧腹，饼足。轮制痕迹明显。口径4.4、底径5、高9.2厘米（图二二，4）。

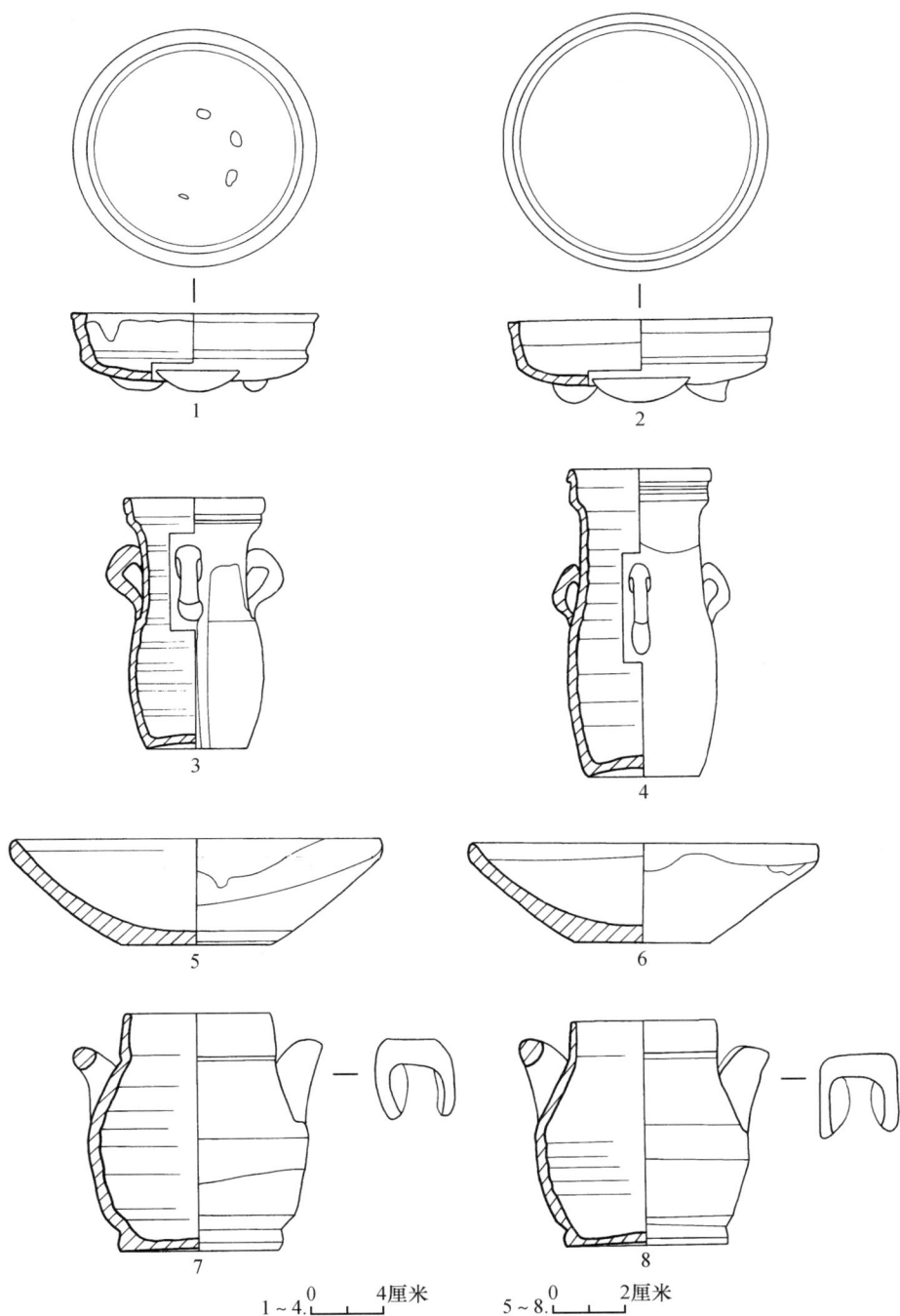

图二〇　M11出土瓷器

1、2. 香炉（M11：1、M11：4）　　3、4. 四系罐（M11：2、M11：6）　　5、6. 碟（M11：3、M11：5）

7、8. 双耳罐（M11：7、M11：8）

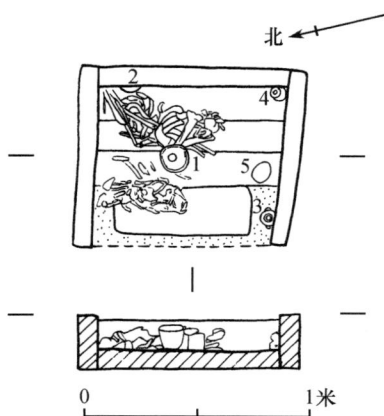

图二一　M12平、剖面图
1、2. 瓷碟　3. 瓷双耳罐　4. 瓷葫芦瓶　5. 瓷盏

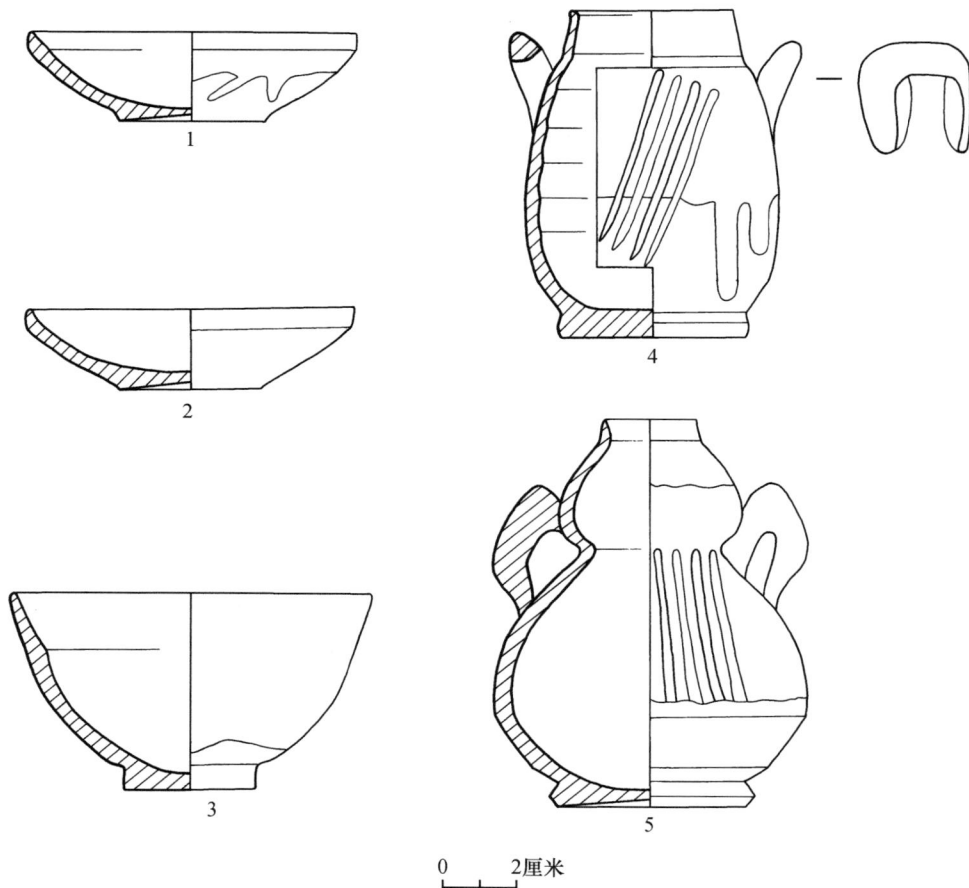

图二二　M12出土瓷器
1、2. 碟（M12：1、M12：2）　3. 盏（M12：5）　4. 双耳罐（M12：3）　5. 葫芦瓶（M12：4）

瓷葫芦瓶　1件。M12：4，紫胎，酱釉，外壁施釉不及底。葫芦口，尖唇，溜肩，鼓腹，肩部有两对称竖系，饼足微内凹。口径2.5、底径5.2、高10.8厘米（图二二，5）。

M13　墓向186°。单室结构，由墓圹、封门、甬道、墓室组成（图二三）。墓圹平面呈长方形，残长2.98、宽1.3、残深0.76米。填土为灰色砂土，土质疏松，发现少量瓷片。封门由一块红砂岩石板顺向侧砌而成，封门宽0.92、残高0.48、厚0.08米。甬道平面呈长方形，宽0.46、进深0.18、距墓顶残高0.42、低于墓底0.06米。墓室平面近梯形，长2.36、宽0.5～0.7、残高0.74米。墓顶为券顶，用红砂岩石条券筑而成，仅余墓尾处，其他部位已不存。墓壁用长方形石板顺向竖砌而成，多处已不存，石板底部置有一长石条，石条长2.6、宽0.08、厚0.2米，石板较完整者残长0.6、宽0.38、厚0.08米。后壁用三块石板顺向侧砌而成。墓底先于两侧各设一石条，中间垫一层土，其上再平铺石板构成墓底，石板压在石条之上，石条长2.48、宽0.08、厚0.04米，置有仰身直肢葬人骨一具，头向西南。墓底石板下有6个坑，其中4个位于墓底两端，基本沿墓葬中轴线呈东西对称分布，2个位于墓底中部，坑小者边长0.08、深0.1米，坑大者边长0.14、深0.16米，两端的4个坑内各置有1件瓷双耳杯，中部偏北的坑内置有1件瓷双耳杯，偏南的坑内置有1件瓷四系罐。

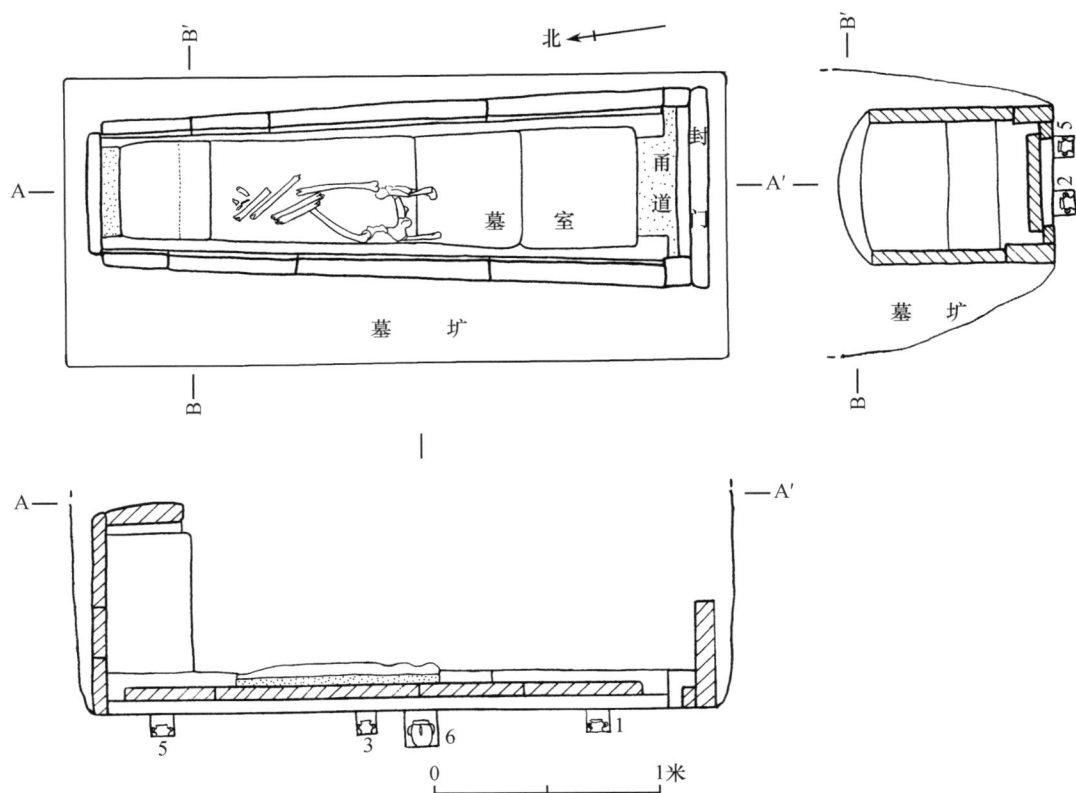

图二三　M13平、剖面图
1～3、5.瓷双耳杯　6.瓷四系罐

瓷双耳杯　5件。M13：1，灰胎，釉基本已脱落，口部施黄色化妆土。敞口，圆唇，曲腹，平底，底部以下为圆柱形饼足，腹部有两个对称竖耳，杯内含有扣状物。口径5.4、底径1.8、高5厘米（图二四，1）。M13：2，紫红胎，黄釉，基本已脱落，口部施灰白色化妆土。直口微敛，圆唇，直腹微曲，平底，底部以下为圆柱形饼足，腹部有两个对称竖耳。口径4.6、底径2、高4.5厘米（图二四，2）。M13：3，紫红胎，釉基本已脱落，口部施灰黄色化妆土。直口微敛，圆唇，直腹微曲，平底，底部以下为圆柱形饼足，腹部有两个对称竖耳，杯内含有扣状物。口径4.4、底径2.4、高4.4厘米（图二四，3）。M13：4，紫红胎，黄釉，基本已脱落，口部施黄色化妆土。敛口，圆唇，腹部微曲，平底，底部以下为圆柱形饼足，腹部有两个对称竖耳，杯内含有扣状物。口径4.6、底径2.3、高4.4厘米（图二四，4）。M13：5，紫红胎，酱釉，基本已脱落，口部施黄色化妆土。敛口，圆唇，腹部微曲，平底，底部以下为圆柱形饼足，腹部有两个

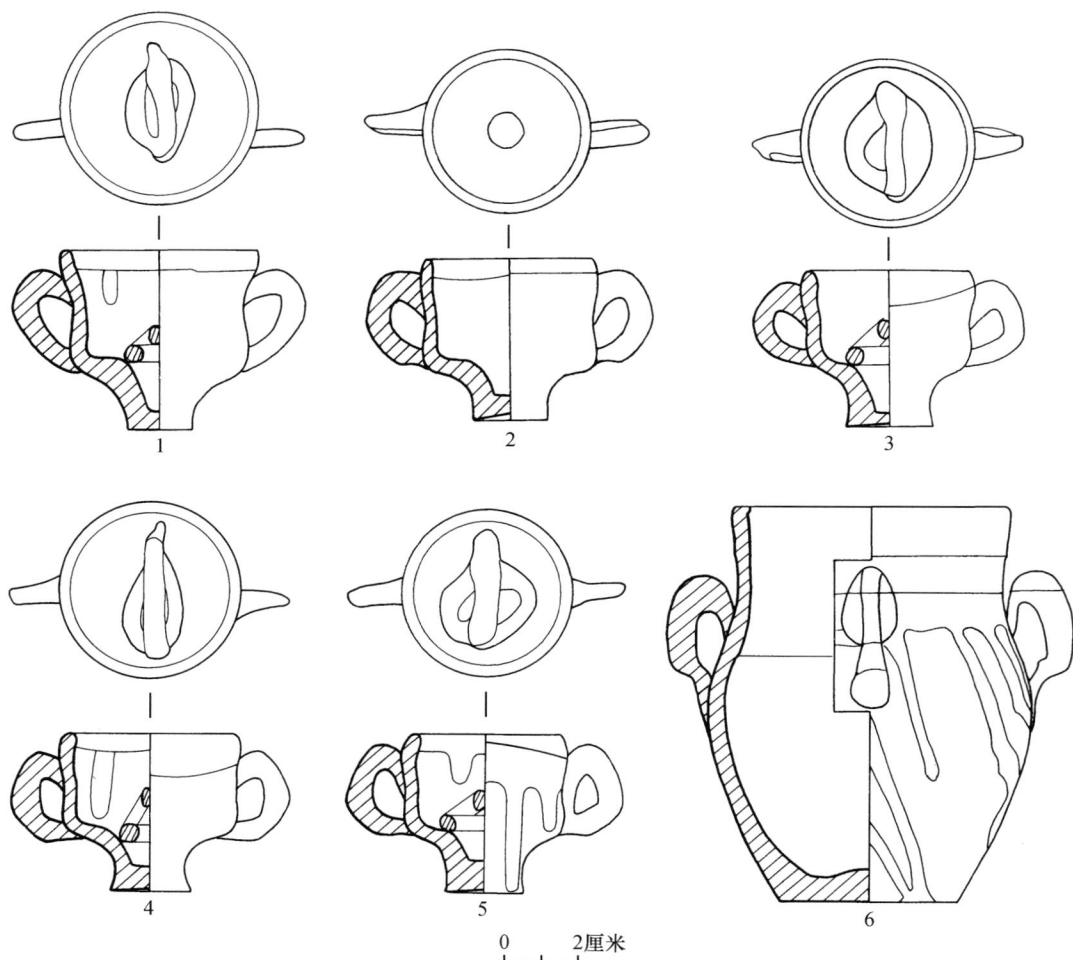

0　　　2厘米

图二四　M13出土瓷器

1~5.双耳杯（M13：1、M13：2、M13：3、M13：4、M13：5）　6.四系罐（M13：6）

对称竖耳，杯内含有扣状物。口径4.2、底径2.2、高4.4厘米（图二四，5）。

瓷四系罐　1件。M13：6，紫红胎，酱釉，基本已脱落。直口，方唇，口沿处有一凸棱，直领，鼓肩，肩部有四个对称竖系，弧腹，平底。口径7.5、底径4.8、高11厘米（图二四，6）。

M14　墓向187°。单室结构，由墓圹、封门、甬道、墓室组成（图二五）。墓圹平面呈长方形，长2.9、宽1.32、残深0.48米。填土为灰色砂土，土质疏松，发现少量瓷片。封门由两块石板顺向侧砌而成，封门宽0.9、高0.52、厚0.08米，石板较大者长0.9、宽0.38、厚0.08米，较小者长0.9、宽0.14、厚0.08米。甬道平面呈长方形，宽0.54、进深0.12、距墓顶残高0.46、低于墓底0.08米。墓室平面近梯形，长2.42、宽0.36～0.74、残高0.46米。墓顶为券顶，用红砂岩石条券筑而成，仅余墓尾处，其他部位已不存。墓壁用长方形石板顺向竖砌而成，多处已不存，石板底部置有一长石条，石条长2.6、宽0.08、厚0.2米，石板较完整者残长0.48、宽0.32、厚0.08米。后壁用三块石板顺向侧砌而成。墓底先于两侧各设一石条，中间垫一层土，其上再平铺石板构成墓底，石板压在石条之上，石条长2.54、宽0.1、厚0.06米。墓内人骨残损严重，仅余数根肢骨及零碎骨头。墓底石板下有6个坑，其中4个位于墓底两端，基本沿墓葬中轴线呈东西对称分布，2个位于墓底中部，坑小者边长0.08、深0.06米，坑大者边长0.1、深0.12米，两端的4个坑内各置有1件瓷双耳杯，中部偏北的坑内置有1件瓷双耳杯，偏南的坑内置有1件瓷四系罐。

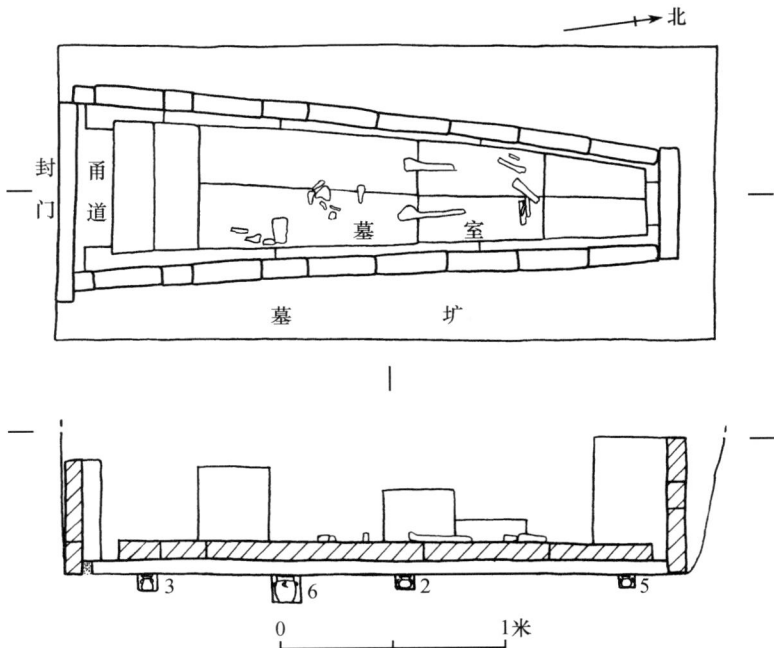

图二五　M14平、剖面图
2、3、5.瓷双耳杯　6.瓷四系罐

瓷双耳杯 5件。M14：1，红胎，黄釉，釉基本已脱落，口部施灰黄色化妆土。直口微敛，圆唇，直腹微曲，平底，底部以下为圆柱形饼足，腹部有两个对称竖耳，杯内含有扣状物。口径5、底径2、高4.5厘米（图二六，1）。M14：2，红胎，黄釉，釉基本已脱落，口部施灰黄色化妆土。直口微敛，圆唇，直腹微曲，平底，底部以下为圆柱形饼足，腹部有两个对称竖耳，一耳已残，杯内含有扣状物。口径4.6、底径2.1、高4.5厘米（图二六，2）。M14：3，紫红胎，酱釉，基本已脱落，口部施黄色化妆土。敛口，圆唇，直腹微曲，平底，底部以下为圆柱形饼足，腹部有两个对称竖耳，杯内含有扣状物。口径4.6、底径2.2、高4.4厘米（图二六，3）。M14：4，紫红胎，酱釉，基本已脱落，口部施黄色化妆土。直口微敛，圆唇，腹部微曲，平底，底部以下为圆柱形饼足，腹部有两个对称竖耳，杯内含有扣状物。口径4.8、底径2.3、高4.5厘米（图二六，4）。M14：5，紫红胎，酱釉，基本已脱落，口部施黄色化妆土。敛口，圆唇，腹部微

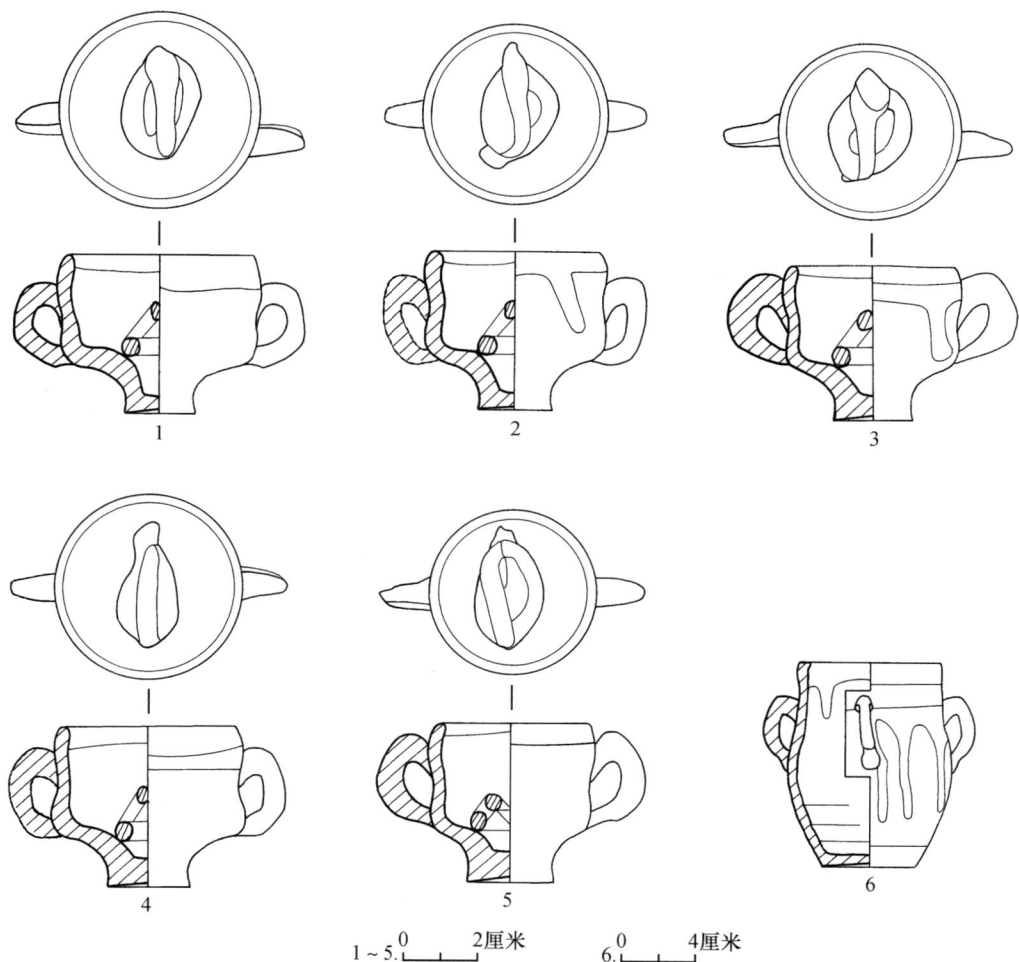

图二六 M14出土瓷器

1~5.双耳杯（M14：1、M14：2、M14：3、M14：4、M14：5） 6.四系罐（M14：6）

曲，平底，底部以下为圆柱形饼足，腹部有两个对称竖耳，杯内含有扣状物。口径4、底径2.4、高4.5厘米（图二六，5）。

瓷四系罐 1件。M14:6，紫红胎，酱釉，内壁未施釉，外壁上部施釉，大部已脱落，有流釉现象。直口，方唇，口沿处有一凸棱，直领，鼓肩，肩部有四个对称竖系，弧腹，平底。口径7.6、底径5、高11.4厘米（图二六，6）。

M15 墓向172°。单室结构，由墓圹、封门、墓室组成（图二七）。墓圹平面呈梯形，长3.1、宽2.32～2.38、残深0.82米。填土为灰色砂土，土质疏松，发现少量瓷片与铁钉。封门由三块石板顺向侧砌而成，封门宽0.9、高0.64、厚0.06米，石板较大者长0.9、宽0.4、厚0.06米，较小者长0.9、宽0.12、厚0.06米。墓室平面近梯形，长2.54、宽0.4～0.74、残高0.8米。墓顶为券顶，用红砂岩石条券筑，仅余墓尾处，其他部位已不存。墓壁用长方形石板顺向竖砌而成，多处已不存，石板较完整者长1.04、宽0.34、厚0.08米。后壁用三块长方形石板顺向侧砌而成。墓底先垫一层土，之上再以石板平铺构

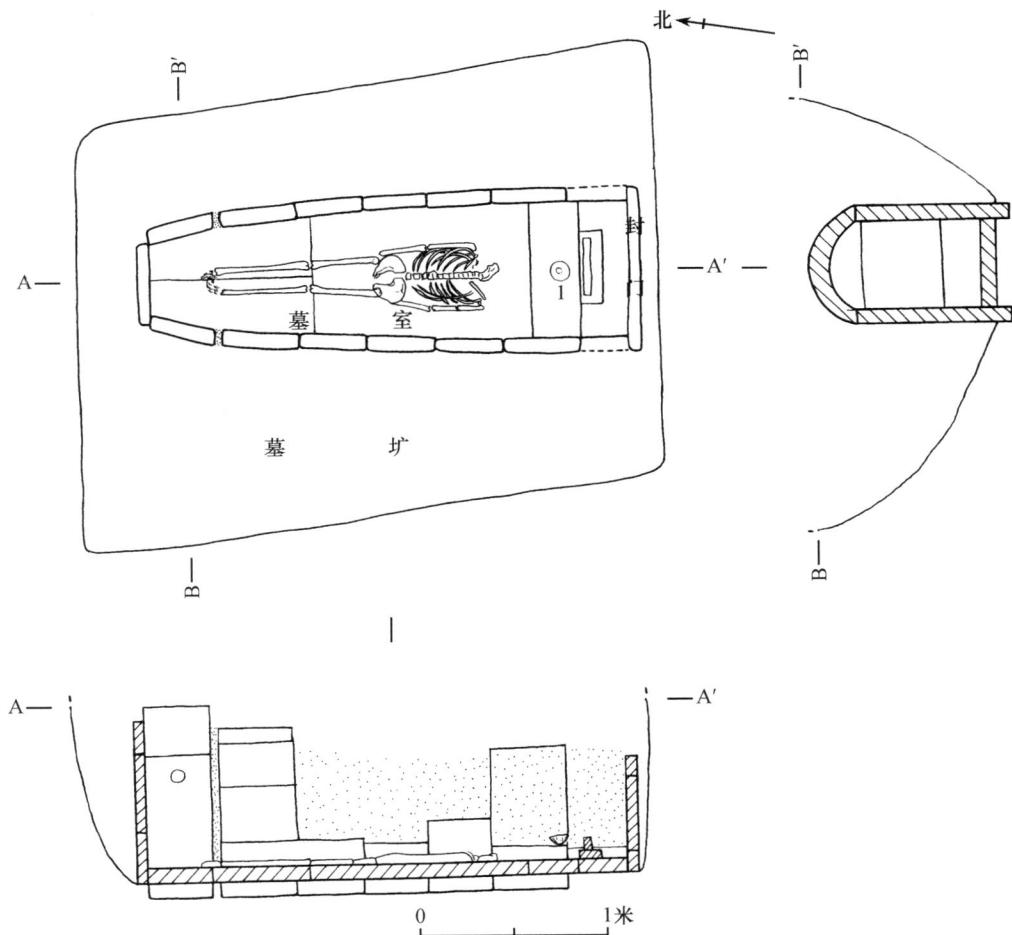

图二七 M15平、剖面图
1. 瓷盏

成墓底，墓底比墓壁底高出0.08米，置有仰身直肢葬人骨一具，头向东南。墓底近封门处有两块长方形石板，小石板竖立置于大石板之上，小石板长0.32、宽0.04、厚0.08米，大石板长0.4、宽0.12、厚0.04米，石板旁有1件瓷盏。

瓷盏　1件。M15：1，紫红胎，酱釉，内壁满釉，外壁施釉及底，有流釉现象。敞口，圆唇，斜弧腹，饼足。口径10.4、底径4、高2.6厘米（图二八，1）。

M16　墓向184°。单室结构，由墓圹、封门、甬道、墓室组成（图二九）。墓圹平面呈弧角梯形，长3.16、宽1.06～1.21、残深0.8米，填土为灰色砂土，发现1件瓷碗。封门由四块石板顺向侧砌而成，封门宽0.88、高1.24、厚0.1米，石板较大者长约0.88、宽约0.4、厚0.1米，较小者长约0.88、宽约0.16、厚0.06米。甬道平面呈梯形，宽0.7～0.74、进深0.16、距墓顶残高0.9、低于墓底0.08米。墓室平面呈梯形，长2.2、宽0.44～0.7、残高0.76米。墓顶为券顶，用红砂岩石条券筑而成，仅余墓尾处，其他部位已不存。东西两侧墓壁分别用两层石板顺向错缝立砌，内层石板底部置有一长石条，石条长2.2、宽0.16、厚0.08米。壁龛为内层石板留出的较宽缝隙，共有3组，东西对称分布，壁龛宽约0.1、进深0.1米。墓室后壁有一龛，宽0.3、进深0.3、高0.4米。墓底石板皆平铺，置有仰身直肢葬人骨一具，头向西南。墓底中部石板下有一坑，坑边长0.12、深0.18米，其内置有1件瓷四系罐。后龛置有1件瓷大口罐，墓底近甬道处有1件瓷碗，甬道处有1件瓷盘口壶。

瓷碗　2件。M16：1，紫红胎，酱釉，内壁满釉，外壁施釉不及底，有流釉现象。敞口，尖圆唇，斜弧腹，饼足。口径14.9、底径5.8、高5厘米（图二八，2）。M16：5，紫红胎，青釉，内壁满釉，外壁施釉不及底，有流釉现象。敞口，尖圆唇，斜弧腹，矮圈足。口径20、足径5.8、高6.6厘米（图二八，3）。

瓷盘口壶　1件。M16：2，紫红胎，酱釉，已基本脱落。口沿部位较厚，盘口微敞、较深，尖圆唇，长束颈，鼓肩，肩部有四个对称半圆形横耳，弧腹，底部微内凹。口径9.2、底径7、高23厘米（图二八，4）。

瓷大口罐　1件。M16：3，紫红胎，酱釉，外壁仅上部施釉。直口微敛，方圆唇，矮直领，鼓肩，弧腹，平底微内凹，肩部有四个对称半圆形横耳。轮制痕迹明显。口径18.6、底径12.5、高28.8厘米（图二八，6）。

瓷四系罐　1件。M16：4，紫红胎，酱釉，内壁未施釉，外壁上部施釉，有流釉现象。口沿部位较厚，直口，圆唇，直领，鼓肩，肩部有四个对称竖系，弧腹，平底微内凹。口径7.8、底径5.4、高14.6厘米（图二八，5）。

M17　墓向180°。单室结构，由墓圹、封门、甬道、墓室组成（图三〇）。墓圹平面呈弧角梯形，长3.16、宽1.06～1.21、残深0.78米，填土为灰色砂土。封门由两块石板顺向侧砌而成，封门宽0.92、高1.32、厚0.14米，石板较大者长0.96、宽0.92、厚0.06米，较小者长0.92、宽0.26、厚0.14米。甬道平面呈长方形，宽0.7、进深0.06、距墓顶残高0.88、低于墓底0.08米。墓室平面呈梯形，长2.16、宽0.54～0.7、残高0.76米。墓

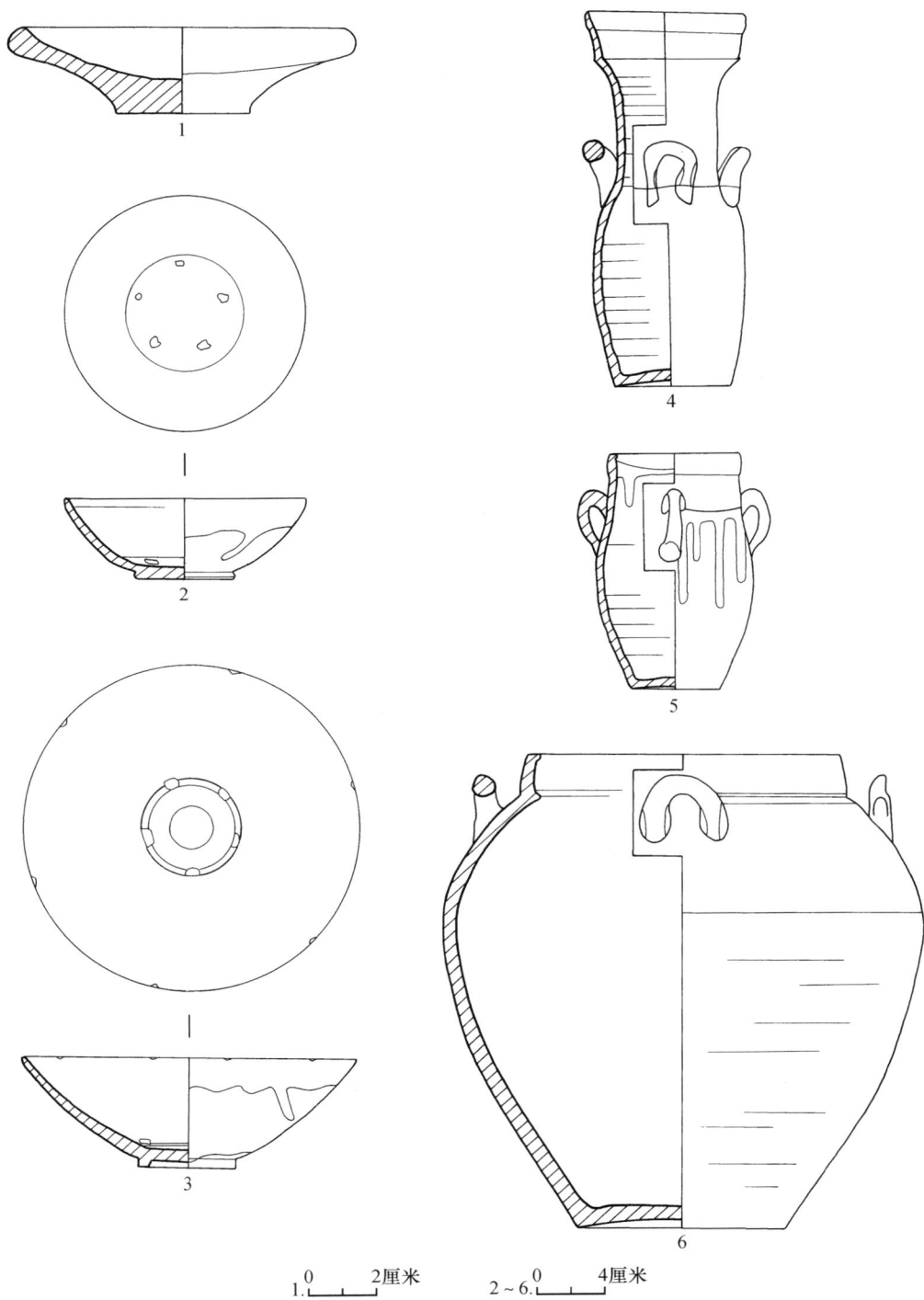

0 2厘米
1.
2~6. 0 4厘米

图二八　M15、M16出土瓷器

1.盏（M15：1）　2、3.碗（M16：1、M16：5）　4.盘口壶（M16：2）　5.四系罐（M16：4）

6.大口罐（M16：3）

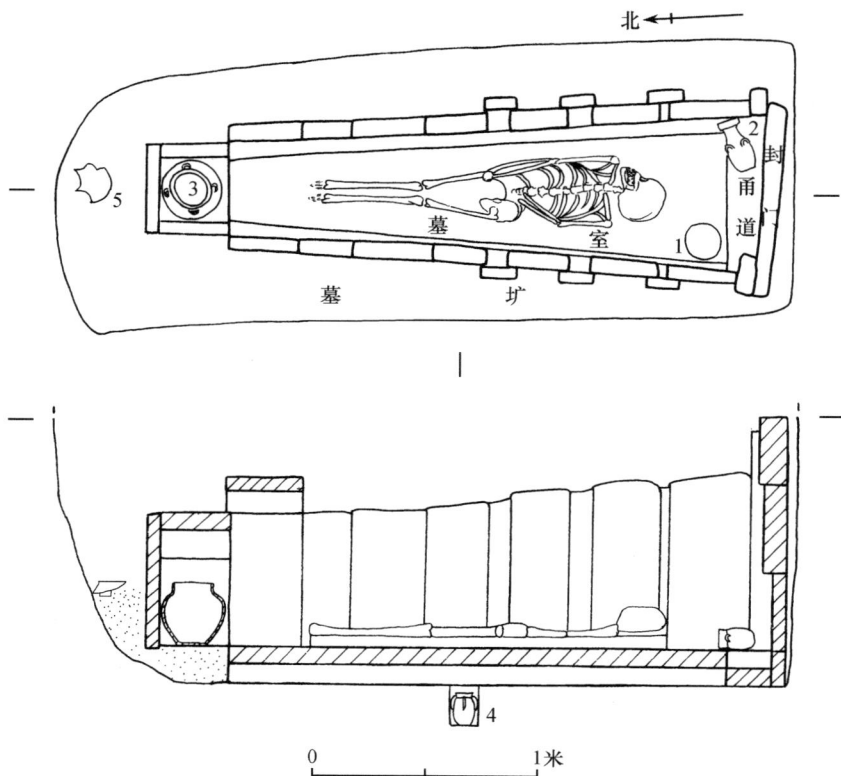

图二九　M16平、剖面图

1、5. 瓷碗　2. 瓷盘口壶　3. 瓷大口罐　4. 瓷四系罐

顶为券顶，用红砂岩石条券筑而成，仅余墓尾处，其他部位已不存。东西两侧墓壁分别用两层石板顺向错缝立砌，内层石板底部置有一长石条，石条长2.3、宽0.12、厚0.08米。壁龛为内层石板留出的较宽缝隙，共有2组，东西对称分布，壁龛宽约0.04、进深0.06米。墓室后壁有一龛，宽0.4、进深0.32、高0.4米。墓底石板皆平铺，置有仰身直肢葬人骨一具，头向正南。墓底中部石板下有一坑，坑边长0.12、深0.2米，其内置有1件瓷四系罐。后龛置有1件瓷大口罐，墓底近甬道处有1件瓷盘口壶、1件瓷碗、1件瓷四系罐。

瓷盘口壶　1件。M17：1，紫红胎，酱釉，大部已脱落。口沿部位较厚，盘口微敞、较深，圆唇，长束颈，鼓肩，肩部有四个对称半圆形横耳，弧腹，底部微内凹。口径8.8、底径7、高23.7厘米（图三一，1）。

瓷碗　1件。M17：2，紫红胎，酱釉，内壁满釉，外壁施釉不及底，有流釉现象。敞口，尖圆唇，斜弧腹，饼足。口径15.2、底径5.8、高5.5厘米（图三一，2）。

瓷四系罐　2件。M17：3，紫红胎，酱釉，内壁未施釉，外壁上部施釉，大部已脱落，有流釉现象。直口，方唇，直领，鼓肩，肩部有四个对称竖系，弧腹，平底。口径

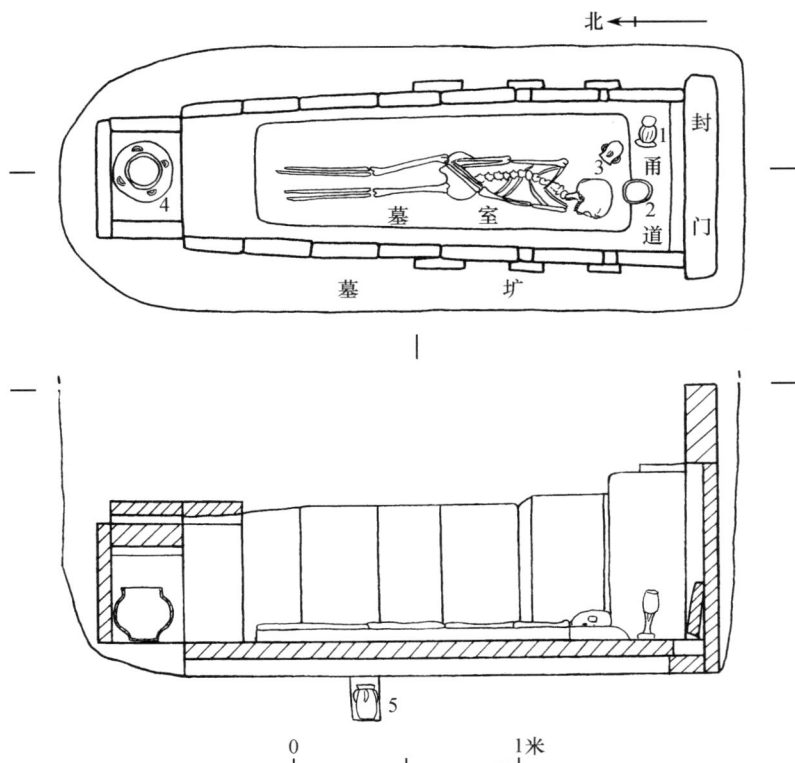

图三〇　M17平、剖面图

1. 瓷盘口壶　2. 瓷碗　3、5. 瓷四系罐　4. 瓷大口罐

8.5、底径4.7、高11.4厘米（图三一，3）。M17：5，紫红胎，酱釉，内壁未施釉，外壁上部施釉，大部已脱落，有流釉现象。直口，方唇，口沿处有一凸棱，直领，鼓肩，肩部有四个对称竖系，弧腹，平底。口径8.1、底径5.7、高15.5厘米（图三一，4）。

瓷大口罐　1件。M17：4，紫红胎，酱釉，外壁仅上部施釉。直口微敛，方圆唇，矮直领，鼓肩，弧腹，平底，肩部有四个对称半圆形横耳。轮制痕迹明显。口径18.5、底径12.8、高30厘米（图三一，5）。

M18　墓向20°。单室结构，不见墓圹，只余墓室（图三二）。墓葬全长1.26、宽0.7、残高0.22米。墓室四壁石板顺向侧砌，东西壁石板长1.14、宽0.2、厚0.07米，南北壁石板长0.7、宽0.2、厚0.06米。顶部已不存，底部由石板平铺而成，墓内人骨散乱，有明显火烧痕迹，应是一座火葬墓，未出土随葬品。

M19　墓向32°。单室结构，不见墓圹，由封门、甬道、墓室组成，墓室西侧有一盗洞（图三三）。封门由三块石板顺向侧砌而成，封门宽1、高1、厚0.08米，石板较大者长1、宽0.48、厚0.08米，较小者长1、宽0.14、厚0.08米。甬道平面呈长方形，宽0.48、进深0.22、距墓顶残高0.88、低于墓底0.06米。甬道处有一石板，石板残长0.26、宽0.24、厚0.02米。墓室平面近长方形，长1.88、宽0.7、残高0.94米。墓顶已不存。墓

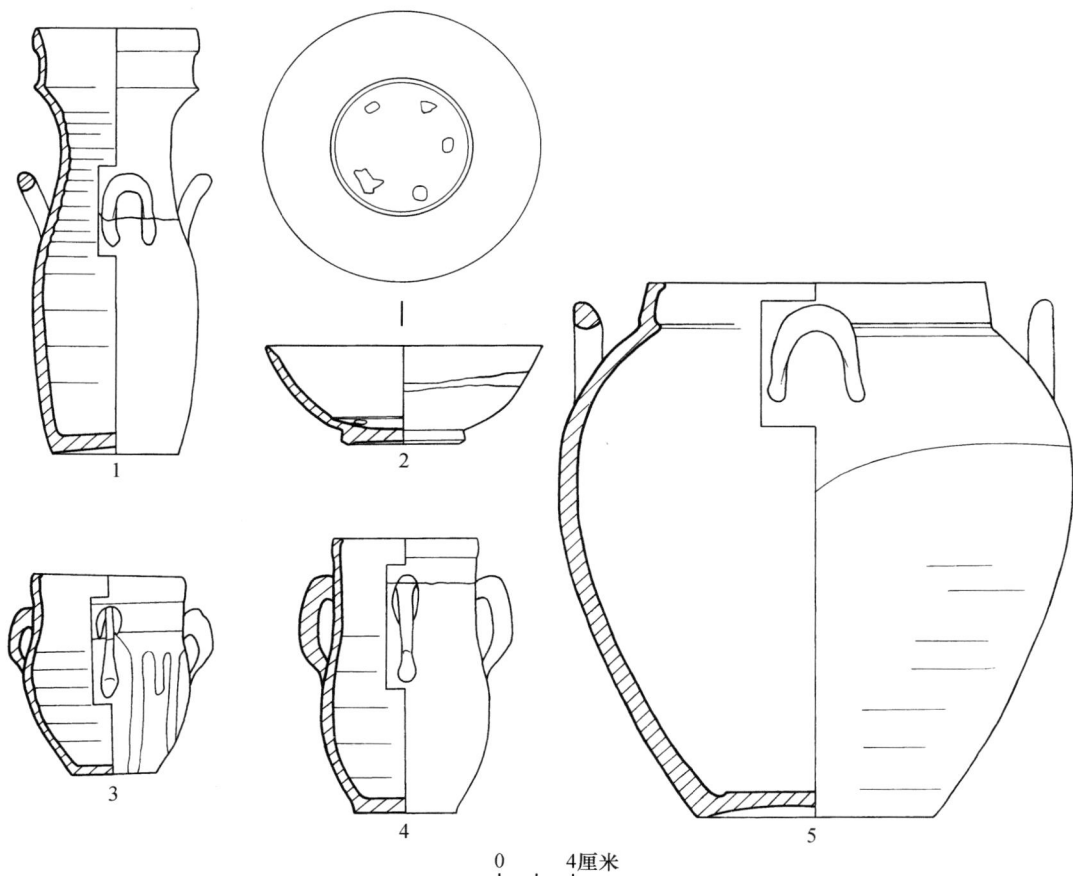

图三一　M17出土瓷器

1. 盘口壶（M17∶1）　　2.碗（M17∶2）　　3、4.四系罐（M17∶3、M17∶5）　　5.大口罐（M17∶4）

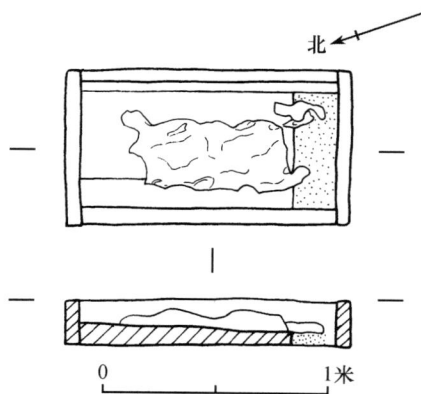

图三二　M18平、剖面图

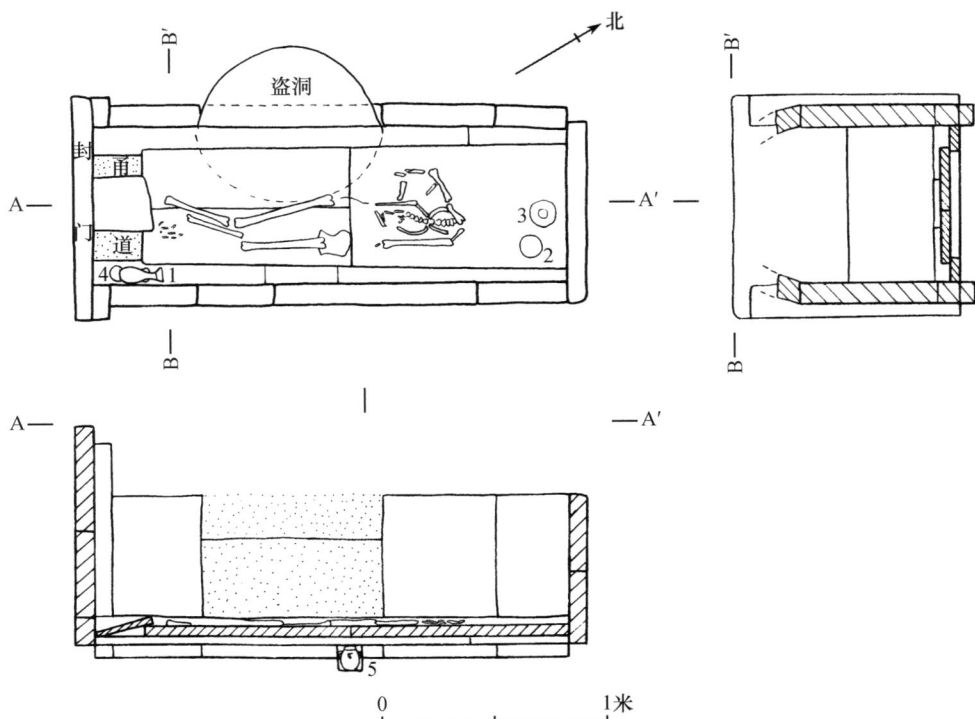

图三三　M19平、剖面图

1. 瓷盘口壶　2. 瓷盏　3、4. 瓷碟　5. 瓷双耳罐

壁用红砂岩石板顺向立砌而成，多处已残，石板较完整者残长0.5、宽0.46、厚0.1米。后壁用两块石板顺向侧砌而成。墓底东西两侧各置一石条，中间垫一层土，其上再平铺石板构成墓底，石板压在石条之上，石条长2.1、宽0.1、厚0.04米。墓底置有仰身直肢葬人骨一具，头向东北。墓底中部石板下有一坑，坑边长0.1、深0.12米，其内置有1件瓷双耳罐，墓室后壁处有1件瓷盏、1件瓷碟，甬道偏东侧有1件瓷盘口壶、1件瓷碟。

瓷盘口壶　1件。M19：1，紫红胎，酱釉，内、外壁均上部施釉，有流釉现象。口沿部位较厚，盘口微敞，尖圆唇，长束颈，鼓肩，肩部有四个对称半圆形横耳，弧腹，平底微内凹。口径7.8、底径5.7、高18.3厘米（图三四，1）。

瓷盏　1件。M19：2，紫红胎，黑釉，内壁满釉，外壁施釉不及底，有流釉现象。敞口，圆唇，斜弧腹，假圈足。口径11.3、底径3.6、高4.5厘米（图三四，2）。

瓷碟　2件。M19：3，紫红胎，酱釉，内壁满釉，外壁施釉不及底，有流釉现象。敞口，圆唇，斜弧腹，假圈足。口径11.5、底径4、高3.7厘米（图三四，3）。M19：4，紫红胎，酱釉，内壁满釉，外壁施釉不及底，已基本脱落，有流釉现象。侈口，尖圆唇，斜弧腹，饼足微内凹。口径11.3、底径4.2、高3.4厘米（图三四，4）。

瓷双耳罐　1件。M19：5，紫红胎，酱釉，大部已脱落。敛口，尖圆唇，直领微束，鼓肩，肩部有两个对称半圆形横耳，弧腹，饼足微内凹。轮制痕迹明显。口径

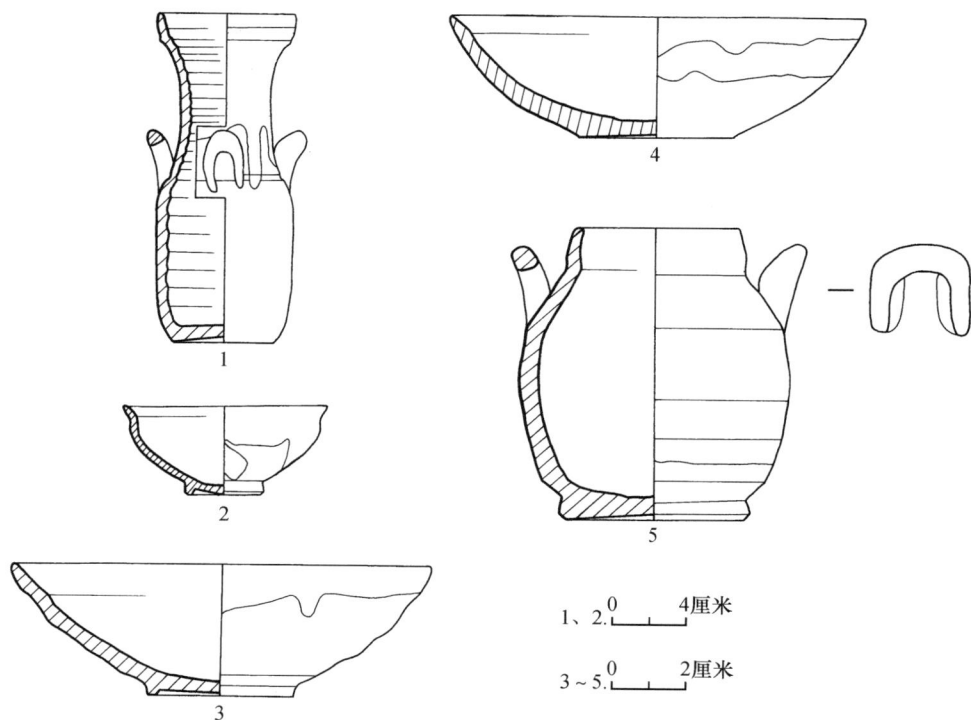

图三四　M19出土瓷器

1. 盘口壶（M19：1）　2. 盏（M19：2）　3、4. 碟（M19：3、M19：4）　5. 双耳罐（M19：5）

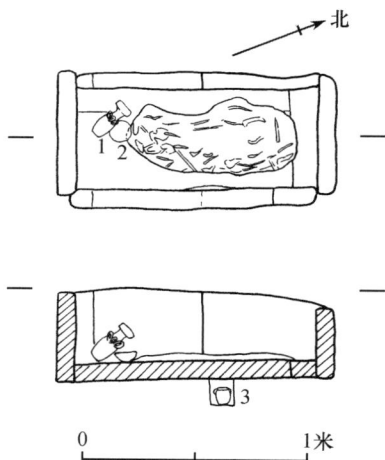

图三五　M20平、剖面图

1. 瓷盘口壶　2. 瓷碟　3. 瓷双耳罐

4.5、底径4.7、高8.2厘米（图三四，5）。

M20　墓向20°。单室结构，不见墓圹，只余墓室（图三五）。墓葬全长1.22、宽0.64、残高0.42米。墓室四壁石板顺向侧砌。顶部已不存，底部由石板平铺而成，墓内人骨散乱，有明显火烧痕迹，应是一座火葬墓。墓底中部石板下有一坑，坑边长0.1、深0.12米，其内有1件瓷双耳罐，墓室南端有1件瓷盘口壶、1件瓷碟。

瓷盘口壶　1件。M20：1，紫红胎，酱釉，大部已脱落，有流釉现象。口沿部位较厚，盘口微敞，圆唇，长束颈，鼓肩，肩部有四个对称半圆形横耳，弧腹，平底微内凹。口径8、底径6.6、高19厘米（图三六，1）。

瓷碟　1件。M20：2，紫红胎，酱釉。内壁满釉，外壁施釉不及底，已基本脱落，有流釉现象。敞口，圆唇，斜弧腹，饼足。口径11.2、底径3.8、高3厘米（图三六，2）。

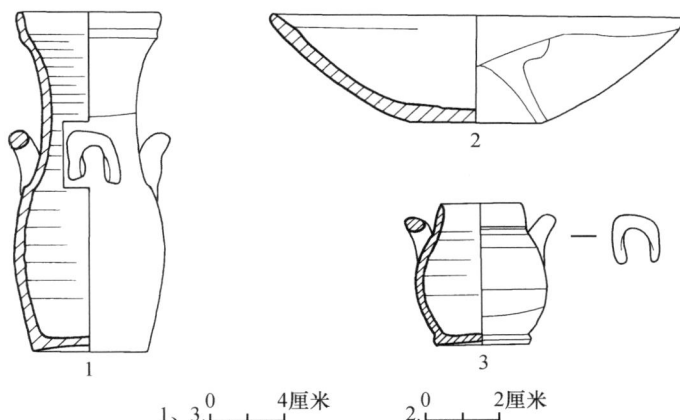

图三六　M20出土瓷器

1. 盘口壶（M20：1）　2. 碟（M20：2）　3. 双耳罐（M20：3）

瓷双耳罐　1件。M20：3，紫红胎，酱釉，大部已脱落，轮制痕迹明显。敛口，尖圆唇，直领微束，鼓肩，肩部有两个对称半圆形横耳，弧腹，饼足微内凹。口径4.4、底径5、高8厘米（图三六，3）。

M21　墓向20°。单室结构，不见墓圹，只余墓室（图三七）。墓葬全长1.28、宽0.6、残高0.46米。墓室四壁石板顺向侧砌。顶部已不存，底部由石板平铺而成，墓内人骨散乱，有明显火烧痕迹，应是一座火葬墓。墓底中部石板下有一坑，坑边长0.1、深0.12米，其内有1件瓷双耳罐，墓室南端有1件瓷碟。

瓷碟　1件。M21：1，紫红胎，酱釉，内、外壁釉已基本脱落，有流釉现象。侈口，圆唇，斜弧腹，饼足。口径11、底径4.2、高3.2厘米（图三八，1）。

瓷双耳罐　1件。M21：2，紫红胎，酱釉，外壁施釉不及底。敛口，尖圆唇，直领微束，鼓肩，肩部有两个对称半圆形横耳，弧腹，饼足。轮制痕迹明显。口径4.7、底径5.1、高8.2厘米（图三八，2）。

M22　墓向20°。单室结构，不见墓圹，只余墓室（图三九）。墓葬全长1.26、宽0.72、残深0.5米。墓室四壁石板顺向侧砌，东西壁石板长1.04、宽0.28、厚0.1米，南北壁石板长0.58、宽0.4、厚0.1米。顶部已不存，底部由石板平铺而成，墓室南端置有一横一竖两块石板，横放石板长0.34、宽0.1、厚0.06米，竖向石板长0.34、宽0.06、厚0.08米。墓内人骨散乱，有明显火烧痕迹，应是一座火葬墓。墓底北侧石板下有一坑，边长0.1、深0.12米，其内置有1件瓷双耳罐。墓室南端出有1件瓷碟，东壁靠南侧有1件瓷盘口壶。

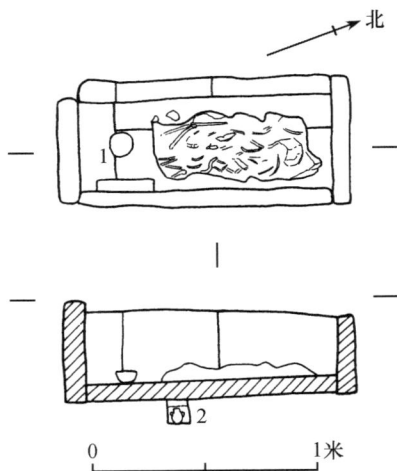

图三七　M21平、剖面图
1. 瓷碟　2. 瓷双耳罐

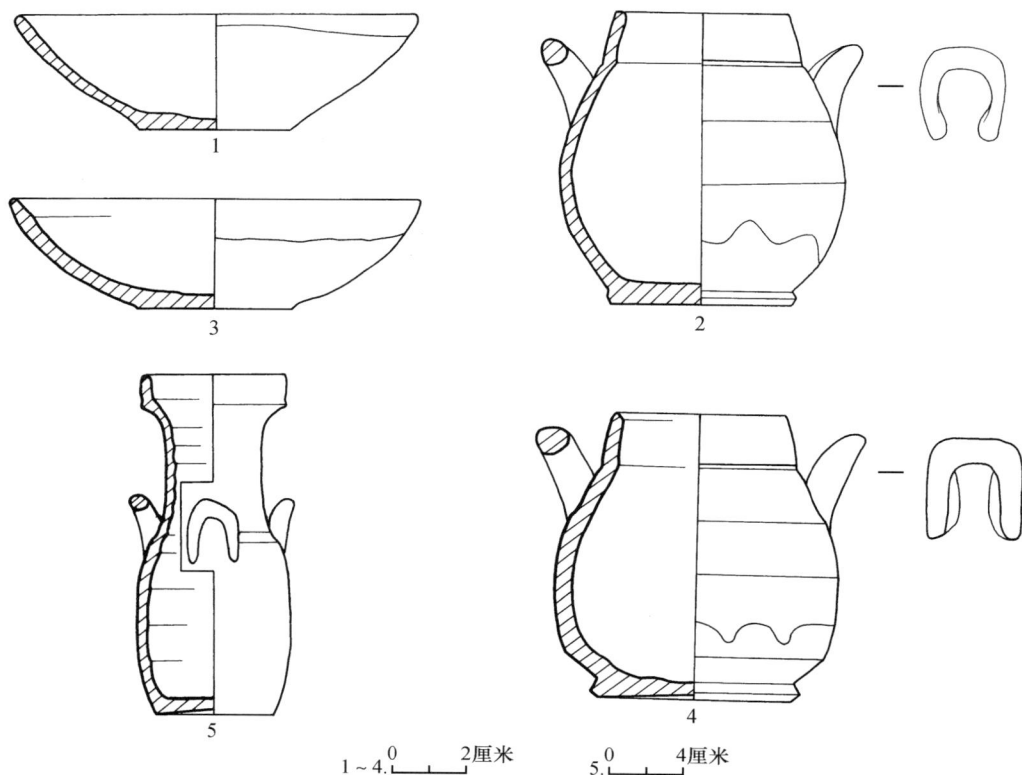

图三八　M21、M22出土瓷器

1、3.碟（M21∶1、M22∶1）　2、4.双耳罐（M21∶2、M22∶3）　5.盘口壶（M22∶2）

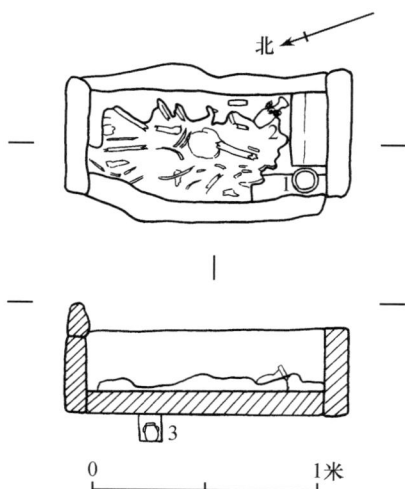

图三九　M22平、剖面图

1.瓷碟　2.瓷盘口壶　3.瓷双耳罐

瓷碟　1件。M22∶1，紫红胎，青釉，釉已基本脱落。敞口，圆唇，斜弧腹，平底。口径11.2、底径4.2、高3.1厘米（图三八，3）。

瓷盘口壶　1件。M22∶2，紫红胎，酱釉，内、外壁均上部施釉，有流釉现象。口沿部位较厚，盘口微敞，尖圆唇，长束颈，鼓肩，肩部有四个对称半圆形横耳，弧腹，平底。口径8、底径6.7、高19厘米（图三八，5）。

瓷双耳罐　1件。M22∶3，紫红胎，酱釉，大部已脱落。敛口，尖圆唇，直领微束，鼓肩，肩部有两个对称半圆形横耳，弧腹，饼足微内凹。轮制痕迹明显。口径4.7、底径5.3、高8厘米（图三八，4）。

M23　墓向200°。单室结构，不见墓圹，由封门、甬道、墓室组成（图四〇）。封门由四块石板顺向侧砌而成，封门宽0.82、高1.2、厚0.08米，石板较大者长0.82、宽0.48、厚0.08米，较小者长0.82、宽0.2、厚0.08米。甬道平面呈长方形，宽0.42、进深0.22、距墓顶残高0.92、低于墓底0.06米。墓室平面呈长方形，长1.94、宽0.68、残高1米。东西两侧墓壁用石板顺向立砌而成，多处已残，部分石板上有圆形孔，石板较完整者残长1.12、宽0.6、厚0.1米。后壁由一块石板顺向侧砌而成，长0.88、宽0.86、厚0.06米。墓底东西两侧各置一石条，中间垫一层土，其上再平铺石板构成墓底，石板两侧压在石条之上，石条长2.16、宽0.12、厚0.06米。墓底置有仰身直肢葬人骨一具，头向东北。墓底近甬道侧石板下有一坑，坑边长0.1、深0.1米，其内置1件瓷双耳罐。西壁近甬道处有1件瓷碟，东壁有1件瓷瓶，甬道有1件陶笔洗、1件瓷碗，笔洗置于碗中。

瓷瓶　1件。M23：1，紫红胎，酱釉，内壁仅口沿处施釉，外壁仅上部施釉。直口，圆唇，直领微束，圆肩，弧腹，平底。口径5.6、底径6.5、高18.7厘米（图四一，1）。

瓷碟　1件。M23：3，紫红胎，酱釉，内壁满釉，外壁釉已基本脱落，有流釉现象。侈口，尖圆唇，斜弧腹，口沿处有一明显折棱，饼足微内凹。口径9.6、底径3.6、高2.8厘米（图四一，3）。

瓷碗　1件。M23：4，红胎，酱釉，内、外壁釉已基本脱落。敞口，尖圆唇，斜弧

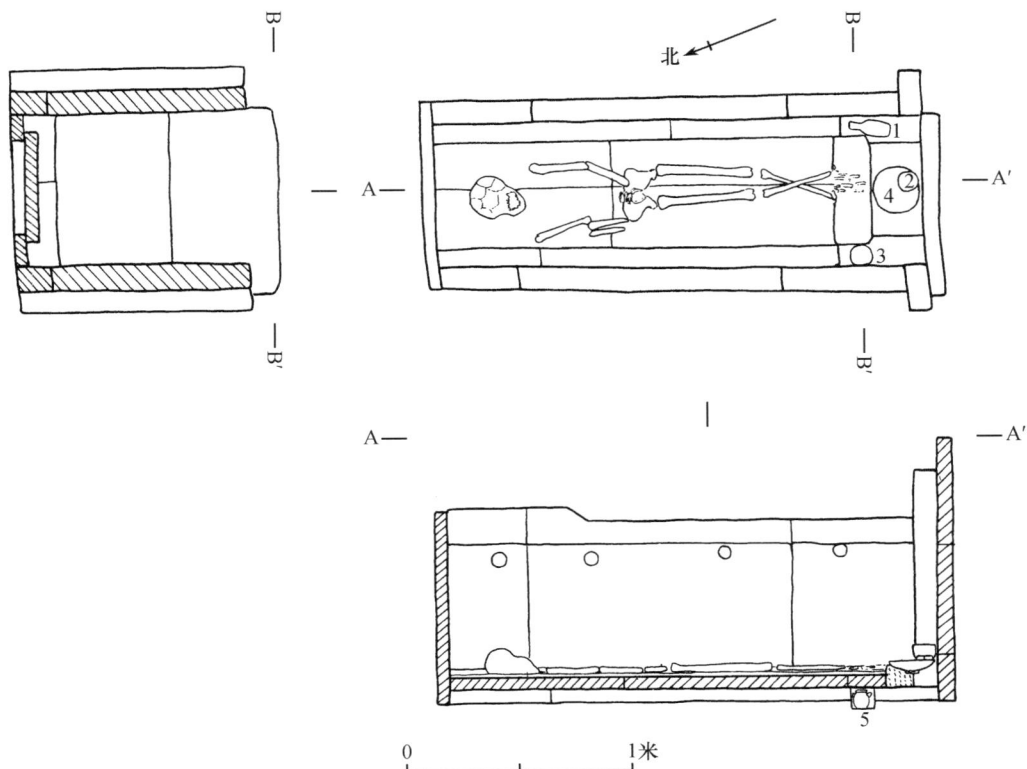

图四〇　M23平、剖面图

1.瓷瓶　2.陶笔洗　3.瓷碟　4.瓷碗　5.瓷双耳罐

腹，矮圈足。口径20.8、足径6.6、高6.7厘米（图四一，4）。

瓷双耳罐 1件。M23：5，紫红胎，酱釉，大部已脱落。敛口，尖圆唇，直领微束，鼓肩，肩部有两个对称半圆形横耳，弧腹，饼足微内凹。轮制痕迹明显。口径4.4、底径4.7、高8厘米（图四一，5）。

陶笔洗 1件。M23：2，泥质灰陶，外施黑色陶衣。直口微敞，方圆唇，直腹，平底，下接三锥状小足。口沿下饰一周凹弦纹，腹部斜向阴刻两周回字形纹。口径12、底径11、高6.4厘米（图四一，2）。

M24 墓向186°。单室结构，不见墓圹，由封门、甬道、墓室组成（图四二）。封门由一块石板顺向侧砌而成，封门宽0.8、高0.88、厚0.1米。甬道平面近梯形，宽0.76~0.8、进深0.16、距墓顶0.78、低于墓底0.06米。墓室平面呈梯形，长2.04、宽0.48~0.76、残高0.78米。墓顶已不存。东西墓壁底部各置有一石条，其上再用石板顺向错缝立砌，石条长2.2、宽0.14、厚0.1米；每一石板上有一圆形小孔。墓壁上平铺三块石条用以起券。后壁由一块石板顺向侧砌而成，石板长0.7、宽0.58、厚0.12米。墓底于东西两侧各置一石条，中间垫一层土，其上平铺石板，石板压在石条之上，石条长2.02、宽0.08、厚0.06米。甬道处有一近方形石板，边长0.32、厚0.06米。墓底置有仰身直肢葬人骨一具，头朝西南。墓底中部石板下有一坑，坑口有一小石板，坑边长0.12、深0.18米，石板边长0.12、厚0.06米，坑内置有1件瓷四系罐。人骨头部发现1件瓷四系

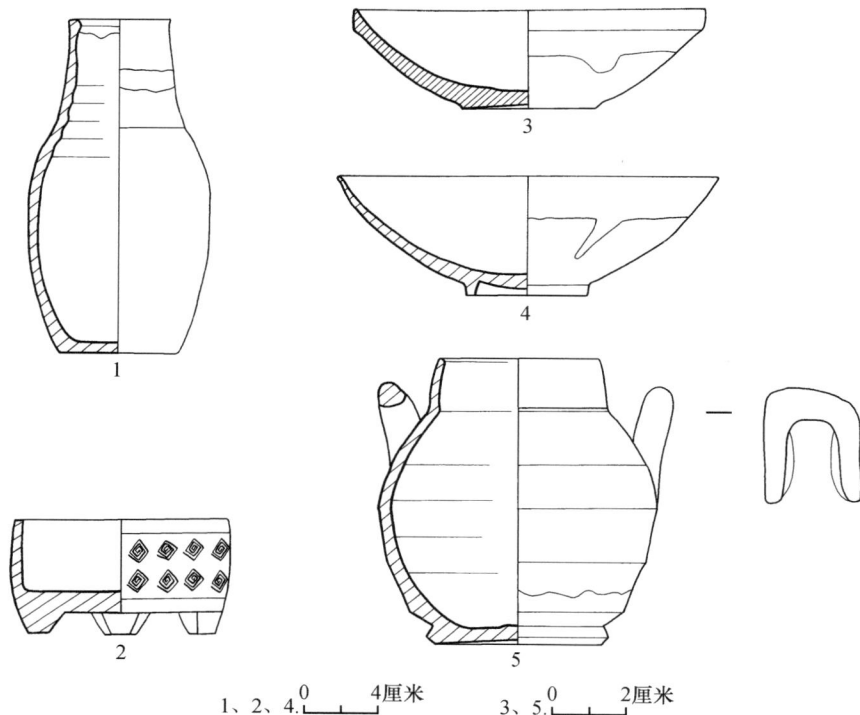

图四一 M23出土器物

1. 瓷瓶（M23：1）　2. 陶笔洗（M23：2）　3. 瓷碟（M23：3）　4. 瓷碗（M23：4）　5. 瓷双耳罐（M23：5）

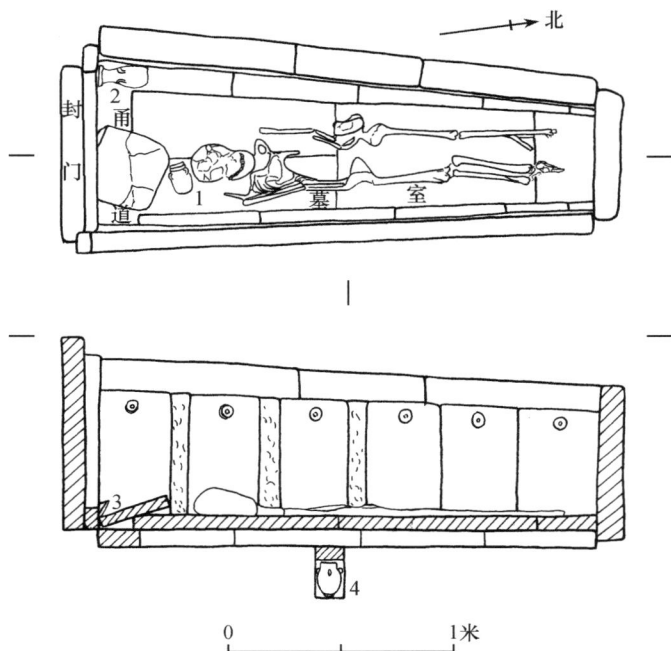

图四二　M24平、剖面图

1、4.瓷四系罐　2.瓷盘口壶　3.瓷碟

罐，甬道处有1件瓷盘口壶、1件瓷碟。

瓷四系罐　2件。M24：1，紫红胎，酱釉，内壁未施釉，外壁上部施釉，有流釉现象。口沿部位较厚，直口，方圆唇，直领微束，鼓肩，肩部有四个对称竖系，弧腹，平底。口径8.4、底径6.2、高15.6厘米（图四三，1）。M24：4，紫红胎，酱釉，釉基本已脱落。口沿部位较厚，直口，方圆唇，直领，鼓肩，肩部有四个对称竖系，弧腹，平底微内凹。口径8.9、底径5.8、高15.1厘米（图四三，2）。

瓷盘口壶　1件。M24：2，紫红胎，酱釉，内、外壁均上部施釉，有流釉现象。烧制时颈部以上部分变形。口沿部位较厚，盘口微敞、较深，尖圆唇，长束颈，鼓肩，肩部有四个对称半圆形横耳，弧腹，平底微内凹。口径8.8、底径7、高22.2厘米（图四三，3）。

瓷碟　1件。M24：3，紫红胎，酱釉，内壁满釉，外壁施釉不及底，有流釉现象。敞口，尖圆唇，斜弧腹，饼足微内凹。口径10.6、底径4.5、高3厘米（图四三，4）。

M25　墓向167°。单室结构，不见墓圹，由封门、甬道、墓室组成（图四四）。封门有内外两层，各由两块石板顺向侧砌而成，外层石板基本已残，仅余上部，封门宽0.72、高0.88、厚0.1米。甬道平面呈梯形，宽0.72～0.8、进深0.22、距墓顶残高0.8、低于墓底0.06米。甬道处有一近椭圆形石板，长径0.22、厚0.06米。墓室平面呈梯形，长2.34、宽0.48～0.72、残高0.86米。墓顶已不存。东西墓壁底部各置有一石条，其上再用

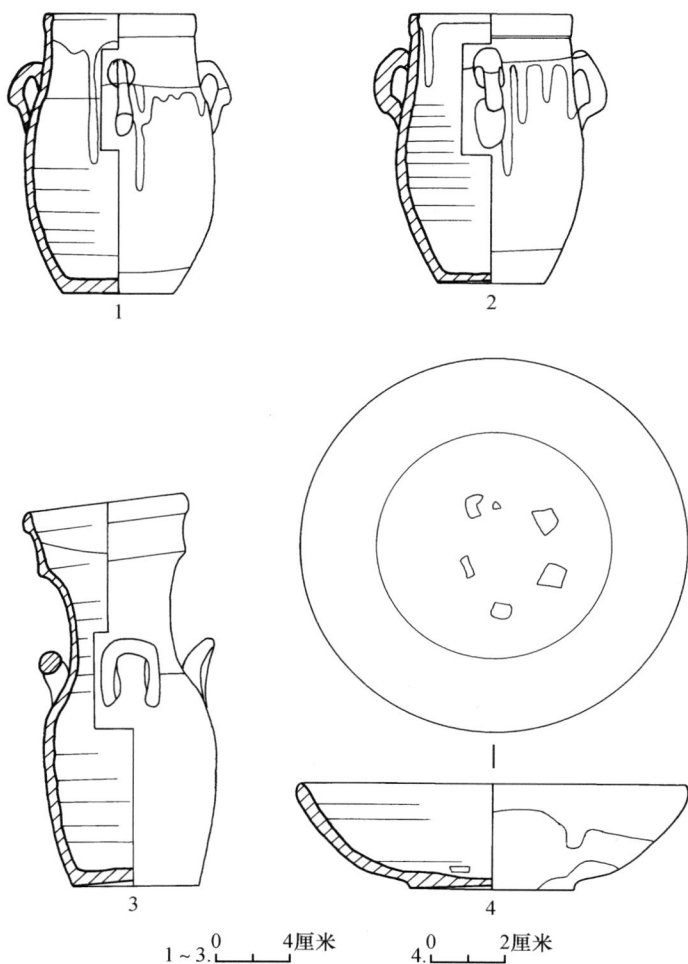

图四三　M24出土瓷器

1、2.四系罐（M24：1、M24：4）　3.盘口壶（M24：2）　4.碟（M24：3）

石板顺向错缝立砌，石条长2.54、宽0.14、厚0.1米，每一石板上方均有一圆形小孔。墓壁石板上部平铺有三块石条用以起券，石条较长者长1.12、宽0.14、厚0.16米。后壁由一块长方形石板顺向侧砌而成，石板长0.78、宽0.68、厚0.06米。墓底于东西两侧各置一石条，中间垫一层土，其上平铺石板，石板压在石条之上，石条长2.3、宽0.08、厚0.06米。墓底置有仰身直肢葬人骨一具，头向东南。墓底中部石板下有一坑，坑口有一小石板，坑边长0.16、深0.18米，石板边长0.18、厚0.04米，坑内有1件瓷四系罐。人骨头部发现1件瓷碗、1件瓷四系罐，甬道有1件瓷盘口壶，椭圆形石板处有1件瓷碟、1件瓷香炉。

瓷盘口壶　1件。M25：1，紫红胎，酱釉，内、外壁均上部施釉，有流釉现象。口沿部位较厚，盘口微敞、较深，尖圆唇，长束颈，鼓肩，肩部有四个对称半圆形横耳，

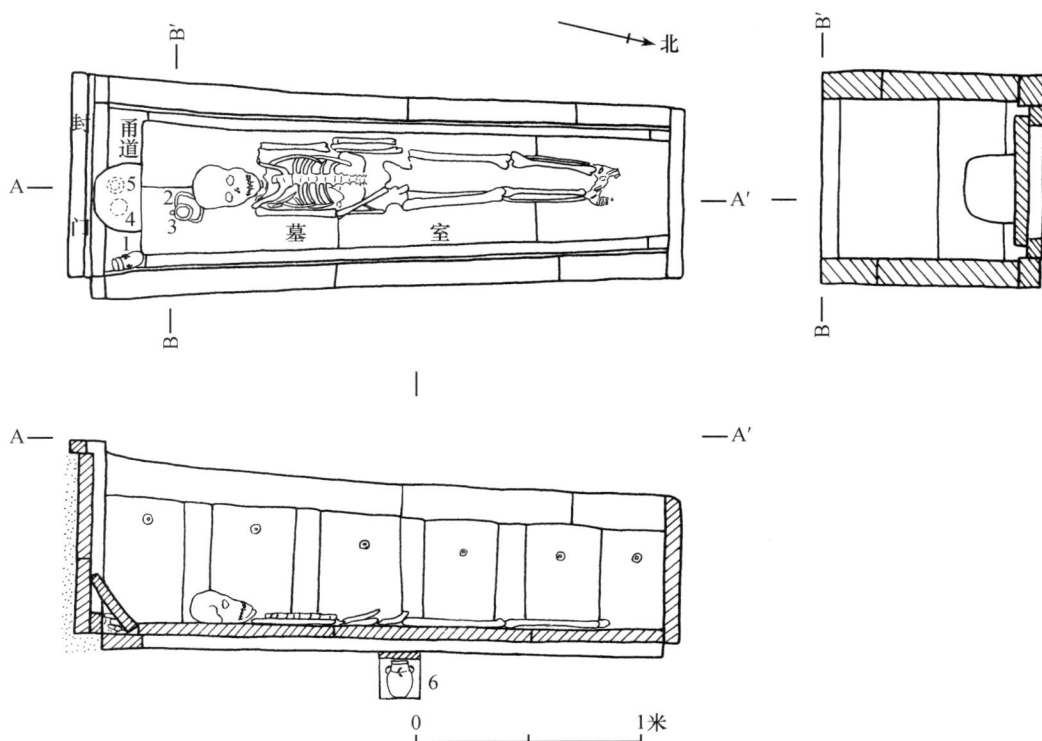

图四四　M25平、剖面图

1. 瓷盘口壶　2. 瓷碗　3、6. 瓷四系罐　4. 瓷碟　5. 瓷香炉

一耳残，弧腹，平底。口径8.4、底径6.8、高22.5厘米（图四五，1）。

瓷碗　1件。M25：2，红胎，青釉，内、外壁釉已基本脱落，内底有五个支钉痕。敞口，圆唇，斜弧腹，矮圈足。口径15.6、足径7.2、高5.2厘米（图四五，2）。

瓷碟　1件。M25：4，紫红胎，酱釉。内、外壁釉已基本脱落，有流釉现象。敞口，尖圆唇，斜弧腹，饼足。口径10.7、底径3.4、高2.8厘米（图四五，3）。

瓷香炉　1件。M25：5，紫红胎，口沿部位施酱釉，大部脱落。敞口，宽沿，沿面微鼓，外壁直腹，下部斜收出柄状足，柄足之下附捏制圈足。口径7.4、足径7.4、高7.7厘米（图四五，4）。

瓷四系罐　2件。M25：3，紫红胎，酱釉，内壁未施釉，外壁上部施釉，有流釉现象。直口，方唇，直领，鼓肩，肩部有四个对称竖系，弧腹，平底。口径8.2、底径5.2、高10.6厘米（图四五，5）。M25：6，紫红胎，酱釉，内壁未施釉，外壁上部施釉，有流釉现象。口沿部位较厚，直口，方圆唇，直领，鼓肩，肩部有四个对称竖系，弧腹，平底。口径8.5、底径5.8、高15.6厘米（图四五，6）。

M27　墓向202°。单室结构，不见墓圹，由封门、甬道、墓室组成（图四六）。封门由三块石板顺向侧砌而成，封门宽1、高0.84、厚0.08米。甬道平面呈长方形，宽

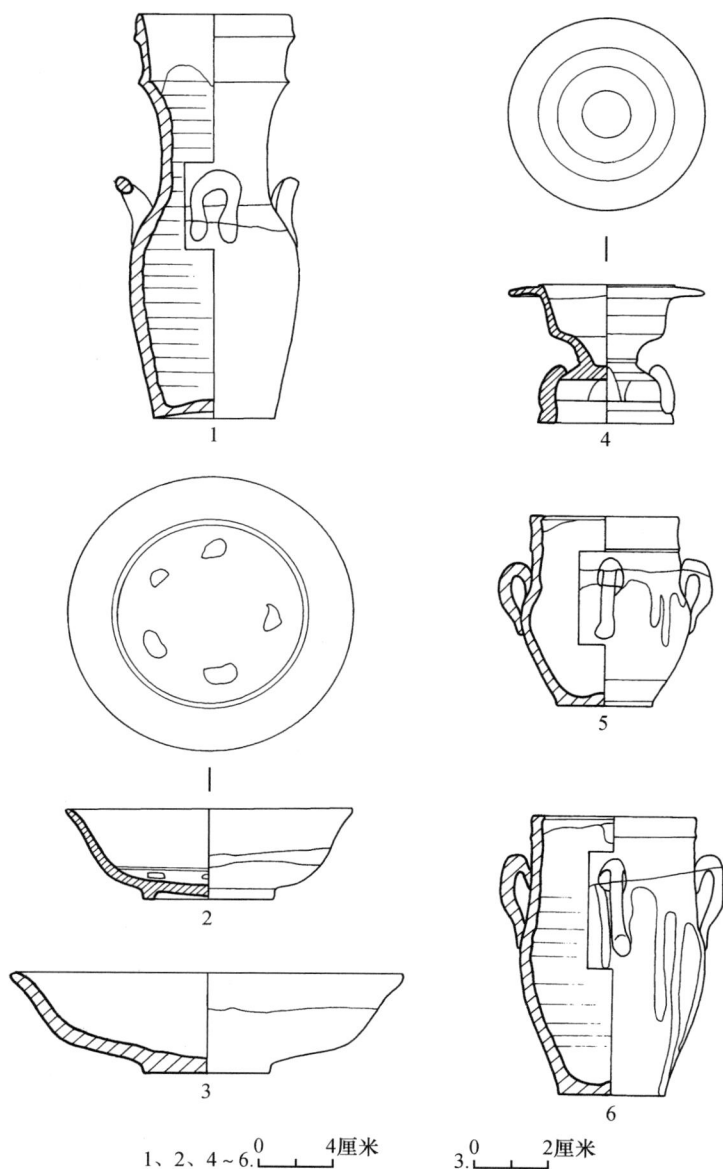

图四五　M25出土瓷器

1. 盘口壶（M25∶1）　　2. 碗（M25∶2）　　3. 碟（M25∶4）　　4. 香炉（M25∶5）　　5、6. 四系罐（M25∶3、M25∶6）

0.64、进深0.2、距墓顶残高0.6、低于墓底0.05米。墓室平面呈长方形，长2.2、宽0.72、残高0.58米。墓顶已不存。东西两侧墓壁分别用两层石板顺向错缝立砌，内层石板底部置有一长石条，石条长2.4、宽0.08、厚0.08米。后壁用两块长方形石板顺向侧砌而成。壁龛为内层石板留出的较宽缝隙，共有7个，壁龛宽约0.14、进深0.08米。墓底石板皆平铺，置有仰身直肢葬人骨一具，头向东北。墓底中部石板下有一坑，坑口置一石板，坑

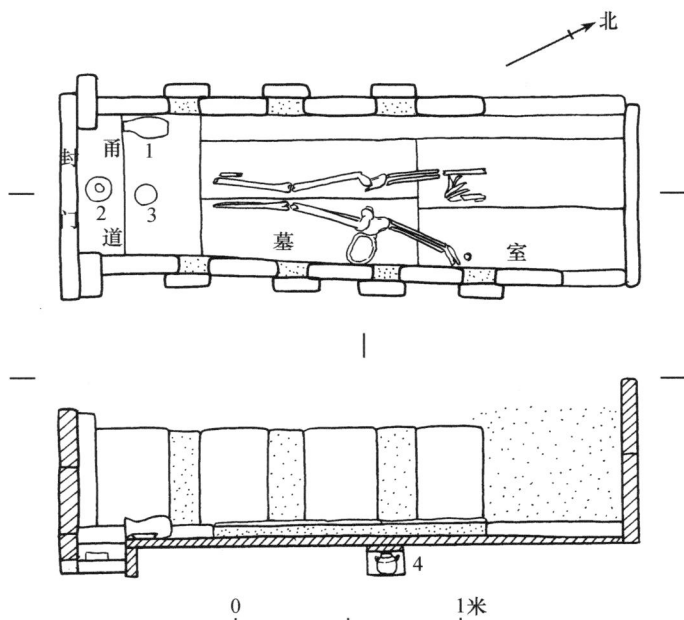

图四六　M27平、剖面图

1. 瓷瓶　2. 瓷香炉　3. 瓷碟　4. 瓷双耳罐

边长0.14、深0.1米，石板边长0.16、厚0.04米，坑内置有1件瓷双耳罐。甬道处有1件瓷香炉，墓底近甬道处有1件瓷瓶、1件瓷碟。

瓷瓶　1件。M27：1，紫红胎，酱釉，基本已脱落。侈口，圆唇，束颈，圆肩，弧腹，底部微内凹。口径6.2、底径7、高20.2厘米（图四七，1）。

瓷香炉　1件。M27：2，红胎，口沿部位施酱釉，已基本脱落。敞口，宽沿，沿面微鼓，斜直腹，底部接五个锥形小足。沿上饰两周凹弦纹。口径7、高3.8厘米（图四七，2）。

瓷碟　1件。M27：3，紫红胎，青釉，釉已基本脱落。敞口，圆唇，斜弧腹，平底。口径11.4、底径3.6、高3厘米（图四七，3）。

瓷双耳罐　1件。M27：4，紫红胎，酱釉，大部已脱落。敛口，尖圆唇，直领微束，鼓肩，肩部有两个对称半圆形横耳，弧腹，饼足。轮制痕迹明显。口径4.9、底径5.1、高8.2厘米（图四七，4）。

M28　墓向202°。单室结构，不见墓圹，由封门、甬道、墓室组成（图四八）。封门由一块石板顺向侧砌而成，封门宽0.84、高0.9、厚0.08米。甬道平面呈长方形，宽0.66、进深0.26、距墓顶残高0.62、低于墓底约0.1米。墓室平面呈长方形，长2.16、宽0.66、残高0.58米。墓顶已不存。东西两侧墓壁分别用两层石板顺向错缝立砌，大部已不存，内层石板底部置有一长石条，石条长2.3、宽0.08、厚0.08米。后壁用长方形石板顺向侧砌而成，已残，仅余两块石板，后壁残宽0.84、高0.38、厚0.08米。壁龛为内

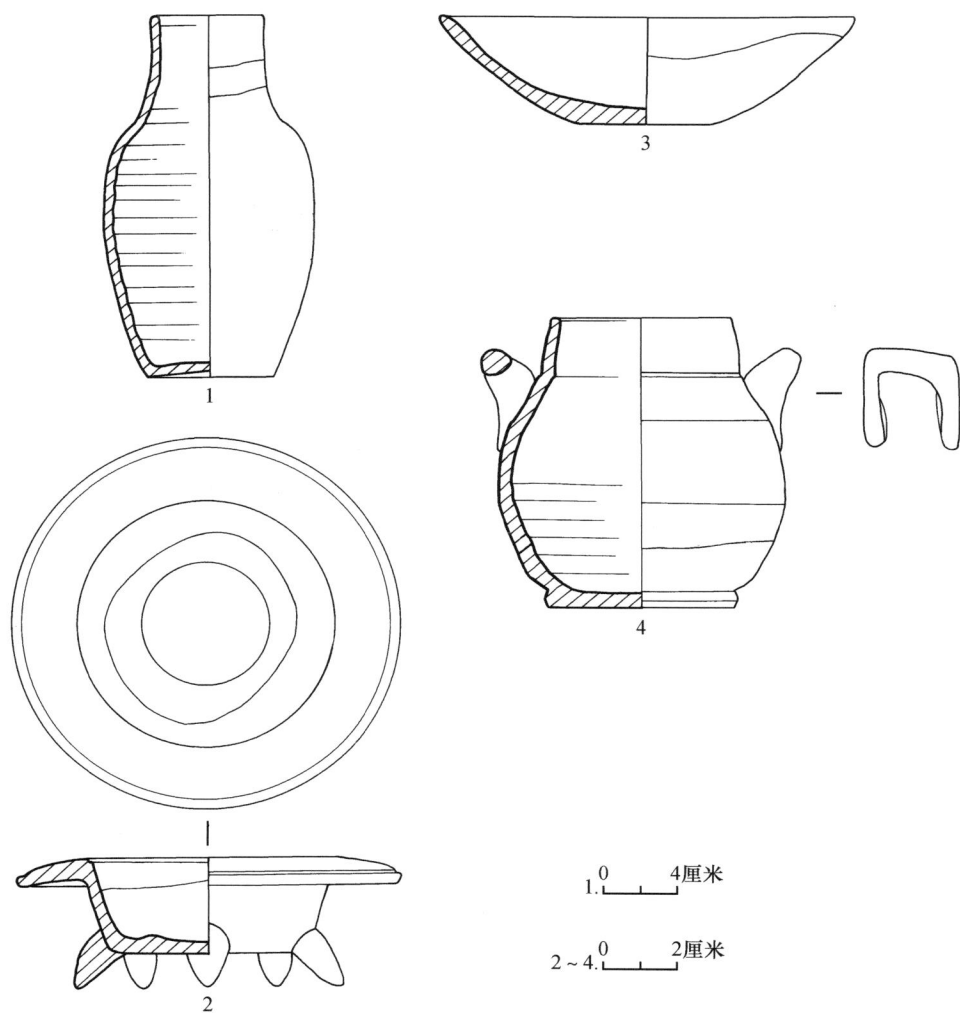

图四七　M27出土瓷器

1. 瓶（M27：1）　2. 香炉（M27：2）　3. 碟（M27：3）　4. 双耳罐（M27：4）

层石板留出的较宽缝隙，现残存1个，壁龛宽约0.1、进深0.08米。墓底石板皆平铺，置有仰身直肢葬人骨一具，头向东北。墓底中部石板下有一坑，坑口置一石板，坑边长0.14、深0.08米，石板边长0.12、厚0.04米，坑内置有1件瓷双耳罐。甬道处有2件瓷香炉，墓底西壁近甬道处有1件瓷瓶，人骨胸部置有1件瓷碟。

瓷碟　1件。M28：1，紫红胎，酱釉，内壁釉已基本脱落，外壁施釉不及底，有流釉现象。敞口，圆唇，弧腹，平底。口径10.5、底径3.8、高3厘米（图四九，1）。

瓷瓶　1件。M28：2，紫红胎，酱釉，内壁仅口沿处施釉，外壁仅上部施釉。侈口，圆唇，束颈，圆肩，弧腹，平底微内凹。口径6.4、底径7.6、高21.5厘米（图四九，2）。

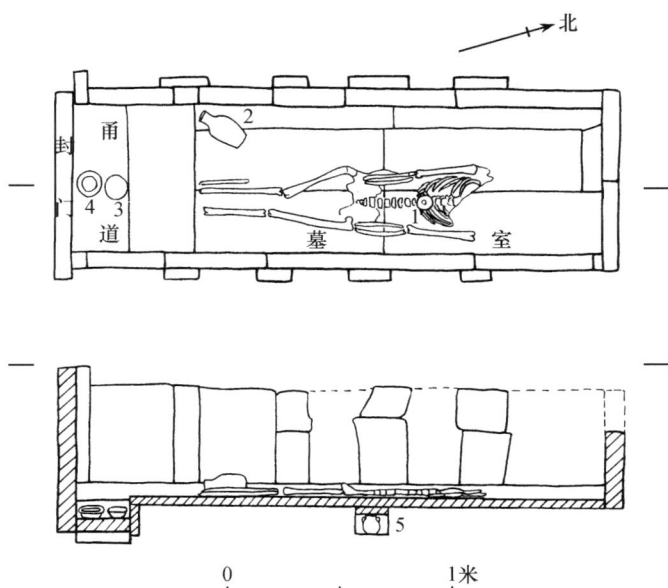

图四八　M28平、剖面图
1. 瓷碟　2. 瓷瓶　3、4. 瓷香炉　5. 瓷双耳罐

瓷香炉　2件。M28：3，红胎，绿釉，外壁施釉不及底。直口，窄平沿，尖唇，外壁斜直内收，圜底，底部下接三个锥状小足，两足残。口径14.2、高4.8厘米（图四九，3）。M28：4，紫胎，口沿部位施酱釉。敞口，宽沿，沿面微鼓，斜直腹，底部接五个锥形小足。沿上饰有两周凹弦纹。口径11、底径5.5、高3.8厘米（图四九，4）。

瓷双耳罐　1件。M28：5，紫红胎，酱釉，大部已脱落。敛口，折沿，尖唇，束颈，鼓肩，肩部有两个对称半圆形横耳，弧腹，饼足。轮制痕迹明显。口径4.6、底径5.3、高8.6厘米（图四九，5）。

M29　墓向174°。单室结构，不见墓圹，由封门、甬道、墓室组成（图五〇）。封门由一大一小两块石板顺向侧砌而成，封门宽1、高0.74、厚0.1米，大块石板长1、宽0.52、厚0.1米，小块石板长1、宽0.22、厚0.1米。甬道平面呈梯形，宽0.72～0.78、进深0.36、距墓顶残高0.74、低于墓底约0.08米。墓室平面呈梯形，长1.84、宽0.46～0.72、残高0.56米。墓顶为券顶，用红砂岩石条券筑而成，仅余墓尾处，其他部位已不存。东西两侧墓壁分别用两层石板顺向错缝立砌。后壁用一块长方形石板顺向竖砌而成，石板长0.6、宽0.56、厚0.1米。壁龛为内层石板留出的较宽缝隙，共有4组，东西对称分布，壁龛宽约0.14、进深0.06米。墓底东西两侧各置一石条，中间填土，其上平铺石板，石板压在石条之上，石条长2.2、宽0.06、厚0.06米。置有仰身直肢葬人骨一具，头向东南。甬道处有1件瓷盏、1件瓷四系罐，人骨头部有1件瓷碗、1件瓷四系罐。

瓷盏　1件。M29：1，紫红胎，酱釉。内壁满釉，外壁施釉不及底，已基本脱落，有流釉现象。敞口，圆唇，斜弧腹，饼足。口径10.6、底径4.4、高2.7厘米（图五一，1）。

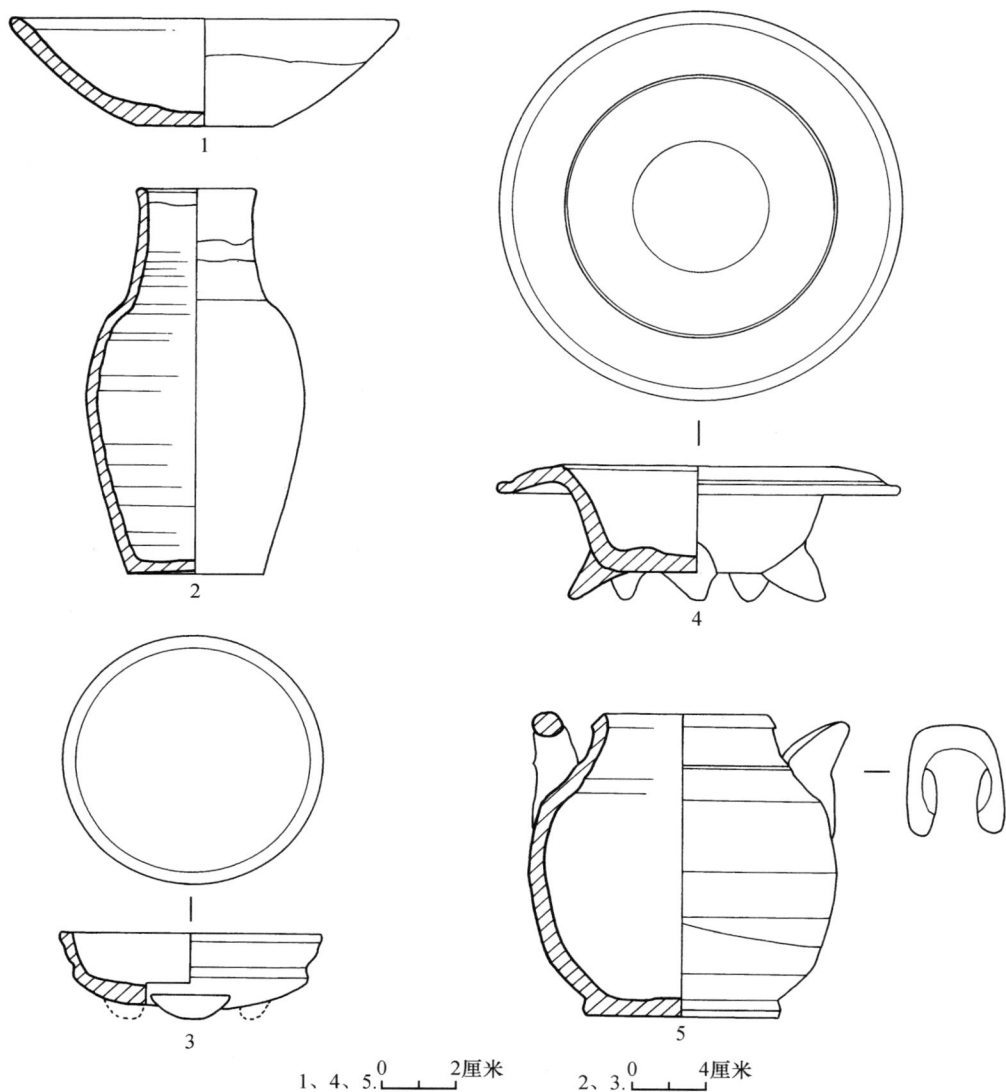

图四九　M28出土瓷器

1. 碟（M28：1）　2. 瓶（M28：2）　3、4. 香炉（M28：3、M28：4）　5. 双耳罐（M28：5）

瓷四系罐　2件。M29：2，紫红胎，酱釉，内壁未施釉，外壁上部施釉，有流釉现象。口沿部位较厚，直口，圆唇，直领微束，鼓肩，肩部有四个对称竖系，弧腹，平底微内凹。口径8.6、底径6.6、高14.2厘米（图五一，2）。M29：4，紫红胎，酱釉，大部已脱落。口沿部位较厚，盘口微敞，尖唇，长束颈，鼓肩，肩部有四个对称竖系，弧腹，平底微内凹。口径7.4、底径8.2、高20.2厘米（图五一，4）。

瓷碗　1件。M29：3，灰胎，青釉，内壁满釉，外壁施釉不及底，有流釉现象，内底有五个支钉痕。敞口，尖圆唇，斜弧腹，饼足。口径16.6、底径6.6、高6厘米（图

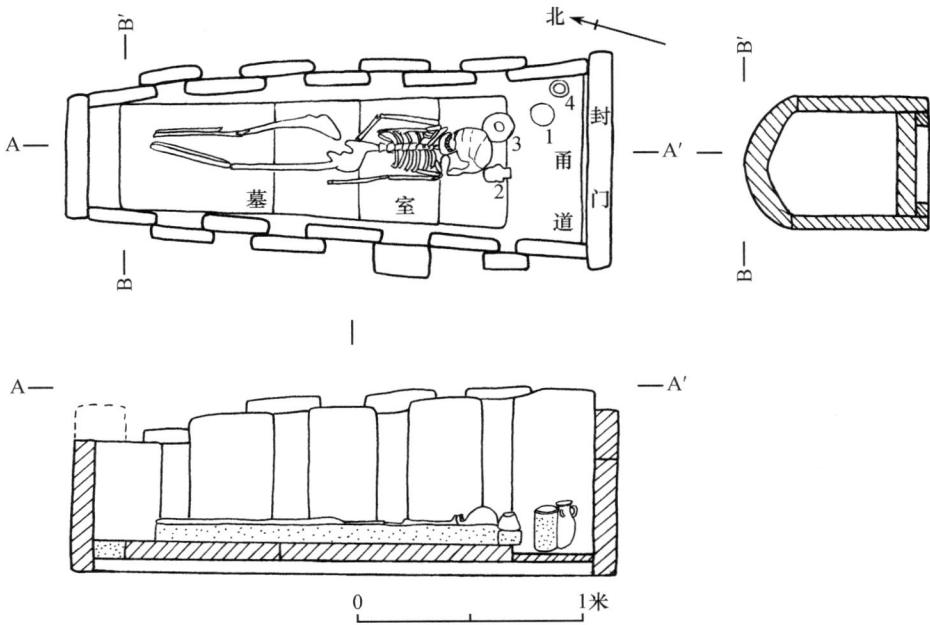

图五〇　M29平、剖面图
1. 瓷盏　2、4. 瓷四系罐　3. 瓷碗

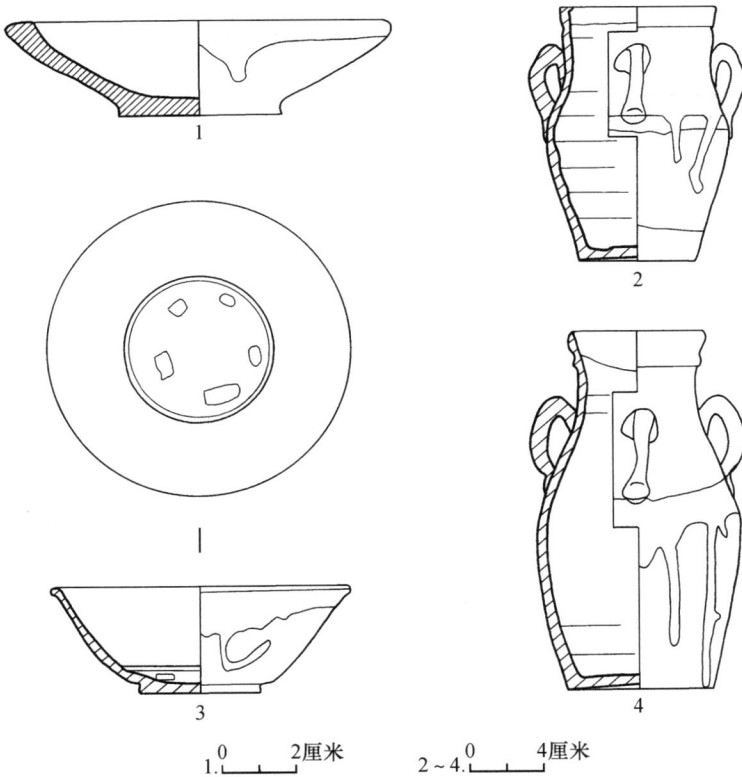

图五一　M29出土瓷器
1. 盏（M29∶1）　2、4. 四系罐（M29∶2、M29∶4）　3. 碗（M29∶3）

五一，3）。

M30　墓向204°。单室结构，不见墓圹，由封门、甬道、墓室组成（图五二）。封门由一大两小三块长方形石板构成，大块石板顺向侧砌，两块小石板分别纵向竖砌于大石板两侧，封门宽0.8、高0.94、厚0.08米。甬道平面呈长方形，宽0.66、进深0.18、距墓顶残高0.72、低于墓底0.08米。墓室平面呈长方形，长2.12、宽0.66、残高0.72米。墓顶已不存。东西两侧墓壁用两层石板上下顺向侧砌而成。后壁用三块石板顺向侧砌而成。墓底东西两侧各置一石条，中间填土，其上平铺石板，石板压在石条之上，石条长2.38、宽0.12、厚0.06米。置有仰身直肢葬人骨一具，头向东北。墓底人骨头部石板下有一坑，坑口置一石板，坑边长0.08、深0.08米，石板边长0.08、厚0.03米，坑内置有1件瓷双耳罐。甬道处有一长方形石板，长0.34、宽0.3、厚0.06米，石板旁有1件瓷香炉、1件瓷碟，墓室西壁近甬道处有1件瓷四系罐，人骨胸部有1件瓷双耳罐。

瓷双耳罐　2件。M30：1，紫红胎，酱釉，施釉不及底。直口，圆唇，高直领，鼓肩，肩部有两个对称半圆形竖耳，弧腹，圈足。轮制痕迹明显。口径7、足径4.4、高9厘米（图五三，1）。M30：5，紫红胎，黑釉，外壁施釉不及底。敛口，尖圆唇，直领微束，鼓肩，肩部有两个对称半圆形横耳，弧腹，饼足微内凹。轮制痕迹明显。口径4.5、底径5.5、高8厘米（图五三，2）。

瓷碟　1件。M30：2，紫红胎，酱釉，釉已基本脱落。敞口，圆唇，斜弧腹，平

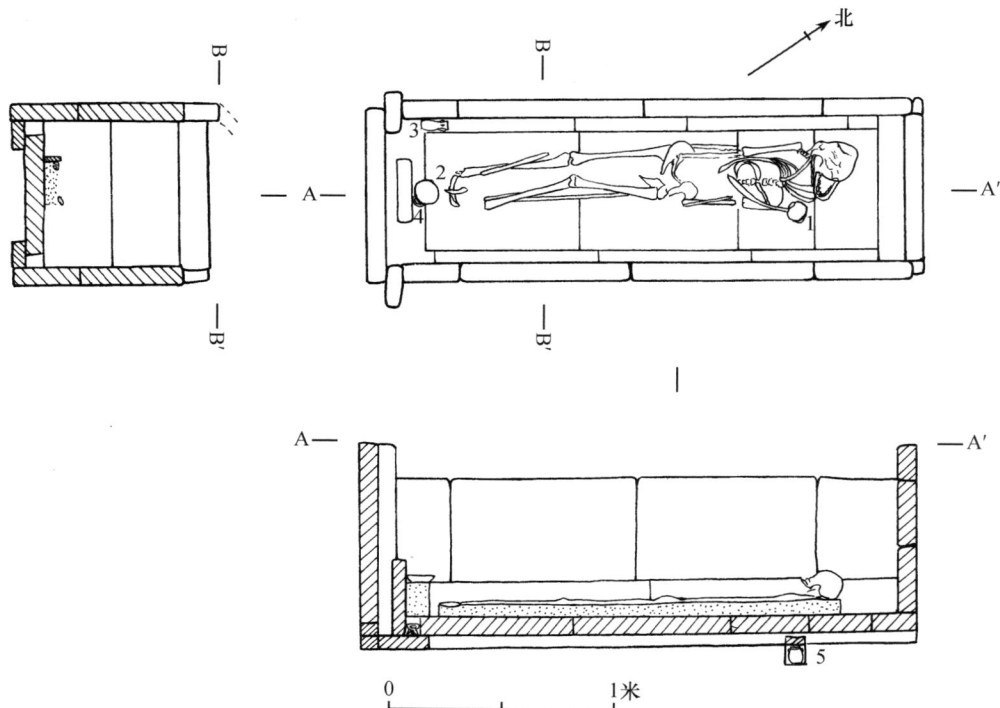

图五二　M30平、剖面图

1、5. 瓷双耳罐　2. 瓷碟　3. 瓷四系罐　4. 瓷香炉

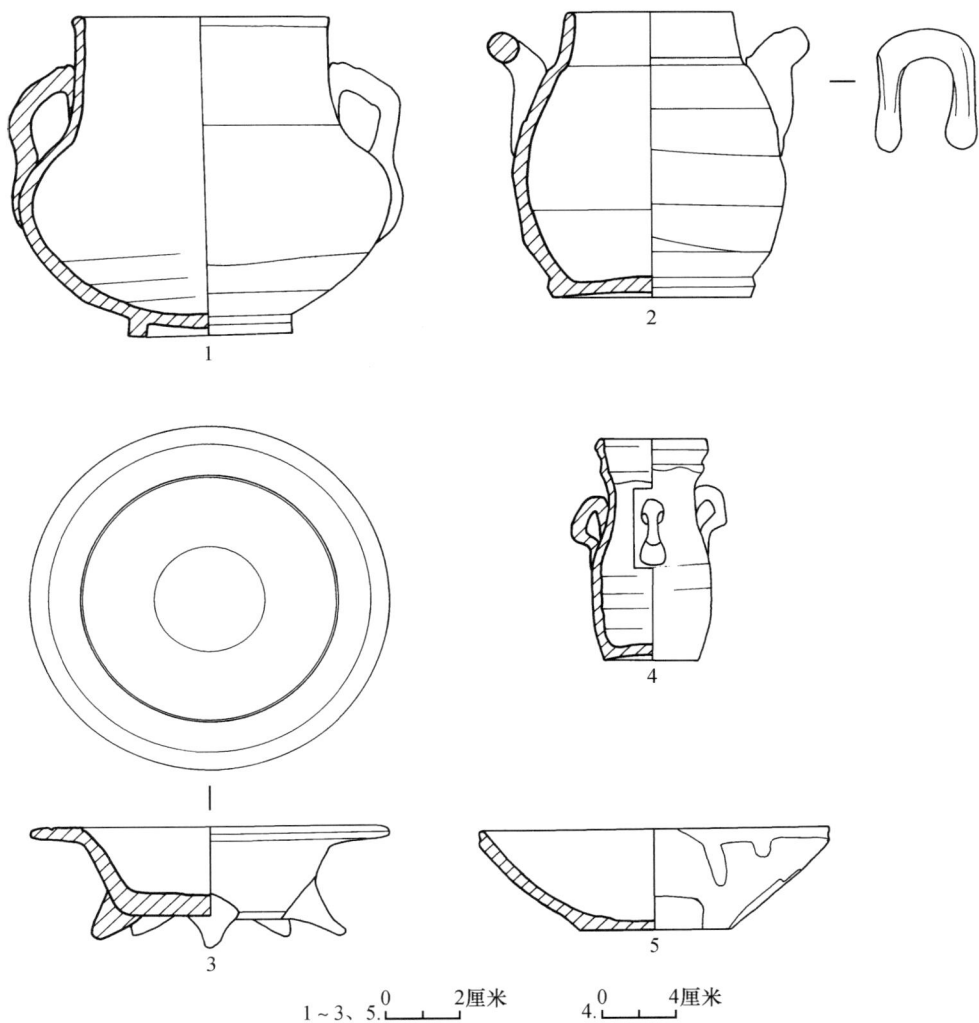

图五三　M30出土瓷器

1、2. 双耳罐（M30：1、M30：5）　3. 香炉（M30：4）　4. 四系罐（M30：3）　5. 碟（M30：2）

底。口径9.6、底径4.2、高2.8厘米（图五三，5）。

　　瓷四系罐　1件。M30：3，紫红胎，酱釉，大部已脱落。口沿部位较厚，盘口微敞，尖唇，束颈，鼓肩，肩部有四个对称竖系，弧腹，平底微内凹。口径6、底径5.4、高12.4厘米（图五三，4）。

　　瓷香炉　1件。M30：4，紫红胎，口沿部位施酱釉，已基本脱落。敞口，宽平沿，沿上饰两周凹弦纹，斜直腹，底部接五个锥形小足。口径9.7、底径4.4、高3.4厘米（图五三，3）。

　　M31　墓向268°。残损严重，仅余墓底（图五四）。墓底用红砂岩石板平铺而成，墓葬残长1.9、残宽1.14、残高0.14米。未出土随葬品。

　　M32　墓向202°。单室结构，不见墓圹，由封门、甬道、墓室组成（图五五）。封门由三块石板顺向侧砌而成，封门宽0.9、高0.9、厚0.08米。甬道平面呈长方形，宽0.7、进深0.28、距墓顶残高0.68、低于墓底约0.1米。墓室平面呈长方形，长2.14、宽0.7、残高0.58米。墓顶已不存。东西两侧墓壁分别用两层石板顺向错缝立砌，大部已不存，内层石板底部置有一长石条，石条长2.14、宽0.1、厚0.06米。后壁用两块长方形石板顺向竖砌而成。壁龛为内层石板留出的较宽缝隙，现残存3个，壁龛宽约0.1、进深0.1

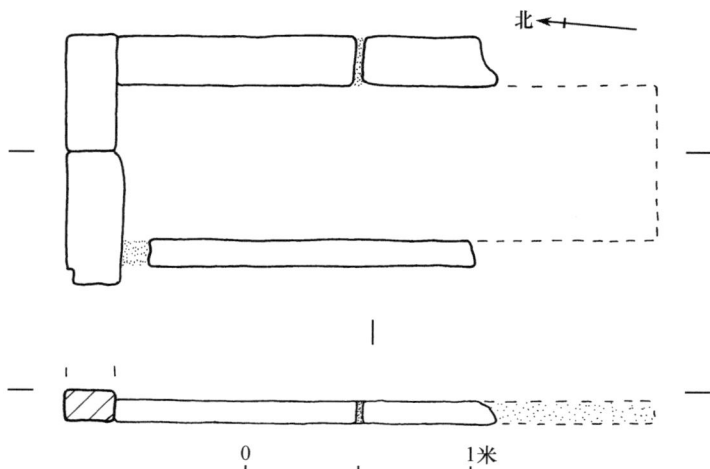

图五四　M31平、剖面图

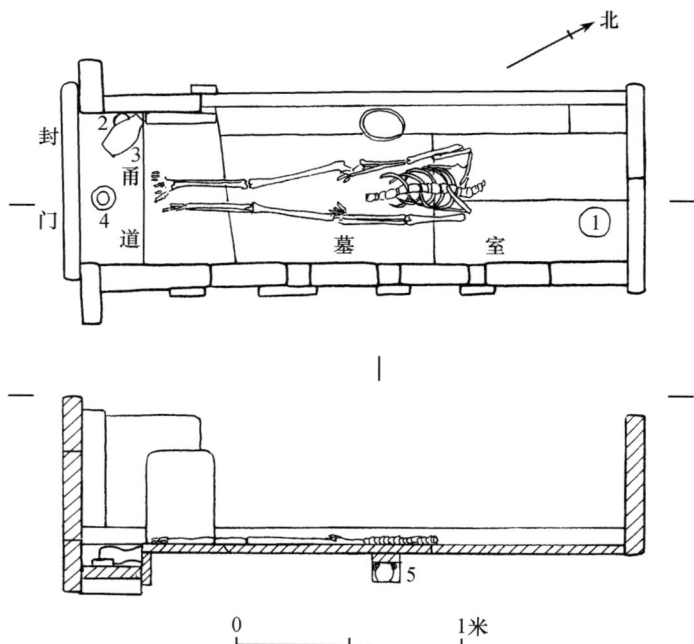

图五五　M32平、剖面图

1. 瓷碗　2. 瓷碟　3. 瓷瓶　4. 瓷香炉　5. 瓷双耳罐

米。墓底石板皆平铺,置有仰身直肢葬人骨一具,头向东北。墓底中部石板下有一坑,坑边长0.12、深0.08米,石板边长0.12、厚0.04米,坑内置有1件瓷双耳罐。甬道处有1件瓷碟、1件瓷香炉、1件瓷瓶,近后壁处有1件瓷碗。

瓷碗 1件。红胎,青釉,内、外壁釉已基本脱落。M32:1,敞口,尖圆唇,斜弧腹,矮圈足。口径14、足径4.6、高5.1厘米(图五六,1)。

瓷碟 1件。M32:2,紫红胎,青釉,釉已基本脱落。敞口,圆唇,斜弧腹,平底。口径10.9、底径4、高2.9厘米(图五六,2)。

瓷瓶 1件。M32:3,紫红胎,酱釉,内壁仅口沿处施釉,外壁仅上部施釉,有流釉现象。侈口,圆唇,直领微束,圆肩,弧腹,底部微内凹。口径6.2、底径7.1、高20.4厘米(图五六,3)。

瓷香炉 1件。M32:4,紫红胎,口沿部位施酱釉,大部脱落。敞口,宽沿,沿面

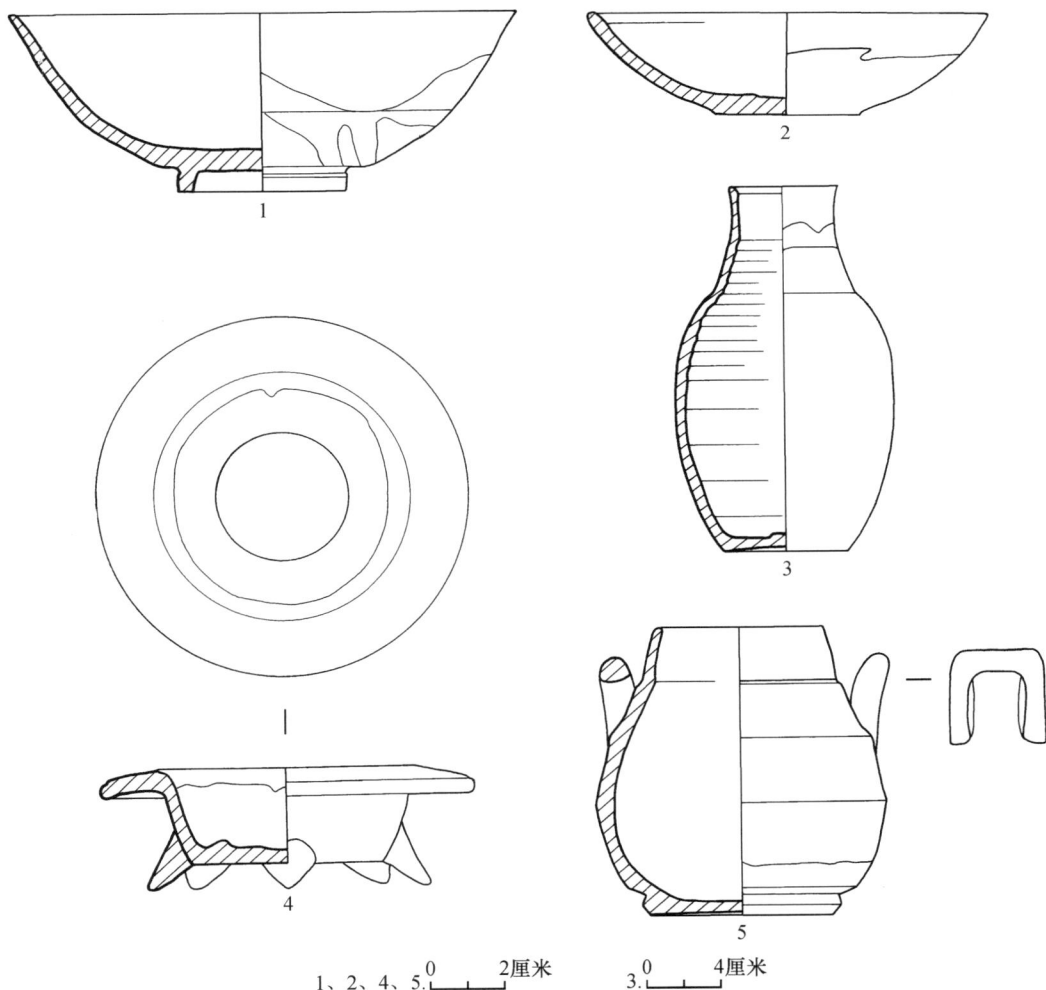

图五六 M32出土瓷器

1. 碗(M32:1) 2. 碟(M32:2) 3. 瓶(M32:3) 4. 香炉(M32:4) 5. 双耳罐(M32:5)

微鼓，斜直腹，底部接五个锥形小足。沿上饰有两周凹弦纹。口径10.2、底径5.3、高3.4厘米（图五六，4）。

瓷双耳罐 1件。M32：5，紫红胎，酱釉，大部已脱落。敛口，尖圆唇，直领微束，鼓肩，肩部有两个对称半圆形横耳，弧腹，饼足微内凹。轮制痕迹明显。口径4.6、底径5、高8.1厘米（图五六，5）。

（二）砖　室　墓

由于处于砂土环境中，3座砖室墓遭受挤压变形，墓圹已难以辨明，现仅由封门和墓室组成，平面形状分为长方形和梯形两种。墓室规模一般，墓顶为券顶，墓底和四壁均用平砖或立砖垒砌而成。现将3座砖室墓的情况详细介绍如下。

M5　墓向165°。单室结构，不见墓圹，由封门、墓室组成（图五七）。封门用平砖错缝顺砌而成，封门宽0.98、高0.62、厚0.16米。墓室平面近梯形，长1.78、宽0.5~0.58、残高0.64米。墓顶已不存，墓壁可分为三层，最下面一层为立砖顺砌与侧砌相间，中间一层为平砖错缝顺砌，最上面一层为平砖错缝顺砌与立砖侧砌相间，砖长32、宽16、厚4厘米。墓底铺地砖保存较好，皆为人字形斜铺，长方形砖长34、宽18、厚4厘米。墓底置有人骨一具，大部已残，仅余头骨及若干肢骨，头向西南。近封门处发现1件瓷盏、1件瓷盘口壶，瓷盏置于瓷盘口壶口部。

瓷盏 1件。M5：1，紫红胎，酱釉，内、外壁釉已基本脱落，有流釉现象。侈

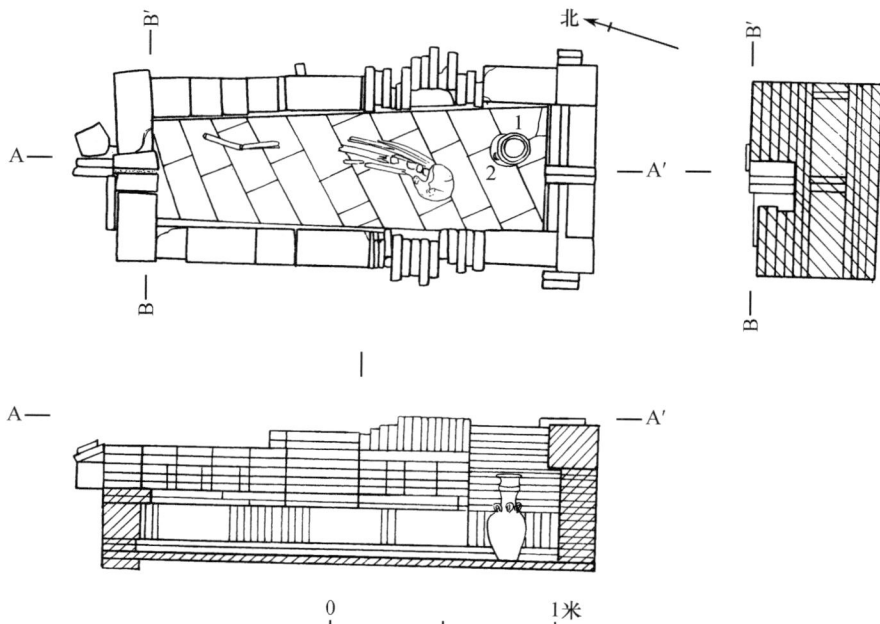

图五七　M5平、剖面图
1.瓷盏　2.瓷盘口壶

口，圆唇，斜弧腹，饼足。口径10.6、底径4、高3厘米（图五八，1）。

瓷盘口壶　1件。M5：2，紫红胎，酱釉，内壁釉已脱落，外壁施釉不及底，有流釉现象。盘口微敞、较深，尖圆唇，长束颈，鼓肩，肩部有四个对称半圆形横耳，弧腹，平底。口径12.6、底径10、高36厘米（图五八，2）。

M6　墓向188°。单室结构，不见墓圹，由封门、墓室组成（图五九）。封门用长方形砖错缝叠砌而成，封门宽1.72、高0.96、厚0.34米。墓室平面近梯形，长2.38、宽0.64~0.76、高0.96米。墓顶为券顶，用长方形砖纵向叠砌起券，砖长22、宽14、厚4厘米。墓壁分为内外两层，内层用平砖通缝叠砌，外层用立砖通缝叠砌，内外层错缝形成两组壁龛，东西对称，壁龛宽0.18、进深0.18米，平砖长约32、宽约14、厚约4厘米，立砖长约36、宽约18、厚约4厘米。墓底用残砖错缝横铺而成，砖残长约22、宽约18、厚约4厘米。墓底置有仰身直肢葬人骨一具，头向西南。近封门处有1件瓷盘口壶、1件瓷盏、1件瓷四系罐、1件瓷碗，封门外侧有2件瓷碗。

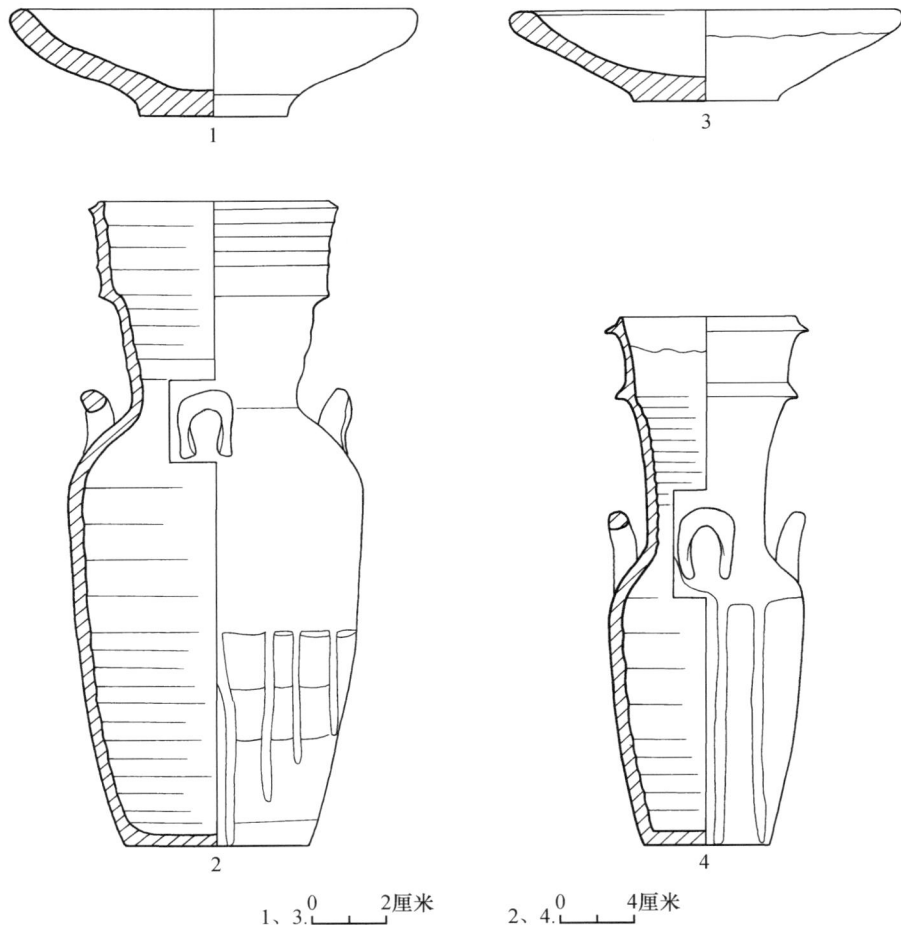

图五八　M5、M26出土瓷器
1、3.盏（M5：1、M26：1）　2、4.盘口壶（M5：2、M26：2）

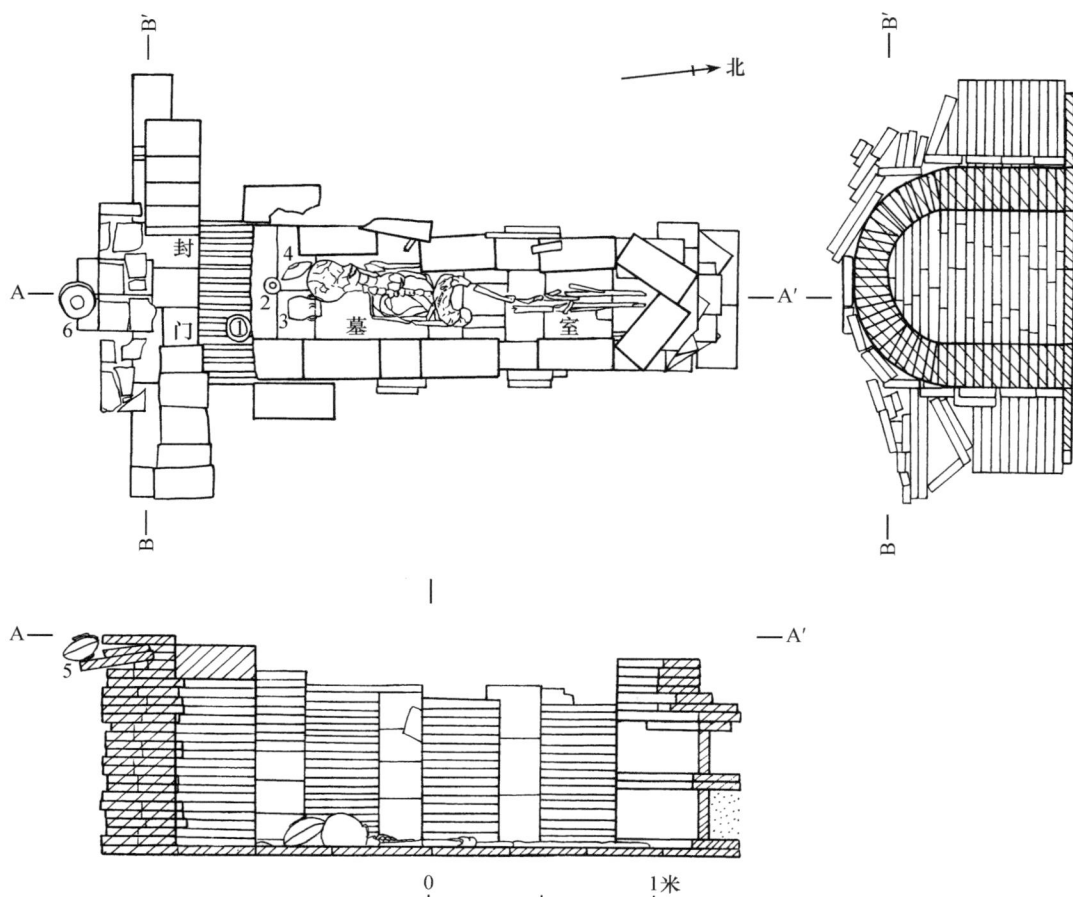

图五九　M6平、剖面图
1.瓷盘口壶　2.瓷盏　3.瓷四系罐　4～6.瓷碗

瓷盘口壶　1件。M6：1，紫红胎，酱釉，已基本脱落。盘口微敞、较深，方唇，长束颈，鼓肩，肩部有四个对称半圆形横耳，弧腹，平底。口径11.8、底径9、高34.6厘米（图六〇，1）。

瓷盏　1件。M6：2，紫红胎，酱釉，釉已基本脱落。敞口，圆唇，弧腹，饼足。口径10.5、底径4、高3厘米（图六〇，2）。

瓷四系罐　1件。M6：3，紫红胎，酱釉，内壁上部施釉，外壁施釉不及底，有流釉现象。直口，圆唇，直领微束，鼓肩，肩部有四个对称竖系，弧腹，平底。口沿部位较厚。口径8.2、底径6.2、高14.4厘米（图六〇，3）。

瓷碗　3件。M6：4，紫红胎，黄釉，内壁满釉，外壁施釉不及底，有流釉现象，内底有五个支钉痕。敞口，圆唇，斜弧腹，饼足微内凹。口径17.4、底径6.8、高5厘米（图六〇，4）。M6：5，紫红胎，青釉。敞口，尖圆唇，斜弧腹，饼足微内凹。大部已脱落，内底有五个支钉痕。口径17.6、底径6.6、高5.5厘米（图六〇，5）。M6：6，

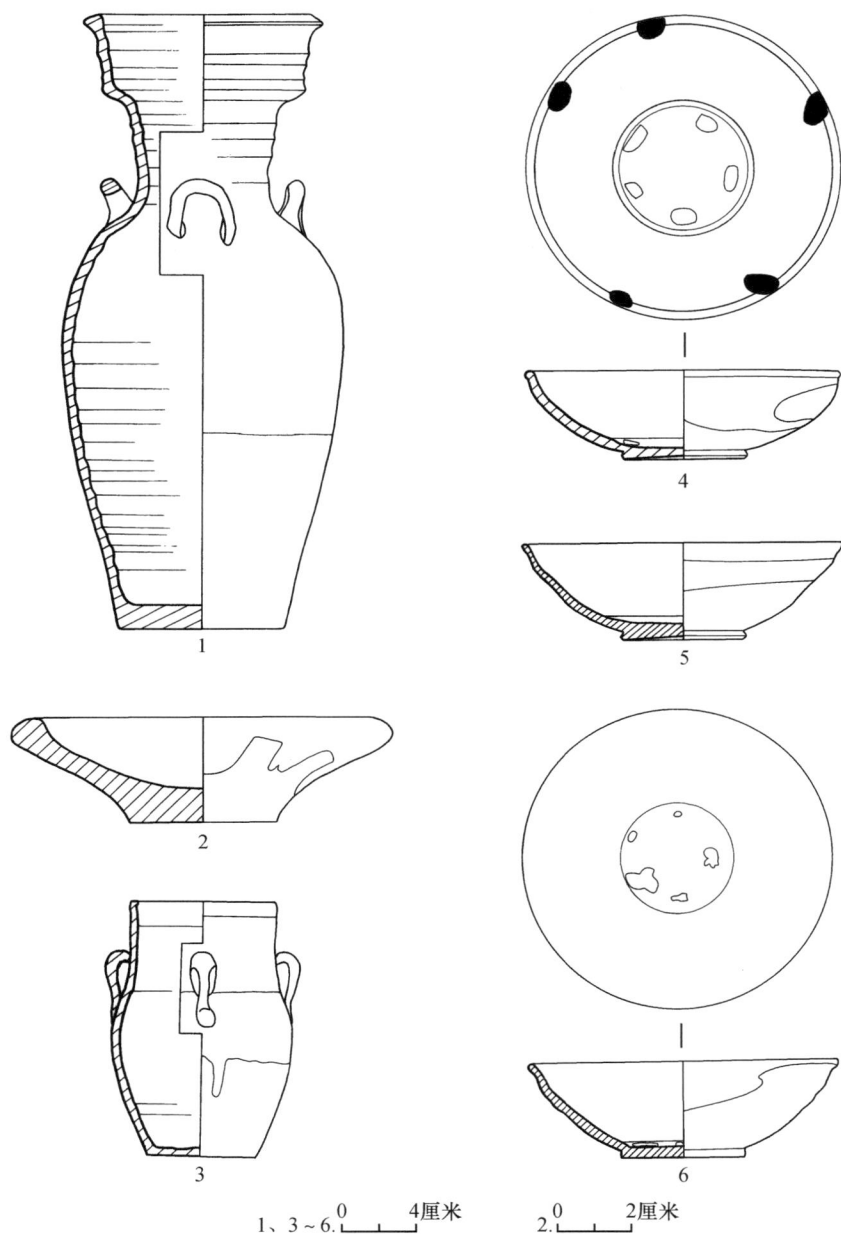

图六〇　M6出土瓷器

1. 盘口壶（M6：1）　2. 盏（M6：2）　3. 四系罐（M6：3）　4～6. 碗（M6：4、M6：5、M6：6）

紫红胎，釉已脱落。敞口，尖圆唇，斜弧腹，饼足。口径17、底径6.8、高5.4厘米（图六〇，6）。

M26　墓向173°。单室结构，不见墓圹，由封门、墓室组成（图六一）。封门用平砖错缝顺砌而成，封门宽1.24、高0.64、厚0.18米。墓室平面近长方形，长1.82、宽0.4～0.46、残高0.64米。墓顶为券顶，用长方形砖纵向叠砌起券。墓壁分为内外两层，内层用平砖通缝叠砌，外层用立砖通缝叠砌，内外层错缝形成两组壁龛，东西对称，壁龛宽0.2、进深0.2米。墓底用残砖错缝横铺而成，砖残长约26、宽约18、厚约4厘米。墓内人骨较为散乱，发现2件头骨，应为捡骨二次葬。近封门处有1件瓷盏、1件瓷盘口壶。

瓷盏 1件。M26：1，紫红胎，酱釉，内壁满釉，外壁釉已脱落。敞口，圆唇，弧腹，饼足。口径10.8、底径4、高2.6厘米（图五八，3）。

瓷盘口壶 1件。M26：2，紫红胎，酱釉，内壁口沿处施釉，外壁施釉不及底，有流釉现象。盘口微敞、较深，尖唇，长束颈，鼓肩，肩部有四个对称半圆形横耳，弧腹，平底。口径9.6、底径6.9、高29.7厘米（图五八，4）。

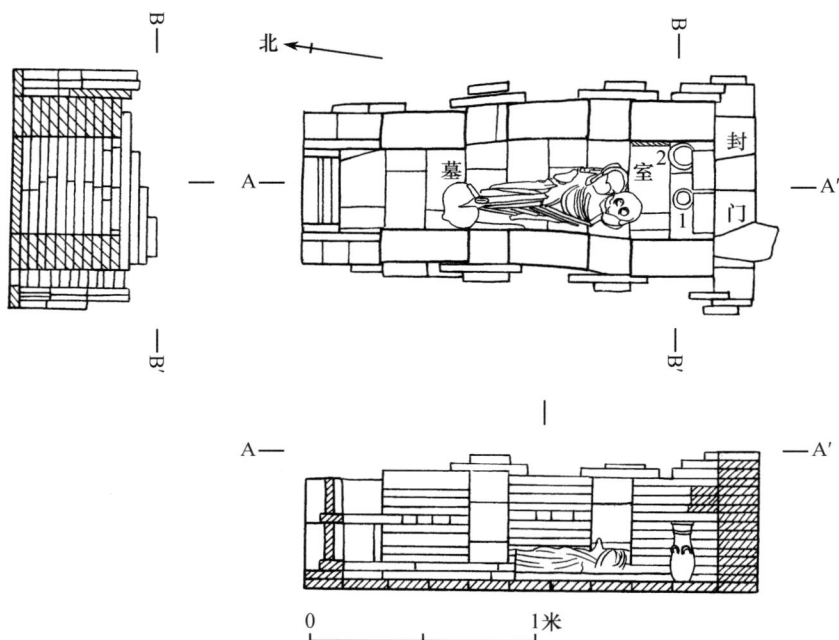

图六一 M26平、剖面图
1.瓷盏 2.瓷盘口壶

二、墓葬形制的类型学分析

32座墓葬，除M31保存较差基本不存外，其余31座墓葬依据营建所用材料的不同，可以分为甲、乙两类，甲类为石室墓，乙类为砖室墓。

1. 甲类石室墓

石室墓共29座，除M31保存较差基本不存外，其余28座根据甬道的有无，分为二型。

A型 11座。无甬道。根据墓室平面形状的不同，分为二式。

Ⅰ式：墓室平面形状呈梯形。M1 ~ M3、M7、M8、M15。

Ⅱ式：墓室平面形状呈长方形。M12、M18、M20 ~ M22。

B型　17座。有甬道。根据墓室平面形状的不同，分为二式。

Ⅰ式：10座。墓室平面形状呈梯形。M4、M9、M10、M13、M14、M16、M17、M24、M25、M29。

Ⅱ式：7座。墓室平面形状呈长方形。M11、M19、M23、M27、M28、M30、M32。

2. 乙类砖室墓

砖室墓共3座，均为单室结构，无甬道，墓室平面形状均为梯形，限于该类墓此次发现数量较少，且形制简单，墓葬间无明显区别，故在此不对其进行具体的类型学分析。

三、随葬品的类型学分析

出土随葬品中，以盘口壶、四系罐、双耳罐、香炉等瓷器的形制变化较为显著，可进行类型学分析。

盘口壶　17件。根据器身整体形态的不同，分为二型。

A型　8件。整体形态较为矮胖。根据口、颈、腹部的变化，分为三式。

Ⅰ式：2件。盘口较大且深，口部外敞，口径与腹径略等，颈部粗短。M5：2、M6：1。

Ⅱ式：3件。盘口变小变浅，口部近直，口径小于腹径，颈部变长。M3：2、M4：2、M10：2。

Ⅲ式：3件。浅盘口，口部近直，口径小于腹径，颈部更长。M19：1、M20：1、M22：2。

B型　9件。整体形态较为瘦高。根据口、颈部的变化，分为三式。

Ⅰ式：1件。盘口较深，细长颈。M2：1。

Ⅱ式：2件。盘口变浅，颈部变短。M7：4、M26：2。

Ⅲ式：6件。盘口更浅，颈部粗短。M1：2、M8：1、M16：2、M17：1、M24：2、M25：1。

四系罐　27件。根据器身整体形态的不同，分为二型。

A型　13件。整体器形偏大。根据口部的不同，分为二亚型。

Aa型　9件。直口。M1：4、M2：4、M6：3、M16：4、M17：5、M24：1、M24：4、M25：6、M29：2。

Ab型　4件。盘口。根据颈部的变化，分为二式。

Ⅰ式：1件。颈较短。M29：4。

Ⅱ式：3件。颈较长。M11：2、M11：6、M30：3。

B型　14件。整体器形偏小，多出于墓底的坑内，很可能作为明器使用。根据器身整体形态的变化，分为二式。

Ⅰ式：12件。整体器形较高。M3：4、M4：3、M4：5、M7：3、M9：2、M9：4、M10：3、M10：5、M13：6、M14：6、M17：3、M25：3。

Ⅱ式：2件。整体器形较扁矮。M2：3、M7：5。

双耳罐　13件。根据耳部位置的不同，分为二型。

A型　12件。双耳位于肩、腹交接处。根据最大径位置的变化，分为三式。

Ⅰ式：7件。最大径在肩腹交接处。M11：7、M11：8、M19：5、M23：5、M27：4、M28：5、M30：5。

Ⅱ式：4件。最大径在腹部。M20：3、M21：2、M22：3、M32：5。

Ⅲ式：1件。最大径在下腹部。M12：3。

B型　1件。双耳位于肩、颈交接处。M30：1。

香炉　8件。根据口、沿、足的变化，分为三式。

Ⅰ式：1件。敞口，宽平沿，圈足。M25：5。

Ⅱ式：4件。敞口，宽平沿，五足外撇。M27：2、M28：4、M30：4、M32：4。

Ⅲ式：3件。直口，三足很短。M11：1、M11：4、M28：3。

四、分期与年代判断

这32座墓葬，除M18未出土葬品，M31保存较差基本不存外，其余30座墓葬依据墓葬形制及随葬品组合情况，我们可以将其分为四期五段。

一期早段：包括M5、M6、M15，墓葬形制以乙类为主，1座为甲类AⅠ式，随葬品有Aa型四系罐、AⅠ式盘口壶。

一期晚段：包括M3、M4、M9、M10、M29，墓葬形制新出现了甲类BⅠ式，随葬品组合中新出现了AbⅠ、BⅠ式四系罐，AⅡ式盘口壶。

二期：包括M1、M2、M7、M8、M13、M14、M16、M17、M19、M20、M22、M24、M25、M26，墓葬形制新出现了甲类AⅡ式，随葬品组合中新出现了Ⅰ式香炉、AⅠ、AⅡ式双耳罐，BⅡ式四系罐，AⅢ、BⅠ、BⅡ、BⅢ式盘口壶，双耳杯、大口罐。

三期：包括M27、M30、M32，墓葬形制均为甲类BⅡ式，随葬品组合中新出现了Ⅱ式香炉、B型双耳罐、AbⅡ式四系罐、瓶。

四期：包括M11、M12、M21、M23、M28，墓葬形制仍为甲类AⅡ式、BⅡ式，随葬品组合中新出现了Ⅲ式香炉、笔洗、葫芦瓶。

一期早段M6中出土的Aa型四系罐与龙泉驿青龙村M2[1]中出土的基本相同，后者时代为北宋中期偏早阶段（1062年），因此我们认为该段的时代也应大致如此。一期晚段M3中出土的AⅡ式盘口壶与新津邓双M1[2]中的较为相近，新津邓双M1为北宋中期偏晚阶段墓葬（1081年），因此我们认为该段的时代也应大致处于这一阶段。

二期M19中出土的AⅠ式双耳罐与龙泉驿青龙村M3[3]中的基本相近，后者时代为北宋晚期（1106年），M25中出土的Ⅰ式香炉呈现出北宋晚期的特征[4]，因此该期时代应为北宋晚期。

三期M27、M30、M32中出土的Ⅱ式香炉与成都西郊金鱼村M2[5]中的基本相同，后者时代为南宋早期（1188年），M27、M32中的瓶与成都博瑞都市花园M18[6]中的基本相近，后者时代也为南宋早期（1163年），故而将三期的时代定为南宋早期。

四期M11、M28中出土的Ⅲ式香炉与高新区石墙村M5[7]中的基本相似，后者时代为南宋中晚期（1211年），而M12中出土的AⅢ式双耳罐与成都信息产业部三十研究所M2[8]中的基本相同，后者时代亦为南宋中晚期（1210年），另外M12中出土的葫芦瓶与高新区石墙村M5[9]中的基本相似，因此我们将四期的年代定在南宋中晚期。

五、结　　语

将军坟墓地存在单人仰身直肢一次葬、捡骨二次葬、火葬、一次葬与火葬结合等四种葬俗，其中第一种占据主流，其他三种较少。这里引起我们关注的是捡骨二次葬、一次葬与火葬结合这两种较为特殊的丧葬习俗。二次葬有2座，即M2和M26。M2为石室墓，墓中人骨左右胫骨相反，应非一次葬所致；M26为砖室墓，墓内人骨较为散乱，发现有两件头骨，这两座墓应均为捡骨二次葬。这两座墓的葬俗与其他墓葬相比，显得较为特殊，其出现的原因为何？是否有可能是墓主客死他乡，后捡骨归葬故乡？抑或是一种宗教信仰下的产物？M26是否还有可能为墓中二人于不同时间内去世，后人为将其合葬一处，故而如此处理。一次葬与火葬结合的例子仅有2座墓葬，即M16、M17，这两座均为石室墓，墓室后壁均有一龛，置有一大口罐，其形态与成都平原宋元时期的火葬罐基本相同，罐内还有少量骨渣残痕，应为火葬罐无疑，但它们的墓室内又各置有一具仰身直肢葬人骨，这两种丧葬方式的结合显得较为特殊，其原因为何？墓室内的两个墓主，当于不同时间先后逝去，后归葬一处，但又为何采取不同的葬俗？以上的这些问题还需要进一步地思考和研究。

除丧葬习俗方面存在特殊之处外，将军坟墓地的石室墓普遍存在这样一种现象，即墓底石板之下设有一坑，个别墓葬还设有多个坑，如M8中设有两个坑，M13、M14中设有六个坑。坑的规格很小，长、宽、深多在0.1～0.2米。坑的位置多在墓底中部，还有少量在墓底两端，坑口或置有一小石板，坑内置有瓷双耳罐、双耳杯或四系罐等器物。在墓底设坑的现象在成都平原的宋墓中并不罕见，有些将其称之为"腰坑"，但这与先秦时期墓葬中的腰坑在位置、数量、规格等诸多方面迥然有别。与后者相比，宋墓中的这些坑不完全是设置于墓主腰部位置的，还有少量在墓主头部或足部，数量不止一个，且规格很小。针对墓底设坑现象的来源及其意义，现在还不甚明了，但我们怀疑这种现象很可能还是与民间宗教信仰相关。此外，将军坟墓地有3座墓出有瓷双耳杯，分别是M8、M13、M14，均出土于墓底石板下的坑中，其中M8出有2件，M13、M14均出有5件，这些双耳杯内部均带有扣状物，我们怀疑其很可能是成套出现的，或为5件一套。这类器物本身及其出土数量、埋藏位置似乎透露出一些其他信息。结合成都平原其他宋墓的情况，我们发现，这类双耳杯在青白江区景峰村宋墓[10]、温江区"边城·香格里"宋墓[11]、新津方兴唐宋墓群[12]中都有发现，只不过前二者所出的双耳杯中未发现扣状物，而新津方兴墓中有。结合我们对成都平原宋墓的初步梳理情况，我们认为，这类器物应与镇墓有关，其数量和摆放位置均与已发现的道教五方镇墓真文券相似，推测二者性质应大致相近，皆为镇墓类器物，与当时的道教信仰密切相关。将目光再往前看，我们发现在时代更早的墓葬中就出有类似性质的器物，如时代为唐代晚期至五代的龙泉驿洪河大道南延线M12[13]中就出有釉陶独角兽，其应为镇墓性质器物。在有明确纪年的蒲江杨柳村宋墓M5[14]（1067年），发现有小罐及蹲犬状独角兽组合放置于壁龛内。发掘者认为，这类器物的完整组合模式应为5套一组，或分别放置于墓室内两侧壁龛内，或集中放置于墓底腰坑中，其功用可能与道教中的五方镇墓真文券相似，用于镇压地下魑魅，护佑墓主周全。如此观察，是否存在这样一种可能，我们看到的带有扣状物的双耳杯是早期镇墓器物的一种传承和嬗变，其背后反应的是宗教信仰的流传。

总体来看，将军坟墓地的发掘，对于进一步完善成都平原两宋时期墓葬形制及随葬品发展演变序列以及研究区域内民间宗教信仰都有重大意义。

发掘：唐　淼　唐　浩

整理：吴　鹏　唐　淼

修复：郎　丽

绘图：陈　睿

执笔：吴　鹏　唐　淼

注　释

［1］　成都市文物考古研究所：《成都市龙泉驿区青龙村宋墓发掘简报》，《成都考古发现》（1999），科学出版社，2001年，第278～294页。

［2］　成都市文物考古研究所、新津县文物管理所：《新津县邓双乡北宋石室墓发掘简报》，《成都考古发现》（2002），科学出版社，2004年，第384～401页。

［ 3 ］ 成都市文物考古研究所：《成都市龙泉驿区青龙村宋墓发掘简报》，《成都考古发现》（1999），科学出版社，2001年，第278～294页。

［ 4 ］ 陈云洪：《四川地区宋代墓葬研究》，《南方民族考古》（第七辑），科学出版社，2011年。

［ 5 ］ 成都市文物考古工作队：《四川成都市西郊金鱼村南宋砖室火葬墓》，《考古》1997年第10期。

［ 6 ］ 成都市文物考古工作队：《成都博瑞"都市花园"汉、宋墓葬发掘报告》，《成都考古发现》（2001），科学出版社，2003年，第120～162页。

［ 7 ］ 成都市文物考古研究所：《成都市高新区石墙村宋墓发掘简报》，《成都考古发现》（1999），科学出版社，2001年，第252～259页。

［ 8 ］ 成都文物考古研究所：《信息产业部三十研究所南宋火葬墓的发掘》，《成都考古发现》（2004），科学出版社，2006年，第433～451页。

［ 9 ］ 成都市文物考古研究所：《成都市高新区石墙村宋墓发掘简报》，《成都考古发现》（1999），科学出版社，2001年，第252～259页。

［10］ 成都市文物考古研究所、青白江区文物管理所：《成都市青白江区景峰村五代及宋代墓葬发掘简报》，《成都考古发现》（2003），科学出版社，2005年，第331～346页。

［11］ 成都文物考古研究所、温江区文物保护管理所：《成都市温江区"边城·香格里"工地宋代墓葬发掘简报》，《成都考古发现》（2007），科学出版社，2009年，第540～563页。

［12］ 成都文物考古研究所、新津县文管所：《成都市新津县方兴唐宋墓群发掘报告》，《成都考古发现》（2009），科学出版社，2011年，第476～514页。

［13］ 成都市文物考古研究所、龙泉驿区文物保管所：《成都市龙泉驿区洪河大道南延线唐宋墓葬发掘简报》，《成都考古发现》（2001），科学出版社，2003年，第163～177页。

［14］ 成都文物考古研究所、蒲江县文物管理所：《四川蒲江县杨柳村宋墓发掘简报》，《四川文物》2019年第5期。

彭州市致和镇青石村宋墓发掘简报

成都文物考古研究院
彭州市博物馆

彭州市位于岷山支脉龙门山东部山前地带，西为高山，东为成都平原腹心地带。与成都市中心直线距离约35千米。墓地位于彭州市致和镇青石村2组，南距太平场约1.8千米，北距彭州市区约4.9千米（图一）。地理坐标为东经103°55′2.27″、北纬30°56′23.15″，海拔580米。

2018年6月，受彭州市统一建设集团有限公司委托，成都市文物考古工作队对项目涉及的沙西线彭州支线建设工程征地红线范围进行了考古调查与勘探工作，共发现4处文物点。同年7～11月，成都市文物考古工作队组织人员对这几处文物点位进行了抢救性发掘工作，发现遗存有商周遗址、汉代和宋代墓葬等。其中1号文物点发现的3座墓葬所处位置为一处略高于周围的台地，地表现为荒草地，附近农田种植有水稻田、杏林等。3座墓葬保存较好，出土遗物较多，按发掘先后依次编号为2018PZQM1～2018PZQM3（以下省略"2018PZQ"）。M2居中，东侧约1.5米为M1，西侧约4米为M3（图二）。现将发掘情况报告如下。

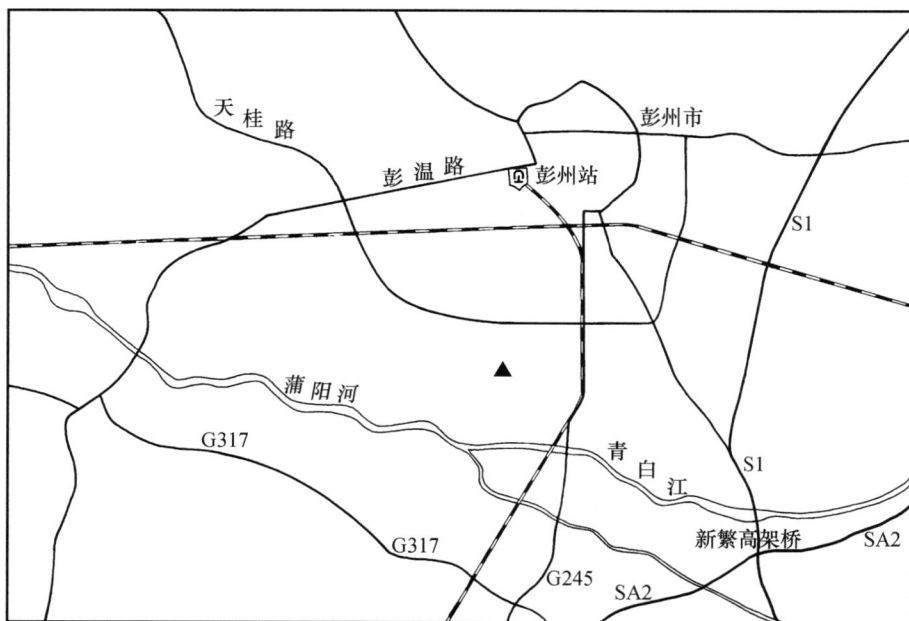

图一 墓葬位置示意图

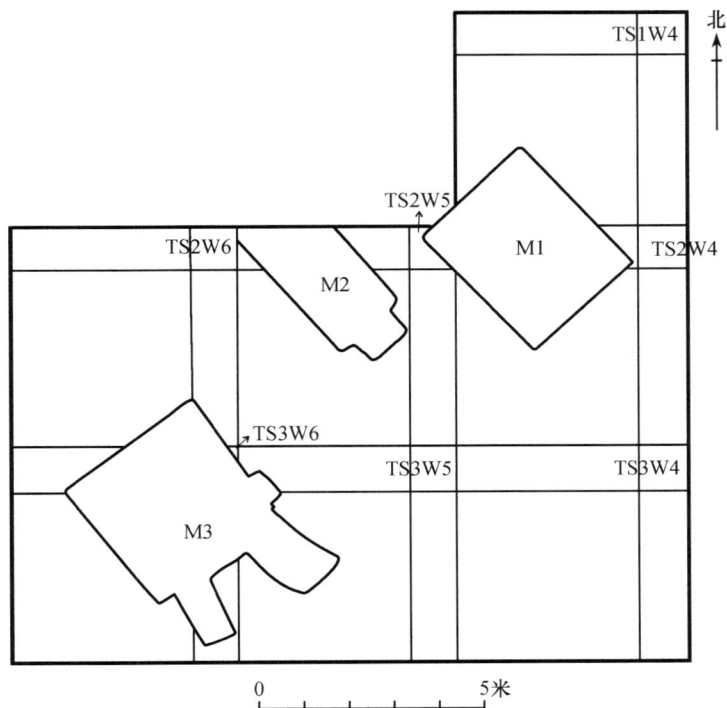

图二 墓葬分布图

一、墓葬形制

3座墓葬均为砖室墓，保存状况较差，墓葬顶部均已不存。可分为单室墓和双室墓两类。

单室墓 1座。

M2 墓向140°。墓葬北部被晚期坑破坏。平面呈凸字形。墓圹距地表深0.5米，浅褐色填土，内夹杂大量鹅卵石。残长4.08、宽1.84米。由墓道、甬道、墓室等几部分组成。墓道平面呈长方形，斜坡状底，残长1.1、宽1.4、深0.5～0.58米。甬道位于墓室前部，长0.92、宽1.82、高0.52米。墓室墓顶不存，残长2.64、宽0.84、残高0.64米。腰坑位于墓室中部，平面呈口字形，四壁分别用三层丁砖顺砌。腰坑边长0.18、深0.16米。墓底左右两侧铺一层横砖，中间铺一层顺砖。墓壁分数层砌筑，先用平砖顺铺两层，再用丁砖横铺一层，其上又用平砖顺铺一层（图三）。墓室用砖均为长方形素面砖，规格为31厘米×15.5厘米—2.5厘米。根据墓室内残存的棺板遗存，推测葬具为木棺。墓室发现有瓷俑、瓷四系罐、瓷龙形俑、陶鸡俑、铜镜。墓室底部腰坑上部发现有扣合的墓券，之间夹有五铢、货泉、开元通宝、皇宋通宝、治平元宝、元丰通宝、绍圣元宝等铜钱，腰坑内出土有瓷双耳罐、瓷双耳杯和崇宁通宝等。

双室墓 2座。

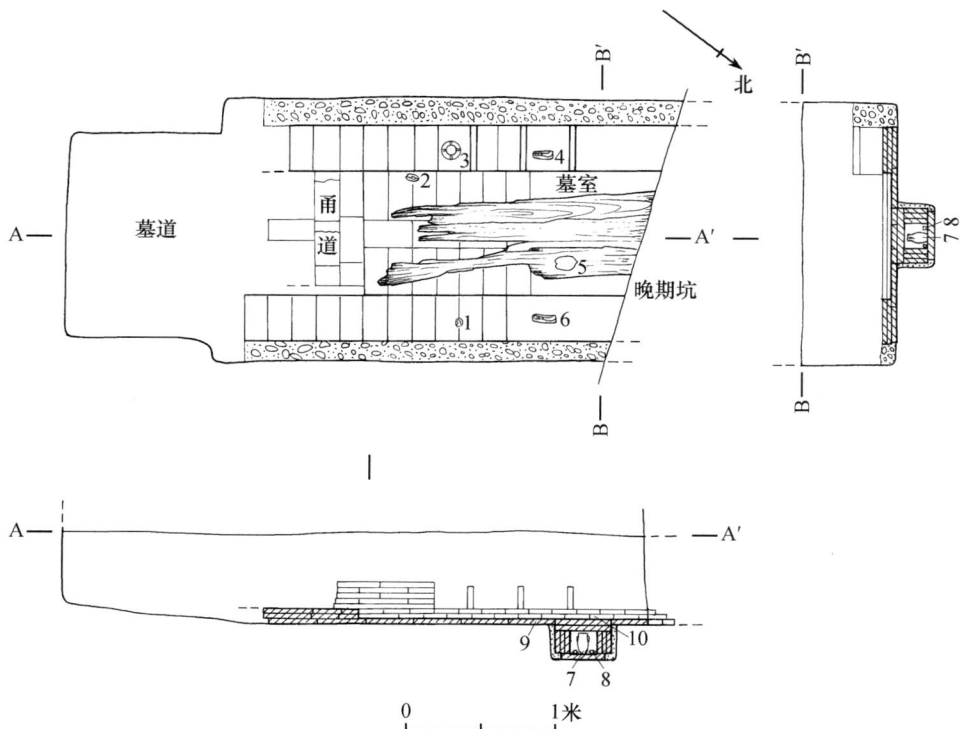

图三　M2平、剖面图

1. 陶鸡俑　2. 瓷武士俑　3. 瓷四系罐　4、6. 瓷龙形俑　5. 铜镜　7. 瓷双耳罐　8. 瓷双耳杯　9. 墓券　10. 钱币

M1　墓向136°。墓圹距地表深0.5米，浅褐色填土，内夹杂大量鹅卵石。平面呈长方形，长3.58、宽2.98、深0.44米。墓室平面呈长方形，分为南、北两室，形制相近，墓顶和部分墓壁不存。以南室为例进行介绍。南室长3.4、宽0.86、高0.41米。墓底中部横砖平铺，两侧竖砖平铺。墓壁平砖顺砌（图四）。墓室用砖均为素面砖，规格均为34厘米×17厘米—3厘米。墓室内发现有残存的棺板痕迹，推测葬具为木棺。南室前部发现有墓券，下方有五铢、开元通宝、乾元重宝、咸平元宝、崇宁通宝、正隆元宝等铜钱，后部发现有瓷双耳罐、瓷双耳杯，北室后部发现有残陶人俑。

M3　墓向141°。墓圹距地表深0.5米，浅褐色填土，内夹杂大量鹅卵石。平面呈长方形，带二墓道，总长5.14、宽4、深0.48米。由墓道、墓室主体设施和壁龛等附属设施组成。墓道分为南、北两墓道，北墓道长1.96、宽0.96、深0～0.4米，南墓道长1.34、宽0.86、深0.3～0.4米。墓室分为南、北两室，两室形制相近，以北室为例进行介绍。墓室平面呈长方形。长2.52、宽0.84、高0.5米。墓顶和部分墓壁不存。墓底丁砖顺铺，共26排。两侧壁平砖顺铺四层。北室东部近墓道处有一壁龛，平砖顺铺（图五）。墓室用砖均为素面砖，铺地砖规格为29厘米×9厘米—3.5厘米，封门用砖规格为31厘米×15.5厘米—3厘米，墓壁墙砖规格为31厘米×15.5厘米—2.5厘米。墓室内发现有残存的棺板痕迹，推测葬具为木棺。南墓室中部发现有瓷四系罐、外侧发现有瓷武士俑。

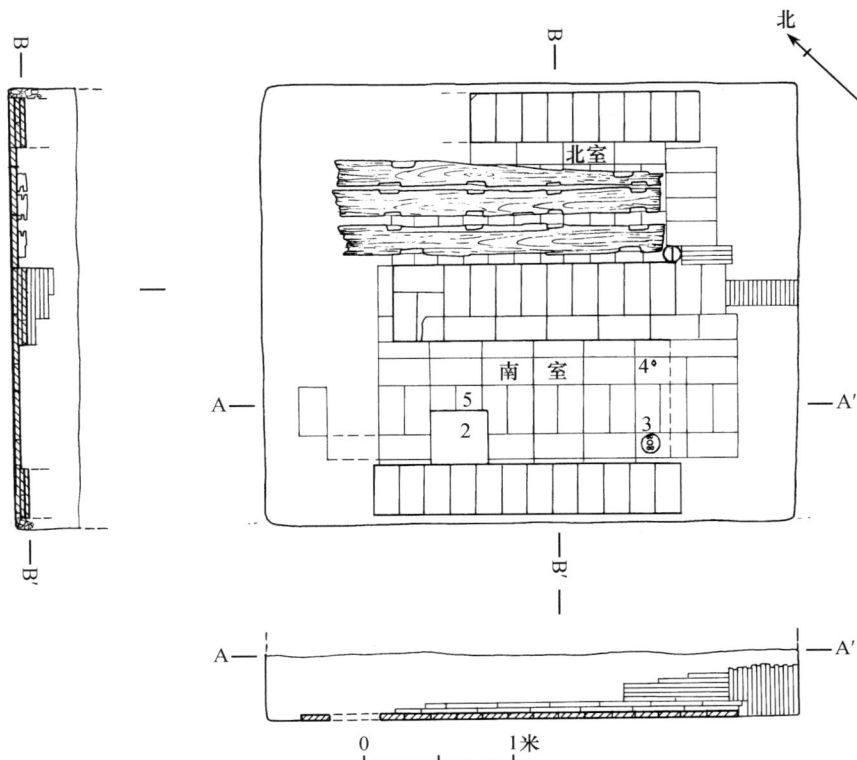

图四　M1平、剖面图

1. 残陶人俑　2. 墓券　3. 瓷双耳罐　4. 瓷双耳杯　5. 钱币

二、随葬器物

共出土随葬器物35件（枚），可分为瓷器、陶器、铜器、钱币、墓券等。

1. 瓷器

10件。包括双耳罐、四系罐、双耳杯、龙形俑、武士俑等。常见釉面脱落的现象。

双耳罐　2件。红胎，腹部以上及口沿施酱釉。侈口，尖唇，束颈，溜肩，鼓腹，平底内凹。肩部有两个对称横桥形耳。M2：7，口径5.1、底径8、高12.3厘米（图六，3）。M1：3，口径4.9、底径7.8、高12.2厘米（图六，4）。

四系罐　2件。腹部以上施黑褐釉，腹部以下有流釉现象。盘口，尖唇，弧腹，平底内凹。颈部有两周凹槽，肩部饰两对对称竖耳。M3：1，灰胎。口径5.8、底径6、高15.8厘米（图六，1）。M2：3，红胎。口径5.6、底径6.1、高14.6厘米（图六，2）。

双耳杯　2套共10件，5件一组。红胎。敞口，斜直腹，平底。腹部饰对称竖耳。M1：4-1～M1：4-5，以M1：4-1为例介绍，口径2.8、底径1.8、高2.2、壁厚约0.3厘米（图七）。M2：8-1～M2：8-5，以M2：8-1为例介绍，口径2.9、底径1.9、高2.1、壁厚

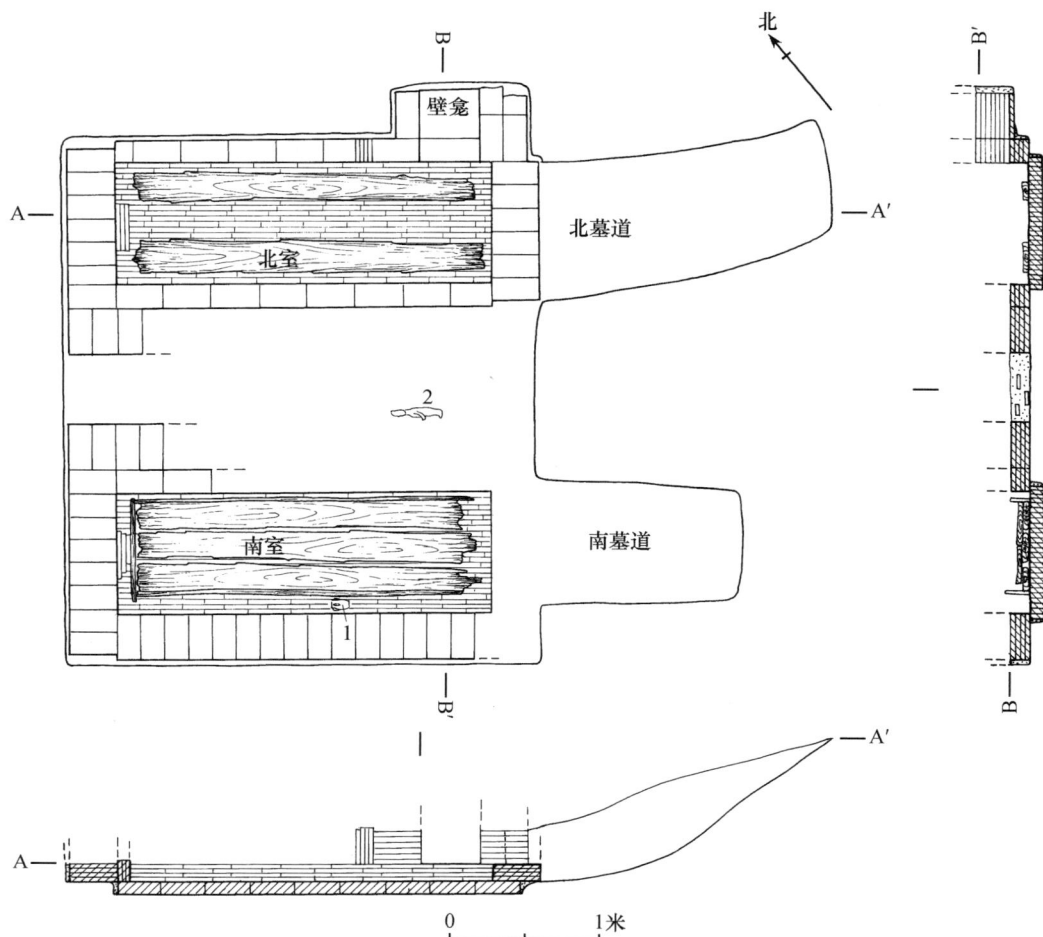

图五 M3平、剖面图

1. 瓷四系罐 2. 瓷武士俑

约0.2厘米（图八）。

龙形俑 2件。M2：6，泥质红陶胎，胎面有白色化妆土，龙头、身施绿釉。呈蹲伏状，通体表现较抽象，系手捏制成形，龙身呈曲弓状，龙头正对前方，四肢和龙尾立于一平板形器座之上。轮廓较清晰，口、鼻、眼、耳、角均可分辨。长13.3、高7.8厘米（图九）。M2：4，泥质红陶胎，胎面有白色化妆土，龙头、身施绿釉。呈蹲伏状，通体表现较抽象，系手捏制成形，龙身呈曲弓状，龙头正对前方，四肢和龙尾立于一平板形器座之上。轮廓较清晰，口、鼻、眼、耳、角均可分辨。长14.6、高7.4厘米（图一〇）。

武士俑 2件。M2：2，红胎，黄釉。头戴兜鍪，鍪顶璎饰倒向一边，侧面有护耳，双目圆睁，面部丰满，神情肃然，仅剩头部。残高11厘米（图一一，2）。

图六 瓷罐

1、2. 四系罐（M3：1、M2：3） 3、4. 双耳罐（M2：7、M1：3）

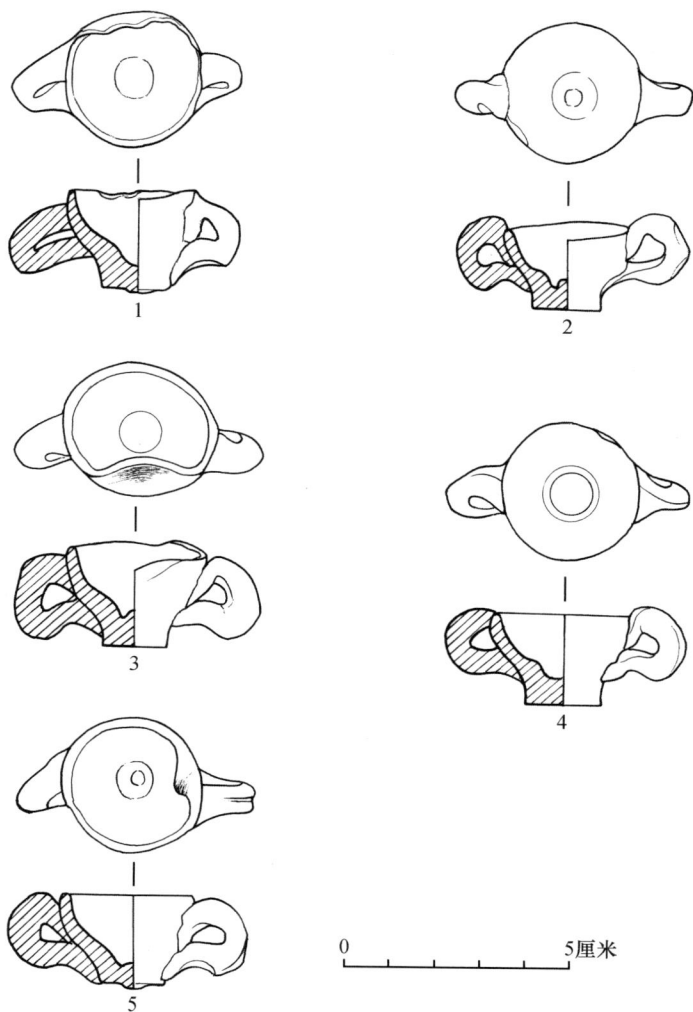

图七　瓷双耳杯

1. M1：4-1　2. M1：4-2　3. M1：4-3　4. M1：4-4　5. M1：4-5

M3：2，红胎，青黄釉。头戴兜鍪顿项，鍪顶璎饰倒向一边，侧面有护耳，双目圆睁，面部丰满，神情肃然，下半身残损。残高18.6厘米（图一一，1）。

2. 陶俑

2件。

残人俑　1件。M1：1，泥质红陶。仅剩底座。残高11厘米（图一二）。

鸡俑　1件。M2：1，泥质红陶，釉层脱落。高冠，抬头，挺胸，收翅，尾下垂直立于圆形空心座上。通高15.3厘米（图一三）。

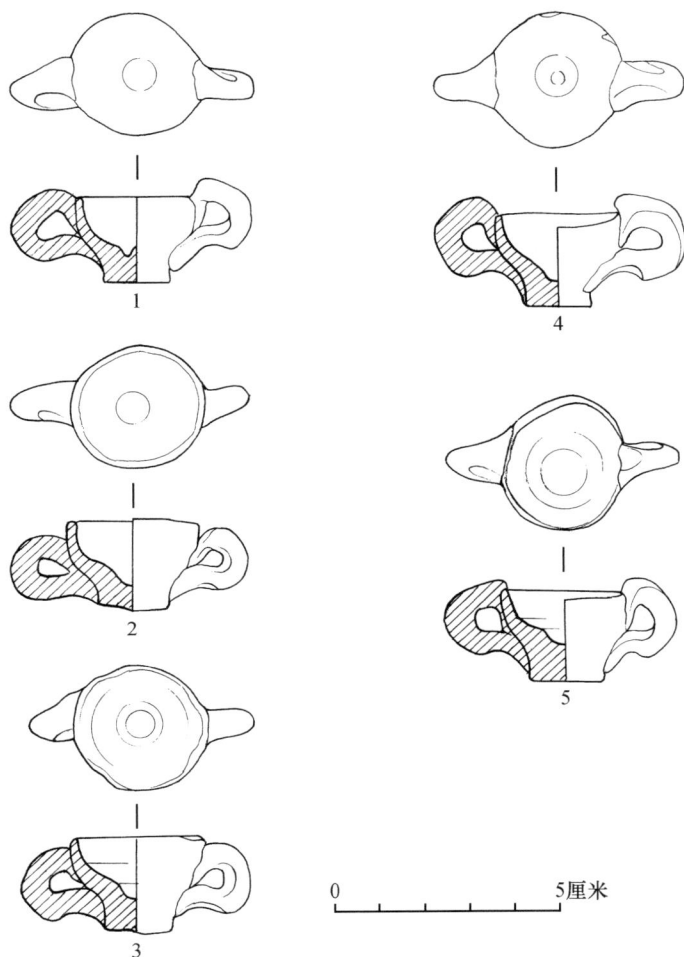

图八　瓷双耳杯

1. M2：8-1　2. M2：8-2　3. M2：8-3　4. M2：8-4　5. M2：8-5

3. 铜器

1件。

铜镜　1件。M2：5，平面呈桃形，镜背有一周圆形镜缘，桥形纽，镜纽左侧有一长方形框，框内铸竖行铭文，字迹不清。长12.8、宽10.3、外缘厚0.6厘米（图一四）。

4. 铜钱

20枚。圆郭方孔。多数铜钱位于两块买地券之间，包括五铢、货泉、开元通宝、乾元重宝、咸平元宝、天圣元宝、皇宋通宝、治平元宝、元丰通宝、绍圣元宝、崇宁通宝、正隆元宝等。

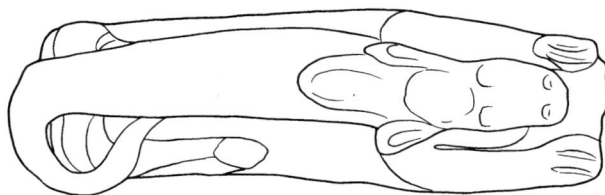

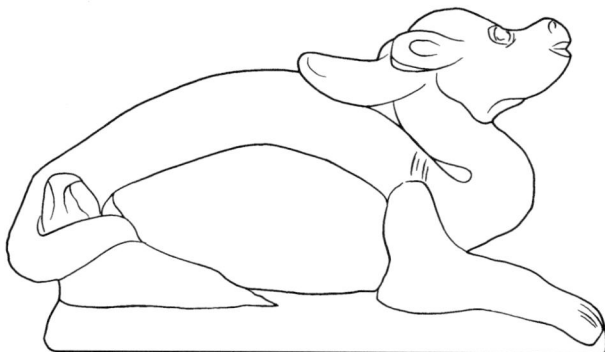

0　　　　　　　5厘米

图九　瓷龙形俑

（M2：6）

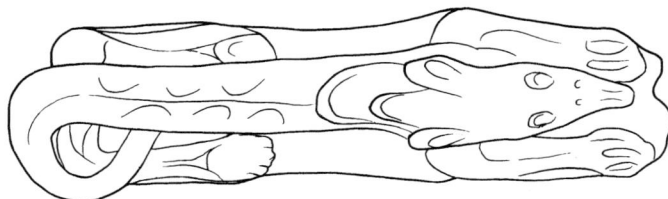

0　　　　　　　5厘米

图一〇　瓷龙形俑

（M2：4）

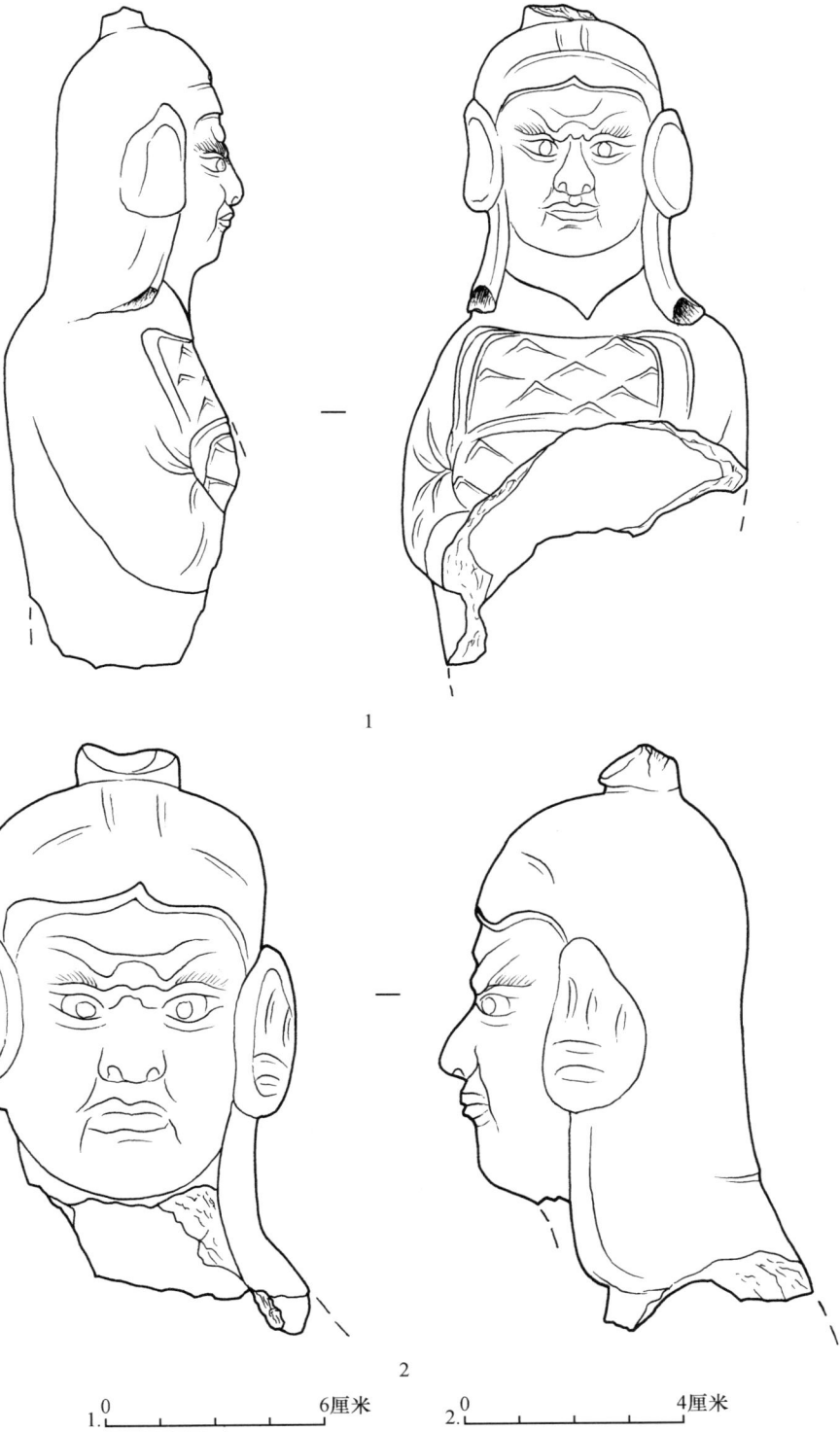

1

2

0 ———— 6厘米
1.

0 ———— 4厘米
2.

图一一　瓷武士俑
1. M3∶2　2. M2∶2

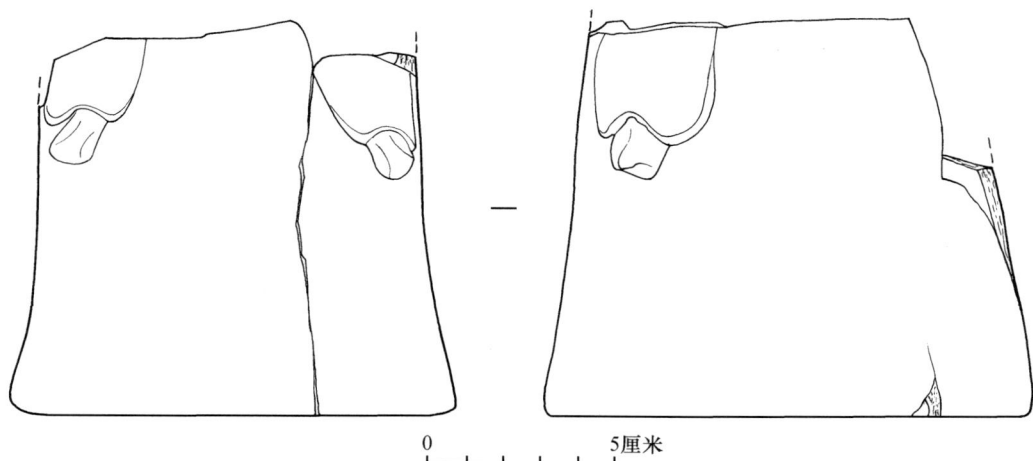

0   5厘米

图一二　陶人俑

（M1 : 1）

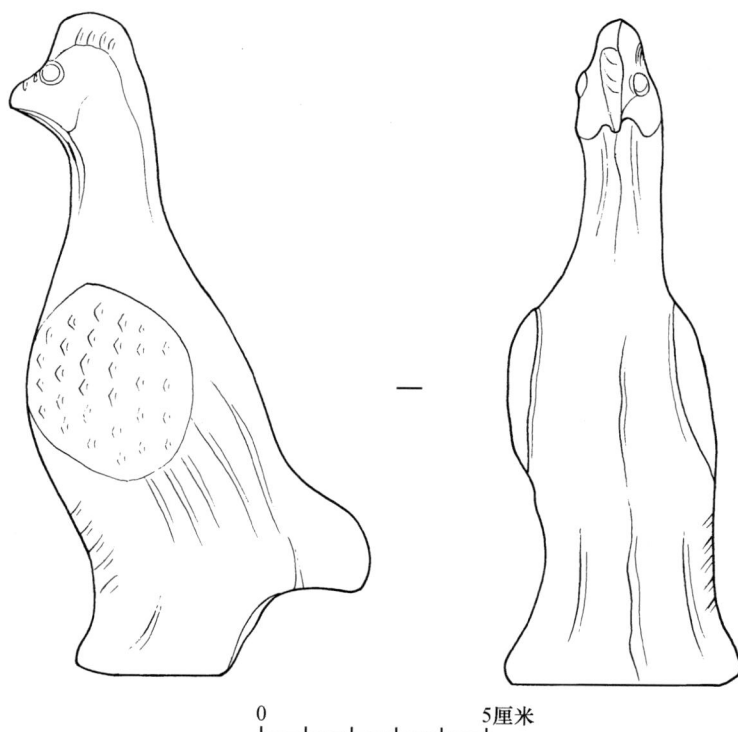

0   5厘米

图一三　陶鸡俑

（M2 : 1）

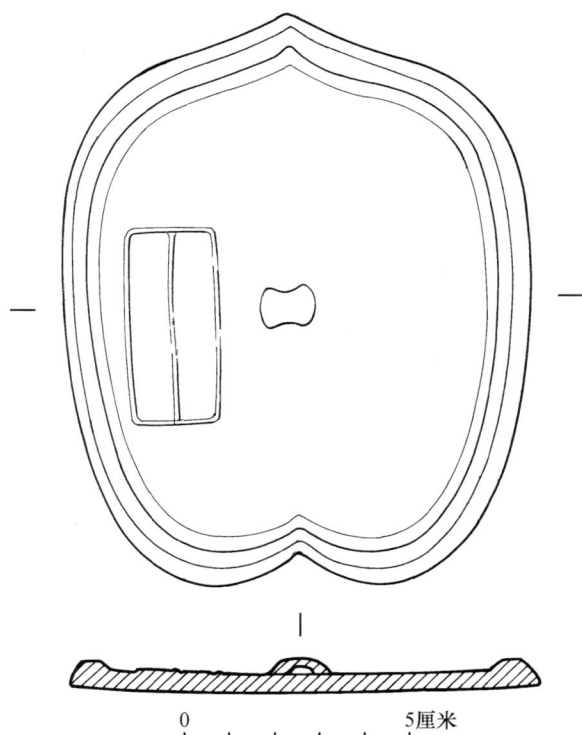

图一四　铜镜

（M2：5）

五铢　3枚。根据形制的不同，分为二型。

A型　1枚。M2：10-3，周郭略宽，"五"字显瘦长，交股微曲，"铢"字头呈小三角。直径2.2、穿宽0.9、厚0.15厘米（图一五，9）。

B型　2枚。周郭磨损，字迹模糊。M1：5-2，直径2.5、穿宽1.1、厚0.1厘米（图一六，2）。M2：10-2，直径2.4、穿宽1、厚0.1厘米（图一五，8）。

货泉　1枚。M2：10-14，较小，周郭略宽。直径2.2、穿宽0.8、厚0.09厘米（图一五，3）。

开元通宝　4枚。直读。根据形制的不同，分二型。

A型　2枚。"开"字疏密均匀，"元"字首画为一短横，次画长横左挑，"通"字前三画各不相连，略呈三撇状，"宝"字贝部内两横较短，不与竖画相连。M2：10-1，直径2.4、穿宽0.7、厚0.1厘米（图一五，1）。M1：5-1，直径2.5、穿宽0.7、厚0.15厘米（图一六，1）。

B型　2枚。四字书写拥挤，铜质较差，存锈蚀痕迹。M2：10-6，直径2.4、穿宽0.7、厚0.15厘米（图一五，2）。M2：10-8，直径2.3、穿宽0.7、厚0.1厘米（图一七，1）。

乾元重宝　1枚。M1：5-5，钱文隶书，直读，"乾"字的"乞"字呈鱼钩状。直

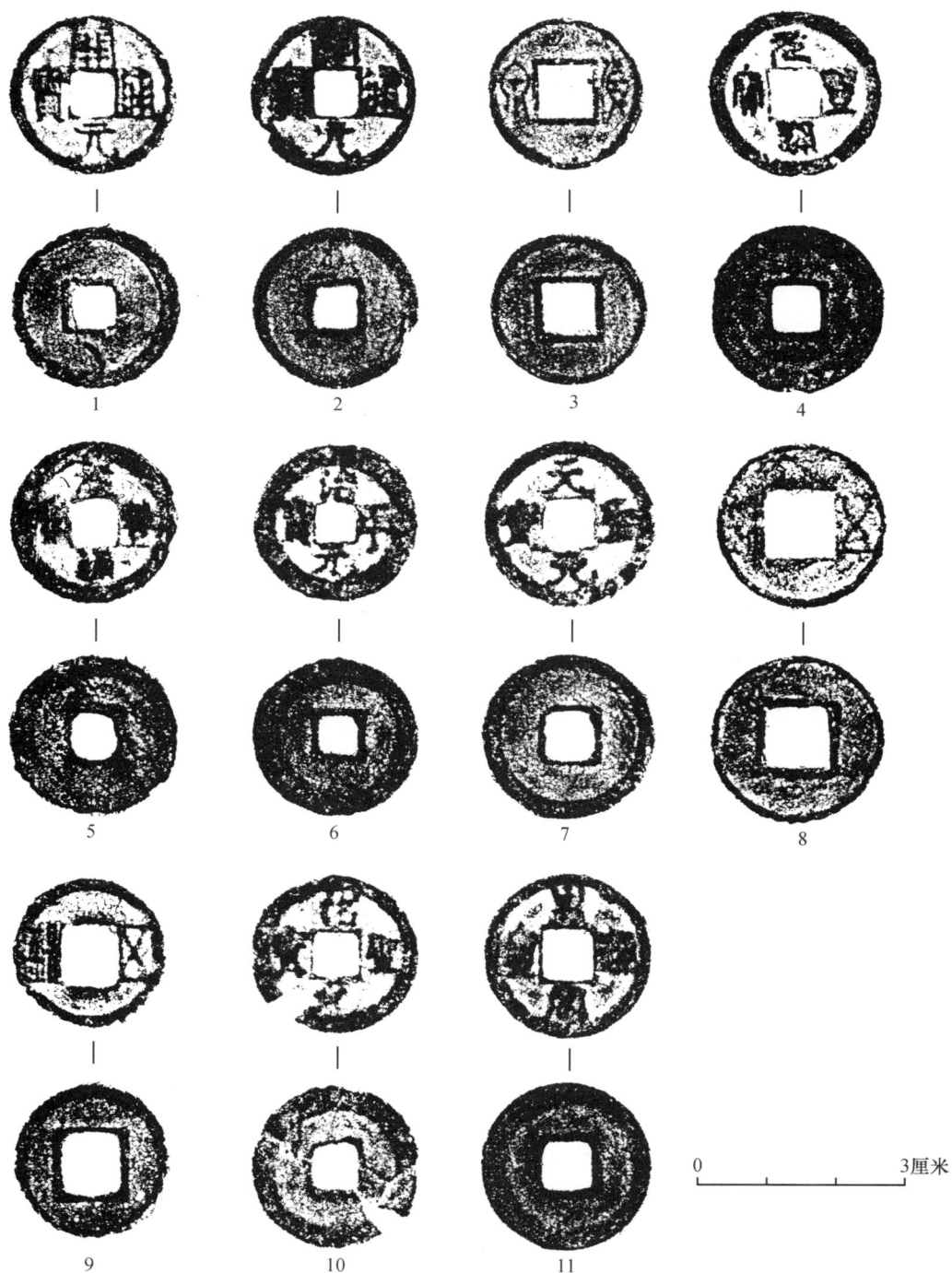

图一五　钱币拓片

1. A型开元通宝（M2：10-1）　2. B型开元通宝（M2：10-6）　3. 货泉（M2：10-14）　4、5. 元丰通宝（M2：10-13、M2：10-9）　6. 治平元宝（M2：10-7）　7. 天圣元宝（M2：10-5）　8. B型五铢（M2：10-2）　9. A型五铢（M2：10-3）　10. 绍圣元宝（M2：10-10）　11. 皇宋通宝（M2：10-12）

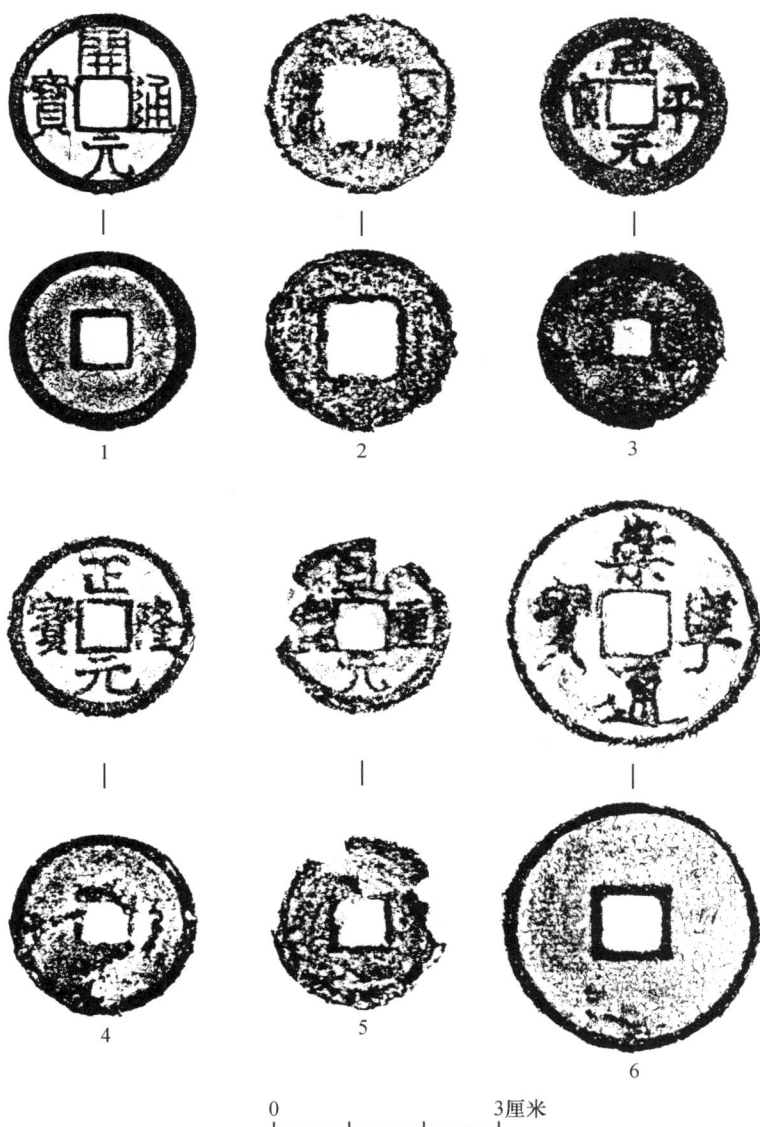

1

2

3

4

5

6

0 ⊢—————————┤ 3厘米

图一六　钱币拓片

1. A型开元通宝（M1：5-1）　2. B型五铢（M1：5-2）　3. 咸平元宝（M1：5-3）　4. 正隆元宝（M1：5-4）

5. 乾元重宝（M1：5-5）　6. 崇宁通宝（M1：5-6）

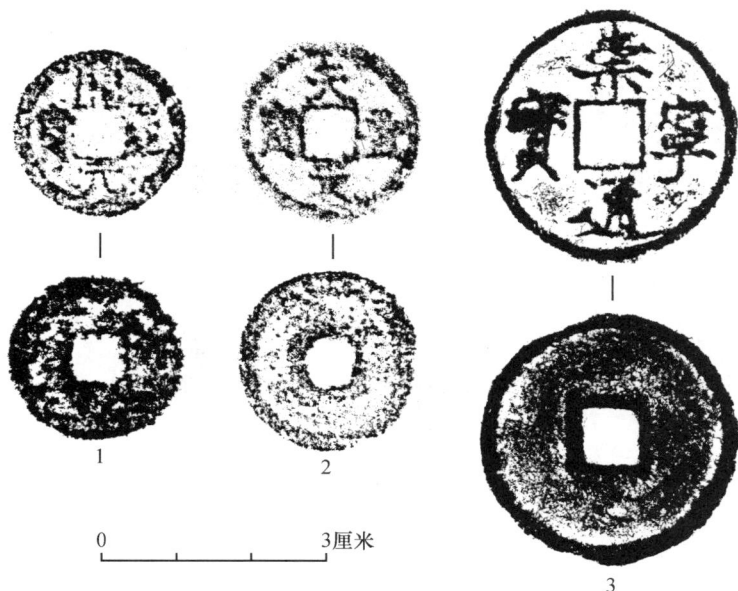

图一七 钱币拓片

1. B型开元通宝（M2：10-8） 2. 天圣元宝（M2：10-4） 3. 崇宁通宝（M2：10-11）

径2.3、穿宽0.6、厚0.1厘米（图一六，5）。

天圣元宝 1枚。M1：5-3，旋读，钱文楷书。直径2.5、穿宽0.6、厚0.1厘米（图一六，3）。

天圣元宝 2枚。旋读，品相较好，有锈蚀痕迹。M2：10-4，直径2.3、穿宽0.7、厚0.15厘米（图一七，2）。M2：10-5，直径2.5、穿宽0.8、厚0.2厘米（图一五，7）。

皇宋通宝 1枚。M2：10-12，直读，钱文较模糊，铸造略粗糙。直径2.4、穿宽0.7、厚0.1厘米（图一五，11）。

治平元宝 1枚。M2：10-7，旋读，钱文笔画拥挤，钱质较差，规格较小。钱径2.3、穿宽0.6、郭宽0.3厘米（图一五，6）。

元丰通宝 2枚。旋读，背面郭明显，钱文模糊。M2：10-9，直径2.4、穿宽0.7、厚0.15厘米（图一五，5）。M2：10-13，直径2.4、穿宽0.7、厚0.1厘米（图一五，4）。

绍圣元宝 1枚。M2：10-10，旋读，钱文笔画拥挤，外郭部分残缺，钱表存锈蚀痕迹。直径2.3、穿宽0.6、厚0.1厘米（图一五，10）。

崇宁通宝 2枚。瘦金体，旋读，四字饱满，寄郭接缘。"宝、宁"二字冠点长且向左倾；长点"崇"，斜丁"宁"，高走"通"。M2：10-11，直径3.4、穿宽0.8、厚0.15厘米（图一七，3）。M1：5-6，直径3.4、穿宽0.9、厚0.15厘米（图一六，6）。

正隆元宝 1枚。M1：5-4，旋读，楷书边郭整肃，光背无文，正字的最后两笔连写成一笔。直径2.5、穿宽0.6、厚0.1厘米（图一六，4）。

5. 墓券

2套。泥质灰陶。平面近方形。与道教题材内容有关。

镇墓券　2套。M1∶2，1套2方，有文字的一面相向扣合在一起。M1∶2-1，墓券由外向内可分五层，第二层和第四层之间用两同心圆分隔。第一层四方分别刻有天门、地户、人门、鬼路。第二层为二十八星宿：东宫青龙，包括角、亢、氐、房、心、尾、箕七宿；西宫白虎，包括奎、娄、胃、昴、毕、觜、参七宿；南宫朱雀，包括井、鬼、柳、星、张、翼、轸七宿；北宫玄武，包括斗、牛、女、虚、危、室、壁七宿。第三层为四星，分别为太白、岁星、荧惑、辰星。第四层刻二十四山，由四卦、十天干、十地支组成，逆时针书写，依次为甲、卯、乙；辰、巽、巳；丙、午、丁；未、坤、申；庚、酉、辛；戌、乾、亥；壬、子、癸；丑、艮、寅。墓券正中（即第五层）则为镇星。长37.2、宽37.9、厚3.5厘米（图一八；图版一二）。M1∶2-2，墓券四周围绕八卦图案，中间线刻方框，方框内字迹不清。长37.8、宽37.7、厚3.5厘米（图一九）。

图一八　镇墓券拓片
（M1∶2-1）

图一九　镇墓券拓片
（M1∶2-2）

M2∶9，一套两方，有文字的一面相向扣合在一起。M2∶9-1，墓券四周围绕八卦图案，中间线刻方框，方框内字迹不清。长36.7、宽37.3、厚3.6厘米（图二〇）。M2∶9-2，券文剥蚀严重，墓券中部线刻方框，方框内字迹不清。长37、宽37.5、厚3.5厘米（图二一）。

三、结　语

这三座墓葬从形制、随葬品等可初步判断时代为宋代。目前四川地区发现的宋代墓葬材料较多，通过与其他宋墓尤其是纪年墓材料进行比较，可以判断这几座墓的具体时代。

首先来看墓葬形制。M2形制与青白江艾切斯工地M11[1]近似，简报认为M11时代为北宋晚期。M1、M3形制与三圣乡花果村M5[2]相似，简报认为M5时代为北宋晚期

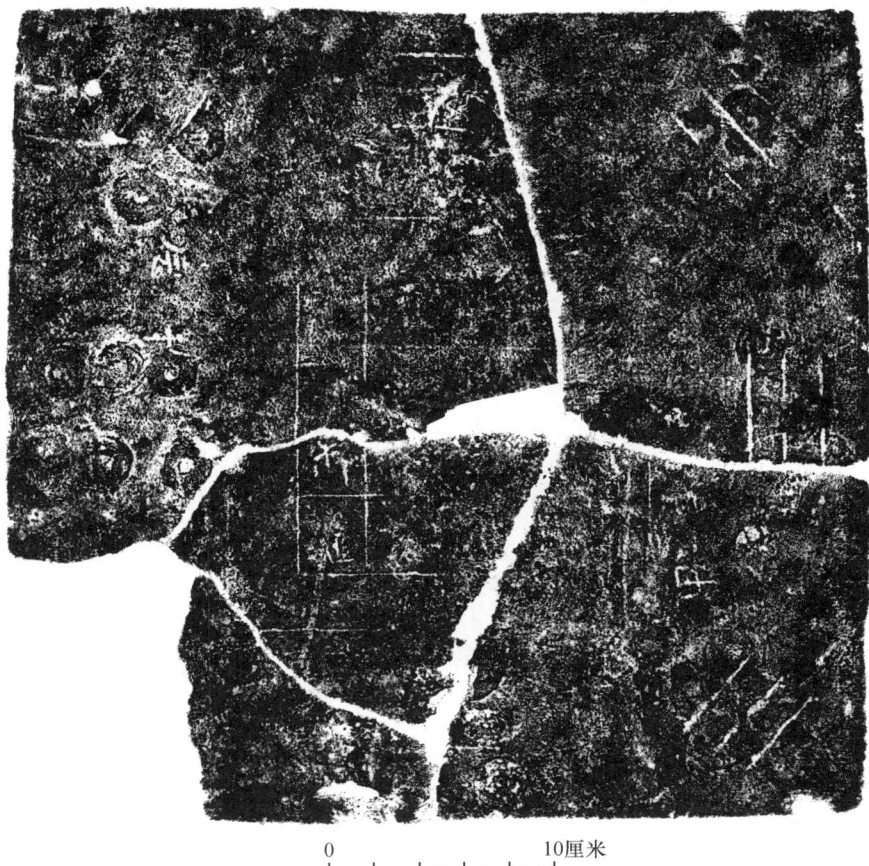

0　　　　　　　　　10厘米

图二〇　镇墓券拓片

（M2∶9-1）

至南宋初期。陈云洪在《四川地区宋代墓葬研究》[3]一文中对四川地区宋墓有极为详细的分期介绍，参考文中"三期……流行肋拱，肋拱柱间形成较多的龛……流行夫妇合葬……年代应在北宋晚期……四期……砖室墓规模变小，形制简陋，肋拱减少，并出现无肋拱无龛墓葬……早段墓葬年代当在南宋早期"。接着再从青石村宋墓出土的随葬品来进行断代。瓷双耳罐（M1∶3、M2∶7）与龙泉驿区青龙村宋墓B型Ⅱ式瓷双耳罐（M3∶1）[4]、青龙乡海滨村宋墓瓷双耳罐（M4∶7）[5]相近，瓷四系罐（M2∶3、M3∶1）与邓双乡金竹村舒大湾北宋石室墓B型瓷四耳罐（M1西∶30）[6]、海滨村宋墓瓷四系罐（M5∶36）[7]相似，陶鸡俑（M2∶1）、镇墓券（M1∶2-2、M2∶9-1）分别与锦江区沙河堡宋墓陶鸡俑（M1W∶28）、华盖宫文券（M1W∶4）[8]近似，瓷武士俑（M2∶2、M3∶2）与谢定夫妇墓瓷武士俑[9]近似，铜镜（M2∶5）与广元上西乡宋墓"安明贵宝"桃形铜镜[10]近似。青龙村宋墓M3时代为崇宁五年（1106年），海滨村宋墓M4时代为绍圣二年（1095年），舒大湾宋墓时代为元丰四年（1081

0   10厘米

图二一　镇墓券拓片

（M2：9-2）

年），沙河堡宋墓时代为绍兴五年（1135年），谢定夫妇墓左室下葬年代为元丰八年（1085年），右室下葬年代为元祐八年（1093年）。瓷龙形俑（M2：4、M2：6）可以与塞纳河畔宋墓釉陶龙（SM1：4）[11]进行对比，前者中部拱起，龙头部略高于尾部，后者尾部拱起，龙头部低于尾部，更接近"伏龙"[12]。塞纳河畔宋墓出土陶质买地券的年代为宋嘉定二年（1209年），初步判断M2出土瓷龙形俑时代应早于塞纳河畔宋墓出土的釉陶龙形俑。此外，从M1和M2出土的铜钱来看，时代最晚者是正隆元宝（1157年），由此判断，M1的时代上限不早于公元1157年。综上所述，可以判断M1～M3三座墓时代相近，大致为南宋早期，下限或可晚至南宋中期偏早。

此次最为重要的发现为M1出土的镇墓券（M1：2），该类镇墓券为成都平原第一次正式考古发掘出土的堪舆罗经图（张勋燎先生称之为"风水堪舆罗经图"[13]）。券文中的天地人鬼四路、五行八卦、天干地支、二十四山、二十八星宿等对于研究成都平原道教系统中的堪舆罗盘、理气派的风水堪舆理论，以及与长江中下游地区此类相关遗存的关系提供了不可多得的宝贵材料。

彭州地区道教传统有悠久的历史，其西北方向为龙门山脉，南边不远处为青白江，背山面水，非常符合道家的选址，东汉五斗米道中二十四治的阳平治就在今天彭州的海窝子一带。器物能动性的考古学方法已成为后过程考古学研究的一个重要问题，我们在考古发掘过程中应主动运用"阐释考古学"的方法来探讨其背后所暗含的社会和自然背景，考虑如何理论化人类过去[14]。此次M1发现的堪舆罗经图、5件一套双耳杯等均与道教内容相关，再加上此前在彭州发现的另外两件与道教内容相关的镇墓券[15]，其背后蕴含了深层次的道教理念、社会政治背景，暗示我们彭州乃至成都地区的道教文化、观念等有值得深入研究的必要。

发掘：杨　洋　陈　平

绘图：陈　平　李福秀

拓片：严　彬　于　蒙　彭建辉

执笔：杨　洋　刘　祥　宋　飞

注　释

［1］　成都文物考古研究所、青白江区文物保护管理所：《成都青白江区艾切斯工地唐、宋墓葬发掘简报》，《成都考古发现》（2006），科学出版社，2008年。

［2］　成都市文物考古工作队：《成都市成华区三圣乡花果村宋墓发掘简报》，《成都考古发现》（2001），科学出版社，2003年。

［3］　陈云洪：《四川地区宋代墓葬研究》，《南方民族考古》（第七辑），科学出版社，2011年。

［4］　成都市文物考古研究所：《成都市龙泉驿区青龙村宋墓发掘简报》，《成都考古发现》（1999），科学出版社，2001年。

［5］　成都市文物考古研究所：《成都市青龙乡海滨村墓葬发掘简报》，《成都考古发现》（2003），科学出版社，2005年。

［6］　成都市文物考古研究所、新津县文物管理所：《新津县邓双乡北宋石室墓发掘简报》，《成都考古发现》（2002），科学出版社，2004年。

［7］　成都市文物考古研究所：《成都市青龙乡海滨村墓葬发掘简报》，《成都考古发现》（2003），科学出版社，2005年。

［8］　成都文物考古研究院：《成都市锦江区沙河堡宋墓发掘简报》，《成都考古发现》（2017），科学出版社，2019年。

［9］　刘骏：《成都东郊北宋谢定夫妇墓清理简报》，《成都文物》1995年第2期。

［10］　高大伦、岳亚莉：《四川出土铜镜概述》，《四川文物》2013年第4期。该铜镜1968年出土于广元市上西乡上西大队宋墓，该墓另在腰坑内出土一面"地节元年"钟形镜。此二铜镜现藏于四川博物院。

［11］　成都文物考古研究所、温江区文物保护管理所：《成都市温江区检察院办公楼、塞纳河畔工地五代及宋代墓葬发掘简报》，《成都考古发现》（2005），科学出版社，2007年。

［12］　黄正建：《唐代的"坐龙"与"伏龙"》，《中国文物报》2001年11月23日。

［13］　张勋燎：《我国南方宋明墓葬出土墓券堪舆罗经图和有关方位文字考说——兼论堪舆与道教的关系》，《中国历史考古学论文集》（中），科学出版社，2013年。

［14］　曹斌编译，林永昌审校：《考古学：实践和能动性理论》，上海古籍出版社，2021年。

［15］　一为彭州市博物馆藏1件宋承乾镇墓券，另一为官渠埝宋墓出土（四川省文物管理委员会：《四川官渠埝唐、宋、明墓清理简报》，《考古通讯》1956年第5期）。

彭州市濛阳街道竹瓦街遗址蚂蝗堆地点宋墓清理简报

成都文物考古研究院
彭州市文物保护管理所

　　竹瓦街遗址位于彭州市濛阳街道，成都平原北部青白江与濛阳河之间的冲积扇上，南距成都市区约30千米，东北距离广汉三星堆遗址约10千米（图一）。20世纪50年代和80年代先后在此出土了两批共40件窖藏青铜器。2021年11月在竹瓦街遗址进行田野调查工作时，调查人员了解到村民在濛阳街道竹瓦社区小地名为蚂蝗堆的地点清理沟渠时发现砖室墓2座，随即对2座墓葬进行了抢救性清理发掘。蚂蝗堆地点北距竹瓦街遗址400米。地理坐标为东经104°5′23.3″、北纬30°55′55.8″，海拔480米（图一）。发掘时间为2021年11月12～21日，历时10天。现将发掘情况简报如下。

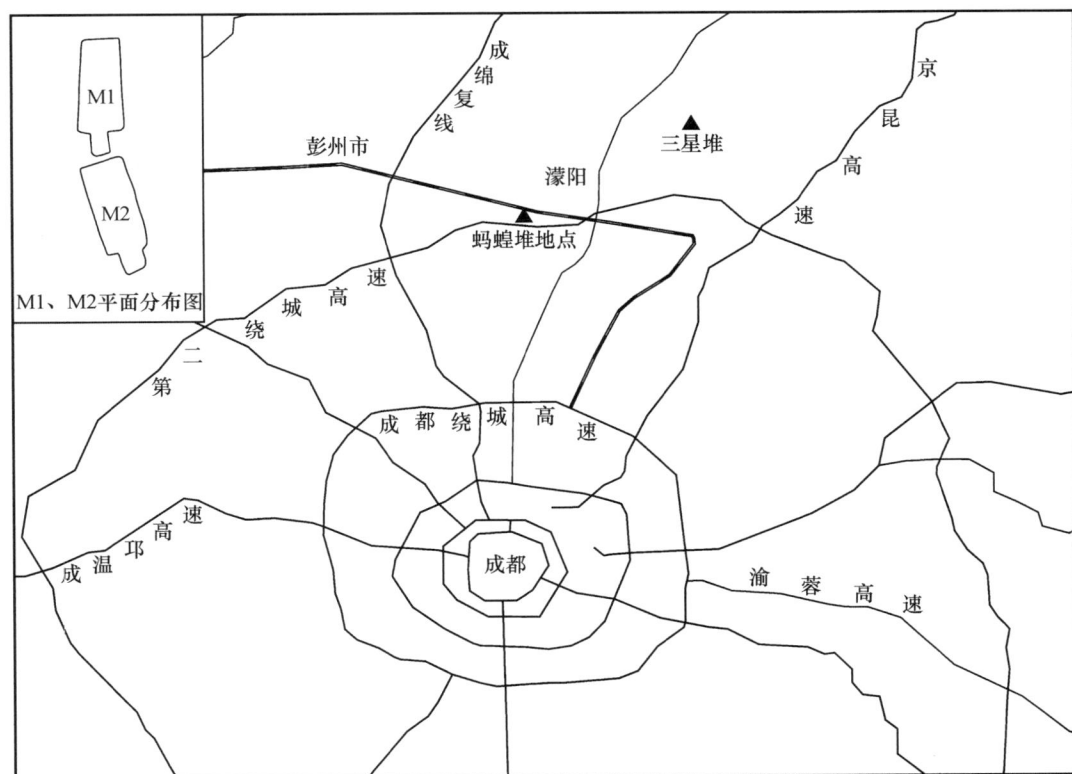

图一　墓葬位置及分布示意图

一、墓葬形制

根据发掘的先后顺序将两座墓编号为M1、M2，M2北距M1仅0.18米（图一）。

M1　火葬墓。开口于明清地层下，开口距地表约0.23米，打破生土。以墓道方向为墓的方向，M1墓向为正南。墓圹平面形状为圆角梯形，长2.8、宽1.1～1.4、深0.3～0.4米，填土为灰色花土，土质疏松。墓道平面呈长方形，长0.7、宽0.5、深0.23米，填土亦为灰色花土。墓葬扰乱严重，仅存几块残铺地砖。葬具为双耳罐，填土中有瓷四系罐、瓷双耳杯。墓底中部有一腰坑，腰坑平面近圆形，直径0.34、深0.15米。腰坑中有3件瓷双耳杯，腰坑底部平放一残砖（图二）。

M2　开口于明清地层下，开口距地表约0.24米，打破生土。以墓道方向为墓的方向，墓向161°。修筑时先挖一竖穴土坑墓圹，然后在墓圹内砌筑砖室。墓圹平面形状为圆角长方形，长2.7、宽1.3、深0.3～0.4米，距地表0.24米。墓道平面呈长方形，长0.6、宽0.7、深0.26米，填土为灰黄色。墓室平面为梯形，墓葬扰乱严重，墓室北壁、东壁、西壁均残，南壁已不存在，残长2.1、残宽0.88～1.02米。墓室内仅存铺地砖和两层墙砖。铺地砖用长方形砖横排错缝平铺一层。墙砖与铺地砖规格形制一致，为长方形青灰色素面砖，规格为34厘米×17厘米—3厘米。葬具、葬式不明。墓内填灰色花土，土质疏松。未见随葬品（图三）。

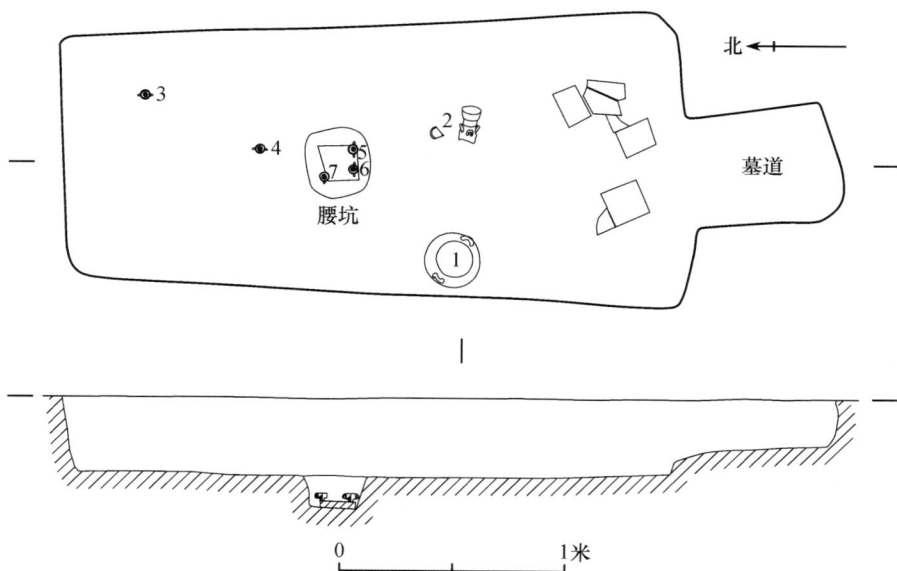

图二　M1平、剖面图
1.瓷双耳罐　2.瓷四系罐　3～7.瓷双耳杯

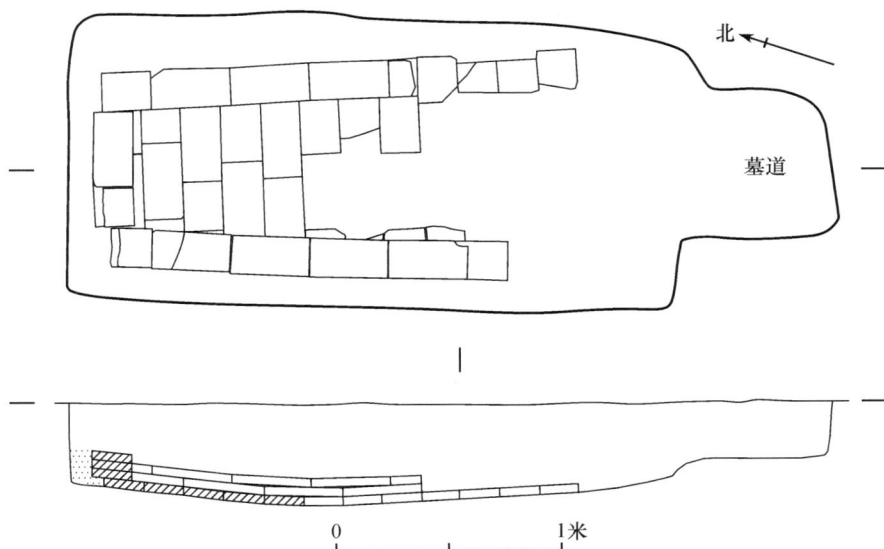

图三　M2平、剖面图

二、出土器物

2座墓葬中仅M1出土器物，均为瓷器，器形包括双耳罐、四系罐、双耳杯。

双耳罐　1件。M1：1，紫红胎，腹上部施酱黄釉。敛口，平沿，方唇，短颈，肩部塑两个对称横桥形耳，鼓腹，腹下部内收，最大径在上腹部，平底略内凹。口径16.3、最大腹径24.5、底径11.1、高27.4厘米（图四，1）。

四系罐　1件。M1：2，紫红胎，肩以上施酱釉。盘状口，细长颈，肩部饰两两对称横桥形耳，肩部以下斜弧腹内收，平底略内凹。口径8、底径6、残高15厘米（图四，2）。

双耳杯　5件。直腹，腹部有双竖耳，平底，饼足中空，杯内含有螺旋小件。根据螺旋小件的不同，分为二型。

A型　3件。砖红胎。内含螺旋小件1个，螺旋小件呈三角状，颜色为砖红色。M1：3，近直口，尖唇。口径4、底径2.1、高3.7厘米（图四，3）。M1：4，近直口，尖唇。口径3.8、底径2.4、高3.4厘米（图四，4）。M1：5，敞口，尖唇。口径3.7、底径2、高3.4厘米（图四，5）。

B型　2件。紫红胎，内含螺旋小件1个，螺旋小件呈扁平状，颜色为灰色。M1：6，近直口，圆唇。口径4、底径2、高3.7厘米（图四，6）。M1：7，敛口，尖唇。口径4、底径2.2、高3.5厘米（图四，7）。

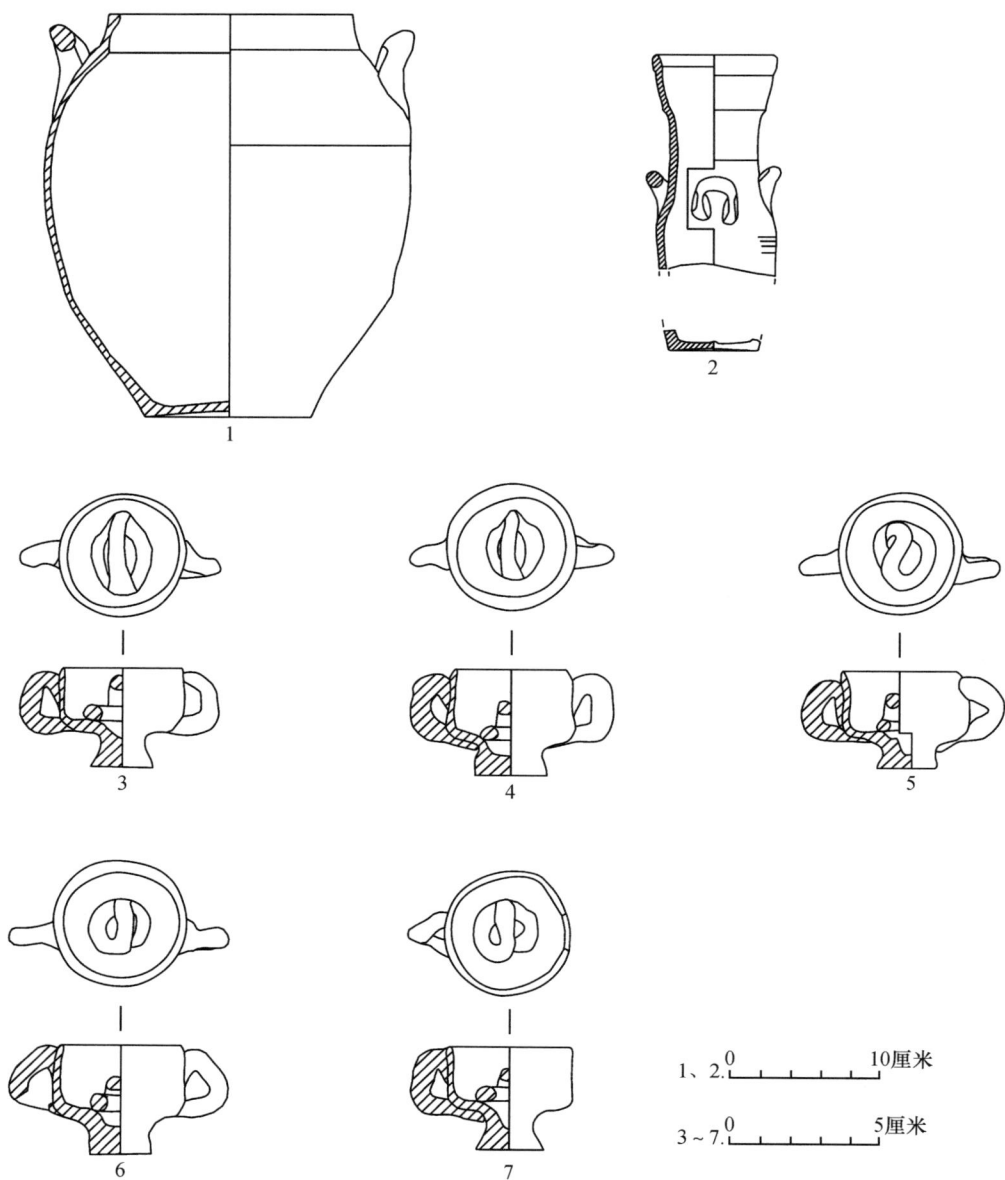

图四　M1出土瓷器

1. 双耳罐（M1∶1）　　2. 四系罐（M1∶2）　　3～5. A型双耳杯（M1∶3、M1∶4、M1∶5）　　6、7. B型双耳杯
（M1∶6、M1∶7）

三、结　语

　　M1出土的瓷双耳罐（M1：1）与龙泉十陵宋墓的Ⅰ式陶双耳罐（M5：4）[1]、彭州北宋徐氏墓的瓷双耳罐（M1：20）[2]、三圣乡花果村宋墓的A型Ⅰ式陶双耳罐（M1左：33）[3]、双流"家益欣城"宋墓的A型Ⅰ式瓷罐（M1：3）[4]、龙泉洪河大道南延线宋墓的B型Ⅰ式瓷双耳罐（M5：2）[5]、温江"边城·香格里"宋墓的A型陶双耳罐（M3：1）[6]形制接近，龙泉十陵M5时代为五代末至北宋中期，彭州北宋徐氏墓下葬年代为元祐二年（1087年），三圣乡花果村M1下葬的年代为北宋靖康元年，双流"家益欣城"M1时代为北宋晚期，龙泉洪河大道南延线M5时代为北宋或南宋时期，温江"边城·香格里"M3时代为南宋时期。M1出土的瓷四耳罐与新津方兴宋墓的Ⅲ式瓷盘口罐（M23：5）[7]、宝墩田角林宋墓的B型瓷盘口罐（M77：2）[8]、青白江和平村宋墓的A型Ⅳ式瓷四系盘口壶（M18：2）[9]形制接近，发掘者将新津方兴宋墓Ⅲ式盘口罐的时代断在北宋中期至南宋早期，宝墩田角林M77时代在北宋晚期至南宋早中期，青白江和平村M18时代在北宋晚期至南宋早期。M1出土的瓷双耳杯与宝墩田角林北宋中晚期的A型陶双耳杯（M75：3）[10]、新津方兴北宋晚期至南宋早期的A型Ⅰ式陶双耳杯（M35：11）[11]相近。M1腰坑内放置瓷双耳杯，同样的情况还见于青白江景峰村M5[12]，彭州下梁山M4、M7、M8[13]，青白江和平村M8[14]，彭州红豆树M7[15]，景峰村M5时代在五代至南宋初期，红豆树M7时代在北宋至南宋初期，下梁山M7、M8年代在北宋时期，和平村M8、下梁山M4时代在北宋晚期至南宋早期，且M1与彭州下梁山M4器物组合相似。综合以上信息，将M1的时代定在北宋晚期至南宋早期。

　　M2为梯形单室砖室墓，铺地砖横排错缝平铺，属于唐宋时期常见的墓葬形制。相似的墓葬形制和墓砖规格见于双流欧香小镇M6[16]、邛崃羊安M11东室[17]、彭州下梁山M10[18]，双流欧香小镇M6的时代在唐代晚期至五代，邛崃羊安M11的时代在五代至北宋早期，彭州下梁山M10时代为宋代。M2与M1两者距离仅为0.18米，故将M2时代定为宋代。

　　附记：此次绘图使用数码相机和手机对墓葬和出土器物进行拍照，利用多视角三维重建技术建立墓葬和出土器物的三维模型，通过测绘软件准确绘制出平、剖面图和器物图。

发掘：刘祥宇　白铁勇　牛安寅　杨宗贤
　　　刘　利
绘图：白铁勇　钱素芳
执笔：白铁勇　钱素芳　罗　娴　肖礼颖
　　　杨素荣

注　释

［1］　成都市文物考古研究所、龙泉驿区文物管理所：《成都市龙泉驿区十陵宋墓发掘简报》，《成都考古发现》（2001），科学出版社，2003年。

［2］　成都文物考古研究所、彭州市文物保护管理所：《四川彭州市北宋徐氏墓发掘简报》，《考古》2014年第4期。

［3］　成都市文物考古工作队：《成都市成华区三圣乡花果村宋墓发掘简报》，《成都考古发现》（2001），科学出版社，2003年。

［4］　成都文物考古研究所、双流县文物管理所：《四川双流华阳镇 "家益欣城" 地点西汉土坑墓及唐宋砖室墓清理简报》，《成都考古发现》（2010），科学出版社，2012年。

［5］　成都市文物考古研究所、龙泉驿区文物保管所：《成都市龙泉驿区洪河大道南延线唐宋墓葬发掘简报》，《成都考古发现》（2001），科学出版社，2003年。

［6］　成都文物考古研究所、温江区文物保护管理所：《成都市温江区 "边城·香格里" 工地宋代墓葬发掘简报》，《成都考古发现》（2007），科学出版社，2009年。

［7］　成都文物考古研究所、新津县文管所：《成都市新津县方兴唐宋墓群发掘报告》，《成都考古发现》（2009），科学出版社，2011年。

［8］　成都文物考古研究院、新津县文物管理所：《新津县宝墩遗址田角林南部区域宋墓发掘简报》，《成都考古发现》（2017），科学出版社，2019年。

［9］　成都文物考古研究所、青白江区文物保护管理所：《成都市青白江区和平村墓群发掘简报》，《成都考古发现》（2011），科学出版社，2013年。

［10］　成都文物考古研究院、新津县文物管理所：《新津县宝墩遗址田角林南部区域宋墓发掘简报》，《成都考古发现》（2017），科学出版社，2019年。

［11］　成都文物考古研究所、新津县文管所：《成都市新津县方兴唐宋墓群发掘报告》，《成都考古发现》（2009），科学出版社，2011年。

［12］　成都市文物考古研究所、青白江区文物管理所：《成都市青白江区景峰村五代及宋代墓葬发掘简报》，《成都考古发现》（2003），科学出版社，2005年。

［13］　成都文物考古研究所、彭州文物保护管理所：《彭州市下梁山唐宋墓发掘简报》，《成都考古发现》（2012），科学出版社，2014年。

［14］　成都文物考古研究所、青白江区文物保护管理所：《成都市青白江区和平村墓群发掘简报》，《成都考古发现》（2011），科学出版社，2013年。

［15］　成都文物考古研究所、彭州市文物保护管理所：《四川彭州市红豆树墓群发掘简报》，《成都考古发现》（2010），科学出版社，2012年。

［16］　成都文物考古研究所、双流县文物管理所：《双流县华阳镇骑龙村 "欧香小镇" 唐宋墓葬发掘简报》，《成都考古发现》（2011），科学出版社，2013年。

［17］　成都文物考古研究所、邛崃文化局：《成都邛崃羊安工业区墓群唐宋墓发掘简报》，《成都考古发现》

（2009），科学出版社，2011年。

［18］　成都文物考古研究所、彭州文物保护管理所：《彭州市下梁山唐宋墓发掘简报》，《成都考古发现》

　　　　（2012），科学出版社，2014年。

成都市天府新区煎茶街道桅木塘明代墓地发掘简报

成都文物考古研究院

为配合"天府新区正兴街道官塘村一组，煎茶街道五里村二、三、四组拟出让土地"项目建设，成都文物考古研究院于2020年4月对该项目用地做了文物勘探工作，共发现墓地17处。其中1号墓地位于成都市天府新区煎茶街道五里村二组，小地名为桅木塘，墓地编号为"2020CTJQ"，中心地理坐标为东经104°3′40″、北纬30°24′41″，海拔422米（图一）。2020年4～5月，成都文物考古研究院对该墓地进行了考古发掘工作，共清理明代墓葬39座。现将发掘情况简报如下。

一、墓地概况

墓地处于浅丘地带，墓葬位于山坡东南侧，排列较为规整，呈环带状分布于半山腰至山脚的斜坡上。因后期平整土地等原因，一部分墓室暴露于地表，一部分墓室埋藏于现代耕土层下，未见封土堆，墓葬之间无叠压或打破关系。墓葬方向主要顺着斜坡的方向，随斜坡方向变化有所不同（图二）。

二、墓葬形制

根据墓葬建筑材料的不同，可分为三大类。

（一）墓室为岩坑，墓顶由石板砌成

共23座。根据墓室数量多寡，可分为两个小类。

1. 单室墓

22座。分别为M2～M5、M7、M13、M17～M22、M24～M27、M31、M32、M35～M37、M39。墓葬形制基本相同，现以M18为例予以介绍。

M18 方向138°。墓坑平面呈梯形。长2.27、宽0.6～0.7、残深0.54～0.62米。顶为平顶，由石板横向平铺而成。四壁经修整，壁面较竖直。底部凹凸不平，有錾凿痕迹（图三）。

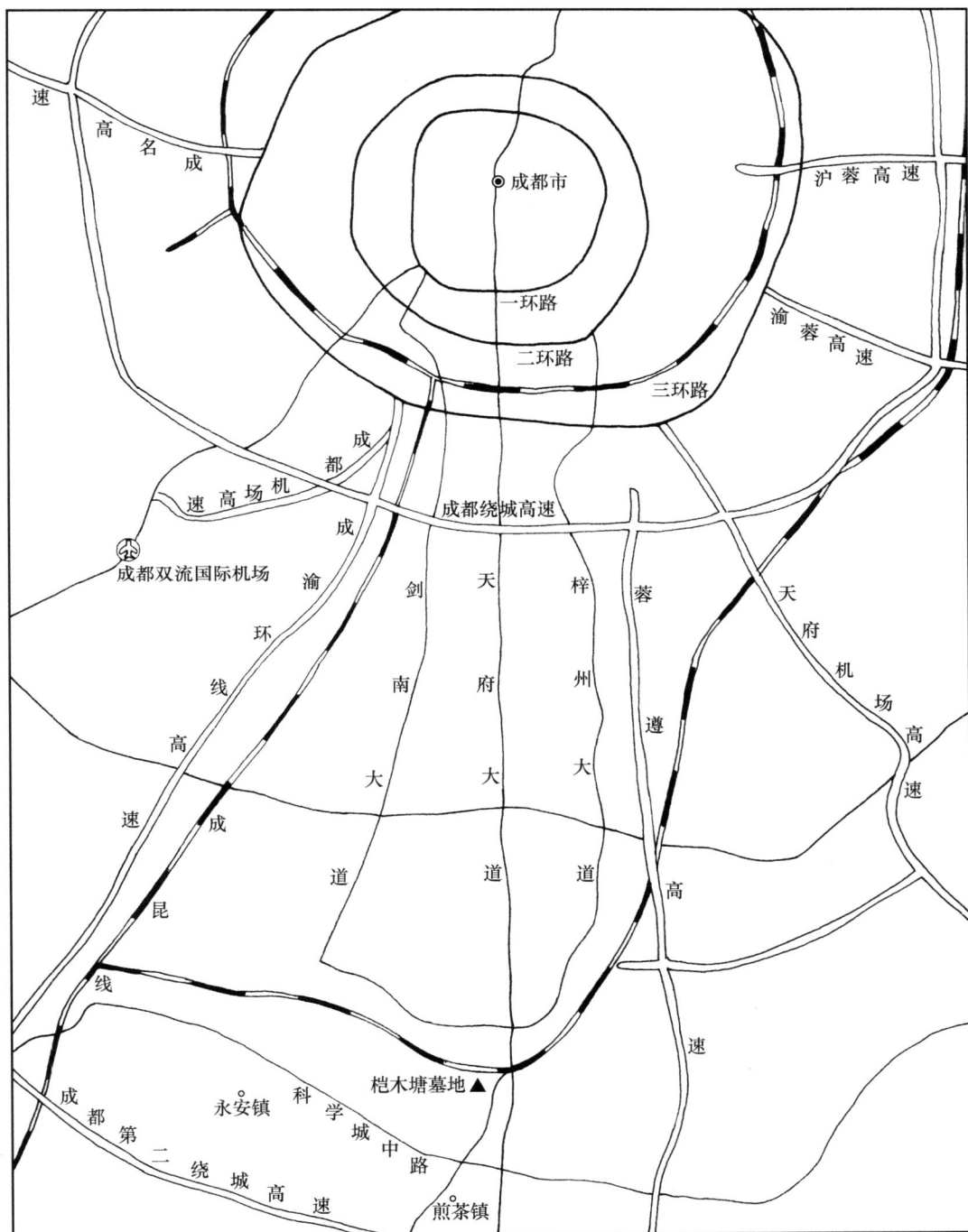

图一　墓地位置示意图

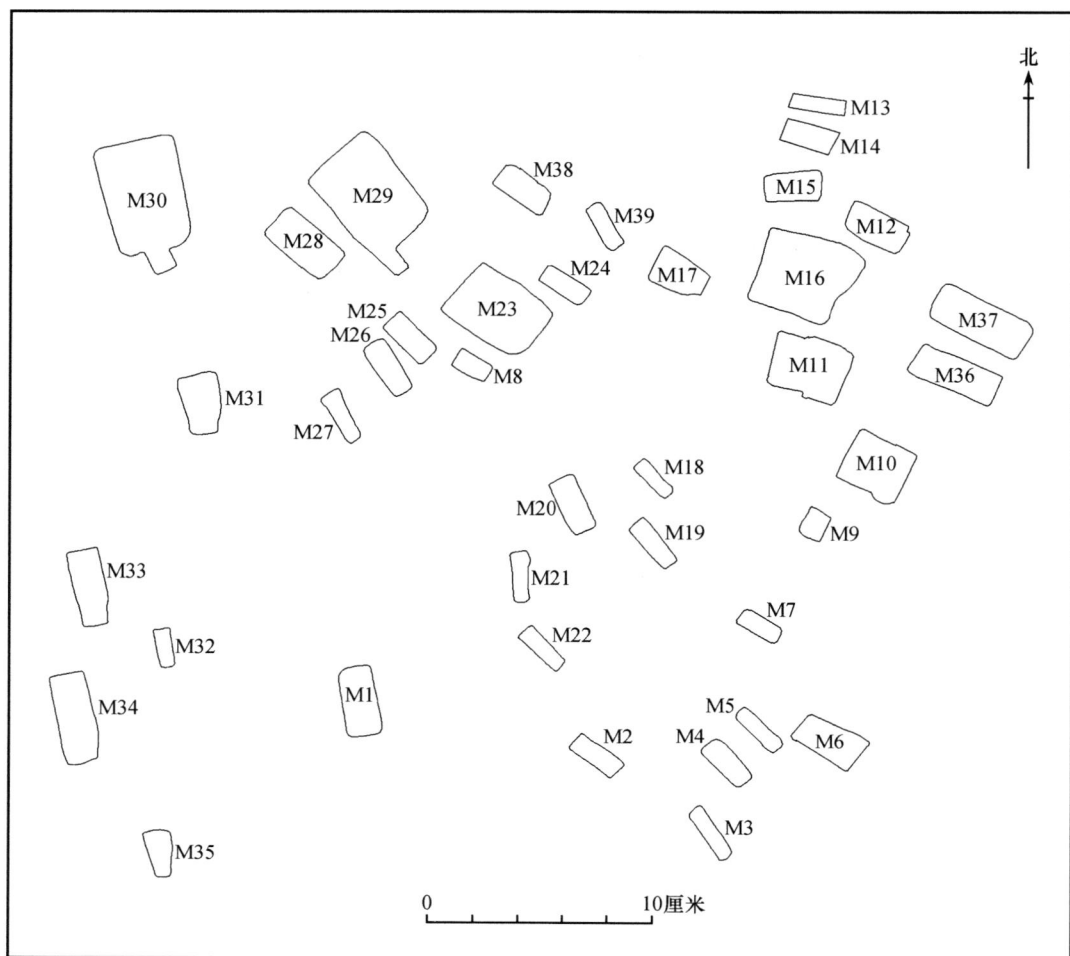

图二　墓地墓葬分布图

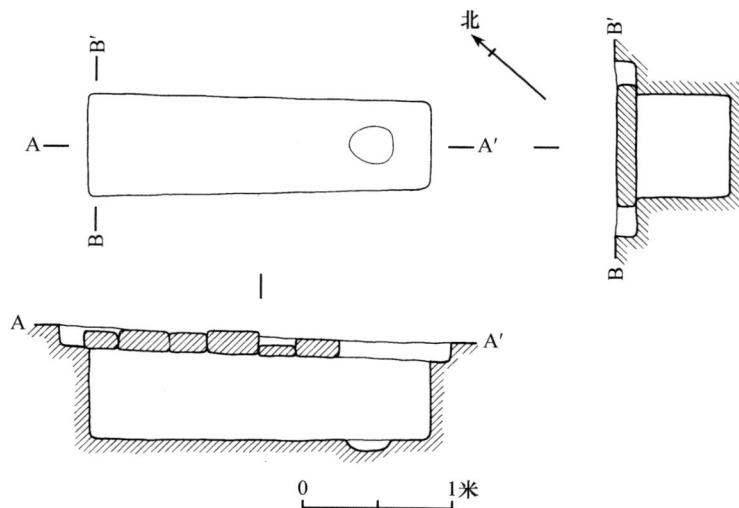

图三　M18平、剖面图

2. 双室墓

1座。

M23　方向129°。由墓道、封门、甬道、墓室组成。两个墓室形制基本相同，南墓室较北墓室稍短。斜坡式墓道，平面略呈长方形，长1.02、宽2.31米。以北墓室为例予以介绍。封门由两块石板横向立砌而成。宽1.16、高1.06、厚0.12米。甬道平面呈横长方形，系直接向下在岩石中凿出，底部低于墓室底部0.09米。宽0.8、进深0.38米。墓室平面呈长方形，系直接向下在岩石中凿出。长2.54、宽0.8、高1.16～1.3米。顶为叠涩顶，由数块石板横向平铺叠成。后壁向内凿有一龛。立面略呈长方形，似佛龛形状。龛底高出墓底0.3米。宽0.46、高0.38、进深0.16米（图四）。随葬品共3件，皆位于北墓室内，均为瓷器，1件位于后龛内，1件位于墓室后侧近后龛处，1件位于甬道。

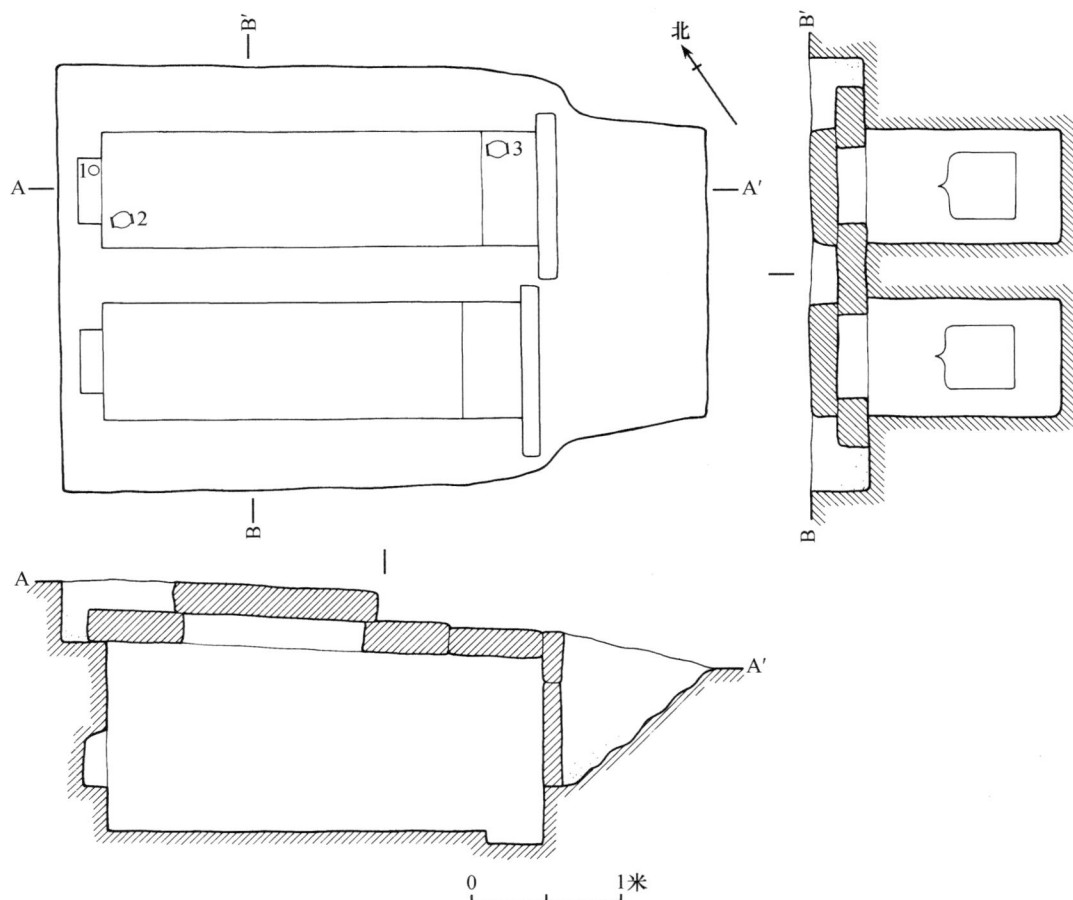

图四　M23平、剖面图
1. 瓷器盖　2、3. 瓷无耳罐

（二）墓葬由石板砌筑而成，部分位置利用原始岩体

14座。根据墓室数量多寡，可分为两个小类。

1. 单室墓

9座。分别为M1、M6、M8、M12、M14、M15、M28、M33、M38。墓葬形制基本相同，现以M28为例予以介绍。

M28 方向125°。墓圹平面略呈长方形。长3.26、宽1.58、深0.98～1.4米。由封门、墓室组成。封门由两块石板横向立砌而成。宽1.01、高0.94、厚0.1米。墓室平面呈长方形。长2.6、宽0.82、高0.96米。顶部前后部分为平顶，各由石板横向平铺而成。中部为券顶。两侧壁由数块石板砌筑而成，左右侧各形成两个龛。北侧壁靠近封门侧龛底高出墓底0.28米。宽0.5、高0.5、进深0.08米。靠近后壁侧龛底高出墓底0.26米。宽0.52、高0.5、进深0.1米。南侧壁靠近封门侧龛底高出墓底0.28米。宽0.48、高0.5、进深0.08米。靠近后壁侧龛底高出墓底0.27米。宽0.5、高0.52、进深0.1米。后壁由五块石板砌成，中间形成一龛，立面呈方形，底高出墓底0.27米。宽0.42、高0.4、进深0.18米。墓底为原始岩体，修整较平（图五）。随葬品共7件，分瓷、石两种质地。其中4件瓷器位于后龛内，2件瓷器位于墓室后部近后龛处，1件石质买地券位于墓室北侧近西侧龛处。

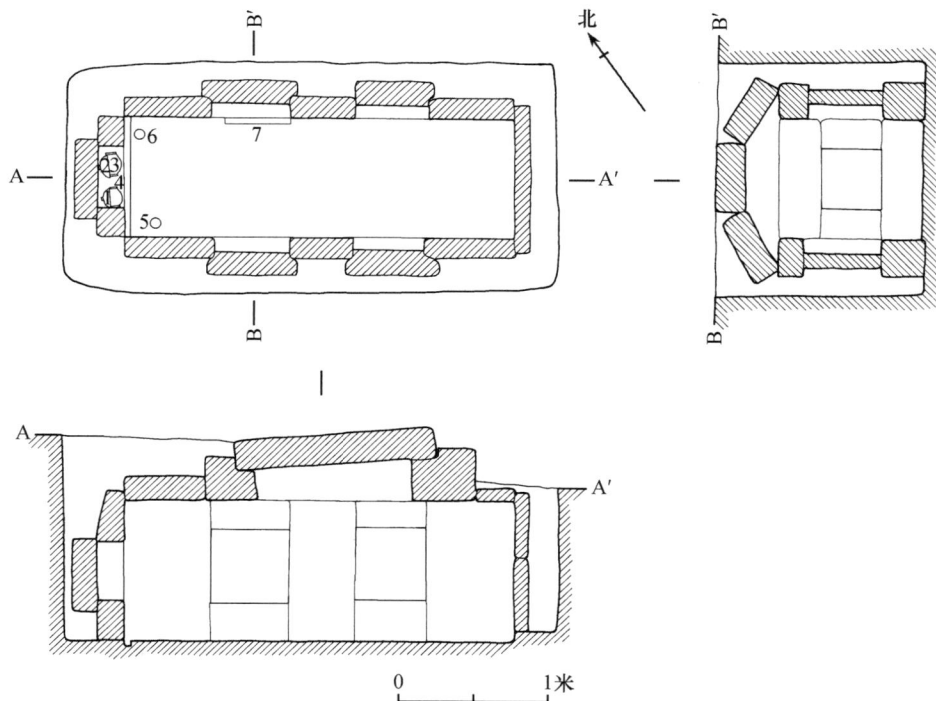

图五 M28平、剖面图

1、2. 瓷碗 3. 瓷无耳罐 4. 瓷带流罐 5、6. 瓷器盖 7. 石买地券

2. 双室墓

5座。分别有M9～M11、M16、M30。墓葬形制基本相同，现以M10为例予以介绍。

M10　方向115°。墓圹平面呈长方形。长3.4、宽3.2、深1.2～1.5米。由封门、墓室组成。两个墓室形制基本相同，以北室为例。封门由三块较规则的石板横向立砌而成。宽1.07、高1.03、厚0.14米。墓室平面呈长方形。长2.94、宽1、高1米。顶前部为叠涩顶，后部为平顶。北侧壁由数块石板与原始岩体共同组成。有一个壁龛。龛底高出墓底0.4米。宽1.18、高0.38、进深0.1米。后壁系原始岩体修整而成，在中部位置向内凿出一个龛，立面略呈长方形，似佛龛形状。龛底高出墓底0.48米。宽0.54、高0.42、进深0.16米。墓底为原始岩体，两侧向下凿有排水沟。排水沟宽0.05、深0.04米（图六）。随葬品共11件，分瓷、铜两种质地，其中北墓室4件，皆为瓷器，2件位于后龛内，2件位于墓室后部近后龛处。南墓室7件，2件瓷器位于后龛内，1件瓷器位于墓室后部，4件铜器位于墓室后部靠中间处。

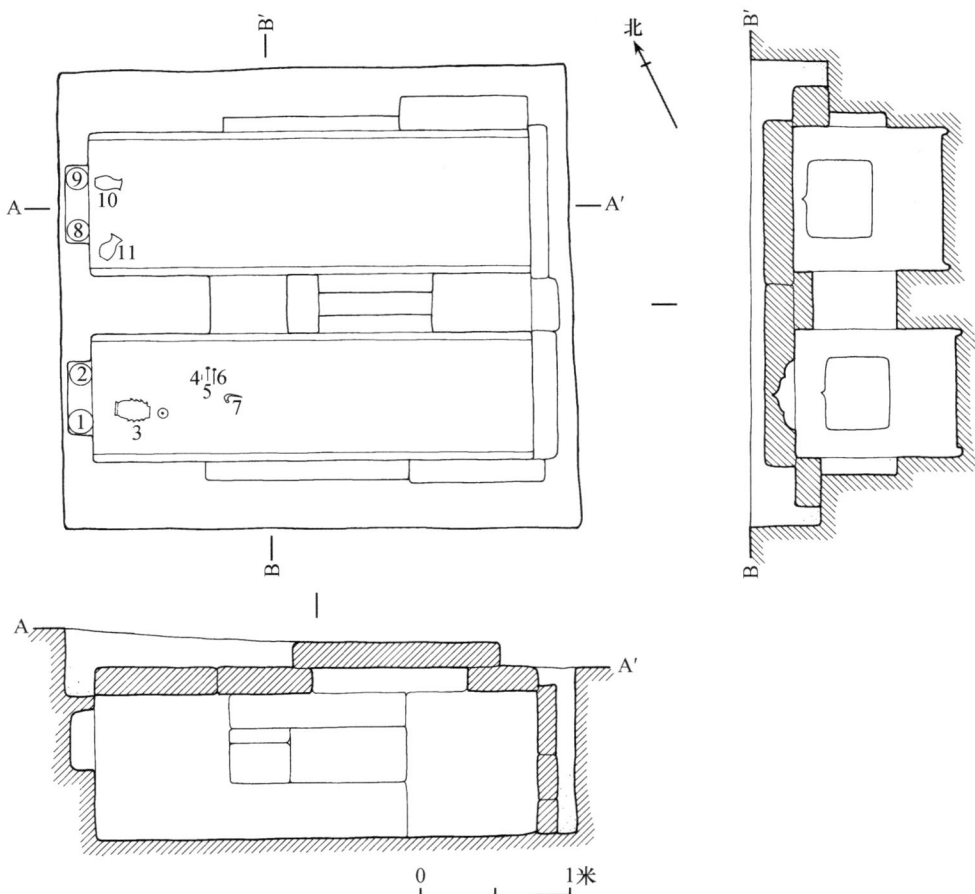

图六　M10平、剖面图

1、2、8、9. 瓷碗　3. 瓷龙纹罐　4～7. 铜簪　10、11. 瓷带流罐

（三）墓壁由石板砌筑而成，部分利用原始岩体，墓顶由砖和石块共同砌成

2座。根据墓室数量多寡，可分为两个小类。

1. 单室墓

1座。

M34　方向165°。墓圹平面呈长方形。长3.5、宽1.9、深1.2～1.7米。由墓道、封门、甬道、墓室组成。墓道为斜坡式，平面大致呈梯形。北端高出甬道底部0.52米。长0.78、宽0.81～1.89、深0.1～0.72米。封门由两块石板横向立砌而成，上面一块中部有裂缝。宽0.84、高0.92、厚0.11～0.16米。甬道平面呈横长方形。宽0.84、进深0.4米。两侧壁各由一块石板立砌而成，顶部置一条石为横梁。墓室平面呈长方形。长2.46、宽0.84米。东、西两侧壁及后壁系利用原始岩体，壁面经修整竖直。两侧壁纵向置一层条石，其上用砖起券顶。后壁中部向内凿有一龛，里面呈长方形，龛底高出墓底0.42米。宽0.38、高0.36、进深0.12米。墓底系利用原始岩体（图七）。随葬品共2件，皆为瓷器，位于墓室后部近龛处。

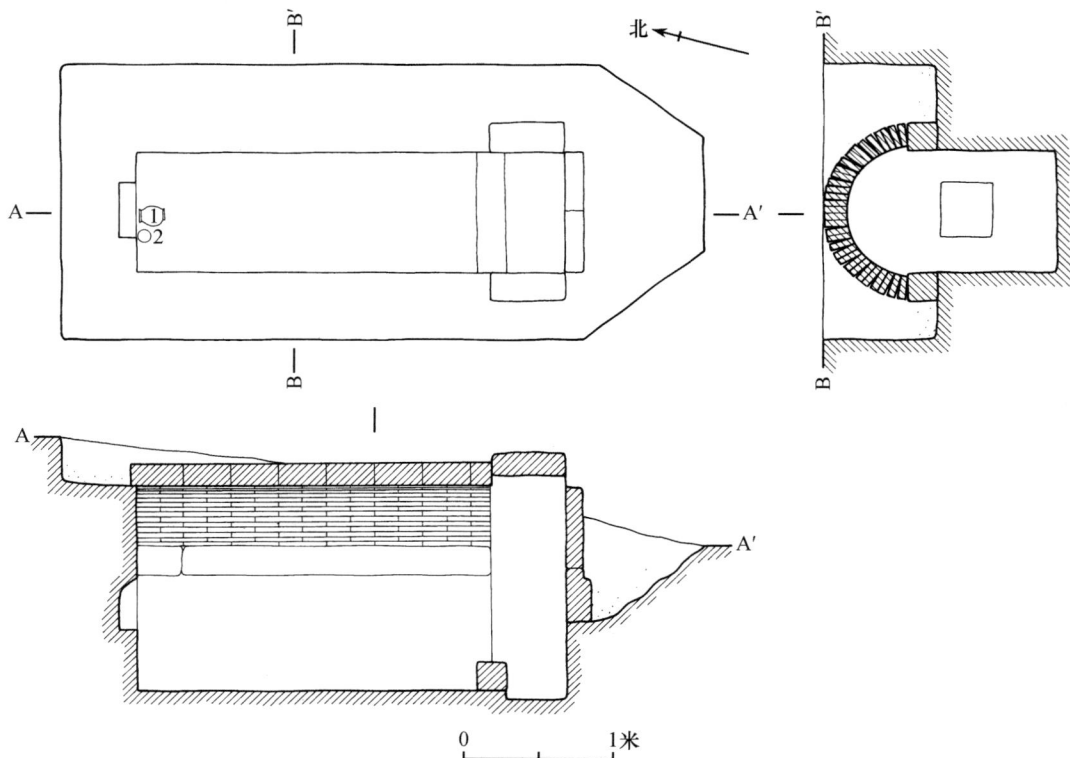

图七　M34平、剖面图

1. 瓷无耳罐　2. 瓷器盖

2. 双室墓

1座。

M29　方向143°。墓圹平面呈长方形。长3.94、宽3.06、深1.5～1.86米。由墓道、封门、甬道、墓室组成。斜坡式墓道，平面大致呈梯形，长约1.12、宽2.32～2.94、深0～0.9米。北端高出甬道底部0.56米。封门由两块石板横向立砌而成。东侧封门宽1.4、高0.91、厚0.21米；西侧封门宽1.32、高0.91、厚0.17米。甬道系直接向下在原始岩体凿出，底部低于墓底0.18米。东甬道宽0.94、进深0.9米；西甬道宽0.93、进深0.49米。墓室平面呈长方形。东室长2.28、宽0.94、高1.51米；西室长2.68、宽0.93、高1.21米。顶为券顶，后侧由石板、中部由砖砌筑而成。东、西两侧壁下部系利用原始岩体，近顶部各砌有两块条石。后壁系利用原始岩体，向内凿出一个龛，立面大致呈方形，似佛龛形状。东室龛底高出墓底0.67米。宽0.56、高0.49、进深0.2米。龛下雕刻蕙草。西室龛底高出墓底0.7米。宽0.42、高0.46、进深0.16米。在墓底三侧向下凿出排水沟。宽0.08～0.16、深0.04～0.06米（图八）。随葬品共3件，皆位于东墓室。其中2件瓷器位于墓室后部近后龛处，1件瓷器位于墓室中部近西壁处。

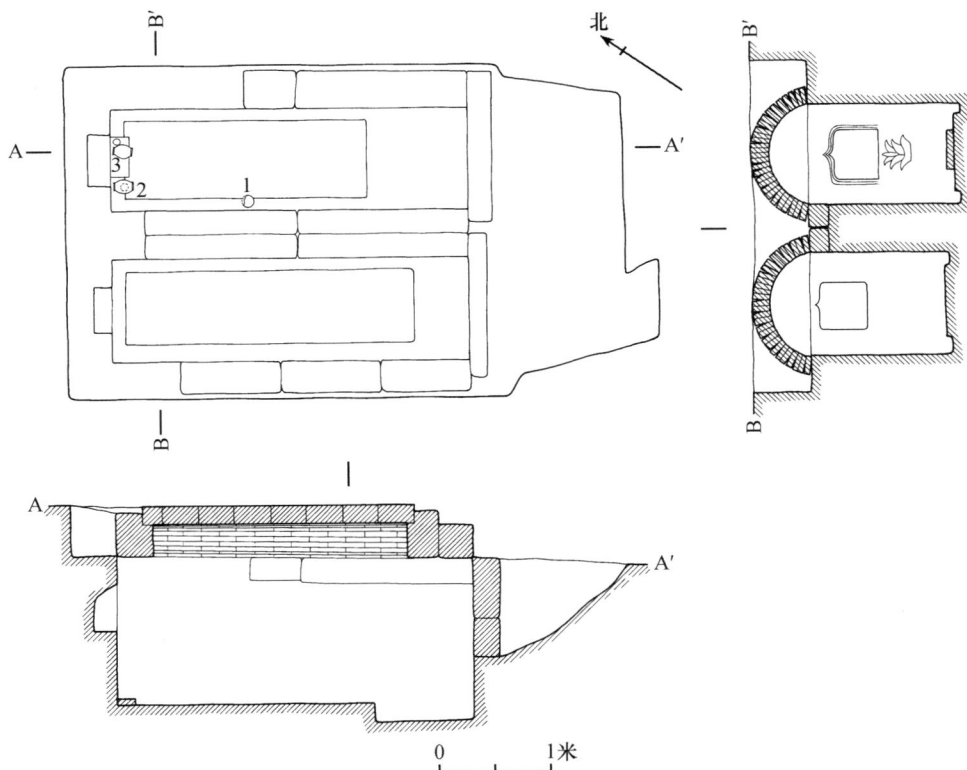

图八　M29平、剖面图
1.青花瓷碗　2、3.瓷龙纹罐

三、随葬器物

随葬器物共98件。质地主要为瓷器、铜器。另出土有石质买地券1方。

1. 瓷器

62件。分青花瓷和普通瓷器两小类。

（1）青花瓷

1件。

碗　1件。白胎。敞口，弧腹，圈足。M29：1，已残。腹部较深。内侧口沿绘两个圆圈；底部绘两个圆圈，圈内绘草叶纹；外侧壁口沿、下腹部各绘一个圆圈，圈内绘起舞图、草叶图案。口径15.3、足径5.9、高5.68厘米（图九）。

（2）普通瓷器

61件。器形有碗、器盖、龙纹罐、谷仓罐、无耳罐、带流罐、扁执壶等。

碗　15件。内侧除底部、外侧口及上腹部施酱釉。敞口，弧腹，圈足。根据腹部的不同，分为二型。

A型　9件。腹下部垂收。内侧腹部和底部交界处有折棱。M6：1，暗红胎。口径15.5、足径5.6、高5.9厘米（图一〇，4）。M6：3，暗红胎。腹部饰弦纹。口径15、足径5.5、高5.3厘米（图一〇，1）。M9：6，暗红胎。腹部饰弦纹。口径15.4、足径5.4、高5.7厘米（图一〇，7）。M10：1，暗红胎。腹部饰弦纹。口径16.4、足径5.7、高5.7厘米（图一〇，2）。M10：2，暗红胎。腹部饰弦纹。口径15.9、足径5.7、高5.4厘米（图一〇，3）。M10：8，暗红胎。腹部饰弦纹。口径15.2、足径5、高5.4厘米（图一一，1）。M10：9，暗红胎。口径15.6、足径5.2、高5.4厘米（图一〇，5）。M28：1，灰胎。腹部饰弦纹。口径16.6、足径5.1、高5.3厘米（图一一，2）。M36：4，灰胎。口径15.8、足径5.16、高5.6厘米（图一〇，6）。

B型　6件。腹部斜弧内收。M3：1，暗红胎。有变形。腹部饰弦纹。口径16.5、足径5.21、高6厘米（图一一，3）。M3：2，暗红胎。有变形。口径16.4、足径5.5、高5.3厘米（图一一，4）。M9：5，暗红胎。腹部饰弦纹。口径15.8、足径4.9、高5.3厘米（图一二，1）。M12：2，灰胎。口径16.5、足径4.78、高5.64厘米（图一二，2）。M12：5，暗红胎。口径16.5、足径5.34、高5.76厘米（图一二，3）。M28：2，暗红胎。口径16.7、足径5.2、高6.24厘米（图一二，4）。

器盖　11件。根据形制的不同，分为二型。

A型　2件。伞式盖。暗红胎。桃形纽。M6：5，除底部外均施酱黄釉。平底内凹。最大径8.5、底径4.5、高4.88厘米（图一三，1）。M16：3，除底部外均施酱黑釉。平底略外凸。最大径7.6、底径3.16、高3.56厘米（图一三，2）。

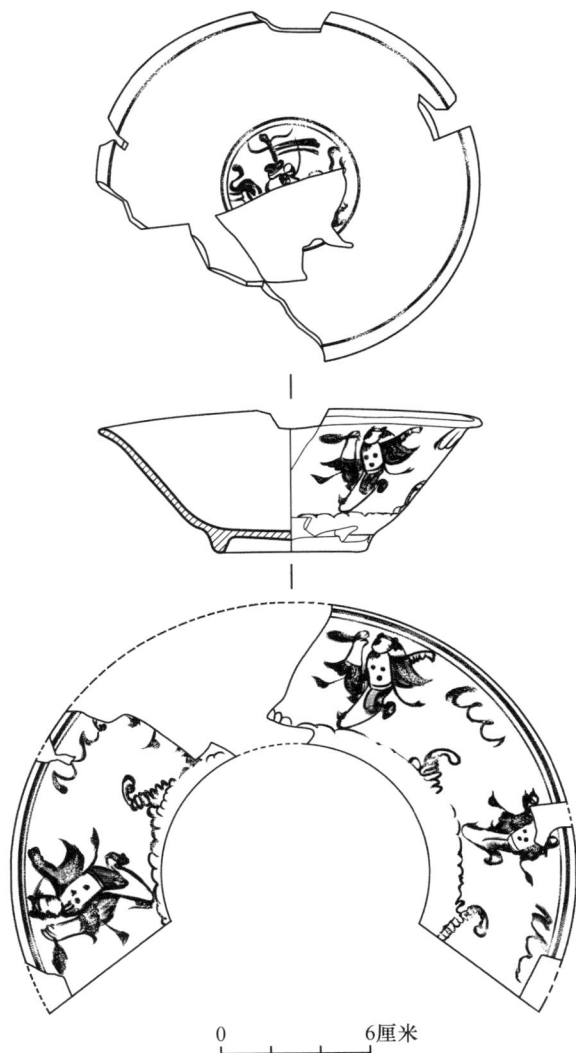

图九　青花碗
（M29:1）

B型　9件。盏形盖。除底部外均施酱釉。根据底部的不同，分为二亚型。

Ba型　7件。平底。M6:4，灰胎。口径6.8、最大径7.2、底径3.9、高1.9厘米（图一三，3）。M23:1，灰胎。口径6.21、最大径6.74、底径3.4、高1.73厘米（图一三，5）。M24:2，灰胎。口径6.3、最大径6.7、底径3.67、高1.78厘米（图一三，6）。M34:2，暗红胎。口径7.44、最大径7.44、底径3.86、高2.03厘米（图一三，7）。M38:2，灰胎。口径6.66、最大径7.07、底径3.87、高1.68厘米（图一三，8）。M28:6，暗红胎。口径5.45、最大径6.47、底径3.78、高2.11厘米（图一三，10）。M36:5，灰胎。口径6.48、最大径7.56、底径3.48、高2.21厘米（图一三，11）。

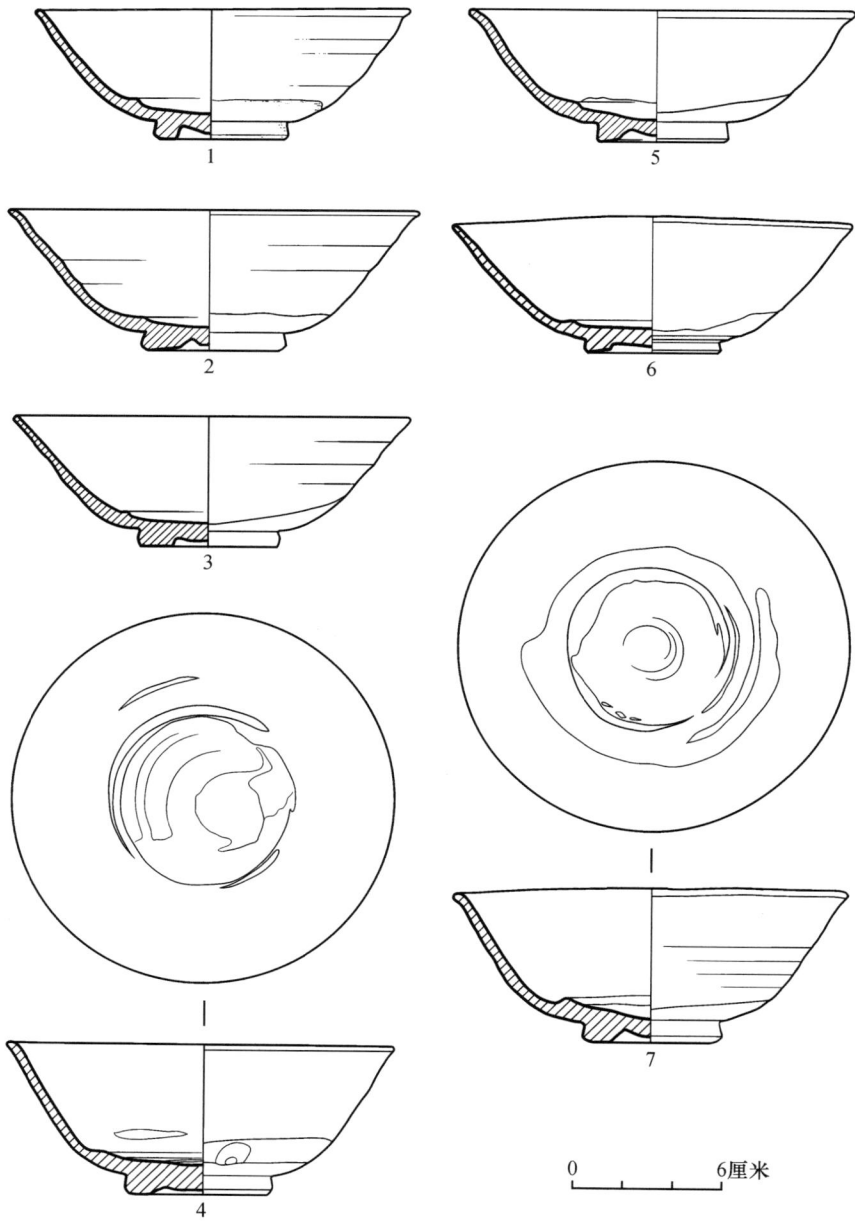

图一○　A型瓷碗

1. M6：3　2. M10：1　3. M10：2　4. M6：1　5. M10：9　6. M36：4　7. M9：6

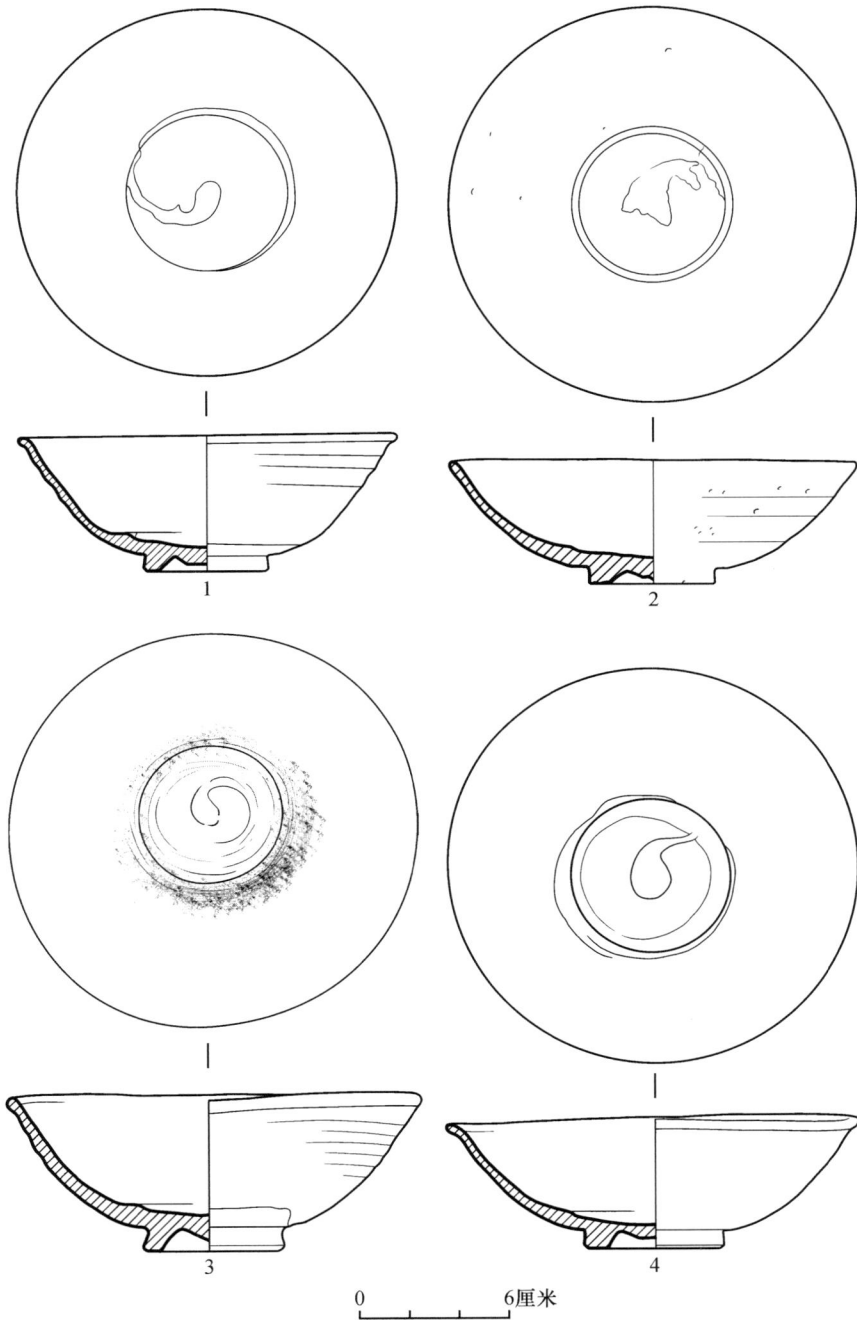

图一一　瓷碗

1、2.A型（M10∶8、M28∶1）　3、4.B型（M3∶1、M3∶2）

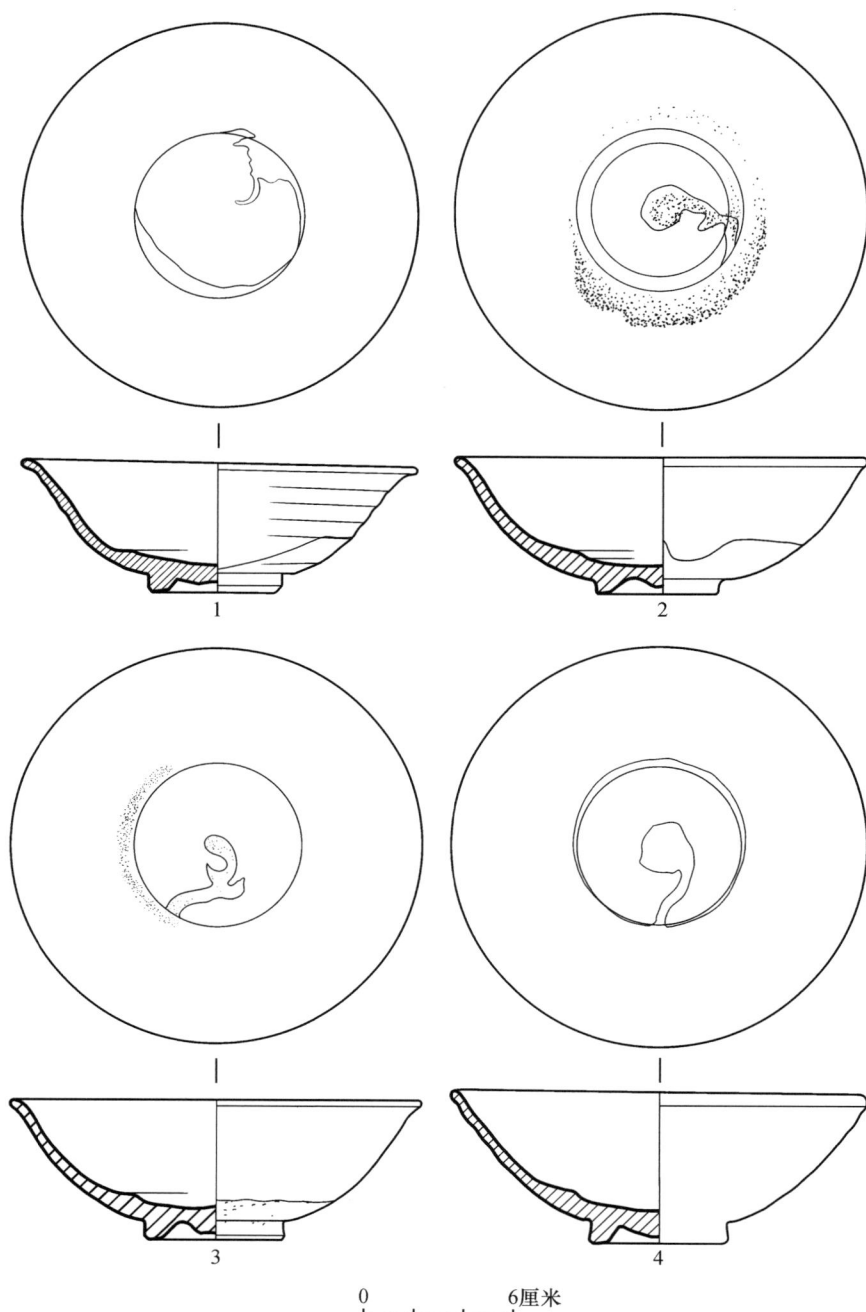

图一二　B型瓷碗

1. M9：5　2. M12：2　3. M12：5　4. M28：2

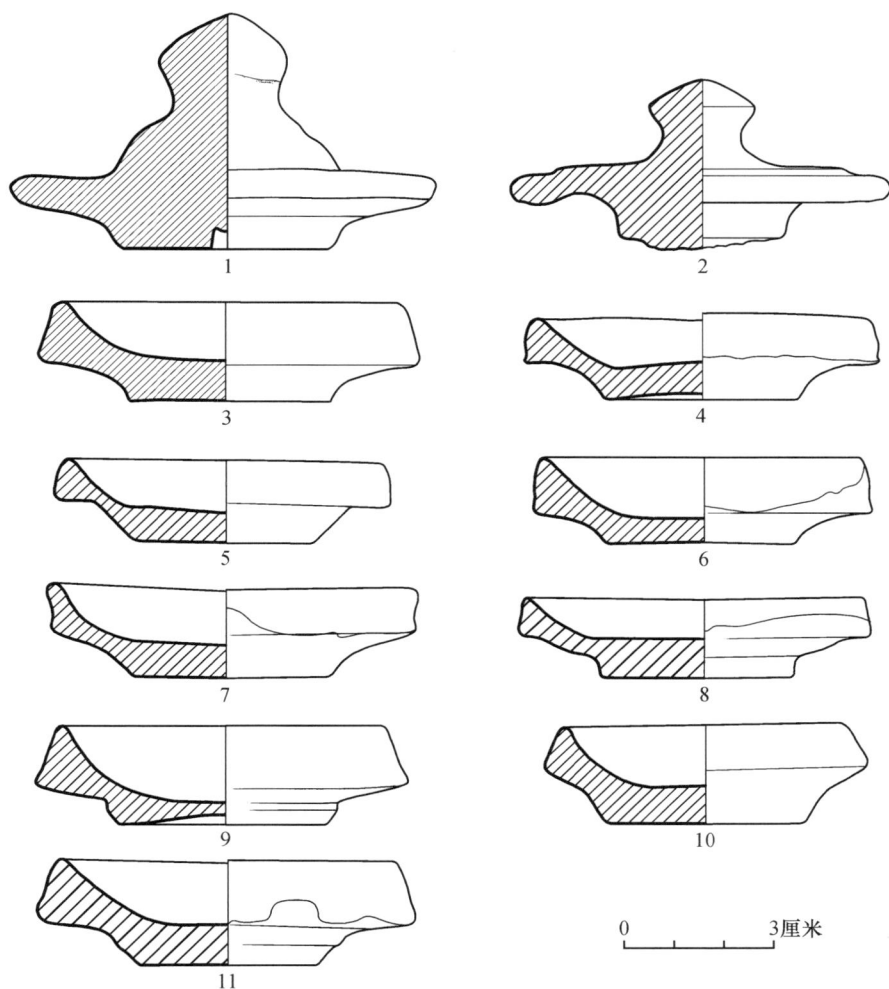

图一三 瓷器盖

1、2. A型（M6：5、M16：3） 3、5~8、10、11. Ba型（M6：4、M23：1、M24：2、M34：2、M38：2、
M28：6、M36：5） 4、9. Bb型（M15：6、M28：5）

Bb型 2件。底内凹。M28：5，暗红胎。口径6.34、最大径7.44、底径4.1、高2.07
厘米（图一三，9）。M15：6，暗红胎。口径6.7、最大径7、底径3.9、高1.6厘米（图
一三，4）。

龙纹罐 9件。根据腹部的不同，分为二型。

A型 3件。桶形腹。除圈足及腹部靠圈足处，其余部位皆施酱黑釉。敛口或口
微敛，圆唇，圆肩，圈足。最大径在上腹部。肩部均匀堆塑两个或三个脊形纽，肩腹
部堆塑一龙戏珠纹饰。M10：3，暗红胎。口径7.04、最大腹径15.8、足径9.32、高20
厘米。带盏形盖，暗红胎，除底部外均施酱釉。最大径7.8、底径4、高1.88厘米（图
一四，1）。M29：3，暗红胎。口径5.88、最大腹径14.12、足径7.64、高15.92厘米。

0   12厘米

图一四　A型瓷龙纹罐

1. M10∶3　2. M29∶3　3. M38∶1

带盏形盖，除底部外均施酱黄釉。最大径7.88、底径3.88、高2.36厘米（图一四，2）。M38：1，灰胎。口径6.36、最大腹径14.6、足径7.52、高19.52厘米。带伞式盖，暗红胎，除底部外均施酱黑釉。桃形纽。纽径2、最大径7.08、底径3.96、高2.04厘米（图一四，3）。

B型　6件。分段式曲腹，腹部纵剖面略呈波浪形。暗红胎，除圈足及腹部靠圈足处，其余部位皆施酱黑釉。圆肩，圈足。肩腹部堆塑一龙戏珠纹饰。M16：1，敛口，肩部均匀堆塑三组脊形纽，其中两组各两个，一组一个纽。口径6.92、最大腹径15.12、足径10、高18.8厘米。带塔式盖，暗红胎，除底部外均施酱黑釉。帽形纽。纽径1.96、最大径7.48、底径3.82、高2.12厘米（图一五，1）。M16：2，口微直。肩腹

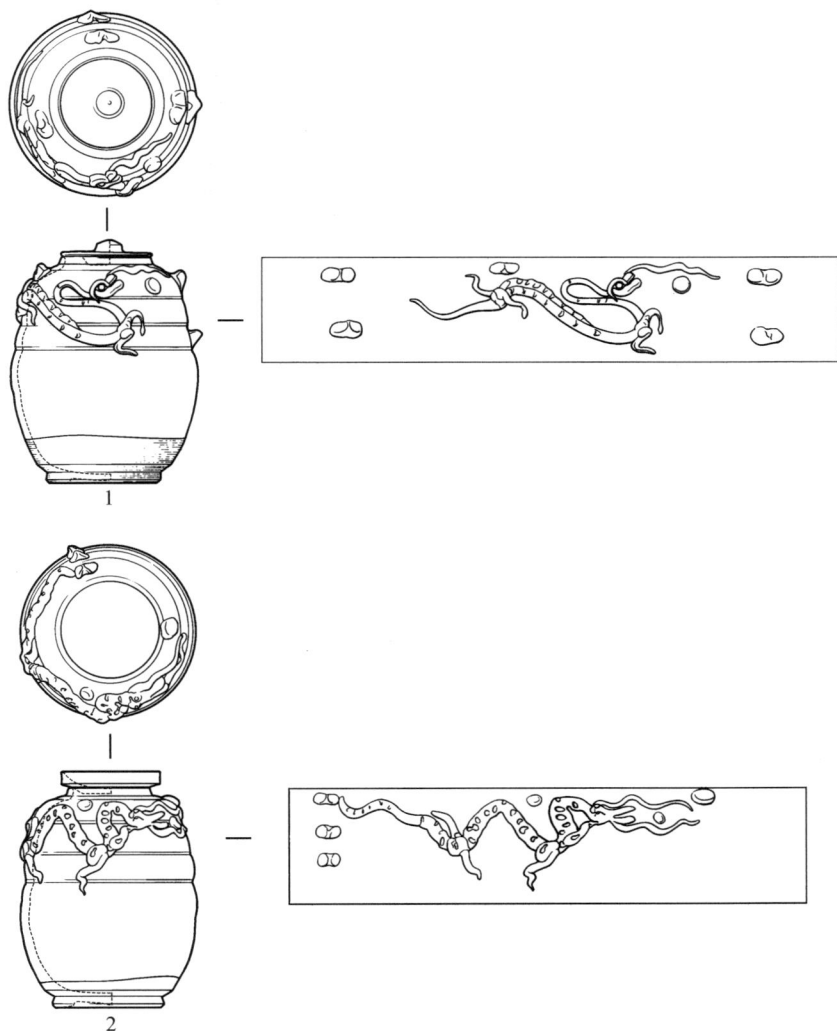

图一五　B型瓷龙纹罐
1. M16：1　2. M16：2

部与龙纹对称处纵向一排分布三个脊形纽。口径6.48、最大腹径14.28、足径8.4、高18.24厘米。带盏形盖，暗红胎，除底部外均施酱釉。最大径8、底径4、高1.96厘米（图一五，2）。M20：5，暗红胎。口径6.64、最大腹径13.52、足径8.52、高15.96厘米。带盏形盖，除底部外均施酱黄釉。最大径7.72、底径4.44、高2.08厘米（图一六，2）。M29：2，敛口。肩腹部堆塑三个脊形纽。口径5.2、最大腹径14.4、足径7.68、高16.64厘米。带伞式盖，暗红胎，除底部外均施酱釉。圆形纽。最大径6.44、底径3.2、高2.52厘米（图一七，1）。M30：1，敛口。肩腹部堆塑七个脊形纽，其中两组各三个。口径6.6、最大腹径14.56、足径8.08、高18.44厘米。带盏形盖，灰胎，除底部外均施酱釉。最大径7.84、底径3.6、高2.2厘米（图一七，2）。M30：2，直口，肩部均匀堆塑三组脊形纽，其中两组各两个，一组一个纽。口径6、最大腹径12.92、足径7.32、高17.32厘米。带伞式盖，暗红胎，除底部外均施酱釉。桃形纽。最大径5.76、底径2.72、高2.44

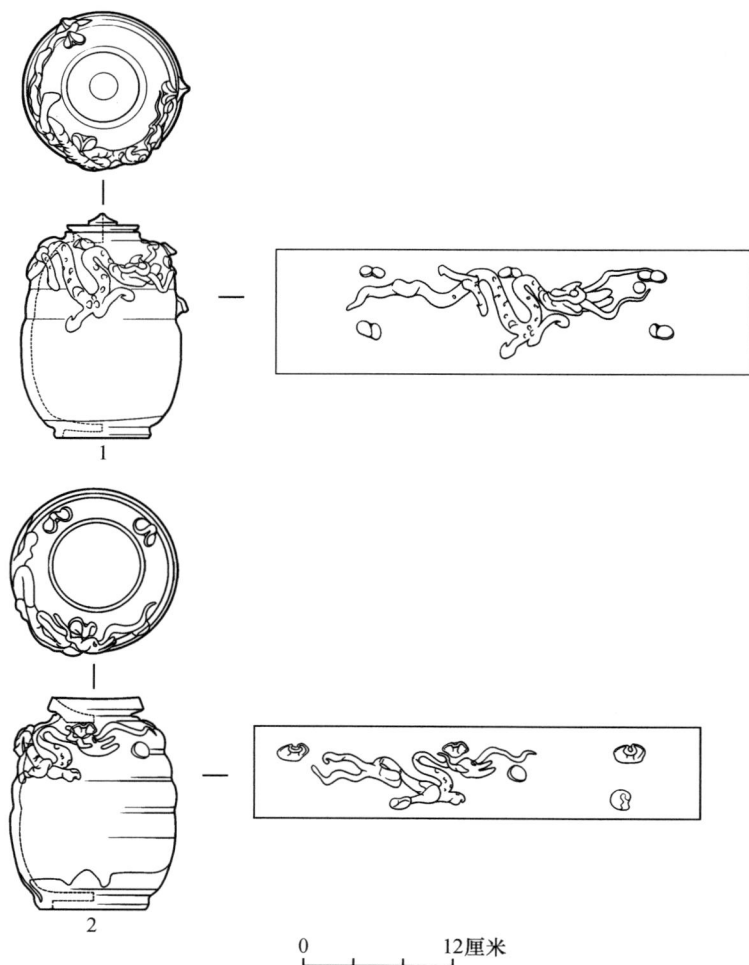

图一六　B型瓷龙纹罐

1. M30：2　2. M20：5

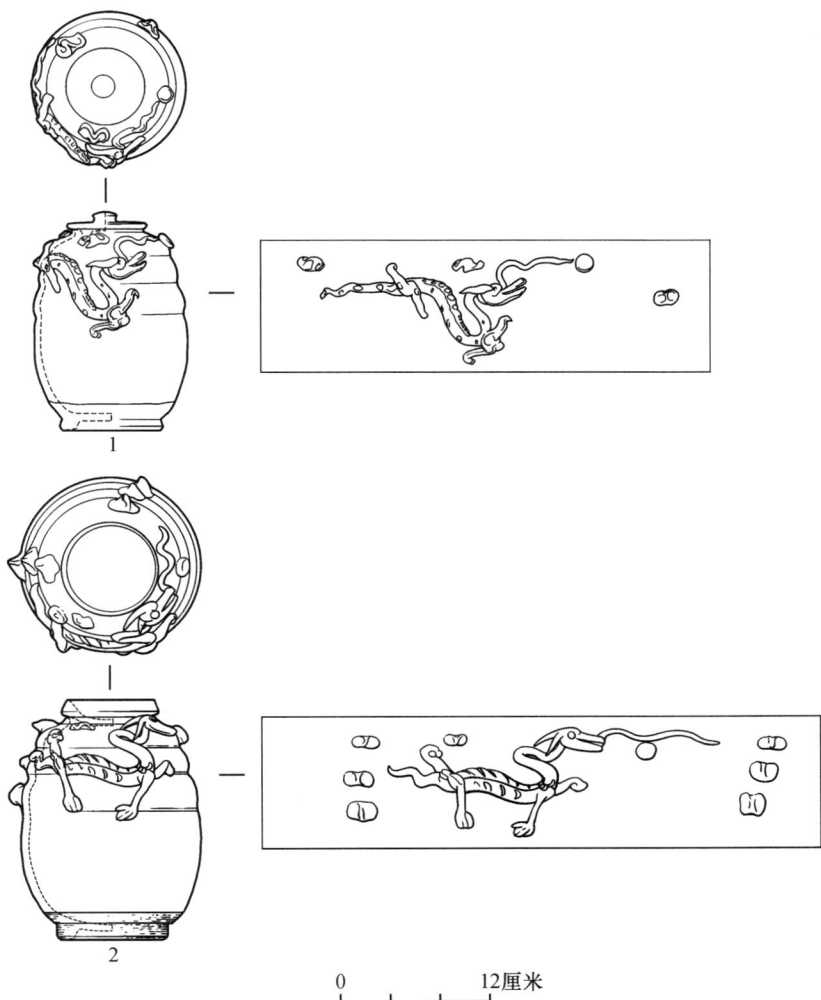

图一七 B型瓷龙纹罐
1. M29∶2 2. M30∶1

厘米（图一六，1）。

谷仓罐 6件。除腹部靠近圈足和圈足处外，其余部位施酱釉。根据腹部的不同，分为二型。

A型 2件。桶形腹。灰胎。口微敛，圆肩，圈足。肩部均匀堆塑三个脊形纽，部分三个脊形纽之间各有一个圆形纽。M36∶2，口径5.9、最大径15.9、足径8、高23.9厘米。带伞式盖，暗红胎，除底部外均施酱釉。桃形纽。纽经2.55、最大径7.66、底径3.83、高4.09厘米（图一八，1）。M37∶3，口径5.68、最大径14.66、底径8.86、高23.56厘米。带伞式盖，暗红胎，除底部外均施酱釉。桃形纽。纽径2.86、最大径8、底径3.75、高3.57厘米（图一八，2）。

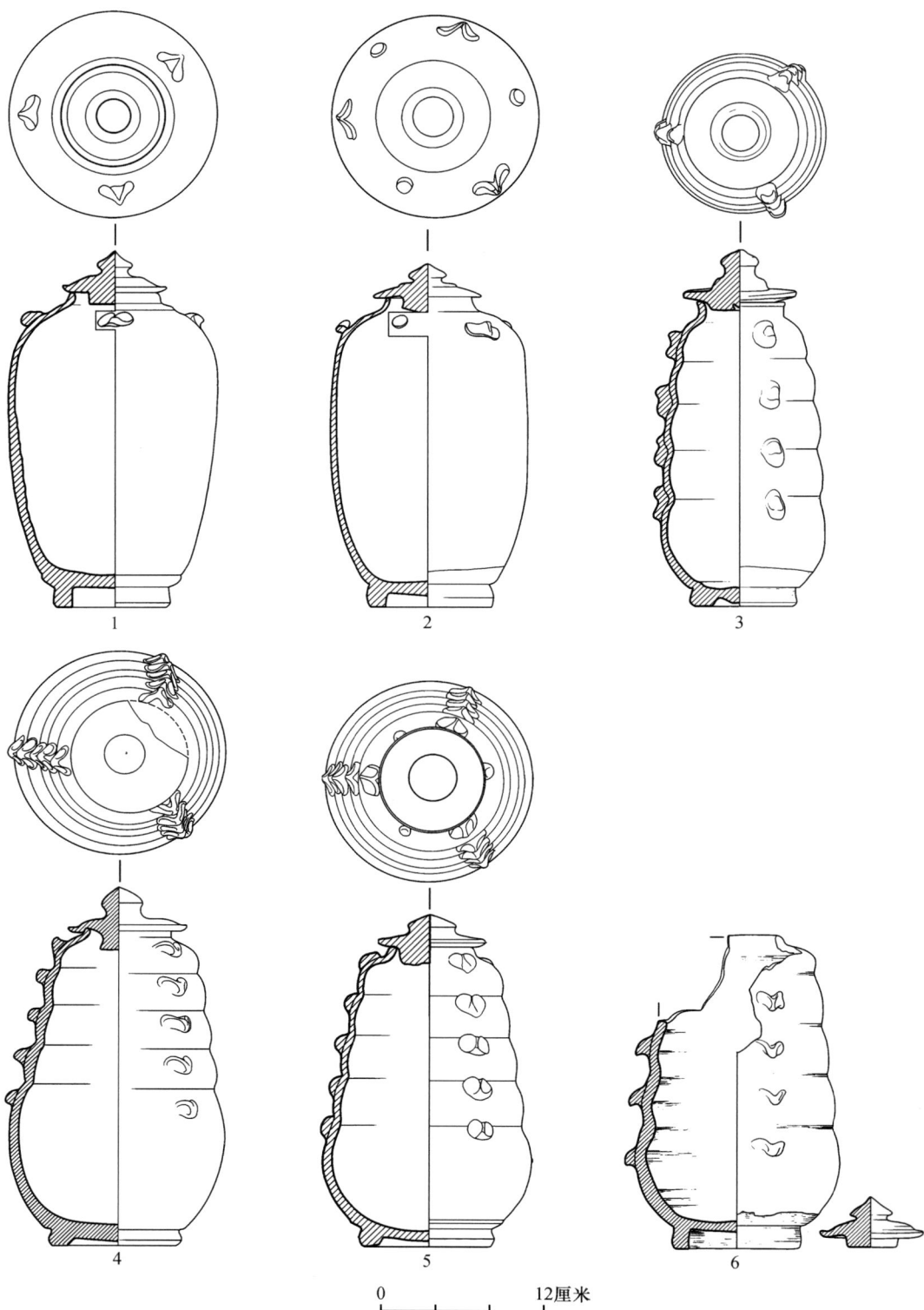

图一八　瓷谷仓罐

1、2. A型（M36∶2、M37∶3）　　3、4. B型Ⅰ式（M6∶2、M17∶3）　　5、6. B型Ⅱ式（M36∶1、M37∶4）

B型　4件。分段式曲腹，腹部纵剖面呈波浪形。灰胎偏紫。弧肩，斜弧腹，最大径在下腹部，圈足。肩腹部纵向均匀堆塑三组各四个或五个脊形纽。根据下腹部的变化，分为二式。

Ⅰ式：2件。下腹斜收。M6：2，侈口。口径6.6、最大腹径12.9、足径8、高23.2厘米。带伞式盖，暗红胎，除底部外均施酱釉。桃形纽。纽径2.81、最大径8.3、底径4.09、高4.6厘米（图一八，3）。M17：3，口微敛。口径6.3、最大腹径14.7、足径9.8、高23.9厘米。带伞式盖，暗红胎，除底部外均施酱釉。桃形纽。纽径3.06、最大径8.68、底径2.61、高4.85厘米（图一八，4）。

Ⅱ式：2件。下腹垂收。M36：1，口径5.9、最大腹径15.3、足径9.6、高22.8厘米。带伞式盖，暗红胎，除底部外均施酱釉。桃形纽。纽径3.57、最大径7.91、底径3.57、高3.83厘米（图一八，5）。M37：4，口已残。最大腹径15.54、足径9.36、高22.9厘米。带伞式盖，暗红胎，除底部外均施酱釉。桃形纽。纽径3.08、最大径7.66、底径3.55、高3.81厘米（图一八，6）。

无耳罐　12件。根据足部的不同，分为二型。

A型　6件。圈足。侈口，圆肩，弧腹。M2：1，暗红胎，除腹部靠近圈足和圈足处外，其余部位施酱黑釉。下腹急内收，最大径在上腹部。口径10、最大腹径15.28、足径9.3、高10.4厘米（图一九，1）。M9：7，暗红胎，除腹部靠近圈足和圈足处外，其余部位施酱黑釉。最大径在上腹部。口径11.14、最大腹径16.46、足径6.66、高16.08厘米（图一九，2）。M13：4，灰黑胎，除腹部靠近圈足和圈足处外，其余部位施酱黑釉。最大径在上腹部。口径8.82、最大腹径14.72、足径7.82、高15.9厘米（图一九，3）。M23：2，暗红胎，除腹部靠近圈足和圈足处外，其余部位施酱黄釉。最大径在上腹部。口径6.62、最大腹径12.7、底径7.76、高12.7厘米。带盏形盖，暗红胎，除底部外均施酱黄釉。平底。口径7.5、最大径8、底径4.78、高2厘米（图一九，4）。M23：3，灰胎，除腹部靠近圈足和圈足处外，其余部位施酱黄釉。侈口，溜肩，斜弧腹，最大径在上腹部。口径8.68、最大腹径14.4、足径8.68、高14.6厘米（图二〇，1）。M33：1，暗红胎，除圈足外其余部位施酱黄釉。最大径在上腹部。口径6.82、最大腹径12.36、足径7.42、高12.92厘米。带盏形盖，暗红胎，除底部外均施酱黄釉。平底。口径7.5、最大径7.82、底径3.82、高2厘米（图二〇，2）。

B型　6件。平底。灰胎。侈口，斜弧腹，平底，最大径在上腹部。根据沿部的不同，分为二亚型。

Ba型　2件。宽斜沿。溜肩。M12：3，腹中部以上施一层化妆土。口径7.92、最大腹径16.74、底径8.46、高22.8厘米（图二〇，3）。M34：1，口径8.4、最大腹径15.16、底径8.16、高16.18厘米（图二〇，4）。

Bb型　4件。窄沿。弧肩。M3：4，腹中部以上施一层化妆土。最大径在器中部。口径10.2、最大腹径18.7、底径7.5、高21.1厘米（图二一，1）。M25：1，通体施灰黑

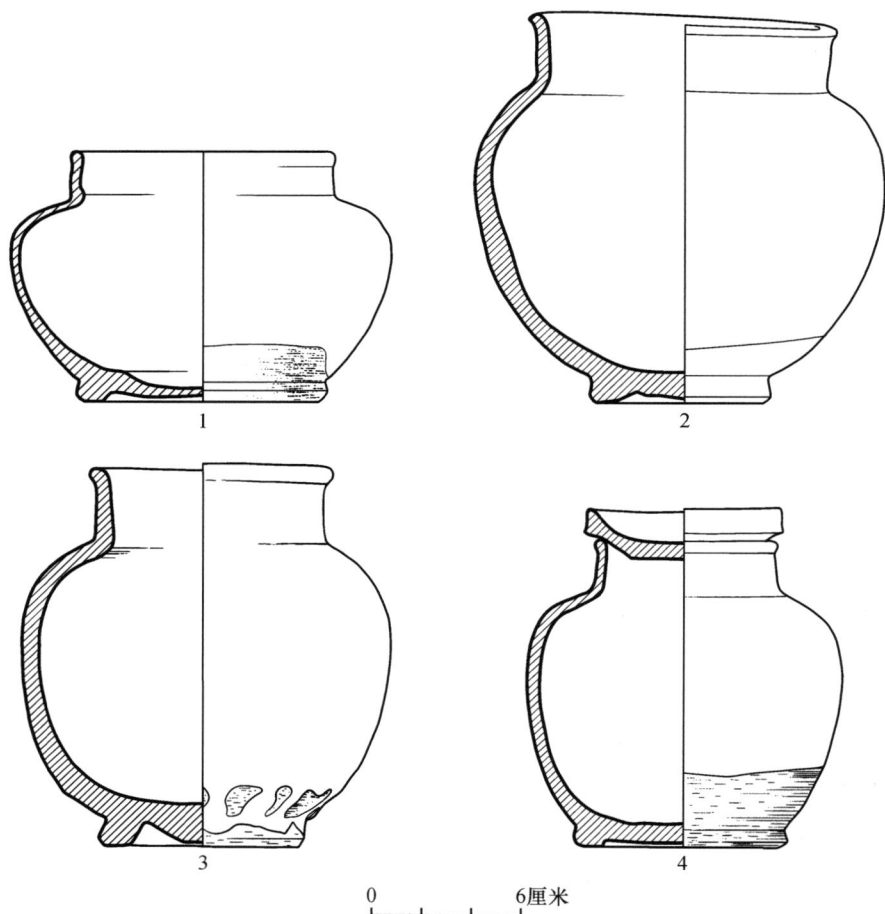

图一九　A型瓷无耳罐

1. M2：1　2. M9：7　3. M13：4　4. M23：2

釉。口径10.36、最大腹径18.7、底径11.8、高18厘米（图二一，2）。M28：3，腹中部以上施一层化妆土。平底。口径9.6、最大腹径18.26、底径9.32、高22.2厘米（图二一，3）。M35：1，口径8.26、最大腹径14.56、底径5.74、高16.8厘米（图二一，4）。

　　带流罐　7件。口部有一流。侈口或微敞。根据足部的不同，分为二型。

　　A型　1件。圈足。M24：1，暗红胎。除腹部靠近圈足和圈足处外，其余部位施酱釉。溜肩，鼓腹，最大径在腹中部。与流对称的颈部与腹部之间有一柄，与流、柄垂直左右两侧肩部各有一桥形耳。口径8.32～8.76、最大腹径15.72、足径8.2、高16.12厘米（图二二，1）。

　　B型　6件。平底或略内凹。暗红胎或灰胎。根据最大腹径位置的不同，分为三亚型。

　　Ba型　1件。最大腹径在器中部以上。M7：3，束颈，圆肩，弧腹。与流对称的

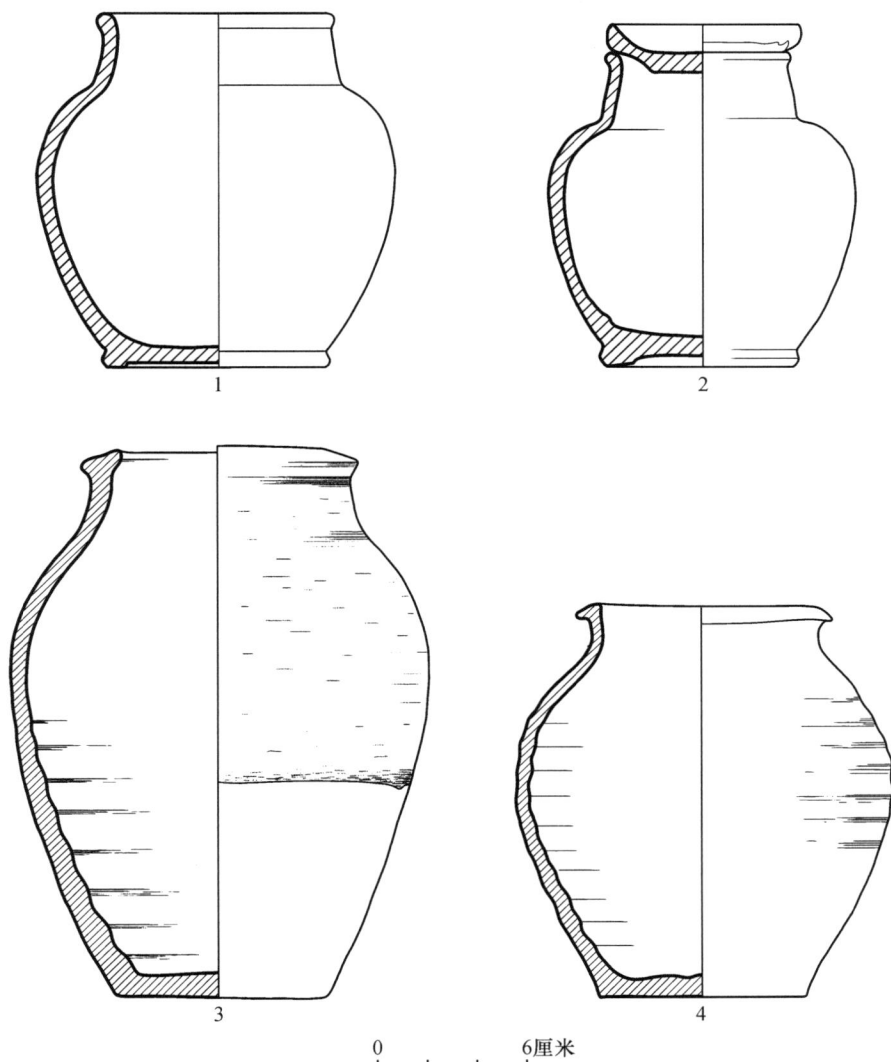

0   6厘米

图二〇 瓷无耳罐

1、2. A型（M23∶3、M33∶1）   3、4. Ba型（M12∶3、M34∶1）

颈部与腹部之间有一柄，已残。口径7.6～8.1、最大腹径9.4、底径5.7、高12.5厘米（图二二，2）。

Bb型 4件。最大腹径在器中部。弧肩，斜弧腹。与流对称的颈部与腹部之间有一柄，已残。肩腹部饰数道弦纹。M10∶10，颈部以上施一层化妆土。口径9.3～9.4、最大腹径13.2、底径6.5、高17.1厘米（图二三，1）。M10∶11，颈部以上施一层化妆土。口径9.3～9.5、最大腹径13.36、底径5.9、高17.8厘米（图二三，2）。M11∶7，口径8.36～8.82、最大腹径13.48、底径5.92、高15.22厘米（图二三，3）。M28∶4，肩颈施一层化妆土。口径9.32～11.42、最大腹径13.92、底径6.86、高19厘米（图二三，4）。

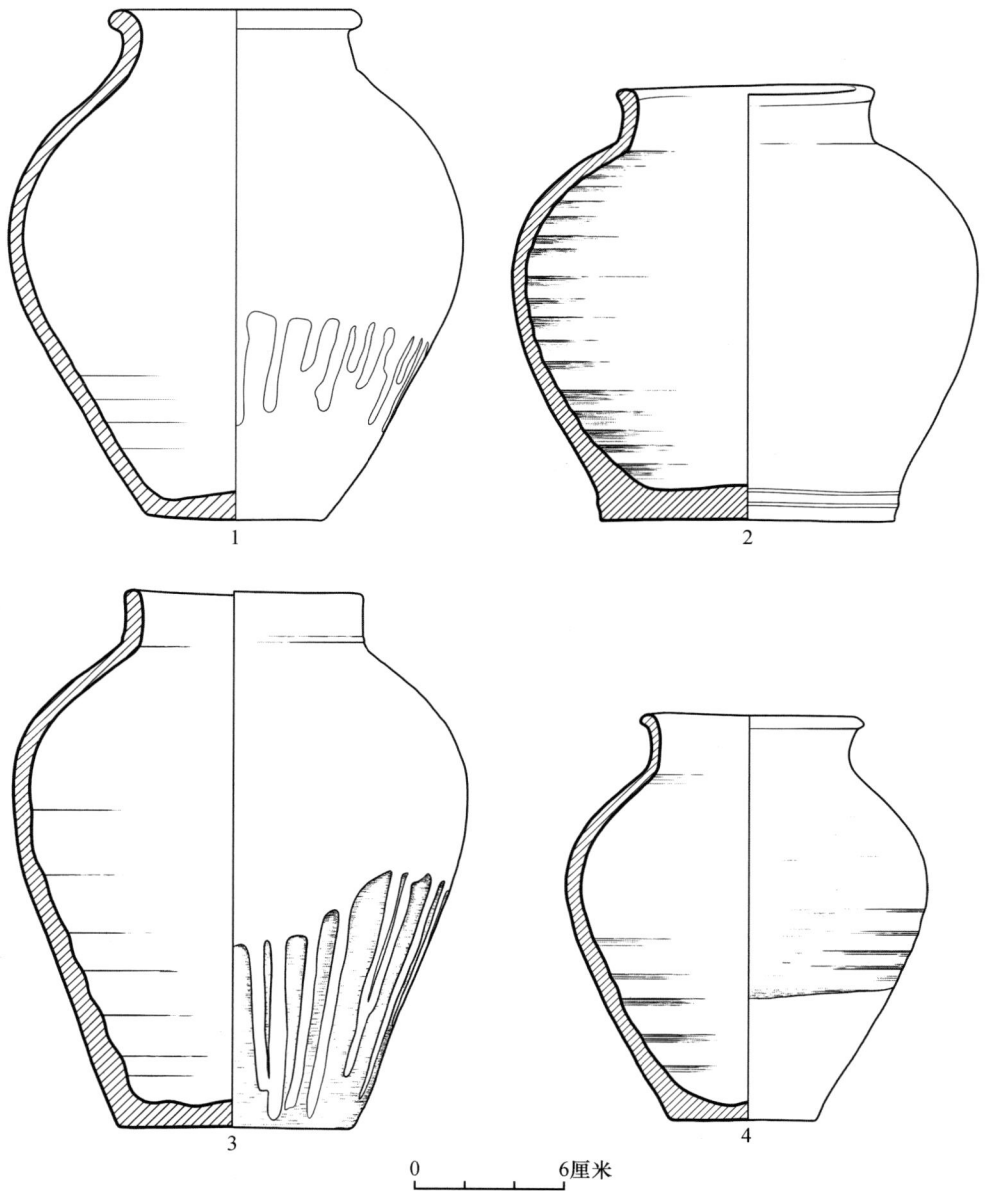

图二一　Bb型瓷无耳罐
1. M3∶4　2. M25∶1　3. M28∶3　4. M35∶1

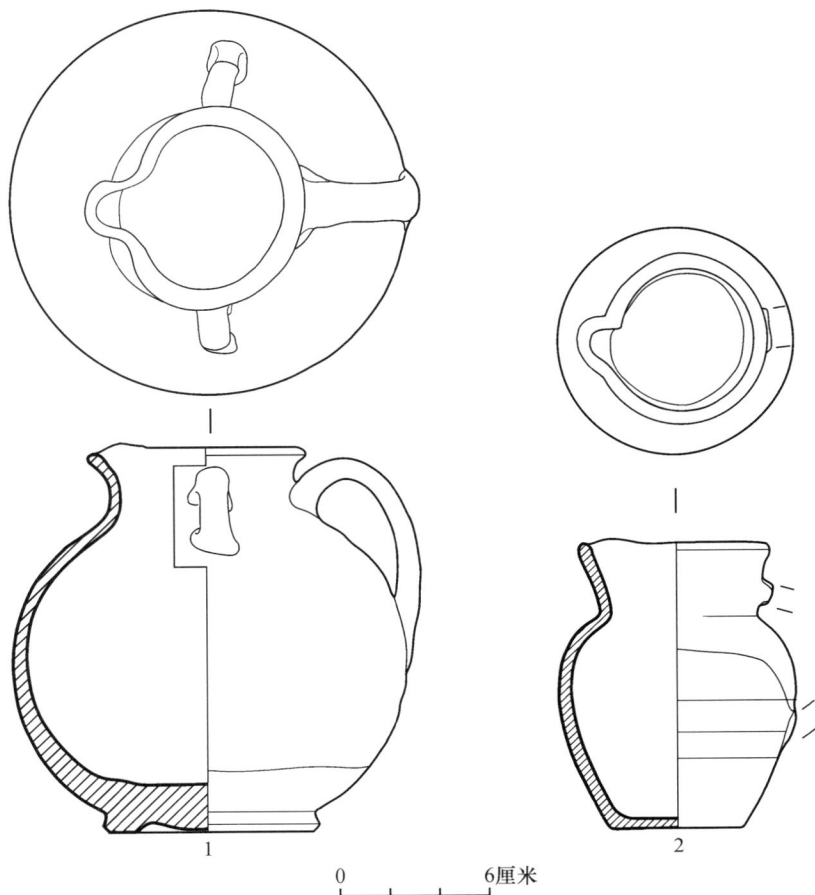

图二二 瓷带流罐
1. A型（M24∶1） 2. Ba型（M7∶3）

Bc型 1件。最大腹径在器中部以下。器表施酱黄釉，部分已脱落。斜弧肩，弧腹。与流对称的颈部与腹部之间有一柄。M3∶3，口径8.3～9.2、最大腹径11.7、底径6.9、高13.6厘米（图二四，1）。

扁执壶 1件。M14∶1，灰胎，除腹部靠近圈足和圈足处外，其余部位施酱黑釉。侈口，扁圆腹，圈足。腹部有一修长的流，与流对称处有一执柄。口径5.34、足径7.3、高17.56厘米（图二四，2）。

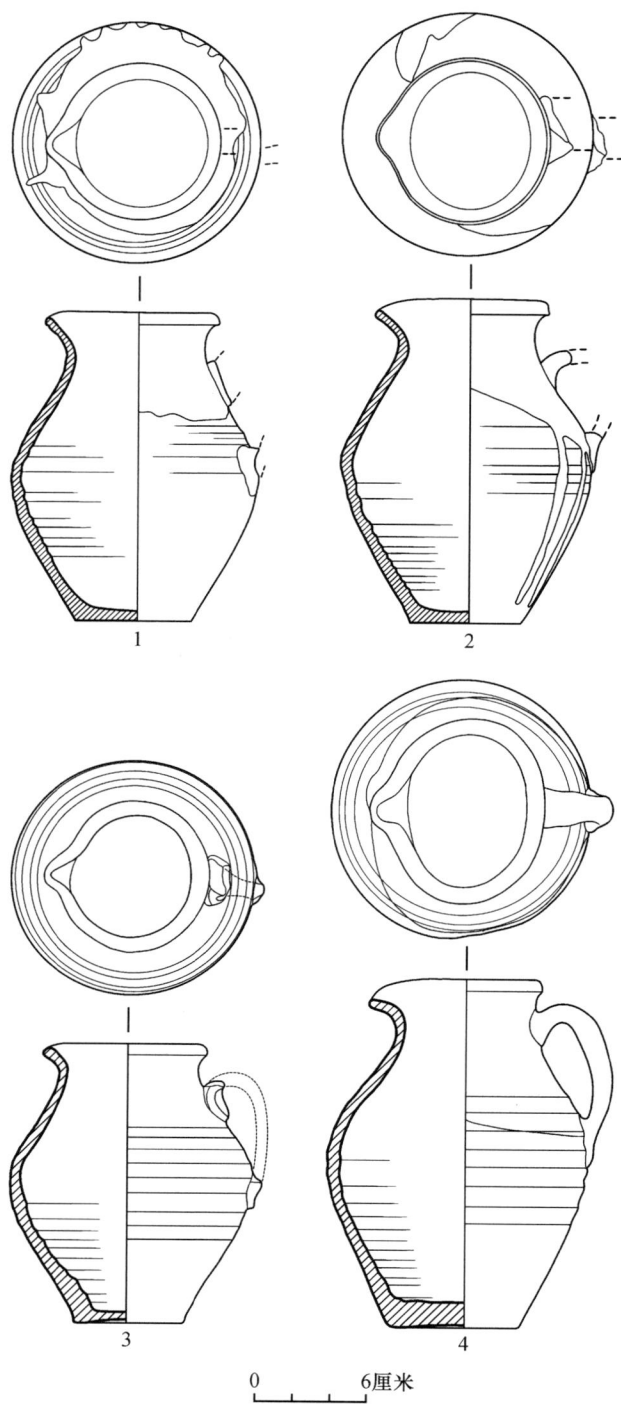

图二三　Bb型瓷带流罐

1. M10：10　2. M10：11　3. M11：7　4. M28：4

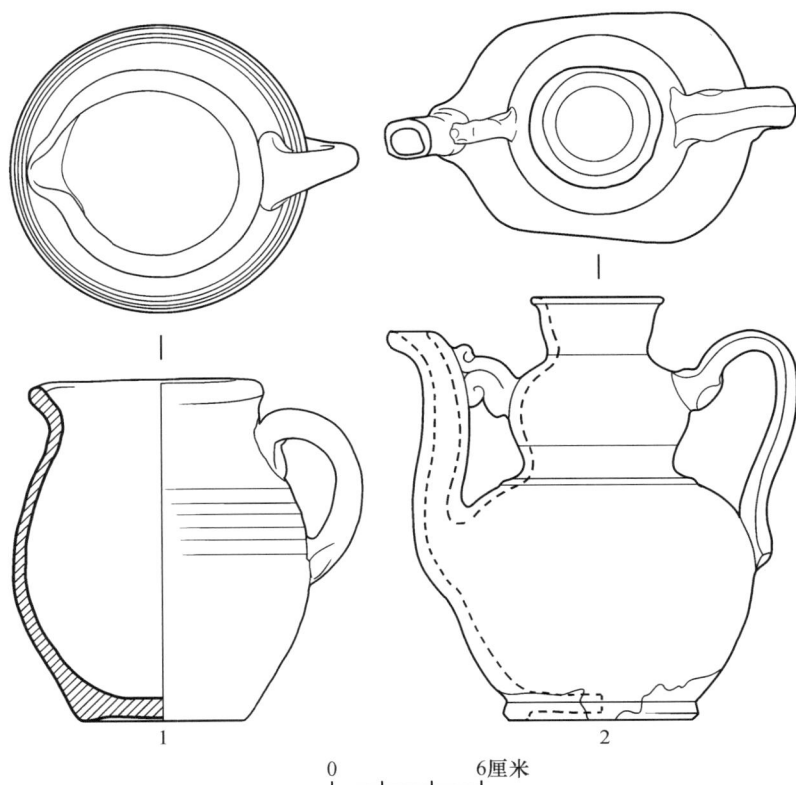

图二四　出土瓷器

1. Bc型带流罐（M3∶3）　2. 扁执壶（M14∶1）

2. 铜器

36件。皆为铜簪。部分损坏较严重，可进行型式分析的共22件。根据簪身的不同，分为二型。

A型　16件。簪身呈圆柱状，靠近簪首侧较粗，远簪首侧较细。从完整者看簪首一般为伞状，簪尾呈倒锥形。根据簪首顶部錾刻花纹的不同，分为三亚型。

Aa型　7件。簪首顶部錾刻花瓣纹。M6∶6，顶径2.97、通长12.3厘米（图二五，1）。M6∶7，顶径2.9、通长11.6厘米（图二五，2）。M7∶1，顶径3.5、通长11.6厘米（图二五，3）。M11∶4，顶径2.59、通长11.5厘米（图二五，4）。M17∶2，顶径2.9、通长13.1厘米（图二五，5）。M37∶1，顶径2.9、通长10.3厘米（图二五，6）。M37∶2，顶径3.1、通长11.21厘米（图二六，1）。

Ab型　8件。簪首顶部錾刻几何形纹。M7∶2，顶径3、通长8厘米（图二六，2）。M10∶5，顶径2.24、通长11厘米（图二六，3）。M10∶6，顶径1.42、通长11.08厘米（图二六，4）。M13∶2，顶径3.12、通长11.78厘米（图二六，5）。M17∶1，顶径2.9、通长12.9厘米（图二六，6）。M20∶2，顶径4.33、通长12.56厘米（图二七，

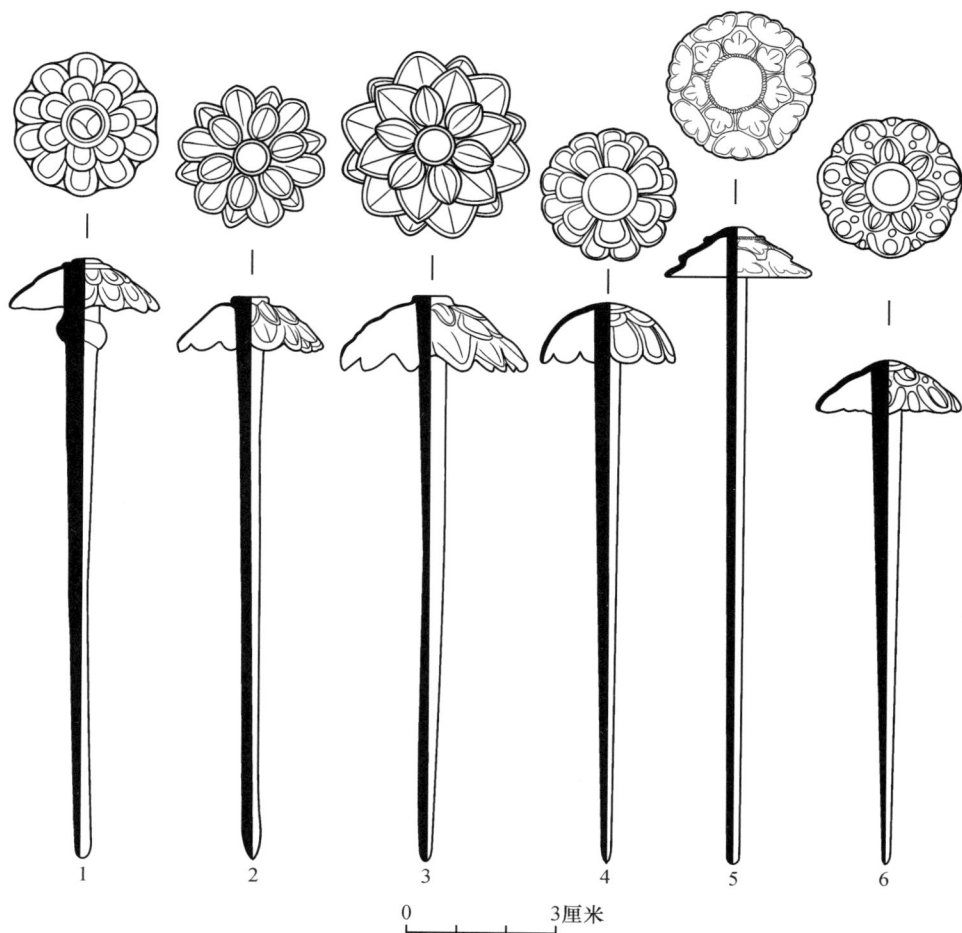

图二五　Aa型铜簪

1. M6∶6　2. M6∶7　3. M7∶1　4. M11∶4　5. M17∶2　6. M37∶1

1）。M21∶1，顶径2.84、通长12.4厘米（图二七，2）。M30∶6，顶径3.27、通长12.5厘米（图二七，3）。

　　Ac型　1件。簪首顶部素面。M11∶5，顶径2.38、通长8.7厘米（图二七，5）。

　　B型　6件。簪身呈扁平状，靠近簪首侧簪身较宽，远簪首侧簪身变窄。根据簪首的不同，分为二亚型。

　　Ba型　2件。簪首似动物形制。M10∶7，最宽处2.3、通长10.83厘米（图二八，1）。M11∶2，最宽处1.91、通长9厘米（图二八，2）。

　　Bb型　4件。簪首素面。M9∶2，顶径2.4、通长11.26厘米（图二七，4）。M11∶3，最宽处0.52、通长9.2厘米（图二九，1）。M15∶3，最宽处1.92、通长13.6厘米（图二九，2）。M20∶4，最宽处1.07、通长14.9厘米（图二九，3）。

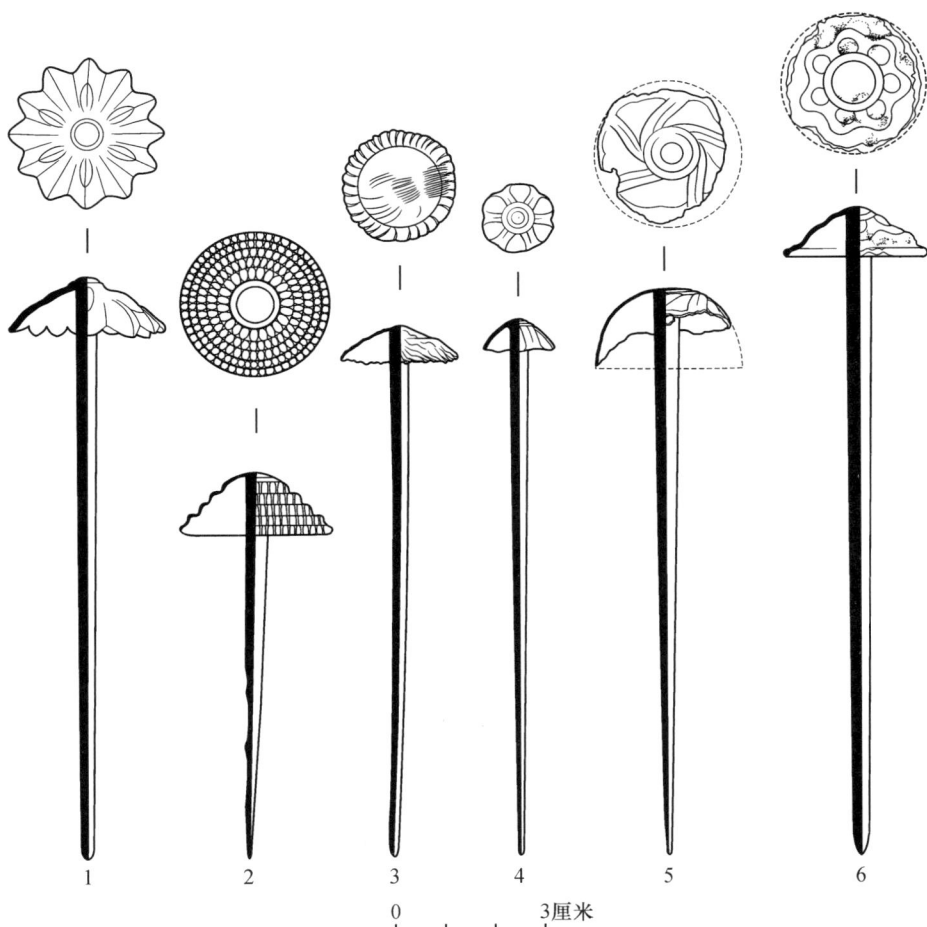

图二六 铜簪

1. Aa型（M37：2）   2~6. Ab型（M7：2、M10：5、M10：6、M13：2、M17：1）

3. 买地券

1方。M28：7，红砂石质，表面部分风化。整体呈横长方形，左右上角各切去一角。长40、宽32、厚2厘米。正面阴线刻文字，从左至右，券首为"亡人受用地契一所"，券文为："维大明国四川成都府成都县第三团住/仁寿县汉阳乡观音堂杨柳沟居住/亡人吕氏三正姓之灵在日命系戊子年/八月十九日子时□生祖系本县本乡白□/堪地分生长人氏得年阳道六十八岁/亡于□化□二年二月初二日戌时分在家/□□□命属上行地理推山/点□□□人地孝子虔备冥/财□□□□□□□□买利地一所坐/□□□东至甲乙南至丙丁西至庚/辛北至壬癸□上青天下至黄泉□/□□□十步并系亡人吕氏三□□/为□如急急五帝使须至殁者"（图三〇）。

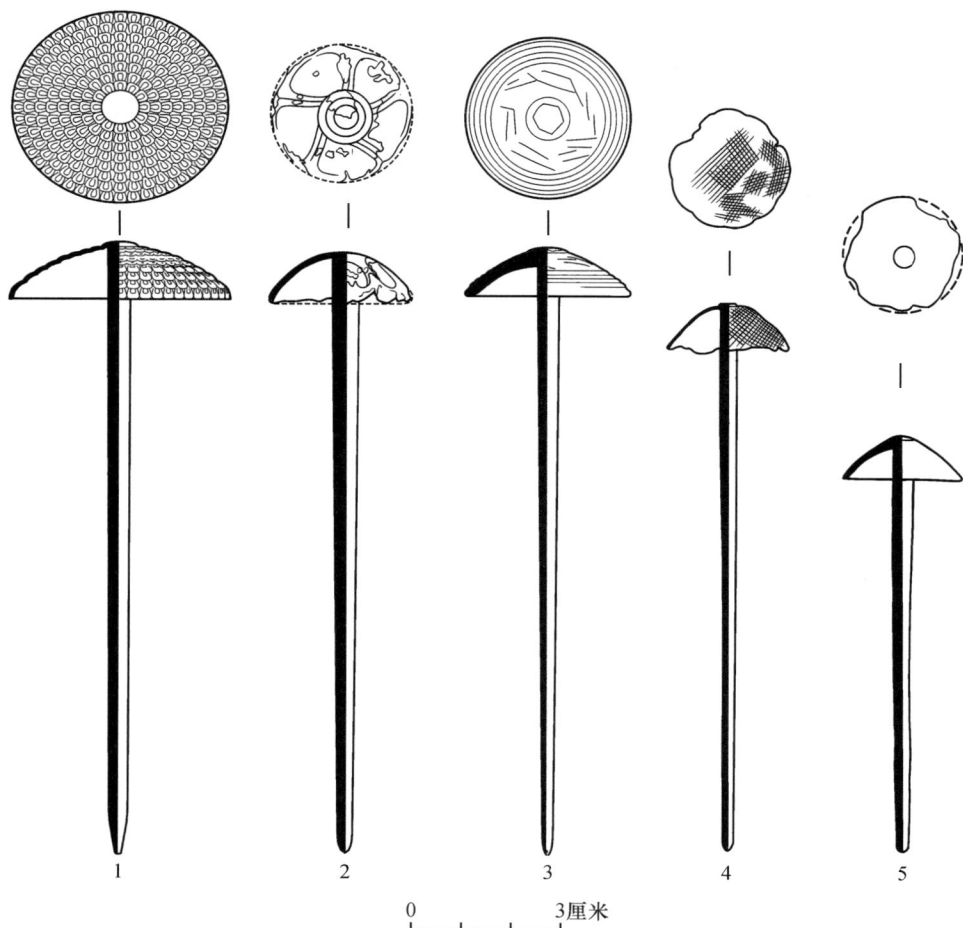

图二七　铜簪

1~3. Ab型（M20∶2、M21∶1、M30∶6）　4. Bb型（M9∶2）　5. Ac型（M11∶5）

四、结　　语

（一）年代问题

此次发掘的39座墓葬主要为岩坑墓和石室墓。M28出土石买地券一方，买地券中有"□化□二年二月"纪年，明代皇帝年号中带化字的只有宪宗成化年号，故此处应为成化年间。买地券记载墓主人出生于戊子年，得年阳道六十八岁，结合其成化年间去世信息，可知此戊子年应为1408年，故买地券中记载墓主人去世时完整的年号应为成化十二年二月。其余墓葬未出土明确的纪年材料，故对墓葬年代的判断主要依据墓葬形制和随葬器物。

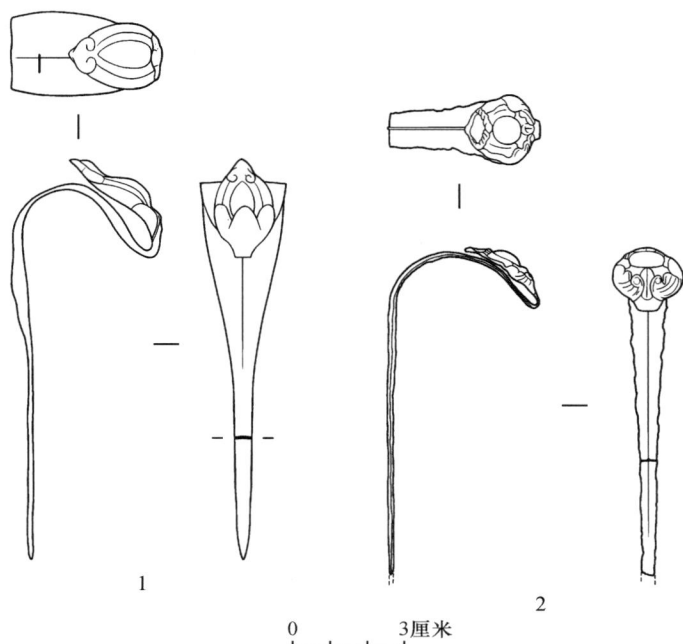

0　　　　　3厘米

图二八　Ba型铜簪

1. M10∶7　2. M11∶2

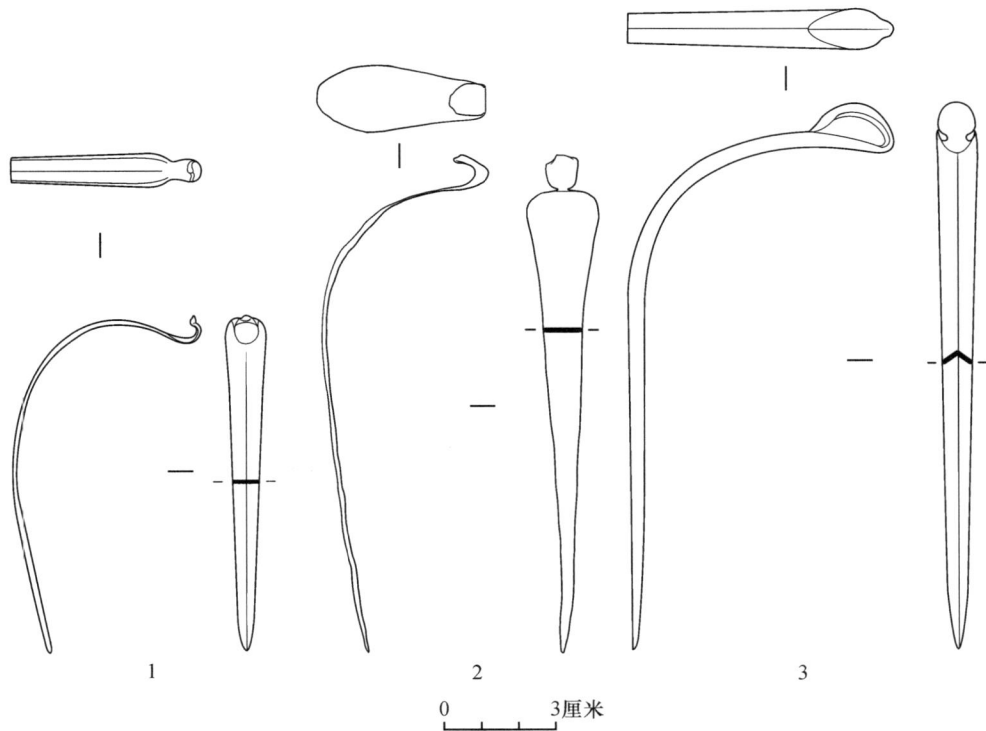

0　　　　　3厘米

图二九　Bb型铜簪

1. M11∶3　2. M15∶3　3. M20∶4

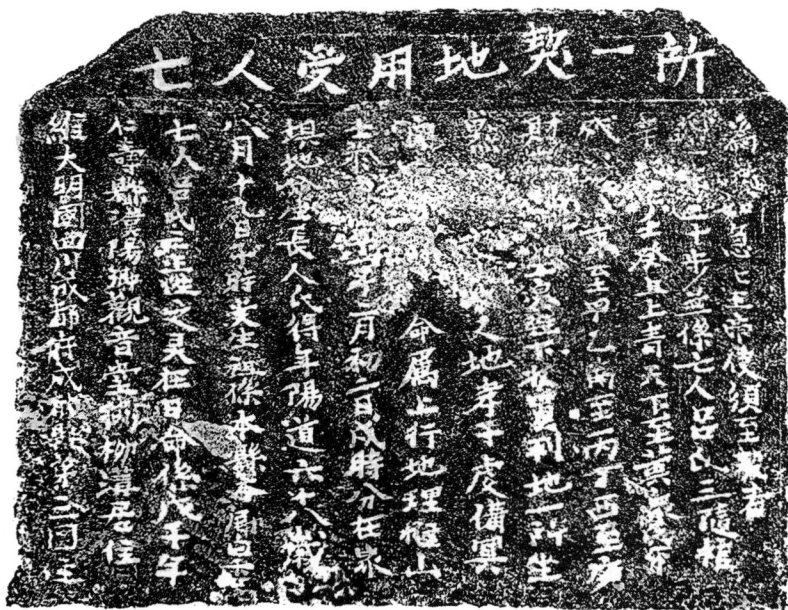

图三〇　M28出土石买地券

（M28：7）

A型瓷谷仓罐与邛崃羊安工业区F30M5、F30M14出土瓷谷仓罐（F30M5：1、F30M14：2）形制相似，B型Ⅰ式瓷谷仓罐与邛崃羊安工业区明代墓葬出土Aa型瓷谷仓罐形制相似，后者墓葬时代为明代中期[1]；A型瓷碗与邛崃羊安墓群24号点M17出土的瓷碗（M17：3）形制相似，后者时代为明代中期[2]；M37出土瓷谷仓罐（M37：3）与成都温江中粮包装厂M8出土瓷带盖罐（M8：2）形制基本相同，B型Ⅱ式瓷谷仓罐（M37：4）与成都温江中粮包装厂M8出土瓷带盖罐（M8：1）相似，后者为正德五年纪年墓[3]。M13出土瓷无耳罐（M13：4）与温江万春镇明墓M1出土A型瓷无耳罐（M1：1）形制基本相同，后者为弘治五年纪年墓[4]；B型瓷龙纹罐与成都青白江包家梁子明墓A型瓷龙纹罐形制基本相同，后者时代为明代中期偏早阶段[5]；B型Ⅰ式瓷谷仓罐为《川渝地区明墓出土谷仓罐研究》一文中的Ab型Ⅰ式谷仓罐，属于第一期，时代为成化至弘治年间；A型、B型Ⅱ式瓷谷仓罐为《川渝地区明墓出土谷仓罐研究》一文中的Ab型Ⅱ式谷仓罐，时代为正德至万历年间[6]。综上，此批墓葬时代应为明代中晚期。

（二）几点认识

本次发掘的39座墓葬皆为石室（含岩坑）墓，仅2座墓葬顶部为砖石混合砌筑。虽墓葬多已被盗或破坏，但仍出土了不少随葬品。此批墓葬总体上来说大部分属于小型墓葬，出土器物以瓷器为主，出土的铜器主要为簪，器物组合一般为瓷罐、碗。这些说明墓地入葬者财力有限，大部分应该属于普通平民阶层。

　　墓地处于丘陵地带，墓葬分布以山脊为中心向两侧展开。根据地形情况，我们将墓葬大致分为三组（图三一）。第一组共有7座，分别为M1、M30～M35；第二组共18座，分别为M2～M8、M18～M23、M25～M29；第三组共有14座，分别为M9～M17、M24、M36～M39。从图上我们可以看到，第一组墓葬方向多大于150°，第二组墓葬方向多为120°～150°，第三组墓葬方向多小于120°。各组所处的地形分别为：第二组位于山脊上，第一组坡向顺山脊方向偏西，第三组坡向顺山脊方向偏东。三组内各墓葬方向大概是一致的，但组与组之间的方向有所差异，造成此种差异的原因为不同组别墓葬之间所处地形的坡度有所不同，坡度偏西的第一组墓葬方向多大于150°，坡度偏东的第三组墓葬方向多小于120°，而位于山脊上的第二组坡度和墓葬方向皆介于第一组和第三组之间。以上分析在一定程度上说明了此处墓葬在葬入时对墓向的选择更多是随山坡方向的变化而变化。

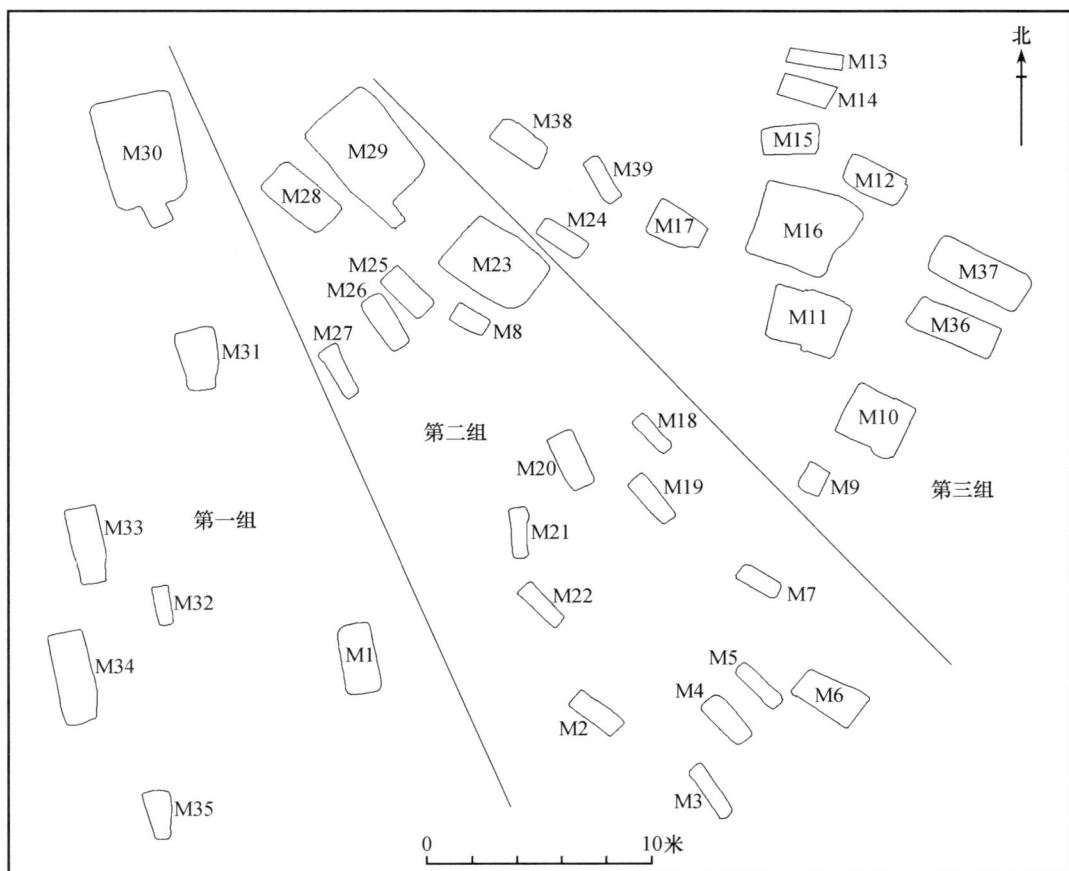

图三一　墓葬分组图

发掘：谢　林　张　魏　陈西平

整理：潘绍池　魏新柳

绘图：逯德军　潘绍池

执笔：潘绍池　孙旭旺　谢　林

注　释

［ 1 ］　成都文物考古研究所、邛崃市文物局：《邛崃市羊安工业区墓群明墓发掘简报》，《成都考古发现》
（2011），科学出版社，2013年。

［ 2 ］　成都文物考古研究所、邛崃市文物局：《四川邛崃羊安墓群24号点宋明墓发掘简报》，《成都考古发现》
（2010），科学出版社，2012年。

［ 3 ］　成都文物考古研究所、温江区文物保护管理所：《成都市温江区中粮包装厂明墓发掘简报》，《成都考古
发现》（2005），科学出版社，2007年。

［ 4 ］　成都文物考古研究所、温江区文物保护管理所：《成都市温江区万春镇明墓发掘简报》，《成都考古发
现》（2005），科学出版社，2007年。

［ 5 ］　成都文物考古研究所、青白江区文物保护管理所：《成都市青白江区包家梁子宋明墓葬发掘简报》，《成
都考古发现》（2010），科学出版社，2012年。

［ 6 ］　周静：《川渝地区明墓出土谷仓罐研究》，《考古》2019年第12期。

成都市天府新区煎茶街道梅家坡明代墓地发掘简报

成都文物考古研究院

为配合"天府新区正兴街道官塘村一组，煎茶街道五里村二、三、四组拟出让土地"项目建设，成都文物考古研究院于2020年4月对该项目用地做了文物勘探工作，共发现墓地17处。其中4号墓地位于成都天府新区煎茶街道五里村三组，小地名为梅家坡，墓地编号为"2020CTJM"，中心地理坐标为东经104°3′19″、北纬30°24′35″，海拔428米（图一）。2020年6～7月，成都文物考古研究院对该墓地进行了考古发掘工作，共清理明代墓葬38座。现将发掘情况简报如下。

一、墓地概况

墓地处于浅丘地带，墓葬位于山坡东侧，排列较为规整，呈环带状分布于半山腰至山脚的斜坡上。因后期平整土地等原因，一部分墓室暴露于地表，一部分墓室埋藏于现代耕土层下，未见封土堆，墓葬之间无叠压或打破关系。墓葬方向整体较为一致，其中六组排列紧密（图二）。

二、墓葬形制

根据墓葬建筑材料的不同，可分为三大类。

（一）墓室为岩坑，墓顶由石板砌成

14座。根据墓室数量多寡，可分为两个小类。

1. 单室墓

10座。分别有M15、M22～M24、M28～M30、M33、M34、M38。根据龛的有无，分为三型。

A型　1座。有侧龛。

M22　方向139°。墓坑平面呈梯形，坑底呈倾斜状，北高南低。长2.6、宽0.76～0.94、残深0.86～1.46米。顶部已被破坏，残留一块石板，为横向平铺。壁面经修

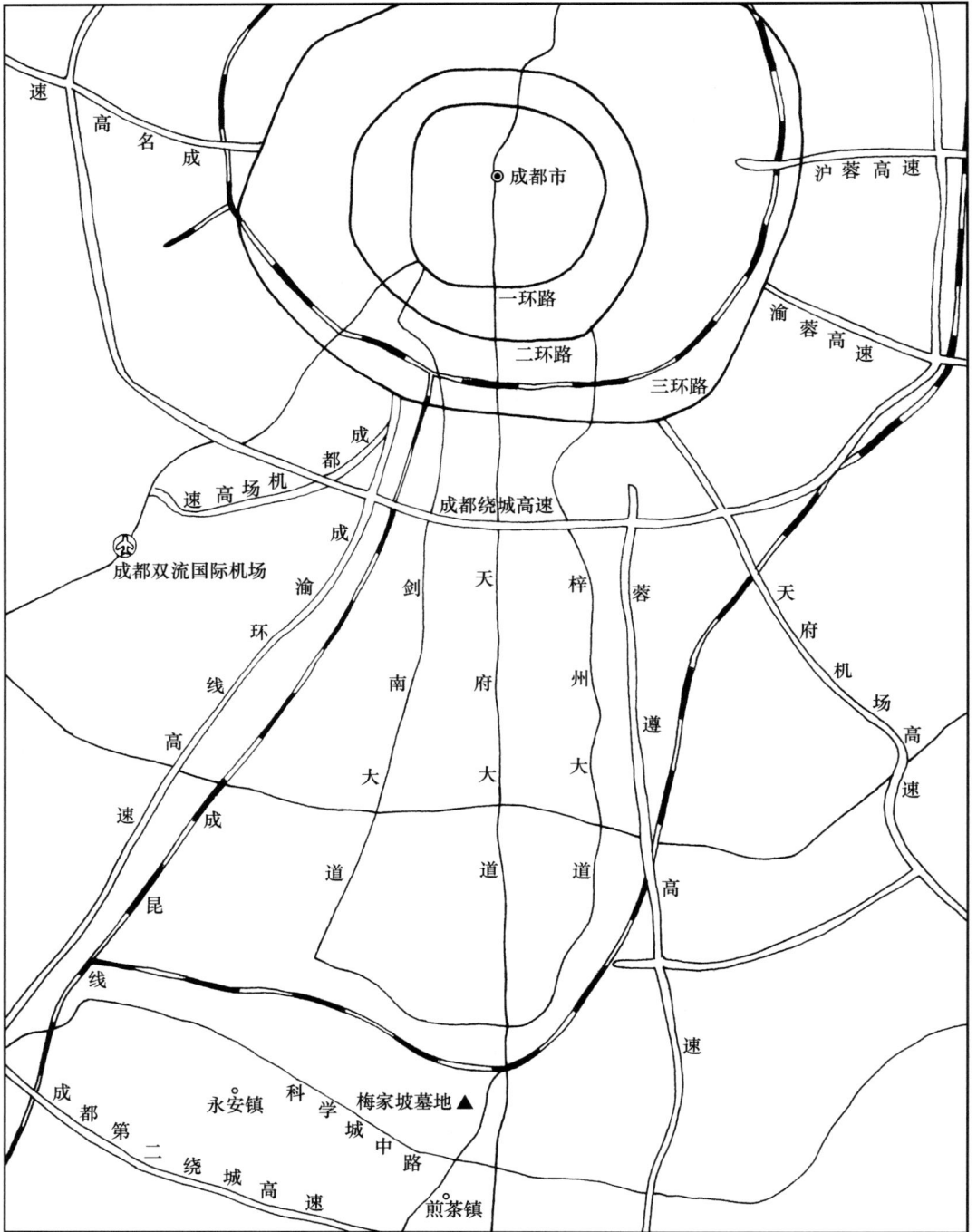

图一　墓地位置示意图

北 ←

M38

M37

M36
M35
M34
M33
M32

M31

M8

M5

M7

M4
M3
M9
M10

M1

M6

M11

M2

M12

M13

M17

M14
M15
M16
M18
M19

M30
M29

M20

M28

M22

M21

M27

M26
M25

M24
M23

0　　　　　　　　　10米

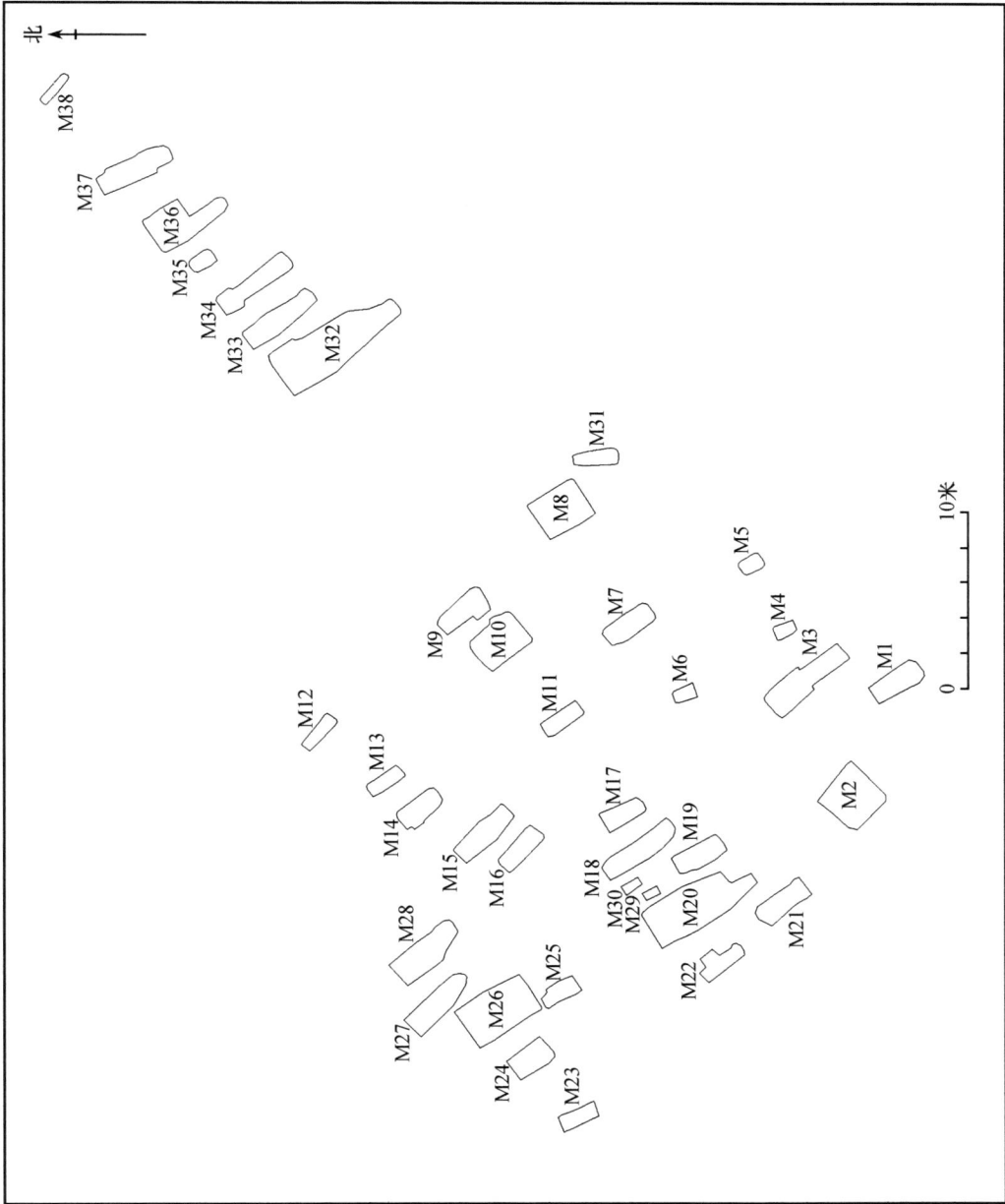

图二　墓葬分布图

整竖直。东侧壁在原岩上向内凿有一龛。立面呈不规则方形，龛底高出墓底0.64～0.74米，宽0.98、高0.46～0.6、进深0.56米。底部较为平整（图三）。随葬品共3件，皆为瓷器，位于墓室后部。

B型　5座。有后龛。分别为M15、M24、M28、M33、M34。墓葬形制基本相同，现以M28为例予以介绍。

M28　方向140°。由墓道、封门、墓室组成。墓道为阶梯式，分三级台阶。平面略呈长方形。墓道北端高出墓底0.29米。长1.86、宽1.16～1.6、深0.1～1.08米。封门由两块较规则的石板横向立砌而成。墓室平面呈长方形。长2.62、宽1.1、高1.16～1.22米。顶部前后端为平顶，各横向平铺两块石板。中部为叠涩顶，由三块石板砌成。四壁经修整竖直。后壁向内凿有一龛，龛底高出墓底0.46米。宽0.52、高0.54、进深0.12～0.16米。底部两侧及南端皆凿有排水沟。宽0.06～0.08、深0.07米（图四）。随葬品共5件，皆为瓷器，其中3件位于后龛内，2件位于墓室后部近后龛处。

C型　4座。无龛。分别为M23、M29、M30、M38。墓葬形制基本相同，现以M30为例予以介绍。

M30　方向152°。墓坑平面呈长方形。长0.9、宽0.48、残深0.52～0.6米。顶部已不存。四壁经修整竖直（图五）。

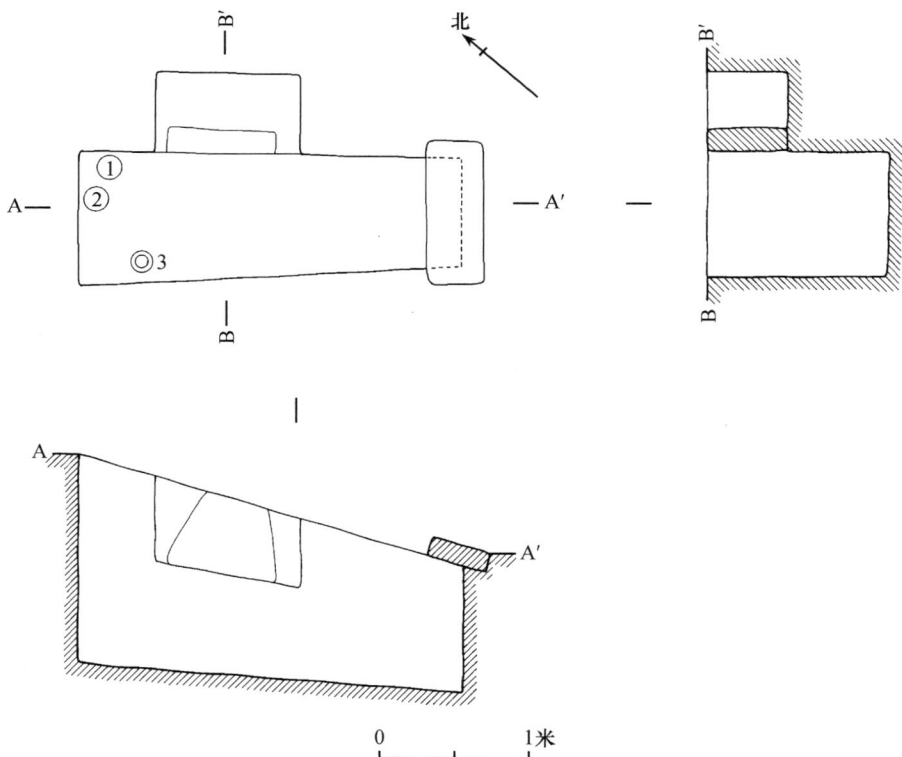

图三　M22平、剖面图

1.瓷无耳罐　2、3.瓷碗

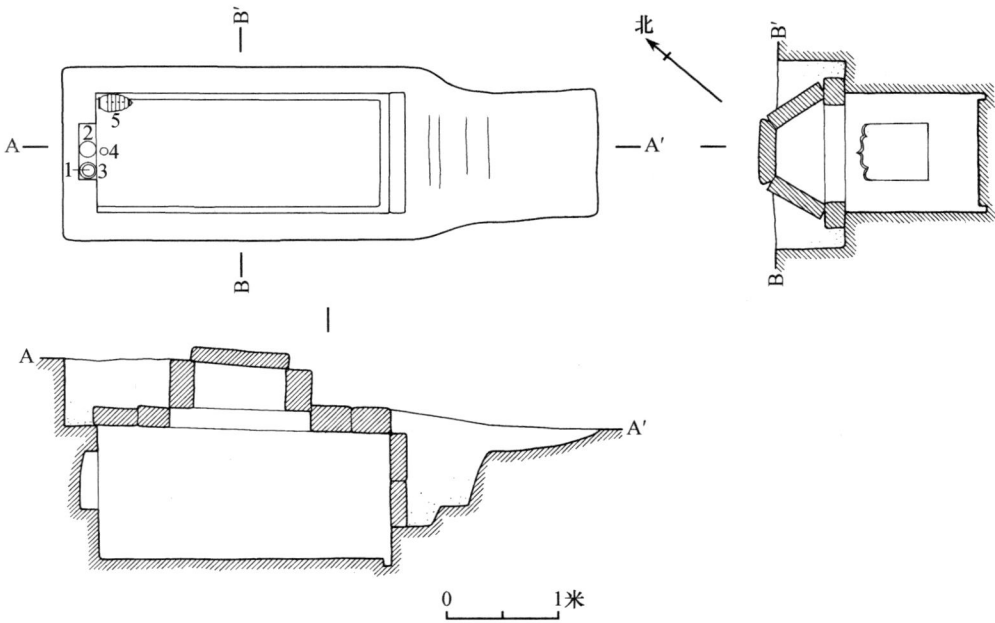

图四 M28平、剖面图
1. 青花瓷盏 2. 青花瓷碗 3. 瓷器座 4. 瓷器盖 5. 瓷谷仓罐

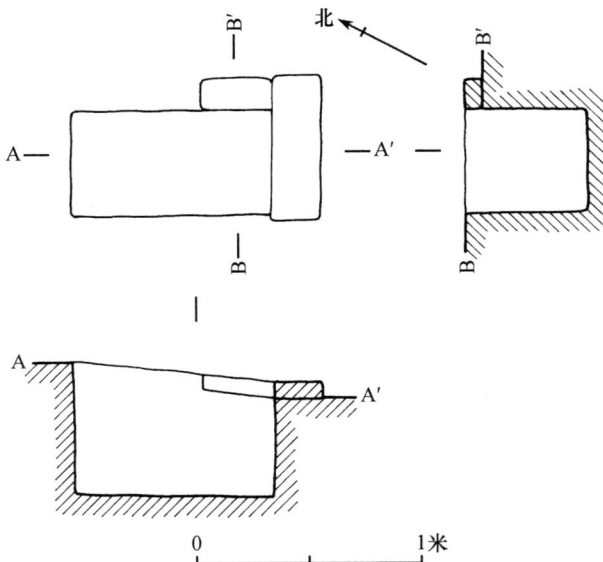

图五 M30平、剖面图

2. 双室墓

4座。分别有M20、M26、M32、M36。墓葬形制基本相同，现以M32为例予以介绍。

M32 方向145°。由墓圹、墓道、封门、墓室组成。墓圹在砂岩面向下凿出，平面呈长方形。长4.8、宽2.8、深0.87~1.41米。墓道位于墓圹南端，为阶梯式，共三级台阶。平面大致呈长方形。长1.49、宽2.06~2.19、深0.06~0.88米。墓道内凿有两条排水沟，分别从两个室的封门处引出，西室排水沟向南边引出，东室排水沟由封门处引出后在西室封门外与西室排水沟交汇为一条向南的排水沟。西侧排水沟靠近封门处现存一块砖平铺其上。排水沟延伸至墓道外。宽0.04~0.2、深0.1米。两个墓室中间保留有原始岩石，靠后壁处凿有一孔将两个墓室连通。两个墓室形制及规格基本相同，以东室为例予以介绍。封门位于墓道北端。由两块较规则的石板横向立砌而成。宽0.92、高0.88米。墓室位于封门北侧，平面呈长方形。长2.6、宽0.84、高0.88米。在墓室前、中、后部各置一横梁，第一道横梁北侧、第二道横梁两侧、第三道横梁南侧凿出梯形榫头，其上各纵置三块石板叠涩成墓顶。壁面经修整竖直。后壁上向内凿有一龛，立面呈长方形，似佛龛形状，龛底高出墓底0.24米。宽0.38、高0.28、进深0.2米。墓底凿有排水沟。宽0.06、深0.07米（图六）。随葬品共10件，皆为瓷器，分别位于东西两室后龛和墓室后部。

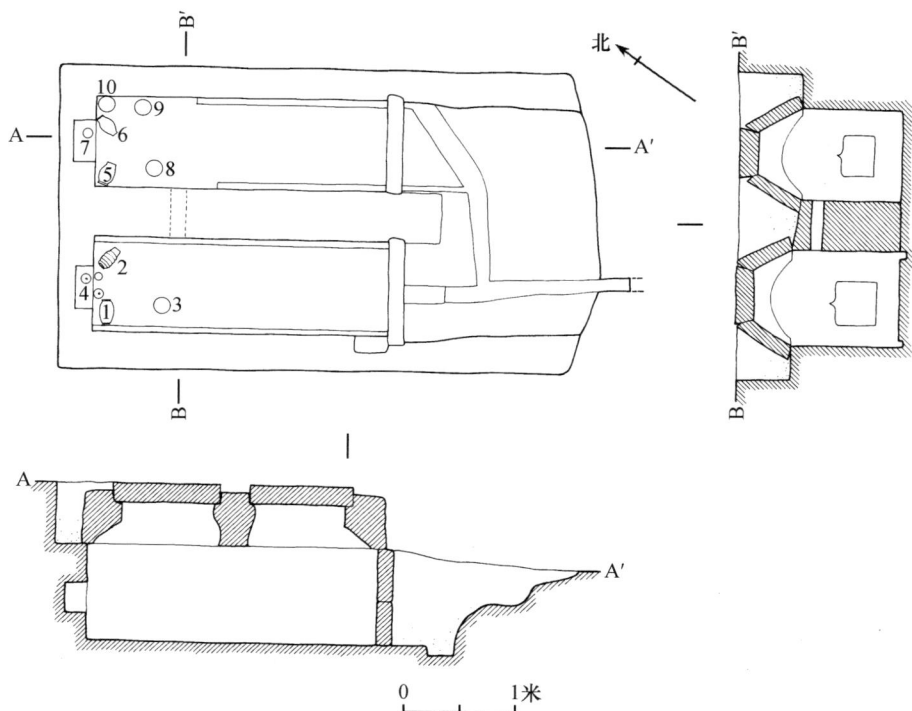

图六　M32平、剖面图

1、2.瓷谷仓罐　3、8~10.瓷碗　4.瓷器盖　5、6.瓷无耳罐　7.瓷盏

（二）墓室由石板砌筑而成，部分利用原始岩体，墓顶由石板砌成

19座。根据墓室数量多寡，可分为两个小类。

1. 单室墓

18座。分别有M1、M4、M5、M7、M9、M11～M14、M16～M19、M21、M25、M27、M35、M37。根据龛的有无，分为二型。

A型　11座。无龛。分别有M4、M5、M11～M14、M16、M17、M19、M21、M35。顶皆为平顶。墓葬形制基本相同，现以M14为例予以介绍。

M14　方向148°。由封门、墓室组成。墓圹在砂岩面向下凿出，平面大致呈梯形。长2.26、宽0.72～0.8、深0.63米。封门位于墓室南端，由两块较为规则的石板横向立砌而成。宽0.78、高0.59米。墓室位于封门北侧，平面略呈梯形。长2.26、宽0.7～0.8、高0.62米。顶为平顶，由数块石板横向平铺而成，已被破坏，残留四块石板。两侧壁下部为原始基岩，上部为石板砌筑。后壁为原始岩壁。底为岩坑底，较为平整，有凿击修整痕迹（图七）。随葬品共5件，分瓷、铜两种质地，皆位于墓室后部。

B型　7座。有后龛。分别有M1、M7、M9、M18、M25、M27、M37。顶为平顶、券顶或盝顶。墓葬形制基本相同，现以M7为例予以介绍。

M7　方向149°。由封门、墓室组成。墓圹在砂岩上向下凿出，平面呈长方形。长3.28、宽1.2、深0.81～1.22米。封门位于墓室南端，由数块石板垒砌而成。宽0.81、高0.82米。墓室位于封门北端，平面呈长方形。长2.66、宽0.8、高1米。东西两侧壁由数

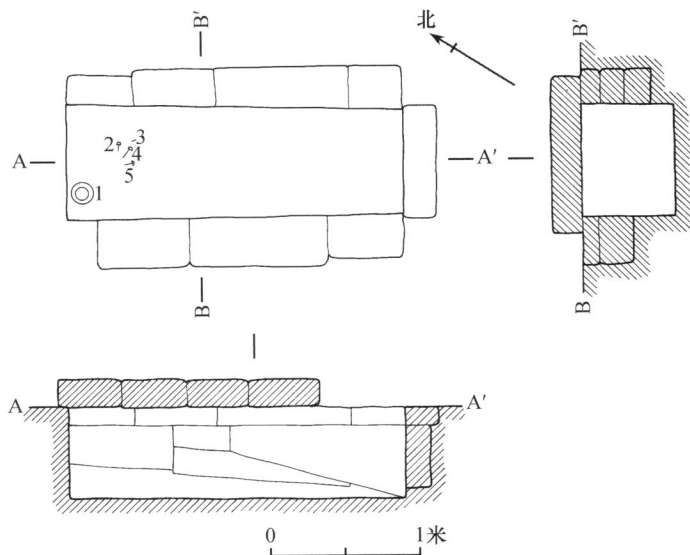

图七　M14平、剖面图

1. 瓷谷仓罐　2～5. 铜簪

十块石板垒砌而成。东侧壁其中一块石板内侧面浅浮雕壸门图案，壸门内雕一花卉。后壁由数块石板垒砌而成，砌有一龛。立面呈长方形，龛底高出墓底0.2米。宽0.5、高0.56、进深0.32米。底部为岩坑底。两侧及后端凿有排水沟。两侧排水沟宽0.08～0.1、深0.1米，后端排水沟宽0.24、深0.1米。中间形成棺床，平面大致呈长方形。长2.42、宽0.64、高0.1米。顶部破坏严重，靠近后壁侧残存部分为券顶（图八）。随葬品1件，为青花瓷碗，位于墓室后部。

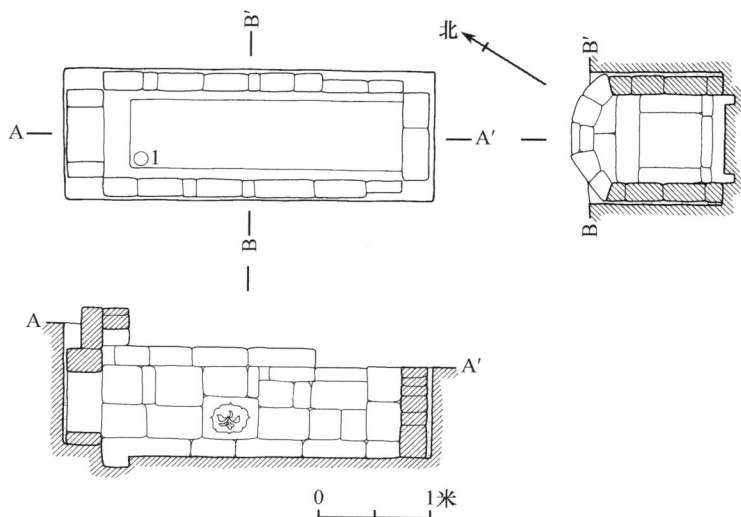

图八　M7平、剖面图
1.青花瓷碗

2. 双室墓

1座。

M10　方向144°。由封门、墓室组成。墓圹在砂岩上向下凿出，平面呈长方形。长3.12、宽2.9、深0.93～1.07米。两个墓室形制基本相同，以东室为例。封门位于墓室南端，由数块较为规则的长方形石板横向立砌而成，现残存两块。宽1.14、残高0.98米。墓室位于封门北侧，平面呈长方形。长2.6、宽0.9、高1.1米。顶已不存。东侧壁下方一部分为岩壁，上部以石板砌筑。已被破坏，残留六块石板。与西室共用的西侧壁为十三块石板砌筑而成。后壁下部为岩壁，上部以四块石板立砌而成，砌有一龛，立面呈长方形。龛底高出墓底0.6米。宽0.38、高0.4、进深0.14米。底为岩坑底，较为平整，有凿击痕迹（图九）。随葬品共2件，皆为铜器，位于东室后部。

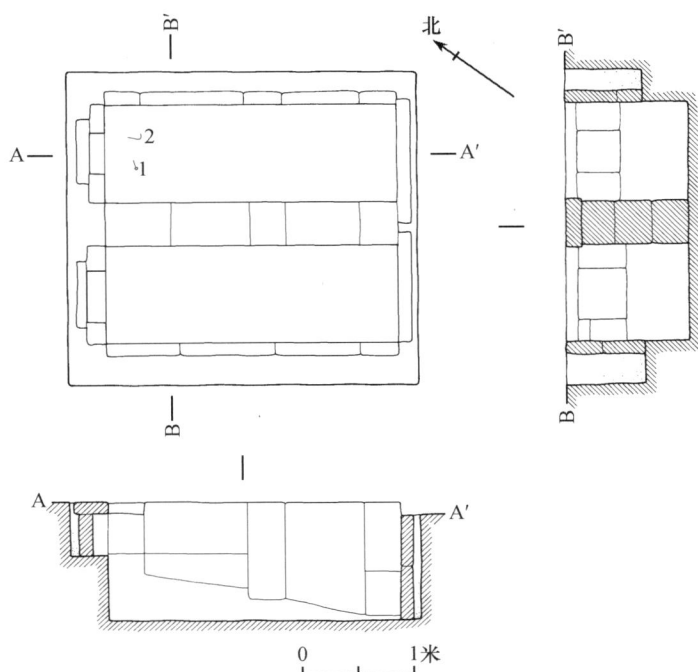

图九　M10平、剖面图
1、2. 铜簪

（三）墓壁和顶由砖砌筑而成，部分利用原始岩体

5座。根据墓室数量多寡，可分为两个小类。

1. 单室墓

3座。分别有M3、M6、M31。墓葬形制基本相同，现以M3为例予以介绍。

M3　方向145°。由墓道、封门、墓室组成。墓圹在砂岩面向下凿出，平面呈长方形。长3.28、宽1.62、深1.13～1.67米。墓道位于封门南侧，为斜坡式，平面呈不规则形，北端高出墓底0.39米。长1.98、宽1.06～1.3、深0.08～0.72米。封门位于墓道北端，上部由长方形砖横向立砌，下部由长方形砖横向错缝平砌。宽1.06、高1.66米。墓室位于封门北端，顶为券顶，北端在墓坑口部、南端在第十一层砖起券。券顶砖有长方砖、楔形砖两种。两侧壁北段为原始基岩，南段为砖顺向平砌。平面呈长方形。长2.84、宽1.06、高0.98米。后壁下部为岩壁，上部单砖横向错缝平砌八层长方砖。后壁下部为原始基岩，上部为砖砌。在下部原始基岩上向内凿有双龛。东侧龛底高出墓底0.26米。宽0.35、高0.25、进深0.2米。西侧龛底高出墓底0.26米。宽0.35、高0.22、进深0.2米。两龛之间上方凿有一圆形孔。直径0.08米。底部以中部纵向平铺一列砖和左右侧横向平铺各一列对缝的砖为棺床。平面呈长方形。长2.56、宽0.84米。棺床与墓壁之间形成排水沟。宽0.1~0.16、深0.14米（图一○）。随葬品共5件，皆为瓷器。其中2件位于后龛内，3件位于墓室后部近后龛处。

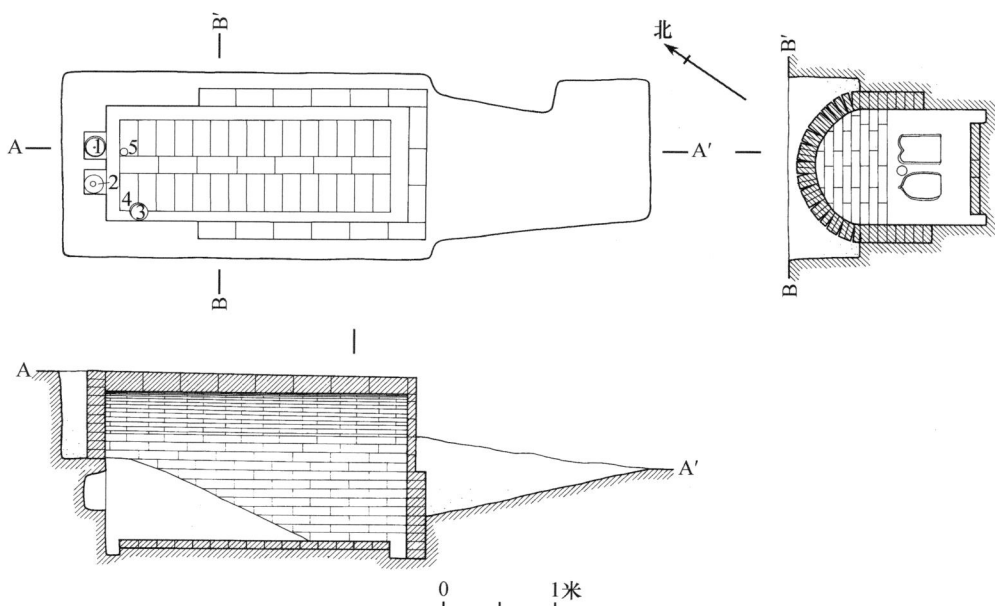

图一○　M3平、剖面图

1. 瓷谷仓罐　2. 瓷双耳罐　3、4. 瓷碗　5. 瓷器盖

2. 双室墓

2座。分别有M2、M8。墓葬形制基本相同，现以M8为例予以介绍。

M8　方向149°。由封门、墓室组成。墓圹在砂岩面向下凿出，平面呈长方形。长3.03、宽2.93、深1.27~1.33米。两个墓室形制基本相同，以东室为例。封门位于墓室南端，由长方砖横向错缝平砌。宽1.36、高1.36米。墓室位于封门北端，平面呈长方形。长2.44、宽0.9、高0.72米。顶为券顶，由楔形砖券成。自墓壁第十层砖起券。东西两侧壁皆由长方砖顺向错缝平砌而成。后壁由长方砖横向错缝平砌，砌出后龛，立面呈横长方形，龛底高出墓底0.24米。宽0.4、高0.32、进深0.2米。墓底为原始基岩，两侧凿有排水沟，宽0.06、深0.04米。中间形成棺床，平面大致呈长方形。长2.36、宽0.78米（图一一）。随葬品共6件，皆为瓷器，其中2件位于东墓室后龛内，2件位于东墓室后部，2件位于西墓室后部。

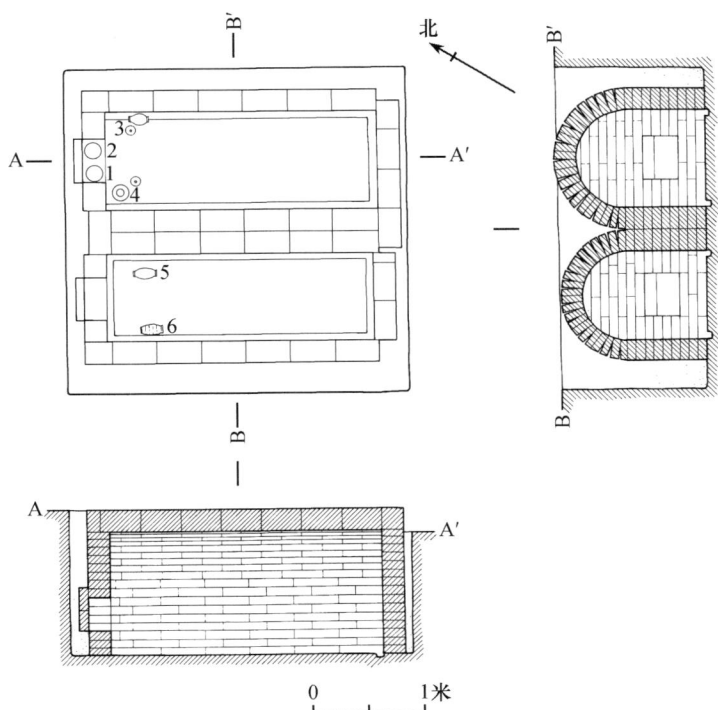

图一一　M8平、剖面图

1、2. 青花瓷碗　3~6. 瓷谷仓罐

三、随葬器物

随葬器物共125件。质地主要为瓷器、铜器、铁器、银器、玉器。

1. 瓷器

75件。分青花瓷和普通瓷器两大类。

（1）青花瓷

8件。器形有碗、盏等。

碗　7件。白胎。敞口，弧腹，圈足。根据沿的有无，分为二型。

A型　6件。斜沿。根据腹部深浅，分为二亚型。

Aa型　3件。腹部较深。M7：1，残。内侧口沿绘一个圆圈，底部绘两个圆圈，圈内绘草叶图案。口径12.6、足径5.8、高7厘米（图一二，1）。M8：1，内侧壁口沿绘一个圆圈，底部绘两个圆圈，圈内绘有图案；外侧壁口沿、下腹部绘数个圆圈，上腹部满绘花草图案。口径14.6、足径6.2、高6.8厘米（图一三，1）。M8：2，内侧壁口沿绘一个圆圈图案，底部绘两个圆圈，圈内绘有一似变形"寿"字；外侧壁口沿、下腹部绘数个圆圈，上腹部满绘图案，似为莲蓬图案。口径14.9、足径6.2、高6.7厘米（图一三，2）。

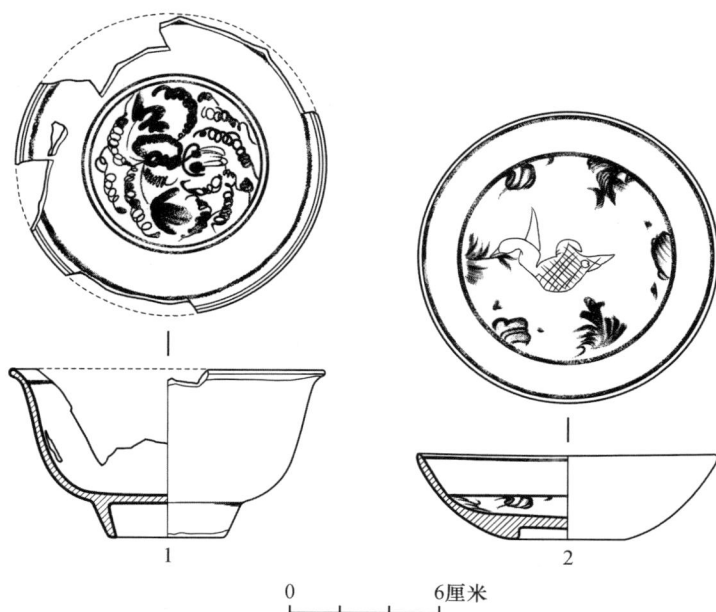

图一二　青花瓷器

1.Aa型碗（M7：1）　2.盏（M28：1）

Ab型　3件。腹部较浅。M2：2，内侧口沿绘内外一个圆圈，底部绘一圆圈，圈内绘草叶图案；外侧腹部绘草叶图案。口径12、足径4.7、高4.5厘米（图一四，1）。M15：3，内侧口沿绘内外两个圆圈，底部绘两圆圈，圈内绘花草图案；外侧口沿下绘一个圆圈，腹部满绘图案，有骑马、乘船、山水等。口径14.8、足径5.6～5.8、高5.9厘米（图一四，2）。M28：2，内侧壁口沿绘两个圆圈，底部绘两个圆圈，圈内绘有花草及动物图案，动物似为蛙类；外侧壁口沿、下腹部及圈足各绘两个圆圈，腹部满绘图案，有骑马、行人、乘船垂钓、山水等。口径14.8、足径5、高6厘米（图一五，1）。

B型　1件。无沿。M16：7，内侧壁有流釉现象。内侧口沿绘上下两个圆圈，底部绘一圆圈，圈内绘图案；外侧口沿下绘一圈花卉纹饰，腹部绘一圈草叶图案。口径14.2、足径6、高6～6.2厘米（图一五，2）。

盏　1件。M28：1，白胎。敞口，弧腹，底内凹。内侧壁口沿处绘一个圆圈，靠近底腹部绘一个圆圈，圈内缘均匀绘五处花草，中间用白色颜料绘一飞鹤。口径12、足径3.9、高3.6厘米（图一二，2）。

（2）普通瓷器

67件。器形有碗、龙纹罐、谷仓罐、双耳罐、带流罐、无耳罐、器盖、器座、盏、灯等。

碗　19件。根据用釉的不同，分为两小类。

第一小类　2件。施青白釉。灰胎。敞口，弧腹，圈足。M32：3，内侧口及腹部、

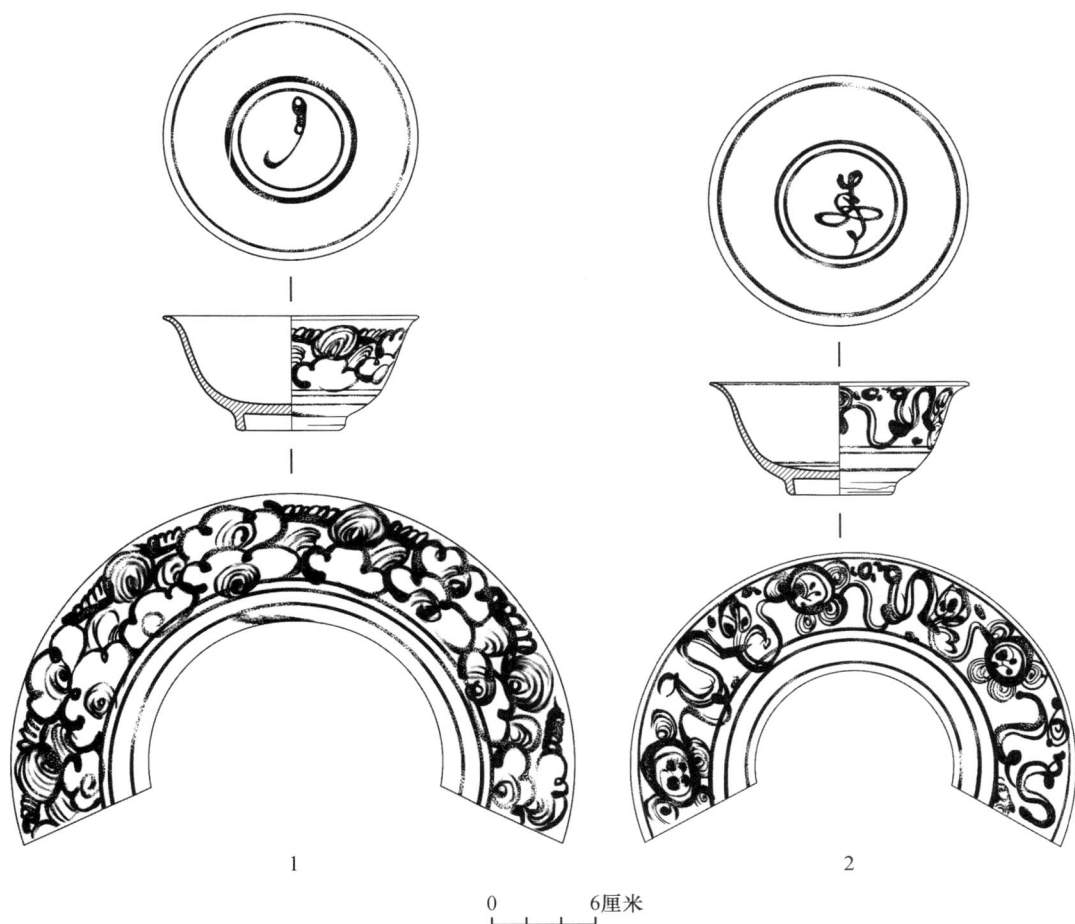

图一三　Aa型青花瓷碗

1. M8：1　2. M8：2

外侧口及上腹部施青白釉。内侧腹部和底部交界处有折棱。腹部饰弦纹。口径16、足径5.2、高5.8厘米（图一六，1）。M32：8，内侧、外侧口腹部施青白釉。内侧腹部和底部交界处有折棱。腹部饰弦纹。口径15.8、足径5.1、高6厘米（图一六，2）。

第二小类　17件。施酱釉。暗红胎。敞口，弧腹，圈足。内侧腹部和底部交界处有折棱。根据腹部的不同，分为二型。

A型　7件。腹下部垂收。M18：2，内侧、外侧口及上腹部施酱釉。腹部饰弦纹。口径15.8、足径6.2、高5厘米（图一七，1）。M20：1，内侧口及腹部、外侧口及上腹部施酱黄釉。口径16.4、足径5.7、高5.8厘米（图一七，6）。M20：11，内侧口及腹部、外侧口及上腹部施酱釉。内侧腹部饰弦纹。口径16.4、足径5.8、高5.7厘米（图一七，2）。M24：2，内侧口及腹部、外侧口及上腹部施酱釉。口径16.2、足径6.1、高4.8厘米（图一七，3）。M26：10，内侧口及腹部、外侧口及上腹部施酱黑釉。腹部饰

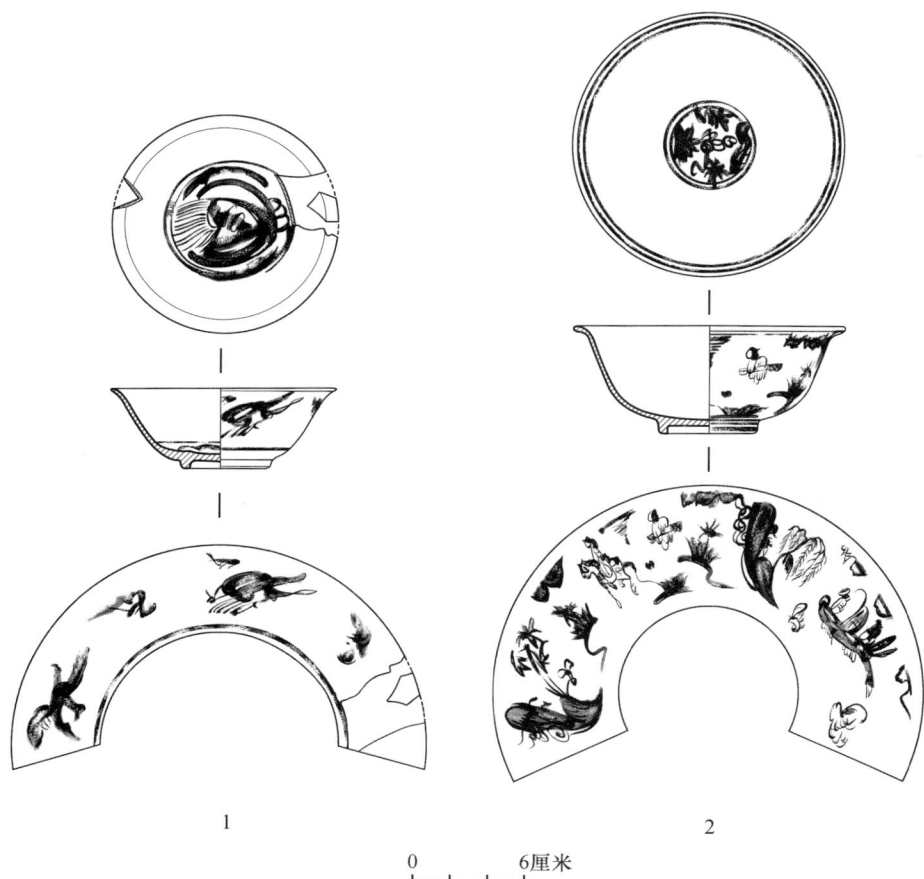

1　　　　　　　　　　　　　　2

0 ―――― 6厘米

图一四　Ab型青花瓷碗

1. M2：2　2. M15：3

弦纹。口径15.2、足径5.8、高5.4厘米（图一七，4）。M32：9，内侧口及腹部、外侧口及上腹部施酱釉，内侧底部部分施酱黄釉。口径15.5、足径5、高5.4厘米（图一七，7）。M33：2，内侧口及腹部、外侧口及上腹部施酱黄釉。口径16.4、足径5.8、高5～5.6厘米（图一七，5）。

B型　10件。腹部斜弧内收。内侧口及腹部、外侧口及上腹部施酱釉或酱黄釉。M3：3，腹部饰弦纹。口径16.5、足径6、高5.4厘米（图一八，8）。M3：4，腹部饰弦纹。口径16.5、足径5.5、高6厘米（图一八，1）。M20：2，腹部饰弦纹。口径5.6、足径5.2、高5.5厘米（图一九，1）。M20：7，腹部饰弦纹。口径16、足径5.5、高5.9厘米（图一八，2）。M20：10，内侧口及腹部、外侧口及上腹部施酱釉。口径14.8、足径5.4、高5.4厘米（图一九，2）。M22：2，口径16.6、足径5～5.9、高5.2厘米（图一八，3）。M22：3，腹部饰弦纹。口径15.8、足径5.1、高5.2厘米（图一八，4）。M25：2，口径20.4、足径8.2、高7厘米（图一八，5）。M32：10，腹部饰弦纹。口径

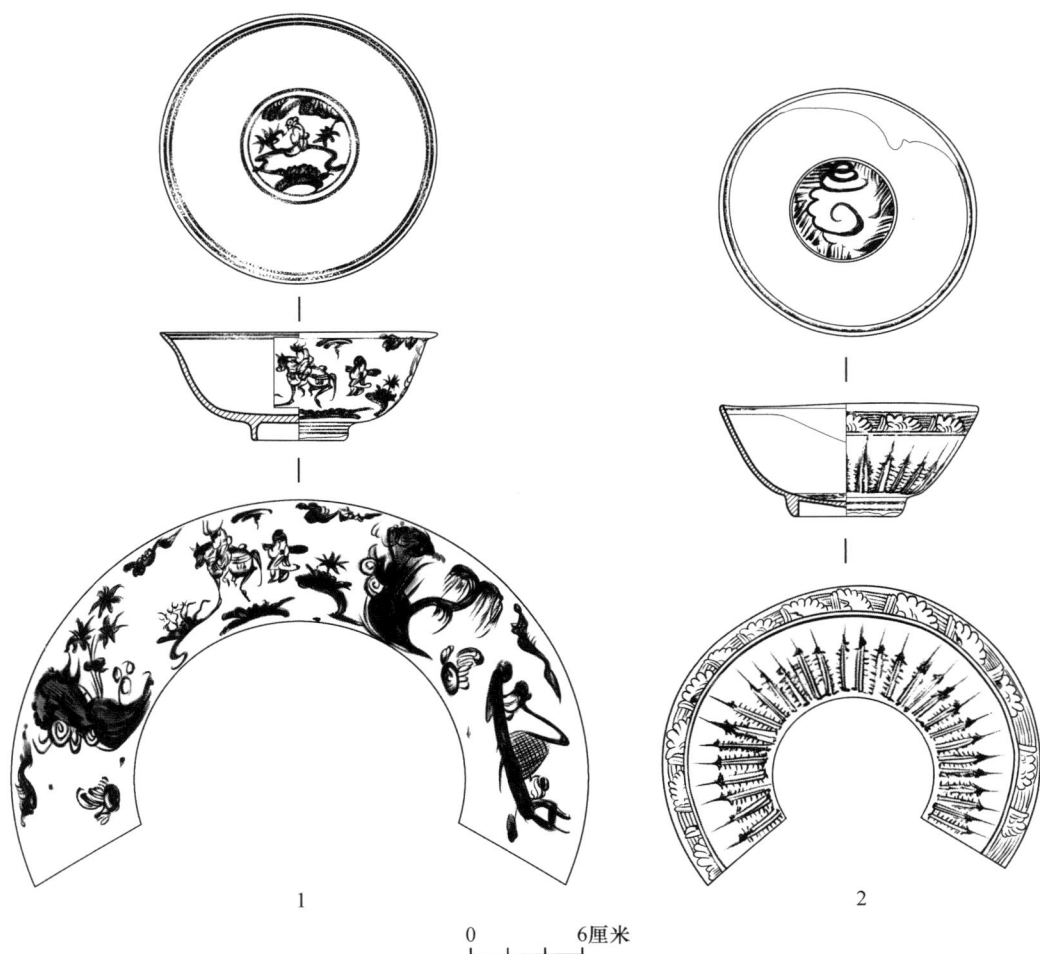

图一五 青花瓷碗
1. Ab型（M28：2） 2. B型（M16：7）

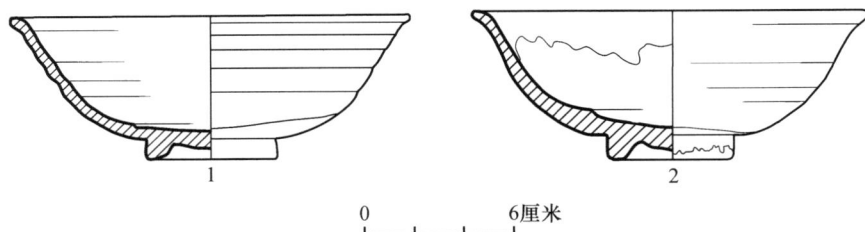

图一六 青白釉瓷碗
1. M32：3 2. M32：8

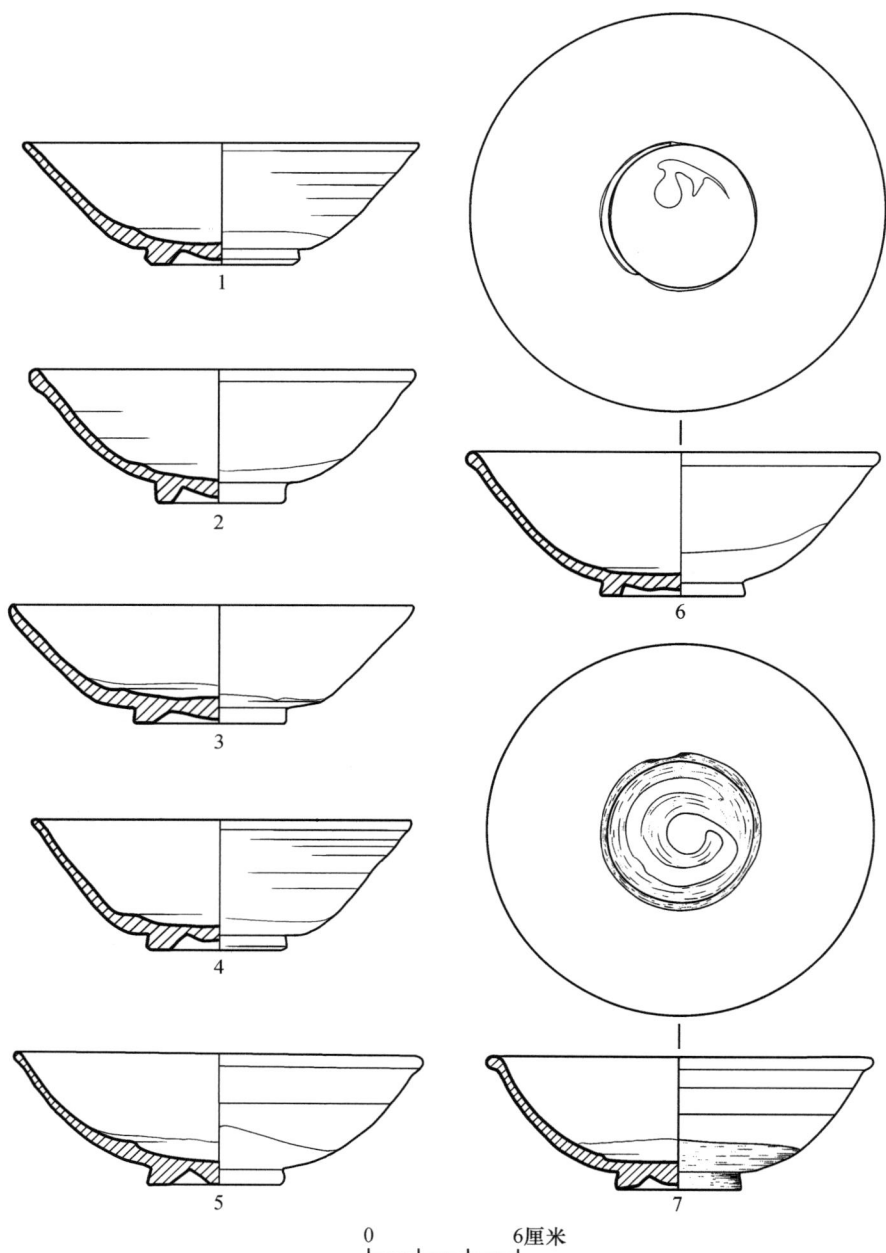

图一七　A型酱釉瓷碗

1. M18∶2　2. M20∶11　3. M24∶2　4. M26∶10　5. M33∶2　6. M20∶1　7. M32∶9

16、足径5.8、高4.8厘米（图一八，6）。M37：2，腹部饰弦纹。口径16.4、足径5.4、高5.4厘米（图一八，7）。

龙纹罐　5件。灰胎。敛口或微敛口，圆唇，圆肩，圈足，最大径在上腹部。根据腹部的不同，分为二型。

A型　4件。桶形腹。M15：1，靠近圈足腹部以上皆施酱黄釉。肩部均匀堆塑三个脊形纽，肩腹部堆塑一龙戏珠纹饰。口径6.2、最大径14.7、足径9.1、高22.8厘米。带盖，除底部外均施酱黄釉。桃形纽。纽径3、最大径7.8、底径3.8、高3.4厘米（图二〇，1）。M18：1，圈足以上皆施酱黑釉。肩部均匀堆塑三个脊形纽，肩腹部堆塑一龙戏珠纹饰。口径7.1、最大径13.8、足径9.2、高23.6厘米。带盖，灰胎，除底部外

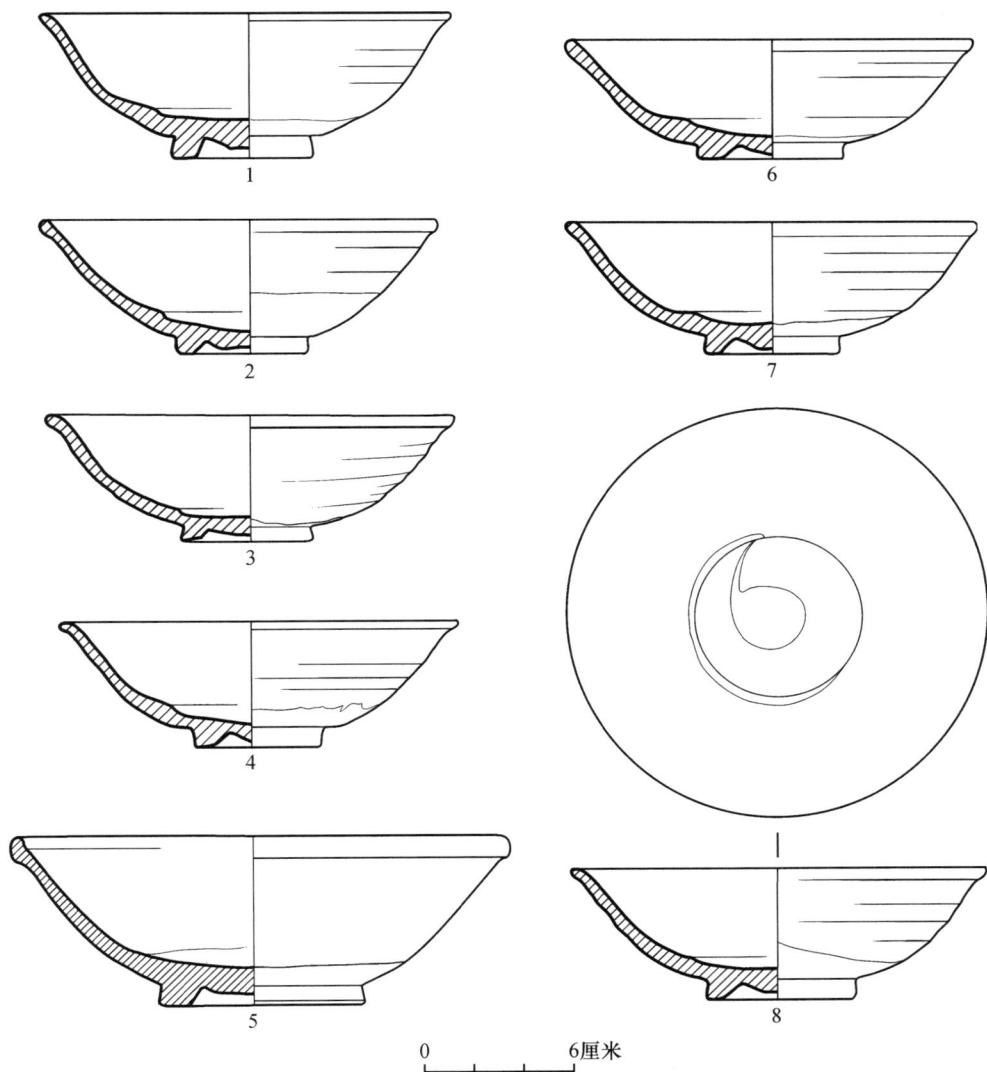

图一八　B型酱釉瓷碗

1. M3：4　2. M20：7　3. M22：2　4. M22：3　5. M25：2　6. M32：10　7. M37：2　8. M3：3

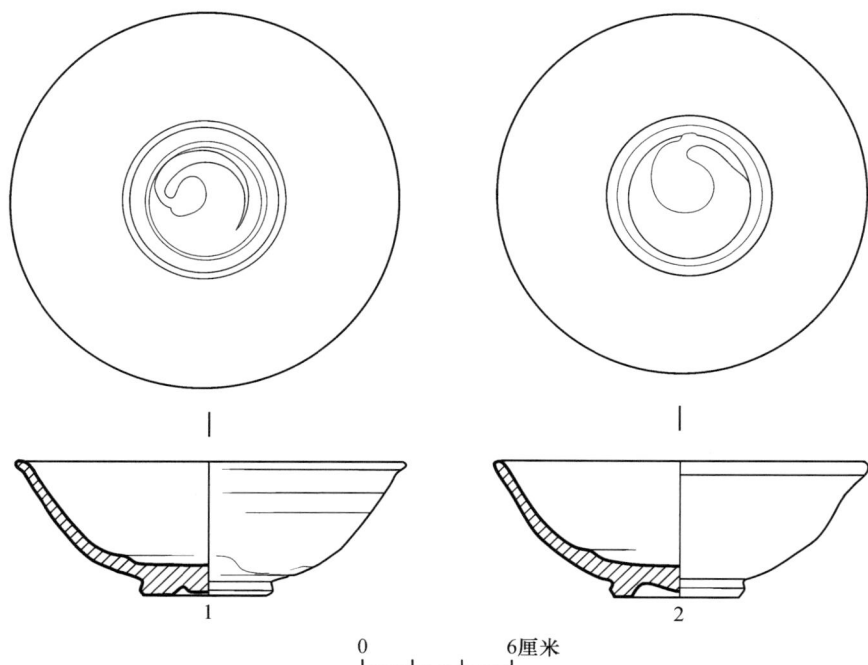

0　　　　　　6厘米

图一九　B型酱釉瓷碗
1. M20∶2　2. M20∶10

均施酱釉。口径6.6、最大径6.92、底径3.4、高1.7厘米（图二〇，2）。M24∶1，靠近圈足腹部以上皆施酱黑釉。肩部均匀堆塑三个脊形纽，肩腹部堆塑一龙戏珠纹饰。口径5.7、最大径14.2、足径9、高21.3厘米（图二一，1）。M25∶1，靠近圈足腹部以上皆施酱黑釉。肩部均匀堆塑三个三角形纽，肩腹部堆塑一龙戏珠纹饰。口径7.36、最大腹径15.5、足径9.24、高19.4厘米。带盖，灰胎，除底部外均施酱釉，大部分釉已脱落。圆形纽。纽径1.8、最大径6.66、底径3.42、高2.5厘米（图二一，2）。

B型　1件。分段式曲腹，腹部纵剖面略呈波浪形。M23∶1，除圈足外皆施酱釉。肩腹部纵向均匀堆塑两组各两个脊形纽和一组四个脊形纽，肩腹部堆塑一龙戏珠纹饰。口径6.4、最大腹径14.48、足径8.36、高22.6厘米。带盖，除底部外均施酱釉，大部分釉已脱落。异形纽。最大径7.88、底径3.56、高3.36厘米（图二二）。

谷仓罐　16件。根据器表外堆塑纽的不同，分为三型。

A型　5件。肩部均匀堆塑三个脊形纽。灰胎。侈口，圈足。根据腹部的不同，分为二亚型。

Aa型　4件。桶形腹。根据腹部弧度的变化，分为二式。

Ⅰ式：3件。弧腹。M8∶6，器表施一层酱黄釉，大部分已脱落。溜肩，肩腹部分界明显。口径6.58、最大腹径12.8、足径7.38、高19.6厘米。带塔式盖，除底部外均施酱黄釉。口径6.48、最大径7.2、底径3.72、高4.57厘米（图二三，1）。M26∶2，除腹

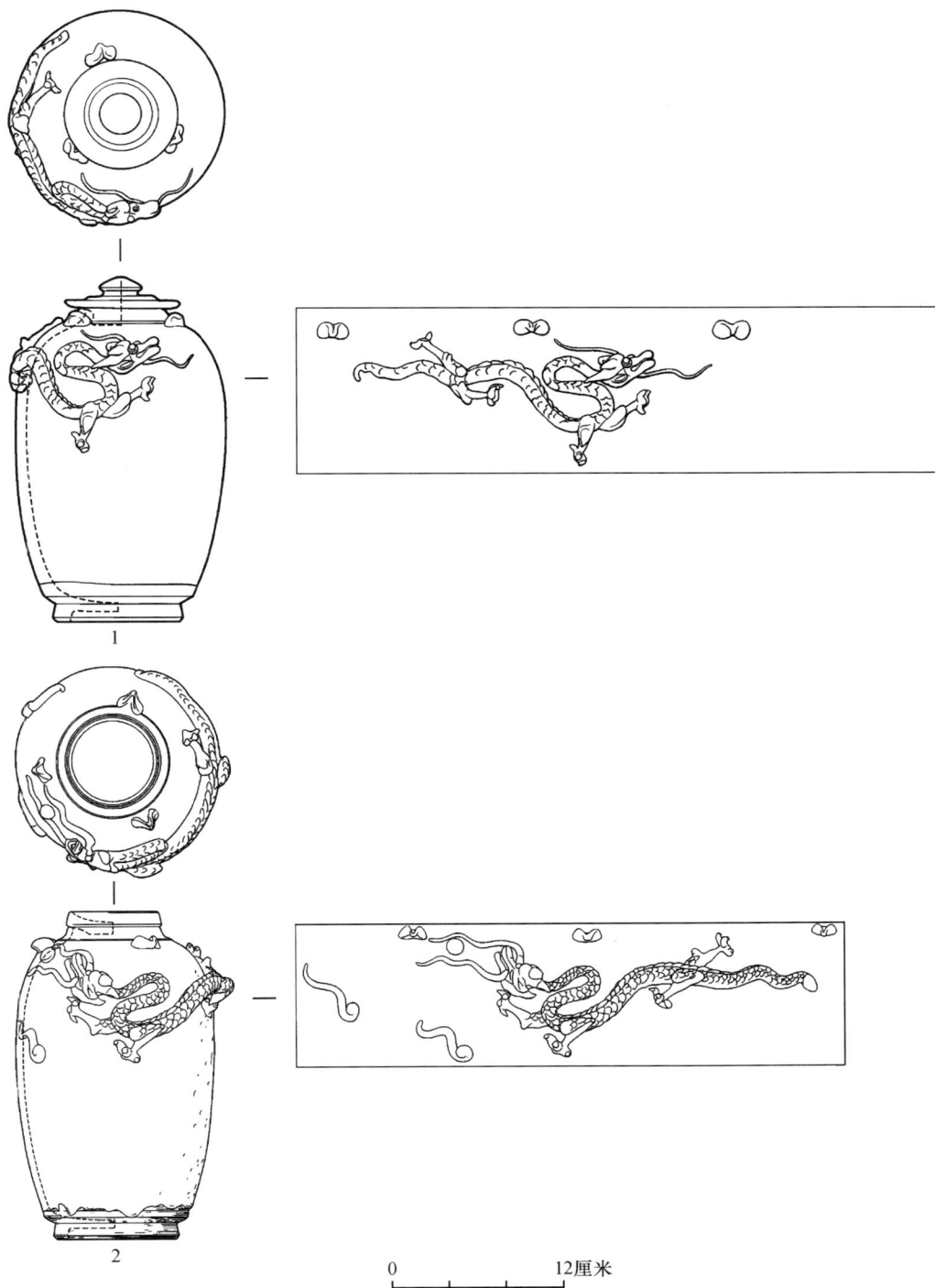

0 ⸺⸺ 12厘米

图二〇　A型瓷龙纹罐
1. M15∶1　2. M18∶1

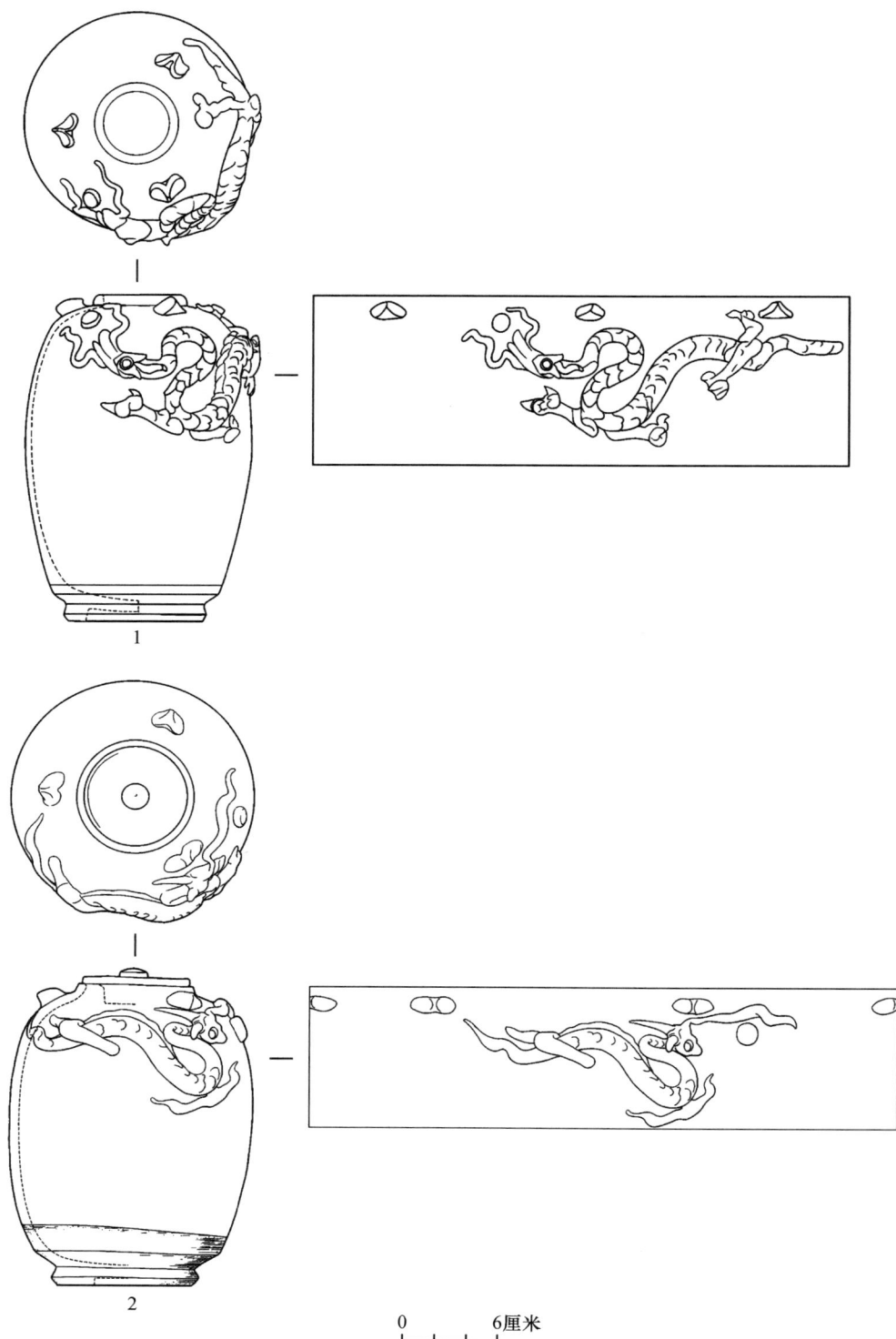

0   6厘米

图二一　A型瓷龙纹罐

1. M24：1　2. M25：1

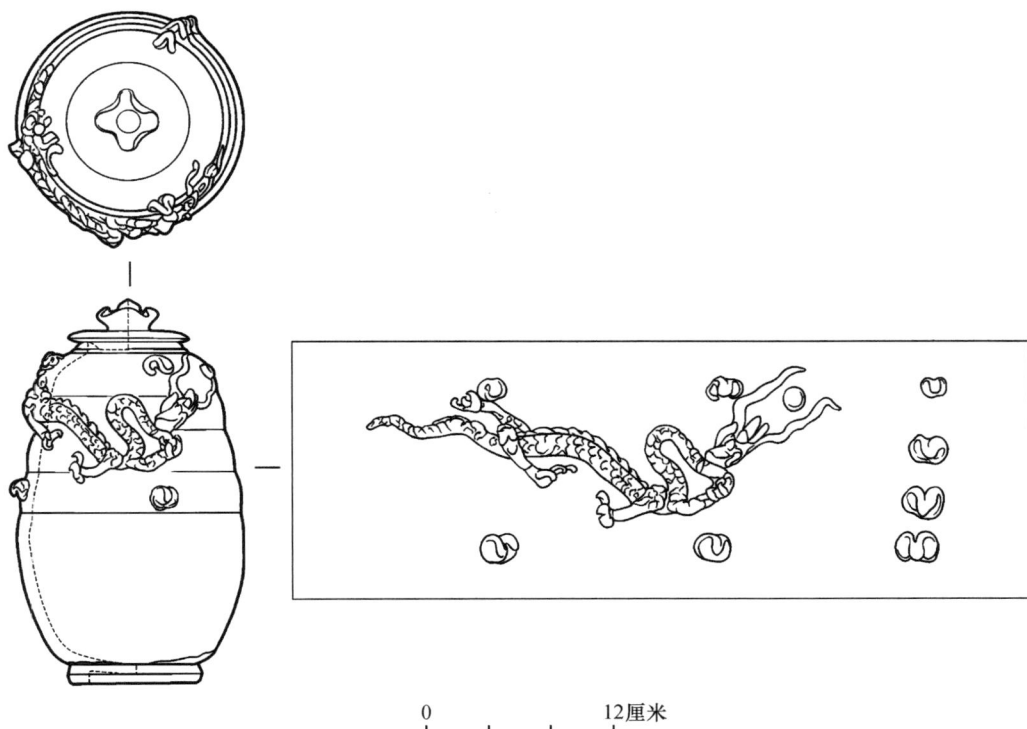

图二二　B型瓷龙纹罐
（M23：1）

部靠近圈足和圈足处外，其余部位施酱黄釉。肩腹部分界处明显。口径6.2、最大腹径11、足径7.9、高23.6厘米。带盏式盖，暗红胎，除底部外均施酱釉。口径6.4、最大径6.8、底径4、高2.3厘米（图二三，2）。M32：1，除腹部靠近圈足和圈足处外，其余部位施酱黑釉，部分釉已脱落。口径6.9、最大腹径12.4、足径7.4、高21.5厘米。带塔式盖，除底部外均施酱黄釉，大部分釉已脱落。桃形纽。纽径2.1~4.3、最大径8.3、底径4.4、高4.4厘米（图二三，3）。

Ⅱ式：1件。腹部偏直。圆肩。M19：1，除腹部靠近圈足和圈足处外，其余部位施酱黄釉。口径6.26、最大径14.32、足径9.24、高17.84厘米。带盏式盖，除底部外均施酱釉。口径7.3、最大径7.82、底径4.2、高1.8厘米（图二三，4）。

Ab型　1件。圆腹。M8：4，除腹部靠近圈足和圈足处外，其余部位施酱黑釉。直口，溜肩。口径6.6、最大腹径12.3、足径6.9、高15.5厘米。带塔式盖，除底部外均施酱黄釉。桃形纽。纽径2.2、最大径7.7、底径4、高5.3厘米（图二四，1）。

B型　9件。分段式曲腹，腹部纵剖面呈波浪形。肩腹部纵向均匀堆塑三组各四个或五个脊形纽。灰胎偏紫。斜弧腹，最大径在下腹部，圈足。根据下腹部的变化，分为二式。

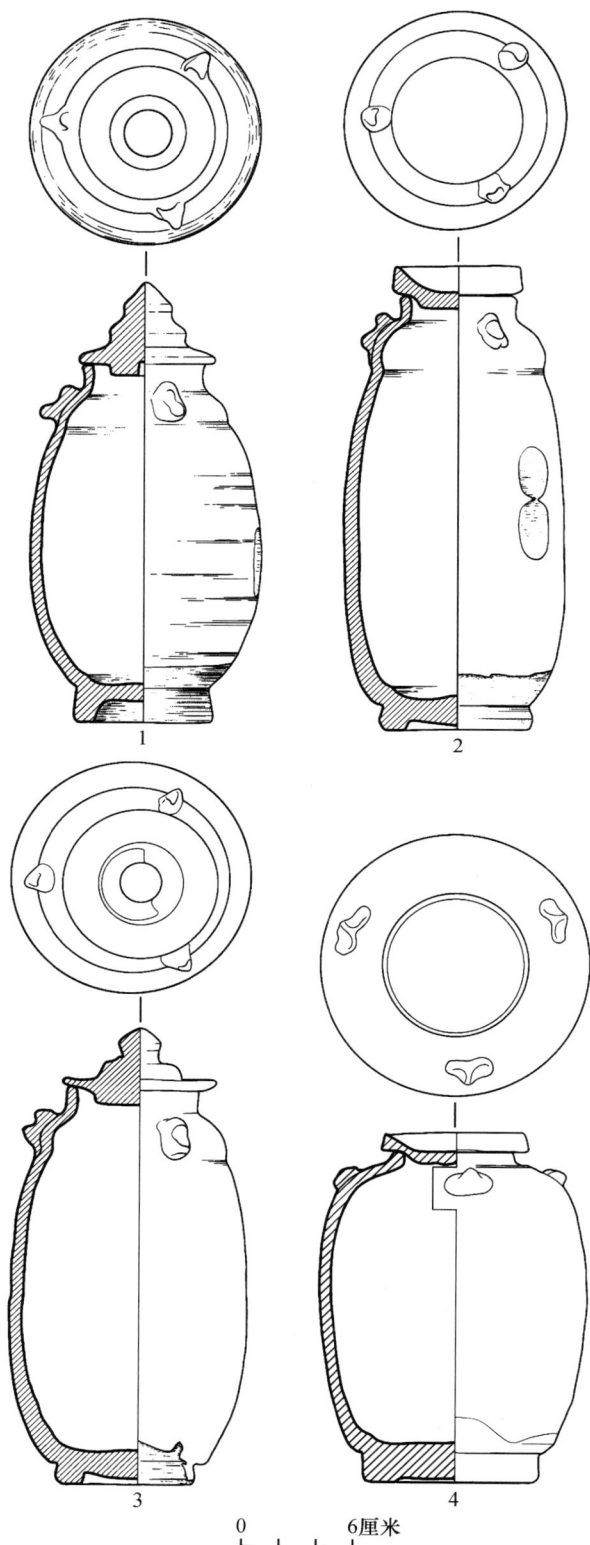

图二三　Aa型瓷谷仓罐

1~3. Ⅰ式（M8：6、M26：2、M32：1）　4. Ⅱ式（M19：1）

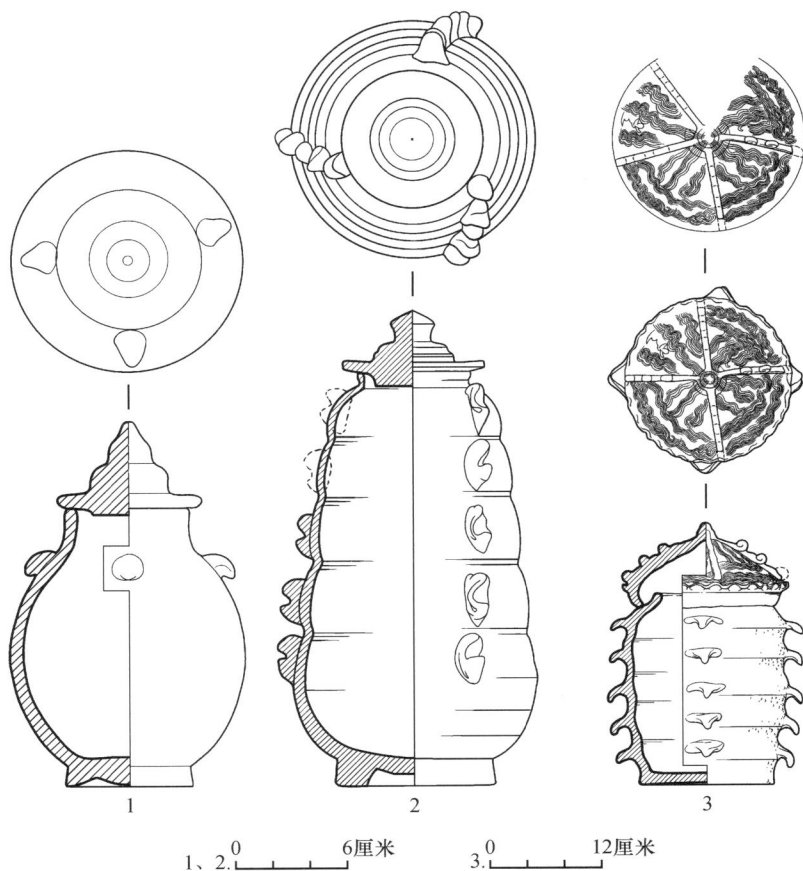

图二四　瓷谷仓罐

1. Ab型（M8：4）　2. B型Ⅱ式（M32：2）　3. C型（M3：1）

　　Ⅰ式：4件。下腹斜收。口微敛。M14：1，除圈足外，其余部位施酱黑釉，部分釉已脱落。口径6.4、最大腹径14.4、足径8.7、高19.4厘米（图二五，1）。M15：2，除腹部靠近圈足和圈足处外，其余部位施酱黑釉。口径6.66、最大腹径16.6、足径9.34、高24.8厘米。带盏形盖，除底部外均施酱釉。口径7.38、底径3.88、高2厘米（图二五，2）。M16：1，除腹部靠近圈足和圈足处外，其余部位施酱黑釉。口径7.4、最大腹径15.9、足径8.6、高24.5厘米。带伞式盖，桃形纽，除底部外均施酱黄釉。纽径2.5、最大径8.1、底径3.3、高3.8厘米（图二五，3）。M28：5，除圈足外，其余部位施酱黑釉。口径6.3、最大腹径14.6、足径9.2、高24.6厘米。带塔式盖，盖面及顶部施酱黑釉。桃形纽。纽径2.6、最大径7.8、底径4、高4.8厘米（图二五，4）。

　　Ⅱ式：5件。下腹垂收。侈口。除圈足外，其余部位施酱釉，部分釉已脱落。M8：3，口径6.5、最大腹径12.8、足径8.9、高18.4厘米。带伞式盖，除底部外均施酱釉，大部分釉已脱落。桃形纽。纽径2.4、最大径9、底径3.4、高4.4厘米（图二六，1）。M8：5，口径6.6、最大腹径12.2、足径8.4、高19.4厘米。带伞式盖，除底部外

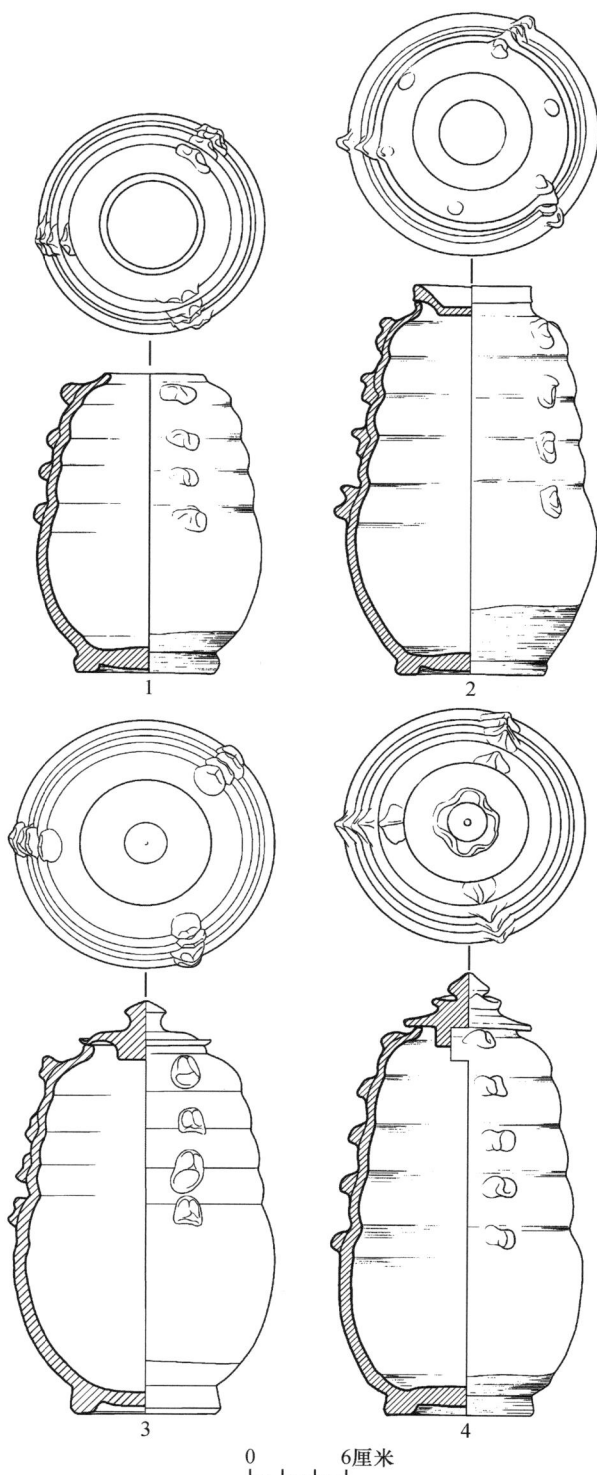

图二五　B型I式瓷谷仓罐
1. M14：1　2. M15：2　3. M16：1　4. M28：5

均施酱釉，大部分已脱落。桃形纽。纽径2.4、最大径9.4、底径3.6、高3.64厘米（图二六，2）。M9：2，口径6.8、最大腹径13、足径7～7.6、高21.4厘米。带塔式盖，除底部外均施酱釉。桃形纽。纽径2.4、最大径8、底径4、高4.16厘米（图二六，3）。M26：1，口径6.8、最大腹径12.52、足径8.5、高23.56厘米。带塔式盖，除底部外均施酱釉。桃形纽。纽径2.76、最大径9.42、底径4.88、高5.2厘米（图二六，4）。M32：2，口径6、最大腹径13、足径7.38、高23厘米。带塔式盖，除底部外均施黄酱釉。桃形纽。纽径4、最大径7.6、底径3.7、高5.3厘米（图二四，2）。

C型　2件。腹部纵向均匀堆塑四组各五个脊形纽。M3：1，灰胎。直口，溜肩，分段式曲腹，腹部纵剖面呈波浪形，最大径在腹中部，平底。口径11、底径14.4、高21厘米。带伞形盖，桃形纽。盖面线刻波浪纹，四组脊形堆塑将其分为四部分，盖沿为波浪形。盖径17.8、口径14.5、高9.5厘米（图二四，3）。

双耳罐　1件。M3：2，灰胎。侈口，斜肩，斜弧腹，最大径在腹上部，平底。肩部有一对对称的桥形耳。肩、腹部饰数周弦纹。口径11～12.5、最大腹径14.6、底径7.8、高21.4厘米（图二七，1）。

带流罐　3件。口部有一流，侈口，束颈，斜弧肩，斜弧腹，最大径在器中部。与流对称的颈部与腹部之间有一柄，已残。M17：1，灰胎。平底。口径6.7～7.9、最大腹径10.52、底径5.5、高15.4厘米（图二七，2）。M20：8，暗红胎。平底。肩部有一对对称的桥形耳。颈、肩、腹部饰数周纹饰。口径9.4～10.1、最大腹径16、底径7.8、高20.8厘米（图二七，3）。M20：9，灰胎。平底略内凹。肩腹部饰弦纹。口径8～9.2、最大腹径12.64、底径6.4、高16.8厘米（图二七，4）。

无耳罐　8件。根据足部的不同，分为三型。

A型　1件。圈足。M1：1，暗红胎，除底部外，器表皆施酱绿釉。侈口，圆肩，弧腹，最大径在肩腹部交界处。内侧底部阴线刻一"冯"字。口径11.4、最大腹径16.64、足径11.4、高20厘米（图二八，1）。

B型　1件。大平底。M37：3，灰胎。侈口，斜肩，斜弧腹，最大径在上腹部。肩腹部交界处堆塑一周花边纹，肩腹部饰数周弦纹。口径8.5～8.8、最大腹径17.66、底径8.6、高18.6～20厘米（图二八，2）。

C型　6件。平底。最大径在肩腹部交界处。侈口，束颈，弧腹，平底。M20：3，暗红胎，腹中部以上施一层化妆土。溜肩。口径8.9、最大腹径16.5、底径6.8、高20厘米（图二八，4）。M22：1，暗红胎，上腹部及以上施青釉，下腹部有流釉现象。侈口偏直，束颈，溜肩，斜弧腹，平底。肩、腹部饰数周弦纹。口径9、最大腹径15.8、底径5.8、高14.5厘米（图二九，1）。M32：5，灰胎，器表腹中部以上施一层化妆土。弧肩。口径9.4、最大腹径17.2、底径7、高19.3厘米（图二八，5）。M32：6，暗红胎。弧肩。口径8.84、最大腹径16.14、底径6.86、高19.74厘米（图二八，3）。M33：1，灰胎，肩及上腹部施一层化妆土。溜肩。口径9.6、最大腹径13.5、底径8、高19.2～20.5

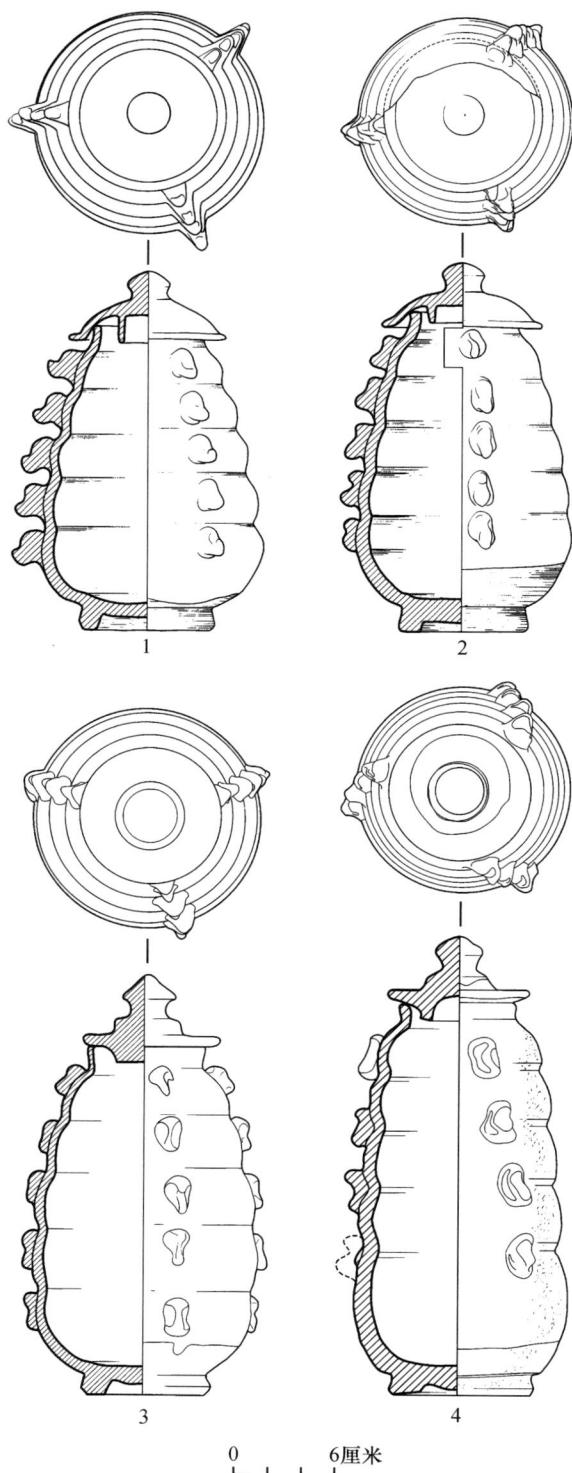

图二六　B型Ⅱ式瓷谷仓罐

1. M8：3　2. M8：5　3. M9：2　4. M26：1

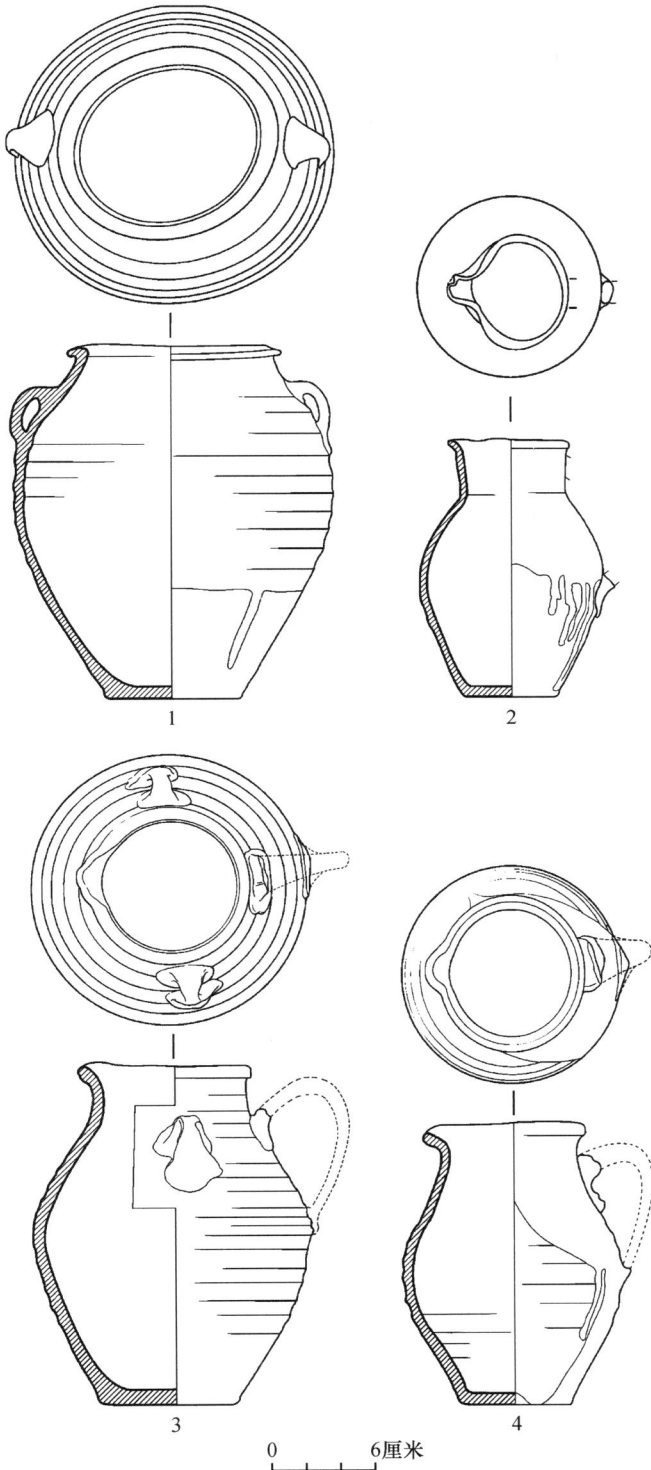

图二七　瓷罐

1.双耳罐（M3：2）　2~4.带流罐（M17：1、M20：8、M20：9）

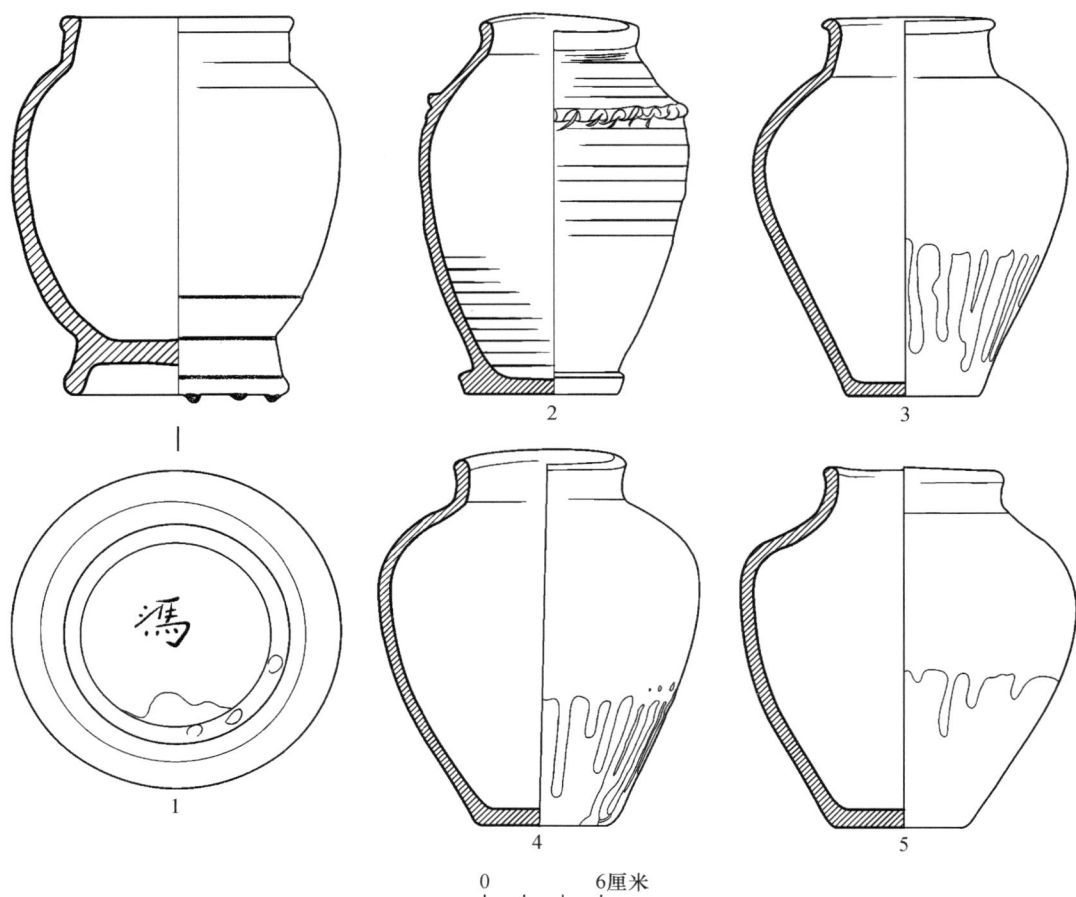

图二八　瓷无耳罐

1. A型（M1：1）　2. B型（M37：3）　3～5. C型（M32：6、M20：3、M32：5）

厘米（图二九，2）。M36：1，灰胎，上腹部及以上施酱黄釉。弧肩。上腹部饰数周弦纹。口径9.1、最大腹径15.2、底径7.2、高19厘米（图二九，3）。

器盖　8件。根据形制的不同，分为二型。

A型　1件。伞式盖。M21：1，灰胎，除底部外均施酱黄釉。圆形纽，平底。纽径1.95、最大径7、底径5.68、高2.5厘米（图三〇，1）。

B型　7件。盏形盖。暗红胎，除底部外均施酱釉。根据底部的不同，分为二亚型。

Ba型　3件。平底。M16：8，口径6.4、最大径6.8、底径4、高1.6厘米（图三〇，4）。M26：3，口径6.68、最大径7.54、底径4.1、高2.2厘米（图三〇，6）。M28：4，口径6.8、最大径7.61、底径4.3、高2.9厘米（图三〇，2）。

Bb型　4件。平底略内凹。M3：5，口径8.1、最大径8.06、底径4.5、高2.8厘米（图三〇，3）。M26：9，口径6.9、最大径6.9、底径4、高1.9厘米（图三〇，5）。M32：4，底部阴线刻一圆圈。口径7.4、最大径7.4、底径3.9、高2.2厘米（图三〇，

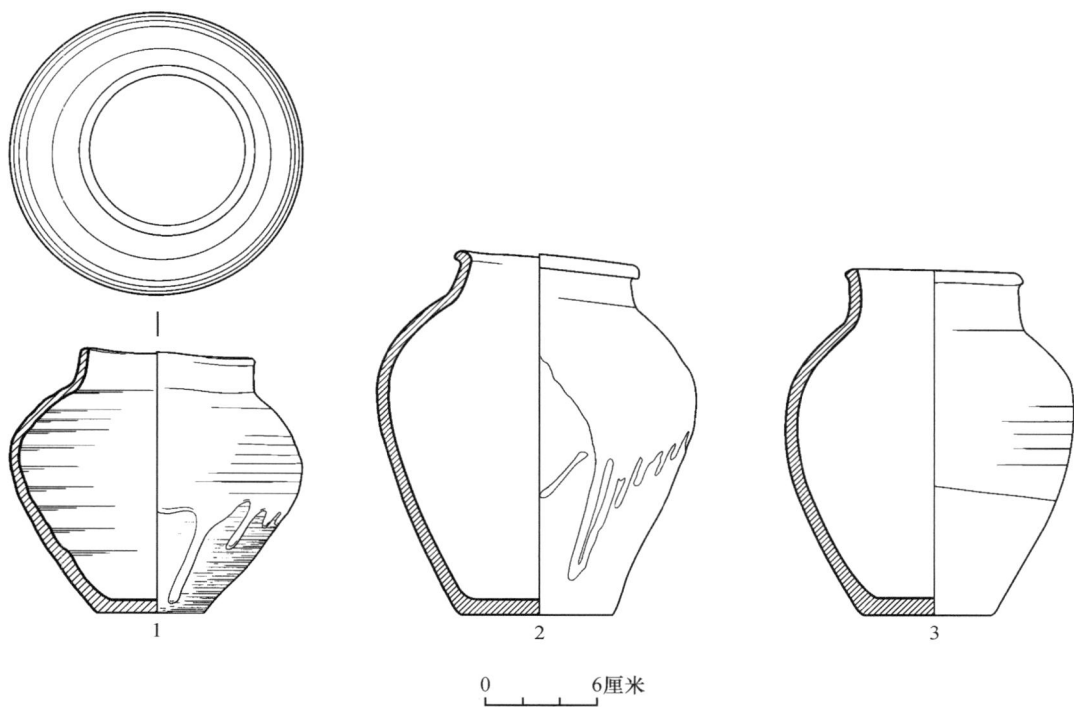

图二九　C型瓷无耳罐

1. M22：1　2. M33：1　3. M36：1

7）。M33：3，口径7.2、最大径7.25、底径3.5、高2.3厘米（图三〇，8）。

器座　5件。灰胎。敞口，腹部镂空，圈足。根据口部的不同，分为二型。

A型　4件。平口。根据腹部的不同，分为二亚型。

Aa型　2件。弧腹。M16：6，口及腹部施酱釉。口径16.5、足径8、高8.2厘米（图三一，1）。M23：2，口及腹部施酱黑釉。底部有一小孔。口径16、足径7.8、高8厘米（图三一，2）。

Ab型　2件。斜腹。M11：4，口及腹部施酱黑釉。底部有一小孔。口径15.7、足径7.6、高6.3厘米（图三一，3）。M26：5，口及腹部施酱釉。口径13.4~14、足径6.6、高7.2厘米（图三一，4）。

B型　1件。锯齿口。M28：3，口及腹部施酱黑釉。斜腹微弧，腹部镂空，圈足，底部有一小孔。口径16.7、足径8、高9.6厘米（图三一，5）。

盏　1件。M32：7，暗红胎，内侧施酱黄釉，外侧有流釉现象。侈口，弧腹，平底。口径8.8、底径3.2、高2.1厘米（图三二，1）。

灯　1件。M2：1，暗红胎，两层灯盏及柄施酱釉。两层，上层带一流。连接上下层有一弧形柄，喇叭口底座。通高11.5厘米（图三二，2）。

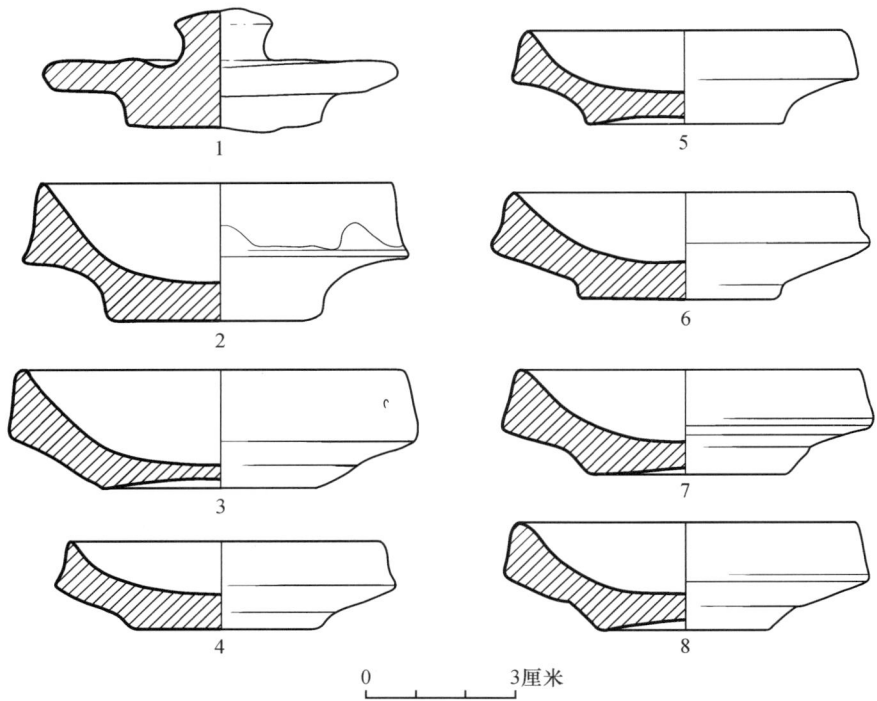

图三〇　瓷器盖

1. A型（M21：1）　2、4、6. Ba型（M28：4、M16：8、M26：3）　3、5、7、8. Bb型（M3：5、M26：9、
M32：4、M33：3）

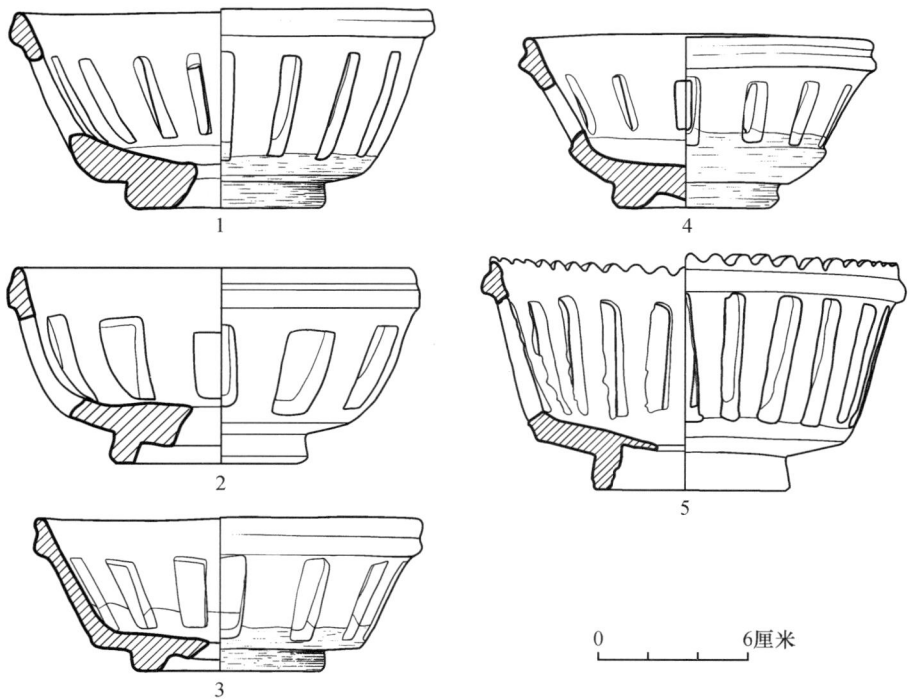

图三一　瓷器座

1、2. Aa型（M16：6、M23：2）　3、4. Ab型（M11：4、M26：5）　5. B型（M28：3）

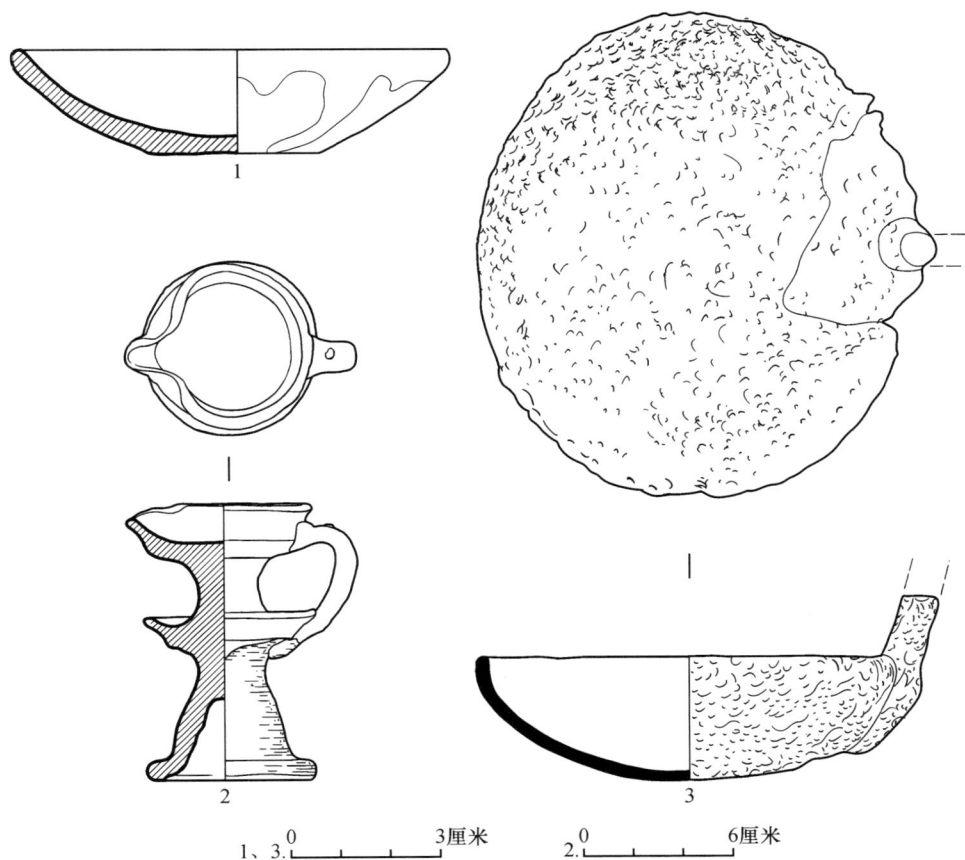

图三二　瓷盏、瓷灯、铁勺

1. 瓷盏（M32：7）　2. 瓷灯（M2：1）　3. 铁勺（M2：3）

2. 铁器

1件。

勺　1件。M2：3，把手断裂，仅残存小部分。侈口，圜底。口径8.7～9.8、残高2.5～4厘米（图三二，3）。

3. 铜器

46件。主要有环、耳勺、簪等。

环　3件。形制基本相同。圆形。M18：3，内圈径0.73、外圈径1.15厘米（图三三，1）。M25：3，内圈径1.19、外圈径1.65厘米（图三三，2）。M37：1，内圈径0.81、外圈径1.38厘米（图三三，3）。

耳勺　1件。M9：1，勺身呈柱状，靠勺首侧较粗，远勺首侧较细。通长6.3厘米（图三三，4）。

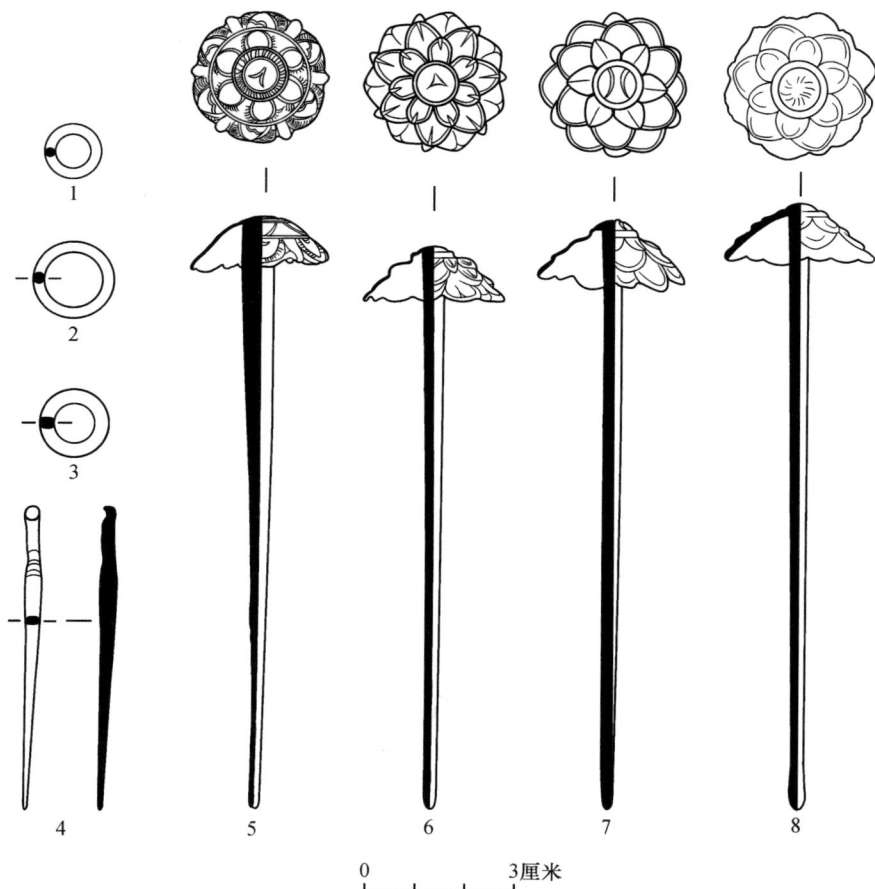

图三三　出土铜器

1~3. 环（M18：3、M25：3、M37：1）　4. 耳勺（M9：1）　5~8. Aa型簪（M10：1、M13：1、M13：3、
M13：5）

簪　42件。部分损坏较严重，可进行型式分析者27件。根据簪身的不同，分为二型。

A型　可分型式者20件。簪身呈圆柱状，靠近簪首侧较粗，远簪首侧较细。从完整者看簪首一般为伞状，簪尾呈倒锥形。根据簪首顶部錾刻纹饰的不同，分为二亚型。

Aa型　16件。簪首顶部錾刻花瓣纹。M10：1，顶径2.75、通长12.2厘米（图三三，5）。M13：1，顶径2.8、通长11.6厘米（图三三，6）。M13：3，顶径2.94、通长12.1厘米（图三三，7）。M13：5，顶径3、通长12.3厘米（图三三，8）。M14：4，顶径3.12、通长11.4厘米（图三四，1）。M14：5，顶径3.6、通长7.95厘米（图三四，2）。M15：5，顶径3.06、通长9.62厘米（图三四，3）。M17：2，顶径2.84、通长11.69厘米（图三四，4）。M17：4，顶径2.64、通长10.72厘米（图三四，5）。M19：2，顶径2.75、通长10厘米（图三五，1）。M19：4，顶径2.4、通长11.3厘米（图三五，3）。

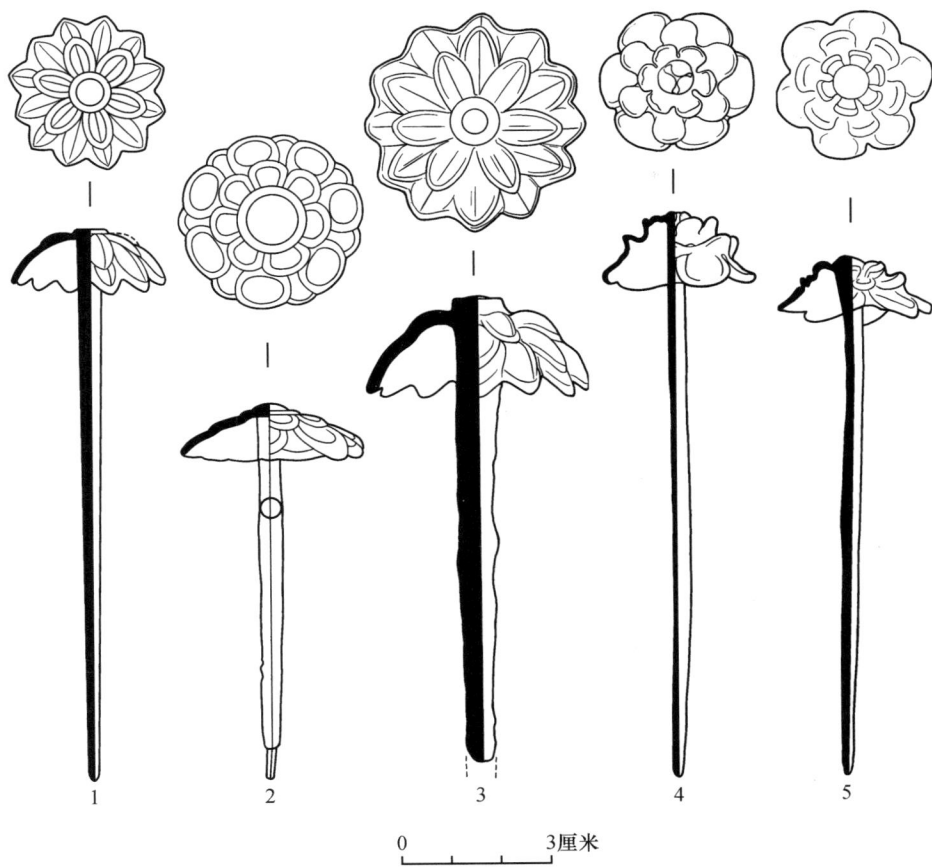

图三四 Aa型铜簪

1. M14：4 2. M14：5 3. M15：5 4. M17：2 5. M17：4

M19：5，残长11.2厘米（图三五，2）。M20：6，顶径3.8、通长9厘米（图三五，4）。M24：3，顶径2.99、通长12.6厘米（图三五，5）。M34：2，顶径2、通长11.26厘米（图三五，6）。M34：3，顶径2.6、通长12.2厘米（图三五，7）。

Ab型 4件。簪首顶部錾刻几何形纹。M11：6，顶径2、通长10.2厘米（图三六，1）。M14：2，顶径3.4、通长8.4厘米（图三六，2）。M17：6，顶径3.03、通长12.34厘米（图三六，3）。M26：7，顶径2.1、通长11.9厘米（图三六，4）。

B型 可分型式者7件。簪身呈扁平状，靠近簪首侧簪身较宽，远簪首侧簪身变窄。簪首分素面和蝉形两种。M10：2，最宽处2.52、通长12.7厘米（图三六，5）。M13：6，最宽处1.18、通长16.3厘米（图三七，1）。M15：8，最宽处1.66、通长15.1厘米（图三七，2）。M17：5，最宽处1.32、通长20厘米（图三八，1）。M20：5，最宽处1.5、残长5厘米（图三八，2）。M26：8，最宽处1.7、通长14.3厘米（图三九，1）。M34：1，最宽处1.4、通长10厘米（图三九，2）。

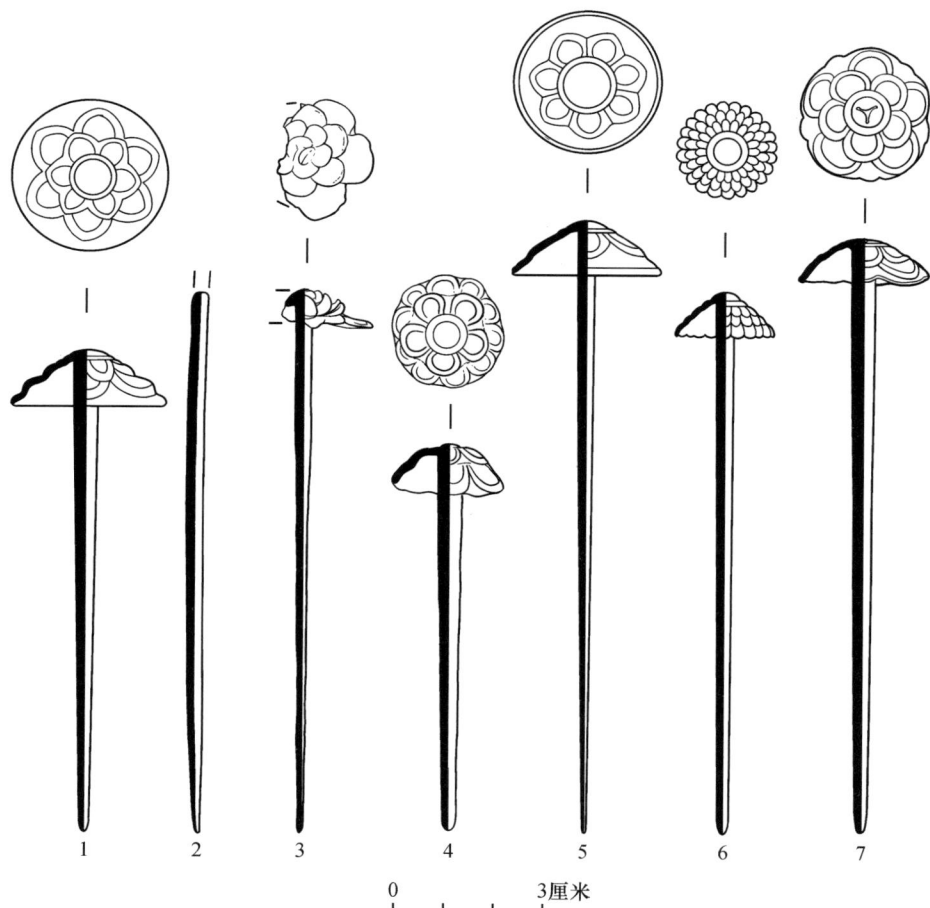

图三五　Aa型铜簪

1. M19：2　2. M19：5　3. M19：4　4. M20：6　5. M24：3　6. M34：2　7. M34：3

4. 银器

1件。

钗　1件。M9：1，钗身为圆柱状，双股，下部已残。残长4.4厘米（图三九，3）。

5. 玉器

2件。

饰品　2件。形制相同。纽扣状，中间有一圆形穿。M11：1，直径2、穿径0.46厘米（图三九，4）。M11：2，直径2、穿径0.46厘米（图三九，5）。

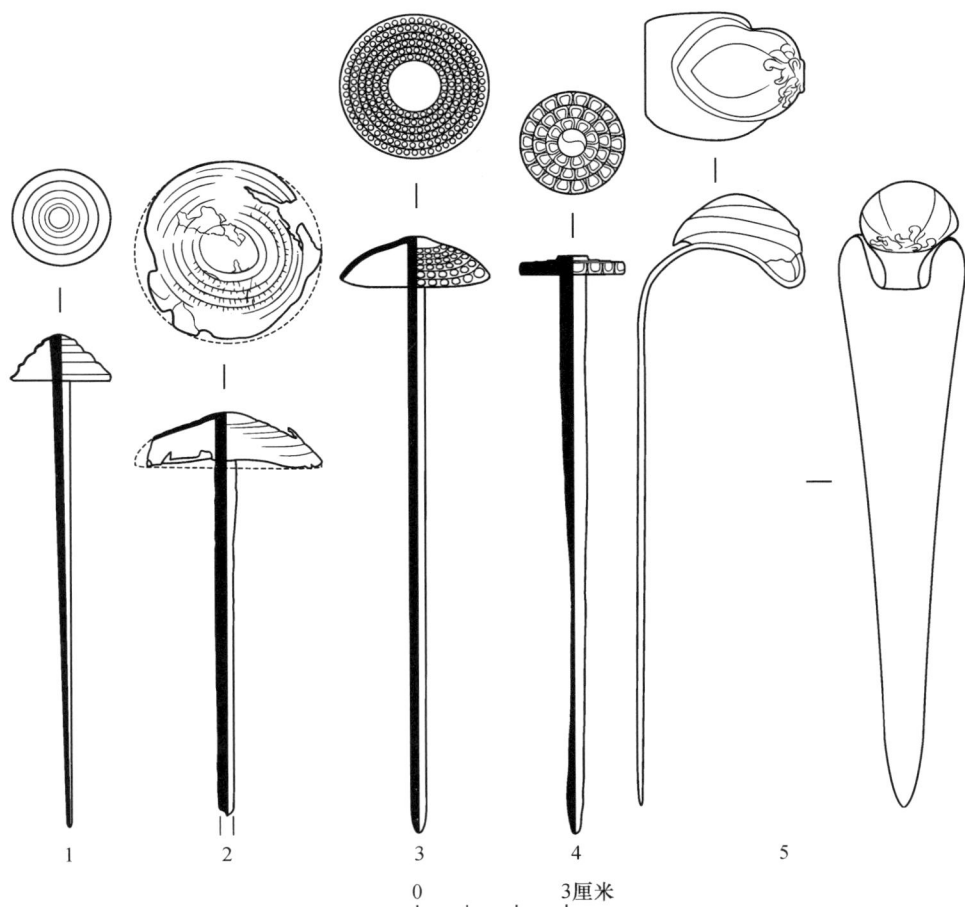

图三六　铜簪

1~4. A型（M11∶6、M14∶2、M17∶6、M26∶7）　5. B型（M10∶2）

四、相关问题

（一）墓葬年代

本次发掘的墓葬主要有石室墓、砖石墓和岩坑墓三种，皆分单室、双室类。墓内未出土明确纪年材料，故对墓葬年代的判断主要依据墓葬形制和随葬器物。A型单石室墓皆为平顶，其形制及砌筑方式与新津宝资山平顶单石室墓相近，后者时代为明代中期[1]；单砖室墓形制及砌筑方式与邛崃羊安工业园区B型明代砖室墓形制及砌筑方式相近，后者时代为明代中期[2]。M3出土瓷碗（M3∶4）与成都高新西区双柏村明代墓葬出土瓷碗（M8∶3）形制相同，后者为正德年间的纪年墓[3]；C型无耳罐与成都温江万春镇明代墓葬M1出土无耳罐（M1∶2、M1∶3）形制基本相同，Aa型Ⅰ式瓷谷仓罐与成都温江万春镇明代墓葬M1出土瓷谷仓罐（M1∶4）形制基本相同，后者为弘

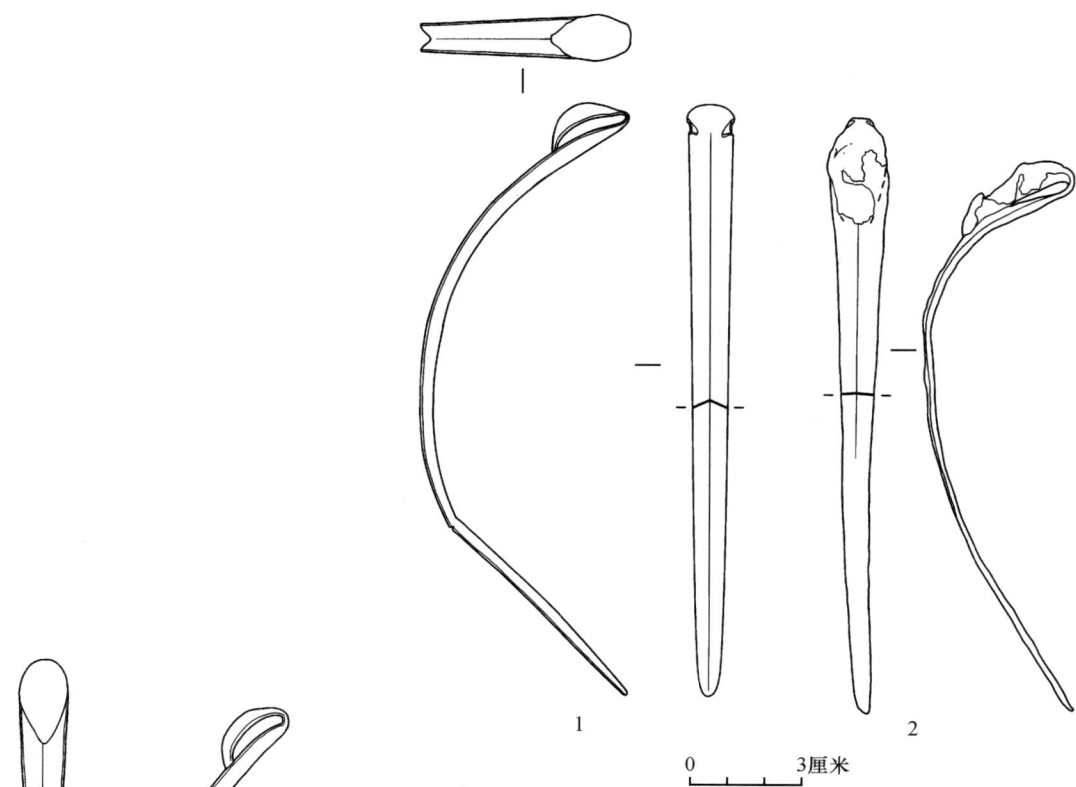

图三七　B型铜簪
1. M13∶6　2. M15∶8

0　　　3厘米

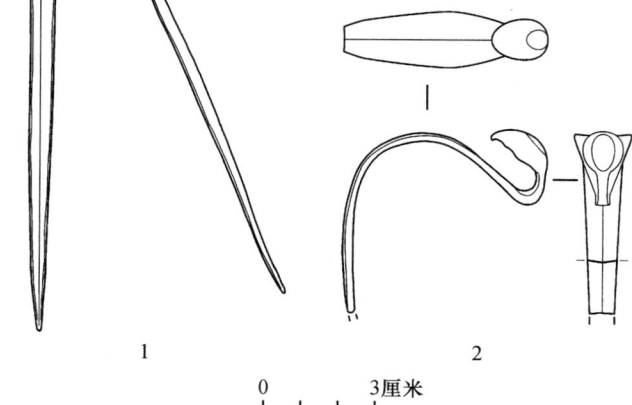

图三八　B型铜簪
1. M17∶5　2. M20∶5

0　　　3厘米

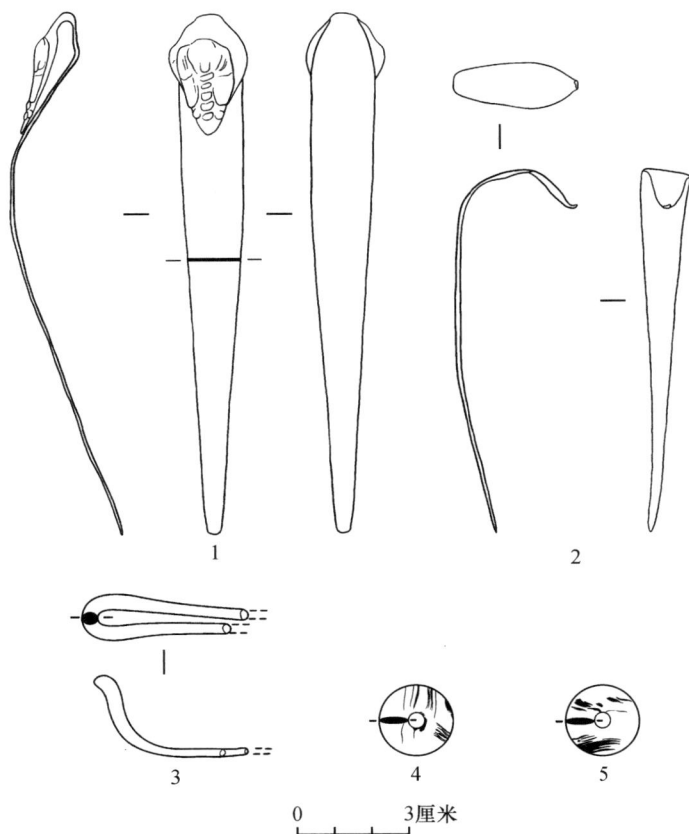

图三九　出土器物

1、2.B型铜簪（M26：8、M34：1）　3.银钗（M9：1）　4、5.玉饰品（M11：1、M11：2）

治五年纪年墓[4]；M3中出土的瓷双耳罐（M3：2）与成都温江中粮包装厂瓷双耳罐（M2：3）形制基本相同，后者时代大致为明正德年间[5]；A型瓷龙纹罐与新津宝资山墓地M179、M194中出土的瓷龙纹罐（M179：1、M179：2、M194：3）形制基本相同，B型瓷龙纹罐与新津宝资山墓地M245（M245：1）出土瓷龙纹罐形制基本相同，后者墓葬年代为明代中期左右[6]；B型瓷龙纹罐与包家梁子明墓出土A型瓷龙纹罐形制基本相同；A型瓷龙纹罐与包家梁子明墓B型瓷龙纹罐形制基本相同，后者墓葬时代为明代中期偏早阶段[7]；根据周静对川渝地区谷仓罐的研究成果，本文中Aa型Ⅰ式、B型Ⅰ式谷仓罐分别为周文中Ab型Ⅰ式、Aa型Ⅰ式谷仓罐，属于第一期，时代为成化至弘治年间；Aa型Ⅱ式、B型Ⅱ式谷仓罐分别为周文中Ab型Ⅱ式、Aa型Ⅱ式谷仓罐，属于第二期，时代为正德至万历年间[8]。综上，此次发掘的墓葬时代主要为明代中晚期。

（二）几点认识

本次发掘的38座墓葬中有石室（含岩坑）墓33座，砖室墓5座，虽墓葬多已被盗或破坏，但仍出土了不少随葬品。此批墓葬总体上来说大部分属于小型墓，仅少部分规格相对较高。出土器物以瓷器为主，出土的铜器主要为簪，另有极少量的银簪和玉饰品。这些说明墓地入葬者部分有一定的财力，可能为当地的中小地主，大部分应该还是普通平民阶层。

从墓葬建筑材料来看，该墓地是以石室（含岩坑）墓为主，石室墓建筑用材主要为红褐色或灰黄色砂岩，本地可见较多，应为就地取材。砖室墓数量较少，整个墓地中仅5座砖室墓，除M8、M31相对集中，另外三座M2、M3、M6分布较为分散。5座墓葬中出土的随葬器物与石室墓出土器物基本一致，在方便就地取材用石块修筑的情况下选择用砖这种并不经济的方式修筑墓葬的现象值得我们重视。

墓葬时代为明代中晚期，绝大多数墓葬方向都大致相同，为东南—西北向，可以推测该墓地应为一个经过统一规划的公共墓地，延续性较强。

发掘：谢　林　陈西平　张　魏
整理：潘绍池　陈　霞
绘图：逯德军　潘绍池
执笔：潘绍池　陈　霞　谢　林　魏新柳

注　释

［1］　重庆师范大学历史与社会学院、成都文物考古研究院：《新津县宝资山墓地Ⅲ区明代石室墓发掘简报》，《成都考古发现》（2017），科学出版社，2019年。

［2］　成都文物考古研究所、邛崃市文物局：《邛崃市羊安工业区墓群明墓发掘简报》，《成都考古发现》（2011），科学出版社，2013年。

［3］　成都文物考古研究所：《成都市高新西区双柏村宋、明墓发掘简报》，《成都考古发现》（2013），科学出版社，2015年。

［4］　成都文物考古研究所、温江区文物保护管理所：《成都市温江区万春镇明墓发掘简报》，《成都考古发现》（2005），科学出版社，2007年。

［5］　成都文物考古研究所、温江区文物保护管理所：《成都市温江区中粮包装厂明墓发掘简报》，《成都考古发现》（2005），科学出版社，2007年。

［6］　重庆师范大学历史与社会学院、成都文物考古研究院：《新津县宝资山墓地Ⅲ区明代石室墓发掘简报》，《成都考古发现》（2017），科学出版社，2019年。

［7］　成都文物考古研究所、青白江区文物保护管理所：《成都市青白江区包家梁子宋明墓葬发掘简报》，《成都考古发现》（2010），科学出版社，2012年。

［8］　周静：《川渝地区明墓出土谷仓罐研究》，《考古》2019年第12期。

成都市青白江区三星村明墓发掘简报

成都文物考古研究院
青白江区文物保护中心

　　三星村遗址位于成都市青白江区弥牟镇东南部，东距京昆高速约300米，南距金芙蓉大道约900米（图一）。2003年成都市文物考古工作队曾在此发掘过一处先秦时期遗址。2017年，为配合丰树集团物流项目建设，成都市文物考古工作队在原发掘区周边进行了考古调查及发掘，发现了较为丰富的考古学遗存，遗存主体年代为新石器时代晚期，另发现2座保存较好的明代砖室墓，现将这2座墓葬的情况简报如下。

　　2座墓葬分别编号为2017CQSM24、2017CQSM25（以下简称M24、M25），均开口于耕土层下，打破早期地层直至生土。其中M24位于M25东北侧约1.5米处。

一、M24

1. 墓葬形制

　　墓向183°。墓圹平面呈长方形，长3.2、宽2.04、残深1.36米。墓圹的南侧有一长方形竖井式墓道，长1.4、宽1.37米。墓室为长方形券拱砖室墓，内长2.52、宽0.82、高1.07米。墓圹与墓室之间用黄土填塞。墓室四壁均采用顺砖平铺的砌法，直墙高0.8米后开始顺砖立砌起券，砖券的缝隙之间以石灰填塞，封门较为杂乱，多用残砖平砌。后壁中部有一近梯形头龛，底宽0.38、高0.36、进深0.3米。龛口上方设置整砖雕成的过梁，梁底面作火焰形雕刻。墓底之上采用两边纵铺中间横铺的方法砌出一层棺床，两侧留有宽约0.1米的凹槽。墓砖均采用素面青砖，一般长35、宽17、厚3厘米。墓墙采用了较多的残砖，砖层之间用白灰进行填缝（图二）。

　　人骨保存不好，仅存头骨及肢骨，为仰身直肢葬，头部之上靠近后壁有一匹残砖。未见葬具痕迹。随葬品均位于头龛内。

2. 随葬品

　　4件，均为瓷器，包括双耳罐1件、碗2件、器盖1件。

　　双耳罐　1件。M24：1，红褐胎，腹部以上施酱釉。敛口，方唇，鼓腹，平底略内凹。口径12.5、底径9、高23.5厘米（图三，1）。

　　碗　2件。M24：2，红胎，内壁及器表下腹以上施酱釉。敞口，尖唇，弧腹，小圈

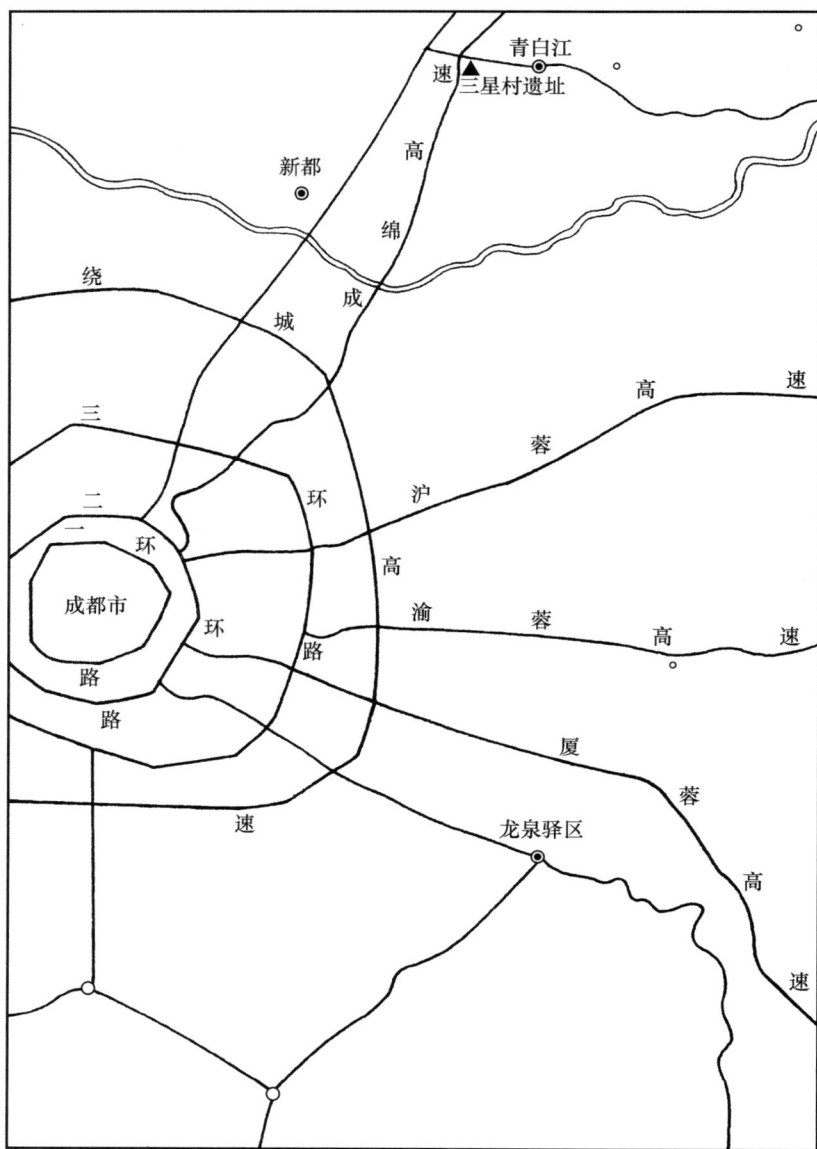

图一　墓地位置示意图

足。口径16.5、足径6、高6.4厘米（图三，4）。M24：3，红胎，内壁及器表下腹以上施酱釉，内底涩圈。敞口，尖唇，弧腹，小圈足。口径17.2、足径6、高5厘米（图三，2）。

器盖　1件。M24：4，红胎，器表施酱釉。盏状，敞口，尖唇，底部内凹。口径7.2、底径3.8、高2.2厘米（图三，3）。

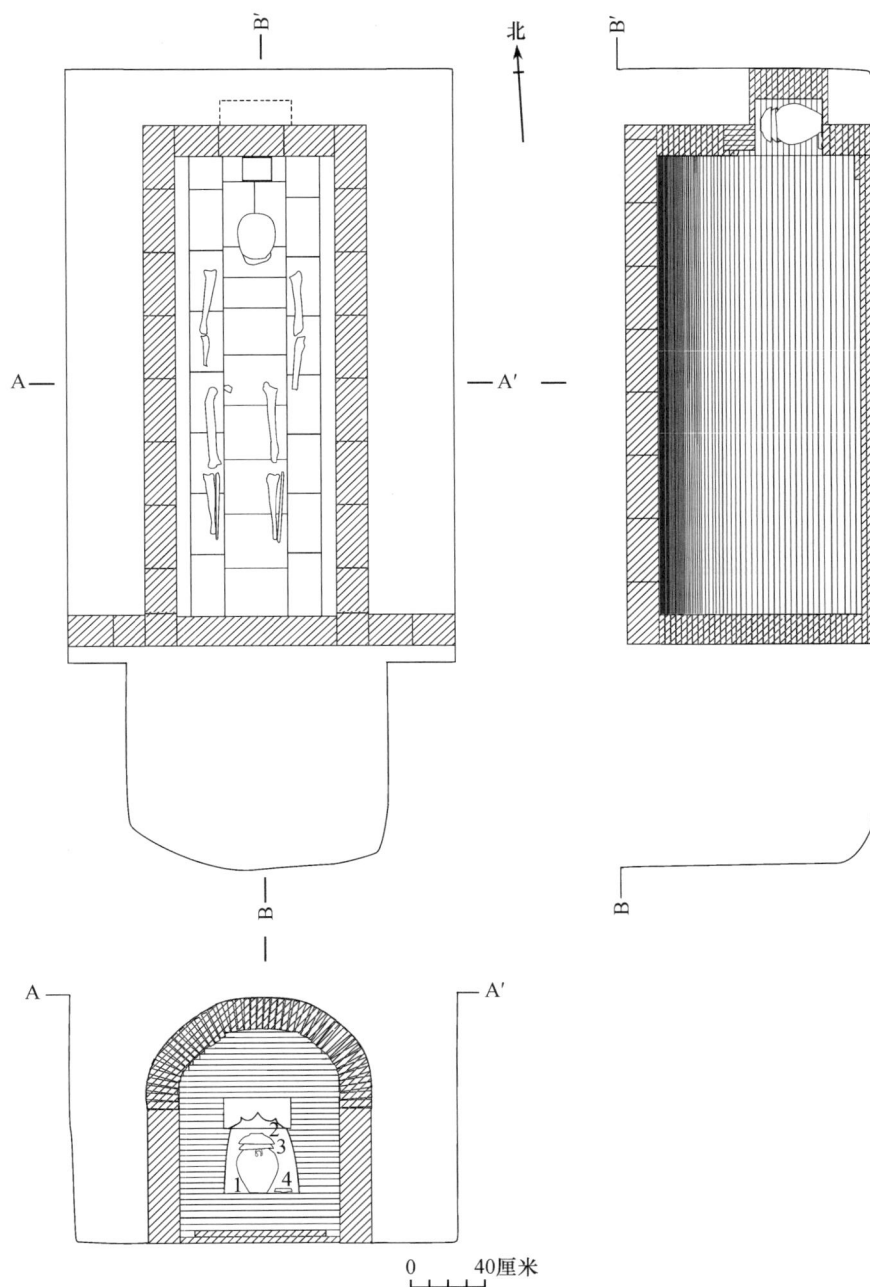

图二　M24平、剖面图

1. 瓷双耳罐　2、3. 瓷碗　4. 瓷器盖

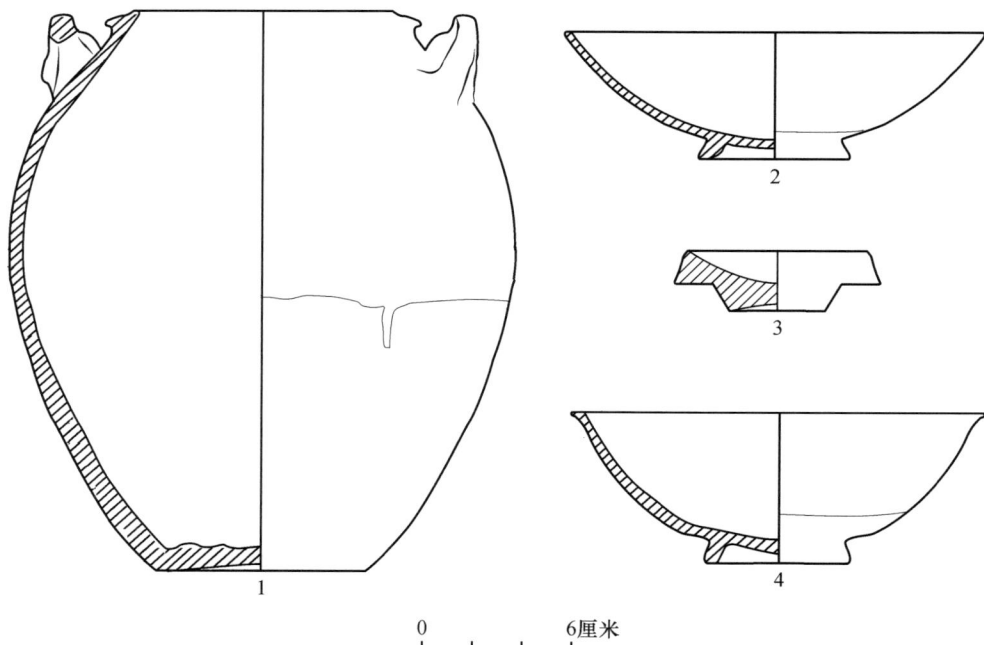

图三　M24出土瓷器

1. 双耳罐（M24：1）　　2、4. 碗（M24：3、M24：2）　　3. 器盖（M24：4）

二、M25

1. 墓葬形制

墓向30°。墓圹平面呈长方形，长2.87、宽1.32、深0.95米，无墓道。墓室为长方形叠涩平顶砖室墓，内长2.36、宽0.8、高0.86米。墓圹与墓室之间用黄土填塞。墓室四壁均采用顺砖平铺的砌法，直墙高0.68米后开始向内叠涩封顶。北端墙中部留出一不规则形龛，宽0.35、高0.4、进深0.28米。墓底采用席编法铺砌一层棺床，棺床长2.32、宽0.7、厚0.04米，四周留有凹槽。墓砖均采用素面青砖，一般长35、宽17、厚3厘米。墓墙采用了较多的残砖，包括一些其他规格的残砖，最厚者可达6厘米（图四）。

人骨保存一般，仅存四肢及部分头骨，为仰身直肢葬，头部枕于三层叠置的瓦之上，瓦的北侧另有完整青砖。未见葬具痕迹。随葬品均位于头龛内。

2. 随葬品

4件，均为瓷器，包括四耳罐1件、碗2件、残器底1件。

四耳罐　1件。M25：1，深灰胎，下腹以上施酱釉。敛口，方唇，圆肩，平底略内凹。器表有较多轮制留下的弦纹。口径9.5、底径8.2、高20.2厘米（图五，1）。

碗　2件。M25：2，红胎，下腹以上及内壁施青釉，内底涩圈。敞口，尖唇，弧

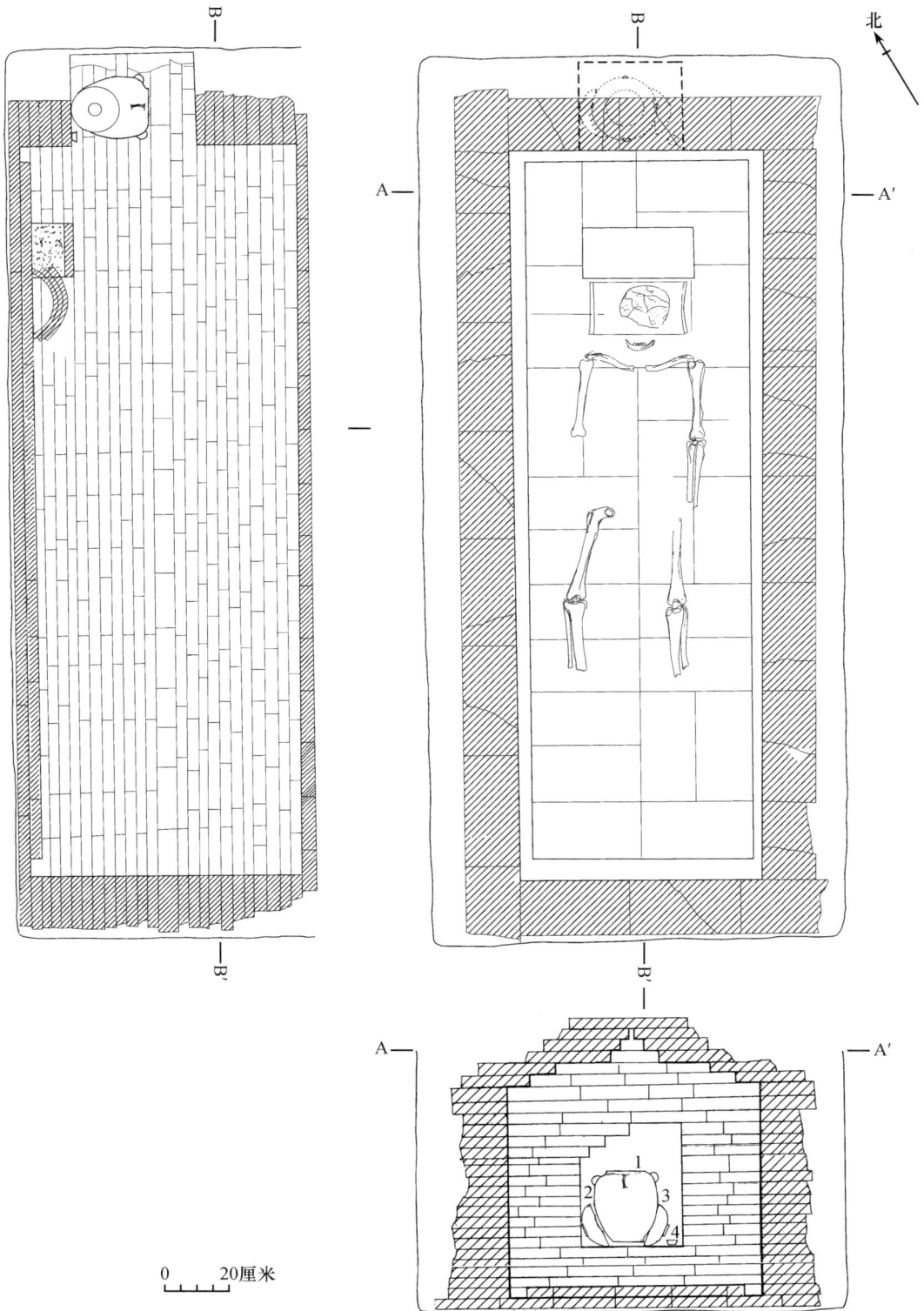

图四 M25平、剖面图

1. 瓷四耳罐 2、3. 瓷碗 4. 瓷器底

腹，小圈足。口径16.8、足径6、高5.5厘米（图五，3）。M25：3，灰胎，内壁及器表下腹以上施酱釉。敞口，圆唇，弧腹，小圈足。口径17.2、足径6、高6厘米（图五，2）。

　　器底　1件。M25：4，红胎。斜直壁，底略内凹。底径6、残高4.4厘米（图五，4）。

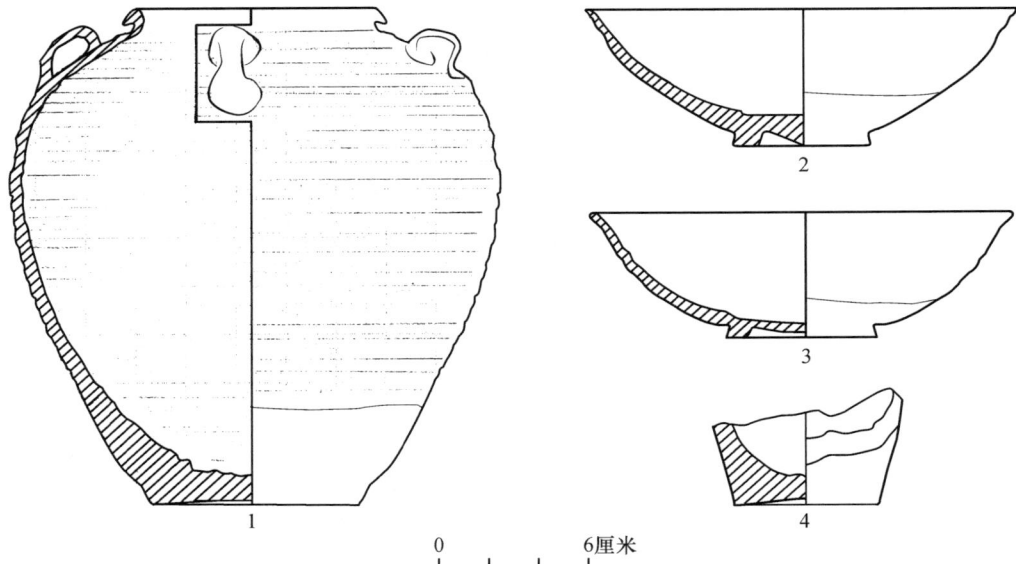

图五　M25出土瓷器

1.四耳罐（M25：1）　2、3.碗（M25：3、M25：2）　4.器底（M25：4）

三、初 步 认 识

　　三星村两座明墓保存较好，但未出文字资料，可以通过墓葬形制及随葬品来判断年代。两墓相邻分布，结构也十分接近，均带有棺床和头龛，唯封顶方式略有差异。两墓中随葬品均放置在头龛内，随葬品组合也较为接近，均为2件瓷碗、1件瓷罐、1件器盖（器底）。因此，两墓的年代应该相距不远。

　　M25为叠涩顶砖室墓，其结构与青白江和平村M9[1]十分接近，而且二者的葬式也十分接近，均为枕瓦葬，头部上方置一整砖；随葬品中瓷碗、四耳罐等器物的形制也较为接近。和平村M9出土崇祯通宝，年代为明代晚期，三星村M25的年代应与之接近。M24为券拱砖室墓，其结构与龙泉驿区二河村M4[2]、中粮包装厂M1[3]等墓葬结构均有类似之处，随葬器物中瓷双耳罐与中粮包装厂M1：5接近，器盖与弘治五年温江万春镇M1：14[4]类似。M24的过梁造型在中粮包装厂M8、M9等正德年间的墓葬以及二河村M2、M7等明代中晚期墓葬中多次出现，是明代墓葬中常见的一种壁龛装饰方式。综合来看，三星村M24的年代应早于M25，大致在正德前后。

　　两座墓葬结构简单，随葬品数量不多，均为本地窑口生产的常见日用瓷器，反映了明代中晚期本地平民的一般葬俗。

发掘：杨占风　蒋志军　陈贵元　李　佩

执笔：李　佩

注　释

［1］　成都文物考古研究所、青白江区文物保护管理所：《成都市青白江区和平村墓葬发掘简报》，《成都考古发现》（2011），科学出版社，2013年。

［2］　成都文物考古研究所、龙泉驿区文物保护管理所：《成都市龙泉驿区二河村墓地发掘简报》，《成都考古发现》（2014），科学出版社，2016年。

［3］　成都文物考古研究所、温江区文物保护管理所：《成都市温江区中粮包装厂明墓发掘简报》，《成都考古发现》（2005），科学出版社，2007年。

［4］　成都文物考古研究所、温江区文物保护管理所：《成都市温江区万春镇明墓发掘简报》，《成都考古发现》（2005），科学出版社，2007年。

都江堰市户外旅居电子产品制造项目明墓发掘简报

成都文物考古研究院

都江堰市文物保护和历史文化研究中心

都江堰市位于成都平原西北边缘岷江出山口处，地跨川西龙门山地带和成都平原岷江冲积扇扇顶部位。地势西北高、东南低，高山、中山、低山、丘陵和平原呈阶梯分布，素有"六山一水三分田"之说。因世界著名水利工程——都江堰和中国道教发祥地——青城山而蜚声海内外。

户外旅居电子产品制造项目位于都江堰市经开区堰华路615号，北临紫金路，西临泰兴大道，东临金凤路，中心地理坐标为东经103°40′31″、北纬31°2′35″，海拔658米（图一）。

为配合该项目建设，2020年11月12～16日，成都市文物考古工作队委托都江堰市文物保护和历史文化研究中心对该项目开展了勘探工作，勘探过程中发现墓葬2座。成都市文物考古工作队随即组织人员对墓葬进行了发掘，用时3天。现将发掘收获介绍如下。

一、墓地概况

墓地地表地势起伏，高低不平，现种植有蔬菜等农作物。清理完耕土层后即发现这两座墓葬，原始地貌暂无法了解，墓葬打破卵石层。墓葬分别编号为M1、M2（图二），两墓间距5米左右。

二、墓葬形制

2座墓葬均为石室墓，有单室和双室两种。以下分别介绍。

M1　单室墓。墓向188°。墓圹平面呈长方形，长3.26、宽1.58、残深0.88米。墓顶不存。墓室平面呈长方形，长2.32、宽0.84、残高0.74米。墓门位于墓室西部，由三块长方形石板横砌。墓室两侧壁和后壁由数块石板砌筑，后壁有一长方形壁龛，龛底距墓底0.4米，宽0.36、高0.4、进深0.2米。墓底由六块石板横向平铺。未发现葬具及人骨。随葬品共7件，均位于墓室后部和壁龛内，有瓷谷仓罐、瓷罐、铜簪、铁器等（图三）。

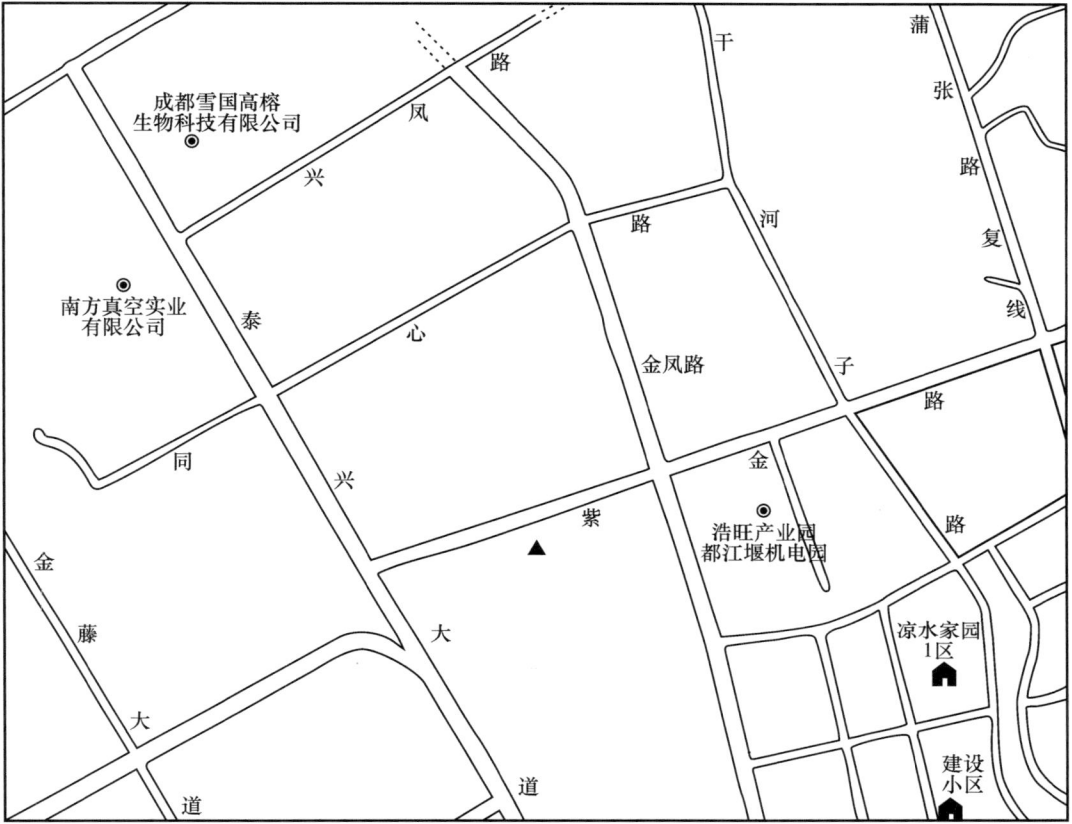

图一 墓地位置示意图

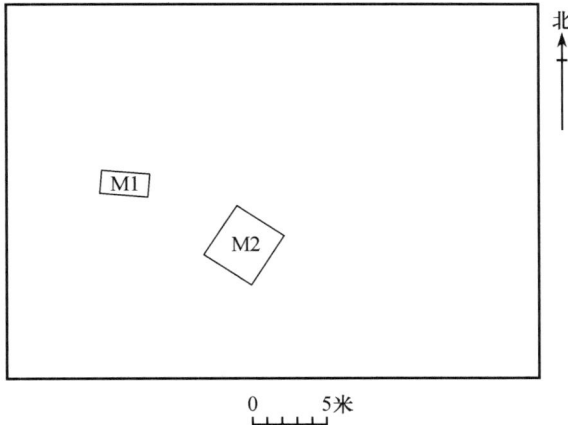

图二 墓葬分布图

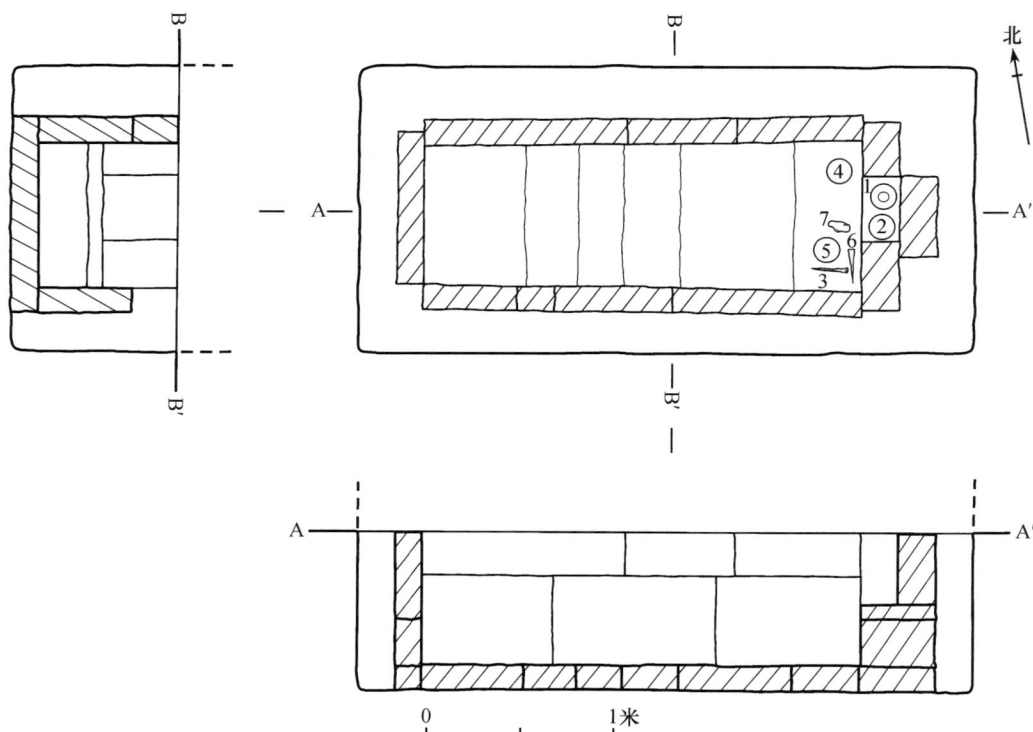

图三　M1平、剖面图

1、4、5.瓷谷仓罐　2.瓷罐　3、6.铜簪　7.铁器

　　M2　三室墓。墓向237°。墓圹平面近方形，长约3.8、宽约4、残深1.18米。墓顶不存。墓室分为三室，由西向东依次排列，分别为西室、中室、东室。各墓室形制、大小基本相同，皆由封门、甬道、墓门、墓室、后龛组成，现以东室为例进行介绍。封门由三块石板横向叠砌，甬道平面呈长方形，宽0.88、进深0.44米。墓门为双扇对开，门扇为素面，门扇中部有对称的圆形穿孔。西室与中室共用的墓壁中部雕刻镂空的钱纹。墓室平面呈长方形，长2.56、宽0.8、高0.98米。墓壁由长方形石板顺砌。东室与中室共用的墓壁中部有一近似方形的通道，宽0.2、高0.14米，通道上部雕刻云纹。后室后壁凿有长方形壁龛，龛底距墓底0.4米，宽0.32、高0.38、进深0.22米。壁龛纹饰分为上中下三层。上层由界格分成左、中、右三部分。左右两部分雕刻瓶插花纹饰，花瓶为敞口，束颈，圆腹，高圈足，颈部带双系，瓶内插花一枝，中间部分在正中部位浮雕带葵花纹饰的铜镜，四角雕刻卷云纹；中层浮雕钱纹；下层浮雕一供案，供案中部浮雕花卉纹，两侧浮雕卷云纹。

　　三墓室均未发现葬具及人骨。随葬品共发现8件，其中西室后部出土有铜镜、买地券，中室后部出土有瓷罐、陶器座、瓷谷仓罐、买地券，东室中部底部石板下出土有崇宁通宝，后部出土铜镜（图四）。

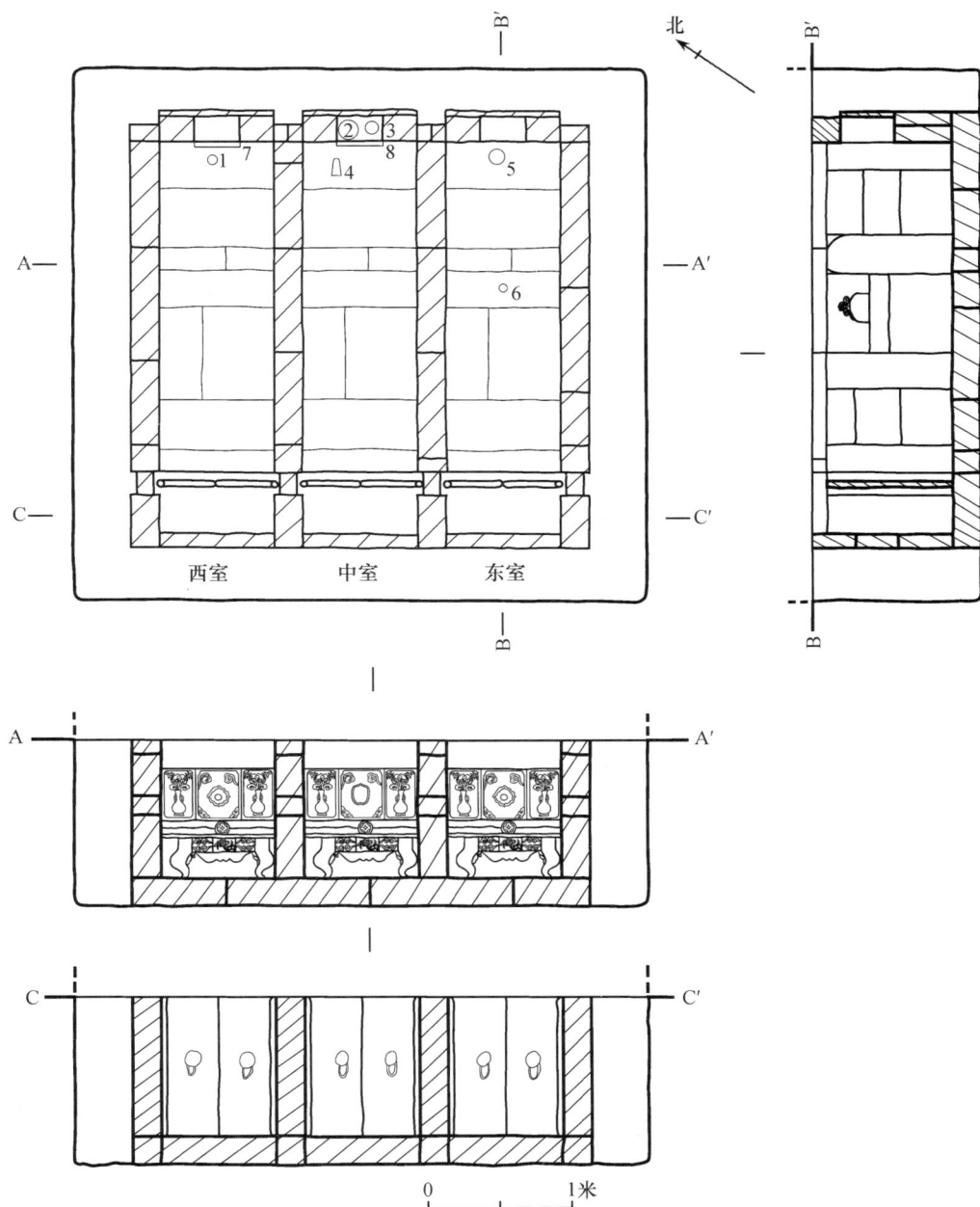

图四 M2平、剖面图

1、5.铜镜 2.瓷谷仓罐 3.瓷罐 4.陶器座 6.崇宁通宝 7、8.买地券

三、随葬器物

随葬器物共15件（枚）。包括瓷器、陶器、铜器、铁器、钱币、买地券等。

1. 瓷器

6件。

谷仓罐　4件。M1：4，灰胎，褐釉，内壁及外壁底部未施釉。口微敞，圆唇，肩微折，斜弧腹，下腹束收，平底。肩部贴塑八道盘索纹，腹上部贴塑一道龙纹，圈足可见轮制痕迹。口径8.6、最大腹径15、底径9.2、高17.4厘米（图五，1）。M1：1，灰胎，酱釉，内壁及外壁底部未施釉。直口，方唇，器身略呈筒形，折肩，曲腹，下腹弧收，圈足。肩部贴塑一道龙纹，并有脊状纽。口径5.8、最大腹径14.4、足径8.4、高17.2

图五　瓷谷仓罐

1. M1：4　2. M1：1　3. M1：5　4. M2：2

厘米（图五，2）。M1：5，紫红胎，褐釉，内壁不施釉。器盖呈圆形，盖纽至盖缘间均匀贴塑四道盘索纹，盖纽呈山字形。直径8.1、高8.4厘米。器身敛口，圆唇，折肩，上腹近直，下腹束收，平底。肩部均匀贴塑八道盘索纹，腹部一组对称的龙戏珠纹。口径8.4、最大腹径15、底径9.6、通高27.6厘米（图五，3）。M2：2，灰胎，酱釉，内壁及外壁底部未施釉。器盖呈宝塔形，盖顶中部有一乳钉形圆纽。直径7.6、高2.1厘米。器身口微敛，方唇，折肩，曲腹下腹弧收，圈足。肩部贴塑一道龙纹，并有脊状纽。口径6.2、最大腹径14.6、足径8.4、通高20.2厘米（图五，4）。

瓷罐　2件。红胎，施黄釉，有流釉现象，外壁轮制痕迹明显。整体呈卵圆形。敛口，圆唇，束颈，鼓腹，平底。M1：2，口径10、最大腹径13.8、底径6.3、高17.8厘米（图六，2）。M2：3，溜肩。口径8、最大腹径12、底径6、高16厘米（图六，3）。

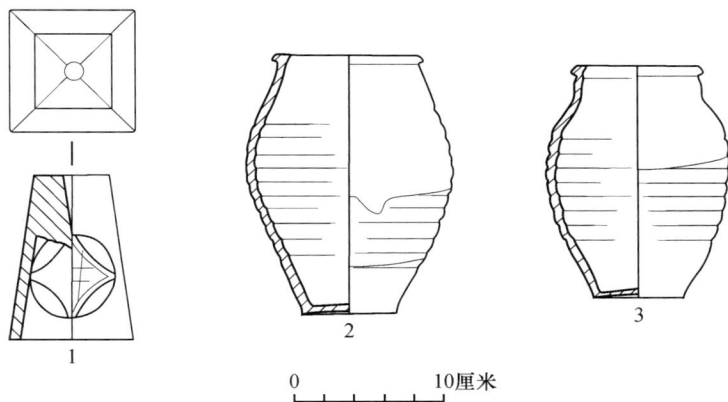

图六　出土器物

1. 陶器座（M2：4）　2、3. 瓷罐（M1：2、M2：3）

2. 陶器

1件。

器座　1件。M2：4，泥质灰褐陶。截面呈梯形，上窄下宽，顶部平整，外壁斜直，圈足。顶部饰数道细线纹，四壁各饰一镂空圆形钱纹，钱纹内饰细线纹。下部边长8.2、上部边长5、高11.3厘米（图六，1）。

3. 铜器

4件。

簪　2件。呈细长圆柱形。M1：6，长12.6、直径0.4厘米（图七，6）。M1：3，长12.6、直径0.5厘米（图七，5）。

镜　2件。M2：1，平面呈圆形。圆纽。在内侧和镜缘各有一周凸棱纹将铜镜分成内外两圈，圈内无纹饰。直径7.2、厚1厘米（图七，2）。M2：5，平面呈圆形。桥形

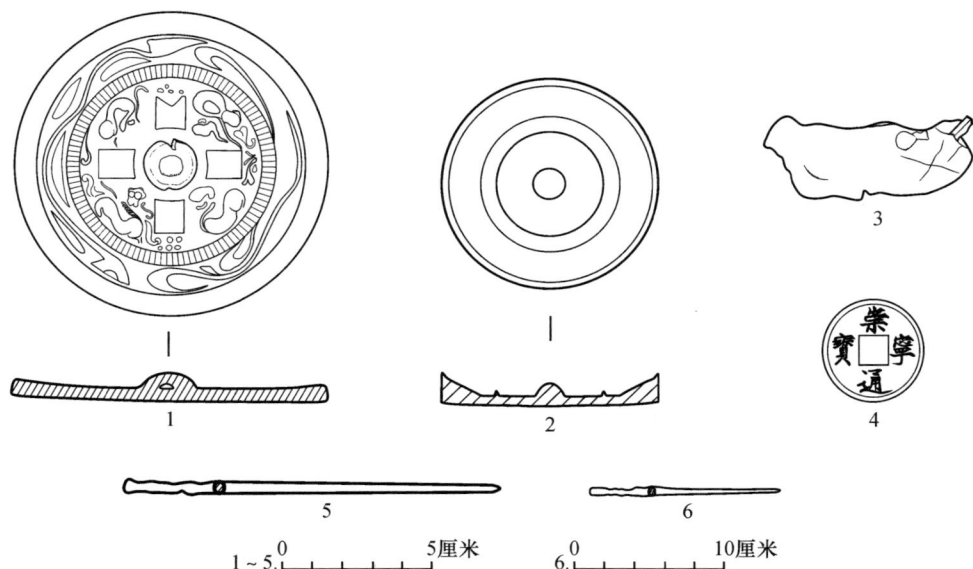

图七　金属器、钱币

1、2. 铜镜（M2∶5、M2∶1）　3. 铁器（M1∶7）　4. 崇宁通宝（M2∶6）　5、6. 铜簪（M1∶3、M1∶6）

纽，自内而外可分为两圈。内圈等距分布四方枚，方枚内有铭文，铭文不辨，方枚间饰神兽等纹饰。内外圈之间用两周凹弦纹加以分隔，中间填充短竖线纹。外圈饰变形云气纹。素缘较宽。直径10.6、厚0.52厘米（图七，1）。

4. 铁器

1件。M1∶7，锈蚀严重。长7、宽2.9厘米（图七，3）。

5. 钱币

1枚。

崇宁通宝　1枚。M2∶6，圆形方孔，钱文瘦金体，旋读，字体饱满。钱径3.4、穿宽1、厚0.02厘米（图七，4）。

6. 石买地券

2件。均为红砂石质。

M2∶7，西室出土。长37、宽30、厚3.3厘米。正面周边饰八卦图案，录文如下（图八）：

右券给付买地亡人张氏三正魂（魂）仅（收）执

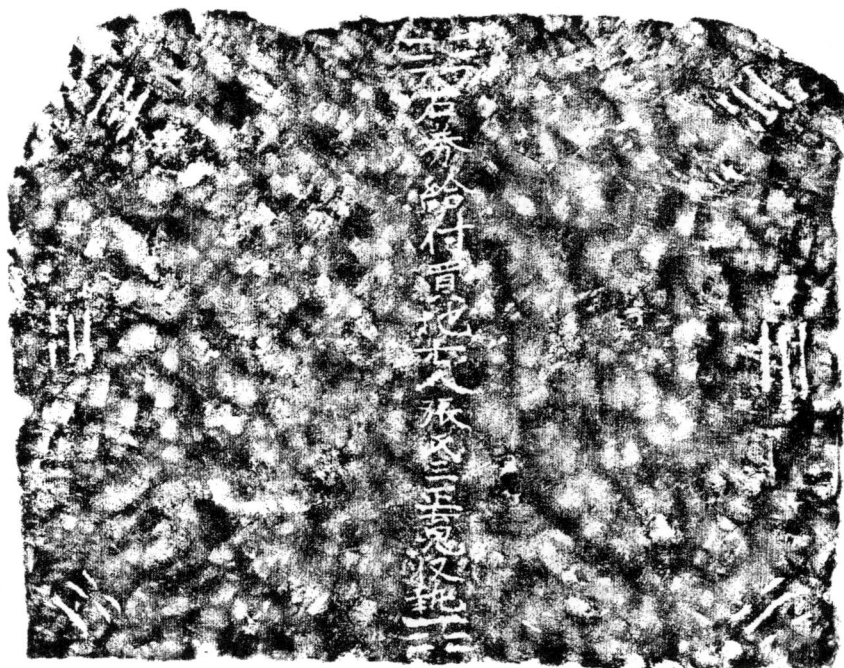

图八　石买地券正面
（M2：7）

背面录文十一行，内容如下（图九）：

　　维大明嘉靖三十七年太岁戊午十/一月初一日甲戌朔□□□□位奏/四川成都府灌县伏龙乡九渡溪龙潭/子居住买地亡人张氏三之蒐（魂）己酉相十/月二十二日午时生于本处人氏六十八岁卒/嘉靖三十六年五月初七日午时分故自/亡之后安葬之期孝眷用备几（凡？）财赎买此/地为穴九万九千贯九百九十文买此一之（？）/地坐落本乡上至青天界下至后土尊东南/西北四至分明契券合同副永远本□（争）急急/如五帝使者女青律令

M2：8，中室出土。长44、宽36.5、厚4厘米。
券文正面周边饰八卦符号，录文如下（图一〇）：

　　神毋得相争/右券给付亡人梁金正蒐（魂）收……/左右大力鬼

图九　石买地券背面

（M2：7）

背面录文十三行，内容如下（图一一）：

　　维大明嘉靖二十六年□□□□□/辛酉值据/四川成都府灌县伏龙乡九渡溪……/人梁金生在壬子相六月二十三日午时生于本处人氏/得年五十六岁卒嘉靖二十六年八月初八日子时身故/乾坤天地恭日月南分离阴阳分群夜从古□如令/生则居草屋死后葬地□孝眷亲准备买地葬/亡人九万九千贯九百九十文买此一□地坐落本乡/村上至青天界下至后土尊东至甲乙□南至丙/午丁西至庚辛位北至壬癸神天□□□□八永/荫儿孙契券合同副后土亡人□神坛□敕□/古墓不敢侵若有故违者急急如/五帝使者女青律令

四、结　　语

　　囿于发表材料（尤其是中下层庶人墓葬材料）的限制，目前学界对于四川盆地明代墓葬分期研究的文章比较少。可参考的文章一是《邛崃市羊安工业区墓群明墓发掘简报》[1]；二是《川渝地区明墓出土谷仓罐研究》[2]。

0 ———————————— 10厘米

图一〇　石买地券正面

（M2：8）

　　本次清理的两座墓葬结构较为简单，出土随葬品不多，总体来看墓葬规格不高，应该是一处平民墓地。

　　M2三个墓室结构、雕刻相同，应为同一时期修建。该墓中室和西室均出土有买地券，根据券文内容可知，M2中室墓主梁金为男性，下葬时间为嘉靖二十六年（1547年），享年五十六岁。西室墓主张三为女性，下葬时间在嘉靖三十六年（1557年），享年六十八岁。东室虽未发现买地券直接指明墓主性别，但从该室与西室女性墓均出土铜镜，并且与中室男性墓出土瓷罐、陶器座、瓷谷仓罐等进行比较，也可判断该室墓主为女性。从以上墓主的性别和年龄等初步判断，该墓应为一座夫妻合葬墓。墓葬修建年代应在男性墓主下葬之前或同时，即嘉靖二十六年或稍早。

　　M1虽未出土纪年材料，但通过该墓出土随葬品与其他墓葬进行比对，我们可以大概确定该墓时代。该墓瓷谷仓罐M1：1与M2：2形制一致，瓷罐M1：2与M2：3形制近似，M2买地券有明确的纪年；M1：4、M1：5整体特征与金堂金壶村明墓M1：2[3]近似，装饰纹样与奉节白马M81：1[4]、奉节宝塔坪M4005：1[5]近似，这几座墓的时代

图一一　石买地券背面
（M2∶8）

均为明代中期。综合以上判断，可将M1的时代定为明代中期。

　　M2两券文内容皆提及"成都府灌县伏龙乡九渡溪"，可知，该地在明代中期隶属于成都府灌县。伏龙乡即今蒲阳镇，与民国版《蒲阳乡志》的建置更迭表[6]可相互印证，为研究都江堰市蒲阳镇在明代中期的行政区划、历史沿革提供了实证。

　　自宋代开始，石室墓一直是四川盆地丘陵山地地区传统的埋葬形式，而土坑墓和砖室墓则是川西平原地区常见的墓葬形制。明代石室墓上承宋代石室墓，下启清代墓坊建筑和墓葬楹联形式，具有承上启下的关键作用[7]。此次发掘的两座石室墓葬兼有川东丘陵和川西平原两地的墓葬特色，大大拓展了石室墓的分布范围，反映了四川盆地内的文化交流现象，对于研究明代丧葬习俗、重新审视明代墓葬的分期和文化发展序列将会提供极有价值的帮助。

发　　掘：陈　平　龙　岗　杨　丽　高佳宇
拓　　片：何江涛
券文释读：马驰浩
绘　　图：潘怡宇　亢　蓉　杨云鹏
执　　笔：何江涛　杨　洋　徐佳甜　谢　彬
　　　　　刘婷玉

注　释

［1］ 成都文物考古研究所、邛崃市文物局：《邛崃市羊安工业区墓群明墓发掘简报》，《成都考古发现》（2011），科学出版社，2013年。该文将发现的明代墓葬分成A、B、C、D四型。其中A型为瓦室墓，时代为明中期偏早，下限至明中期；B型为砖室墓，出土器物以成套的谷仓罐和器盖为主，时代为明代中期；C型为石室墓，仅有1座，亦出土谷仓罐组合，时代为明代中期；D型为灰椁墓（俗称"石灰蛋"），该墓延续时间可能从明中后期至清末。

［2］ 周静：《川渝地区明墓出土谷仓罐研究》，《考古》2019年第12期。

［3］ 成都文物考古研究院：《金堂县土桥镇金壶村明墓发掘简报》，《成都考古发现》（2019），科学出版社，2021年。

［4］ 周静：《川渝地区明墓出土谷仓罐研究》，《考古》2019年第12期。

［5］ 周静：《川渝地区明墓出土谷仓罐研究》，《考古》2019年第12期。

［6］ 蒲阳乡志编写组：《蒲阳乡志》，内部刊物，1984年，表中记述："明太祖洪武中（1368～1398年）降州为县，改隶成都府。"

［7］ 郑万泉、连锐：《略论四川明代品官墓葬》，《四川文物》2017年第3期。

成都市双元村墓地M154出土葬具木材的鉴定报告

成都文物考古研究院

　　双元村墓地位于成都市青白江区大弯镇双元村7组，西邻成绵高速公路约2千米，南距毗河约5.5千米，北距101省道约3千米，中心点地理坐标为东经104°14′16″、北纬30°51′35″，海拔433米，距成都市中心约27千米（图一）。成都文物考古研究院和青白江区文物保护中心于2016年3月对青白江区大弯镇双元村一处基建工程项目进行考古勘探时发现该墓地，后于2016年5月至2018年7月对其进行了发掘，共清理东周墓葬270座。

　　M154是双元村墓地中规格最高的一座东周墓葬。墓坑呈长方形，规模较大，长8.25、宽1.93～2.25、深2.79米。葬具保存较好，包括船棺及其附属设施腰坑两部分，腰坑设于船棺下，侧面用木桩、木板围建，顶部覆以木板（图二），船棺和腰坑内出土

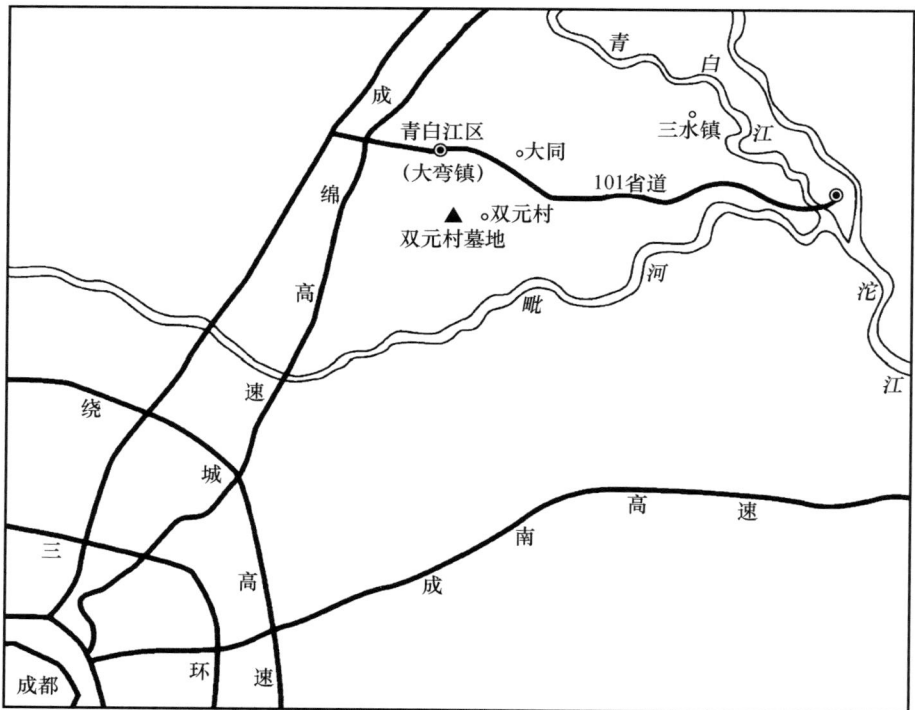

图一　墓地位置示意图

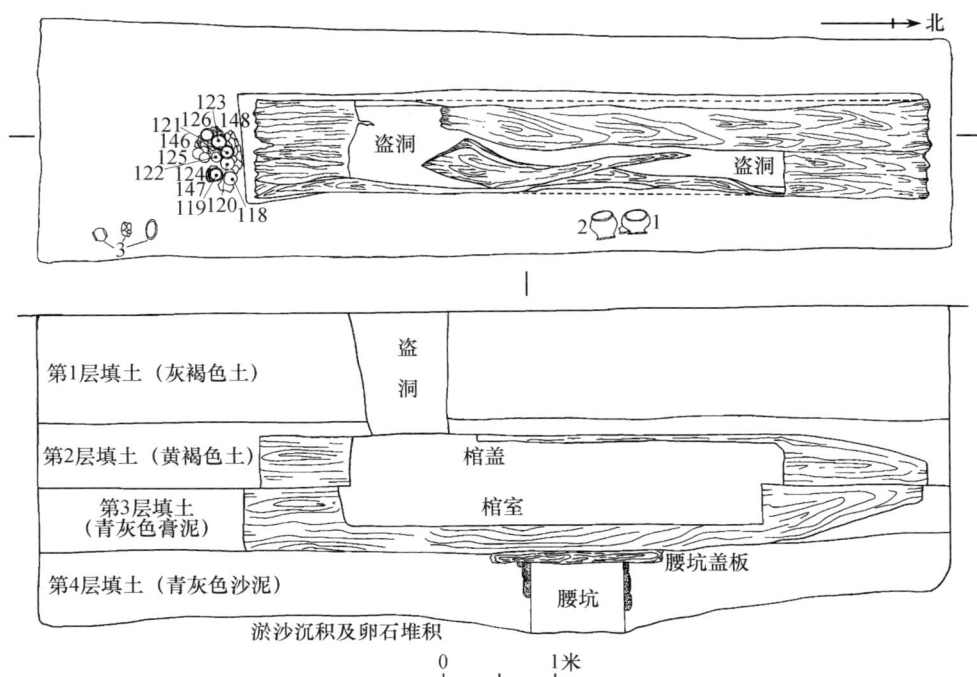

图二　M154平、剖面图

的各类随葬品丰富，数量达100余件，有漆床、漆瑟、青铜鼎和青铜尊缶等礼器以及漆容器、青铜兵器、青铜装饰品、青铜工具和陶器等。M154的规格反映出墓主人身份尊贵，发掘者认为，墓主人可能是战国早中期古蜀社会的高级贵族或开明氏王族某一系的上层人物[1]。

在M154发掘过程中，我们在葬具的不同位置采集了15个木材样品，其中船棺盖、棺身样品各1个，腰坑样品13个，希望通过对葬具用材的树种鉴定，获取先民利用木材的信息。

一、研　究　方　法

首先在采集的棺盖和棺身样品上各取1块1厘米×1厘米×1厘米的小木块，放入沸水中蒸煮进行软化处理。由于长期处于饱水的埋藏环境中，腰坑木板出土时已经湿软，因此采集的腰坑样品不需要软化处理。然后用刀片在软化和湿软的样品上切出约0.5厘米×0.5厘米×0.5厘米的正方体，使用Leica3050S冷冻切片机切出样品的横、径、弦三个方向切片，经番红染色、脱水、封片，制成永久光学切片。最后在Leica DM4P偏光显微镜下观察木材样品横切面、径切面和弦切面上的显微构造特征，并将这些显微构造特征与《中国木材志》[2]、《中国主要木材构造》[3]等相关专业书籍的描述及现代树种的显微照片相互对比，进行识别和鉴定。

二、研 究 结 果

经观察和鉴定，2个船棺木材样品均是樟科楠属（*Phoebe* sp.），13个腰坑木材样品分属于栎属（*Quercus* sp.）、木樨属（*Osmanthus* sp.）、梨属（*Pyrus* sp.）和1种未知阔叶树（表一）。

表一　M154葬具木材鉴定结果表

采样位置	样品数量/个	鉴定结果
棺盖	1	楠属
棺身	1	楠属
腰坑	13	栎属、木樨属、梨属、1种未知阔叶树

（一）楠　　属

M154棺盖和棺身经鉴定是樟科楠属。木材构造特征包括：从横切面看，生长轮明显；散孔材。管孔略少，略小至中，在肉眼下略见；大小一致，分布略均匀；散生或斜列。导管在横切面上为圆形及卵圆形，一部分略具多角形轮廓；单管孔及短径列复管孔（通常2～3个，偶至4个），管孔团较常出现；具侵填体。轴向薄壁组织量少；环管状，稀至环管束状或似翼状，并具星散状（油细胞或黏液细胞）。木射线稀至中；极细至略细。从径切面看，导管螺纹加厚缺如；单穿孔，稀复穿孔，复穿孔呈梯状，具分枝，横隔窄，少至中（数条至10条左右）。管间纹孔式互列，呈多角形。薄壁细胞端壁节状加厚略明显；树胶少见；晶体未见；油细胞或黏液细胞甚多。射线组织异形Ⅲ型及异形Ⅱ型。射线细胞端壁节状加厚及水平壁纹孔多而明显；射线细胞内树胶丰富，油细胞或黏液细胞数多。射线-导管间纹孔式为刻痕状、肾形（多横列）、大圆形，部分类似管间纹孔式。从弦切面看，木射线非叠生；单列射线极少，高2～7细胞；多列射线通常宽2～3细胞，稀至4细胞，高3～35细胞或以上，多数10～20细胞，同一射线内间或出现2次多列部分（图三）。

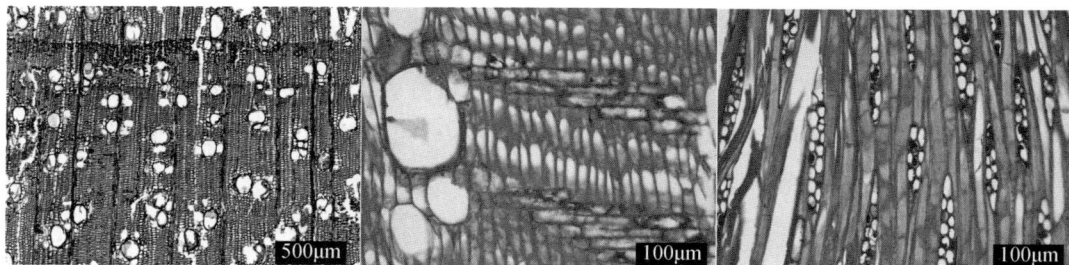

图三　楠属横、径、弦切面显微结构照片

（二）栎 属

M154腰坑用材经鉴定有壳斗科栎属。木材构造特征包括：从横切面看，生长轮甚明显；环孔材；宽度略均匀。早材带通常1列导管；导管横切面为圆形及卵圆形；部分具侵填体。早材至晚材急变。晚材管孔通常略小；单管孔；径列，通常宽1~2（稀3）个管孔。轴向薄壁组织量多，主为星散—聚合及离管带状，宽1~3细胞，排列不规则，弦向断续相连，间呈星散状，环管状偶见。木射线中至密，分宽窄两类，窄木射线极细；宽木射线被许多窄木射线分隔。从径切面看，导管螺纹加厚缺如；单穿孔。管间纹孔式互列，呈圆形及卵圆形。薄壁细胞端壁节状加厚多而不明显；部分含树胶；晶体未见。射线组织同形。射线细胞内常含树胶；菱形晶体数多；端壁节状加厚及水平壁纹孔多而明显。射线-导管间纹孔式通常为刻痕状，少数肾形或类似管间纹孔式，通常直立或斜列。从弦切面看，木射线非叠生；分宽窄两类，窄木射线通常单列（稀2列或成对），高1~25细胞或以上，多数5~15细胞；宽木射线（一部分似半复合射线）最宽处宽至许多细胞，高至许多细胞（图四）。

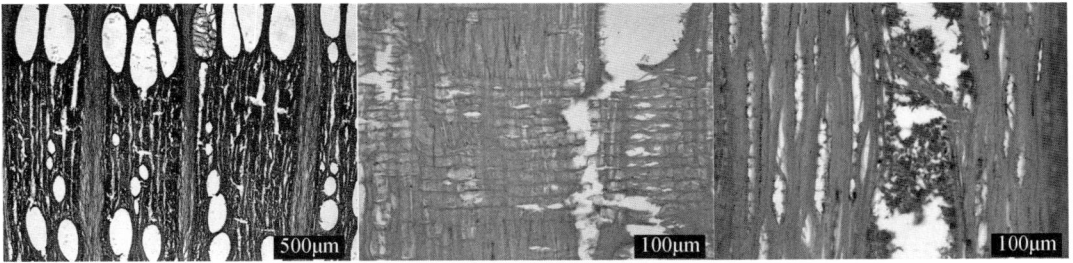

图四 栎属横、径、弦切面显微结构照片

（三）木 樨 属

M154腰坑用材经鉴定有木樨科木樨属。木材构造特征包括：从横切面看，生长轮不明显；散孔材。管孔甚小至略小。导管横切面为多角形；单管孔，少数呈短径列复管孔（通常2个）；集群成斜列，之字形或树枝状，宽数管孔，不受生长轮限制。轴向薄壁组织轮界状（宽2~6细胞）及环管状（常混杂于环管管胞及导管间）。木射线中至密，极细至甚细。从径切面看，导管螺纹加厚明显；单穿孔。管间纹孔式互列，数少，呈卵圆形。薄壁细胞端壁节状加厚不明显；通常不含树胶；晶体未见。射线组织异形 II 型和异形 I 型。射线细胞内不含树胶；晶体未见；端壁节状加厚多而明显。射线-导管间纹孔式类似管间纹孔式。从弦切面看，木射线非叠生；单列射线数少，高1~8细胞或以上，多数2~4细胞；多列射线宽2~3细胞，通常2细胞，2列部分常与单列部分等宽，高5~29细胞或以上，多数5~15细胞，同一射线内有时出现2次多列部分（图五）。

图五　木樨属横、径、弦切面显微结构照片

（四）梨　属

M154腰坑用材经鉴定有蔷薇科梨属。木材构造特征包括：从横切面看，生长轮较明显；散孔材。管孔甚多；甚小至略少；大小一致，分布均匀。导管在横切面上多为椭圆形及卵圆形；单管孔，少数径列、斜径列及横列复管孔（通常2个）。轴向薄壁组织星散-聚合及星散状。木射线中至略密；极细至略细。从径切面看，导管螺纹加厚未见；单穿孔。管间纹孔式互列，呈圆形。薄壁细胞端壁节状加厚明显；含树胶；有菱形晶体。射线组织同型。射线细胞内树胶丰富，有晶体。射线-导管间纹孔式互列，形小，呈卵圆、椭圆及圆形。从弦切面看，木射线非叠生；单列射线数少，高1～10细胞及以上；多列射线宽2～3细胞，高4～38细胞或以上，多数10～20细胞（图六）。

图六　梨属横、径、弦切面显微结构照片

三、讨　论

（一）船棺用材

M154船棺用材是楠属。楠属是常绿乔木或灌木，我国有34种，大多分布在长江流域及以南地区[4]。楠属是组成四川地区亚热带常绿阔叶林的重要建群种和组成成分，在四川盆地西部的平原及海拔500～1800米的低山地带极为常见[5]。

M154的船棺使用楠木制作应该与楠木是一种优良的船棺用材有关。

首先，楠属树种树形高大，树干通直，胸径粗大。以成都平原常见的桢楠为例，树高可达30余米，直径可达1米以上。M154船棺是由一根整木加工而成，长达6.12米，最大直径有1.08米。显然，楠木能满足先民整木制作船棺的需求。

其次，楠木强度适中，加工容易，易于切削[6]。M154船棺具体的制作方法是：将一段整木剖解，大约三分之二做棺身，三分之一做棺盖。棺身一端修整齐平，一端由底部向上斜削，略微上翘，中部被挖凿成棺室，内壁加工规整。上翘一端的表面两侧各向下斜凿一个半圆的孔。棺盖也以与棺身相同的制作方法制成。从制作方法看，M154船棺的制作工序繁杂，包括砍伐、解木、平木、挖凿、切削等。相对于某些质地重硬、不易加工的木材，使用楠木制作船棺省时省力，可能更适应当时的加工技术水平。

再次，楠木香味浓烈而清雅，具有很强的杀菌作用，防腐耐朽的性能冠于群木。明谢肇淛著《五杂俎》卷十《物部二》载："楠木生楚、蜀者，深山穷谷，不知年岁，百丈之干，半埋沙土，故截以为棺，谓之沙板。佳者，解之，中有纹理，坚如铁石。试之者，以暑月作合（盒），盛生肉，经数宿，启之，色不变也。"选用天然耐腐性强的木材制作船棺，能够使墓葬得以长久保存。

从考古发现看，在周代，长江流域也就是楠木的主产区，楠木已被用于制作多种形制的葬具。四川成都商业街船棺葬1、2、8、9、11、13号棺[7]，江西李洲坳东周墓44号独木棺[8]和江西贵溪崖墓群M3、M8、M12、M13中的多座独木棺[9]都是用楠木制作。四川新都马家木椁墓[10]，湖北江陵天星观1号楚墓[11]、江陵九店东周墓M633[12]、荆门包山楚墓M1、M2[13]，浙江绍兴凤凰山木椁墓M2[14]的棺板或椁板也用了楠木。

（二）腰坑用材

1. 栎属

栎属是常绿、落叶乔木，稀灌木，在我国有60多种，分布于全国各省，多为组成森林的重要树种[15]。在四川，栎属是亚热带落叶阔叶林的建群种之一，地理分布广泛，垂直分布幅度大，从海拔300米的平原、低丘到海拔4200米的高山地带均有分布[16]。

栎木材质坚硬，强度较大，耐冲击，耐腐性强，是优良的枕木、坑木用材[17]，同理也适用于建造深埋于地下的腰坑。用栎木构建的腰坑稳固且具有耐久性，与使用楠木制作船棺一样，能够使墓葬得以长久保存。

从考古发现看，栎木在周代常被选做椁木用材。陕西秦公1号大墓主椁盖[18]，山东杏家庄战国墓M1、M2、M3椁木[19]，河南黄君孟夫妇墓椁木[20]，河南信阳城阳城址8号墓椁木[21]都用了栎木。

2. 木樨属和梨属

木樨属是常绿灌木或小乔木，我国有约27种，主要分布于南方地区[22]。成都平原常见的绿化或园林树种桂花树和木槿就属于该属。梨属是落叶乔木或灌木，稀半常绿乔木，我国有14种，全国各地均有分布[23]。在川西地区传统林盘聚落中，房舍前后常常栽种有梨树。

木犀属中有些树种的木材重硬，梨木的木材普遍坚硬细致，这两类木材一般被用于制作雕刻、装饰品、工农具柄等小件木器[24]。除双元村M154外，目前没有发现其他使用这两类木材制作葬具的证据，说明它们不是被普遍认可的葬具用材，但M154墓主人身份尊贵，其墓葬的营建和随葬器物均十分讲究，楠木和栎木的恰当使用反映了葬具的用材选择经过了考量，因此木犀属和梨属的使用应该不是随意为之的。

文献证据表明，木犀属和梨属植物在周代因兼具观赏性和食用性而深受喜爱。屈原《九问》中有"辛夷车兮结桂旗""援北斗兮酌桂浆"的诗句，说明楚民用桂花装饰车辆、酿酒。《吕氏春秋》中"物之美者，招摇之桂"也表达了对桂花的赞美之情。梨属果实甘甜多汁，是著名的果品，同时梨花也极具观赏性。《诗经》中有"山有苞棣，隰有树檖"的诗句，后世书籍将"檖"释为梨，有学者据此认为早在西周至春秋时期梨树已被作为果树栽培[25]。由此推测，用木犀属和梨属木材构建腰坑应该是因为墓主人对这两属树种有所偏好，猜测可能与其观赏性和食用性有关。

四、结　　语

双元村墓地M154船棺和腰坑用材经鉴定分属于5个树木种类，分别是楠属、栎属、木犀属、梨属和1种未知阔叶树。楠木和栎木分别被用于制作船棺和构建腰坑，反映出先民对本地森林中常见树木的特性有了一定认识，能够根据需求选择合适的木材制作葬具，木犀属和梨属木材并非被普遍认可的葬具用材，被用于构建腰坑，可能是因为墓主人对这两属树种有所偏好。

执笔：闫　雪　陈雪梅　宋　杨　王天佑

注　释

［1］　成都文物考古研究院、青白江区文物保护中心：《四川成都双元村东周墓地一五四号墓发掘》，《考古学报》2020年第3期。

［2］　成俊卿、杨家驹、刘鹏：《中国木材志》，中国林业出版社，1992年。

［3］　腰希申：《中国主要木材构造》，中国林业出版社，1988年。

［4］　中国科学院中国植物志编辑委员会：《中国植物志》（第三十一卷），科学出版社，2010年，第89页。

［5］　四川植被协作组编：《四川植被》，四川人民出版社，1980年，第57页。

［6］　成俊卿、杨家驹、刘鹏：《中国木材志》，中国林业出版社，1992年，第380页。

［7］　成都市文物考古研究所：《成都市商业街船棺、独木棺墓葬发掘报告》，《成都考古发现》（2000），

科学出版社，2002年；四川省技术监督局林产品及家具质量监督检验站：《成都商业街船棺葬出土棺木及垫木树种检验报告》，《成都商业街船棺葬》，文物出版社，2009年，第170页。

[8] 潘彪、翟胜丞、樊昌生：《李洲坳东周古墓棺木用材树种鉴定及材性分析》，《南京林业大学学报》（自然科学版）2013年第37卷第3期。

[9] 周蓄源、林贻绵、俞志雄等：《江西省贵溪崖墓群棺木、古琴等木材的鉴定》，《共产主义劳动大学学报》1980年第2期。

[10] 四川省博物馆、新都县文物管理所：《四川新都战国木椁墓》，《文物》1981年第6期。

[11] 湖北省荆州地区博物馆：《江陵天星观1号楚墓》，《考古学报》1982年第1期。

[12] 刘鹏：《江陵九店东周墓出土木制品的木材鉴定报告》，《江陵九店东周墓》，科学出版社，1995年，第528~532页。

[13] 刘鹏：《包山楚墓出土木制品木材鉴定》，《包山楚墓》，文物出版社，1991年，第400~403页。

[14] 绍兴县文物管理委员会：《绍兴凤凰山木椁墓》，《考古》1976年第6期。

[15] 中国科学院中国植物志编辑委员会：《中国植物志》（第二十二卷），科学出版社，2010年，第215页。

[16] 四川植被协作组编：《四川植被》，四川人民出版社，1980年，第116页。

[17] 成俊卿、杨家驹、刘鹏：《中国木材志》，中国林业出版社，1992年，第291~301页。

[18] 安培钧、赵志才、韩伟：《秦公一号大墓出土木材材性及树种的研究》，《西北林学院学报》1990年第5卷第2期。

[19] 烟台市文物管理委员会、栖霞县文物事业管理处：《山东栖霞县占疃乡杏家庄战国墓清理简报》，《考古》1992年第1期。

[20] 河南信阳地区文管会、光山县文管会：《春秋早期黄君孟夫妇墓发掘报告》，《考古》1984年第4期。

[21] 冯德君、武志江、赵泾峰等：《河南信阳城阳城址8号墓出土木材研究》，《西北林学院学报》2017年第32卷第3期。

[22] 中国科学院中国植物志编辑委员会：《中国植物志》（第六十一卷），科学出版社，2010年，第85页。

[23] 中国科学院中国植物志编辑委员会：《中国植物志》（第三十六卷），科学出版社，2010年，第354、355页。

[24] 成俊卿、杨家驹、刘鹏：《中国木材志》，中国林业出版社，1992年，第485、538页；中国科学院中国植物志编辑委员会：《中国植物志》（第三十六卷），科学出版社，2010年，第354、355页；中国树木志编辑委员会编，郑万钧主编：《中国树木志》（第二卷），中国林业出版社，1985年，第1031~1041页。

[25] 辛树帜编著，伊钦恒增订：《中国果树史研究》，农业出版社，1983年，第7页。

1. A型卷沿锯齿花边口罐（P1④：1）

2. Ba型卷沿锯齿花边口罐（18C：1）

3. Ba型卷沿锯齿花边口罐（18C：2）

4. Bb型卷沿锯齿花边口罐（P1④：2）

5. A型喇叭口罐（18C：12）

6. 纺轮（P2③：1）

四川茂县沙乌都遗址出土陶器

1. H3（南—北）

2. H10（东—西）

成都市温江区燃灯寺遗址商周遗迹

1. H41（南—北）

2. H48（西—东）

成都市温江区燃灯寺遗址商周遗迹

図版四

1. H53（北—南）

2. H54（南—北）

成都市温江区燃灯寺遗址商周遗迹

1. H59（东南—西北）

2. M1（东南—西北）

成都市温江区燃灯寺遗址商周遗迹与明代墓葬

1. J1（东—西）

2. JX1（南—北）

成都市温江区燃灯寺遗址唐代水井与窖穴

1.Ab型尖底杯（H54：1）

2.Ad型尖底杯（H42：4）

3.B型侈口罐（H47：4）

4.Aa型高领罐（T1315④：8）

5.C型曲腹罐（H41：5）

6.A型器盖（H41：4）

成都市温江区燃灯寺遗址出土商周时期陶器

1. C型瓮（H54：2）

2. D型瓮（H3：1）

3. Ca型圈足（H10：4）

4. Cc型圈足（H41：2）

5. A型豆柄（H48：2）

6. 支座（T1315④：5）

成都市温江区燃灯寺遗址出土商周时期陶器

1. 陶支柱（H47：3）

2. C型陶纺轮（H40：1）

3. 陶尖底盏（T1315③：1）

4. A型石斧（T1315④：1）

5. B型石斧（T1315④：2）

6. 石锛（T1813④：1）

成都市温江区燃灯寺遗址出土商周时期陶器、石器

1. 四系盘口壶（J1：1）

2. 刻花莲瓣纹碗（T1813③：1）

3. A型龙纹谷仓罐（M1：1）

4. B型龙纹谷仓罐（M1：2）

成都市温江区燃灯寺遗址出土唐宋、明代瓷器

1. 陶罐（M1：10）

2. 陶井（M1：12）

3. 陶灶（M1：15）

4. 五铢钱（M1：5）

5. 陶罐（采集：1）

彭州市濛阳镇天星埝土坑墓出土、采集遗物

彭州市致和镇青石村宋墓出土镇墓券
（M1：2-1）